U0941011

西藏年鉴 2011

西藏年鉴编辑委员会

西藏人民出版社

图书在版编目（CIP）数据

西藏年鉴. 2011 /《西藏年鉴》编委会编. --修订本. -- 拉萨:
西藏人民出版社, 2012

ISBN 978-7-223-03347-3

Ⅰ. ①西… Ⅱ. ①西… Ⅲ. ①西藏－2011－年鉴Ⅳ. ①Z527.5

中国版本图书馆 CIP 数据核字(2012)第 032483 号

西藏年鉴（2011）

主　　办　西藏自治区人民政府办公厅
　　　　　西藏自治区地方志办公室
编　　者　西藏年鉴编辑委员会
责任编辑　晋美旺扎　张慧霞　梁惠敏
设　　计　王景远
出版发行　西藏人民出版社
印　　刷　西藏新华印刷厂
成品尺寸　889×1194　1/16
插　　图　429 幅
字　　数　1070 千字
版　　次　2012 年 3 月第 1 版
印　　次　2012 年 3 月第 1 次印刷
印　　数　01-5000 册
书　　号　ISBN 978-7-223-03347-3
定　　价　498.00 元

编辑说明

一、《西藏年鉴》由西藏自治区人民政府办公厅和地方志办公室主办，自 2000 年开始每年出版，是大型综合性、权威性、史料性年刊。《西藏年鉴》坚持以马克思列宁主义、毛泽东思想和邓小平建设中国特色社会主义理论为指导，坚持为西藏改革开放、全面构建和谐小康社会、实践新时期跨越式发展战略目标服务的办刊方针，由《西藏年鉴》编辑部编辑、西藏人民出版社出版。

二、《西藏年鉴》(2011) 翔实、全面、系统、客观地记载了 2010 年西藏自治区政治、经济、文化、社会等各方面的发展状况，是西藏重要的史料之一。同时为各级领导了解区情，实施科学决策提供依据，为各行业、各部门、各单位查寻资料，为国内外各界人士了解、认识、研究西藏提供可靠的信息，也是西藏自治区精神文明建设和对外宣传的窗口。对西藏与各省、市、自治区进行社会、经济、科技发展等方面的合作交流、实现经济快速发展将起到极大地促进作用。

三、《西藏年鉴》(2011) 分特载、西藏综述、政治（包括党委、人大、政府、政协、群众团体和工商联、法制)、军事、经济（包括发展和改革、商务，财税、金融、保险、证监，管理与监督，农牧业、林业、水利，交通、民航、邮政、通信，国土资源、城乡建设、旅游，气象、地震、电力、石油销售，环境保护、地矿勘查)、社会事业（科技、教育、文化、广电传媒，卫生、计划生育、体育，民政、劳动和社会保障)、市地县（区、市)、大事记、统计资料、发展风貌图片彩版宣传等九个篇目。

四、《西藏年鉴》(2011) 采用分类编辑法，各单位的排列顺序与单位级别没有必然联系。全书内容由篇目、类目、部（门）目、条目组成。篇目下设类目，类目下设部（门）目，部（门）目下设若干条目。条目标题统一使用黑体字加【】表示。彩版单独标页，便于查阅。

五、《西藏年鉴》(2011) 所用稿件均由自治区各部、委、办、厅、局、地县（区、市）及驻藏部队负责撰写，并经撰写单位领导审核。所用综合性资料、数据，一律截至 2010 年底。年鉴中的“统计资料”由自治区统计局提供，正文中的数据由各单位提供。数据一般以现行价格计算。本卷“统计资料”，因统计口径等原因，有关部门所用数据与“统计资料”中的数据不尽一致，采用时请予注意。

六、《西藏年鉴》的编辑、出版、发行，得到了各级领导、各企事业单位和广大读者的大力支持，在此表示衷心感谢。有极少数单位因特殊原因，本期没有刊载。本书采用了部分作者的图片或文字，望作者见稿后与我们联系，以便支付稿酬。

欢迎广大读者对本书的编辑工作提出宝贵意见，以便把《西藏年鉴》编得更好。

编　者

2011 年 12 月

西藏年鉴编辑委员会

目　录

特载

第一篇　西藏综述

第二篇　政治

第三篇 军 事

第四篇 经 济

第五篇 社会事业

第六篇 地（市）、县（区、市）

第七篇　政府2010年大事记

第八篇　统计资料

MAIN CONTENTS

Special Preface

Chapter 1 Tibet Summary

Chapter 2 Politics

Chapter 3 Mititary Affairs

Chapter 4 Economic

Chapter 5 Affairs

Chapter 6 Regions Cities Districts Counties

Chapter 7 Important Events

Chapter 8 Statistical Data

西藏自治区行政区

行政区划表	
自治区总计	地级市1个 地区6个 市辖区1个 县级市1个 县71个
拉萨市	城关区 林周县 当雄县 尼木县 曲水县 堆龙德庆县 达孜县 墨竹工卡县
那曲地区	那曲县 嘉黎县 比如县 聂荣县 安多县 申扎县 索县 班戈县 巴青县 尼玛县
昌都地区	昌都县 江达县 贡觉县 类乌齐县 丁青县 察雅县 八宿县 左贡县 芒康县 洛隆县 边坝县
林芝地区	林芝县 工布江达县 米林县 墨脱县 波密县 察隅县 朗县
山南地区	乃东县 扎囊县 贡嘎县 桑日县 琼结县 曲松县 措美县 洛扎县 加查县 隆子县 错那县 浪卡子县
日喀则地区	日喀则市 南木林县 江孜县 定日县 萨迦县 拉孜县 昂仁县 谢通门县 白朗县 仁布县 康马县 定结县 仲巴县 亚东县 吉隆县 聂拉木县 萨嘎县 岗巴县
阿里地区	噶尔县 普兰县 札达县 日土县 革吉县 改则县 措勤县

比例尺 1：8 000 000

胡锦涛总书记参加十一届全国人大三次会议西藏代表团审议前同代表们亲切交谈

2010年1月10日，自治区党委书记张庆黎，全国政协副主席、自治区政协主席帕巴拉•格列朗杰，自治区人大常委会主任列确，自治区人民政府主席向巴平措步入自治区九届人大三次会议会场

自治区九届人大三次会议于2010年1月10日至1月15日在拉萨召开

在自治区九届人大三次会议上，列确同志与新当选的自治区人大常委会主任向巴平措同志互献哈达

2010年1月10日，自治区主席向巴平措在自治区九届人大三次会议上作政府工作报告

2010年3月26日，自治区人大机关召开"西藏百万农奴解放纪念日"座谈会

2010年4月20日，自治区人大机关向玉树地震灾区捐款

2010年5月14日，区人大机关召开深入开展创先争优活动动员大会

2010年6月1日，自治区人大常委会主任向巴平措看望SOS国际儿童村师生，并代表自治区人大捐款10万元

2010年8月2日至3日，西部地区人大内务司法工作座谈会在拉萨召开

2010年9月21日，《西藏自治区志·人大志》终审会在拉萨召开

中国人民政治协商会议西藏自治区委员会

2010年7月12日至15日，西部大开发十周年生态环境与人居环境成就展在北京举办。自治区政协副主席、秘书长罗松多吉陪同中央政治局常委、全国政协主席贾庆林，中央政治局委员、全国政协副主席王刚等参观西藏成就展

2010年1月8日，政协第九届西藏自治区委员会第三次会议在拉萨召开

2010年2月12日，政协举行各族各界迎2010年春节、藏历铁虎新年茶话会

2010年3月21日至4月3日，自治区政协副主席巴桑顿珠随全国政协主席贾庆林访问非洲三国

2010年6月11日，全区政协文史工作座谈会在拉萨召开

2010年7月27日，“政协西藏经济发展论坛”在拉萨召开

2010年8月31日，全区政协提案工作经验交流暨表彰会议在拉萨召开

中共中央政治局常委、中央纪律检查委员会书记贺国强在自治区纪检委（监察厅）检查指导工作

区纪委书记金书波视察建筑工地

区纪委书记金书波慰问基层干部

区纪委副书记、区监察厅厅长维色在基层调研

中国共产党第七届西藏自治区纪律检查委员会第七次全体会议召开

全区行政监察工作座谈会

自治区党委书记张庆黎检查指导法院工作

自治区领导向巴平措等检查指导法院工作

自治区领导郝鹏在区高级法院检查工作

最高人民法院院长在堆龙德庆县人民法院检查车载流动法庭装备情况

区高级法院党组书记、院长罗布顿珠在那曲县人民法院调研

区高级法院法官深入基层普法宣传

区高级法院党组副书记、常务副院长汪留国在驻村联系点萨迦县普玛村为蓄水塘、河道防洪堤坝、牧场公路建设举行开工仪式

12.4法制宣传

丰富多彩的体育文化生活

区高级法院为普玛村赠送太阳灶

院领导听取驻村工作汇报会

区高级法院传达学习区党委工作会议精神干部大会

第三次全国援藏工作会议在拉萨召开

区高级法院"党员密切联系群众"慰问活动

2010年8月最高人民检察院检察长曹建明在西藏调研考察

2010年2月西藏自治区检察院向基层配发办公办案用车

检察官面对国旗向祖国宣誓

2010年2月基层检察院干警与藏族群众一起喜迎藏历新年

2010年6月检察干警在拉萨街头进行法治宣传

2010年7月检察干警送“法”到农村

全国政协副主席、中央统战部部长杜青林会见参加寺庙民主管理经验交流会会议代表

全国政协副主席、中央统战部部长杜青林在藏考察调研

齐扎拉部长与基层统战机关干部合影

齐扎拉部长在基层学校调研

齐扎拉部长与宗教界人士座谈

藏传佛教寺庙民主管理经验交流会

自治区党委书记张庆黎会见尼泊尔总统亚达夫

自治区党委副书记、人大常委会主任向巴平措访问澳大利亚、新西兰期间会见澳联邦议会众议长詹金斯

自治区主席白玛赤林接受美国《新闻周刊》记者采访

区党委副书记、自治区常务副主席郝鹏会见尼泊尔驻拉萨总领事乌帕达雅

区党委常委、自治区常务副主席吴英杰会见哥伦比亚前总统

外国驻京记者团采访正在操作藏文软件的藏族学生

自治区外办主任巨建华在阿里地区调研

2010年6月，全国妇联党组书记、副主席、书记处第一书记、国务院妇儿工委副主任宋秀岩一行在藏视察期间，召开了西藏妇女儿童工作座谈会，并发表了重要讲话

2010年3月，自治区党委副书记、自治区常务副主席郝鹏，区党委常委、组织部长尹德明等领导到妇联视察工作，并听取了妇联工作汇报

2010年“六一”期间，自治区副主席德吉和区妇联领导出席拉萨市城关区雪小学开展的“党的阳光照耀我争做文明好少年”为主题的庆“六一”暨第十一届少儿艺术节活动

2010年3月，为庆祝“西藏百万农奴纪念日”设立一周年，区妇联和拉萨市妇联联合在拉萨城北区安居苑举行庆祝活动暨创建和谐小区示范点挂牌仪式

2010年“八一”建军节来临之际，自治区妇联党组书记、副主席王惠玲，党组副书记、主席参木群前往西藏军区总医院慰问，并致以节日的祝贺

自治区妇女小额担保财政贴息贷款工作启动仪式

2010年10月，自治区妇联举办了应届女大学生和待业妇女定向培训

国家和自治区领导亲切看望我区参加上海世博会生命阳光馆才艺展示的残疾人和工作人员

参加裁缝培训班的残疾学员

入户调查残疾人状况

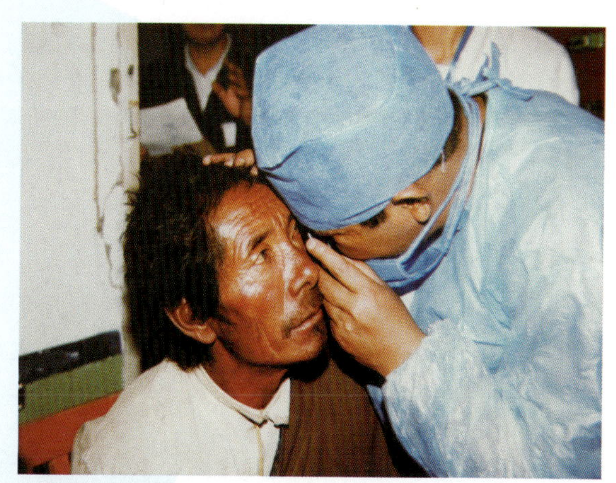

开展视力自筛查

上海世博会阳光生命馆我区残疾人才艺展示

上海世博会阳光生命馆我区残疾人才艺展示

在区残疾人就业服务中心参加屋内绘画专业培训的学员

自治区工商业联合会

2010年4月27日 区党委副书记、常务副主席郝鹏深入藏缘青稞酒业有限公司检查指导工作

2010年4月27日 区工商联主要领导汇报工作现场

2010年5月25日 区工商联组织召开创先争优活动动员大会

2010年7月 创先争优经验交流会议现场

2010年5月27日 区工商联举办首届会员企业职业经理人培训班

玉树地震捐款现场

自治区副主席、政法委副书记、公安厅党委书记、厅长李昭

司法部郝赤勇部长赴藏检查指导我区司法行政工作和对口援藏工作

12月4日，自治区主席白玛赤林莅临法制宣传现场检查指导工作

区党委常委、宣传部长崔玉英亲临司法厅三下乡法律宣传活动现场

12•4法制文艺专题晚会

法律援助工作者现场为群众提供法律援助

"五五"普法验收工作进展顺利

司法厅开展法制宣传活动

2010年9月，第四次律师公证代表大会在拉萨召开

2010年1月20日全区司法行政工作会议在拉萨召开

西藏公安边防总队

边防官兵忠诚守卫祖国边防线

总队举行仪式欢送赴云南丽江读书的孤儿

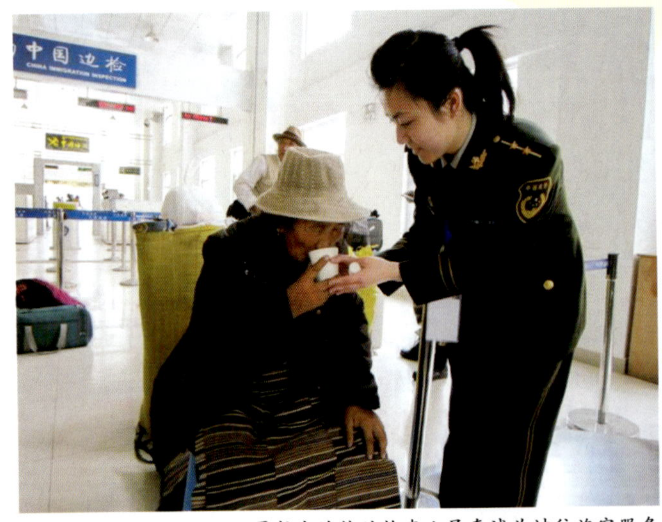

聂拉木边检站检查人员真诚为过往旅客服务

“钢铁运输大队”官兵参加抗洪救灾

2010年8月15日，中共中央政治局常委，中央纪律检查委员会书记贺国强到拉萨市消防支队布达拉宫大队亲切慰问消防官兵

2010年7月19日，中共中央政治局委员、书记处书记、中宣部部长刘云山同志考察布达拉宫、大昭寺、罗布林卡等单位文物保护和文化建设工作，充分肯定了消防部队在保护世界文化遗产中的重要作用，并与执勤消防官兵合影留念

2010年7月22日，公安部消防局谢模乾政委在西藏公安消防总队视察指导工作时为布达拉宫消防大队题词留念

消防官兵在为幼儿园小朋友讲解消防知识

2010年8月24日，拉萨市八一农场大佛岛发生洪涝灾害，拉萨消防官兵紧急投入救援

[illegible]年11月2日自治区党委书记张庆黎视察拉萨经济开发区

自治区[illegible]、常[illegible]主[illegible]鹏[illegible]开发区

自治区商务厅党组书记、副厅长索朗多吉

自治区商务厅党组副书记、厅长马相村

瑞吉酒店落成典礼

2010年3月10日，商务部、西藏自治区人民政府签署合作协议

家电下乡

2010年11月，拉萨百货举行“金鼎百货店”授牌仪式，自治区副主席邓小刚出席

西藏商务粥棚献爱心赴玉树灾区为灾民发放食品

阿里碘盐配送中心开工仪式

商务事业发展综合概览

拉萨啤酒厂现代化生产线

2010年8月，国家税务总局肖捷局长（左一）、解学智副局长（左三）、西藏自治区副主席白玛才旺（左二）在基层税务机关开展税收工作调研

2010年1月国家税务总局副局长宋兰深入林芝地调研并慰问

自治区国税局局长袁庆杰、副局长旺堆、副局长杨承碧深入阿里地区调研

2010年6月，自治区各界代表共商"税收与发展"大计

2010年8月19日昌都地区国税局举行国家级青年文明号授牌仪式

农行西藏分行行长米玛旺堆在曲水调研

农行西藏分行领导在基层调研

农行西藏分行领导班子领导干部2010年述职测评会仪

2010年农行西藏分行“迎新年客户答谢会”暨“金钥匙春天行动”启动仪式

中共中央政治局委员、国务院副总理回良玉为国家开发银行西藏自治区分行开业揭牌

西藏自治区主席白玛赤林与国家开发银行董事长陈元签订了新一轮开发性金融合作备忘录

2010年8月19日上午，西藏航空意向订购空中客车A319飞机暨融资签字仪式在拉萨举行。自治区党委常委、自治区常务副主席吴英杰，国家开发银行副行长李吉平出席并讲话

自治区副主席白玛才旺与国家开发银行赴藏调研组一行座谈

2010年8月30日，自治区人大副主任马如龙到国家开发银行西藏代表处考察调研

国家开发银行西藏代表处与西藏财信担保有限公司举行《支持西藏中小企业发展战略合作协议》签约仪式

2010年11月16日，国家开发银行、西藏大学、西藏民族学院、西藏藏医学院国家助学贷款合作协议暨借款合同签字仪式在西藏大学举行

2010年2月26日，国家开发银行支持西藏和四省藏区发展工作会议在成都召开

2010年9月3日，国家开发银行西藏代表处举行主题为“我运动，我健康”的第二届运动会

中国工商银行西藏自治区分行

2010年4月2日下午，黄庆惠行长、格桑曲珍副行长拜会西藏自治区主席白玛赤林，并汇报总行分行行长会议精神及近期工作计划

2010年9月15-16日，中国工商银行副行长李晓鹏到西藏分行调研指导工作。期间，拜会西藏自治区党委副书记、自治区人民政府主席白玛赤林

2010年7月12-13日，中国工商银行纪委书记刘立宪到西藏分行调研指导工作

2010年10月21日，西藏银监局局长扶明高、副局长杨高林到工行西藏区分行调研指导工作

中国工商银行副行长李晓鹏到西藏分行调研指导工作,并和区分行职工合影留念

2010年9月，中国工商银行副行长李晓鹏到西藏分行调研，并参加分行民主生活会

2010年7月12-13日，中国工商银行纪委书记刘立宪到西藏分行调研期间拜会西藏自治区副主席白玛才旺

2010年5月21日，工行区分行被西藏银监局、自治区银行业协会授予“良好银行”荣誉称号

2010年9月28日，由总行向日喀则地区捐建的太阳能光伏电站完成竣工，西藏分行与日喀则地区定日县政府举行交接仪式

2010年11月28日，西藏分行参加自治区2010年银行业公众教育服务日活动

总行个人金融总部祝树民总裁在西藏进行工作调研

中行西藏区分行行长李瑞强督促营业部更换填单柜示范凭证,确保IT蓝图上线成功

中行西藏区分行行长李瑞强在“根在基层”走进西藏交流活动仪式上致辞

西藏区北京中路支行举行新址开业庆典

中行西藏区分行副行长贝西与支行员工亲切合影

西藏日喀则支行开展“心手相牵 快乐成长 关爱农民工子女”爱心活动

西藏区分行与拉萨市城关区财政局签订战略合作协议

西藏区分行首次成功叙做银团贷款业务

西藏区分行辖内三单位获西藏银行业“良好银行”称号

西藏区分行合力推进“送金融知识下乡”活动

中国建设银行西藏自治区分行

2010年11月30日西藏自治区副主席多吉泽仁与分行韩文贞行长一行在拉萨宇拓路步行街参观西藏分行举办的银行业公众教育日活动

2010年12月31日西藏自治区副主席白玛才旺等一行莅临拉萨北京中路支行慰问分行员工

2010年7月20日西藏自治区银监局扶明高局长一行莅临西藏区分行五楼会议室检查调研

2010年6月13日西藏分行韩文贞行长、严仕成副行长一行到分行培训大楼施工现场指导工作

2010年3月26日韩文贞行长在分行六楼会议室参加西藏分行机关党委第五次代表大会

2010年6月12日在西藏分行五楼会议室韩文贞行长参加分行团委表彰会

2010年9月30日西藏区分行在拉萨中学体育馆参加安利杯全区职工排舞比赛的女员工合影

2010年7月1日在西藏区分行7楼会议室韩文贞行长等参加建党89周年庆祝大会

2010年7月8日在拉萨中学情系西藏奖助学基金捐赠座谈会暨捐赠仪式

2010年9月4日在西藏分行六楼举行审计工作联席会杨劲青总审计师等参加

2010年4月26日西藏区分行员工参加机关工会在拉萨中学开展的迎世博趣味运动会

2010年12月31日在西藏分行办公大楼前举行西藏自治区党委政府惠民卡发卡仪式

中国人保西藏分公司

中国人保集团公司总裁吴焰在山南分公司检查指导工作

中国人保集团公司总裁吴焰莅临西藏分公司调研

中国人保财险西藏分公司党委书记、总经理孙国新为昂仁县地震受灾群众发放理赔款

中国人保财险西藏分公司党委书记、总经理孙国新在革吉县理赔现场并与当地群众合影

中国人保财险西藏分公司向山南“3.06”特大交通事故遇难家属捐赠84万元现场

山南“3.06”遇难者家属表达对党对政府和中国人保的谢意

特载

政府工作报告

——2011年1月10日在自治区第九届人民代表大会第四次会议上

自治区主席 白玛赤林

各位代表：

中共西藏自治区七届七次全委会审议通过的《关于制定“十二五”时期国民经济和社会发展规划的建议》，提出了未来五年国民经济和社会发展的指导思想、奋斗目标和主要任务。据此，自治区人民政府编制了《西藏自治区“十二五”时期国民经济和社会发展规划纲要（草案）》。现在，我代表自治区人民政府向大会作报告，请各位代表连同《规划纲要（草案）》一并审议，并请各位政协委员提出意见。

“十一五”时期国民经济和社会发展回顾

过去的五年，是西藏经济社会发展史上极不寻常、极不平凡的五年。在中央的亲切关怀和全国人民的大力支持下，在自治区党委的正确领导下，我们高举中国特色社会主义伟大旗帜，以邓小平理论和“三个代表”重要思想为指导，深入贯彻落实科学发展观，认真贯彻党的十七大、十七届三中、四中、五中全会，西部大开发工作会议和中央第四次、第五次西藏工作座谈会精神，按照自治区第七次党代会、七届三次、四次、五次、六次、七次全委会和区党委工作会议的部署，始终坚持中央关于西藏工作的指导思想和方针政策，坚持走有中国特色、西藏特点的发展路子，大力实施“一产上水平、二产抓重点、三产大发展”的经济发展战略，坚定不移抓发展，千方百计惠民生，统筹建设护生态，旗帜鲜明反分裂，紧紧依靠全区各族人民，团结拼搏，艰苦奋斗，圆满完成了“十一五”规划纲要提出的各项目标任务，为全面建设小康社会奠定了坚实基础。

一、抓关键打基础，自我发展能力持续提升

五年来，我们始终坚持以发展为第一要务，排除各种干扰，着力改善基础设施条件，突出特色产业建设，努力扩大城乡消费，自我发展能力进一步增强，实现更好更快更大发展的物质基础更加坚实。

经济总量再上新台阶。坚决贯彻中央决策部署，适时适度进行政府调控，出台了“扩内需、保增长”一系列政策措施，连续五年实现了两位数的经济增长速度，保持了跨越式发展的良好势头。全区生产总值先后突破300亿元、400亿元、500亿元，预计2010年达到507.5亿元，年均增长12.4%。全社会固定资产投资累计达到1656亿元，是“十五”时期的2.4倍；社会消费品零售总额累计实现670亿元，比“十五”时期增长1.3倍；地方财政一般预算收入累计达到126.3亿元，是“十五”时期的近3倍。截止2010年末，预计金融机构各类存贷款余额达1230亿元、290亿元，比“十五”末增长1.7倍和62%。

基础设施建设成就卓著。积极争取国家投资，扩大社会投资，落实援藏资金，投资规模不断扩大。“188项目”全部开工，已完工109个。扎实做好项目前期工作，加强项目建设和管理，基础设施条件明显改善。综合交通运输网初步形成，墨脱公路和拉萨至贡嘎机场专用公路开工建设，80%以上国道完成了路面黑色化整治改建，54个县通油路、6个县油路在建，公路通车总里程5.8万公里，比“十五”末增长33%；青藏铁路建成通车，结束了西藏不通铁路的历史；那曲物流中心建成运营，拉日铁路开工建设；林芝、阿里、日喀则机场建成通航。以水电为主的综合能源体系加快建立，狮泉河、直孔、巴河雪卡等电站竣工投产，藏木、果多等电站建设顺利；青藏直流联网工程开工建设，无电地区电力建设扎实推进，全区电力装机总容量达到97.4万千瓦，比“十五”末增加47.4万千瓦，在建规模95.6万千瓦。水利基础设施得到改善，“三大灌区”建设进入收尾阶段，江北灌区加快建设，旁多水利枢纽工程加快推进，新增和改善灌溉面积111万亩。城镇服务功能进一步提升。信息化水平大幅提高，3G网络实现县县覆盖，互联网用户超过115万户，基本实现了乡乡通光缆、通传真。

城乡消费齐头并进。不断完善市场体系，加大市场监管，刺激消费需求，城乡消费保持了同步增长的良好态势。加强农牧区市场建设，共建成12个大型农产品批发市场、45个县级农贸市场和1859个农家店。结合西藏实际，认真落实家电、农机、汽车、摩托车下乡政策，扩大了补贴范围，提高了补贴标准。住房、汽车消费势头强劲，旅游、通信、餐饮、休闲等消费热点进一步巩固。针对2008年消费市场大幅下滑的情况，采取减免税费、特殊补助等一系列措施，提振了市场信心，居民消费迅速恢复。

产业建设迈出新步伐。坚持特色与规模并重，加大专项扶持，特色优势产业快速发展，工业经济发展势头强劲。积极调整农牧业结构，粮食生产保持稳定，农牧业综合生产能力进一步提高；整合资金18亿元，扶持特色农牧业发展。坚持做大做强，建工、建材、矿业、旅游、藏药集团成功组建。坚持统一规划、突出特色、集中建设，园区经济发展加快。全面加强地质勘查工作，矿产勘查工作取得重大进展。按照抓大限小、整合做强的原则，进一步规范矿产开发秩序，甲玛铜矿等重点矿业开发项目加快建设。狠抓宣传促销和优化服务，突出冬季旅游和农村旅游，实现了旅游业的快速发展，2010年全区接待游客685.1万人次，旅游总收入达71.4亿元，分别较2005年增长2.8倍和2.7倍。金融服务经济的重要作用得到有效发挥。商贸流通、交通运输、邮政通信等服务业取得长足发展。

二、抓重点保民生，各族群众得到更多实惠

五年来，我们始终坚持以保障和改善民生为出发点和落脚点，狠抓“首要任务”，千方百计扩大就业，加快发展社会事业，建立健全社会保障体系，各族群众共享发展成果，实现更好更快更大发展的群众基础更加牢固。

以安居乐业为突破口的社会主义新农村建设取得重大进展。累计投入资金170亿元，全面实施农牧民安居工程，全区住房条件比较差的27.5万户、143万农牧民住上了安全适用的房屋。实施了农房抗震加固工程、农村危房改造试点、农村人居环境建设和环境整治工程。大力推进“八个基本解决”，农牧区基础设施显著改善，累计解决了153万人的安全饮水问题，159个乡镇和1659个行政村通了公路，超额完成“十一五”规划任务；全区新增74万农牧民用上了电，基本实现村村通电话，广播电视人口综合覆盖率分别达到90.3%、91.4%，乡镇通邮率达到85.7%，农牧区碘盐覆盖率达到91.2%；做到了白内障成熟一例、治愈一例。农村薪柴替代工程加快推进。金融服务“三农”力度不断加大，涉农信贷累计投放预计达到165亿元；涉农保险覆盖69个县。

各项社会事业全面进步。在全国率先实现了城乡免费义务教育；先后四次提高“三包”经费标准，平均达到1800元；“两基”攻坚全面完成，内地办学规模不断扩大，开设了内地西藏中职班，各级各类学校全面发展。农牧民医疗制度全面建立；建成了72个县卫生服务中心和682个乡镇卫生院，覆盖城乡的医疗卫生服务体系逐步完善；所有县、乡、村医疗机构配备了基本医疗设备；妇幼保健、优生优育工作进一步加强，孕产妇和婴儿死亡率进一步下降；传染病、地方病监测防治工作不断加强，突发公共卫生事件应急处置能力逐步增强，全区实现了基本消除碘缺乏病目标。重点科技工程项目成效明显，科技富民强县计划、科普惠农兴村计划和科技特派员制度深入实施。建成149个乡镇文化活动站、2000个行政村农家书屋，县县有综合文化活动中心，文化信息资源共享工程服务网络实现县级覆盖，文化遗产保护工作进一步加强，优秀传统文化得到继承和弘扬，对外文化交流迈出新步伐。竞技体育取得较好成绩，全民健身活动广泛开展，登山运动实现历史性突破，圆满完成了北京奥运会珠峰火炬传递任务。

统计工作进一步加强，服务决策和经济社会发展的水平显著提高。哲学社会科学、新闻出版、文学艺术等事业全面发展，气象、地震、人防、测绘等工作取得新成绩，妇女儿童、老龄、残障等工作成效突出。大力支持国防、军队建设，双拥工作进一步加强。

就业和社会保障水平显著提升。实施积极就业政策，强化就业服务，千方百计扩大就业，高校毕业生就业率保持在80%以上，复退军人得到妥善安置，动态消除了“零就业家庭”，城镇登记失业率控制在4%以内。在中央的大力支持下，城乡社会保障体系逐步完善，在全国率先实现了基本医疗保险、新型农村社会养老保险和城乡最低生活保障等制度的全覆盖。养老、医疗、失业等社会保险统筹层次进一步提高，基金调剂能力显著增强。保障范围逐步扩大，标准不断提高，城乡居民最低生活保障标准分别提高到月人均330元和年人均1300元。着力保障困难群众和优抚群体的生活，社会福利、慈善公益事业不断发展，救济救助力度不断加大，建立和落实农牧区“三老”人员生活补助制度，城乡特困群众生活、医疗救助制度逐步完善。整乡推进扶贫工作深入开展，贫困人口大幅下降。安排40多亿元，建设了10800套城镇廉租房和26582套周转房，全区城镇困难家庭和干部职工居住条件得到明显改善。

城乡居民收入大幅提高。采取农牧业增产增效，特色产业开发、劳动力转移，科技推广和扶持发展专业合作经济组织等多项措施，促进了农牧民收入的快速增长。认真实施强农惠农政策，2010年农牧民人均补助超过1800元。城镇居民收入稳定增长，企业职工工资正常增长机制初步形成，最低工资标准平均达到900元。农牧民人均纯收入连续8年保持两位数增长，2010年突破4000元，达到4138.7元，比2005年增长99.2%；城镇居民人均可支配收入达到14980元，比2005年增长78.1%。

三、抓保护重建设，生态环境保持良好

五年来，我们始终坚持经济建设与生态环境相协调，高度重视生态环境保护，更加注重生态文明建设，积极构建国家生态安全屏障，实现更好更快更大发展的生态环境支撑更加稳固。

生态安全屏障规划制定实施。科学制定《西藏生态安全屏障保护与建设规划》，并获国务院批准。截至目前共到位国家投资25亿元；规划确定的重点保护工程、重点建设工程、支撑保障项目共3大类10项工程开始实施。以实施西藏生态安全屏障保护与建设规划为标志，我区的生态环境保护进入了科学规划、整体推进、保护与建设并重的新阶段。

生态保护与建设长效机制初步形成。开展了生态补偿研究，生态效益补偿机制逐步建立，在全国率先启动了西藏草原生态保护奖励机制试点；建立了森林生态效益补偿制度，全区65个县1.5亿多亩公益林全部纳入补偿范围；开展了国家重点生态功能区转移支付工作。已建立各级各类自然保护区47个、生态功能保护区21个，植树造林172.1万亩，防沙治沙64万亩，退耕还林58.5万亩，退牧还草5911万亩，有效保护了我区重要的生态区域。

生态环境监管和节能减排工作得到加强。环境影响评价工作逐步规范，规划环评工作大力推进。工程建设环境监理机制逐步建立。污染防治和辐射环境管理工作扎实推进。饮用水水源地环境保护、环境综合整治、矿山地质环境治理与保护不断加强。环境监测、监察能力逐步提高，环保专项行动深入开展。全面禁采了砂金矿、砂铁矿，全面禁止生产、销售、使用一次性塑料购物袋。认真落实节能减排任务，万元地区生产总值能耗控制在1.28吨标煤以内，主要污染物排放总量得到有效控制，环境质量保持在良好状态。

四、抓创新增活力，改革开放不断深化

五年来，我们始终坚持把改革开放作为推动科学发展、跨越式发展和长治久安的根本动力，破解发展难题，增强发展活力，社会生产力进一步解放和提高，实现更好更快更大发展的体制机制保障更加有力。

各项改革稳步推进。坚持农牧区“三个长期不变”基本政策，草场承包经营责任制有效实施，集体林权制度改革进展顺利，农牧区综合改革步伐加快，农村公共服务体系进一步完善。粮食流通体制改革取得实质性进展。企业改革取得重大突破。投资、财税、价格改革不断深入。资本市场实现新发展，地方性法人银行筹建积极推进。西藏航空公司组建成立。盐业体制改革取得重大进展，农村水电体制改革顺利实施。医药卫生体制改革全面推进。新一轮政府机构改革基本完成，事业单位改革稳步实施，行政管理体制改革继续深化，政府管理服务能力进一步提升。

非公有制经济蓬勃发展。认真完善落实优惠政策，不断优化政府服务，促进了非公有制经济快速发展，从业人员35万人，五年累计上缴税收106.6亿元，占全区税收总额的72.1%。非公有制经济为解决就业、促进发展做出了突出贡献，已成为我区经济发展的生力军。

对外开放步伐加快。以向祖国内地开放为重点，宽领域、多层次的开放格局逐步形成。不断加强区域合作，积极融入成渝经济圈，推动了川滇藏生态旅游区建设，与周边省份和一批国有大型企业签订了战略合作协议。精心组织，积极参加上海世博会，充分展示了西藏发展繁荣的新风貌，西藏馆成为最受欢迎的展馆之一。对外贸易不断扩大，口岸建设和管理水平不断提高，进出口总额累计达到27.3亿美元，自产产品出口达到2亿美元。

全国对口援藏力度进一步加大。全国首次经济援藏工作会议成功召开，国家许多部委专门召开了系统援藏工作会议；援藏工作机制不断健全，五年共有援藏干部2661名进藏工作；积极引导援藏项目和资金向“三农”和民生领域倾斜，援藏资金累计达75.7亿元。

五、抓稳定强管理，社会更加安定和谐

五年来，我们始终坚持谋长久之策、行固本之举，凝聚民心、汇聚力量，坚决维护社会稳定，坚决维护社会主义法制，坚决维护人民群众根本利益，坚决维护祖国统一，坚决维护民族团结，社会局势持续稳定，实现更好更快更大发展的思想和社会基础更加牢固。

反分裂斗争取得重大胜利。全面贯彻中央对达赖集团斗争的方针，旗帜鲜明地揭批达赖，反分裂斗争深入开展。紧紧依靠全区各族人民，依法果断处置了拉萨“3·14”打砸抢烧严重暴力犯罪事件，较短时间内恢复了正常社会秩序，有力打击了达赖集团和境内外敌对势力的分裂破坏活动。“反对分裂、维护稳定、促进发展”主题教育活动深入开展，“团结稳定是福，分裂动乱是祸”成为广泛共识，进一步增强了同达赖集团斗争的坚定性、自觉性和主动性。维稳工作机制不断完善，维稳能力建设不断加强。强化军警民联防联控，边境管控不断加强。服务国家总体外交大局，积极开展涉藏外事外宣工作，强化涉外管理，加强舆论引导，有效挤压了达赖集团的国际活动空间。

社会管理进一步加强。加大社会治安综合治理力度，严密防范和依法打击了各类违法犯罪活动。坚持管理与服务并重，流动人口管理得到加强，社区管理与服务水平不断提高。坚决维护人民群众根本利益，及时化解、妥善处理资源开发、虫草采集交易、拖欠工资等矛盾纠纷，有效预防和妥善处置了群体性事件。应急管理体系不断完善，及时应对处置了各类突发事件。基层政权建设力度加大，政法基层基础建设全面加强，基层基础不断巩固。强化道路交通、食品、药品、矿山、旅游等重点领域的安全生产管理工作，有力保障了人民群众的生命财产安全。

民族宗教工作不断深化。广泛开展民族团结教育和民族团结进步创建活动，“三个离不开”思想深入人心；“兴边富民”行动扎实推进，人口较少民族地区和边境地区加快发展；少数民族和妇女干部培养使用得到重视，藏语言文字工作得到加强，各民族大团结得到巩固和发展。全面贯彻落实党的宗教工作基本方针，建立健全寺庙管理长效机制，依法管理宗教事务，积极引导宗教与社会主义社会相适应，有效维护了正常宗教秩序；寺庙法制宣传教育深入开展，广大僧尼的中华民族意识、国家意识、法制意识、公民意识得到增强。

社会主义精神文明建设扎实推进。围绕构建社会主义核心价值体系，弘扬社会主义先进文化，设立并庆祝西藏百万农奴解放纪念日，结合新中国成立60周年、北京奥运会、西藏民主改革50周年、昌都解放60周年等重大活动，组织开展系列重大宣传活动，在全社会进一步唱响了“六个好”主旋律。广泛开展党的富民惠民政策宣传教育和群众性精神文明创建活动，加强爱国主义教育，大力宣传新西藏、新发展、新变化、新生活，中华民族的凝聚力和伟大祖国的向心力进一步增强。

五年来，我们始终坚持为民、务实、清廉，政府管理与服务水平不断提高。按照自治区党委的统一部署，积极开展深入学习实践科学发展观、创先争优和万名干部下基层、千名干部进百村两帮助、作风建设年、效能建设年等活动，进一步密切了党群干群关系，进一步夯实了基层基础，进一步提高了行政效能。民主法制建设积极推进，主动接受人大及其常委会的监督，自觉接受政协的监督，累计办理人大代表议案、建议和政协委员提案 2863 件，办复率 100%；《行政许可法》和依法行政实施纲要全面实施，加强普法工作，公民法制观念明显增强。加快转变政府职能，严格依法行政，推进政务公开，政府管理和服务水平进一步提高。切实加强执法监察、效能监察、廉政监察，注重从源头上加强预防和治理腐败，政府廉政建设和纠正行业不正之风取得明显成效。公众参与、专家咨询和政府决策相结合的决策机制不断完善，科学民主决策成为政府工作规范。

各位代表，刚刚过去的 2010 年，是“十一五”发展的收官之年。一年来，我们深入学习贯彻中央第五次西藏工作座谈会精神，紧紧围绕推动科学发展、保障和改善民生、促进社会和谐稳定，社会主义新农村建设取得标志性成就，农牧民生产生活条件进一步改善，农牧民收入持续快速增长；中央投资实现重大突破，项目建设取得重大进展；城乡消费继续保持齐头并进的增长态势；特色产业发展势头强劲；教育、卫生、文化、科技等社会事业全面发展，就业和社会保障工作得到加强；生态文明建设扎实推进；改革开放不断深化，全面完成了年度目标任务，为“十一五”划上了一个圆满的句号。2010 年全区生产总值比上年增长 12.3%，地方财政一般预算收入增长 21.8%，全社会固定资产投资增长 22.1%，社会消费品零售总额增长 18.7%，居民消费价格指数涨幅控制在 2.2%，城镇新增就业 2.1 万人。

各位代表，五年的艰苦努力，硕果累累。这五年，国家在政策、资金、项目上的支持进一步加大，对口支援领域不断向纵深拓展，是中央举全国之力支援西藏力度最大的五年；各种所有制经济竞相发展，与祖国内地的交流合作日益紧密，是改革开放成效最突出的五年；投资消费并驾齐驱拉动增长的格局初步形成，经济总量连上三个大台阶，是经济发展更好更快更大的五年；安居工程规划任务全面完成，基础设施条件显著改善，是城乡面貌变化最明显的五年；“首要任务”扎实推进，社会保障体系不断完善，是各族群众得到实惠最多的五年；科学理财，综合统筹，集中财力办大事，是财政保障最好的五年；生态安全屏障建设迈出关键步伐，生态环境保护长效机制加快建立，是生态环境保护与建设成效最显著的五年。这五年，我们扎实推进和谐西藏建设，保持了社会持续稳定，为跨越式发展提供了良好的社会环境。现在的西藏，正在从加快发展走向跨越式发展、从相对封闭走向全面开放、从单一农牧业走向多元经济共同发展、从自然保护为主走向全面加强生态环境建设、从解决温饱走向全面建设小康社会、从基本稳定走向长治久安，处于历史上最好时期，站在了新的历史起点上。

五年来，我们在艰难曲折中砥砺奋进。面对达赖集团干扰破坏不断、各种自然灾害频发、宏观经济环境趋紧等各种挑战，在党中央、国务院和区党委的领导下，全区各族人民众志成城，共克时艰，积累了扩需求、促增长、惠民生、保稳定的宝贵经验。重重困难磨练了我们的意志，锻炼和提高了我们推动科学发展、驾驭复杂局面的能力。

五年来，我们在重大机遇中乘势而上。面对中央第五次西藏工作座谈会胜利召开，国家支持力度进一步加大，青藏铁路通车运营等重大机遇，在党中央、国务院和全国人民的关怀支持下，全区各族人民抢抓机遇、只争朝夕，有力地推动了科学发展、跨越式发展和长治久安。中央关心、全国支援鼓舞了我们的斗志，更加坚定了我们在党的领导下走社会主义道路的信心和决心。

五年团结奋斗，全区各族人民创造了无愧于这个伟大时代的光辉业绩，成就来之不易。这是以胡锦涛同志为总书记的党中央正确领导、全国人民无私支援的结果，是自治区党委坚强领导、科学应对的结果，是全区各族人民团结拼搏、共同努力的结果。在此，我代表自治区人民政府，向付出辛勤劳动的全区各族人民，向全国人民特别是承担对口支援的省市、中央国家机关和重要骨干企业，表示崇高的敬意！向给予政府工作大力支持的人大代表和政协委员，向驻藏人民解放军、武警官兵、政法干警，表示诚挚的谢意！向关心、支持我区改革开放和现代化建设的海内外各界人士，表示衷心的感谢！

五年的光辉实践，积累了弥足珍贵的经验，我们深深体会到：

必须始终坚持党的领导，这是我们一切事业沿着正确方向前进的根本保证。中国共产党是我们各项事业的领导核心。只有全面深入贯彻党的路线方针政策，始终与以胡锦涛同志为总书记的党中央保持高度一致，不折不扣地贯彻落实自治区党委的决策部署，才能统一思想，真正走出一条有中国特色、西藏特点的发展路子。

必须始终坚持深入贯彻落实科学发展观，这是我们建设社会主义新西藏的强大思想武器。科学发展观是马克思主义关于发展的世界观和方法论的集中体现。只有把科学发展观贯彻落实到经济社会发展的各个方面、各个环节，才能实现经济发展、生活宽裕、生态良好、社会和谐、文明进步的有机统一。

必须始终坚持中央关于西藏工作的指导思想，这是我们建设社会主义新西藏的行动指南。西藏工作指导思想是中央治藏方略的总结与发展，凝聚着历代中央领导集体的智慧和心血，充分反映了西藏各族人民的意愿和期盼。只有始终坚持“一个中心、两件大事、四个确保”，才能加快推进小康西藏、平安西藏、和谐西藏、生态西藏建设的伟大事业。

必须始终坚持共同团结奋斗、共同繁荣发展，这是我们建设社会主义新西藏的重要保障。民族团结是全区各族人民的生命线。只有高举民族团结的旗帜，牢固树立“三个离不开”的思想，促进各民族之间交往交流交融，才能让西藏各族人民紧紧团结在党的旗帜下、祖国的怀抱里，和睦相处、和衷共济、和谐发展。

必须始终坚持发展这个第一要务，这是我们解决西藏所有问题的基础和关键。缩小差距、改变面貌要靠发展，为民谋利、改善生活要靠发展，巩固安定团结和谐的局面更要靠发展。只有大力实施“一产上水平、二产抓重点、三产大发展”的经济发展战略，进一步更新发展观念，转变发展方式，提高发展质量，才能推动西藏在科学发展的轨道上实现跨越式发展。

必须始终坚持把保障和改善民生作为一切工作的出发点和落脚点，这是我们推进西藏跨越式发展和长治久安的最终目的。民生凝聚民心，民心关乎和谐。只有突出改善农牧民生产生活条件，增加农牧民收入，切实解决人民群众最关心、最直接、最现实的利益问题，实现好、维护好、发展好最广大人民的根本利益，才能让各族人民共享发展成果，共同致力于社会主义新西藏的繁荣进步。

必须始终坚持稳定压倒一切的思想，这是我们建设和谐西藏的首要政治任务。社会和谐稳定，是实现经济社会跨越式发展的前提。只有紧紧抓住西藏的特殊矛盾，把反对分裂、维护稳定、维护国家安全作为硬任务、第一责任，谋长久之策，行固本之举，才能推动西藏在社会和谐的进程中实现长治久安，才能真正把西藏构筑为稳固的国家安全屏障。

在总结成绩的同时，我们也清醒地看到，我区推进跨越式发展和长治久安还面临着一些困难和问题。由于特殊的自然、历史和社会因素，我区总体上仍属于欠发达地区，人民日益增长的物质文化需要同落后的社会生产之间的矛盾是我区社会的主要矛盾，推动跨越式发展的任务十分繁重。基础设施建设还不能完全满足跨越式发展的需要，自我发展能力严重不足；农牧民持续稳定增收的渠道还不宽，增收长效机制有待进一步建立完善；社会事业发展相对滞后，基本公共服务均等化水平不高；城乡发展不平衡、区域发展不协调的状况依然存在；生态和发展的矛盾日益显现；就业观念还需进一步转变，就业形势较为严峻；公务员队伍建设有待进一步加强，极少数干部作风较差、办事效率低下，与科学发展、跨越式发展和长治久安的要求还不相适应。同时，由于达赖集团在国际敌对势力支持下一直没有停止渗透破坏活动，我区还存在着各族人民同以达赖集团为代表的分裂势力之间的特殊矛盾，我们同达赖集团的斗争是长期的、尖锐的、复杂的，有时甚至是激烈的，反对分裂、维护社会稳定的任务艰巨。

发展中的困难和问题要用发展的办法加以解决。我们要更加珍惜大好形势，更加珍惜历史经验，更加珍惜宝贵机遇，坚定信心，乘势而上，继续保持好跨越式发展的良好势头，切实维护好安定和谐的政治局面，向着全面建设小康社会的新征程奋勇迈进。

“十二五”时期的指导思想、基本要求和奋斗目标

“十二五”时期是推进西藏跨越式发展和长治久安、全面建设小康社会的攻坚时期。明确今后五年的指导思想、基本要求和奋斗目标，对全局工作具有至关重要的作用。

《纲要》提出“十二五”时期的指导思想是：**高举中国特色社会主义伟大旗帜，以邓小平理论和“三个代表”重要思想为指导，深入贯彻落实科学发展观，全面贯彻落实党的十七届五中全会、西部大开发工作会议、中央第五次西藏工作座谈会、区党委七届七次全委会和区党委工作会议精神，坚持党的领导，坚持社会主义制度，坚持民族区域自治制度，坚持走有中国特色、西藏特点发展路子，以科学发展、跨越式发展和长治久安为主题，以实施“一产上水平、二产抓重点、三产大发展”的经济发展战略、加快转变经济发展方式为主线，以改革开放为动力，以民族团结为保障，以保障和改善民生为出发点和落脚点，以生态环境保护与建设为重要内容，巩固和扩大“十一五”发展成果，促进经济更好更快更大发展和社会和谐稳定，为到2020年同全国一道实现全面建设小康社会的宏伟目标打下坚实的基础。**

实现“十二五”更好更快更大发展，必须始终突出科学发展、跨越式发展和长治久安这个主题。这是由我区社会的主要矛盾和特殊矛盾所决定的。西藏是欠发达地区，只有始终坚持科学发展，更加注重以人为本，更加注重全面协调可持续发展，更加注重统筹兼顾，更加注重保障和改善民生，促进社会公平正义，才能充分发挥后发优势，实现更好更快更大发展。西藏是边境地区，处于反分裂斗争前沿，只有切实维护社会稳定，促进长治久安，构筑牢固的国家安全屏障，才能确保更好更快更大发展。“十二五”时期，我们必须坚决按照中央决策和区党委部署，更加积极、更加主动、更加自觉地把这个主题作为一种政治责任和历史使命，凝聚各方力量，在科学发展的轨道上推动跨越式发展，在社会和谐的进程中促进长治久安。

必须始终贯穿大力实施“一产上水平、二产抓重点、三产大发展”的经济发展战略、加快转变经济发展方式这条主线。党的十七届五中全会强调，推动科学发展，必须把经济结构战略性调整作为主攻方向，把科技进步和创新作为重要支撑，把保障和改善民生作为根本出发点和落脚点，把建设资源节约型、环境友好型社会作为重要着力点，把改革开放作为强大动力，加快转变经济发展方式，提高发展的全面性、协调性、可持续性。这对我区工作具有深远的指导意义。实施“一产上水平、二产抓重点、三产大发展”的经济发展战略，是立足实际，坚持科学发展，加快转变发展方式，提高发展质量的行动指南。一产上水平，就是要着力改变落后的生产经营方式，加快建立新型农牧业社会化服务体系，大力发展特色农牧业及加工业，努力提高农牧业发展的科技含量，积极推动农牧业产业化经营，促进传统农牧业向现代农牧业转变；二产抓重点，就是要以清洁能源产业、特色农畜产品加工业、优势矿产业、建筑建材业、藏药业、民族手工业等为重点，整合资源，高起点、大规模推进，走出一条有中国特色、西藏特点的新型工业化路子；三产大发展，就是要充分发挥精品旅游业和特色文化产业的带动作用，大力发展现代服务业，加快发展与工农业生产密切相关的服务业，提升传统服务业，真正形成具有地方特色和比较优势的战略支撑产业。

“十二五”时期经济社会发展的基本要求是：**坚持加快发展，着力在增强自我发展能力上取得突破；坚持共享发展，着力在保障和改善民生上取得突破；坚持可持续发展，着力在生态环境保护与建设上取得突破；坚持和谐发展，着力在长治久安能力建设上取得突破；坚持统筹发展，着力在优化空间发展布局上取得突破；坚持创新发展，着力在体制机制完善上取得突破。**这六个方面，既是我区深入贯彻落实科学发展观，着力转变经济发展方式、提高发展质量必须坚持的基本原则，也是我区“十二五”期间在科学发展轨道上推动跨越式发展的目标要求。

根据“十二五”期间面临的形势和任务，《纲要》提出了经济发展、人民生活、公共服务、基础设施、生态环境、改革开放和社会稳定等七个方面的目标，主要包括：**继续保持跨越式发展势头，地区生产总值年均增长12%以上，地方财政一般预算收入年均增长15%以上。人民生活水平显著提高，农牧民人均纯收入年均增**

长13%以上，城镇居民人均可支配收入持续增加；五年城镇新增就业人数超过10万人，城镇登记失业率控制在4%以内。基本公共服务能力显著提高。基础设施建设取得重大进展。生态环境进一步改善，到2015年单位地区生产总值能耗降低15%，主要污染物排放总量控制在国家核定范围内。改革开放不断深化。社会保持持续稳定。

这七个方面的目标，其中城镇新增就业人口、单位地区生产总值能耗等6项，是约束性指标，是必须确保完成的；其他指标是预期性指标，是导向性的，是要努力达到的。

"十二五"规划纲要突出了战略性、纲领性、综合性，增强了指标的约束性；围绕要解决的主要问题和重点发展领域，提出了努力方向和相应的政策措施。规划纲要的制定，充分发扬民主，广泛听取意见和建议，使规划纲要既集中体现党委、政府的决策意图和施政方针，又凝聚各方共识和群众智慧，是全区各族人民建设团结、民主、富裕、文明、和谐的社会主义新西藏的行动纲领。

"十二五"时期主要任务

《规划纲要》提出"十二五"时期的任务，涉及到方方面面。这里，我着重报告六个方面：

一、着力保障和改善民生

扎实推进以安居乐业为突破口的社会主义新农村建设。解决民生的重点领域在农牧区，重点对象是农牧民，重点工作是抓好"首要任务"。全面落实强农惠农政策，突出加快农牧区基础设施建设和发展特色农牧业两个重点，建立农牧业增产增效和农牧民增收的长效机制。加快实施水、电、路、讯、气、广播影视、邮政和优美环境"八到农家"工程，切实改善农牧区面貌。继续实施农牧民安居工程和防震加固工程，到2013年实现所有农牧民住进安全适用房屋的目标。全面推进农村人居环境建设与环境整治工程。继续实施最严格的耕地保护制度，调整农牧业结构，保障青稞为主的粮食安全，大力发展畜牧业，提高综合生产能力。加大农牧业科技创新和转化力度，建立新型农牧业社会化服务体系，不断提高农牧业现代化水平。加强农业政策性金融服务，增加金融机构营业网点，稳步推进农牧区保险，扩大范围、增加险种。专项扶持，大力发展由基层组织控股、能人经营、群众入股的股份合作制式的乡村集体经济，切实增强基层政权组织的凝聚力和影响力。加强组织和培训，大力培养新型农牧民，倡导健康文明生活方式，促进富余劳动力转移和就业。加大扶贫开发力度。

努力提高城乡居民收入水平。不断拓宽农牧民增收渠道，进一步提高经营性、工资性、财产性、转移性收入，显著缩小与全国平均水平的差距。调整优化收入分配格局，提高劳动报酬占初次分配的比重，提高居民收入占国民收入的比重。健全工资指导线、劳动力市场工资指导价和行业人工成本信息发布制度。积极探索建立以工资集体协商为形式的企业工资决定机制，引导企业职工工资水平随着经济效益的增长逐步提高。提高低收入群体收入，完善最低工资制度，适时调整最低工资标准。

千方百计扩大就业。坚持用发展的方法解决就业问题，不断增强各类产业吸纳就业的能力。完善鼓励创业的政策体系，优化创业环境，促进以创业带动就业。引导大学生转变就业观念，鼓励自主创业和自谋职业，鼓励到企业、基层和艰苦地区施展才华。积极开发公益性岗位，重点解决城镇"零就业"家庭和困难群体就业问题。做好复退军人教育培训和安置就业工作。加快建立培训、就业、维权三位一体的工作机制，大力组织劳务输出，积极引导转移就业，加强就业和再就业服务。加快人力资源市场和信息网络建设。全面推行劳动合同制度，完善劳动人事争议调解仲裁制度，建立和谐劳动关系。

健全社会保障体系。完善覆盖城乡的养老、医疗、失业、工伤和生育等社会保险制度，扩大覆盖范围，提高保障水平。提升社会保险统筹层次，逐步实现自治区级统筹，完善养老、医疗保险关系的跨省转移接续。建立健全城镇居民基本养老保险，稳步提高企业离退休人员养老金水平，完善新型农村社会养老保险制度。解决好被征地农牧民和退牧牧民的社会保障问题。完善城乡居民最低生活保障制度和特困群众生活、医疗救助制度。加大对受灾群众的救助力度。推行农村五保户集中供养。发展以扶老、助残、救孤、济困、赈灾为重点的社会福利、慈善事业。加大保障性住房建设力度，完善城镇住房保障体系。

加快医疗卫生事业发展。完善城乡医疗卫生机构设施和功能，实现每个县有标准化医院、每个中心乡镇有标准化卫生院、每个行政村有卫生室、每个街道办事处有社区卫生服务中心。加强区、地、县三级疾病预防控制体系建设，抓好传染病、地方病、高原病的防治工作。大力扶持藏医药发展。不断完善村级卫生服务网络，加大基层卫生人员培训力度，推进以全科医生为重点的基层医疗卫生队伍建设。建立健全乡村医疗卫生机构和医务人员补助政策。提升医疗卫生服务、突发公共卫生事件应急处置、远程医疗能力和水平。完善药品检验、监测、监管基础设施和供应保障体系，健全区、地、县三级食品药品和卫生监管体系。继续实施"农牧民健康促进行动"。加强人口和妇幼保健工作，倡导优生优育，明显降低孕产妇和婴儿死亡率。

大力推进文化事业发展。继续实施文化信息资源共享、送戏下乡、送书下乡等文化惠民工程。推进地市图书馆和博物馆建设，积极发挥县综合文化中心功能，继续建设乡镇综合文化站、行政村文化活动室和农家书屋。加大"西新工程"、广播电视村村通工程、农村电影放映工程实施力度，加强各级新华书店建设。加强文化遗产和古籍的普查、保护及传承，继续实施重点文物保护维修工程，加快构建重要的中华民族特色文化保护地。加快发展特色文化产业，促进文化资源优势向文化产业优势转变。贯彻实施全民健身条例，发展高原特色体育事业。

二、科学推进跨越式发展

大规模建设基础设施。加快完善综合交通运输体系，加快干线公路整治改建，开工建设滇藏公路新通道，加强农村公路和国边防公路建设，实现国道和主要经济干线黑色化，县县通油路，60%乡镇通沥青或水泥路，具备条件的行政村、农林场和所有边防站点通公路；开工建设拉萨至林芝铁路，建成拉日铁路，开展川藏、滇藏铁路西藏段规划研究论证前期工作；加强航空建设，大力发展区内支线航空。以水电为主，油气和新能源互补，建设综合能源体系，到2015年电力人口覆盖率达到95%。建成藏木、老虎嘴、果多、多布等水电站，开展加查、街需等骨干电源点前期工作并适时开工建设，建设大型并网光伏电站；加快电网建设改造，建成青藏直流联网工程，完善电网骨干网架和城市配电网，实施无电地区通电工程。加快建设水利骨干工程，建成旁多水利枢纽工程，开工建设彭波灌区工程，推进拉洛水利枢纽工程和配套灌区前期工作并适时开工建设。加强小流域综合治理。继续实施城镇防洪、重点河段治理工程和病险水库除险加固、山洪灾害防治工程，大幅增加水库供水能力和灌溉面积，城市防洪达到设计防御标准。加强进出藏干线光缆、农村通信、应急通信、党政专用通信、宽带通信等建设，实施电子政务、“三网”融合、突发公共事件预警信息发布系统等工程，着力提高信息化水平。加强邮政建设，行政村通邮率达到90%。加强基础设施建设质量管理和建成后的运行管理，确保项目建设达到预期效益。

做大做强特色优势产业。科学规划、整合资源，集中扶持，依托特色产业园区，实行大集团引领、大项目支撑，加快培育旅游业、能源产业、特色农畜产品加工业、优势矿产业、藏医药业、民族手工业等战略支撑产业。加快实施旅游发展规划，加强旅游景区基础设施、服务设施和应急救援能力建设，大力发展农村旅游，努力提升旅游综合服务质量和水平，把西藏建成重要的世界旅游目的地。坚持走有中国特色、西藏特点的新型工业化道路，着力提升工业在国民经济中的比重。加强地质勘查工作，科学有序开发优势矿产资源，建设藏中藏东地区有色金属及铬铁矿产业基地和藏西盐湖资源开发基地。大力发展特色农牧业，抓好优势项目培育，建设青稞、牦牛、绒山羊等特色农畜产品及加工基地。挖掘传统优势、引进先进技术和工艺，完善藏药标准体系和检验监测体系，加快藏药产业化进程，推动藏药集约化、规模化、现代化发展。大力发展金融业，积极支持战略性投资参与特色优势资源开发。

增强投资消费协同拉动合力。加强汇报衔接，积极争取中央投资；认真完善招商引资政策，优化发展环境，引导和鼓励社会投资；做好受援工作，用好援藏项目资金，努力扩大各类投资规模。扩大农村消费，继续执行家电、家具、摩托车等下乡政策，加快农家店建设，支持大型连锁企业将营业网点延伸到农村；建立健全商业网点体系，加快发展商贸物流业；着力发展餐饮娱乐、文化健身、家政等服务性消费，巩固和提升旅游、住房、汽车等消费热点，提升城市消费水平；加强市场监管，合理引导消费行为，倡导文明、节约、绿色、低碳消费模式。

着力促进区域协调发展。合理确定、分类管理重点开发、限制开发和禁止开发三类主体功能区，科学利用国土空间，实现人口与经济的可持续发展。积极发挥资源和人口聚集优势，全面改善投资环境，把中部经济区打造成为全区特色优势产业发展的战略高地、在国家西部地区有重要影响的经济中心，有国际影响力的旅游目的地、中转地和促进国家区域协调发展的重要支撑点，全区最大的综合交通枢纽、商贸物流中心和金融中心，现代工业发展基地和文化产业培育基地。以开发水能、矿产资源为主导，发挥毗邻川滇两省的区位优势，把东部经济区建成连接藏川滇青的交通枢纽、商贸中心、有色金属生产基地、“西电东送”接续能源基地和“三江”流域精品旅游区，积极融入成渝经济圈。发挥沿边区位优势，完善交通基础设施，在西部经济区打造神山圣湖—古格遗址精品旅游路线，适度发展矿产业，积极发展特色畜牧业和边境贸易。科学规划，合理布局，完善城镇基础设施，大力发展县域经济，促进人口适度集中，提高城镇的聚集效应和辐射能力，建立有西藏特色的城镇体系。科学制定边境地区发展规划，把边境地区作为重点区域，重点倾斜、重点投入、重点发展，使边境地区群众生产生活条件得到显著改善。继续实施“兴边富民”行动，大力扶持门巴、珞巴等人口较少民族地区发展。

三、深入实施科教兴藏战略和人才强区战略

优先发展教育事业。推进城镇学前三年、农牧区学前两年“双语”教育，学前教育毛入园率达到60%。巩固提高义务教育，确保不再出现新的文盲。加快发展普通高中教育，适度扩大内地高中办学规模。大力发展中等职业教育，继续在内地举办西藏中职班。优化提升高等教育，扩大招生规模。高度重视特殊教育。深化教育体制改革，建立现代学校管理制度，创新培养模式、教育管理和办学体制；大力实施素质教育，坚持育人为本、德育为先，促进学生德智体美全面发展。继续改善各类学校办学条件，加强寄宿制学校建设；农牧区学前“双语”教育实行免费政策，继续实施农牧民子女义务教育“三包”政策、实现全覆盖并提高补助标准，将高中阶段农牧民子女全部纳入“三包”政策范围，实行中等职业教育免费政策，让所有孩子能够上学、上得起学、上得好学。

大力推进科技进步。完善科技创新体制机制，围绕特色农牧业、生物产业、藏医药业、新能源、新材料、高原生态与环境、矿产资源开发等重点领域，积极引进和研发新技术、新工艺、新设备，加快科技成果转化，提高科技创新能力。引导和支持创新要素向企业集聚。积极推广农牧业先进适用技术。大力实施《全民科学素质行动计划纲要》，提高全民科学素质。加大知识产权保护力度。

加强人才队伍建设。依托区内外教育资源和对口援藏的有利条件，大力培养急需紧缺人才。围绕特色优势产业、新兴产业、民生改善和重大项目建设需要，加大急需紧缺人才引进力度。优化人才结构和布局，统筹推进各级各类人才队伍建设，构建与我区跨越式发展和长治久安相适应的人才队伍。破除人才流动的体制性障碍，优化人才流动配置机制，营造优秀人才脱颖而出的制度环境和社会环境。

四、构建国家生态安全屏障

加快实施西藏生态安全屏障保护与建设规划。把生态环境保护与建设放在突出位置，合理开发和高效利用资源，大力推进资源节约型、环境友好型社会建设，构建更加稳固的生态安全屏障。整体推进天然林保护、天然草地保护、防沙治沙和水土保持等重点工程，加强自然生态系统保护和退化生态系统修复与重建。加强大江大河源头区、湿地及生物多样性保护。规范化建设自然保护区。加强草原生态建设，积极稳妥进行生态搬迁。到2015年，重点区域可治理沙化土地治理面积达到30%，森林覆盖率达到12%以上，“一江两河”重点地区土地沙化状况得到明显改善。

建立健全生态补偿机制。衔接落实中央财政森林生态效益补偿基金政策，逐

步提高国有公益林森林生态效益补偿标准。全面建立和完善草原生态保护奖励机制。推进湿地、水土保持、水资源保护等生态效益补偿和资源开发生态补偿试点。加大对自然保护区、重要生态功能区、重要战略储备矿产资源所在地财政扶持力度。建立矿山环境治理和生态恢复责任机制。加强地质灾害防治工作。

加强节能减排和环境执法监管。鼓励推广应用节能环保的新工艺、新技术、新设备、新材料，大力推广使用清洁能源，扎实推进节能、节水、节地、节材工作。加强城镇污水、垃圾处理等环境基础设施建设，开展重点区域环境综合整治，加强企业污染治理，妥善处置医疗废物和危险废物，减少污染物排放。加强饮用水水源地保护。加大重金属和土壤污染防治力度。加强辐射环境管理。加大对资源开发和基础设施建设的环境执法监管力度，严格开发建设规划和建设项目环境影响评价，严把生态环境关、产业政策关、资源消耗关。建立健全重大环境事件和污染事故责任追究制度。

强化生态环境监测。建设标准化的环境监测网络，加强对主要江河、重点区域水质、空气质量监测，完善环境应急系统，提高环境应急响应能力。建立生物多样性监测、评价和预警制度。建设功能齐全、布局合理的水文、水资源监测体系。优化气象观测站网布局，改善气象观测设施，加强对极端天气和气候事件的监测、预警，提高气候变化监测和服务能力。

五、深化改革扩大开放

加快改革攻坚步伐。完善草场承包经营制度，稳步推进集体林权制度改革，加快农牧区水利水电管理体制改革，深化农牧区综合改革；允许农牧民以多种形式流转土地承包经营权。继续推进粮食流通体制改革。深化就业、社会保障体制和收入分配制度改革。全面落实医药卫生体制改革方案。深化国有企业改革。加快现代市场体系建设，完善商品市场，建立健全要素市场。积极推进行政管理体制改革，稳步推进事业单位改革和文化体制改革。

深化财税金融改革。建立公共预算体系、基本公共服务均等化标准化体系和公共支出绩效评价体系，完善预算编制和执行管理制度，继续深化和完善国库集中收付制度改革。改革和完善税收制度，健全地方税体系。强化税收征管，确保应收尽收；全面加强非税收入管理。认真落实中央赋予西藏的特殊优惠金融政策，争取各国有商业银行总行对在藏分支机构实行差异化信贷管理办法和单独考核机制，扩大有效信贷投入，确保所吸收的存款主要用于服务西藏经济社会发展。支持国家政策性银行在藏设立分支机构，完成地方性法人银行组建。加快推进村镇银行、小额贷款公司、农村资金互助社等新型农村金融机构建设。健全信用担保体系，建立和完善信贷、担保风险补偿机制。创新金融产品，为中小企业和城乡居民提供优质、高效、便捷金融服务。积极推进资本市场建设，支持企业股份制改组和上市。

放手发展非公有制经济。完善落实优惠政策，营造良好环境，大力培育各类市场主体，引导民营资本参与国有企业改组改造，积极发展混合所有制经济。鼓励非公有制经济做大做强，支持非公有制企业实施品牌战略，争创名牌产品。加强对非公有制企业的服务与监管，积极引导非公有制企业在推动发展、促进民生方面发挥更大作用。

进一步提高开放水平。牢固树立开放意识，立足区情和资源优势，加大“请进来”、“走出去”工作力度，积极主动融入全国经济发展大循环。优化发展环境，充分利用区内外两个市场、两种资源，加强与对口援藏省市和中央重要骨干企业的交流合作，积极引进国内外知名企业，加强合作，实现互利共赢。明确定位、功能互补，突出特色、合理布局，加快发展和提升园区经济。大力发展边境贸易，加强口岸基础设施建设，重点建设吉隆口岸，稳步提升樟木口岸，积极恢复亚东口岸，加快发展普兰和日屋口岸。抓紧规划，加大投入，推动吉隆跨境经济合作区建设迈出实质性步伐，加快建设南亚贸易陆路大通道。

六、深入推进和谐社会建设，确保长治久安

深入开展反分裂斗争。高举维护社会稳定、维护社会主义法制、维护人民群众根本利益、维护祖国统一、维护民族团结的旗帜，始终坚持中央对达赖集团斗争的方针，紧紧依靠各族人民，谋长久之策，行固本之举，牢牢掌握反分裂斗争的主动权。持续深入开展揭批达赖集团活动，让各族干部群众认清达赖集团政治上的反动性、宗教上的虚伪性、手法上的欺骗性，进一步增强与达赖集团进行斗争的坚定性、自觉性和主动性。着力构建反渗透、反颠覆、反分裂防控体系，坚决抵制国际敌对势力和达赖集团的思想文化渗透，坚决杜绝有害言论的传播；严密掌握分裂分子和敌对势力的动向，严厉打击各种分裂破坏活动。加强边境管控，强化军警民联防联控。配合国家总体外交，增强涉藏外事外宣工作的针对性和有效性，进一步挤压达赖集团的国际活动空间。

扎实做好民族工作。毫不动摇地坚持党的民族政策，牢牢把握各民族共同团结奋斗、共同繁荣发展的主题，把有利于民族平等团结进步、有利于各民族共同繁荣发展、有利于民族交往交流交融、有利于国家统一和社会稳定作为衡量民族工作成效的重要标准，不断巩固和发展平等团结互助和谐的社会主义民族关系。广泛开展民族团结进步宣传教育和民族团结进步创建活动，不断加强“三个离不开”教育，引导各族干部群众正确认识中华民族多元一体的格局，自觉抵制各种狭隘民族意识，坚决反对民族分裂意识，增强中华民族凝聚力。重视培养少数民族干部和妇女干部。进一步加强藏语言文字工作。

积极引导宗教与社会主义社会相适应。全面落实党的宗教工作基本方针，认真贯彻实施《宗教事务条例》和自治区实施办法，加快建立寺庙管理长效机制，维护正常宗教秩序。继续坚持“划清两个界限、尽到一个责任”政策原则和工作要求，深入开展寺庙法制宣传教育，扎实开展平安和谐寺庙建设活动，加强对广大信教群众教育引导。强化依法管理，保护正常宗教活动，严厉打击利用宗教从事分裂破坏活动，实现寺庙管理规范化、法制化。坚持分级负责、属地管理，建立健全地（市）、县、乡三级宗教事务管理网络和责任制。完善藏传佛教学经体系和佛学学位制度。实施藏传佛教界代表人士教育培养工程，努力造就政治上靠得住、宗教上有造诣、品德上能服众的宗教界代表人士队伍。

建设社会主义核心价值体系。坚持用中国特色社会主义理论体系武装教育干部群众，用中国特色社会主义共同理想凝聚力量，用以爱国主义为核心的中华民族精神、以改革创新为核心的时代精神和以艰苦奋斗为核心的“老西藏”精神鼓舞斗志，把以热爱祖国为荣、以危害祖国为耻放在首位，用社会主义荣辱观引领风尚，打牢全区各族人民共同团结奋斗、共同繁荣发展的思想基础。广泛深入宣传党的惠民富民政策，让各族群众真正明白惠从何来、惠在何处。大力加强思想政治教育，引导青少年学生牢固树立中华民族意识、国家意识和科学世界观，引导寺庙僧尼和信教群众不断增强中华民族意识、国家意识、法制意识、公民意识。不断拓展群众性精神文明创建活动，深入推进社会公德、职业道德、家庭美德和个人品德建设，倡导健康文明的生活方式。综合运用法律、教育、行政、舆论手段，引导人们知荣辱、讲正气、尽义务，形成文明进步、昂扬向上的社会风气。

加强和创新社会服务与管理。坚持打防结合、预防为主、专群结合、依靠群众的方针，构建完善高效的社会治安防控体系。深入开展社会治安突出问题和重点地区集中整治，严厉打击各种犯罪活动，坚决铲除黑恶势力，遏制宗族势力和复旧势力。进一步加大信访工作力度，更加注重从源头上、基础上做好矛盾纠纷排查化解工作，及时掌握社情民意，及时引导社会舆情，及时化解苗头隐患，严防达赖集团和其他敌对势力插手利用。健全和创新社会管理体制，加强流动人口服务和管理，建设管理有序、服务完善、文明祥和的新型城乡社区。加强应急体系建设，完善应急预案，健全突发事件的预警和应急机制。进一步加强安全生产，确保人民群众生命财产安全。

夯实基层基础。以农牧区为重点，把基层政权组织建成推动发展、促进和谐、反对分裂、维护稳定、服务群众、凝聚人心的坚强战斗堡垒。加强农牧区村级组织活动场所建设、社区综合服务设施建设和乡镇派出所、司法所建设。加大对基层公务员培训和管理力度，提升基层干部素质和能力。加强民族宗教部门力量建设。不断改善乡村干部工作条件和生活待遇。改善和提高基层政法单位基础设施条件和装备水平，充实乡镇基层政法力量，不断提高战斗力。

支持国防建设。积极为国防和军队建设创造条件，推进军民融合式发展。深入开展双拥共建活动，巩固和发展新时期军政军民团结。加强国防教育，强化国防观念，增强国防动员能力，提高全民国防素质，推进经济动员、装备动员、人民武装、人民防空规范化建设。

各位代表，今年是中国共产党成立90周年和西藏和平解放60周年，是实施“十二五”规划的开局之年，扎实做好各项工作，具有十分重要的意义。

2011 年经济社会发展的主要目标是：**全区生产总值增长12%以上，单位地区生产总值能耗控制在国家规定范围内；农牧民人均纯收入增长13%以上；地方财政一般预算收入增长15%以上；全社会固定资产投资增长18%以上；社会消费品零售总额增长18%以上；居民消费价格总水平涨幅控制在 3.5%以内；城镇登记失业率控制在 4.0%左右。**

今年，政府将突出做好以下八个方面的重点工作：**一是**继续大力实施以安居乐业为突破口的社会主义新农村建设，大力抓好“八到农家”配套建设，开展 1000 个行政村的人居环境建设和环境综合整治工作，千方百计增加农牧民收入。**二是**毫不放松地抓好重点项目建设，开工一批急需项目，加快在建项目进度，强化重点项目储备，争取国家尽快审批“十二五”项目方案，力争全年落实国家投资 260 亿元，抓紧出台和落实促进民间投资的实施意见。**三是**充分挖掘消费潜力，加强市场建设和管理，继续做好家电、家具、摩托车等下乡工作，全面加强价格调控监管，稳定市场物价，努力扩大城乡消费。**四是**大力实施“一产上水平、二产抓重点、三产大发展”经济发展战略，完善企业集团运行机制，加快特色优势产业规模化步伐，抓好产业园区的建设和发展，走品牌化的发展道路。**五是**加快发展以保障和改善民生为重点的社会事业，深入推进教育发展，做好学前“双语”教育工作，提高“三包”标准；继续深化医疗卫生体制改革，加快医疗卫生事业发展；积极做好就业工作，研究制定鼓励我区高校毕业生到内地就业的政策，做好残疾人就业工作；加快完善社会保障体系，着力扩大覆盖范围，提高统筹层次，启动实施城镇居民养老保险制度；深化文化体制改革，促进文化大繁荣；关心和解决低收入群体的生活困难，进一步提高农牧民最低生活保障标准，加快保障性住房建设，促进发展成果人民共享。**六是**加快实施西藏生态安全屏障保护与建设规划，落实好森林生态效益补偿基金，全面建立草原生态补助奖励机制，开展生态效益补偿和资源开发补偿试点，大力开展植树造林，加强环境综合整治，严格环境执法监管。**七是**加快边境地区发展，研究制定优惠政策，加大扶持力度，着力改善边境地区群众生产生活条件，千方百计增加边民收入，推进国家安全屏障建设。**八是**坚定不移地抓好各项维稳工作，推动平安西藏、和谐西藏建设。

与时俱进建设人民满意的政府

为实现“十二五”规划目标任务，各级政府必须正确看待经济社会环境的新变化，准确把握改革发展稳定的新形势，及时回应人民群众的新期待，切实增强责任感和使命感，进一步加强政府建设，不断提高推进科学发展、跨越式发展和长治久安的能力和水平，切实做到为民、务实、清廉。

执政为民，全心全意为人民服务。始终坚持党的群众路线和根本宗旨，始终保持人民政府为人民的本质要求，始终保持同人民群众的血肉联系，深入了解民情、充分反映民意、广泛集中民智、切实珍惜民力，努力做出经得起实践、人民、历史检验的实绩。要满怀对人民群众的深厚感情，深入基层，调查研究，倾听群众呼声，关心群众疾苦，从解决人民群众最关心、最直接、最现实的问题入手，以为群众解难事、办实事、做好事的实际行动和效果，取信于民，让各族群众共享改革发展成果，真正做到权为民所用、情为民所系、利为民所谋，增强党和政府的凝聚力和号召力。

转变职能，不断优化发展环境。把市场主体满意、人民群众满意作为服务的最高标准，把服务市场主体、服务人民群众作为履职的根本责任，把引商、安商、稳商、富商和便民、利民、惠民作为工作的第一要求，积极创造好的环境，努力维护好的环境。创新行政管理模式，在加强和改善经济调节、市场监管的同时，更加注重社会管理和公共服务。理顺部门职能分工，优化工作流程，改进服务方式，提高服务质量，使机关运转更为规范协调、工作更加便民高效，更好地为基层、企业和公众服务。

依法行政，推进法治政府建设。自觉接受人大及其常委会的监督和政协的民主监督，依法保障群众监督政府的权力，支持新闻媒体对政府的舆论监督。全面推进政府信息公开、办事公开，健全新闻发布会制度，提高工作透明度。坚持依法科学民主决策，规范行政决策程序，完善行政决策风险评估机制，加大重大决策的跟踪反馈和责任追究力度。严格公正文明执法，依照法定权限和程序行使权力、履行职责。积极推进“六五”普法工作，加强法律知识学习，提高运用法治思维和法律手段解决经济社会发展中突出矛盾和问题的能力。

恪尽职守，提高政府行政效能。各级政府和工作人员必须增强责任意识，切实履行职责，不断加强行政效能建设。自治区的工作部署和重大事项一经法定原则和程序作出决策，必须雷厉风行，坚决贯彻，坚决落实。各级政府必须明确职责，健全职能，防止权责脱节，减少职能交叉。进一步完善行政首长负责制、绩效考核制和监督约束机制，实行无为问责制和责任追究制，坚决纠正行政不作为和行政乱作为。加强督查督办，确保工作部署事事有着落、件件有成效。加强政务服务中心建设，优化办事程序，提高工作效率。

清正廉洁，提升政府公务员素质。加强廉政建设和反腐败斗争，注重治本，建立健全教育、制度、监督并重的惩治和预防腐败体系。认真落实党风廉政建设责任制，严格要求、严格教育、严格管理、严格监督政府机关工作人员。坚决抵制和反对一切消极腐败现象，加大在土地批租、工程招投标、产权交易、政府采购、矿产资源开发等领域的反腐倡廉力度。重点加强对领导干部、人财物管理使用、关键岗位的监督，健全质询、问责、经济责任审计、引咎辞职、罢免等制度。坚决纠正损害群众切身利益的不正之风，大力查处各种违法违纪案件，对任何腐败分子，依法严惩，决不姑息。严禁赌博和借婚丧嫁娶大操大办敛财敛物。加强公务员队伍建设，不断提高履职能力。

各位代表！中央第五次西藏工作座谈会，吹响了西藏全面建设小康社会的新号角。我们的事业神圣而崇高，前景光明而美好，责任重大而光荣。让我们在自治区党委的坚强领导下，紧密团结在以胡锦涛同志为总书记的党中央周围，高举中国特色社会主义伟大旗帜，以邓小平理论和“三个代表”重要思想为指导，深入贯彻落实科学发展观，全面贯彻中央第五次西藏工作座谈会精神，全力落实区党委七届七次全委会的决策部署，紧紧依靠全区各族人民，抓住机遇、乘势而上，艰苦奋斗、开拓进取，为圆满完成“十二五”时期的目标任务，为建设团结、民主、富裕、文明、和谐的社会主义新西藏而努力奋斗！

第一篇 西藏综述

西藏自治区概况

地 理

【名称由来】根据考古发现，早在距今5万年以前，西藏就有人类活动。今日西藏境内的某些高海拔地区甚至“无人区”也是古代人类生存的场所。7世纪吐蕃政权建立，并统一了青藏高原。藏语称西藏为“播”，所以唐时称西藏为“吐蕃”、“吐番”，“蕃”或“番”在汉唐之时的西北方言中读音同“播”，是藏语西藏的音译。元明时称西藏为乌斯藏，由于在祖国的西边称“西藏”，“西”表示在祖国的方位，“藏”是乌斯藏的略写。西藏全称西藏自治区，是中华人民共和国的五个省级自治区之一。1965年8月经全国人民代表大会常务委员会第十五次会议批准于9月1日正式成立西藏自治区。

【世界屋脊】西藏是世界上最高的青藏高原的主体部分，美丽富饶的西藏平均海拔高度在4000米以上，素有“世界屋脊”之称。由于西藏冰川分布广泛，高山常年积雪，也被称为雪域高原，水资源丰富。由于亚洲重要的河流大都发源于此，有“亚洲的水塔之称”，是“名山之宗、江河之源”。远古时期，青藏地区是一片汪洋大海，在距今三千万年前，在亚欧板块与印度板块的巨大碰撞下，发生了“喜马拉雅运动”，隆起了世界最年轻的高原——青藏高原。西藏是地球上平均海拔最高、地壳厚度最大、隆起形成时间最晚、最年轻的高原，是除南极和北极之外世界最冷的地方，也称为“世界的第三极”。这里的自然景观世界独有，地形地貌千姿百态。西藏高原群山连绵，峰峦叠嶂，雪峰林立，既有白雪皑皑的高山，绿草如茵的宽阔草原和清澈见底的河流湖泊，也有争奇斗艳的万种花卉和郁郁葱葱的原始森林及十分丰富的野生动植物资源，更有那幽深的藏传佛教、令人神往的圣湖、神山和充满神秘色彩的喇嘛寺庙、世界独有的高原自然风光和民俗民风。

【位置与面积】西藏自治区地处祖国的西南边疆，南起北纬26°52′，北到北纬36°32′，西起东经78°24′，东至东经90°06′。东西长约1900千米，南北宽约1000千米。面积约122万多平方千米，占全国总面积的1/8，仅次于新疆维吾尔自治区，居全国第二位。北与新疆维吾尔自治区、青海省毗邻，东隔金沙江和四川省相望，东南部在横断山区和云南省相连，西部和南部与印度、尼泊尔、不丹、缅甸等国以及克什米尔地区接壤，边境线长约4000千米，是中国西南边陲的重要门户。

【地形与山脉】西藏平均海拔4000米以上，地形可分为三个阶梯，藏北高原平均海拔4500米以上，位于昆仑山、唐古拉山和冈底斯山、念青唐古拉山之间，占全自治区面积的2/3。藏南谷地平均海拔3500米左右，在冈底斯山和喜马拉雅山之间，即雅鲁藏布江及其支流流经的地方。藏东高山峡谷区平均海拔3500米以下，为一系列由东西走向逐渐转为南北走向的高山深谷，系横断山脉的一部分。总的特点是西北高东南低。西藏地形的主要特征表现为：高原辽阔，群山巍峨，平原狭长，峡谷深邃，冰川广布。

西藏有许多著名的大山，从走向来看主要有两组，一组是近东西走向的，从南向北依次为喜马拉雅山、冈底斯山、念青唐古拉山、昆仑山；另一组是近南北走向的横断山脉。在这些巨大的山脉之间，又有许多分支山脉，使西藏成为一个“山脉的海洋”。

喜马拉雅山脉巍峨蜿蜒于西藏高原最南缘，由许多平行的山脉组成，山脉的走向自西段的西北—东南向，到东段转为东西向，并向南突出，呈一弧形。山脉全长约2450千米，宽约200～300千米，平均海拔在6000米以上，超过7000米的高峰有50多座，超过8000米的山峰有10座。海拔8844米的世界第一高峰珠穆朗玛峰就耸立在喜马拉雅山中国和尼泊尔的边界上。

【河流与湖泊】西藏河流众多，境内河流流域面积大于1万平方千米的有20余条，大于2000平方千米的有100条以上。西藏外流水系主要包括雅鲁藏布江、金沙江、澜沧江、怒江、狮泉河、朋曲、察隅曲等，流域面积约58.88万平方千米，约占西藏总面积的49%。

雅鲁藏布江是世界上海拔最高的大河之一，发源于西藏南部桑木张以西喜马拉雅山北麓的杰马央宗冰川，被藏族人民视为母亲河。全长2506千米，流经23个县和珞瑜地区，流域面积23.92万多平方千米。雅鲁藏布江绕南迦巴瓦峰后，形成了世界上最大的峡谷——雅鲁藏布大峡谷。在全国各大河流中雅鲁藏布江水能蕴藏量仅次于长江，居全国第二位，流量居全国第三位。

西藏高原以湖泊众多闻名于世，全区大小湖泊共2000多个，湖泊总面积约2.4万平方千米，占全国湖泊总面积的30%以上，其中面积超过100平方千米的湖泊有47个。面积1000平方千米以上的有西藏三大湖泊纳木错、色林错、扎日南木错均分布于藏北。著名的羊卓雍错在藏南。

气　候

【气候特点】夏秋季多夜雨，冬季干燥多风，气压低含氧少，由于日照多辐射强，冬季白天仍暖意洋洋，晚间气温才降至零下。其主要的特点表现为：空气稀薄，含氧量少；光照充足，辐射强烈；气温偏低，年温差小；干湿分明。

【气候评价】2010年度，全区年平均气温为4.8℃，较常年偏高1.4℃，是1971年以来历史第2高值。四季平均气温均偏高1.0℃以上，其中春季偏高最明显，达1.9℃；冬季偏高1.3℃，为连续第10个（2001～2010）暖冬；夏季平均气温与1971年以来历史同期最高值持平。全区平均年降水量为485毫米，较常年偏多9%。部分站点年、月平均气温和降水量创历史同期极值。各地日照时数多寡不一。年内出现了干旱、雪灾、冰雹、雷电、大风、泥石流等灾害性天气，给当地群众生产生活造成了较大的影响。

气温　2010年全区各地年平均气温在-1.2～12.2℃之间，与常年同期相比，察隅正常，昌都地区南部、隆子及波密偏高0.7～0.9℃，其它地区偏高1.0～2.0℃。错那、尼木、帕里及嘉黎年平均气温超历史同期极值，创历史新高。年内多个站点月平均气温在不同月份创历史同期最高值。就全区平均而言，西藏2010年平均气温为4.8℃，较常年同期偏高1.4℃，是1971年以来仅次于2009年的历史第2高值。

降水量　2010年全区各地年降水量在91～1205毫米之间，与常年同期相比，阿里地区大部、察隅、八宿及定日偏多3～5成，南木林偏少3成，其余各地正常。察隅年降水量达到1204.1毫米，超过历史同期极值，创历史新高，年内部分站点月降水量超历史同期极值。2010年西藏地区平均年降水量为485毫米，较常年偏多9%。

日照　2010年，全区各地年日照时数为1381～3384小时，与常年同期相比，班戈、墨竹工卡、聂拉木、类乌齐和八宿基本正常，阿里地区、林芝地区、南部边缘大部、拉孜、贡嘎、洛隆、左贡及芒康偏少27～221小时，其余各地偏多25～145小时，其中拉萨、尼木、申扎、比如、丁青和加查偏多100小时以上。

【气压】西藏气压年平均大都在625百帕以下，仅为海平面气压的一半。空气平均为海平面空气密度的60%～70%。由于空气稀薄，含尘量少，高原天空分外碧蓝，在白云的衬托下景色分外艳丽。西藏高原空气含氧量比海平面减少35%～40%，水的沸点大部分地区在84℃～87℃。

行政区划

西藏自治区是中华人民共和国的五个自治区之一，是一个以藏族为主的民族自治区。西藏现行的行政区划分为一个地级市，6个地区和73个县(市、区)。其中，拉萨市辖7个县和1个县级城关区；林芝地区辖7个县，行署设在八一镇；昌都地区辖11个县，行署设在昌都镇；山南地区辖12个县，行署设在泽当镇；日喀则地区辖17个县和1个县级市，行署设在日喀则市；那曲地区辖10个县，行署设在那曲镇；阿里地区辖7个县，行署设在狮泉河镇。拉萨市是西藏自治区首府所在地，是全区政治、经济、文化的中心。

人口和民族

【人口】2010年，全区常住人口总数达300.21万人（常住人口是2010年11月1日人口普查数据），其中男性人口为154.26万人，女性人口为145.95万人。

【民族】西藏是藏民族的发源地和聚居区，藏族遍布西藏各地，是西藏自治区人口最多的民族。除藏族外，西藏还有汉族、回族、门巴族、珞巴族、纳西族、蒙古族、怒族、傈僳族、土族、独龙族、满族、白族、布衣族、维吾尔族、苗族、彝族、壮族、夏尔巴人及其他民族。

自然资源

【地热资源】西藏的地热蕴藏量居全国第一位。三江（怒江、金沙江、澜沧江）构造带、雅鲁藏布江断裂带和那曲至尼木断裂带均为地热活动的最有利地区，已发现温泉、沸泉、间歇喷泉、热水河、放热地面等各种形迹的地热显示区600多处，估算总热流量为每秒55万大卡，相当于标准煤约240万吨/年所释放的热量。当雄县境内的羊八井地热田是目前中国最大的高温湿蒸气热田，也是世界已获开发利用的大型地热田之一。

【光照资源】西藏太阳辐射强，光能丰富，西藏的太阳年总辐射值达140～200千卡/平方厘米，是中国东部沿海地区的1倍以上。西藏丰富的光照资源，补偿了由于高海拔所引起的气温低的不足，使西藏许多农作物的分布上限成为世界同类作物分布的最高限。青稞、春小麦分别在海拔4750米和4400米的高度种植成功。另外，充足的光照和日照时间，使作物的光合作用强化，而较大的昼夜温差，可使作物夜间的呼吸作用微弱，有利于农作物的有机质的积累。因此，西藏成为全国小麦和青稞的高产区之一。太阳能的开发利用，对于改善西藏的能源构成具有重要的意义。

【水资源】西藏的水资源相当丰富，据统计，全区水资源总量4482亿立方米(不含地下水)，按全区人口和耕地计算，人均占有水量和亩均占有水量均居全国首位。西藏各河流径流量大小相当悬殊，雅鲁藏布江是区内最大的河流，平均年径流量仅次于长江、珠江、黑龙江，居全国第四位。西藏的年径流深度从藏东南向藏西北递减。西藏的广大农区雨量较少，春播、冬播都要进行灌溉，灌溉是保证农作物稳产、高产的基本条件，而西藏充足的水资源(特别是外流区)为西藏农业的稳定发展创造了极为有利的条件。西藏南部和东南部河流水量充沛，河床大，蕴藏着极为丰富的水力资源。西藏的水能资源理论蕴藏量为2.01亿千瓦，占全国水能理论蕴藏量的15.83%。其中可开发的水能资源为5660万千瓦，占全国可开发的水能资源的17.1%，居全国首位。雅鲁藏布江是西藏水能资源最丰富的一条河流，理论蕴藏量为1.13亿千瓦，占全区理论水能蕴藏量的56.22%，其中可开发量为4837.14万千瓦，占全区可开发量的80.96%。特别是雅鲁藏布江的峡谷地形很适合建筑水坝，拦洪蓄水。

【风力资源】西藏是全国大风≥8级或17米/秒)最多的地区之一。高原地区年平均大风日数多达100～150天，最多可达200天，比同纬度中国东部地区(5～25天)多4～30倍，是全国大风日数最多、范围最大的地区。小型风力发电机具有移动方便的特点，风能对流动性大的牧区是最合适的能源类型。随着风能进一步开发利用，草场的大量牛粪就可作为有机肥料，促进牧草的生长。

【森林资源】西藏多类型原始森林是青藏高原乃至全国森林资源的重要组成部分。根据和平解放以来多次调查统计，有林地面积约60666667公顷，全区森林覆盖率为9.84%。西藏森林分布很不均匀，绝大部分森林分布在藏东南地区，活立木总蓄量20.84亿立方米，居全国第一位，藏东南林区是全国第二大林区——西南林区的主要组成部分之一。西藏森林植被组成部分古老、特有种多。成林树种中属西藏和喜马拉雅特有种的就有14种和3个变种，如西藏红豆杉、林芝云杉、墨脱冷杉、察隅冷杉、长叶云杉、喜马拉雅红杉、西藏冷杉、喜马拉雅长叶松、乔松、巨柏、西藏柏木、垂枝柏等。西藏森林资源大部分保持完好，具有很高的科研价值和良好的生态、经济效益。

【植物资源】西藏高原生态环境复杂多样，为各类植物的生存提供了有利的条件，是一个巨大的植物王国。据统计，全区高等植物种类约6400余种，隶属于270余科和1500余属。裸子植物在全世界共有12种，西藏就分布有7种；被子植物有15科33属120种。野生药用植物有1000多种，比较有名的有藏红花、雪莲、冬虫夏草、贝母、胡黄连、大黄、天麻、三七、党生、秦艽、丹参、灵芝、鸡血藤等。

【动物资源】西藏有哺乳动物142种，鸟类488种，爬行类55种，两栖类45种，鱼类68种，昆虫2305种。其中一些是中国特有的珍贵动物，在世界上亦是稀有的。西藏的野生动物资源有：兽类33种，主要有孟加拉虎、雪豹、金钱豹、云豹、金猫、兔猫、小灵猫、果子狸、黑熊、小熊猫、红腹松鼠、赤狐、藏狐、长尾叶猴、熊猴、野牛、野牦牛、马麝、林麝、白唇鹿、扭角羚、藏原羚、藏羚羊、岩羊、野驴、盘羊等。另外还有数量众多的鸟类和鱼类资源。其中白唇鹿、野牦牛、雪豹等被列为世界珍品。西藏是野生动物的乐园，藏北大草原的野生动物可与非洲大草原比美。西藏的家养动物有绵羊、山羊、猪、牦牛、黄牛、犏牛、驴、骡、犬、鸡、兔等。

【矿产资源】西藏已发现矿产101种，各矿床、矿点2000多处，在全国已发现的160余种矿产资源中，西藏就有99种。已探明储量的矿藏有30多种，其中储量居全国前十位的有：铬、铜、火山灰、菱镁矿、云母、硼、砷、泥炭、钼。在矿产资源中，具有重要经济意义和开发价值，在全国占优势的矿种有铬、铜，釉硼为主的盐类矿产、地热等。铬铁矿居全国首位，锂的远景储量居世界前列，铜的远景值储量列全国第二，石膏的储量居全国第二，已探明硼矿、菱镁矿、重晶石、砷的储量居全国第三位。此外，石油也是潜在的优势资源。

【草地资源】作为中国五大牧区之一，西藏拥有8207万公顷草原，其中可利用草地7077万公顷。畜牧业是西藏主要的产业，占全自治区国民收入的1/3强。西藏草场分为8个大类，16个亚类，38个主要草场型。高山草甸草场是西藏面积最大、质量较好的草场，是区内草场中的一个主要类型。主要分布在那曲地区东部，昌都与拉萨地区北部，山南地区南部，日喀则地区北部和西部以及阿里地区西部山体中、上部位也有一定数量。约占西藏面积1/2的藏北草原是西藏主要的草原，面积约为60万平方千米，当地人称为“羌塘”。

自然灾害

【旱灾】2010年初夏西藏持续少雨晴热天气，拉萨市、日喀则、山南、林芝、昌都地区大部出现了10～20年一遇的中等强度的气象干旱，其中拉萨市和山南地区的部分地方出现了30年一遇的重度气象干旱。此次干旱对农业、林业、草场、牲畜等造成了不同程度的影响。据统计，全区农作物受灾总面积达28313.7公顷，其中绝收面积4856公顷，占受灾面积的17%。

【雪灾】2010年1月26日受北部冷空气南下的影响，那曲、昌都等地区普遍出现小雪天气，特别是高海拔地区降雪强度较大，局部地区降雪强度达到中到大雪，积雪较深，造成黑昌公路个别路段受阻。

受西部低压槽前暖湿气流影响，2月9日日喀则地区南部出现了暴风雪天气，其中，聂拉木县日降雪量达47.8毫米，积雪深度32厘米。由于降雪量较大，积雪较深，一辆小型面包车掉入沟里，造成2人死亡，2人重伤。樟木到聂拉木的路段中断，318国道部分路段受阻。聂拉木镇欧热柯亚村幼畜死亡25只，门布乡三村幼畜死亡35只。

3月22日～4月11日，林芝地区察隅县出现了大范围的雨雪天气，累计降水量达269毫米，其中3月26日和4月6日日降水量达40毫米。尤其是察隅县竹瓦根镇日东片区连续降雪达16天，积

雪深度达 1 米多。雨雪天气造成了竹瓦根镇日东片区嘎达村、曲瓦村、目若村、吉太村四个村牲畜棚倒塌22个；牲畜失踪174头、冻死63头，病死4头；175户916人受灾。4月9日，强降水造成察隅县塔玛村发生山体塌方，导致该村有一处长约50米的渠段被冲毁；扎巴村水渠靠近取水口附近发生垮塌，垮塌体长15米，高6米。

【强降水、洪涝和泥石流】2010年4月21日至26日，林芝地区察隅县出现持续性强降雨、降雪天气，全县普遍遭受暴雨、暴雪袭击，造成该县严重的洪涝、崩塌、滑坡、泥石流等灾害，人员及经济损失严重。此次强降水造成该县直接经济损失约2.04亿元，2132户受灾、10688人受灾，占全县农牧区总人口的44.9%，紧急转移安置受灾害威胁群众173户，死亡3人（不包括部队2名牺牲人员），失踪1人，49间房屋受到不同程度的损坏。另外，全县58个行政村887公里农村公路受灾，损毁涵洞70道，9座电站（全县共9座电站）无法正常供电，56个行政村断电，农牧区258条水渠受损，累计长度369.75公里，农村人畜饮水及乡镇供水设施85%严重受损。400.6公顷农田受灾，6455头牲畜死亡、802头失踪，6个乡镇中，除古玉乡外，通讯全部中断。

6月19～26日，林芝地区再次出现持续性小到中雨。其中，6月19日，墨脱县墨脱镇亚让村拉巴日水渠出现两处塌方，塌方长度0.01公里，冲断水渠引水管0.01公里，23日林芝降了32.0毫米的大雨，25日排龙乡降了16.0毫米的中雨。受持续性降水天气影响，6月26日下午6点30分，318国道段距林芝县排龙乡至波密县约3公里处，发生山体滑坡引起滚石，导致1名游客死亡。6月28～29日，波密县出现强降水，导致易贡乡通往通麦乡政府公路被淹，附近1000余人的生命财产安全受到威胁；多吉乡德巴村通往乡政府0.05公里路基坍塌，交通中断，巴玉拦河回填的0.02公里河坝被冲毁。朗县登木乡比邻村遭遇泥石流灾害，乡村主干道约0.04公里完全被冲毁，村级道路被冲毁5处，长约0.07公里，饮水管道被冲走约0.085公里，人畜饮水池完全被冲毁，造成57户324人、300头牲畜饮水困难。

7月18日凌晨1时左右，拉萨市城关区夺底乡夺底沟突发短时强降雨，引发山洪和泥石流灾害，夺底沟沿线群众房屋、牲畜、农田遭受严重损失。据初步统计，泥石流灾害造成238人受灾，无人员伤亡；74间民房受损，企业库房受损1间；死亡牲畜10头；农作物受灾面积8.6公顷；林地受灾面积15.7公顷；损毁桥梁7座；损毁防洪堤6.8千米、道路150米、电杆9根。

8月1～5日，昌都地区出现了持续性降水天气，与历史同期相比，洛隆和八宿的降水量偏多1～2倍。持续性的降水致使八宿、洛隆、察雅三县的部分乡镇发生山洪、泥石流及冰雹灾害。冲毁房屋31间，17间房屋成为危房；402户2425人受灾；冲毁农田108.6公顷，其中绝收9.2公顷；冲毁桥梁8座、微型水电站1座、变压器1台、电杆32根、电线9千米、低压线路3千米；损毁水渠10条、8.3公里，并有39公里的道路受损。

9月4日05时至5日23时，日喀则地区江孜县卡麦乡朗嘎村、诺村、康白村、嘎益村和甲布村遭受洪涝灾害，导致6.8公顷农田被淹没，水渠塌陷394米。阿里地区措勤县范围内因连续3小时强降雨，造成措勤河水位急速上涨，致使防洪堤64米全部被冲毁，18米防浪墙被冲垮。山南地区桑日县因持续暴雨引发洪水，损坏民房27间；农田受灾6公顷，绝收11.6公顷；被毁林、草地0.8公顷；冲毁公路3000米，农桥3座；直接经济损失247.8万元。

【山体滑坡】受高原冷暖空气共同影响，2010年8月27～31日拉萨市区出现了大范围的降雨天气，部分地方出现了中到大雨。其中尼木县5天累计降水量达31毫米，致使该县山体松动，国道318线尼木段K4742处发生山体滑坡，交通一度中断。

【雹灾】2010年7月10日17点，当雄县宁中乡堆林村发生冰雹灾害，致使10户牧民受灾，死亡牲畜90只，失踪牲畜105只。直接经济损失6.7万元。

7月26日晚17时左右，日喀则地区南木林县艾玛乡出现冰雹天气，雹径达2.7厘米，致使受灾农田面积达46.7公顷，其中重灾6.7公顷，牲畜死亡15只，失踪45只。

8月27日19时江孜县藏改乡出现冰雹灾害，持续时间为30分钟，16.7公顷农田受灾，其中绝收10公顷。

9月4日，日喀则地区江孜县遭受冰雹袭击，受灾农田118.2公顷，其中绝收25.5公顷。拉萨市林周县强嘎乡、卡孜乡和14个自然村受灾遭受冰雹袭击，致使农田受灾230.5公顷，绝收234.7公顷，水渠垮塌32米，直接经济损失150万元。

9月25日14时42分至54分，索县县城遭受了历史罕见的特大冰雹袭击，最大冰雹直径27毫米，导致索县中学、兽防站和财政局54间共1885平米玻璃棚被砸坏，直接经济损失约达17.7万元，同时，索县县城邻近的亚拉镇也遭受冰雹袭击。

【雷电】2010年5月15日，山南地区贡嘎机场发生雷击事故，机场油库办公楼多个计算机摄像头和导航台数据传输器被击坏。

6月26日19时，山南地区加查县洛林乡摘巴仁达村一村民遭受雷电袭击，造成身上衣服全被击烧，从后脑至脚底的皮肤灼伤较严重。

9月3日20时，阿里地区措勤县出现雷雨及冰雹天气，雷电致使措勤县加让乡加荣二村1名牧民死亡，另有5头牦牛也死于此次雷击事件。

【干旱与病虫害】2010年春季至初夏，沿雅江一线主要农区出现了春季、初夏连旱，气象干旱较2009年偏重，日喀则、谢通门等地达到重旱，是全国干旱最重地区之一。据统计，全区农作物受灾总面积达40.73千公顷，占受灾总面积的68%，其中绝收面积6.45千公顷。

6月7～11日，气候中心组织人员赴山南地区和日喀则地区进行实地调查发现，由于持续性的晴热少雨，使扎囊县部分乡镇冬小麦发生蚜虫危害。日喀则地区部分农田发生虫灾，据不完全统计，虫害面积达10049亩，其中蝗虫1200亩、蚜虫7500亩、蛴螬629亩、地老虎600亩，金龟子120亩。

入汛后，拉萨、山南、日喀则等地区降水持续偏少，气温偏高，雨季开始期较正常年份偏晚15～27天。高温少雨天气造成全区受旱面积达21757.5公顷，其中轻度14874.1公顷，中度3428.3公顷，严重3455公顷，同时还造成2848公顷农田未播种，病虫危害面积达847公顷。

7月下旬，林芝地区米林县天气较为异常，降水时空分布不均，中部地区正常略多，而西部地区降水偏少，气温偏高，致使米林县发生了以蝗虫和小麦锈病为主的病虫灾害。蝗虫灾害发生点位于草原，面积为38.7公顷，虫口密度每平方米120只左右；小麦锈病全县8个乡镇均有发生，总面积347.06公顷，其中，绝收38.35公顷。

【大风】2010年2月14～19日，西藏地区大部分地方出现大风天气。这次大风天气过程对户外悬挂物、临时建筑、交通运输、牧业、农业、电力设施和人民生产生活造成很大的影响。拉萨市区到机场沿线的多个大型广告牌和建筑物被损毁。2月13日下午拉萨航线出现大风扬沙天气，致使当天由加德满都经停拉萨飞往成都的国航CA408航班，临时取消经停拉萨的计划，直降成都。2月14～16日大风天气导致拉萨贡嘎机场3架次飞机返航。

【其它】 3月8日14时左右，林芝地区朗县发生森林火灾。

3月21日中午，察隅县城东北方向，距县镇4公里处竹瓦根镇发生森林火灾。

8月28日晚，那曲地区嘉黎县阿扎镇江乃玉措湖水上涨，夏玛乡多拉小学4名教师在清理垃圾过程中跌入湖中，1人获救，其余3人下落不明。

自治区经济社会发展情况

【年度特点】2010年，全区各级、各部门在自治区党委、政府的坚强领导下，坚持以邓小平理论、“三个代表”重要思想和中央第五次西藏工作座谈会精神为指导，深入贯彻落实科学发展观，紧紧围绕新时期西藏工作的指导思想，认真落实中央和区经济工作会议精神，坚持走有中国特色、西藏特点的发展路子，大力实施“一产上水平、二产抓重点、三产大发展”的经济发展战略，国民经济保持了平稳较快发展，民生状况不断改善，各项社会事业全面进步。

【年度综述】初步核算，2010年，实现全区生产总值（GDP）507.46亿元，按可比价格计算，比上年增长12.3%。其中：第一产业增加值68.13亿元，增长3.1%；第二产业增加值163.92亿元，增长14.1%；第三产业增加值275.41亿元，增长13.7%。人均地区生产总值17319元，增长11.2%。

在全区生产总值中，第一、二、三产业增加值所占比重分别为13.4%、32.3%、54.3%，与上年相比，第一产业比重下降1.1个百分点，第二产业提高1.4个百分点，第三产业下降0.3个百分点。

2010年，全区居民消费价格总水平比上年上涨2.2%。其中：城市上涨2.2%，农村上涨2.2%。服务项目价格上涨1.5%，消费品价格上涨2.3%。从居民消费价格构成大类看，食品类、烟酒及用品类、衣着类、家庭设备用品及维修服务类、医疗保健及个人用品类、居住，分别比上年上涨4.5%、1.1%、2.1%、0.6%、1.2%和2.8%；交通和通信类、娱乐教育文化用品及服务类，分别比上年下降0.2%和0.3%。商品零售价格上涨1.0%。农业生产资料价格上涨0.6%。工业品出厂价格上涨5.8%。

年末全区从业人员178.55万人，比上年末增加6.41万人，增长3.7%。城镇登记失业率控制在4.0%以内。

【农牧业】全年农作物种植面积240.02千公顷，比上年增加4.95千公顷。其中：青稞面积117.95千公顷，比上年增长0.1%；小麦面积37.06千公顷，增加0.29千公顷；油菜籽面积23.92千公顷，减少0.50千公顷；蔬菜面积21.33千公顷，增加0.89千公顷。全年实现粮食总产量92万吨，比上年增长1.6%；油菜籽5.80万吨，增长0.5%；蔬菜55.78万吨，增长1.2%。年末牲畜存栏总数2321万头只匹，比上年末减少3万头只匹。其中：牛654万头，增加1万头；羊1579万只，减少5万只。全年猪牛羊肉产量达26.29万吨，比上年增长3.0%；奶类产量30.28万吨，增长2.9%。

【工业和建筑业】全年全部工业实现增加值39.73亿元，比上年增长14.0%。规模以上工业企业实现增加值29.25亿元，比上年增长14.0%。其中：轻工业实现增加值9.69亿元，增长8.2%；重工业实现增加值19.57亿元，增长17.2%。国有及国有控股企业全年实现增加值15.90亿元，比上年增长13.6%。按登记注册类型分，国有企业实现增加值9.45亿元，增长19.1%；集体企业实现增加值0.65亿元，下降3.3%；股份制企业实现增加值14.51亿元，增长19.5%；股份合作企业实现增加值0.03亿元，下降32.6%；外商及港澳台企业实现增加值2.02亿元，下降2.1%；其他经济类型企业实现增加值2.60亿元，下降7.7%。

全年规模以上工业企业实现利润总额9.36亿元，比上年增长70.1%。其中：国有及国有控股企业实现利润2.82亿元，增长3.0倍；集体企业实现利润0.18亿元，下降18.6%；股份制企业实现利润5.88亿元，增长1.0倍。规模以上工业企业产品销售率96.5%。

全年规模以上工业企业完成水泥产量219.12万吨，比上年增长15.4%；发电量24.16亿千瓦时，增长9.7%；啤酒13.33万吨，增长17.9%；中成药（藏医药）1249吨，下降8.5%；自来水11778万吨，增长8.3%；瓶（罐）装饮用水8.41

万吨，增长27.7%；铬矿石14.01万吨，增长12.5%。

全年建筑业实现增加值124.19亿元，比上年增长14.4%。

【固定资产投资】全年全社会完成固定资产投资总额463.26亿元，比上年增长22.1%。其中：民间投资118.02亿元，增长10.8%。

按产业分：第一产业23.74亿元，比上年增长0.6%；第二产业134.21亿元，增长45.9%；第三产业305.31亿元，增长15.7%。按经济类型分：国有经济完成投资344.41亿元，比上年增长25.9%；集体经济完成投资3.03亿元，下降31.8%；其他各种经济类型完成投资94.88亿元，增长32.9%；个体经济完成投资20.94亿元，下降44.9%。按城乡分：城镇完成投资405.43亿元，比上年增长23.4%；农村完成投资57.83亿元，增长13.9%。在农村投资中：农户投资19.90亿元，下降20.7%；农村集体投资0.71亿元，增长64.4%。

在城镇固定资产投资中，农、林、牧、渔业投资完成23.74亿元，增长1.0%；采矿业投资完成20.27亿元，增长1.1倍；制造业投资完成35.51亿元，增长94.7%；电力、燃气及水的生产和供应业投资完成56.00亿元，增长30.7%；建筑业投资完成22.43亿元，增长6.4%；交通运输、仓储和邮政业投资完成115.54亿元，增长40.1%；信息传输、计算机服务和软件业投资完成11.14亿元，增长15.8%；批发和零售业投资完成6.50亿元，增长9.1%；住宿和餐饮业投资完成14.67亿元，增长64.5%；金融业投资完成0.78亿元，增长1.1倍；房地产业投资完成36.85亿元，下降16.9%；租赁和商务服务业投资完成1.81亿元，增长2.4倍；科学研究、技术服务和地质勘查业投资完成1.82亿元，增长1.8倍；水利、环境和公共设施管理业投资完成25.37亿元，增长27.7%；居民服务和其他服务业投资完成1.35亿元，增长1.1倍；教育投资完成11.75亿元，增长16.3%；卫生、社会保障和社会福利业投资完成3.73亿元，与上年持平；文化、体育和娱乐业投资完成6.89亿元，增长39.2%；公共管理和社会组织投资完成58.16亿元，增长3.7%。

全年房地产开发投资8.96亿元，比上年下降43.1%。房地产开发施工房屋面积75.26万平方米，比上年下降46.5%；竣工房屋面积12.18万平方米，下降73.5%；商品房销售面积19.37万平方米，下降69.4%。

【国内贸易】全年社会消费品零售总额180.84亿元，比上年增长18.7%。分地域看，城镇消费品零售额133.25亿元，增长17.3%；乡村消费品零售额47.59亿元，增长22.6%。分行业看，批发和零售业零售额153.06亿元，增长19.5%；住宿和餐饮业零售额27.78亿元，增长18.7%。

在限额以上批发和零售业零售额中，增长较快的有：石油及制品类增长28.3%，中西药类增长68.2%，化妆品类增长15.9%，机电产品及设备类增长61.8%，汽车类增长26.6%。

【对外贸易】全年进出口总额83594万美元，比上年增长1.1倍。其中：出口总额77102万美元，增长1.1倍；进口总额6492万美元，增长1.4倍。

在进出口贸易中，边境小额贸易实现进出口总额50055万美元，比上年增长1.0倍，占进出口贸易总额的59.9%。其中：出口49765万美元，增长1.0倍；进口290万美元，下降17.5%。

全年对亚洲进出口61759万美元，比上年增长80.5%；对欧洲进出口11222万美元，增长2.4倍；对北美洲进出口5451万美元，增长3.7倍；对大洋洲进出口290万美元，增长25.8%。

全年合同利用外商直接投资2101.49万美元，实际利用外商直接投资2434.48万美元，全年审批利用外商直接投资项目2家。

【交通、邮电和旅游】全年完成货运量983.37万吨，比上年增长3.9%。其中：公路运输完成952万吨，增长3.5%；铁路运输完成29.9万吨，增长31.1%；航空运输完成1.47万吨，增长8.1%；管道运输完成13万吨，下降13.9%。全年客运总量8304.24万人次，增长4.3%，其中：公路运输完成8066万人次，增长4.0%；铁路运输完成88.20万人次，增长19.2%；航空运输完成154.04万人次，增长16.9%。

年末公路总通车里程58249公里，比上年增加4404公里，其中：有铺装路面总里程8195公里，增加4916公里。

年末全区民用汽车拥有量达到22.31万辆，比上年末增长14.4%。

全年完成邮电业务总量63.84亿元，比上年增长22.5%。其中：邮政业务总量1.84亿元，增长8.6%；电信业务总量62亿元，增长22.9%。年末局用交换机总容量42.30万门。年末固定电话用户43.90万户，其中：城市电话用户41.90万户，乡村电话用户2万户。新增移动电话交换机10万门，

总容量达199万门。新增移动电话用户32.10万户，年末达到157.61万户。年末全区固定及移动电话用户总数达到201.50万户，比上年末增加22.06万户。电话普及率达到69部/百人。

全年接待国内外旅游者685.14万人次，比上年增长22.1%。其中：接待国内旅游者662.31万人次，增长21.8%；接待入境旅游者22.83万人次，增长30.5%。旅游总收入71.44亿元，增长27.6%；旅游外汇收入10359万美元，增长31.6%。

【财政、金融和保险】全年完成地方财政收入42.11亿元，按同比口径计算，比上年增长36.2%。其中：一般预算收入36.65亿元，增长21.8%。

全年财政总支出561.50亿元，按同比口径计算，比上年增长19.2%。其中：一般预算支出550.95亿元，增长17.2%。在一般预算支出中，社会保障和就业支出31.19亿元，增长26.2%；教育支出59.44亿元，下降2.6%；医疗卫生支出32.32亿元，增长46.4%；环保支出11.78亿元，增长20.8%。

年末全部金融机构本外币各项存款余额1296.73亿元，比上年末增长26.1%。其中：城乡居民储蓄存款267.60亿元，增长18.0%。全部金融机构本外币各项贷款余额301.82亿元，增长21.5%。金融机构累计现金收入1025.52亿元，增长12.5%；累计现金支出1071.75亿元，增长11.8%。现金净投放46.23亿元，比上年少投放0.46亿元。

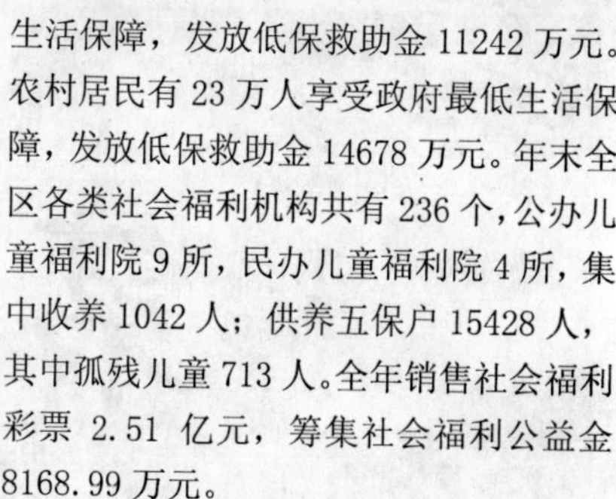

全年保险公司保费收入5.06亿元，比上年增长26.0%。其中：财产险保费收入4.54亿元，比上年增长20.4%；人寿险保费收入0.52亿元，增长1.1倍；意外险保费收入0.31亿元，增长42.1%；机动车辆险保费收入3.14亿元，增长22.2%；健康险保费收入0.21亿元，增长18.0%。全年共支付各类赔款2.22亿元，比上年增长2.5%。

【教育、科学技术】全区普通高等教育院校6所，年内招生9512人，其中：研究生299人，普通本专科9213人；在校生31827人，其中：研究生718人，普通本专科31109人；毕业生8428人，其中：研究生162人，普通本专科8266人。中等职业学校6所，招生7319人，在校生22613人，毕业生7312人；中学122所，其中：高级中学20所，完全中学9所，初级中学93所。高中招生15057人，在校生40728人，毕业生12177人；初中招生47361人，在校生138992人，毕业生46093人；小学872所，招生50747人，在校生299408人，毕业生50642人；特殊学校招生42人，在校生257人。年末幼儿园在园幼儿23414人，比上年增加7346人。全区小学学龄儿童入学率达99.2%，比上年提高0.4个百分点。

2010年西藏气象系统共有127个自动气象站，其中：有人值守气象台站39个，无人值守气象站88个。天气雷达站7个，其中：多普勒雷达站5个，数字化雷达站2个。地震监测台站（点）16个。水文监测站34个，水位监测站5个。

【文化、卫生和体育】年末全区共有各类文化机构378个，其中，艺术事业51个，群众文化事业323个。公共图书馆4个，群众艺术馆8个，其他文化事业2个。年末全区共有电视台5座，广播电视台3座。广播、电视人口综合覆盖率分别达90.3%和91.4%。出版报纸140237千印张，各类杂志160.51万册，图书1446万册。

年末全区共有卫生机构1352个，其中：医院、卫生院773个，疾病预防控制中心（卫生防治机构）81个，妇幼保健院、所、站55个。实有病床床位8838张，其中：医院5444张。卫生技术人员10082人，其中：执业医师4469人。每千人病床数和卫生技术人员数分别达到了3.02张和3.44人。

年末全区共有健身路径器材145套、农民体育健身工程500个（每个工程包括：1个篮球场和2个乒乓球台）。我区运动员在国际国内各种体育竞技比赛中共取得金牌1枚、铜牌5枚，在登山及攀岩比赛中获得2个第二名、5个第三名；组织群众体育活动308次，参加活动总人数达125万人次。本年度认证社会体育指导员96人，其中：一级体育指导员40人；二级体育指导员25人；三级体育指导员26人。全年销售体育彩票1.3亿元，筹集体育彩票公益金2000多万元。

【人民生活和社会保障】全区城镇居民人均可支配收入达14980元，比上年增长10.6%；农牧民人均纯收入4138.71元，增长17.2%。通过推进新农村建设、实施安居工程，年末已有27.5万户、140.21万农牧民住上了宽敞明亮的新房。2010年年末城镇居民人均居住面积34.72平方米，农牧民人均居住面积达到24.0平方米。

基本养老金按时足额支付率和社会化发放率均达到100%。年末全区参加基本养老保险的职工9.62万人，参加失业保险10.31万人，参加工伤保险8.46万人，参加生育保险14.71万人。城镇职工参加基本医疗保险23.52万人，城镇居民参加基本医疗保险15.12万人。

全年农牧民每人医疗筹资180元。全区城镇居民共有42040人享受政府最低生活保障，发放低保救助金11242万元。农村居民有23万人享受政府最低生活保障，发放低保救助金14678万元。年末全区各类社会福利机构共有236个，公办儿童福利院9所，民办儿童福利院4所，集中收养1042人；供养五保户15428人，其中孤残儿童713人。全年销售社会福利彩票2.51亿元，筹集社会福利公益金8168.99万元。

【矿产资源、安全生产】2010年度全年新发现矿产10处，重点评价5处具有开发价值的矿床。有5种矿新增储量，实施地质勘探项目65项，完成了钻探实物工作量22403米。

全年共发生各类安全事故1047起，比上年上升14.8%；死亡434人，上升6.1%；直接财产损失948.26万元。亿元GDP生产安全事故死亡人数0.89人，下降5.3%；工矿商贸十万从业人员生产安全事故死亡人数3.5人，下降20.5%。道路交通万车死亡人数18.04人，上升8.9%。

注：

1、本公报数据均为初步统计数，正式数据以《西藏统计年鉴—2011》为准。

2、对外贸易、交通、邮电、旅游、财政、金融、保险、教育、科技、气象、环保、文化、卫生、体育、社会福利和保障、资源、安全生产方面的数据均由自治区有关部门提供。

3、GDP、各产业增加值绝对数按现价计算，增长速度按可比价计算。

4、有关人口数据，由于正在进行第六次全国人口普查，本公报暂不发布。依照总人口计算的相关人均指标，按照推算人口数测算，待第六次人口普查数据公布后予以调整。

第二篇 政治

中国共产党西藏自治区委员会

自治区纪检（监察）工作

【推动中央第五次西藏工作座谈会精神贯彻落实】2010 年，自治区各级纪检监察机关找准定位，及时跟进，抓好会议精神贯彻落实情况的监督检查。派出 20 个检查组，开展了 3 次集中检查，检查面覆盖全区三分之二以上的县和区直部门。各地（市）也对县、乡进行了检查。通过检查、深入宣传了中央第五次西藏工作会议精神和区党委政府的工作措施，增强了各级抓工作落实的自觉性，督促了一批政策、资金、项目落实到位，为基层解决了一些困难，发现和纠正了一些问题，促进了中央关于西藏工作大政方针和决策部署的落实。

【做好工程建设领域突出问题专项治理和扩大内需促进经济增长政策落实检查工作】共派出检查组 16 个，先后深入到 7 地（市）68 个县（区）和 22 个区直部门以及相关项目业主单位，对包括中央新增投资和援藏项目在内的 372 个民生项目、惠民工程和生态环保等工程进行了重点检查，及时提出整改建议，对违纪违法人员分别给予党政纪处分或移送司法机关处理，有效治理工程建设领域的突出问题，切实保证了中央扩大内需促进经济增长政策的贯彻落实，受到了中央检查组的充分肯定。

【扎实开展效能建设年活动】区纪委监察厅牵头成立自治区效能建设年活动联席会议及办公室，制定全区效能建设年活动实施方案，印发学习资料，举办全区效能建设知识竞赛和专题辅导报告会，组织开展征文活动，积极筹备举行专题文艺晚会。通过报纸、广播、电视、网络等媒体加大宣传力度，营造良好氛围。对 6 个地（市）和 40 个区（中）直单位活动开展情况进行监督检查、考核评价，总结推广好的经验和做法，纠正存在问题与不足，推动活动深入开展。全区共有 1649 个党委（党组）、5135 个党支部的 15 万名党员、干部、职工参加了效能建设年活动。活动期间，各级纪检监察机关采取有力措施，开展狠刹赌博歪风专项治理工作，对顶风违纪人员依纪依法严肃处理。各地（市）、各部门紧紧围绕区党委提出要解决的六个方面突出问题和活动要达到的“六个进一步”目标要求，切实加强领导，认真组织实施，较好地完成了各阶段布置的各项任务，取得了显著成效。通过活动的有效开展，广大干部思想认识不断提高，一些突出问题得到集中解决，效能建设制度体系逐步完善，机关工作作风进一步转变，党群干群关系进一步密切。中共中央政治局常委、中央纪委书记贺国强同志在藏考察期间，专门来到自治区效能办视察，对我区效能建设年活动给予了充分肯定。区党委主要领导也专门作出批示给予充分肯定，并指示要进一步巩固成果。

【认真开展执法监察和纠风工作，切实解决损害群众利益的突出问题】深入推进工程建设领域突出问题专项治理，抓住工程建设项目决策、招标投标、土地审批、资金使用、工程质量等关键环节，加大专项治理工作力度。加强节能减排和环境保护政策措施落实情况的监督检查。加大国土资源和房地产开发领域的监督检查。严肃处理“高考移民”问题，共取消了 176 名考生的高考报名、录取资格。对内地西藏班考试招生录取工作中存在的问题开展专项检查，严肃查处招生录取工作中存在的违法违纪问题。在全区范围内对重大安全生产事故责任追究落实情况进行专项检查，处理了 5 起道路交通责任事故，追究了 22 名事故责任人员的责任。以推进农牧区安居工程建设为切入点，深入各地（市）、县，加强对党的富民惠民政策落实情况、农村集体资金资产资源管理使用情况的监督检查，坚决纠正损害农牧民利益的行为。认真规范医疗服务和药品器械采购工作。完成自治区级评比达标表彰项目清理工作，减轻了基层负担。协助相关部门认真解决拖欠农牧民工工资问题。组织 33 家单位参与“政风行风热线”节目。

【推进改革创新，不断拓宽从源头上防治和治理腐败的工作领域】积极推进干部人事制度、财税管理体制、国有资产管理体制、政府投资体制改革。推进《工作规划》和《实施办法》的贯彻落实，加快惩防体系建设。制定《西藏自治区贯彻落实〈关于实行党政领导干部问责的暂行规定〉的实施意见》、《西藏自治区贯彻落实<廉政准则>实施意见》等法规制度。加强《党政领导干部选拔任用工作责任追究办法（试行）》落实情况的监督检查，完善干部选拔任用责任追究机制。积极推进行政服务中心和公共资源交易中心的建设。严格执行“收支两条线”规定，全面推行“公务卡”消费制度。认真抓好制止公款出国（境）旅游监督工作。试行政府重大投资项目公示制，加大项目决策信息公开力度。认真执行领导干部报告个人重大事项制度，完善廉政档案管理。利用干部任前集体谈话、案件通报会、参观警示教育基地等多种形式加强领导干部廉洁自律教育；严肃治理领导干部私驾公车和公车私用问题，继续对超标车辆进行清理。区党委3个巡视组加大巡视工作力度，认真开展巡视工作，扩大巡视范围，切实加强对被巡视单位领导班子和成员的监督，一批巡视成果得到及时转化运用。

【抓好查办案件工作，严肃查处违纪违法分子】严肃查办违纪违法案件，始终保持惩治腐败的高压态势，集中精力突破了一批大案要案，一批腐败分子受到党纪政纪的严肃处理，有的移送司法机关追究刑事责任。同时，畅通信访渠道，妥善处理群众来信来访，协调办理信访问题，有效化解社会矛盾。召开全区案件通报会，对近两年查处的典型案件进行通报，查办案件的治本功能和惩戒功能进一步发挥，取得较好的法纪效果和社会效果。

【领导名录】

自治区党委常委、纪委书记：金书波

纪委副书记、厅长：维　色

纪委副书记：贡　嘎、张秋生、占　堆

纪委常委、秘书长：杜建望

纪委常委、副厅长：格桑平措、拉巴次仁、杨宏勇、丹珍多吉、孔原区、李潮明

自治区组织工作

【年度综述】2010年，自治区各级组织编制部门在区党委、政府的坚强领导和中组部、中编办的关心指导下，围绕中心、服务大局，锐意改革创新，狠抓工作落实，为推进跨越式发展和长治久安提供了坚强的组织保证。

【着力抓好学习实践科学发展观和创先争优活动，在服务发展稳定大局上有新成效】各级组织部门认真履行职责，善始善终抓好我区第三批学习实践活动和整个学习实践活动的整改落实及总结，巩固和发展活动成果，查找和解决影响制约科学发展和长治久安等方面的突出问题27000多个，新制定政策制度和工作措施14000多项，为基层和群众办实事好事28000多件，党员干部贯彻落实科学发展观的自觉性和坚定性进一步增强。在基层党组织和广大党员中深入开展创先争优活动，为各单位完成中心任务注入了强大动力。活动中，共建立各级领导干部联系点6320个，7000多个基层党组织、3.9万余名党员开展公开承诺活动，1200多个单位开展“共产党员先锋岗”创建活动，5.6万名农村无职党员开展设岗定责活动，党员干部结对帮扶群众13000多人，投入资金4301万余元，为群众办实事好事9000多件，基层党组织战斗堡垒作用和党员先锋模范作用进一步发挥，形成了学先进、赶先进、创先进的良好风气。在2010年全国组织工作满意度民意调查中，我区开展创先争优活动的满意度分值为83.35分，高于全国平均水平。

【着力加强领导班子和干部队伍建设，在领导能力和执政水平上有新提升】坚持把领导班子思想政治建设放在首位，用“三个确保”的“政治尺子”要求各级领导干部，严肃党的政治纪律，确保各级领导班子和干部队伍的纯洁。坚持德才兼备、以德为先标准，严格按照原则、条件、程序选拔任用干部，调整充实各级领导班子。牢牢盯住地市厅局级正职，突出抓好县委书记队伍建设，制定贯彻落实《关于加强县委书记队伍建设若干规定》的实施意见，继续做好在援藏干部担任县委书记的县配备常务副书记工作，重点管理乡镇党委书记。贯彻落实加强培养选拔年轻干部工作的实施意见，加强年轻干部实践锻炼。研究制定后备干部培养锻炼计划，实行跟踪管理、重点培养。认真学习贯彻“四项监督制度”，全面开展“一报告两评议”工作。开展区、地两级组织部门负责人与县委书记专题谈心谈话活动和县市区委书记履行干部选拔任用工作职责离任检查。充分发挥12380举报电话、举报网站作用，畅通群众监督渠道。建立干部监督工作联席会议制度，干部监督工作体系进一步健全。制定并落实关于贯彻《2010—2020年干部教育培训改革纲要》的实施意见，着力推进学习型干部队伍建设，大规模培训干部、大幅度提高干部素质，举办各级各类培训班420多期，培训干部2.13万余人次，提高了广大干部领导科学发展、促进社会和谐稳定的能力。

【着力推进干部人事制度改革，在建立科学的选人用人机制上有新突破】研究制定贯彻落实中央《2010—2020年深化干部人事制度改革规划纲要》的实施意见，明确深入推进我区干部人事制度改革的具体要求、基本原则和目标任务，确定10项重点突破项目，稳步推进全区干部人事制度改革。加大竞争性选拔干部工作力度，114名干部通过公开选拔、竞争上岗走上县处级领导岗位。制定干部选拔任用工作流程、县处级领导干部任前公示办法，首次在全区推行县处级干部任前公示，规范干部选拔任用行为。加大高低海拔地区之间、部门与行业之间、上下级部门之间的干部交流力度。注重在基层一线培养选拔干部，选拔了一批县处级以上干部到区直机关工作。研究提出调整县处级干部管理权限的意见，下放县处级干部管理权限，进一步加强对干部的分级分类管理。改进县处级干部备案审批工作，强化宏观管理。研究制定区管企业领导人员管理暂行办法，完善国有企业领导人员管理制度。

【着力推进基层组织和党员队伍建设，在抓基层打基础上有新加强】牢牢把握2010年作为全区基层党建工作创新年的要求，全面加强基层组织建设，打牢党的工作基础和组织基础，基本实现“八个全覆盖”：消除党支部“空白村”和联村党支部，对全区192个社区进行整顿并建立党支部，实现党组织在行政村和社区的全覆盖；在中小学、非公有制企业和流动党员中建立党支部，实现党的工作在全社会的全覆盖；完成全区所有村居组织活动场所建设任务，实现党员之家的全覆盖；不断发展壮大党在基层的力量，实现农牧区

"三个培养"全覆盖；规范村干部管理，强化激励保障，实现"一定三有"全覆盖；制定并落实2010—2014年党员教育培训工作规划，分级分层培训党员30.15万人次，实现党员干部教育培训全覆盖；关心爱护基层党员干部，实现党内激励关怀帮扶全覆盖；制定全区基层党建工作考核办法，完善区地县乡村五级书记联动抓党建工作责任制，实现基层党建责任制全覆盖。加强乡镇街道干部队伍管理，制定在乡镇街道干部队伍中开展设岗定责工作的指导意见。加强村干部队伍建设，制定并落实大学生"村官"管理办法，培训村居党支部书记5500人次，选派242名干部到工作薄弱、情况复杂的村居任职，考录385名大学生"村官"到村居任职。加大党建经费投入，农牧民党员培训经费标准从每人每年70元提高到100元，每个社区党建经费从1万元提高到20万元。在部分条件较好的村开展"四议两公开"工作法试点，探索完善党领导下的村级民主自治机制。积极推进城乡基层党建统筹，深入开展区（中）直、各地市直单位党组织与乡镇党组织结对帮扶，机关党组织、党员干部与农牧区基层党组织、生活困难党员"结对子"活动，帮助解决实际困难。发展党员工作成效明显，新发展党员1.4万多名，其中农牧民党员8000余名，是历史上发展党员最多的一年。农村党员干部现代远程教育深入推进，建成远程教育平台54套、终端站点3249个，开发基层党建手机信息系统平台。机关、企业、学校等领域党建工作进一步加强。召开全区基层党建工作会议和全区机关党建工作会议，总结经验，宣传典型，部署工作，推进基层党组织建设创新发展。

【着力加强人才工作，在实施人才强区战略上有新进展】区党委召开全区人才工作会议，出台自治区中长期人才发展规划纲要，确立人才工作目标任务，全面部署人才工作。加强人才教育培养，积极争取国家人才培养计划、项目向我区倾斜，培训各类人才2万余人次。坚持人才配置重点向县以下基层和农牧区倾斜，有计划地引导人才向基层流动，从高校毕业生中考录5156人到基层工作，招募701名"三支一扶"人员，从退役士兵和高校应届毕业生中定向考录428人充实到基层政法机关。认真做好全区人才项目的总体策划和宏观管理，管好、用好人才专项资金，组织实施10个人才项目。做好"西部之光"访问学者选派工作，充分发挥博士服务团作用。公务员考核、奖惩等日常管理工作进一步加强。

【着力推进机构改革和编制管理工作，在机构编制服务效能上有新增强】进一步推动政府职能转变，全面完成自治区和地县政府机构改革。调整充实部分党委工作部门、人大机关、政协机关、法院、检察院、群团部门以及区党委、政府直属厅级事业单位的机构编制，优化内设机构设置。强化公共服务，对涉及政府机构改革的区直、地市事业单位进行清理规范和调整加强。组织开展自治区政府部门"三定"规定执行情况的评估自查。调整文化市场、交通运输综合执法和国土资源、环境保护等部门的管理体制，加强有关部门力量建设。切实加强机构编制管理，及时研究办理重点领域、关键环节的机构编制事项。积极向中编办反映困难和问题，加大争取编制力度，继续为县乡两级增加各类编制。开展乡镇政权力量建设、县乡基层政法部门政权建设等方面的调研，加强基层公安派出所和综治力量建设。加强监督检查，机构编制管理制度化、规范化建设进一步推进。扎实做好事业单位登记管理，完成全区事业单位法人年检工作。

【着力加强援藏干部队伍建设，在改进援藏干部的管理服务上有新提高】精心组织，周密部署，主动协调，圆满完成第五、六批援藏干部轮换工作。协调落实第六批援藏干部需求计划，增加县市区援藏干部选派数量，加大向基层一线和政法、统战、民宗、宣传等重点岗位倾斜力度，首次将乡镇、街道办事处纳入对口支援范围，充实专业技术人员援藏队伍。调研总结、宣传推广武汉市干部援藏工作经验，推动干部援藏工作深入开展。扎实做好第六批援藏县委书记培训工作，加深援藏县委书记对西藏区情县情民情特点的了解和认识，打牢在藏工作基础。加强援藏干部管理，重点管理援藏干部领队和援藏县委书记，进一步健全援藏工作队在干部、资金、项目管理和业绩考核等方面的制度。扎实开展援藏干部创先争优活动，教育引导援藏干部自觉落实"五个好"、"五带头"要求，争创先进、争当优秀。切实关心爱护援藏干部，建立援藏干部在藏年度体检制度并开展首次体检。加强干部援藏工作宣传，建立援藏干部手机短信平台，加强交流。

【获奖情况】部机关被拉萨市委、市政府授予"平安单位"荣誉称号；办公室（机关党委、人事处）被评为西藏自治区"十一五"重点项目工作突出贡献集体、全区提案办理先进单位，获全区财务年度决算三等奖、全区全民国防教育知识竞赛组织奖；党员管理处被评为全国党内统计优良报表单位；人才工作处获全区组织编制调研成果一等奖；部机关妇委会被评为全区先进妇联组织。

【领导名录】

自治区党委常委、组织部部长：尹德明

常务副部长：武金辉

副部长、区人力资源和社会保障厅党组书记、副厅长：边巴扎西

副部长、区编办主任：唐明英

副部长、巡视员：李晓云

副部长：许　鹏（中央组织部第五批援藏干部，2010年7月援藏期满）

副部长：邹立、强秋、何新红（中央组织部第六批援藏干部，2010年7月任现职）

部务委员、区编办副主任：王岐海（中央编办第五批援藏干部，2010年7月援藏期满回中央编办工作）

部务委员、区编办副主任：解海源

部务委员：段胜前、李小宁

部务委员、区编办副主任：薛志强（中央编办第六批援藏干部，2010年7月任现职）

自治区宣传思想工作

【年度综述】2010年，全区宣传思想文化战线牢牢把握推进跨越式发展和长治久安的主题，把学习宣传贯彻中央第五次西藏工作座谈会精神作为全年工作主线，突出团结鼓劲、积极进取、昂扬向上的主基调，狠抓头等大事，突出根本任务，壮大主流舆论，推动繁荣发展，强化基层基础，展示良好形象，注重管理创新，宣传思想文化各项工作迈出新步伐、取得新成绩、实现新发展，在推进跨越式发展和长

治久安中发挥了重要作用。

【**狠抓头等大事，中央第五次西藏工作座谈会精神的学习宣传贯彻声势浩大、深入人心**】把学习宣传贯彻中央第五次西藏工作座谈会精神作为贯穿全年工作的主线，进行重点部署、作出具体安排。及时制定并以区党委办公厅名义下发《关于学习宣传中央第五次西藏工作座谈会精神的安排意见》，明确重大意义、指导思想、主要内容和要求。组织推出《“两个矛盾”决定西藏工作的主题必须是推进跨越式发展和长治久安》等一批重点理论文章，深入阐释解读，引导广大党员深刻领会会议的重大意义、思想内涵、丰富内容和精神实质。组织编写《中央第五次西藏工作座谈会精神宣讲提纲》，组织各级宣讲团集中开展培训，分级分片深入机关社团、厂矿企业和田间地头开展大规模宣讲活动以组织区内媒体转播转载中央媒体刊播中央召开第五次西藏工作座谈会新闻报道为标志，在第一时间就新闻宣传工作作出安排部署。

【**围绕中心工作，推进跨越式发展和长治久安的宣传主题鲜明、氛围浓厚**】大力开展推动科学发展、跨越式发展的宣传。全年共举办25场新闻发布会，组织各级各类媒体开辟专题专栏，深入宣传“一产上水平、二产抓重点、三产大发展”经济发展战略，自治区主要媒体经济类稿件占全年报道量的70%以上，并加大向中央三台上送稿件力度。推动兴起学习宣传党的十七届五中全会和区党委七届七次全委会精神的热潮，刊播稿件1100余篇。做好中央宣讲团赴藏宣讲的各项工作，编发《党的十七届五中全会和区党委七届七次全委会精神宣讲提纲》，组织区、地、县三级宣讲团深入全区开展形势政策宣传教育。

大力开展以安居工程和惠民政策为重点的民生宣传。组织自治区主要新闻媒体开辟《以人为本 关注民生》、《安居乐业在高原》、《访农家 话安居》、《惠民政策暖人心》、《惠民政策问题解答》等专题专栏，刊播稿件1600余篇。采取专家访谈、理论阐释、政策解读等方式，积极引导社会热点，有效疏导公众情绪，切实增强人们对改革发展的信心，促进社会稳定和谐。

大力开展反分裂宣传教育。深入开展反分裂斗争思想教育，继续广泛开展“三坚持”教育，马克思主义“四观”、“两论”教育和“团结稳定是福、分裂动乱是祸”的教育。围绕“西藏百万农奴解放纪念日”设立一周年，编发《新旧西藏两重天—热烈庆祝西藏第二个百万农奴解放纪念日》宣传册（藏汉文）15万册发送到基层，组织区内主要媒体推出专题专栏，刊播稿件800余篇。

【**突出重大任务，学习型党组织建设和重大纪念活动谋划周密、推进有力**】发挥牵头作用，扎实推进学习型党组织建设。制定并以区党委办公厅名义下发《关于推进全区学习型党组织建设的实施意见》。组织编写《中央第五次西藏工作座谈会辅导读本》、《马克思主义“四观”、“两论”简明读本》、《强农惠农政策》等学习推荐书目。开展各级党委（党组）中心组学习的专项督导检查，进一步建立和完善学习制度，推动学习经常化规范化制度化。推出《西藏特殊地位评述和维护社会稳定主要问题分析》等一批重大理论研究成果。

坚持谋划在先，精心部署中国共产党成立90周年、西藏和平解放60周年宣传纪念活动的筹备工作。形成了《中国共产党成立90周年 西藏和平解放60周年宣传纪念活动方案》，明确了舆论宣传、社会宣传教育、文艺文化和对外宣传4个方面22个重点项目。研究制定宣传纪念活动项目任务分解表，明确49项宣传纪念活动的工作安排、实施步骤、时间进度及牵头单位和承办单位的职责。启动实施电视专题片《老西藏精神》、“西藏和平解放60周年成就展”等27项工作。

展示历程成就，精心组织昌都解放60周年的宣传报道。举办昌都解放60周年专场新闻发布会，在10家海外华文媒体《今日西藏》专栏推出两期专版，组织协调20余家新闻媒体170多名记者，对昌都解放60周年各项庆祝活动进行大力宣传报道，充分展示了昌都60年的光辉历程和辉煌成就。

【**抓住历史机遇，推动文化大发展大繁荣取得重大进展、步入新的阶段**】制定并以区党委政府名义出台《关于推动文化大发展大繁荣的决定》，编制“十二五”宣传文化重点项目建设规划。组团参加第六届中国（深圳）国际文化产业博览交易会，现场意向性签约项目11个，签约金额达6.664亿元人民币。积极发展特色文化产业，《幸福在路上》、《喜马拉雅》等商演剧目日趋成熟，广受好评。

大力实施广播电视“村村通”“户户通”、文化信息资源共享、县乡村文化馆（站）、农牧区数字电影放映、农家书屋等文化惠民工程。广播电视人口综合覆盖率分别达90.28%和91.41%，“村村通”建设已全面向“户户通”转变。全区80%的行政村可以看到数字电影。顺利实现县县有综合文化活动中心和文化信息资源共享工程县支中心的目标。集自然博物馆、科技馆、展览馆“三馆合一”的重大科技文化建设项目自治区自然科学博物馆正式开工建设。

制定出台《西藏自治区文艺创作重点项目扶持和奖励办法（试行）》、《下乡演出场次补贴办法》。全年新创作推出《天上西藏》、《雅砻春潮》、《幸福之路》等舞台文艺作品达到320余个（台）。合作推出《一路格桑花》、《雪域天路》等优秀影视作品。现实题材话剧《扎西岗》荣获“文华大奖特别奖”，民族舞蹈《雪域祝福》荣获“第八届中国民间艺术节”金奖，歌曲《故乡情怀》获中央宣传部“五个一”工程奖，我区四个文艺作品在全国群星奖评奖活动中分别获得音乐类、舞蹈类、项目类群星奖。广播、电视、电影藏语译制量分别达到10000多小时、1500多小时和60部，均创历史新高。全区各级专业文艺团体累计演出1900多场次，19支县级民间艺术团和各类民间演出机构演出6000多场，基层群众文化生活更加丰富多彩。

全年累计投入非物质文化遗产保护经费1265万元，完成拉萨河文化生态保护区申报国家级生态保护项目前期准备工作，启动21个非物质文化遗产重点保护项目，出版《传统八大藏戏剧本》等系列丛书。制定《西藏自治区2010—2015年古籍保护工作规划》、《西藏自治区古籍普查工作实施方案》，12部珍贵古籍入选第三批国家珍贵古籍名录。

【**突出强基固本，基层宣传思想文化工作**

深入推进、切实加强】研究草拟贯彻落实中宣部等六部委《关于加强地方县级和城乡基层宣传文化队伍建设的若干意见》的实施意见。从全区基层宣传思想文化部门选派50名干部参加中央宣传部第一期西藏地区宣传干部培训班。

以农牧民群众、城镇社区居民和青少年学生为重点，继续深入开展以热爱党热爱祖国热爱社会主义为主要内容的群众性爱国主义教育活动，开展以“三个离不开”为主要内容的民族团结宣传教育活动。在农牧民群众中广泛开展“忆旧苦、批达赖，感党恩、跟党走”主题宣传教育活动，教育身边群众永远跟党走。在各级各类学校中组织开展主题班会、图片展览、专题讲座、国防教育等活动，教育青少年学生不忘历史、珍惜今天，勤奋学习、报效祖国。在干部群众中，组织开展学习《六个为什么》、《七个“怎么看”》和《划清“四个重大界限”学习读本》等理论通俗读物活动。

广泛开展“万千百工程”、“改陋习、树新风”、“十星级文明户”等群众性精神文明创建活动，2010年全区共创建各级文明户28000多户。成功召开全区农村精神文明建设工作经验交流会，推出仲果村、金鲁居委会、俄杰塘社区居委会等一批先进典型。集中测评、加强整改，继续推进拉萨市、日喀则市创建全国文明城市工作。积极开展“向国旗敬礼，做一个有道德的人”、“我爱我的祖国”等主题教育活动。深入开展文化科技卫生“三下乡”集中活动，共为农牧民群众送戏5700场次，送电影5.8万多场次，送图书及科普资料50多万册（份、盘）。在全区广泛开展“礼仪亚运、文明西藏”知识竞赛活动，并成功举办电视大奖赛。开展自治区第二届道德模范评选和“道德模范基层巡讲”活动。

【展示良好形象，对外宣传和文化交流工作积极主动、步步深入】建立健全新闻发言人制度，党委新闻发言人制度的基本架构初步形成。在西班牙成功举办“2010·中国西藏文化周”。以拉萨雪顿节为平台，积极打造“感知西藏—中国西藏文化之旅”文化外宣品牌。以上海世博会特别是“西藏活动周”为重大契机，充分展示西藏、扩大西藏影响。广泛开展学术交流、文艺演出、文物展览等文化交流活动，在日本和台湾地区举办“圣地西藏—最接近天空的宝藏”文物展，在泰国和尼泊尔成功举办西藏歌舞演出，在香港成功举办以庆祝“3·28”为主题的“来自西藏的天籁之音”音乐会，在北京举办第一届“西藏当代油画唐卡展”。在尼泊尔加德满都成功开办“中国西藏书店”，并以书店为依托，抓住重要时间节点，举办系列外宣活动。在尼泊尔《人民周报》继续开辟介绍西藏的固定专栏，在尼泊尔《加德满都邮报》、印度全国性大报《先锋报》各刊发4个整版彩色专版。

全力做好接访工作，全年成功接访境内外多批次境内外记者、专家、学者、官员赴藏采访考察。积极实施“走出去”战略，不断壮大国际涉藏舆论的正面声音，全年共组织数批藏学家、宗教界人士、艺术家等赴美国、智利、澳大利亚、新西兰、日本、西班牙等国家和地区开展学术交流和友好访问。

【获奖情况】区党委宣传部被评为全国维护妇女儿童权益先进集体。

【领导名录】
区党委常委、区宣传思想工作领导小组组长、宣传部部长：崔玉英
常务副部长：王明星
副部长：沈开运、张崇银、尼玛次仁、岗青、索林、欧阳方兴、庄劲松、张晓峰、韩向阳、李光远、李春华

自治区统一战线工作

【年度综述】2010年，自治区统战部深入贯彻落实科学发展观，以学习贯彻中央第五次西藏工作座谈会精神为主线，以民族宗教工作为重点，以服务经济社会跨越式发展和长治久安为目标，深入开展反分裂斗争，大力推进民族团结进步事业，凝聚人心保稳定，汇聚力量促增长，各领域统战工作取得了积极进展，巩固和发展了统一战线爱国进步、团结稳定的局面。

【学习贯彻中央第五次西藏工作座谈会精神取得实效】一是以学习座谈会精神为主要内容，加强统一战线成员思想建设。把学习座谈会精神与推进中国特色社会主义价值体系学习教育结合起来，与学习中央十七届五中全会、全国统战部长会议、自治区七届七次全委会、区党委工作会议、全区经济工作会议等系列重要会议精神结合起来，通过召开通报会、座谈会、专题报告会和举办培训班等形式，引导统一战线成员准确把握党的新时期西藏工作指导思想，深刻认识党对西藏的优惠政策。在统一战线深入开展“百万农奴解放纪念日”设立二周年、昌都解放50周年等重大纪念活动，大力宣传西藏民主改革以来的巨大成就，教育引导统战成员进一步增强“四个坚持”的自觉性和坚定性。二是以领会座谈会精神为重点，努力提高统战干部政治觉悟。通过召开理论中心组学习会、干部职工学习会及邀请宣讲团作报告等形式，组织干部职工认真学习座谈会和系列重要会议精神，及时把思想认识统一到中央新时期西藏工作指导思想和方针政策上来，统一到中央和区党委的重大决定和重要部署上来，不断提高政治觉悟和思想水平，不断增强为党的事业奋斗的坚强信心和决心。三是以贯彻座谈会精神为契机，加强统战系统基础建设。认真贯彻中发[2010]4号文件和藏党发[2010]8号文件精神，研究起草《关于加强我区统战民族宗教工作的意见建议》，编制了统战系统“十二五”项目建设规划，上报9个重点项目，西藏社会主义学院、六地区社会主义学院、七地市接待藏胞工作站、31个县级统战民宗业务用房、雪林多吉颇章和德庆格桑颇章接待楼等建设项目已列入2010年重点项目规划计划，总投资2亿元。

【民族团结进步创建活动深入推进】坚持把有利于民族平等团结进步、有利于各民族共同繁荣发展、有利于民族交往交流交融、有利于国家统一和社会稳定作为衡量民族工作成效的重要标准，牢牢把握各民族共同团结奋斗、共同繁荣发展的主题，认真贯彻落实《西藏自治区深入开展民族团结宣传教育活动实施意见》，在统一战线成员中坚持开展党的民族理论、民族政策、民族基本知识以及法律法规教育，大力弘扬以爱国主义为核心的中华民族精神，使“三个离不开”和“团结稳定是福、分裂动乱是祸”的思想更加深入人心。协

助区党委制定下发《深入开展民族团结进步创建活动的意见》，加强统筹协调，搞好组织发动，狠抓贯彻落实，努力推进民族团结进步和谐乡村、和谐社区、和谐校园、和谐寺庙建设。协助有关部门开展"民族团结宣传月"设立20周年纪念活动，大力表彰民族团结先进集体和个人，积极营造维护和珍惜民族团结的良好氛围。认真落实自治区扶持人口较少民族发展规划，协助制定兴边富民行动"十二五"规划，帮助区内人口较少民族和边境地区发展经济、改善生活。及时排查调处影响民族团结的矛盾纠纷，针对青海发生的大范围抵制双语教育推进事件等，加强对统一战线成员教育引导工作，坚决防范和打击打着民族旗号挑拨民族关系、制造民族矛盾、蓄意挑起事端的民族分裂行径。

【藏传佛教正常秩序得到有力维护】寺庙法制宣传教育深入推进。紧密结合形势政策，把中央第五次西藏工作座谈会精神作为法制宣传教育重要内容，广泛宣传中央对西藏的特殊优惠政策，使广大僧尼深切感受到中央对西藏各族人民的亲切关怀和祖国大家庭的温暖。加强巡回宣讲力度，安排宗教爱国人士组成巡回宣讲组赴重点寺庙和偏远小寺庙开展法制宣传教育，取得良好效果。精心组织、全面开展寺庙登记和活佛僧尼资格备案工作，对符合资格备案条件的僧尼进行集中采集图像，重新建立僧尼电子档案。

寺庙管理长效机制建设取得积极进展。制定出台创建平安寺庙意见、学经班管理暂行办法、经师资格评定和聘任暂行办法、社会流动从事宗教活动人员管理意见、管理组织章程、教职人员基本行为规范等多个政策文件和规章办法，宗教工作长效机制配套政策法规逐步完善。指导和推动各寺庙建立了寺庙管理章程，制定了寺庙人事、佛事、财务、文物保护、学经等一系列配套管理办法，确保了寺庙管理有章可循、有规可依。二是机制建设成效显著。坚持分类指导、区别对待，针对寺庙不同实际，探索实行了寺庙自我管理、干部参与管理和基层组织参与管理三种不同管理模式，这三种管理模式的施行，取得了良好效果，得到了中央的肯定。突出属地管理、分级负责，建立了领导、工作、属地三个层面管理机制。三是寺庙民主管理深入推进。在充分调研的基础上，深入总结扎什伦布寺和强巴林寺民主管理经验。协助中央统战部在日喀则召开五省区藏传佛教寺庙民主管理经验交流会议，交流和推广寺庙民主管理经验，有力推动了藏传佛教民主管理工作的开展。

全力做好寺庙维稳工作。一是稳慎处理宗教领域重大敏感问题。2010年7月，充分发挥藏传佛教界高僧大德的作用，按照宗教仪轨和历史定制，有序开展第六世德珠活佛寻访、认定、坐床工作，山南地区隆子县洛桑多吉被认定为第五世德珠·江白格桑加措活佛的转世灵童，这是自2007年国家宗教事务局颁布《藏传佛教活佛转世管理办法》后，政府依法保护公民宗教信仰自由的又一重要举措。二是坚持做好敏感时段寺庙维稳工作。积极开展"3·10"、"3·14"、雪顿节、2010年上海世博会、"西藏活动周"、广州亚运会、昌都解放50周年等重要敏感节点寺庙维稳工作，确保了敏感时段宗教领域万无一失。从严审批敏感节点宗教活动，严格制控活动规模，加强对传召法会等宗教活动管理，圆满完成2010年度藏传佛教格鲁派格西拉让巴学位预考和"姜贡曲"法会，确保了活动安全有序。三是深入推进平安和谐寺庙创建活动。实施平安和谐寺庙创建评价体系，强化寺庙内部管理措施，落实寺庙维稳责任，加强对寺庙管理的监督，改组调整履行职责不力、寺庙管理混乱的寺管会班子。参加社会治安综合治理寺庙考评工作，对寺庙平安和谐创建情况逐一进行检查，有力推动了平安和谐寺庙创建活动的开展。

【为经济社会发展服务能力不断提高】一是引导统战成员为制定"十二五"规划出谋划策。及时向党外人士通报"十二五"规划编制情况，并广泛听取和反映他们的意见建议。支持党外专家学者围绕提高经济增长质量、促进经济发展方式转变和经济结构调整、改善民生和农牧区改革等重大问题，深入考察调研，提出对策建议，为党委、政府科学决策提供参考。二是充分发挥非公有制经济在发展中的优势作用。引导非公有制经济健康发展，推动非公有制企业转型升级、做大做强，提高市场竞争能力和抗风险能力，截止2010底，全区共有私营企业8229户，注册资金209.41亿元，雇工人数12.75万人；个体工商户9.14万户，从业人员20.84万人，注册资金28.41亿元；非公有制经济缴税达40.2亿元，占全区各项税收总额的82.9%。加强对非公经济发展情况的调研，研究起草《西藏地区民营经济发展现状、素质提升与转变增长方式的研究》、《关于在全区非公有制经济组织党组织和党员中开展创先争优活动的实施意见》等文件，为非公有制经济发展提供政策支持。加强非公有制企业党组织建设，全区会员企业现已发展党组织49个、党员550名。三是积极推进职业技术培训。充分发挥西藏中华职教社教育职能作用，积极开展"温暖工程"培训工作，鼓励相关的民营企业和民办学校举办各类农民工技能培训班，部分企业和民办学校积极参与培训工作，主动承担培训任务，目前，农民工和待业青年培训班已纳入日程。

【党外代表人士队伍建设力度加大】一是依托培训平台，加大党外人士培训力度。认真实施《2010-2020年党外代表人士教育培训改革和发展纲要》，扩大培训范围，丰富培训方式，依托西藏社会主义学院这个培训主阵地，坚持全区性培训与分地区培训相结合，区内办班和区外办班相结合，独立办班和联合办班相结合，对统一战线各界人士进行培训、轮训，进一步提高他们的政治把握能力、参政议政能力、组织协调能力和合作共事能力。全年共举办29期培训班，培训人数1700余人。二是实施联络工程，加大与党外人士联系联络力度。继续实施"234"人物联络工程，加强与党外人士日常联系和教育。特别是部领导带头与党外人士交朋友，齐扎拉常委上任伊始，就逐一走访慰问23位党外代表人士，了解他们的思想和生活情况。三是建设西藏佛学院，加大宗教界人士培训基地建设力度。派专人做好工程监督和协调工作，确保工程质量，一期工程已顺利完工并验收合格，二期工程项目规划已报发改委审核，招标工作已经启动。加强组织领导，成立西藏佛学院筹备领导小组及办公室，购置教学设施、物色师资力量、编写教学教材等各项工作有序开展。

【对台工作扎实推进】配合中央对台工作大局，以广泛争取台湾民心为目标，积极推进对台工作。促进两地间的经贸、文化交流交往，全年进藏台胞1210批2.4万多人次，进藏考察72批94人，赴台交流14批50人。特别是2010年接待了台湾联电集团荣誉董事长曹兴诚、台湾体育总会副会长郑锦洲、基隆议会议长黄景泰等重要人物，在岛内产生了广泛影响。积极开展对台宣传，通过面对面地交流、赠送宣传资料、安排实地参观等方式向进藏台胞和通过媒体、网络等途径向岛内群众积极宣传党的对台政策、民族宗教政策、西藏历史、西藏经济社会变化等，深刻揭露达赖集团分裂祖国、破坏民族团结的罪恶图谋，团结争取更多的台胞心向祖国，支持祖国统一。维护在藏台胞尤其是投资台胞的合法权益，协调处理在藏台胞相关事宜，稳妥处理两起台胞意外身亡的突发事件，全部做到了报告及时、处理及时、亲属满意。

自治区政法工作

【年度综述】2010年，全区各级党委政法委和政法各部门以深入开展反分裂斗争为龙头，以推进社会矛盾化解、社会管理创新、公正廉洁执法三项重点工作为抓手，以平安西藏建设为平台，以队伍建设为保障，充分发挥职能作用，严密防范和严厉打击达赖集团的分裂破坏活动，大力推进社会治安防控体系建设，不断深化矛盾纠纷排查调处，狠抓队伍建设和基层基础工作，努力构建维稳长效机制，确保了全区社会局势持续稳定，为推进跨越式发展和长治久安作出了新的贡献。

【认真学习贯彻中央第五次西藏工作座谈会和区党委工作会议精神】2010年，按照区党委的统一部署，各级党委政法委和政法各部门认真学习贯彻党的十七届五中全会、中央第五次西藏工作座谈会和区党委七届七次全委会精神，高度重视，认真部署，狠抓落实。制定了《关于贯彻落实中央第五次西藏工作座谈会及区党委工作会议精神的实施方案》，细化分解了34项工作任务。结合新形势下我区政法维稳工作面临的新任务、新要求，区党委政法委确定了14个重点调研课题，组织区直政法各部门认真分析梳理影响全区发展稳定的重点、难点问题，形成了一批调研报告，得到了区党委、政府领导的肯定。区党委政法委进一步强化监督、狠抓落实，建立了跟踪督查机制和定期检查制度，对贯彻落实工作的各个项目和工作环节实行定期督促检查，做到了领导责任明确，部门任务清楚，落实措施有力。

【深入开展反分裂斗争，全力维护社会局势稳定】2010年，各级政法机关继续坚持“防范第一，处置高效，以不出问题为核心”的原则，不断完善反分裂斗争和维稳工作领导体制机制，严密防范和严厉打击各类分裂破坏活动，围绕各项重要活动及敏感节点，扎实开展维稳防控工作，切实加强边境管控，强化军警民联防，始终保持了对敌斗争高压态势，有力挫败了达赖集团企图利用敏感节点和热点问题滋事破坏的图谋，实现了全年大事不出、中事不出、小事也不出的目标，有力维护了全区社会局势的持续稳定。

【推进社会管理创新，提升政法维稳综治服务管理水平】2010年，各级党委政法委和政法各部门继续深化社会治安综合治理，深入推进平安西藏建设，积极探索流动人口服务和管理新模式，进一步建立完善特殊人群管理帮教机制，加强重点人员、高危人群日常管理，积极构建和完善多层次、全方位的社会治安防控体系，社会管理能力和水平不断提高。

深入推进严打斗争，人民群众的安全感和满意度不断增强。政法各部门坚持严打方针不动摇，持续开展严打整治斗争，集中开展打黑除恶、社会治安重点地区排查整治和加强学校、幼儿园及周边安全保卫工作等专项行动，重点打击严重影响群众安全感的爆炸、杀人、故意伤害等严重暴力犯罪和抢劫、抢夺、盗窃等多发性侵财犯罪，坚决打击黑恶势力犯罪，始终保持对严重刑事犯罪的高压态势，社会治安形势进一步好转，各族群众的满意度和安全感连续五年提高，2010年达到97.52%。

创新社会管理模式，提升服务管理水平。2010年，自治区指导和推动全区各地市建立完善了社会稳定风险评估制度，联合有关部门建立了刑事被害人救助制度，积极改革创新治安管理工作，不断加强社会治安防控体系建设，构建完善了覆盖社会面、学校、社区、单位内部的四张治安防控网。进一步加强保安服务业规范化建设，深入推进城乡社区警务建设和校园警务室建设，切实提高了群众见警率和安全感。大力加强技防建设，积极推进以“天网工程”为主体的物防、技防体系建设，通过建设指挥中心和在交通要道以及重点部位增装视频监控设施等，进一步提高了对社会面的技术监控能力。同时，积极探索社区矫正试点工作，加强刑释解教人员安置帮教工作，进一步建立健全了重点人员教育转化和管控工作机制，安置率和帮教率均达100%，重新犯罪率在3%以下。

以平安建设为载体，不断深化社会治安综合治理。大力加强重点乡镇综治专干、基层政法干警选配力度，加强基层派出所建设和群防群治组织建设，不断健全完善基层维稳机制和工作网络，加大投入力度，确保了社会治安综合治理和平安建设各项工作在基层得到有效落实。加大平安建设和普法、依法治理工作宣传力度，积极开展“民主法治示范村”和“法律七进”等活动，广大干部群众的法制观念不断增强。深入开展基层平安创建活动，大力推进平安社区、平安校园、平安单位、平安寺庙、平安家庭、平安铁道线等基层平安创建活动。继续推动流动人口服务和管理试点工作，按照底数清、情况明、不漏管、不出事的要求，全面建立“以证管人、以房管人、以业管人”的流动人口治安管理新模式和社会化服务管理新机制。不断提升全区综合治理和平安西藏建设工作水平，组织召开了全区社会治安综合治理暨流动人口服务和管理工作会议，认真研究部署了我区加强社会建设、创新社会管理工作，推动全区社会建设、创新社会管理、推进平安西藏建设和各项综治工作向纵深发展。

【推进社会矛盾化解，夯实持续稳定根基】大力加强社会矛盾化解机制建设。不断健全完善矛盾纠纷排查调处机制、预防机制、包案机制、监督协调机制、回访机制、责任查究机制等工作机制，坚持不懈抓基层“台帐制”和“月报制”工作，初步形成了人民调解、行政调解、司法调解相互衔接联动的工作格局。目前，全区已建立各级调解组织6249个，有人民调解员约26000人，司法助理员692人。

深入开展矛盾纠纷排查调处工作。各地（市）、各部门全面启动了“大排查、大调解、大化解”专项行动，对各种不稳定因素进行“拉网式”、“滚动式”排查，重点加强对虫草纠纷等人民内部矛盾的排查调处，做到了因案施策，动态跟踪掌握，防止矛盾积累激化。2010年，各地（市）将虫草采集工作作为“一把手”工程，调整充实虫草采集管理工作领导小组，制定完善工作方案，强化采挖、交易等管理工作，逐级狠抓落实，预防和减少了虫草采集期间的矛盾纠纷，未发生影响社会稳定的重大（案）事件。

努力从源头上预防和减少矛盾纠纷。各地（市）、各部门坚持“及时排查、各负其责，工作在前、预防为主”的工作原则，大力推行政务公开、领导接访等行之有效的做法，在重大事项决策上，广泛征求社情民意，普遍建立社会稳定风险评估机制，积极开展风险评估预测，进一步增强了各级党员领导干部做好群体性事件预防处置工作的责任感、紧迫感。

【围绕公正廉洁执法，加强政法队伍建设】2010年，各级党委政法委和政法各部门在坚持抓好领导班子建设的同时，以深入开展各项主题学习教育活动为载体，围绕公正廉洁执法，推动全区政法队伍的政治思想水平、政法业务素质和执法执业能力得到进一步提高。一是加强思想政治教育和业务培训，提升干警综合素质。不断拓宽执法教育培训方式，进一步提高了一线政法干警的运用法律政策能力、群众工作能力、信息化应用能力和突发事件处置能力。二是加强教育和监督，确保公正廉洁执法。各级政法机关积极开展公正廉洁执法专题教育，全面深化警务、检务、审务公开。大力推行告知、公开听证、公开调解等措施，逐步建立管理服务、执法办案和执法监督等多层次、全方位的执法公开机制。在加强内部监督的同时，政法各部门自觉接受人大监督、政协民主监督和社会监督，以监督促公正、以透明保廉明。三是加强全区维稳力量建设，夯实基层政法维稳工作基础。2010年，全区基层政法机关力量建设进一步加强，基层政法机构进一步健全，乡镇公安派出所、人民法庭、派驻检察室和基层政法维稳综治组织建设等各项工作稳步推进。73个基层法院党组、审委会和内设机构全面加强，设置更加科学合理，关系进一步顺畅。73个县司法局建设工作基本完成，机构、编制、人员同步落实，乡镇司法所建设也已列入“十二五”规划。四是大幅提升装备保障水平，为有效履职提供有力支撑。基础设施建设步伐进一步加快，极大地改善了政法部门开展工作的硬件水平，为各部门提高业务能力和工作效益打下了坚实的物质基础。同时，政法各部门技术装备水平进一步提高，经费保障体制进一步完善，基本建立起了标准统一、定期更换、逐年增加，与经济社会发展相适应的物质和经费保障机制，为政法机关充分履行职能提供了更有力的物质保障和支撑。

自治区党校（行政学院）工作

【年度综述】2010年自治区党校（院）深入贯彻落实科学发展观，全面贯彻中央第五次西藏工作座谈会精神，认真落实《中国共产党党校工作条例》和《行政学院工作条例》，根据“干部培训的主渠道、决策咨询的思想库、党性锻炼的熔炉、风清气正的学府”的功能定位，狠抓工作落实，取得了较好成效，办学水平得到进一步提升。

【狠抓落实，贯彻《条例》，认真实施“两个教学布局”】积极实施党校“一个中心、五个方面”和行政学院“一个核心、三个重点”的教学布局。紧密结合当前形势和任务，围绕实施如何在培训中实现组织需求、岗位需求和领导干部个人需求，着重以中国特色社会主义理论体系作为中心内容，以树立和落实科学发展观、加强党的执政能力和先进性建设以及西藏发展稳定中的重大理论和现实问题为重点，着力提高领导干部的理论素质、执政能力、分析研究问题的能力，为我区科学发展、跨越式发展服务，进一步增强党性修养，着力培养领导干部正确的世界观、人生观、价值观。教学内容的安排和设置普遍受到学员的欢迎。

【围绕中心，服务大局，办好第六批援藏县委书记培训班】6月4日至8月20日，根据中央组织部和区党委的安排部署，自治区第六批援藏县委书记共43人在自治区党校进行了集中培训。为办好这一重点班次，自治区党校全力在以下四个方面下功夫：一是早部署。校委将该班作为全年培训工作的重中之重，自年初开始就着手谋划，先后召开8次专题会议，就教学内容安排、藏语口语教学、专题讲座、学员讨论、参观考察、后勤保障等方面进行了专题研究，精心部署；成立了教学组、学员管理组、后勤保障组、会务组、简报组等工作小组，做到了以最好的精神状态、最优的服务保障、最佳的校园环境，全力以赴办好培训班。二是强推进。本次培训班任务重、内容多、要求高。面对艰巨的任务，校委带领教职工不等、不靠、不找借口、不计报酬。一方面，精心制定教学计划，组织教学力量。另一方面，组成专门的教学组，将培训任务分解到各组。安排自治区领导专题报告6次，召开座谈会2次；自治区有关厅局主要领导及党校、社科院等专家授课27次；日常藏语口语授课25次、互动6次。三是重实效。校委在制定培训方案时，将确保培训质量作为首要目标，进行全面部署。整个培训采取理论学习、现场教学、学员点评、双向交流、教学互动、专题座谈、参观考察等多种方式，增强了培训的针对性、时效性和系统性，确保了培训效果。四是善总结。在培训过程中，紧密结合学员的需求注重完善培训内容，及时总结，精炼教学内容，不断提高培训质量。经过近三个月的培训，成效明显，赢得了中组部、区党委和学员的充分肯定。

【深化改革，确保质量，增强培训的针对性和实效性】创新教学内容。在党校教学方面，以提高领导干部的素质和能力为目的，合理安排理论教育、知识教育、能力培训、党性教育的内容，设置了马克思主义基本原理、党史党建、政治学、经济学、公共管理与领导艺术以及西藏经济社会发展研究等方面的内容；在行政学院教学方面，围绕“政治理论”、“政策法规”、“公共管理知识”、“依法行政能力”、“西藏地方问题研究”五大模块的基本框架设置教学内容。全年各班次共设置专题181

个，其中新设专题80个，新课更新率达到44.2%。同时，注重突出西藏特色。新设80个专题中，西藏社会经济发展的本地特色专题占40个，课程设置较好地体现了针对性、实效性，有效提升了教学的吸引力。积极试行“自主”选学，加大教学规律、教学方式方法、课程设置以及培训需求等方面的研究力度，向有关单位发了2011年办班计划征求意见函，有效地改变了过去在教学内容安排上忽视学员需求差异性、个性化的缺陷，做到了“依需定学，因需施教”，较好地满足了学员多层次、宽领域学习需求，受到学员的肯定与一致好评。

创新教学方法和形式，增强教学的灵活性与多样化。教学方式方法的创新始终是党校教学改革的重要组成部分。2010年，自治区党校（院）坚持“四个结合”的基本要求不动摇，在主体班教学中坚持做到了专题教学与外请报告相结合、课堂教学与课外教学相结合、讲授式教学与新教法相结合，理论教学与各项活动相结合。全年共邀请中央党校、国家行政学院、国家人力资源与社会保障部、中国社科院、自治区领导及区直有关单位领导、专家作报告80场，讲座涉及西藏经济社会发展的各个方面，以及干部作风、廉政建设、统战工作、计划生育、科技知识、干部保健等，有效地拓宽了学员的知识面；在主体班内开展了以研究式教学为重点的现场教学、情景模拟式教学、集体答疑式教学、案例式教学以及研究式教学，学员走出课堂，实地研究，增强了学员对理论知识的感性认识，加大了对区情的把握，开阔了眼界。此外，还积极探索拓展训练、咖啡论坛、“2+0.5”授课制、乡间训练等新的教学组织形式。

严格教学管理，确保培训的规范化与严肃性。管理出质量，管理出效益。2010年，始终抓住“严管理”这个工作重心不放松，加强教学质量、学员、班主任管理。在教学管理上，加强教学质量评估，努力提高培训质量，促进教学管理的科学性、规范性，提高教学质量，积极完善教学管理和教学质量评估制度；以原有的教学评估模式为基础，制定了新的教师课堂教学质量评估标准，评估内容包括教学态度、教学水平、教学方法、教学效果和课件制作等五个方面，并根据被评教师的不同职称设计了不同的分值权重；对10位专职教师进行了教学评估；经调查，学员对各项教学工作的满意率为100%。同时，组织教员主动跟紧党委、政府的工作大局，注重不断更新和开发新专题，全年共开发新专题113个；选聘了43名专家学者担任兼职教师，提高了教学层次、丰富了教学内容。进一步加强教学管理制度建设。对涉及教学管理的各项规章制度进行了重新修订，印发了《教学科研专项经费管理办法（试行）》，完善教学激励机制，努力实现管理的人性化、精细化、制度化。

加强学员管理，增强党性。本着严格管理，科学管理的原则，坚持以人为本，不断完善学员管理制度；确保了整个培训工作有序进行。

【发挥职能，强化培训，努力扩大干部培训的规模】在全力完成第六批援藏县委书记培训班的同时，2010年自治区党校（院）举办的班次分别为，党校系列班次：第十八期中青年干部培训班47人；第十一期区直机关处级领导干部进修班49人；第六期全区维护西藏稳定工作专题研讨班40人；第一期全区加强基层基础工作专题研讨班50人；第十期区直单位科级干部培训班53人；第十七期乡（镇、街道办）党委书记进修班58人；第二、三期纪检监察干部业务培训班98人；第四期哲学社会科学教学科研骨干研修班43人；第一期全区团干部培训班40人；第二期全区妇联干部培训班50人；第一期全区党校系统教学研讨班39人；第三期全区村（居）委会党支部书记和村委会主任培训班61人。行政学院系列班次：第十二期全区公务员任职培训班46人；第二期全区应对突发事件专题研讨班43人；第三期乡长（镇长、街道办主任）进修班59人；第四期全区中高级专业技术人员公需科目培训班42人；第三期区直系统公务员初任培训班35人。计划外班次：国家文化部西藏文化管理干部民族团结培训班58人；第三期全区县（处）级领导干部安全生产专题研讨班68人；第十五期全区军队转业干部培训班23人；全区基层人大干部培训班59人；2010年度全区老干部工作人员培训班44人；第九期离退休干部党支部书记培训班39人；农行西藏分行2010年处、科级干部进修班57人；工商银行拓展训练培训班30人；西藏自治区中小学（中职）心理健康教育骨干教师培训班60人。全年共举办各类班次27期，共计培训干部1334人次。其中，党校主体班次13期、行政学院主体班次5期，主体班次培训人数达到896人；计划外班次9期，培训人数达到438人。

【注重质量，发挥效益，推进研究生和函授教育工作】全年，共录取在职研究生140人；组织完成了2035名函授学员的毕业论文答辩工作；录取了2007级高中起点本科班（本科阶段）学员431人。在办学中，坚持教学质量第一，择优选聘任课教师，加强班级管理，提高面授质量，办学质量进一步提高。

【重大课题成功立项、结项或出版】由潘建生教授主持申报的《依法管理西藏宗教活动场所及其相关政策研究》获得国家社科基金西部项目立项（批准号：10XZJ0005）。2007年度国家社会科学基金项目《构建和谐西藏与政府社会管理职能创新研究》结项（结项证书号：07XZZ003）。申报国家社科基金特别委托项目（西藏项目）、国家民委民族问题研究项目、中央党校调研课题等17项。14项校级课题结项、18项课题获2010年度立项。由牛治富副校长、教授主持的《西藏科技人才奖励政策研究》和《西藏“四观”“两论”藏文读本》出版。由普布次仁副校长、教授主持的《中国共产党在西藏工作的决策与实践研究》出版，得到全区社会各界的好评。

【理论文章撰写水平日益提高】全年教研人员共公开发表各类文章60余篇。其中《西藏发展论坛》刊发26篇。

【一刊一报编辑工作顺利进行】坚持正确的办刊方向，《西藏发展论坛》在已有开设的栏目的基础上，紧跟新形势，特设“学习贯彻中央第五次西藏工作座谈会精神”、“跨越式发展与长治久安”、“爱国主义教育”等重要栏目，围绕这些主题组织了一批理论文章和辅导文章。全年出版发行6期，发表文章90余篇，约44万字，发行总量6000册。《西藏党校报》紧扣形势，联系党校教研实际，内容丰富，知识性强。共出版10期，发行3000份。

【学术交流和社会调研成效明显】全校教研人员紧紧围绕区党委的中心工作，以西藏改革发展稳定中的“重大问题”、“突出问题”和“现实问题”三个方面为研究重点开展调查研究；学校在办学经费十分有限的情况下专门拿出40万元经费，共安排副高以上职称人员近35人次赴区外开展学术交流，安排16人赴全区七地市及有关县区，围绕新设立的教学专题和承担的科研项目，进行深入的社会调研，共形成12篇调研报告。

【理论宣讲积极主动】选派10多名教师赴区直单位、部分地（市）进行宣讲中央第五次西藏工作座谈会共计60场次，听众达8000人次，充分发挥了党校作为哲学社会科学理论研究和理论宣传的重要阵地作用。

自治区党史研究（地方志）工作

【年度综述】2010年，自治区党史研究工作深入贯彻落实科学发展观，认真学习贯彻中央和自治区的一系列重要会议精神，紧紧围绕区党委中心工作，结合开展学习型党组织建设、效能建设年、密切联系群众、创先争优和《廉政准则》宣传教育五项活动，与时俱进、开拓创新，抓住机遇、奋力争先，在党史研究、党史宣传、党史教育、地方志编修等方面做了大量工作，圆满完成了年初确定的各项任务，取得许多重要成果，呈现出许多新亮点，为服务区党委中心工作、服务全区工作大局作出了新贡献。

【认真传达学习重要会议精神】全国党史工作会议刚结束，即于8月21日召由各地（市）党研室主任及分管领导参加的全区党史系统传达学习全国党史工作会议精神会议，认真传达学习了全国党史工作会议的主要精神，重点传达学习了中发〔2010〕10号文件、习近平同志在全国党史工作会议上的重要讲话，以及欧阳松同志在全国党史工作会议上的讲话和在全国党史研究室主任会议上的讲话。车明怀同志在会上作了讲话，并提出要求，强调要充分认识全国党史工作会议的重大意义；党研室主要负责同志就学习贯彻中央第五次西藏工作座谈会和区党委工作会议精神、进一步做好自治区党史研究和地方志工作提出了明确要求，收到良好效果。

积极主动地向区党委做好汇报工作。2010年9月8日，区党委书记张庆黎亲自主持召开常委会议，专门听取党史研究室关于全国党史工作会议精神的汇报，就贯彻落实全国党史工作会议进行研究部署。会上，党史研室室主任车明怀详细汇报了全国党史工作会议的基本情况、主要精神，并对贯彻落实全国党史工作会议精神和《中共中央关于加强和改进新形势下党史工作的意见》（中发〔2010〕10号）精神提出工作建议。张庆黎书记在会上作了重要讲话，充分肯定了我区党史研究工作取得的成就，着重就贯彻落实好中央精神提出了具体意见。区党委常委、秘书长公保扎西也作了重要指示。这次常委会为贯彻落实好全国党史工作会议精神指明了方向，进一步增强了搞好西藏党史研究工作的责任感和使命感。

深入扎实地做好贯彻落实会议精神的调查研究工作。由自治区党史研究室负责牵头，会同区党委组织部、宣传部、区教育厅等部门组成自治区党史工作联合调研组，先后赴日喀则、山南、林芝、拉萨五地（市）的有关县区、学校、社区，以及区直有关部门，就各地（市）委对党史工作的领导，党史机构编制、干部配备、队伍建设、财政经费、办公条件，党员、干部、人民群众、青少年学生对党的历史的认识，党史进学校、进课堂、进机关、进社区，党史宣传教育、红色遗迹保护利用以及广大党员干部、人民群众对加强党史工作的要求等，进行深入细致的调研。采取走访、召开座谈会议等形式，对部分党员干部、师生了解掌握党史基本知识的情况进行访谈，广泛征求老领导老同志对党史宣传教育等工作的意见和建议。在调研的基础上，组织起草了全区党史工作调研报告、《中共西藏自治区委员会关于加强和改进新形势下党史工作的意见》（征求意见稿），自治区领导在全区党史工作会议上的讲话等，为全区党史工作会议做了充分的准备，对系统宣传党的光辉历史起到了促进作用。

【精益求精，切实做好党史研究和资料征集工作】是认真做好《中国共产党西藏历史图志》（以下简称《图志》）出版前的补充、修改、校对、制作和上报审核工作。年初《图志》第五稿样书形成后，按照区党委有关领导指示和自治区党史研究室的工作安排，及时组织力量，查阅大量历史资料，对《图志》校对、核实近800处。5月25日，与区党办常委办公室共同承办了《图志》编委会议，并起草了会议纪要及向区党委常委会的相关汇报材料。6月3日，区党委召开常委会议，专门听取有关工作情况汇报，就《图志》后期编撰、出版、宣传及经费问题进行研究，明确了具体意见。根据两次会议精神，编辑组的同志到新华社、西藏日报社等部门，再次搜集和实地拍摄图片50余张，整理、汇总各常委、部分老同志对《图志》的反馈意见1000余条，形成4万余字的书面稿报区党委主要领导。7月15日至31日，编辑组在北京集中修改、补充、制作了《图志》第六稿样书。根据区党委主要领导的批示精神，10月13日至16日，公保扎西常委亲自率领《图志》课题组，赴山南集中对第六稿样书进行了全面审读和统稿，提出修改意见106条，修改、补充、调整20000多文字，补充调整图片20余张，并形成了向区党委主要领导的情况报告。同时，根据在山南期间的统稿意见，又多次到报社、社科院、档案馆、组织部等单位查找图片、资料，对《图志》进一步进行修改、补充、校对，并增补了“历届党委领导人名录”，补充完善了“人名和重要名词索引”等内容。11月11日至30日，由室主要领导带队，课题组在北京集中对《图志》修改稿进行出版前的编撰、制作等工作。

完成《新中国的西藏60年》（以下简称《60年》）书稿的补充、修改、校对等工作。1至2月，对《60年》黑白样书进行了修改、补充、校对，第一稿样书形成后，西藏新闻出版局将此书作为西藏重大选题报国家新闻出版署和中央统战部审读。根据国家新闻出版署和中央统战部的意见，8月1日至7日，集中主要力量，对《60年》集中进行修改、校对，送出版社制作后，形成第二稿样书。10月下旬，对《60年》的引文进校核计500余处。《60年》从2009年5月启动以来，先后征文和党史研究室撰写文稿计207篇，通过精选、改写、统稿、编辑，形成了由96篇文章、89篇论点摘编、15个专题组成的110万余字的书稿。目前，书稿已送出版社编排，该书已被国家新闻出版总署列为2010年重大选题。

完成了《阿沛·阿旺晋美传》、《谭冠三传》的编撰工作。根据中央党史研究室2009年有关通知和军委总政治部〔1997〕政宣字3号文件精神，承担了《阿沛·阿旺晋美传》、《谭冠三传》的编写任务。2010年1月至2月，先后多次到区档案馆、军区地图档案室，查阅复印相关文献、档案等资料2000余页。课题组利用春节、藏历年放假时间集中力量撰写书稿，形成了近20万字的初稿。4月下旬，对初稿进行了校对、修改，经区党委有关领导审阅，并上报中央党史研究室。现在两传记已经被全国人大办公厅、全国政协办公厅、中央统战部、中央党史研究室、中国军事科学院审读通过，列入中共党史人物丛书出版发行。

对《执政中国·西藏卷》、《谭冠三与老西藏精神》两书进行了认真修改，并补充了许多内容。现两书已送交中共党史出版社，明年初出版发行。

【不负重托，全力完成中央党史研究室下达的专项任务】扎实做好《中国共产党历史》（第二卷）有关西藏内容的校核工作。编写《中国共产党历史》是党中央交办的一项重大课题，对此，中央党史研究室高度重视，继第一卷出版发行后，迅速启动第二、三卷本。为全面、客观、准确地反映党的西藏历史，体现严肃、认真、负责的治史态度，中央党史研究室将第二卷有关西藏的内容专门委托西藏党史研究室审改补充。专门组织力量对所涉及内容进行了研究核实，对部分党史人物和历史事件的表述、提法以及需要补充的内容等提出了13条修改意见，并形成书面报告上报了中央党史研究室。

积极参与《改革开放以来党史工作大事记》（西藏部分）撰写工作。为开好全国党史工作会议，中央党史研究室下发了《关于报送有关材料的通知》（中史科〔2010〕8号），自治区党史研究室承担了《改革开放以来党史工作大事记》（西藏部分）的编写任务。立即进行了安排布置，组织编写小组，制订工作计划，落实具体任务。5月下旬，室主要领导带领编写人员封闭办公，放弃周末休息时间，夜以继日、加班加点地研读文件、整理资料、撰写文稿，经反复讨论和多次修改，在很短的时间里形成了《改革开放以来党史工作大事记》（西藏部分）初稿，近5万字，100多条，上报中央党史研究室，按时保质保量完成了任务。同时，在上报材料的基础上，扩充了部分内容，并配备了相关图片，目前已编制出版《西藏自治区党史工作、地方志工作大事记》（内部发行）。

【结合区情，不断开拓党史宣传工作新局面】通过举办党史重大纪念活动，弘扬党的光辉历史和革命传统。会同西藏军区政治部等单位共同举办了“自治区纪念中国人民抗日战争胜利65周年座谈会”。在这次重大活动中，自治区党史研究室承担了组织会议的主要任务，先后起草了区党委领导的讲话稿，审改了4位代表的发言稿。与区党委常委办共同完成了座谈会的组织筹备及相关会务工作。在这次座谈会上，区党委副书记张裔炯作了重要讲话，西藏军区负责同志和社会各界代表作了发言，在全区形成了良好的宣传舆论氛围，进一步弘扬了伟大的抗战精神，对增强全区各族人民的自信心和自豪感起到了积极的促进作用。

积极撰写理论文章，全面提升西藏党史宣传水平。根据中央党史研究室办公厅印发的《关于召开全国党史部门育人工作研讨会的通知》精神，车明怀同志撰写的论文《创新党史工作方式，促进党史育人工作的开展》，入选“全国党史部门育人工作研讨会”理论文章，并在会上作了重点发言。根据中央党史研究室办公厅印发的《关于召开全国党史部门资政工作研讨会的通知》精神，汪德军同志撰写的论文《进一步做好西藏党史工作，不断提高党史资政工作的能力和水平》，入选“全国党史部门资政工作研讨会”理论研讨文章，并在会上作了交流发言。根据北京、上海、湖北、湖南、山东、广东省（市）委党史研究室联合印发的《关于举办纪念中国共产党早期组织成立90周年学术研讨会的通知》精神，党研处同志撰写的论文《中共创建时期马克思主义民族理论在中国的传播》入选，并应邀参加了“纪念中国共产党早期组织成立90周年学术研讨会”，在会上作了交流发言。在学习中央第五次西藏工作座谈会精神过程中，党研处同志撰写的《深刻理解当前我区存在的“特殊矛盾”》一文，发表在2010年7月17日《西藏日报》。这些论文在社会上产生了一定的影响，充分发挥了党史部门以史鉴今、资政育人的职能作用。

【树立精品意识，稳步有序开展志稿审读、总编和出版印刷工作】复审了《林周县志》、《仁布县志》、《吉隆县志》、《错那县志》、《曲水县志》、《措美县志》、《墨脱县志》、《政区建置志》、《文艺志》、《那曲地区志》、《当雄县志》等11部志稿，约1300万字；终审了《昌都县志》、《贡觉县志》、《达孜县志》、《林周县志》、《人大志》等5部志稿，约450万字；验收了《波密县志》、《江达县志》、《昌都县志》、《贡觉县志》、《八宿县志》、《林周县志》、《达孜县志》、《错那县志》、《普兰县志》等9部志稿，约1000万字。组织专家、学者先后对《墨竹工卡县志》、《拉萨市城关区志》、《昌都县志》、《贡觉县志》、《江达县志》、《农业志》、《波密县志》、《林周县志》、《错那县志》、《普兰县志》等10部志稿进行了总编，总编字数近1000万字。与中国藏学出版社、四川出版集团巴蜀书社合作编辑出版了《加查县志》、《琼结县志》、《民政志》、《堆龙德庆县志》、《昌都县志》、《江达县志》、《贡觉县志》等7部志书，《卫生志》、《城乡建设志》、《财政志》、《墨竹工卡县志》、《拉萨市城关区志》5部志稿年内交付印刷。

【加大督导力度，推动全区修志工作有序开展】通报全区修志工作进度，督促区志各承编单位、各地（市）县（市、区）制定今明两年修志工作计划，进一步明确了修志目标。截至12月底，全区73部区志中，《税务志》、《外事志》等24部已出版；7部地（市）志中，《昌都地区志》、《林芝地区志》、《拉萨市志》、《山南地区志》、《阿里地区志》5部已出版，《日喀则地区志》正在总编，《那曲地区志》通过复审；73部县（市、区）志中，《江孜县志》、

《乃东县志》等13部已出版，《墨竹工卡县志》、《拉萨市城关区志》2部志稿已送出版社，52部县志进入审改阶段，5部县志正在撰写初稿。

围绕地（市）县志编修工作，先后深入到林芝、日喀则、山南等地区的7个县进行业务督促检查和指导，具体参与志稿的审改工作。通过检查指导、召开座谈会、参加志稿审查会，进一步增强了各地对编修社会主义新方志重要性和紧迫性的认识，推动了地县两级地方志工作有序开展。同时，采取以会代训方式，加强业务指导，加大人员培训力度，提高了地县两级地方志办公室业务人员的工作能力。

【加强与区内外修志部门的交流与合作，加大全区方志系统培训力度，积极推进修志援藏工作】2010年7月16日至23日，广东省地方志办公室在广州为对口援助县举办修志业务培训班，区方志办、林芝地区方志办及各县方志办和阿里地区部分县志办工作人员共14人参加培训。7月23日至29日，辽宁省地方志系统在沈阳为对口援助县举办修志业务培训班，并对《那曲地区志》、《安多县志》、《巴青县志》、《索县志》进行修改，提出了详细的修改意见，辽宁省对口援藏市史志办还为受援县帮助解决了部分笔记本、照相机、打印机等办公设备。区方志办、那曲地区方志办和各县地方志办公室及阿里地区部分县志办工作人员共23人参加培训。7月24日至30日，北京市地方志办公室在北京为对口援助县举办修志人员培训班，拉萨市地方志办公室、拉萨市各县方志办和阿里地区改则、措勤、革吉三县方志办人员共13人参加培训。

【较好地完成了上级交办的各项任务】2010年突击完成了中指组下达的方志成果统计及《中国地方志年鉴2010年》（西藏部分，约1.5万字）上报工作，得到中指组的充分肯定，业务能力也得到了锻炼和提高。在压力大、任务重、时间紧的情况下，科学规划，分类指导，在圆满完成了2010年全区修志工作的同时，还积极筹办区志评审和县（市、区）志验收会16场次，完成了相关会务工作，确保了全区修志工作的正常开展。

【精心做好各种期刊的编发工作】《西藏党史资料》、《西藏地方志》坚持正确的政治方向，使编辑内容服务于“一个中心、两件大事、四个确保”的新时期西藏工作指导思想。进一步提高办刊质量，通过不断完善组稿机制，狠抓编辑人员业务素质，积极拓宽稿源渠道，严把组稿、编辑、校对、发行质量关，使刊物质量进一步提升。紧紧围绕学习贯彻中央第五次西藏工作座谈会精神以及党史重大课题工作、地方志工作，积极进行文章资料征集，精选优秀文章和重要史料文章，编辑出版，大力开展史志宣传教育，进行党史（地方志）工作交流指导并取得较好成效。全年编发《西藏党史资料》5期，其中《全区党史工作会议》专刊一期，刊登文章80余篇，图片20余张，近40万字；编发《西藏地方志》4期，刊登文章62余篇，图片20余张，近30万字。

2010年，先后向中央党史研究室、区党委主要领导、区党史工委领导及区直单位、各省（区、市）委党史研究室，编发《西藏党史工作简讯》10期，编载信息29条，其中有3条被中央党史研究室《党史工作简讯》采用，对宣传我区党史工作起到了积极的作用。

自治区保密工作

【年度综述】2010年，自治区党委保密办、自治区国家保密局突出重点，狠抓落实，进一步加强教育培训、日常管理、技术防范、服务指导、检查查处等工作，圆满完成了各项工作任务，确保了国家秘密安全，为推进西藏经济社会跨越式发展和长治久安充分发挥了服务保障作用。

【各级领导高度重视，有力推动全区保密工作开展】2010年，自治区党委书记张庆黎先后3次对保密工作作出重要指示。自治区党委副书记、保密委员会主任张裔炯，自治区党委常委、秘书长、保密委员会副主任公保扎西，自治区副主席、政府秘书长、保密委员会副主任宫蒲光多次就保密宣传教育、技术防范、检查查处、监督管理等工作作出具体批示，特别是在自治区涉密载体销毁中心建设、保密机构队伍建设等工作上亲自抓，亲自过问，亲自衔接，协调安排，确保了各项工作的顺利开展。

【突出重点，保密督促检查工作力度进一步加大】组织开展了一系列保密督促检查工作。一是认真抓好自治区党委保密委员会会议等工作的贯彻落实。3月2日，自治区党委保密委员会召开会议，传达学习中央保密委员会全体会议精神，研究部署全区保密工作。自治区党委副书记、保密委员会主任张裔炯作重要讲话。会后，自治区国家保密局立即下发《关于学习贯彻区党委保密委员会会议精神的通知》，要求各地各部门切实做好传达贯彻工作。4月至8月，组织督查组分赴昌都地区、阿里地区和19家区（中）直单位，对贯彻落实保密委员会会议精神、有关领导批示、上年党政机关保密检查中存在问题的整改、信息系统和信息设备保密管理、涉密文件资料管理等工作进行了监督检查和业务指导。七地（市）及91家区（中）直单位上报了贯彻落实会议精神情况和有关工作情况。二是加大计算机网络检查力度。针对自治区某单位电子邮件服务器受到境外情报机构远程攻击事件，自治区国家保密局组织力量对该单位计算机及网络进行了全面系统技术核查，检查计算机41台，分析攻击原因，提出整改意见。对自治区党委办公厅、自治区党委政策研究室工作用计算机和家庭上互联网计算机进行了为期两个月的技术检查，检查289台计算机和部分移动存储介质。此外，还抽查了65个保密要害部门部位计算机194台，移动存储介质63个，提出整改意见93条，下发《保密工作检查意见书》5份。各地（市）保密局也大力开展计算机网络保密检查，共检查300多家机关单位，计算机1100余台，移动存储介质136个，对检查中发现的问题，当场指出，严令整改，加强了涉密计算机网络的保密管理。三是开展门户网站保密专项检查。1月，自治区国家保密局组织开展了门户网站保密专项检查。利用互联网搜索引擎设置关键字、词库查看了146个机关、企事业单位的门户网站，实地检查30多个信息量大、访问量高的驻拉萨市机关、企事业单位网站，并对存在问题的2家单位下发了《保密检查意见书》，要求其限期整改。四是组织开展清理取缔涉密文件资料非法交易检查。1月下旬，在拉萨市工商管理局和拉萨市再生资源回收利用行业协会的配合下，自治区国家保密局对西藏圣祥物资回收利用有限公司、拉萨瑞虹造纸厂等 26 家企业进行了检查。8月下旬至9月上旬，根据国家保密局统一部署，自治区国家保密局组织开展了全区清理取缔涉密文件资料非法交易检查活动，联合自治区公安厅、拉萨市保密局等6家单位组成联合检查组，对拉萨地区36家印刷复印行业、废旧物品回收站进行了综合治理专项检查，对山南地区进行了抽查，对全区1368个商业网站进行了远程检查，8家网站进行实地检查。查获涉密或内部资料590份，下发《保密工作检查意见书》6份，与7家机关单位负责同志进行了诫勉谈话，对有关责任人作出处理。七地（市）保密局共检查200余家印制行业、废旧物品回收站和网站。五是开展全区涉密载体清理检查。按照中央保密办、国家保密局《关于组织开展涉密载体清理情况检查的通知》要求，自治区国家保密局及时组织开展了清理检查工作。全区共清理涉密载体16万份，对个人手中持有的涉密载体进行了统一清退，需要继续留用的涉密载体进行了清点、登记，需要收回的涉密载体进行了统一收回。六是配合有关部门开展专项保密检查。自治区国家保密局全力协助区测绘局开展地理信息市场秩序整顿和规范检查工作，参与方案制定，派出1名同志参与检查组深入拉萨、林芝、那曲、日喀则等地检查，进一步规范了全区地理信息市场保密管理工作。该同志获得“全国测绘成果检查工作先进个人”光荣称号。

【创新形式和方法，保密宣传教育和培训工作效果明显】2010年4月29日，保密法修订颁布，10月1日起正式施行。结合新修订的保密法，各级保密部门创新宣传形式，利用报刊、电视、网络、手机短信和知识讲座、知识竞赛等方式，开展多层次、全方位的保密法及保密知识宣传教育活动。一是组织开展系列保密法宣传活动。把9月确定为保密法宣传月，9月27日至10月2日确定为宣传周。10月1日，自治区国家保密局和七地（市）保密局在所在地开展“保密法宣传一条街活动”，掀起学习宣传保密法高潮。自治区党委常委、秘书长、保密委员会副主任公保扎西，自治区副主席丁业现及区党委保密委员会委员到拉萨活动现场指导工作。二是举办全区基层保密干部培训班。进一步增强了干部职工的保密意识和保密技能。自治区党委保密委员会主要领导对培训班给予了充分肯定。三是组织保密知识竞赛活动。全区有4万余人参与竞赛，按期交回答卷。经过认真阅卷，评选出5个组织奖和60名个人一、二、三等奖。四是举办涉密信息系统测评培训班。自治区党委机要局、政府办公厅、公安厅等 8 家单位 16 名技术人员参加了培训并通过测试，获得结业证书和西藏测评分中心聘书。11月初，自治区国家保密局组织政府办公厅、西藏大学等单位7名测评人员参加国家保密局在南京举办的涉密信息系统测评培训班，进一步提高了西藏测评分中心人员的业务水平和实际操作技能。五是深入到各地各部门进行保密知识讲座。2010年，自治区国家保密局为阿里地区、区高法、政法委等30多家地（市）、区（中）直单位进行保密知识讲座，3000 多人听课。为“第六批援藏县委书记培训班”进行保密知识讲座，取得较好效果。各地（市）保密部门也举办多场保密知识讲座或培训。林芝地区保密局举办8次讲座，400余人听讲。山南地区保密局及各县共培训涉密人员820余人。那曲地区保密局开展保密知识讲座6次。六是充分发挥各种书刊在保密宣传教育中作用。认真做好《保密工作》征订、征稿、通联工作，2010年全区共订阅《保密工作》杂志2362份，比上年增加14%。组织订购、配发《保密技术防范常识（图文本）》5774册，全区地（厅）级以上领导干部和重要涉密人员人手一册。组织订购新修订《保密法》12256册、《保密法释义》5525册、《保密法解读》140 册、保密法宣传挂图 1568幅，基本做到全区地（市）和区（中）直单位领导干部、重要涉密人员人手一册《保密法》。《西藏保密》增刊为每月 1期，及时反映各地各部门保密工作情况和工作经验，刊登保密知识。编发《保密工作简报》26期。

【强化职能，保密指导管理和服务保障能力有新的提高】一是加强涉密信息系统的监督管理。区国家保密局及时转发《信息系统和信息设备使用保密管理规定》，并结合西藏实际，提出明确要求。参与自治区外办“信息化”工程、区纪委“金纪”工程、卫生厅办公楼信息化建设、拉萨市人民政府办公楼网络系统建设等项目的评审和技术服务指导，为测评审批打下基础。拉萨市保密局核定全市876台涉密计算机，统一标识，并通过涉密计算机违规外联系统进行有效监控。林芝地区保密局计算机网络监控系统24小时运行，实现对全地区涉密计算机违规外联的有效监控。那曲地区保密局转发有关文件精神，严禁机关单位购买、使用计算机远程操控产品。阿里地区保密局要求各县各单位禁用上网计算机USB接口，防止移动存储介质交叉使用，对地直单位存在上网痕迹的计算机硬盘进行了清理更换。二是规范涉密人员管理和涉密资质管理。进一步建立健全保密要害部门部位责任制，切实做到责任到人，管理到位。强化涉密人员保密承诺机制，未签订保密承诺书的涉密人员进行补签。拉萨市将保密工作作为年度考核的一项主要内容，与各单位签订年度目标责任书，按照属地管理，层层落实保密责任。昌都地区明确涉密移动存储介质使用责任人，严格配发，规范管理，妥善保管。自治区国家保密局加强涉密信息系统集成资质的管理，撤销西藏安腾公司乙级资质，批准西藏科旭电子有限公司为涉密信息系统集成乙级资质单位，对西藏七星微网有限公司进行系统集成资质年度审查。完成拉萨福利印刷厂等12家企业申请办理印刷、复印国家秘密载体许可证的实地考察和审查工作。三是参与国家统一考试等领域的保密服务和管理。下发《关于对2010年度西藏自治区统一考试计划进行备案的通知》，及时掌握国家统一考试情况，实施动态监督管理。参与完成区教育考试院、司法厅、财政厅、建设厅、农牧厅、卫生厅等单位组织的各类全国统一考试押卷和保密监督管理任务，监督服务25人（次）。首次派出1名同志全程参与2010年西藏自治区普通中专（高中）考试命题的保密监督管理工作。日喀则、山南、林芝、昌都、那曲、阿里地区保密局参加 100 余次各类考试押卷和考试监督。四是对有关法规、书籍进行严格保密审查。区国家保密局对《西藏自治区测绘条例》、《西藏自治区档案条例》等法规进行认真审读，提出多条修改意见。参与起草《西藏自治区政府信息公开保密审查暂行规定》，下发全区各地各部门，规范建立了信息公开保密审查程序和方法。对《西藏大黄页（2010）》、《中华年鉴》、《西藏年鉴》、《西藏古近代军事史》等公开出版物进行保密审查，提出审查意见。认真审读《中共西藏自治区委员会关于制定“十二五”时期国民经济和社会发展规划的建议》等文件资料，进行保密审查和把关。五是认真做好保密服务保障和设备推广工作。认真做好自治区党委工作会议、全区经济工作会议等53次重要会议、重大活动保密服务保障工作，会前进行环境保密检查，会中安装手机信号屏蔽器，会后对涉密文件回收销毁。加强保密防护新产品和检查工具的推介工作，购置部分保密检测设备和防护设备。

【加大问责力度，失泄密及严重违规责任人受到严肃处理】全区各级保密行政管理部门加大对失泄密事件和严重违规事件的查处力度，依法依纪对有关责任人和单位作出严肃处理，真正发挥警示教育作用。在认真调查、技术核查、密级鉴定的基础上，查处数起失泄密事件，有关责任人受到相应的党纪、政纪处分。对存在问题较多的10多家单位下发了《保密检查意见书》，要求限期整改。

【加强协调管理，自治区涉密载体销毁中心建设工作基本完成】2010年5月，通过政府招标方式采购了销毁设备和工作用车。10月底，销毁中心工程顺利建成，并通过验收。11月10日，自治区党委副书记、保密委员会主任张裔炯，自治区党委常委、秘书长、保密委员会副主任公保扎西视察销毁中心，充分肯定了销毁中心建设工作，并对下一步工作提出要求。11月中旬，销毁设备安装和调试完毕，监控、办公设备等有关采购工作正在进行之中。12月，派出2名同志赴国家保密局中央和国家机关销毁中心学习培训一个星期，对涉密载体销毁工作流程、制度建设、日常管理、技术保障等工作有了进一步了解和掌握。

西藏自治区人民代表大会常务委员会

【年度综述】2010年，在自治区党委的坚强领导下，自治区人大常委会高举中国特色社会主义伟大旗帜，坚持以邓小平理论和“三个代表”重要思想为指导，深入贯彻落实科学发展观，认真贯彻落实党的十七大和十七届四中、五中全会精神，全面贯彻落实中央第五次西藏工作座谈会、西部大开发工作会议和自治区第七次党代会、区党委七届六次、七次全委会及区党委工作会议精神，按照自治区九届人大三次会议的部署，围绕中心、服务大局，依法行使职权，认真履行职责，各项工作取得了新的进展，为推进西藏跨越式发展和长治久安做出了积极贡献。

【立法工作】2010年，常委会对五年立法规划作出较大调整，确定新增立法项目7件，停止制定交通规费征收管理条例，使中央第五次西藏工作座谈会精神在立法规划中得到贯彻。共审议10件法规案，通过8件，批准2件。一是加强经济工作立法，审议通过了自治区旅游条例、民用机场保护条例。二是突出社会领域立法，审议通过了流动人口服务管理条例、消防条例、测绘条例、档案法实施办法、关于加强检察机关法律监督工作的决定。三是注重环境保护立法，审议通过了湿地保护条例，审查批准拉萨市拉鲁湿地自然保护区管理条例。此外，还审查批准了拉萨市城乡规划条例，对全国人大常委会交办的18件法律草案及时提出了修改意见。与此同时，常委会先后派出90余人次赴区内外开展立法调研，组织召开专家论证会22次，在媒体刊登法规草案，广泛征求各方面意见。积极改进审议办法，在工作委员会和专门委员会初步审查审议的基础上，主任会议在常委会会议之前和会议期间认真研究法规草案，加大审议法规力度，提高了立法质量。共清理2007年以前现行有效地方性法规75件。对11件法规进行修改完善，废止4件法规，先后对自治区人民政府和拉萨市人民政府报送的11件规范性文件进行备案审查，指导有关县人大常委会对12件规范性文件进行备案审查，有效维护了国家法制统一。

【监督工作】常委会紧紧围绕推动中央和区党委重大决策部署的落实，依法行使监督职能，有重点、有针对性地听取审议自治区人民政府有关工作报告10个、专题报告4个、跟踪检查报告4个，对6部法律法规的贯彻实施情况开展执法检查，为全区经济社会更好发展、更快发展、更大发展提供了有力的支持和保障。切实加强对宏观经济的监督，听取审议自治区人民政府关于2010年上半年国民经济和社会发展计划执行情况与下半年国民经济和社会发展计划安排的报告、“十一五”规划和项目方案执行情况的报告，听取审议了2009年财政决算和2010年上半年财政预算执行情况的报告、2009年度自治区本级预算执行情况和其他财政收支审计工作报告、财政一般性转移支付资金情况的报告和自治区2010年财政预算收支变化情况的报告，审查批准了2009年自治区财政决算，听取审议商务工作报告和主任会议分别听取2010年前三个季度经济形势分析报告，并提出了相关的意见建议，有效促进了一般性转移支付的规范化、法制化，提高了资金使用效益和透明度，有效促进了经济持续平稳较快发展。切实加强对重大事项的监督。深入农村牧区和有关行业，认真开展专题调研，向自治区人民政府提出6个方面25条意见建议，听取审议了自治区人民政府关于“十二五”规划编制情况的报告和自治区人大常委会调研组关于开展“十二五”规划纲要编制工作若干问题专题调研情况的报告，为编制我区“十二五”规划纲要以及地市规划、专项规划提供了重要参考，推动了中央第五次西藏工作座谈会和区党委工作会议精神的贯彻落实。审议通过了自治区城镇体系规划，强调要突出城镇体系规划和中心城市规划编制，完善城镇要素，拓展城镇功能，形成产业支撑，为城镇化建设科学发展提供了重要支持。切实加强对民生问题的监督。组织开展对畜牧法和职业教育法及其实施办法、妇女权益保障法及其实施办法的执法检查，听取审议关于西藏公路建设情况的报告、关于土地管理法律法规贯彻实施情况的报告和常委会执法检查组关于检查招标投标法实施情况的报告，促进了有关民生问题的解决。四是切实加强对生态环境保护与建设的监督。积极推动“中华环保世纪行——西藏行”活动从“宣传教育型”向“监督检查型”转变；组织力量深入部分地（市）、县（市、区）和43个项目点，以近两年检查发现的问题为重点，认真开展“回头看”活动，有力促进了我区生态环境保护与建设。

【代表工作】2010年，常委会坚持把做好代表工作作为坚持和完善人民代表大会制度的基础性工作来抓，进一步完善工作制度，尊重代表主体地位，扎实做好服务保障工作，有效促进了代表作用的充分发挥。一是努力为代表履职创造条件。常委会高度重视代表培训工作，先后4次组织在藏全国人大代表参加全国人大常委会办公厅举办的专题学习活动，继续扩大代表对常委会和专工委工作的参与，邀请有关代表列席常委会会议，出席专门委员会和工作委员会会议、专题会议及座谈会、论证会，参加执法检查和专题调研，坚持给每一位自治区人大代表寄送《人民西藏》和其他信息资料，为代表知情知政提供有效服务。二是组织代表在闭会期间积极开展活动。先后组织在藏全国人大代表深入拉萨、山南等地17家企业和普兰、札达等4个边境县，围绕工业、民族手工业发展和边境建设、昆莎机场建设运营等情况，开展集中视察和实地考察，组织部分自治区人大代表视察建设工程招标工作和2010年招生录取工作，深入了解情况，实施重点监督，推动了相关工作扎实有效开展。同时，人大常委会各地区工作委员会组织代表开展视察调研7批91人次，有力推动了当地经济社会发展。三是认真办理代表建议、批评和意见。自治区九届人大三次会议闭会后，常委会及时召开代表建议交办会。在具体工作中，坚持全面督办与重点督办相结合，加强统筹协调、分类指导，重点提高代表建议办理的质量和效率，组织部分人大代表对建议办理情况开展重点检查。对代表提出的311件建议、批评和意见在规定时间内答复完毕，代表满意率达90%以上。

【维护稳定工作】坚决贯彻落实中央关于反对分裂、维护稳定的一系列重要精神，准确把握中央对达赖集团的定性和斗争方针，严格按照区党委的部署要求，充分发挥人大特殊优势，坚决反对分裂、维护祖国统一，积极开展涉藏外事工作，为维护全区社会大局稳定做出了新贡献。一是认真履行维护稳定的政治责任。常委会投入较大力量到维稳责任地区、重点寺庙，组织开展爱国主义教育和法制宣传教育。通过深入基层调研、开展执法检查、排查调处矛盾纠纷等形式，督促指导各级各部门扎实做好维护社会稳定工作。充分利用西藏百万农奴解放纪念日等重要平台，组织人大代表和机关干部职工积极参加各种座谈会、纪念会、演唱会，不断深化“反对分裂、维护稳定、促进发展”主题教育和加强民族团结教育活动，进一步打牢反分裂斗争的思想基础。受理人民群众来信来访110批（件）238人次，积极转办交办督办信访件，切实维护人民群众合法权益，有力地促进了全区的和谐稳定。二是支持和监督“一府两院”做好维护社会和谐稳定工作。听取审议执法检查组关于检查治安管理处罚法实施情况的报告、自治区高级人民法院关于加强民事执行工作的报告、自治区人民检察院关于加强渎职侵权检察工作的报告，促进了依法行政和公正司法，为维护社会和谐稳定做出了应有贡献。三是积极有效开展涉藏外事工作。坚持服从国家总体外交、服务西藏发展稳定的原则，认真开展涉藏外事工作，共组团3批17人次出访澳大利亚、德国、俄罗斯等6个国家，接待加拿大、美国、日本等5个国家来华访藏团9批68人次，有力地配合了国家总体外交，拓展了我在国际上的话语权，扩大了社会主义新西藏在国际上的影响。

【自身建设】2010年，常委会按照胡锦涛总书记关于“加强和改进党的领导，提高稳藏兴藏能力和水平”的要求，始终坚持人大工作正确的政治方向，大力加强自身建设，切实提高履职能力，为推动人大工作上台阶、上水平提供了坚强的政治保证和组织保证。一是不断提高学习能力。坚持和完善集体学习制度，举办理论学习专题辅导和法制讲座，学习党的基本理论、大政方针、法律法规和专业知识。同时，积极争取全国人大支持，在安徽、江西两省举办第3期西藏人大财经干部培训班，联合自治区行政学院举办基层人大干部培训班，共102人参加培训。二是不断提高研究能力。结合贯彻落实中央第五次西藏工作座谈会、区党委工作会议精神和其他重大任务，在广泛深入调研的基础上，通过理论研讨、座谈讨论等形式，形成4项理论研究成果、13个专题调研报告。认真承办西部地区人大内务司法工作座谈会，积极参加全国和片区学习考察、研讨交流活动，形成交流经验材料20余份。三是不断提高统筹能力。在区党委的坚强领导下，常委会紧紧依靠人大代表和常委会组成人员的集体力量，注重统筹主任会议、人大机关和“一府两院”的工作力量，充分调动专家学者、专业人员等社会力量，深入开展立法调研、专题调研和执法检查，听取审议法规草案、工作报告和专题报告，进一步提高了人大工作质量和效率，确保了中央和区党委重大决策部署通过法定程序得到圆满实现。四是不断提高执行能力。常委会坚持重大问题及时向区党委请示报告，集体行使职权，严格依法办事，切实转变作风，狠抓工作落实。常委会领导有60余人次带队开展调查研究和执法检查等活动。扎实开展机关创先争优和效能建设年活动，摄制完成电视专题片《人民的新西藏》，编撰完成《西藏自治区志·人大志》。高度重视人大机关干部队伍建设，增设的民族宗教外事侨务委员会和6个处室相关工作有序进行。

【领导名录】

主　　任：向巴平措

常务副主任：土登才旺

副　主　任：尼玛次仁、张跃平、桑顶·多吉帕姆·德庆曲珍、嘎玛、周春来、宋善礼、格桑次仁、赵正修、董明俊、阿登、新杂·单增曲扎、马如龙

西藏自治区人民政府

自治区外事工作

【年度综述】2010年，西藏自治区外事办公室在自治区党委、政府和外交部的领导下，紧密结合我区外事工作实际，深入贯彻落实科学发展观，按照中央第五次西藏工作座谈会精神要求，坚持改革开放，继续解放思想，调整思路，努力为国家总体外交和西藏跨越式发展和长治久安服务，各项工作取得新进展。

【贯彻落实中央和自治区重要部署】贯彻落实中央第五次西藏工作座谈会精神以及自治区的重要部署，以对区情再认识、工作再总结、形势再分析、问题再梳理、措施再完善、思路再创新来加强涉藏地方外事工作，推进西藏对外开放，拓展对外合作渠道，使之更好地服务于国家总体外交和西藏改革发展稳定大局。

【“请进来，走出去”工作力度持续加大】以多做增信释疑工作和促进尼泊尔、印度、不丹等周边国家友好关系为重点，全面推进对外交往工作。2010年共接待外国党宾、国宾、议会、政府官员、外交官、记者及友好人士等336批1159人次。其中，尼泊尔总统系近十年来首次访藏的国家元首，全面提升了我区与尼合作关系。接待来自13国20多家主流媒体的“西部大开发十周年外国记者西部行”来藏采访活动。外媒记者陆续围绕此行发表报道，内容充分，基调平衡。

推动对外交流与合作，全区因公出国（境）团组289批716人次，出访涉及经贸、旅游、科技、文化、教育、卫生等各领域，涉及国家遍及各大洲。出访团组宣介西藏和平解放近60年来的巨大发展成就，学习外国先进的发展理念、技术和经验，促进我区对外交流与合作，出访实效不断增强。

按照中央及自治区有关规定，进一步规范因公出国（境）和签证管理工作，强化对因公出国（境）人员的外事纪律和安全形势教育，实行出国经费预算预审制度，健全外事专办员制度，重申因公出国（境）证件管理措施。

【全面提升与尼泊尔务实合作】以中尼建交55周年为契机，推动各层次交往与各领域合作，接待尼总统、副总统及内政部官员等多批高访团组访藏，发挥尼领馆作为我友好馆的优势，促进双方实质交往，实现互利共赢。

根据中尼两国有关协定，推动中尼边界接壤的边界县与尼方相关县建立地方官员会晤机制，顺利完成2009-2010年度援尼计划，组建医疗队到尼北部地区进行免费诊治和注射疫苗，诊治边民1632人，发放约14万元药品。援助尼进行沙拉公路、热索桥等基础设施建设。启动尼驻拉萨总领馆馆舍改造工程，我区与尼全面合作关系进入新的发展时期。

【扎实做好世博会涉外工作，展示西藏对外开放形象】全面参与世博会西藏馆涉外工作，精心设计西藏馆的外宣功能，自治区外办先后选派7名人员赴上海参与世博会西藏馆工作，将西藏馆打造成展示西藏、传递友谊的平台。世博会“西藏周活动”期间，邀请尼泊尔驻拉萨总领事、多名外国驻沪领事官员出席，安排尼看守政府副总理兼外长参观西藏馆。积极配合世博办和驻园办、协调世博局和上海外办等单位圆满完成上海世博会期间涉外工作。

【积极拓展民间对外交流与合作】充分发挥民间交往的优势，积极开拓友好交往渠道，加强华侨华人工作，2010年接待来自法国、日本等国友好团组4批42人次，积极开展与上述国家的民间交往。稳步推动与印度的民间交往工作，全年接待印度香客459批次12906人次，有力地配合了中印关系大局，一定程度促进边境地区旅游业的发展，带动了当地农牧民增收。组织我区宗教人士赴日参加佛事活动，展示我区宗教信仰自由政策。促成自治区友协与尼泊尔阿尼哥协会建立友好关系。在中国国际友好城市大会上，与拉萨市结好的美国科罗拉多州博尔德市获“对华友好城市交流合作奖”。积极推动地、市人民对外友好协会的组建工作，进一步拓宽地、市民间对外交往渠道。

自治区民族宗教工作

【年度综述】2010年，自治区各级民宗部门深入贯彻落实科学发展观。以全力维护民族宗教领域稳定为首要任务，深入开展反分裂斗争，牢牢把握民族工作主题，紧紧围绕民族宗教工作根本任务，按照“讲政策、抓管理、促适应、保稳定”的工作思路和上年年初工作部署，认真贯彻落实党的民族宗教工作基本政策、基本方针，扎实有序开展各项工作。

【深化寺庙法制宣传教育，巩固扩大教育成果】一是在全区寺庙中传达学习中央第五次西藏工作座谈会、区党委工作会议主要精神，使广大僧尼了解中央对西藏各项优惠政策，不断提高僧尼的中华民族意识、国家意识、法制意识和公民意识。二是在寺庙僧尼中开展学习贯彻藏传佛教寺庙民主管理工作经验交流会精神活动，使他们深刻理解民主管理实质。三是开展“三个办法、一个意见、一个章程”的学习活动。（三个办法即，《宗教活动财务监督管理办法》、《西藏自治区藏传佛教活动场所经师资格评定和聘任办法（试行）》、《西藏自治区藏传佛教活动场所学经班管理办法（试行）》；一个意见即，《西藏自治区关于加强社会流动从事宗教活动人员管理的意见》；一个章程即，《西藏自治区藏传佛教活动场所管理组织章程》。），使僧尼的守法意识得到明显增强。四是有些地区开展了寺庙法制宣传教育工作“回头看”活动，有些地区开展了重点寺庙整治工作，有些地区开展了中国特色社会主义等主题教育活动，通过采取有效措施，使寺庙法制宣传教育活动不断引向深入。五是紧密结合贯彻落实国家宗教事务局等五部（局）《关于妥善解决宗教教职人员社会保障问题的意见》精神，抓好摸底调查工作，协助相关部门做好寺庙僧尼的各项保障政策的落实，使寺庙僧尼低保、医保、“五保”政策基本得到落实，寺庙通水、通电、通路、通讯工程及文化、广播、电视进寺庙工程建设度得到明显加大，争取500余万元解决部分寺庙危房维修。同时将其作为法制宣传教育工作中转化僧尼思想认识的重要手段，加强正面宣传教育，使僧尼切身感受到党和政府的关怀。六是通过层层筛选和推荐，以中央统战部、国家宗教局名义表彰了一批先进寺庙、先进个人和先进宗教团体，为宗教领域树立正气、打压邪气，“抓好两头、带好中间”发挥应有作用。七是按照自治区党委的统一安排，积极协调组织宗教界代表人士开展巡回宣讲活动。

【依法管理宗教事务，维护宗教正常秩序】一是大力开展创建平安和谐寺庙活动。明确创建活动的指导思想、总体目标、达标要求。区、地（市）、县成立了专门工作班子，初步形成了“一年一小评、两年一中评、三年一大评”的工作机制，并从6月1日起全区基本正式启动平安和谐寺庙创建活动。二是做好全区宗教活动场所、场所法人、宗教教职人员和活佛登记备案工作。在日喀则地区开展“四证”颁发试点工作。三是积极探索全力加强社会流动从事宗教活动人员管理工作。加强正面宣传教育，积极引导从业人员从事合法活动；在基本摸清社会流动从事宗教人员情况的基础上，积极协助相关部门按照属地管理原则，着力纳入社会管理范围，加强这部分人员的管控工作。同事在深入基层、专项调研，明确界定范围，在加强总量控制、限制活动范围的基础上，提出动态管理等具体意见和建议。四是严把大型宗教活动审批关。依照《宗教事务条例》等有关规定，严把各地（市）寺庙大型宗教活动的审批关。先后对拉萨市墨竹工卡县举行松赞干布塑像开光仪式等宗教活动进行了严格审批，明确相关政策规定，提出严格要求。五是严格僧尼外出审批制度。各地（市）县进一步加强所属寺庙僧尼的管理工作，严格落实寺庙僧尼请销假制度，坚决做到严防、严控。对僧尼跨区域探亲、办事、学经等事宜，严格实行由地（市）宗教事务部门请示、报经民宗委批准同意的程序。六是认真做好格西拉让巴学位晋升管理工作。指导佛协在大昭寺成功举办2010年度格西拉让巴学位立宗暨颁证仪式，在甘丹寺成功开展了2011年度格西拉让巴夏季预考活动。在认真组织实施藏传佛教宗教学位学衔晋升工作的同时，建立藏传佛教高级人才信息档案库，逐步完善学位制度。七是牢牢把握“两条底线”，依法制止乱建宗教活动点和宗教标志物等现象的发生。起草下发了《关于依法制止乱建已故主要宗教教职人员各类灵塔的通知》，协同相关部门制止了小昭寺部分僧人要求修建俄钦·边巴灵塔等事宜。

【稳步开展活佛转世工作，抵制各种干扰渗透】协同区党委统战部，顺利完成了山南地区隆子县扎果寺第六世德珠活佛转世灵童的寻访、金瓶掣签、批准认定及坐床等工作，指导并完成了那曲地区那曲县孝登寺、比如县珠德寺、索县赞丹寺、聂荣县朗色寺新转世活佛的批准认定、坐床工作。

【加强寺庙民管会班子建设，发挥宗教团体的作用】一是各地（市）进一步调整充实寺庙民管会班子，完善寺庙管理制度，落实责任，发挥寺庙民管会在寺庙管理工作中的积极作用。二是大力开展宗教“两支队伍”培训工作。全年民宗部门举办了数十期培训班，区民宗委与日喀则地区、昌都地区联合举办了民宗干部及重点寺庙民管会主任、副主任培训班，两个培训班受训人数达220余人，参训人员集中学习了党的民族宗教政策、法律法规、形势政策、中央第五次西藏工作座谈会精神、区党委工作会议精神等内容，达到了预期目的，收到了良好成效，受到了自治区党委主要领导的充分肯定。组织基层宗教工作干部参加了国家宗教局举办的西藏宗教工作干部培训班。三是加强对佛协工作的指导。参与并帮助区、地佛协组织召开好换届会议，指导佛协宣传贯彻党的宗教政策，发挥佛协组织在党和政府联系信教群众中的独特优势作用。

【做好民族宗教外事外宣和接待工作】协助相关部门完成了英国、新西兰、西班牙、印度、尼泊尔、美国等10多个国家的访藏团和部分国内新闻媒体、中国藏学研究中心、清华大学等多个考察团的采访工作。4月份应日本名古屋强巴林寺森下永敏女士邀请，选派日喀则地区江孜县拉则寺两名尼姑赴日，开展了为期8天的佛事交流活动。同时，接待了国家民委、国家宗教局、国家发改委和兄弟省（市、区）民宗系统的多个赴藏考察团。

【扎实推进伊斯兰教、基督教、天主教事务管理】加强朝觐工作的服务和管理，认真开展了2010年朝觐名额的分配和审批工作，组织20名穆斯林信徒赴沙特阿拉伯朝觐。开展了伊斯兰教、天主教和基督教基本情况的调查摸底工作，对基督教私设聚会点进行依法进行取缔。着手做好伊斯兰教、天主教教职人员登记、备案的前期工作。利用上年12月底“平安夜”、“圣诞节”期间，组织专门力量，以拉萨社区为重点，进行摸底调查，掌握了底数，提出了明确要求，确保了这一期间的安全稳定。

【全力做好自治区“民族团结月”设立20周年庆祝活动】以上年9月自治区“民族团结月”设立20周年为契机，围绕“讲团结谋发展、保稳定促和谐”为主题，深入开展民族团结进步宣传教育活动。一是积极筹备并隆重召开了庆祝西藏自治区“民族团结月”设立20周年电视电话会议，各地（市）、县（市、区）设立了分会场，自治区党委、政府领导出席会议并作了重要讲话，使之做出全面动员部署。二是通过召开座谈会、悬挂横幅标语、发放资料、知识竞赛等方式集中开展民族团结月宣传活动，努力营造良好社会氛围，使之引向广泛。三是举办民族团结进步事迹报告会，组成西藏自治区民族团结进步事迹报告团，在七地（市）开展党的民族理论、民族政策的宣传教育，使之引向深入。通过近一个月的广泛深入宣传，使“四个认同”、“三个离不开”思想进一步植根于各族干部群众心中。

【积极推动民族团结进步创建活动】成立了由自治区政府分管领导为组长，区党委宣传部等34家单位组成的创建活动领导小组，各地（市）都相应成立了工作机构。结合民族工作实际，制定了创建活动领导小组成员单位职责，明确了9家示范单位，制定实施创建活动方案，下发任务分解表，创建活动已于7月在全区启动。

【认真做好兴边富民行动和人口较少民族扶持工作】2010 年国家民委和财政部下达我区少数民族发展资金共计 10875 万元，争取自治区财政调度资金安排 3500 万元，总投资达 14375 万元。主要用于：一是边境地区和区内人口较少民族地区基础设施、教科文卫、生产发展、实用技术培训等145个项目，投入资金5166万元（其中拉萨市安排8项338万元；日喀则地区安排32项1261万元；山南地区安排 30 项 942 万元；林芝地区安排 28 项 1019 万元；昌都地区安排 16 项 524 万元；那曲地区安排13项473万元；阿里地区安排18项559万元。）二是兴边富民行动安居工程建设，安排5000户，总投资6000万元，解决了部分边境地区和人口较少民族地区的群众住房。三是安排边境地区村容村貌整治资金1509万元、兴边富民扶持特色产业发展资金1700万元。这些资金集中用于边境地区和区内人口较少民族聚居区的交通、水利、能源、卫生、教育、住房改造等基础设施建设。

在调查摸底、全面掌握边境地区现状的基础上，基本完成了《西藏自治区兴边富民行动“十二五”发展规划》编制工作。

【积极支持民族贸易和民族特需商品生产企业发展】全面总结“十一五”期间扶持民族贸易和民族特需商品生产政策落实情况，完成了5家企业技术改造贷款财政贴息资金的申报工作。民族特色村寨试点工作进展顺利，落实特色村寨保护资金200万元。

自治区扶贫（农业综合）开发工作

【年度综述】2010 年，在区党委、政府的正确领导下，在国务院扶贫办的大力支持下，全区各级扶贫部门攻坚克难、狠抓落实，扎实推进各项工作，圆满完成了年度工作任务。

【深入贯彻落实中央第五次西藏工作座谈会精神】在中央第五次西藏工作座谈会召开后，自治区扶贫农业综合开发办公室党组制定下发了《关于贯彻落实中央第五次西藏工作座谈会精神的实施意见》，推动全区扶贫农发系统深入学习座谈会精神内涵，专题讨论梳理发展思路。协调国务院扶贫办于2010年6月召开了西藏及四省藏区扶贫开发工作座谈会，出台了《关于进一步做好西藏扶贫开发工作的指导意见》，明确了对我区加大资金投入、扶持特困地区等一系列优惠政策。

【着力推进扶贫开发各项工作】2010年，全区扶贫开发共落实项目776个，主要完成了十项工作：一是建成贫困户安居工程 16628 户。二是实施整乡推进扶贫乡（镇）31个，项目覆盖216个行政村，受益群众3.4万户、17.5万人。三是在山南召开了劳动力转移就业特色产业现场会，表彰了山南滴新沙石料厂等14家合作组织，继续落实扶贫劳动力转移特色产业项目38个，使2.5万受益群众人均年增收800元以上。四是完成66处溜索改桥项目审查，批复实施45座，年内竣工7座。五是下达实施贫困地区基础设施建设、到户帮扶等面上扶贫项目491个，贫困地区基础设施条件得到较大改善。六是协调民政、统计等部门，完成了尼木、普兰等7县“两项制度”有效衔接试点，识别出扶贫扶持的低收入户 11695 户、42395人，全面铺开了剩余67个县（市、区）的“两项制度”衔接工作，目前已整体进入民主评议阶段，正在发放《西藏自治区农牧区低收入户扶贫扶持证》。七是在定日、错那、左贡等5县实施“县为单位、整合资金、整村推进、连片开发”试点项目，在全区45个村开展了互助资金试点工作。八是培训贫困农牧民群众1.5万人（次），转移就业 1.02 万人。九是98家区（中）直单位选派249名干部，深入103个乡（镇）开展定点扶贫工作。各地（市）、县也选派1200多名干部到扶贫联系点开展帮扶工作。全年，共落实帮扶项目604个，投资3亿元，捐款捐物折资1800多万元。十是协调金融部门累计发放扶贫贷款12.56亿元，努力缓解贫困群众融资困难。

【编制完成了“十二五”扶贫规划初稿】为编制好扶贫规划，自治区扶贫农业综合开发办公室与区发改委签订了扶贫规划编制责任书，专门安排了规划编制专项经费。上年4月，自治区扶贫农业综合开发办公室成立了“十二五”扶贫规划编写领导小组，编写人员深入基层调查研究，掌握了大量第一手资料；在审查通过规划编写大纲的基础上四易其稿，完成了《西藏自治区“十二五”扶贫开发规划》，《西藏自治区“十二五”扶贫开发规划》聘请区内相关部门的领导和专家进行了咨询。两个规划正由专业规划人员修改完善，近期就可提交相关部门讨论。编制完成了《西藏自治区农村扶贫纲要（2011—2020年）》初稿；根据国家要求，编制了《西藏自治区“十二五”整乡推进扶贫规划》，并于2010年11月上报了国务院扶贫办。

【扶贫工作呈现出许多新特点、新亮点】领导重视、加大投入。2010年，区党委、政府主要领导张庆黎书记、白玛赤林主席专门听取扶贫工作汇报并做出重要批示，向巴平措主任亲临全区特色产业现场会并作了重要讲话，自治区分管领导多次专题研究扶贫工作，自治区政府下发了《关于对农村低收入人口全面实施扶贫政策的意见》。国务院扶贫办范小建主任不顾艰辛深入墨脱开展调研。各地（市）党委、政府也高度重视扶贫工作，经常性深入贫困地区开展调研和现场办公。与此同时，2010年是“十一五”扶贫投入资金最多、增长幅度最大的一年。扶贫部门共安排国家资金 59863 万元，较上年增加 21329 万元，增长55.4%。

狠抓重点、突破难点。为着力解决集中贫困问题，扶贫在31个最贫困乡镇实施了整乡推进，在5个县实施了“连片开发”试点；针对昌都等地部分群众依靠溜索出行问题，专项申报改造84条溜索。通过努力，全年完成低产田改造2.84万亩，草场建设25.39万亩，新建水渠310公里、水塘33座，修建乡村道路350公里，贫困地区生产条件得到较大改善。

创新机制、加强管理。在劳动力转移特色产业项目中，探索形成了致富带头人领办产业、扶贫资金折股到户，实行“利益共享、风险共担、按劳取酬、按股分红”的发展机制。在扶贫项目选择中，推广了参与式扶贫方法，推行“三不”原则。为确保各项制度措施的落实，各级扶贫部门早谋划、早安排、早下达，使各项工作早实施、早见效。上年3月初，扶贫下达了第一批项目、资金；从4月起，自治区陆续派出30多个工作组，深入七地（市）60多个县、200多个项目点，了解项目实施和资金落实情况，从项目检查情况看，项目完成率达90%以上，大部分项目已发挥出良好效益。

服务稳定、夯实基础。扶贫开发以整乡推进形式，赋予乡、村群众自主选项、自主管理的权力，赋权基层发展，实行整体开发、提升整体效益。以特色建材为主的劳动力转移项目，旨在服务贫困群众、壮大集体经济，让村集体有钱办事、有权理事，把党员培养成致富带头人、致富带头人培养成党员、致富党员培养成村干部，增强党组织的凝聚力和号召力，夯实农牧区维护统一、反对分裂的坚实基础。

自治区人民政府驻成都办事处

【基本情况】西藏自治区人民政府驻成都办事处是西藏自治区人民政府派驻成都的综合性办事机构。办事处机关内设办公室、政工人事处（机关党委）、经济信息联络处、接待处、离退休人员服务处、医疗协调联络处等6个职能处室。单设区纪委驻成办纪检组（监察室）。下属西藏成办医院（四川大学华西医院西藏成办分院）、成都天湖宾馆、成都圣地阳光宾馆、顺江苑接待站、西藏成都干休所、西藏双流干休所、西藏成办社会保障事业管理局、西藏成办省级离退休干部服务中心、西藏成办车队等9个事业单位。共有职工653人，其中在职职工316人，离退休人员337人。同时还协调代管西藏驻成部分企事业单位。

【年度综述】2010年，办事处党委带领全体干部职工团结一心，努力奋斗，圆满地完成了自治区党委、政府交办的各项工作任务，取得了良好的社会效益和经济效益，为西藏经济的跨越式发展和社会长治久安作出了应有的贡献。张庆黎书记在办事处上报的2010年度工作总结上作出重要批示："西藏成办任务重、要求高、责任大，2010年各项工作做得都不错，为全区发展稳定大局做出了重要贡献！希望在新的一年里努力把各项工作都提高到一个新水平。"

【接待工作】2010年，办事处紧紧围绕"以经济建设为中心，接待服务为重点"的工作方针，充分发挥办事处工作职能，狠抓软硬件设施和综合配套服务系统建设，强化职工服务意识教育和职业技能培训工作，狠抓服务质量和管理水平的提高。在接待全国第五批、第六批援藏干部交接中转和接待中央巡视组工作中，出色完成了各项任务。全年共接待进出藏客人32.1万人次，其中省级干部3513人次，团队904个，车辆安全行驶33余万公里。天驰接待服务中心、天湖宾馆、圣地阳光宾馆、顺江苑等接待服务单位，坚持以人为本、和谐发展、"一切以宾客为中心"的服务宗旨，不断创新管理理念和方式，进一步提升服务水平和质量。全年实现营业收入2995.86万元，上缴税金261.3万元。接待进出藏客人22.9万人次，团队40多个，销售机票2.22万张。

【管理服务工作】全面贯彻执行中央、自治区有关老干部工作的各项方针政策，坚持老同志阅文制度、情况通报制度、组织生活制度、定期走访制度，切实落实老干部的政治、生活待遇。认真开展信息收集、整理、上报工作，为领导及时掌握情况，制定方针政策提供了信息基础。严格执行社会保障有关政策和规定，切实加强社保资金征收、监管和使用。坚持"服从大局、维护稳定、促进和谐、为民服务"的信访工作方针，认真做好新形势下的信访工作。

认真做好西藏广大干部职工和农牧民群众在成都的医疗服务工作，西藏成办医院作为目前西藏在内地最大的医疗服务机构，全面开展人力资源整合，积极开展各项新技术新业务。精心开展医疗保健服务，努力提高保健工作质量，为西藏广大干部职工提供了较好的医疗服务。

【党建工作】办事处党委目前下辖6个基层党委、6个党总支、49个党支部，党员总数1004人。通过进一步加强党委中心组理论学习、深入开展学习型党组织建设活动和创先争优活动，办事处党建工作得到了加强和发展，党员先锋模范作用充分发挥，党组织的创造力、凝聚力、战斗力不断增强，全心全意为西藏前方服务的意识和水平得到了进一步提升，有效地保证和推动了全处工作不断发展。

办事处党委坚持不懈做好党风廉政建设和反腐倡廉工作，严格执行党风廉政建设责任制，在党员特别是党员领导干部中深入开展反腐倡廉宣传教育，切实加强对权力的监督和制约。

【定点扶贫工作】2010年，办事处党委认真落实自治区对口扶贫规划，全年共投入扶贫资金590,259.71元，圆满完成了商业街道路硬化延伸及保坎工程、组建农牧民运输队等扶贫任务，有效地缓解了当地老百姓的实际问题，对口扶贫工作取得了良好效果。

【领导名录】

党委副书记、主任：葛裕涛

党委委员、副主任：王国荣、张裕庭、邱川

党委委员、西藏自治区纪委驻成办纪检组组　长：群　决

自治区人民政府驻北京办事处

【年度综述】2010年，办事处扎实做好学习型党组织建设，深入推进接待服务、经济联络、老干部管理、内部管理、企业发展、队伍建设、文明创建等工作，取得了较好成绩，顺利完成了全年工作任务。

【细处着手，强化保障，接待服务工作圆满顺畅】办事处坚持"接待工作无小事"的原则，从规范接待服务规则、礼节入手，从细微之处抓起，主动加强与中央国家机关和北京市有关部门以及北京市机场、铁路等单位的联络沟通，根据不同接待服务对象的需求，有针对性地制定接待工作方案和预案，努力让自治区来京干部职工切实感受到家的关心和温暖，积极为自治区各级领导在京开展政务活动提供细致入微的服务和有力保障，圆满完成了党的十七届五中全会、中央第五次西藏工作座谈会、全国"两会"、全国经济工作会、全国人才工作会、全国劳动模范表彰大会、第十三届北京国际科技产业博览会、第五届北京国际文化产业博览会等64个全国性会议和展览活动，圆满完成了第六批援藏县委书记培训、出国考察团队、区内赴

京演出团、学习团、内地西藏班学生在京中转等接待服务工作，共接待自治区级领导3656人次，机场迎送自治区、地厅级领导4139人次，大小团队129个1902人次，代办飞机票、火车票1884张，代办托运行李2068件。

【把握重点，突出特色，经济信息文化交流再创佳绩】办事处牢牢把握自治区经济社会发展的趋势和特点，充分利用首都的资源优势，积极强化经济信息文化交流，通过坚持完善信息需求月度分析、季度分析会议制度，完善信息工作流程，强化日常政务信息和“专题调研信息”质量，积极开拓信息报送新领域，取得向自治区政办报送信息全区第二、派出机构排名第一的好成绩，向自治区人民政府门户网站报送及采用量均居我区驻内地各办事处前列；通过研究制定《〈情势广角〉编发岗位职责》、《〈情势广角〉工作流程》，以选材新、品位高、立意深、内容精进一步打造京办信息品牌，共编发《情势广角》24期，受到自治区领导的关注和肯定；通过明确舆论宣传导向，认真贯彻落实自治区宣传方针政策，进一步规范新闻采访流程、新闻考核办法，共向西藏日报、西藏电视台、西藏人民广播电台报送新闻及采访素材35则，有力强化了西藏驻京联合记者站职能；通过充分发挥桥梁纽带作用，圆满完成了协助北京市进出口企业协会集体进藏考察、协助西藏自治区藏语文工作委员会办公室在北京人民大会堂举办藏语文软件发布会、协助推进歌华有线电视有限公司与加拿大赴藏合作拍摄电影、协助自治区发展咨询委员会在京各项工作、协助自治区商务厅办理进藏函和北京福田汽车再次向我区捐赠2台价值200万的医疗用车、联络北京建藏援藏工作者协会向昌都捐赠价值150万元的图书、联络加拿大纬度精华国际饮品公司寻求西藏矿泉水合作开发项目、与北京华通明达旅游投资有限公司洽谈投资事宜、为西藏卫视与湖南卫视北京节目中心合作制作“西藏诱惑”节目提供联络、加强北京援藏干部沟通联络服务、开发办事处大殿的展览展示功能、对西藏文化经济交流中心网站进行升级改版等工作。

【体贴入微，周到细致，离退休人员服务平稳扎实】坚持以人为本，把离退休人员“两费”及时、足额、安全发放摆在首要位置，积极推行财务软件管理系统，全年发放离退休费2782万元，社保部门调整养老金和机关事业单位增加离退休费254万元，审核报销医药费1260余人次；精心组织筹划，圆满完成了自治区党委老干部局、自治区人力资源社会保障厅交办的跨省安置工作会议承办任务；利用春节、藏历新年、端午、中秋、重阳节等重大节日及离退休老同志生病住院积极开展走访慰问活动，全年行程2000多公里，走访慰问400余人次，探望生病住院离退休老同志40多人次，发放慰问信及慰问光盘181封，并从提取的管理费中为每人汇拨100元的慰问金；按照区老干部局和社保局的要求为150人发放了600元的慰问金，为50名特困人员发放了800元的困难补助金；与自治区民政厅以及各地（市）民政局多次沟通、协调，向68名年满80周岁以上的离退休人员发放了老年人健康补贴，上报了《2009年度80至89岁老年人口汇总表》和《2009年度90岁以上老年人口汇总表》；向自治区房改办落实离退休人员住房补贴资金34万多元；对空巢和生活不能自理的离退休人员进行摸底调查；积极为10名符合因工受伤或患职业病的退休人员办理工伤确认和劳动能力鉴定；积极做好12位离退休人员善后事宜；分两批组织70名老同志到北京医院、中日友好医院进行健康检查，组织老干部到延庆、怀柔和平谷进行郊游、采摘，切实把自治区党委、政府的关心关怀送到离退休老同志的心坎上。

【发挥优势，整合资源，医疗协调联络服务有拓展有强化】积极登门拜访了北京各大医院专家，与57位各领域专家建立了良好关系，拓展了新的医疗服务资源；圆满完成了组织北京各大医院专家进藏义诊、讲座、考察活动，以强烈的责任感联系有关方面对林芝普通群众孟庆勇视网膜脱落、堆龙德庆县东嘎镇南嘎村普通农牧民尼玛陈旧性心肌梗塞、心脏室壁瘤等疾病进行救治，进一步提升了办事处积极为西藏普通农牧民群众服务的影响力。全年为自治区广大干部群众提供医疗协调服务1052人次，较上年上升115%。其中为省、地级领导联系医院、陪同就诊462人次，较上年上升74%；为一般干部群众联系医院并陪同就诊328人次，较上年上升115%；为各级领导购药、取检查结果、请专家会诊及医疗咨询共计106人次，较上年上升23%。看望在京就医的各级领导103人次，为各级干部邮寄报告和账单53人次。

【着眼和谐，筑牢防线，信访维稳工作务实深入】较好处置了2批27人次集体上访、9批9人次个人上访、5件5人次单件信访，共计16批/件41人次的来信来访事件，使进京上访人员全部安全劝返，得到国家及自治区有关部门的肯定，为西藏发展稳定和首都的繁荣和谐做出了应有的贡献。

【着眼增值，苦练内功，企业改革发展平稳推进】珠穆朗玛宾馆全年营业收入1223.7万元，完成全年营收指标的109.3%。喜马拉雅宾馆实现营业收入435万元，完成全年营收指标的106%。西藏大厦实现营业收入6101.23万元，完成全年营收指标的129.81%。

【领导名录】

党委书记、副主任：马升昌

副主任：苏温明、赵国庆、刘茂林

自治区人民政府驻上海办事处

【年度综述】2010年，办事处党委带领全体干部职工深入扎实地开展“效能建设年”、“创先争优”和“学习型党组织”等主题实践活动，加强学习、强化服务意识、健全制度，以饱满的工作热情，开拓进取，团结协作，各项工作都有了新突破，圆满地完成了上级交给的各项工作任务。

【抓协调，接待服务工作有了新提高】积极协助自治区世博领导小组做好2010年上海世博会各项工作。针对世博期间来宾多、领导多、接口多、时间跨度长等特点，办事处克服人手少的实际，一方面加强与上海市委、市政府的衔接沟通汇报，做好接待和观展服务的前期基础性工作，与一些酒店、宾馆签订协议，妥善解决西藏来沪人员住宿难题；另一方面，加强办事处世博接待人员的文明礼仪、专业技能培训，确保适应世博接待工作的新标准。截止2010年10月31日，自治区驻上海办事处共接待1147人，其中省级126人次，局级262人，县（处）级及其他人员计759人。除认真接待区内各级代表团来沪参观世博园的工作外，还积极认真做好零星来沪参观世博会及开会、学习、参观、治病、途经的人员的接待工作。除做好接、送、吃、住、行的保障外，为来沪参加世博活动周表演的团队购买火车票，联系就医等等，尽力解决他们的后顾之忧；精心做好西藏活动周西藏代表团的接待工作。五月初，驻沪办就开始积极学习、搜集兄弟省市举办活动周有关接待情况，主动到上海市委、市政府和世博接待办咨询有关接待事宜，编制《西藏活动周工作手册》，提前上报了自治区世博办。为使“西藏活动周”接待工作不出差错，活动周开始后，根据统一安排，办事处为代表团每台车上安排了联络员并承担组织一百名西藏离退休老同志、五十名援藏干部，同时积极协助落实八百名嘉宾（600名学生、200名上海观众）参加活动周开幕式的任务。为确保所有人员能出席，工作人员平均至少给100位老同志打两次电话，精心安排、有序组织，9月1日开幕式当天，所有老同志、援藏干部及学生全部到位，并提前到达集合地点，准时入园，秩序井然，为开幕式增了光添了彩。圆满地完成了“西藏活动周”的接待任务。

【抓服务，老干部、老工人安置工作有了新进展】一是“尽心、尽力、尽责”为易地安置老同志服务。2010年老干处共计汇款2371余人次，是往年的数倍工作量。除汇寄离退休人员工资、兑现了企业离退休人员购物券、机关事业、企业离退休人员增资、取暖费、体检费及离休干部护理费等，还兑现企业人员丧葬抚恤费23人次，兑现离休干部管理费和联络员经费25人次，兑现省级干部住房补贴6人次。此外，全年共计审核报销医药费701人次。其中离退休干部336人次，退休工人335人次。保证了离退休人员“两费”的及时汇寄，为他们的晚年生活提供保证。二是退休人员的安置、走访和慰问工作常态化。2010年，继续采取直接依托当地组织开展安置工作的办法，与当地有关部门建立了广泛的联系，顺利完成了退休人员安置工作。2010年共安置退休干部工人23人。其中江西4人、江苏19人，分布17个地市县，行程1万多公里。并在保证完成日常工作的前提下加大了走访慰问的力度。春节、藏历新年和平时慰问登门看望99人。对上海退休工人以座谈会形式慰问42人。在极端天气（如台风、暴雨、高温）时期以电话形式慰问500余人。三是认真办理来信来访工作。自治区驻上海办事处始终把做好老干部工作放在办事处工作的重要位置，把老干部工作看成是社会稳定、经济发展的大事。全年全年共收到离退休人员来信1949人次，回复信件2412封，做到来信必复、来电必答、来访必接。老同志都感到很满意。还利用开会、出差的机会，在老同志居地相对集中的城市举办茶话会、座谈会，向老同志通报西藏的政治、经济形势，全面落实老同志的政治待遇。

【抓创新，对口扶贫工作有了新起色】2010年，自治区驻上海办事处组织西藏沪办对口扶贫点昂仁县尼果乡各界代表一行7人来沪考察学习。在沪期间，代表们游览了世博园，参观了东方明珠、乘坐了磁浮列车，拜会了上海资助过尼果乡的企业单位，并与民航上海中专的师生进行了联欢，又专程赴苏州工业园进行了考察学习。6天的考察学习使他们开阔眼界，深深感受到了祖国大家庭的温暖。2010年还为昂仁县尼果乡争取到20万元资金用于修建两座农桥，为当地老百姓解决了牲畜放养过不了河难题。

自治区人民政府驻格尔木办事处

【年度综述】2010年，自治区驻格尔木办事处以深入开展创先争优和效能建设年活动为契机，紧紧围绕全区中心工作，立足实际，认真履行职责。在全体干部职工的共同努力下，较好地完成了2010年的各项工作任务。

【日常接待服务工作】2010年，自治区驻格尔木办事处共接待自治区党委、政府和自治区各部门领导及赴格工作组共255人。在接待工作中，自治区驻格尔木办事处始终以科学发展观为指导，在现有接待条件和设施的基础上，不断改进和提高服务水平、服务质量和服务档次。热情周到的接待服务工作，受到了来格各级领导和干部职工的好评。

【加大与当地政府的交流与联系，积极做好基地职能转换的前期调研工作】围绕格尔木西藏基地的下一步发展趋势，在多次与格尔木市相关部门进行商讨、交流的基础上，详细了解当地的能源、矿产资源、工业基础、产业政策以及为促进当地经济发展所出台的各项优惠政策。先后起草上报了《关于在格尔木建立西藏工业园区有关情况的报告》、《关于格尔木西藏基地定位问题的调研报告》、《关于西格办铁路专用线情况的说明》、《关于格尔木西藏基地企业缴纳土地使用税情况的报告》等，为下一步充分发挥青藏铁路的巨大作用，开发利用基地的现有资产和基地职能转变，提供了较为翔实的资料。

【加大协调服务力度，为困难群体办实事，为基地单位排忧解难】经与青藏铁路公司总工办协调，为基地8条铁路专用线企业减免铁路技术服务费80余万元；针对基地企业困难较多的现状，积极与当地相关部门协调使基地107户失业人员、遗属和部分退休后无经济能力回内地购房的困难户顺利搬进了廉租房，间接为我区节约资金2000余万元（含入住后的物业管理费用）；及时反映和化解了藏格运输总公司因破产拖欠遗属生活费的群体性事件；协调解决了原青藏联营硫酸厂、铁合金厂部分职工的城镇低保、廉租房和缴纳“三金”等问题；针对基地企业因无力缴纳而拖欠土地使用税达1000余万元，当地相关部门又多次催缴的现状，及时向自治区政府反映的同时，积极与青海省地税局等部门多次协调缓缴土地使用税，为稳定职工队伍和企业生产经营起到了积极作用；先后协调为藏格石油公司减免安全评估费15万元，营业执照过期处罚金6万元、向格尔木市城建局争取到格办临街房屋拆迁补偿资金14万元、为藏格地质五队减免办理土地使用证费用5万元、为藏格运输公司三分公司协调节约建自来水管网资金30余万元等，累计为基地企事业单位减免和争取资金70余万元。

【全力确保青藏公路安全畅通】自治区驻格尔办事处多年来始终高度重视和大力支持青藏公路的养护、保通工作，积极协调解决在公路管养工作中出现的各类问题，帮助常年坚守在公路沿线上的养护工人解决实际困难。截止10月底，经青藏公路发运进藏物资87.51万吨，进藏旅客4788人次。

【心系灾区人民，以实际行动充分体现各民族的团结友爱】青海玉树发生地震自然灾害后。基地单位和干部职工群众捐款共计：462,982.10元。体现了与灾区人民同呼吸、共命运、心连心的兄弟情谊和各族人民万众一心、众志成城、同舟共济、共度难关的伟大民族精神。

【全力做好抗洪抢险工作】2010年6月至7月中旬，格尔木市遭遇了历史上罕见的洪涝灾害。办事处做了周密的安排部署，有效防止了不稳定事件的发生和保证了基地广大干部职工群众的生命财产的安全以及单位工作的正常运转。按照格尔木防指的要求，在长江源村至212团、水源地及机场等重要节点，短短5天时间，自治区驻格尔办事处组织了120人的抗洪抢险应急队伍，全力以赴抢修加固格尔木河河堤。先后共投入5台装载机，装填沙袋4800袋，提前完成了长度为300米、2600立方米沙石土方的防洪坝工程。自治区驻格尔办事处和基地单位在租用机械设备、雇用民工、为抗洪抢险第一线工作人员供应饮食、抗洪抢险工作用车油料、购买抗洪抢险物资等方面共投入资金36万余元。

【格办医院工作】2010年，自治区驻格尔办事处共完成门诊和收住病人237人次，出院237人次，治愈189次，治愈率达80%。手术14台次。调剂中西医药处方9041剂。检验检查3610人次。检查项目10754项。为基地征兵、大中专招生和职工体检2760余人次。

自治区人民政府驻西安办事处

【年度综述】2010年，办事处党委团结带领广大干部职工紧紧围绕服务我区经济社会发展大局这一中心，认真做好服务区内各项工作，求真务实、锐意进取、开拓创新，较好的完成了全年的工作任务，取得了一定的成绩。

【积极创新，扎实做好经济信息联络工作】信息工作方面，结合区情实际，把握信息热点，及时收集整理和报送驻地省市在经济、文化、政务等方面的信息，重点采集内地在经济社会发展稳定方面一些好的经验和做法，报送给区党委、政府和有关部门，截止9月份共上报信息183期，累计采用167条（其中政办采用155条，党办采用12条），得分550分（政办496分，党办54分），政办的信息得分已经远远超过达标要求。

经济联络工作方面。一是充分发挥办事处对外宣传西藏的“窗口”作用，积极采用各种形式宣传西藏、展示西藏。二是积极配合自治区招商局筹备参加了第14届东西部经贸洽谈会，承担了自治区代表团的联络、服务等工作，保证了代表团工作的顺利完成，并积极参与第15届西洽会的前期各项筹备工作。三是借助自治区领导来西安出差开会的时机，增进了两省区的沟通和联系，加强了政务交流联络。四是加强与驻地有关部门关于经联信息工作的沟通联络，参加了西安市经贸委组织的招商引资交流座谈会。五是陪同西安市碑林区经贸考察团赴西藏参观考察藏药厂，双方初步达成在内地设立藏药厂的意向，对于推动两地的经贸交流合作有着积极作用。六是五是加强与上海、山东、广东、江苏、天津、甘肃、新疆、辽宁等省（市、区）驻地办事处及商会的沟通联系，将会为今后的交流合作提供了广阔的平台。

【统一思想，加强管理，做好老干部、老工人的安置和服务管理工作】一是加大了慰问工作力度。2010年，重点对2008年底前从未慰问过的人员以及住院重症人员制定了慰问计划，组织力量专程进行慰问和探访。“三节”慰问期间，采取集中慰问和个别走访相结合的方式，对郑州、洛阳、许昌以及西安周边地区的离退休人员进行了慰问，慰问人数286人；按照自治区社保局的慰问安排，赴河南、山西、陕西等地对200名退休工人进行了慰问，着重慰问了生活困难、身体不好的退休工人，并发放了慰问金；在历年慰问的基础上，对2008年底前从未慰问过的人员进行了逐一核实，并将从未慰问过的人员进行了单独造册登记，组织力量专程慰问，目前已慰问了总人数的70%。截止11月底，陕西、宁夏、山西三省区的退休干部、工人和7省区离休及县以上干部的慰问工作已全面完成。二是认真开展安置工作。按照自治区2010年下达43人的安置任务，组织2个工作组分7批次赴6个省（区）认真开展安置工作，截止8月底共安置34人。三是继续落实住房补贴兑现工作。在上年兑现35人住房补贴的基础上，通过核实档案、与原单位联系、到安置地走访等方法，2010年又兑现了6人的住房补贴，金额为22.4万元。四是认真细致做好日常服务管理工作。认真、耐心地做好离退休人员的来电、来函、来访工作，建立健全了来信登记回复制度和来访接待制度。全年共处理信函2552件，接待来访人员220余人次，对他们提出的问题和反映的意见都及时进行了回复；通过建立制度保证老同志“两费”的及时足额发放，并认真执行；加强对“空巢”“独居”和经济困难离休干部的服务管理工作，定期了解掌握情况，并协调原单位或社区做好相关服务工作。为进一步做好新时期下离退休人员的服务管理工作，于10月中旬在开封召开了离退休人员服务和管理工作会议。

四个干休所以落实离退休老同志的“两项待遇”为重点，不断提升服务和管理水平，切实为老同志办好事、办实事。各干休所充分发挥基层党组织的战斗堡垒作用，认真组织离退休老同志学习党的十七届四中、五中全会、中央第五次西藏工作座谈会精神和区党委七届七次全委会议精神。各干休所结合实际情况分别开展了户外旅游、体育比赛等多种适合老年人参加的活动，丰富了老同志的精神文化生活。

【增强服务意识，提升服务水平，做好接待服务工作】2010年，认真完成了来西安学习考察、参加西洽会等全国性会议的领导、团队以及区内进出藏人员的接待服务工作，全年共接待省级领导干部40余人次，厅级领导干部68人次，较好地完成了全年的接待任务。

【扎实工作，克服困难，认真配合做好北院开发建设工作，妥善处理原珠宾、招待所安置遗留问题】一是经多次与西安市政府和有关部门沟通协调，土地出让金1746万元已经返还并上缴自治区国库。二是为保证建设项目的顺利开工，在完成原珠穆朗玛宾馆主体拆除工作的同时，认真做好住户的搬迁思想动员和政策解释工作。经过不懈努力，克服重重困难，所有住户均按期完成了搬迁，顺利完成了项目建设的拆迁任务。

在处理原珠宾、招待所安置遗留问题方面，到目前为止，珠宾关闭基准日之前未到法定退休年龄的129名在岗职工中已有128人签订了安置协议并领取了安置费；曾在珠宾工作过、档案仍在珠宾的52名职工，已有15人领取了一次性经济补偿，对于其中部分要求按照正式职工领取安置费的问题，通过讲解政策规定，开展大量耐心细致的解释工作，已经签订了安置协议，个别职工存在的劳资纠纷问题已经通过司法途径得以解决。

【加强领导，精心安排部署，圆满完成定点扶贫工作】派出由2名干部组成的西办第四批扶贫工作组前往昌都地区边坝县边坝镇开展扶贫工作。确定了2个重点帮扶项目，一是利用边坝镇花岗岩石作为原材料，在当地建造一座石材加工厂，增加当地农牧民的经济收入，消化剩余劳动力；二是修建边坝镇扎村至雄村公路，解决当地农牧民出行难题，改善两个自然村群众的生产生活条件。经过努力工作和多方协调，争取到了石材加工厂项目资金36万元和扎村至雄村公路项目资金98.4万元。另外，在深入走访调研的基础上，立足当地实际，研究制定了2011年的扶贫项目，圆满完成了定点扶贫工作任务。

中国人民政治协商会议西藏自治区委员会

【基本情况】自治区政协机关人员编制为153名，其中，行政编制118名，事业编制35名。办公厅下设：办公室、政工人事处（机关党委）、研究室、行政接待处、联络服务处、保卫处、翻译室、机关后勤服务中心8个正处级单位。政协第九届西藏自治区委员会设置6个专门委员会：提案委员会、民族和宗教委员会、社会法制外事委员会、文史资料学习委员会、科教文卫体委员会、人口经济资源环境委员会。下设提案委员会办公室、民族和宗教委员会办公室、社会法制外事委员会办公室、文史资料学习委员会办公室、科教文卫体委员会办公室、人口经济资源环境委员会办公室6个正处级办事机构，受办公厅和专委会的双重领导。

【全体委员会议】九届三次会议　2010年1月8日至13日，自治区政协九届三次会议在拉萨举行。共有委员482人，出席会议委员371人。全国政协副主席、自治区政协主席帕巴拉·格列朗杰主持开、闭幕大会。会议听取和审议了政协第九届西藏自治区委员会常务委员会工作报告；听取和审议政协第九届西藏自治区委员会常务委员会关于政协九届二次会议以来提案工作情况的报告；列席自治区第九届人民代表大会第三次会议，听取并讨论政府工作报告和其他有关报告；审议通过政协第九届西藏自治区委员会第三次会议政治决议及其它决议；学习贯彻党的十七届四中全会、区党委七届六次全委会议和全区经济工作会议精神。区党委常委、区政协副主席巴桑顿珠作常委会工作报告。区党委常委、区政协副主席洛桑江村作闭幕讲话。

【常务委员会会议】第8次会议　2010年1月6至7日在拉萨举行。会议审议通过了政协第九届西藏自治区委员会常务委员会第八次会议议程；审议通过关于召开政协第九届西藏自治区委员会第三次会议的决定；审议通过政协第九届西藏自治区委员会第三次会议议程（草案）；审议通过政协第九届西藏自治区委员会常务委员会工作报告及报告人；审议通过政协第九届西藏自治区委员会常务委员会关于政协九届二次会议以来提案工作情况的报告及报告人；审议通过政协第九届西藏自治区委员会第三次会议秘书长、副秘书长名单；审议通过区政协各专门委员会工作情况的报告；审议通过人事事项及其他事项。

第9次会议　2010年1月11日在拉萨举行。会议审议通过政协第九届西藏自治区委员会第三次会议政治决议（草案）；审议通过政协第九届西藏自治区委员会第三次会议关于常务委员会工作报告的决议（草案）；审议通过政协第九届西藏自治区委员会常务委员会关于政协九届二次会议以来提案工作情况报告的决议（草案）；审议通过政协第九届西藏自治区委员会提案委员会关于政协九届三次会议提案审查情况的报告（草案）。

第10次会议　2010年4月20至21日在拉萨举行。会议传达学习胡锦涛总书记在参加十一届全国人大三次会议西藏代表团审议时的讲话；传达学习中央第五次西藏工作座谈会精神；传达学习全国“两会”精神；传达学习区党委工作会议精神；审议通过其他事项。

第11次会议　2010年7月19日至20日在拉萨举行。会议审议通过政协第九届西藏自治区委员会常务委员会第十一次会议议程；听取区党委组织部负责同志作关于人事事项的说明；围绕“加强西藏生态环境保护和建设，构建高原生态安全屏障”建言献策。

第12次会议 2010年11月25日至26日在拉萨举行。会议传达学习中国共产党第十七届中央委员会第五次全体会议精神；传达学习中共西藏自治区第七届委员会第七次全体会议精神；审议通过关于召开政协第九届西藏自治区委员会第四次会议的决定；审议相关人事事项。

【专门委员会工作】提案委员会 九届政协三次会议以来，共收到提案309件，立案297件，立案率达96%。截止9月底，所有提案已经全部办理完毕并答复了委员。在办复的提案中采纳委员意见，问题得到解决和基本解决的126件，占总件数的42%；正在解决或已列入计划解决的128件，占总数43%；基于政策规定和条件所限暂时不能解决的43件，占总件数15%。提案工作较之往年有一个显著特点：高质量提案增多，提案采纳率增高，社会效益突出。2010年8月，召开了西藏自治区政协提案工作经验交流暨表彰大会，对在提案工作中做出积极贡献的14个提案办理先进单位、18名提案办理先进工作者以及28件优秀提案进行了表彰。并精心汇编了《重点提案选编》。

民族和宗教委员会 2010年10月，与自治区政协人资环委、民宗委组成联合考察组赴云南，对兄弟省（市）民族手工业发展情况进行了考察，形成了《关于云南省发展民族手工业的调查报告》。根据《民族乡行政条例》规定，提出“关于山南地区隆子县斗玉村珞巴族人口已达到成立民族乡”的建议，此建议得到自治区政府的采纳。11月，自治区政府常务会议原则同意成立隆子县斗玉珞巴民族乡。2010年7月和8月，先后赴拉萨市、日喀则、山南等地（市）15县20多个乡（镇）、100多个行政村、19座寺庙，对各地民族宗教工作情况等方面进行广泛调研。形成了《关于民族宗教工作的调研报告》，区党委主要领导作了重要批示。2010年9月，按照区党委领导的指示精神，参与区党委统战部组织的巡回宣讲组赴拉萨、那曲、昌都、林芝四地8个县、40座不同教派的寺庙进行宣讲，中央第五次西藏工作座谈会精神和民族宗教政策以及国家宗教法规，收到良好效果，得到了区党委的充分肯定，并将相关情况通报全区。2010年10月，沿川藏318线、317线考察，与昌都地委、行署座谈，听取交通部门工作汇报，形成了《关于加快昌都地区综合交通运输体系建设的调研报告》。

社会法制外事委员会。2010年4月，积极配合全国政协社会和法制委员会委员，关于“少数民族地区法律人才短缺问题”赴藏调研组在藏调研、接待工作任务。7月，会同自治区政协人资环委、民宗委先后赴拉萨市达孜县等5个县和日喀则地区白朗县等5个县，就如何贯彻落实中央第五次西藏工作座谈会精神情况等方面进行了调研。2010年6月，参加了在甘肃省酒泉市召开的“西部十二省区市政协社会法制工作研讨会，并作了会议交流。11月2日，参加了全国政协社法委在湖南长沙召开的各省区市政协社法委工作座谈会，并作了大会交流。同月，应全国政协港澳台侨委员会办公室邀请，参加了香港、澳门联合举办港情、澳情研习班。2010年，按照惯例安排尼泊尔驻拉萨总领事馆主要官员旁听了政协九届三次全委会开幕会。同年7月，西藏自治区政协代表团成功访问了美国。8月，接待了瑞士联邦议会财经委员会主席、国家安全委员会主席、瑞中小组主席诸葛先生为团长的访藏代表团。

文史资料学习委员会。2010年6月7日至10日在拉萨举办了第三期政协委员培训班。此次培训班紧紧围绕中央第五次西藏工作座谈会、胡锦涛总书记在参加全国人大十一届三次会议西藏代表团审议时的重要讲话和区党委工作会议精神，以及政协机关和政协委员如何进行履职等内容进行了认真讲解和专题培训。为了贯彻落实《政协全国委员会关于加强文史资料工作的意见》（全国政协〔2007〕8号文件）精神，与会人员对《政协西藏自治区委员会关于贯彻落实〈政协全国委员会关于加强文史资料工作的意见〉的实施意见》、《全区政协文史资料选题协作规划提纲》和《五个文史资料选题的征集要求》等三个文件进行了深入讨论，于6月11日召开了全区首届政协文史工作座谈会，广泛征求了各地市政协领导、专家学者、区政协各专委会领导、部分区政协委员和文史委员及文史工作者的意见，并进行了修改完善。于9月颁发实施。同时，还着重抓了文史专辑的编审、出版工作。藏文已出版《德格地方简史》（第28辑）。汉文版《格龙·罗桑丹增自传》（第25辑）、《强巴林寺及其世系活佛志》（第26辑）、《平息1959年西藏武装叛乱纪实》（第27辑）等稿件，也已交付印刷。

科教文卫体委员会。2010年5月17日至6月19日、9月17日至9月29日，分两个阶段深入到7地（市），对我区文化事业发展情况进行调研。形成了《迎接“文化西藏”新时代》的调研报告，报告有针对性地提出了11条具体建议。2010年10月14日、15日，组织区市两级政协委员视察拉萨市“六城同创”活动中文物保护和利用情况。由拉萨市政协组织自治区和拉萨市两级政协委员20余人，对拉萨市中心城区包括大昭寺广场、布达拉宫广场等九处文物保护单位进行了实地视察。形成了视察报告，报告提出了解决问题的4点建议。同时还根据视察情况撰写了5份提案，力争所提问题及时得到解决。11月9日、11日，前往自治区教育厅、自治区卫生厅就提交的《关于在“3.14”事件中拉萨市中小学校受损及教学恢复情况的调查报告》、《关于我区“两基”教育工作情况的调研报告》、《关于西藏高等教育调研报告》、《关于西藏藏医药事业发展课题调研报告》等四个报告的落实及采纳情况开展调研活动，与有关部门负责人进行了座谈交流并听取情况汇报。8月16日至17日在内蒙古自治区满洲里出席西部十二省（区、市）科教文卫体工作联席会议。会上总结交流了区政协在促进藏医药事业发展上的经验成果，介绍了西藏藏医药发展的政策决定和实施意见，推介了藏医药的独特疗效和开发势头。

人口经济资源环境委员会。根据全国政协人资环委和国家西部开发办的通知要求，于7月12日至15日在北京全国农业展览馆，成功举办了西部大开发十周年生态环境与人居环境成就展，被组委会授予了“挺拔之美奖”。7月27日，联合全国政协经济委员会、人口资源环境委员会，在拉萨举办了“政协2010年西藏经济发展论坛”。来自全国政协的9位委员（著名专家学者）和自治区发改委、能源办的负责同志作了演讲，部分单位作了书面发言。归纳的20多条建议，区党委主要领导指示有关部门将意见建议吸纳到“十二五”规划中去。同年，先后深入到自治区住房和城乡建设厅、中国人寿保险和中国人民财产保险、拉萨市电业局就工程招投标和保险业务开展情况及拉萨市电业工作情况进行视察。形成了《关于人寿保险事业发展的视察报告》和《关于中国人民财产保险股份有限公司西藏分公司保险事业发展的视察报告》、《关于拉萨电业工作的视察报告》。2010年7月1日至17日、8月24日至28日和10月11日至16日，联合自治区政协民宗委、社法外委和拉萨市、日喀则、山南、昌都等地市政协及自治区民宗委组成联合调研组，先后深入四地市15个县进行专题调研，形成了《以安居乐业为突破口的新农村建设是改善民生的治本之策》、《关于小城镇建设的调研报告》、《关于发展特色优势产业的调研报告》等专题调研报告，区党委书记张庆黎和自治区主席白玛赤林分别对部分报告作了重要批示，责成有关部门研究。同时，还参加了水资源开发利用和普兰口岸建设两件重点提案的督办活动。到自治区科技厅参加了对太阳能、地热能利用提案的督查。

【重要活动】自治区政协迎春节、藏历铁虎新年茶话会。2月12日，区政协举行各族各界迎2010年春节、藏历铁虎新年茶话会。出席茶话会的有全国政协副主席、区政协主席帕巴拉·格列朗杰和自治区党政军警领导以及区政协原领导等。自治区党委常委，区政协党组书记、副主席巴桑顿珠受帕巴拉·格列朗杰主席委托在茶话会上致辞，区政协副主席珠康·土登克珠主持。茶话会上，区政协领导与自治区党政军领导及来宾互献哈达，送上真诚的新年祝福。巴桑顿珠在致辞中指出，自治区政协在区党委的坚强领导下，在自治区人大、政府的大力支持下，在自治区各部门和全区各族各界人士的积极配合下，突出团结和民主两大主题，按照“五个始终”的要求，广泛组织和动员政协各参加单位和广大委员，围绕中心、服务大局、履行职能，不断提高参政议政的能力和水平，为促进我区经济社会跨越式发展和长治久安作出了积极贡献。各位领导和来宾欣赏了精彩的文艺节目，茶话会在欢乐的气氛中结束。

区政协召开传达学习全区维护社会稳定工作电视电话会议精神大会。2月26日，传达了张庆黎书记和白玛赤林主席在全区维护社会稳定工作电视电话会议上的重要讲话。并就自治区政协如何学习、宣传和贯彻会议精神作了周密部署，提出了明确要求。充分发挥政协两级党组、机关党委、各党支部和各专委会的作用，以党员领导干部为重点，组织政协委员和机关干部职工系统学习、深刻领会，吃透精神实质、把握战略全局、明确目标任务，坚定信心斗志；充分发挥政协联系各界、通达各方的特殊优势，发挥政协委员和政协工作者的作用，真正把干部群众的智慧和力量集中到推进西藏跨越式发展和长治久安的具体实践中去。

区政协两级党组中心组举行学习会认真学习胡锦涛总书记重要讲话并展开热烈讨论。3月11日，区政协两级党组中心组举行学习会，认真学习胡锦涛总书记重要讲话并展开了热烈的讨论。在讨论中，大家紧紧围绕胡锦涛总书记重要讲话精神，紧密结合我区政协工作和各自工作的实际，踊跃发言。在今后的工作中，按照胡锦涛同志的重要指示，全面贯彻党的十七大和十七届三中、四中全会以及中央经济工作会议精神，以邓小平理论和“三个代表”重要思想为指导，深入贯彻落实科学发展观，学习宣传好、贯彻落实好中央第五次西藏工作座谈会精神，牢牢把握中央大力支持西藏实现跨越式发展和长治久安的重大历史机遇，坚持走有中国特色、西藏特点的发展路子，紧紧抓住发展和稳定两件大事，认真扎实做好工作，把各项工作的落实抓得紧而又紧、细而又细、实而又实，以更加开阔的视野、更加昂扬的斗志、更加扎实的作风，努力推动我区政协工作和政协机关工作再上新台阶，为推进西藏在科学发展轨道上实现跨越式发展和长治久安作出新的更大的贡献。

自治区政协机关召开效能建设年活动动员大会。3月24日下午，根据《中共西藏自治区委员会办公厅关于印发〈全区效能建设年活动实施方案〉的通知》精神，自治区政协召开机关效能建设年活动动员大会。组织开展效能建设年活动，要努力解决机关工作中存在的突出问题，努力建设学习型、效能型、和谐型政协机关。

自治区政协为玉树地震灾区捐款。4月14日7时49分，青海省玉树藏族自治州玉树县发生7.1级强烈地震，给灾区人民的生命财产造成重大损失。4月21日，自治区政协举行捐款活动，为青海省玉树地震灾区群众奉献一份爱心。区政协主席、副主席、退休老同志驻会委员及列席自治区政协九届十次常委会议的各位常委、各位同志以及政协机关的全体干部职工。共为灾区捐款298800元。

全区政协文史工作座谈会在拉萨召开。6月11日，全区政协文史工作座谈会在拉萨召开。此次会议的主要任务是进一步深入学习贯彻中央第五次西藏工作座谈会精神和《政协全国委员会关于加强文史资料工作的意见》的精神，讨论修改《政协西藏自治区委员会关于贯彻〈政协全国委员会关于加强文史资料工作的意见〉的实施意见》和《全区政协文史资料选题协作规划提纲》，安排部署下一步全区政协文史资料工作。

自治区政协举行全区政协提案工作经验交流暨表彰会议。8月31日，全区政协提案工作经验交流暨表彰会议在拉萨举行。会上，传达学习了全国政协第六次提案工作座谈会精神；各地、市政协在会上作交流发言，介绍各自在提案工作中的好经验好做法；表彰了自治区九届政协一次会议以来，在提案工作中作出积极贡献的区党委组织部等14个提案办理先进单位、区党委办公厅督察室陈永素等18名提案办理先进工作者以及28件优秀提案；安排部署了今后一个时期我区政协提案工作。

【重要文件】《在新的历史起点上把我区政协事业继续推向前进》自治区政协九届三次会议常委会工作报告。(摘要)一、2009年工作回顾。(一)强化学习，武装头脑，打牢共同团结奋斗的思想政治基础。(二)围绕中心，服务大局，努力促进我区经济社会跨越式发展。一是围绕我区发展中的重大问题协商议政。二是抓住我区发展中的重大课题组织视察调研。三是充分发挥提案的作用，为我区经济社会发展建言献策。四是充分发扬民主，积极反映社情民意。(三)反对分裂，维护稳定，切实履行第一政治责任。一是积极参与反对分裂、维护稳定各项工作。二是充分发挥爱国知名人士在反分裂斗争中的特殊作用。三是不断打牢反对分裂、维护稳定的思想基础。(四)周密部署，精心组织，圆满完成西藏政协成立50周年各项庆祝活动。一是回顾了光辉历程、总结了成功经验、明确了努力方向。二是广泛深入地宣传了中国共产党领导的多党合作和政治协商制度。三是在全国政协的指导帮助下，加强了与兄弟省（区、市）政协的联系，扩大了西藏政协的影响力。四是锻炼了队伍，铸造了西藏政协精神。（五）“四位一体”，共同推进，全面加强自身建设。一是加强委员学习教育，发挥了委员的主体作用。二是加强专委会建设，发挥了专委会的基础作用。三是加强各界别工作，发挥了各界别的重要作用。四是加强机关建设，发挥了机关的服务作用。经验体会：必须坚持中国共产党的领导，始终与党保持高度一致，积极推进社会主义民主政治建设，充分发挥政治协商、民主监督、参政议政职能作用。必须围绕中心、服务大局，紧扣党的重大决策和工作部署履行职能、开展工作。必须把关注民生贯穿于履行职能的始终，深入视察调研、掌握实情、科学研判，建睿智之言，献务实之策。必须充分发挥政协委员和各界别联系广泛、智力密集、履职意识强烈的优势，逐步扩大社会各界有序政治参与，充分反映民意、集中民智、汇聚民力，形成促进科学发展的合力。必须全面推进制度化、规范化、程序化建设，促进政协工作有序、高效运转。同时，也要清醒地看到，我区政协工作与新的形势任务、特别是与科学发展观的要求还有一定差距。在如何推进我区政协事业科学发展、开展民主监督、创新体制机制、提高履行职能水平、培养专门人才、开展具有西藏特色的政协理论研究等方面都需要在今后工作中继续探索，认真研究改进，以保证我区政协事业在西藏经济社会实现跨越式发展和长治久安中发挥更好、更大的作用。二、2010年主要工作。（一）继续在思想政治建设上下功夫、求实效。（二）继续在促进科学发展上下功夫、求实效。（三）继续在反对分裂、维护稳定上下功夫、求实效。（四）继续在维护各方面的团结上下功夫、求实效。（五）继续在完善民主监督上下功夫、求实效。（六）继续在加强政协自身建设上下功夫、求实效。2010年任务艰巨、责任重大、使命崇高，创造辉煌业绩需要继续团结奋斗。报告要求，全区广大政协委员和政协工作者要紧密团结在以胡锦涛同志为总书记的党中央周围，在全国政协的指导下，在区党委的坚强领导下，认真贯彻落实我区政协工作的总要求，以我区政协50大庆为新的起点，振奋精神、团结一心、开拓创新、扎实工作，努力提高履职尽责的能力和水平，积极推进我区政协事业科学发展，为全面建设小康西藏、平安西藏、和谐西藏、生态西藏作出新的更大的贡献。

【领导名录】

主　席：帕巴拉·格列朗杰

副主席：巴桑顿珠　德吉措姆（女）　珠康·土登克珠　金毅明（汉族）乔元忠（汉族）　策墨林·单增赤列　刘庆慧（汉族）罗松多吉　白玛朗杰　索朗卓玛（女）　央金（女）洛桑久美　宗洛·向巴克珠　萨龙·平拉

秘书长：罗松多吉（兼）

（建 军 编写　王德军、刘炳文 审稿）

群众团体、工商联

自治区总工会

【年度综述】2010年，全区各级工会强化职工的思想教育引导，确保职工队伍稳定；着力推进“两个普遍”，切实维护职工合法权益；创新职工群众性建功立业劳动竞赛和经济技术活动；努力提高工会干部和职工队伍素质，为促进西藏经济社会跨越式发展和长治久安做出了积极贡献。

【动员各族职工围绕自治区党政工作大局建功立业】紧密结合全区“一产上水平、二产抓重点、三产大发展”的经济发展战略，深入较大企业和重点工程开展调研，修改完善了《关于开展群众性建功立业劳动竞赛和经济技术创新活动的意见》，使劳动竞赛和经济技术创新活动更加贴近实际、更具操作性。首家进藏矿业央企中国黄金集团西藏华泰龙有限公司和西藏美容美发行业协会以及全区公路养管系统成功举办了极具行业特色的职工技能比赛，进一步拓宽和丰富了劳动竞赛的领域和内容。近20家区（中）直系统的近万名职工参与了本地区、本单位开展的建功立业劳动竞赛活动。

【协助党政解决民生问题】协助党委、政府慰问困难职工、下岗职工、离退休职工、劳动模范等8466人（户）次，投入资金1502万元。开展“阳光就业行动”，举办各类失业人员职业技能培训班39期，培训2744人（次），累计投入资金249.2万元，2740人实现了就业或灵活就业。与自治区人社厅联合举办了“西藏民营企业招聘周”活动，为困难职工失业子女送岗位700个。积极开展“工会金秋助学”帮扶活动，共资助983名特困生，发放资助金189万元。开展职工大（重）病救助、送医送药活动，帮扶职工7000余人，投入资金94.8万元；生活救助1241人，投入资金73.7万元。组织了8批154名职工赴内地疗休养，投入资金46.7万元。其中，6批120名是长期在一线值班备战、为全区维稳工作做出积极贡献的政法系统干警。深入开展“安康杯”竞赛活动，全年参加“安康杯”竞赛的各类企业达160家，参赛班组1500个，参赛职工3.2万人，维护了职工群众的健康权。

【超额完成了全总下达的组建工会、发展会员各项指标】全年共组建工会组织331个，发展会员2万人，其中农民工会员1.2万人；分别占全总下达任务的116%、223%。区总工会每名处以上干部均完成了发展100名会员、组建2个基层工会组织的任务。

【自治区总工会八届三次全委（扩大）会议】3月31日在拉萨召开。自治区党委常委、组织部部长尹德明同志出席会议并发表了讲话。自治区总工会主席党组书记、常务副主席董春德作了题为《抓住机遇 迎难而上 团结动员各族职工为推进全区跨越式发展和长治久安再立新功》的工作报告。自治区总工会副主席次仁玉珍主持大会。自治区党委常委、组织部部长尹德明对自治区总工会2009年的工作给予充分肯定。

自治区工会八届委员会委员、经审委员和区（中）直机关、企事业单位的工会负责人近140人参加大会。

【自治区总工会举办庆“三·八”讲美德全国孝老爱亲模范扎西白珍同志事迹报告会】3月4日，在“三·八”国际妇女劳动节一百周年之际，自治区总工会举办了“庆三·八”讲美德，全国孝老爱亲模范扎西白珍同志事迹报告会”。报告会由自治区总工会副主席、女职工委员会主任次仁玉珍同志主持，自治区总工会党组书记、常务副主席董春德同志发表讲话。

来自区(中)直各产业(系统)不同行业的女职工代表近200人聆听了报告。

【自治区总工会积极向玉树地震灾区捐款】青海玉树县地震发生后，向玉树灾区捐赠10万元。4月20日，自治区总工会在机关、下属单位、退休干部职工举行向玉树地震灾区捐款活动，全体干部职工共捐款19050元，决定给予在藏医学院就读的青海玉树籍学生一次性助学救助金 8万元，确保这38名青海玉树籍学生安心学习，顺利完成学业。

【自治区总工会举办非公企业组建工会工作经验交流会】4月23日，自治区总工会、拉萨市总工会联合开展拉萨地区非公企业组建工会工作经验交流会，进一步深入分析拉萨地区非公有制企业组建工会工作情况，交流工会组建和发展会员工作经验，安排部署非公有制企业组建工会工作任务。拉萨市委常务副书记焦建俊，自治区总工会副主席王登皋、边巴次仁，自治区工商联副主席庄怀忠出席交流会。8县(区)总工会主席、非公企业党政领导和工会负责人160余人参加会议。

会上，自治区总工会副主席王登皋发表讲话，全面分析新形势下全区非公企业组建工会和发展农民工会员工作的重要意义，对扎实推进非公有制企业工会组建、发展会员工作提出了指导性的意见，提出了明确要求。

西藏达氏集团有限责任公司、拉萨远大建材有限责任公司工会负责人分别作工会组建和工会工作经验交流发言。

【自治区总工会组织工会干部赴江苏、上海学习考察】全国总工会高度重视人才援藏工作，中央第五次西藏工作座谈会召开后，及时安排部署了第二轮第二期以做好新形势下非公企业工会工作、非公企业组织建设、发展农民工工会会员等为主要内容的西藏工会干部培训班。5月30日，西藏自治区总工会组织非公企业和农民工相对集中的地区、产业系统30名工会干部赴江苏、上海参加学习培训。江苏省总工会、上海市总工会积极协调、精心部署、科学安排，全总副主席乔传秀作出给予西藏培训班特殊关照的重要批示。全总书记处书记、党组组长王瑞生出席开班仪式并作重要讲话，他对西藏工会干部和培训班提出4点要求，一是要培训政治意识和大局意识，坚定不移地维护民族团结和社会稳定；二是要认真学习中国特色社会主义工会理论，进一步培训工作责任感和使命感；三是进一步加强业务知识的学习，进一步做好工会组建工作；四是克服困难，认真完成学习任务。

【自治区总工会召开农民工入会等事宜研讨会】为加强工会组建和发展农民工入会工作，近期，自治区总工会在拉萨召开农民工入会等事宜研讨会。全区农民工输出输入较集中的拉萨市、日喀则、山南和林芝四个地(市)工会及区交通、国资委、地勘三个产业工会的负责人参加了研讨会。并就各自在研讨会前期进行的农民工入会、帮扶等事宜专项调研情况，在会上进行了深入交流和认真讨论。会议专门邀请了全国总工会基层组织建设部的陈国瑞处长一行两人莅会指导。

自治区政协副主席、区总工会主席央金出席会议并作了讲话，她要求各级工会高度重视农民工入会、帮扶等事宜，以发展的思路解决工会组建和发展农民工会员工作中遇到的新情况和新问题，不断创新工作方式和运行机制，积极探索农民工入会等工作的新途径和新方法，把包括农民工在内的广大职工吸引、组织到工会组织中来，进一步密切农民工与工会的关系，不断扩大工会组织的覆盖面，团结、动员广大职工更好地为西藏经济社会跨越式发展和长治久安作贡献。

全国总工会陈国瑞处长在会上，就西藏农民工入会、帮扶等方面工作给予指导性意见。

【自治区首届美容美发行业职业技能比赛全面展开】为进一步提高美容美发行业职工服务水平，激发职工学技术、练技术的热情，自治区总工会、人力资源和社会保障厅联合举办全区首届美容美发行业职业技能比赛，并成立了由自治区总工会党组书记、常务副主席董春德、人力资源和社会保障厅厅长姚瑞峰任组长的领导小组，总体安排比赛活动事宜。

比赛内容为新娘妆整体造型、晚宴化妆、男士吹剪造型、女子吹剪造型、中式按摩、浴足按摩、美甲七个项目。比赛设个人名次奖，为每个项目前三名选手分别颁发奖牌、证书和奖金，获得项目前三名的选手在原有职业资格基础上晋升一级，没有等级的直接颁发初级国家职业资格证书。

【自治区政协副主席、区总工会主席央金视察古建、地毯培训班】长期以来，自治区总工会积极发挥工会组织“大学校”作用，努力提高职工技能水平，拓宽就业渠道。2010年，区总工会出资委托拉萨市城关区古艺建筑美术公司、西藏拉萨地毯有限责任公司开展专业技能培训。区总工会每年投入24万元，由拉萨市城关区古艺建筑美术公司对40名农民工开展唐卡制作、佛像制作、古建筑修复等民族传统手工艺技能培训，培训时间为4年；每年投入19.2万元，由西藏拉萨地毯有限责任公司对80名农民工开展藏毯编织技能培训。

为检验培训效果，确保培训实效，自治区政协副主席、总工会主席央金带领工作组赴拉萨市城关区古艺建筑美术公司和西藏拉萨地毯有限责任公司就培训情况、学员学习情况和存在问题等进行了调研。央金主席一行实地走访了两家公司，视察了技能培训班培训及学员学习情况，并了解了两家企业生产经营情况。

央金主席就两家企业开展的技能培训工作给予了高度评价，认为两个培训班都很成功，要求紧密结合实际，顺应市场需求，及时调整培训方向，进一步完善合同细节，提高培训效果，促进学员就业。

自治区妇女联合会

【年度综述】2010 年，全区各级妇联组织紧紧围绕党委、政府工作大局，抓好发展、稳定两件大事，扎实做好组织妇女、引导妇女、服务妇女和维护妇女儿童合法权益的各项工作，团结带领广大妇女在经济社会稳定发展中创先争优、建功立业，推动全区妇联工作取得了新成绩，妇女儿童事业实现了新跨越。

【加强自身建设，提高组织活力，增强妇联组织的凝聚力和战斗力】加强干部队伍建设。加大干部的教育培训和管理，加强基层妇联干部培训工作，修改完善并实施《全区妇联干部 2009—2013 年培训规划》。先后组织三批 60 多名全区妇联干部赴上海参加业务培训。联合区组织部、区党校举办了第二期全区妇联干部培训班，各级妇联组织举办村妇代会主任培训班 3 期，培训 155 人。坚持正确的用人导向，大胆使用和锻炼干部，提拔使用县处级干部 1 名，科级干部 3 名。倍加关心和信任援藏干部，充分发挥援藏干部作用。

加强基层组织建设。做好第二批全国妇联基层组织建设示范县和全国妇联基层组织建设示范乡（镇、街道）8 个和村（社区）41 个的申报工作，做好全国创建学习型家庭示范城市（城区）2 个、全国创建学习型家庭示范社区 10 个和全国妇女健身示范点 25 个的申报工作，并获批。积极推动加强党政机关妇女工作。与区直工委沟通协调，成立区直机关妇工委，开展团体会员工作，发挥各级工会女工委的作用。协调自治区女法官协会、女检察官协会两个妇女组织加入妇联团体会员。通过多方积极协调，落实全区妇女人均1元钱的工作经费和100万元的专项工作经费。

扎实开展主题教育活动。按照自治区党委的要求，结合妇联组织建设年活动，积极开展了“创先争优”、“效能建设年”和创建学习型党组织等活动。紧紧围绕“妇联组织夯实有力、妇联干部充满活力、妇女事业科学发展”的目标，注重统筹安排、注重学习提高，加强调查研究。认真组织集中学习和专题教育讲座，撰写学习心得和调查报告，召开座谈会，征求群众意见，深入查找自身存在的突出问题，认真分析原因，制定和落实整改措施，建立和完善长效机制及规章制度。通过主题教育活动，妇联机关作风明显转变，妇联干部服务意识明显增强，工作效率、服务能力明显提高，切实把学习活动的成果转化为具体实践，推动妇联工作跃上了新台阶。

【加大宣传教育力度，夯实“坚强阵地”，打牢维稳思想基础】第一，以自治区妇联成立 50 周年为契机，开展了隆重的庆祝宣传活动。一是召开庆祝大会。6 月，在自治区政协礼堂隆重举行西藏自治区妇联成立 50 周年庆祝大会，这次会议得到自治区党委政府及全国妇联的高度重视，自治区党委书记张庆黎，全国妇联党组书记、副主席、书记处第一书记宋秀岩，自治区党委副书记、自治区主席白玛赤林等领导出席会议并作了重要讲话。二是开展阵地宣传。配合庆祝活动，通过电视、报纸、广播、网络、杂志等新闻媒体进行了为期两个月，共计 500 多篇次的宣传报道。对 20 多名典型妇女人物进行专访，广播专题节目人物专访 11 人。制作自治区妇联成立 50 周年电视专题片。在西藏日报刊登妇联成立 50 周年图片专刊，发表《发展妇女事业，推进西藏跨越式发展和长治久安》的社论和关于“妇女事业的发展印证社会主义新西藏的建设成就”的联合署名文章。在广播电台藏、汉语《西藏新闻联播》中开设《盛开的格桑花—纪念自治区妇联成立 50 周年》专栏。制作了精美的宣传纪念邮册。收集整理区内外摄影工作者和摄影爱好者的参展作品 1002 幅，举办西藏妇女图片展。

第二，继续加大对妇女的思想政治教育。大力宣传中央第五次西藏工作座谈会精神，组成工作组深入基层妇女群众中进行宣讲，并印发了藏文宣传资料。联合拉萨市妇联在拉萨城北安居园举行了庆祝“西藏百万农奴解放纪念日”设立一周年纪念活动暨创建和谐小区示范点挂牌仪式。

通过以上活动，全方位回顾了我们党领导西藏妇女事业的发展历程，多角度宣传了我区妇女儿童事业的发展进步，充分展示了党和政府对西藏广大妇女儿童的关心，更加用铁的事实让世人了解真实的西藏，进一步坚定了广大妇女以实际行动听党的话、跟党走的信念和决心。

【双管齐下，找准着力点，协助推进社会主义新农村建设】第一，以帮助农牧区妇女增收致富为重点，全面参与社会主义新农村物质文明建设。1、以提高城乡妇女素质为着力点，大力发展妇女职业教育。对城乡妇女重点进行实用技术和转移就业培训，争取到财政农牧民妇女技能培训经费 73 万元。依托地县妇联广泛开展种、养殖、多种经营、手工编织、皮革和银器石雕、餐饮和客房服务、驾驶技术、劳务输出等培训，累计培训 94 期，培训妇女 19674 名，促进了农牧区妇女增收和城乡妇女就业。2、以发展现代农业为着力点，引领广大农村妇女积极参与农业产业结构调整。紧紧围绕农业产业结构调整和增收致富的目标，引导、组织广大农村妇女以当地主导产业为中心，发展体现区域比较优势的特色农业、绿色农业和生态农业及农副产品加工业。3、以城乡统筹为着力点，全力推进农村妇女劳动力转移工作。努力用服务搭建转移平台，搞好岗前培训、职业介绍和权益维护三项服务，畅通就地转移、就近转移和跨省跨地区转移三条渠道，有效调动和保护农村妇女参与“打工经济”的热情。2010 年，劳务输出已达 56494 人次。

第二，以提升妇女儿童文化思想素质为重点，参与社会主义新农村精神文明建设。1、抓好家庭美德建设主题活动，提高家庭成员素质。紧紧围绕新农村建设这一核心内容，着手实施“零家庭暴力”工程，积极开展家庭才艺展示、家庭风采赛等精神文明创建活动，引导家庭成员增强学习意识、环保意识、道德意识，让尊老爱幼、男女平等、夫妻和睦、邻里团结的家庭美德深入人心，推进农村经济社会协调发展。首次组织农牧民普布家庭赴京参加中央电视台《神州大舞台》“爱国歌曲家家唱”比赛。2、指导和推进家庭教育，加强未成年人思想道德建设。以各级家长学校为阵地，开展家教培训活动。拉萨市妇联以道德教育为核心，以更新家庭教育观念、提高家长素质和教育能力为重点，以“家庭塑造人——教育孩子学会做人”为主题，举办了“家庭教育进万家”活动，帮助家长增强现代家庭教育观念，掌握科学教子方法，大力推进家庭、学校、社会协同教育，促进未成年人健康成长，不断提高人口素质。3、拓展文明家庭创建领域，促进文明新村建设。根据农村妇女精神文化需求，投入5万元建立农家书屋，捐赠党的方针政策、农牧区科技知识、法律知识、养殖知识等图书800多种3000多册。积极组建妇女健身站、巾帼志愿者队伍，组织妇女开展健康向上的文体活动，引导家庭成员走出家庭，建设文明新村，奉献社会，争做良好文明风尚的倡导者和实践者、和谐新村建设的参与者和推动者。2010年8月，昌都地区昌都县城关镇通夏村、拉萨市达孜县塔杰乡塔杰村、日喀则地区仁布县仁布乡吉尔村等三个行政村被全国妇联、全国妇女“双学双比”活动领导小组命名为全国“巾帼示范村”。公安厅健身点等24个健身站点被全国妇联命名为“全国妇女健身示范站点”。

【全面引领妇女，多措并举，着力改善民生】第一，协调社会资源，帮助贫困妇女脱贫致富。开展“春风系列行动”活动。与区人力资源和社会保障厅、区总工会联合下发《关于开展2010年“春风系列行动”活动的通知》，参加全区就业政策法规宣传活动，制定执行方案，并发布公告，召开协调会，在拉萨市城关区扎基社区居委会开展“春风、春暖”活动，为社区群众争取到413个就业岗位。在财经学院举办“拉萨地区2010年第十七期人力资源洽谈会”。由区妇联组织推荐的78名求职妇女中56名当场与用工企业签定了就业意向性协议，涉及宾馆、酒店、销售等职业，月工资收入平均1000元左右。继续扶持塔杰乡20户贫困妇女开展家庭养殖藏鸡项目，修建鸡圈，发送鸡苗，购买鸡饲料和疫苗。邀请老师现场讲授藏鸡养殖技术。

第二，坚持项目带动，使妇联工作实现虚实结合。完成2009年母亲水窖项目评审和2010年项目的初报工作，争取2011年水窖项目资金。实施民族手工艺发展项目。召开三方执行委员会会议，深入基层开展民族手工艺扶贫项目跟踪调研，参训学员技能使用操作率达到90%以上，每人每年平均实现上万元的增收。对为期三年的民族手工艺项目进行评估。下发了《关于开展我区小额担保贷款摸底调研的通知》，对试点地区进行调研，起草了我区开展妇女小额担保贷款工作的实施意见。

第三，雪中送炭，积极开展扶贫助困。自治区妇联在扶贫点达孜县塔杰乡、工布江达县江达乡开展扶贫活动，共投入79万余元的资金和物资。实施“春蕾计划”，落实40万元资金，在日喀则仁布县建立了“蓝天春蕾学校”，同时还争取到300名贫困高中女童3年的资助款11万元。组织“千名妈妈圆梦西藏”爱心系列活动，慰问贫困母亲及贫困儿童；为贫困儿童捐赠读书卡和保暖内衣、蜜儿餐等学习生活用品；组织机关干部职工开展结对帮扶，共资助贫困学生20名；开展“六一”国际儿童节庆祝活动，自治区副主席德吉带队前往城关区雪小学和SOS儿童村看望贫困儿童，自治区妇联前往拉萨市达孜县塔杰乡完小开展慰问活动。为使灾区儿童过上一个愉快而有意义的节日，区妇联给那曲聂荣县地震灾区和林芝察隅泥石流灾区的贫困孤残儿童送去了8000元的慰问金，各级妇联组织送去了慰问金和价值12.5万元的学习、生活用品和图书。日喀则地区妇联对农牧区育龄妇女开展调查并进行了免费的妇科病检查及生殖健康保健服务，捐款救助贫困单亲母亲及其孩子的治疗费用。

第四，发挥职能优势，切实维护妇女儿童合法权益

1、加大法制宣传力度。在全区各地开展“三八”妇女维权周活动、“12.1”世界艾滋病日和“12.4”全国法制宣传日宣传活动。举办妇女法制教育讲座，制作宣传展板，设立法律咨询点，向群众发放法制宣传材料15万余份。

2、加大源头维权力度。组织召开了学习贯彻我区新修订颁布的《西藏自治区实施〈中华人民共和国妇女权益保障法〉办法》座谈会。配合区人大对《中华人民共和国妇女权益保障法》及我区实施办法进行了执法检查，就检查中发现的困难和问题与自治区政府和相关职能部门交换了意见。积极向自治区人大建议将制定和出台《西藏自治区预防和制止家暴条例》列入我区“十二五”立法规划。

3、加大实事化维权力度。完善《自治区妇联领导信访接待日制度》，进一步落实信访接待制度，区地两级妇联共接待来信来访132件，处理率达95%以上。发挥法庭人民陪审员的作用，参与涉及妇女儿童案件的审理。推动七地市72个县全部开通了“12338”妇女维权热线。昌都地区妇联加强流动妇女儿童人口的服务和管理工作，联合相关部门共同举办城镇流动人口妇女维权知识培训班。

【多方借势，形成合力，推动“两纲”指标达标】筹备召开了全区妇女儿童工作座谈会，听取了有关部门的工作汇报。全国妇联党组书记、副主席、书记处第一书记宋秀岩出席会议并做了重要讲话，对新两纲的制定提出了指导性意见，自治区妇儿工委要和各成员单位加强沟通协调，积极推动将妇女儿童事业发展重要指标和内容纳入我区经济社会发展“十二五”规划，为妇女儿童事业发展提供有力的政策制度保障。召开妇儿工委成员单位联络员会议，主要成员单位区教育厅、统计局、卫生厅汇报了各项重点指标完成情况，提出了下一步工作意见建议。自治区副主席、区妇儿工委主任德吉对大力推动“两纲”各项目标全面达标和编制新一轮妇女儿童发展纲要提出了明确要求。明确了编制新纲要的指导思想，即坚持以人为本，充分体现男女平等基本国策和儿童优先原则，着力解决妇女儿童生存、保护、发展的新情况、新问题。新两纲要与自治区“十二五”经济社会发展规划相衔接，与保护妇女儿童权益的法律法规相一致。会议对制定新一轮妇女儿童发展纲要做了安排部署。

共青团西藏自治区委员会

【年度综述】2010年，团西藏区委深入贯彻落实团中央十六届三中全会精神，坚持全团目标一致、行动一致的原则不动摇和坚持眼睛向下、重心下移的工作要求，

紧紧围绕引导青年、服务青年、组织青年和维护青少年合法权益四项基本职能开展各项工作，在引导青少年维护祖国统一、加强民族团结、加强共青团基层基础、服务青年就业创业等各项工作中取得了一定成绩，团的各项事业实现创新发展。

【基层基础工作进一步夯实，团组织对广大青年的吸引和凝聚得到增强】坚持眼睛向下、面向青年，鼓励基层探索创新，巩固学校团建，加强乡村团建，进一步加强高校团建与学生社团建设，不断探索中学团队衔接的新方法，同时加强企业和新社会组织团建力度，对全区国有企业、规模（限额）以上非公有制经济组织和新社会组织团组织的建设情况进行了认真全面细致的调查摸底，力争在组织覆盖、工作覆盖等方面有所提高；在13个基层团队组织开展了基层团组织建设和基层工作试点，选择10个乡镇、街道开展了基层团组织格局创新试点，积极探索新时期基层团建和基层工作的好经验、增强组织活力的新途径；认真完成了第三批地市以上团的领导机关干部驻点工作及总结工作，做好第四批驻点工作部署，通过召开驻点工作总结会、撰写调研报告等方式，总结汲取前三批驻点工作经验和成果，为下一步扎实推进基层工作积累了一定经验；按照分层分类原则，全区普遍开展了基层团队干部培训活动，成效明显；利用“3.5”志愿者日、“5.4”青年节等契机，集中开展了“关爱农民工子女志愿服务”、“迎世博、迎亚运、讲文明树新风”、“讲文明树新风促和谐”西藏青年志愿者文明火车活动、“喜迎世博共建和谐中国世博会百万笑脸征集全国接力走进西藏”等各种形式的志愿者服务主题活动；积极争取支持，着力加强农村中小学校团队活动室、红领巾书屋建设，启动了西藏希望工程红领巾快乐空间项目，2010年拟在全区建设10个红领巾快乐空间；落实了自治区以及林芝、昌都、阿里地区青少年活动中心建设项目并正加紧实施，同时拉萨市青少年活动中心获准立项。

加强调研和试点，分类教育引导青少年工作扎实开展。按照把我区建设成为民族团结典范的目标要求，为了进一步深入了解我区各族青少年对民族团结的思想认识、对党和国家的民族理论和民族政策的认识，以及共青团开展民族团结教育工作等方面的情况，基本掌握我区青少年民族团结状况，进一步找准在广大青少年中开展民族团结教育工作的切入点，为我区共青团和青少年教育工作提供依据，增强我区民族团结教育工作的针对性和实效性。团区委成立四个工作组，4月至6月初，面向七类青少年群体：大学生、中学生、小学生、农牧区青年、企业青年、社会青年、团干部，深入开展了以民族团结教育为主题的调研活动，形成了《西藏青少年民族团结思想状况和共青团民族团结教育工作调研报告》上报区党委和团中央。通过此次调研，较为全面深入了解了我区各族各界青少年民族团结基本思想状况，初步总结了我区共青团组织开展民族团结教育的一些经验和启示，提出了我区共青团进一步加强青少年民族团结教育工作的思考，得到了自治区党委书记张庆黎同志的充分肯定与高度评价。

选择高校、农牧区、企业等3类单位，扎实开展了分类引导青年试点，探索不同青年群体思想意识的关键点。在团的青年工作中，坚持以加强青少年爱国主义教育为工作主线，以加强民族团结教育为重要内容，根据不同年龄段青年的身心特点，积极探索不同的教育方法和途径。在中小学努力构建团队一体化分层教育体系，进一步明确学校团、队组织在不同层级的主要任务，大力开展争当“四好少年”活动，帮助未成年人健康成长、全面发展。紧紧抓住“五四”、“六一”等契机，深化“国旗下讲话”、“红领巾心向党，祖国发展我成长”等活动，以中小学生易于接受的方式将社会主义核心价值体系送进校园、进课堂，使未成年人思想道德建设得到切实加强；在大中专院校，继续把青年马克思主义者培养工程作为重要工作载体，加强对大学生、团干部和各领域青年骨干的理论武装工作，提高青年学生的思想政治素质、政策理论水平、创新能力、实践能力和组织协调能力；针对农牧区青年团员，将引导其建立社会主义核心价值体系与开展项目培训，满足他们的增收愿望和文化需求相结合。

持续开展西藏青少年与香港青少年交流互访活动，积极发挥青联外事工作在涉藏外交整体工作中作用，让广大青少年在对外交往交流中开阔眼界、增强民族自尊心、自豪感和对伟大祖国的归属感。

【围绕改善民生，切实服务青少年成长发展】组织开展关爱农民工子女志愿服务活动，利用“五四”、“六一”集中开展“心手相连、快乐成长”等各种形式的关爱农民工子女志愿服务主题活动。积极调动各方资源，通过引导青年转变就业观念，强化青年就业创业技能培训，创建青年就业创业见习基地，努力搭建创业青年资金扶持平台，大力促进青年就业创业。积极协调区人力资源和社会保障厅、区财政厅，落实2010年度全区共青团年度青年农牧民（青年农民工）技能培训项目补助资金58.05万元，计划培训1100人，实现转移就业率80%以上。协调基金会第三批西藏希望工程苗圃职业教育培训计划培训项目资金84万元，吸纳地方配套资金141.24万元，在全区地（市）新建11个苗圃基地。认真落实团中央中国青年联合委办公室创业就业基金会促进青年创业就业项目基金152.5万元，开展青年星火带头人和青年创业就业技能培训。示范开展家政及酒店服务“订单式”技能培训17人，培训合格颁证率和转移就业率均达到100%。截止7月全区落实培训资金121.05万元，共培训3166人，实现转移就业363人。协调区人力资源厅、区财政厅落实高校毕业生就业创业见习基地财政补助优惠政策，全年拟建设共青团青年就业创业见习基地65个，提供405个见习岗位。联合区农民厅，以“保护母亲河---种草护草、有你有我”为主题，在拉萨林周县、阿里改则县组建4支“全国青年志愿者草原监护示范人”，命名2个“全国青年绿色家园示范点”和30家“全国青年种草养畜示范户”。积极推荐我区7名候选人为第七次“全国农村青年致富带头人”。联合西藏银监局、自治区银行业协会和涉农银行业金融机构，在全区启动实施“送金融知识下乡”活动，探索城镇青年创业就业小额贷款工作。募集社会爱心资金240.859万元，设立了“西藏青年创业就业专项基金”。启动“高原绿色希望工程”湿地、绿地保护计划，充分动员社会公益力量和广大青少年参与绿色实践活动，积极为构建高原国家生态安全屏障和建设生态西藏做贡献。

【畅通青少年普遍性利益诉求表达渠道，青少年维权工作有了新的成效】联合区司法厅启动实施“青年帮助成才，共建和谐西藏”活动，落实7万元资金购置20套电脑设备，为区未成年犯管教所援建新生电脑培训基地。召开自治区预防工作领导小组2010年全体会议，建立和完善了与自治区未保委、预防办各成员单位的沟通联动机制，工作信息及时通报、重要工作一起参与、整合力量共同推进的工作制度得到进一步落实；继续深化优秀“青少年维权岗”创建活动，提升各成员单位对青少年维权工作的重视，营造全社会共同维护青少年合法权益的良好环境；以“青春与法同行——青少年法律大课堂”活动为统揽，以新的《西藏自治区实施〈中华人民共和国未成年人保护法〉办法》正式实施为契机，通过组建志愿者讲师团、开展法制讲座、知识竞赛、普法宣传、模拟法庭进社区近校园等形式，进一步深化了全区青少年法制宣传教育工作；以积极参与净化社会文化环境为切入点，扎实推进了预防青少年违法犯罪工作；制定出台了《“共青团与人大代表、政协委员面对面”活动制度》，推动“面对面”活动制度化、常态化。

【领导名录】

书 记：程四曲

副书记：贺军、王阳、燕红、汪晓冬

自治区工商业联合会

【年度综述】2010年，自治区工商联坚持“三性”有机统一，充分发挥“五个作用”，一手抓自身建设，一手抓服务非公有制经济发展，通过提高战斗力、增加凝聚力、扩大影响力，在积极履行工商联职能，促进非公有制经济健康发展和非公有制经济人士健康成长方面取得新的成效，工商联工作迈上新台阶。

【认真贯彻落实自治区主要领导重要指示精神】自治区党委、政府高度重视工商联工作，2010年以来，区党委书记张庆黎，自治区主席白玛赤林，区党委副书记、自治区常务副主席郝鹏先后听取工商联工作汇报或深入工商联机关、非公有制企业开展调查研究，帮助解决工商联事业和非公有制企业发展过程中存在的突出问题。充分体现了自治区党委、政府对全区工商联工作和非公有制经济跨越式发展的高度重视和亲切关怀，更是对全区工商联系统广大干部职工和非公有制经济人士的巨大鼓励和鞭策。

【坚决反对分裂，全力投身维护社会稳定工作】积极响应区党委的号召，全身心投入到反对分裂维护稳定的各项工作中。一是调整充实了区工商联维护社会稳定工作领导小组，加强对维护社会稳定工作的组织领导；进一步完善了应急预案，明确各处室负责人维护稳定的工作责任；进一步强化措施，明确任务，细化责任；进一步加大督促检查力度，做到工作不到位不放过、任务不落实不放过、措施不过硬不放过、责任不明确不放过，确保各项维护稳定工作落到实处。二是积极组织机关全体干部职工和离退休干部及广大非公有制经济人士中深入开展揭批达赖、反对分裂、维护祖国统一和民族团结教育，认真学习贯彻自治区有关会议精神，牢固树立“团结稳定是福，分裂动乱是祸”的思想，进一步奠定了“一心一意谋发展，坚定不移反分裂”的思想基础。三是坚决服从区党委和自治区维护稳定工作指挥部的安排部署，组成主要领导带队，处室负责人参加的工作组，深入林芝地区重点寺庙积极配合做好敏感时期、敏感节日的社会治安综合治理和维护社会稳定工作，全力维护社会稳定。

【服务“两个健康”，促进非公有制经济发展】截止2010年底，全区非公有制经济市场主体已达101963户，占全区市场主体总数的94.59%，较2009年增长9%，其中：私营企业增幅连续六年位居全国第一，达到7250户，同比增长15.7%；个体户94449户，同比增长8.6%；外资企业264户，同比增长8.6%；非公有制经济组织从业人员35万人，同比增长9%；社会投资总额约150亿元，同比增长42.9%；非公有制经济上缴税收达40.2亿元，占全区各项税收总额的82.90%，同比增长60.8%。我区非公有制企业快速发展，以娃哈哈为代表的500强民营企业进藏投资建厂，非公有制企业产业规模逐步向新、大、强方向迈进，西藏产品与内地市场、国际市场逐步融合的趋势有所加快，企业经营效益、上缴税收呈跨越式发展势头。我区新近产生的驰名商标品牌均来自非公有制企业。非公有制经济已经发展成为推动我区经济社会跨越式发展的重要生力军。

【积极履行职能，狠抓工作落实，不断提高服务“两个健康”的能力和水平】一是发展壮大会员队伍。在会员发展中，把各行各业的龙头企业作为首选目标，克服等、靠、要思想，变被动为主动，耐心细致地开展思想引导工作，积极吸纳在行业领域有影响力、具有领头羊作用的非公有制企业加入到工商联队伍，到上年底，全区各级工商联共发展会员2921个，其中企业会员505家，占全区私营企业的7%。会员队伍的广泛性进一步增强。二是深入开展调查研究，会领导分别率领处室负责人多次深入民营企业和地市工商联积极了解掌握非公有制经济发展态势和面临的问题、反映的困难及基层工商联建设情况的第一手资料，协调解决有关问题。三是加强“三库”建设。进一步完善了《会员数据库》、《项目库》和《人才库》，组织力量编撰《西藏民营经济发展报告（2010年）》，完成了区工商联常委以上人员的资料录入工作。四是成功举办了首届直属会员企业职业经理人培训班，结合全区非公有制企业管理人员的实际和需求，就职业管理者的角色定位、关键职责、沟通技能及团队组织的要领进行了专题培训，学员满意率达98%以上，受到了企业的肯定和群众的好评。五是为加强宣传西藏非公有制经济的发展成就，增进区内外、国内外对西藏非公有制经济发展的了解，积极组织编撰《西藏非公有制经济》大型画册，全面启动画册相关资料的收集整理和编撰工作。六是在区党委、政府的高度重视和亲切关怀及全国工商联、上海市工商联、江苏省工商联、苏州、南通两市工商联的帮助支持下，成功组织了由阿沛·晋源同志率领的两批全区非公有制经济人士参观上海世博园、开展藏沪、藏苏两地工商联学习交流活动、与上海文广集团签署战略合作协议书、组织民营企业家赴台湾参访交流活动和赴尼泊尔参加第十三届中尼民间合作论坛，与尼中商会签署合作备忘录等等，开阔了非公有制经济人士发展经营的视野，进一步树立新时期西藏工商联机关的形象。七是加强沟通与协调，积极协调解决区工商联干部职工周转房、机关信息化建设和商会大厦工程欠款等项目资金；多渠道、多方式帮助改善基层工商联的工作条件。八是认真开展非公有制经济代表人士政治推荐工作。九是积极开展维权服务。对企业劳资纠纷等矛盾，进行深入调查了解，耐心细致进行思想教育，解决纠纷、化解矛盾。十是认真做好自治区总商会成立的各项前期工作，自治区总商会将于2011年挂牌成立。

【加强沟通和协调，全国工商联系统对口援藏工作成效显著】2010年11月，全国工商联系统援藏援疆工作座谈会在北京召开。会议的主要任务是，围绕中共中央关于"十二五"规划建议提出的经济社会发展目标，认真贯彻中央第五次西藏工作座谈会、新疆工作座谈会和西部大开发工作会议精神，总结交流工商联系统援藏援疆工作经验，研究部署新形势下工商联系统援藏援疆工作。会议达到了增进了解、拓展援藏领域的成效，对下一步对口项目考察及确定今后援藏规划做了铺垫。

【教育和引导广大非公有制经济人士积极履行社会责任】一是积极开展对口帮扶工作，多次深入扶贫点开展调查研究，制定了对口帮扶工作方案，切实解决对口帮扶单位的实际困难，为对口帮扶的直克乡投入帮扶资金100万元以上，实实在在为农牧民群众办实事、办好事，力求在增加农牧民收入上取得实效。二是在年初的支援西南抗旱和"4·14"玉树抗震救灾公益活动中，组织非公有制企业和非公有制经济人士向灾区捐款捐物达750多万元，树立了工商联人和西藏民营企业的良好形象。三是为了积极引导广大非公有制经济人士回报社会、感恩社会，牵头组织拉萨地区20余家民营企业筹集资金120余万元，成功开展了以"创业不忘子弟兵、成功全靠共产党"为主题的慰问武警边防部队和驻藏解放军的慰问活动，深入武警边防执勤点等，受到了广大子弟兵的热烈欢迎，取得了很好的宣传鼓舞效果。

【获奖情况】全国劳模：自治区工商联副主席、西藏达氏集团有限公司董事长达瓦顿珠

全国五一巾帼标兵岗：西藏阜康医院护理部

全国工商联科技进步奖：西藏达氏集团有限公司，西藏藏缘酒业有限公司

全国工商联科技创新企业家奖：西藏自治区工商联副主席、西藏奇正藏药集团董事长雷菊芳

全区三八红旗手：城关区哈达集团公司副总经理次仁玉珍

全区劳动关系和谐企业先进单位：西藏圣鹿特色产业股份有限公司，西藏远大建材有限公司，西藏阜康医院，西藏东嘎水泥厂。

全区青年安全生产示范岗：西藏宏绩建设实业有限公司

全区先进基层党组织：西藏宏绩建设实业有限公司，西藏雅喜实业有限公司

全区优秀党员：西藏宏绩建设实业有限公司经理黄毅，西藏特色产业股份有限公司党支部书记次旺

全区优秀党务工作者：西藏远大建材有限公司办公室主任周西平，西藏宏发建筑有限公司党支部书记单增曲扎

【领导名录】

党组书记、副主席：徐飞

主　席、会　长：阿沛·晋源

党组成员、副主席、副会长：旺堆、廖贻东、庄怀忠、李国泰

兼职副主席：雷菊芳、才旺扎西、群培、林春福、达瓦顿珠、群培次仁、索朗、尼玛扎西、尼玛

兼职副会长：王斌、边觉伦珠、刘建军、刘金、多啦、次仁卓嘎、达娃旺堆、张廷文、岳华、洛桑金巴、班觉、曹大千、褚立群、管新飞

自治区文艺界联合会

【年度综述】2010年，西藏文联紧紧抓住推动社会主义文化大发展大繁荣这一根本任务，围绕中心、服务大局，认真履行联络、协调、服务职能，积极发挥组织引导作用，带领全区广大文艺工作者团结奋斗、开拓进取，文艺工作和文联工作取得了可喜的成绩。

【文学创作异军突起，青年作家崭露头角】我区青年作家次仁罗布创作的短篇小说《放生羊》荣获第五届鲁迅文学奖短篇小说奖。从《放生羊》中不仅可以看到主人公年扎真挚、深沉的内心情感，也可以看到西藏百姓的日常生活，以及非常自由的宗教信仰。获奖评语"这是一个关于祈祷与救赎的故事、小说中流淌着悲悯与温情，充盈着藏民族独特的精神气质"是对次仁罗布揭示的一个真实的西藏的生动写照。这是继扎西达娃、加央西热同志之后，我区第三位获得我国最高文学奖的作家。由青年作家尼玛潘多创作的25万字长篇小说《紫青稞》是一部反映新西藏农民现实生活状态的原生态小说。自治区著名文学评论家、《西藏文学》原主编李佳俊评价说，像《紫青稞》这样的贴近百姓、贴近生活、充满了乡土和人文气息的文学作品值得大力提倡。

【"西藏画派"坚实推进，大美西藏引人关注】元月，在哈尔滨冰雪节期间举办《重彩西藏——西藏画派展》，并与黑龙江美术界、黑龙江板画界举行两次学术研讨会，对西藏画派给予了充分肯定；6月，作为全国唯一一家长期展示西藏当代绘画的画廊，大美西藏画廊在北京举办开幕展，郭金龙、李立国、斯塔等领导同志亲临祝贺。西藏美术家协会巴玛扎西、张鹰、计美赤列的画作《布谷》、《酒歌》、《拉萨——北京》被国家美术馆付费收藏，西藏画派逐步得到全国美术界的认同。由西藏书画院在八廓街开办的边巴画廊年内成功举办西藏唐卡精品展、西藏当代绘画展、西藏传统石刻拓片展。画廊的成功开办，对于西藏书画艺术更好地融入到群众中去，对于西藏书画艺术事业的传播发挥了重要作用。

【西藏摄影得天独厚，摄影展览亮点纷呈】2010年8月，在布达拉宫广场成功举办"2010·中国西藏珠穆朗玛摄影大展"（第三届），展出的400余幅作品以独特的摄影艺术语言，不仅展示了西藏绚丽的自然风光和独特的民风民俗，更向世人展示了一个经济增长、生态良好、社会稳定、文明进步的新西藏，展示了西藏各族干部

群众在区党委坚强领导下，积极投身跨越式发展和长治久安伟大实践的昂扬精神和坚定信心。展览期间前往参观的人数约10 万人，参观人数之多、参观之踊跃、反响之强烈，是近年来历次展览所没有的。崔玉英常委、多托副主席指示要争取到内地办展。

【基层群众文化活动异彩纷呈】9月，西藏民间文艺家协会组织那曲民间艺术团编排的民族舞蹈《雪域祝福》在“第八届中国民间艺术节暨第九届中国（大同）云冈文化艺术节”上荣获金奖。区党委郝鹏副书记作了专门批示：文联这次活动组织的很好，展示了西藏优秀文化，取得了好的效果。崔玉英常委提出要求：郝鹏副书记的重要批示是对文艺文化工作的高度重视和鞭策，请区文联认真传达学习，力争把工作做得更好。11月2日，由自治区文联和西藏戏剧家协会组织拉萨市城关区娘热民间艺术团，参加在张家港举行的长江流域12省市区戏剧汇演，演出的《西藏文化瑰宝·藏戏》受到中国戏剧家协会、张家港市委市政府及广大观众的热烈欢迎和高度评价。为表彰我区演出水平，第四届张家港长江流域戏剧艺术节组委会破格设立奖项，《西藏文化瑰宝·藏戏》荣获观众最喜爱的精品奖。11月6日，在江苏南京举行的第二届 IOV（联合国教科文民间艺术组织）世界青年大会上，由西藏戏剧家协会组织参选的藏戏《文成公主》获国家文化传承奖。西藏音乐家协会、西藏民间文艺家协会等参与上海世博会西藏馆歌曲 CD 光盘录制、展馆设计方案论证，为世博会西藏馆制作推荐艺术家及工艺品和书法摄影作品。在“首届中国农民艺术节·第一届全国乡村歌手大赛”中，由自治区文联杨年华作词、多吉欧珠作曲的《珠穆朗玛的故乡——定日》荣获二等奖；由美朗多吉作曲的《吉祥堆龙》获三等奖；那曲民歌《藏北的白云》获优秀奖；西藏舞蹈家协会选送的《吭杆起舞》进入决赛并获得“特别评委奖”和“组织奖”两个奖项。由我区著名作家扎西达娃创作的电影剧本《西藏往事》已由中影公司拍摄完成，明年将在国内外上映。

【文艺评论作用明显，优秀作品广泛传播】2010 年，文艺理论评论工作有了新的推进，发挥了推动文艺创作繁荣、推动优秀作品广泛传播的积极作用，完成了宣传部安排的《关于西藏当代文艺理论研究的实践与思考》、《关于推出更多思想性观赏性统一、深受群众欢迎的文化产品的思考》、《进一步推动农村精神文明建设措施办法的调研》等三篇专题调研报告任务，在《西藏文学》发表剧评话剧《扎西岗》等一批文艺理论、文学评论文章。在《中国艺术报》、《文艺报》发表30多篇文章、专刊和西藏文艺界动态消息。

充分发挥文艺家协会作用。文艺家协会是文联重要组成部分，是党联系文艺家最直接的桥梁和纽带，是繁荣先进文化的具体组织者、实施者和贯彻者，是文联一切工作的基础。党组重视文艺家协会建设，积极探索加强文艺家协会建设的新路子和新举措，发挥文艺家协会作用，增强文艺家协会活力，培育文艺家协会能力，树立文艺家协会威信，提高文艺家协会地位，形成文艺家协会品牌，在文艺家协会内部创造团结宽松和谐的良好氛围，努力使文艺家协会真正成为广大文艺工作者之家。

9月15日，由西藏自治区文联和西藏高山文化发展基金会联合举办的“百名将军情系西藏——与爱同行颂和谐”美术、书法、摄影展在西藏博物馆开幕。展览汇集众多将军、艺术家的150幅精品力作，作品中有老红军王定国、中央军委原副主席迟浩田上将的书法作品，还有 50 余位将军和数十位当代著名艺术家的倾情制作。笔墨丹青之间的画卷表达了将军和艺术家们对西藏和西藏人民的深厚感情。展览以鲜明的主题、丰富的内容和艺术形式，为西藏艺术百花园增添了新的光彩。

继 8 月自治区文联和文化厅共同举办首届“西藏唐卡艺术博览会”并举办唐卡艺术论坛获得成功之后，11月16日，由自治区文联与《中国西藏》杂志社联合主办，北京吉祥喜旋文化传播有限公司承办的“北京西藏唐卡艺术珍品展——当代唐卡画师群展”在北京民族文化宫举行，来自首都各界人士三百多人出席开幕式。展览展出的80余幅唐卡艺术珍品，展现了唐卡这一古老传统的艺术形式在今日现代的西藏得到的保护、传承和发展，在首都文艺界引起热烈反响，新华网、新浪网、艺术中国、凤凰网、中国日报、中国西藏网、西藏人权网等数十家媒体参与报道，开幕当天，在百度搜索此次展览活动的条目达六万余条。

【对外文化交流活跃】我区文艺家先后赴尼泊尔、美国、加拿大、俄罗斯、捷克、韩国等国及北京、大同、张家港、银川等国内省区市进行文化交流、办展、演出。自治区文联副主席扎西达娃同志的作品被翻译成俄文和捷克文字出版；2010 年 1月，在尼泊尔成功举办第三届“中国西藏摄影艺术展”，生动展示西藏雄奇壮美的自然景观和绚丽多姿的民族风情，展示改革开放以来西藏翻天覆地的变化，受到尼泊尔各界和游客的欢迎和广泛关注，张庆黎书记批示：“通过艺术展向世人介绍西藏做法可行”。

【先后接待澳门、深圳、四川、广西、山东等省区文艺家近百人次来藏采风、展演、开展学术交流、举办笔会】接待并与四川、山东作协达成了合作意向。8月，西藏作协与中国作协民族文学杂志联合举办“西藏作家、翻译家座谈会暨全国多民族作家看西藏”活动，二十多位全国知名作家、翻译家赴藏，为西藏文学翻译和文学创作的发展起到了促进作用。9月，接待中国作家协会主席铁凝一行，区党委张庆黎书记会见并就西藏文学发展进行了深入交流。接待了中国文联、中国作协赴藏调研考察团（组），就文联作协工作深入交流座谈；与深圳音乐家协会赴藏采风团召共同开音乐交流座谈会。通过这些艺术交流活动，展示了西藏社会主义新文化的发展成果，树立了社会主义新西藏的良好形象。

【文艺期刊运行良好】由西藏文联主办的西藏文艺期刊《西藏文艺》（藏文）、《西藏文学》（汉文）、《邦锦梅朵》（藏文）、《西藏人文地理》（汉文）四个文艺期刊始终坚持“把握方向、办出特色、提高质量、扩大发行”的办刊宗旨，牢牢把握社会主义先进文化的前进方向，传播和谐理念，培育和谐精神，营造和谐氛围，回应时代呼唤，根据读者群的变化在办刊内容和形式上积极进行探索，深受广大读者的欢迎。2010 年办刊质量有了明显提高，在抓大事、推出精品力作和新人新作方面成效显著。《西藏人文地理》面向海内外发行，月发行量超过三万册，实现了发行量翻番的可喜成绩。

中国佛教协会西藏分会

【年度综述】2010 年，中国佛协西藏分会紧紧围绕社会稳定和经济发展的大局，履行职责，积极开展各项工作，为创建小康西藏、平安西藏、和谐寺庙、生态西藏和进一步深化寺庙爱国主义教育发挥了积极作用。

【积极开展宣讲活动，推动宗教与社会主义社会相适应】自治区政协副主席、中国佛协西藏分会会长、自治区驻哲蚌寺工作组副组长珠康·土登克珠深入拉萨、山南、那曲、日喀则、昌都等地区 51 座寺庙，开展宣讲《认真学习全国“两会”及中国佛协第八次代表会议精神，积极推动藏传佛教与社会主义相适应》的专题讲座。以宣传党的政策与阐释宗教理论相结合，以把握僧尼思想动态为切入点，通过讲历史、举例子，广泛宣讲“团结稳定是福，分裂动乱是祸”的道理，以及西藏是祖国领土不可分割的一部分的事实。宣讲活动反应强烈，整个报告有高度、有深度、有力度，理论联系实际，是个有理、有利、有据、令人信服的好报告。僧人入心入脑。宣讲活动深受僧众欢迎，使他们接受了一次深刻的爱国主义教育，大家表示对党的民族宗教政策和惠民政策有了正确认识，提高了思想觉悟，坚定了政治立场，规范了自己的行为。中央统战部主要领导做出指示，宣讲报告向西南五省藏区印发学习。特别是张庆黎书记多次专门批示，“珠康·土登克珠同志一行那曲巡回宣讲准备充分，宣讲深入浅出，尤其是紧扣中央第五次西藏工作座谈会这个主题，紧密联系西藏实际，在教育僧尼爱国爱教、遵纪守法、引导宗教与社会主义社会相适应等方面收到了良好的效果”。

【围绕中心，服务大局，积极参与寺庙调研、维稳工作】2010 年 3 月份自治区佛协抽出由副秘书长达娃、主任科员尼玛次仁等同志组成的督导组，对昌都地区重点县、重点寺庙的维护寺庙稳定工作进行了督导检查。

4-5 月份自治区佛协抽出由秘书长平措次仁、副巡视员、副秘书长吴云岑和办公室副主任尼玛次仁等同志，分别深入拉萨、山南、日喀则地（市）全面了解和掌握拉萨“3·14”事件以来两地深入调查寺庙法制宣传教育和宗教领域维稳工作开展情况进行了调查，研究提出对策建议。在高度敏感时段，佛协机关切实采取措施，进一步加大了工作力度，加强和调整值班制度及门卫制度、报平安制度和主要领导带班制度，至今未出现任何问题。

【第五世德珠·江白格桑加措活佛转世灵童工作】 组成以珠康会长为组长的五人寻访认定第五世德珠·江白格桑加措活佛转世灵童指导小组。积极配合统战、民宗部门，指导山南地区佛协，按照历史定制和宗教仪规，完成了寻访认定工作。2010 年 7 月 4 日，在拉萨大昭寺释迦牟尼佛像前，经金瓶掣签认定了第五世德珠活佛转世灵童并获自治区人民政府批准。8 月 2 日上午在山南地区隆子县扎果寺大殿，庄严和隆重地举行了第六世德珠·加羊西绕班典坐床仪式。

【开展友好往来，扩大对外影响】副会长达扎·单增格列等参加了外国记者团的采访，副会长直孔琼仓·洛桑强巴出访日本、韩国。实事求是地介绍了在中国共产党领导下，在社会主义祖国大家庭中西藏所发生的翻天覆地的变化和全面贯彻执行党的宗教信仰自由政策的真实情况，通过走出去、请进来的方式，开展交流，进一步加深了了解，增进了友谊，在涉藏外宣工作中发挥了积极作用。

【积极开展各项工作，发挥自治区佛协的桥梁纽带作用】加强教职人员培养，做好格西拉让巴学位晋升工作。自治区佛协在“大昭寺”举办了 2010 年度晋升格西拉让巴学位立宗答辩颁证仪式。在“甘丹寺”举办了 2011 年度藏传佛教学经僧人晋升格西拉让巴学位预考。圆满完成了 2010 年度全程协助北京藏语系高级佛学院在藏招生工作。自治区佛协会长珠康·土登克珠、副会长达扎·单增格列、直孔琼仓·洛桑强巴、洛桑巴·赤列曲桑、秘书长平措次仁等参加了在北京中国藏语系高级佛学院举办的藏传佛教高级“学衔两会”和第六届高级学衔授予活动仪式。参加了在日喀则地区举行的西南五省区藏传佛教寺庙民主管理工作经验交流会，珠康会长在会上的发言，得到了与会人士的一致好评。同时，秘书长平措次仁参加了在云南举行的西南五省区藏传佛教教职人员证，活佛证颁发工作会议。继续办好《西藏佛教》藏汉文版刊物，按期保质完成了出版发行任务。不断推进佛协印经院工作，继续印制和发行《甘珠尔》大藏经，积极开展抢救《甘珠尔》大藏经的木刻板制作工作，加强和提高了《甘珠尔》印经质量，保证了信众的需求。接待记者采访团，参观了木刻板制作和经书印刷过程，让他们亲眼目睹了民族文化的抢救和保护工作。用事实回击了达赖集团炮制的所谓“西藏文化灭绝论”。

【积极参与扶贫工作，玉树灾区奉献爱心】副秘书长次多带队的工作组前往定点扶贫的尼木县卡如乡进行调研，通过实地调研，与该县、乡领导多次沟通交流，进一步转变工作思路，更加注重运用开发式扶贫的方式帮助群众脱贫致富。同时单位出资 8 万元，干部职工捐款 5000 元人民币，送去了面粉、茶叶等，为群众解决了燃眉之急，得到了群众和当地领导的好评。自治区佛协全体干部职工、宗教界人士以及离退休人员，响应区党委、政府的号召，积极参加向灾区人民奉献爱心捐款活动。同时向全区寺庙民管会及宗教界人士提出了向玉树地震灾区祈福捐款活动的倡议书。

援助西藏发展基金会

【年度综述】2010 年，援助西藏发展基金会紧紧围绕区党委、政府的工作重点，积极服务稳定大局，努力开展“四大工程”公益慈善品牌项目，认真找准工作的切入点和着力点，为贫困农牧民群众办实事、谋利益。上年筹措落实资金 830 多万元，实施项目 34 个，取得了良好的经济社会效果。2010 年 1 月，援藏基金会荣获国家民政部颁发的“全国先进社会组织”的光荣称号，援藏基金会党支部被自治区党委统战部评为 2010 年度先进基层党支部。

【**认真学习贯彻区党委书记张庆黎同志重要批示精神，全面提高工作水平**】2010年伊始，自治区党委书记张庆黎同志在《关于援助西藏发展基金会2009年工作总结暨2010年工作设想的报告》上批示：“做了大量卓有成效的工作，希望在新的一年里把工作提高到一个新的水平，一定把资金管好用好。”自治区人大常委会主任向巴平措、自治区主席白玛赤林、自治区党委副书记张裔炯等领导同志也作了批示。自治区领导的重要批示再次充分体现了自治区党委、政府领导对援助西藏发展基金会工作的一贯关心、大力支持和高度重视，体现了对援藏基金会创建二十多来开展工作的充分肯定，是对援助西藏发展基金会极大鼓励和鞭策，同时也对援助西藏发展基金会提出了新的更高的要求。援助西藏发展基金会召开了全体干部职工大会认真学习，深刻领会张庆黎书记重要批示精神，不断增强做好援藏扶贫工作的责任感和使命感。

【**光明工程**】2010年，以援藏基金会拉萨光明眼科康复诊疗院为平台，认真开展“光明工程”复明手术，为7514患者进行了门诊检查和治疗，筹资531万多元为828名低收入的城镇居民和贫困农牧民群众进行了免费复明手术治疗，为61名患者睑内翻矫正等眼科小手术，使他们重见光明。为提高我区眼科医务人员的水平，经自治区外办批准，两次邀请尼泊尔底立刚眼科中心的著名眼科专家瑞特博士带队的眼科医疗队在援助西藏发展基金会康复诊疗院开展了白内障超声乳化手术研讨培训，通过培训使医生们学到了很多国际先进眼科新技术，为更好地开展复明手术奠定了良好的基础。外国专家还为我区的143名白内障失明患者进行了超声乳化手术，让我区医生们零距离观摩了外国专家手术全过程，受益匪浅，援助西藏发展基金会特邀请尼泊尔底立刚噶眼科中心的两名验光师到康复院进行验光培训，为在康复院设立光明配镜店打下了良好的基础。为保证“光明工程—复明行动”取得预期效果，本院严格按照国家及自治区卫生部门的要求，结合自身工作实际，采取切实可行的工作措施，认真开展全国爱眼日活动。为了实现世界卫生组织发起的“视觉2020，享有看得见的权利”的防盲治盲行动倡议以及国家卫生部百万贫困白内障复明行动目标的部署和全国防盲治盲规划（2006-2010年）的要求，在院内组织以“关注贫困人口眼健康，百万工程送光明”为主题的爱眼日宣传活动。通过各种途径向患者以及家属们宣传了“应该怎样保护我们的眼睛和有效的预防近视和远视眼”，“保护老年人视力，提高生活质量”等。康复院接受了在拉萨市开展“2010年度西藏自治区百万贫困白内障患者复明工程”的任务。专门组织眼科医疗队先后在城关区和林周、当雄、尼木、墨竹工卡、曲水、堆龙德庆县等地开展了大规模的白内障复明手术活动。根据我区农牧区生产作息的特点，专门定期在堆龙德庆县、达孜县、城关区设立手术点，共为690名眼疾患者提供了检查和治疗，对其中176名白内障患者进行了复明手术。2010年8月，援助西藏发展基金会投资6万多元，在康复院修建了两间病房，专门为来自偏远地区的患者前来就诊提供方便。

“光明工程”复明行动得到社会各界人士的关注和慷慨捐助。河北远洋运输集团董事局主席高彦明先生和夫人梁晶女士以个人名誉向“光明工程”捐资10万元，为200名女性白内障患者复明手术资助；阿沛·才旦卓嘎夫人捐资5万元，为100名白内障患者复明手术资助；在援助西藏发展基金会广东办事处的努力下，北京晋唐书画院负责人、山西金马集团董事长马三喜先生向“光明工程”捐款18万元和书画作品，解决患者的治疗费用，并表示今后继续支持基金会的工作，承诺每天为西藏一名白内障患者重见光明提供资金支持。他们以自己的慈善义举和爱心点亮患者眼前的黑暗，鼓起创建美好生活的勇气。

【**育人工程**】实施“育人工程——助学行动”，为374名贫困生落实资助资金达到106万元。为了确保有限的资金落实到真正需要帮助的品学兼优的贫困生，按照“实施细则”，每年对受助生的成绩及各项指标逐一进行严格审核，对符合条件的继续给予资助，不符合条件的暂停资助。对每年新申请资助的贫困生进行了严格调查了解，以登报等方式对拟资助学生层层进行公示，最终筛选出符合资助条件者纳入本年度资助计划。在中央统战部三局的支持下，河北远洋运输集团每年捐资100万元，连续四年资助我区贫困学生。

【**公益工程**】加强对曲水县南木保育院和堆龙杰素旦珍保育院的管理，及时派专人前往检查指导工作，按时足额提供了生活费，保证了生活在两所保育院的孤儿们健康幸福地茁壮成长，在“三大节日”和“六一儿童节”之际，前往两所保育院看望慰问，确保了孩子们过好节日。筹资为曲水县南木保育院宿舍更换了铝合金窗户，购买了过冬衣服，改造了温室。公益工程得到了社会各界人士的热心帮助和支持。青海玉树发生地震后，援助西藏发展基金会的全体干部职工捐款，广东办事处募集资金，为青海玉树灾区捐资55万元，支援抗震救灾。援助西藏发展基金会继续为自治区残联无偿提供了日喀则边雄培训育人基地。

【**阳光工程**】实施“阳光工程”，捐赠太阳能设备，深入阿里等地区进行实地考察，切实解决边远贫困地区学校用电困难。全年落实项目资金144万多元，收益人数达2936人。在国家烟草专卖局、中国烟草总公司的大力支持下，投资100多万元，由业务处干部带领太阳能设备技术人员深入到札达县曲松乡苹果希望小学，革吉县亚热乡完小，改则县古姆乡完小、察布乡完小、仲巴县布多乡完小等五所学校修建了1座3.6千瓦和4座4千瓦的光伏电站，解决了五所学校师生照明难的问题。为贡嘎县贡嘎镇、岗堆镇、贡嘎雪村，加查县帮卡村，定结县定结乡，昂仁县阿木雄乡等捐赠了太阳灶45台、太阳能户用电源327套。特别是给定结乡230户捐赠太阳能户用电源230套，点亮了全乡每一户人家，使这些地处偏僻、海拔高、交通不便、信息闭塞、资源匮乏、生态脆弱、基础设施薄弱的乡村，不仅改善了受助地区农牧民生产生活条件，也为保护我区的生态环境工作发挥了作用，更为推动我区社会主义新农村建设发挥了积极辅助作用，使受助的农牧民群众切实感受到了党和政府的关怀和全国各族人民的关心。

在北京办公室、“爱我西藏 支援西藏”阳光计划活动办公室的不懈努力下，基金会开展的"爱我西藏 支援西藏"阳光计划继续得到了各方面的关注和支持。国家烟草专卖局、中国烟草总公司向援藏基金会"阳光工程"项目捐赠仪式在拉萨举行。国家烟草专卖局新闻处调研员毛保红同志代表国家烟草专卖局、中国烟草总公司向援助西藏发展基金会"阳光工程"项目捐赠了206万元,中华环境保护基金会副秘书长王庭建同志代表中信银行捐款10万元。

【定点扶贫工作】定点扶贫仲巴县布多乡，检查指导和管理好前三年落实的项目，以巩固扶贫成果；帮助解决牲畜过冬饲料；投入资金23万元为布多乡学校新建一座4.0千瓦太阳能光伏电站;为乡卫生院捐赠了电脑、打印机。定点扶贫四年，筹资落实86万元，每户捐赠了一套便携式太阳能户用光伏系统,解决乡中心小学用电问题，为13户绝畜特困户无偿购买1320只母羊，使扶贫项目为牧民脱贫致富发挥了积极的作用,得到了自治区扶贫办的高度评价,受到了受助乡村各级组织和群众的热烈欢迎。

【隆重召开基金会第三届理事会第六次全体会议暨纪念阿沛·阿旺晋美理事长逝世一周年座谈会】2010年12月28至30日在广州召开了援助西藏发展基金会第三届理事会第六次全体会议暨纪念阿沛·阿旺晋美理事长逝世一周年座谈会和"藏粤一家亲"慈善晚会。这次会议得到了自治区党委、政府和广东省委、省政府领导的高度重视，自治区党委书记张庆黎、自治区党委副书记、自治区主席白玛赤林、自治区党委副书记、常务副主席郝鹏、自治区副主席多吉泽仁等领导作了重要批示，中共中央政治局委员，中共广东省委书记汪洋同志批示"祝愿藏粤一家亲晚会圆满成功"。自治区副主席多吉泽仁出席会议并作了重要讲话。广东省副省长雷于蓝和自治区政协副主席策墨林·单增赤列出席会议。

西藏残疾人联合会

【年度综述】2010年，全区残疾人工作深入贯彻落实科学发展观，积极进取，真抓实干，全面推进残疾人各项工作，为全面建设小康社会，构建团结、民主、富裕、文明、和谐的社会主义新西藏作出了积极贡献。

【制定修改促进残疾人事业发展的政策法规】全面贯彻落实中发7号文件，在认真调研、广泛征求意见基础上，通过七次修改，出台了具有西藏特色，适合西藏残疾人事业发展的纲领性文件——《中共西藏自治区委员会、西藏自治区人民政府关于促进残疾人事业发展的实施意见》(藏党发〔2010〕10号)。积极配合自治区法制办，多方征求意见，起草《西藏自治区实施〈残疾人就业条例〉办法》，报政府审批。

【围绕"人人享有康复服务"的目标，积极开展各种康复服务】听力语言康复。利用"爱耳日"，以"正确使用助听器"为主题广泛开展宣传服务活动,免费为听力患者进行义诊。全年共接诊90名听力患者，免费测听132人；为8名聋儿授课1076节，开展单训课299节。

视力康复。同自治区藏医院和拉萨市人民医院合作开展低视力患者筛查工作，筛选出290名低视力患者，并为26名患者配备了低视力眼镜,为低视力残疾患者的康复奠定了基础；积极组织开展"百万贫困白内障患者复明工程"，协调自治区眼科中心、自治区人民医院眼科和军区总医院眼科,免费提供白内障手术人工晶体1050枚,拨发经费40万元,安排各地(市)完成2000例白内障手术筛查任务。

积极开展各种抢救性康复工作。为1名贫困聋儿植入人工耳蜗;由中央财政为4名贫困聋儿每人配备2台数字助听器，并为每人提供年均1万元的康复训练补贴；由中央财政为10名贫困残疾儿童每人提供年均1万元的康复训练补贴；由中央财政为20名贫困残疾儿童每人提供年均1万元的康复训练补贴。

用品用具供应。以最优惠的价格向广大残疾人销售各种辅助器具82件（其中轮椅3辆，拐杖19支，助听器5台，助行器4台，其它辅助用具51件）；为贫困残疾人捐赠各类残疾人辅助用具38件，价值187610元；向各地（市）残疾人免费配发辅助器具1422件，价值461608元;全年共为300余名残疾人装配假肢矫形等器具，并为63名残疾人患者进行了装配器具前的康复训练。其中,为7名残疾患者装配假肢,为9名残疾患者装配矫形器,为9名残疾患者提供鞋底加高服务或装配其它辅助器具。

康复训练与服务。全年共为201名患者提供康复训练6432人次，其中脑瘫患者16人，偏瘫患者2人，截瘫和四肢瘫患者3人，开展心理及智力测试3人，为其他类型患者177人提供康复服务。

积极开展各种康复业务培训。举办2期基层残疾人康复指导员培训班、2期残疾人基础知识培训班和6期残疾人康复知识培训班,共培训县镇医务人员37名、乡村医生196名、残疾人工作者122名和残疾学生80名。

【积极开展残疾人就业、教育、扶贫、"阳光家园计划"项目工作】就业工作。为74名残疾人进行职业技能培训，为55名残疾人进行职业介绍，为99名残疾人进行职业指导，共有21名残疾人通过招聘应试实现就业;积极联系残疾人就业实习单位，以"实习促就业"形式使55名残疾人在企业单位实习，不断提高自身能力；分批次推选27名盲人到北京和吉林学习盲人保健按摩技术，目前已有15名盲人开办按摩诊所，实现就业。开展了以缝纫、裁剪、绘画为主要内容的西藏自治区第二届残疾人职业技能竞赛。

教育工作。认真贯彻落实《残疾人教育条例》，保障残疾学生和残疾家庭子女免费接受义务教育和特殊教育的权利;开展针对重度肢体、智力、失明、失聪、脑瘫等有教育需求残疾儿童的调查统计和登记造册工作,筛选推荐符合条件的残疾人就学；继续在城关区海城小学、曲水县完小、墨竹工卡县扎西岗乡恰日多小学开展残疾儿童融入性教育工作,协调3名盲生到拉萨市第三高级中学随班就读,残疾人融入性教育工作取得了进展。

扶贫工作。争取国家彩票公益金危房改造项目,对200户农村贫困残疾人危房进行改造,并通过财政落实资金50万元。

"阳光家园计划"项目。为着力改善处于就业年龄的智力、精神和重度残疾人状况，积极开展"阳光家园计划——智力、精神和重度残疾人托养服务项目",

完成居家托养服务任务数3031人（资金标准600元/人年），并通过财政落实资金182万元。

【大力做好维权工作，全力维护残疾人的合法权益】全年共处理上访案件96起，解决救助资金9000元，结案及答复率100%，切实做到矛盾不上交、不激化、不聚集，把问题解决在基层、把矛盾化解在内部，把隐患消除在萌芽状态，全年没有出现一起残疾人进京上访、聚集上访和群体性事件。

【积极完成残疾人综合服务设施项目建设】在区党委、政府的关怀下，安排国家投资927万元的自治区残疾人康复服务中心改扩建工程和2140万元的自治区残疾人劳动就业服务中心均已竣工并投入使用。通过自治区发改委解决国家扩大内需资金580万元，修建日喀则和昌都两个地区残疾人综合服务设施。其中，总投资280万元的日喀则残疾人康复服务中心现已竣工，总投资300万元的昌都残疾人康复服务中心已于2010年9月动工，计划于2011年7月竣工。

【积极开展各项涉外活动】与比利时国际助残合作开展"第三期残疾人康复服务援助项目"；同盲文无国界组织合作开展第四期"助盲项目"，继续在拉萨盲人培训中心和日喀则边雄实施盲人学前教育和职业技能培训活动；完成与意大利亚洲团结协会合作开展的"资助残疾学龄儿童"项目，为20名残疾儿童提供12万元的资助款。

青海玉树地震发生后，第一时间派残联1名领导带领2名康复专家赴昌都看望慰问地震伤员，发放慰问金和辅助器具。选派1名假肢矫形专家和1名理疗师赴西宁、玉树开展为期2个月的理疗康复工作。组织干部职工为灾区捐款27120元。

法　制

自治区审判工作

【年度综述】2010年，全区各级法院准确把握西藏现阶段的主要矛盾和特殊矛盾，紧扣跨越式发展和长治久安，坚持并完善"坚定方向、刑民并举、审执并重、创新管理、整体推进"的工作格局，深入推进社会矛盾化解、社会管理创新、公正廉洁执法三项重点工作，大力实施素质、公正与效能、强基和民心"四大工程"，各项工作取得新进展。全年共受理各类案件20439件，审执结19335件，同比分别上升10.37%、11.42%，综合结案率为94.6%。其中，由各级法院直接受理的民事、行政、执行等案件18923件，占全部案件的92.5%。

【着眼于推进长治久安，全力维护国家安全和社会稳定】始终把深入开展反分裂斗争、全力维护国家安全和社会稳定作为司法审判机关的神圣使命和第一责任。全力参与巡逻值勤、边境防控、寺庙教育各项工作，确保敏感时段和重大节庆期间的社会稳定，共投入警力69000余人次、车辆17000余台次。

认真分析经济转轨、社会转型背景下刑事犯罪的新动态、新规律，发挥司法审判优势，坚持"严打"方针，依法打击各类刑事犯罪。全年共审理刑事案件1536件，判处罪犯1677人，同比分别上升4.1%和4.7%，其中判处五年以上有期徒刑、无期徒刑至死刑的罪犯494人。

准确把握和正确适用宽严相济的刑事政策，对首犯、主犯和累犯，坚决从重打击；对初犯、偶犯、过失犯罪等，依法从轻、减轻或免除处罚，对228人适用管制、缓刑和免予刑事处罚，确保罚当其罪，最大限度地体现司法公正，最大限度地减少社会对抗，最大限度地促进社会和谐。结合我区实际，建立"统一标准、规范程序、严审细查、把两关、顾两头、重真悔罪、看真表现、回归社会真放心"的减刑、假释工作机制，以认真审慎的态度，对1647名认罪服法、改造较好的罪犯依法予以减刑、假释。坚持惩罚犯罪与保障人权并重，对不构成犯罪的1名被告人依法作出无罪判决，为246名被告人指定辩护人，为315名少数民族和外籍被告人提供翻译，扩大藏、汉两种语言文字在庭审、法律文书制作等执法办案环节中的使用范围。

【立足于推进跨越式发展，努力提供优质高效的司法保障】紧扣构建国家重要的安全屏障、生态安全屏障、战略资源储备基地、高原特色农产品基地、中华民族特色文化保护地、世界旅游目的地的战略目标，把服务发展作为第一要务，切实把握有中国特色、西藏特点发展路子的深刻内涵，努力探索切合西藏区情、符合科学发展的司法保障新举措，充分发挥司法审判在理顺和调节经济社会关系中的亮点作用，全力服务经济社会跨越式发展。

围绕全面实施区党委关于"一产上水平、二产抓重点、三产大发展"和"三步走"的经济发展战略，立足于促进经济秩序更好、市场环境更优、发展速度更快、发展方式更科学，探索建立裁判风险评估、社会稳定风险评估等机制，注重观念、机制、方式和领域创新，不断拓展和延伸司法服务的领域和空间，使司法审判工作更加符合经济社会发展需要。立足实现互利共赢、促进诚信守法、倡导共建和谐，重点审理好稳增长、调结构、控通胀过程中出现的虫草交易、矿产资源开发和涉重点企业、重点工程等各类合同纠纷案件，努力维护公平竞争的市场秩序。密切关注我区社会主义新农村建设和城镇化进程中的司法问题，妥善审理"涉农"案件。着手组建涉军维权合议庭，积极构建涉军维权机制。全年共审理民事案件7652件，标的金额10.5亿元，同比上升27.4%。

高度重视国务院《关于加强法治政府建设的意见》，坚持监督与支持并重、保障与维护并举、协调与裁判并用，妥善处理因城市管理、土地征用、劳动与社会保障等引发的行政诉讼，共审理行政案件和国家赔偿案件37件，同比下降116.2%。完善重要情况通报和重大案件协调制度，对可能引发群体性上访、影响社会和谐稳定的苗头性、预警性动态和信息，及时报告、主动协调，做好引导、劝解、息诉工作。选派7名优秀法官挂职副县长、副乡长，拓宽了视野、经受了锻炼，实现了走出法院看法院的构想，推动了司法与行政的良性互动。

站在维护党和国家形象、维护司法权威的高度，巩固和扩大集中清理执行积案活动成果，抓住“执行难”和“难执行”的关键环节，以开展创建“无执行积案先进法院”和委托执行案件专项清理活动为契机，内外着力、上下联动，积极构建执行工作长效机制。建立健全执行工作责任制和奖惩、问责等制度，采取强化责任、苦练内功、完善机制、讲究方式、依靠法律、运用科技等手段，促进执行案件质量和效率的提高。推动建立执行联席会议制度，把执行工作纳入综合治理目标责任和平安建设考核范围，进一步完善“党委领导、人大监督、政府支持、法院主办、各界配合”的执行工作机制，努力形成全社会关心、支持、参与执行工作的良好氛围。全年共受理执行案件2315件，执结2016件，同比分别上升11%和11.6%，执行标的金额4.8亿元。

【**致力于践行司法为民，不断满足人民群众司法需求**】大力实施“民心工程”，深入开展“人民法官为人民”主题实践活动，探索便民利民机制，拓宽司法为民渠道，努力满足人民群众日益增长的司法需求。

攻克涉诉信访难点，在“信”字上护民。坚持动真感情、拿硬措施，深入开展集中清理涉诉信访积案专项活动，及时解决涉诉信访突出问题。不断丰富“四定一包”内涵，推行一把手负总责，健全首问负责、服务承诺、办案公开、文明接待、责任倒查等制度，实行24小时值班接访，对群众反映强烈的涉诉信访案件抓住不放、追着督查、限时回复，从源头上提高办案质量，防止小案拖大、易案拖难、个访拖成群访、小成本问题拖成大成本问题。加强立案信访窗口建设，努力满足“诉讼引导、立案审查、立案调解、救助服务、查询咨询、材料收转、信访接待、判后答疑”的功能要求。共审理各类申诉、申请再审案件133件，处理群众来信来访1758件（人次），同比下降9%。

拓宽司法为民渠道，在“利”字上惠民。积极完善畅通、便捷的民意沟通表达机制。落实人民陪审员制度，全区157名人民陪审员参审案件119件。对拖欠工程款、拖欠农民工工资等涉及民生的案件，实行立案、审理、执行三优先，共办理此类案件1151件，为农民工追回工资3975万元。积极开展司法救助，对1528名困难当事人缓、减、免诉讼费2005万元，对符合条件的救助对象发放救助款135万元。

拓展司法覆盖面，在“主动”上便民。认真总结“车载流动法庭”的有益经验，在广泛征求民意、民盼、民需的基础上，改进装备设施，提升服务功能，规范法定标准，完善巡回机制。坚持把流动法庭与一站式服务结合起来，宣传党的惠民利民政策与宣传法律法规结合起来，开展审判服务与推动富民兴藏结合起来，加强综合治理与引导群众揭批达赖、维护社会稳定结合起来，达到了便捷性和严肃性的有机统一。全年“车载流动法庭”巡回办案3120件，总行程109万余公里，基本实现了覆盖到户、服务到人。

【**坚持关口前移，努力推进社会矛盾化解和社会管理创新**】立足把握全局，保持和谐稳定，科学析理改革发展中各种社会矛盾纠纷凸显的新特点，坚持关口前移，多措并举、多元途径、多种方式，及时化解苗头隐患。

坚持“调解优先、调判结合”的司法要求。牢固树立调解也是执法办案的理念，坚持“公正高于天、民生大于地”，以调解为首选、以质量为关键、以事了为目标，以最耐心、最诚恳、最负责的工作态度，着力在理顺社会关系上下大力气、做大文章，使大量矛盾纠纷远离对簿公堂，合法权益得到公正解决，人间友谊长存、经济合作永续、司法成本减少、司法公信提高。着手建设面向社会、功能齐全、方法灵活、作用广泛的调解服务中心，跳出就审判抓审判、就卷宗抓案件、只看卷宗以事断案的传统习惯，运用法律、政策、经济、行政、文化、民间、行业、友情、环境等多种手段和方式，走近矛盾源头，贴近纠纷始发点，注重讲清法理、讲明道理、讲透情理，在实现案结事了人和上下功夫，努力从根本上化解矛盾。全区法院民事案件调解、撤诉率达到74.7%，高出全国法院平均9个百分点。

推进社会矛盾源头治理。推动完善人民调解、行政调解、司法调解三位一体的大调解工作体系，强化诉讼与非诉相衔接，主动加强与有关部门的协作，通过最优化的途径，把矛盾纠纷解决在诉讼之前、法庭之外，共调处非诉矛盾纠纷7119件，指导调处民间纠纷5400余件。深入开展虫草、矿产、草场资源采挖交易纠纷及藏区凶杀案件民事赔偿等重点课题调研，找准司法审判参与社会矛盾化解和社会管理创新的结合点。进一步拓展完善“法律七进”、“法官讲坛”、以案说法的方式，通过通俗易懂的语言和深入浅出的讲解，引导群众合法理性表达利益诉求、解决利益纠纷。出版发行藏文版《常用法律知识读本》，共选派240名法官担任中小学法制副校长，举办法制讲座946场，开展法律咨询920次，受教育群众达35.5万人。

【**坚持党的领导，自觉接受监督，不断加强和改进法院工作**】坚持党的绝对领导，科学处理好坚持组织程序与坚持法律程序的关系，切实把党的意图和主张不折不扣地体现到司法审判的各个领域，切实把贯彻落实党的方针、决策和严格执法统一起来，确保法律的正确实施。切实增强接受监督的自觉性和主动性。向自治区人大常委会专题报告民事执行工作，积极配合各级人大常委会开展执法检查、视察和专项调研。主动接受政协民主监督。完善人大代表、政协委员联络机制，共办复人大代表、政协委员批评、意见、建议6件，邀请旁听、评议案件庭审和听证115件647人次，视察法院工作563人次。依法接受检察机关监督，审结抗诉案件6件。

【**领导名录**】

党组书记、院长：罗布顿珠

党组副书记、常务副院长：汪留国

党组副书记、副院长：宋康宁

党组成员、副院长、拉萨市中级人民法院院长：马方

党组成员、政治部主任：王希伦

党组成员、纪检组组长：常兴昌

党组成员、副院长：革生、刘虎山、边巴拉姆、祝二军

副厅级巡视员：吴卫国、米玛次仁

自治区检察工作

【年度综述】2010 年，全区检察机关深入贯彻落实科学发展观，以“强化法律监督，维护公平正义”为主题，以服务西藏跨越式发展和长治久安为工作主线，以深入推进三项重点工作为载体，以开展“恪守检察职业道德，促进公正廉洁执法”主题实践活动为抓手，不断强化法律监督、强化自身监督、强化基层基础、强化高素质检察队伍建设，为全面建设小康西藏、平安西藏、和谐西藏、生态西藏作出了积极贡献。中央召开第五次西藏工作座谈会，最高人民检察院召开全国检察机关援藏工作会议，区党委专门听取检察工作汇报，曹建明检察长来藏视察指导工作，自治区人大常委会作出《关于加强检察机关法律监督工作的决定》，为做好新形势下的检察工作指明了方向。

【依法保障经济平稳较快发展】制定了《关于服务西藏跨越式发展和长治久安的意见》，进一步调整、完善和落实为经济发展服务的措施，坚持用政策引导执法，指导全区检察机关正确把握法律政策，稳妥处理改革发展中的各类案件，规范在服务企业发展、服务新农村建设、服务改善民生等方面的执法行为。各级检察机关结合实际，相继出台了为基础设施建设服务，为新农村建设服务，为企业发展服务的一系列新举措、新办法，在执法中产生良好的效果。进一步加大对破坏市场经济秩序、危害政府投资等犯罪的打击力度，积极参与整顿和规范市场经济秩序以及深化治理商业贿赂和工程建设领域突出问题等专项工作，2010 年，依法批准逮捕生产销售伪劣商品、破坏金融管理秩序、危害税收征管等犯罪嫌疑人 35 人，提出公诉 31 人；立案侦查国家工作人员商业贿赂犯罪案件 6 件 6 人、工程建设领域职务犯罪案件 8 件 8 人，维护了公平竞争、规范有序的市场环境。

【着力服务和保障民生】对干扰破坏基础设施建设、新农村建设、企业发展、影响稳定的各种犯罪，坚决依法打击，共在重大基础设施建设、重点资金管理使用领域和环节查办职务犯罪 10 人。在执法办案中，讲究方式方法，注重执法效果，避免或尽量减少对基础设施建设、民生工程、企业经营、经济发展、社会稳定造成的负面影响。准确执行法律和政策，严格区分职务犯罪与执行政策失误的界限，保护和支持在跨越式发展过程中的改革探索者。依法平等保护各类经济主体的合法权益，相继与 36 家企业建立重点联系服务关系，努力营造吸引投资者、支持创业者的良好氛围。

【严厉打击达赖集团的分裂破坏活动，努力维护国家安全和社会稳定】全区检察机关始终把维护国家安全作为首要责任，坚持深入揭批、主动打击、严密防范相结合，在揭批上，突出掌握主动、争取人心；在打击上，突出露头就打、注重策略；在防范上，突出先发制人、主动治理。通过建立健全危安案件个案指导、进度跟踪、一案一报制度，严厉打击和严密防范各类分裂破坏活动。

【严厉打击严重刑事犯罪活动，努力维护社会治安秩序】认真履行批捕、起诉职责，依法打击黑恶势力犯罪、严重暴力犯罪、多发性侵财犯罪以及“黄赌毒”犯罪，认真解决群众关注的治安热点问题。2010 年，共批准逮捕各类刑事犯罪案件 1004 件 1545 人，同比分别上升 1.3%、0.5%，提起公诉 1020 件 1585 人，同比分别上升 17.5%、23.7%。共批准逮捕爆炸、杀人等严重暴力犯罪案件 106 件 224 人，提起公诉 144 件 283 人；批准逮捕抢劫、抢夺、盗窃等多发性侵财犯罪案件 460 件 762 人，提起公诉 450 件 740 人，保持了对严重刑事犯罪的高压态势，切实增强了人民群众安全感。深入开展打黑除恶专项斗争，对公安部和公安厅督办的“5·16”等涉黑案件，依法及时办理，共批准逮捕黑恶势力犯罪案件 3 件 53 人，提起公诉 3 件 41 人。对“1·28”合同诈骗案等 29 件重大案件及时介入，引导侦查取证，取得了良好的效果。

【坚持把化解矛盾贯穿于执法办案始终】一是加大涉检工作力度。高度重视敏感案件的办理和“三个效果”的统一，防止激化矛盾和引发新的矛盾。2010 年，共受理控告举报线索 139 件，同比上升 34.95%，受理群众来访 38 人，同比上升 5.56%；受理刑事申诉案件 13 件。通过开展信访积案化解专项活动、“百万案件评查”活动，对 2004 年以来 17341 件案件进行了清理排查，对排查出的的 4 起涉检疑难信访案件逐案落实包案责任，综合采取释疑解惑、教育疏导、救助救济等措施，使包括魏联科申诉十余年的 3 起案件成功息诉，对 3 位刑事被害人进行救助，救助资金 171609 元。二是创新维稳工作机制。制定《处置群体性上访事件预案》、《公诉部门处理突发事件预案》、《公诉部门加强量刑建议的指导意见》、《关于建立检察机关适用刑事和解制度的实施办法》等规范性文件，不断建立健全了信访风险评估机制、社会矛盾纠纷排查化解机制、执法办案风险评估机制、检调对接机制、社情民意调查和反馈机制以及贯彻宽严相济刑事政策的长效机制，最大限度化解社会矛盾，最大限度增加社会和谐因素，最大限度减少社会对抗。三是认真贯彻宽严相济的刑事政策。坚持严格执法、区别对待、宽严适当。对初犯、偶犯、未成年人犯和轻微刑事案件，依法认真审查，慎用逮捕措施，慎重作出起诉决定。对涉嫌犯罪的未成年人，采取适合其身心特点的办案方式，建立分案处理、跟踪帮教、亲情会见等制度。对轻微刑事犯罪案件依法快速办理，推行不捕直诉政策，或建议人民法院适用简易程序或简化程序，一些检察院还积极探索非羁押诉讼工作机制，提高了办案效率。

【积极参与社会管理创新，促进提高社会管理水平】配合有关部门，积极参与对社会治安突出问题的整治；定期分析社会治安形势，深入基层调研，及时提出消除隐患、强化管理、预防犯罪的建议，促进社会治安防控体系建设；与共青团、妇联、学校、寺庙、街道、社区、农村基层组织等密切配合，广泛开展法制宣传教育、法律咨询等活动；以“青少年维权岗”为载体，突出抓好青少年犯罪预防及帮教转化工作；不断加强对刑罚执行等各类监管活动的法律监督，促进对特殊场所特殊人群的依法、文明、科学管理，帮助拉萨“3·14”事件非罪处理人员和各类刑释解教人员妥善安置、融入社会；积极探索参与网络虚拟社会建设与管理的长效机制，坚决依法打击利用网络实施的煽动颠覆国家政权、窃取国家秘密、诈骗、赌博、传播淫秽物品、非法经营、非法侵入计算机信息系统等犯罪活动。积极配合有关部门，深入开展利用互联网和手机等新兴媒体传播淫秽色情、低俗信息等专项整治活动，净化网络环境。

【依法查办和预防职务犯罪，努力推进反腐倡廉建设】针对职务犯罪的新特点、新变化，正确处理办案与服务、惩治与预防、打击与保护的关系，加强对侦查工作的统一指挥和协调，提高发现线索、侦破案件的能力，实现了办案工作平稳健康发展，促进了反腐败斗争深入开展。

【进一步加大办案力度】全区检察机关统一开通“12309”举报电话，完善了侦查一体化工作机制，加强了对查办职务犯罪的组织指挥和协调。2010 年，共查办各类职务犯罪 37 件 43 人，查办人数上升 7.5%，为国家挽回直接经济损失 870 余万元。突出查办大案要案，查办大案 26 件、县（处）级以上职务犯罪要案 5 人。对重大责任事故，依法同步介入有关主管（监管）部门的调查 2 起。查办重大责任事故背后的渎职犯罪案件 3 件 6 人。

【进一步提高办案质量】按照“一要坚决、二要慎重、务必搞准”的原则，严把案件证据关、事实关、适用法律关，严格执行职务犯罪案件立案报上一级检察院备案，撤案、不起诉报上一级检察院批准制度，加强侦查、逮捕、公诉内部监督制约，努力提高案件质量。严格执行同步录音录像制度和执行扣押、冻结款物的规定，不断规范执法办案。在法院已审结的职务犯罪案件中，有罪判决率继续保持 100%的良好态势。

【进一步加强渎职侵权检察工作】专题向自治区人大常委会汇报渎职侵权检察工作情况，全面落实审议的要求，从提高认识、加强整改、强化领导等方面综合施策，狠抓整改，渎职侵权犯罪立案人数同比上升 500%，特别是查处了当雄县纳木湖乡党委书记、乡长玩忽职守案，涉案金额高达 626 万元，在全区有一定影响。

【进一步加强预防职务犯罪工作】坚持预防为先、保护为主、打击为慑的方针，把预防职务犯罪工作摆在了更加突出的位置。通过出台《西藏检察机关开展重大建设项目专项预防工作的实施方案》，积极保障政府重大项目投资安全，在铁路、公路、机场、水电、安居房等 87 个关系国计民生的重大项目建设中开展创“双优”（工程优良、干部优秀）专项预防工作。完善全区行贿档案查询系统，受理查询 16 人次。建立职务犯罪警示教育基地，开展活动 282 次，受教育 44068 人次，发放宣传资料 32940 余份。不断健全工作机制，制定实施全区检察机关内部加强协作配合的意见，坚持并完善预防职务犯罪工作联席会议制度，增强预防职务犯罪工作的整体合力。

【坚持打击犯罪与保护人权并重，着力加强刑事立案和侦查活动监督】共受理立案监督案件 19 件，同比上升 26.7%，向公安机关发出《要求说明不立案理由通知书》16 件，通知公安机关立案 11 件，公安机关执行立案 9 件；在侦查活动监督中，对侦查活动中的违法情况发出《纠正违法通知书》3 份，口头纠正 41 次，发出《检察建议》11 份；对侦查机关提请批准逮捕、移送审查起诉案件，决定不批准逮捕 230 人，不起诉 110 人。对应当逮捕而未提请逮捕、应当起诉而未移送起诉的犯罪嫌疑人，决定追捕 1 人、追诉 1 人。从 1 月份开始，在全区试行立案侦查的职务犯罪案件由上一级人民检察院审查决定逮捕，自治区、分市院共受理此类案件 11 件 15 人，依法决定逮捕 11 件 15 人。

【坚持实体公正与程序公正并重，着力加强审判监督】在刑事审判监督方面，共出庭公诉一审案件 314 件。对危害国家安全、刑事和解、简易程序、量刑建议等问题进行专题调研，出台了有关工作意见和规程，有效地破解了实践中遇到的疑难问题。进一步加强对死刑二审案件的审查和出庭工作，以提前介入和审查案件为平台，创新死刑案件办理机制，建立死刑案件质量评析通报制度，并向法院发出检察建议 2 件次。在全区推行量刑建议制度，共对 598 件案件提出量刑建议，法院采纳率达 80%；强化对适用简易程序案件的监督，派员对 33 件案件进行监督，有效地加强了对司法裁量权的监督。在民事行政审判监督方面，全面贯彻落实全国检察长座谈会暨全国检察机关第二次民事行政检察工作会议精神，坚持把提高抗诉书和再审检察建议书的质量放在重要的位置来抓，积极改进民事行政抗诉书说理方式，不断增强抗诉书的说理性，规范抗诉标准和条件，切实提高案件质量，2010 年，共审查办理人民群众申诉的民事行政案件 62 件，同比上升 40.9%，对认为确有错误的民事判决、裁定提出抗诉 4 件，同比下降 50%，向人民法院提出再审检察建议 2 件；办理民事执行案件 2 件，促成和解协议；牢固树立成功抗诉是成绩、息诉罢访也是成绩的理念，对法院裁判正确的民事、行政申诉案件，促进和解息诉 18 件，有效地将社会矛盾化解在检察环节，达到了息诉罢访的效果。

【坚持维护监管秩序与保障被监管人员权利并重，着力加强刑罚执行监督】全区检察机关认真组织开展监狱清查事故隐患、促进安全监管、清理久押不决、保外就医四个专项活动，切实维护了监管安全和在押人员合法权益；通过建立被监管人约见检察官制度，及时受理被监管人员的控告和申诉；通过加大监督检查力度，切实整治看守所混关混押现象。2010 年，共审查执行机关提请和法院裁定减刑、假释、暂予监外执行案件 1261 件，发现并纠正不当 1 件；开展巡回检察 1182 次，发现并纠正各类安全隐患 164 次；加大办案力度，查办监管民警职务犯罪案件 1 件 3 人；坚持做好纠防超期羁押工作，发现并纠正超期羁押 7 件 7 人；认真受理在押人员及其亲属的控告、举报和申诉案件 2 件 3 人；认真履行监外执行检察职责，清理监外执行罪犯 146 人，发现并纠正脱管漏管 14 人；加强派驻监所检察机构建设，全区新建派驻看守所检察室 6 个。

【检察援藏工作取得了新突破】最高人民检察院高度重视检察援藏工作，中央第五次西藏工作座谈会召开之后，先后三次召开检察援藏工作会议。一是智力援藏工作成效显著。2010年，第六批检察系统16名援藏干部全部到位;国家检察官学院强化了对我区检察干警的业务培训；吉林、黑龙江等省市检察机关安排我区19名中青年业务干部到当地检察机关进行岗位实践锻炼，重庆、云南、四川、吉林检察院对我区169名参加司法考试的人员进行了考前辅导，其中有80名同志通过了2010年的司法考试，全面提高了我区检察干警的素质。二是资金和物资援藏工作取得新突破。最高人民检察院和27个省区市和计划单列市检察机关来藏调研，搞规划、带项目、带资金。共落实援助资金1200余万元，与全国27个检察院确定了结对关系，并在业务受援、干部人才受援、教育受援及资金项目受援等方面达成一些共识。

【领导名录】
党组书记、检察长：张培中
党组副书记、常务副检察长：索 达
党组成员、区纪委驻区检察院纪检组组长：仁青群措
党组成员、副检察长：侯亚辉、多吉、李九西、布尼玛、王 平
党组成员、政治部主任：贾明杰
党组成员、副检察长：赤列晋美、夏利民
检委会专职委员：次旦巴珠
副巡视员：阳正本

自治区公安工作

【年度综述】2010年，自治区公安机关坚持“谋长久之策，行固本之举”，以反分裂斗争和各项维稳安保工作为重点，紧紧抓住“三项建设”和“三项重点工作”，不断加强队伍建设和各项公安工作，为维护自治区社会政治局势的持续稳定，推动西藏公安工作的跨越式发展做出了积极贡献。

【深入开展反分裂斗争，确保社会局势持续稳定】全区公安机关坚持“旗帜鲜明、针锋相对、掌握主动、争取人心、强基固本”的反分裂斗争方针，按照“露头就打、果断处置”的原则，深入扎实地开展反分裂斗争。一是主要领导深入基层调研，与基层民警共商长久之策，帮助基层公安机关分析形势任务，找准工作重点，研究对策措施。二是切实加强重点人口管控。三是加大对危害国家安全案件、造谣传谣的侦察打击力度，先后破获了一批危害国家安全的案件。

【全力抓好重要敏感节点和重大活动的安全保卫工作】一是主要领导高度重视，亲临一线指导安保工作。为确保昌都解放60周年庆祝活动的绝对安全、万无一失，李昭副主席先后两次亲赴昌都，对昌都地区的维稳工作进行考察调研和督促指导；在上海世博会安保工作中，厅党委副书记、常务副厅长杨光明同志两次前往世博会现场检查指导世博会西藏馆的安保工作，为各项活动的顺利开展和绝对安全提供了坚强的组织领导保证。二是提前谋划，精心组织。全区公安机关按照区党委、政府和公安部的统一部署，根据各项活动安保工作需要，成立了预防和处置紧急事件领导小组和各项重大活动安保工作领导小组，制定安保工作方案，切实做到了“谋定而后动”。三是严密防范，加强戒备。各级公安机关大力加强敏感节点、重大活动的安全防范、执勤巡逻工作，确保了“三大节日”、全国和自治区“两会”、三月份敏感期、“萨嘎达瓦”宗教活动、上海世博会、广州亚运会及昌都解放60周年等重要敏感节点和重大活动期间全区社会局势的持续稳定，做到了“大事不出，中事没出，小事能妥善处置”。2010年，公安警卫部门在进一步加强队伍思想政治建设和警卫勤务规范化建设的同时，共出动警力6870人次、车辆924台次，圆满完成警卫任务483批次，确保了领导首长、重大会议等各项警卫的绝对安全。

【切实加强寺庙阵地控制】一是积极配合统战、民宗等部门进驻各重点寺庙开展法制宣传教育工作;二是进一步大力推进寺庙“四进工程”。全面落实寺庙社会化管理措施，维护寺庙正常的宗教活动秩序；三是加强寺庙派出所建设。

【切实加强重点防控】一是在自治区一线指挥部的领导下，继续强化社会面的控制，不断完善常态和非常态下军警民联勤联防联控机制;二是积极组织基层治保组织、社会力量参与社会治安防控工作；三是加强指挥调度和常态下交巡警“有警处警、无警巡逻”工作，提高见警率、管事率和抓获率；四是深入推进社区警务建设；五是组织反恐、特警、消防等部门开展武装巡逻、拉动演练，与街面执勤力量形成动静结合的强大威慑。

【严厉打击刑事、经济、毒品等违法犯罪活动】一是深入开展打击刑事犯罪工作。根据自治区维稳一线指挥部和公安部的集中统一部署，全区公安机关相继开展了“百日严打整治”、2010严打整治、社会治安重点地区排查整治、打击电信诈骗犯罪等专项行动。大力加强命案侦破、打黑除恶、网上追逃、“两抢一盗”等刑事犯罪案件侦办工作，严厉打击多发性侵财犯罪、拐卖妇女儿童犯罪，深入开展治爆缉枪专项整治行动。2010年，全区公安机关共立各类刑事案件4772起，破获3607起，破案率76%，抓获刑案作案成员2826名，与上年相比立破案数分别上升21.77%、28.5%；其中立命案121起，破110起，命案侦破率为91%；侦办涉黑案件并移送起诉3起，打掉恶势力团伙7个，抓获黑恶团伙成员88名；立多发性侵财案3167起，破2217起；立拐卖妇女案22起，破19起，解救妇女48名。二是严厉打击经济犯罪。全区各级公安经侦部门以危害税收征管、侵犯知识产权、职务侵占、合同诈骗、挪用资金犯罪等当前突出的经济犯罪类型为主攻方向，采取挂牌督办与专案攻坚相结合、侦查破案与追逃缉捕相结合、打击处理与追缴损失相结合等方法，深入开展打击假币犯罪、发票违法犯罪、银行卡犯罪工作，破获了公安部督办的“8.27”特大非法经营案等危害严重、影响恶劣、损失巨大的大要案件。2010年，共立破坏社会主义经济秩序案件195起，破案171起，抓获犯罪嫌疑人120人，涉案总价值21722万余元，挽回经济损失1688.5万元。三是大力加强禁毒执法工作。组织开展了禁毒严打整治、娱乐场所涉毒问题治理等专项行动，大力加强易制毒化学品监管、吸毒人员管控工作，同时，加强和完善禁毒康复中心等基础设施建设，深入开展禁毒宣传活动。2010年，全区共立破毒品刑事案件68起，抓获犯罪嫌疑人员122人，缴获各类毒品6923.7克。四是充分发挥技侦优势，不

断提升精确打击各类犯罪活动的效能和水平，2010 年，全区公安技侦部门共侦办各类大要案件 615 起，打掉犯罪团伙 20 个，抓获犯罪嫌疑人 637 名，挽回经济损失达 35000 万元，缴获了大量反宣品、毒品、文物及枪支弹药。

【加强铁路、森林、海关等行业公安工作】铁路公安机关以春运、两会、“3•14”和“7•5”敏感期、世博会、亚运会和暑运安全保卫工作为重点，深入开展了反恐防暴、安全防范大检查大整治、线路治安专项治理及铁路治安严打整治专项行动，确保了青藏铁路的安全畅通。一年来，共发送旅客 161 万余人次，检查行包 210 万余件，抓获网上逃犯 42 名，查获易燃、易爆、危险品 50000 余件；破获铁路刑事案件 10 起、治安案件 18 起；执行各类专列警卫任务 34 次。开展“蓝盾”专项行动，破获倒票案件 6 起，抓获嫌疑人 6 人。森林公安局加强林区治安管理和防控工作，严厉打击破坏森林和野生动植物资源违法犯罪，加强森林防火和保护生态环境工作，与武警森林总队联合组织开展了“高原利剑”野生动物保护专项保护行动。一年来，共受理各类案件 76 起，查处 84 人；查获非法捕猎的野生动物 243 头（只），野生动物皮 350 张；收缴木材 300 余立方米。拉萨海关缉私局立足关区实际，切实履行打私职能，坚持“以打促税”，始终保持对非涉税案件的高压态势，侦办了多起濒危生物走私案件。一年来，共侦办刑事案件 1 起，行政案件 37 起，涉案金额 388 万余元。

【强化社会治安综合治理】一是切实加强新形势下治安行政管理工作，不断提高驾驭社会治安局势的能力。2010 年，共发现受理各类治安案件 6604 起，查处 6309 起，结案 6063 起，查处违法人员 9697 人，与上年相比发现受理数上升 20%；查处行政案件 32448 起（其中，违反道路交通管理法律法规 25680 起），结案 31462 起，查处违法人员 35464 人。在社会治安重点地区排查整治期间，排查重点地区 800 余处、整治 600 余处；排查出租房 5 万余户、流动人口 40 万余人次、重点行业场所 1 万余处，收缴枪支 325 支、子弹 1 万余发、炸药 5600 公斤、雷管 3.5 万余枚。二是大力加强户政管理以及人口和出租房屋管理，努力推进人口信息系统升级改造，做好第二代身份证换发和军人证件拉萨试点首发工作，简化办事流程，开辟办证绿色通道，大力推出各项便民利民措施。一年来，共制发第二代居民身份证 225667 张，同时积极做好第六次全国人口普查户口整顿工作和居民身份证错重号纠错工作，核查居民 739962 户、2944826 人。三是大力加强交通整治，预防和减少道路交通事故。公安交管部门进一步加强道路交通管理信息化建设和应用，大力整治路面行车秩序，认真开展交通安全宣传教育，做好重大节假日、敏感日交通安全和车辆管理，为构建和谐西藏创造了良好的交通环境。四是大力加强学校幼儿园安全保卫工作。落实学校、幼儿园管理制度和管理责任，深入开展校园及周边地区安全隐患的经常性排查整治和群防群治工作，及时整改各类安全隐患。共建立校园警务室 102 个，向学校派驻保安员 756 名，选派法制副校长 412 名。五是加强消防安全工作。全区公安消防部门深入开展打造消防铁军活动，积极构筑社会消防安全“防火墙”工程，全面加强综合应急救援队伍建设，圆满完成了重大活动、敏感节点的安全保卫任务。2010 年，全区共发生火灾 208 起，受伤 14 人，直接财产损失 576 万元，实现了全区没有发生亡人火灾，创造了历年最好成绩；全区消防部队扑救火灾 189 起，应急救援 337 起，公务执勤 1044 次，抢救被困人员 220 人，抢救财产价值 2342 万余元，在青海玉树抗震救灾中，被党中央、国务院评为全国抗震救灾英雄集体。

【大力加强公安网络安全管理和监所管理工作】一是加强网络安全管理，积极开展基础调查和数据更新，有效掌握网上敌情、舆情动态，先后发现处置有害信息 2372 条，侦办、协助侦办各类案件 52 起，抓获网上逃犯 43 人。二是大力加强监所安全管理。各级公安监管部门抓住监所安全稳定和队伍不出问题这两个重点，深入开展管理纪律整顿工作，进一步规范管理机制，加强督促检查，大力清理安全隐患，强化值班监控和巡视，加强和改进监所医疗卫生工作，严格依法收押管理在押人员，认真抓好各项安全工作措施的落实，努力确保监管场所持续安全稳定。

【加强出入境和边防管理，积极维护边境稳定】一是各级公安出入境管理部门按照统一、规范、科学、高效的管理原则，继续加强对公民因私出国（境）申请的审批工作，全年共办理《中华人民共和国外国人旅行证》4668 份 25728 人次，签发签证 494 件 505 人次；受理公民出国申请并办理、换领护照 3095 人次；办理港澳台证件 274 本、出入境通行证 11 本；办理涉外案（事）件 143 起 260 人。二是进一步加强边境寺庙、僧尼管理，严厉打击各种偷渡活动，严密口岸查控，扎实做好上海世博会安保边境防控和边境防控薄弱环节倒查工作，严防非法人员潜入潜出。三是继续做好打击、教育、转化非法出入境人员工作，2010 年，救助遣送部门共接收非法出入境人员 231 名，集中遣送 3 批共 218 人。

【大力加强公安信息化和技术手段建设】一是不断加强公安指挥通信保障，加大公安信息网运行保障和安全防范力度。二是积极推进全区信息化基础建设。构建了集指挥通信网、视频监控网、信息数据支撑网“三网合一”的应急指挥系统，基本实现“决策指挥可视化、通信保障立体化、指挥调度扁平化、信息资源集成化、打防控管一体化”，实现了全区及各地、市、县卫星影像数据处理及电子地图数字化。

【大力加强执法规范化建设，不断推进公安机关公正廉洁执法】一是加强制度建设，规范执法行为。公安厅制定了《西藏自治区公安厅关于大力加强执法规范化建设实施意见》和《西藏公安机关窗口单位文明执法规范》，修订完善了执法质量考评的相关内容和办法，大力倡导严格、公正、规范、理性、平和、文明的执法理念，用制度规范我区公安民警的执法执勤行为。二是以全国公安机关执法规范化建设工作座谈会为契机，加强执法主体建设，强化民警对法律法规和业务知识的学习，积极开展执法示范单位评选活动，不断提高公安民警的专业化工作水平。三是通过加强案件审核、做好行政复议、行政诉讼和国家赔偿工作，强化内部监督，提高执法水平。2010 年，全区公安法制部门共审核刑事、行政案件6056起，受理复议案件29起，审批劳动教养案件223起；厅警务督察部门开展现场督察2213次、专项督察612次，受理群众举报投诉261起、查结248起。四是加强公安机关各业务部门和窗口服务单位的执法服务工作，规范执法行为和执法程序，提升服务效率、质量和水平。五是大力开展公安机关警车及涉案车辆专项治理工作。六是深入开展执法监督、综合考评工作。

【深入推进社会矛盾化解，不断加强和谐警民关系建设】一是扎实推进“大走访”爱民实践活动，加强对人民内部矛盾纠纷的排查调处工作，积极排查化解人民内部矛盾纠纷，努力为群众排忧解难。二是紧紧抓住保发展、保稳定、保民生这一关键，认真贯彻落实西藏公安机关“二十条便民利民措施”，切实加强管理与服务，为人民群众提供更多的便利。三是加强人民内部矛盾纠纷排查调处工作，认真受理来信来访，积极开展信访积案清理工作。一年来，共接待群众来信来访269起408人(件)次，办结166起，办结率为62%。四是积极化解社会矛盾，妥善处理各种苗头性、倾向性问题，严密防范各类群体性事件。一年来，全区共发生群体性事件15起，参与人数533人次。

【继续深入推进公安机关“三基”工程建设】一是加强经费管理，科学执行预算，积极协调财政落实各项经费。二是抓好基础设施建设。先后完成了厅机关技侦业务用房、民警周转房、厅戒毒康复中心、交警调度指挥中心、反恐基础设施、西藏高等警官专科学校附属工程的建设。三是充实基层警力，做好人民警察招录工作。完成2010年第一批332名公开招录人民警察的报名、资格审查和考试等工作和第二批网上招录的报名审核工作，在一定程度上缓解了基层警力不足的问题。四是加强特警队建设，为特警队规范化建设和维稳处突打下了良好基础。五是加强与公安部和对口援藏省市公安机关的沟通协调，积极做好对口援藏工作。一年来，公安部和对口援藏省市援助我区公安机关项目装备、教育培训资金2939万元。

【大力加强民警队伍思想、纪律、作风建设，确保公安队伍正确的政治方向】一是认真组织学习中央、自治区的一系列重要会议精神和党的路线、方针、政策，大力加强民警的思想、组织、作风、制度建设，树立公安民警忠于党、忠于祖国、忠于人民、忠于法律的政治本色。二是积极开展“效能建设”和“创先争优”活动。全区各级公安机关结合当前维稳任务繁重、警力相对分散的实际，努力创新学习形式，正确处理工学矛盾，保障学习时间、内容、效果得到落实。2010年，全区26个集体、223名个人先后受到表彰奖励，其中国家级表彰奖励1人，省部级表彰奖励13人。三是加强舆论宣传工作。协调各新闻媒体加强对公安工作的宣传力度，积极做好各项重大活动、重要案（事）件的宣传报道、新闻发布工作，确保正确的舆论导向，争取广大人民群众对公安工作的理解与支持。四是加强党风廉政建设和专项审计工作。纠正行业不正之风和治理公路“三乱”工作。五是严肃查处违纪民警。一年来，共查处民警违法违纪案件26起36人，查处违反“五条禁令”4起4人。

【获奖情况】

一、公安部授予自治区公安厅党委副书记、常务副厅长杨光明个人一等功。

二、公安部授予自治区公安厅党委委员、副厅长安晓晖个人二等功。

三、公安部授予自治区公安厅经侦总队案件侦查支队支队长罗布、西藏林芝地区公安处经侦支队民警普琼全国公安机关打击假币犯罪“09行动”先进个人。

四、公安部授予西藏拉萨市曲水县公安局局长边巴旺堆、西藏那曲地区班戈县公安局民警仓吉、西藏山南地区加查县公安局局长旦增全国公安机关爱民模范。

五、公安部授予自治区公安厅办公室理论研究室主任叶海涛全国公安系统二级英雄模范。

六、公安部授予自治区警官高等专科学校讲师尼玛、学生处处长张坤林、西藏自治区公安厅法制处行政复议科科长色珍、西藏昌都地区公安处装财科科长聂学斌全国公安优秀教育培训工作者。

七、公安部授予自治区公安厅经侦总队总队长普桑全国集中清理执行积案活动先进个人。

八、公安部授予自治区公安厅办公室理论研究室主任叶海涛全国先进工作者。

【领导名录】

自治区副主席、政法委副书记、公安厅党委书记、厅长：李昭

副书记、常务副厅长：杨光明

副书记、副厅长：益西多杰

副书记：刘江

党委委员、巡视员：洛珠

党委委员、副厅长：张文生、彭秀江、洛桑旦达、刘振伟、平措

党委委员：欧洛布穷、琼色、贾利国、邓泽波

自治区司法行政工作

【年度综述】2010年，西藏自治区司法行政工作坚持以科学发展观为指导，紧紧围绕全区改革发展稳定工作大局，以维护社会稳定为首任，深入推进“社会矛盾化解、社会管理创新、公证廉洁执法”三项重点工作，充分发挥职能作用，扎实有效开展工作，为全区经济社会发展提供了有力的法律保障和良好的法律服务，为全区经济社会发展和社会和谐稳定做出了积极贡献。

【监狱劳教工作】一是加强监所安全管理工作。以“四无”为工作目标，牢记监狱、劳教干警的首要标准、首位意识，加强监所内部正规管理，认真贯彻宽严相济的刑事政策，教育改造质量不断提高。二是切实加强突发事件防范和应急处置管理。建立“思想防线牢固、人防部署严密、物防设施完善、联防协调统一、应急处置高效”的集管理、防范、控制于一体的应急管理体系，防范和应急处置能力进一步提高。三是切实加强监所基层管理，加大学习、劳动、生活三大现场的管理力度，提高监所整体管理水平。四是注重加强思想教育改造，创新教育改造方法，采取针对性措施进行教育改造，教育改造质量不断提高。五是突出抓好技能培训，使服刑人员、劳教人员在监所能够学到一技之长，增强他们回归社会的谋生就业能力，降低重新违法犯罪率，履行好维护社会稳定的职责。六是积极推进监狱体制改革工作。按照“全额保障、监企分开、收支分开、规

范运行”的要求，结合西藏监狱工作实际，积极推进监狱体制改革工作。七是着眼大局，全力配合做好维稳工作。在“3·14”等敏感时段，按照区党委一线指挥部的统一部署，克服自身警力紧缺，监所维稳任务繁重的困难，抽调警力，全力配合公安机关和武警部队做好社会面的维稳防控工作。截至2010年，全区各监狱连续5年、劳教所连续7年实现无重大监所改造事故、无重特大案件、无非正常死亡、无重大生产安全事故发生的“四无”目标。

【普法依法治理工作】一是立足于服务经济社会发展，深入开展法制宣传教育。通过举办法制培训班、法律知识竞赛等方式，深入开展执法规范化宣传主题活动，提高干部决策和执法水平；以学校、寺庙、农牧区为重点，深入推进“法律七进”活动，抓好重点对象的法制宣传教育。二是立足于落实三项重点工作，组织开展“加强法制宣传教育，促进社会矛盾化解”主题宣传活动，把法制宣传教育与矛盾纠纷排查化解有机结合起来，把引导群众依法表达利益诉求、解决矛盾纠纷的过程变为普及法律知识、弘扬法治精神的过程，提高法制宣传教育的实效性。三是立足提高全社会法治化管理水平，扎实开展“全国法治县（市区）”、“民主法制村”创建工作。四是充分利用“3·15”、“6·26”、“9·16”、“12·4”等法律宣传日、综合宣传月，广泛开展法律宣传活动，专项法制宣传开展得有声有色。五是全面做好“五五”普法总结验收工作和“六五”普法规划工作。根据“五五”普法规划确定的目标任务和要求，于7月至11月对全区“五五”普法工作进行检查验收，全面总结了“五五”普法工作，查找普法工作中存在的不足和薄弱环节，解决工作中存在的问题，为“六五”普法启动做好规划。

【基层人民调解工作】进一步加强人民调解组织和队伍建设。在调整、充实和规范原有的乡镇人民调解委员会的基础上，加强了村（居）委会和乡镇（街道）调解组织建设，进一步健全行政村的人民调解委员会、自然村的人民调解小组，截至2010年10月底，全区已建立各级调解组织6249个，人民调解员约26000人，司法助理员692人。全区各级人民调解组织共受理民间纠纷4169件，调处成功3988件，调解成功率为96%，防止民转刑和矛盾激化127件，全区已建各级安置帮教机构573个，帮教率达100%，安置率达95%，有力地维护了基层社会局势的稳定。调处案件数量与2005年同期相比减少2163件，与2009年同期相比减少719件。

【法律服务工作】一是努力为保障和改善民生服务。因地制宜推出法律援助“便民一卡通”等便民惠民的工作措施，进一步推动法律服务工作向基层延伸，向基层群众贴近，向民生领域倾斜。进一步放宽法律援助经济困难标准，降低法律援助门槛，逐步扩大法律援助覆盖面，让更多的困难群众方便快捷地获得法律援助。认真做好残疾人、老年人、妇女、儿童等弱势群体的法律援助工作，切实加强对低收入人群、下岗失业人员、农牧民工等的法律援助，切实维护他们的合法权益。我区已在62个县建立了法律援助中心，初步实现了法律援助机构三级网络建设。2010年，全区法律援助机构共办理法律援助案件290件，其中民事法律援助案件189件，刑事法律援助案件101件，代写法律文书977件，解答法律咨询4242人次。办案数量与2005年同期相比增加137件，与2009年同期相比减少11件。二是进一步推进政府法律顾问工作。紧紧围绕党委政府中心工作，充分发挥法律咨询、决策建议和论证等作用，协助政府运用法律手段管理经济和社会业务。目前全区已有469家机关和企事业单位聘请了法律顾问。三是切实加强法律服务执业监督管理。严格执行司法部《律师事务所管理办法》、《律师执业管理办法》、《公证程序规则》等，进一步加强执业监督管理，加强对律师、公证员的执业经历、业务能力、职业道德等方面的考核和管理，使律师自觉坚持“三个至上”，切实做到“三拥护”、“三维护”。四是积极开展律师党建工作。4月3日组织召开了全区律师行业党建工作座谈会，对律师党建工作进行了安排部署。目前，我区18家律师事务所已有11家建立了党支部，占律师事务所总数的72%，对没有党员的3家律师事务所也指定了党建工作指导员。五是9月25至26日，在拉萨召开西藏自治区第四次律师、公证员代表大会，探索我区地市司法处所辖国办律师事务所的改革，同时选举产生了新一届律师协会、公证协会。

目前，我区共有律师事务所18家，律师134人（含兼职、法律援助律师和公职律师、公司律师），初步形成社会律师、公职律师、法律援助律师相互并存、共同发展的良好局面；全区有7家公证处，公证员16名，涉外公证文书发往10多个国家和地区使用；2008年以来新成立了10家司法鉴定中心，司法鉴定工作者达90余人，工作涉及临床法医、物证、司法会计、建筑工程等12个领域100多个事项，采信率100%。

【领导名录】

党委副书记、厅长：荣　生
党委副书记、副厅长：涂汉平
党委委员、副厅长：加永仁青、李　英、何　平、孙中平
副厅长：姬亚军
党委委员、驻厅纪检组组长：钟巴桑
党委委员、政治部主任：卓　嘎
党委委员、监狱局党委书记：吕　波
区监狱局局长：洛桑格列
区劳教局局长：侯顺卿

第三篇 军 事

西藏军区

【自治区党委书记张庆黎、政府主席白玛赤林到林芝军分区检查指导】8月12日，自治区党委书记张庆黎、政府主席白玛赤林到林芝军分区检查指导工作。张庆黎指出：长期以来，西藏军区官兵大力弘扬“老西藏精神”，发扬吃苦耐劳优良传统，始终保持良好军政军民关系，为捍卫边疆、维护稳定和支援地方经济建设作出巨大贡献。新的历史条件下，希望人民子弟兵认真学习中央第五次西藏座谈会会议精神，继续传承和发扬“听党指挥、服务人民、英勇善战”光荣传统，扎实深入地开展好双拥共建工作，为地区安全稳定、繁荣团结做出新的更大贡献。

【群众工作】2010年，西藏军区部队着眼提高群众觉悟，巩固群众基础，大力开展政治纪律、民族宗教政策、边防政策、群众纪律教育；扎实开展宣传群众、争取群众、团结群众、保护群众、服务群众工作。协助地方党委、政府加强基层政权建设，先后为地方举办党建培训110多期，培训乡、镇、村三级基层党组织正副书记1726人（次），与地方138个乡镇、675个自然村党组织建立帮带关系。利用重大节日和敏感日，广泛开展以“促团结、促发展、促和谐、保平安”为主题的“拥政爱民一条街”、“美化市容迎国庆”、“军警民浇灌绿化带树木”、“社会治安综合治理宣传”、走访慰问等活动，发放宣传资料110余万份，清理垃圾3300余吨，整治主要街道360余公里，为90余万农牧民群众和僧侣提供便民服务，诊治僧俗群众80余万人次、发放药品价值800余万元，修理各类电器、车辆9700台（件），走访慰问贫困群众和僧尼贫困户赠送慰问品价值150余万元。积极支援社会主义新农村建设，筹措资金300余万元，帮助36个行政村（自然村）新修和维护道路310公里，修建安全饮水工程89个，解决近5万人、13余万头牲畜饮水问题。大力开展扶贫帮困活动，重点对70多个贫困村的1500多户贫困户进行帮扶，为贫困户修建塑料大棚1.3万平方米，上致富项目9个；依托“青年民兵之家”和地方各类机构举办种植、养殖、维修等培训班89期，培训人员达4600余人次，帮助驻地群众解决“水、电、路”等生产生活难题26个。积极支持地方社会公益事业发展，动员全区官兵捐款300余万元，援建50余所希望小学，改扩建校舍、硬化校区场地2.9万平方米，赠送各类书籍1.1万余册、教学设备、器材1400余件套，资助2800余名失学儿童重返校园；组织西藏军区所属部队体系医院对口支援西藏贫困地区11个县、乡（镇）医院，派出医疗服务队46批、500余人次，捐赠医疗设备220余台件，培训医疗业务骨干1700余人。全力支援抢险救灾，先后出动官兵和民兵2万余人（次）参加青海玉树抗震救灾、察隅特大泥石流灾害和区内各地各类雪灾、泥石流处置等救灾行动190余起。特别是在青海玉树抗震救灾中，西藏军区高原病专家医疗队充分履行职责，实现了救灾人员急性高山病零死亡的目标；组织发动官兵为灾区群众捐款522万余元，有力地抢救和保护了灾区军民的生命财产安全，受到军委、总部和地方党委政府的充分肯定和灾区群众的广泛赞誉。着力强化基地国防教育功能，狠抓国防知识教育普及。各级共组织“军事日”活动190批次，累计参加人数1.3万余人次；举办国防知识专题讲座、辅导130余次，累计受教育12万余人次；为僧俗群众播放爱国主义、西藏民主改革等电影、纪录片210多部。2010年，西藏军区有3个单位、5名个人被成都军区政治部分别表彰为参加和支援西部大开发先进单位和先进个人。

【外事工作】2010年7月22～24日，尼泊尔军队总部工程处处长普达塞尼准将、武警部队总部副总监什莱斯塔、警察总部副总监莱格米一行对拉萨进行参观访问，西藏军区参谋长代表西藏军区司令员杨金山、政委郎友良在拉萨饭店会见并宴请。

9月13～16日，外国驻华武官团共37国67名武官、副武官、军种武官及夫人到拉萨参观访问，总参谋部外事办及成都军区工作组陪同。14日，西藏军区司令员杨金山在迎宾馆会见武官团一行并合影留念，举行招待酒会并致词欢迎，外国驻华武官团团长、意大利驻华武官葛安东准将致词表示感谢，双方互赠礼品，观看西藏军区文工团文艺演出。驻华武官团还前往77626部队进行实地参观，听取西藏自治区常务副主席关于西藏经济社会发展和民族团结情况介绍，听取西藏军区1名副司令员关于西藏军区情况介绍，参观布达拉宫、西藏博物馆、罗布林卡、大昭寺等景点和自治区藏药厂、藏民家庭。

9月16～19日，尼泊尔中高级军官见学团到拉萨参观访问，尼军中西部师师长马哈特少将等15人参加，总参外事办工作组陪同。17日，西藏军区1名副司令员代表西藏军区司令员杨金山、政委郎友良会见见学团。马哈特对中方热情接待表示感谢，提出加强交流、密切合作，努力改善尼北部边境安全状况，进一步密切联系、增进友谊。见学团还观看了77626部队演示，听取西藏自治区常务副主席关于西藏自治区基本情况介绍，参观布达拉宫、大昭寺、小昭寺、西藏博物馆等。

【参加援建烈士陵园】2010年，西藏军区下拨645万元援建西藏地区拉萨烈士陵园、日喀则樟木烈士陵园、山南烈士陵园、林芝地区察隅县沙马烈士陵园、那典烈士陵园等5个陵园。西藏军区党委、领导高度重视，强化组织领导，协调各方面力量聚集援建工作，确保各项工作落到实处。除山南烈士陵园项目工程将于2011年2月底竣工外，其余4个陵园已竣工。

【启动军史馆暨国防教育基地建设】2010年，西藏军区自筹资金2500万元，启动军史馆暨国防教育基地建设。工程于2010年6月开工，计划于2011年10月竣工。西藏军区军史馆暨国防教育基地是展示部队光辉历史、奋斗业绩和精神风貌的窗口，是拓展思想政治教育、鼓舞官兵斗志和培养战斗精神的场所，将作为拉萨市标志性建筑，并为西藏解放60周年献礼。

【开展军服管理专项整治】2010年，西藏军区协调地方相关部门，在调查摸清“谁在销售”、“谁在购买”的基础上，组织军地执法人员采取拉网排查方式在拉萨开展声势浩大的军服管理专项整治活动，对21家销售07式军服及其仿制品商店进行专项整治，拆除2家以“军品”、“军备”为商店广告的标识，没收非法销售的军服及仿制品共16个品种1042件（套、顶、个、条），有效打击了非法销售07式军服及其仿制品的不法行为。

【西藏军区总医院感染病医院挂牌成立】2010年12月2日，西藏首家“院中院”——西藏军区总医院感染病医院挂牌成立。该医院成立的目的就是通过多学科交叉合作，建立重大疾病、常见疾病、疑难疾病的基础与临床研究平台，不断探索新技术、新方法，实现基础、临床互为依托，科研、技术有机联动的发展模式。感染病医院前身是西藏军区总医院感染病科，是西藏专科水平最高，集临床、科研和教学为一体的综合性医院。近年来，该院在各种常见传染病和结核病，尤其是各种急、危、重症传染病临床诊断和治疗方面获得了长足发展。

【广播剧《吉吉和她的将军阿爸》开播】7月1日，由西藏自治区党委宣传部、西藏人民广播电台、成都人民广播电台联合制作的以全国全军重大典型李素芝为原型的广播剧《吉吉和她的将军阿爸》开播。该剧讲述了李素芝34年来为基层部队和藏族同胞真诚服务、无私奉献的感人事迹，7月1日起多次在西藏人民广播电台播出，并在中国西藏之声网在线播出，获得听众和业内专家广泛好评。8月，该剧在中央人民广播电台文艺之声节目中播出，在部分省市广播电台陆续播出。

【启动“西部贫困家庭疝气儿童手术康复计划”项目】2010年7月9日，西藏军区总医院被西藏自治区民政厅定为“西部贫困家庭疝气儿童手术康复计划”西藏自治区唯一一家定点医疗机构，医院举行隆重启动仪式，并对此项工作进行周密安排。2010年，共为40余名贫困家庭疝气儿童进行免费手术。医院凭借精湛的医疗技术、良好的服务态度，受到西部贫困地区疝气儿童项目办公室、西藏自治区民政厅和广大患儿家长一致好评，进一步拓展了民族医疗扶贫渠道。

武警部队西藏自治区总队

【年度综述】2010年，西藏总队在武警党委、自治区党委政府的正确领导下，坚持以科学发展观为指导，着眼建设现代化武警、有效履行职责使命，紧紧围绕“抓基层不放松、打基础不懈怠、保稳定不动摇”的工作思路和“任务完成好、内部不出事、部队有典型”的建设目标，一手抓任务，一手抓建设，关键抓干部，重点抓风气，圆满完成以维稳、执勤、处突为中心的各项任务，全面建设呈现出积极向上、稳步健康的发展势头。

【国务院、中央军委授予第二支队特勤中队“雪域高原英雄中队”荣誉称号命名大会】2月8日，国务院、中央军委授予西藏总队第二支队特勤中队“雪域高原英雄中队”荣誉称号命名大会在总队礼堂举行。总政治部副主任童世平宣读授称命令，为特勤中队授奖旗；自治区党委副书记张裔炯、武警部队副政治委员崔景龙高度赞扬特勤中队先进事迹，就开展向特勤中队学习活动提出明确要求；总队政治委员汪象华主持大会并讲话；特勤中队指导员单玉喜代表中队官兵发言。公安部人事训练局副局长樊京玉，总政治部组织部副部长秦生祥，自治区党委副书记、人大主任向巴平措及王宾宜、李昭等领导，西藏军区司令员杨金山、政治委员王增钵，西藏总队总队长郭毅力，以及总政治部领导机关、武警部队司政后机关、总队部门以上领导，驻藏解放军、边防、消防、森林、交通、反恐部队官兵及社会各界代表出席大会。会后，童世平、崔景龙等领导分别接见特勤中队官兵并合影留念，深入拉萨部队调研视察、看望慰问一线执勤官兵。

【自治区领导看望慰问官兵】2月13日，自治区主席白玛赤林带领自治区慰问团，深入第一支队、第二支队、拉萨市支队执勤点看望慰问执勤官兵，并赠送慰问金。

3月22日，自治区党委书记张庆黎到第二支队视察工作，观摩反恐大队军事汇报表演，看望慰问特勤中队官兵，充分肯定特勤中队为推进西藏跨越式发展和长治久安做出的突出贡献，向中队获得“雪域高原英雄中队”荣誉称号表示祝贺，欣然为中队题词：“英雄的部队，人民的卫士”。

【上海世博会期间西藏维稳】4月9日，西藏总队政治委员汪象华率总队和63师官兵，代表驻藏武警维稳部队在第二支队反恐大队参加武警部队担负上海世博会安全保卫暨维稳工作誓师动员大会。会后，西藏总队、63师等驻藏武警维稳部队高度戒备，确保了世博会期间西藏社会安全稳定。

【处置群体性事件】5月5日至6月9日，西藏总队采取武力震慑、宣传疏导等手段，配合公安成功处置芒康县宗西乡部分村民以开矿污染环境为由，阻挠矿厂生产、打砸矿厂设施、冲击乡政府、围哄地县工作组人员的闹事事件。

5月21日，西藏南木林县索金乡发生1500余名群众冲击索金乡政府、围攻地县联合工作组人员的大规模群体性闹事事件。西藏总队迅速配合公安厅果断平息事态，抓捕闹事骨干分子42名。

【军事竞赛】5月26日至27日，西藏总队组织第一支队、第二支队、昌都支队与63师188团、707团分别在拉萨指挥学院、昌都支队教导队开展手枪对不动目标射击、自动步枪射击、400米障碍、抓绳攀登、三人协作攀登和战术基础动作对抗竞赛，以赛促训，提高维稳部队整体军事训练水平和战斗力。西藏总队第二支队和63师707团获得优胜。

【警卫勤务】 8月8日至17日，西藏举行拉萨"雪顿节"活动和第十次运动会。西藏总队、63师援藏部队采取"扼守核心、区间封控、多层警戒、内外联动"的方式对雪顿节活动现场实施封闭部署；采取"独立划区、封闭警戒、时段控制、严把关口"的手段对"十运会"活动现场实施分区部署，确保了"雪顿节"期间的绝对安全和"十运会"顺利进行。

8月13日至16日，西藏总队圆满完成中共中央政治局常委、中纪委书记贺国强一行在藏考察时的住地、路线、专机、现场警卫和武装随卫、机动备勤任务。

10月21日至24日，西藏总队，圆满完成昌都解放60周年大庆期间首长的路线、住地、随队、活动现场警卫以及社会面防控、机动处突和反恐等安保任务。

【野外驻训正规化建设】9月至10月，西藏总队围绕提升野战条件下部队正规化建设质量，结合当前和今后维稳行动中手段运用、任务时限、兵力动用、作战地域等方面呈现的新特点和新规律，抓住"四个经常"、"四个基本"、"四个秩序"、"四个样子"，按照"严于平时、按纲抓建、正规秩序"的要求，依据部队条令条例和规章制度，统一和规范野外驻训时的营区设置、库室场建设、内务设置、阵地文化建设，初步形成野外驻训正规化建设标准，为部队全面开展野外驻训工作提供了依据。

【藏区干部维稳处突培训】5月、11月，西藏总队在拉萨指挥学院举办两期驻藏及其他藏区部队干部处突维稳培训，通过学习理论、分析战例、研习战法、领导辅导授课等方法，进一步提高了参训人员处突维稳、谋划决策、组织指挥和动中抓建能力。西藏、四川、青海、甘肃、云南总队，森林指挥部和第187、63、126、38、41师的学员参加培训。

【"七长"集训】12月8日至13日，西藏总队举办"七长"集训。集训紧紧围绕"建设现代化高原总队，着力提高依法从严治警、依法组织中心工作和依法用装管装能力，加强正规化建设，加强基于信息系统的执勤处突体系能力建设"的要求展开。通过理论学习、观摩见学、操作训练，为抓好经常性基础性工作落实，正规部队管理秩序，提供了理论上的指导、方法上的借鉴和操作上的示范。

【拥政爱民】西藏总队大力开展拥政爱民和支援地方经济建设活动，采取支队帮扶1个乡，中队帮扶2户贫困户的方式，在全区建立了县、乡、户定点扶贫网络。全年援建武警爱民学校10所，资助贫困生400多名；参加抢险救灾12次，抢救群众352人，抢运各种物资49吨；义诊7000余人次，免费赠送药品价值14万余元。

【领导名录】

总队长：郭毅力（少 将）

第一政治委员：李 昭（自治区副主席兼公安厅厅长兼）

政治委员：汪象华（少 将）（7月晋升少将警衔）

副总队长：刘思寿（大校）（6月退休）、李绍安（大校）、卓 珠（藏族）（大校）刘国荣（大校）、（6月任，总队原参谋长）、赵贵龙（大校）

副政治委员：苟春燕（大校）、马小俊（藏族）（大校）、冉茂林（大校）

参谋长：刘国荣（大校）（6月任副总队长）、曾友成（大校）（6月任，拉萨指挥学院原院长）

政治部主任：肖阳忠（大校）

后勤部部长：冯家海（大校）

西藏公安边防总队

【年度综述】2010年，西藏公安边防总队在区党委、政府及公安厅和公安部边防管理局的坚强领导下，以科学发展观为统领，以贯彻落实中央第五次西藏工作座谈会精神为主线，以维护边境地区社会政治局势稳定为核心，顽强拼搏，英勇奋战，圆满完成全年边境防控任务，边境社会政治局势持续稳定，警民关系进一步深化，部队建设和公安边防工作迈上新台阶。

【全力投入边境防控，确保边境安全稳定】全警投入，全力以赴，确保各重点时期和上海世博会、广州亚运会残运会、昌都和平解放60周年大庆期间边境安全稳定，万无一失。一是成立由军政主官任指挥长的边境防控基本指挥部，在6个重点方向设立前进指挥所，在114个重点通道、路段设立执勤点、观察哨和巡逻组，在重点地区和口岸部署机动警力，充分发挥护边联防队员作用，积极构筑边境大联防格局，严防边境"闯关"、滋扰破坏、潜入潜出事件发生。二是强化各边境口岸和交通要道的设卡堵截、检查验证工作，全年检查进出边境管理区车辆28616台次，人员1587773人次，查获伪假证件263本，查获反动宣传品741件，在控人员1名，违法违规人员23名。三是严厉打击偷渡活动，全年查获偷渡案65起148人，侦破"6·19"、"8·31"等多起组织运送他人偷越国（边）境案件，查处"蛇头"14名。

【不断推进创先争优活动，充分发挥班子核心作用】积极开展创先争优活动，各级组织建设进一步规范，作用发挥更加明显。一是召开党建工作会议，部署全区部队深入开展创先争优和"六个一"活动，进一步规范各级组织建设。狠抓学习教育，开设专题讲座56场次，官兵人均学习笔记达2万余字。扩大活动影响力，在局域网发布信息2733条，公安部边防管理局采用140篇，在各媒体发表文章600余篇。二是积极推动政治主官任书记工作，基层党支部政治主官任书记达100%，支队级达90%。总队、支队两级共举办党委（支部）书记培训班9期165人次，举行党建知识竞赛34场。三是进一步转变党员干部工作作风，边境防控敏感时期2500余名党员骨干坚守一线、执勤巡逻，充分发挥了党员先锋模范作用。总队、支队级单位33名领导干部先后下连当兵，各级机关70%的党员干部下基层进行调研，帮助解决问题和困难80余件。

【深入实施爱民固边战略，努力构建和谐警民关系】继续深入实施爱民固边战略，为边民群众办实事、解难事，着力构建警民鱼水深情，打牢警民联防根基。一是积极巩固基层政权建设，帮扶指导基层政权加强与上级党政机关的沟通协调，年内创建爱民固边模范县4个、模范乡（镇）9个、模范村63个，206名警官兼任264个边境行政村村官，77名警官兼任81所边境学校法制副校长，实现基层民警任行政村村官和边境辖区中小学法制副校长全覆盖目标。二是积极为群众排忧解难，解决边民实际困难1907件，化解矛盾纠纷306起。捐款捐物300余万元，帮扶贫困家庭和弱势群体。与253名困难儿童结成帮扶对子并助其纳入政府或社会救助体系，选送22名困难儿童赴丽江民族孤儿学校读书。继官兵捐资300万元修建岗嘎爱民固边小学教学楼后，再次捐赠生活车1台，改善师生交通条件。三是全力参与抢险救灾，确保群众生命财产安全。4月15日，组建20人的抗震救灾保障分队，赶赴青海玉树地震灾区，救济百姓，化解灾情。8月26日，组织“钢铁运输大队”80余名官兵赶赴青藏铁路堆龙曲11号大桥抗洪抢险，排除险。全区官兵踊跃为青海玉树地震和甘肃舟曲泥石流灾区捐款，累计达168万元。

【不断创新服务理念措施，切实提高边检服务化水平】以服务地方经济建设为着力点，创新服务模式、提升队伍素质，推动边检服务水平不断提高。一是推出出入境旅客分段集中验放、初验关口前移、API国际航班信息预检预录等服务措施，投入138万元升级改造樟木口岸出入境检查设备，切实提高通关效率。先后为尼泊尔总统等政要及32个重要代表团提供便捷高效的通关。二是畅通监督投诉渠道，召开社会监督员座谈会20次，发放边检服务调查问卷10000余份和便民服务卡5000余张，收集好的“金点子”40余条，为旅客解决困难206件，旅客满意率达100%。三是采取“走出去、请进来”的方式，派员前往成都、瑞丽等边检站开展业务交流学习，委托专业培训公司为检查员培训礼仪，广泛开展“岗位显身手，服务当标兵”活动，边检队伍素质不断提升。四是举办全区提高边检服务水平知识竞赛和演讲比赛活动，选派优秀选手参加全国公安机关提高边检服务水平演讲比赛，分获三等奖和特别奖，进一步提树检查员形象。

【狠抓社会矛盾排解工作，全面维护社会治安秩序】以社会矛盾纠纷排查化解工作为重点，合理调整警力部署，集中开展社会治安热点问题专项治理，努力消除辖区不稳定因素。一是坚持情报先行，组建成立情报侦查支队，进一步加大情报信息搜集和案件侦查力度，成功侦破“6•19”、“8•31”、“12•07”等十余起重特大案件。二是加大边境社会治安专项整治，查处刑事案件6起、移交公安机关11起，查处治安案件28起，妥善处置1起14人群体性事件，边境地区发案率较去年明显减少。三是打击毒品犯罪成绩突出，查获毒品案件2起，抓获犯罪嫌疑人7名，在6月26日第23个国际禁毒日销毁缴获的毒品325.326千克，其中海洛因1002克、大麻324.226千克。

【领导名录】

党委书记、政治委员：欧洛布穷（副军职）
副总队长：次仁扎巴（正师职）
格桑（副师职）
王世红（副师职）
邱敏（副师职）
副政治委员：刘政文（正师职）
司令部参谋长：柯昌明（副师职）
政治部主任：彭瑞明（副师职）
后勤部部长：黄清水（副师职）

西藏公安消防总队

【年度综述】2010年，西藏公安消防部队以确保火灾形势和队伍“两个稳定”为目标，以深入推进“三项建设”和“三项重点工作”为载体，以打造高原消防铁军、构筑社会消防安全“防火墙”工程和加强应急救援队伍建设为重点，突出抓好维稳处突、防火灭火、应急抢险三大勤务，为全区社会稳定提供了强有力的消防安全保障。2010年，全区共发生火灾219起，无人员死亡，受伤11人，直接财产损失623万元。与2009年相比，起数上升6.3%，受伤人数下降21.4%，直接财产损失上升51.5%。连续10年无群死群伤火灾。

【加快消防工作社会化进程，公共消防安全水平实现新提升】提请自治区人大深入调研，反复修改，两次审议，经自治区第九届人大常委会第十五次会议审定通过了新修订的《西藏自治区消防条例》。制定了《西藏文物建筑及宗教活动场所消防监督检查管理暂行办法（试行）》、《西藏自治区文物建筑及宗教活动场所公安机关消防机构消防监督业务工作指南（试行）》、《常用消防法律文书制作指南（修订）》和《西藏自治区社会单位“四个能力”建设指南》，申请立项了《西藏自治区文物建筑及宗教活动场所维修工程消防设计标准》，消防执法规范性文件不断健全完善。狠抓《西藏自治区2010年度消防安全目标管理责任书》落实，提请自治区人民政府组织开展了年度消防安全目标管理责任考评，并将消防工作纳入社会综治考评内容，召开了全区消防工作会议，切实推动各级政府履行消防工作责任。认真贯彻落实公安部“全国构筑社会消防安全‘防火墙’工程现场会”精神，提请自治区人民政府召开了日喀则地区社会单位消防安全“四个能力”建设、林芝地区工布江达县农牧区火灾防控“四个基础”建设现场会，在拉萨市消防支队、拉萨城关区消防大队、布达拉宫消防大队推行了消防监督管理“四个水平”建设试点。社会主义新农村消防工作示范点建设得到了自治区党委书记张庆黎的高度评价和肯定，利用全区经济工作会议之机，组织800余名自治区党政领导、各厅局主要领导、驻军部队首长、各地（市）、各县（市、区）党委政府主要领导及援藏党政领导干部和主要负责同志现场观摩了林芝地区工布江达县社会主义新农村消防工作示范点建设，增强了各级党政领导做好消防工作，推动“防火墙”工程建设的紧迫感和责任感。全区消防部队深入学习贯彻中央领导和自治区及公安机关领导的重要指示精神，深刻汲取吉林“11.5”

大火和上海"11.15"特大火灾教训，采取系列措施，迅速贯彻落实国务院办公厅《关于进一步做好消防工作坚决遏制重特大火灾事故的通知》精神，提请自治区人民政府下发了《关于切实加强冬季防火工作的通知》，自治区白玛赤林主席、郝鹏常务副主席等党政主要领导多次带队检查消防工作，要求党委、政府把消防工作置于民生民安工程的重要内容抓好抓实、抓出成效。依托"六进"载体，拓宽宣传渠道，普及消防安全常识和《消防法》、《西藏自治区消防条例》等法律法规。全区各级政府、政府职能部门、社会单位和广大公民积极组织参与消防宣传和教育活动，自治区教育厅、安监局、地震局等单位在全区1020所大中小学校53万师生中开展了"119"消防日应急疏散演练，在"11.9"消防日等节点积极组织开展消防培训、消防宣传一条街、消防常识演示等活动，营造了政府和政府职能部门牵头，社会单位和广大公民积极参与的消防宣传格局。2010年，全区开展各类消防宣传活动900余次，组织社会单位培训590余次，培训9000余人，开展各类演练340余次；在西藏日报刊发藏汉双语"平安西藏"消防专刊42期共计210万份；在西藏电视台、西藏人民广播电台等媒体播发新闻236条，消防公益广告1000余次，悬挂消防宣传条幅、标语3010余条，发放宣传资料16万余份。

【圆满完成重大活动、敏感节点消防安全保卫任务，消防工作取得新战果】按照"大事、中事不出，小事预知预防、及时处置"的要求，提早谋划，精心组织，健全指挥体系，提升战备等级，强化预案演练，落实战勤保障，严密现场勤务，全力确保了春节、藏历年、"3.10"、"3.14"、"西藏百万农奴解放日"、"萨嘎达瓦"宗教活动、燃灯节、雪顿节、自治区"十运会"、西藏和四省藏区公安工作会议、昌都解放60周年、全区经济工作会议等重大活动、敏感节点的消防安全保卫工作万无一失。2010年，全区消防部队共接警出动1571起，出动消防车辆2453辆次，出动警力14445人次，抢救被困人员220人，抢救财产价值2342.1万元。大力开展"火灾隐患、消防违法百日围剿"专项行动及公众聚集场所火灾隐患和屋顶违章简易建筑专项排查整治活动。对党政机关、人员密集场所、易燃易爆化学物品储存经营单位、出租房屋和文物建筑保护单位等重点单位、要害部位进行"拉网式"排查。全年全区消防部队共派出检查组3198个，检查单位11284家次，发现火灾隐患12016处，当场整改火灾隐患11041处，责令限期整改975处，临时查封11处，实施行政处罚79例，责令"三停"8家，消除了一大批火灾隐患，净化了消防安全环境。紧扣发展稳定大局，组织开展特色鲜明、内容丰富、形式多样的警民共建共保活动和"大走访"爱民实践活动，先后为各地消防安全重点单位统一制作，分发张贴了疏散指示标志、消防手动报警按钮标志等各类消防标识39种、共9900册；发放《社会单位火灾隐患整改技术服务咨询表》800余份，提出整改咨询服务意见2400余条；走访企事业单位131家，慰问困难群众600余人次，为灾区捐赠钱物折合人民币350440元，进一步巩固了新时期警民鱼水关系，群众对消防部队的满意度进一步提升。

【积极投入抗震救灾、抗洪抢险等应急救援工作，部队遂行多样化任务能力得到新提升】深入贯彻落实国务院59号文件要求，主动协调、积极汇报，推动自治区政府依托消防总队挂牌成立了西藏自治区综合应急救援总队和7个应急救援支队。研究制定了《西藏公安消防部队执勤中队长助理管理办法》，举办了第二期灭火救援攻坚组暨执勤中队长助理培训班，在总队模拟训练基地举办了打造高原消防铁军比武竞赛活动，修订完善各类灭火预案912份，开展"六熟悉"973次，开展总队级演练5次，支队级演练90次，成立攻坚组26个。青海玉树"4.14"地震发生后，总队坚决执行自治区党委、政府和公安部消防局的决策部署，迅速启动跨区域应急救援预案，派出由曲登洛松副总队长带队的消防官兵105人，车辆11辆及抢险救援装备867件（套）合成应急救援力量，驰援青海玉树参与抗震救灾行动。先后在2万余平方米的范围内，搜寻出1名重伤人员和数十具遇难者遗体，挖掘出保险柜6个，抢救佛像、唐卡等宗教用品数十件，挖掘转移青稞、清油、大米、面粉等10余吨，挖掘出冰箱等其它各类物资价值500余万元。总队赴玉树抗震救灾救援队被党中央、国务院和中央军委命名为全国抗震救灾英雄集体，李俊列、胡勇两名同志被授予全国抗震救灾模范称号，成为荣誉最高的抗震救灾英雄集体和模范个人。8月24日，拉萨市拉贡路拉萨河段八一农场大佛岛分场突涨大水，消防官兵成功救出被困重病群众1人，疏散被困群众365人，受到公安部刘金国副部长和自治区党委政府主要领导的表彰，中央电视台给予跟踪报道和赞扬。全年全区消防部队共参加抗洪抢险救援20余次，出动人员397人次，出动车辆（舟艇）64台（艘）次，抢救遇险人员35人，疏散被困人员600余人。

自治区人民防空工作

【年度综述】2010年，西藏自治区人民防空工作在区党委、政府、军事机关的统一领导下，在国家和成都军区人防办的关心支持下，始终坚持以邓小平理论和"三个代表"重要思想为指导，深入贯彻落实科学发展观，紧紧围绕新时期军事斗争准备和促进西藏经济社会实现跨越式发展这个根本任务，认真贯彻落实第六次全国人民防空会议精神，以效能建设年活动为抓手，把中央第五次西藏工作座谈会精神落到实处，扎实有效地开展创先争优活动，充分发挥基层党组织和党员在科学发展中的带头模范作用，圆满完成了2010年的各项工作任务。

【大力加强各级人防组织机构建设】在2010年自治区机构改革调整中，办党组始终把组织机构建设作为一项重要工作，在国家和战区人防办的大力支持下，积极与自治区编办沟通协调，内设机构在原来三个处的基础上增加一个行政执法处和机关党委，行政编制增加6名、事业编制8名，处级领导职数增加9名；自治区人防办已由副厅级调整为正厅级，拉萨、林芝、日喀则三个地（市）也已单独设立正县级人防机构。

【组织指挥和信息化建设成效明显】信息系统建设。一是建立了基础指挥平台；二是建成了区人防机关办公局域网，为实现军地互联互通和安装人防指挥自动化软件做好了前期准备；三是建成了自治区本级、拉萨、林芝、日喀则短波单边带台站。

防空警报体系建设。2010 年，人防系统对拉萨市、日喀则地区和林芝地区防空警报设施设备进行了升级改造，拉萨市实现了防空警报对有线电视信号的切换，日喀则地区和林芝地区填补了主城区内防空警报设施设备覆盖的空白。全区国家人防重点城市防空警报的音响覆盖率均达到了75%-80%以上，使我区防空警报体系建设基本达到了规定要求。

防空袭预案修订。根据全区人防机构调整和单设情况，为及时修订完善拉萨、日喀则、林芝三地（市）防空袭预案（主案）的配套保障工作拟制了前期准备计划。

【人防工程建设】地面工程和基本指挥所建设。按照“长期准备、重点建设、平战结合”的原则，因地制宜、协调发展、统筹兼顾，立足西藏现有资源条件，在国家人防重点城市积极推进人防基本指挥所的建设，依据科学管理、功能相适应的宏观尺度，完成了日喀则市人防基本指挥所和林芝地区人防基本指挥所建设的设计准备工作，部分项目已进入实施阶段。

依法筹划结建工程，努力提升城市综合防护能力。坚持“以建为主，以收促建，建管并重”的行业准则，对符合法律法规要求的民用建筑依法开展防空地下室建设工作，以合理开发地下空间为抓手，结合西藏经济社会发展和城市建设的时代契机，完成信息化建设与土建施工结合开展工作，结合地面建筑修建防空地下工程面积持续增加，整体提升了城市综合防护水平。

坚持自我努力和多方支持相结合，实现人防工程建设新变化。人防工程建设在国家人防办、成都军区人防办的领导下，依据人民防空工程建设法律法规，初步实现了四个转变。一是，实现了工程建设由单位、群众自发性建设向依据人防战备技术标准建设的转变；二是，实现由单个“示范工程”建设向“长期准备、重点建设、平战结合”的转变；三是，实现以战备效益为重点向战备效益、社会效益、经济效益兼顾的转变；四是，以结合民用建筑修建防空地下室为建设重点，实现了从地下空间利用向地下空间开发的转变。

【组织开展新中国人民防空创立60周年宣传活动】2010 年是新中国人民防空创立60周年，自治区人防办把庆祝人防创立60周年宣传活动作为一项重要工作，大力开展丰富多彩的宣传活动。通过组织人防创立60年座谈会、安排专题板报宣传栏、进行专题采访报道、在“国防教育日”和“六十周年”宣传日与拉萨市人防办在拉萨市邮政中心枢纽楼前设立宣传点，架设人防知识宣传图20余张，发放宣传册1000余册，并积极主动为观看人防知识宣传挂图和咨询人防相关政策、法规等问题的市民进行耐心的讲解与宣传，使得此次宣传活动达到了预期的效果。向国家人防办和成都军区人防办提供了宣传展板及相关资料并在庆祝活动和全国第六次人防工作会议期间参展。

【重大事项】第六次全国人民防空会议于2010 年 10 月 26 日在京举行，西藏参会代表有自治区副主席宫蒲光、西藏军区张兵参谋长、西藏自治区人民防空办公室主任丹增以及拉萨市、日喀则地区、林芝地区人防办主任等。这次会议是在新中国人民防空创立60周年之际、全国人防战线精心筹划人民防空建设第十二个五年规划之时，经党中央、国务院、中央军委批准召开的一次重要会议。中共中央总书记、国家主席、中央军委主席胡锦涛接见会议代表，19 位党政军领导人陪同接见并出席会议。中央国家机关和军委总部机关领导，全国各级主管人防工作的领导和人防办主任共900余人参加会议，是新中国人民防空历史上规模空前的一次盛会。

【表彰奖励情况】在第六次全国人民防空会议上，国家国防动员委员会对71个“全国人民防空先进城市”予以通报表彰。人力资源和社会保障部、总参谋部授予北京市朝阳区民防局等35家单位“全国人民防空先进集体”荣誉称号；授予刘文礼等39 名同志“全国人民防空先进工作者”荣誉称号。国家人民防空办公室对北京市民防局等 221 个“全国人民防空先进单位”和张金林等354名“全国人民防空先进个人”予以通报表彰。西藏自治区人防办的米玛同志荣获“全国人防先进工作者”荣誉称号；丹增、王强同志荣获“全国人防先进个人”表彰； 西藏自治区人防通信站荣膺“全国人防先进单位”。

【领导人名录】

党组书记、主　任：丹　增
党组成员、副主任：陈祖明
党组成员、副主任：季新贵

第四篇 经 济

发展和改革、商务

自治区发展和改革工作

【年度综述】2010 年，在区党委、政府的正确领导下，紧紧围绕中心工作，按照“科学发展引领，强化四种意识（大局意识、责任意识、服务意识、创新意识），增强四个能力（政策研究能力、发展谋划能力、项目推进能力和工作统筹能力），发挥三部作用（参谋部、规划部、协调部），促进跨越发展”的工作方针，扎实发挥好“规划引导、综合平衡、项目带动、科学管理、产业建设、改革促进、参谋服务”等七项职能，深入贯彻中央第四、五次西藏工作座谈会精神，全面落实自治区八届人大五次会议部署，加快推进新农村建设、狠抓项目建设管理、大力支持特色产业发展、着力改善民生，不断深化改革开放，各项工作取得了突出成绩，为保持我区经济社会跨越式发展势头做出了不懈努力。

【充分发挥综合经济部门作用，加强经济运行调节】一是狠抓经济运行调节工作。上半年，在维稳任务十分繁重的情况下，坚持两手抓、两促进、两不误，积极克服电力供需紧张、异常气候等因素影响，确保敏感时期全区局势稳定，确保经济工作会议和政府工作报告提出的各项经济发展措施有效落实，在经济发展速度、重点项目落实、发展的质量效益、改善和保障民生方面实现了“四大新进展”，为圆满完成全年各项目标任务奠定了良好基础。下半年，紧紧围绕全面完成“十一五”规划目标和年度目标任务这个核心，采取有力措施，着力解决经济运行中的突出问题，促进经济平稳加快发展。全区地区生产总值、地方财政收入、固定资产投资和社会消费品零售总额在“十一五”期间均实现翻番。全区生产总值继 2007、2009 年分别突破300亿元、400亿元之后，2010 年突破 500 亿元大关。二是加强价格调控监管。着力做好价格监测预警、适度掌控、市场监管等工作，保持了市场物价基本稳定。特别是进入 10 月以来，受全国农产品价格上涨以及季节性变化、消费需求等因素影响，区内市场粮油、蔬菜等部分居民生活必需品价格出现了一定程度的波动。围绕“保供稳价、保障低收入群体生活”开展市场调研巡查，准确分析我区价格形势特点，加大重要商品价格监测分析、强化价格检查、及时发布价格信息、加强正面舆论引导等一系列应对措施，有效防止了物价过快上涨，稳定了预期。

【狠抓首要任务，扎实推进新农村建设】围绕改善农牧民生产生活条件、增加农牧民收入这一首要任务，加快推进传统农牧业向现代农牧业转变。一是充分发挥政策增收作用。努力挖掘农牧业内部增收潜力，大力加强劳务经济，积极扶持专业合作经济组织发展，努力开辟多元化转移就业渠道，农牧民收入稳定增加。全年全区农牧区富余劳动力转移就业 81 万人次，农牧民人均纯收入 4138.7 元，同比增长 17.2%，实现 13%以上的增长目标，连续八年实现两位数增长。二是加大支农惠农政策落实和科技推广力度。积极应对先旱后涝等自然灾害，全年农牧业生产持续稳定。全年全区粮食总产量 92 万吨左右，比上年增加 1 万吨；全区各类牲畜年末存栏 2254 万头（只、匹），牲畜出栏率继续保持 30%以上。三是积极改善农牧民生产生活条件。全区累计 27.48 万户、140 万农牧民住上了安全适用的新房，水、电、路、讯、气、广播电视、邮政等农村综合配套设施建设逐步完善；基本实现乡乡通宽带、村村通电话，乡镇通邮率、乡镇通公路率和行政村通公路率分别达到达 85.7%、99.7%、81.2%，累计解决 153.2 万农牧民的安全饮水问题，15 万户农牧民用上了清洁的沼气能源，农牧区碘盐覆盖率达 91.2%，500 个行政村的农村人居环境综合整治试点工作全面启动。

【着力改善基础设施条件，狠抓项目建设】狠抓项目前期工作，积极争取国家投资，加快推进项目建设管理，基础设施建设成效显著。五年累计落实国家投资 873 亿元，超额完成“十一五”落实国家投资 821 亿元的目标任务，比“十五”期间增加 460 亿元。一是重点加强交通建设。完成了五条国道黑色化改造，加快建设拉萨至贡嘎机场公路，在西藏 60 大庆前投入使用，墨脱公路嘎隆拉隧道胜利贯通。全区次高级以上路面里程达到 8200 公里，公路通车里程达到5.8万公里。支线航空建设加快，初步形成了以拉萨贡嘎机场为干线，以昌都邦达、林芝米林、阿里昆莎、日喀则机场为支线的机场布局。拉日铁路开工建设，拉林铁路前期工作加快推进，铁路网络建设迈出新步伐。二是加快推进能源建设。全区装机容量最大的水电项目藏木水电站和世界上海拔最高、线路最长、施工难度最大的输变电工程青藏直流联网工程开工建设，无电地区电力建设加快推进，主电网建设和“户户通电”工程等进展顺利。电力装机总容量达到97万千瓦，全区用电人口近238万人，占总人口的82%，无电人口减少到52万人。三是全面推进重大水利项目建设。满拉、墨达、雅砻三大灌区顺利收尾，旁多水利枢纽工程进展顺利，江北灌区进入加速实施阶段，城镇防洪、农田水利、农村饮水安全工程加快建设，新增和改善灌溉面积43.55万亩，抵御自然灾害能力明显提高，水利基础设施对经济社会发展的保障能力进一步加强。

【保障和改善民生，加强社会事业建设】社会事业建设方面，加大教科文卫基础设施投入。中小学校舍建设进度不断加快，8所新建高中主体工程全部完成。科技富民强县计划、科普惠农兴村计划深入实施，科技对农牧业生产的贡献率逐步提高。基层医疗卫生服务体系进一步完善，县卫生服务中心项目前期工作扎实开展，完成了95个乡卫生院标准化建设，“一村一卫生室”在安居工程村级组织综合活动场所中全部配套建设。公共文化服务体系不断完善，实现县县有综合文化活动中心和信息共享中心，“西新工程”、“村村通”、“户户通”工程等项目加快推进，广播电视人口综合覆盖率分别达到90.3%、91.4%。扎什伦布寺等22处重点文物维修工程进展顺利。就业和社会保障方面，支持基层就业和社会保障服务设施建设，促进重点人群就业，高校毕业生就业率达到80%以上，城镇新增就业2.1万人，城镇登记失业率控制在4.0%以内。各项社会保险制度进一步完善，努力扩大覆盖面，新型农村社会养老保险制度试点覆盖全区所有乡镇，在全国率先实现新农保制度全覆盖。

【增强自我发展能力，协调推进产业发展】加大产业建设投入力度，加快结构调整，经济增长的内生动力不断增强。在培育特色优势产业方面，加大对藏医药业、矿产业、民族手工业、绿色食饮品业和新能源产业等特色优势产业的支持力度，鼓励企业建立研发机构共享平台。投入专项扶持资金1.08亿元，大力支持国家批准我区的37个重点产业振兴和建设改造项目以及5个电子信息产业和2个服务业发展项目，推动传统产业升级改造。全区实现工业增加值39亿元，其中规模以上工业增加值29亿元，同比增长14.1%；三次产业结构不断优化，第二产业产值达到163亿元，占地区生产总值的比重比上年提高2个百分点。在优化内需结构方面，加大政策扶持力度，积极出台措施吸引外来资金，民间投资趋向活跃。瑞吉酒店、华泰龙矿业集团、娃哈哈绿色食饮品公司等一批企业落户西藏，那曲物流中心已与相关企业签订24个协议项目，投资总额超过12亿元；拉萨市国家级经济技术开发区与239家企业达成协议，入驻企业24家。民间投资占全社会固定资产投资比重达到27.9%，比2005年提高了11.2个百分点。城乡居民消费市场持续繁荣，家电、家具、农机具等热点消费深入农牧区，超市、农贸市场等新兴流通业态带动农牧区消费大幅上升，全年消费增速高于投资2.1个百分点。消费拉动经济增长的作用不断增强。区域经济协调发展方面，藏中地区核心增长区的辐射带动作用不断增强，藏东、藏西地区优势资源转化水平有了明显提升，三大区域内生发展能力不断提高。城镇化步伐加快，小城镇道路、供排水管网、垃圾收集站等基础设施建设得到加强，经济综合开发示范工程继续推进，小城镇的集聚效应不断增强。大力支持昌都解放60周年大庆项目建设，有力地推动了藏东地区发展。

【积极推进生态建设和环境保护，节能减排目标顺利完成】把建设资源节约型、环境友好型社会放在突出位置，加强生态文明建设。一是重点抓好《西藏生态安全屏障保护与建设规划》有序落实。《西藏生态安全屏障保护与建设规划》十大工程累计到位国家投资25亿元，退耕还林、天然草原退牧还草、小水电代燃料、水土流失治理、防沙治沙等工程进展顺利，全年完成人工造林94万亩，“十一五”累计达到172万亩。二是积极推进节能减排工作。全区单位地区生产总值能耗持续降低，实现单位地区生产总值能耗控制在1.25吨标煤/万元目标以内。主要污染物化学需氧量和二氧化硫排放实现年度减排计划。三是加大环境影响评价工作力度。严格按照《国家产业指导目录》、《西藏自治区企业投资项目核准暂行办法》和自治区产业发展政策，严格限制“三高”项目审批，推进科学合理开发利用各种资源，环境影响评价工作逐步规范。

【增强发展活力和动力，深化改革扩大开放】一是大力推进农牧区改革。草原生态保护、集体林权制度、乡镇机构、农村义务教育体制、县乡财政体制和农村公共服务体系等各项改革稳步推进。二是扎实推进企业改革。企业改制逐步展开。盐业总公司组建工作顺利完成，西藏旅游集团、西藏宇妥藏药产业集团组建完成。三是加快发展非公有制经济。全区市场主体发展迅速，全区各类市场主体首次突破10万户，达到10.78万户，注册资本突破500亿元，同比分别增长9.3%和15.7%。四是加快推进投资体制改革。研究起草了《关于进一步改善发展软环境的意见》和《西藏自治区关于加快推进承接产业转移工作的意见》。五是重点推进社会事业改革。全区医药卫生体制改革继续深化，国家基本药物制度初步建立，公立医院内部改革顺利启动，文化和教育体制改革顺利推进。六是着力扩大开放。立足构建开放性经济格局，突出对口援藏平台，探索建立经济援藏协调机制，配合国家发展改革委召开了全国经济对口支援西藏工作座谈会，会议通过的《关于进一步加强和完善经济对口支援西藏工作的指导意见》和《经济对口支援西藏专项编制工作大纲》两个文件，进一步丰富了援藏工作内涵，为经济援藏工作规范化、制度化打下了良好的基础。落实对口援藏资金20.1亿元。充分发挥“一站式”的窗口服务作用，进一步改善招商引资服务环境。积极参与上海世博会筹备、建馆和运行等工作，成功举办了上海世博会西藏活动周。

【获奖情况】2010年以来，在评选全区效能建设年活动先进单位、全区“十一五”重点项目突出贡献集体（个人）、自治区“十一五”时期区直、中直定点扶贫先进单位（个人）和国家部委先进集体（个人）中，先后荣获5个先进集体（单位）和12个先进个人。

【领导名录】
党组书记、副主任：泽　西
自治区政府党组成员、区发改委主任：金世洵
党组成员、副主任：徐建昌、冉仕平、胡新生、马菁林
党组成员、纪检组长：罗　杰
党组成员、自治区铁路办主任：巴桑
党组成员、自治区能源办主任：陈新民
副巡视员：次仁多吉、王念东、孙本拉

自治区粮食工作

【年度综述】2010年，全区各级粮食部门坚持走有中国特色、西藏特点的发展路子，认真贯彻落实中央、自治区关于粮食工作的方针政策，努力践行“为耕者谋利、为食者造福”的服务宗旨，积极稳妥地推进粮食流通体制改革，各项粮食流通工作取得了丰硕成果。以市场供求为基础的粮食价格形成机制逐步建立，粮食市场主体多元化格局基本形成；建立直接补贴粮农和青稞最低收购价机制，保护农民利益的政策支持体系初步建立，有效保护和提高了我区种粮农民利益和粮食综合生产能力；建立健全自治区储备粮实物垂直管理体制、粮食应急体系和粮食市场监测预警机制，粮食宏观调控能力不断增强，粮食市场和价格保持基本稳定；妥善解决了国有粮食企业“老人”、“老粮”问题，国有粮食企业全面走向市场，培育新的经济增长点，经济效益有了新的提高；逐步理顺了粮食管理体制，加强了对社会粮食流通的监管与统计，粮食行政管理职能积极转变；粮食专员（市长）负责制基本落实。

【认真抓好粮食收购，保护种粮农民利益】充分发挥国有粮食企业主渠道作用和价格导向作用，千方百计收购粮食，引导和鼓励多元市场主体积极入市收购，切实为耕者谋利，有效保护了种粮农民利益，为政府粮食宏观调控奠定了物质基础。在2009年和2010年旺季粮食收购中，粮食主产区青稞收购价格和我区种粮农民售粮增收连续两年创历史新高。完善了青稞最低收购价机制，为保护农民利益，确保我区青稞安全提供了政策保障。

【认真做好粮食供应，满足消费需求】2010年，为做好保供稳市工作，自治区粮食局进一步加强对粮食市场的调控力度，特别是在各种自然灾害以及粮食供求关系和价格发生变化时，及时加强对我区粮食供求形势的分析预测，积极应对市场变化，采取果断有效的调控措施，加大指导、协调和监督力度，充分发挥国有粮食企业保供稳价的重要作用，引导非国有粮食经营者参与粮食流通，加大产销合作，积极组织粮源投放市场，保障供应，满足了各层次的消费需求，确保了全区粮食供求总量平衡和粮食市场供应、价格的基本稳定。

【加强粮食供求形势分析，做好粮情预测工作】2010年，为增强粮食宏观调控工作的预见性、及时性和有效性，各级粮食行政管理部门建立健全粮油市场监测预警机制，建立了国家粮油市场信息监测直报点，突出监测重点，加大对重点地市和重要粮油品种的监测力度，加强粮油市场信息采集、分析和通报工作，做好粮食供求形势、价格动态分析预测，增强了粮油市场监测工作的前瞻性、预见性和针对性，提高了监测水平，为政府决策和调控粮食市场提供了依据。

【全社会粮食流通统计工作稳步推进，服务水平逐步提高】截止2010年底，全区纳入统计范围的非国有粮食经营者174户，提高了粮食流通统计数据的代表性、准确性。2010年组织开展了全区粮食统计执法大检查，进一步规范了各类粮食经营者的统计行为。

【全力抓好食用植物油油罐建设项目】在自治区发展改革委的关心、重视下，我区2400吨食用植物油罐建设项目已于2010年正式批准建设，目前正在施工建设中。

【建立健全管理措施，提高储备粮管理水平】2010年，各级粮食部门不断建立和完善管理措施，进一步加强对自治区储备粮的管理，确保了自治区储备粮储存安全、质量良好。2010年，认真组织开展了自治区储备粮管理规范落实年活动和全区粮油保管员、质量检验员职业技能培训，强化了制度落实，加强了队伍建设，提高了自治区储备粮管理水平。

【国有粮食企业改革迈出重大步伐】国有粮食企业市场化改革迈出重大步伐。放开粮食购销市场后，面对激烈的市场竞争和严峻的生存发展形势，各级粮食行政管理部门高度重视，积极加强指导，国有粮食企业不等不靠，进一步解放思想，转变观念，因地制宜，因企施策，积极稳妥推进国有粮食企业改革，主动参与市场竞争，拓展经营范围，加强经营管理，部分企业积极探索尝试合并重组等改革方式，通过共同努力，全区国有粮食企业经营状况有所改善，管理水平得到提升，经济效益有所提高，企业职工收入增加，实现历史跨越，改革取得了一定成效。特别是自治区粮食局四个直属单位通过几年改革实践，从2006年全部亏损，亏损总额达1100多万元到2010年实现全部扭亏为盈，盈利总额达800多万元，增长2倍，改革成效显。

【领导名录】
党委书记、副局长：次旺诺布
党委副书记、局　长：张　虹
党委委员、副局长：达　拥、何长春

自治区商务工作

【消费、进出口拉动经济增长的能力大幅提升】2010年全区社会消费品零售总额达到180亿元，同比增长18.1%；投资单一拉动经济的模式得以改变，形成了投资、消费并驾齐驱拉动经济增长的格局。2010年，全区进出口总额达到8.36亿美元，比上年增长109%，创历史新高。

【对外特点】一是确立了边境贸易在对外贸易中的主导地位。边境贸易进出口总额5年累计14.14亿美元，为“十五”时期的3.27倍，年均增长32.60%，占进出口

总额的51.90%。二是自产产品出口能力增强。自产产品出口累计实现2亿美元，为“十五”时期的2.5倍。出口商品结构发生了改变，实现了由以虫草、羊毛、大蒜、“两绒一毛”等资源性产品为主向啤酒、矿泉水、水泥等自产工业品比重不断增加的转变，这一转变从一个侧面反映出我区抓特色产业发展，培育拳头出口产品初见成效，同时也体现出我区自产产品出口奖励政策效用明显。三是边民互市贸易不断壮大，为活跃边境地区经济，促进边民增收致富起到了积极作用。边民互市贸易总额累计实现15.11亿元，比“十五”时期增长63.7%，年均增长12.74%；亚东仁青岗边贸市场交易活跃，自2006年7月开通以来交易额累计实现6448万元；仁青岗边贸市场的有效运行，促进了我区与印度边境贸易的发展，为推动亚东口岸恢复开放打破了坚冰。四是进出口企业不断壮大，民营企业成为对外贸易主要力量。截止2010年底全区备案登记的进出口企业444家，其中，出口额500万美元以上的企业20家，出口额1000万美元以上的达到20家。民营企业成为对外贸易主力军。商贸服务业快速发展，“十一五”末，全区共有连锁店、超市2500个，比2005年增加953个，销售收入达到13亿元。流通企业不断做大做强，品牌建设得到加强。拉萨百货商场被商务部命名为“全国百货业金鼎店”，2010年11月完成升级改造并正式投入运营，成为引领我区流通现代化的旗舰。百益商贸集团已发展成为集百货、连锁超市、商务会所、地产、物流、酒店为一体的大型流通企业，承建了173家农家店。现代物流业悄然兴起，至“十一五”末物流企业已发展到150家。餐饮住宿、美容美发、保健等行业吸纳社会就业能力增强，“十一五”时期吸纳19.8万人就业，其中吸纳农牧民就业9760人。

【以家电家具下乡、万村千乡市场工程、碘盐推广工作为标志的一系列惠民工程创造性实施，商务惠民能力得以提升】一是碘盐推广实现历史性突破。农牧区碘盐覆盖率由2005年的34%提高到2010年的90%以上，国家已认定我区基本实现消除碘缺乏病目标。二是家电家具下乡创新推进。本着先行试点、创新推进的原则，将家电下乡补贴标准由国家规定的13%提高到20%；在全国独创家具下乡，给予农牧民购买家具25%的财政补贴。截止2010年12月底，全区累计销售家电家具下乡产品172077台(件)，销售金额18955.81万元，兑付补贴资金3895.01万元。三是“万村千乡”、“双百”市场工程扎实推进。“十一五”期间，新建和改造农家店1859家、升级改造商品配送中心20个，农家店已覆盖全区所有的县、60%的乡（镇）；升级改造5个大型农产品批发市场和17个县级农贸市场。为改善农牧区消费条件，极大地改善了农牧民“买难卖难”问题。四是家政服务体系、早餐示范工程、标准化菜市场示范工程、再生资源回收体系建设“四大工程”试点工作初见成效，拉萨市首家家政服务网络中心正式投入运营，发展加盟企业109家，带动家政服务人员就业2000余人。首家早餐示范工程承建企业已完成主食加工配送中心建设，建成3家直营店和40个加盟销售店。2010年完成40个标准化菜市场建设任务。2010年在拉萨市建设66个再生资源回收网点、2个分拣中心和1个集散交易市场项目进入实施阶段。便利消费进社区、便民服务进家庭的“双进工程”效果明显，社区商业得到较快发展，“十一五”末全区188个社区，共有便利店、超市、洗衣店、早餐店等网点8600个。

【市场应急手段不断加强，调控市场能力得以提升】出台了新的《西藏自治区副食品储备管理办法》，设立了“西藏自治区生活必需品市场应急资金”，提升了我区应对突发事件和重大自然灾害的能力，保障了拉萨“3·14”事件、仲巴、当雄强烈地震以及山南等地暴雪灾害非常时期生活必需品的市场供应；动员烹饪协会所属4家餐饮企业15人组成西藏商务“爱心粥棚”赈灾团，赴玉树地区参加抗震救灾。截止2010年底，我区设立国家级边销茶储备5万担，生猪活体储备3000头。自治区级储备：边销茶5万担；白糖850吨；冻猪肉400吨；冻牛肉350吨；酥油100吨。检测样本企业20家，监测商品11大类60种，建立节假日及特殊时期日监测报告制度。2010年度居民消费价格指数控制在2.2%之内，为西部省区最低。市场整规稳步推进。建立了“12312”商务举报投诉服务平台。知识产权保护、盐业、农资、汽车、边销茶市场以及打击私屠滥宰等一系列专项整治有效开展，市场环境、消费环境更加优化。

【体制机制创新，商务科学发展能力得以提升】为加快碘盐推广步伐，设立了西藏盐务管理局，组建了西藏盐业总公司，对全区盐业企业实行了垂直管理。坚持规划先行的原则，编制了以《西藏自治区商务“十二五”发展规划》为龙头、各类分项规划相配套的15个规划。“十二五”商务系列规划充分结合了我区商务工作实际，是我区流通领域有史以来最为系统、最为齐全的规划，为“十二五”时期我区商务大发展、大提升、大跨越提供了基础依据。出台了16项政策制度，对进出口企业备案、加油站审批，再生资源企业管理、特殊行业审批管理进行了规范。

【口岸建设步伐加快，拉萨经济技术开发区运行良好，对外开放水平提升】确定了“一线、两基地、三出口”的南亚贸易陆路大通道基本框架，提出了“重点建设吉隆口岸，稳步提升樟木口岸，积极恢复亚东口岸，逐步发展普兰、日屋口岸”的口岸建设思路，完成了《西藏自治区“十二五”口岸发展规划》和各口岸分项规划的编制，吉隆口岸跨境经济合作区和南亚贸易陆路大通道建设列入国家议程。“十一五”时期，完成口岸基础设施建设投资1.9亿元，口岸功能大幅提升，通关环境逐步优化。“十一五”期间，西藏口岸进出境人员累计336万（含边民）人次，交通运输工具131497（台、架）次，进出口货物440665吨。利用外资工作迈上新台阶。“十一五”时期，共审批外商投资企业42家，实际利用外资累计达到14495.20万美元，是“十五”时期的3.07倍，拉萨瑞吉酒店、香格里拉酒店、拉萨啤酒、5100矿泉水、华泰龙矿业等一批大型外资项目落地成为“十一五”时期利用外资工作突出亮点。拉萨国家级经济技术开发区招商引资取得新进展。从设立至今累计注册企业255家，注册资本45亿元，实现税收16.7亿元。2010年新增注册企业81家，实现税收9.63亿元，同比增长189%。基本形成了以藏医药、绿色饮品、农畜产品深加工为主的特色优势产业群，成为全区第二产业发展的领跑者。对外经济合作取得新成效。“十一五”时期，实施政府间国际多双边合作项目27个，资金总额2415.78万美元。实施境外投资项目3个，投资金额4963万美元；对外援助和对外劳务输出迈出新步伐。由西藏宏绩（集团）有限公司承建的援助尼泊尔沙拉公路已完成初通。通过境外投资和对外援助带动了对外劳务合作，截止目前已实现向尼泊尔劳务输出200余人次，实现了我区对外劳务合作零的突破。贸易投资促进和交流作用增强。“十一五”期间，商务部门共组织完成中国国际投资贸易洽谈会、中国西部国际博览会等46个展会的参展，参展企业累计515家，出口成交金额5410.9万元。成功举办了第十二届中国西藏—尼泊尔经贸洽谈会，签署了关于中国西藏－尼泊尔经贸协调委员会《谅解备忘录》。

【对口援藏工作成效明显，对口援藏长效机制建立】2010年3月10日《商务部、西藏自治区人民政府部区对口援助与合作协议》在北京正式签订，对口援藏力度进一步加大；2010年12月，商务部下发了《关于支持西藏加快发展项目方案和具体政策措施的通知》，制定了共41条扶持政策，为西藏商务事业跨越式发展提供了强有力支撑。

【体会】自治区党委、政府的坚强领导，商务部和全国商务系统的大力支持是做好商务工作的重要保障；坚持发展和改革创新，坚持抢抓机遇、攻坚克难，是推进商务事业跨越式发展的不竭动力；坚持围绕中心、服务大局，发挥市场配置资源的基础性作用，妥当运用行政手段是强化商务工作职责的有效方式；注重发挥投资、消费、进出口“三驾马车”作用，努力增强消费、进出口的拉动力量，是转变经济发展方式、保持经济持续增长的必然途径；坚持把保障和改善民生作为商务工作的出发点和落脚点，扎实做好惠民工作，是体现商务职能、凸显商务地位的关键因素；坚持以点带面，狠抓政策、资金、项目的落实，是奠定良好发展基础的重要抓手；务实高效、勤奋廉洁，“实”字当头推进工作，是实现商务工作有效突破的坚实内功；坚持“两手抓、两手硬”，注重处理好发展与稳定的关系，加强自身建设，是营造商务事业良好发展环境的重要条件。

【领导名录】

党组书记、副厅长：索朗多吉

党组副书记、厅长：马相村

副厅长：帕巴群增、吉桑顿珠、许波（援藏）、达娃次仁、周慧

党组成员、纪检组长：王西平

副巡视员：尚进林

财税、金融、保险、证监

自治区财政工作

【年度综述】2010年，西藏自治区实现生产总值507.46亿元，按可比口径计算，比上年增长12.3%。在国民经济继续高速增长的同时，西藏地方财政较好地完成了预算收支任务。全区地方财政一般预算收入完成36.65亿元，比上年增长21.8%。全区地方财政一般预算支出为551.28亿元，比上年增长17.2%。剔除结转下年继续使用的资金，收支相抵，当年实现净结余1.30亿元。

【加大财政支持“三农”力度，扎实推进社会主义新农村建设】大力实施农牧民安居工程建设。整合资金7.72亿元，确保了新增的20%、4.3万户建设任务全面完成，同步实施了新建安居房抗震加固工程和已建安居房抗震加固试点。至此，全区所有住房条件较差的27.48万户、140万农牧民住上了安全适用的房屋。

加快推进“八到农家”工程。安排资金18.18亿元，加快推进了农村水、电、路、讯、气、广播电视、邮政和优美环境建设，解决了31万人的安全饮水和23.3万农牧民的用电问题，约有15万户75万农牧民用上了清洁能源；安排资金1.95亿元，扎实推进以沼气为重点的农村薪柴能源替代工程；安排资金3.46亿元，在500个行政村开展了农村人居环境建设和环境综合整治试点。2010年，新增155个乡镇1,608个村通公路，实现了行政村村村通电话、通广播电视，乡乡通光缆（宽带）的目标，乡镇通邮率达到85%。

继续加大村级组织活动场所建设。完成投资9,200万元，建设了607个村级组织综合活动场所，全面实现每个行政村都有村级组织活动场所的目标。

大力推动农牧民收入持续稳定增加。落实资金6.14亿元，深入推进了整乡扶贫和集中连片开发，加快促进减贫脱困步伐。落实资金2.70亿元，实施了22个农业综合开发项目，提升农牧业综合生产能力。落实资金1.50亿元，促进农产品开发转化，加快现代农业发展，全力推动“一产上水平”。落实防汛抗旱资金3,212万元、小型农田水利建设资金2.08亿元，修复建设农田水利基础设施，努力夯实农牧业稳产增收的基础。落实资金1.21亿元，对15万人次的农牧民开展了实用技能培训，扶持发展了235个农牧民专业合作经济组织，农牧民增收致富能力进一步增强。落实粮食直补、农机购置补贴、良种补贴、牲畜出栏补贴等各项直接补贴22.4亿元，再加上各种间接补贴，对农牧民群众年人均补贴超过1,800元。

着力提高防灾抗灾能力。落实各项救灾资金1.44亿元，帮助受灾农牧民灾后重建，保障受灾群众基本生产生活。涉农商业保险试点扩大到全区所有县，易灾县、乡救灾物资储备体系建设力度不断加大，农牧民抗灾的能力明显增强。

【坚持以人为本，集中财力全面保障和改善民生】认真落实积极就业政策。落实资金2.73亿元，通过政府购买公益性岗位等措施，以促进高校毕业生、就业困难群体和复退军人就业为重点，认真落实积极

就业政策，通过一系列就业奖励政策的实施，高校毕业生就业率达到83%以上，城镇登记失业率控制在4.0%以内。

进一步加大城乡社会救助力度。落实资金2.60亿元，将城乡居民最低生活保障标准分别提高到330元/人月和1,300元/人年；落实资金1.45亿元，大幅度提高城乡医疗救助标准，并将因病生活不能自理的分散供养五保户护理补贴纳入了医疗救助政策范围；落实资金6,655万元，对我区国有企业离退休人员、城乡低保对象、农牧区五保供养对象等发放了一次性生活补助。

进一步提高各项社会保险的保障水平。下达资金1,881万元，再次上调企业养老金待遇标准，目前月人均水平已达到2,165元，比全国平均水平高出800元左右。落实资金7,374万元，全力推进了全区新型农村社会养老保险试点，提前两年在全国率先实现了全覆盖。城镇职工基本医疗保险、失业保险实现了自治区级统筹。落实全区各项社会保险待遇经费14.60亿元，确保了各项社会保险基金“收支平衡、略有节余”。

提高农牧区相关人员补助标准。将五保户供养标准由年人均1,800元提高到2,000元；将“三老”人员生活补助月人均标准分别提高到400元、250元、200元。

提高干部职工福利待遇。全区干部职工特殊津贴月人均增加400元，全区干部职工体检年人均标准由700元提高到800元，取暖费取暖期内月补助标准由142元提高到160元。

【认真落实科学发展观，促进经济跨越式发展】加大基础设施投入力度。安排重点项目前期经费5.55亿元，落实地方预算内基建投资15.97亿元和中央预算内基建资金125.35亿元。加快推进交通、能源、通讯等自治区重点项目建设，全力实施以周转房、廉租房为重点的保障性住房建设，有效缓解了基础设施瓶颈制约。

全力刺激消费。落实资金5,346万元，实施了家电、家具、汽车、摩托车下乡政策和汽车、家电以旧换新政策，大力挖掘潜在消费，促进城乡居民消费结构升级。落实资金3,934万元，推动“万村千乡市场”和“双百”市场工程的实施，农村消费市场得以拓宽。支持实施了标准化菜市场示范工程和“新网工程”项目，城市物流体系得到进一步完善。提高城乡居民最低生活保障标准、最低工资标准和离退休人员生活费，向困难群体发放了临时物价补贴，向国有企业离退休人员、低保对象发放惠民购物卡（券），增强了低收入者即期消费能力；着力加大了就业、医疗、养老、教育等民生领域投入，稳定城乡居民消费预期。

促进外贸发展。落实资金7,128万元，实施了樟木口岸提升功能建设和日喀则、阿里地区边贸市场建设等重点项目，改善边贸环境，促进外贸发展。

大力扶持战略支撑产业。安排产业发展资金5亿元、中小企业发展资金2亿元、经济运行调度资金5亿元、旅游发展和宣传促销资金7,000万元，大力支持特色优势产业发展，积极支持西藏旅游集团、西藏宇拓藏药产业发展集团和西藏商贸集团的成立。落实应用技术与研发资金1.10亿元，支持实施了金太阳、金牦牛、藏药产业科技创新联盟、西藏高原绿色食（饮）品产业技术创新联盟工程等135个重点科技项目，促进企业技术创新与产品研发，提升了企业核心竞争力。

大力支持国土资源管理工作。落实资金5,900万元，开展了优势重点矿产资源及成矿带矿产资源勘查和地质灾害防治。落实资金4,000万元，确保了全区第二次全国土地调查工作圆满完成，开展了农村宅基地确权登记前期工作。

【充分发挥财政职能，全力促进社会事业发展】加快教育事业发展。教育投入达到59.44亿元，比上年增长12.69%。落实专项资金4.25亿元，大力推进了农村寄宿制学校、城镇义务教育薄弱学校建设和中小学校舍安全工程建设，更新了教学仪器设备。落实资金3,901万元，加大了教师培训力度。落实资金5,524万元，支持职业教育实训基地建设。落实资金7,717万元，支持了高等教育发展。落实资金8,394万元，为高校师范及农、牧、林、水、地矿等相关专业学生提供了免费教育，免除了中等职业学校农牧民子女、城镇困难家庭子女学费、住宿费。落实资金7.07亿元，使以“三包”为基础的各类助学金、奖学金、困难学生生活补助及学费代偿等教育资助政策全面落实。

大力推进医药卫生体制改革。积极启动基本药物“零差率”销售试点工作，稳步实施基本药物制度；将城镇居民医保补助标准提高到了每人每年220元，人均公共卫生服务经费标准提高到了人均27元；落实资金5,266万元，为602个乡镇卫生院配备了流动医疗车和28个边境（远）县医院配备了院前急救车；落实资金4.30亿元，农牧区医疗制度财政补贴标准由140元提高到了180元，保证了农牧区医疗制度的平稳运行。落实资金2,948万元，加强了食品药品监管能力建设。开展了碘缺乏病、大骨节病、高氟水致病、白内障等地方病的防治工作，农牧区碘盐推广人口覆盖率达到91.2%。

大力支持科技事业发展。落实资金1,113万元，大力支持科技成果转化与推广、科技富民强县工程、科普惠农兴村计划和科普专项活动。

全面推进文体事业繁荣。落实资金6,984万元，为县级文化活动中心、乡镇综合文化室、民间艺术团购置了设备，实施了文化信息资源共享工程建设、非物质文化保护和各类演出补助等；落实资金7,927万元，支持全区有线电视数字化前端平台建设工程，对少数民族语言电影电视译制、农村公益电影放映及各类专题表演、节目制作等实行了补助；落实资金9,345万元，对哲蚌寺、色拉寺、桑耶寺等重点文物保护单位进行了维修；落实资金1,642万元，支持举办第十届全区体育运动会、第五届国际半程马拉松比赛等重大赛事活动；落实资金1,169万元，支持了人口和计划生育管理与服务，促进优生优育。

【加大资金投入力度，支持生态文明建设】大力推进生态建设。落实资金3.06亿元，继续实施健全草原生态保护奖励机制工作；落实资金9.25亿元，实施森林生态效益补偿、重点区域生态公益林建设、天然林保护及退耕还林还草等。

大力支持清洁能源建设。落实专项资金5,950万元，开展了山南地区村村通电工程示范项目，完成了100万只高效照明产品财政补贴推广工作。

全面促进环境保护。落实资金3,135万元，重点支持主要污染物减排及国控重点污染源监督性监测，加强全区选矿和重点矿山开采企业环保执法经费保障，进一步完善和提升了全区环境综合监测手段和专业技术能力。

【增加公共安全投入，全力保障社会局势稳定】提高政法部门经费保障标准。落实资金1.61亿元，将县级公检法司人均公用、业务经费分别提高到3.7万元、2.6万元、2.6万元和2.2万元。落实资金4.07亿元，制定政法部门设备配备标准，购置相应设备。投入资金55,178万元，推动了政法系统综合应急指挥平台建设，加快了“金盾工程”、“天基工程”建设。

大力推动群防群治工作。落实资金1,817万元，强化了边境治安联防队员、治安辅警员等辅助警力性质的群防群治力量，群防群治人员的经费保障机制已初步建立。

保障青藏铁路护路需求。落实资金3,277万元，保障青藏铁路专业护路工作正常运转。

【着力加大投入，加强基层基础工作】财力进一步向基层和边境倾斜。下达均衡性转移支付43.23亿元、基层政权建设转移支付2.08亿元，基层财政保障能力得以持续改善。按照每年20万元的标准下达专项资金，解决乡镇机关“吃饭难、吃菜难、洗澡难”问题。落实边境地区转移支付资金2.30亿元，有效促进了边境（远）地区经济社会事业发展和农牧民增收。

全力推进县级后勤服务改革。兑现以奖代补资金3,025万元，确保了改革目标的实现。

进一步完善农村综合改革政策。下达农村综合改革转移支付资金2.20亿元，根据农牧民人均纯收入增长情况对村干部业绩考核奖励实行动态调整。落实资金4,099万元，建立了乡村人医、兽医基本报酬和奖励机制。

【深化财政改革，完善财政管理体制机制】继续加大对地县财政的支持力度。自治区对下财政管理体制进一步完善，与支出责任相匹配的财力保障机制进一步健全，财政激励约束办法取得成效，各级财政当家理财能力逐步提高。

积极推进预算管理制度改革和国库集中支付制度改革。以公共财政预算、国有资本经营预算、政府性基金预算、社会保障预算为主体的政府预算体系改革取得初步进展。部门综合预算改革全面推进，区、地、县三级部门预算改革基本完成。国库集中支付改革进一步深化，全区已有64个县实施国库集中支付，占全部县（区）的86.5%。自治区本级公务卡改革进展顺利。

财政监管工作不断加强。政府采购以加强内部管理，扩大采购规模，提高政府采购效率，规范采购监管为重点，不断完善政府采购体系。2010年西藏自治区政府采购规模达28.38亿元，节约率为5.35%。财政投资评审范围不断拓宽，完成评审项目237个，审减金额3.32亿元。财政部授权我区代行部分中央财政监督管理职能和“小金库”工作进展顺利，财政支出绩效评价制度初步建立，有效维护了财政资金的完整、安全，提高了财政资金的使用效益。规范了自治区本级行政事业单位和在职省级干部公务用车配备、管理。

农牧区综合改革成果不断巩固。启动了村级“一事一议”改革试点，建立了村干部基本报酬和业绩考核奖励制度，农牧区行政管理体制、运行机制和农牧民增收减负长效机制不断健全。

税制改革扎实推进。成品油税费改革、增值税转型顺利实施；规范了全区税收优惠政策，开征了烟草消费税，个人所得税起征点进一步提高，开征并完善了城建税、耕地占用税，地方税体系不断完善。

【领导名录】

党组书记、副厅长：普　穷
党组副书记、厅长：艾俊涛
党组成员、巡视员：张有年
党组成员、副厅长：范光才、尹分水、孙金玲、赖永添
党组成员、纪检组长：尼玛次仁
副巡视员：苏生有

自治区税务工作

【税收收入完成情况】2010年，西藏共组织各项收入51.11亿元，同比增长47%，增收16.33亿元。其中税务部门组织收入50.67亿元，同比增长46.2%，增收16.01亿元。税收收入方面：全年共完成49.70亿元，同比增长46.9%，增收15.87亿元，完成国家税务总局下达计划的136%。其中：国内增值税完成14亿元，同比增长23.3%，增收2.65亿元；国内消费税完成8431万元，同比增长92.4%，增收4050万元；营业税完成11.96亿元，同比增长18.8%，增收1.89亿元；内资企业所得税完成11.20亿元，同比增长1.2倍，增收6.17亿元；外商投资企业和外国企业所得税完成9798万元，同比增长1.2倍，增收5425万元；个人所得税完成4.95亿元，同比增长1.7倍，增收3.13亿元；车辆购置税完成2.57亿元，同比增长26.2%，增收5349万元；车船税完成2310万元，同比增长21.4%，增收407万元；城市维护建设税完成1.87亿元，同比增长32.2%，增收4540万元；资源税完成6624万元，同比增长32.9%，增收1640万元；印花税完成3095万元，同比增长15.7%，增收419万元；土地增值税完成1301万元，同比下降52.8%，减收1458万元。其他收入完成9729万元，同比增长16.2%，增收1355万元，其中，教育费附加完成7395万元，同比增长23.1%，增收1389万元；耕地占用税完成1147万元，同比下降14%，减收186万元；税务部门其他罚没收入359万元，同比下降10.3%，减收41万元；税务行政性收费828万元，同比增长30.4%，增收193万元。出口退税完成2632万元，同比增加退税898万元，增长51.8%。

【税收收入特点】收入规模再创新高。2010年“十一五”收官之年，西藏各项收入总量达到51.11亿元，创历史最高水平，收入增幅超过全国平均增幅（22.6%）二十五个百分点，在全国36个省市区（含计划单列市）中排列第一位，全年收入增量16.01亿元，相当于“十五”末年（2005年）全年的收入水平。税收收入的快速增长，为西藏经济社会的跨越式发展和长治久安提供了可靠的资金保障。

税收收入持续增长，月均增速较快。全年税收收入总体运行良好，一月份税收收入实现开门红，为全年收入的健康快速增长奠定了良好的基础；全年除二、三、九月份收入有所回落外，其余各月增长幅

度均在30%以上，月均收入4.22亿元。

各级财政收入全线增长，中央级增收贡献大。税务部门组织中央级收入24.73亿元，同比增长58.1%，增收9.09亿元，占税务部门组织收入的48.8%；地方级收入25.94亿元，同比增长36.4%，增收6.92亿元。

拉萨经济圈收入贡献突出。拉萨首府经济圈共组织税收收入31.3亿元，占全区收入的61.8%，增收11.68亿元，增收贡献率达到了73%。

各产业围绕西藏自治区产业建设发展要求，税收收入持续增收。三次产业的税收在西藏自治区党委提出的“一产上水平、二产抓重点、三产大发展”的经济发展战略目标下协调发展。从收入总量及增收贡献率看：二、三产业分别完成税收18.37亿元和32.27亿元，同比分别增长19.1%和68.2%；第三产业贡献率最高，同比增收13.08亿元，增收贡献率达81.7%。6.股份公司税收继续领跑，税收增收贡献率最高。股份公司收入总量29.86亿元，是2006年的4.7倍，增收贡献率为77.8%。

【税收收入分析】西藏经济较快发展和PPI、CPI的上涨为税收增长夯实了税源基础。“十一五”期间全区生产总值平均增长12.4%，2010年GDP历史性地突破500亿元大关，是“十五”末年的1.8倍，坚实的经济基础为税收收入快速增长提供了有力保障。刺激经济拉动内需的政策措施促进税收增长。中央第四、第五次西藏工作座谈会和西部大开发会议等国家支持西藏等西部地区发展的重要会议召开以来，国家和自治区实施的一批重点工程项目取得了突破性进展，国家投资1300多亿元的西藏“十一五”规划188个重点项目全部开工建设，109个项目已竣工，拉日铁路和拉萨贡嘎机场专用公路等项目有力地拉动了建筑业等行业税收的增长。旅游业呈跨越式发展势头，带动了交通运输、住宿餐饮等行业的发展。2010年西藏接待游客685.14万人，同比增长22.1%，旅游总收入71.4亿元，同比增长27.6%。旅游业的发展拉动交通运输业完成各项税收11.32亿元，同比增长33%，住宿餐饮业完成各项税收10.39亿元，同比增长52%，商务服务业完成税收30.89亿元，同比增长3.3倍。对外开放进一步扩大。城乡市场繁荣，全年社会消费品零售创历史新高，有效拉动了批发和零售业税收收入大幅增长。

【税收征管】加强纳税评估工作。把纳税评估作为落实“四位一体”新机制的核心内容来抓，制定企业类纳税人增值税、营业税税负及预警标准。积极创新评估工作方式，不断提高评估成效，全年共评估入库税款1338万元。

继续积极贯彻落实增值税转型和车辆购置税等惠民政策，切实减轻纳税人负担，支持企业发展，加强固定资产进项税额抵扣的管理，推动西藏地方经济的发展。

调整完善农林牧采购环节营业税政策。报请西藏自治区人民政府同意，自2010年7月1日起，取消绵羊毛等22种农林牧采购环节营业税，仅保留了对虫草、松茸征收采购环节营业税的政策。

加强发票管理，切实做好普通发票改革工作。本着“简并票种，统一式样、建立平台、网络开具”的总体思路，科学设置票种，合理设计式样，将原来83种190多个版本的发票简并为通用机打发票、通用手工发票、通用定额发票三大类34种发票；制定西藏发票违法行为举报奖励办法，充分调动广大群众协税护税的积极性，广泛发动社会力量举报发票违法行为；认真做好有奖发票推行工作。

认真贯彻落实一系列国家宏观调控政策，着力提高出口退税工作效率，进一步优化出口退税申报流程，加快办理出口货物退(免)税。全年共为19家出口企业审批办理出口退（免）税2632万元，同比增长51.79%。其中：办理出口退税2505万元，免抵调库127万元，有效推动了西藏外贸的繁荣和经济的平稳快速增长。

【税收专业化管理】进一步完善企业所得税汇总纳税信息管理系统，将邮电通讯业、金融保险业、铁路运输业、餐饮业、文化业、矿业、日用品业和中介机构等39户企业纳入管理。个人所得税管理系统推行工作初见成效。初步搭建起了财产行为税税源监控平台。2787名年所得超过12万元的纳税人完成了自行申报纳税工作。

加大重点税源监控力度。在符合国家税务总局重点税源监控范围的134户企业的基础上，将2009年缴纳税收收入50万元以上的企业类纳税人（正常纳税户）纳入自治区局监控范围，使全区监控的户数达到365户（其中总局监控户数为134户），在上年的基础上增加了44户。

【税务管理信息化建设】做好税收业务管理系统、行政管理系统的升级完善和推广工作；重点保障综合征管系统、增值税管理系统等关键业务管理系统的升级完善，以及税务纪检监察管理系统、执法管理系统、税控收款机管理系统、数据集中系统、个人所得税系统的推广上线。合理规划电子数据存储模式，提高数据处理效率；强化数据质量管理；完善数据集中、处理、清分、下发操作规程，加强数据安全管理。继续推进与银行、财政、国库等第三方的数据交换及共享工作。扎实做好运维工作。顺利实施省级网络与信息安全三期建设。

认真做好税收征管数据分析和纳税评估应用工作。按照信息管税的工作思路，利用集中的征管数据分析查找税源管理漏洞，认真做好税收常规分析工作，制定《全区税收征管状况分析表》和数据抽取方案，扎实推进税收征管和纳税评估工作的开展。认真做好税控收款机推行工作。

【税务稽查】全区各级稽查部门全年共实施检查纳税户216户，查出有问题户216户，选案准确率为100%，已结案216件，结案率达到100%；组织企业自查36户，共查补税收收入总额9217万元(含自查收入)，同比增加695万元，增长8.16%，全区查处100万元以上500万元以下的案件15起，查补税款3291万元。

针对那曲地区运营车辆税收秩序相对混乱的状况，开展区域税收专项整治工作，将运营车辆纳入正常的税收管理，保证了行业之间税负公平，促进地区经济健康发展。

按照国家税务总局部署和要求，结合西藏实际，有计划、有步骤地开展了房地产及建筑安装业、药品经销行业、交通运输业、矿产品采矿选矿业、营利性医疗及教育培训机构、解禁限售股减持、年所得额12万元以上个人所得税自行申报纳税情况的税收专项检查。全年共检查纳税户459户,已查结449户,查出有问题户209户,查补各项收入6793.31万元。

按照“打防并举、标本兼治、综合治理”的工作方针,统一安排部署了打击发票违法犯罪活动专项整治工作。全区查处制售假发票案件4起,打掉犯罪团伙4个,捣毁制售假发票窝点4个,收缴作案机器9台,缴获印章18枚,抓获犯罪嫌疑人12人,收缴假电子客票32614份。清理整治非法代开、非法取得发票违法行为,共检查企业866户,查处有问题户280户,涉及非法代开、虚开或非法取得及未按规定开具、使用发票1704份,查补税款339.17万元,罚款70.1万元。曝光发票案件36起。

【纳税服务】一是以纳税人合理需求为导向,认真做好纳税咨询工作。为纳税人提供及时、准确、高效的咨询解答,帮助纳税人更准确地理解税收法律、法规。二是优化办税服务,减轻纳税负担。拓展办税方式,全面实行“一站式”、“一窗式”服务,落实“首问责任制”,积极推行全程服务、限时服务、延时服务、预约服务、提醒服务、咨询服务等服务方式。三是加强社会中介机构管理,规范其执业行为,拓宽为纳税人服务渠道。四是抓好税法宣传,增强依法纳税的自觉性。扎实开展第19个税收宣传月活动,将西藏老百姓熟知的民间人物置于现代税收环境中,紧贴纳税人需求,以诙谐、易懂的形式向公民集中宣传税收的意义、税务登记、发票领购与使用等税收法律法规和相关政策。五是加强与纳税人沟通,及时了解纳税人需求。委托自治区统计局对纳税人满意度进行全面调查,认真查找存在的问题,并提出改进措施,有效解决纳税人反映的突出问题。

【税务政府采购】规范政府采购预算、程序和工作流程管理,逐步提高规范化管理水平,完成了西藏税务干部学校、IT类设备、自治区局机关杂项印刷、拉萨市国税局办公家具等项目的采购工作,预算资金2016.11万元,完成采购1786.01万元。节约采购资金230.01万元,节约率11.41%。

【领导名录】
党组书记、局长:袁庆杰
党组成员、纪检组长:群　培
党组成员、副局长:陈文通、格桑次仁、旺　堆、杨承碧
党组成员、总经济师:谢学忠
党组成员、总会计师:穷　达
副巡视员:尼　玛、成永安

中国银行业监督管理委员会西藏监管工作

【年度综述】2010年,西藏银监局坚持以科学发展观为指导,按照“围绕一个目标、突出三个重点、注重四个加强、搞好五个建设”的思路,带领全局干部职工扎实工作,积极进取,开拓创新,各项工作取得了显著成效,为维护西藏银行业平稳运行和促进西藏经济跨越式发展作出了积极贡献。

【围绕年初确定的工作目标,实现了西藏银行业金融机构稳健运行】2010年,西藏银监局在“落实优惠政策、提升贷存比例;创新监管手段、完善机制体制;防范各类风险、稳步实现双降”的年初工作目标指引下,积极督促和引导辖区银行业金融机构加强管理、提升服务,实现了西藏银行业金融机构安全稳健运行。截至12月末,我区银行业金融机构总资产为1201.04亿元,比上年同期增加241.32亿元,增长25.14%;总负债为1193.89亿元,比上年同期增加243.65亿元,增长25.64%;所有者权益为7.15亿元。比上年同期增加0.05亿元;利润(税后)11.14亿元,比上年同期增加6.51亿元。全区银行业金融机构各项存款(本外币)余额1296.73亿元,比年初增加268.33亿元,增长26.09%;各项贷款(本外币)余额301.82亿元,比年初增加53.48亿元,增长21.53%。其中,在西藏银监局的指导和西藏银行业协会的协调下,辖内主要银行机构首次开展了银团贷款的业务合作,促成了7.5亿元的银团贷款投放,较好地分散了大额贷款的集中度风险。12月末,辖内银行业金融机构贷存比23.28%,不良贷款余额12亿元,比年初增加4.5亿元,不良贷款比例4.03%,比年初上升0.93个百分点。全年,辖内银行业金融机构未发生案件,也未出现涉嫌非法集资的案件。

【抓住工作重点,推动了西藏银行业科学发展】一是中央第五次西藏工作座谈会精神得到深入贯彻和落实。中央第五次西藏工作座谈会召开后,西藏银监局通过采取及时与人行拉萨中心支行联合召开金融联席会议研究贯彻意见、及时向银监会和自治区政府上报银行业贯彻落实情况、要求在藏各商业银行分支机构及时向总行进行沟通汇报等措施,争取了各总行对西藏有关信贷政策的差异化管理办法等特殊政策、特殊安排、特殊对待,进一步加大了对农牧业、基础设施建设、支柱产业和特色经济等发展的信贷支持力度。配合政府进京汇报,向财政部领导汇报协调解决农村金融服务有关金融政策问题,得到大力支持。

二是“三个办法一个指引”得到有效宣传和执行。始终把贯彻落实“三个办法一个指引”作为2010年监管工作的重中之重,加强领导、精心部署、深入宣传、认真培训、严格实施,有力地推进了各银行执行贷款新规的力度,实贷实付、受托支付逐步落实。同时,在中国银行业协会组织的“全国贷款新规3+1知识竞赛总决赛”中,西藏自治区代表队以西南赛区第一名的身份参赛并荣获铜奖。

三是银行业金融机构体系建设得到加强。在西藏银监局的积极推动和配合下,西藏地方性法人银行机构的筹备工作正稳步推进。开发银行西藏代表处升格为分行事宜已完成初审工作,上报银监会。农行西藏分行正积极推动三农事业部制建设。邮储银行西藏分行经过两年多的发展,已初步建立现代银行的管理框架,正推动其规范经营、健康发展;西藏信托改制工作进展顺利,更名为西藏信托有限公司,停顿多年的信托业务已重新启动。积极配合自治区人民政府引进担保公司和小额贷款公司,银行业金融机构体系逐步完善,对县域经济和农牧区的金融服务得到进一步改善。

【认真履职扎实工作,监管能力和监管有效性得到提高】一是监管能力不断提升。以银监会“内控案防制度执行年”活动为

抓手，对2家银行进行了通报批评，对1家银行作出了行政处罚，对3名高管进行了诫免谈话，对3名拟任高管资格予以了否决，对1名高管人员作出了取消任职资格5年的行政处罚，提升了执行能力。在日常监管中，采取定期通报等形式，及时发出了5份风险提示，提升了洞察能力。赴各银行业金融机构进行了调研走访，调整了调研小组成员，有重点地开展了《西藏跨越式发展的几点思考》等多项调研，圆满完成了4份人大建议和政协提案的答复工作，提升了调研能力。

二是监管协调和通报机制不断健全。积极加强向党委、政府和银监会汇报工作情况及相关建议，注重与各家银行总行沟通联系；成功召开了自西藏局成立以来规模最大的"少数民族自治区银行业监管第四届联席会议"，达到了交流、学习、提高的目的；积极与自治区工信厅沟通座谈，出台了《关于进一步改进西藏小企业金融服务的通知》，支持小企业发展；在向银监会请示将17.4亿元平台贷款调整为搭桥贷款得到同意后，牵头召开了由拉萨市政府、市发改委、市财政局和贷款行参加的座谈会，就融资平台贷款（搭桥贷款）的处置达成了初步意见；要求银行业协会督促各银行加强合作、分散风险、分享收益，成功发放了全区第一笔银团贷款7.5亿元；举办了"全区融资性担保公司及银担合作座谈会"；召开了全区处置非法集资工作联络员会议；制订并完善了银行进步度、健康度、发展度、可持续度等考核指标，坚持按月通报银行业金融机构贷款增减、不良"双控"等情况并抄报自治区党委、政府，引领银行业科学发展，并以此支持地方经济发展。

三是监管工作成效明显。按照审慎监管原则，在准入方面采取"内控先行"，业务监管中通过设置合理的"容忍度"，监管审批中注重精简环节，改进服务，提高效率。截至12月末，审批机构设立及变更事项57项，审核高管46人（核准制41人，报告制5人），换发金融许可证50张，对开办个人实物黄金业务等27项业务进行备案。努力改进非现场监管手段，加强对监管信息收集、分析，切实加强监测和风险预警提示工作。切实加大现场检查力度，全年共组织40个检查工作小组，投入1923个工作日，对57家分支机构开展了贷款分类偏离度、贷记卡、政府融资平台贷款、信息科技风险、"三个办法一个指引"、枪弹管理、邮储银行营业场所安全情况等多项现场检查（调查），发现问题87个，提出整改意见97条。

中国人民银行拉萨中心支行

【年度综述】2010年，辖区人民银行系统紧密结合西藏实际，深入贯彻落实中央第五次西藏工作座谈会精神，强化职责履行，加强窗口指导，维护金融稳定，提升金融服务，有力地支持和推动了地方经济社会的发展。全年辖区金融运行平稳，存款快速增长，增量创新高；贷款稳步增长，首次突破300亿元大关。截至2010年末，全区金融机构本外币各项存款余额1296.73元，较年初增加268.33亿元，增长26.09%。其中，人民币各项存款余额1295.54亿元，较年初增加268.3亿元，增长26.12%。全区金融机构本外币各项贷款余额301.82亿元，较年初增加53.48亿元，增长21.53%。其中，人民币各项贷款余额301.49亿元，较年初增加53.49亿元，增长21.57%。

【认真贯彻特殊优惠货币政策，全力支持辖区经济又好又快发展】2010年，为确保"十一五"到"十二五"特殊优惠货币政策的平稳过渡，人行拉萨中心支行认真做好政策的衔接和细化工作。及时组织召开西藏银行业贯彻落实中央第五次西藏工作座谈会精神金融联席会，传达会议精神，研究工作思路和贯彻措施，分解细化目标任务。在大量细致调研的基础上，形成"十一五"西藏货币信贷政策效应分析和"十二五"特殊优惠货币信贷政策建议，及时报送总行和自治区党委政府，为"十二五"特殊优惠货币政策的出台争取了时间，夯实了基础。在总行下发《关于落实支持西藏经济社会发展有关金融政策的意见》后，经过充分酝酿、认真研究，结合西藏实际制定下发了《关于认真落实"十二五"特殊优惠金融政策的贯彻意见》，明确了"十二五"期间支持西藏经济社会发展的优惠金融政策，确保了优惠金融政策的连续性和稳定性。

【加强信贷政策与产业政策、财政政策等宏观经济政策的协调配合，促进金融资源不断优化配置】一是密切配合国家产业政策，发展低碳金融，支持节能减排和淘汰落后产能，及时转发《关于进一步做好金融服务支持重点产业调整振兴和抑制部分行业产能过剩的指导意见》、《关于进一步做好支持节能减排和淘汰落后产能金融服务工作的意见》等信贷政策文件，督促辖区金融机构全面推进金融产品和服务方式创新，努力改进和完善金融服务，大力发展低碳金融，支持节能减排和淘汰落后产能。二是大力鼓励和引导金融机构加强对服务业、文化产业、服务外包产业、旅游业和战略性新兴产业的金融支持和服务工作，培育新的经济增长点，积极组织辖区金融机构扎实做好《关于西藏金融支持旅游业发展的意见》、《关于金融支持文化产业振兴和发展繁荣的意见》等的贯彻落实，大力支持有发展前景的生产服务业加快发展。

【全面推进农牧区金融产品和服务方式创新，促进社会主义新农牧区建设】一是全力推进农村金融产品和服务方式创新。深入学习领会中央1号文件精神，督促辖区金融机构认真贯彻落实关于转发《关于全面推进农村金融产品和服务方式创新的指导意见》的通知，切实加大对农牧区信贷支持力度。二是继续抓好集体林权制度改革与林业发展金融支持与服务工作。制定出台《中国人民银行拉萨中心支行关于做好集体林权制度改革与林业发展金融服务工作的意见》，引导金融机构做好辖区集体林权制度改革与林业发展的金融服务。三是鼓励和引导辖区金融机构进一步加大对农牧业农牧区基础设施建设的信贷和融资支持。截至2010年末，全区涉农贷款余额为56.14亿元，较年初增加5.74亿元，增长11.39%。其中，小额信用贷款余额40.30亿元，较年初增加5.24亿元，增长14.95%。

【进一步改进和完善中小企业金融服务，支持和促进中小企业健康快速发展】一是及时转发《中国人民银行、银监会、证监会、保监会关于进一步做好中小企业金融服务工作的若干意见》，督促辖区金融机构增强服务意识，加大对中小企业的信贷支持，切实缓解中小企业融资难问题。二是积极配合财政厅做好《贷款担保风险补偿专项资金管理办法》的探索建立工作，为金融支持中小企业发展探索信贷风险分散转移机制。截至2010年末，全区中小企业贷款余额为98.97亿元，较年初增加15.46亿元，增长18.51%。

【落实好房地产金融政策，促进房地产市场稳定健康发展】一是为进一步加强辖区房地产市场和房地产金融监测分析工作，全面反映西藏辖区房地产金融情况，加快房地产信息系统建设，完善房地产市场预警指标体系，制定印发了《关于建立房地产金融监测分析信息系统统计制度的通知》。二是转发《关于贯彻落实<国务院办公厅关于促进房地产市场平稳健康发展的通知>的通知》，结合“十一五”期间我区特殊优惠金融政策实际，提出贯彻落实意见。三是制定出台《中国人民银行拉萨中心支行关于加强商业性个人住房信贷管理有关问题的通知》，转发人民银行、银监会《关于完善差别化住房信贷政策有关问题的通知》，加强和规范我区商业性个人住房贷款信贷政策。截至2010年末，辖区金融机构房地产贷款余额45.68亿元，较年初减少2.84亿元，下降5.85%。

【深入推进西藏金融改革发展，金融稳定基础进一步巩固】积极支持区内国有商业银行的改革和发展，密切关注和协调处理好各行股改上市与执行特殊优惠政策、支持西藏经济发展的关系，帮助其解决历史遗留问题，加强调研分析和情况反馈。积极协助地方政府筹备组建西藏地方性商业银行；大力做好国家开发银行西藏代表处升格为分行的工作；进一步深化农行西藏分行、邮储银行西藏分行等现有银行业金融机构改革；理顺西藏信托公司与西藏投资公司的关系，加强西藏信托信息披露工作，提升风险控制能力。目前，全区金融市场体系更加完备，金融主体更加多元化，金融机构共抗风险能力进一步增强。在维护区域金融稳定方面，重点加强了对辖区金融风险的监测、分析、评估与预警，建立了辖区金融稳定报告制度、金融稳定联席会议制度、金融监管信息共享制度和金融风险监测评估体系，打牢了防范系统性风险的工作基础。

【服务与监管并重，外汇管理与服务水平进一步提升】2010年，全区跨境外汇收入14824万美元，同比增长1.33%。全区跨境外汇支出1506万美元，同比增长111.83%。全区跨境外汇收支顺差13318万美元，同比下降4.32%。全区银行累计结售汇总额为22865万美元，同比下降2.49%。其中，结汇总额为20901万美元，同比下降6.78%；售汇总额为1964万美元，同比增长91.05%；银行结售汇顺差18937万美元，同比下降11.48%。2010年，积极争取并采取多种措施有效落实优惠外汇管理政策。结合西藏当前出口企业竞争能力弱、管理水平低、融资难、贸易伙伴难寻等实际困难，向外管总局申请了“十二五”期间切合西藏实际的4项优惠外汇管理政策，并修订了进口付汇核销管理操作规程、出口收汇核销管理操作规程、人民币投资管理办法等3项配套办法。此外，通过开展诚信兴商宣传活动、召开银企现场会等形式进行政策宣传，有效提升优惠政策的认知度。寓监管于服务，扎实做好经常、资本项目外汇管理各项工作。积极有效开展国际收支统计申报现场和非现场核查，进一步加强国际收支统计分析，提高外汇收支分析质量和预警水平。加大执法检查力度，确保银行、企业等部门合规经营外汇业务。加大对外汇违法违规案件的查处力度。全年共立案2起，结案率100%。

【坚持高效便民宗旨，金融服务水平进一步提高】截至2010年末，大小额支付系统处理业务笔数58.15万笔、金额7552.92亿元，同比分别增长49.56%、64.4%。征信管理与服务稳步推进。征信管理信息库的建设完善为解决我区中小企业融资难发挥了积极作用，也方便了企业和个人贷款。截至2010年末，为2374户未与银行建立信贷关系的中小企业建立了信用档案，其中与金融机构达成贷款意向的企业69户，获得银行贷款的企业15户，金额2.7亿元。货币金银工作有序开展。安全调拨、科学摆布发行基金，全年发行基金调拨30次，金额160.26亿元；现金净投放47.88亿元，同比增加0.89亿元，满足了人民群众日常生产生活的正常现金需求。国库现代化体系不断完善。2010年，成功实现自治区本级财政和国库信息共享，并推广到林芝地区。财税库银横向联网系统为纳税人提供了各种纳税申报与缴税便利。截至2010年末，全区加入横向联网系统验证签约三方协议的单位近800户，全年通过财税库银横向联网系统办理各类税收收入电子缴库业务0.88万笔，金额6.52亿元，同比分别增加0.62万笔，3.9亿元，分别增长2.38倍和1.49倍。反洗钱力度不断加大。加强对大额异常流动资金的监测，及时向公安部门提供线索，有效堵截了洗钱犯罪活动，尤其对防止恐怖资金流入我区发挥了重要作用。2010年配合公安机关进行案件协查6次，向公安部门移送反洗钱情报线索1份，配合公安机关成功告破相关网络赌博案件。

【获奖情况】2010年，中国人民银行拉萨中心支行被中国人民银行、中国人民银行工会工作委员会授予“‘创新金融服务、支持经济发展’业务竞赛活动优秀组织奖”。

2010年，中国人民银行拉萨中心支行被拉萨市委、拉萨市政府评为“社会治安综合治理先进单位”。

2010年，中国人民银行拉萨中心支行被国务院第二次全国经济普查领导小组评为“第二次全国经济普查先进集体”。

2010年，中国人民银行拉萨中心支行被中国人民银行金融市场司授予“金融支持区域经济发展工作优秀奖”。

2010年，中国人民银行拉萨中心支行国库处被全国妇联评为“全国巾帼建功文明岗”。

2010年，中国人民银行拉萨中心支行征信管理处被中国人民银行　中国人民银行工会工作委员会评为“‘创新金融服务、支持经济发展’业务竞赛活动先进集体”。

2010年，中国人民银行拉萨中心支行统计研究处被西藏自治区统计局评为“2009年度部门统计工作先进集体”。

2010年，中国人民银行拉萨中心支行国库处被西藏自治区财政厅评为“财政决算报表编制一等奖”。

2010年，中国人民银行拉萨中心支行被西藏自治区政法委、西藏自治区高级人民法院评为“全区集中清理执行积案活动先进集体”。

2010 年，国家外汇管理局西藏自治区分局被国家外汇管理局评为“破获重大外汇违法犯罪案件先进集体”。

【领导名录】
党委书记、行长：旺堆
党委副书记、副行长：李波
党委委员、副行长：张伟、单曲、李隆仕
党委委员、工会主任：王学军
党委委员、纪委书记：赵正英

中国农业银行西藏自治区分行

【年度综述】2010 年，农行西藏分行推进城市业务综合化经营，持续深化服务“三农”工作，全面加强基础管理，致力深化体制机制改革，着力强化风险控制，大力加强党建和队伍建设，各方面工作取得了明显成效，为西藏发展稳定做出了积极贡献。一是全行奋斗目标进一步明确。根据总行党委对农业银行西藏自治区分行工作的指导思想和项俊波董事长 2008 年元旦来农业银行西藏自治区分行调研时提出的“三点希望和四点要求”，在充分调研的基础上，制定了今后一个时期奋斗目标和“3510”具体规划，统一了广大员工的思想和行动，促进了全行各项工作沿着科学发展的轨道顺利推进。二是业务经营快速健康发展。农业银行西藏自治区分行把发展作为第一要务来抓，“十一五”期间累计发放各类贷款 340 多亿元，各项存款余额 553.73 亿元。三是改革取得重大进展。克服管理基础薄弱、商业化经营起点低、历史遗留问题多等困难，攻坚克难，做好各项基础工作，与全国农行同步完成了股改上市进程，其中法律尽职调查，资产确权率等排在全国农行前列。同时，人力资源等内部改革取得显著成效，组织架构进一步优化，干部公开竞聘制度已成常态。积极引入经济资本管理先进理念，制定完善了绩效考核评价、财务费用配置等经营考核体系，首次建立了绩效工资分配制度，员工收入逐年增长，有效调动了全行员工工作积极性。四是内控和风险管理得到加强。

【抓好城市业务综合化经营】加强服务，着力抓好资金组织工作。一是实施高层营销，做好重点客户维护和拓展工作。各级行领导亲自带队，利用重大节假日期间做好对重要客户的拜访工作，主动上门与客户沟通协调。开展了“金钥匙春天行动”、“爱在金秋”、“公众教育日”宣传和“文明标准服务年”等综合营销活动，完成了首轮《顾客满意度调查问卷》评价工作，制定下发了《零售业务产品营销计价考核方案》。

主动营销，强化信贷有效投放，树立“全行营销、全员营销”的理念，大力推行“1+N”营销模式，高层营销、前后台合作、上下联动协作营销已然成型。

推陈出新，大力发展中间业务。举办“体验金 e 顺”等营销宣传活动，开展电子银行“送教下乡”知识宣讲及业务指导活动，加快电子银行体验区建设。大力加强自助设备管理力度，增强电子渠道服务功能，积极拓展电话银行、手机银行、消息服务、网上银行等电子银行业务，成功开通电子账单业务，电子商户取得突破，转账电话业务正式上线，门户网站如期开通运行。

保障有力，扎实推进电子化建设。按照总行部署，完成财务管理信息系统二期（FMIS）、信贷管理系统（C3）、信贷数据直通车、委托资产处置系统、集中式国际结算业务处理系统（GTS）、集中版理财产品销售系统、柜员指纹认证系统等的推广上线，维护做好军人保障卡项目、农户小额贷款、银保通等业务的测试验证及投产工作。完成具有西藏特色的《雪域循环贷》、《雪域成长贷》两项制度创新类金融产品研发的组织、保障和项目组建工作。

【持续深化“三农”服务工作】全行围绕自治区关于促进农牧业稳定发展，农牧民持续增收的要求，积极支持我区社会主义新农村建设。全年累计发放涉农贷款 38.22 亿元。一是充分利用“四卡”平台，继续加大农牧户到户贷款投放力度，支持农牧民发展生产、改善生活。农业银行西藏自治区分行的“农牧户小额信用贷款”产品，荣获中国银行业协会颁发的“2010 年服务小企业及三农十佳特色金融产品”称号。二是紧紧围绕自治区提出的“一产上水平”经济发展战略，认真做好农业产业化龙头企业、中小企业等涉农法人类客户的金融服务工作，择优支持了以“协会+农户”、“支部+农户”模式的农牧民专业合作组织，提升了农牧民就业和增收的带动能力。三是适应西藏扶贫工作的新形势和新要求，与自治区扶贫办联合召开了信贷扶贫工作座谈会，签订了《扶贫农发信贷项目合作备忘录》。按照农业银行西藏自治区分行《扶贫贴息贷款管理实施办法》规定，用活用足优惠政策，在坚持“放得出、收得回、有效益”的原则下，积极开展信贷扶贫工作。通过发放各类扶贫贷款，重点支持了年人均收入 1700 元（含）以下的低收入农牧户和通过订单或合同用于直接增加农牧民收入的农业产业化经营企业、国家扶贫龙头企业等发展。四是全力营销代理我区新农保工作，同自治区人力资源和社会保障厅、财政厅签署了正式合作协议，取得了全区新农保业务独家代理权，走在了全国系统前列。并切实做好后续的相关服务工作，解决了在代理新农保业务过程中出现的收取账户管理费等有关问题，设计了具有西藏特色的“西藏新农保专用存折”，确保自治区新农保试点工作的有序推进。五是 完善产品功能，提高“三农”业务规范经营水平。提高了小额信用贷款“金、银、铜卡”的一般授信额度和信用乡（镇）、村范围内的授信额度，对“四卡”产品和信用乡（镇）、村建设等进行了梳理，细化了具体的业务操作步骤，并经试点和反复修改论证，有效防控农业银行西藏自治区分行农牧户贷款的信贷风险。

【有序推进体制机制改革】一是继续做好股改各项基础工作。二是加强调研，积极争取优惠政策。三是扎实推进人力资源综合改革。稳步开展了全行岗位管理体系落地实施工作。认真开展组织架构改革后评价工作和西藏分行岗位管理体系的设计工作，形成了区分行本部岗位管理体系设计方案，各二级分行也初步形成了岗位管理体系设计方案。四是进一步完善绩效考核机制和财务资源配置。

中国工商银行西藏自治区分行

【年度综述】2010 年，中国工商银行西藏分行继续坚持以科学发展观为指导，认真贯彻落实总行、区党委、政府及监管部门的部署与要求，按照打造"精确的模式、精细的管理、精干的队伍"工作目标要求，扎实开展各项工作，经过不懈努力，保持了西藏分行稳健的发展态势。截至 2010 年末，分行各项存款余额较年初增加 3.84 亿元，增长 22.87%，活期存款占比 91.4%。各项贷款余额较年初增加 1.97 亿元，增长 63.0%，增量存贷比 51.3%。实现利润 2001 万元，完成了扭亏增盈工作目标。继续保持了无不良贷款、无案件、无重大责任事故的良好发展态势。

【突出重点，不断提高业务发展水平】 2010 年，分行以科学发展观为指导，坚决贯彻落实总行的各项战略部署，班子的凝聚力和战斗力不断提升，带领全行干部员工以"创先争优"活动为载体，拓市场，增业绩，发展目标顺利推进，较好的完成了全年任务。一是深入推进优质信贷业务高效投放。分行成立了行领导带队的营销专班，全力推动重点板块的优质客户、优质项目营销和投放工作。同时，加强与总行的汇报和沟通，积极做好贷款审批工作，主动落实贷款投放的前提条件，确保了新增贷款的按期投放。二是全面推进对公存款客户快速增长。分行确定了重点抓财政厅存款，以点带面突破自治区其他厅局的对公存款营销策略，通过高层走访、客户经理跟踪维护等措施，有效拓展了自治区本级预算单位。三是着力实施个人中高端客户高度渗透，全面提升个金市场竞争能力，明确个人中高端客户营销重点，狠抓中高端客户的竞争服务。

【提升理念，不断改进服务机制】 一是抓好大客户、大项目服务机制的建立落实。为进一步提升大客户服务的满意度，在总行牵头指导和兄弟行帮助下，形成了独具特色的"内保藏贷"贷款业务发展模式。积极拓展优质信贷客户。制定一对一服务方案，为大客户、大项目提供专业、专属的优质服务，顺利为华能过渡电源项目以及西藏联通公司发放贷款，有效缓解了拉萨市供电紧张和企业融资难题。二是充分发挥网点渠道作用。牢固树立"以客户为中心"的理念，大力推进网点营销服务功能转型，将网点由被动接受客户处理业务的阵地转变为主动营销服务满足客户需求的渠道，突出大堂经理分流引导，增加 VIP 服务区窗口，开设特色专柜，分层分产品、分客户差别服务。三是加强服务管理，切实改善优质服务水平。坚持规范化服务和标准化建设两手抓，制定了《西藏分行开展"服务价值年"争创最佳服务机构活动方案》，将优质服务工作与网点经营业绩挂钩；实施员工共同参与服务管理，从细节上提升服务品质和效果。四是开展了优质服务专项治理，营造比学赶超良好氛围。加大网点现场检查和非现场检查督导力度，做好服务考核，使分行的服务质量管理、服务投诉管理、服务评价管理、员工教育等工作取得了显著成效。

【夯实基础，不断提高管理能力】 一是完善管理制度。根据西藏分行实际，修改制订了《中国工商银行西藏自治区分行工作规则》、《中国工商银行西藏自治区员工行为守则》、《西藏分行新员工管理暂行办法》等多项制度办法，从工作的规范化和精细化入手，大力推进队伍执行力、团队凝聚力和员工创造力建设，为全行经营管理的规范打好基础。二是准确把控存贷比节奏。深入学习领会中央第五次西藏工作座谈会议精神，贯彻落实西藏银监局提出的增量存贷比达到 60%的监管意见，顾大局讲政治，把握信贷投向和投放节奏，大力支持自治区重点项目建设。三是积极推进运营改革。分行通过前期的精心组织和周密部署，做好了业务系统投产和升级工作，保障业务系统安全有效运营。同时加大现场检查和非现场监管力度，加强全部业务的过程控制，及时发现事故苗头，杜绝各类案件发生。四是努力提高财务核算质量。强化财务核算审批环节，加大原始凭证审查力度，及时处理账务，均衡列支各项成本，实现了营业税金的自动计提。五是构建内控案防长效机制。分行坚持"内控优先、制度先行"的指导思想，针对人员少，岗位多的现实情况，不断探索、逐步完善了内部管理机制，确保依法合规稳健经营。

【以人为本，不断增强凝聚力】 一是牢固树立"员工利益无小事"的理念，真心实意为员工办实事、解难题。继续深入开展"讲党性、重品行、做表率"和深化"温心"工程活动，教育和引导党员干部切实正确认识责任、热心服务员工。二是建立完善员工休假机制、员工家属接待工作机制、员工生日祝贺工作机制、员工"三必访"（员工丧事必访、员工生病必访、员工生小孩必访）、"三必谈"（每季度行长与副行长、副行长与分管部门负责人、负责人与员工主动谈话）等工作机制，建立了"职工之家"，增添了职工阅览室和职工活动室，丰富员工的业余文化生活，增强员工队伍的凝聚力和对分行大家庭的认同感、依附感。三是在员工愿景、利益诉求、培训福利等方面加强对员工引导和激励，切实为员工解除了后顾之忧。四是有效树立分行良好社会形象。分行通过积极参与一系列公益活动，履行了社会责任，彰显了工行作为负责任大行的社会形象，赢得了西藏社会各界的信任和尊重。五是有效深入开展精神文明创建。推动干部员工锐意创新、奋力创优，坚持以身边人、身边事来教育、凝聚和鼓舞全行员工，带领全体员工深入开展创建文明单位、文明窗口、优秀员工等各种形式的文明创建活动，促进基层精神文明建设，收到了树立典型，弘扬正气、激励队伍、凝聚人心的良好效果。

【获奖情况】 2010 年，分行被全国银行业协会授予"文明规范服务千佳示范单位"和全国"百佳培训推广机构"荣誉称号，被西藏银监局、自治区银行业协会授予"良好银行"荣誉称号，分行营业部被总行工会授予"学习型组织先进班组"、"巾帼文明示范岗"荣誉称号，被共青团拉萨市委授予"青年文明号"荣誉称号。

【领导名录】

行　　长：黄庆惠

副 行 长：吴永强、格桑曲珍

行长助理：李海臣

中国建设银行西藏自治区分行

【年度综述】 2010 年，建行西藏区分行一般性存款余额 335.4 亿元，比年初增长 62.3 亿元，增幅 22.84%。各项贷款余额 96.7 亿元，比年初新增 9.26 亿元，增幅

10.6%。中间业务收入 4585 万元，增幅 51.78%。实现税前利润 6.38 亿元。不良贷款余额 1.4 亿元，较年初下降 1.1 亿元，不良率 1.44%，较年初下降 1.58 个百分点。

【贯彻落实“两会”精神，妥善解决遗留问题】中央第五次西藏工作座谈会召开之后，全行把学习贯彻会议精神作为一件大事来抓。总行党委专门召开第 110 次党委会议，对西藏分行提出的政策建议进行研究，先后派出四个调研组赴藏调研，制定了落实座谈会精神、支持西藏分行发展的特殊优惠政策。同年 11 月，总行在成都召开了支持西部大开发工作会议，制定了支持西部分行发展的 6 项优惠政策，建设银行西藏自治区分行成立了支持大开发领导小组，研究落实总行政策措施，推动业务发展。成都建银大厦作为总、分行党委抓的一项民心工程、形象工程。由于管理不善，遗留问题较多。新一届分行领导班子组建以来，做了大量富有成效的工作，总行专项下达购建指标 7036 万元用于解决遗留问题。目前，违规集资款已清退，物管公司及时撤销，工程尾款已结清，各项工作进展有序。相关遗留问题的妥善解决，充分体现了总行党委对西藏分行员工的关心和爱护，使西藏分行新一届党委也经受住了一次严峻的考验。

【实施机构改革，提升专业专注经营能力】年初，根据总行组织机构改革的统一部署，通过分设批发和零售两个业务经营条线，成立批发和零售两个专业委员会，区分管理职能与经营职能，强化条线的分类管理和考核。专门成立联动营销委员会，加强公司、零售业务的联动，推进各项业务协调发展。同时深入推进对公条线部门职能整合与岗位分离工作，推动城区支行从核算型向营销型转变。

【狠抓基础管理，提升经营管理水平】一是批发业务条线强化贷后管理，完善各项规章制度，对押质品实物和管理系统进行清理，完成押品的移交，整理了积压多年的信贷档案，理顺档案管理流程。二是零售业务条线加快个贷中心建设，优化岗位与流程，建立贷后管理长效机制，个人贷款资产质量显著提高。三是风险管理条线努力强化贷后各环节的风险监测、预警和管理，信贷审批工作强化条件落实及重点客户的跟踪管理，加强支用审批管理，确保资产质量。保全条线累计处置不良资产 17，904.8 万元，实现不良资产现金回收 5,897.2 万元，不良资产超值现金回收 3，300 万元，均超额完成全年计划。实现了全行“两降”目标。四是合规监察工作以审计发现问题的整改和案防工作为抓手，切实加强基础管理工作。审计发现问题整改率达到 91.5%，比上年提升 12.3 个百分点。加大积分管理，全年被积分人数 287 人，共积分 1037 分；严肃纪律严厉问责，被责任追究人员 49 人次。

【强化市场营销和渠道建设，促进业务均衡发展】批发业务方面：一是组织实施批发条线“开门红”、资金结算业务竞赛活动和“强基础、拓市场”营销活动，先后推出单位通存通兑、百易安、保理、乾元理财产品和票据贴现等新业务品种，同时强化对各城区支行的系统管理和指导。二是加强团队营销，组建了水电、公路、铁路、矿业、民航五个公司营销团队和财政、八一工程、民本通达三个机构业务营销团队，重点拓展了华能西藏分公司、旁多水利枢纽管理局、华夏西藏矿业、西藏军区等重点客户，有效推动资产负债业务的发展。三是不断优化信贷结构。认真执行“进、保、控、压、退”措施，优化信贷结构，全年实际退出金额 13，369.4 万元，完成退出计划 422%。

零售业务方面：一是本着“以活动促发展”的思路，按照“季季有活动、月月有主题”的要求，认真组织开展“龙腾虎跃、建行贺岁”、“服务世博、业务创优”、“全行总动员、业务全体验”、“提高质量，提高效益”等主题营销活动，促进个人存款快速增长。在同业率先推出“建行金”实物黄金业务，全年销售实物黄金 55 公斤。二是加强渠道建设。完成 4 个支行和个贷中心的装修，并新建财富中心、拉萨柳梧支行。扎实推进网点二代转型工作，4 个支行实现二代网点转型，在区内同业中首推 VIP 客户服务，成为区内同业客户服务模式创新的“领头羊”。加快自助设备渠道建设，新增加 ATM 机 10 台、新投放 POS 机 526 台。2010 年分行个人大众富裕客户及个人富裕客户数量比年初增长 25%。三是加大电子银行业务推广，实现了新的跨越。电子银行交易量比完成计划 197.3%，自助设备交易量比完成计划 321.7%。四是抢占住房资金业务新兴市场，成功营销拉萨市商品住宅维修资金的归集业务，实现住房维修基金的独家经营。

中间业务方面：一是组织实施中间业务标杆管理竞赛活动，在分支行中营造“比、学、赶、超”的中间业务竞赛氛围。二是加强对重点产品买单激励力度，提高经营部门和分支行营销积极性，中间业务收入显著提高。三是加强对中间业务发展的指导，深入各条线管理部门和支行开展调研活动，及时调整中间业务管理措施，引导中间业务快速发展，市场占比上升 3.75 个百分点。四是在年末对中间业务配置专项费用，加强中间业务冲刺激励，使全行中间业务提前完成总行计划。

【强化中后台管理工作，增强保障支持力】一是加强特色产品研发。技术部门在保障全行系统安全生产和提升客户服务能力的前提下，主动与业务部门研究客户需求和管理手段变革，完成综合前端项目、公务卡查询系统、人力资源考核系统等多个项目研发推广上线。二是大力推进前后台分离和集中。4 月份会计集中对账管理新系统成功上线。同时加快推进前后台分离项目各系统上线工作。三是平安建行创建取得新进展。安全保卫条线认真落实各项安全防范措施，确保了各敏感时期和重大活动期间安全与稳定。全年投入 1100 万元，完成监控联网系统、网点自助设施等建设，提高了全行的技防水平。

【优化资源配置，完善绩效考核】第一在资源配置上，一是对批发业务条线、零售业务条线和保全业务条线配置了专项拓展费用，由业务条线部门按照年度目标和营销方案用于业务发展；二是对中间业务及重点业务和产品安排专项拓展费用，用于激励和促进全行战略性业务快速发展；三是根据分行年末费用安排及各行发展历史因素和任务目标，有针对性地加大对经营条线的费用支持力度，并增强了经营条线的费用管理和使用权限，使财务资源配置更加贴近市场、贴近客户。第二在资本性支出上，一是加快了分行网点的战略布局和装修力度，进一步提升了建设银行的企业形象和市场竞争能力；二是充实采购人员，修订采购办法，梳理采购流程。全年完成集中采购项目近400个，采购金额8650万元，节约采购资金623万元，节约资金率7.2%。第三在绩效考核上，一是强化分类考核，对考核类群进行细化，通过设置中层领导人员与员工的差异系数，让领导的绩效与管辖员工的绩效紧密挂钩。二是优化考核指标，对经营部门、分支行的考核设置不同的指标，有效地引导各经营单位的发展方向。

【领导名录】

行　　长：韩文贞
副 行 长：严仕成、卢　生、李振宇
纪委书记：次仁顿珠
工会主任：杨培源
风险总监：查克健
巡 视 员：罗布桑珠

中国银行西藏自治区分行

【年度综述】2010年，中行西藏分行深入推进“一二六”发展战略，即紧紧围绕在经济欠发达地区建设先进银行的目标，突出发展和稳定两大主题，全面落实“扩规模、调结构、增效益，强管理、保稳定、上水平”六项重点工作，业务经营成绩优异，内部管理持续改善，IT蓝图项目圆满投产，西藏分行成立30周年行庆活动隆重举办，中国银行在雪域高原的市场地位和品牌形象明显提升，持续快速健康发展能力进一步增强。

【主要业务市场份额显著提升，经营效益大幅增长】一是人民币存款快速增长。至上年末，全行人民币存款总量突破200亿元大关。人民币存款增长43.12%，创西藏分行历史新高。其中，一般性人民币存款增长39.40%，增速居系统内第一位。金融机构存款增长106.89%，增速居系统内第二位。分行一般性人民币存款增速高出全区整体增速13.43个百分点，高出中行系统增速22.84个百分点。二是市场份额提升领先区内同业，全年一般性人民币存款全口径市场份额为16.23%，较上年末增加1.57个百分点。人民币存款和外汇存款的市场份额提升度均领先同业，并位居系统内前列；国际结算市场份额继续保持在100%。三是经营利润大幅增加，全年净利润较上年增长92.13%，是分行建行以来实现利润最多的一年。利润的快速增长也为全行业务发展和基础设施建设创造了条件，积累了后劲。

【紧盯市场全力强化客户拓展，业务创新能力进一步提升】一是重点客户营销取得新成效，重点客户存款占比较年初提高2.32个百分点。二是新建项目争揽创出新业绩，全力抢抓地方重大建设项目，新增内地援藏项目资金4.3亿元。三是基础客户拓展有了新进展。个人理财客户新增量完成全年年度计划的200.53%，新增第三方存管客户完成全年任务的165.50%，积极抓好电子渠道建设，企业网银客户增长103.23%，个人网银客户增长163.71%。四是业务发展创新实现新突破，积极学习借鉴系统内先进做法和有益经验，加强同业合作，分行在银团贷款、金融机构同业存放、支持民族特色产业贷款、对公理财产品销售等方面实现了零突破。

【IT蓝图3.0版本成功上线，为业务发展提供系统和技术保障】IT蓝图投产工作是分行2010年的一项重点工作。分行妥善处理业务发展和蓝图上线的关系，严格按照总行部署，认真组织开展数据补录、信息核查、骨干网建设、员工培训等基础工作。经过全行员工连续奋战，5月3日顺利实现了IT蓝图在西藏中行的投产。在蓝图上线中，全行员工大力发扬“高度团结、紧密协作、毫不懈怠、敢于攻坚、不怕疲劳、不畏艰辛”的蓝图精神，深入推动先进银行建设。蓝图上线后，全行围绕新线系统梳理业务流程，强化风险防控，完善规章制度，全面实现了IT蓝图“成功切换、正常营业、风险可控”的投产目标。

【整体经营结构不断优化，主动风险管理能力和内部控制能力持续增强】一是业务结构继续向好，运行成本有效降低，人民币存款活期占比继续保持较高水平；人民币存款负息率和贷款利率水平均居系统内首位。全行成本收入比远低于中总行控制水平。二是风险管理不断强化，结合西藏经济特点适时调整风险政策，有力支持了重点客户和优质项目的拓展。在公司与金融市场部增设贷后管理团队，进一步整合全行贷后管理职能。三是资产质量持续好转，积极抓好不良资产清收化解。目前分行的不良资产率已低于系统内整体水平。四是内控措施继续加强，针对重点业务、基层分支机构、贷后管理等开展了专项稽核；内外审检查发现问题整改率达到100%，反洗钱工作考核获得同业第一。全年没有发生各类案件和责任事故。

【领导名录】

党委书记、行　长：李瑞强
党委委员、副行长兼信贷风险总监：彭措多吉
党委委员、副行长：贝　西
党委委员、纪委书记：李俊武
党委委员、行长助理兼财务总监：惠桂欣
党委委员、行长助理：车献峰

国家开发银行西藏自治区分行

【年度综述】2010年，国家开发银行西藏代表处（以下简称“西藏代表处”）紧紧抓住中央第五次西藏工作座谈会的有利契机，密切围绕“全行支持西藏和四省藏区工作座谈会议”重要精神，按照总行党委统一部署和西藏经济社会发展战略，结合实际、创新思路，以规划先行为突破口，以平台搭建和机制建设为切入点，以项目开发评审为着力点，以风险防范、支持发展为根本要求，坚持把开发性金融的基本原理与西藏的实际情况相结合，提升业绩、加快发展，整体工作呈现出“五个突破、四项推进”的良好局面。截止目前，西藏代表处存量项目7个，信贷资产总额3.8921亿元，较年初增长55.1%，其中中长期贷款2.345亿元，短期贷款1.5亿元，助学贷款471万元；新开发项目21个，开发金额507.26亿元；新增评审承诺额27.1亿元。新增贷款发放1.7471亿元，增长率为81.4%；不良贷款率为6.81%，较年初下降4.74个百分点，各项经营指标创历史最好水平。

【以规划先行为统领，实现规划合作和规划储备新突破】2010年，西藏代表处始终坚持规划先行，以规划工作促进业务发展。西藏代表处作为唯一金融机构参与西藏自治区“十二五”规划，并从人力、物力、资金等方面支持自治区相关专项规划工作，主导编制西藏“十二五”系统性融资规划，得到国家发改委、自治区党委、政府及总行的高度评价。通过规划先行，实现项目的有序开发，目前代表处规划储备库金额达507.26亿元，其中AB类规划项目100亿元，并积极探索模式，突出业务衔接，加强规划工作向项目开发的成果转换，为实现代表处可持续发展奠定了坚实的基础。

【把握重点、明确目标，实现项目开发评审工作新突破】在电力行业领域：新开发项目金额406亿元，代表处加强与国电、华电、华能、大唐、三峡等集团公司在藏分公司的沟通和联系，全面加强合作，促进水电领域项目开发。积极跟进华能西藏发电公司藏木电站项目进展，撰写融资方案，主动争取融资份额，在藏金融机构中第一家实现评审承诺10亿元，并发放贷款1.5亿元，为今后在水电等大型项目开发上积累了宝贵经验。目前代表处正在积极跟踪国电集团多布电站、华能澜沧江觉巴电站等大型水电项目开发。在矿产行业领域，新开发项目金额22.56亿元，向中国黄金集团西藏华泰龙矿业开发有限公司授信14.5亿元支持其融资再安排项目。经考虑到多方因素，该项目采取银团贷款形式，国家开发银行西藏自治区分行获得2.75亿元融资份额，争取年底前签订银团贷款合同。在城建行业领域，新开发项目金额9.2亿元，继续加大对拉萨市国家级经济技术开发区的支持力度，开发拉开区B区项目3亿元；积极参与拉萨市柳梧新区规划并配合浙江分行做好柳梧新区项目建设，承诺贷款2.4亿元；积极推进拉萨市达孜工业园区项目开发，园区一期建设融资需求3.5亿元，采用援藏资金作为还款来源将成为该项目的一大亮点。同时，全面加强与拉萨市发改委等部门的沟通，积极推动拉萨市中低收入住房建设，目前已形成融资方案。在旅游行业领域，新开发项目金额7.1亿元，中央第五次西藏工作座谈会明确提出要把西藏打造成为“重要的世界旅游目的地”。按照中央战略部署和总行的统一要求，代表处积极参与西藏自治区“十二五”旅游发展规划，搭建旅游发展平台，支持西藏旅游业发展。在文化产业领域，代表处结合西藏文化产业发展优势，重点向自治区宣传部、文改办等部门介绍国家开发银行西藏自治区分行在内地支持文化产业平台建设的成功经验，充分发挥政府的组织优势和西藏资源优势，打造文化产业发展平台，推动西藏文化产业大发展、大繁荣。目前已完成开发性金融支持西藏文化产业发展融资方案。

【坚持深化合作，营造良好的外部融资环境，实现投融资平台建设新突破】2010年，银监会加大了对政府融资平台的清理和规范力度，西藏代表处认真贯彻落实银监会和总行重要会议精神，认真做好平台规范和建设工作。由于西藏特殊的政治经济原因，市场化的手段和方法较少，投融资平台是项目开发、业务拓展“借外力、用内力、重合力”的集中体现，是加快项目评审，落实信用结构的有力保障。2010年，根据国务院、四部委文件精神和银监会相关标准，西藏代表处结合西藏实际，加强对平台贷款的管理，加大投融资平台体制机制建设力度，重点推进与自治区工信厅、投资公司、国资公司、西藏财信担保有限公司、西藏旅游发展公司等平台的战略合作，并逐步做实、做强、做大平台，培育和完善融资市场外部环境。

【以助学贷款为着力点，基层民生金融业务实现新突破】2010年，西藏代表处在总行评三局及四川分行等部门的大力指导和积极帮助下，认真调研、创新模式，实现西藏高校助学贷款业务新突破，并向西藏三所高校首批近900名学生发放助学贷款471万元。自治区党委书记张庆黎评价：“国家开发银行高度重视支持西藏地区经济社会发展，这次以助学贷款为突破，真正体现了开发银行党委重视社会责任、关注民生、支持发展的理念，实实在在地为老百姓做了好事”。国家开发银行西藏自治区分行的西藏高校助学贷款工作，在中央一台《新闻联播》、中央二台《第一时间》和西藏地方新闻媒体上得到深入报道，引起社会热烈反响。

【以支持中小企业发展为重要途径，业务增长点实现新突破】2010年，西藏自治区工业和信息化厅出台若干意见支持西藏中小企业发展，强调要建立中小企业信贷资金风险补偿机制，拓宽中小企业融资渠道。以此为契机，西藏代表处全面加强与自治区工信厅、财政厅、财信担保公司等的合作，不断改进和完善中小企业金融服务水平，积极搭建中小企业外部融资环境，努力满足和支持西藏中小企业融资需要，并于9月发放2000万元资金，支持西藏明珠导航项目建设。西藏代表处的举措，在区内起到了支持中小企业融资，推动中小企业健康发展的表率作用。同时，坚持以开发性金融支持西藏产业结构调整和特色产业发展，积极推进富有西藏地方特色的达氏集团珠峰冰川矿泉水项目的开发评审工作，以实际行动支持西藏地方企业和中小企业的发展。

【强化协同配合，总分行联动支持藏区发展机制不断深入推进】根据2010年年初总行确定的总行及各相关分行对口支援西藏的内部运行机制，西藏代表处积极配合总行相关局、有关分行贯彻落实中央第五次西藏工作座谈会和国家开发银行西藏自治区分行支持西藏及四省藏区发展工作会议精神，加强与总行相关厅局、各分行及自治区各级政府部门的沟通与联系，以规划先行为抓手，全力配合，不断加大涉藏项目的融资支持力度，人才交流储备逐步完善，总分行联动机制扎实推进。截止目前，已有包括企业局在内的25家分行（含西藏代表处）开展了涉藏项目融资支持，新增承诺64.13亿元，新签合同8.63亿元，新增发放17.93亿元，新增余额17.79亿元。

【强化风险管理，不良贷款化解工作不断深入推进】2010年，西藏代表处以扎实推进“三个办法，一个指引”实施为契机，强化全面风险管理，积极推动全员培训，全面查找不足，改进业务流程，确保规范操作，进一步夯实信贷管理。继续把加强管理放在工作的重要位置，着力在资产质量、本息回收、不良化解等方面再下功夫，切实深化信贷管理和风险管理，不断提升信贷管理水平，全力确保信贷资产安全。西藏代表处始终将狠抓风险化解不放松，一直将拉萨东嘎农产品批发市场项目风险化解作为重中之中，积极与各方沟通协调，全力协同拉萨市政府做好项目重组工作。拉萨市政府表示，将协调偿还国家开发银行西藏自治区分行2500万元贷款本金，加快项目重组，推动项目顺利建成。

中国人民财产保险股份有限公司西藏分公司

【年度综述】2010年度，中国人保财险西藏分公司以"科学发展观"为统领，以贯彻落实中央第五次西藏工作座谈会精神为契机，遵循"短期有效、长期有利"的工作原则，按照"效益为先、机制完善、技术支持、组织有利"的工作要求，深入学习和贯彻落实总公司各项战略部署，紧紧围绕"加强业务盈利能力建设"这一中心任务，统一思想，多管齐下，努力实现了公司业务发展"规模"、"效益"双丰收，并通过竭力打造开放、高效、透明、高度智能化的运营管理系统，不断提升了西藏公司发展能力、盈利能力和管控能力。

截止2010年底，全年实现保费收入40081.15万元（不含农险保费4755.96万元），同比增加8757.37万元，增长率为27.96%，首次突破四亿元大头；完成全年保费计划116.86%，提前72天完成了总公司下达的全年保费计划任务；市场份额达89.07%，同比上升6.07个百分点；全区保险深度0.79%，密度136.59元/人。全辖各分支机构均超额完成全年保费计划任务。超过全区计划完成率116.86%的核算单位有山南分公司152.85%、日喀则分公司120.42%、阿里支公司119.98%和林芝分公司122.39%四家。超过全区保费收入平均增速27.96%的核算单位有山南分公司73.22%、日喀则分公司31.91%、阿里支公司30.07%和格尔木营业部29.00%四家。

【效益发展理念进一步清晰】思想决定未来，理念传导价值。2010年度，西藏公司始终坚持把持续解放思想作为万事之先，把转变理念作为释放发展潜力和活力的切入点，通过加强员工培训、组织建言献策等，广大员工在解放思想中"想实招、干实事"，在转变观念中"谋发展、想办法"，"效益第一"经营管理理念得到广泛认同并成为自觉实践，科学发展与防范风险、营造环境与夯实基础、业务增长与效益提升相协调的格局初见端倪。

【管控基础进一步夯实】2010年度，西藏公司始终坚持以业务处理省集中平台建设为重点，以核保核赔师等专业技术制度建设为主干，以强化IT支撑为保障，集约化管控能力得以持续提升。一是西藏公司在顺利实现重点险种省集中核保基本到位且标准化运作的基础上，扎实推进理赔省集中工作。二是强化关键环节管控，大力推进承保、理赔队伍的专业化、流程的标准化、处理的分类化建设，管控基础持续向好。三是全面完成95518省集中工作，并持续丰富服务功能。四是财务人员省集中管理和资金集中收付稳步推进，严格落实全面预算管理，持续加强重点科目管控。五是建立再保险风险平衡机制，落实"先分保、后出单"工作制度，再保险风险管理职能得以有效发挥。六是实施单证归口规范管理。七是加强业务IT化建设，业务盈利监控分析、数据日清日结等管控模型和管理工具相继投入使用。

【调整进一步推进】2010年，西藏公司始终坚持把结构调整作为主攻方向，果断实施风险结构、业务结构和成本结构调整，大力推进发展方式转变，公司发展质量明显改善。一是以车险盈利能力建设为重点，积极推进"发展型"向"效益型"的转变。二是实施差异化承保政策，建立完善监控机制，即时调整承保定价，保费充足率明显提高，车险保单年度业务质量有效改善。三是深入推进手续费跟单管理。四是加速推进车险专管专营。五是以专业化营销团队建设为载体，加强政府营销，在政策性农险等政府主导型领域方面取得突破性发展。

【能力进一步提升】年内，西藏公司始终坚持"速度"与"质量"、"规模"与"效益"有机统一的经营策略，牢牢把握市场动向，紧盯客户服务，强化内部管控，巩固延续了公司连年良好发展势头。一是强化落实考核奖惩机制，机关各部门、基层公司业务发展、客户服务意识得以进一步增强。二是贯彻落实销售能力建设工作会议精神，完善销售队伍管理，扩充讲师组训队伍，推广销售管理软件。三是举办晨夕会大赛，凝聚队伍士气。四是严格落实《保险公司中介业务违法行为处罚办法》，全面规范中介渠道运作模式。五是积极推进电子商务运营工作，并于2010年十月顺利开通电话营销业务。

【内部控制进一步增强】一是认真学习贯彻新《保险法》，坚持把依法合规经营作为生命线，把加强内控合规作为提升公司竞争力的着力点，把主动规范、自觉规范、协调规范、引领规范、培养良好发展环境作为自身发展使命。二是持续深化内控制度建设，以制度管人管事。三是编写《权责规范手册》，组织各级机构主要负责人签订《依法合规经营承诺书》，构筑"制度跟进、执行监督、严格处罚"的流程化合规经营保障体系。四是开展财务、业务、理赔督查等内部监督检查。

【市场形象持续向好】西藏公司始终坚持以客户服务标准化建设为主导，以强化品牌形象宣传为补充，把提升客户价值、增强品牌内涵作为公司发展的源动力。

【与政府战略合作逐步加强】政策性涉农保险。目前，西藏公司政策性涉农保险主要涵盖：种植业保险、养殖业保险、农牧民住房保险和能繁母猪保险。其中，除能繁母猪保险为总颁产品外，其它均为地方性政策性险种。在经营方面，西藏公司执行的是"政府补贴、保险公司代办"的模式和"不盈利、不亏损"的经营原则。2006年第一次全区试点时，应自治区党委、政府工作指示，采取的是"120%封顶"的赔付模式，但本着"支农惠农、量力而行、风险可控、规范经营"的经营管理理念，并充分考虑西藏涉农保险起步较晚、经验不足，且我区属于自然灾害频发地区的实际情况，经西藏公司领导的不懈努力，本年度西藏公司已正式采用"100%封顶"的赔付模式，即一个保险年度内西藏公司累计赔付额不超过本保险年度的实收保费，如若超过，则超出部分赔付由自治区财政承担。截止目前，本年度西藏公司政策性涉农保险已涵盖西藏69个县区，累计实现保费收入4756万元，较2006年开办之初保费增长了近24.3倍，累计为西藏农牧区承保风险保障近137.4亿元。

健康保险。为积极推动我区基本医疗保险制度改革，逐步完善我区多层次社会医疗保障体系，西藏公司大商部与阿里支公司自2008年起分别与自治区社保局和阿里卫生局合作开展了“团体补充医疗保险（A款）”。从两年多经营情况来看，切实解决了全区96256名在职职工、退休人员和73010名农牧民群众“看病难”的问题，为构建和谐社会、和谐家庭真正起到了后援保障的作用，对提高我区农牧民群众保险保障意识、树立西藏公司“人民保险为人民”良好企业形象、构建和谐西藏等，均起到了极大的推动作用。

校（园）方责任保险。自2003年9月西藏公司与自治区教育厅合作开展校（园）方责任保险以来，西藏公司已为共计50万余人提供了风险保障，范围涵盖全区所有大、中专院校及中、小学校和内地西藏班学生，与此同时，西藏公司高效、便捷、快速的理赔服务，也切实做到了“政府放心、学校安心、家长放心”，为西藏公司与自治区教育厅奠定了扎实的长期良好合作关系。

“三农”商业保险。长期以来，西藏公司机关本部营业部紧密围绕拉萨“小康、平安、和谐、生态”建设蓝图，积极投身于西藏“低费率、广覆盖”“三农”商业保险服务工作，并在跻身成身拉萨市唯一指定、定点保险服务机构的基础上，在稳定发展与住房、汽车相关保险的同时，积极开展贫困学生助学贷款保证保险、旅行社责任保险、旅客意外伤害保险和公共场所火灾公众责任保险等一系列关乎“民生”的保险业务，并积极拓宽拉萨市建工险、企财险等业务发展版图，以提供重大基础设施建设项目风险保障为切入点，在积极参与拉萨各县区灾后重建保险服务工作的同时，全力支持灾区群众基本生活设施和公共服务基础设施恢复重建工作，而深得政府各有关部门的一致赞许，充分发挥了保险业在促进公共服务资源配置效能和社会管理效率、促进城乡协调发展、促进农牧业增产、农牧民增收、农牧区发展等各方面的保险保障优势，为西藏公司 “三农”商业保险业务的全区推广树立了表率，搭建了我区各地分（支）公司、营业部“三农”商业保险业务与各级政府合作的桥梁。

【**重大理赔**】2月至3月，昌都地区察雅县因雹灾、洪灾导致种植业、养殖业以及农房出险，5月赔付，赔款金额271.2万元。

3月，昌都地区洛隆县因地震导致种植业、养殖业以及农房出险，5月赔付，赔款金额122.2万元。

3月，昌都地区芒康县因旱灾导致种植业、养殖业以及农房出险，5月赔付，赔款金额199.7万元。

3月，昌都地区昌都县因疫情，水灾导致种植业、养殖业以及农房出险，5月赔付，赔款金额145.1万元。

3月，昌都地区八宿县县因雪灾导致种植业、养殖业以及农房出险，5月赔付，赔款金额466.6万元。

4月14日，那曲地区聂荣县因地震导致养殖业和农房出险，6月赔付，赔款金额111.1万元。

4月22日，林芝地区察隅县因雨、雪灾、火灾导致种植业、养殖业以及农房出险，6月赔付，赔款金额562.4万元。

5月，昌都地区江达县因雹灾导致种植业、养殖业以及农房出险，7月赔付，赔款金额103.3万元。

6月3日，拉萨市曲水县因干旱、霜冻、泥石流导致种植业、养殖业以及农房出险，8月赔付，赔款金额157.7万元。

6月8日，拉萨市达孜县因干旱、洪水导致种植业、养殖业以及农房出险，8月赔付，赔款金额181万元。

6月9日，拉萨市墨竹工卡县因干旱、泥石流导致种植业、养殖业以及农房出险，9月赔付，赔款金额113.4万元。

6月至8月，山南地区扎囊县因旱灾、水灾、泥石流、雹灾导致种植业、养殖业以及农房出险，10月赔付，赔款金额139.3万元。

7月4日，拉萨市堆龙德庆县因干旱、泥石流导致种植业、养殖业以及农房出险，9月赔付，赔款金额199万元。

7月4日，拉萨市林周县因干旱、冰雹导致种植业、养殖业以及农房出险，9月赔付，赔款金额581.3万元。

7月5日，拉萨市尼木县于因干旱、泥石流导致种植业、养殖业以及农房出险，9月赔付，赔款金额138.5万元。

7月，阿里地区普兰县因雪灾、暴雨、地震导致养殖业和农房出险，9月赔付，赔款金额117万元。

7月，日喀则地区昂仁县因地震、洪灾导致种植业、养殖业以及农房出险，9月赔付，赔款金额157.2万元。

8月，阿里地区革吉县因雪灾、冰雹导致养殖业和农房出险，10月赔付，赔款金额210.1万元。

12月30日，那曲地区尼玛县于因地震导致种植业、养殖业和农房出险，于2010年6月赔款89.3万元。

【**获奖情况**】2010年12月19日，人保财险西藏分公司党委书记、总经理孙国新被西藏自治区党委评为“西藏自治区‘十一五’重点建设项目工作突出贡献个人”。

2011年1月19日，西藏自治区人民政府对人保财险西藏分公司在“十一五”期间对自治区经济建设所做出的贡献给予了表彰。

西藏分公司分别获得了2010年度总公司“赔付率排名奖”、“市场份额排名将”、“利润计划完成率排名奖”荣誉称号。

直属业务部总经理王再洲荣获2010年“全国劳动模范”称号；其所辖机构农险部获得全国工人先锋号。

昌都分公司向巴洛桑同志获得“中国人保金融保险服务能手”荣誉称号。

阿里支公司扎西旺堆同志被评为“中国保监会系统第七届青年五四奖章获得者”。

那曲支公司获得2009年度集团级“青年文明号”称号；那曲支公司荣获2010年度“标杆县区支公司”荣誉称号。

西藏格尔木营业部荣获2009年度“标杆县区支公司”荣誉称号。

【**领导名录**】
党委书记、总经理：孙国新
纪委书记、副总经理：杜洪河
党委员、副总经理：泽旺仁青、赵彬
专家：邵滨海

中国证券监督管理委员会西藏监管工作

【**年度综述**】2010年，西藏监管局积极开展上市公司治理攻坚年活动，强化日常监管，加大并购重组和再融资支持力度，上市公司质量进一步提高；证券公司综合治理工作目标全面实现，业务范围和公司规模进一步扩大；与地方政府部门的联系得到进一步加强，综合监管体系进一步健全。进一步加强内部管理，深入开展党风廉政教育，大力建设学习型党组织，力抓干部队伍建设，内部管理及机关文化得到全面提升，监管合力进一步增强，确保了辖区证券市场持续健康稳定发展。现就2010年工作情况总结如下：

【组织召开全区资本市场工作会议，研究部署辖区资本市场发展与监管工作】4月22日至23日，西藏监管局组织召开全区资本市场工作会议，自治区政府分管领导出席会议并作了重要讲话，西藏自治区推进资本市场改革与发展领导小组成员单位、辖区上市公司、证券公司及拟上市公司代表80余人参加了会议。会议结合我区实际，研究贯彻落实中央第五次西藏工作座谈会及全国证券期货监管工作会议精神，总结了过去两年西藏资本市场发展与监管工作，并对下一步如何促进辖区资本市场发展与监管进行了安排部署。

【多管齐下，进一步提高上市公司质量，夯实基础】认真开展“上市公司治理攻坚年”各项工作。一是结合辖区实际，制定切实可行的“上市公司治理攻坚年”活动计划，将仍存在治理问题的上市公司和监管责任人进行一一对应，列出整改完成时限，作到措施明确、责任明确、时限明确。具体操作中持续跟踪西藏天路公司治理整改进度情况，定期向董秘了解公司独立性整改情况，并提请拉萨市人民政府协调解决西藏天路独立性问题；关于对ST珠峰子公司铟业公司资产独立性问题的整改情况，西藏监管局持续不定期的向公司及控股股东了解进展情况，督促公司及时完成整改。二是对新近完成并购重组公司开展治理专项活动。年内，西藏监管局对西藏城投开展公司治理专项活动，要求公司开展公司治理状况自查及公众评议工作，在公司自查、公众评议的基础上，对公司治理状况进行了现场检查，就发现的问题下发监管函督促整改；对奇正藏药公司治理整改情况进行现场验收。

强化对上市公司的日常监管。根据辖区监管工作实际，西藏监管局强化了对上市公司的日常监管。一是结合公司年报、季报分析及信息披露监管等日常监管和现场检查掌握的情况，对辖区上市公司进行风险分类，对公司风险点进行研判分析，以此确定辖区高风险公司、次风险公司、关注类公司，及应予关注的风险点和问题。集中主要力量，对高风险公司和高风险点采取有效措施，进行督导，及时化解辖区上市公司经营风险。重点表现在：督促西藏药业完成股改后续安排，解决了公司股改未彻底完成的问题，同时通过督促ST珠峰与自治区国有资产经营公司的债务重组，解除西藏药业为ST珠峰所担保的5000万元的连带责任，扣押资产被法院归还，公司担保风险化解。二是持续关注上市公司信息披露情况，审核公司重大临时公告并保持合理质疑，将投资者来电与信息披露监管相结合，督促公司对相关事项及时进行信息披露和说明。西藏监管局就西藏矿业、西藏城投等公司股票出现股价异动，及时与公司联系，询问是否存在应披未披事项或漏披事项，要求公司及时进行披露说明。三是认真做好信息周报、月报的编制，监管日志的填写等日常性监管工作。四是加强与上海证券交易所和深圳证券交易所的联系，从交易所层面了解公司相关情况，排查风险。

大力支持上市公司并购重组和再融资。通过支持辖区上市公司利用资本市场融资和资源配置功能，提高公司质量，发展壮大公司。一是西藏城投（原*ST雅砻）完成并购重组后，于2010年3月扭亏为盈，化解了退市风险，目前公司治理结构进一步完善、财务状况和经营情况趋好。二是五洲明珠公司重大重组事项于2010年9月29日获中国证监会并购重组委员会通过，各项资产重组工作正在有条不紊的进行中。三是西藏矿业股份有限公司于2010年4月启动再融资事项，拟通过市场化手段对其控股子公司扎布耶锂业公司进行债转股、引进战略投资者，并拟通过非公开发行方式募集资金19亿元。再融资的相关材料已报送中国证监会并已经受理。四是西藏旅游股份有限公司于2010年8月启动再融资事项，公司拟通过非公开发行，募集资金总额不超过3.5亿元，全部用于投资西藏阿里神山圣湖旅游区开发项目一期工程。融资方案已经公司董事会和股东大会通过。目前，此事项尚在中介机构内部评审和准备向证监会报送材料的阶段。西藏监管局已就西藏矿业和西藏旅游的再融资事项向证监会作了沟通汇报。

加强培训，提高公司高管规范意识。2010年西藏监管局通过采取专题培训、相关案例分析讲解相结合的方式，进一步强化了上市公司高管人员的遵纪守法意识，分别于6月和11月对辖区上市公司高管进行了两期集中培训，每期参训人数均在50人以上。培训紧密切合当前上市公司监管要求和市场热点难点问题，内容涉及上市公司并购重组、关联交易、内幕交易、信息披露等重大风险防范等方面。通过培训，增强了辖区上市公司董事、监事及高级管理人员公司规范运作意识。在2010年6月份开展的防范和打击内幕交易培训中，政府金融处、区财政厅、国资委、统计局、公安厅经侦大队、工信厅等政府部门的业务负责人也参加培训，培训起到了很好的宣传教育效果，增强了监管合力，为辖区上市公司内幕交易监管打下基础。

【抓住重点，强化措施，督促指导辖区证券公司持续健康规范发展】一是督促、指导西藏同信证券建立健全账户管理长效机制。要求公司进一步规范开户行为，彻底杜绝新开不合格账户；健全客户身份识别系统，防止虚假账户产生；对资金账户、证券账户进行定期比对，确保账户身份对应；严禁使用不合格账户；督促继续实施剩余不合格账户的清理和规范工作。二是推动西藏同信证券建立健全合规管理长效机制。督促公司强化重点领域和关键环节的合规管理，建立和完善隔离墙制度，切实防止利益冲突；指导公司按照规定开展合规管理有效性的评估，及时分析掌握合规管理制度建设中存在的问题，并予以改进。三是督促西藏同信证券完善风险监管制度和压力测试机制。要求进一步完善以净资本为核心的证券公司风险监管制度，健全指标动态监控系统，优化风险监控功能，提高数据采集分析的及时性、准确性，明确异常情况的报告路径和处理方法，增强动态监控系统的监测、预警和防控功能；进一步加大与公司和股东的沟通、协调，建立健全动态的净资本补充机制。四是完善公司法人治理。督促公司进一步完善三会运作相关制度，完善内部管理制度，并督促其有效执行；采取有效措施，切实发挥独立董事的监督制约作用，促进其勤勉尽则；鼓励西藏同信证券探索并规范股权激励等多形式的高管人员激励机制，充分调动高管人员的积极性。同时进一步健全责任追究机制，加强对证券公司高管人员、控股股东及实际控制人的监管。五是强化证券公司信息技术监管。通过有效措施，督促公司加强信息技术系统的建设和维护，完善IT治理，推动公司加强信息系统的安全保障，提高应急处置能力，提升信息系统对业务管理和风险控制的支持能力，维护信息技术系统安全稳定运行，确保交易安全，维护交易稳定。

强化日常监管，提高监管效率。一是认真做好2010年证券公司分类评价工作。在2009年分类评审工作基础上，总结经验，完善制度，细化程序，认真组织实施，通过严格的公司自评、派出机构初审、机构部终审三级审核机制，圆满完成了本年度分类评审工作。西藏同信证券2010年分类结果为A类A级，已连续三年被评为A类公司。二是进一步加强西藏同信证券董事、监事和高管人员的监管。严格按照相关要求，进一步做好董事、监事和高管人员的资格核定和年审工作。三是督促西藏同信证券规范信息报送与信息披露行为。督促公司建立健全内部信息管理制度和按期实施信息公开披露制度，提高财务信息的透明度。督促公司切实发挥董事会秘书信息报送和披露牵头人作用；督促公司明确业务和财务信息审核、传递、报送和披露工作流程及相关部门和人员的责任，从制度上保障公司信息合规、准确和及时披露。四是加强证券服务机构监管，确保中介机构服务质量和公司财务会计信息质量。进一步加强对会计师事务所和资产评估机构在西藏监管局辖区开展证券期货相关业务的持续动态监管。采取有效方式，在年报审计前适时介入，提供监管意见，并要求上报审计计划和尽职承诺书；年报审计中加强监管，确保审计质量；年报审计后监督落实相关事项，审阅审计工作总结，并形成年报审计汇总报告和持续监管记录。

加强经纪业务监管，督导公司提升客户服务和客户管理水平。督促西藏同信证券按照法律法规和监管要求，规范执业行为，加强营销管理，切实防范营销活动中的违法违规行为，同时健全内部管理制度、信息技术支持系统和日常检查维护机制；督促公司完善客户分类管理和适当性服务制度，对客户风险承受能力进行评估和分类；督促公司健全交易监测和客户回访制度，及时发现、及时处理、及时报告异常交易或其他涉嫌违法违规行为；完善客户投诉和纠纷处理机制，有效、及时化解客户纠纷；按照要求，督导公司全力配合，积极推进证券公司客户交易结算资金监控系统的建设。

增强服务意识，遵循市场规律，促进西藏同信证券做优做强。在督促指导西藏同信证券加强基础性制度建设的基础上，协调解决公司在发展过程中遇到的困难和问题，积极引导和推动公司利用增资扩股和行业资源重组整合的机遇做大、做强。一是从西藏的特殊性出发，积极支持公司增设营业网点，支持公司在规范的基础上扩大业务规模，提高盈利能力和竞争能力。公司2010年已新设6家营业部，新获批5家营业部，营业部总数已达到17家；二是积极支持公司申请新的业务资格。西藏证券在2009年获得证券自营及与证券交易、证券投资活动有关的财务顾问业务资格的基础上，2010年又获得了投资咨询业务资格。三是推动公司实施增资扩股，扩大资本金规模，为申请新的业务资格创造条件。四是积极协调、帮助公司争取地方政府财政、税收等优惠政策扶持，形成新的盈利点，同时帮助公司进行产品创新、服务创新和组织创新，拓展业务空间，增强盈利能力，转变发展模式，实现可持续发展。

【加大现场检查和非现场检查的力度、密度，提高检查质量，促进有效监管】进一步加大对辖区上市公司和证券经营机构现场检查的力度和密度。一是结合查阅公司年审会计师事务所关于公司年报审计计划、小结以及沟通交流，确定现场检查公司。重点检查了公司治理、规范运作、财务状况及募集资金使用、监事会履职情况等方面。辖区9家上市公司中检查了8家公司，覆盖面达到89%；检查次数共计16次；发出监管关注函13份。二是针对西藏同信证券实际和风险易发点，重点开展专项检查。2010年总共开展了5次检查，分别对公司营业部规范情况、新增自营、财务顾问业务、贯彻落实《关于加强证券经纪管理的规定》的情况、两家新设营业部、公司经纪业务整改情况及财务、信息系统进行了现场检查。通过检查，达到了发现问题、核实问题、督促整改的目的。三是检查结束后，形成检查报告上报证监会，对定期报告和现场检查中反映出的问题和风险，对公司高管提出整改要求，并通过“监管关注函”等形式要求公司及主审所进行改正，做到风险前置控制，防控风险扩大化并及时化解风险。

【认真做好年报和定期报告审核工作】结合在监管中掌握的情况和公司公告、媒体报道、信访举报等信息，按照重点审核年报，密切关注季报、月报的原则，从事前、事中、事后三个方面认真完成年报审核工作。一是充分发挥会计师事务所“经济警察”的作用，对风险关注点，以《审计监管备忘录》的形式向辖区9家上市公司的审计事务所及主审会计师进行反馈，提请重点关注并及时沟通，事务所对在公司年报审计过程中的重点事项，也及时向西藏监管局进行反馈。针对ST珠峰、西藏城投2010年经营业绩、股价异常波动等情况多次询问公司及项目审计会计师，并与上交所公司专管员进行联系。二是进一步完善证券公司定期报告审核格式、内容、程序，加强对公司报送和披露信息的统计分析，按时保质上报各项分析报告，同时持续关注媒体报道和信访动态，发现问题及时快速处理。三是本着合理怀疑和审慎的态度，对辖区上市公司和证券公司全范围进行年报现场检查和会计师事务所执业质量的延伸检查，做到风险可防可控，维护辖区资本市场的稳定。

【深入开展调研，挖掘和培育后备上市资源，为西藏辖区资本市场后续发展奠定基础】后备上市资源不足一直是困扰我区资本市场发展的一大难题。为进一步发挥资本市场功能，利用资本市场发展西藏地方经济和中小企业，挖掘、培育优秀上市资源，一是西藏监管局深入开展调研工作，并在完成调研摸底，形成上市后备资源培育库的基础上，结合西藏实际情况形成了

《西藏自治区人民政府支持企业上市融资的意见》（代拟稿），提交自治区政府。二是西藏监管局结合辖区工作实际，为切实做好我区上市后备资源培育工作，让相关部门和公司了解、掌握当前上市融资的最新政策、规定，西藏监管局会同西藏自治区证券业协会编制了《企业上市融资知识手册》，并向西藏自治区推进资本市场改革与发展领导小组成员单位的有关负责人、西藏辖区上市公司、证券公司和拟上市公司发放手册200余本。三是2010年初，西藏监管局调研组由局领导亲自带队深入山南地区对初具条件企业进行实地调研，并最终确定注册地在山南的海思科药业集团为新增拟上市培育企业，进一步充实完善了我区上市企业后备资源库。在2010年5月至6月，西藏监管局两次听取海思科药业集团及保荐机构、会计师事务所、律师事务所等证券中介机构关于公司改制上市进展情况的汇报。目前，公司已进入上市辅导阶段，拟于2011年初向证监会报送在深圳证券交易所中小板首发上市的申请材料。

【筹划构建防范和打击内幕交易长效机制，维护资本市场"公开、公平、公正"原则，切实保护投资者利益】加大了防范和打击内幕交易的工作力度，切实从制度上和措施上防范和打击内幕信息交易。一是制定《关于防范和打击辖区证券市场内幕交易行为的实施方案》，确定指导思想和工作目标，明确加强防范和打击内幕交易的工作任务，强调要抓认识到位、机构设置、制度完善、过程控制、综合协作和机制配套。二是根据相关要求，结合西藏监管局实际，制定了《西藏证监局内幕信息管理工作指引》，要求加强对监管对象内幕信息管理和证券监管部门工作人员内幕信息防控。三是西藏自治区人民政府组织召开"防控和打击证券内幕交易座谈会"，由西藏证监局牵头，召集自治区监察厅、公安厅、国资委、金融办、法制办、财政厅、发改委等12家单位共同研究防范和打击证券内幕交易综合防控和长效机制建设。会议达成共识，即由西藏监管局牵头构建，各参会单位积极参与配合信息互通、宣传教育和联合办案的综合防控机制的建立，形成"齐抓共管、多管齐下、群访联控"的工作格局和长效机制。

【加强组织领导和协同配合，进一步完善综合监管协作体系】一是按照推进西藏资本改革发展领导小组的工作部署，定期召开领导小组联席会议，通报辖区资本市场发展与规范的有关情况，统筹研究解决工作中遇到的重大问题。二是经与区国资委、区工业与信息化厅及区工商联的多次沟通和反复论证，西藏监管局与区国资委研究制定了《关于国有控股上市公司协作监管备忘录》、与区工业与信息化厅研究制定了《关于促进我区中小企业上市融资合作备忘录》、积极筹划与区工商联研究签署《关于促进我区民营企业上市融资合作备忘录》，进一步健全和完善综合监管体系。

【把握重点，注重实效，推动投资者教育工作深入开展】为深入贯彻落实中国证监会关于加强投资者教育的各项工作部署，进一步推动辖区资本市场健康稳定发展，2010年，西藏监管局采取多种形式深入开展了投资者教育工作，取得了良好效果。一是联合证券业协会、辖区证券经营机构，根据辖区实际，制定了2010-2011年西藏辖区投资者教育实施方案。二是深入开展投资者关系管理工作，要求上市公司进一步强化信息披露，增强公司透明度，保证投资者的知情权，充分发挥投资者关系管理网络平台作用，实现公司与投资者之间及时便捷的双向沟通与联系，推动投资者教育工作深入开展。三是督促证券经营机构认真开展日常性的投资者教育工作。包括完善营业场所投资者教育专栏、广泛张贴打击非法证券活动宣传画、定期开办股民学校，综合运用公司网站、交易系统、培训讲座、手机短信、宣传材料等多种渠道对投资者进行风险警示教育等；四是加强与投资者的面对面交流、沟通。西藏监管局于10月召开了投资者教育座谈会，听取投资者的建议，以提高投资者教育效果；五是大力开展专项投资者教育活动。2010年11月份举办了"雪域高原杯"证券知识有奖竞赛；并将于12月在拉萨市主要街道开展以"打击非法证券活动、普及证券基础知识"为主题的投资者专项教育活动，通过现场咨询、发放宣传材料等方式开展广泛宣传。

【认真做好行政许可工作】2010年西藏监管局共收到高管任职资格审批、新设营业部、申请投资咨询资格、5%以上股东变更等行政许可事项申请共6件，按规定受理并办结行政许可事项6件，并在会外网上进行发布。在具体审核过程中，能够按照法律、法规要求，保质保量完成各项行政许可事项。在做好行政许可工作的同时，加强对行政许可事项档案的管理，以方便日后查询。

管理与监督

自治区工业和信息化管理工作

【年度综述】2010年，自治区工业和信息化厅坚持以科学发展观为指导，紧扣西藏工业和信息化发展实际，以"理思路 谋长远 打基础 抓重点"为工作主线，全面履行"三定"职责，大力实施"一产上水平、二产抓重点、三产大发展"的经济发展战略，突出重点，整体推进，注重调研、规划先行、研定政策、强化管理，扎实推进西藏工业和信息化各项工作，取得了明显成效。

【深入开展调查研究】一是围绕自治区工业和信息化厅的中心工作，全面深入开展调研工作。形成了《工业和信息化发展情况调研报告》《西藏自治区"十二五"工业产业发展重点项目情况汇报》、《我区工业经济、特色产业发展情况和下一步工作及建议》以及矿业、建材业、藏药业、高原特色绿色食（饮）品业、民族手工业、工业园区、节能减排和清洁生产、中小企业和非公有制经济发展、信息化建设等方面专项调研报告等20余篇。认真回顾总结了全区“十一五”工业和信息化规划执行情况，对“十一五”期间国家确定的西藏自治区“188个重点项目”中的4个工业项目进行了总结。二是加强工业和信息化方面的理论性、前瞻性研究。通过积极争取，“中国特色、西藏特点新型工业化发展路子”课题已被列入国家工业和信息化部软课题研究计划，在工业和信息化部支持下“西藏信息安全长效机制研究”和“西藏软件与信息技术服务产业发展战略研究”两项课题正在认真研究中。三是认真完成了涉及我区工业和信息化发展方面的10件人大建议和政协提案的办理工作，人大代表和政协委员对建议和提案办理满意率达到100%。四是扎实开展政策法规的梳理整理汇编工作。编印了《工业和信息化重要文件资料汇编》，正在收集汇编《节能减排、清洁生产、资源综合利用、环境保护政策法规文件汇编》、《技术创新、高技术、质量管理政策法规文件汇编》。

【认真组织编制工业和信息化“十二五”规划】认真组织编制了自治区“十二五”工业发展总体规划、信息化建设总体规划2个总体规划和矿业、建材、高原特色生物产业和藏药业、民族手工业、绿色食（饮）品业、工业园区等6个专项规划的编制工作。建立工作机制、明确工作任务和目标、落实工作责任、制定工作计划、选定承担规划编制工作单位、落实工作经费。目前，正按计划进度有序开展规划编制工作，在明年上半年按时高质量地完成规划编制工作。

【积极理顺职能，认真履行各项职责】区工业和信息化厅是本次机构改革中唯一新成立的厅级单位。理顺职能、熟悉职责、建立和完善新的工作机制是自治区工业和信息化厅2010年一项重要的基础性工作。一是顺利完成了与自治区国资委、原乡镇企业局、商务厅、原电力工业局等的职能、人员、财产等划转工作，按照自治区工业和信息化厅的“三定规定”，除职能交叉、重叠的外，我区工业经济发展的职能基本理顺，并按照不错位、不越位、不缺位的要求，扎实有序履行“三定”赋予自治区工业和信息化厅的职责。二是积极理顺信息化建设方面的职能，电子政务建设职能基本理顺，无线电管理职能尽快完成划转，在区编办的大力支持下，自治区信息资源中心批复成立。三是加强机关制度建设，建立推动工业和信息化发展的新的工作机制。建立健全岗位责任制、首问负责制、服务承诺制、限时办结制、失职追究制等9项制度以及各类机关管理制度13项，办事流程8项，廉政要求5条，有效提高了机关内部的办公服务效率和水平。四是积极开展工业行业管理方面的职能交叉、重叠问题的协调，但收效甚微。

【积极沟通衔接，争取国家工信部对西藏工业和信息化的大力支持】为深入贯彻落实中央第五次西藏工作座谈会精神，政府主管领导和厅领导先后两次赴北京，向国家工业和信息化部汇报衔接。工业和信息化部高度重视，召开专题会议听取汇报，研究支持西藏工业和信息化发展工作，形成了关于支持西藏工业和信息化发展的工业和信息化部2010年第46号专题会议纪要；2010年10月，李毅中部长亲赴西藏调研，在林芝主持召开全国工业和信息化系统援藏工作座谈会，与自治区人民政府签订了《工业和信息化部 西藏自治区人民政府关于共同推进西藏工业和信息化发展的合作协议》，向自治区捐赠援藏物资。

【指导支持基层工业和信息化主管部门有序开展工作】一是指导支持各地市工业和信息化局筹备成立工作。目前，在各地（市）委的高度重视下，七地（市）工业和信息化局已全部成立，多数县（区、市）也通过独立、合署等方式成立了工业和信息化局。二是2010年9月，组织召开了全区工业和信息化主管部门负责人座谈会暨业务工作培训会，加强全区工信系统的交流融合、加强业务指导和培训。部分基层部门还选派业务骨干来厅挂职学习锻炼。三是积极协调帮助解决基层工业和信息化主管部门缺乏办公设备和办公楼的困境。

【西藏信息资源中心（工业安全检测中心）业务楼建设项目进展顺利】在自治区领导的高度关心和大力帮助下，在厅领导的努力协调和争取下，西藏信息资源中心（工业安全检测中心）业务楼建设项目前期工作基本完成，将抓紧开工建设。

【年度工业经济发展情况】2010年1-11月，全区工业经济呈现出稳定的增长态势，全区规模以上工业实现增加值270069万元，同比增长14.1%，其中：轻工业实现工业增加值86694万元，同比增长9.4%；重工业实现工业增加值183375万元，同比增长16.6%。工业产销率实现93.3%。

发电量、啤酒、自来水、瓶（罐）装饮用水、水泥、中成药均实现稳定增长，铬矿石略有下降。1-11月份，发电量累计完成187216万千瓦时，同比增长18.7%；啤酒完成117538吨，同比增长13.3%；自来水完成10809万吨，同比增长8.5%；瓶（罐）装饮用水完成81823吨，同比增长34.9%；水泥产量2144627吨，同比增长14.6%；中成药完成1071吨，同比增长8.1%。铬矿石完成103872吨，同比下降3.9%。

【工业行业管理进一步加强】矿产业实现有序发展。初步估算矿产工业71家纳入统计口径的企业实现产值12.5亿元，利润总额2.8亿元。

认真做好重点矿产资源开发建设领导小组及办公室日常工作，积极推进玉龙铜矿、巨龙铜矿等重点项目开发建设前期工作、建设环节和竣工投产工作，加强跟踪协调服务，帮助解决困难问题，会同有关部门组织联合开展全区矿山选矿企业调研。会同自治区有关部门研究拟订了《有色金属结构调整纲要》，会同财政厅研究草拟建立西藏自治区矿业发展资金的相关文件，印发了关于加强矿产项目预核准的通知，组织开展了15个项目可研报告和初步设计审查工作；组织分解下达国家相关重要矿产品、民爆物品原材料年度生产指令性、指导性计划；着手筹备工业项目评审专家库，目前专家名单正在报送、审查中。

建材工业经济运行质量显著提高。推动水泥行业结构调整和优化升级，推动科技进步成果、新工艺、新技术在建材工业领域广泛应用，重点开展了新型干法预分解窑水泥生产线的应用工作，建成了一批具有竞争优势的生产线，新型干法窑水泥产能达 210 万吨，占全区水泥总产能的 56.9%；水泥散装从无到有，散装比例已达 5%以上；规模最大的前 2 家企业的生产集中度提高到 60%以上。合理规划布局水泥产能，对日喀则雪莲工贸公司及拉萨远大、信通、东嘎三家水泥厂联合新建新型干法水泥生产线项目开展前期工作情况进行了研究论证；参与了华新水泥（西藏）有限公司年产 60 万吨新型干法水泥生产线竣工验收准备工作。加强建材行业质量监督管理。启用了符合行业管理规定的相关表格；配合中国建筑材料工业联合会开展了对高争建材股份公司《水泥化验室合格证》复核检查工作；组织开展了祁连山水泥粉磨站生产及办证情况调研工作。做好水泥产业淘汰落后产能工作，向工业和信息化部报送了《关于西藏自治区水泥行业现状及淘汰落后产能安排计划的报告》。编写完成了 2009 年中国水泥工业年鉴西藏篇。

民爆管理和安全生产工作得到加强。扶持民爆行业发展。顺利组织完成高争民爆 12000 吨粉状乳化炸药新线竣工验收，认真做好生产许可证申请换发工作，并积极推进试生产工作，截止 9 月份，新线已试产炸药 683 吨。加强对民爆物资的监督管理。配合相关部门对我区多年库存剩余过期的危险民爆物资集中销毁，配合公安部门对 703 等炸药仓库进行安全检查。积极协调民爆生产原材料及区内不能生产的民爆物资通过铁路运输进藏事宜，配合铁道部专家考察组对此事项进藏考察。切实加强安全生产。加强对各地（市）工业和信息化主管部门、民爆器材生产经营企业安全生产的检查指导，加大工业企业安全事故隐患排查力度，认真组织三大节日及敏感时期民爆企业安全保卫工作，确保了重要时期内民爆系统的安全稳定，目前民爆行业正常稳定运行；认真开展全国“安全生产月活动”，参加了自治区安委会组织的“安全生产百日大检查”等工作，做好对企业的宣传培训，不断增强企业安全生产意识。

消费品工业发展稳定。截至 2010 年 11 月，全区规模以上医药制造业实现工业增加值 29951 万元，同比下降 7%；饮料制造业实现工业增加值 37034 万元，同比增长 27.6%。

藏药业方面：鼓励藏药行业通过兼并、重组、联合等方式进行产业结构优化调整，西藏宇拓藏药产业集团已正式挂牌成立。会同药监等部门联合开展药品专项整顿工作，形成《关于联合开展药品专项整治督查工作》；做好我区应急药品的调拨和药品储备管理，建立了甲型 H1N1 流感疫情动态药品储备目录。积极呼吁、帮助企业把藏药常用药品列入《西藏自治区基本用药目录》范围。争取到国家中药材扶持项目 2 个，总投资达 760 万元，落实扶持资金 60 万元。

食（饮）品业方面：推进企业诚信体系建设，积极开展“诚信兴商宣传月”活动，选定西藏冰川矿泉水有限公司等 5 家食品企业为我区诚信建设试点企业；制定下发了《西藏自治区工业和信息化厅 2010 年食品安全整顿工作实施方案》。参与开展“第十七届防治碘缺乏病日”宣传活动，发放宣传资料 300 余份、精制碘盐 50 袋。

纺织及家电行业方面：会同发改委共同编制了西藏自治区贯彻落实《轻工业结构调整和振兴规划》的意见，制定了《西藏纺织工业结构调整和振兴规划》；协作、开展家电下乡工作，截止 2010 年 9 月底，全区累计销售家电下乡产品 120321 台/件，累计销售金额 13164.10 万元，累计兑付补贴资金 2601.40 万元。

大力扶持民族手工业发展。一是开展藏毯生产地方标准的制定和评审工作。已完成藏毯生产标准报国家审批，争取年内西藏藏毯生产企业启用藏毯地理标识。二是积极开展民族建筑、雕刻、藏毯编织技能、民族服装制作等方面共计 1300 多名从业人员的技能培训工作。

【节能与综合利用工作进一步加强】一是做好节能减排督促检查和评价考核。积极配合参加国家节能目标责任现场评价考核工作组分别赴拉萨、林芝、山南三地开展现场评价考核工作。为确保实现“十一五”节能减排目标，要求企业建立了专门的能源管理岗位以及能源管理负责人备案制度。

二是抓好清洁生产和重大科技成果转化项目申报工作。草拟了《关于组织申报工业企业节能减排、清洁生产、环境保护、高新技术、科技成果转化项目库的初步方案》，组织企业开展项目申报工作，上报了西藏天恩科技发展有限公司的《动物血制食品及蛋白粉清洁生产建设项目》，申请国家补助资金 1500 万元。会同区财政厅评审、上报了“酵母高密度发酵谷胱甘肽技术成果转变”等 8 个重大科技成果转化项目，申请到国家财政补助 500 万元。

三是加大对清洁生产技术开发、技术示范的支持力度。落实中央环保专项资金 2394 万元，实施了西藏日通藏医药研制中心藏药厂、羊八井地热电厂、自治区藏药厂、拉萨啤酒厂等企业污染治理工程。在 2010 年上半年中央预算内安排投资 940 万元，用于华新水泥（西藏）有限公司和高争建材股份有限公司水泥生产线纯低温余热发电项目。

四是积极开展能耗统计调查、能效水平对标达标和节能宣传工作。针对工业重点用能企业建立能源管理负责人备案制并设立能源管理岗位；认真开展能效水平对标达标活动并进行了抽查。组织各重点工业用能企业开展全国节能宣传周活动。上报了《关于我区填写工业和通信业标准化现状调查问卷的情况报告》。

【充分发挥重点项目的支撑作用】一是继续认真做好重点工业项目工作。37 个全区重点工业项目，累计完成投资 130 亿元。其中：已建成项目 8 个，完成投资 47.9 亿元；在建项目 12 个；正在进行前期工作 17 个。二是会同自治区发展和改革委制定了《西藏自治区“十二五”规划重点工业和信息化项目汇总表》，确定了“十二五” 20 个重点工业项目，总投资 334.74 亿元；重点信息化项目共 9 个，总投资 158.3 亿元。三是做好我区重点产业振兴和技术改造专项投资项目的申报及资金管理。2010 年国家安排共计 42 个项目，申请到切块资金 10550 万元，已陆续下拨到各企业。四是严格各类项目、资金的管理和跟踪检查，确保资金依法依规使用。会同财政厅颁布了《西藏自治区中小企业发展专项资金管理办法》，认真做好《西藏自治区产业与企业改革发展资金管理办法》的修改工作，争取在近期颁布。对已列入2010年国家企业发展专项资金项目、已下达的国家工业企业技术改选项目以及拟申报2010年西藏自治区企业发展专项资金项目进行了监督检查。

【认真落实中央、自治区关于扶持发展中小企业（非公有经济）的有关政策，引导扶持中小企业（非公有经济）发展】一是加大对中小企业（非公有经济）的扶持力度。落实国家2010年中小企业发展专项资金5050万元，项目39个。落实中小企业服务体系建设项目3个，国家补助资金400万元。二是贯彻落实藏政发〔2009〕79号文件工作取得积极成效。重新调整设立了西藏自治区非公有制经济（中小企业）发展工作领导小组。对藏政发〔2009〕79号文件各项任务进行细化和分解，确保各项配套政策得到落实。积极通过各种方式全面宣传扶持中小企业发展的优惠政策措施。

【做好工业经济运行监测协调工作】一是按月、季度认真做好工业行业运行情况分析工作，召开了2010年上半年全区工业经济运行暨重点工业项目建设座谈会，有针对性地提出调控意见、建议和措施，做好区党委、政府的参谋助手。二是建立了西部省区间的运行监测信息交流机制，在全区范围内确定30家骨干工业企业并实施重点运行监测，全面掌握工业行业运行情况。三是加强煤电油气运的综合协调。积极协调重点工业企业生产用电事宜；对国家电网西藏电力公司报送的《西藏藏中电网有序用电方案》进行了批复；圆满组织完成了2010年全区春运工作。四是认真做好企业治乱减负工作。积极配合有关部门开展全区企业治乱减负情况调研和检查工作，向国家工信部报送了《2010年西藏自治区减轻企业负担工作总结》。

【年度信息化建设情况】2010年，全区电信行业保持了稳定、快速、健康的发展态势。2010年1-9月，全区电信业务总量累计完成45.4亿元，同比增长23.2%；电信主营业务收入累计完成15.9亿元，同比增长5.6%；全区电话用户总数达到202.7万户，普及率为70%；已通电话行政村达到4827个，行政村通电话率达到92%，2010年内将实现所有行政村通电话；移动通信网覆盖至所有县城、乡镇和重要交通干线及旅游景点。已通光缆乡镇578个，乡镇通光缆率达到84%。信息技术在我区各行业、各领域得到更加广泛的应用，信息基础设施建设、信息资源的开发利用、藏文软件的研发、网络媒体宣传及安全保障等方面取得了长足进步。

【认真履行自治区信息化领导小组办公室职能】召开了自治区信息化领导小组办公室会议，拟定了信息化领导小组及办公室的工作职责、领导小组联络员工作机制和信息化工作情况通报机制，初步完成了自治区信息化专家咨询委员会的筹备方案，正积极准备年底召开的自治区信息化领导小组会议相关材料等工作。

【积极做好政策制定工作】一是提出我区"十二五"期间通信村村通、移动网广覆盖、应急通信、宽带通信、边防覆盖通信、出藏一级干线光缆、党政专用网络基础设施建设、电子政务、行业信息化等9项重大工程并完成了各子项目的详细说明，分别报自治区发改委和工信部规划司。二是起草完成了《西藏自治区人民政府关于加快信息化发展的意见》（代拟稿），将尽快报自治区政府常务会研究审议。三是在对自治区20个重点行业企业实地调研以及400家企业问卷调查的基础上，正在起草《关于加快我区企业信息化工作的意见》（初稿）。四是组织召开了软件与信息技术服务座谈会，摸清我区软件与信息服务产业发展现状，听取企业意见建议，为明年开展行业管理、促进本地信息技术服务产业发展奠定基础。

【扎实推进信息化重大项目工程建设】一是启动了电子政务工程（一期）项目可行性研究报告编制工作，已完成委托合同签订、进藏调研等工作，整体工作将于年底前完成。二是研究制定了《西藏自治区农村综合信息服务站建设方案》，下发了《关于开展农村综合信息服务站建设试点工程（一期）的通知》，正加快信息服务员培训和电脑网络设备配备工作，各个试点村综合信息服务站计划于年底前正式开展工作。三是扎实推进远程医疗信息服务平台建设前期工作。研究制定了远程医疗工程项目的建设方案，修改完善了项目需求报告和项目建议书并上报自治区政府，正在推进可行性研究报告的编制工作。

自治区国有资产管理工作

【年度综述】2010年，西藏自治区国资委系统广大干部职工深入贯彻落实科学发展观，坚持新时期西藏工作指导思想，坚持走有中国特色、西藏特点的发展路子，大力实施"一产上水平、二产抓重点、三产大发展"的经济发展战略，认真贯彻落实国家、自治区关于财税、投资、产业、金融、物价、民生等方面的宏观调控政策措施，积极应对复杂多变的国内外经济形势，努力克服国际金融危机影响，抓住宏观经济回升的有利时机，加强企业管理，制定落实管控措施，着力转变发展方式，推动各项工作不断取得新进展，在企业生产经营、工作思路创新、推进改革重组、保障改善民生等方面迈出了新步伐。

截至2010年12月31日，西藏自治区国有企业（不包括电力企业）资产总额203.8亿元、负债总额86.2亿元、所有者权益117.6亿元，分别比2009年增长16.7%、0.3%、32.6%，国有资产实现保值增值；2010年全年实现营业收入67.4亿元、利润总额7.5亿元、上缴税金6.3亿元，较2009年分别增长15.4%、15.3%、-1.6%；在职职工约2.5万人，职工年人均收入达到3.58万元，比2009年增长21.1%。

其中，区国资委监管企业资产总额82.7亿元、负债总额32.4亿元、所有者权益50.3亿元，分别比2009年增长39.9%、17.8%、59.2%；全年实现营业收入26.57亿元、利润总额5.33亿元、上缴税金3.48亿元，较2009年分别增长37.1%、178.9%、75.0%。在职职工年人均收入3.78万元，比2009年增长11.9%。

【强化调控，国有经济运行态势良好】一是建立经济运行统计分析制度坚持把抓好企业经济运行、促进发展方式转变作为提高企业管理水平、提升企业发展质量和效益的一项基础性工作常抓不懈，建立监

管企业经济运行月度分析调度例会制度、全区重点国有企业和中央企业驻藏机构月度统计监测制度。每月定期分析企业运行态势，及时了解掌握企业生产经营状况和发展趋势，有针对性地提出调控措施和政策建议。二是加强企业生产经营管理。认真做好营销、生产和组织管理，盈利能力和管理水平逐步提高。西藏宾馆积极拓宽营销渠道，实现利润327万，同比增长近14倍。天路和矿业股份努力开拓市场，加强资本运作，管理水平进一步提升，资产结构进一步优化。成都西藏饭店抢抓糖酒会机遇，通过调整成本核算和经营考核指标，努力降本增效。矿业企业紧紧抓住产品价格回升有利时机，加大生产经营力度，科学调度，实现了较好收益。三是积极推进重点项目建设。加强项目前期工作，重点工程建设进展顺利，区国资委监管企业项目投资11.8亿元。西藏大厦基础设施改造、汽贸公司林芝销售网点改扩建、扎布耶锂资源产业示范化工程一期技改等项目顺利完工；高争民爆年产12000吨粉状乳化炸药生产线项目通过国家验收；拉萨饭店改扩建项目进展顺利；拉萨皮革厂农牧产品深加工园一期工程完成规划设计；扎布耶二期工程、尼木厅宫扩建5000吨电解铜建设项目和建工集团“特色养殖、绿色生态”种植项目列入自治区“十二五”重点项目规划。四是加强安全生产工作。认真贯彻落实国务院和自治区政府关于进一步加强企业安全生产工作的通知，加大投入，严格实行安全生产责任制。认真开展“百日安全生产大检查”、“建筑安全领域整治”、“安全生产月”、“打击非法违法生产经营建设行为”、“交通安全百日行”等专项行动。针对上半年委属企业安全生产的严峻形势，果断出台了严厉的安全生产责任考核奖惩办法，重奖重罚有关责任人，坚决遏制安全生产事故的发生。五是抓好节能减排工作。加大技术改造力度，督促企业节能减排，推动生产经营管理方式由粗放型向集约型转变。高新建材集团山南分厂余热发电装置成功投运，高争股份拉萨湿法水泥生产线、日喀则立窑水泥生产线关闭工作有序开展，体现了国有企业的带头作用。

【深化改革，企业的活力和竞争力进一步增强】深入推进企业公司制股份制改革。按照“分类指导、突出重点、整体推进”的思路，以建立现代企业制度为目标，加快推进国有企业改革。一是强化改革目标和责任落实，制定了2010年国有企业改革工作方案和企业改革目标责任书；二是召开全区国有企业改革领导小组办公室会议，认真研究企业改制中出现的困难和问题，明确了相关工作思路和措施，指导督促有关地（市）和部门加快推进企业改制；三是加强国有企业改革工作培训，进一步规范各项工作。2010年全区国有企业改制面达到84.7%，比2009年增加24.7个百分点。

全力推进企业集团组建。西藏国际旅游集团、宇妥藏药产业集团挂牌成立，基本完成了自治区确定的第一批产业集团组建工作；西藏中兴商贸集团组建方案上报自治区政府；正在积极研究物流、水电、文化、节能环保、特色饮品等产业集团组建的可行性。把实体经济与现代金融结合起来，每个特色优势产业领域形成一个起龙头作用的企业集团，控股1-2家上市公司的格局已经起航。

有序推进政策性破产项目。坚持规范操作、依法操作、民主操作、阳光操作，政策性破产工作取得明显成效。完成了那曲绒毛分梳厂和林芝更张林厂政策性破产工作，那曲牧工商总公司、拉萨市珠峰食品厂、工业物资运销公司、西藏火柴厂、藏北金萨黄金有限公司政策性破产已接近尾声，其他相关企业政策性破产工作有序推进。从长城、东方、信达资产管理公司整体打包回购14.64亿元债权，有效减轻了企业债务负担。

【完善监管，促进国有资产监管工作规范化系统化】进一步推进企业法制工作。为完善国有资产监督管理制度体系，对涉及国有资产监管、国有企业改革方面的法律法规及规范性文件进行了全面清理，编印《国有资产监督管理法律法规及规范性文件汇编》。研究制定《西藏自治区政府国资委2011年度立法项目计划》。认真开展“五五”普法工作总结验收工作。

进一步规范产权管理工作。认真做好登记、评估、流转等产权管理基础工作。积极推进区域性产权交易合作交流，建立联席会议制度，联合管理西南联合产权交易所。成功挂牌转让扎布耶锂业高科技有限公司22%的股权，获得收入2.46亿元，为自治区企业通过全国市场重新进行价值定位，寻求新机遇，积累了宝贵经验。国有资本经营预算工作覆盖面进一步扩大，2010年区直国有企业国有资本经营收益1560万元。

进一步完善财务监督体系。不断完善财务监督体系，有效防范财务风险。强化财务监督基础工作，及时编报企业财务快报和财务动态分析。加强重大财务事项管理，有效防范和规避企业经营风险，促进企业科学发展。加强企业清产核资、财务审计、企业负责人经济责任审计和“小金库”专项治理工作，不断规范企业财务行为。加强企业财务人员培训和信息化建设，不断提高财务工作效率和水平。

进一步创新考核分配制度。完善考核制度，积极发挥业绩考核工作的导向性、激励性和约束性作用。建立财务预算、经营目标责任制、业绩考核和收入分配“四位一体”的国有资产经营业绩考核体系，积极探索经济增加值考核。完善《企业负责人经营业绩考核办法》，规范企业经营行为，科学设置考核指标，突出主营业务考核。完善企业工资总额预算管理制度，加强收入分配调控，及时兑现2009年企业负责人薪酬。

加强对地(市)国资监管工作的指导。成立自治区政府国资委指导监督地（市）国资工作领导小组和工作机构，积极指导地（市）国资委依法履行出资人职责，在产权管理、财务监督、规划投资、业绩考核、收入分配、经营预算、业务培训、企业领导人员管理、企业改制重组和企业党群纪检等方面开展了一些具体工作。

【落实政策，加强保障和改善民生工作力度】一是将企业职工收入作为企业负责人经营业绩考核的一项重要指标，赋予一定的权重，确保职工收入稳定增长。二是积极做好企业房改、廉租住房申报、租赁住房补贴申请、棚户区改造等工作。三是认真搞好定点帮扶南木林县卡孜乡工作，健全行政村党组织9个，投入资金近180万元。四是广泛宣传讲解国有企业改革有关政策，指导企业做好职工分流安置和再就业等工作，切实保障和维护职工切身利益。五是及时开展慰问活动，2010年共向困难职工、老党员、低保对象等发放慰问金（购物券）119.3万元。

【扩大开放，加强与中央企业经济技术合作】坚持把中央企业的管理、资金、技术、市场优势与我区特色资源、政策、后发优势有机结合起来，积极搭建经济技术合作交流平台。对中央企业援藏和参与自治区经济建设情况进行了汇总整理，向国务院国资委作了专题汇报。国务院国资委十分重视，指定专人负责，帮助确定投资项目和规划，做好项目对接工作。目前已完成了承担援藏任务的17家中央企业和中央企业驻藏机构投资项目的统计工作，初步形成了中央企业援藏和产业经济合作中长期规划。

【领导名录】
党委书记、副主任：次成甲措
党委副书记、主任：余和平
党委副书记：帕巴次诚（正厅级）
（2010年10月退休）
党委委员、巡视员：严仕金
（2010年12月退休）
党委委员、副主任：刘来虎、侯长军、者江村、金思宇（援藏）
党委委员、区纪委驻区国资委纪检组长：黄永清
党委委员、副主任：田福利、王国新
副巡视员：唐世珍

自治区审计工作

【审计成果】2010年，自治区各级审计机关依法对236个项目（单位）进行审计或审计调查，查出违纪违规及管理不规范等问题资金76亿元，提出审计建议121条，移送相关单位（部门）处理事项14起，向自治区党委政府报送审计信息42期。审计工作在维护市场经济秩序、促进提高依法行政能力、推进党风廉政建设和反腐败工作、为党委政府宏观决策提供服务等方面发挥了积极作用。

【财政预算执行审计】对2009年度自治区本级预算执行和其他财政收支及1个地区财政决算进行审计，查出虚减财政支出和收入、滞留应缴财政收入、少报彩票公益金及发行收入、挪用基建项目资金及支农资金、违规开设账户等违纪违规问题金额34.3亿元；对税务部门进行审计，查出少征增值税及附加费、滞纳金和企业所得税1.2亿元；对5个单位财政财务收支情况进行审计，查出违规改变资金用途、隐瞒截留收入、乱收费、管理不规范等违纪违规金额2.3亿元。2010年的财政预（决）算执行审计，面临构建我区财政审计大格局背景，着力探索了符合西藏特点的财政预（决）算审计工作路子，积极推进财政审计一体化进程，采取财政预算执行审计、财政决算审计与财政管理审计有机结合的方式，将政府性投资计划执行审计纳入财政审计范畴，与教育、社会保障和民生等财政法定刚性支出及增长规模、比例进行同步审核，创新了思路、积累了经验。在部门预算执行审计中，认真执行审计规范，注重审计方案的操作性、审计目标的完成性、审计重点的针对性、审计风险的可控性，取得了较好效果。向自治区人民政府上报了《审计结果报告》，并受自治区政府委托向人大常委会作了《审计工作报告》，人大常委会对审计在查出财经领域中的问题，推进依法理财，提高资金使用效益，规范预算管理等方面发挥的作用给予了充分肯定。

【固定资产投资审计】重点对8个投资项目进行审计，查出公路建设用地未批先用、违法分包工程未公开招标、挤占国有草场补偿资金、违规签订施工合同、多计工程结算价款、虚列建设成本等违纪违规资金12.7亿元，核减工程造价995.8万元。审计工作中重点关注了项目决策、工程质量、环境保护、征地拆迁、材料采购、资金管理使用情况。积极探索效益审计和环境审计，在效益审计方面，将项目招投标、合同执行情况、工程结算，建设资金筹集的合规性、资金结构的合理性，工程建设管理中出现的损失浪费，与投资效益相结合，对影响投资效益问题进行综合分析，提出加强项目建设管理和提高投资效益的意见和建议；在环境审计方面，重点关注投资项目是否履行了规定的报批程序和手续，环境终验是否符合环评报告预期目标，施工中是否保护保护现有的文物及设施、是否采取措施保护高寒植被，施工单位是否进行植被恢复和环境整治，尝试推行环境影响评价，促进保护西藏的碧水蓝天。

【企业审计】坚持以“摸家底、揭隐患、促发展”为目标，按照“质量、责任、绩效”和“把握总体、揭露隐患、服务发展”的审计思路，重点对3个单位进行了审计，发现管理不规范、少记或虚列成本、虚报或隐瞒转移收入等违纪违规金额7.3亿元。审计中重点关注了企业经营管理情况，揭露了企业经营中的重大违法违规问题，关注了促进企业发展的各项政策措施的执行和落实情况，重点揭露了企业因决策失误、管理不善导致国有资产损失浪费等问题，促进企业增强自主创新能力、转变发展方式，提高了市场竞争力和抗风险能力。

【经济责任审计】对8名党政领导干部和企业法人进行任中经济责任审计，查出隐瞒财政收入、私设“小金库”、骗取财政专款、违规改变资金用途、漏缴税金、坐收坐支应缴财政收入等违纪违规资金3.4亿元。审计中坚持了“稳中求进、量力而行，创新方式、防范风险”的方针，以领导干部履行经济责任为主线，以财政财务收支及有关经济活动的真实合法效益为基础，以守法守纪守规尽责为目标，重点关注了领导干部重大经济决策权、经济管理权、政策执行权的履行情况；注重从体制机制和制度层面发现和分析问题，提出改进和完善的建议；树立大案要案意识，对移送有关部门处理案件线索跟踪落实结果；加强与纪委、组织、公安、检察等部门的沟通和联系，做到信息资源共享、优势互补；不断探索专员和县长经济责任审计的方式方法，创新审计报告格式，丰富审计报告内容。

【农业与资源环境保护审计】通过对4个单位进行审计或审计调查，查出挪用扶贫专项资金、设置账外资产、擅自处置国有资产等违纪违规金额14.8亿元。在对两个专项管理资金进行审计调查中，发现部分建设单位虚假编制草地补播验收资料，部分网围栏建设不符合技术要求，对不符合退耕还林条件的单位或个人发放粮食补助和现金补助，违规调整退耕还林面积和实施地点，有的建设项目占用退耕地等问题。这些问题，在一定程度既影响

了农牧民群众的切身利益，又不利于西藏生态环境建设和可持续发展。对存在的问题依据有关法律法规做出了处理和处罚，并向自治区党委政府做了反映，引起了党委政府领导的高度重视。

【专项资金审计或审计调查】积极组织对自治区财政安排的种粮农民直接补贴、粮食企业储备粮保管费和利息补贴、良种推广补贴等部分粮食补贴资金的管理使用和有关补贴政策落实情况进行了审计调查，揭示了补贴资金管理不规范，滞留以前年度补贴资金；个别地市配套资金不到位，降低补贴标准减少农民收入；个别地区未按规定开设专户（科目）核算粮食直补专项资金，专款管理存在漏洞等问题。另外，还对有预算资金分配权、管理资金多的部门以及关系教育、医疗、社会保险基金等重点资金进行审计，切实维护人民群众利益，促进社会和谐。

【领导名录】

党组书记：马国超

厅　　长：贵　桑

副 厅 长：李瑞富

　　　　　孙玉英

　　　　　甄广川（审计署成都特派办援藏）

纪检组长：张福山

总审计师：周忠祥

自治区统计工作

【年度综述】2010 年，西藏自治区统计局、国家统计局西藏调查总队以中央第五次西藏工作座谈会精神为指导，按照马建堂局长“各级调查队要牢固树立两个意识、增强两个理念”的要求，深入贯彻落实全国统计工作会议和全区经济工作会议精神，紧紧围绕国家统计局和自治区党委、政府的中心工作，以“提高统计能力、提高统计数据质量、提高政府统计公信力”为主线，以开展效能建设年活动和创先争优活动为契机，求真务实，主动作为，为全区经济社会又好又快发展不断提供优质高效的统计服务。

【第二次全国经济普查圆满完成】经济普查数据的采集、汇总、审核和上报等各项工作扎实有效，顺利通过了国家统计局的数据质量抽查和评估。第二次经济普查公报适时发布，普查资料的开发利用全面展开。主要数据公报与重点普查表已合编成册，供社会公众和各级党委政府参阅。联合有关部门和科研机构的专家学者对普查资料进行了深入分析、系统开发，为编制“十二五”规划，推动我区经济结构战略性调整，促进经济全面协调可持续发展提供了依据。《西藏自治区第二次全国经济普查年鉴》的编辑整理工作正在紧张有序进行，即将印刷出版。

【第六次全国人口普查取得阶段性成果】在自治区党委政府的高度重视下，在自治区各有关部门的参与支持下，顺利完成了各级普查机构组建、经费预算、方案和工作细则制定、重要物资筹备、普查员与普查指导员培训、宣传动员、户口整顿、普查区域划分、地址编码等前期准备工作。通过全区普查员的共同努力，入户登记和复查工作已经圆满完成，初步摸清了我区人口状况。目前，数据快速汇总、光电录入等工作也正在有序展开。

【第二次全国 R&D 资源清查工作阶段任务全面完成】按照第二次全国 R&D 资源清查主要工作内容和进度安排，严格按照要求开展清查工作，全面完成了 R&D 资源清查第一批全区全部规模以上工业企业清查数据和第二批全区非工业企业及相关事业单位清查数据及全区社会综合数据的收集、整理和汇总，并及时上报全国 R&D 清查办公室。目前自治区清查办将着手对国家反馈的数据进行整理、加工汇总，以取得最终成果。

【全区首次组织工作满意度民意调查工作顺利完成】自治区统计局、国家统计局西藏调查总队与自治区党委组织部联合开展了全区首次组织工作满意度民意调查。为确保民意调查工作质量，局、总队专门成立领导小组，精心组织，周密部署，严格选调和培训调查人员和督导员，严肃工作纪律，狠抓调查数据质量，确保了全区首次组织工作满意度民意调查工作圆满成功，得到了自治区党委组织部的充分肯定。。

【积极开展各项常规及专项统计调查工作】全区各级统计调查部门严格执行国家和自治区统计调查制度，努力提高统计调查数据质量，认真审核各地区主要统计指标数据，保证了自治区与地市之间、国民经济核算与专业统计之间数据的衔接与协调。农业、工业、建筑业、投资、消费、人口、就业、社会、科技、能源、价格、城镇住户和国民经济核算等各项常规统计顺利开展，并取得明显成效。按时完成《西藏统计年鉴-2010》、《西藏领导干部手册-2010》和《西藏统计月报》、《西部统计月报》的编印工作，及时做好 2009 全区国民经济和社会发展统计公报的发布工作，高质量地完成了交通能源消费专项调查工作，组织开展了主要商品价格监测等专项统计调查任务，满足了党政领导和社会大众对统计信息的需求，为自治区相关部门科学决策提供了重要依据。

【统计调查服务水平不断提升】一是通过深入分析经济社会发展中的重点、难点和热点问题，形成了《西藏经济发展的理论和实证研究》、《西藏经济增长对就业变化的影响分析》、《西藏跨越式发展路径选择研究》等 10 余篇重点课题研究报告，多数被自治区党委、政府采纳，较好地发挥了统计服务职能。二是全面加强进度分析。为了及时反映我区经济运行情况，准确判断全年经济社会规划目标的实现程度，适时跟踪分析经济社会发展最新动态，组织分析文章 120 余篇。同时，组织精干力量，深入到基层进行调研，密切跟踪经济发展形势和存在的问题，并提出合理化建议，《2010 年上半年全区经济运行情况和全年走势判断及对策建议》、《2010 年上半年全区农牧民增收情况分析与全年走势判断及对策建议》两篇分析报告，得到了自治区党委副书记、常务副主席郝鹏的重要批示，自治区党委书记张庆黎、自治区主席白玛赤林分别给予高度评价和充分肯定，并要求各部门按照自治区统计局、总队提出的建议做好下半年的经济工作，统计调查工作的地位进一步提升。三是为充分展示 2000 年以来西藏妇女儿童事业发展进步的成就，完成了《2010 社会的进步（西藏篇）》一书的资料整理、审核、编辑工作，即将印刷发行，向社会公布。四是积极发挥统计服务职能，及时向自治区党委、政府及有关部门提供统计数据，派业务骨干参与撰写《中共西藏自治区委员会关于制定“十二五”时期国民经济和社会发展规划的建议》、自治区第九届人大四次会议《政府工作报告》、自治区人大财经委《加快我区“十二五”期间经济结构调整的意见》等重要文字材料。并在迎接西部大开发战略实施10周年而举办的我区生态环境与人居环境成就展中，提供相关统计图表，承担了成就展所用资料的数据审核与校对工作。

同时，自治区统计局、总队不断拓展统计信息公开的渠道和形式，服务各级党委政府和社会公众。通过召开新闻发布会、经济形势分析会以及向新华社西藏分社、《西藏日报》、西藏电视台、西藏新闻网、中国西藏网、西藏人民广播电台、西藏政府网等主要媒体提供新闻稿件，公开发布年度、季度、月度国民经济运行情况，解读经济形势，对统计数据进行宣传和解释，统计反映发展、宣传发展、促进发展的作用进一步发挥。

【统计制度方法改革稳步推进】一是在我区七地市逐步开展了对所辖各县的GDP数据下算一级工作，加大了对GDP年报的审核力度，突出对数据合理性和逻辑性的审核；二是进一步扩大了抽样调查方法在统计调查工作中的应用范围；三是加快推进服务业统计调查制度改革。建立健全了企业景气调查制度，在原有32家企业景气调查样本的基础上，扩大到了195家。四是全面建立了规模以上工业企业能源统计制度，加强了能源消耗统计工作，积极稳妥地推进大中型工业企业能源联网直报；五是进一步完善了农牧业统计调查指标体系，增加了符合我区实际的农牧业统计指标和能源统计指标。六是认真完成城镇住户和农村样本轮换工作，确保样本代表性，为城乡住户调查一体化提供了基础。七是规模以下工业抽样调查工作进展顺利，新一轮工业生产者价格统计基本分类以上分类权数测并工作紧张有序进行。八是贸易外经统计改革取得阶段性成果，改进和完善了批发和零售业销售额统计制度，并填补了住宿和餐饮业全行业营业额数据的空白，按季向GDP核算部门提供批发、零售、住宿、餐饮四个行业营业额总量和增速。九是及时开展了全区2010年新一轮流通消费价格的基期轮换工作，并在做好2010年全区城镇住户基本情况抽样调查的前提下，利用样本调查分层信息，改进样本轮换方法，提高了常规住户样本调查的科学性和代表性。

自治区工商行政管理工作

【年度综述】2010年，全区工商系统以学习贯彻中央第五次西藏工作座谈会为动力，牢牢把握“四个只有”，推进“四项建设”，做到“五个维护”，充分发挥工商职能，积极服务我区跨越式发展和长治久安，各项工作取得了显著成绩。

【优化服务举措，全力助推我区经济平稳较快发展】一是促进各类市场主体加快发展。转变服务理念，提供预约、靠前、上门、跟踪等优质服务举措，制定出台促进个体私营经济加快发展的若干措施，投资软环境进一步优化，市场准入更加方便、快捷。截止10月底，全区内资企业发展到12619户（含私营企业），注册资本506.99亿元，同比分别增长9.95%、16.74%；外商投资企业312户，投资总额62689.5万美元，注册资本35112.86万美元；个体工商户发展到91846户，从业人员21.09万人，注册资金28.68亿元，同比分别增长7.74%、9.65%、18.43%。二是服务社会主义新农村建设。立足实效，采取帮扶措施，促进了农牧民专业合作组织加速发展。截止10月底，全区农牧民专业合作社发展到328户，出资总额2.39亿元，同比分别增长88.5%、55.76%。全区经纪人队伍发展到4035人，同比增长10.94%；农牧民个体工商户发展到21134户，注册资金4.32亿元，同比分别增长21%、21.6%。开展“红盾护农”行动，严厉打击制售劣质农资坑农害农行为，保证了农牧业生产顺利进行。三是大力实施商标品牌战略。年初，在总局关怀下，“5100”和“藏缘及图”商标荣获中国驰名商标，自治区政府召开授牌表彰大会，给予企业以重奖。截止目前，全区累计注册商标达到2077件，其中：中国驰名商标达到6件，自治区著名商标45件。山南地区和自治区藏药厂被国家工商总局分别授予首批全国商标战略实施示范城市（区）、企业。下发了《关于全面推进农畜产品地理标志商标注册与保护工作的通知》，重点培育发展地理标志商标，“波密天麻”、“林芝松茸”获准注册，地理标志商标达到3件。

【强化监管执法，努力维护市场经济秩序和社会稳定】全区各级工商机关提高监管效能，强化监管措施，全力维护市场秩序和社会稳定。截止10月底，共查处各类经济违法违章案件3800件，案值787.72万元，罚没款190.6万元。一是流通环节食品安全监管全面加强。认真落实食品市场监管责任制，深入开展节日、校园等食品市场专项整治。共查处食品违法违规案件707件，案值39.1万元，罚款25.1万元；建立“食品安全示范店”395户，核发食品流通许可证1763户。二是商标广告执法力度不断加大。深入开展保护上海世博会和亚运会标志专项行动，严厉打击商标侵权行为，共查处商标侵权假冒案件26件。建立广告监管联动执法机制，严厉打击虚假违法广告，查处广告违法案件31件，罚没款10.84万元。三是竞争执法和打击传销工作扎实推进。共查处公平交易违法违章案件581件，案值87.18万元，罚没款67.92万元。把打击传销纳入社会治安综合治理范畴，建立了打击传销和禁止参与传销工作联席会议制度。加大对农牧区、学校、社区、城乡结合部等群众集散地、传销易发区宣传教育工作，开展创建“无传销社区”试点工作。下发了《2010年直销监管工作方案》，规范直销企业经营。四是专项市场监管成效明显。认真贯彻落实自治区人民政府第70号令、90号令和自治区2010年冬虫夏草管理电视电话会议精神，深入开展虫草市场检查督导工作，确保虫草采集期间社会秩序稳定。开展“限塑”专项整治工作，共查缴不合格塑料袋8.2万个，有效保护了生态环境。五是市场主体准入更加规范。改革年检方式，开辟网上年检自助服务专区，通过个别指导、预约服务，帮助企业开展网上年检申报，企业年检率达到85%以上。加强对矿产业、建筑业登记注册的审核把关，严厉打击虚假出资行为，共立案查处20家提供虚假验资报告、骗取变更登记的企业；查处无照经营案件701件，罚款45.39万元。六是消费维权工作进一步强化。开展12315“五进”活动，提供“零距离”维权服务，共设立12315维权站（点）726个。加强“家电、家具、汽车和摩托车下乡”等市场专项整治，确保惠农政策落到实处。加大消费维权工作力度，共受理处理消费者申诉举报1355件，为消费者挽回经济损失150.9万元。初步建立起了西藏与深圳、澳门、新疆消费维权合作机制。七是社会治安综合治理工作不断加强。开展“扫黄打非”行动，严厉打击制售藏独等政治性非法出版物，共收缴各类非法出版物26623盘（盒）。查处非法销售卫星电视地面接收设施行为10起。积极会同有关部门开展校园周边环境治理、打黑除恶、禁毒、反假币等专项工作，为维护社会和谐稳定做出了积极贡献。

【加强自身建设，着力打造高素质工商干部队伍】一是开展主题教育活动。紧紧围绕学习贯彻中央第五次西藏工作座谈会精神，开展效能建设年、创先争优和党员密切联系群众实践活动，全系统办事效率明显提高，服务发展能力明显增强。开展知党情、报党恩等爱国主义教育，牢记“五个维护”，大力弘扬“老西藏精神”和“国徽头上戴、责任肩上挑”的工商精神，激励和鞭策干部牢固树立服务跨越式发展和长治久安的坚定信念。

二是加强干部队伍建设。坚持德才兼备、以德为先的用人标准，遴选后备人才，制定了《干部交流试行办法》，调整充实了地市局领导班子。选派23名县处级以上领导干部参加总局行政学院等院校的学习。邀请总局领导专家赴藏授课，举办竞争执法、商标广告、食品监管等培训班。全系统共举办各类培训班14期，培训人员507人次，提高了干部队伍整体素质。公开招考录用国家公务员60名，充实了基层干部队伍力量。

三是推进反腐倡廉建设。认真学习贯彻《党员领导干部廉洁从政若干准则》，深入推进惩防体系建设。召开党风廉政建设会议，签订党风廉政建设责任书。总结试点工作经验，全面推行廉政风险点防范管理工作，新建和修改完善各项规章制度132项。认真治理和纠正不正之风，共接到群众信访举报14件，办结11件。

四是狠抓基层基础工作。2010年，共向“十一五”基层局（所）、干部周转房和基层局（所）维修改造项目拨付建设资金2360余万元，投入684万元为基层局（所）配备了办公设备，投入168万元为基层局（所）购置6台执法车辆，并向各地市局追加执法办案经费727.4万元。同时，投入1000余万元加快了信息化建设步伐，开通了全系统软视频会议系统，联通了基层局（所）2兆的宽带线路，监管信息化、规范化程度不断提高。

五是做好对口援藏工作。主动衔接汇报，积极推进资金、项目和智力援藏。2010年，各对口援藏省市工商局落实到位援藏资金1140万元，开工援建项目4个；积极选派54名干部赴对口援藏省市局挂职锻炼。总局选派的第六批2名援藏干部和北京、天津、河北、辽宁、山东、湖北、广东等七省市工商局首次选派的7名援藏干部全部到岗就职。

【培育特色优势产业发展有新突破】加强政策指导，制定出台帮扶政策，一批具有西藏特色和比较优势的战略支撑产业得到快速发展。目前，全区从事生产经营农牧业、矿产业、旅游业、藏医药业、建筑建材业和民族工手业六大特色支柱产业的企业发展到2026户，注册资本140.15亿元，加快了由资源优势向产业优势转变步伐。

【扶持农牧民专业合作社发展有新作为】紧紧围绕种植养殖业、农机服务、土肥植保和农畜产品加工等领域，加强政策引导，采取提前介入、上门服务、跟踪指导、开辟绿色通道等措施，大胆探索，积极帮扶，农牧民专业合作社快速发展到328户，同比增长88.5%。

【实施商标品牌战略有新思路】大力实施“品牌兴藏”的战略方针，实地走访调查，确定培育重点，着力构建“政府主导、企业为主、社会参与、工商推进”四级商标梯次发展格局，2010年新增注册商标515件，同比增长33%。

【食品安全监管有新举措】积极探索建立食品安全监管长效机制，做到“把守三个关口、监控三个环节、开展三项工作、实施三项制度”，即：严格食品经营主体准入、经营、退出三个关口，严格监控食品进货、流通、退市三个环节，严格开展食品市场专项整治、市场巡查、日常监管三项基础工作，严格实施食品市场信用分类、风险分级分类、网格化监管三项制度。

【创新市场监管执法格局有新进展】对监管辖区分段划片，分级负责，实行由网格监管责任人、县局（所）巡查组、分管负责人分别对网格辖区进行包片巡查、交叉巡查、不定期抽查的“三级巡查”监管执法模式。

【人才智力援藏有新建树】坚持请进来、走出去，邀请总局领导专家赴藏援课，选派干部到对口援藏省市局挂职学习，发挥援藏干部传帮带作用，手把手传授内地工商先进工作经验和技能，初步形成了“总局培训、省市局安排挂职、援藏干部传帮带”的智力援藏格局，有效提升了队伍素质，开阔了干部视野。

自治区质量技术监督工作

【年度综述】2010年，西藏质监局以服务主题、服务民生、服务企业为宗旨，以实施质量振兴战略为主线，以开展质量提升活动为载体，以确保“两大安全”为底线，以夯实技术基础为抓手，以强化自身建设为保障，进一步完善质监工作体制机制，继续强化自身能力建设，努力提高质监工作水平，为西藏跨越式发展和长治久安做出了积极贡献。

【创先争优、效能建设年活动成效显著】按照突出特色、讲求实效的原则，结合质监部门实际，精心制定活动方案，明确目标任务，确保责任到人，任务到人，措施到位，保证活动有条不紊地开展。充分利用质监公众信息网站、宣传橱窗、学习板报等，营造良好氛围，让广大干部职工自觉投入到创先争优活动中。制定了《建设学习型党组织实施方案》、《机关党支部工作细则》等，完善了岗位责任制、首问负责制、服务承诺制、限时办结制，开展了“质量提升服务进百企”活动，探索并推行机关质量管理体系建设。结合中央第五次西藏工作座谈会精神的学习宣传贯彻，向农牧民群众宣传党的富民惠民政策，帮助群众解决生活中的困难和问题，切实做到为民办实事、解难事、做好事。

【**质量提升活动卓有成效**】按照质量提升年活动的总体部署，西藏质监局党委坚持把质量提升活动作为全年工作的重要抓手和有效载体，全面强化质量监管，不断夯实质量基础，食品安全、特种设备安全、标准化、民生计量、认证认可、技术机构建设等取得新进展，活动取得阶段性成果。

【**稳步推进质量振兴战略**】成立了自治区质量工作领导小组，明确了工作职责，加强对质量工作和质量振兴战略实施的组织领导。在全区范围内组织开展了以产品质量状况、工程质量状况、服务质量状况、环境质量状况和经济运行质量状况5项内容为主的质量工作调研，起草了《西藏自治区质量发展纲要》、《关于实施质量兴藏战略的指导意见》（草案）。大力推动拉萨市开展质量兴市活动，制定了《关于开展质量兴市活动的工作方案》。建立政府质量奖励制度，完成《西藏自治区政府质量奖评审办法》前期调研、制定工作，举办了以政府质量奖评价标准，卓越绩效管理体系为主要内容的专题培训班，为实施政府质量奖奠定基础。

大力实施名牌发展战略。探索建立以消费者认可和市场竞争力为基础的名牌评定机制，进一步修改完善《西藏自治区名牌产品认定管理办法》和《西藏自治区名牌产品标志管理办法》，启动第二批西藏名牌产品评定工作，将饮料、毛纺织品、建材、藏药、青稞制品、农畜产品等6类地方特色产品纳入评选范围，全区29家企业进入待评选阶段。

【**质量安全监管全面加强**】建立健全产品质量全过程监管体系。落实全过程监管办法，加强企业质量保证能力审查，把影响产品质量的所有因素、所有环节全部纳入监管范围，实行质量安全责任书制度，督促企业建立健全质量保证体系，加强产品关键点质量控制，企业主体责任得到有效落实。加强生产许可证审核管理，全年新（换）发生产许可证37张。完成19家食品生产企业的换发证和扩项办证（11家发证，5家换证，3家扩项办证）工作。截至2010年底，全区共计48家企业获得了工业产品生产许可证（国家级发证24家，省级发证24家），72家食品生产企业的89个产品获得食品生产许可证。加快质量诚信体系建设，对全区125家企业建立了质量档案，在完善企业质量档案的基础上，实行企业信用分级。加强质量中介组织建设，成立自治区质量协会，选举产生了协会机构，表决通过了协会章程，填补了西藏没有质量协会的空白。加强绩效管理，全区159家企业通过质量管理体系认证，其中生产加工企业31家。强化监督抽查工作，制定了2010年全区产品质量监督抽查计划，重点对食品、矿泉水、手机电池、车用汽油、建筑门窗等1244个样品的6800项指标进行了检测。

【**扎实抓好食品质量安全监管**】 提高食品质量总体水平，深入开展“四查、四建、四落实”活动，继续保持了食品安全的良好态势。落实食品企业质量安全主体责任，进一步完善食品及相关产品生产企业、食品加工小作坊质量档案，全面开展问题乳粉清查和乳制品、含乳食品监督检查，对全区乳制品及含乳食品生产企业（小作坊）的155个样品进行三聚氰胺专项检验，合格率100%。抽检肉制品、食用油、饮用水等27类食品的401个样品，整体合格率为88.8%，同比提高16个百分点。探索开展食品风险监测机制，重点对西藏生产的乳制品、肉制品、青稞制品、青稞酒等290个批次的食品进行风险监测，防止食品生产领域发生系统性和区域性质量安全问题。严格市场准入，依法注销8家食品生产企业的生产许可证、吊销1家违规企业的生产许可证。

【**扎实抓好特种设备安全监管**】 进一步完善特种设备重大危险源数据库，围绕液化气瓶、电梯、压力管道、起重机械等重点特种设备，深入开展特种设备重大危险源普查登记，完成87处二类重大危险源的普查登记工作，排查治理安全隐患276处，累计检验各类特种设备2000多台，同比增长84%，全区特种设备继续保持平稳安全运行，未发生特种设备安全死伤事故。完成56家特种设备制造、安装、改造、维修和充装单位的鉴定评审工作。围绕拉贡公路、老虎嘴电站、昆沙机场等重点工程建设，加强特种设备监管，共检验大型工程建设用特种设备70余台。加强液化气瓶安全监管，发放气瓶充装许可证书96张，取缔气瓶充装单位4家。完成12名特种设备检验人员和48名特种设备作业人员的培训考核工作。

【**执法打假工作成效明显**】 深入开展食品、农资、建材、家电下乡、侵犯知识产权和制售假冒伪劣商品专项执法打假行动，依法查处了拉萨益的园食品公司利用工业盐生产酱油等违法案件，全年累计出动执法人员5466人次，查处质量违法案件255起，责令改正119起，查获假冒伪劣产品货值101.92万元。积极开展质量申诉处理工作，受理各类产品质量投诉571件，为消费者挽回经济损失947.35万元，有效维护了消费者的合法权益。

【**标准化工作取得新突破**】加快地方标准制修订工作，在全区范围征集农业、气象、建筑、手工制品、消防、文物保护等地方标准项目建议40余项，经审查，对青稞、天麻、红景天等特色产品质量标准，白绒山羊、奶牛等主要农牧产品生产技术规程地方标准开展制修订工作。发布地方优质青稞、油菜、无公害蔬菜等生产技术规程13件。西藏冬虫夏草质量标准，糌粑、酥油加工技术规程进入技术审查阶段。配合相关部门完成《藏毯质量技术要求》、《地理标志产品 西藏藏毯》地方标准（审查稿）编制、相关技术审查工作。严格企业标准备案制度，积极推广先进标准，对233家企业（小作坊）的438个产品进行了标准登记。加强对14个国家级、4个自治区级农业标准化示范区建设的业务指导，日喀则市万亩青稞种植标准化示范区、山南乃东藏鸡养殖标准化示范区、林芝生猪养殖标准化示范区、昌都八宿荞麦种植标准化示范区、拉萨曲水蔬菜种植标准化示范区获得国家第7批农业标准化示范区建设立项。加强服务业标准化工作，自治区政府批转了《关于加快全区推进服务业标准化工作的意见》，成立了由发改、旅游、商务、民政、交通、财政等部门参与组成的自治区服务业标准化工作领导机构。加强拉萨饭店等国家级服务业标准化试点项目建设，为全面推进服务业标准化工作打基础，积累经验。立足特色优势资源，加强地理标志产品保护，有序开展了藏毯、扎囊氆氇等地理标志产品申报工作。启动标准化信息服务平台建设前期工作，承担2010年全国公益性项目《全国行政区划代码标准及其管理服务平台研究》部分研究工作。

【认证认可工作取得新成绩】加强强制性产品认证监管，研究制定了《全区强制性认证产品监管工作方案》，截至12月底，西藏有4家企业的23种产品获得强制性产品认证证书。强化实验室资质认定准入制度，完成16家实验室计量认证审查发证工作，截至12月底，全区取得计量认证的实验室50家（国家级发证4家，省级发证45家）。积极开展食品农产品认证监管工作，对30家食品农产品认证企业、4家认证机构进行了监督检查。引导企业开展管理体系认证，新增8家管理体系认证生产企业。加强机动车安检机构监管，机动车安检机构检验资格许可和计量认证工作进一步规范，联合自治区公安厅在全区范围内对7家机动车安检机构开展专项整治。

【民生计量工作取得新成效】加快计量标准建设，着力提升量值溯源水平，新建液化石油加气机、雷达测速仪、血压计、分光光度计、酸度计、压力表6项计量标准。启动机动车雷达测速仪和呼出气体酒精含量探测器的强制检定工作。强化计量器具监管，针对消费者普遍反映突出的计量问题，组织开展虫草计量、农资计量、汽车衡等专项整治行动，累计检定各类计量器具7492台（件），其中强制检定7042台（件），受检率达到90%，查处计量违法案件107起。积极推进能源计量工作，加强能源计量技术服务，帮助重点耗能企业建立能源计量管理制度。

【对口援藏工作取得重大进展】2010年6月，时任国家质检总局党组副书记、副局长的支树平亲率总局办公厅、科技司、人事司、财务司相关领导赴藏调研，了解西藏质检工作发展中的具体情况和面临的困难，为援藏工作座谈会召开做准备。7月底，国家质检总局召开全国质检系统援藏工作座谈会，签署了《国家质检总局、西藏自治区人民政府关于实施质量兴藏战略、促进西藏经济社会发展合作备忘录》，出台了《国家质检总局关于进一步支持西藏和川滇甘青四省藏区质检事业发展促进经济社会跨越式发展和长治久安的意见》，明确了下一步援藏工作思路、工作目标、工作措施。2010年11—12月，西藏质监局组织四个工作组，赴总局和各对口支援省市质监局进行回访、工作衔接，经协调、衔接，分别与黑龙江、辽宁、上海、山东、江苏、浙江、福建、广东、陕西省质监局就援藏事宜达成一致意见，其他省市质监局对口援藏工作稳步推进，援藏工作取得重大进展。

自治区食品药品监管工作

【年度综述】2010年，西藏食品药品监管部门牢固树立和实践科学监管理念，与时俱进，不断创新，以保民生、保稳定、促发展为己任，着力保障公众饮食用药安全，着力推进食品医药经济健康发展，着力建设食品药品监管长效机制，着力提高食品药品监管能力，各项工作取得了一定成效。

【食品药品监管体制改革】西藏自治区新设了68个县食品药品监管局，并将实行垂直管理的各级食品药品监管机构改为由同级卫生行政部门管理。2010年，区、地（市）两级食品药品监管部门"三定规定"已经下达，并完成了资产、人事等交接工作。在开展交接工作中，西藏自治区食品药品监管局从大局出发，切实做到了思想不散、队伍不乱、工作不断，国有资产不流失，切实保障了机构改革工作的顺利开展。

【食品安全综合监督】在食品药品监管体制改革尚未完全到位、保健食品、化妆品、餐饮服务食品安全监管职能还未交接的情况下，西藏自治区食品药品监管局在做好职能交接准备工作的同时，认真履行食品安全综合监管、组织协调和依法对重大食品安全事故查处职责，组织开展了食品安全整顿、督查和7个自治区级食品安全示范县的评定验收工作。联合商务部门启动了"西藏自治区餐饮服务食品安全百千万示范工程"。协调农牧、质监、工商、卫生等部门开展了蔬菜、生猪肉、馒头、淡水鱼等品种的食品安全整顿抽检，抽检样品347个，合格率达到94.24%。及时收集食品安全信息，共编发《食品安全动态》17期，采集《西藏自治区食品安全网》信息65条。认真组织开展了全区食品安全宣传教育活动，编写了《食品安全知识读本》（藏汉文版），制作了《食品安全宣传片》，在《西藏日报》、西藏广播电台等媒体开辟了食品安全宣传专栏和节目，发放宣传材料8万多份，大力普及《食品安全法》和食品安全知识，倡导公众健康饮食和自主维权。

【食品安全专项整治】西藏食品药品监管部门积极组织协调相关部门和各地（市）开展了彻查销毁"2008年问题乳粉"、清查"地沟油"和餐厨废弃物、"一次性塑料餐盒"、"不合格一次性筷子"、"建筑工地食堂"、"学校食堂"、旅游景点及周边餐饮业和宾馆饭店食品安全等一系列专项整治行动，以及抗震救灾、高考、"两会"、春节、藏历新年、"五一"、"十一"等重点时段、重大节日期间食品安全专项监督检查。据不完全统计，全区共出动食品安全执法人员3.5万余人次，检查各类食品生产经营单位15.3万户，没收并销毁过期变质、"三无"食品货值156.9万元，取缔无证照经营户192家，受理投诉举报案件169起，查处行政违法违规案件598起，涉案金额达300余万元。通过开展食品安全专项整治，有力地规范了市场秩序，切实保障了人民群众饮食安全。

【保健食品、化妆品、餐饮服务食品安全监管新职能交接准备工作】西藏自治区食品药品监管局开展了职能交接前期调研工作，形成了《自治区餐饮服务环节基本情况调查报告》、《关于接管餐饮服务许可工作有关问题的建议》以及《西藏自治区保健食品化妆品监管工作情况的调研报告》，基本掌握了全区餐饮服务环节食品安全、保健食品和化妆品监管现状。举办了全区第一期餐饮服务监管培训班，组织区、地（市）两级监管人员赴兄弟省（市）局学习餐饮环节食品安全先进监管经验。印制了《餐饮服务许可管理办法》、《餐饮服务食品安全监督管理办法》、《餐饮服务食品安全执法文书》等3种规范性文件和《餐饮服务许可证》等51种执法文书。制订了《2010年西藏自治区保健食品安全风险监测工作方案》和《2010年西藏自治区化妆品安全风险监测工作方案》，启动了全区保健食品、化妆品安全风险监测工作，为职能交接后有效履行新职能奠定了基础。

【药品安全专项整治】在巩固治理药品、医疗器械市场秩序成果的基础上，西藏食品药品监管部门牢牢把握监管重点，切实克服监管难点，深入开展药品安全专项整治，有力地规范了药械市场秩序，保障了公众用药安全有效。

加强药品源头质量管理。按照“标准不降低，程序不简化，时限不延长”的要求，自治区食品药品监管局扎实有效地开展了药品、医疗器械注册、审批等工作。2010年，共受理药品再注册申请16个；审查了2007年至2010年的药品再注册申报资料293个，对其中符合要求的287个予以再注册；审批（备案）药品补充申请事项29项；对申请注册的1个新药品种组织了现场核查；组织专家对14个过渡期注册品种补充资料的真实性进行了审核，从源头上保证了药品质量安全。

医用氧和分子筛制氧设备监管。西藏自治区食品药品监管局高度重视医用氧和分子筛制氧设备监管问题，于2010年初进行了专题研究和专门部署。召开了制氧企业负责人座谈会，要求各企业做好医用氧生产许可和产品注册准入等准备工作，决不允许工业氧代替医用氧流入医院、诊所。局领导带队深入部分医用氧生产企业进行调研和现场检查指导，针对我区医用氧生产和监管现状，形成了《关于我区医用氧有关问题的报告》。对区内3家制氧企业开展了现场检查和产品抽样，注销了1家制氧企业《药品生产许可证》。开展了打击工业氧冒充医用氧违法行为专项检查，共检查医疗机构133家，未发现违法行为。对宾馆在用的小型分子筛制氧设备和医疗机构在用的大型分子筛制氧设备进行了专项治理，对存在问题或不达标的设备进行了整改。通过专项治理和企业自查整改，基本规范了医用氧生产行为和分子筛制氧设备使用行为。

药品违法广告治理。西藏食品药品监管部门充分发挥药品、医疗器械广告监测设备作用，着重对公共人物代言、含有低俗内容、群众投诉举报集中的违法药品广告进行了治理。2010年，共核发药品广告批准文号97个，备案异地药品广告37份，审查保健食品广告14个，撤销了5个药品广告批准文号，移交工商部门查处了4份保健食品违法广告和2份非药品冒充药品违法广告，有效遏制了违法发布广告势头。

药品抽验。以国家基本药物目录品种和违法药品广告品种为重点，加强了药品抽验工作。2010年，自治区食品药品检验所共完成检品1469批，其中药品663批，食品582批，医疗器械224批。

改进稽查方式，打击违法违规行为。为切实发挥稽查效能，西藏自治区食品药品监管局改变了过去接收“调查指令”、等待案件举报的被动工作方式，提出了“主动出击、排除隐患、深查问题、有效应对、促进监管、提高水平”的新思路，主动深入第一线，随时发现问题，随时排查隐患，有力打击违法违规行为。通过有计划、有针对性地开展稽查工作，加强对药品、医疗器械生产、经营、使用各监管环节的督查，查找工作漏洞，提出改进措施，切实解决问题，有力地推动监管工作深入开展，切实促进监管工作上台阶、上水平。同时，与卫生、公安等部门加强协调，初步建立起通畅快捷、打击有力的稽查协作机制。自稽查工作新思路实施以来，变被动为主动，深入开展了非药品冒充药品、清查不合格、假冒进口避孕套、集中治理利用互联网发布虚假药品信息非法销售药品等专项行动，组织查处了“复方茶碱麻黄碱片”、“肝欣泰注射液”等70起案件，处理14起举报案件和59起协查案件，销毁了货值6万余元的假劣药品和价值83813.4元的不合格药品包装材料，进一步净化了药品市场环境，有效打击了违法违规行为。

【基本药物质量监管】西藏食品药品监管部门及时调整了局深化医药卫生体制改革工作领导小组，制定了《西藏自治区食品药品监督管理局关于落实医药卫生体制五项重点改革2010年工作任务的意见》，对加强基本药物质量监管工作任务进行了细化分解，与各地（市）局、局机关各处室签订了责任书，明确了具体目标和责任。积极参与自治区增补基本药物遴选工作，对《西藏自治区基本用药目录》拟收载的502个藏药、藏药制剂品种进行审核，提出了修改意见。制定了《关于加强基本药物质量监督管理的规定》，对3个国家基本药物品种、78个其他基本药物品种进行了抽验，加强了基本药物质量监管。着手建立药品生产企业质量受权人制度，草拟了实施办法。在全区实行基本药物全品种电子监管，开展了电子监管培训，建立了我区国家基本药物品种信息档案，督促25家药品经营企业加入了药品电子监管网。目前，经营“四大类”药品的企业药品电子监管情况运行良好。加强了国家基本药物重点品种不良反应监测，全面启动了藏药品种重点监测工作，完成了药品不良反应/事件病例报告质量评估。2010年，共收集药品不良反应报告表18份，药物滥用监测调查表46份。

【藏医医疗机构制剂监管】根据医疗机构制剂管理有关规定，西藏自治区食品药品监管局认真开展了藏医医疗机构制剂审批工作，受理了35个藏医医疗机构制剂注册申请，对2009年受理的31个制剂品种安排了现场核查和抽检。截至目前，共对218个制剂品种核发了836个批准文号。为确保临床需求和用药安全，针对含毒性成分藏医医疗机构制剂管理问题，多次组织区内藏医药专家研究讨论，提出了8条技术审查意见，并报经国家食品药品监管局和自治区卫生厅同意，着手开展受理、审查等相关工作。为规范藏药制剂配制行为，草拟了《加强藏药制剂监管的实施意见》，逐步完善藏药制剂监管政策，进一步促进我区藏药制剂的健康发展。

【藏药标准提高工作】国家局、国家药典委员会在重庆和拉萨召开了两次藏药标准提高协调会，启动了95部颁藏药标准的修订工作，制定了藏药质量标准提高工作的协调机制及工作原则，要求2010年完成60种藏成药和45种藏药材的标准提高修订工作，其中西藏负责26种藏成药和25种藏药材的标准修订工作。按照会议要求，西藏自治区食品药品监管局及时召开了由全区藏药生产企业负责人参加的藏药标准提高启动工作会，对我区开展修订和提高藏药标准工作作出了安排部署，进一步明确了藏药品种的纠错、责任和进度安排，为藏药标准提高工作奠定了基础。自治区食品药品检验所已基本完成藏茴香等10种藏药材和二十五味马宝丸等5种藏成药的质量标准研究和监理工作，已进入资料整理汇总阶段。西藏自治区食品药品监管局还多方争取机会，向国家食品药品监管局药品审评中心推荐了外科/乳腺、红景天资源等方面的3名专家参加了药品审评。下发了《关于做好中药保护品种延长保护期工作的通知》，督促企业对将于2011年到期的39个中药保护品种按期提出延长保护期申请。

【对口受援工作】2010年，西藏自治区食品药品监管局积极争取对口支援，对2003年以来的对口受援工作进行了全面总结，并向国家食品药品监管局争取在西藏林芝召开了全国食品药品监管系统对口援藏工作座谈会。会议明确了当前和今后一个时期对口援藏的总体目标和重点工作，并将投入3亿元专项经费，主要用于未列入自治区经济社会发展规划的项目建设，其中包括68个县局基础设施建设、山南、那曲地区食品药品检验所业务用房扩建和原实验业务用房辅助工程以及拉萨等6地（市）药品不良反应监测中心业务用房建设，重点开展人才援藏、完善藏药标准体系、监管体系援藏、基础设施和装备援藏以及信息化等五个援藏项目建设，翻开了西藏食品药品监管事业发展的新篇章。各地（市）局与对口支援省市局积极开展洽谈，切实落实援藏项目，取得了初步成效。（高莉娟）

【领导名录】

局　长：白玛桑布

副局长：周文凯、董寿如、王小刚

西藏出入境检验检疫工作

【年度综述】2010年，西藏检验检疫局党组带领全局干部职工紧紧围绕提升质量安全水平、服务地方经济发展这条主线，以开展质量提升、创先争优活动为重要抓手，真抓实干，开拓创新，各项工作稳步推进，成效显著。

【检验检疫业务】全年共检验检疫出入境货物3159批23095万美元，与上年相比分别增长10.65%和41.6%；检出不合格商品5批，货值10万美元；出入境货物通关3261批、货值20623万美元，分别增长10.96%和30.59%；签发普惠制原产地证53份，货值85万美元；共检疫汽车2.7万辆次，增长19.52%；检疫飞机412架次，增长23.72%；出入境旅客行李检疫检查24.7万件，增长40.4%，检疫国际邮包1473件，签发尸体、棺柩、骸骨证书26份；布设实蝇监测点120个，监测虫数3842头。

【疫情疫病防控】一是加强疫情疫病防控。完善口岸检验检疫设施建设标准，推进口岸核心能力建设，提高口岸疫情疫病防控水平，共查验出入境人员11.76万人次，同比增长31.2%；进行健康检查684人次，同比增长21.39%，检出传染性疾病54人次，梅毒抗体阳性24例，乙肝表面抗原阳性28例，丙肝抗体阳性2例。二是加强进出境动植物疫病防控和疫情监测。推行进境植物种苗、水果等农产品检疫准入，实施风险分类监管，共截获禁止进境物565批次，共计7179.3千克，截获总量同期增幅为37%，增加1957.05千克。截获航空旅客入境禁带物160批次133公斤。从上述禁止进境物中截获病虫害111批次，25种次。其中检疫性有害生物有4种，即桔小实蝇、南瓜实蝇、四纹豆象、双棘长蠹，非检疫性有害生物21种次，均作了销毁或退货处理，其中检出桔小实蝇等检疫性害虫9批次，6种类，创历史新高。三是加强检验检疫日常监管。

【质量提升活动】一是按照总局部署，以提高西藏地区特色产品质量，促进特色产品出口为目标，确定了5100冰川矿泉水有限公司等7家企业，那曲冬虫夏草等7个产品为对象，开展了检测质量整顿、“质量提升服务进万企”“检测技能大比武”等一系列质量提升活动，推动了企业质量安全主体责任的落实，促进了产品质量安全水平不断提高。全年共举办专题讲座9场，召开产品质量分析会6场次，派出50多人次对企业实施一对一服务，免费为企业开展培训10场次，培训企业人员百余人次。顺利地完成了对6大种类18个品牌出口产品的执法监督抽查，有效解决了西藏藏缘青稞酒有限公司重金属含量超标问题以及拉萨啤酒厂生产环境、管理要素等方面出现的问题；在依法对辖区内某公司从意大利进口的货值50万美元的全自动收缩膜包装机进行检验鉴定时发现，该批设备因包装运输等问题造成设备残损，及时进行残损鉴定，对外出证索赔，为企业挽回直接经济损失25万元。二是与区质监、商务、卫生、农牧、海关、工商、新闻媒体等系统在加强产品质量监管、口岸卫生防疫、环境保护等方面加强合作，形成质量提升合力。三是开展实验室开放日活动。邀请人大、政协委员、有关政府机构、新闻媒体、消费者、企业代表、专家学者等方面人士走进质检实验室现场，搭建质检部门与社会各界代表近距离互动的平台，树立对进出口商品、我国产品质量和食品安全的消费信心。四是开展好“双打”专项行动，打击违法违纪行为。在樟木、普兰、亚东等口岸会同工商、质监、公安、海关等部门开展专项“双打”行动，全年开展18次检查，查出印度输华油炸豌豆菌落总数超标、饼干中铅超标，查处未办理口岸服务行业卫生许可证的经营商户70余家，查处从事餐饮服务无健康证明书的个体商户15家，没收销毁过期食品40件。五是以开展“检测技术大比武活动”为契机，在全局系统开展了自身工作质量大检查，对发现的问题、差距或不足，迅速进行整改落实。保证了全年出口产品安全事故零纪录。本次“双打”行动共涉及商户111户、仓库70余处。经过现场检查、抽样送检，对存在问题的37家电器商铺做出了限期整改的处理，对3家销售黑心棉商铺进行了警告并封存了相关商品。六是通过开展窗口和证单质量提升活动，促进了业务运作的规范化、制度化。

【服务外向型经济发展】一是紧跟自治区党委政府决策部署，出台了“关于那曲物流中心检验检疫扶持政策”等20项措施，继续服务地方经济发展这篇大文章。二是紧紧围绕我区农牧民增收、农牧业增效和提高农畜产品国际市场竞争力，认真落实国家相关政策，2010年，共为辖区内出口企业减免检验检疫费52.7万元。其中：

农产品减免34.9万元，有效促进了对外贸易发展。三是积极帮扶4家企业开展出口食品企业卫生备案工作，为其特色高原食品走向国际市场资质取得和质量认可做好前期准备工作，成功促成安多牛羊肉顺利通过有机农产品和良好农业规范（GAP）认证，西藏本土优质牛羊肉将走向更加广阔的市场。四是全力以赴推进西藏特色主打产品的出口，不断拓宽农民增收渠道，促进农牧业发展，其中冬虫夏草出口共计72批次，1.5吨，货值2457.3万美元，分别增长118.2%、75%和25%；松茸出口共计40批次，15.8吨，货值44.3万美元，分别增长53.8%、177.2%和176.9%；活羊出口24批9243只，货值66.6万美元。五是坚持扶优扶强，利用好原产地标记、地理标志保护、一般原产地证和普惠制产地证管理、认证注册等扶优扶强措施。积极开展出口食品企业卫生备案工作，已接受4家企业的出口食品卫生备案申请，并开展前期准备工作。全年完成56家获证企业的审核工作，新认证特色食品饮料加工等企业12家。六是结合西藏口岸边贸特点在全区率先推出移动飞信服务措施和远程报检出证系统。这不仅使企业得到及时有效的政策信息、技术服务，还提高了效率，节约了成本，形成了检企的良性互动，增加了检验检疫部门作为行政执法机构的亲和力，取得了良好的效果。

【科技兴检】一是加快重点实验室建设的步伐。积极做好《国家小反刍兽疫检测重点实验室》验收前期准备工作；顺利完成《国家矿泉水检测重点实验室》的建设规划；二是实验室能力验证工作取得了丰硕成果。积极参加国内外检测机构组织的相关水平测试活动，先后参加了认监委组织的食品检验能力及动植物检疫方面的能力验证任务，验证结果均为满意。三是努力拓展检测领域。举行检测技能大比武活动，通过比赛提高了检测人员技术能力和研发水平，不断拓宽检测领域。上年新拓展检测项目31项，涉及食品、建材、工业品等领域，目前在全区的检测能力处于领先位置。全年完成各类委托检测1861批次，社会委托收费突破100万元。共检出不合格食品187批次，检出禁止入境的检疫性害虫6批次。四是西藏检验检疫局保健中心通过中国质量认证中心ISO9001：2008标准认证，标志着西藏检验检疫局技术保障能力和管理体系得到了进一步加强和完善。五是科研制标工作成绩显著。《西藏糌粑加工技术规程》和《西藏酥油加工技术规程》两个地方技术标准通过审定；《西藏医学媒介与生物战关系研究》完成课题成果鉴定；总局批准立项的《国境口岸艾滋病干预项目》正式启动，上报的《红景天中二氧化硫检测方法的研究》项目正在审议中。《西藏重要医学媒介生物研究》、《西藏边境地区小反刍兽疫检疫技术研究》两项科研项目，首次获得了自治区科学技术二等奖和三等奖，参与完成的《非洲马瘟检疫技术研究》获得了总局科技进步奖，取得了西藏检验检疫局省部级科技奖零的突破。六是信息化建设稳步推进。完成了移动办公和业务系统开发；加强网络安全巡检，保证检验检疫业务顺利进行；充分发挥西藏局门户网站信息宣传功能，及时更新网站栏目，自觉接受社会舆论监督。

【“两大”建设】一是结合实际，成立了“两大”建设领导小组，出台了《西藏检验检疫局大质检文化建设工作方案》，明确目标，分解任务，落实责任。二是大质量机制建设按照“依靠地方、联合部门、抓住产品、监管企业”的十六字方针，西藏检验检疫局从依靠地方入手，积极协调，主动进位，积极开展工作。三是根据总局大质检文化建设的统一部署，西藏检验检疫局和西藏自治区技术监督局深刻领会大质检文化建设实质，正确把握大质检文化建设精髓，双方在充分协商，达成广泛共识的基础上，于3月23日签署了《西藏自治区技术监督局、西藏出入境检验检疫局关于大质检文化建设的合作备忘录》，自治区政府副主席邓小刚出席了签字仪式。四是以融合、整合、联合“三合”并举，围绕西藏经济社会发展大局，从建立产品质量分析报告合作机制、大力加强技术交流、加强标准建设合作、有效加强认证监管合作、加强双方信息资源交流共享、全面加强人员交流与思想融合等6个方面完善合作方案，扎实推进合作事项落到实处并取得实效。五是把两大建设作为促进事业发展，维护稳定的有力抓手，将大质检文化建设内涵外延。两局开展丰富多彩的文体活动，促进融合，联合组队参加总局“质检杯”乒乓球比赛；共同策划、一起拍摄质检两局宣传片，举行座谈联欢会；互邀参加实验室开放日和检测技能大比武活动，增进了交流。

自治区烟草工作

【年度综述】卷烟打假。2010年，专卖管理工作从调整工作思路、加强组织协调入手，动员各方面的力量，抓好市场监管与涉网案件，继续发挥与公安厅经侦总队、拉萨铁路公安处、民航公安处等部门的联合打假工作机制作用，加强与基层公安等部门的协作，加大对大要案的查处力度。

全年自治区共查处涉烟违法案件374起，查获非法卷烟684.3万支，涉案金额279.1万元，上缴罚没款26.97万元。公安、司法机关依法判刑1人，拘留9人。

内部专卖管理监督。落实国家局《关于切实发挥专卖内管长效机制作用的意见》，以日常监管、定期检查、同级监督、痕迹管理为重点，加大对卷烟购、销、存的全程监管。

【经济效益】全年自治区烟草系统实现卷烟销售收入16.94亿元，同比增长9.14%。实现税利3.29亿元，同比增长4.44%，其中利润1.50亿元，同比下降1.35%。公司三项费用率为14.34%。

【卷烟经营】2010年，自治区烟草商业系统共销售卷烟40.01亿支（8.0万箱），同比下降5.23%，其中，一类烟7.09亿支（1.42万箱），同比增长17.30%；二类烟2.35亿支（0.47万箱），同比下降17.43%；三类烟12.44亿支（2.49万箱），同比增长7.33%；四类烟13.43亿支（2.69万箱），同比下降11.38%；五类烟4.51亿支（0.90万箱），同比下降31.61%；国外烟（含雪茄烟）0.20亿支（0.04万箱），同比增长55.56%。本辖区销量居前三位的品牌是“云烟”、“白沙”、“芙蓉”，销量分别为6.99亿支（1.40万箱）、白沙5.67亿支（1.13万箱）、芙蓉3.09亿支（0.62万箱）。

卷烟网建取得新进展。以拉萨市卷烟农网作为全自治区试点，开展"集中呼叫、统一分拣、邮政配送、电子结算"访销配送模式；借助邮政储蓄网点和物流平台，加快"行商"向"服务商"的转变。

加强市场营销管理。建立营销服务体系，根据ISO 9000质量管理体系标准，制定不同的岗位服务和职责标准，规范客户经理、电访员、送货员等工作流程和服务行为规范。提升营销队伍素质，围绕市场营销、专卖管理等内容，加强对电访员、客户经理、送货员等一线员工的业务知识培训学习。

推进电子结算工作。各地区公司以座谈、宣传、客户经理日常拜访等多种形式，让广大卷烟零售客户了解和接受电子结算。截至2010年底，拉萨市共有零售客户 3894 户，已绑定电子结算客户 1910 户；各地区公司行署所在地电子结算工作全面铺开。

品牌培育能力有新提升。统一品牌培育的组织模式和流程模式，加强品牌定位、宣传、维护工作的管理，拓宽和加速品牌的有效流通。在品牌引进方面，按照需求调查、试销评估、正式引进分步骤实施，体现"机会公平、过程公平、结果公平"；在品牌退出方面，根据存销比、供货均衡度、断档脱销次数确定品牌退出机制；在品牌维护方面，通过开展建立档案、推广维护、营销维护、质量维护、供应维护、投放维护、意见维护等，提高品牌市场占有率。截至2010年底，西藏销售的卷烟有40个品牌、88个规格，销量居前20位的规格集中度为82.38%。

全面推进现代卷烟物流建设。遵循"优化网络布局、提升网建水平"的要求，出台自治区卷烟网点和物流建设的总体框架，重点突出县级卷烟网点建设，以提高卷烟销售网点的覆盖率。

【企业管理】财务和审计。加强预算过程控制，把业务接待费、办公费等可控性费用开支管理作为主要内容，规范运作，严格管理，编制年度单位预算，加大对年度预算执行情况分析考核。制定《西藏自治区烟草专卖局（公司）审计委派制实施方案》，各地区公司设有1至2名专职或兼职的审计人员。

贯标和对标工作。完成自治区局（公司）各处室及山南、日喀则地区局（公司）ISO 9000 质量管理体系的第一次内部审核工作。按照"对比标杆、改进短板、总体提升、争创一流"的总体要求，以行业先进指标为标杆，抓住采购成本、库存成本、销售费用、管理费用等成本控制节点，细化指标分解，进行目标考核。

【信息化建设】2010年，完成阿里、那曲地区局的局域网建设，实现与区局的网络互联互通。安装机房UPS不间断电源及监控、防雷设备，并完成电视电话系统安装和调试，实现自治区局与地区局及与国家局之间电视电话会议系统的互联互通。

【人力资源管理】2010年初，《西藏自治区烟草专卖局（公司）薪酬改革实施方案（试行）》由国家局审定批准实施。推进各直属单位干部选拔任用的管理工作，自治区局分别在山南、林芝、日喀则、昌都地区进行后备干部考察。委托自治区人力资源和社会保障厅，采取笔试和面试相结合的办法，为阿里地区录取本科以上毕业生27名。建立健全培训计划、培训经费、培训师资、培训教材、培训考核评估等方面的管理制度，全年分2个批次、2个种类和3个级别组织职业技能鉴定，鉴定人数为104人。

【企业文化】制定了《企业文化建设方案》和《西藏自治区烟草专卖局关于加强企业文化建设的意见》。自治区局（公司）及昌都、那曲、日喀则、山南、林芝地区局（公司）完成评价体系的应用工作。出台《服务体系实施方案》，方案明确规定了打造服务品牌的任务、措施和今后一段时间内服务品牌的实施步骤。开展中国烟草视觉识别系统VI导入工作。

【领导名录】
局长、总经理、党委副书记：平措旺扎
党委书记、副局长、副总经理：杨桂选
副局长、副总经理、党委委员：蔡建文
副局长、纪检书记、党委委员：旺　啦
副总经理、党委委员、工会主席：乔建民
副巡视员：冯建立、多布拉

拉萨海关

【年度综述】2010 年，拉萨海关认真贯彻落实科学发展观，积极实施"政治立关、业务兴关、管理强关"发展战略，扎实推进现代化"一流边关"建设，努力推进西藏经济社会跨越式发展和长治久安，较好地完成了各项工作任务。

【服务经济社会发展成效明显】2010年，拉萨海关认真贯彻中央第五次西藏工作座谈会精神，积极向自治区党委政府进言献策。与南京海关签订区域通关合作备忘录，对3票进口货物采用"选择申报、口岸验放"通关模式，得到了相关企业的好评。进一步加强电子口岸新业务的推广应用，建立了 "一体化呼叫服务"座席。首次审核受惠国签发的原产地证书，并对该票一般贸易进口货物给予了零关税待遇。认真落实减免税政策，促进我区经济发展，全年开具征免税证明55份，审核征免税货物价值 3066.31 万美元，增长187.9%，审批减免税款1844.12万元，增长 29.59%。通过开展现场调研、召开座谈会和举办培训班等方式，提高企业的守法自律意识，推动企业分类升级。根据西藏自治区外贸进出口态势、关区业务发展形势，加强数据分析和调查研究，向自治区党委、政府报送《拉萨海关统计专报》12 期，并有 2 篇统计分析文章被国务院办公厅采用，较好地发挥了海关统计的监测预警和决策辅助作用。夯实统计业务基础，拉萨海关连续5年位居全国海关统计工作综合评比一等水平。2010年10月10日成功开通"12360"海关统一服务热线后，认真解答社会各界提出的业务咨询等问题，社会反响良好。认真做好"十一五"期间定点扶贫收尾工作，积极协调自治区民政厅投资30万元为昌都地区江达县岩比乡创建了民族手工艺品加工厂，同时为当地群众捐赠了40多万元的物资，全年共计投入78.9万余元。政务公开取得新成绩，聂拉木海关被总署命名为"2010 年度全国海关政务公开示范点"。顺利完成对尼泊尔向我国捐赠物品的监管任务，第23轮中尼边境海关会晤成功举行，双边海关合作进一步深入。2010年，自治区进出口总值达8.36亿美元，创有统计记录以来的年度最高水平。

【执法效能不断提升】一是深入学习研讨，确保“三到位”。召开动员会议，制作宣传专栏，定期组织关警员学习指定篇目，广泛交流学习成果，使干部职工对效能建设年活动的重大意义、总体目标及主要解决的问题有了深刻认识，从思想深处消除部分干部走过场、消极对待等情绪，在本关做到“宣传教育到位、学习时间到位、思想认识到位”。二是广泛征求意见，查办突出问题。重点围绕解决五个方面的突出问题深入开展调查研究，广泛征求口岸各单位及管理相对人对拉萨海关执法情况的意见与看法；召开专题组织生活会，组织党员、干部职工围绕履职情况、工作作风、服务质量、依法行政、廉洁自律六个方面进行效能建设专题讨论，并从讲党性、讲民主、讲不足的大局出发，深入开展批评与自我批评，查找出四个方面的突出问题。三是制定整改措施，提高工作效能。对查摆出来的突出问题，纳入本关下一步工作重点，认真研究制定了整改措施，责令相关责任人定期落实，不断改进工作作风，积极营造干事业、创一流的良好氛围。拉萨海关以开展“效能建设年”活动为契机，以各项业务工作为抓手，全面提高关区执法效能。巩固综合治税长效机制，提高税收征管质量，全年入库税款5345.21万元，同比（下同）增长192.73%，创1998年以来的历史新高。深化业务改革，制定并实施《拉萨海关出口货物分类通关改革实施方案》。改革邮递监管模式，顺利完成对邮递物品的集中监管。各口岸和业务现场进一步优化了监管和服务，节省了人力物力，提高了监管效能。通过切实加强业务基础建设，确保“管得住”和“通得快”。全年监管进出口货物13万吨，增长66.06%；出入境人员12.78万人次，增长34.9%；进出境运输工具2.22万辆（架）次，增长60.46%。

加大对武器弹药、爆炸物品、有毒生化物品、反动宣传品等的查控力度，积极配合有关部门做好边境管控工作，以实际行动坚决维护边疆稳定。全年查获各类反动宣传品及淫秽物品 812 件，查获印有“西藏政府达兰萨拉藏药厂”标记的违禁藏药2.61万粒、粉状藏药2218袋。

【保持打击走私高压态势】深化正面监管、后续管理、缉私执法的协作配合，缉私工作成效显著。全年侦办刑事案件1起，行政案件38起，案值393.93万元，涉案偷逃税款 28.55 万元，罚没收入21.97万元；查获大麻脂3千克、穿山甲鳞片16.6千克、犀牛角切片20千克、石斛草 2920 千克、重楼 4616 千克、虫草1.41千克、红木23.4吨、象牙制手鼓1件。其中，于2009年9月26日在樟木口岸旅检现场查获的3千克大麻脂案件，得到了国家禁毒委的高度肯定。缉私局荣获“中国边境野生生物卫士”优秀卫士奖。加大对知识产权的保护力度，全年共查获侵权案件68起。

【经验体会】一是必须坚持贯彻落实科学发展观，在建设符合科学发展要求的现代化海关和服务西藏经济社会发展大局中，主动作为，准确把握关区工作的方位和着力点，积极谋划关区的全面发展、协调发展和可持续发展，不断提高关区建设水平。二是必须坚持以政治保卫为第一任务，在维护稳定、反对分裂的严酷斗争中，突出履行政治保卫职责，着力保持队伍稳定，为维护民族团结、边疆稳定和国家安全做出突出贡献。三是必须坚持解放思想、改革创新，敢于超越自我，敢为人先，彰显人无我有、人有我特，着力推进现代化“一流边关”建设，不断优化海关监管和服务，为促进西藏经济社会跨越式发展贡献力量。四是必须坚持防控两大风险，在关区改革和现代化建设中，着力加强自身建设，规范业务管理，强化执法监督，完善内控制约，努力建设一支“政治坚强、业务过硬、值得信赖”、“让党中央放心、让人民满意”的边关铁军。五是必须坚持以人为本、严管厚爱，在关区队伍建设中，以事业凝聚人，以感情温暖人，以制度管理人，努力营造风清气正、和谐幸福、拴心留人、乐于奉献的良好氛围，进一步完善人力、物力、财力向业务一线倾斜的机制，不断增强队伍的凝聚力和战斗力。

【领导名录】

党组书记、关长：王文喜

党组副书记、副关长兼缉私局局长：刘 江

党组成员、纪检组长：薛文斌

党组成员、副关长：旺 加、王捍洲

党组成员、副关长兼政治部主任：王殿兴

农牧业、林业、水利

自治区农牧工作

【年度综述】2010 年全区各级农牧部门按照 “一产上水平”的发展战略要求，围绕首要任务，深化农牧区改革，狠抓综合措施落实，扎实推进现代农牧业进程，使全区农牧业经济在克服多种自然灾害影响下保持了良好的发展势头。

【种植业喜获丰收，粮食安全得到有效保障】2010年全区粮食总产达91.23万吨，比上年增长0.7%；油菜籽总产达5.8万吨，与上年基本持平；蔬菜总产量达58.12万吨，比上年增长20.7%。坚持把青稞安全作为确保西藏粮食安全的核心，大力加强青稞生产基地建设，2010 年青稞产量达60.26万吨，比上年增长1.2%。

【畜牧业平稳发展，各项指标好于上年】2010年全区新生仔畜793万头（只、匹），成活率达92%，同比提高1.2个百分点；成畜死亡34万头（只、匹），死亡率1.4%，同比下降1个百分点。全区肉奶产量分别达26.31万吨和30.25万吨，比2009年分别增长3.1%和2.8%。

【农业产业化经营良好，特色农产品加工营销迈出新步伐】全区共扶持和培育了13 家自治区级农业产业化经营龙头企业（其中7家国家重点龙头企业）和60多家地（市）级龙头企业。2010 年全区乡镇企业总产值达 35 亿元，多种经营总收入达 45 亿元，分别比 2009 年增长 11%和 12.5%。组织农畜产品加工企业参加了第八届中国国际农产品交易会和上海“西郊国际”农产品展销活动，取得了良好成效。

【农牧民增收 13%以上的既定目标顺利实现】坚持以增加农牧民收入为核心，狠抓强农惠农政策落实，深挖农牧业内部增收潜力，加大农牧民培训，发展专业合作经济组织，提高农牧民增收致富能力，进一步拓宽了农牧民增收渠道，使农牧民收入继续保持增收强势。2010 年农牧民人均纯收入达 4139 元，比 2009 年增长 17.2%以上，连续 8 年保持两位数增长。

【狠抓政策落实，确保农牧民收入快速增加】一是狠抓强农惠农补贴政策的落实。全区共落实农作物良种补贴 2377 万元，农机具购置补贴 15000 万元，牲畜良种补贴 1000 万元。二是充分挖掘农牧业内部增收潜力。在确保粮食安全的前提下，积极调整和优化农牧业结构，加快发展经济作物和饲草料作物，大力发展特色农牧业。2010 年投入 1.6 亿元实施了 36 个特色产业项目，项目区农牧民人均增收 659 元。三是加大培训，提高农牧民增收致富的能力。全年落实培训经费 335 万元，大力开展农牧民培训，使农牧民增收致富的能力和转移就业的技能进一步提高，2010 年农牧民劳务收入达 13.7 亿元，同比增长 7.9%。四是加大冬虫夏草采集管理工作。全区虫草产量达 47.51 吨，比上年增长 30.2%，全区虫草收入达 30 亿元以上，有力拉动了农牧民收入的增加。

【狠抓种植业生产，确保粮食安全。一是狠抓农用物资供给】全年农药、化肥、种子等农用物资及时到位，良种统供率达 65%。二是落实播种面积。2010 年全区农作物总播种面积 366.93 万亩（包括复种 13.58 万亩），与上年相比增加 3.7 万亩。其中，粮食播种面积 240 万亩，占总播种面积的 65%；经济作物播种面积 73.8 万亩，占总播种面积的 20%；饲草料作物播种面积 53.13 万亩，占总播面积的 15%。三是狠抓良种繁育和推广。全区主导品种推广面积达到 126 万亩，比上年增加 7.8 万亩，占粮食播种面积的 53%。四是狠抓农业有害生物防治，坚决把病虫危害控制在最小范围。五是狠抓农机化工作，全区机耕、机播和机收面积分别达 205 万亩、207 万亩和 168 万亩。

【运用综合措施，确保畜牧业持续健康发展】一是兽医体制改革进一步深入，职业兽医资格考试工作在我区首次开展，15 名通过考试。二是做好接羔育幼工作。各地市农牧部门把接羔育幼工作放在畜牧业生产首要位置，组织专业技术人员指导农牧民群众合理安排接羔草场、妊娠母畜补饲、圈舍清洁消毒、饲养管理工作，尤其是羔犊的科学饲喂，通过措施落实，使全区新生仔畜成活率和成畜死亡率指标均好于上年。三是加大牲畜出栏力度。全区牲畜出栏率达到 30%左右，年底全区各类牲畜年末存栏 2321 万头（只、匹），继续保持下降趋势。

【强化项目建设，夯实农牧业发展基础】一是强化投资争取。2010 年国家有关部委批复我区 2010 年游牧民定居、农村沼气、农产品质检、种子工程等项目，共落实农牧业项目中央投资达 9.48 亿元。截至 2010 年底，我区共落实“十一五”农牧业项目中央投资 43.2 亿元，完成“十一五”规划投资的 188.15%，是“十五”中央投资的 5.1 倍。二是加强项目建设和管理。严格按照国家和自治区关于基本建设项目管理的规定和要求，多次组织工作组深入各项目实施地、县，切实加大了对项目实施的督促检查。三是加强项目申报。按照国家有关部委的通知要求，申报了 2011 年游牧民定居、青稞生产基地、高寒牧区棚圈、农技推广服务体系等项目，申请中央投资 18.29 亿元。四是做好“十二五”规划编制工作。根据自治区的统一部署，编制了《“十二五”农牧业发展规划》和《“十二五”种植业发展规划》等 3 个行业发展规划以及《“十二五”农牧业科技服务体系建设规划》等 18 个农牧业重点项目建设规划。

【坚持科技兴农，努力提高科技贡献率】各级农牧部门，紧紧围绕农牧业增产增效的目标，强化农牧民培训，派出科技人员深入农牧业生产第一线，蹲点指导农牧业生产，使各项科技措施落到了实处，取得了良好成效。大力开展农牧民培训，全年共培训农牧民约 12 万人次，发放相关书籍、挂图 10 万余册。扎实推进科技示范活动，农作物百亩核心攻关、千亩展示、万亩高产创建示范面积达 50 万亩，比上年增加 28 万亩；建成 15 个农机化示范区（点），比上年增加 11 个；建立测土配方施肥示范区 20 万亩，比上年增加 16 万亩。加强农牧业科技服务体系、质量安全体系、动物防疫体系、防抗灾体系建设，科技对农牧业的支撑作用和公共服务能力不断增强。2010 年，农牧业科技贡献率达 40%，农牧区实用技术普及率达 65%，良种覆盖率达 85%。

【注重市场营销，大力推进农业产业化经营】大力扶持农业产业化经营，引导乡镇企业重心向农畜产品加工、特色产业发展转移，优化企业与农牧民利益联结机制，帮助企业搞好基地建设、实施技术改造、推进产品创新、拓展销售渠道、积极开拓区外市场。组织开展了上海西郊国际农产品展示直销中心西藏农产品展销活动，参展产品种类达 20 类 200 种，销售业绩在各省展厅中名列前茅。组织区内农业产业化龙头企业、农产品加工企业，参加了第八届中国国际农产品交易会，“亚拉索”雪域牦牛肉酱、“圣禾”牌青稞精粮、“藏北”牌牦牛肉等 7 个产品荣获“第八届中国国际农产品交易会‘金奖’农产品”称号。年内，安排地市以上龙头企业 520 多万元的贷款贴息，带动了龙头企业投入 3 亿多元；安排自治区特色产业资金 5000 万元，扶持了 10 个重点龙头企业和项目；投入 180 多万元，推进企业技术改造、市场开拓等工作。

【强化依法监管，保障农产品质量安全】加强法律宣传和农产品质量安全检查。先后组织开展了《食品安全法》、《农产品质量安全法》法律宣传和农产品质量安全专项检查、农资打假护农专项大检查等活动。严把农业投入品关。突出在春耕春播、“三秋”等重要农时，集中力量开展了专项治理行动，严厉打击制售假劣种子、肥料、农药、兽药（疫苗）、饲料、农机、网围栏等农资产品，维护了农牧民利益。加强农产品流通市场监管。积极开展畜产品市场检疫、产地检疫和屠宰检疫，加大公路防疫监督检查工作力度，加强蔬菜农残例行监测，切实提高农产品质量安全水平，我区蔬菜合格率达到97.5%以上。扎实推进农牧业标准化工作。认定无公害农产品基地7个，无公害农产品21个。

【加强生态保护建设，促进农牧业可持续发展】一是大力推进落实和完善草场承包经营责任制工作。全区累计承包到户草场面积达5.52亿亩，占可利用草原面积的66.87%，其中冬春草场3.53亿亩，占全区冬春草场总面积的86.47%。二是大力实施农牧业生态项目。落实国家投资7500万元，在36个县实施3000户游牧民定居工程；落实国家投资2.67亿元，在12个县实施天然草原退牧还草工程，禁牧、休牧草场面积达1230万亩；落实国家生态安全屏障保护与建设规划资金1.4亿元，实施了人工种草与草地改良和鼠虫害防治项目；积极推进薪柴替代工程，全年完成农村户用沼气建设3.6万户。三是积极建立草原生态保护补助奖励机制。年内国家投资20572万元，继续在我区安多、聂荣等5个县开展草原生态保护补助奖励机制工作，同时对2009年5个试点县进行了验收，兑现了6119万元的奖励资金。四是强化草原监理，进一步加大草原执法和防火工作力度。

【获奖情况】获《西藏自治区"十一五"重点建设项目工作突出贡献单位》奖

潘旭春、旺久两位同志获《西藏自治区"十一五"重点建设项目工作突出贡献个人》奖

【领导名录】

党组书记、副厅长：朱春生

厅长、副书记：坚　参

党组成员、副厅长：彭毅龄、兰志明、杜杰、辛盛鹏

党组成员、驻厅纪检组长：周惠云

党组成员、总兽医师：次　真

党组成员、总农艺师：高　玲

自治区林业工作

【年度综述】2010年，全区林业工作坚持以科学发展观为指导，以森林面积和蓄积量"双增长"、林业综合效益和农牧民收入"双提高"为目标，通过全体务林人的共同努力，各项工作取得明显成效。林业经济运行良好，全年共到位林业建设资金13亿元，同比增长17.92%；实现林业产值约8.50亿元，同比增长11.80%；带动农牧民增收近6.60亿元，与2009年基本持平。

【造林绿化】通过重点区域造林绿化、退耕还林、拉萨市及周边造林、生态安全屏障等项目，共完成植树造林93.48万亩（含工程封育34.64万亩）。坚持先易后难、适地适树、因地制宜的原则，一切从实际出发，同发改、财政在重大问题上形成了共识。根据全区林业工作会议精神，形成了《西藏自治区2011-2015年造林（营林）绿化工作指导意见》，明确了强化水利配套、科学确定标准、给地（市）一定的造林自主权、加大管护投入、大力发展兼用林等政策措施。下一步将改进资金下达办法，由6：2：2三次下达改为一次性下达到地（市）财政，由地（市）监管；同时，努力实现在春季造林前下达或预拨。

【林业项目】2010年共到位林业项目建设资金13亿元，比2009年增长18.2%。顺利实施了森林生态效益补偿基金的落实、天然林保护、安全屏障规划项目、重点区域造林、退耕还林、防沙治沙、自然保护区建设等重点工程。在具体做法上，一是加强内部工作基础，改进内部程序，规范项目运作；二是及时向国家林业局、发改、财政部门沟通汇报，求得思想统一。2010年第一次编制并试用造林工程定额标准。

【资源林政管理】全力抓好安居工程木材供应管理工作。针对往年安居工程木材供应存在的问题，2010年自治区林业局要求各级安居办要对安居工程建设面积、替代材使用情况逐一调查核实，统筹分配安居木材，并及时将每户安居木材供应数量进行逐级公示。安居木材不得使用在非安居房建设领域，更不得流入市场，因使用替代材而减少木材需求的，相应调减木材供应计划。2010年采取该措施后，按建设户数计，本应供应安居工程木材32.88万立方米，统计后实际需求21.62万立方米，实际减少供应11.26万立方米，减少了34.25%的供应量；狠抓木材运输"源头"的管理。加强了对木材检查站、木材加工场（点）的监管力度。2010年初，自治区林业局同监察厅、区安居办下发通知，采取"一刀切"的办法，取缔所有由个体、私人承包的木材加工场（点），仅林芝地区就取缔个体承包的木材加工场（点）71个，整个地区只保留了12个（7个县各1个，国有森工企业5个）。这一措施有效堵住了乱砍滥伐木材的出口和盗运超方的源头，成效十分明显。2010年林政案件减少了119起。同时也大大减轻了木材检查站的压力。在这一过程中，林芝地委、行署极为重视，行动果断，领导有力，全地区从2009年起，还加强了纪检监察机关对木材检查站的监督；强化征占用林地的管理。继续完善征占用林地审核审批程序，加强工程建设项目征占用林地全过程的监管和服务，确保工程建设不占或少占林地。

【集体林权制度改革试点】完成了拉萨、日喀则、山南、林芝、昌都5个地（市）6个试点乡（镇）的勘界确权工作，完成勘界面积36507.3亩，669个宗地，发放林权证669本，并组织了回头看。

【森林防火】据统计，从2009年11月15日到2010年5月31日，全区共发生林火9起，其中：一般森林火灾7起，较大森林火灾2起。过火面积164.41公顷，受灾面积16.24公顷，与上年同期相比，森林火灾次数下降了18%。武警森林部队是保护森林资源、防火灭火的专门力量，同时也是维护地方稳定的重要力量，"3.14"事件以来发挥了重要作用，被自治区领导评价为"灶小火旺"。

【森林和野生动植物保护】2010年全区共发生林业行政案件230起，其中：盗伐林木99起、滥伐林木3起、非法征占用林地2起、非法收购运输木材97起、非法经营加工木材12起、非法猎捕野生动物4起、非法收购出售运输野生动物及其产品8起、违反森林植物检疫规定1起、违反林木种苗管理规定1起、其他案件3

起，查处206起，查处率90%。没收木材1472.88立方米，野生动物239只，没收苗木17.5万株；没收非法所得6.9万元，罚款2366.36万元；违法征占用林地232.82公顷。案件发生总数比2009年减少119起，下降34%。组织开展了"高原利剑"、"绿箭"等四次保护野生动物专项行动，共查获野生动物皮20张，头角297个，收缴小口径步枪1支，抓获盗猎分子2人。

【林业有害生物防治】开展了首次"利剑"森林植物检疫专项行动，查处并依法消毁检疫对象苗木30万株。对发生在曲水县聂当乡周边的青杨天牛虫灾状况进行了调查（11700亩，1528840株），制订了防控方案，正在实施。严格外调苗木的审核，共发出检疫要求书300份，将日喀则、山南无检疫要求书并带有我区补充检疫对象的30万株违法调运苗木依法查处、焚烧；防控外来有害生物。在山南、日喀则引进苗木中查获国家重点检疫对象—光肩星天牛等有害生物，并及时进行了处置；强化林业生物灾害监测与防治工作。及时掌握虫情发生发展动态，实行日报告制度，做到防早、防小、防了。

【基础性工作】首次开展了全区宜林地资源、人工林及苗圃专项普查工作，2010年10月底外业工作已全部完成，现正在进行审核。开展了全区第二次湿地资源调查，调查湿地7万多块，填写资料表格近20多万份，现已转入业内工作。近期间开展对唐古拉山以北由我区实际占用，属青海省界内的5.5万平方公里区域内的湿地进行补充调查。两项调查共出动200多名技术人员。同时完成了资源林政、营造林、野生动植物及湿地保护等方面共50多个项目的前期工作。

【林业宣传】积极投稿宣传。中央电视台播出林业新闻2条、西藏电视台播出林业新闻12条、西藏卫视《在西藏》栏目中播出反映西藏林业建设成就的3集专题片《我们的家园》；狠抓林业信息工作。2010年向区党委、政府、国家林业局共上报信息233条，被采用191条，采用率82%；搞好文字和图片征稿工作。编制完成了《中国林业年鉴》、《西藏年鉴》、《中国西藏发展报告》、《今日新西藏》等涉及林业部分的文字和图片征集宣传工作。

自治区水利工作

【年度综述】2010年共完成水利基础设施投资23.2亿元，解决了31.04万人的农村饮水安全问题，建设三级以上标准堤防58.46公里，新增和改善灌溉面积43.55万亩，新增和改善4.6万人生产生活用电问题，新增灌溉饲草料地2.0万亩，农牧民群众通过参与水利工程建设增加收入1.5亿元，为"十一五"圆满收官。

【水政】2010年，完成了《西藏自治区实施〈水法〉办法》的资料收集和前期工作。向西藏自治区法制办上报了《西藏自治区水能资源开发利用管理办法》。与水利部发展研究中心合作编写《西藏水资源战略定位研究》讨论稿。完成了《西藏自治区水生态补偿机制研究》大纲编制工作。开展了西藏自治区水利工程专项执法检查和2010年度西藏自治区水土保持执法检查。完成了对西藏自治区100名水政执法人员执法证的年审工作。编制完成《2010-2011年西藏自治区水政监察基础设施建设实施方案》并上报水利部。

【水资源】组织编制并刊印《西藏水资源公报》。完成《西藏水资源质量年报》和《西藏水资源管理年报》的数据上报工作。颁发取水许可证一百余套。完成了十二个建设项目的水资源论证工作，全年征收水资源费30多万元。完成了《全区水功能区2000年以来水质变化趋势情况研究》。编写了《西藏自治区"十二五"水资源保护规划》的编制工作。支持和协助阿里地区水利局编制完成了《阿里地区水量分配方案》。

【水利规划和前期工作】编制完成西藏水利发展"十二五"规划报告（初稿），及"十二五"规划中的4个重大专题和16个专项规划；雅鲁藏布江、金沙江、澜沧江、怒江4条重点河流的流域综合规划编制完成并上报水利部审批；《伊洛瓦底江流域综合规划》编制完成并通过长江水利委员会审查；《尼洋河流域综合规划》完成了征求意见稿；2010年9月水利部以水规计〔2010〕341号文批复了《玉曲河流域综合规划任务书》、《察隅曲流域综合规划任务书》，长江水利委员会按任务书组织开展规划工作。2010年9月8日，下发了《关于近期开展流域综合规划工作安排的通知》（藏水规[2010]198号），明确了44条河流的流域综合规划任务。2010年；安排"十二五"首批前期工作项目186项；拉洛水利枢纽及配套灌区工程项目建议书已通过水利部部长办公会议，且上报了国家发展改革委批复；完成雅砻、卓于、湘河、仁多、强布、恰央5座水库项目建议书编制。

【基本建设】2010年共落实资金23.2亿元，完成投资18.96亿元。主要开工建设了旁多水利枢纽工程、15个县城堤防、17个小型灌区、7个牧区水利示范项目、38个县的农村饮水安全工程、2个电气化县建设、5个水土保持项目、跨界河流水文站网第二期建设工程，确保了墨达、雅砻灌区收尾，续建了山南江北灌区。全年解决31.04万人的饮水安全问题；建设三级以上标准堤防58.46公里，新增和改善灌溉面积43.55万亩，新增解决4.16万人和改善解决4852人的生产生活用电问题，新增灌溉饲草料地2.0万亩，水土保持治理面积及生态修复面积249平方公里；新建水文站7处，改造8处，新建水位站1处，改造2处，水环境监测中心改造2处，新建巡测基地1处，改造信息中心1处。

【防汛抗旱】2010年西藏全区气候异常，降水时空分布明显不均，1-7月降水出现"南多北少、东多西少"现象，尤其是沿雅鲁藏布江一线主要农区出现严重旱情，各江河来水较常年同期明显偏少。面对旱情，日喀则地区14个县启动防抗干旱灾害Ⅲ级应急响应，山南地区及拉萨市部分县启动防抗干旱灾害Ⅲ级或Ⅳ级应急响应。先后派出46个工作组，分赴日喀则、山南地区及拉萨市等52个县指导防抗干旱灾害工作。7月中下旬开始，西藏全区范围内陆续出现降雨。8月份，全区降水过程频繁，拉萨河、尼洋河、堆龙河、加木河（朗久藏布）、雅鲁藏布江干流等大江大河相继发生洪水，个别河段出现超警戒水位洪水，特别是堆龙河羊八井水文站出现近50年一遇的大洪水，局部地区遭受山洪泥石流、江河洪水、堰塞湖、冰湖溃决等自然灾害。在国家防总的大力支持和西藏自治区各地的精心组织和积极配合下，2010全年下达防汛资金4200万元，科学制定排险减灾方案，积极稳妥地处置了日喀则地区定结县琼孜乡措那扎孔冰湖溃决洪灾、山南地区贡嘎县甲日普水库渗水塌陷险情、林芝地区波密县古乡索通村松绕自然村天摩沟泥石流引发堰塞湖等险情和灾害，使灾害损失降到最低限度，保证了各大江大河安全度汛，确保了人民群众的生命财产安全。

【农田水利】解决了31.04万人饮水安全问题，2010年实施的农牧民安全工程全部实现通水。实施了阿里地区普兰县胜利灌区等13个重点灌区续建配套与节水改造项目，控灌面积11153公顷；实施小型农田水利工程民办公助项目230个，改善灌溉面积17600公顷；组织实施了拉萨市贡嘎等12个县的小型农田水利重点县建设工作，新增和改善灌溉面积2373.3公顷。实施饲草料基地水利工程配套项目14个，新增和改善草场灌溉面积3046.7公顷。

【水土保持】2010年，开展了全区大中型生产建设项目水土保持监督执法检查，对藏木水电站工程、墨竹工卡县驱龙矿区铜多金属矿工程等14个生产建设项目进行了专项检查。共审批热曲河水电站工程等水土保持方案62个。配合长江水利委员会完成了巴河雪卡水电站（含冲久水库）工程水土保持设施竣工验收工作。在水土保持规费征缴方面实现了零的突破，共下发开发建设项目水土保持设施补偿费征收通知39份，收缴水土保持设施补偿费180多万元。开展了水土保持监测网络工程建设和水土保持项目建设，完成建设资金3300万元。按照第一次全国水利普查工作总体要求，编制完成了《西藏自治区水土保持专项普查实施方案》，召开了“第一次全国水利普查水土保持专项普查冻融侵蚀试点普查工作启动会议”，完成了冻融侵蚀试点普查任务。举办了西藏自治区开发建设项目水土保持方案甲级上岗培训班，97人取得了水土保持方案编制上岗证书。为进一步提升水土流失综合防治工作水平，探索西藏地区水土流失治理模式，启动了曲水县查巴朗小流域水土流失综合治理示范工程（科技示范园）建设工作。

【城乡供水】2010年安排农村饮水安全投资33924万元，建设各类饮水工程2351处，其中管道引水工程1243处，大口井992眼，机井85眼，家庭手压井515眼（31处），解决了31.04万人饮水安全问题。全面完成了2005年至2009年全区农村饮水安全项目的区级考核验收工作。

【农村水电】2010年，共投资36771.33万元，开工建设了山南地区洛扎县局域网线路延伸工程、林芝地区朗县局域网、日喀则地区仲巴县帕羊电站线路延伸工程等无电地区电力规划建设项目51项，项目投产运行后可解决16312户、81638人，改善3631户、18136人的用电问题。2010年完成了水电新农村电气化建设投资650万元，完成了波密县易贡县易贡乡线路延伸和亚东县堆纳乡线路延伸，包括10kv输电线路24.1km，0.4kv输电线路7.4km及变压器设备配套和变电站建设，新增和改善了513户用电问题。2010年落实农村水电站维修财政补助资金1818.48万元，完成日喀则地区定结县普村电站、山南地区洛扎县鱼若电站、林芝地区墨脱县过渡电站等19座农村电站的维修改造工作。为进一步规范西藏农村水电管理工作，2010年起草了《西藏自治区农村水电管理体制改革实施方案》并上报西藏自治区人民政府审批。

【建设管理】2010年，出台《西藏自治区水利工程评标专家和评标专家库管理办法》、《西藏自治区水利建设工程施工分包管理规定（试行）》、《关于加强西藏自治区水利工程建设项目勘察（测）设计招标投标管理工作的意见》等规范性文件，继续强化以项目法人责任制为主的工程建设“四制”落实，积极开展项目法人培训，规范项目法人组建。坚持公平、公开、公正的原则，严格按照规范程序开展招投标工作。认真做好项目开工审核工作，共对62个项目的招标方案和开工报告进行了审批。大力开展水利工程建设领域突出问题专项治理，2010年3月至6月，派出多个工作组，对全区新开工和复工的重点灌区、水电站、城区防洪、农村饮水、病险水库除险加固等175个工程点进行了拉网式排查，重点对工程质量及合同履行问题进行了专项治理，加大执法力度，通过现场检查、召开座谈会、限期整改等方式，及时纠正部分在建工程出现的质量问题。下发《关于开展汛前水利安全生产检查的通知》、《关于开展全区水利安全生产大检查的通知》等文件，制订具体方案，精心组织，周密部署，狠抓安全生产工作，在西藏自治区2010年度安全生产目标责任考核中，西藏自治区水利厅以98分荣获2010年度全区安全生产先进单位。

交通、邮政、通信、民航

自治区交通工作

【年度综述】2010年是落实“十一五”规划的决战之年，也是交通运输行业完成建设投资最多的一年，全年完成公路建设投资73.19亿元，同比增长21.7%。交通运输其他各项工作也取得了喜人成绩。

抓紧开展项目前期工作，开工建设了川藏公路业拉山至八宿段、牛踏沟至中坝段，中尼公路大竹卡至日喀则段，通县油路萨迦至定结、60道班至吉隆、然乌至察隅等重点公路建设项目续建重点公路项目进展顺利，青藏公路改建完善工程、川藏公路牛踏沟至中坝段、滇藏公路类乌齐至邦达段、新藏公路巴嘎至达吉岭段、通县油路那曲至聂荣、纳木错至班戈等30项重点项目主体工程全部建成通车，新增黑色路面2992公里，新增加11个县通油路。

农村公路建设完成投资6.7亿元，解决5个乡镇（其中2个乡为标准骡马驿道）、52个建制村的通公路问题。为完成“十一五”规划目标，经与财政部门协调，提前组织实施2011年农村公路建设项目，另行安排了109个建制村的通达工程项目。各地市交通部门高度重视农村公路建设管理工作，结合“农村公路质量年”活动，切实加强监督检查，督促建设单位认真抓好工程质量，加快工程实施进度，强化施工安全管理，落实环境保护措施，农村公路建设管理得到有效加强。同时，还积极与财政部门协商，安排了12个农村公路大中修工程，完善桥涵防挡设施，改善农村公路通行状况。

2010年极端天气较多，公路灾害频发，公路管理养护部门在认真开展好日常养护、抓好公路服务保障的同时，积极应对公路灾害，强化应急保通能力建设，加强应急保通组织指挥和协调，确保了全区公路基本保持安全畅通。同时，公路管理养护部门积极实施养护工程，安排公路大中修项目资金3100万元、危桥改造资金4000万元、安保工程资金3200万元，进一步改善了公路通行状况。

道路运输业进一步规范，强化上路执法检查，深入开展打击违法生产经营行业，努力提升道路运输行业管理水平。客运站场建设步伐加快，全年完成8个县级客运站、6个个乡镇五级客运站和38个客运停靠点建设。全年完成客运量8066万人次，客运周转量22.77亿人公里，货运量952万吨，货物周转量26.56亿吨公里。

企业经济效益有所提升。联合重组后的天海、惠通两个集团公司分别理顺了内部管理体制，完善了各项规章制度，整合了内部优势资源，加快了商业开发步伐，企业生产经营逐步走上正轨。广宇站务公司通过强化管理摆脱了“3.14”事件以来的亏损状态，取得了较好的经营业绩，财务状况进一步好转。全年完成总产值7.44亿元，实现利润8410万元，职工人均年收入40516万元。

【“十一五”期间交通运输工作情况】“十一五”共完成中央投资260.89亿元，同比增长77%；通车总里程58249公里，同比增长33%；等级以上公路32826公里，比“十五”末增长了2.01倍。墨脱公路嘎隆拉隧道贯通，我国结束了县城不通公路的历史；拉萨至贡嘎机场高速公路的通车，结束了西藏没有高速公路的历史；国道219线狮泉河至拉孜段整治改建全面完成，我区结束了地区不通油路的历史。以这三项重点工程为标志，西藏交通运输面貌发生了历史性变化，主要表现为“六个显著改善”和九个工作亮点。

“六个显著改善”是：

全面推进国省道整治改建，干线公路通行条件显著改善。认真抓好项目前期和勘察设计工作，充分发挥科技在重大项目建设中的支撑作用，扎实推进干线公路整治改建，国道路面黑色化率从45%提高到88%，省道204线、307线全线建成沥青路，沥青路面里程8195公里，比“十五”末增长了1.49倍，7个地市全部通油路，73个县中54个通油路，6个县油路正在建设，樟木和普兰口岸及亚东边贸通道实现通油路，干线公路技术等级明显提高，行车舒适性得到改善。

认真实施农村通达工程，农村交通运输条件显著改善。安排实施农村公路建设项目781个，总投资46.37亿元，解决了159个乡镇、1659个建制村的通公路问题，新建里程1.44万公里，公路网覆盖了99.7%的乡镇和81.2%的建制村，上百万农牧民告别了沿袭千年人背畜驮的原始运输方式。启动农村公路路面硬化工程，261个乡镇通了柏油路，比“十五”末增加了185个，乡镇通油路率达到38.3%。

切实加强公路管理养护，公路服务保障工作显著改善。进一步加大了公路养护投入，合理配备人员机械，扎实开展日常养护，认真处置公路病害，及时修复受损路面，有效强化公路治超，改造危桥136座/4630延米，实施大中修工程98项、安保工程2502公里/19360处。到2010年底，公路设养里程增加到55856公里，国省干线公路MQI值达到71.6，公路通畅水平明显提高；农村公路行车条件明显改善，基本实现了无特大自然灾害情况下全年通车。

积极规范运输管理工作，道路运输市场秩序显著改善。强化市场准入管理，加大行政执法力度，整顿经营管理秩序，主要班线客车基本实现滚动排班，客货运市场秩序得到规范，客运班线从137条发展到353条，其中乡村客运班线84条，乡镇客运班线覆盖率达到了56%。五年完成客运量2.35亿人次，客运周转量106.2亿人公里，货运量3289万吨，货运周转量153.25亿吨公里；建成客运站64个，农村客运停靠点209个。

全面完成国有企业改制，企业经营管理能力显著改善。着力推进国企改制工作，整合企业优势资源，加快企业联合重组步伐，将原12家国有及控股企业重组为天海集团公司、惠通路桥集团公司、广宇站务公司3家企业，进一步完善企业法人治理结构，企业经营管理能力得到提升。厅属企业5年累计完成总产值37.47亿元，实现利润2.12亿元，分别比“十五”期间增长了34.64%、3.42%。

扎实开展行业自身建设，交通运输发展的组织领导显著改善。坚持以党的建设为抓手，全面加强交通运输行业自身建设。注重思想道德建设、选好配强各级领导班子、健全基层党组织特别是建立了工地临时党支部、加强人才引进与培养，进一步转变行业作风，切实推进党风廉政建设和反腐败工作，交通行业党建工作取得丰硕成果。深入开展反分裂斗争，加强安全隐患排查化解和人民来信来访工作，保持了交通运输行业稳定。全行业文明单位创建活动覆盖面达到90%以上，9个单位被授予国家级精神文明建设荣誉称号，涌现出了扎西白珍、玛尔灯、索朗卓嘎等一批英模人物和先进典型。

【交通运输行业监管工作全面加强】适应交通运输事业发展新形势，先后增设农村公路、审计监督、规划前期、安全应急、交通运输等管理部门，相关工作得到了有效强化。特别是内部审计监督工作，已成为各单位掌握全局、强化管理、防漏补缺、完善工作的重要手段。同时，交通运输厅从2007年开始每年组织开展两次综合大检查，并形成定制，有效提升了对全区公路建设市场的监管能力。

【公路建设管理水平大幅提升】切实强化

重点项目管理中心职能，加大重点项目管理创新和人才培养，全面提升独立管理和施工组织能力，重点项目管理中心独立承担了大部分重点项目管理工作。积极试点和推广项目代建制，代建项目达到9个。将绝大部分通县油路、边防公路交给地市实施，形成了区地两级重点项目管理体制。同时，合理划分农村公路建设管理权限，对农村公路建设按标准进行补贴，经费包干使用，调动了基层的积极性。

【应急保通能力建设扎实推进】强化公路灾害预案管理，健全应急指挥协调机制，建成了交通应急通信平台，把交通战备保障队伍建设与应急保障队伍建设结合起来，把交通战备物资储备与应急物资储备结合起来，合理配置人员机械，灾害应急处置能力全面提高。在极端天气大幅增加的情况下，“十一五”我区干线公路断通时间与“十五”相比有所缩短。

【农村公路管养体制改革深入推进】“十一五”期间自治区共计投入农村公路养护资金4.38亿元，全区各地积极探索符合本地实际的养护模式，农村公路基本做到了有路必养，通行条件明显改善。

【道路运输结构调整及时有效】青藏铁路投入运营，打破了原有运输格局。主动进行运力结构调整，逐步将进出藏客运车辆调整到区内客运班线，满足了快速增长的区内运输需求。同时加大旅游客运车辆投入，加强旅游客运的规范化管理，提高了旅游运输工作整体水平。

【基层职工民生保障成效显著】在交通运输发展的同时，着力改善基层职工群众的生活条件和待遇，企业职工年平均工资从“十五”的2.7万元提高到“十一五”的3.83万元，职工房改问题得到全面解决。在自治区党委、政府的关心和相关部门支持下，公路养护一线职工“六难”问题基本得到解决，补缴了长期临时工的养老统筹金，待业青年就业率进一步提高。

【交通运输法制化建设取得突破】“十一五”期间颁布了《西藏自治区公路条例》、修订了《西藏自治区道路运输条例》，出台了《西藏自治区水上交通安全管理办法》、《关于加快培育和发展乡村客运市场的意见》、《关于加快乡村公路建设的意见》等政府规章和规范性文件，交通运输发展基本做到了有法可依。

【交通运输信息化建设进展顺利】建成交通运输应急通信一、二期工程，覆盖七地市、四个分局以及武警养护部队和部分基层养护单位。公众出行信息化服务开始起步，交通运输厅机关、运管部门、综合执法部门建成了内部办公系统，交通档案管理得到了加强。制作完成了国省道电子地图，收集完成和修订了农村公路电子数据，为交通电子政务的开展创造了条件。九是帮助农牧民增收成效明显。积极采取措施帮助农牧民群众增收致富，已成为交通运输全行业的自觉行动，重点公路建设对施工单位使用民工比例进行了合同约束，凡是农牧民能够实施的农村公路工程全部交给农牧民实施，农村公路养护主要由县政府组织农牧民实施，“十一五”交通运输行业帮助农牧民增收经初步测算在25亿元以上。

【获奖情况】交通运输厅先后获“自治区‘十一五’先进单位”、“西藏和平解放六十周年活动优秀组织单位”、自治区“十一五”时期区中直定点扶贫工作先进单位、全区效能建设年活动先进集体和全区加强基层建设年活动驻村工作先进集体等。

汪玉芹：获全国交通战备工作先进个人；

牛子春：获自治区提案办理先进个人；

江　淑：获全国交通运输系统法治工作先进个人；

王国庆：获”车、船、路、港”千家企业低碳交通运输专项行动先进个人。

【领导名录】

党委书记、副厅长：洛松次仁
党委副书记、厅长：赵 世 军
党委委员、副厅长：彭思义、索朗群佩、扎西江措、李留丰
党委委员、驻厅纪检组组长：古桑多吉
副巡视员：汪 玉 芹

青藏铁路公司拉萨办事处（拉萨站）

【基本情况】拉萨站是青藏铁路的终点站，属一等站。也是青藏铁路格尔木至拉萨段规模最大的客运站和青藏铁路的标志性工程。拉萨站区总占地面积约50.72公顷。

拉萨办事处2005年12月末成立，拉萨站2006年2月筹备成立，4月1日由格尔木车务段整建制并入拉萨办事处，实行合署办公，一套机构两块牌子。机关设综合办公室、安全技术信息统计科、计统财务室3个科（室），下辖拉萨西站（属车间性质，主管货运、行车），1个客运班组（甲、乙、丙、售票4个班）、1个运转班组（甲、乙、丙、丁4个班）和1个货运班组（甲、乙、丙3个班）。管辖拉萨至乌玛塘10个站，里程195公里。年末在册职工177人(含在拉萨站见习的本科毕业生)，平均年龄35岁。机关位于西藏自治区拉萨市柳吾新区拉萨火车站，

（张世伟）

【运输经营】年内，拉萨西站针对货物到达量较大、货场积压货物多的实际，加强货运组织，工作质量由“完成任务”向“优质高效”转变，6月，在拉萨站宇拓路开展货运营销和铁路安全知识宣传，在《拉萨日报》、《西藏商报》等媒体开辟专版宣传客货运知识，每季度召开货主座谈会，征求货主对货物运输、服务质量等方面意见，改进服务质量。加强客运组织，按照“服务质量上一流、岗位业务上水平、安全管理上标准”目标，开展岗位责任意识、服务礼仪讲座，职工藏语、英语培训，军训和走姿、站姿、敬礼、队列训练。利用班组学习会，组织客运人员学习业务知识，尤其针对客运班组三班两岗的作业模式，每月10日换班期间组织客运人员学习岗位基本知识。针对客流高峰期“一票难求”的实际，召开专题会议，重点部署售票工作，增设售票窗口，开通24小时电话订票绿色通道，严格按售票、购票程序及特殊用票审批制度办理，杜绝违规切票、抢票、囤票和违规加价、收费行为。在旅客组织中做到“一听、四看、两卡死”（听旅客声音，从听觉上辨识旅客的健康

状况；看旅客的唇色、面色、神情，看旅客走路姿态是否正常，看旅客所持车票是否正确，看《旅客健康登记卡》是否填写完整；对无票旅客和未填写《旅客健康登记卡》的旅客坚决卡死进站）制度，杜绝旅客错乘、漏乘情况的发生。针对春运、暑运、调图、军运及因南方水害造成列车长时间晚点等，制定可行方案，加强现场作业和关键环节检查盯控，较好完成运输任务。至年末，发送旅客84.6万人，超额完成年计划81万人的4.4%，与上年同比增运13.3万人、增长18.6%；旅客到达90.9万人，与上年同比增运9.6万人、增长11.8%。货物发送29.9万吨，超额完成年计划 25 万吨 19.6%，同比增幅31.1%；货物到达200.5万吨，与上年同比增运34.8万吨，增长21%；运输收入48459.18万元，超额完成年计划44790万元的8.2%，与上年同比增收10516.66万元，增长27.7%。车站客货运量、运输收入创历史新高。（全明辉）

【车站安全管理】贯彻落实铁道部、公司运输安全工作会议精神，树立“防松破满不停步、安全稳定攀高峰”的管理理念，围绕创一流高原车站目标，坚持抓基层、打基础、强基本，扎实推进“三年三项工程”和“安全基础建设年”工作。一是开展“安全大反思、大检查”、“百日回头看”等活动，重点整治工作低标准、习惯性违章、服务低层次等问题，各级干部下现场检查438人次，现场办公10次，检查发现解决问题329件。二是开展施工、调车作业、铁路货物装载加固和危险品货物运输安全专项整治，制定调车作业卡控措施，以调车作业计划的编制、布置和传达、调车联控、车辆防溜、人身安全为重点，落实干部盯控制度，严把计划审核、签字等关键环节，大力整治调车作业中检查车辆不到位、防溜不彻底等惯性问题，检查发现问题45件，召开专题会议5次，考核责任人59人次。每月召开站区调车协调会，收集信息，掌握动态，协调处理存在问题，调车安全有序可控。三是组织科（室）、车间业务干部学习公司施工安全管理制度、办法，重新修订车站施工管理办法，落实各项规定和安全措施。根据施工计划，召开施工协调会、准备会，安排业务干部全程盯控施工作业，严把施工登销记、调度命令、施工防护、列车放行关，规范施工管理。四是执行《拉萨办事处（拉萨站）汽车驾驶员综合管理考核办法》，坚持组织驾驶员及车管人员定期定时学习、测验、考核、演练制度，坚持对车况、备品和驾驶作业随机抽查制度。开展汽车交通安全专项整治，整治超载、超员、超速、疲劳驾驶及驾驶中接打手机、不系安全带、强超抢行等违章行为，整治和查处派车不规范、违章不追究、非司机驾驶、领导干部违章动车及纵容司机违章驾驶等管理上的失职行为。五是在职工中开展“放松破满不停步、安全稳定攀高峰”宣讲，将公司管内的典型事故案例编印成册下发到每名干部职工手中，开展事故案例警示教育，提高职工的安全意识。落实《岗位人身安全检查表》制度，加强职工岗上作业检查和考核，并召开劳动安全专题会和劳动安全协作区会议，学习传达有关文件精神，分析劳动安全形势，查找薄弱环节和安全隐患，制定整改措施抓落实，确保全站劳动安全持续稳定。六是落实货物装载加固规定，严把装车质量关，散堆装货物车车过衡，成件货物按方案装车，把货物装载加固质量签认制度等工作落到实处。全年车站未发生货运、路外、人身、火灾和汽车交通事故，至年末，实现无一般C类及以上铁路交通事故1644天。

（全明辉）

【路风管理】年内，车站召开路风专题会议，重温公司、车站路风管理办法，重申路风管理规定，部署路风工作。组织开展“建机制、上水平、创一流、展作为、树形象”路风主题教育活动，修订完善《拉萨站售票组织管理办法》、《团体、合同票额分配管理办法》、《机动票额管理制度》、《拉萨站路风包保责任制》等制度、措施和办法，全员签订《路风责任承诺书》。接受社会监督，聘请自治区地方、部队、货主单位8名路风监督员，实施全方位监督。7月29日，车站副站长等3人参加西藏广播电台交广栏目“政风行风热线”，倾听群众意见，改进服务工作。（张世伟）

【主题活动】年内，车站确定在客运岗位开展“比作业标准、争当安全标兵，比优质服务、争当服务明星，比技术业务、争当岗位能手，比路风形象、争当诚信使者”的“四比四争当”活动，在行车和货运岗位开展“五转变五做到”活动，即在思想认识上由“要我安全”向“我要安全”转变，做到高标准立责，责任贯身；在安全管理上由“安排布置”向“严抓落实”转变，做到盯控不落实的事，追究不落实的人；在业务技能上由“要我学习”向“我要学习”转变，做到一口清，一手精；在作业标准上由“习惯性作业”向“标准化作业”转变，做到一点不差，差一点不行；在货运工作质量上由“完成任务”向“优质高效”转变，做到装卸有序，货主满意。活动中，对照《铁路旅客服务质量标准》、《客规》、《货细》等规章，重新修订岗位工作制度、岗位职责、作业流程、应急处理预案等制度，车站基础管理更加规范。聘请部队教官利用休班时间开展职工军训，藏、英语培训，服务礼仪讲座，聘请西藏红十字协会教师讲解客运工作应急救护常识，开展应急演练，提高客运人员服务水平和应急处理能力。各级干部深入现场，检查督导职工日常作业，落实逐级负责制，规范标准化作业；不断优化岗位作业流程，合理安排职工上岗，落实日常管理，杜绝无票人员和闲杂人员随意进站。客流较大时，采取提前预剪、专人带队、分批进站的组织方法，严格执行接、送车制度，保证旅客乘降安全。以“五彩哈达温馨服务台”为客运服务网络中心，以“重点旅客绿色通道服务卡”为载体，开展温馨服务，重点帮扶老、弱、病、残、孕、外籍旅客，解决特殊旅客困难。

【特色服务】年内，“五彩哈达温馨服务台”按照“突出高原特色、体现服务特点”的工作思路，开展以“诚信服务、热情服务、精细服务、洁净服务和便捷服务”为主要内容的“五彩哈达”特色服务活动，利用好《绿色通道服务卡》，体现“五彩哈达”服务亮点。将服务工作贯穿在日常工作中，加强卫生监管，各班组细化卫生区域，责任到人，每日定时清理卫生，为旅客提供清洁的候车环境。发挥“五彩哈达”服务台的作用，重点为“老、弱、病、残、孕”等重点旅客提供服务，为旅客排忧解难。管理好服务小推车，发挥小推车服务旅客的作用，为旅客提供良好服务，受到旅客高度赞扬。2010年，列车移交高原病旅客92人次，交接重点旅客108

人次，均妥善安排和处理。使用绿色通道卡服务 2158 张，使用小推车服务 2.88 万次，扶老携幼为旅客排忧解难 2542 人次，收到旅客表扬信 12 封，旅客留言簿表扬 185 条。

【接待工作】年内，车站先后迎接中央政治局常委、中央纪委书记贺国强等国家领导人一行，全国妇联党组书记、副主席、书记处第一书记宋秀岩，中央编办、中国科学院、国家发改委、中华全国总工会等领导，青海省党政代表团、省政协赴藏考察团，缅甸铁道运输部访问团，中、外记者团，中、外记者团，全国多家重点网络媒体记者参观考察团，铁道部领导现场办公及西藏自治区政协、人大、政府视察、检查工作等。2010 年接待 270 批次 1616 人次。

【荣誉】年内，车站工会被中华全国总工会评为“全国模范职工之家”，车站被西藏自治区人民政府评为 2010 年度“全区安全生产先进单位”、被西藏自治区安全生产监督管理局和总工会评为“全区安全生产‘应急知识赛’活动优秀组织奖”、被中共拉萨市委员会、拉萨市人民政府评为“拉萨市创建自治区卫生城市工作先进集体”，车站获公司“2009 年度先进单位”称号；拉萨站团总支获公司“五四红旗团委”称号；运转乙班获 2009 年度全国“安康杯竞赛优胜班组”，售票班组被西藏自治区委员会和安监局授予全区“青年安全生产示范岗”称号。（张世伟）

自治区公路管理工作

【年度综述】2010 年，交通运输工作通过公路工作会议细化工作措施，紧扣养护管理中心任务，着力提高“三个服务”的能力和水平，公路养管工作基本完成既定目标。养护体制改革工作顺利推进，迎国检各项准备工作有序开展；路网技术状况持续改善，养护质量稳步提升，服务内涵继续拓展；依法治路进程不断推进，超限超载治理扎实有效，公路通行保障能力和服务水平进一步提升。

【努力提高公路养护水平】继续加大养护投入，加强养护资金使用监管。高度重视并扎实抓好日常养护工作，及时修复路面病害，确保路面无影响行车的明显病害；2010 年制定印发了《西藏自治区加强沥青路预防性养护的实施办法》，基本树立了全员、全过程预防性养护观念，积极推广预防性养护施工技术，力求通过养护延缓公路功能衰退。通过加强日常养护和预防性养护工作，干线公路基本达到了路况良好，路容整洁，路肩平整密实，横坡适度，边坡稳定，排水畅通，构造物完好，沿线设施完善。

2010 年新设养省道 203、302 线部分路段，新增省道管养里程 185.83 公里；国省干线公路油路优良路率 65.2%，MQI 值（公路技术状况指数）71；砂土路优良路率 52.8%；全年小修保养修补路面 1726.081 万平方米，清理坍塌方及其他路面堆积物 325 万立方米。全年从公路养护大中修工程经费中安排投资 1163.5 万元，实施路面预防性养护工程 176879 平方米，折合连续公路里程 25.2 公里，完成厅分解任务目标。

2010 年，全区农村公路养护总里程 43408.184 公里，其中县道 13976.778 公里，乡道 16130.256 公里，专用公路 2220.083 公里，村道 11081.067 公里。投入养护补助资金 10392.66915 万元（含扎墨保通经费 450 万元、边坝水毁经费 60 万元及山南勒乡村公路水毁经费 35 万元）。

农村公路全年疏通涵洞 15698 道；备路面料 4494828 立方米；铺路面料 12192531 平方米；新挖边沟 660526 米；清扫路面 177457 平方米，农村公路油路平均优良路率 53%，砂土路平均优良路率 29.5%。

【全力提高应急保通能力】全年国、省干线公路交通因灾中断 97 处，累计局部损毁路基 72.23 公里，损坏路面 75.63 万平方米，局部毁坏桥梁 629 延米/16 座，全毁桥梁 76 延米/1 座，冲毁挡墙 5881 立方米/195 处，坡面坍塌 116.14 万立方米/591 处，造成全区国省干线公路直接经济损失达 25400 万元，目前已投入抢险保通资金 3939.8 万元。

全年农村公路灾害抢险保通费用发生 1567 万元，灾害恢复费用需求 30473 万元，灾害损失共计 32040 万元。目前已落实灾后恢复资金 5236.8 万元（用于察隅、波密县农村公路恢复），恢复各项工作正在进行。

自治区公路管理局高度重视保通应急能力建设。一是继续实施樟木至友谊桥、东久至竹巴笼保通工程项目，结合樟木至友谊桥、东久至竹巴笼公路实际，尽可能安排了实际需求的保通工程，基本确保了两段公路正常通行。二是建立完善公路抢险保通机制，加强应急队伍建设。结合全区公路抢险保通应急工作实际，在厅党委和交通运输厅的指导帮助下召开了西藏自治区公路抢险保通应急演练现场会，为以后我区完善公路抢险保通机制，加强应急队伍建设进行了有益探索。三是健全应急通信网络，实现数据、信息共享。继续完善《西藏自治区交通厅公路管理局养护综合管理系统》，整理和校对全区电子地图并在此基础上印制地图册和开发基于电子地图的相关软件。建立统一、高效的区、地二级公路数据库，努力实现公路管理信息化、决策科学化。2010 年在下属各单位建立了视频会议系统，为实现应急指挥、协调联动等奠定了基础。

【认真履行农村公路行业管理职责】加强农村公路管理养护行业指导工作，建立和完善农村公路管理养护考评机制，层层签订《农村公路管理与养护目标责任书》；总结推广好的经验和做法，因势利导逐步推广和深化“工区+农户”、“乡镇+农户”等符合当地特点的养护模式，农村公路实现了“有路必养”目标，基本做到了资金到位、人员到位和措施到位，农村公路路况质量进一步提高，农牧区公路交通面貌发生明显变化，广大农牧民的生产生活条件得到极大改善，有力支持了农牧区经济社会发展和社会主义新农村建设。

【继续加强养护工程管理，着力改善路网技术状况】严格按照公路基本建设程序和《公路养护工程建设项目管理办法》的要求，认真组织实施好路网改造和公路养护工程的设计、施工、监理、竣（交）工验收等各环节工作，加强了养护工程项目管理工作，明确项目管理负责人及其责任，有效杜绝了“以管代监”、“以监代管”等不良现象；牢固树立“百年大计，质量第一”的思想，推行养护工程质量目标制度，结合工程特点确定质量目标，围绕质量目标明确各项工作要求，落实各项工作措施。认真做好完工项目的竣工资料编制、工程结算和财务决算工作。通过落实工程质量、安全生产、工程进度、环境保护、道路保通、劳务用工、资金使用等各个环节的管理责任和问责追究制度，形成了一个保证养护工程质量的体系，养护工程质量有了明显提高。

2010年路网结构改造工程投资7200万元（其中危桥改造工程4000万元，安全保障工程3200万元）；公路养护大中修及桥梁检测工程3100万元（其中大中修工程3000万元，桥梁检测工程100万元）；段道房改造和光伏建设工程 1050 万元（其中段道房改造工程1000万元，光伏建设工程50万元），专项工程4677.1万元。上述四项总投资16027.1万元。

截至12月底，完成总投资12079万元，完成总投资的 75.36%。其中路网结构改造工程完成4784万元，完成总投资的 66.44%；公路养护大中修及桥梁检测工程完成2852万元，完成总投资的92%；段道房改造及光伏建设工程完成 935 万元，完成总投资的 89%；专项工程完成3508万元，完成总投资的75%。工程未完工的主要原因是部分投资计划下达较晚，有关评审部门对工程立项审批时限较长，影响了部分工程施工进度。

路网结构改造工程和公路养护工程的实施，逐步改善了局部路段技术状况，提高了公路的使用质量、抗灾能力、行车舒适性和安全保障水平。

【突出抓好路政治超工作，着力推进依法治路进程】加大执法力度，加强路巡路查工作，及时查处了损坏公路、侵占路权、违章建筑等各类路政案件。2010 年全区共发生路政案件290起，破案289起，结案287起，破案率99%，结案率98%。加大治超工作力度，巩固治超成果。从经济社会发展的大局出发，全力以赴、坚定不移地做好治超工作。截至目前已建成投入使用的超限超载检测站14个，通麦临时检测站 1 个，购置流动综合执法车 7台，初步形成以固定（临时）检测站为支撑，以流动检测车为延伸，以群防群治为辅助手段的治超网络，有效遏制了超限超载反弹势头。全年共审批办理大件车辆超限运输手续708台次，查处单（双）超车辆1853台次，卸载货物1340吨，车辆超限超载率 2.7%；审批办理鲜活农产品绿色通道运输手续1120次。

【以体制改革为突破，努力增强养管事业发展活力】2010 年在自治区党委、政府的高度重视下，自治区交通、财政、社保三个部门联合启动以“坚持三个原则、实现三个转变、达到三个提升、建立一个长效机制”为核心的公路养护管理体制改革工作。“三个原则”即坚持“管养分离、精干高效”、“权责一致、事财匹配”和“积极稳妥、有序推进”原则；通过改革逐步实现养护生产由劳动密集型的简单生产向机械化的专业生产转变，管理工作由粗放型的经验管理向规范化的制度管理转变，服务工作由被动应对型向人性化的主动服务转变；达到我区公路养护管理效能的提升、养护生产水平的提升、公路通行服务能力的提升，进而建立一个体制顺畅、机制灵活、保障有力、管理科学的公路养护管理事业长效机制。

自治区交通运输海事管理工作

【年度综述】2010 年，西藏自治区交通运输厅运管局通过积极培育、加强管理，全区道路运输市场不断规范，运输规模不断壮大，农牧区客运市场培育步伐加快，从业人员持证上岗、危险品运输、驾培管理等工作已步入制度化、规范化管理的轨道，道路运输业基础设施建设逐步完善，道路运输业得到了较快发展。主要表现在：目前全区客、货运输市场已经形成，运输规模已得到壮大。截止2010年底全区营运车辆已达到25025辆，其中：客运车7424辆（班线车1650辆，旅游客运车3042辆，出租车1998辆，中巴车628辆，租赁车辆 45 辆，其他 61 辆），货运车17601 辆（危货车辆801辆）。客运班线353 条，其中农村客运班线 84 条。县级客运覆盖率达到99%，418个乡镇通了客运班车，乡镇客运覆盖率达到56%以上。

“十一五”期间完成客运量23516.8万人次，客运周转量1061950万人公里，完成货运量 3289 万吨，货运周转量 1532545 万吨公里。

自治区邮政工作

【年度综述】2010 年，西藏邮政各单位坚定信心，克难攻坚，严格按照西藏区公司党组提出的“更加注重转变发展方式；更加注重发展质量和效益；更加注重增强核心竞争能力；更加注重加强基础管理；更加注重邮政服务质量”发展思路，主动转变发展方式，融入地方经济，抢抓机遇，加快发展，不断完善企业管理体制和运行机制，加快推进企业内部改革，继续强化科学管理，切实改善服务质量，企业经营生产呈现出持续快速发展态势，改革管理各项工作取得新进步。

【业务发展情况】完成业务收入 14169 万元，较上年增长 12.78%，完成计划104.45%，邮政业务总支出完成38025万元，同比增长6.28%，实现支差控制在集团收支差额预算范围内。其中，邮务类业务继续实现较快增长。完成业务收入5486 万元，同比增长 21.72%，占总收入比重 38.63%，对总收入增长贡献率60.81%，完成预算目标 108.31%；代理金融业务收入完成 3655 万元，占总收入36.09%；代理速递物流业务收入完成2497万元，同比增长8.81%，完成预算目标 126.47%，占总收入 17.83%。业务发展质量稳步提高，发展基础不断夯实。

【函件业务】实现收入1195万元，完成预算 104.37%，同比增长 14.90 %，占邮务类板块比重达 21.78%。其中布达拉宫景点门票实现历史性突破，年创收 100万元以上。

【包裹业务】收入完成744万元，完成预算 122%，同比增长 51.73%。全区围绕家乡包裹、军营包裹项目，实现了包裹业务收入的迅速提升。信息和代理业务实现收入396万元，完成预算 117.51%，同比增长 66.39%。增幅列全国第二位。其中短信收入完成计划进度 151.18%。

【报刊发行业务】实现收入1142万元，

完成预算 105.67%，同比增长 17.61%。2011 年报刊大收订流转额完成 4238 万元，同比增长 14.62%，提前在全国率先完成收订任务。

【集邮业务】收入完成进度和效益增长创历年新高，实现收入 1450 万元，完成预算 107.41%，同比增长 14.90%。定向开发了《西藏妇联成立 50 周年》、《雪域西藏》等集邮品，并根据西藏旅游特点积极开发制作了印象拉萨和雪域主题邮品。

【分销业务】实现收入 53 万元，完成预算 91.38%。机要业务完成收入 284 万元，实现质量全红。

【速递业务】 全区完成速递物流业务收入 7866 万元，同比增长 4%，绝对值增长 307 万元，完成公司年度收入计划的 102%。从区邮政速递物流有限公司本部来看，1-12 月份完成收入 3491 万元，同比增长 6.6%，完成公司总部预算收入计划的 106%。其中，速递物流公司本部特快收入完成 1803 万元，同比增长 29%，完成公司年度收入计划的 107%；物流业务收入累计完成 1197 万元，同比下降 17%，完成公司年度收入计划的 79%；包裹业务收入完成 316 万元。

【邮政储蓄】全区代理储蓄期末余额 15.77 亿元，同比增加 1.96 亿元。代理储蓄收入完成 3655 万元，同比下降 0.64%，完成预算进度的 92.61%；代理汇兑收入完成 1471 万元，同比增长 5.84%，完成预算进度的 98.01%。其中，累计净增规模较 2009 年末超千万的地区有：林芝(5468.86 万元)、昌都(4897.02 万元)、那曲（3224.1 万元)、日喀则（2839.52 万元)、阿里（2142.94 万元)。通过加大培训力度、组织考试、争取新增网点、推进新业务等工作，推动了代理金融业务的发展。全年获批新增邮储网点 18 个，已开业网点 14 个，实现余额 1928.6 万元。各地区局相继成立了代理金融业务部。烟草电子结算业务的合作范围，已由林芝扩大到山南、昌都，收入同比增加 305.93%。

【电子商务和代理信息业务】电子商务和代理信息业务收入累计完成 396 万元，同比增长 66.39%，完成预算进度 117.16%，超预算进度 17.16 个百分点，占邮务类业务收入 7.22%。其中代理电信、票务、代收款及其他代理收入完成 204 万元，代理信息业务完成 192 万元。电子商务业务健康稳步发展，经营情况良好，规模效益显现，圆满完成年初计划目标。同比增长速度列全国第二名。

【经营服务】进一步规范西藏邮政服务质量，累计向社会各届缮发“西藏邮政服务质量评价意见反馈卡”近 1000 件，广泛征求用户的意见和建议，用户满意度达到 88.76 分。以国家邮政局启用邮政服务申诉电话为契机，制定《全区邮政服务投诉管理 办法》。通过每月编发《西藏邮政业务视察通报》，促进各地（市）局间视察工作的交流，提高质量管理岗和监控岗位履职能力。制定《西藏自治区邮件业务档案和查询赔偿管理办法（试行)》，规范邮政业务档案的管理及查验赔偿工作。11185 客户服务中心话务量累计达 52 万次，系统接通率为 99.85%，人工接通话务量的比重列全国前三位。

【信息网建设与应用】先后完成邮政客户营销管理信息系统等 25 项工程建设任务。启用邮政信息网运维管理服务系统，对邮政三大板块业务系统进行升级优化 270 余次。通过加强信息网安全管理专项整治、重要及敏感时段安全保障工作，信息网运维管理的制度化、规范化和科学化水平逐步提高，系统间的数据共享，资源整合工作进一步加强，信息网建设、运维和管理工作扎实推进。通过地市中心网络改造和网点网络设备改造，有力支撑邮政各项业务持续发展及新业务、新技术的开发利用。

【农牧区邮政服务工作】结合西藏自治区点多、线长、面广、人稀的实际，有针对性地稳妥推进西部普遍服务网点建设。重点安排 18 个中心乡镇网点的建设工程，严格按照国家及自治区有关法律、法规、程序进行工程建设管理，确保工程质量、进度及投资等各项目标顺利实现。根据西藏自治区发改委、西藏自治区邮政管理局的要求，按时完成并上报乡邮调查基础数据、空白乡镇补建方案、乡邮运行成本费用测算等工作。在履行普遍服务义务方面，西藏公司始终坚持社会效益与企业经济效益相统一的方针，主动融入地方经济发展，积极维护社会稳定大局，严格落实乡邮管理规章制度，从严使用乡邮专项资金，积极服务于农牧区经济社会发展稳定需要。农牧区邮政普遍服务环境明显改善，服务质量得到提高，西藏自治区党委、政府领导给予充分肯定。

自治区通信业管理工作

【年度综述】2010 年，西藏电信行业坚持“服务社会、服务民生”，求真务实、开拓创新，积极开展村村通电话、乡乡通光缆、移动网广覆盖、宽带通信、应急通信和边防通信覆盖等工程建设及业务应用，大力推进 3G 进程，加快电信业转型步伐，提高网络与信息安全保障能力，市场竞争格局得到进一步优化，全行业保持平稳、健康、快速发展，成为加速全区工业化进程、提升全区信息化水平、维护社会稳定和建设全面小康社会的重要力量。

【全区电信业积极促进企业转型升级，行业持续保持平稳健康快速发展】2010 年，全区完成电信业务总量 62 亿元，同比增长 22%；电信经营收入累计完成 22.7 亿元，同比增长 9.1%。电信主营业务收入完成 22 亿元，同比增长 9.8%。其中固定通信业务收入为 5.9 亿元，移动通信业务收入为 16.1 亿元。全区电话用户数达到 201.5 万户，比 2009 年末净增 23.5 万户；全区电话普及率达到 70 部/百人，比上年提高 8 个百分点，其中固定电话普及率为 15 部/百人，移动电话普及率为 55 部/百人；互联网用户数达到 120 万户，比 2009 年末净增 35.9 万户，其中互联网宽带用户为 10.4 万户。全区电信业务量快速增长，为切实提高全区经济和社会发展各领域信息化水平做出了积极贡献。

【全区电信业务资费持续降低，电信业务量快速增长】全区电话普及率从 2005 年的 36%增长到目前的 70%。通信资费持续下降，综合价格水平自 2005 年以来下降了 60%。通过组织实施了“长途漫游费”一费制改革和控制在售套餐种类、降低资费标准，督促企业履行电信资费审批备案程序，加强了电信资费信息管理工作，解决了长途和漫游电信资费倒挂问题。2010年，电信资费下降了11%。我区电信农牧区住宅用户固定电话包月费已由原来的20元/月降至10元/月（拉萨18元/月），长途资费标准为0.30元/分钟。村通海事卫星固定电话资费1.80元/分钟，农牧民只承担0.30元/分钟，电信企业为农牧民用户承担了1.5元/分钟，有力地支持了农牧区经济建设。

【农牧区通信和信息化建设取得突破性成效】随着全区最后一个行政村—尼玛县央龙曲帕村开通电话，标志全区提前五年实现所有行政村通电话。基本实现乡乡通光缆。西藏通信事业的快速发展，缩短了西藏和内地、世界的距离，世界不再遥远。各电信运营企业还积极参与农村党员远程教育网络建设工作，大力加强农牧区信息化建设，大力发展信息化产品应用，建设综合信息服务平台，整合涉农信息资源，提升农牧区信息化发展水平。

【网络基础设施建设再上新台阶】2010年建成了覆盖全区所有地市、县城、乡镇和重要交通干线及旅游景点的信息通信网络。通信光缆网络总长度达3.75万公里，其中长途光缆线路2.25万公里。3G网络已覆盖全区7个地市城区、73个县城城区、28个省级以上风景区、416个乡镇。移动互联网正快速发展，互联网将惠及更广泛的人群。推动了TD业务创新、网络优化和产业链完善。

【共建共享取得阶段性成果】截止到2010年底，全区共建基站10个，共享基站184个；共建铁塔10座，共享铁塔115座；共建传输线路1855线路公里，共享传输5750线路公里；共建杆路368线路公里，共享杆路5160线路公里；共建管道14公里，共享管道28公里；共建室内分布系统1套。合计节约投资1.2亿元。

【电信服务水平和能力不断提升】开展电信服务规范专项活动，进一步落实《电信服务规范》、《第三代移动通信业务服务规范（试行）》，促进全区电信服务工作制度化、规范化、系统化。2010年我区用户申诉案件11起，按时办结率达到100%。进一步加强了全区电信行业政风行风建设，提升服务水平。畅通网络不良信息与垃圾信息举报渠道，加大对互联网、移动电话网、固定电话网等网络不良信息与垃圾信息的投诉举报力度。

【电信市场经营行为进一步规范】组织开展对全区46家增值电信企业的80余项增值业务现场集中交叉拨测工作和打击非法网络电话专项行动。开展电信窗口行业创优达标活动和电信服务评比表彰活动。做了三网融合的前期准备工作。全面清理了回拨业务，严肃查处各类违规经营行为，规范了电信市场秩序。基本完成了各公司网间互联互通中继的双节点、双路由和第二端口局建设工作。对12300申诉系统进行了升级改造，严肃查处破坏通信设施、阻碍互联互通行为。开展了全区通信工程建设质量的监督检查工作。加强了对码号资源的管理。

【网络与信息安全管理能力不断提升，有效净化网络环境】组织完成网站备案系统的升级改造、数据迁移、真实性核验等工作，完善了网站备案各项制度措施，累计完成互联网站备案2640个，主体信息准确率由86%提高到94%，接入信息准确率由78%提高到91%，主体与接入信息同时准确率由77%提高到90%。组织开展了互联网和手机媒体淫秽色情及低俗信息等专项整治行动，清理了接入资源层转租行为和推广渠道，规范了手机上网代收费和各项合同、协议，加强了对网站备案信息的核查和技术手段建设。加快推进网络安全防护体系、网络信息安全管理平台建设的各项准备工作，重点保障基础信息网络和重要信息系统安全，维护社会稳定大局。

【无线电保障能力不断提高，发挥服务保障作用】以管好资源和安全为主线，重点完成了自治区无线电监测站搬迁和山南、那曲、阿里地区无线电监测站建设以及西藏无线电管理信息系统一期工程建设等任务。组织完成了150M、400M省级管理部分频段的重新规划和指配，开展了全区广播、电视台（站）清理登记，启用了全区无线电频率、台（站）管理系统。继续抓好了民航、铁路、广电等重点频段的保护性监测，积极开展了无线电干扰排查，协助民航等完成了重要台站建设的电磁环境测试，全力做好了重要时期的无线电监测保障工作，维护了空中电波秩序。

【通信保障能力不断提高，应对突发事件作用突出】组织协调建立了西藏应急通信保障联动长效机制，完善了全区各类易发突发事件的通信保障应急预案体系。西藏电信着力实施村村通电话、应急通信网、乡乡通宽带、边防信息化、吉隆和樟木口岸视频监控等五大重点工程，全面建设自治区、地（市）、县、边境乡（镇）四级应急通信专用网和全区边防信息网，显著提升了应急通信保障和服务能力。各电信企业集团公司也加大了对西藏应急通信建设的重视力度，各企业在机构、队伍、技术装备等方面均有了大幅改善和提高。成功为全国“两会”、上海世博会、广州亚运会、昌都解放60周年、玉树地震、林芝察隅暴雪灾害、朗县鼠疫等公共突发事件和灾害提供了安全可靠的网络与信息安全保障，为维护国家安全和社会稳定发挥了重要作用。

【存在的问题】一是农牧区通信还需加大投资建设力度并尽早建立普遍服务补偿机制。二是应急通信保障的规模性、适应性等方面还远远不能满足西藏经济社会发展的需要，特别是西藏边境地区的通信防控措施急待提高。三是移动通信和宽带网络需要不断改造和完善，网络覆盖能力还需进一步提高。四是电信申诉呈上升趋势，服务质量和水平还有待进一步提高。五是我区通信行业协会还未能充分发挥应有的作用。

【重大事项】1月1日，西藏手机长话不再收取本地基本通话费，实行手机长话一费制。

1月27日，西藏通信行业协会第二次会员代表大会在拉萨召开，会议选举产生了新一届理事会，西藏自治区通信管理局局长青其当选为新一届理事会理事长。

3月24日，西藏那曲地区聂荣县白雄乡、索雄乡发生里氏5.7级地震。西藏电信公司那曲传输分局火速驰援抗灾指挥部，为开展抗震救援工作提供了有力的通信保障。

4月15日，青海玉树地震通信抢险救援队，在玉树地震灾区开通两个应急卫星基站，为抗震救灾工作和保障灾区人民基本生活提供了移动通信保障。

5月17日，西藏自治区通信管理局组织全区电信运营企业开展2010年世界电信和信息社会日宣传活动。

8月15日，工信部党组巡视组施行组长一行对西藏通信管理局进行为期一周的巡视，对西藏通信管理局领导班子贯彻中央及部党组指示精神、民主集中制、党风廉政建设、作风建设等情况，进行了一次全面的检查和指导。

8月26日，工业和信息化部党组成员、驻部纪检组组长郭炎炎就通信业贯彻落实中央第五次西藏工作座谈会精神，在西藏开展调研工作。

9月1日，全区电信行业市场联系会议在拉萨召开，会议提出要积极研究讨论在西藏推进手机、网络实名制工作。

10月，西藏通信管理局被授予“平安单位”荣誉称号。

11月12日，随着全区最后一个行政村尼玛县央龙曲帕村开通电话，标志着西藏实现所有行政村通电话，并提前五年完成“村村通电话”目标任务，至此，全国实现所有行政村通电话目标。

12月12日，中国移动西藏公司珠峰绒布寺TD-SCDMA基站建成开通，实现了珠峰地区中国移动TD-SCDMA 3G网络的覆盖。

【领导名录】

党组书记、局长：青 其

副局长：李学林 尼玛多吉

党组成员、专用通信局局长：余官玉

中国电信西藏公司

【年度综述】2010年，中国电信西藏公司积极接应集团战略和策略，坚持发展第一要务，落实稳定第一责任，抓发展、重服务、强实力、调结构，突出重点，突破难点，突出亮点，突破拐点，积极推进全业务有效益规模发展，打开了企业发展的新局面。

【经营发展走出“V”型谷底，迎来了拐点】有效实施聚焦客户的信息化创新战略和“固定业务稳步发展、移动业务快速发展、转增业务有效发展、宽带业务规模发展、全业务协调发展”的经营策略，紧紧围绕“一个核心”——经营收入目标；统筹协调“两个发展”——固网与移动、存量与增量；扎实推进“三个体系建设”——客户维系体系、产品开发管理体系、服务质量管控体系；大力发展“四类产品”——宽带、移动、行业应用、融合差异化；重点抓好“五项工作”——有线宽带和移动中高端客户维系，军警、医卫、校园、商聚四个细分市场的深度开发，渠道和终端采供销社会化建设，服务质量提高和客户感知改善，市场经营基础工作精确化；持续全面开展“天翼腾飞”劳动竞赛活动；企业经营发展在近6年来首次出现标志性转折和拐点。收入结构、用户结构更趋合理，服务水平明显改善，移动业务快速发展，移动用户市场份额稳步提升，在移动市场站稳了脚跟，为进一步打造全业务竞争优势奠定了坚实基础。

【全力实施“四大信息化重点项目”，全面增强服务信息化综合实力】在提前一年半超额完成全区“十一五”村村通电话、乡乡通光缆既定目标的基础上，西藏公司集中力量，整合资源，特事特办，全力以赴，全面实施村村通电话、乡乡通宽带、应急通信网、边防消防信息网等“四大信息化重点项目”。经集团公司和自治区人民政府批准立项，2010年7月3日四大项目正式启动，各级单位加强组织领导，精心安排部署，确保工程进度和质量。经过半年的艰苦努力，基本完成了各项目标任务，全面实现了西藏公司承担的既定“村村通电话”任务，基本实现了682个乡（镇）“乡乡通宽带”，全面建成了自治区、地（市）、县（市）、边境乡（镇）四级应急通信专用网，基本建成了全区边防消防信息网，从根本上改变了西藏广大农牧区信息通信面貌，显著提升了应急通信和边防特殊通信保障能力，塑造了西藏通信信息化建设的又一个里程碑。

【“23+4”专项重点工作整体推进，企业价值和运营效率稳步提升】全面接应集团年度重点任务实施要点，认真落实公司级“23+4”重点专项工作。建立公司领导牵头、跨部门协同运作、上下联动的专项工作团队，实行专项通报、闭环管理和专项考核制度，确保“23+4”专项重点工作整体推进、有效落地。以光进铜退、无线网络优化激活为突破，进一步调整投资方向，优化投资结构，巩固网络优势，优化EVDO资源，加快WIFI部署，实施宽带提速，打造精品网络，推进网络转型，提升全业务支撑保障能力。以专项费用结构梳理、网络资源清理整合为突破，进一步加强运营、欠费、采购、资产管控和增效，加大专项审计工作力度，全面开展内控评估，实行统计和数据集中管理，强化数据整治，提高数据质量，摸清家底、消除隐患，规避风险，用好、用活、用足企业有限资源，实现资源高效、安全、可持续配置，推进节能降耗，提高运营效率和效益。以客户维系挽留、营业厅形象再造为突破，进一步加强流失预警、服务维系、关怀回馈等综合防控措施，建立健全全业务服务质量管控体系，关注客户感知，改善服务短板，强化督办问责，提升全业务服务能力和水平。以“机制特区”试点、绩效考核及任期考核办法优化为突破，进一步建立以岗位价值为基础、以业绩为导向的薪酬体系，抓关键岗位、抓总量管控、抓责权利统一，充分调动广大员工积极性和创造性，创新机制体制，激发企业活力。以建“四小”工程、创“六好”县支局为突破，进一步加强基层基础工作，改善基层生产生活条件，投入资金1700万元，集中解决基层员工普遍关注的用水、取暖、食堂等问题，对60个县支局的房屋进行维修，更新了县支局生产车辆58辆；积极开展大练兵、大比武、全面体验营销、县局份额赶超和“为转型新阶段做贡献”活动，内强素质、外树形象，推广南木林先进县局典型经验，推进“六好”县支局建设，掀起比、学、赶、超热潮。以应急平战结合、综合治理长效机制建设为突破，进一步加强制度建设，完善责任体系，提高通信应急保障、突发事件快速反应能力，强化安全生产、安全防范工作，加大矛盾排查化解力度，预防为主，标本兼治，维护企业和社会稳定。

【大事记】1月中旬，通信行业2008年度“全国青年文明号”评选结果揭晓，中国电信西藏公司 10000 号客服中心顺利通过国家工业和信息化部、共青团中央最终审定，喜获殊荣。

1 月 27 日上午，中国电信西藏公司在原长途线务局基础上组建传输局，着力提升全业务经营保障能力。

1 月 29 日—31 日，中国电信西藏公司召开 2010 年度工作会议及市场经营工作会议

3 月 25 日，中国电信西藏公司全面启动“效能建设年”活动，12 月 10 日，公司召开总结表彰大会，标志着“效能建设年”活动基本结束。

4 月 22 日，中国电信西藏公司举行向玉树灾区捐款活动，累计捐款 52.4 万元。

7 月初，自治区党委书记张庆黎，自治区党委副书记、自治区主席白玛赤林，中国电信集团公司总经理王晓初，自治区政协原副主席、中国电信西藏公司原总经理曾忠义亲笔题词，祝贺西藏电信 10 周年华诞，勉励员工再接再厉，再创辉煌。

10 月 23 日，国家工业和信息化部部长李毅中一行到中国电信林芝分公司调研。李毅中部长要求，要充分发挥中国电信全业务优势，大力推进工业和信息化的深度融合，为西藏经济社会跨越式发展和长治久安做贡献。

【获奖情况】 3 月中旬，中国电信西藏公司厉爱霞、刘映渊、旺良三名同志喜获“中国电信移动网络工程建设先进个人”荣誉称号。

3 月 31 日，中国电信那曲分公司张世江同志当选第二届中国电信“十大感动人物”。

4 月初，中国电信西藏公司传输局工会被西藏自治区总工会授予“全区模范职工小家”荣誉称号。

4 月底，中国电信昌都分公司工会副主席毕菊华同志荣获西藏自治区“巾帼建功”标兵称号。

5 月 4 日，中国电信山南分公司被国家体育总局评为“2009 年全民健身活动先进单位”。

6 月下旬，中国电信山南分公司张建红、林芝分公司应敏、区公司政企客户部琼达被授予“自治区三八红旗手”称号，区电信工会刘俐荣获“全区优秀妇联干部”荣誉称号。

7 月底，中国电信西藏公司荣获 2009 年全国“安康杯”竞赛“优胜企业”荣誉称号。

9 月中旬，中国电信拉萨分公司荣获“全国职工职业道德建设先进单位”称号。

9 月中旬，中国电信号百公司西藏分公司、中国电信拉萨分公司次仁巴姆分别荣获“中央企业红旗班组”和“中央企业先进职工”荣誉称号。

12 月中旬，杜成英被评为中国电信 2008 至 2010 年度内部审计“先进工作者”。

【领导名录】
党组书记、总经理：李晓华
党组成员、纪检组长、工会主席：白勇
党组成员、副总经理：卜继周、徐永平、莫 刚、尼玛顿珠

中国移动通信集团西藏有限公司

【年度综述】 2010 年，公司实现运营收入 11.96 亿元，同比增长 11.34%；实现净利润 3800 多万元；EBITDA 率完成 32.08%，完成集团下达指标（32%）的 100.25%。完成 TD 网络全区县级以上区域（除墨脱县、双湖特别行政区）的覆盖，共建 TD 基站 489 个。全年系统掉话率为 0.67%（集团考核基准值 1.1%，挑战值 0.9%），小区完好率为 99.45%，无线接入性为 98.73%（集团考核基准值 97%，挑战值 98%）。

【坚持竞争中求发展，继续保持区域市场主导地位】 一是营销整合能力不断增强，营销活动效果显著提升。先后开展了“2010 年新春整合”、“农村低端机”、“辉煌 10 年 感谢有你”、“大干 90 天”、“提升话务量”等专项营销活动，取得一定市场效果；二是大力发展数据业务，确保其成为收入的主要增长点。收入占比达到 18.95%，比 2009 年提高了 4.89 个百分点。数据和信息业务结构不断优化，手机上网、SP 信息费、彩铃、无线音乐俱乐部、手机报的收入贡献超过短信业务，成为数据业务收入增长的主要来源；三是进一步巩固重要集团客户和中小企业客户市场，重要集团客户覆盖率达 66.36%；四是加强市场服务基础管理，建立健全规章制度，稳步提升客户服务质量。开展了“营业厅服务短板专题提升项目”、“一对一”帮扶、“指定专营店示范厅”建设等工作，使西藏公司 2010 年“营业厅整体质量”在集团全网满意度调查中表现为 74.32%，在同行中继续保持领先地位；五是渠道网点进一步拓展。公司渠道数量达到超过 5000 个，农村渠道覆盖率提升至 64.4%。电子渠道快速发展，电子渠道业务办理量（含缴费）占比为 42.25%；六是家庭市场的发展打破了竞争对手在固话市场的垄断局面；七是积极引进和开发各类数据业务产品，丰富产品类型。产品开发和引进主要集中在政府、旅游、娱乐、通信辅助等四方面，全年共引进新产品 4 个、开发新产品 5 个。

持续深化与铁通西藏分公司的合作，积极支持铁通西藏分公司发展家庭宽带、固话业务，开展和铁通西藏分公司的联合营销，建成包括青藏铁路沿线光缆接入在内的一大批工程，六地市铁通分公司成功挂牌。

【注重网络建设，网络能力不断增强】 一是在网络建设上，公司基站总数突破 2900 个，载频数突破 18000 个，光缆传输突破 19000 皮长/公里。TD-SCDMA 网络 2010 年扩容工程顺利完成，实现了除墨脱县、双湖特别行政区外所有县级以上区域 TD 网络信号的覆盖，在珠峰地区建成世界上海拔最高的 TD 基站。全年“村通”工程建设共完成 447 个行政村的覆盖，圆满完成 2010 年“村通”目标行政村的覆盖任务。“党教项目”工程建设完成 993 个终端站点；二是围绕“科学规划、严格管理、量入为出、投资长远”要求开展计划建设工作，编制完成《中国移动通信集团西藏有限公司“十二五”网络发展滚动规划》，积极推进工程项目管理平台、物流二期管理平台建设；三是完成了一干川藏线保护、一二干传输电源整治等一大批网络工程建设，有效提升了传输网络的稳定性；四是开展“自主优化”体系建设，不断推进网络优化。确立了区、市联合优化、TD/GSM 双网集中优化模式，完成了

无线网优平台2.0、WPM系统、AFOS系统等重点项目的应用工作；五是积极开展应急通信保障工作，圆满完成了玉树抗震救灾、昌都和平解放60周年等事件的应急通信保障任务，其中玉树抗震救灾通信保障是西藏公司首次组织的跨省应急保障，得到了地方党委、政府和集团公司领导的肯定。西藏公司薛平副总经理和网络部动力室王焕勇获得中国移动集团青海玉树抗震救灾保通信先进个人荣誉。

【党建工作方面】加强党的组织建设和党员干部教育，重点开展了争先创优、效能建设年、"廉洁文化进基层"等活动，同时，进一步强化了廉政教育，加强干部述职述廉、"三重一大"决策监督检查等工作。2010年发展党员24人，培养入党积极分子62人，公司党员达到358人，占员工总数的23.17%。

中国联合网络通信有限公司西藏自治区分公司

【年度综述】2010年，公司紧紧围绕"抓机遇、保增长、调结构、上水平"的工作主线，在发展中调整结构，在创新中增强活力，集中精力加快发展，千方百计提升业绩，努力提高企业核心竞争实力，开创了西藏分公司全业务发展的新局面。

【企业发展取得新成就】2010年，全体员工千方百计抓市场，群策群力促发展，实现了各项业务的持续、稳定、健康发展，综合绩效考核排全国第五名，取得了西藏联通成立以来的最好业绩。

【市场经营迈上新台阶】渠道建设：推进扁平化进程，扩大产品与市场、用户的接触面，逐步形成公司自有、合作、代理、电子渠道、直销等多元化的渠道体系，建立了适应渠道属性的销售、管理、考核标准。对合作营业厅进行了合理分类，制定了不同的管理、补贴标准，进一步提高了合作营业厅的产能和服务能力。开展了"铁虎迎春、五福送祥"、"3G业务百日冲刺"等促销活动，取得了良好效果。

产品管理：针对不同目标市场设计了30多种不同种类、涵盖各项业务的产品，初步形成了标准化的产品管理和销售模式。成功开发了企信通、订餐宝、销售管家、无线POS等新业务。适时推出518套餐、518预开通卡、开展了0元购机、发放体验卡等活动，提升了公司产品的市场竞争力。

集团业务：军队行业组发展各类用户5060户；金融行业组与西藏建行、工行、银联、证券公司等签署了战略合作协议；政要行业组与自治区工商局、财政厅、文化厅等8家企事业单位签订了全业务合作协议；企业行业组新签集团客户30多家，特别是与中国黄金集团西藏华泰龙矿业开发有限公司、拉萨市公交公司的合作取得了突破性进展。这些都为集团业务的发展打下了良好的基础。

市场管理：对系统中的819个主套餐进行分类归集，清理了无效和低效套餐。调整、优化了佣金规则，完善了申请、审批和结算流程，达到了有效控制佣金成本和激发代理商积极性的目的。强化了欠费管理，建立了欠费管理定期分析及通报制度。

【基础管理成效显著】一是实施全面预算管理，推进了"准利润"中心建设和降本增效活动，财务管理水平进一步提高。

二是按照产品管理的思路，集中有限资源，向有市场、有需求、有收益的重点地区和重点业务倾斜。

三是规范了招投标和采购管理，加强了物资管理，实行库管前移。

四是运维基础管理、应急通信保障、网络优化、互联互通、共建共享等工作取得较好成绩，顺利完成了世博会、亚运会等重大活动和节日的通信保障工作。全年未发生重大安全生产责任事故和通信事故，有力支撑了公司的快速发展。

五是按照立足当前，兼顾长远的指导方针，实施了BSS、ERP等系统的建设，整合资源，初步建立了适应企业发展的信息化支撑体系。

六是多渠道引进人才16名；培训员工4000多人次，开展了职业资格认证、技术人才晋升评聘等工作，加强了专业人才培养。

【服务工作呈现新面貌】初步建立起全覆盖、全业务、多层次、闭环的营销服务体系，服务工作正在从被动服务向主动服务转变；窗口服务向全过程服务转变；大众化服务向差异化服务转变。重点开展了服务质量改善行动、"零容忍"活动、电话营销工作及3G专属服务，提高了全业务服务窗口的服务质量和水平。加强了对服务全过程的监督、考核和管理，妥善处理用户投诉。坚决贯彻落实国办75号文件精神和信息产业部依法治理电信市场的相关规定，维护了消费者权益，为营造公正公平、有效有序的市场竞争环境做出了积极的努力。

【"三个文明"建设取得新成果】进一步加强了党风廉政建设。努力构筑教育、监督并重的惩治和预防腐败体系，与30名管理干部签订了党风廉政建设责任书，认真开展固定资产盘亏、物资采购等专项效能监察及清查"小金库"专项治理工作，取得了明显成效。

进一步强化了审计监督和风险管理。将审计关口前移，覆盖了投资建设、经营决策、招投标、营销政策制定等各方面的工作。全年审核合同1092份，办理县级营业执照35个，处理法律纠纷2例，为公司生产经营的规范、有序开展发挥了积极作用。"五五普法"验收取得了较好的成绩。

进一步加强了企业文化建设。从员工价值需求出发，广纳谏言，重视培养，提高了员工的积极性和满意度；优化了公司OA门户，创办了《跨越》电子期刊，搭建了公司的信息文化交流平台。坚持全心全意依靠员工办企业，加强民主管理，维护员工合法权益，开展了形式多样的劳动竞赛和合理化建议活动，扩大了员工的知情权和参与权，企业的凝聚力、向心力进一步增强。

民航西藏自治区管理工作

【大事记】1、1月6日，西藏空港航空食品有限公司挂牌成立，西藏自治区多吉泽仁副主席出席揭牌仪式并讲话。作为西藏首家航空食品生产加工企业，西藏空港航空食品有限公司填补了西藏航空食品加工的空白。

2、1月21日，中国民用航空局王昌

顺副局长赴藏看望慰问民航西藏区局干部职工，西藏自治区张庆黎书记和白玛赤林主席会见了王昌顺副局长。民航工会黄丽辉副主席、政工办徐立副主任以及民航西南地区管理局郭为民局长陪同慰问检查。

3、1月21日，民航西藏区局荣获“全国民族团结进步模范集体”光荣称号，中国民用航空局王昌顺副局长为民航西藏区局授牌并祝贺。

4、1月28日，民航西藏区局2010年工作会议暨安全工作会、政工会成功召开。

5、3月13日，西藏自治区吴英杰常务副主席莅临民航西藏区局调研考察。

6、3月17日，聘任陈清志为阿里航站站长、党委副书记；聘任才旺拉杰为阿里航站党委书记、副站长；聘任邹明波、李强、王汉章为阿里航站副站长。

7、3月17日，民航西藏区局召开拉萨贡嘎机场安全审计工作动员大会，正式启动拉萨贡嘎机场安全审计迎审工作。

8、3月28日，西藏空港航空食品有限公司首次实现航空配餐，结束了45年来西藏民航无航空配餐能力的历史。

9、3月31日，民航西藏区局团委组织了为西南旱区捐款活动，共筹集救灾款项33994元人民币。

10、4月1日，拉萨贡嘎机场飞行区改造及配套工程子项目道面基础灌浆补强工程正式开工。工程采取夜间作业，工期45天，总投资2300余万元。

11、4月8日，西藏阿里昆莎机场第二次校验飞行试验成功。

12、4月8日，聘任李明勇为劳动人事处副处长。

13、4月12日，民航西南地区管理局郭为民局长赴藏宣布胡勤同志职务任免。免去胡勤同志民航西藏区局党委书记、副局长职务，任命为民航西南地区管理局党委副书记。

14、4月14日，西藏自治区宣讲团受邀赴民航西藏区局宣讲中央第五次西藏工作座谈会精神。

15、4月19日，民航西藏区局组织了为青海玉树地震灾区捐款活动，共筹集救灾款项82795元人民币。

16、4月21日，西藏自治区工程建设领域检查组莅临民航西藏区局开展专项检查。

17、4月23日，拉萨贡嘎机场飞行区改造及配套工程子项目拉萨贡嘎机场国际航站楼流程改造工程竣工验收。改造后的国际航站楼可同时保障2个国际航班和3个国内航班的旅客候机，并将大幅提升保障能力。

18、5月1日，民航西藏区局荣获“全国民航五一劳动奖状”荣誉称号。

19、5月14日，川航A330成功验证飞行西藏拉萨贡嘎机场，为川航A330投入西藏航线运营奠定了基础。

20、5月15日撤销了规划法规处，成立了企业管理处和计划统计处。

21、5月16日，海南航空公司恢复A319执飞拉萨-西安航线。

22、5月18日，调整西藏民航空港票务销售有限公司管理关系至西藏民航空港经济发展有限公司。

23、5月28日，西藏民航“十一五”机场建设领导小组第四次会议在拉萨成功召开。会议回顾了前三次会议以来西藏民航机场建设所取得的可喜成绩，明确了下一阶段的工作任务和目标，并决定成立西藏民航机场建设领导小组。民航局王昌顺副局长、西藏自治区吴英杰常务副主席、民航西南地区管理局郭为民局长、民航局有关司局以及自治区有关单位领导参加了会议。

24、5月28日，聘任张红斌为办公室主任；聘任曹坤为航行气象处处长；聘任陈华任党委办公室副主任兼团委副书记；聘任李建军为昌都航站副站长；聘任登增为西藏空港航空食品有限公司总经理；聘任熊在林为现场指挥中心副主任，免去其昌都航站副站长职务；聘任杜晓云任地面服务部党支部书记，免去其西藏空港票务销售有限公司总经理职务；聘任格桑德吉任空港公司党支部书记，免去其地面服务部党支部书记职务；聘任嘎桑顿珠任通信导航处党支部副书记，免去其通信导航处副处长职务。

25、5月28日，中国国际航空公司西南分公司A319成功验证试飞阿里昆莎机场。

26、5月28日，川航A330正式投入拉萨航空市场，执行成都-拉萨航线航班。

27、5月30日，西藏阿里昆莎机场顺利通过行业验收。

28、6月1日，民航西藏区局荣获“全国军事运输先进单位”荣誉称号。

29、6月17日，民航西藏区局纪念建党89周年创先争优活动动员大会在拉萨贡嘎机场召开，拉开了民航西藏区局创先争优活动的序幕。

30、7月1日，民航局、西藏自治区“十一五”重点建设项目阿里昆莎机场成功通航。国务院张德江副总理发来贺电；中国民用航空局李家祥局长、西藏自治区张庆黎书记、白玛赤林主席、郝鹏常务副主席、吴英杰常务副主席、国家相关部委领导、民航西南地区管理局郭为民局长、相关部队领导以及社会各界出席通航仪式。

31、7月5日，聘任尹国强为日喀则航站副站长，免去其安检站旅客检查科科长职务；聘任洛桑为日喀则航站副站长，免去其现场指挥中心指挥室主任职务。

32、7月7日，民航西南地区管理局组织召开民航西藏区局党委书记民主推荐大会。

33、7月13日，成立日喀则航站和日喀则机场公安分局。

34、8月4日，聘任李九疆为日喀则航站站长、党委副书记；朱峰任日喀则航站党委书记、副站长。

35、8月5日，民航局、西藏自治区“十一五”重点建设项目暨自治区60周年大庆献礼项目拉萨贡嘎机场飞行区改造及配套工程开工奠基仪式在拉萨贡嘎机场成功举行。西藏自治区郝鹏常务副主席、吴英杰常务副主席、相关部队领导以及自治区有关单位领导参加了仪式。

36、8月25日，民航西藏区局组织了为舟曲泥石流灾区捐款活动，共筹集救灾款项107307元人民币。

37、8月26日，民航西南管理局党委蒋文学书记宣布李汉成同志任职，任命李汉成同志为民航西藏区局党委书记。

38、9月10日，民航西藏区局党委民主生活会顺利召开，民航西南地区管理局周毅洲局长出席会议。

39、9月15日，民航西南地区管理局检查组莅临民航西藏区局开展安全大检查。

40、9月16日，民航西南地区管理局在拉萨贡嘎机场组织召开了拉萨贡嘎机场鸟害防治研讨会，双流机场、云南机场等单位参加了会议。

41、9月16日，聘任索朗卓嘎为计划统计处处长，免去其原规划法规处处长职务；聘任徐波为企业管理处处长，免去其空港公司副总经理职务；聘任曾礼辉为机场管理处处长，免去其阿里昆莎机场建设工程指挥部总工程师职务；聘任王照军为通信导航处副处长（主持工作），免去其阿里昆莎机场建设工程指挥部工程部副主任职务；聘任布嘎为机场管理处党支部书记，免去其机场管理处处长职务；免去武波通信导航处处长职务，结束援藏工作。

42、10月11日，川航新开拉萨-西安经停西宁航线，架起了西藏通往西北的空中航线。

43、10月18日，西藏拉萨贡嘎机场以 97.37%的高符合率顺利通过民航西南管理局的航空安全审计，拉萨贡嘎机场航空运输安全保障能力进一步提高。

44、10月20日，西藏日喀则和平机场成功完成校验飞行。

45、10月30日，民航局、西藏自治区"十一五"重点建设项目日喀则和平机场成功试飞并通航。西藏自治区白玛赤林主席、郝鹏常务副主席、民航西南地区管理局李书文副局长、相关部队领导及社会各界出席了试飞暨通航仪式，中国民用航空局发来贺电。

46、11月8日，任命大次仁为日喀则机场公安分局局长，免去其公安局交警队队长职务。

47、12月17日，民航西南地区管理局"创先争优"巡回报告会在拉萨机场成功召开，胡勤副书记出席了报告会。

48、12月29日，拉萨贡嘎机场飞行区改造及配套工程子项目跑道盖被工程竣工验收。

49、2010 年，区局共保障飞机安全起降13937架次，完成旅客吞吐量150.88万人次，货邮吞吐量1.47万吨，同比增长18.58%、14.47%、8.11%。

【领导名录】

书记、副局长：李汉成

副书记兼纪委书记：文斌

副局长：贡秋次旺、胡金法、袁灼琼、白珍、袁斌、四郎泽培、李学利

国土资源、城乡建设、旅游

自治区国土资源管理工作

【双保工程】2010 年，积极开展以保经济增长、保耕地红线为主要内容的"双保工程"，并根据西藏实际，把保稳定作为重要工作任务，不断增强服务意识，提高办事效率，加快用地预审，对公路、铁路、水利、电力等行业用地大户，采取主动衔接、现场办公、特事特办等方式，经审核批准一批扩大内需和"188"重点建设项目先行用地，有力保障了建设项目的顺利进行。"十一五"期间，对拉日铁路等160多个建设项目进行了用地预审，对直孔水电站、拉萨经济技术开发区等17个大型的国家投资建设项目进行了勘测定界，总面积达到100多平方公里。共收到建设用地报件291件，面积72157.37亩，用地面积比"十五"增加 3107.25 亩，增长4.50%，其中，涉及农牧民安居工程建设用地15681.50亩，完成了阿里昆莎机场、青藏铁路那曲物流中心等一大批重点项目的土地报批工作。其中，2010 年 1-9月，收到建设用地报件 84 件，面积17169.71 亩，并均到国家土地督察成都局备案。

【保护耕地和节约集约用地】落实最严格的耕地保护制度，坚持开源与节流并举的方针，努力实现耕地总量动态平衡。一是建设性保护耕地，加大基本农田保护力度。认真落实国家关于实行最严格的土地管理制度和"十分珍惜、合理利用土地和切实保护耕地"的基本国策，加强土地利用总体规划和年度计划管理，实行土地用途管制制度，严格控制农用地转用和征用，坚决执行占用耕地"六个一律不报批"和基本农田"五个不准"的规定，保持了耕地总量不减少。同时，进一步加大土地整治力度，"十一五"期间，共投入9799万元实施了21个土地整治项目，整理土地33343亩，增加耕地15000亩，其中，2010年投入5482万元实施了12个土地整治项目，整理土地13380亩，增加耕地5460亩，确保了耕地的"占补平衡"。全面履行耕地保护目标责任制，层层签订基本农田保护目标责任书，对基本农田的保护实现了定位、定量的管理模式。目前，全区耕地面积为543.15万亩，其中，基本农田保护面积467.70万亩，保护率达到86%以上。二是严格节约集约用地。严格执行国家、自治区关于节约集约用地的有关要求，切实解决一些项目用地规模偏大、土地利用粗放的问题。严格执行建设用地标准，对超标准用地项目不予受理。同时，加强规划管控，要求各项建设不突破土地利用总体规划确定的用地规模、区位和标准。实施新修订的建设项目用地标准，坚决核减超标准用地，建设用地计划指标得到了较好控制，2010 年，国土资源部奖励西藏自治区土地利用计划指标1100 亩。三是积极推行国有土地有偿使用，进一步完善土地招拍挂制度。认真落实经营性用地和工业用地招拍挂出让制度，进一步规范土地储备和出让制度，坚持有偿使用，努力激活地产市场，市场配置土地资源的能力不断增强，促进了全区经济社会的又好又快发展。"十一五"共出让国有建设用地14296.16亩，土地出让价款达到19.76亿元，分别比"十五"期间增加7911.41亩和11.90亿元，增长125.21%和 151.40%。四是地籍管理工作扎实开展。历时三年，圆满完成了全区第二次土地调查工作任务，顺利通过检查验收，基本摸清了土地资源家底，并及时安排对第二次土地调查成果的应用。农村宅基地确权登记发证工作开始启动，目前，全区累计发放国有土地使用权证 65600本、集体土地使用权证42000本。

【国土资源执法监察】关口前移，强化土

地执法动态巡查，加强对扩大内需重点项目用地的实地核查和监管，预防借机圈地、搭车用地等苗头性、倾向性问题，防止征地拆迁和安置补偿中侵害农民权益等突出问题。一是严肃处理违法违规用地。认真开展土地执法“百日行动”，查处违法违规用地49宗，涉及土地8888.84亩。2010年，在全区范围内开展了2009年度土地卫片执法检查，发现违法用地157宗，涉及土地3638.60亩，均进行了整改。二是严格建设用地管理。按照中央治理工程建设领域突出问题工作领导小组、国土资源部、自治区政府有关严格建设用地管理的相关规定，加强国有建设用地使用权出让合同监管，建立健全统一规范的土地要素市场，在全区开展了批而未用土地和国有建设用地使用权出让合同专项清理工作，清理出房地产开发用地3672.90亩，非房地产企业开发用地983.25亩，闲置房地产用地650.10亩，未发现在土地出让或划拨过程中存在违法违规或腐败行为；查出2007年10月1日—2009年10月30日期间“未报即用”违法用地7宗、面积2518.36亩（其中：耕地326.96亩），已责令用地单位写出书面检查，并补报用地手续。三是积极配合国家土地督察成都局开展土地督察工作。协助国家土地督察成都局与自治区政府召开土地督察联席会议以及与山南地区行署进一步完善共建保障科学发展土地管理新机制合作工作；指导和帮助林芝、山南地区开展土地利用和管理形势观测点工作，并督促按时向国家土地督察成都局上报观测情况；2010年，还配合国家土地督察成都局深入林芝、拉萨、日喀则、山南四地（市）就我区贯彻落实国家关于房地产用地供应和监管情况、落实保障性住房用地供应的情况、2009年度耕地保护目标责任制落实情况、土地利用年度计划执行情况和卫片执法检查情况进行了调研，为国家土地督察成都局在我区各项工作的顺利开展提供了强有力的支持，得到了国家土地督察成都局的好评。

【矿产勘查开发秩序整顿】一是按照国土资源部的统一部署，开展了矿产资源开发秩序整顿规范行动和稀土等矿产开发秩序专项整治行动，逐步实现了治乱、治散的目标。同时，严格执行国家产业政策、环境影响评价和企业准入条件，严格勘查许可证和采矿许可证的审批发证工作，依法查处5起以采代探违规行为（其中1起移交司法机关处理），及时制止13起无证勘查开采违法行为，关闭1处破坏环境、资源利用效率低的矿山。建立了自治区矿业权交易中心，进一步规范矿业权交易行为，累计完成矿权交易28笔。2010年，完成了对8个矿区的开发整合工作。严格勘查许可证和采矿许可证的审批发证工作，目前，全区有效探矿权845个，采矿权221个。二是加强矿产资源调查评价工作。对铁矿、煤矿资源等进行了潜力评价，均通过了全国项目办的评审，取得可喜成果；全面完成了自治区205个矿业权的实地核查工作任务，核查数据顺利通过国土资源部的检查验收，成果达到优秀级，并将成果应用于矿政管理工作中；2010年开展了全区矿产资源利用现状调查，制订了实施方案和工作计划，已完成了20个大中型矿区的核查报告及数据库建设，基本完成了8个大型矿区的核查报告及数据库建设，一批大中型矿区的数据库建设和报告编写正在进行之中。三是矿产资源储量管理得到加强。完善矿产资源储量占用、登记、统计，开展了建立矿山技术档案和资源储量台帐试点，“十一五”期间，完成矿山占用矿产储量登记80份、矿产资源储量评审88件、甲类矿山开发利用基础统计65件，汇交各类地质资料605件，并对矿产资源登记（占用、查明）库、矿产资源储量库进行了维护。

【地质勘查】国土资源部等有关部门加大了对西藏青藏高原地质调查与评价工作和地质保障工作的投入，自治区财政每年也安排5000万元专项资金开展地勘工作，为实现地质找矿新突破提供了有力保障。组织开展了以创新地质找矿体制机制为主题的地质找矿改革发展大讨论活动，通过解放思想、总结实践、聚焦问题，不断深化对以找矿为重点的地质工作新机制的认识，进一步明晰了地质工作改革发展的目标任务，带动了地质矿产工作的整体提升。据统计，“十一五”期间，国土资源调查评价和地质勘查工作以青藏专项为依托，累计投入10亿多元。一是全面推进基础地质工作。完成1∶5万区调面积7760平方公里，完成1∶25万区域化探面积181231平方公里，完成1∶25万区域重力调查面积16097平方公里，开展了冈底斯、班公湖—怒江成矿带1∶5万遥感地质解译工作，进一步提高了西藏重要成矿带基础地质调查研究程度。二是基本形成了墨竹工卡驱龙铜矿和甲玛铜金矿两大资源开发基地。驱龙铜矿探明铜资源储量超过1000万吨，成为我国规模最大的铜矿床；甲玛铜金矿探明储量铜230万吨、金75吨、铅锌70万吨、银6000吨。三是重要矿区普查工作取得了显著的新成果。已探明改则县多不杂铜金矿达到超大型矿床规模，昂仁县朱诺铜矿达到大型规模，工布江达县亚贵拉铅锌银矿具有超大型矿床远景，桑日县程巴铜钼矿达到中型规模。四是新的找矿前景不断突显。新发现140余处矿（化）点，圈定了一批找矿远景区和找矿靶区，初步提交了具有进一步工作价值的新发现矿产地12处，为矿产勘查选区提供了依据。五是危机矿山找矿成效显著。罗布莎、香卡山危机矿山找矿项目实施以来，国家和企业联合投入4641万元，新增优质铬铁矿储量近70余万吨，可延长矿山服务年限8年，稳定职工2600人，为地方经济发展做出了重大贡献。截至2010年底，为期三年的危机矿山找矿项目已进入收尾总结，按照全国项目办的统一要求，完成了管理总结、项目技术总结和最终地质报告的编写，通过了专家初审。此外，还召开了拟进行的二期危机矿山立项申请项目专家论证会，为二期危机矿山找矿申请立项奠定了坚实基础。目前，全区已发现矿种102种，已探明矿产资源储量的41种，矿产地（矿床、矿点、矿化点）3000余处，18种矿产资源储量居全国前10位。

【地质环境保护】一是认真开展地质灾害监测预防工作。每年都编制年度地质灾害防治方案，对全区地质灾害防治工作进行全面部署，同时根据极端天气变化情况，及时召开会议、下发通知，要求各级国土资源部门高度重视地质灾害防治工作，切实保障人民群众生命财产安全。自治区及各地（市）相继成立了地质灾害应急指挥系统，积极开展汛期地质灾害巡查及应急调查工作。同时，积极开展地质灾害“十有县”建设和“五到位”培训活动，全面提升各地地质灾害行政管理水平。2010

年，全区各级国土资源部门召开了55次地质灾害防治工作会议、单独或联合发文113次，对地质灾害防治工作进行安排和部署。“十一五”期间，全区各级国土资源部门共派出158个工作组、近860余人次（其中2010年派出工作组达114个、300余人次）、行程约10万公里，对樟木口岸、当雄地震灾区等重点地质灾害隐患区开展了地质灾害巡查、检查、隐患排查及应急调查。对发现的地质灾害隐患点，及时划定地质灾害危险区、易发区，设置相应的警示标志，并制定应急预案，用藏、汉两种文字将“防灾工作明白卡”及“防灾避险明白卡”发放到每一个相关人员的手中，落实了监测、报警、人员疏散、应急抢险等各项措施。“十一五”期间，全区发生地质灾害1038起，造成37人死亡或失踪，29人受伤，造成直接经济损失5.11亿元。其中2010年1—9月全区发生地质灾害247起，因地质灾害死亡4人、1人受伤，造成直接经济损失约3.32亿元。二是基础调查勘察取得较大进展。完成了樟木口岸、亚东口岸地质灾害综合勘察评价、吉隆口岸水文地质工程地质环境地质综合勘察评价和喜马拉雅山地区重大地质灾害调查与减灾措施研究项目，开展了“一江两河”地区干旱县地下水资源调查评价工作和青藏铁路沿线水工环调查评价工作。全面完成了全区73个县（区、市）地质灾害调查与区划工作，基本查明了全区地质灾害发育分布及危害情况，全区发现各类地质灾害及隐患点8456处，威胁人口23.42万人，潜在经济损失81.46万元。通过对各县（市、区）境内地质灾害及隐患点的调查、研究和评价，划分地质灾害易发区，建立地质灾害群测群防网络，对于最大限度地减少地质灾害所造成的生命、财产和经济损失，有计划地开展地质灾害防治提供了依据。开展并完成了《西藏自治区地质灾害防治规划》、《西藏自治区矿山环境保护与治理规划》等地质灾害防治编制工作，初步完成了全区“十二五”地质灾害防治及矿山地质环境保护与治理规划编制工作。三是开展重点地质灾害治理工作。积极争取地质灾害防治资金，加强地质灾害治理，极大地提高了易灾地区的防减灾能力。开展了樟木口岸福利院滑坡灾害应急处置工程、樟木口岸公安分局滑坡治理、樟木口岸重点应急地质灾害治理、樟木镇后山崩塌地质灾害应急治理和鲁然滑坡灾害治理工程。即将组织实施萨嘎县城东侧、八宿县城泥石流灾害治理工程。正在开展日喀则市卡龙沟泥石流灾害等17处地质灾害的勘查工作。林芝老县城（林芝镇）朗娥沟泥石流等6个地质灾害治理工程初步设计已报自治区财政厅，待概算批复后将组织实施治理工程。通过对一些重点地质灾害的治理，有效地控制了地质灾害的发生，达到了防灾减灾的目的，取得了良好的生态效益、社会效益和经济效益。四是认真执行地质灾害危险性评估制度。对地质灾害易发区内的工程建设项目，严格开展地质灾害危险性评估，“十一五”期间，全区开展地质灾害危险性评估建设项目415个，其中2010年为87个，涉及铁路、公路、机场、城市规划、建设用地、矿山及水电工程等领域，为工程建设避免遭受地质灾害的危害，提供了防范的科学依据。还积极配合自治区教育部门完成了全区中小学校舍安全排查工作。五是积极实施矿山地质环境治理。严格执行矿山地质环境恢复保证金制度，加大矿山地质环境治理力度。“十一五”期间，西藏共实施56个矿山恢复与治理项目，恢复与治理矿区面积77.12平方公里。其中，国家投入资金12910万元，实施了40个矿山恢复与治理，面积共36.25平方公里；企业自行恢复16个矿山，累计投入资金约1700万元，恢复面积约40.87平方公里。2010年，还完成了普兰县巴嘎乡嘎达普砂金矿等6个矿山地质环境治理施工图设计工作，项目总投资3910万元，完成治理面积约3.17平方公里，即将组织实施。六是加强地质遗迹保护和地质公园建设。积极协调开展《西藏生态安全屏障保护与建设规划》中的札达土林、昂仁搭格架地热间歇喷泉群、日喀则群让枕状熔岩三个地质遗迹类自治区级自然保护区规范化建设工作，并建立了札达土林、昂仁搭格架地热间歇喷泉和日喀则群让枕状熔岩地质遗迹类自治区级自然保护区。投入资金1295万元，实施了易贡和札达土林国家地质公园地质遗迹保护项目。目前，西藏自治区已有国家、自治区级地质公园5个，分别为易贡、札达土林和羊八井国家地质公园以及日多温泉和然乌湖自治区级地质公园。七是继续开展拉萨市、日喀则市的地下水动态监测工作。对两市地下水进行了有机采样，并送往国家地质实验测试中心监测。2010年，开展了西藏自治区大骨节病地下水调查与供水安全示范项目，年底提交成果。

【测绘工作】充分发挥测绘成果在政府行政管理、科学决策、宏观调控、经济建设和社会维稳中的保障服务作用，积极为地方经济建设和政府职能部门提供测绘保障服务，成效显著。“十一五”期间，共向社会各界提供各类测绘成果资料13万多（幅、册）、测绘控制点数据1123个。为区党委、政府、部队、公安、科研、大型规划项目免费提供各类基础测绘成果资料和应急测绘成果资料11802（幅、册）以及大量的基础测绘数据，总价值在150万元以上。落实基础测绘专项经费2610万元，其中，中央财政基础测绘专项补助1480万元，西藏地方财政安排基础测绘经费1130万元，完成了《1∶100万西藏自治区行政区划图、地形图、卫星影像图编制》、《羊卓雍湖水下地形测绘前期准备》、《西藏1∶5万基础地理信息数据境界更新》三个项目，实施了《西藏自治区地图集》、《西藏重点地区C级GPS网及三等水准测量》、《西藏重点地区1∶1万基础地理信息数据采集及成图》、《拉萨、林芝河谷地带1∶1万数字线划地形图等航测成图》，开展了党政机关工作用图编制工作，积极主动为各级党政机关提供测绘保障服务，协助国家测绘局在我区开展了1∶5万无图区地形图测绘工作。建成了西藏自治区基础地理信息中心和西藏自治区突发事件应急处置地理信息平台，正在进行整体测试和试运行，并着手在西藏自治区政府门户网站加载“西藏自然灾害发布系统”。

【规划修编】编制完成了《西藏自治区土地利用总体规划（2006—2020年）》，已经自治区政府审查通过，将报国务院审批。指导推进各地（市）、县（市、区）土地利用总体规划修编工作，目前，7地（市）均落实了新一轮规划修编单位和资金，那曲地区已通过了土地规划大纲的审查，拉萨市已完成了大纲论证工作。2010年4月中旬发布实施了《西藏自治区矿产资源总体规划（2008—2015年）》。

【国土资源法制建设】持续推进全区国土资源系统“五五”普法和依法行政，认真开展行政复议，依法审理两起行政复议案件，保护了公民、法人及其他组织的合法权益，维护了国土资源部门的形象。完成了《西藏自治区测绘条例》的修订工作，颁布了《西藏自治区矿业权交易管理办法》。

【信息化建设】广泛应用“金土工程”建设成果，加强电子政务建设，大力推进政府信息公开，推进土地登记资料、土地市场信息、地质资料和矿业权信息公开查询系统建设，提高了地质资料的利用率和服务社会的水平。建成了西藏国土资源网站群，加强了国土资源部门的效能建设，有利于进一步推进政务公开，提高行政效率和服务水平。

【受援工作】“十一五”国土资源系统援藏资金已达到15亿元，2008年和2010年在拉萨召开了2次全国国土资源系统援藏工作会议，落实了一大批优惠政策和援助资金，为全区国土资源系统和地勘单位配备了工作用车、办公用品和地勘设备，进一步改善了西藏自治区国土资源部门的办公条件。在加大资金援助的同时，积极开展智力援藏，帮助国土资源系统培养人才，不断增强受援单位的自我发展能力，通过“送教上门”活动，举办法律法规、土地、矿政等全区性各类培训班10期，培训人员860余人次，选派专家20余人次赴西藏自治区开展短期业务指导，选派39名高素质的援藏干部进藏工作。同时，西藏自治区也派出26名国土资源系统干部到部机关和所属单位以及对口援藏省市挂职锻炼。2010年的援藏工作座谈会，全面总结“十一五”系统援藏工作，安排部署“十二五”援藏工作，并启动了地勘援助工作。目前，已确定了“十二五”全国国土资源系统援藏计划，已经形成了注重制度建设、加大资金投入、改善工作条件、强化人才援助相结合的工作格局。 （崔成多吉）

自治区住房城乡建设工作

【年度综述】2010年，西藏各级住房城乡建设系统，按照“保民生、保增长、保稳定”的总体要求，加大保障性住房建设力度，扎实开展公共租赁住房、城镇和国有工矿棚户区改造前期工作；加快编制农房改造、历史文化保护、垃圾处理、污水处理等“十二五”专项规划，推进历史文化名城名镇保护、风景名胜区发展、创建园林城市等各项工作，提升城镇管理水平；严格城乡规划的执行，提高规划监督管理水平；加强城镇基础设施建设和管理力度，增强城镇的综合服务能力；规范建筑市场秩序，营造公平、公正、公开的市场竞争环境，推动建筑和房地产市场健康发展；住房城乡建设部组织在拉萨召开了全国住房城乡建设系统对口援藏工作座谈会，自治区人民政府与住房城乡建设部签订了《关于进一步推进西藏住房城乡建设发展的框架协议》，各级住房城乡建设部门加大与对口援藏省市住房城乡建设部门的沟通衔接力度，达成了一大批援藏协议，确定了一批对口支援项目。总之，在各级住房城乡建设部门的共同努力下，2010年住房城乡建设事业继续保持了持续快速健康发展的良好势头，取得了可喜的成绩。

【以改善民生为出发点，住房保障工作取得显著成效】保障性住房建设和管理工作不断加强。“十一五”时期，西藏安排建设廉租房10800套，总投资超过11亿元，总建筑面积72万平方米。通过廉租住房实物配租的方式解决了城镇低收入住房困难家庭10000多户、4万多人的住房问题，通过发放租赁住房补贴的方式解决了城镇低收入家庭9049户、1.35万人的住房问题。目前，以实物配租为主、租赁住房补贴为辅的廉租住房制度保障范围已经覆盖到西藏7地市、74个县（市、区）城镇。安排投资31亿多元，本着优先向基层倾斜的原则，在全区建设周转房26582套，总建筑面积194万平方米。周转住房制度覆盖到西藏所有乡镇，周转房建设力度的不断加大，极大地缓解了干部职工住房紧张的状况。积极开展城镇和国有工矿棚户区改造、公共租赁房等保障性住房基本情况的调查、梳理和核实工作，完成“十二五”保障性住房建设各专项规划编制工作。截止2010年底，西藏初步建立了以“四房两改”为重点、“两补一金”为基础的住房保障体系（“四房两改”即廉租房、公共租赁住房、干部职工周转房、经济适用住房，棚户区改造和农村危房改造；“两补一金”即廉租住房租赁补贴、干部职工住房补贴，住房公积金）。

为加强保障性住房建设管理工作，西藏先后出台了廉租房、周转房、公共租赁房建设管理等一系列政策措施。各地市、县结合当地实际，制定出台了相应的政策规定和实施细则，规范了保障性住房的管理程序，保障性住房申请、公示、入住、腾退的机制进一步健全，全区保障性住房政策框架体系已基本成形。

住房公积金监督管理工作深入推进。“十一五”以来，西藏坚持每年组织开展住房公积金专项整治活动，完善住房公积金管理有关政策措施；完成全区住房公积金网络管理系统建设，实现全区住房公积金数据库、应用软件、操作流程、查询号码的统一，使西藏成为全国率先实现全区公积金管理机构业务系统联网的省区之一，住房公积金归集、使用管理得到进一步加强。截止“十一五”末，全区建立住房公积金账户人数达到13万人，累计归集住房公积金80.9亿元，累计发放住房公积金贷款30.4亿元，分别比“十五”末增加2倍和4.6倍；住房公积金使用率达到62%，比“十五”末提高约17个百分点。机关事业单位住房公积金覆盖率达到100%，国有企业住房公积金覆盖率从“十五”末的60%提高到80%以上，其中拉萨、山南、昌都等地市国有企业实现住房公积金制度全覆盖。

【以城乡统筹为着力点，城镇规划建设和管理水平迈上新台阶】规划编制工作步伐加快。“十一五”期间，西藏各级住房城乡建设部门对规划编制工作高度重视，通过多种渠道积极筹措资金，编制完成了大量各层次的城乡规划，使城乡发展的基础更加扎实。编制完成《西藏自治区城镇体系规划》（2009-2020年）；《拉萨市城市总体规划》（2009—2020年）已经国务院批准实施，其他6地区所在地城镇总体规划新一轮修编工作全面完成；除昌都镇、狮泉河镇外，其他5地市所在地城镇控制性详细规划已编制完成；71个县人民政府所在城镇总体规划编制任务全面落实，其中11个县城所在地城镇已完成城镇总体规划修编：完成29个建制镇的总体规划编制工作。完成了西藏自治区城镇建设用地、城镇饮用水供水设施改造和建设、城镇基础设施近期建设、城镇垃圾无害化处理、环境卫生、污水行业发展等多个自治区层面的专项规划编制工作，部分地市也积极开展专项规划的编制工作。通过五年的积极努力，使规划编制工作不断得到深入，规划体系逐步健全。

规划监督管理进一步增强。为改进规划管理方式，增强管理力度，维护规划的严肃性和权威性，发挥规划在城镇建设和管理中的调控作用，西藏自治区人民政府出台了《关于进一步加强城镇规划工作的通知》，并于2007年召开了全区城乡规划管理工作会议。各地市认真贯彻落实《通知》和会议精神，加强对规划管理工作的领导，加强对规划执行过程的指导和监督，加强在建工程执行规划的检查力度和巡查覆盖面，严厉查处违法违规行为，使规划的执行力和管理水平有了较大提高。同时，加快立法进程，为规划监管工作提供法律依据。拉萨市制定了《拉萨市城市规划条例》和《拉萨市城市规划条例实施细则》，自治区制定了《"一书三证"管理办法》。

城镇基础设施日益完善。"十一五"时期，国家、各援藏省市、中央企业对西藏城镇基础设施建设的投资力度不断加大，一大批城镇道路（桥梁）、供排水、垃圾处理、污水处理等基础设施和公用设施的建成并投入使用，使城镇的整体功能得到进一步完善和提升。全区新增城镇桥梁4.5公里，新增和改造市政道路85公里，那曲镇基础设施建设工程的各项前期工作按时完成；拉萨东郊水厂、泽当水厂、昌都水厂、狮泉河南区水厂和71个县城供水设施建成投入使用，新增供水能力12万吨/天，配套建设供水管网687公里；建成拉萨市、日喀则和50个县城排水管网666公里。在城镇体系规划的科学指导下，以拉萨市为中心，各地区和县城所在地为区域中心的城镇空间格局正在加快形成，城镇化进程不断加快。全区城镇化率达到25%，比"十五"末提高5.2个百分点。城镇的综合服务功能日益增强，聚集、辐射和带动作用日益凸显，有力地促进了城乡经济的发展。

4、城镇管理水平明显提高。一是以拉萨市开展"六城同创"为标志，各地市积极探索城镇管理的新模式。以园林城镇、卫生城镇、文明城镇创建为载体，以治理城镇"脏、乱、差"为突破口，加快城镇绿化、美化、亮化、硬化工程建设，改善城镇面貌，树立城镇良好形象。拉萨市、林芝地区八一镇先后被评为自治区级园林城市，同时林芝地区八一镇还获得国家园林绿化先进单位称号。日喀则市喜格孜步行街、昌都地区昌都镇昌庆街被授予人居环境范例奖。二是各地市积极开展市政公用事业特许经营试点。在城镇绿化养护、城镇垃圾清运、户外广告等经营权转让方面做了一些探索，取得了一些宝贵经验。三是不断加大对历史文化名城名镇名村和风景名胜资源的保护力度。各地市积极筹措资金，科学合理编制相关保护、建设规划，加大配套基础设施建设力度。"十一五"期间，新增萨迦镇1座国家历史文化名镇，新增纳木错—念青唐古拉山、唐古拉山—怒江源2处国家级风景名胜区，格拉丹东—长江源、纳木错、土林—古格被列入国家自然遗产备选名录库。

【以促进产业发展为载体，建筑业和房地产业对国民经济的促进作用进一步凸显】建筑业不断发展壮大。一是建筑业企业规模不断扩大。积极推进建筑业企业结构调整和优化，提出了"培育一级企业、发展二级企业、规范三级企业，扶持以农牧民工为主体的县乡劳务施工组织"的建筑业发展思路，建筑市场规模不断扩大，建筑业整体素质逐步提高，全区建设工程企业发展到1012家。二是建筑业增加值逐年增加。建筑业增加值超过127亿元，继续保持了年均20%的增长速度，占第二产业的70%以上。同时也带动了建材业、运输业等相关产业的发展，建筑业在国民经济中的支柱产业地位进一步巩固。三是建筑市场秩序进一步规范。各地市通过开展建筑市场综合执法检查、强化招投标市场监管、完善不良行为公示制度、严肃查处违法违规行为等一系列措施，建筑市场秩序得到进一步好转。

房地产业稳步发展。"十一五"期间，我区房地产业得到较快发展。一是房地产行业队伍不断壮大。目前，全区共有房地产开发企业56家，房屋拆迁企业9家，房地产评估企业6家，物业服务企业31家。二是房地产业发展势头良好，规模效益初步显现。"十一五"期间，完成房地产投资57.1亿元，是"十五"期间的3.2倍；房地产土地开发面积228.2万平方米，是"十五"期间的3.2倍；销售总额67.3亿元，是"十五"期间的5.2倍。三是对房地产市场宏观调控进一步加强。针对我区房地产市场不同时期的实际，先后出台一系列调控措施，从金融、税收、户籍管理等方面营造良好的住房消费和房地产投资开发环境，房地产市场在调控和规范中得到较快发展。房地产业的发展，辐射带动了建材、中介服务、物业服务等多个相关产业，还提供了大量就业岗位。商品房开发从单一的一楼一底、兵营式分布模式向节能、节地、节水、节材等环保型、户型多层次模式转变。房地产开发企业在注重户型、功能、朝向的同时，更加注重小区绿化、交通、物业服务配套用房和健身娱乐设施等环境和基础设施建设，节能采暖、环保绿色建筑材料和低碳技术在商品房建设过程中被广泛应用，楼宇对讲系统、物业服务管理等服务措施进一步推广。2008年以来开发的住宅小区基本都做到了特色鲜明、功能现代、服务齐全，群众选择的余地更加宽泛，满足了不同层次的市场需求，房地产业在发挥投资消费拉动作用的同时，对改善城镇居民住房条件起到了积极而重要的作用。同时，2009年成立了西藏自治区房地产业协会，行业自我管理、自我约束的能力进一步增强。

【以建设资源节约型、环境友好型社会为目标，住房城乡建设领域节能减排工作扎实开展】垃圾、污水处理设施建设进展顺利。"十一五"期间，狮泉河、那曲、昌都、墨竹工卡等22个城镇垃圾填埋场完工，新增垃圾处理能力470吨/天。南木林等16个县城垃圾填埋场和3个地区医疗废弃物处理场正在建设中。日喀则、八一镇、泽当镇、樟木、亚东、狮泉河等6个污水处理厂正在加快推进前期工作。昌都地区昌都镇污水处理厂已投入使用，拉萨市污水处理厂2010年5月建成。

建筑节能工作有序进行。一是积极制定建筑节能标准。编制了《居住建筑节能设计标准》、《民用建筑采暖设计标准》两个地方标准和《西藏自治区居住建筑节能

设计构造图集》，推动了建筑节能工作的有序开展。二是建立了建筑节能材料和产品的登记备案制度，加快推进墙体材料革新和推广建筑节能材料。各地市在规划、设计中，根据当地气候条件，加大太阳能应用，推进太阳能光电建筑应用和页岩烧结砖、加气混凝土等墙体材料，特别是在保障性住房建设中，强制推广使用建筑节能技术，使建筑节能工作扎实开展。三是各地市以申报国家可再生能源示范项目为突破口，推动建筑节能与可再生能源在建筑中的应用。日喀则地区、那曲地区、拉萨市成功组织申报了一批可再生能源示范项目，对推动我区可再生能源应用起到了积极地示范与促进作用。

【以提高农牧民增收致富能力为抓手，深入推进社会主义新农村建设】农牧民技能培训工作有效开展。“十一五”期间，各地市紧紧围绕促进农牧民增收、提高农牧民进入施工领域的组织化程度这一重点，把培训与上岗就业结合起来，进一步加大农牧民工建筑技能培训工作，对16000余名农牧民进行了砌筑工、钢筋工、木工、藏式建筑绘画等十余个工种的实用技能培训。经过建筑技能培训，拥有一技之长的农牧民工，进城下乡，活跃在城乡建设的各个领域，不但转移了劳动力，增加了收入，改善了生活，也为城镇化建设和社会主义新农村建设发挥了作用，成为为促进城乡建设发展的一支生力军。

职业技能鉴定工作从无到有。2008年，成立了国家职业技能鉴定九所，从2009年开始开展职业技能鉴定工作。各地市积极组织农牧民工进行职业技能鉴定，目前共对1385名农牧民工进行了建筑职业技能鉴定，鉴定合格农牧民工762人，并颁发了职业资格证书，为他们进入施工领域提供了“通行证”，也使其劳动报酬有了大幅提升。

以农牧民为主体的县乡劳务施工组织得到发展。在积极试点组建以农牧民为主体的县乡劳务施工组织的基础上，制定政策措施，加大扶持力度。各地市在确保质量安全的前提下将有关工程项目交由农牧民施工队伍承建，带动农牧民增收。截止目前，全区组建以农牧民为主体的县乡劳务施工组织253家，建筑业中农牧民从业人员10余万人，为农牧民增收致富发挥了重要作用。

从技术、人才等方面为新农村建设提供有力支持。“十一五”时期，各地市住房城乡建设部门抽调专业技术人员充实到各级农牧民安居工作部门，根据《西藏农牧民安居工程设计方案图集》、《西藏农牧民住房设计通用图集》、《西藏自治区村庄规划建设指导性意见》、《西藏自治区村庄综合整治技术导则》等技术标准，结合各自实际，制定政策措施，细化工作方案，深入建设一线，对农牧民安居工程建设进行规划、施工指导，为全区顺利推进农牧民安居工程建设发挥了重要作用，确保了我区各地市提前完成“十一五“安全工程建设任务。深入开展扩大农村危房改造试点工作，对全区4.92万户农牧民房屋进行了危房改造和建筑节能改造。从2008年起对农牧民安居工程开展抗震加固，完成了10多万户农牧民安居工程抗震加固任务。积极配合有关部门进行了全区农村人居环境建设和环境综合整治试点工作。

地震灾后恢复重建工作圆满完成。2008年10月6日当雄县发生6.6级地震，波及拉萨市、日喀则、山南等地市多个县乡。地震发生后，按照自治区党委、政府的紧急部署，住房城乡建设部门迅速行动，组织工程技术人员在第一时间深入灾区，对农牧民房屋受损情况开展排查和安全鉴定工作，对涉及公共安全的建筑、场所进行了专项检查，收集了大量基础数据资料，编制了灾后重建、抗震加固等设计图集和施工方法，组织技术培训，为自治区党委、政府决策提供了科学依据，为灾后重建做了大量卓有成效的工作，取得了较好的成绩。

同时，积极做好全区中小学校舍安全排查鉴定工作。各地市住房城乡建设部门按照相关要求，对全区建筑面积361万平方米、占地面积2274万平方米的951所学校进行了排查鉴定，为全区中小学校舍安全工程顺利开展打下了良好基础。

自治区旅游工作

【年度综述】2010年是西藏自治区旅游业实现全面、快速、健康发展的一年。大力实施“一产上水平、二产抓重点、三产大发展”的经济发展战略，认真落实《国务院关于加快发展旅游业的意见》以及区党委、政府《关于进一步加快发展旅游业的决定》精神，全行业齐心协力、真抓实干、攻坚克难，超额完成了年度发展目标任务，为“十二五”旅游产业发展奠定了坚实的基础。

全年全区共实现接待国内外游客685万人次，比上年同期增长22.1%；其中接待入境游客22.8万人次，同比增长30.5%；接待国内游客662万人次，同比增长21.8%；实现旅游总收入71.4亿元，增长27.6%，相当于全区生产总值的14%。

【旅游行业规模】2010年，全区星级饭店（宾馆）达到了165家；非星级饭店达到了850家；星级家庭旅馆达到315家，全区拥有床位数达到了8万多张。旅游定点接待车辆达到了2745辆。全区A级景区达到27处，全区旅行社总数达到102家，全区导游员人员达到2800人。全区旅游经济直接从业人员达到4.38万人，间接从业人达到18.8万人，每年提供就业岗位3000多个。旅游产业的蓬勃发展，拉动了旅游投资热，全行业固定资产在“十五”末50多亿的基础上，新增76.8亿，达到126.38亿元，标志着西藏旅游规模经济已初步形成。

【重大旅游决策】2010年，为认真贯彻落实中央第五次西藏工作座谈会以及区党委工作会议精神，根据张庆黎书记的指示精神和区党委、政府的安排，自治区党委常委、常务副主席吴英杰同志亲自带领区政府办公厅有关领导和区旅游局主要负责同志以及各地（市）分管旅游工作的副专员（副市长）、旅游局局长，六个旅游重点县县长共30人组成的考察团，赴云南、四川两省考察调研，形成了具有指导意义的《考察报告》，并结合调研成果及时调整发展思路。一是确定了“一个主导、两个结合、三个抓手、分三步推进”的发展思路（即：一个主导，就是以政府为主导；两个结合，就是与区域文化密切结合、与自然生态密切结合；三个抓手，就是抓基础建设、抓机制创新、抓服务保障；分三步推进，就是从区情出发实施世界旅游目的地建设推进战略）。二是确定了全面实施“十二五”西藏旅游倍增计划。三是将2010年确定为“旅游环境卫生年”，全区上下齐心协力，狠抓卫生整治工作，使全区旅游卫生状况得到了很大改观，环境整治工作取得阶段性成果，受到了广大游客的普遍好评。

【重大旅游活动】3月25日，西藏自治区旅游局召开庆祝“3·28”西藏百万农奴解放纪念日设立一周年座谈会，局机关全体干部职工及部分退休老党员、老干部参加了会议。会上，大家观看了《1959年以前的西藏》宣传片，部分与会人员作了主题发言，局党组俞允贵书记作了重要讲话。

4月24日上午，以“真爱与神山圣湖同行”为主题的“2010年西藏圣地婚礼之约”活动，在重庆“2010年中国国内旅游交易会”期间正式启动。

在“2010年中国世博旅游年”活动中，西藏旅游总公司作为西藏唯一指定组团接待企业，搭借世博会盛事东风，积极开展上海世博游活动工作，大力宣传推介西藏旅游。

5月10日，西藏自治区旅行社协会召开理事会议，制定了旅行社行业自律公约，并经协会成员讨论通过。该公约从九个方面要求旅行社协会成员规范旅行社的经营行为。该《公约》作为全区旅行社行业共同遵守的自律公约，自2010年5月10日起正式生效后。

5月26日，由西藏亚克旅行社所组织的500人旅游专列即将进藏进行为期6天的旅游。这是青藏铁路通车后最大规模的旅游专列，在我区尚属首次。

9月19日—20日，区旅游局举办2010首届拉萨传统赛风筝旅游文化展活动。此次活动区党委、政府高度重视，由西藏自治区旅游局主办、西藏自治区文化厅、自治区体育局共同协办。拉萨传统赛风筝活动的开展，将为我区旅游注入一道特色文化元素，必将成为我区旅游的又一亮点。

9月30日，区旅游局根据我区旅游快速发展的需求，召开专题会议，经过认真审核、筛选，批准成立22家旅行社。

10月12日，区旅游局开展的“冬游西藏”活动在林芝第六届雅鲁藏布江大峡谷文化旅游节上正式拉开帷幕。“冬游西藏”活动将延续至2011年4月底结束。

10月26日至29日，“七见天下—新奥迪Q7强者行青藏高原之进取篇”在世界屋脊拉萨举行。本次活动是由西藏旅游股份公司筹划组织，全国20余家主流媒体记者及30多名自驾车爱好者参与了本次“世界屋脊”的驾车体验，自治区旅游局给与了大力支持。

11月中旬，区旅游局与中国银联西藏分公司在中国国际旅游交易会（上海）期间，共同举行“大美西藏—旅游卡”新闻发布会，并发行“大美西藏—旅游卡”。

12月24日，由西藏自治区旅游局主办，《西藏旅游》杂志社、西藏旅游总公司、林芝地区旅游局共同承办，中国电信西藏公司赞助协办的“2010年圣地婚礼之约”活动拉开帷幕。

【“十一五”规划执行情况】2010年，西藏自治区旅游局把项目建设和“十二五”规划制定，作为工作的重中之重。我区“十一五”旅游基础设施建设项目共有33个，到目前为止，已经下达了30个项目，涉及金额31806万元，七地市正在加紧实施之中。其余3个项目也将陆续下达。同时，按照自治区党委、政府的总体部署，对“十二五”旅游产业发展规划进行了反复斟酌和研究，并严格按照程序，认真组织完成了“十二五”旅游基础设施建设项目申报工作，申报项目涉及五大类，共计53个项目，申报投资总额为10亿元。

【旅游合作】3月3日下午，中国进出口银行成都分行王园园行长一行6人，到自治区旅游局了解、考察我区旅游项目融资需求。区旅游局王松平副局长主持会议，并对我区旅游资源、规划、线路产品，以及有融资需求的项目进行了推介。据了解，中国进出口银行是首家主动在藏寻求旅游项目融资的金融机构。

3月30—31日，全国旅游信息化工作会议在济南召开。期间，区旅游局副局长王松平与国家旅游局信息中心副主任侯振刚探讨了如何建立全国旅游信息化系统援助西藏机制。会谈主要涉及全国旅游信息化系统援藏框架、建设西藏旅游公共服务高地、“十二五”期间西藏旅游信息化发展重点等。

4月4日，拉萨市旅游局正式加入包括四川、云南等17省、市（区）重点旅游中心城市所组建的中国西部旅游。

4月6日下午，俄罗斯驻华大使高级参赞季诺维耶夫一行，专程前来自治区旅游局就俄罗斯与中国西藏自治区旅游合作事宜进行坦诚交流。

5月11日上午，由国家旅游局和西藏自治区人民政府共同策划主办的“走进西藏 体验更多”大型宣传促销推广活动在拉萨正式拉开帷幕。此次活动得到了西藏自治区人民政府、国家旅游局的大力支持。受邀请的全国近80家媒体、网络记者赴藏踩线、采访，报道。行程涵盖拉萨、林芝、山南、日喀则、昌都等地（市）。此次活动从5月10日—16日共计在藏活动7天。

7月15日，由尼泊尔国家旅游局、尼泊尔驻拉萨总领馆主办、西藏自治区旅游局协办的“2011尼泊尔旅游年”推介活动在拉萨雅鲁藏布大酒店举办。区外办、区公安出入境管理总队、25家旅行社、4家航空公司参加了推介活动。

从2010年10月份至年底，自治区旅游局将在中央电视台[CCTV—新闻·《朝闻天下》、CCTV—1与CCTV新闻并机、CCTV—4《中国新闻》、CCTV—4《华人世界》、CCTV—4《今日亚洲》、CCTV—E（西班牙语）、CCTV—F（法语）]和中国旅游卫视“有多远 走多远”黄金时段投放播出“冬游西藏”旅游形象宣传片。“冬游西藏”旅游宣传片的播出，将进一步提升西藏旅游品牌在国内外的知名度，展示冬季西藏独特的景观，吸引国内外游客冬季赴藏旅游。

11月19日上午，根据中尼旅游联合协调委员会第四次会议签署的备忘录精神，西藏自治区旅游局联合尼泊尔国家旅游局，以上海旅游交易会为契机，举办了“2011尼泊尔旅游年”中（西藏）尼联合新闻发布会。尼泊尔驻中国大使、尼泊尔国家旅游局首席执行官塔帕利亚、自治区旅游局党组书记俞允贵出席了新闻发布会。

11月27日上午，中旅途易旅游有限公司首席执行官马塞尔·施耐德一行来访自治区旅游局，就双方共同开发欧洲客源市场，推进西藏四季旅游协调发展进行了意向性会谈。

【入境旅游】2010 年全区全年累计接待入境游客 22.8 万余人次，比上年增长 30.5%；实现旅游外汇收入 10,359 万美元，比上年增长 31.6%。

[出境旅游]据统计，2010 年，西藏旅游总公司、西藏国际体育旅游公司组织 300 多人出境旅游。

【国内旅游】2010 年，全区全年累计接待国内游客 662.3 万人次，比上年增长 22.1%。实现国内旅游收入 64.4 亿元，比上年增长 27.6%。

【红色旅游】根据国办《2004—2010 年全国红色旅游发展规划纲要》和《关于编报全国红色旅游经典景区二期名录备选名单有关材料的通知》（发改办社会[2010]771 号）文件精神，西藏自治区旅游局局会同自治区文物局协商，拟定了推荐我区红色旅游经典景区二期名录，共涉及三地（市）6 处景点：一是西藏博物馆。二是中央人民政府驻藏代表处。三是拉萨烈士陵园江。四是江孜宗山抗英遗址。四是西藏第一个农村基层党支部克松基层党支部旧址。五是勒布沟 1962 年中印自卫反击战东段主战场遗址。

【乡村旅游】我区“十一五”期间，用于支持农村旅游发展的资金共计 11799 万元。全区已建成 222 个农村旅游示范户，开发建设了 100 个农村旅游项目，旅游惠农功能日趋完善，旅游业在社会主义新农村建设中的重要作用日益彰显。同时，为进一步促进农村旅游规范发展，还制定了统一的家庭旅馆星级评定标准，审批了 315 户星级家庭旅馆，基本做到了质量标准化、服务规范化和等级透明化。其次，加大了扶持农牧民群众参与旅游服务的技能培训，先后投入 130 多万元，委派专业人员深入农牧区举办了 20 期 ，共计 1200 人次的农牧民旅游服务技能培训，进一步提高了广大农牧民群众对旅游市场的了解，增强了旅游服务意识和技能，使一大批农牧民群众参与到了旅游服务中，吃上了旅游饭、走上了致富路。据不完全统计，截至 2010 年全区参与旅游服务的农牧民群众达到 12029 户，48120 人，实现总收入 2.94 亿元，户均收入 24474 元，人均收入 6118 元。

【假日旅游】春节、藏历年期间，全区累计接待国内外游客 115487 人次，比上年同期增长 4.3%。实现旅游总收入 7979 万元，同比增长 6%。其中，能够停留一天以上的游客达到了 61907 人次，同比增长 2.8%；接待一日游游客 53580 人次，同比增长 6.2%。

“十一”旅游黄金周，全区旅游接待海内外旅游者 343770 人次，同比增长 27.5%；其中，接待过夜游客 148908 人次，同比增长 23%；接待一日游游客 194862 人次，同比增长 31.2%。实现旅游总收入 13182 万元，同比增长 30%。星级宾馆（饭店）日均客房出租率 90%以上。

【旅游监督管理】2010 年，西藏自治区旅游局按照国家旅游局“旅游服务质量提升年”活动的总体部署，在自治区旅游产业发展协调委员会的指导下，完善和规范监管措施，密切加强与全区各相关部门的协调配合，进一步加大了对旅游市场的综合整治力度，有针对性地开展了一系列专项检查，严厉打击了非法经营旅行社业务的行为，依法整治了“零负团费”等不正当竞争行为，有效规范了旅游从业人员职业操守，形成了政府主导、部门联动的旅游市场综合整治格局，使我区旅游市场环境得到进一步优化，服务质量普遍提升，产业素质全面提高，确保了我区旅游市场的健康有序发展。

【旅行社管理】2010 年，为进一步规范西藏自治区旅行社经营管理，提高旅行社接待服务质量，制定了《西藏自治区旅行社等级评定管理办法（试行）》，要求各旅行社认真遵照执行。

【导游员管理】2010 年，为加强西藏自治区导游员的队伍建设，提高导游员素质和导游员接待水平，制定了《西藏自治区导游员等级评定办法（试行）》，要求各旅行社、各旅游企业认真遵照执行。据统计，截至 2010 年底，全区拥有各类语种导游员共计 2800 人。

【旅游饭店管理】4 月 29 日，西藏自治区旅游局星级评定委员会，经过认真审核评定，批准西藏民族饭店为四星级饭店。截至目前，我区四星级饭店已达到 15 家，这标志着我区的旅游接待的软硬件设施进一步得到提高。

7 月 13 日—15 日，由国家旅游局主办，中国旅游饭店协会、浙江省旅游局协办的 2010 全国旅游饭店服务技能大赛，在宁波隆重举行。经大赛裁判组评定，西藏代表队以 339 分的总成绩位居全国第 14 名，其中，工装展示获得第 5 名的好成绩。

11 月 1 日，西藏自治区境内首座高档豪华酒店—拉萨瑞吉度假酒店试营业。瑞吉成功地在拉萨落户，填补了西藏自治区境内没有高档酒店的空白，是西藏旅游发展的一个里程碑。国家旅游局监督管理司司长李任芷受国家旅游局邵琪伟局长委托，应邀赴藏参加拉萨瑞吉度假酒店揭幕仪式。

【旅游安全与应急管理】2010 年，西藏自治区旅游局牢固树立“安全重于泰山”的思想，始终把旅游生产安全和政治安全置于工作的首位，常抓不懈，达到了强基固本的目的。一是加强安全生产教育，实行和强化了岗前安全生产培训和政治教育，特别是加强了导游人员的“四观两论”和民族团结教育。二是积极主动地配合相关部门，进一步强化了旅游交通、消防、食品卫生等方面的安全检查，建立和完善了联合检查监督机制，制定了应急预案，营造了安全、舒适的旅游环境，保障了游客的人身财产安全。三是始终不懈地狠抓旅游政治安全，切实加强了入藏批准函的核发工作以及团队运行管理，从旅游入口和旅游一线抓起，从上到下时刻绷紧了政治安全这根弦。

【旅游便民惠民工程】2010 年，区旅游局开通了 6 个提供旅游咨询、旅游投诉、自驾导航、机票服务、特惠酒店、特色美食、旅游咨询的专席，进一步扩大了旅游公共服务覆盖面，有效提升了旅游公共服务能力和水平，为推动西藏旅游业健康、高效、有序发展创造了良好的条件。

旅游规划与建设

【旅游规划】3 月 16 日至 21 日，自治区旅游规划评审专家小组对林芝、波密、察隅、墨脱四县旅游发展总体规划文本进行了评审。对四县旅游发展总体规划文本提出了八条修改意见，要求规划课题编制组进一步修订完善，按程序报批实施。

【旅游景区建设】元月初，第七批21处国家级风景名胜区名单经国务院审定，并予以发布。其中，西藏自治区纳木措—念青唐古拉风景名胜区、唐古拉山—怒江源风景名胜区位列其中。

10月8日至14日，根据中华人民共和国国家标准《旅游景区（点）质量等级的划分与评定》，经自治区旅游局按照程序认真初评，拟申报林芝地区雅鲁藏布大峡谷旅游景区、林芝鲁朗风景区、米林南伊沟旅游景区为4A级旅游景区。

【信息化建设】2010年，区旅游局针对西藏旅游持续升温，进藏游客对旅游信息需求日益增强的实际情况，为更好地服务游客，与电信部门通力合作，将西藏旅游服务热线“12301”与“114”号码百事通进行了整合，推出了面向进藏旅游者和本地用户的旅游信息服务项目。

【导游援藏工作】导游援藏是国家旅游局实施人才援藏的一项重要举措，不仅极大的缓解了西藏旅游旺季导游紧缺的问题，而且对西藏政治社会的稳定、经济的发展都起到了积极的作用。4月16日下午，来自广东、上海、四川等21个省（市）的多个小语种共48名第八批援藏导游员及国家旅游局领导，顺利飞抵拉萨贡嘎机场，并在机场受到了自治区旅游局领导及14家受援企业负责人的热烈欢迎。

4月25日，第八批援藏导游员心系青海玉树灾区人民，自发捐款4900元整，希望能够通过献爱心的方式帮助青海玉树灾区人民度过难关，重建家园。

10月14日，第八批全国导游援藏工作总结大会在拉萨举行。国家旅游局人教司领导、区旅游局各处、室（所）负责人、受援旅行社负责人、全体援藏导游员共120多人参加了总结表彰大会。区旅游局党组书记俞允贵做总结；国家旅游局人教司刘桐茂副司长代表国家旅游局就2010年导游援藏工作作了重要讲话。

【旅游教育培训】5月16日—21日，第七届全国旅游质监执法协作会议在西藏林芝隆重召开，全国28个省、区（市）和新疆生产建设兵团旅游质量监督管理所（执法总队）所长和部分省、区（市）旅游局领导共计80余人参加了会议。国家旅游局监管司领导出席会议并作重要讲话，巴珠局长出席会议并致辞。这是我区首次承办全国旅游质监执法协作会议。

9月27日上午，区旅游局在日喀则市举办全区第三期乡村旅游培训班，至10月1日结束，为期3天。此次培训班共有32人参加培训，其中包括五县（市）农牧民和度假村管理人员及乡镇领导干部。

从10月26日至11月26日，区旅游局对2010年参加冬季导游资格培训考试的329人进行培训。其中，藏族217人，汉族108人、其他少数民族4人；从报考语种来看，有191人报考英语专业，有9人报考法语、日语等小语种专业，有134人报考国语导游专业。

11月9日至22日，国家旅游局为了提高藏区旅游行政管理部门人员的综合素质，更好地推动藏区旅游业和经济社会的快速发展，在南开大学旅游与服务学院举办了第八期藏区旅游经济发展研讨班，进行了为期两周的培训和学习。此次参加培训的学员们分别来自西藏、四川、甘肃、青海、云南等五个省区，我区组织各地、市（县）旅游管理部门干部以及分管旅游工作的党政领导共计30人参加了培训。

11月中旬，国家旅游局在天津中国旅游管理干部学院举办“第八期西藏旅游经济发展研讨班”。各地（市）旅游局行政管理人员，旅游重点县（区、市）行政管理人员及自治区旅游局有关处室相关人员，共40人参加。

12月25日—30日，区旅游局在拉萨举办了“第九期西藏旅游经济发展研讨班”，主要培训内容是西藏建设世界重要旅游目的地的基本要求、新时期国内外旅游经济形势与任务、西藏旅游市场管理与市场营销等。自治区各级旅游行政管理人员，自治区主要旅行社管理人员，共计40人参加了培训。

【大事记】2月5日至15日，为加大对印度入藏旅游市场的开发力度，更好地宣传我区旅游产品，不断拓展客源市场，局党组书记俞允贵一行3人参加了在印度孟买和新德里举行的出境旅游展。

3月26日下午，第四届西藏星级旅游饭店协会工作会议在拉萨饭店召开。会议一致通过了《西藏星级旅游饭店协会执行接待最低保护价监督（暂行）办法》，确定从2010年开始，每年的4月21日—10月20日执行最低保护价。对违反规定的会员单位，一经查实，将受到5—10万元的罚款、协会通报批评、降星或摘星处罚。

4月6日下午，俄罗斯驻华大使高级参赞季诺维耶夫一行，专程前来自治区旅游局就俄罗斯与中国西藏自治区旅游合作事宜进行坦诚交流。

4月16日，来自广东、上海、四川等21个省（市）的多个小语种共48名第八批援藏导游员及国家旅游局领导，顺利飞抵拉萨贡嘎机场。

4月18日上午，全国名导进课堂工程（拉萨站）正式启动。国家旅游局领导、西藏自治区旅游局领导、全体援藏导游及西藏本地130名导游员参加了开班仪式。

4月21日，区旅游局对自2008年12月20日至2009年4月20日组织游客“冬游西藏”的西藏旅游总公司等32家旅行社予以奖励。

4月24日上午，以“真爱与神山圣湖同行”为主题的“2010年西藏圣地婚礼之约”活动，在重庆“2010年中国国内旅游交易会”期间正式启动。

4月25日，第八批援藏导游员心系青海玉树灾区人民，自发捐款4900元整，希望能够通过献爱心的方式帮助青海玉树灾区人民度过难关，重建家园。

4月29日，西藏自治区旅游局星级评定委员会，经过认真审核评定，批准西藏民族饭店为四星级饭店。截至目前，我区四星级饭店已达到15家。

5月10日，西藏旅游车船协会旅游客运行业经与西藏旅行社协会充分协商，达成一致意见。制订出台了十二条自律公约（草案）。

5月10日，西藏自治区导游协会为推动行业自律与诚信建设，制定出台了西藏自治区导游协会行业自律公约。

5月8日，全区旅游工作会议在拉萨饭店隆重开幕。共225人参加了会议。

5月10日，西藏自治区旅行社协会制定了旅行社行业自律公约，该《公约》作为全区旅行社行业共同遵守的自律公约，自2010年5月10日起正式生效后。

5月16日—21日，第七届全国旅游质监执法协作会议在西藏林芝隆重召开，全国28个省、区（市）和新疆生产建设兵团旅游质量监督管理所（执法总队）所长和部分省、区（市）旅游局领导共计80余人参加了会议。国家旅游局监管司领导出席会议并作重要讲话，巴珠局长出席会议并致辞。这是我区首次承办全国旅游质监执法协作会议。

5月26日，由西藏亚克旅行社所组的500人旅游专列即将进藏进行为期6天的旅游。这是青藏铁路通车后最大规模的旅游专列，在我区尚属首次。

5月11日上午，由国家旅游局和西藏自治区人民政府共同策划主办的“走进西藏 体验更多”大型宣传促销推广活动在拉萨正式拉开帷幕。此次活动得到了西藏自治区人民政府、国家旅游局的大力支持。受邀请的全国近80家媒体、网络记者赴藏踩线、采访，报道。

6月10日，第二十四届香港国际旅游展览会在香港国际会议展览中心召开。区旅游局高度重视，组成了由日喀则、山南、林芝、阿里等地区旅游部门和旅游企业组成的参展团参加了会展。

7月13日—15日，2010全国旅游饭店服务技能大赛西藏代表队以339分的总成绩位居全国第14名，其中，工装展示获得第5名的好成绩。

7月15日，由尼泊尔国家旅游局、尼泊尔驻拉萨总领馆主办、西藏自治区旅游局协办的“2011尼泊尔旅游年”推介活动在拉萨雅鲁藏布大酒店举办。25家旅行社、4家航空公司参加了推介活动。

8月8日，布达拉宫管理处下发通知，决定自8月10日起团队门票数量限定在4000张以内安排审批。

8月13日—16日，“第五届海峡两岸台北旅展”在台北世贸中心展览馆隆重开幕。区旅游局及旅游协会、饭店、旅行社、旅游景点共12人组成代表团参展，并荣获“优秀组织奖”的称号。

9月4日—9月7日，由国家旅游局、四川省人民政府共同主办的“2010中国四川国际文化旅游节”在四川省阿坝州汶川县举办。吴英杰常委、常务副主席带队，旅游局俞允贵书记及旅游企业代表赴四川参加此次活动。

9月19日—20日，区旅游局举办2010首届拉萨传统赛风筝旅游文化展活动，将为我区旅游注入一道特色文化元素，必将成为我区旅游的又一亮点。

9月29日，《西藏自治区旅游条例》已经由西藏自治区第九届人民代表大会常务委员会第十八次会议修订通过，自2011年1月1日起执行。

9月30日，区旅游局根据我区旅游快速发展的需求，召开专题会议，经过认真审核、筛选，批准成立22家旅行社。

10月12日，区旅游局开展的“冬游西藏”活动在林芝第六届雅鲁藏布江大峡谷文化旅游节上正式拉开帷幕。“冬游西藏”活动将延续至2011年4月底结束。

10月14日，第八批全国导游援藏工作总结大会在拉萨举行。国家旅游局人教司领导、区旅游局各处、室（所）负责人、受援旅行社负责人、全体援藏导游员共120多人参加了总结表彰大会。

10月17日至10月21日，“第十一届西部国际博览会 首届中国国际自驾游交易博览会”在成都举办，我区展台荣获“西部自驾游产业发展杰出贡献奖”。

据国家旅游局《旅游内参》测评，第三季度以来拉萨市游客满意度平均指数为76.34，排名西部地区第2位、全国第12位，列游客满意度增幅最快城市第2位，并获得排名进步最大城市第1位。

10月20日下午，由区旅游局、团区委、区妇联共同主办的大美西藏、与我同行2010年全国导游大赛西藏赛区选拔赛在拉萨电视台举行。大赛评选出一等奖1名、二等奖2名、三等奖3名、优秀奖4名，组织奖5名。大赛组委会将从参加本次大赛的选手中择优选送参加2010年全国导游大赛。

10月20日，西藏自治区旅游局组团赴俄参加了2010莫斯科休闲国际旅游展销会。国家旅游局特意将布达拉宫作为中国馆的标准宣传形象。西藏展台人气高涨，成为最受俄罗斯人欢迎的特色旅游目的地。

10月26日至29日，“七见天下—新奥迪Q7强者行青藏高原之进取篇”在世界屋脊拉萨举行，全国20余家主流媒体记者及30多名自驾游爱好者参与了本次“世界屋脊”的驾车体验。

11月1日，西藏自治区境内首座高档豪华酒店—拉萨瑞吉度假酒店试营业。瑞吉成功地在拉萨落户，填补了西藏自治区境内没有高档酒店的空白，是西藏旅游发展的一个里程碑。国家旅游局监督管理司司长李任芷受国家旅游局邵琪伟局长委托，应邀赴藏参加拉萨瑞吉度假酒店揭幕仪式。

11月初，由自治区旅游局组织材料申报推选的我区大型文艺演出节目《幸福在路上》，经文化部和国家旅游局组织专家评审及社会公示，列入《国家文化旅游重点项目名录—旅游演出类》第一批名录。

11月9日至22日，国家旅游局在南开大学旅游与服务学院举办了第八期藏区旅游经济发展研讨班，学员们分别来自西藏、四川、甘肃、青海、云南等五个省区，我区各地、市（县）旅游管理部门干部以及分管旅游工作的党政领导共计30人参加了培训。

11月中旬，区旅游局与中国银联西藏分公司在中国国际旅游交易会（上海）期间，共同举行“大美西藏—旅游卡”新闻发布会，并发行“大美西藏—旅游卡”。

11月中旬，国家旅游局在天津中国旅游管理干部学院举办“第八期西藏旅游经济发展研讨班”。各地（市）旅游局行政管理人员，旅游重点县（区、市）行政管理人员及自治区旅游局有关处室相关人员，共40人参加。

11月18日，自治区旅游局党组书记俞允贵带队、全区七地（市）旅游局、国航西藏分公司、中国银联西藏分公司、区内部分旅行社、宾馆（饭店）、景区（点）等32家单位，共计150余人组成的西藏参展团参加了2010中国国际旅游交易会。西藏展台荣获“最佳组织奖”和“最佳展台奖”两项殊荣。

11月19日上午，西藏自治区旅游局联合尼泊尔国家旅游局，以上海旅游交易会为契机，举办了“2011尼泊尔旅游年”中（西藏）尼联合新闻发布会。尼泊尔驻中国大使、尼泊尔国家旅游局首席执行官塔帕利亚、自治区旅游局党组书记俞允贵出席了新闻发布会。

11月27日上午，中旅途易旅游有限公司首席执行官马塞尔·施耐德一行来访自治区旅游局，就双方共同开发欧洲客源市场，推进西藏四季旅游协调发展进行了意向性会谈。

由南方都市报、旅游时代、中国城市主流联盟共同发起，并在2010香港旅游交易会上启动的广东人最爱旅游目的地评选活动中，西藏以较大票选优势被评为2010广东人最爱旅游目的地，在本届中国国际旅游交易会上予以了授牌。

11月25日，由自治区旅游局巴珠局长带队、全区七地（市）旅游局、六家区内企业代表以及演员组成的冬游西藏推介团，在重庆市新世界大酒店举办以“享受阳光·回归自然”为主题的冬游西藏推介活动。新华社重庆分社、大公报、文汇报、人民网等26家新闻媒体近50名记者以及重庆市各主要国内外旅行商代表100余人参加了推介活动。

12月6日，我区首个国家公园—雅鲁藏布大峡谷国家公园正式揭牌。

12月24日，由西藏自治区旅游局主办，《西藏旅游》杂志社、西藏旅游总公司、林芝地区旅游局共同承办，中国电信西藏公司赞助协办的“2010年圣地婚礼之约”活动拉开帷幕。

12月25日—30日，区旅游局在拉萨举办了“第九期西藏旅游经济发展研讨班”。区各级旅游行政管理人员，自治区主要旅行社管理人员，共计40人参加了培训。

气象、地震、电力、石油

自治区气象工作

【气象服务】2010年，做好各项气象预报预测服务工作，编写了《气象预报员手册》，开展了全区74个县中、短期预报。发布《预警信号》3次，发布《重要气象报告》、《气象服务信息》、《防汛抗旱专题汇报》等300余期，为青海玉树抗震救灾、昌都解放60周年庆祝活动、西藏自治区第十届运动会等提供了气象保障服务。积极组织开展人工影响天气和防雷减灾工作，全区共开展防雹作业1638次、增雨作业86次，受理防雷装置设计审核1472次、竣工验收289次。加强气象信息进村入户工作，新建气象电子显示屏57个、农村大喇叭系统7个，完成了区、地、县三级气象信息员培训。完成了中国天气网西藏分站的建设。《西藏自治区气象灾害应急预案》经自治区人民政府常务会审议通过，并由区人民政府办公厅印发，第一次以区政府新闻发布会的形式发布实施。

做好应对气候变化和气候资源开发利用服务工作，及时发布气候状况和农业生产的动态变化，为各级政府部门提供准确及时、优质高效的决策服务材料。启动了《西藏气候》专著的编写工作，《西藏自治区气候图集》等4部专著即将出版发行，国家科技支撑计划课题《重大气象灾害综合服务业务系统研制》、《风能资源详查和评价》项目进展顺利，多项省部级课题得以立项。区气候中心获中国气象局颁布的气候可行性论证资质。

【气象业务与现代化建设】积极加强气象服务系统能力建设，广泛开展预报预测技术交流，改进预报预测方法，提升了气象服务水平。编写了《西藏综合气象观测系统发展规划（2010—2020）》。建设了8个自动土壤水分观测站，在珠峰新增2个无人自动气象站；建立了装备保障监控平台和气象服务应急移动指挥系统。林芝、昌都的探空系统更换为L波段二次测风雷达，拉萨、日喀则、林芝新一代天气雷达系统通过业务验收测试；开始实施新一代气象信息共享系统、国内气象通信系统和CMAcast卫星小站建设。昌都、山南国家基本气象站迁站工作进展顺利。

科技创新和人才培养。建成了自治区大气环境和遥感实验室、珠峰生态环境观测实验基地。国家自然科学基金项目和中国气象局、各级政府及部门、科研院所等科研项目共完成10项，在研15项，新申报立项22项，《山地土地利用/土地覆盖变化研究》获得自治区科技进步三等奖；在《地理学报》、《地理学报英文版(SCIE)》、《资源科学》等刊物上发表论文30余篇，其中SCIE1篇。积极参与珠峰测高、青藏高原科学考察、“第三次青藏高原大气科学试验”筹备等有重大影响的科学试验活动。通过学科带头人和青年新秀两个梯队建设，加强高层次人才培养；通过科技创新团队建设，进一步提高了专业技术人员的技能；通过“3+1”和“1+4”人才培养模式，加强民族青年专业人才培养；通过上挂下派、援藏等方式，进一步促进在岗人员的管理和业务素质。

【气象法规建设与社会管理】推动出台了《西藏自治区气象探测环境和设施保护办法》，规范了气象行政许可，加大了对违法违规行为的查处力度，妥善解决了贡嘎、浪卡子、尼木县气象探测环境受到影响的问题。创新了县级政府气象管理模式，对区局内设机构、地（市）局内设机构和直属单位进行了调整，进一步优化了职能配置。完成了气象系统援藏纳入中央部委统一管理后首批援藏干部与第五批援藏干部的轮换工作，积极协调地方援藏管理机构，加强援藏干部的管理。机关工作作风进一步改善，财务管理工作进一步规范，安全生产、信访工作、维稳工作进一步加强，社会治安综合治理工作取得成效。

【重大事件】1月14日至15日，中国气象局党组书记、局长郑国光一行工作组莅临西藏自治区气象局，宣布新一届局级领导班子调整。任命宋善允为西藏自治区气象局党组书记，尼玛丹增为巡视员，边巴扎西为党组成员、副局长，免去刘光轩西藏自治区气象局党组书记职务，免去宋善允党组副书记职务，免去尼玛丹增副局长职务。

1月15日，2010年全区气象局长会议在拉萨召开。西藏自治区政府副主席次仁莅临会议并作重要讲话。

2月西藏自治区气象局荣获“全国文明单位”

4月，成功完成了全区7个地（市）32个县气象局和16个无人自动气象站所在地的电子显示屏和7个地（市）的农村大喇叭安装任务以及用户培训工作。

4月25日，西藏自治区党委书记张庆黎，自治区党委副书记、自治区政府主席白玛赤林对做好抗击察隅县强暴雨（雪）灾害作出重要批示，要求林芝地区高度重视，采取相应措施，确保人民生命财产安全，努力把灾害造成的损失降到最低程度。自治区派出工作组前往林芝地区指导抗救灾工作。并责成自治区民政、水利、电力、交通、通讯、国土、气象等部门抓紧做好相关工作，指导和帮助林芝地区做好抗救灾工作。

4月26日上午，中国气象局在成都召开全国气象部门第五次西藏工作会议，自治区政府副主席次仁出席并讲话。

5月，西藏自治区气象局申报的《西藏自治区气候资源管理条例》、《西藏自治区气象探测环境和设施保护办法》分别被自治区人大和自治区人民政府列入到2010年度地方性法规、地方政府规章立法计划，自治区人大有关专门委员会还将《西藏自治区气候资源管理条例》列入到2010年度工作重点。

6月，中国气象局副局长宇如聪为《西藏气候图集》作序，对《西藏气候图集》的编制和完成给以了高度评价和充分肯定。

7月，中国气象局连续下发了《中国气象局关于推动西藏气象事业又好又快发展的意见》、《中国气象局关于推进四川云南甘肃青海省藏区气象事业实现更大发展的意见》和《中国气象局关于做好干部援藏工作的意见》等3个文件，推动西藏和藏区气象事业发展。

7月，区党委副书记、人大主任、区党委农村领导小组组长向巴平措要求：区气象局要加强旱情、灾情监测和天气趋势预报，强化预测预警预报和预防，并掌握有利天气适时实施人工增雨。在气象部门的建议下，会议决定在拉萨、日喀则、山南沿江一线的主要农区启动Ⅲ级抗旱应急预案。

7月，张庆黎在气象服务报告中批示："自治区气象台坚持天天发布气象预报，并将每个阶段的天气预测及时分析汇总，报自治区领导、下发地市的做法很好。一是提出表扬；二是希望坚持好。"

7月，区台伏阳虎和罗布坚参、阿里吉律、昌都王腾荣获"2009年度全国优秀值班预报员"称号。

7月20—21日，成都信息工程学院的14名大学生分别到拉萨市特殊学校、堆龙德庆县进行了"2010年气象防灾减灾科普讲座".

7月26日，区局举办第二届摄影比赛。

8月8日，区局与成都信息工程学院就局校合作科研项目等方面深入洽谈与交流

8月20日，区党委书记张庆黎在气象部门报送的气象服务信息《我区部分地方仍持续强降雨天气 须加强防范局地山洪等地质灾害》上批示"请以两办（即区党委办公厅、政府办公厅）名义速发一传真，就做好防范地质灾害等作出部署，提出要求，切切!!"

8月25日下午，国务院国资委机关服务局书记李寿生和国务院国资委业绩考核局副局长刘源一行来到区局科研所，检查中央第四次西藏座谈会确定的援藏项目建设和运行情况。

8月28-30日，由中国农林水利工会全国委员会副主席江南带队的全国总工会赴西藏气象部门采访调研组一行5人，先后到日喀则、山南、那曲等地区的部分县气象局采访调研。

8月30日，西藏自治区人民政府办公厅下发《关于落实县级气象防灾减灾政府管理职能的通知》，按照《通知》要求，10月20日，新增的42个县（区、市）主管机构的工作人员全部确定，共有99名专兼职气象管理人员。

10月，区局装备中心在海拔5170米的珠峰大本营和海拔4300米左右的中科院观象台旁边各新增一个自动气象站，主要为冰川科学考察提供有关气象方面的数据，另对海拔5040米的绒布寺旁的自动气象站进行了重新整改。

【获奖情况】西藏高原大气环境科学研究所被共青团西藏自治区委员会命名为第十五批"自治区级青年文明号"集体，是全区气象部门首个自治区级"青年文明号"。区气象台罗布坚参荣获第六届"西藏青年五四奖章"，区局团委书记任璐被评为"全区优秀团干部"。西藏自治区气象信息网络中心李兰同志荣获西藏自治区"三八"红旗手称号。

人力资源和社会保障部与中国气象局联合表彰区局大气探测技术与装备中心为先进集体，日喀则地区人影中心侯正俊为先进工作者。昌都气象局荣获中国气象局2009年重大气象服务先进集体；日喀则气象台卓嘎荣获中国气象局2009年重大气象服务先进个人。西藏高原大气环境科学研究所高级工程师扎西央宗荣获"全国职工职业道德建设标兵个人"称号，同时被中华全国总工会授予"全国五一劳动奖章"；退休老干部次旦益西荣获"全国气象部门离退休先进个人"；那曲地区周建华同志完成的《那曲地区气象局宽带网络及数据分发系统》项目获得由中华全国总工会、科技部、工信部、人力资源和社会保障部4部委颁发的"第三届全国职工优秀技术创新成果优秀"奖。在中国新闻摄影学会、全国专业报新闻摄影学会主办的"中电传媒杯"第二十届中国新闻奖新闻摄影作品初评暨第二十三届全国专业报新闻摄影作品年赛上，气候中心马鹏飞作品《西藏自治区气象局对浪卡子县卡诺拉冰川进行气象观测和标定》获"科技类"二等奖；区局办王元红《雪域高原上的志愿者》获"日常生活类"三等奖。11月，区气象学会荣获"全国气象科普先进集体"、科研所除多荣获"全国气象科普先进工作者"称号。

【领导名录】

党组书记、局长：宋善允

党组副书记、纪检组组长：拉卓

副局长、党组成员：旦增顿珠、赵一平、王鹏祥、边巴扎西、张晶

巡视员：尼玛丹增

局长助理：郎洪亮

（陈慧）

自治区防震减灾工作

【年度综述】2010年，西藏自治区地震局克服人员缺少，技术力量单薄，台站分布远，工作任务重的困难，全力维护了全区地震台网的正常运转，完成了资料处理、大震速报、台网维护等日常工作。

全年累计派出维修人员11人次，行程近万公里。有人值守台站仪器运转率达

97.08 %，无人值守台站全年仪器运转率达 75.95 %，监测预报中心全年仪器运转率达 98 %。测震监测综合评比、单项评比、测震台网编目及区域前兆台网系统运行获全国统评优秀奖。

按照中国地震局的要求，完成了周、月、半年和全年西藏地区地震趋势会商，并组织召开了 2010 年西南片区地震年中趋势会商会。聂荣 5.7 级地震、当雄 5.2 级地震以及一些影响较大的 5 级以下地震发生后，都及时组织分析预报人员，通过对历史地震和震后地震序列的研究，进行会商，提出了较为准确的震后趋势判断意见。

加强了分析预报工作的管理，明确了各前兆手段的分析研究人员，提高了对前兆资料的分析处理能力。2010 年分析预报综合评比、日常分析预报、年度会商报告等均获得全国统评优秀奖。

2010 年，西藏自治区地震局投入 1.6 万元对拉萨地磁台办公用房的屋面渗漏进行了维修；投入 3 万元对察隅地震台观测区围墙及生活区地下管道进行了修缮；投入 10 万元对部分台站的办公用品进行了更换。通过改造，改变了部分台站工作环境和生活条件差的状况，使观测环境及办公、生活条件满足国家地震基本台要求，基本达到了环境优美、观测条件完善、职工工作和生活方便舒适的要求。

2010 年是防震减灾“十一五”规划实施的关键之年。西藏自治区地震局规范管理、精心组织，周密部署，确保了项目进度和质量。一是完成了“十一五”地震背景场探测项目台站勘选和土地预审工作；二是完成了自治区地震局承担的国家六部委联合项目——“陆态网络”（GNSS）的仪器设备采购，已完成 9 个站的设备安装，并投入试运行。

【震害预防工作】地方法规建设初见成效。为切实做好西藏自治区地方性法规与新修订的《中华人民共和国防震减灾法》的衔接与配套，西藏自治区地震局积极与自治区人大常委会和自治区政府法制办联系沟通，将《西藏自治区实施〈中华人民共和国防震减灾法〉办法》修订计划列入了自治区九届人大常委会五年立法规划，并确定列入 2011 年自治区人大一类立法计划。据此，西藏自治区地震局党组高度重视立法工作，成立了领导小组，各部门积极配合抽调精兵强将组成起草小组，并确保人员、时间、资金三落实，起草小组在广泛研究的基础上通过三个多月的共同努力，完成了《西藏自治区实施〈中华人民共和国防震减灾法〉办法》（修订送审稿），并于 12 月 6 日正式上报自治区政府法制办。按照自治区人大和政府法制办的要求，防震减灾地方法规将于 2011 年 7 月前通过政府常务会议审议，9 月前通过自治区人大常务会议审议。

防震减灾知识宣传成绩斐然。2010 年，西藏自治区地震局及各地市地震部门采取多种形式，广泛宣传防震减灾科普知识和法律知识，不断增强民众的防震避震意识和自救互救能力。一是利用 5.12 防灾减灾日、7.28 唐山地震纪念日和 12.4 法制宣传日等开展防震减灾知识进机关、进社区、进学校、进企业活动；二是利用主流媒体，开辟专栏，播放防震减灾科教片，举办知识讲座等形式，广泛宣传防震减灾科普知识。三是将防震减灾知识纳入党校干部培训内容，加强对领导干部防震减灾知识培训。全年共开展科普宣传 7 次，发放宣传资料 8000 余件（套）。开展地震科普知识讲座 10 余场，听取科普宣传讲座的人数达 2500 余人次。配合自治区各级党校开展地震应急知识现场教学 4 场（次）。电视台播放地震科普知识宣传片累计达 20 余小时。全区防震减灾系统投入宣传经费 10 余万元。

地震安全性评价管理与服务逐步规范。西藏自治区地震局把加强地震安全性评价工作的规范管理作为 2010 年一项重点工作，针对地震安全性评价资质方面存在的问题进行了重点研究，积极采取与兄弟省局共同合作的办法，不断提升地震安全性评价工作质量。同时，2010 年还加大了对地震安全性评价项目的管理与评审力度，全面推进西藏地震安全性评价工作正规化、制度化。全年完成了拉日铁路、自治区自然科学博物馆等 15 项重大工程项目的地震安全性评价工作。

积极开展农牧民安居工程抗震加固。2008 年当雄地震后，西藏自治区党委、政府高度重视全区农牧民安居工程的抗震设防工作，决定每户补助 5000 元抗震加固资金，总投资 20 亿元专项用于全区农牧民房屋抗震加固。西藏自治区地震局配合拉萨市政府开展了“农牧民安居工程抗震加固试验课题”，并在中国地震局工程力学研究所开展了平台震动实验，2010 下半年已在拉萨市当雄县和林周县进行现场推广试验。

同时，西藏自治区还积极组织了由财政、地震、建设等部门参与的 2010 年全区农牧民安居工程检查，对尼木、堆龙德庆、当雄、墨竹工卡、那曲、安多、聂荣、比如等 8 县的农牧民安居工程进行了检查验收，对没有采取抗震措施的房屋给予了不予通过验收的意见。

【灾应急救援工作】积极应对青海玉树 7.1 级地震。4 月 14 日青海玉树藏族自治州发生 7.1 级强烈地震，地震发生后，西藏自治球地震局立即启动地震应急预案，向自治区党委、政府报告震情、灾情，并建议迅速派出地震灾害紧急救援队伍赶赴灾区实施跨省救援。震后仅 1 小时，昌都地震灾害紧急救援支队便出发奔赴灾区，成为第一支到达灾区的外省（市、区）专业救援队伍。同时，自治区地震局也立即派出 5 名现场工作队员赶赴灾区协助开展地震现场应急工作。

在整个抗震救灾中，西藏自治区玉树地震灾害应急救援队充分发挥适应高原气候和语言沟通无障碍等优势，发扬“特别能吃苦、特别能忍耐、特别能战斗、特别能团结、特别能奉献”的老西藏精神，顺利圆满完成了现场指挥部委派的各项任务，共挖掘出遇难者遗体 9 具，抢救出寺庙唐卡、经书等宗教用品及价值 500 多万元的粮食，得到了震区各级政府和灾区人民群众的充分肯定和赞扬。

在西藏自治区地震局现场工作队伍返回拉萨后，自治区党委常委、常务副主席吴英杰同志专程看望慰问了赴青海玉树地震现场应急工作队的同志，并对西藏自治区地震局此次应急工作给予了充分肯定。

由于在青海玉树地震应急工作中的出色表现，昌都地区地震局金战兵同志荣获中央军委、国务院授予的玉树地震抗震救灾全国模范光荣称号；西藏自治区地震局赴玉树地震工作现场队荣获中国地震局玉树地震现场工作先进集体、李佳辑同志荣获中国地震局玉树现场工作先进个人。

完善地震应急体系。为切实做好地震灾情速报工作，结合防震减灾工作实际，修订了《西藏自治区地震局地震应急预案》，制定印发了《西藏自治区地震灾情速报实施细则》，就地震灾情速报工作进行了确定，目前昌都地震局已经结合本地实际制定了《昌都地区地震灾害速报细则》。全区灾情速报员联系工作正在进一步落实之中。

加强地震现场应急队伍建设。为了规范地震应急工作，适应防震减灾工作的新形势、新要求，西藏自治区地震局加强了地震现场工作队伍的建设，在完善应急装备的同时还邀请云南省地震局现场工作专家进藏开展了地震现场工作专题培训。极大地提升了地震现场工作综合能力。目前西藏自治区地震局现场工作队队员有20人，配备了个人装备和应急通信、GPS等技术设备。现有人员和装备已能够满足一般的地震现场工作的需要。

全年西藏自治区地震局先后5次派出现场工作队对聂荣5级震群，当雄5.2级地震，班戈、昂仁小震活动等进行了现场考察和灾害损失评估工作。

积极开展地震应急演练。为进一步做好地震应急准备，提高全局干部职工地震应急综合能力，树立“震情第一”的观念，有效应对破坏性地震，2010年西藏自治区地震局先后开展了两次地震应急演练，通过演练检验了干部职工的应急处置能力，提高了部门之间的协调联动，达到了预期目的。

2010年10月，西藏自治区地震局与自治区教育、公安、安全生产等部门联合下发了《关于印发〈西藏自治区学校防灾应急避险及安全疏散演练活动方案〉的紧急通知》（藏教体卫艺〔2010〕29号），要求全区各学校切实加强防灾应急避险教育，适时开展安全疏散演练，达到“教育一个孩子，带动一个家庭，影响整个社会”的效果。全年自治区教育系统开展中小学校地震应急演练20余次，参加演练中小学师生达3万人次。

自治区电力工业工作

【年度综述】西藏电力有限公司是由国家电网公司控股、西藏自治区人民政府参股的有限公司（以下简称：公司）。公司注册资本30亿元人民币。截止2010年12月31日，公司经营管理范围为中部（包括拉萨市、日喀则市、山南地区、那曲地区、林芝地区）、昌都、阿里狮泉河三个地市电网，公司管辖电网装机容量达到78.03万千瓦，是2005年34.01万千瓦的2.29倍；110千伏及以上输电线路2503公里，是2005年1660公里的1.51倍；变电容量137.5万千伏安，是2005年54.7万千伏安的2.51倍。

2010年，公司完成发电量19.36亿千瓦时，同比增长14.76%；售电量17.07亿千瓦时，同比增长15.96%；全年实现营业收入13.16亿元，同比增长27.32%；公司员工在职总人数达到3718人，全员劳动生产率18.25万元/人·年，同比增加5.32万元/人·年。

全年未发生重大及以上电网、设备事故。

截止2010年12月31日，公司本部设立17个部门（即：办公室、发展策划部、人力资源部（技能鉴定中心）、财务资产部、安全监察部、生产技术部、基建部、营销部、农电工作部、科技信息部、物资部、审计部、监察部、思想政治工作部（机关党委）、经济法律部、电力调度中心、工会办公室），下设基层单位20个，其中分公司17个（即：拉萨电业局、日喀则公司、山南分公司、那曲分公司、林芝分公司、羊湖电厂、巴河发电分公司、直孔发电分公司、羊八井地热电厂、沃卡电厂、日喀则发电公司、东嘎发电厂、物流中心、电网建设管理分公司、输变电分公司、物业分公司、电力科学研究院（11月7日挂牌成立）），子公司3个（即：昌都电力公司、阿里电力公司、西藏电力建设总公司）。

【电网概况】2010年，全区地市电网总装机容量78.02万千瓦，较2009年增加21.7万千瓦，其中：水电43.67万千瓦，占总装机容量的55.97%；地热发电2.62万千瓦，占总装机容量的3.36%；火力发电29.98万千瓦，占总装机容量的38.43%；太阳能和其它新能源发电1.75万千瓦，占总装机容量的2.24%。全区地市电网发电量20.41亿千瓦时，较2009年增加2.71亿千瓦时。

西藏电网由3个独立的地市级主电网构成，形成西藏中部电网（覆盖拉萨、山南、日喀则、那曲和林芝）、昌都电网和阿里狮泉河电网“一大两小”的电网格局。主电网以外的县级及以下的小水电和太阳能光伏电站分别由自治区水利部门和自治区科委负责规划与建设，建成后移交当地县级电管机构管理，均是独立的一县一网。

“十一五”期间，西藏电力有限公司大力转变电网发展方式，电网发展取得重大突破，青藏交直流联网工程开工建设、首个220千伏输变电工程建成投运、地市电网农村“户户通电”工程基本完工，形成了“一大两小”的电网格局，电网电压等级提升到220千伏。西藏中部电网最高电压等级为220千伏，昌都电网最高电压等级为110千伏，阿里电网最高电压等级为35千伏。全区地市以上电网共有220千伏变电站1座，变电容量15万千伏安，输电线路总长338.05公里，较2009年增加338.05公里；110千伏变电站26座，变电容量111.53万千伏安，较2009年增加6座，增加变电容量33.28万千伏安，输电线路总长2424.22公里，较2009年增加460.41公里；35千伏变电站104座，变电容量41.41万千伏安，较2009年增加36座，增加变电容量8.29万千伏安，输电线路总长3745.20公里，较2009年增加1247.84公里。

【人力资源】2010年，机构编制及岗位序列。员工入口实现有效管控。规范了毕业生招聘、复转军人接收和系统外调入的工作程序，毕业生电工类等主干专业占89%。规范劳动用工和劳动定员管理工作成效显著，开展劳动用工专项治理工作，对公司系统各单位735名自主用工进行了用工形式规范。全面贯彻实施《供电企业劳动定员标准》，按照《劳动定员工作三年规划》，开展劳动定员贯标工作。开展全员绩效管理工作，激励约束机制逐步完善，建立以关键绩效指标为主的全员绩效考核体系，层层分解目标与任务，将考核结果与员工的薪酬分配、职位升迁有机结合，调动员工工作的积极性。创新薪酬激励机制，加强工资总额管控力度，规范收入分配，使薪酬分配向生产一线关键岗位倾斜，2010年，员工收入水平有较大幅度提高。

人力资源管理信息化初显成效，人力资源集约化管控体系初步形成，“十一五”期间，公司组织机构设置、劳动用工管理、工资总额管控、制度体系建设等工作取得明显成效。截止2010年年底，公司系统长期职工人数3754人；全员劳动生产率17.24万元/人·年；“十一五”期间共投入教育培训经费2833万元，培训25367人次，全员培训率达到86.5%。公司员工大学本科及以上人员从2006年215人增加至2010年532人，从5.56%提高到14.24%；大学专科694人增加至2010年1294人，从17.95%提高到34.65%；中专（高中）1336人减少至2010年748人，从34.55%减少到20.03%。

教育培训和人才培养取得新进展，推行职业能力培训新模式，进一步建立和完善各类人才岗位培训标准，实施全员知识更新工程，员工队伍知识结构得到优化，综合素质得到提高。2010年，举办培训班461期，培训8563人·次，教育培训经费投入850万元，比上年增长23.2%；开展职业技能鉴定考评工作，完成了变电站值班员等27个工种初级至高级工的技能鉴定、考评175人，鉴定合格70人；建立公司专业技术资格电力英语、计算机考试中心，组织开展了电力英语和计算机考试。

编制完成了《公司“十二五”人力资源规划》。西藏电力工业局机构改革移交工作和西藏自治区电力工业局所属水电勘测设计院、电力试验研究所机构改革移交工作顺利完成，标志着形成政府宏观调控，电力企业自主经营、行业协会自律管理和服务的电力管理体制新格局。组织机构规范工作取得重大进展，撤销24个会计主体，新成立单位8家，规范了公司本部及系统各单位组织水平显著提高。建立了集中统一管理的人员信息库，实现了对公司全口径员工信息的在线监控与管理，为人力资源集约化管理提供了有效的基础支撑。

【电力建设与发展】2010年，公司全年完成固定资产投资22.37亿元，同比增长13.67%；开工110千伏及以上线路548公里、变电容量45万千伏安；投产110千伏及以上线路486公里、变电容量62.25万千伏安。

2010年7月29日，青藏交直流联网工程正式开工建设，这是迄今为止世界上最高海拔、高寒地区规模最大的输电工程，也是国家电网公司落实中央第五次西藏工作座谈会精神，实施西藏“十二五”电网发展规划的重点工程，总投资162.86亿元，线路全长1774公里，将于2011底实现投产。届时，将彻底解决西藏近年来日益突出的缺电问题，将实现西藏电网与西北电网的互联，首次实现国家电网公司经营区域内所有省份的联网，进一步提高大电网的资源优化配置能力，促进西部地区将资源优势转化为经济优势，实现更好更快发展。

先后建成了雪卡水电站和应急电源等项目，老虎嘴水电站继续推进，全力抢建9E燃机电站送出工程，确保了燃机电站顺利安装调试和投产发电；藏中电网220千伏骨干网架和主网架工程建设顺利推进，藏中五地市电网完善工程进展顺利，特别是林芝一拉萨220千伏输变电工程的建成投运，实现了西藏电网从110千伏到220千伏电压等级的重大跨越，西藏电网网架由“十五”末的“一大三小”（藏中电网、林芝电网、昌都电网、狮泉河电网）发展为目前的“一大二小”（藏中电网、昌都电网、狮泉河电网）。

2010年，公司完成了“十二五”电网规划编制工作，完成国家电网公司藏区西藏部分电网规划编制；组织完成西藏电力援藏工作总结及相关建议；起草完成《国家电网公司支持西藏电力发展和重大项目若干意见》；与中国国际工程咨询公司合作完成了藏中四地市110千伏及35千伏输变电工程、拉萨220千伏环网工程、拉萨换流站220千伏接入及日喀则至拉萨主网加强工程的可行性研究报告评估工作；完成阿里并网光伏电站水保、环评、用地预审等专项审查工作并取得相关支持性文件，完成阿里并网光伏电站项目评估工作；开展羊湖补水工程相关工作，完成可研报告咨询并上报自治区发展和改革委员会；完成农网改造升级规划报告并通过国家电网公司审查。

【经营管理】2010年，紧紧围绕公司发展与改革大局，以提升效益为中心，电价调整取得了历史性突破；以预算管理为龙头，全面预算管理体系初步建立；以资产清查为契机，管理基础进一步夯实；以资金安全为前提，资金运作效益明显增加；以强化内部控制建设为抓手，各项管理制度日渐完善，公司整体财务管理水平有了大幅提升。预算管理体系初步建立，成立了公司预算管理委员会，明确预算执行职责权限，实行预算重大事项审批制度，加强预算执行情况分析，深化预算管理，深入开展“三节约”活动，制定成本管理办法及实施细则，逐步推行标准成本定额体系建设，建立激励约束机制，保证了公司系统经营目标的完成；公司全面开展资产清查工作，截止2010年底，已报损资产9155万元，注销24个二、三级公司及工程指挥部，公司产权级次压缩至二级，固定资产管理软件上线，基本实现了“账、卡、物”一致，公司基础管理进一步夯实；资金运作效益明显，公司银行账户由2007年底的123户减少到目前的31户，账户压缩比69.92%；实行月度现金预算管理，推行账户在线管理、实施电费资金直划，与银行签订《战略合作协议》，2010年增收846万元，实施安全备付额度管理，资金归集率达98.36%以上，资金管理风险得到有效控制；财务管理制度日渐完善，积极推行财务集中核算，加大稽核平台建设，内部控制管理水平不断提高；积极推进管控系统上线，核算、产权等5个模块成功上线，公司财务集约化工作初显成效。

【安全生产】2010年，公司强化各项安全生产措施，认真落实安全生产责任制，不断完善安全管理规章制度，强化安全监督与奖惩考核，狠抓各项措施落实，夯实安全生产基础，安全管理水平显著提高，公司系统没有发生重大及以上电网事故，没有发生火灾和工程建设重大质量事故，首次荣获全国安全生产月活动“优秀单位”荣誉称号。

安全生产规章制度进一步健全完善，制定下发《西藏电力有限公司2010年安全工作意见》，完成了公司开发管理咨询项目《电力企业违章心理及对策研究》的编撰和印刷工作，完成了《西藏电力有限公司检修现场安全措施现场标准》、《西藏电力有限公司生产现场领导干部和管理人员到岗到位标准》等5项安全生产制度的印发工作；细化“三个不发生”百日安全专项活动方案，组织了5次安全监督大检查活动，截止12月底，公司系统累计排查事故隐患36项，实际完成整改31项，下发安全生产监督通知书19份，要求整改违章和隐患121项，及时向各单位现场反馈问题293项，深入开展作业现场安全风险管控、反违章工作；认真组织开展生产工程质量巡查和特种设备检查工作，开展施工现场安全监督检查，开展应急实战能力评估调研工作，编写了《应急体系建设三年规划》，全年公司系统开展大面积停电事故应急演练、消防应急演练、防洪应急演练等共计20余次，荣获全区“安全生产应急知识”竞赛活动优秀组织奖；深入开展“安全生产月”活动，认真开展安全生产大检查，加强隐患整改措施的落实，组织系统各单位领导班子及中层管理人员进行了三批安全规程考试，组织了两期SG186安全监督与管理系统和一期安全监督管理知识培训班。

【营销工作】2010年，公司售电量达到17.07亿千瓦时，同比增长15.96%；全年实现营业收入13.16亿元，完成当年电费回收率99.60%，同比提高0.85个百分点。

【农电工作】2010年，地市电网“户户通电”工程基本完工，通过采用电网合理延伸方式，到2010年底，基本完成了西藏地市电网“户户通电”工程，主电网覆盖范围内的县从“十五”末的30县增加到目前的32个县，用电人口从“十五”末的20多万户98万多人增加到目前的30多万户148万人，基本实现了大电网覆盖下32个区县的“户户通电”目标，农牧民生产生活条件得到极大的改善和提高。

截止12月31日，西藏电力有限公司“户户通电”工程累计完成投资22.425亿元，完成32个县的建设任务，建设110千伏变电站3座(容量32.6兆伏安)，110千伏线路136.76公里，35千伏变电站57座(容量103.49兆伏安)，35千伏线路1812.81公里，10千伏线路9951.19公里，安装配电变压器3588台(容量152.49兆伏安)，低压线路7900.81公里，解决和改善10.83万户49万人的用电问题。开展“户户通电”回访及宣传工作，树立国家电网公司形象。

根据全国农村电网改造升级工作会议和国家电网公司《关于做好农村电网改造升级工程规划编制工作的通知》精神，全面总结公司开展农网工程建设以来取得的成就，对目前地市电网内农村电力发展过程中存在的问题，提出了下一步农网改造升级工作思路、目标、任务和建议，完成了《西藏农村电网改造升级工程规划》。

【优质服务】加强与自治区政府沟通，早预测、早分析、早准备、早部署，制定《2010年藏中电网今冬明春有序用电方案》，组织召开大客户座谈会，落实全区节能会议精神，细化电力需求侧管理工作措施，合理控制各类用电需求，冬季未出现拉闸限电，基本实现了电力有序供应；圆满完成232次重要节日、重要活动、重要会议的供电保障服务，得到了自治区党委、政府和各地区地委、行署的肯定；加强用电信息采集系统的建设，实现了与营销业务应用系统数据同步，专变用户采集终端上线率达78%，最大监测负荷达到18万千瓦，最大监测电量达到128.67万千瓦时，完成低压居民用户智能电表安装6363户，提高了需求侧管理水平；全面启动建设“95598”呼叫中心，12月完成95598呼叫中心省级集中工作，统一了服务规范和标准，实现用电信息采集系统24小时“空中充值”服务，在拉萨城区部署15台无线式缴费终端，在全区七地市公司营销大厅部署电力自助服务终端，为广大电力用户提供多渠道、多种缴费方式，促进了电费回收。

【援藏工作】2010年，国家电网公司认真贯彻落实中央第五次西藏工作座谈会精神和国家电网公司西藏工作座谈会精神，对公司的人才、资金、技术帮扶力度不断加大。公司选派了10名科处级干部到内地进行为期半年的实践锻炼培训，组织了124名新进员工在江苏省进行岗前培训，为新进员工更好地为公司工作奠定了基础。国家电网公司也积极组织各业务部门开展多种方式的帮扶工作，国家电网公司选派8名优秀技术人员进藏帮扶工作，为西藏电力科学研究院的筹建工作做出了巨大努力；公司与中国电力科学研究院签订科技战略合作框架协议，积极开展技术交流合作和帮扶援助工作，发挥中国电力科学研究院帮扶人员专业技术优势。

近年来，国家电网公司大力帮扶和支持信息化工作，“SG186”工程一大批成熟业务应用系统在西藏公司顺利实现上线运行。国网信通公司、电科院、南自院、江苏公司、湖北公司、福建公司、华中公司、四川公司、西北公司等多家单位累计派遣340多人次的专家赴藏开展帮扶工作，对公司各项业务系统进行帮扶，还完成对西藏公司2300余人次的信息化培训，有力推进了西藏公司信息化建设和应用，全面实现了2010年信息帮扶工作的预期目标。

【领导名录】
董事长、党组书记：刘克俭
总经理、党组副书记：刘晓明
党组成员、纪检组长：加央群培（藏族）（11月4日去职长）
党组成员、副总经理：李华、张韧、高应云、姚格平
党组成员、工会主席：索朗江村（藏族）
党组成员、拉萨电业局局长：谭志红
总会计师：李永卓
总经济师：裴新民

中国石油天然气股份有限公司西藏销售公司

【年度综述】2010年，中石油西藏销售公司认真落实科学发展观，按照“一个目标、二个确保、三场战役”的工作思路，统一思想，坚定信心，正确判断，从容应对，提出了建设高原特色的国际水准销售企业的方向，主抓做大销售、做强网络、做细管理的工作重点，着力科学营销，着力拓展网络，着力精细管理，着力安全稳定，着力队伍提素，着力加强党建，使生产经营保持了平稳有序运行，各项工作发生了深刻的变化，各项指标取得了喜人的成绩。

2010年，公司量效增长明显，全年销售比2009年的增量相当于前5年成品油增长总量；优化资源配置，市场保供能力持续增强；科学市场营销，促销和批零并举，化对手为伙伴；拓展网络开发，网

络增速居历年开发之最；精细基础管理，从制度、体系完善到股权和风险防控，内部控制管理更加突出；巩固安全环保，全面推进HSE体系和培训，建立安全风险抵押金制度，开展“八查十防”，确保了重要时期的运行平稳；强化队伍建设，开展“创先争优”等9项主题活动，成功召开第一届党代会，注重提拔、调整、交流干部，队伍素质进一步增强；推进和谐企业建设，大力扶贫帮困，落实全员休假制度，开展同心互助，主动协调地企关系，企业内外部发展环境进一步理顺；坚持节约发展、清洁发展理念，积极降本增效、节能减排，绿色发展走向正轨。

【保障油品供应】2010年，加大资源协调和调运力度，全年购进成品油50万吨，同比增加16.6万吨，增幅49.6%，市场保供能力持续增强。优化一、二次物流，管输油品13万吨，铁路进藏油品8.8万吨，公路运输油品13.9万吨，在青藏线加油站改变配送流程，全面优化物流配送。加快推进公路承运商集中管理，青藏线以及拉萨、那曲市场实现了统一承运。积极推进网络优化和布局，公司网络规模实力得到壮大，全区各市县的保供能力得到进一步提升。

【公司治理】中国石油西藏销售分公司是中国石油集团公司下属分公司。公司实行总经理负责制。公司重大决策实行集体决策、民主决策。公司实施两级行政业务管理，依法对其全资企业、参股企业的资产行使资产受益、重大决策和管理者任免等出资人权力，对国有资产依法进行经营、管理和监督，并承担国有资产保值增值责任。公司纪检监察监督、审计财务监督、职工民主监督等共同保证公司的规范运行。2010年，按照集约化、专业化、一体化整体协调发展的方向，完善内部管控，加强风险防范，进一步提升了公司治理水平。

【内部控制与风险管理体系】自2005年全面建设公司内控体系建设以来，经过几年的不断的优化和完善，2010年，中石油西藏销售公司进一步明晰了管理职责和管理权限，规范了业务行为和工作程序，深化了风险管理，全面评估经营管理风险，完善风险控制措施，实现从财务报告风险控制向经营风险控制的延伸。强化加油站管理和ERP业务风险管理，权责体系迈出实质性步伐，以财务管理授权设计为切入点，系统地建立了总会计师业务管理权限指引，推动内部控制由流程管理和控制，提升到建立健全公司层面经营管理责任机制。

【应急管理体系】在国家应急管理体系建设原则指导下，认真贯彻落实《生产安全事故应急预案管理办法》及集团公司应急预案管理有关要求，以风险管理为核心，以基层建设为重点，以系统提高应急能力为着力点，探索应急管理体系建设，根据集团公司应急预案模式，完善应急管理“一案三制”体系，使各级应急响应救援预案更加充实，基层现场处置程序更加简明、有效，预案体系不断完善，应急指挥机构、工作机构不断充实，体系制度建设不断加强，按照“统一领导、分工负责、部门联动”的工作机制体，结合公司实际，逐级完善公司应急预案1+11（一个总体应急预案，11个专项应急预案）及预案备案工作，加强预案编制指导工作和审核备案工作，加强应急预案体系的建设和培训工作。指导、督促、检查二级单位应急预案的修订、演练和培训等工作，强化应急响应流程，理顺应急工作程序，明确应急职责，提高应急处置能力，开展应急预案备案技术和桌面演练，逐级开展应急演练和培训工作，重点提高基层、现场应对突发事件的处置能力。

【经营指标】公司以提升份额为重点，增强科学营销水平，以提高效益为重点，大力强化精细管理。2010年销售成品油47万吨，同比增加9.4万吨，增幅25%，相当于前5年成品油增长总量。零售成品油37万吨，同比增加5.5万吨，增幅17.6%，零售比例达到78.7%。销售润滑油、液化气1100吨、1700吨，分别增长32.7%、41.1%。

【重大工程】2010年全年共完成投资18226万元。一是拉萨铁路接卸库开工建设。二是加油站零售管理系统环境改造按照要求圆满完成，为实现公司“自动化程度高和国际水准”企业目标提供了硬件支持；三是网络开发成效显著。全年完成拉萨金珠、阿里燃料、林芝察隅、山南能源、日喀则汇丰、那曲曙光、日喀则大地、拉萨白荣、昌都恩达等9座加油站的收购；完成昌都2号、中庆2号新建和芒康等8座加油站改扩建和日喀则拉孜站、日喀则北郊站、巴吉站等35项限下项目的改造，落实拉萨至贡嘎机场快速通道加油站建设，明年5月20日前完成建设并投入运营；四是根据计划，购置流动加油车和橇装加油设施各10个并配备、安装到位，为加油站的延伸和销量的增加提供了硬件的支持。

【完善HSE管理体系】2010年，公司积极推进和完善健康、安全与环境（Health, Safety & Environment，简称“HSE”）管理体系建设，强化健康、安全与环境的一体化管理。发布了HSE管理原则，强化管理者责任意识，明确责任分工，并将承包商HSE管理纳入公司HSE管理体系。

【加强隐患治理】2010年油库站隐患治理投入资金4341万元，公司对全区9座油（气）库存在的安全隐患进行了现场勘察，共统计安全隐患69项，编制了油库安全隐患台帐。并根据板块公司关于油库安全隐患整改的要求，结合各油库安全隐患现状，经反复研究，制定2011年油库安全隐患整改计划项目，共计4座油库和1座液化气库的34项重大安全隐患需进行整改。同时，加强施工队伍的监管力度。2010年公司达标改造、加油站零售管理系统环境部署、铁路接卸库建设工程等投资项目较多，安全任务艰巨、责任重大。制定了《油库站安全施工步步确认表》、《加油站环境部署改造安全施工步步确认表》，施工现场实施升级管理，实行“跟班”作业，全方位、全过程监督管理施工现场，确保施工安全。

【加强安全管理】公司牢固树立并积极实践“环保优先、安全第一、质量至上、以人为本”的理念，从本质安全出发，加强基础建设，从制度、考核、监理等方面，推动安全工作扎实有效开展。

2010年，公司总经理与所属企业主要负责人分别层层签订了《安全环保责任书》，落实安全环保责任制，明确责任主体、责任目标和事故控制指标，同时结合各阶段实际情况，与各单位签订重点敏感时期责任书，确保了2010年各个时期的安全稳定。在此基础上，二级单位与所属员工签订了《员工安全生产合同》，落实直线责任，将安全责任传递到每个岗位员工，严格落实值班制度和安全信息报送制度，确保了西藏公司2010年度全面安全稳定，得到集团公司的嘉勉。

公司不断强化基层风险管理，全程建立作业许可、危害与可操作性分析等管理工具，辨识、分析生产运行和工程建设中存在的危害，消除施工作业风险，进一步完善规章制度和操作规程，推行安全行为观察分析，加强“五型班组”建设，全员安全环保风险意识和执行力普遍增强。加强对承包商、承运商的管理，并纳入公司安全范畴，统一标准，统一管理，严格考核，强化属地管理，明确建设方、总包方、施工方、监理方承运商的安全环保责任，确保工程施工和油品运输安全，防止环境事故发生。

【杰出员工】2010年，公司下属格尔木公司庞贵生、拉萨公司万贤忠补集团公司评为“劳动模范”，昌都公司扎西卓嘎同志被集团公司评为“优秀工会工作者”。

环境保护、地矿勘查

自治区环境保护工作

【年度综述】2010年，全区环保部门积极服务于经济社会跨越式发展和长治久安工作大局，以科学发展观为统领，以确保生态环境良好、增强可持续发展能力和保障群众健康为目标，紧紧围绕推动科学发展、促进社会和谐这一主题，立足于构建西藏高原国家生态安全屏障和建设生态西藏，全面推进生态环境保护与建设，加强污染防治和辐射环境管理，严格环境执法监管，圆满完成了“十一五”收官之年的各项环保任务，实现了西藏环境质量持续良好，生态环境与经济建设、社会民生健康、和谐发展。

在自治区机构改革中，环保机构建立健全，人员编制大幅增加。自治区组建了环境保护厅，列为自治区人民政府组成部门，增设了独立的纪检监察机构，新成立了固体废物监督管理中心、环境信息与宣传中心两个事业单位。全区七地（市）和72个县均设立了独立的环境保护局，西藏环保基层基础工作进一步加强。

【自然与生态保护】开展了“西藏自治区特有动植物资源调查”工作，查明了西藏特有脊椎动物196种，并对脊椎动物多样性进行编目，查明了西藏特有维管束植物855种，并对西藏特有动植物资源的分布特征进行了分析，绘制了西藏特有动植物资源各物种的地理分布图，编制完成了《西藏自治区特有动植物资源调查(项目验收报告)》。2010年10月，我区向全国生物多样性保护专题规划调研组提交了《西藏自治区生物多样性保护规划重点项目（2011-2020)》。开展了芒康滇金丝猴国家级自然保护区范围及功能区调整工作。新建了然乌湖、桑桑、昂孜错—马尔上错3个自治区级自然保护区。截止2010年12月，全区已建成各级各类自然保护区47个（其中国家级9个，自治区级14个)，自然保护区总面积41.37万平方公里，占全区国土面积的34.47%。

加快实施《西藏生态安全屏障保护与建设规划》(以下简称《规划》)，完成《规划》实施方案编制，国家设立了西藏生态安全屏障专项资金，规划项目全面实施。

自治区出台了《西藏自治区湿地保护条例》，修订并颁布了《拉鲁湿地自然保护区条例》。指导林芝地区修改完善了《生态林芝建设规划》，并组织专家进行了论证。拉萨市积极推进国家环境保护模范城市创建活动。

【农村环境保护】积极推进环境优美乡镇及生态村创建工作，对林芝、山南地区和拉萨市申报创建的13个首批环境优美乡镇、生态村进行考核。出台了《西藏自治区关于加强农牧区环境保护工作的意见》，编制了《西藏自治区农村环境综合整治规划》。积极争取中央农村环保专项资金，落实资金2070万元，实施了26个村环境综合整治项目。

【投资与规划、计划】落实西藏生态安全屏障保护与建设资金78159万元，《规划》3大类10项工程得到全面实施。落实中央各类环境保护专项资金12499万元，实施了区域环境综合整治、农村环境综合整治、县（区）级环保部门环境监察执法能力建设、环境监测站标准化建设、拉鲁湿地国家级自然保护区管护能力建设、医疗废物集中处置设施建设等工程。

组织编制了《西藏自治区城镇饮用水水源地环境保护规划》、《西藏自治区“十二五”时期环境保护和生态建设规划》、《西藏自治区“十二五”主要污染物总量控制规划》、《西藏自治区重金属污染综合防治规划（2011-2020年)》和《西藏自治区“十二五”持久性有机污染物防治规划》。

【环境影响评价】组织相关部门完成了西藏自治区旅游基础设施建设规划等7个规划环境影响评价的审查。协调相关部门重点加强了交通、矿产资源开发、水利、水电、城镇基础设施等项目的环境影响评价，并将环境影响评价拓展到医院、旅游、房地产以及小型水利、水电工程等领域。2010年，自治区环保厅共审批各类建设项目环境影响评价文件418份。全区大中型建设项目环境影响评价执行率达到100%。对昌都镇污水处理厂工程、国道219线新藏公路（西藏境）门士至巴嘎段改建整治工程等20个建设项目进行了竣工环保专项验收。协调环保部加快审批了拉日铁路、贡嘎机场改扩建、拉萨至贡嘎机场专用路等

自治区重点项目的环评，确保了自治区重点项目顺利开工建设。

【**污染物减排**】昌都污水处理厂建成并投入使用，拉萨污水处理厂按施工进度顺利实施，那曲镇污水处理厂已完成初步设计，其他4地区行署所在市（镇）及2个口岸污水处理厂前期工作进展顺利。加强了污染源监管工作。对国控和区控重点企业开展执法监察和监督性监测，确保污染物达标排放。全区“十一五”主要污染物总量控制目标顺利实现。

【**污染防治**】加大饮用水水源地环保专项执法检查力度，督促拉萨市西郊水厂和日喀则市东郊水厂周边污染两个挂牌督办环境问题完成了整改工作。开展了持久性有机污染物调查和更新调查。完成了《西藏自治区土壤污染状况调查报告》，并经自治区人民政府审定上报环境保护部。拉萨市人民政府颁布了《拉萨市机动车污染物排放监督办法》。各地（市）相继开展了汽车尾气污染防治、饮食油烟治理、燃煤燃柴锅炉改造和噪声扰民整治等工作。

成立了自治区环境综合整治工作领导小组，印发了《西藏自治区环境综合整治工作方案》，在全区继续开展了重点交通干线、旅游景区及主要城镇环境综合整治工作。启动了“西藏自治区贡嘎机场—拉萨—林芝区域环境综合整治项目”。

【**辐射与危险废物安全监管**】完成了全区放射源清查，开展了电力、通讯、广播电影电视等行业电磁辐射项目的环评审批和全区电磁辐射设备（设施）申报登记。西藏自治区辐射监测实验室及配套废物贮存间投入运行，安全收储了3枚废旧放射源。妥善处置了拉萨市人民医院Ⅰ类放射源安全退役事宜。及时处理了10余起电磁辐射举报投诉。截止2010年年底，全区共有放射源70枚，射线装置810台（套），电磁辐射设备4773台（套），均处于安全监控状态。

积极推进危废和医废处置设施建设，山南、林芝、昌都三地区医疗废物集中处置设施建设项目开工建设。

【**环境监察与排污收费**】下发了《关于规范矿产资源勘查项目环评管理工作的通知》，规范了矿产资源勘查阶段的环境保护工作。对全区7地市所有选矿和部分重点矿山开采企业进行了环保专项执法调研，形成了《全区选矿和重点矿山开采企业环保执法调研情况和工作建议》。自治区下发了《西藏自治区人民政府办公厅关于关闭和整改部分选矿厂的通知》，对9家存在重大安全和环境隐患的选矿厂责令限期关闭，对19家存在较大环境问题和污染隐患的选矿厂进行挂牌督办；自治区环保厅对未纳入自治区关闭和挂牌督办、且存在环境污染隐患的26家选矿和16家重点矿山开采企业下发了限期整改通知。

围绕饮用水水源地保护、重点建设项目环境监察、矿产资源勘查与开发环境监管、重点区域环境综合整治和各级政府挂牌督办环境问题，继续开展整治违法排污企业保障群众环保专项行动。共出动环境执法检查人员1801人次、车辆858台（车）次，共检查企业（项目）1335家（处、个）。查处了存在突出环境问题的企业（项目）143家（个）。

2010年，全区共征收排污费826.4万元。

【**环境宣传教育**】召开了《2009年西藏自治区环境状况公报》新闻发布会，发布了《2009年西藏自治区环境状况公报》。“6·5”世界环境日期间，各地（市）采取发放宣传单、悬挂宣传横幅、张贴宣传图片、免费发放环保布袋、发布短信和播放宣传教育片等方式开展了内容丰富、形式多样的宣传活动，共发放环保宣传手册近50000本、环保挂图2000余份、环保布袋15000多个，接受群众咨询500多人次。会同团区委、中国移动西藏分公司开展了“高原绿色希望工程—湿地保护计划”活动，并在林周县甘曲湿地举行了奠基仪式。自治区环保厅配合自治区人大开展了“中华环保世纪行—西藏行”活动，对3地（市）9个县（区、市）开展了环保检查和宣传活动。

2010年，自治区环保厅配合相关部门接待了23批国内外来访团组，客观真实地介绍了西藏环境状况及环境保护工作所取得的成效。2010年，在《西藏日报》等新闻媒体上共刊登220篇有关西藏环境保护的文章。

【**政务信息及环境信访**】2010年，全区环保系统共报送信息1201条，自治区环保厅共采编上报12期681条，其中被自治区党委采用105条，自治区人民政府采用88条，环保部采用74条，受到了自治区党委、人民政府和环保部的表彰。全年共接到群众来信来访环境问题420件，办结402件，办结率95.7%；共接到12369环保举报热线372件，比2009年下降12.7%。

【**领导名录**】

党组副书记、厅长：张永泽

党组成员、纪检组长：肖珍

党组成员、副厅长：张天华、江　白、刘舒生、庄红翔

副巡视员：李维星

厅长助理：欧阳朝斌

自治区地质矿产勘查开发工作

【**年度综述**】2010年，区地勘局按照中央第五次西藏工作座谈会“建设五个基地”的要求，紧紧围绕西藏工作主题和经济发展战略，认真履行地质人的历史责任和资源保障使命，坚持“地质主业大发展，关联产业抓重点”的发展思路，大力推动地质勘查取得重大成果，大力推动产业经济快速发展，大力推动做好各项保障工作，为自治区经济社会跨越式发展和长治久安发挥了应有的作用。

【**地质勘查取得预期成果**】进一步加大项目投入力度，积极承揽了各类地勘项目81项，项目总经费约2.7亿元，是历年来承担国家项目最多的一年，实现地勘项目数量和资金投入双增长。其中：青藏专项项目32项，经费16880万元；自治区专项资金项目8项，经费约7000万元；国土资源部项目1项，经费330万元；中央财政补助项目2项，经费180万元；国家及自治区科研项目7项，经费约100万元；局筹资普查及科研项目8项、预查项目12项，经费约1500万元；合作地勘项目11项，经费约1000

万元。

完成主要实物工作量：钻探 22403 米、槽探 46407 立方米；1:5 万地质填图 3090 平方千米；1:5 万水系沉积物测量 8918 平方千米；1:20 万水系沉积物测量 68526 平方千米；1:1 万地质草测 562.8 平方千米；1:5 千地质草测量 72 平方千米。

青藏专项的 3 个地质矿产调查项目通过矿产检查，发现矿体及矿化体 15 处，有望提供新发现矿产地及找矿靶区，2 个新开地质矿产调查项目，通过面上调查有望圈定一批化探异常，将为进一步开展工作提供重要依据；5 个矿产勘查项目开展综合研究，已提交勘查成果报告，2 个项目对矿体进行了进一步控制，其中班公湖—怒江成矿带西段铜多金属资源调查项目有望扩大资源量；3 个化探项目有望圈定一批化探异常，将为矿产勘查提供重要依据；矿产资源潜力评价项目，已完成全区铁矿资源潜力评价预查工作，完成全区地、物、化、遥基础性图件编制及数据库建设工作，基础编图除物探课题获得良好外，其余课题均获得优秀成绩，现正在进行铜等其它矿种的预测工作区编图及综合研究工作，项目工作成果将有效指导我区矿产工作部署。青藏专项的 4 个矿产远景调查项目及 2 个化探项目，有望圈定一批有工作价值的化探异常，将为矿产勘查提供重要依据；3 个矿产勘查项目对矿体进行了初步控制，其中拿若、达布项目找矿效果明显，有望扩大矿体规模；3 个区调项目工作进展顺利，有望在解决重大基础地质问题方面提供重要依据。

【自治区专项资金项目逐项推进】地勘局承担自治区地质勘查资金项目 8 项，其中 3 个项目由于关系协调困难无法开展工作外，其余 5 个项目进展顺利。色不塔、拿顿、江拉昂中项目对矿体进行了控制，青草山及铬矿勘查项目有望取得重要进展，将为下一步工作提供重要依据。

【局筹资普查、预查项目重点突出】为加强地质矿产勘查工作，地勘局千方百计筹措 1500 万元资金用于矿产勘查和科研，设置普查项目 5 项、预查项目 12 项、化探项目 1 项、科研项目 2 项。多不杂普查项目已对矿体作进一步控制；布主金（锑）矿普查项目，查明了Ⅰ、Ⅱ号矿体及Ⅲ号矿化带的基本地质情况，新发现 5 处矿化点及矿化线索 5 处；浦桑果多金属矿普查项目已对矿体开展深部工程控制，有望扩大矿体规模；化探项目通过异常查证发现了重要找矿线索；预查项目正相继开展工作，有望取得找矿新发现。

【合作勘查项目取得进展】地勘局和所属地勘队伍对合作勘查项目高度重视，采取多种措施、克服重重困难，千方百计推进合作项目的实施，并取得一定地质工作成效，如蒙亚啊、查藏错铅锌矿区，通过深部工作控制，发现了新矿体，取得了明显的找矿效果，为下步开发打下了基础。其它合作项目正督促合作方采取措施加快勘查进程。

【科研成果喜人】冈底斯东段及班怒西段铜金多金属成矿特征与资源评价研究项目，通过主要典型矿床的对比研究，确认了矿床的构造定位、成因类型及叠加矿化特征，对指导找矿提供了重要依据；高寒条件下低品位硫化铜矿细菌浸出研究项目完成浸矿细菌采集、培养、研究矿样采集以及浸矿细菌强化试验，相关研究成果对指导我区铜矿开发具有重要意义；藏药材质量标准化研究已完成样品采集，正进行 15 种藏药材的分类、命名以及物理、化学性质、功能、炮制方法、用法用量等方面研究，研究成果对藏药材标准化应用具有重要意义。地勘局“十二五”规划的初稿已编写完成。

【产业经济协调发展，矿山建设积极推进】2010 年，计划完成产业经济收入为 26000 万元，节余收益 4000 万元。2010 年，全局实现总收入 82481.88 万元，其中地勘费预算拨款 44296.78 万元，经营收入 38185.10 万元，完成税后节余收益 10843.80 万元。

2010 年，完成支出 71638.08 万元，其中，预算内支出 38990.11 万元；经营支出 32647.97 万元。

2010 年，西藏自治区矿产品及金银饰品检验中心挂牌成立，6 月 1 日，鑫达矿产品物流储运基地专用线正式运营，将形成年吞吐量 20 万吨以上规模的转运站。这些对外经营和合作项目的实施，既取得一定经济效益，也为解决社会就业做了身体力行的贡献。

地勘局高度重视招商引资和对外合作工作，积极参与矿山建设和商业性地勘工作，与数家公司就开展合作风险勘查与开发事项进行了洽谈与磋商，2010 年引进资金进行商业地质勘查资金 15700 万元，加快了我区的资源勘查与开发。合作开发目前已成为各队矿权运作的主要模式。对已合作的项目，严格履行合作协议规定的权利和义务，努力解决合作中出现的困难和问题。

【基础设施得以改善】2010 年地勘局积极筹措建设资金 1 亿余元，开展了大规模的基建工作，工程涉及职工周转房、地质科技综合用房和生产车间建设、基地环境改造、野外装备提升等十多项内容。这些基础设施建设，将大大改善地勘局生产生活环境，全面提高地质人员的工作积极性、主动性和创造性。

【积极协调和落实对口援助】2010 年国土资源部正式恢复了对地勘局的对口援助工作并建立了援藏机制，落实了加大对西藏地质勘查项目的支持力度、技术人员培训、地质博物馆和样品库援建等项目。到目前为止已接受援藏干部 8 人，落实援藏资金 845 万元。2010 年 11 月，中国地调局与地勘局共同组织了由 200 余人参加的涵盖地质找矿、区域调查、地质工程勘探、遥感为主要内容的高级地质干部和人员综合培训班。同时，选派了 2 人到中国地调局挂职锻炼。

【领导名录】

党委书记：李清波

局　　长：多　吉

副 局 长：李光荣、苑举斌、覃志安

局长助理：陈情来

第五篇 社会事业

科技、教育

自治区科技工作

【年度综述】2010 年，全区科技系统抓项目、抓效益、抓措施、抓落实。共安排自治区重点科技项目 118 项，落实应用技术研究与开发经费 11000 万元，比 2009 年增加 1000 万元；争取国家各类科技项目 75 项，落实资金 4151 万元；各地（市）安排科技项目 106 项，落实资金 1718 万元。重点实施了金牦牛科技工程、金太阳科技工程、藏药产业技术创新联盟工程、藏毯产业发展科技工程、绿色食（饮）品产业技术创新联盟工程。农牧业科技成果转化基地得到巩固和扩大。农牧民科技特派员队伍进一步壮大。藏药、藏毯等产业关键技术研发取得新进展。山南地区村村通、阿里地区光伏电站扩容等新能源技术示范推广项目稳步实施。加强了省部共建国家重点实验室培育基地、区院科技合作共建实验室（工程技术中心）和自治区重点实验室（工程技术中心）建设力度。西藏（成都）科技孵化器升格为国家级科技孵化器。实施了“尼洋河流域可持续发展实验区”项目。西藏自治区自然科学博物馆奠基开工。成功召开 2008-2009 年度全区科学技术奖励大会，共评选出一、二、三等奖 31 项。成功承办 2010 年西藏自治区科技发展战略讲坛。“十二五”科技发展规划编制工作进展顺利。

【加快农牧业科技进步】加强农牧业应用基础研究。在农作物育种方面，实施了冬青稞、油菜、马铃薯新品种选育以及饲草料等高效作物新品种选育四个子课题；在畜禽育种方面，实施了西藏牦牛实验基地筹建与本品种选育、藏鸡实验基地筹建与本品种选育、藏猪本品种选育、西藏绵羊本品种选育等四个子课题。继续实施“金牦牛科技工程”，在那曲开展了提高犊牛、母牦牛生产性能技术示范、规模化短期育肥模式研究与示范、牦牛寒季育肥标准化生产技术示范和产业化关键技术研究，在昌都建立了牦牛养殖和育肥基地，在阿里实施了冬春季节牦牛保膘育肥饲养管理技术研究。选育的牦牛后代综合生产性能提高 15%以上，冷季平均掉膘从 20%降低到了 7%，冬季死亡率降低 10—15%，母牛产乳性能提高 20%以上，进一步扩大了“金牦牛科技工程”的成效。实施的“阿里地区醉马草综合防治与利用技术研究”项目，开展了醉马草调查、生态系统控制工程试验和注射化学除草剂试验，建立了自然恢复隔离示范草场和醉马草去毒加工示范点。

推进农牧业科技成果转化基地建设。在 2009 年基础上，继续巩固和扩大“山南、林周农牧业科技成果转化示范基地”、“日喀则地区种植业结构调整增效与农区高效养殖技术集成及产业发展”等项目。实施了乃东县养牛技术示范、琼结县仔猪繁育技术示范、贡嘎县养鸡实用技术示范、良种牦牛示范推广、农作物高产栽培技术示范、庭院沼菜结合技术示范等 6 项重点技术转化课题，集中示范转化粮油作物高产栽培、优良畜禽饲养、农畜产品加工等技术，示范转化各类实用技术、新品种近 30 多项，已累计培育示范户 3900 多户，取得了显著的经济社会效益。

积极争取国家科技计划项目。根据我区“十二五”经济社会和科技发展需求，加大项目组织和筛选工作，向科技部申报了“西藏青稞育种技术研究与新品种选育”等 15 个项目为西藏自治区申报“十二五”国家科技计划农村领域首批预备项目，总申报资金达到 1.4 亿多元。组织申报青藏高原优质牧草产业化关键技术研究与应用示范项目为“十二五”国家支撑计划滚动支持项目。完成了 2010 年度我区申报国家科技富民强县专项行动计划、农业科技成果转化、星火计划等组织编制、评审、申报等工作，争取国家科技富民强县专项行动计划 7 个，中央财政资金支持 1210 万元，农业科技成果转化专项资金项目 12 个，中央财政资金支持 1000 万元，星火计划项目 10 项，中央财政资金支持 380 万元。组织开展了“日喀则国家级农业科技园区”申报第三批国家农业科技园区工作。

稳步推进科技特派员制度。进一步完善科技特派员制度，按照重点发展县、乡、村农牧民科技特派员的工作思路，2010 年新选派农牧民科技特派员 500 名，同时，安排专项培训经费 163 万元，共完成 1163 名科技特派员培训；设立专项资金 500 万元，扶持发展科技特派员示范大户 88 户，评选出“全区十大科技特派员优

秀标兵”。

【推进特色产业技术创新】产业技术创新工作取得了新成效。“藏药产业技术创新联盟工程”、“西藏藏毯产业发展科技工程”进展顺利，开展产业发展共性关键技术攻关，提升传统产业技术水平。“西藏红景天规模化繁殖与种质考察”项目，对红景天样品进行了鉴定，对红景天资源种类、分布、生态习性、繁殖等进行了分析。“西藏濒危藏药材植物资源调查与种质保存”项目，筛选20余种濒危藏药材植物。“西藏藏药材规范化种植示范”项目，进行了藏紫草、杂花龙胆、船形乌头、螃蟹甲、乌龙龙胆等7种藏药材的繁殖技术研究以及部分药材的栽培技术研究。加强了“藏医药现代化关键技术研究”、“西藏冬虫夏草资源可持续利用关键技术研究与示范”，取得了阶段性成果。

【提高民生领域科技应用水平】大力实施“金太阳科技工程”和无电地区电力建设。组织实施“阿里地区光伏电站扩容”、“那曲地区尼玛县、双湖区和拉萨市尼木县无电地区电力建设”项目。对阿里地区日土县、革吉县、札达县、措勤县4县18座乡级光伏电站进行了改扩容，改扩容总功率808.54千瓦，解决了阿里四县18个乡农牧民、学校生活、学习及基本用电问题。完成了那曲尼玛县、双湖区和尼木县的无电地区电力建设规划设计，并通过了专家评审。主要解决无电地区农牧民生活用电难问题，在无电地区建设光伏及风光互补电站101座，装机容量1353.44千瓦；同时发放光伏户用系统5269套，项目实施后解决9654户农牧民生活用电问题。引进附加阳光间、特朗勃墙等被动式太阳房，与安居工程结合，在达孜县、墨竹工卡县、当雄县、曲水县建立示范村，解决了260户，1300多人冬季供暖问题。引进中小型风力发电技术，在双湖特别区建立100KWp风光互补示范电站，在风力装机上实现了单台风机装机达到10KW的突破。促成了比亚迪公司向我区无电地区1000户农牧民，捐赠2500万元的太阳能户用光电系统的事宜。

实施“西藏农牧区可替代能源技术与示范”项目，完成了集中供气沼气站的试运行、被动式太阳房改建、技术材料完善等工作。完成了自治区太阳能检测中心设备选购、安装和调试等工作，搭建了光伏组件电性能测试平台、光伏组件老化测试系统、自动气象数据收集系统、蓄电池检测平台，以及逆变器控制器检测系统等。通过与中科院太阳光伏发电和风力发电系统质量检测中心合作，完成了检测实验室质量管理手册和实验室标准认证文件的编制。组织实施了“太阳能浮罩式沼气池在西藏农村的推广应用”、“西藏新能源资源调查”等项目。

加强生态环境保护与建设。实施的“生物质压缩成型燃料和改良示范炉在当雄的II期示范”项目，为示范户配备改良示范炉及生物质压缩燃料，示范效益明显。实施“拉萨河流域高原湿地保护与修复技术研究与示范”项目，在拉萨拉鲁湿地和曲水县建立了3个自动气象站。实施的“高原湿地的保护和恢复研究”项目，进行了湿地水坝工程设计施工、盘状鸟巢的设计制作和湿地植被调查。实施的国家科技支撑计划项目—“西藏高原国家生态安全屏障保护和建设关键技术研究与示范”，完成了墨竹工卡县30户被动式太阳房建设，受益人口近200人。实施的“高原缺氧地区生活垃圾资源化处理技术研究示范”项目，完成了垃圾资源调研、垃圾分类检测、中试图纸设计、试验场地征用和为期两年的实验室测试，在拉萨市垃圾填埋场进行了中试。

【推进科技平台建设和科技服务能力建设】优化配置科技资源，不断加强科技条件平台建设。开展了自治区能源检测中心检测标准的培训和检测楼改造，检测平台搭建设计方案制定、组织施工、检测设备计量标定和调试。完成了西藏特色真菌重点实验室前期准备工作。开展了西藏科技信息服务节点建设，完成了科技信息服务平台建设、科技信息资源建设、科技信息相关标准与规范建设、科技信息服务组织体系建设、科技信息服务应用示范与推广等工作。依托西藏科技信息研究所建立了国家科技图书文献中心拉萨服务站。在已有的维普数据库和万方数据库等科技文献资源基础上，引进了同方知网CNKI数据库，完成了国内三大中文科技文献数据资源的引进和本地建设。完成了“西藏旅游资源信息管理系统”开发，建立了西藏旅游资源数据库和西藏旅游电子商务管理模块。

加强科技中介服务。组织区内32家企事业单位参加了第十三届北京科博会，二十多个企业和个人与参展单位达成初步合作意向。承办了由科技部组织召开的“两服务行动”援藏座谈会，全国11个省级科技厅、13家生产力促进中心参加了会议，密切了自治区生产力中心与内地有关单位的合作关系。自治区生产力促进中心通过科技部“国家级示范生产力促进中心”绩效考评。

推进科技企业孵化器建设。“西藏自治区科技创新服务平台—西藏科技孵化器建设”项目列为自治区“十二五”重点项目，完成了2010年新入孵企业项目评审工作和毕业企业毕业前的调查工作。积极做好毕业企业落户工作，入孵企业共计31家，其中18家企业将分别落户在西藏拉萨经济开发区、达孜工业园区、曲水工业园区和拉萨本地。

加大科技人才培养力度。依托重大科技项目、重点科研基地以及学术交流合作项目，加快了创新人才和创新团队建设。加大了对科技人才创新创业活动的支持，深入推进科研单位内部运行机制改革。组织召开了两次自治区自然科学科研实验系列高级职称评审会，推荐上报了30名申报高级职称人员。组织6名党政干部和专业技术人员到自治区党校、国家行政学院、内地有关科研单位培训。在山东青岛举办第四期“科技兴藏人才建设培训班”。“中科院研究生院西藏项目管理工程硕士研究生班”17名学员通过国家统一GCT考试。

加强知识产权保护工作。开展了2010年全国知识产权宣传周活动，组织召开了“知识产权工作座谈会”，举办了第十一期“西藏中小企业知识产权培训班”。加强了专利申请服务，接待专利咨询人员80人（次）。开展了知识产权优势企业培育工程。完成了中国专利奖和第二批全国企事业知识产权示范创建单位的推荐工作。启动了第四批全国企事业单位知识产权试点工作。联合相关单位开展了知识产权联合执法行动，抽查商品300多种，没收盗版图书100册，音像制品50盘。

【加大科技普及宣传工作】组织开展了全区“科技活动周”活动。组织有关科技人员深入林芝、堆龙德庆县等地开展了科技宣传活动，发放科普资料20种共2.1万册科普读本，赠送了价值10多万元的科普器材。通过各种形式的科普宣传活动，共培训农牧民群众1.2万人（次）。评选了第二届全区“十大农牧民科技致富带头人”。西藏自治区科学博物馆开工奠基。

【拓展科技交流与合作空间】科技合作开创新局面。国际科技合作工作紧紧围绕国家战略需求及自治区经济社会战略发展需求，本着“按需开展，灵活机动，追求实效”的原则，根据科技外事工作新要求，加强了“三引”（引进资金、技术、智力）工作。拓宽国际科技交流合作渠道，积极创新合作方式，提升开放合作层次。实施的国际合作项目、区院合作项目进展顺利。加强与区外科研院所、大专院校的联络和重大科技项目的合作，组团赴浙江省、江苏省开展了科技考察和科技交流。

【加强科技援藏联络与协调工作】自治区有关部门和各地（市）加强了与兄弟省（区、市）特别是对口援藏省市科技系统的沟通联系，协调落实第三次全国科技援藏工作座谈会议定的事项，巩固了会议成果，丰富深化了合作内容，开创了科技援藏工作新局面。

自治区农牧科学院

【年度综述】2010年，自治区农牧科学院深入贯彻落实中央第五次西藏工作座谈会、区党委工作会议以及全区经济、农村、科技等会议精神，从我区经济社会跨越式发展对农牧科技的现实需求出发，立足于攻克农牧业增效、农牧民增收技术难题，全面加强科技创新，全力推进成果转化，全方位加大科技服务力度，取得了农牧科技事业发展的新成就，为社会主义新农村建设提供了强有力的科技支撑。

【落实项目抓发展】全院上下牢固树立抓项目就是抓发展的工作理念，千方百计争取科技项目，全力以赴推动农牧科技事业发展。2010年，在国家和自治区有关部门的大力支持下，全年落实各级各类项目180项，总经费13538.75万元，年度经费12677.35万元。

一是科技项目数量与经费创历史新高。落实科技项目165项，经费9223.83万元，年度经费8362.43万元，其中新立124项，经费7458.73万元；接转41项，经费903.7万元。

二是加大科研平台与条件改善项目争取力度。落实科研平台与条件改善项目15项，经费4314.92万元。

三是加强重大项目申报立项工作。2010年自治区农牧科学院积极引导和组织科技人员申报国家发改委工程实验室项目“青稞种质改良”和“牦牛良种繁育”，科技部“十二五”预备项目8项，自治区“十二五”规划项目“西藏拉萨国家农业科技园区二期工程建设”、“西藏农牧业品种资源保护与生物育种工程”、“西藏农牧业科技创新与服务能力建设”，农业部援藏项目“西藏特色农作物高效栽培技术集成与示范”、“西藏特色畜禽高效养殖技术集成与示范”、“西藏特色园艺作物高效种植技术集成与示范”，申报自治区科技厅“十二五”重大科技专项5项，向人社部申请立项了博士后科研工作站。

【突出特色抓创新】一是农牧业新品种选育取得新突破。扎实推进特色农作物新品种选育，鉴定和繁殖农作物珍稀种质资源652份，田间鉴定杂交后代材料5406份，配置杂交组合1033份，选育出一批优良品种，3个品种通过审定，集中展示和示范了13个农作物新品种，培育出青稞等高产超高产新品种7个，普遍增产20%以上。在牦牛、藏西北绒山羊、藏鸡等特色畜禽育种和生产性能改良技术研究上取得重要进展，生产性能提高15%以上；牦牛本品种选育产生后代915头，犊牛成活率达94%，初步制订了帕里牦牛本品种选育技术规程；绵羊胚胎移植研究取得新进展，受胎率达36.5%，羔羊成活率达69.6%；启动了优质牧草育种，种植了300份优异亲本材料，加大了当地野生牧草驯化栽培技术研究力度。引进辣椒、番茄、甘蓝等蔬菜新品种55个，筛选出15个适合我区种植的品种；提纯复壮6个西藏辣椒品种；收集西藏野生菌类资源材料460份，获得了7份黑木耳、灵芝等可食用菌株；开展了冬虫夏草品质评价指标体系研究。在农牧业新品种选育及其原种繁育体系建设方面取得了重大进展，为发展西藏现代种业奠定了物质基础。澎波半细毛羊新品种培育研究获得自治区科学技术一等奖；西藏牦牛生产性能改良技术研究、西藏核桃新品种选育与栽培技术研究获得自治区科学技术二等奖；冬青稞新品种冬青11号选育研究获得自治区科学技术三等奖。

二是农牧业特色产业关键技术集成创新取得新成效。牦牛本品种选育与高效养殖及产业化技术、青稞农家品种品质分析等国家科技支撑计划和973前期项目，经过三年的实施，2010年通过验收，取得了一批技术成果。实施科技项目50多项，在农作物新品种高产栽培、植物保护、农产品开发、畜禽良种繁育与高效养殖、优质牧草高效种植、畜禽重大疫病防控、设施园艺作物新品种高效栽培、农畜产品质量标准制定、农业环境检测和生态环境保护等10多个领域开展技术创新，研究集成17项实用技术，为农牧业增产增效提供了技术储备。西藏主要农作物标准化生产技术研究与示范研究成果获得自治区科学技术一等奖；牦牛半人工舍饲综合技术研究与示范、西藏放牧绵羊营养补饲模式研究、西藏设施蔬菜优质高产栽培模式研究与示范获得自治区科学技术三等奖。

三是现代农牧业产业技术体系建设取得新进展。积极争取国家农业部现代农业产业技术体系岗位专家和试验站，建立了青稞、油菜、马铃薯、大宗蔬菜、食用菌、燕麦、牦牛、绒毛羊、牧草、绒山羊等13个西藏综合试验站和2个青稞栽培专家岗位，加强了示范基地建设，为提升我区农牧业科技创新能力奠定了基础。

【围绕增收抓转化】2010年，自治区农牧科学院按照“一产上水平”、农牧业增效、农牧民增收的目标要求，以农牧区为主战场，以科技示范为先导，组织全院科技力量，采取建立示范基地、科技特派员进村入户等方式，依托国家和自治区科技、财政、农发等项目的实施，不断加大科技成果转化力度，先后示范推广了11个农牧业新品种和23项先进实用技术，充分发挥了农牧科技的引领带动作用。

一是加强农牧业科技成果转化示范

基地与示范区建设。重点实施了“山南地区农牧业科技成果转化”、“日喀则地区种植业结构调整增效与农区高效养殖技术集成及产业发展”、“那曲地区牦牛高效繁育与快速出栏技术示范”等科技专项，建立了12个成果转化示范基地和示范区，覆盖25个县27000多农牧民，累计新增产值0.5亿元，农牧民人均增收1851元。建立和巩固了堆龙德庆、曲水、白朗3个农作物良种繁育基地，年生产农作物新品种原种、原原种40万公斤，繁殖和示范推广青稞、小麦、油菜、荞麦等农作物良种493.5万公斤，有效缓解了我区农作物良种供求矛盾。

二是加大农牧业先进实用技术成果转化力度。实施主要农作物良种繁育及高效栽培技术示范25.4万亩，新增产值4350万元，集成示范了主要农作物标准化生产技术模式，为全区种植业树立了样板。进一步扩大了养蜂规模，培训蜂农100户，示范户户均增收4万元。实施特色畜禽良种选育及高效养殖、优质牧草高效种植技术示范，科学养殖畜禽3.6万头（只），改良黄牛2.7万头，良种牛个体产奶量提高20%以上，高效育肥牛羊1.7万头（只），繁育优良仔猪2880头，推广彭波半细毛羊新品种4200只，多玛绵羊良种覆盖率提高到25%；围栏天然草场2.5万亩，实施高寒牧区优质牧草种植示范3536.3亩，完成燕麦、饲用玉米、苜蓿等标准化栽培技术示范4.8万亩，平均增产20%以上；防治氟中毒病家畜12.09万头（只、匹），治愈率达95%以上，为发展特色畜牧业提供了技术支撑。实施名特优蔬果标准化生产技术示范5000亩，繁育推广优质蔬菜瓜果种苗40万株、马铃薯良种16.38万公斤，扶持建设了5个蔬菜标准化生产示范村，示范户年均收入达2万元以上。

【面向基层抓服务】按照自治区扶贫工作部署，认真做好定点扶贫工作。多渠道争取资金，以尼玛乡为重点，辐射周边乡镇，大力实施饲草基地建设、牦牛良种繁育、牦牛育肥、羔羊育肥、乳品加工、牧区综合技术服务能力建设等科技项目，实现项目区人均增收670元，受到当地政府和牧民群众的高度赞扬。采取灵活多样、通俗易懂的方式，先后完成了9个县11200多名农牧民实用技术培训任务，编写发放农牧业实用技术科普读物4万册。开发了30个农牧业科技信息多媒体课件和125个实用技术网页，巩固提升了10个农牧科技远程教育接收站，全方位开展农牧科技实用技术信息化服务。开展了农产品质量安全例行监测、自治区餐饮食品监督检验、农产品质量安全大检查等，完成了440个蔬菜样品50余种农药的残留检测，为提高我区农产品质量安全水平和加快农牧业生产标准化进程起到了促进作用。

【强基固本抓能力】2010年，自治区农牧科学院狠抓了人才培养、平台建设和产业研发等工作，进一步提升了农牧科技发展能力。高级专业技术职称科技人员增至88人，研究生分院在读研究生增至45名，有2名科技人员获得攻读澳大利亚国际农业研究中心博士学位奖学金。色珠研究员荣获“全国先进工作者”称号，尼玛卓玛研究员获得“全国先进科技工作者”并荣获“十佳全国优秀科技工作者”，姬秋梅研究员荣获“第七届中国青年女科学家奖”和“全国优秀科技工作者”，禹代林副研究员荣获“全国优秀科技特派员”称号，欧珠同志获得“自治区‘十一五’重点建设项目工作突出贡献个人奖”，旺久同志荣获“自治区科技特派员优秀标兵”称号，杰布同志荣获“全区定点扶贫先进个人”，央金同志获得“全区优秀妇女干部”，为自治区农牧科学院争得了荣誉。加快了科技部“西藏青稞种质改良与牦牛繁育重点实验室”建设步伐，积极争取农业部“青稞改良中心”和“野外实验站”等重大科研平台建设项目，充实完善了综合实验楼各专业实验室的设施设备，整治了“西藏拉萨国家现代农业科技园区”周边和院机关工作环境，完成硬化路面及绿化等8100平方米。2010年，自治区农牧科学院自治区农牧科学院进一步加强科技产业研发工作，有力增强了农产品加工、种业发展等科技产业研发能力。积极开展“核桃青稞虫草露”产品配方和生产工艺研发，有效扩充科技产业发展内涵。全年生产红景天饮料3.5万件，完成产值170余万元。

【着眼长远抓合作】全年邀请33名外国专家来自治区农牧科学院开展学术交流，派遣27名科技人员出国培训，开展了家畜微量元素调查、奶牛养殖、饲草种植等国际合作，成功举办了“西藏高原草地畜牧业应对气候变化与经济全球化学术研讨会”，同中国农科院及其12个专业研究所签订了对口合作协议。全国兄弟省院领导和专家60多人来院开展项目合作与学术交流。组织挂靠在自治区农牧科学院自治区农牧科学院的5个专业学会开展学术交流活动9场次，共交流论文110篇。

西藏社科院

【年度综述】2010年，西藏社科院进一步解放思想，锐意改革创新，科研工作取得新进展；常吹“三股风”，强调“一个转变”，以科学发展观为指导，以人为本，管理创新取得新突破，总体任务得到全面落实，为我区经济社会的繁荣发展稳定和社会主义现代化事业做出了应有的贡献。

【固强院之本，应用性与对策性研究得到进一步巩固及加强】一是在修改完善区党委张庆黎书记交办的6大课题（7个调研报告）的基础上，再次呈送区党委、政府和区直单位有关领导，征求意见和建议后，再行整理、分类、编辑成册，并出版发行或送有关领导及部门参阅。二是中标4项国家社科基金项目，即《边疆民族地区年轻干部队伍建设战略研究》、《西藏对外贸易与区域经济发展研究》、《藏区生态移民与生产生活转型研究》、《西藏拉萨市东嘎镇的社会变迁回访调查研究》。三是完成了国家社科基金重大招标项目《维护西藏地区社会稳定对策研究》的子课题《西藏特殊地位评述和维护社会稳定主要问题分析》；完成了国家社科基金招标项目《维护西藏地区社会稳定对策研究》子课题——《民族问题对西藏社会稳定的影响及对策》的初稿等。四是西藏社科院申报国家委托的“西藏项目”16项，申报请示已上报全国社科规划办；申报国家民委“国家民族问题研究项目2010年度课题”并中标1项。五是中标国家社科基金项目《关于维护西藏社会稳定“长久之策”的几点思考》被全国哲学社会科学规划办以《成果要报》形式上报后，其中的重要观点和对策建议得到了中央领导同志和有关部委负责同志的高度重视。六是完成《西藏百年史研究》课题中的《口述西藏百年历程》、《口述当代西藏第一》、《西藏名人回忆录》，《西藏百年史料选辑》、《西藏百年史论文选》等。七是完成《恰白学术思想研究》课题，出版《超越神话的探究者》、《恰白·次旦平措年谱》，完成恰白先生《西藏通史简版》翻译并列入出版计划，英文版《恰白访谈录》也即将出版。八是完成委托课题14项。主要包括“日喀则地区国民经济和社会发展‘十二五’规划研究报告”、“朗县‘十二五’规划研究报告及纲要”、“《2010年西部经济发展报告》特约课题：“西藏自治区‘十一五’回顾及‘十二五’发展思路”，“昌都地区经济社会发展三项研究报告”。九是发表论文30余篇：主要包括《西藏教育的深刻变革与转折 ——纪念西藏百万农奴解放日设立一周年》、《弘扬“老西藏”精神，建设社会主义核心价值体系》、《“两个矛盾”决定西藏工作的主题必须是推进跨跃式发展和长治久安》、《立足西藏实际增强做好民族工作的能力》、《认清达赖集团的真实面目》、《进一步做好马克思主义“四观两论”通俗化工作——学习中央第五次西藏工作座谈会精神体会》以及新农村建设、民族、宗教、文化等方面的论文。十是由马克思主义理论所承担的《西藏的昨天、今天、明天》一书从全国的1200种选题中脱颖而出，被国家新闻出版总署列为68种庆祝建党90周年重点图书，是我区唯一一本入选书目。

【筑立院之基，传统藏学研究和优势学科发展获得新进展】一是完成院重大课题《西藏宗教宗派源流》50%的撰写内容；已完成跨年合作的院精品课题《苯教文化辞典》80%的撰写内容，字数达50多万。二是已完成院重大课题《因明说理研究》；专著《乃琼寺》（藏汉）；《格萨尔艺人桑珠说唱本》——《白热绵羊宗》上、下部；《格萨尔艺人桑珠说唱本》——《扎纳金子宗》；《格萨尔艺人桑珠说唱本》——《北岭之战》、《恩久达玛巴扎全集》的终审出版工作。三是完成《敏珠林寺、多杰扎寺历史及现状调查研究》、《元代雅桑政权势力的形成和衰落》等调研报告10余篇。四是已完成《西藏简明历史明镜》的编辑；《苯教史籍选编》的编辑排版。五是基本完成《巴协》、《恩久·阿旺多吉全集》、《全国少数民族古籍总目提要·藏族卷·西藏分卷》说唱类的编辑、编纂定稿工作。

【拓兴院之路，开放办院、合作办院呈现崭新局面】围绕援藏干部、援藏经费、科研指导、研究生培养、科研图书赠送、门户网站后期建设、增加西藏社科院“西藏项目”评委、指导西藏社科院编制“十二五”规划事宜、干部挂职、“人类思想进步史”和“西藏哲学社会科学成果展”设计布展等十项援藏事宜，按照院党政班子的委托，院班子主要成员前往中国社科院进行专题汇报，并就援藏工作达成共识。区党委书记张庆黎和区党委常委崔玉英对西藏社科院积极落实区党委工作部署及衔接中国社科院所做的工作给与了充分肯定，并做出重要批示要求西藏社科院抓紧做实。“开放办院、合作办院”局面打开，学术交流活动活跃。本年度进一步与中国社会科学院、中国藏学研究中心、上海、江苏、四川、云南、内蒙古、四川大学、中山大学等区外20余家科研机构及高校建立和巩固了学术交流与合作关系。开阔视野，提升业务素质和科研水平。在中国社科院的帮助下，西藏社科院成功邀请中国民族、宗教问题著名专家，郝时远、尕藏加来我区举行多场民族、宗教问题讲座，为拉萨地区社科理论界的专家学者提供了一个学习交流的良好平台，效果显著，社会反响良好。建立健全特邀、特聘研究员机制，聘用了一批特邀、特聘研究员。目前，西藏社科院聘任的特聘研究员7人、特邀研究员51人已在西藏社科院课题研究和学术带动方面发挥了积极的“传帮带”作用。配合党和国家工作大局，组织开展了系列社科理论界理论座谈活动。组织和参加了“‘老西藏’精神理论会”、“理论界学习中央第五次西藏工作座谈会”、“纪念国家西部大开发战略实施10周年理论研讨会”、“西藏自治区第二次汉藏翻译学术研讨会”，成功组织了“西藏百万农奴翻身解放纪念日一周年理论座谈会”等重大理论研讨活动。

【把握主线，服务外宣，科研辅助工作成果取得新成效】一是大力开展“请进来”。按照自治区《关于加快做好对尼泊尔经济文化等交流工作》的部署，西藏社科院成功办理了尼泊尔加德满都大学、孔子学院、特里布文大学、美国弗吉尼亚大学、美国英语学会、英国剑桥大学、奥地利科学院及在日华人教授等9批30余人次的进藏接待和管理工作，与其中三家签定了学术交流合作协议，听取了美国弗吉尼亚大学与我合作课题“雪域数码图书馆”的工作汇报。二是积极稳妥“走出去”。按照中央外宣办的安排，西藏社科院的次仁加布、保罗、班觉一行于2010年9月15日-26日随中国藏学家代表团访问了澳大利亚悉尼、堪培拉、墨尔本和新西兰惠灵顿、奥克兰。此次访问是西藏社科院有史以来的第一次单独组团访问，客观真实地宣传了西藏社科和藏学的发展及研究成果，有力地批判了达赖“西藏文化毁灭”的谬论，展示了西藏社科藏学人才的素质，彰显了西藏社科队伍的能力，中央外宣办为此专门给西藏社科院发来感谢信，给予了高度的评价；此外，西藏社科院与美国弗吉尼亚大学、挪威四所大学签订了学术合作协议，签定了西藏社科院与尼泊尔相关学术机构开展学术交流计划的协议；西藏社科院巴桑旺堆研究员、次仁加布研究员、顿珠拉杰副研究员以及西藏社科院已退休的诺章·吴坚4位学者参加了第12届国际藏学会议，把西藏社科院哲学社会科学特别是藏学研究的优秀成果推向国内外，把我方的声音有效地传递给了西方社会。三是推进科研辅助新功效。在科研辅助工作方面，西藏社科院保质保量、按期完成《西藏研究》藏文版4期、汉文版6期的组稿、编稿、发稿、出版等业务工作；采购藏汉文图书841册、藏文长条书84部、购藏文“甘珠尔”108册、接受区内外有关单位和个人赠送藏、汉、英文图书763册；顺利完成了院门户网站改版及扩建、改造工作；完成了18期《要情》的约稿、采编、赠阅和3期《科研视窗》的编发工作。先后组织60余人次的专家学者接受各大媒体采访，解答社会热点难点问题。

自治区教育工作

【年度综述】2010年，西藏教育系统坚持优先发展、育人为本、改革创新、提高质量、促进公平，全面贯彻党的教育方针，坚持科学谋划、稳步推进，扎实工作、求真务实，年度教育工作目标任务圆满完成，“十一五”改革发展目标基本实现。

【教育投入与支出】按照“政府投入办学、各级责任明确、财政分级负担、经费稳定增长”要求，将农村中小学教育全面纳入公共财政保障范围，逐步提高中小学公用经费标准，教育经费保障机制逐步完善，进一步提高保障水平，大力推进教育公平。

2010年，教育经费支出70亿元，比上年增加10亿元，增幅达17%。

落实教育基本建设资金66271万元。其中，义务教育阶段学校改造资金54318万元、特殊学校建设资金1773万元、高级中学项目建设资金4838万元、中等职业学校建设资金2000万元、高等院校建设资金3342万元。义务教育阶段农牧民子女“三包”政策不断调整和完善，2010年共落实落实“三包”政策资金51304.3万元，较2009年增加9380.02万元，增幅达22%，享受学生总数达27万人。全年共落实中等职业教育、高等教育阶段各类资助资金14431.331万元，累计资助学生15.5459万余人次。各级各类学校运转保障水平进一步增强。义务教育阶段免杂费8297万元，免费教科书财政补助6857.33万元，43.9万名中小学生受益；2010年1月1日起，师生公用经费年初预算标准进一步提高。

【教育改革稳步推进】为贯彻落实中央第五次西藏工作座谈会、全国教育工作会议精神和《国家中长期教育改革和发展规划纲要（2010-2020年）》，自治区成立了教育体制改革领导小组。教育厅制定了《西藏自治区教育改革试点方案》，确定了学前“双语”教育、义务教育改革均衡发展、推进素质教育、中等职业教育、高校创新人才培养模式、考试招生制度、县域教育综合改革、藏医药人才培养模式改革等8个改革试点项目。各项教育改革试点从2011年开始在全区范围有计划、分步骤地开展。同时，积极组织全国教育改革试点申报工作，教育部审定通过了藏医药人才培养模式和学前双语教育2个国家教育改革试点项目。

农村义务教育管理体制改革进一步推进。2010年，以做好“两基”迎国检准备工作为契机，进一步完善了对各级政府义务教育工作的考核机制，将地市行署（政府）和各县政府作为农村义务教育管理的责任主体。进一步明确了各级政府及相关部门的责任，完善了工作环节和制度规范，建立了自治区抽查与各地自查相结合的“普九”复查机制。各级政府加强了对当地义务教育的督导检查，在学校布局调整、建设用地等方面予以优先安排落实，严格控制义务教育阶段学生辍学，统筹做好控辍保学工作，“两基”迎国检工作扎实推进，巩固率稳步提升，学校管理进一步规范，教学质量稳步提高，学校面貌发生深刻变化。

农村义务教育办学模式改革进一步深入。将普及九年义务教育与发展农村职业技术教育紧密结合起来，将提高农牧民子女文化知识水平与劳动技能相结合，在农村中小学推行一校两牌制度，把县级职教中心建成县域经济发展人才供给的主要载体和促进农村劳动力转移的重要平台，使农牧民子女“升学有基础、就业有技能、回乡能致富”。“十一五”期间，73个县均建立了县级职教培训中心，年培训农村劳动力2.5万人次以上，增强了学校的吸引力，有力地促进了职业教育发展，为社会主义新农村建设提供了丰富的人力资源。

积极推进招生考试改革。积极推进区内各类考试招生改革，实施阳光招生，明确招生考试责任，加强招生考试监督力度，积极维护各类考生合法权益。2010年，借鉴内地省市高考改革经验，实行普通高校招生平行志愿改革，全面实行普通高考、中考网上阅卷评分，改造升级高考网络平台，进一步优化高考网络志愿征集系统，提高高考志愿征集的及时性、科学性和便捷性。

积极探索双语教育改革，进一步加强中小学以国家通用语言文字为主的双语教学工作，加强语言文字应用和管理工作。认真做好中小学教材与建设工作，优化课程结构，调整课程门类，更新教学内容，学校教育教学质量明显提高。学校体育、美育、国防教育得到加强。阳光体育运动深入开展，山南地区贡嘎县、拉萨市堆龙德庆县、林芝地区米林县以及教育厅体卫艺处被评为2010年度“全国阳光体育先进单位”。

【内地办学情况】全国现有20个省市28所学校开办内地西藏班，有58所内地重点高中、120余所高等学校招收西藏学生，内地西藏班在校生总数21800余人（含内地西藏中职班3000人），较2005年增加近7000人。2010年，进一步优化招生结构，平衡内地初中班生源，增加高中散插班学校数量和内地高中区内招生计划。完成初中招生1568人、高中招生2237人、大学招生1544人。全国现有12个省市42所国家级重点中等职业学校开办内地西藏中职班，完成招生3000人。坚持抓好西藏班（校）巡回宣讲和学校管理人员、藏文教师培训工作，加强师资队伍建设，提升教师综合素质。各办班省（市）和学校始终坚持育人为本、德育为先的办学理念，积极推进素质教育，深化教育教学改革，提高教育教学质量。

【教育援藏工作】2007年，国家启动新一轮教育援藏工作。新一轮教育援藏工作着力改善办学条件，着力加强教师队伍建设，着力加强人才培养力度，明确了目标任务，细化了工作措施。2007-2010年四年间，对口支援单位共援助资金3.59亿元，实施教育援建项目539个，新建校舍18.3万平方米，赠送图书资料75万册，培训教师和管理干部2691人次，派出援助人员756人次。教育援藏为改善西藏学校办学条件，提高教学、科研和管理水平发挥了积极作用。

【教育信息化建设】“十一五”期间，投入1.15亿元，实施西部高校校园网工程、农村中小学现代远程教育工程和基础教育信息化建设等，各高校、中职学校建设了计算机网络教室和校园网，现代远程教育“三种模式”和电视“班班通”基本覆盖全区中小学校。截至2010年，先后在全区中小学建设计算机网络教室360间（2005年有88所中学配备有133间）、卫星教学收视点983个（2005年为766个），在984所学校建立教育电视“班班通”（2005年为261所），建成中国教育电视台学习资源传输系统西藏服务器集成，完成全区教育系统远程视频会议系统

和拉萨332个考场标准化建设工作，建成全区校舍安全信息系统并投入使用，在七个地市建设了教师教育技术能力培训中心，中小学教师及技术人员接受省级以上信息化培训累计达14498人。2010年，教育信息化建设完成投资3550万元。

【教师队伍建设】建立并完善了教育工作者和教师继续教育制度，提高了教育执政水平，推进了依法治教、依法治校进程。建立农村教师队伍补充机制，鼓励教师到基层学校从教，通过双向选择考试录用中小学教师600人。建立并完善教师考核制度，积极促进教师区域内合理流动，362名教师办理调动。建立校长选拔任用机制，实行中小学校长岗前培训、持证上岗制度。积极探索师范毕业生就业制度改革，认真组织开展师范类毕业生就业工作，顺利完成1279名师范类毕业生就业工作。加强对教师引进工作的领导，认真做好高层次、高学历人才引进工作。关心教师社会地位和待遇，建立优秀教师表彰制度。积极开展各级各类学校教师、校长培训，累计安排教师培训资金2000多万元。

全系统有在职职工39071人，其中专任教师37081人，较2005年分别增加11177人、12606人；小学、初中、高中专任教师学历合格率分别为98.42%、98.34%、95.02%，较2005年分别上升3.32、2.44、13.62个百分点；其中小学专任教师大专以上学历83.18%、初中专任教师本科以上学历75.78%，高等学校具有硕士研究生以上学历教师比例上升到40.64%，副教授职称以上教师比例达28.38%。

【教育科研】在新的历史条件下，教育科研工作得到进一步重视。2010年，全区普通高中新课程改革全面启动，开展了巡回示范教学、阶段性工作座谈会、编印新课改指导材料、实地调研等一系列工作。自治区"十一五"教育科研规划课题50%完成结题，全国教育科研"十一五"(2010年度）规划课题完成申报工作。组织参加区内外多项学科教学大赛活动。编辑出版《西藏教育》(藏文版）100期、《西藏教育》(汉文版）200期纪念专刊。圆满完成《中国教育报》的各项宣传报道任务。建成全区第一个计算机辅助普通话水平测试站（拉萨站），完成年度普通话培训测试任务。

基础教育

【综述】2010年，全区基础教育战略布局更趋合理，义务教育发展步入新阶段，"两基"迎国检准备工作扎实推进；高中阶段在校生规模进一步扩大，新课程改革工作开局良好；学前教育和特殊教育得到进一步重视和发展。把推进义务教育均衡发展作为实现基础教育科学发展的战略性、先导性任务，以"两基"迎国检为契机，进一步加强控辍保学工作力度，加强教育教学管理，加强师资队伍培训，不断提升义务教育阶段办学质量和水平。

【义务教育】义务教育集中办学有力推进，普及水平进一步提高。2010年底，全区共有小学872所，较上年减少12所，较2005年减少18所，教学点688个，较上年减少131个，较2005年减少880个，小学在校生299635人，小学适龄儿童入学率99.2%，较上年提高0.4个百分点，较2005年提高3.3个百分点。初中93所，在校生138992人，初中入学率98.2%，较上年提高1.8个百分点，较2005年提高22.8个百分点。义务教育课程改革深入推进，学校管理进一步加强，教学质量不断提高。成功召开全区"两基"迎国检工作现场培训会，积极做好"两基"迎国检各项准备工作。

【普通高中教育】高级中学建设步伐加快，高中在校生规模不断扩大，全区现有普通高中29所（其中完全中学9所），较上年增加5所。完成了以新建高中为主的普通高中仪器设备采购、配备，学校办学条件明显改善。高中在校生40728人，较上年增加2345人，较2005年增加7386人，高中阶段入学率60.1%，较上年提高3.6个百分点，较2005年提高29.8个百分点。积极稳妥推进高中新课程改革，办学水平和质量稳步提升。推进普通高中学籍管理电子化，学籍学历管理进一步规范。为配合2010年秋季学期普通高中新课程在全区高中校（完全中学高中部）全面实施，组建新课程示范教学巡回指导组，于6月底到全区各高中校开展普通高中新课程示范教学巡回指导活动。编印发放了《西藏自治区普通高中新课程改革文件汇编》和《体验与反思》两本书，全区高中教师人手各一册。12月中旬召开了西藏普通高中新课程改革阶段性座谈会，印发了《探索的足迹（一）》(西藏自治区普通高中新课程改革纪实)。

【学前教育和特殊教育】积极发展学前教育，全区各县均建设了县级幼儿园，全区幼儿园119所，较上年增加31所，幼儿园在园人数23414人，学前教育毛入园率24.5%，较上年提高12.8个百分点。加强学前教育调查研究，拟定了学前教育发展规划和实施意见。积极促进教育公平，重视发展特殊教育，出台了《西藏自治区特殊教育事业发展有关经费问题实施意见》，采取特殊照顾政策，扶持特殊教育事业发展，全区特殊教育学校由1所增加到2所，在校生人数227人。

职业教育与成人教育

【综述】2010年，全区职业教育规模进一步扩大，结构更加合理，初步形成了职业教育与普通教育、成人教育相互补充，以初职为基础、中职为重点、高职为龙头的职业教育体系。2010年，全区有高等职业院校1所、中等职业学校6所、县级职教中心73个，有专科（高职）在校生11428人，较上年增加535人；有中职在校生22613人，较上年增加1256人，普职比6.43：3.57。组织实施了中等职业学校基础能力建设和教师素质提高计划。基本建立了自治区、地市、县三级职业技术教育网络，确立了职业教育基础性、战略性的发展地位。职业教育服务经济社会能力不断增强。

【创办内地西藏中职班】为贯彻中央关于西藏教育工作的重要指示精神，为西藏培养大批技能型人才、高素质劳动者和幼儿教师，根据《教育部、国家发展和改革委员会、财政部关于在内地部分省（市）举办内地西藏中职班的意见》(教民[202010]5号）精神，2010年我区在内地12个省（市）的42所国家级重点中等职业学校举办了内地西藏中职班，共招生3000人，涉及8大类33个专业，选派管理教师43人。

【加大基础建设力度】完成6所中等职业学校9个职业教育实训基地建设项目2360.5万元。其中，落实中等职业学校实训基地建设资金1540.5万元，用于6所中等职业技术学校的6个专业实训基地所需的实验实训仪器设备购置;落实职业教育实训基地建设专项经费预算820万元。加强县级职教中心建设，落实16个示范性县级职教中心建设项目职教专款2750.67万元。

【深化职业教育教学改革】大力推进职业教育教学管理制度改革，强化实践能力和职业技能的培养，将职业高中纳入普通中职统一管理，加快推进职业学校学生获取职业资格证书工作。针对西藏经济和社会发展的实际，结合农牧业、旅游服务业等主导产业以及青藏铁路建设对技能型人才的需求，加快建设畜牧兽医、计算机、电工电子、铁路运输、建筑、旅游等重点专业，同时，深入进行教学内容、教学方法和评价体系的改革，加强内部管理，全面提高教学质量。制定了《西藏自治区中等职业学校学生管理暂行规定》，加强中职学生管理工作。

【加强双师型师资队伍建设】继续实施中等职业技术学校教师素质提高计划，2010年选派20名中职骨干教师参加了国家级培训，其中2名被推荐出国进修。落实中等职业学校特聘兼职教师资助项目，不断完善中等职业学校教师队伍建设的保障机制，争取国家中等职业学校特聘兼职教师资助专项经费10万元。继续做好中等职业学校骨干校长研修工作，选派2名自治区级重点中等职业技术学校校长参加骨干校长研修班。继续实施职业学校教师素质提高计划专业骨干教师培训省(自治区)级培训项目，优化职业教育师资力量结构，在全区选派260名职教专业骨干教师赴区内外参加培训。

【强化农牧民培训工作】紧紧围绕“国家技能型人才培养培训工程”、“国家农村劳动力转移培训工程”、“农村实用人才培训工程”和“成人继续教育和再就业培训工程”的“四大工程”，加强农牧民培训工作，继续组织实施好农村劳动力转移培训、农村实用技术培训，加强“三教统筹”，促进“农科教结合”，充分发挥县级职教中心、农村成人学校和农村中小学的作用，健全农村职成教育网络，强化职业教育培训工作，为新农村建设服务。2010年，农村劳动力实用技术培训和职业技能培训人数达30000人次。

【规范民办教育管理】为促进我区民办教育事业的健康发展，规范各级教育行政部门审批、管理民办学校的行为，维护民办学校和受教育者的合法权益，根据国家有关法律法规，结合我区实际，制定了《西藏自治区教育厅关于民办教育审批与管理的若干规定》，对我区民办教育审批与管理作出了具体的规定。

高等教育

【综述】始终坚持“稳定规模、调整结构、提高质量”的高等教育工作方针，以改革为动力，以结构调整为重点，以培养高层次人才为根本，以增强服务经济社会发展能力为目标，努力提高教育质量和人才培养水平，高等学校综合实力不断增强，办学规模不断扩大。国家“211工程”重点建设大学一所，通过教育部本科教学工作水平评估的高校三所。高等学校基础设施建设得到进一步支持，办学条件进一步改善。

【办学水平不断提升】高等学校综合实力不断增强，办学规模稳步扩大。2010年，6所普通本专科学校有研究生718人、本专科在校生31109人，高等教育毛入学率达到23.4%，较上年分别增加129人、845人，提高1.0个百分点，较2005年分别增加488人、12130人，提高10.2个百分点。深入实施高等教育“质量工程”，加强教学管理，推进高校创新能力建设，人才培养质量进一步提高。高校获国家、自治区科研项目数量不断增加，科研能力不断增强。

【高校毕业生就业制度改革】成立专门机构，建立专门网站，积极宣讲就业改革政策，引导高校毕业生转变就业观念，增进高校毕业生就业能力和创业能力，不断提高就业服务与指导水平，实现了高校毕业生就业制度改革的平稳过渡。2010年，《西藏大学生职业发展与就业指导》编印发行。全区高校127名就业指导教师通过培训获得国家初级职业指导证书。高校毕业生就业信息网全面升级，一些可能影响社会稳定的就业矛盾化解在萌芽状态，12361名应届高校毕业生通过各种方式实现多渠道就业，2010年高校毕业生就业率达到80%。

【实施高等教育“质量工程”】继续开展自治区教学团队、特色专业和精品课程建设工作。2010年，确定了西藏大学“藏族美术专业教学团队”等3个自治区级教学团队、西藏大学“中国少数民族语言文学”等7门自治区级特色专业建设点，评出自治区级精品课程8门，其中本科6门，专科2门。至此，全区已投入360多万元用于自治区“质量工程”建设，重点建设了11个教学团队、23个特色专业，评选出了60门自治区级精品课程。

组织完成了国家级教学团队、第六批特色专业及实验教学示范中心等项目的推荐和申报工作。教育部已批准西藏民族学院“毛泽东思想和中国特色社会主义理论体系概论课程教学团队”为国家级教学团队、批准西藏民族学院会计学专业、西藏大学林学专业和美术学专业等3个专业为教育部第六批特色专业建设点。

完成了2010年度高校新增本科专业申报、审批和备案工作，批准西藏大学增设通信工程、应用化学、西藏民族学院增设财务管理、学前教育等4个专业，并报教育部备案;向教育部申报新增西藏大学会计学、设施农业科学与工程、西藏民族学院运动训练等3个专业。

【科研工作】2010年西藏高校有2人入选教育部新世纪优秀人才支持计划、西藏大学“藏文信息处理技术创新团队”入选教育部“长江学者和创新团队发展计划”，推荐西藏民族学院“西藏珞巴族、门巴族和僜人群体的基因多态性研究”、西藏藏医学院“西藏藏医学院馆藏典籍目录”、“藏医基因学”等3个项目参加教育部2010年度高等学校科学研究优秀成果奖的评选工作。西藏大学等高校获得国家社科基金项目、国家科技部项目的数量逐年增加。高校科研水平、服务自治区经济社会发展的能力明显提高。

【学位和研究生教育】顺利完成了2010年度新增硕士学位授权一级学科点的申报、审核工作，自治区学位委员会审议通过了西藏大学“中国少数民族语言文学”等11个硕士一级学科点，并上报国家学位委员会审批。组织高校完成了2010年度新增硕士专业学位的申报工作。西藏大学农牧学院申报的农业推广硕士已经被国务院学位委员会批准。

西藏大学

【学校概况】西藏大学是西藏自治区所属的综合性大学，“211工程”重点建设大学，西藏自治区人民政府与教育部共建高校。拉萨校本部现有文学院、理学院、工学院、医学院、艺术学院、旅游与外语学院、政法学院、师范学院、经济与管理学院、财经学院等10个学院，中国少数民族语言文学、中国少数民族史、音乐学、美术学、行政管理和课程与教学论等6个硕士学位授予点和教育硕士、艺术硕士2个专业硕士学位授予点，46个本科专业，涵盖经济学、法学、教育学、文学、历史学、理学、工学、医学、管理学9个学科门类，普通本专科学生8600余人，硕士研究生300余人，留学生27人，各类成人生7000余人。

教职工1084人，专任教师739人。专任教师中，具有硕士以上学位的教师313人，比例达到42.4%，博士研究生学历的教师24人；具有正副教授职称的教师233名，比例达到32.2%；“长江学者”特聘教授1人，国家杰出青年科学基金资助1人，国家级教学名师1人，入选人事部“百千万人才工程”国家级人选2人，入选教育部“新世纪优秀人才支持计划”6人，初步形成了一支多民族结合、相对稳定、素质较高的师资队伍。已有教育部人文社会科学重点研究基地1个--西藏大学·四川大学中国藏学研究所，教育部工程研究中心1个--藏文信息技术中心，教育部重点实验室1个--羊八井宇宙射线实验室，自治区高等学校重点实验室6个。“十一五”期间，科研经费达到6243.04万元，承担国家、省部级以上科研项目281项，主持国家发改委、信息产业部重大项目1项，教育部高等学校科技创新工程重大项目培育资金项目2项，科技部“973”前期研究2项，科技部2009年度国际科技合作项目1项，国家软科学项目1项；承担国家自然科学基金项目23项，国家社科基金项目43项。藏语言文学与信息科学交叉融合产生的藏文信息化学科方向，已获得多项国内外领先成果。获得省部级以上科研成果奖28项，其中国家标准创新贡献奖2项，中国藏学研究珠峰奖7项，中国高校人文社会科学优秀成果奖2项，国家民委社会科学成果奖1项、自治区科技进步奖3项。

【学科建设】2010年，学校加强重点学科建设，在学位点建设上取得了新突破。积极争取新增学位点，申报了民族学、教育学、中国语言文学、生物学、计算机科学与技术、作物学、林学共7个新增硕士学位一级学科点。成功申报新增博士学位授予单位立项建设单位。加强学位点管理，修订完善各专业学位培养方案，规范研究生培养与管理。认真编制《西藏大学“十二五”学科建设规划》，制定《西藏大学“211工程”三期建设项目管理实施办法》等文件，积极组织实施“211工程”三期建设，实行项目负责人责任制，抓紧落实项目建设。进一步明确重点学科建设方向和学科分级建设目标，积极申报“中央支持西藏高校发展专项资金——省级重点学科项目”，对已确定的8个自治区级重点学科，积极争取资金加快建设。组织开展“国家重点学科计划建设点”、“国家重点学科培育计划建设点”申报工作，积极争取将个别学科建设成为国家级重点学科。申报“会计学”、“通信工程”2个专业为新增本科专业和“行政管理”等7个专业为新增学士学位授权专业。

【师资队伍建设】2010年，学校以学科带头人和高层次人才的培养引进为重点，加大人才培养和引进力度。加快实施“211工程”三期创新人才培养和师资队伍建设项目，启动“珠峰学者培养计划”，实施双聘计划，有效改善师资队伍结构，培养了一批高水平学术带头人。成功聘任1名院士，引进2名博士、22名硕士，聘任9名区内外知名专家学者为客座教授或兼职教授。推荐了2名国务院政府特殊津贴候选人，2人入选教育部新世纪优秀人才支持计划，1人入选百千万人才工程国家级人选；推选2名宝钢优秀教师奖人选，评选表彰了8名自治区优秀教师、教育工作者和思政先进工作者，选送“西部之光”访问学者2人、高等学校青年骨干教师国内访问学者1人；推荐西藏特培项目5人。聘任56名高级专业技术职务人员。新增提高学历人员33人，其中8人攻读博士，25人攻读硕士。

【科研工作】2010年，学校按照“组建大团队，争取大项目，取得大成果”的思路，努力形成有利于科研出成果的体制机制，积极组织和指导广大教师申报各级各类科研项目。首次启动青年科研培育基金项目，其中9个项目获得立项。建设藏文信息处理技术科研创新团队、西藏生物多样性与可持续利用科研创新团队等8个科研创新团队，藏文信息处理技术创新团队成功入选教育部“长江学者及创新团队发展计划”创新团队，获得300万元经费资助。加大科研成果转化力度，在藏文信息化研究和推广方面取得了较好的应用成果。申报立项国家社会科学基金项目等省部级以上科研项目94项，科研经费达2016万元，出版专著11部，发表论文361篇，3项藏学研究成果获第二届中国藏学研究珠峰奖，1项国家社会科学基金项目获得优秀，《西藏大学学报》成为全国人文社科中文核心期刊（CSSCI）。制定完善《西藏大学学术活动管理办法》等管理制度，举办各类学术讲座85场次，组织“携手建设创新型国家”为主题的“科普一条街”活动，承办国家自然科学基金西南片区2010年工作会议。

【教学工作】2010年，学校积极推进教学改革、建设与管理，在人才培养模式上取得新突破，培养质量上实现新提高。修订完善全校本专科专业人才培养方案和高端人才和高水平人才培养方案。积极与内地高校开展联合培养学生工作，有34名学生获得上海交通大学第二学科学士学位，与西南交通大学开展了本科生交换学习工作。继续深化教学研究与改革，共有14项教改项目获立项。积极申报“国家大学生创新性实验计划”40个项目，其中30个项目结项，并在省级及以上刊物公开发表学术论文27篇，核心期刊论

文7篇，1篇论文获第三届全国大学生创新论坛优秀论文奖。进一步加强“质量工程”项目建设，组织申报2010年国家级和自治区级“质量工程”项目，“美术学”专业被批准为第六批国家级特色专业建设点，“西藏导游英语”、“藏文信息处理技术”2门课程被评为自治区级精品课程，“藏族美术专业教学团队”被评为自治区级教学团队，“中国少数民族语言文学”被评为自治区级特色专业建设点。截至目前，学校已有1名国家级教学名师、4个国家级特色专业建设点、2个国家级教学团队、1门国家级精品课程、1门国家级双语教学示范课程、1个国家级实验教学示范中心，成为国家级大学生创新性实验计划立项学校，是我区高校中拥有国家级“质量工程”项目最多的学校。在自治区级质量工程项目方面，学校已有5个特色专业建设点、2个自治区级教学团队、19门自治区级精品课程。进一步修订完善学籍管理规定和教学质量监控体系，把集中教学检查和日常随机教学评估相结合，开展教学督导活动、学生评教等方式，全面了解和掌握全校教学的基本状况，对照检查结果认真整改，促进教学环节规范和教学质量提高。开展毕业论文（设计）指导和校外实习教学基地考察等专项活动，首次评选表彰10名优秀教学管理人员，组织2010年教学能手评选活动，启动教务管理信息化工作，开展四六级考试网上报名系统和全校公共选修课选课系统开发工作。

【学生工作】2010年，学校坚持“以人为本、积极引导、热情服务、严格管理”的理念，扎实做好学生管理与服务。进一步修订完善《西藏大学班主任工作条例》、《西藏大学学生宿舍管理条例》等管理制度。加大辅导员（班主任）入住学生宿舍的管理力度，签订《西藏大学与学生家长共同管理协议书》。加强学生工作队伍建设，进一步充实辅导员队伍，强化对辅导员、团学干部、学生干部的校内培训和对外交流，提高学生工作队伍的整体素质和工作能力。强化基层团组织建设，推进“青年马克思主义者培养工程”，加强学生骨干培训，完善学生社团工作机制，拓展丰富校园第二课堂文化建设。评选表彰“五四红旗团委”、“民族团结优秀学生”等先进集体和个人，发挥团员青年的示范作用。强化校园文化建设和科技创新活动，以“校园文化艺术节”为龙头，举办庆祝“3·28”纪念日系列活动、校园民族团结锅庄舞大赛、中华经典诵读等丰富多彩的课外活动。组织参加“挑战杯”中国大学生创业计划竞赛，获银奖、铜奖各1项，获“高校优秀组织奖”，成功举办首届发明创造大赛、首届学术论文大赛，提高学生的学术科技创新能力，促进学校学风建设。完善奖、贷、助、补、免、勤工助学等学生资助体系建设，按时发放国家和学校奖学金179.3万元、国家和社会团体助学金695.97万元；投入3万余元设立102个勤工助学岗位，发放医疗补助4.5万元；评选表彰333名优秀毕业生、三好学生、优秀学生奖获得者和89名特殊嘉奖获得者。加强学生助学贷款的组织与管理工作，与中国建设银行签订国家助学贷款合同，发放助学贷款总额262.6万元，为192名学生办理总额为322万元的国家助学贷款代偿和学费代偿。认真推行阳光招生。2010年，录取普通本专科学生2572人，录取普通专升本学生55人。加强毕业生就业政策宣传和就业指导服务工作。积极引导学生提升学历层次，参与国家就业项目——青年志愿者“西部计划”和“三支一扶”，帮助落实公益性岗位，组织开展职业技能鉴定与培训，举办各类小型招聘活动40余次，开展职业生涯规划和职业发展教育，引导学生转变就业观念，扎根基层，服务家乡，建功立业。2010届毕业生总体就业率达88.37%。

【对口受援】2010年6月，教育部启动“对口支援西部地区高等学校计划”。2010年，学校按照“四个显著提升”的战略要求，研究制定《新一轮对口支援高校团队对口支援西藏大学方案》，与对口支援高校团队沟通协调，商定对口支援西藏大学协议内容，并在北京举行了协议书签字仪式。与对口支援院校联合向教育部申请定向培养博士、硕士研究生单独招生指标，协调落实定向培养有关事宜。继续贯彻落实教育部实施的“质量工程”，选派了25名教师和干部赴对口支援高校参加进修学习，认真做好中组部、教育部第五、六批援藏干部的欢送欢迎工作，除中组部、教育部选派的12名第六批援藏干部外，接收对口支援高校的7名援藏教师、3名援藏干部到校从事教学、管理工作。协调对口支援院校接收西藏大学70名推荐免试研究生，接受南京大学、西南交通大学、中央广播电视大学、北京师范大学等对口支援院校援助的图书设备和资金。积极开展了科研合作，不断拓宽支援合作领域。

文化、广电、新闻出版

自治区文化工作

【年度综述】2010年，全区各级文化部门和广大文化工作者认真学习贯彻党的十七届五中全会、中央第五次西藏工作座谈会精神和区党委七届七次全委会精神，紧紧围绕党和政府的中心工作，按照年初确定的工作任务和要求，积极推进各项工作，全区文化工作取得了显著成果。

【全力完成自治区的中心工作任务，重大文化活动取得突出成效，获得广泛好评】按照区党委、政府关于全力组织好上海世博会西藏馆和西藏活动周各项文化活动的重要部署和安排，全区各级文化部门和广大文化工作者全力投身到各项筹备和实施工作中，出色地完成了世博会期间的各项文化活动任务。特别是历时5个月的“西藏馆”馆内各地（市）专业文艺团体轮流文艺演出、非遗展示以及“西藏活动周”歌舞节目《天上西藏》、《雪域珍宝》，藏戏《吉祥祝福》、街头巡游《雪域腾飞》、非遗技艺展示等重大文化活动精彩纷呈、好评如潮，集中展示了西藏文化的独特魅力，集中展示了西藏文化保护与发展取得的巨大成果，充分展示了西藏的新发展、新变化、新生活，有力展现了我区文化工作队伍的精湛业务水平、优良工作作风和良好精神风貌，在上海刮起了一股特色浓郁、令人耳目一新的“西藏风”，取得了巨大成功，得到了上海世博局和区党委、政府的充分肯定。12 月，自治区召开的上海世博会总结表彰大会上，全区文化系统 21 名工作者荣获了自治区的嘉奖。

【重点推进基层文化建设，公共文化服务体系日益完善，成效不断显现】年内，进一步加强文化设施、文化队伍和文化活动建设，公共文化服务覆盖面得到进一步扩大，服务能力和水平得到显著提高。一是文化设施建设得到全面加强。全年争取国家和自治区的投入 2 亿多元，新安排了 3 个县综合文化活动中心和 68 个乡镇综合文化站建设项目。到年底，基本实现了县县有综合文化活动中心的目标，新建乡镇综合文化站的数量也达到 149 个，占全区乡镇的 22%。完成了全区 42 个县综合文化活动中心、3 个地区图书馆、19 个民间艺术团、74 个乡镇综合文化站内部设备配备工作。制定出台了《县综合文化活动中心、乡镇综合文化站管理办法》，基层文化设施闲置、挤占、挪用问题得到全面重视和不断解决。二是文化信息资源共享工程深入推进。29 个县支中心和 752 个行政村基层点建设工作基本完成，县级图书馆数字化推广工作全面启动。总时长近 40 个小时的《传统八大藏戏》和《西藏民间歌舞》数字化资源建设工作基本完成，即将通过共享工程网络和光盘形式向区内外传播。三是群众文化生活得到不断改善。成功举办了“庆五一迎世博”全区农牧区群众文艺展演、“庆国庆迎重阳”全区第三届老年文艺调演等全区性、导向性、示范性群众文化活动。地市、县、乡村群众文化活动逐步向规模化、常态化发展，地域文化节庆活动的影响力不断扩大，群众参与度不断提升。年内，区直三团下乡演出 300 多场次，超额完成了全年下乡演出任务。各地市专业文艺团体累计演出达到 1600 多场次，全区 19 支民间艺术团全年下乡演出近 900 场，有效丰富活跃了基层群众的文化生活。在全国群星奖评奖活动中，我区选送的 3 个节目获节目类群星奖，自治区群艺馆荣获项目类群星奖，两位同志荣获“群文之星”荣誉称号。林芝地区波密县古乡古村业余演出队应邀参加了广州亚运会的文化活动。

【大力繁荣文艺创作和演出，优质文化产品日趋丰富多样，影响广泛深远】紧紧围绕上海世博会、第九届中国艺术节、昌都解放 60 周年等重大活动，进一步加大对文艺创作的引导，加强演出和普及工作，取得丰硕成果。一是文艺创作的引导能力不断提高。召开了全区专业艺术创作会议，出台了《西藏自治区重点项目扶持和奖励办法（试行）》、《西藏专业艺术创作思路》，首次组织了重大剧节目的招标工作，对文艺创作的引导工作取得新成效。二是优秀文艺作品不断涌现。全年新创作推出的舞台文艺作品达到了 320 余个。特别是在世博会上推出的自治区歌舞团的巡游主题歌《腾飞西藏》、歌舞《天上西藏》，自治区藏剧团的藏戏《吉祥祝福》等剧节目受到了广泛好评。同时，昌都地区的《幸福之路》、那曲地区的《和谐羌塘》、日喀则地区的《珠峰彩虹》、自治区话剧团的《酒驾》等剧节目也广受好评。同时，60 大庆主题献礼晚会《再唱山歌给党听》、话剧《解放！解放!》、新农村题材藏戏《金色家园》的剧本创作也已经基本完成。三是我区优秀文艺作品的影响力得到显著提升。在广州举办的“第九届中国艺术节”上，话剧《扎西岗》荣获“文华大奖特别奖”；区藏剧团青年藏戏表演艺术家班典旺久荣获“文华表演奖”；区话剧团青年演员索朗次仁荣获“优秀表演奖”。对于上述获奖剧目和个人，自治区政府又进行了隆重表彰。歌舞《魅力西藏》入选2009至2010年度国家舞台精品工程资助项目。西藏爱乐乐团应邀参加了国家大剧院“第二届中国交响乐之春”演出和“西部交响周”活动。组织创作的舞蹈《欢歌起舞》入选参加“中央电视台 2011 年春节联欢晚会”，自治区歌舞团的舞蹈《热萨玛》入选参加“2011 年文化部电视新年晚会”，山南地区的卓舞《雅砻春潮》入选参加“中央电视台元宵晚会”。

【全面加强文化遗产保护工程，优秀传统文化得到有效继承，进一步弘扬】进一步加大物质文化遗产、非物质文化遗产和古籍保护工作力度，文化遗产普查、认定、保护、研究、宣传、利用等工作取得了新进展。一是文物保护工作取得新成绩。“三大重点文物保护维修工程”全面竣工，“十一五”重点文物保护工程进展顺利，新开工建设 22 处文物单位的维修保护项目。第一批全区“红色遗迹”保护工程顺利开工，已竣工 7 项。完成了昌都、林芝、日喀则、山南四个地区的 2800 多件馆藏文物的电子档案制作工作。对布达拉宫管理处、西藏博物馆、罗布林卡管理处收藏的 4887 件文物建立了电子和纸质档案，对 5880 多部文献典籍进行了整理编目和登记造册。贝叶经保护工作进入收尾阶段。文物安全工作得到加强。第三次全国文物普查第二阶段工作任务圆满完成，普查区域覆盖率达到 98%以上，登录不可移动文物点 4283 处。布达拉宫、雪城珍宝馆、罗布林卡全年接待近 180 万人次，西藏博物馆全年免费接待近 15 万人次。二是非物质文化遗产保护成效显著。组织召开了全区非物质文化遗产普查工作总结会议，对普查工作进行了全面总结，对保护工作进行了安排部署，我区非物质文化遗产保护工作正式由全面普查转入全面保护阶段。全年争取国家和自治区投入 1265 万元，全面开展了对国家级、自治区级项目和传承人以及 200 余支民间藏戏队的保护工作。全面启动了重点项目保护计划，全区 21 个项目列入重点保护计划，得到了比较系统、全面的传承和保护，完成了拉萨河文化生态保护区的申报工作。在“文化遗产日”期间，举行了藏戏入选人类非物质文化遗产代表作名录庆典仪式，支持出版了《传统八大藏戏剧本》等近 10 种非遗系列丛书。组织参加了中国少数民族非物质文化遗产调演、西部非物质文化遗产项目展演、首届中国非物质文化遗产博览会等全国性宣传、展示活动。经过申报，16 个项目入选第三批国家级名录公示名单。自治区人民政府命名 93 名传承人为第二批自治区级非物质文化遗产代表性传承人，自治区级传承人数量达到了 227 人。三是藏文古籍普查工作全面启动。召开了全区古籍普查工作会议，对全区古籍普查和保护工作进行了全面部署，启动了全区古籍普查工作。除阿里地区外，全区各地市均成立了古籍普查工作领导小组和普查队伍，制定了普查工作方案，开展了普查试点工作。林芝、那曲地区还以行署名义下发了古籍普查工作方案。深入全区五个地市和26个重点古籍收藏单位，开展了古籍普查督导工作。协助国家古籍保护中心完成了藏文古籍普查平台研发工作。申报了15部珍贵古籍，其中12部珍贵古籍入选第三批国家珍贵古籍名录。

【保障国家文化安全，文化市场繁荣有序，监管有力】紧紧围绕促进繁荣和加强管理两大任务，进一步培育和发展文化市场体系，不断加大监管力度，有效推动了文化市场健康发展。一是文化市场培育和引导工作进一步加强。全区培育发展了6家演出经纪公司、2家艺术表演团体，共审核批准外籍演员来藏演出活动5次。演出经纪公司组织的演出活动不断活动，有效丰富了人民群众多层次、多方面、多样化的精神文化生活。会同公安、工商等部门组织开展了"西藏优秀歌舞娱乐场所"、"西藏文明网吧"评选活动，表彰了6家歌舞娱乐场所和3家网吧，组织召开了文化市场经营业主经验交流座谈会。把宣传好、贯彻好、落实好《西藏自治区文化市场管理条例》作为一项重点工作，制作各类宣传品，大力开展法规宣传活动，取得了明显效果。二是执法和监督管理力度进一步加大。以"创建平安文化市场"为主题，大力开展了节日文化市场专项整治、敏感时期文化市场专项整治、"网吧"等互联网上网服务营业场所专项整治、中小学校周边文化市场专项整治，互联网和手机媒体信息专项整治等近15项专项整治行动，责令整改161次违规经营行为，停业整顿48家违法经营场所，没收各类非法音像制品近14万盘（张），有效封堵了低俗、媚俗、反动文化的传播渠道，净化了社会环境，维护了国家文化安全。建成了省级互联网网络市场监控平台，网吧等互联网上网服务营业场所软件安装率达到了80%以上，基本实现了中央、自治区、地（市）、县四级联网。

【积极推动文化产业发展，加强对内外文化交流，我区文化影响力不断提升】着眼于提高西藏文化影响力，积极推动文化产业发展，进一步加强对内外文化交流与合作，"西藏文化走出去"的步伐进一步加快。一是积极推动文化产业发展。组织23家企业和单位参加了全国各类重大文化产业博览交易会，对外推介文化产业招商项目42个，签订产品订单12个。全年落实文化产业协议投资达7亿元左右。拉萨市城关区古艺建筑美术公司被文化部命名为国家级文化产业示范基地，我区国家级文化产业示范基地数量达到2个。原生态歌舞《幸福在路上》入选"国家旅游重点项目名录"。成功举办了首届西藏唐卡艺术博览会，承办了"百万优秀动漫产品进西藏"等系列活动。西藏文化产业重点项目库正式纳入全国文化产业项目工程。全区各地市依托旅游业发展，积极推进民族歌舞演出、传统节庆展示、传统手工艺开发销售等特色文化产业项目，积累了许多宝贵经验，获得了良好经济效益。二是加强对内外文化交流。开展了赴泰国、尼泊尔、香港、西班牙等国家和地区的演出和"西藏考古与艺术展"赴日本和台湾的展览活动。仅"西藏考古与艺术展"在日本展览期间接待参观人数达到47万多人次。在中尼建交55周年之际，在拉萨举行了尼泊尔民间友好团体阿尼哥协会向西藏赠送赤尊公主塑像仪式。全年累计接待国外友好文化交流团队2批、30多人次。在我区成功举办了首次"春雨工程"全国文化志愿者边疆行活动，福建、重庆两省市文艺团体分别在拉萨、林芝、山南等地县乡村开展了9场精彩纷呈、特色浓郁的文艺演出，促进了西藏与祖国内地的文化交流与合作。

【领导名录】

党委宣传部副部长、厅党组副书记、厅长：尼玛次仁

党组成员、纪检组组长：沙道训

党组成员、区文物局局长：桑　布

党组成员、副厅长：任淑琼、张治中、刘建敏、王勇才

自治区文物工作

【年度综述】2010年按照"高举旗帜、围绕大局、服务人民、改革创新"的总体要求，坚持"保护为主，抢救第一，合理利用，加强管理"，紧紧围绕区党委、政府工作大局开展工作，狠抓各项工作部署的落实，积极推进文物安全保障、文物维修保护工程、第三次全国文物普查、重要历史和革命文物调查保护、贝叶经调查保护等重点工作，进一步加强了文物机构和队伍建设、博物馆建设、文物宣传展示、对外交流工作，积极谋划、汇报衔接"十二五"规划项目，为"十二五"时期文物事业的发展奠定了很好的基础。

【重点文物保护工程建设步伐加快】2010年作为实施三大工程和"十一五"规划的决战之年。一年来，三大工程2010年完成投资1,741.82万元，布达拉宫火灾报警系统和安防监控系统工程以及人群荷载控制值研究、结构检测设计方案已编制完成，布达拉宫马基康维修工程完成50%，罗布林卡公辅工程年底完成，萨迦寺公辅工程完成85%。"十一五"重点文物保护工程全部开工建设，2010年自治区财政下达工程资金8425.75万元，完成5506.82万元；发改委下达资金3780万元，完成2049.89万元。安排资金1000多万元，对昂仁县曲德寺等边远地区31处文物单位进行维修保护，还用于昌都等地13处文物单位的安全防范设施以及革命文物的征集。组织开展了山南地区烈士陵园、错那张国华将军指挥所保护展示工程的勘察设计、方案论证等前期工作。2010年2月，会同相关部门编制了《2006<西藏自治区建设工程工程量清单计价定额>装饰装修—古建修缮（暂行定额）》，为申报、组织、实施文物保护维修工程统一了标准。

【第三次全国文物普查工作第二阶段工作任务圆满完成，已经全面转入第三阶段资料整理汇总上报阶段】2010年8月，自治区第三次全国文物普查领导小组召开了第四次（扩大）电视电话会议，传达学习了国务院第三次全国文物普查领导小组第三次（扩大）会议精神，总结了自治区第三次全国文物普查第二阶段实地调查工作情况，安排部署了自治区文物普查第三阶段的工作。2011年1至4月，自治区第三次全国文物普查办公室组织验收组，在2009年10月完成实地调查阶

段野外调查工作的基础上，对六地一市实地调查解决工作进行了初步验收，并于2010年9月通过了国家第三次全国文物普查领导小组办公室的整体验收，向国家文物普查验收组移交了普查电子数据。第三次全国文物普查第二阶段工作已圆满完成，目前已经转入第三阶段资料整理汇总上报的工作。

【切实加强文物安全和文物保护维修工程施工安全工作】在三大节日和重大活动期间加大对文物单位的安防消防检查和督导力度，坚持定期会同公安、消防等部门开展全区文物单位安防、消防和施工现场大检查，对存在的问题和隐患及时排查、及时整改。截至目前，全区重点文保单位没有发生安全责任事故，有力地确保了文物系统的安全和综合治理工作。

【全区文物抢救性维修保护工程进展顺利】2009年，自治区安排资金2,310.6万元实施了甲日寺、噶玛丹萨寺、阿沛管家庄园、卓玛拉康、帕拉庄园、拉隆寺、平措林寺、唐波切寺等8处文物应急抢救性工程，甲日寺、阿沛管家庄园、唐波切寺、帕拉庄园等4项保护维修工程已经完工，近期将组织进行工程验收，其余4项工程进展顺利。同时，我们向自治区财政厅申请2010年全区文物抢救性维修保护资金，待批准后即可组织实施。年内共安排资金828万元，对31处文物单位进行维修保护、改善了13处文物单位的安全防范设施、支持全区各地市文物部门开展文物征集和普查工作，有力地推动了基层文物行政部门的保护和抢救工作。

【重要历史和革命文物调查保护工作取得新进展】2009年自治区安排资金1,800多万元，对山南乃东克松村历史教育基地、昌都解放委员会办公旧址、萨旺府和昌都、左贡、丁青、芒康、边巴、江达烈士陵园等9处以“红色遗迹”为代表的重要历史和革命文物实施保护维修工程，昌都解放委员会办公旧址和昌都、左贡、丁青、芒康、边巴、江达烈士陵园等7项保护维修工程已经完成，近期将进行验收。根据自治区重要历史和革命文物领导小组的部署，组织开展了山南地区烈士陵园、错那张国华将军指挥所等2010年度“红色遗迹”保护展示工程的勘察设计、方案论证等前期工作。

【馆藏文物建档和鉴定工作稳步推进】自治区文物鉴定组对山南地区隆子、错那、洛扎、措美和浪卡子共5个边境县26个乡镇63处文物单位的2153件文物进行了鉴定和建档工作，完成了昌都、林芝、日喀则、山南四个地区的2800多件馆藏文物电子档案制作工作，对司法部门追缴的文物和私人文物共100多件进行了鉴定。布达拉宫、西藏博物馆、罗布林卡共对馆藏19426件文物建立了电子和纸质档案，对32618部文献典籍进行了整理编目和登记造册，布达拉宫接受群众捐赠文物159件，西藏博物馆征集文物24件(套)。西藏文物总店日喀则分店正式挂牌成立。

【加大文物宣传工作力度】全区文物系统开展“文化遗产日”活动进行了专题部署，制定了在全区开展文化遗产日活动的方案。6月12日，组织布达拉宫管理处、罗布林卡管理处、西藏博物馆、西藏文物总店、西藏文物保护研究所、拉萨市文物局等单位，在拉萨市宗角禄康公园开展“文化遗产日”宣传咨询活动；其他地区、县都举行了相关的活动。5月18日，我们在西藏博物馆展区、雪新村等地开展了以“博物馆致力于社会和谐”为主题的宣传咨询活动。一年来，还邀请中央电视台、人民日报、新华社西藏分社、中央人民广播电台、中国国际广播电台、中国新闻社、中国西藏网以及西藏电视台、西藏日报、西藏人民广播电台等中央在藏和区内新闻媒体，及时宣传“十一五”重点文物保护工程进展情况和重大意义，宣传我区文物事业所取得的重大成就。

【进一步加强了文物单位宣传接待工作，不断提高文物单位宣传接待服务水平】2011年，布达拉宫等单位圆满完成了贺国强、刘云山、汪洋等党和国家领导人以及国内外其他重要客人2200多人次的接待工作，共接待游客和朝佛群众1011206人次，同比增长29.2%；布达拉宫雪城共接待31836人次；罗布林卡接待游客和朝佛群众688370人次，同比增长46.2%。西藏博物馆免费接待了133857人次，同比增长45.1%。全区七地（市）县级以上文物保护单位共接待游客和朝佛群众471.6万人次。

【文物对外交流与合作工作有序进行，有力地配合着涉藏外交和外宣工作】2011年5月，由中央统战部、国家文物局主办，中国文物交流中心、西藏自治区文物局承办的《西藏考古与艺术展》结束了日本大阪、仙台展出，历时一年零两个月的西藏文物在日展览期间，共有47万多人次参观了展览。7月至9月，该专题展在台北故宫博物院展出，约18万人次参观了展览。之后，又在高雄自然科学工艺博物馆继续展出，约15万人次参观了展览，现已圆满结束。西藏文物出国（境）展览的成功举办，展示了西藏悠久的历史和灿烂的文化，展现了国家保护西藏文化遗产的成果。还与区外相关单位合作，在拉萨成功举办了《涌泉木雕西藏唐卡艺术展》。

（王协锋）

自治区广电工作

【年度综述】2010年，全区有省级广播电台1座、4个频率。其中三个卫星频率，节目播出语种3种（藏语、汉语、英语及藏语康巴方言）。有地市级广播电视台3座，6个频道频率。全区有省级电视台1座，3个频道，其中藏汉语卫视频道各1个。有地市级电视台4座，4个频道。全区广播电视人口综合覆盖率分别达到90.28%和91.41%，较2009年分别提高1.08和1.05个百分点。全区有100瓦以上调频广播转播台79座，50瓦以上中波转播台38座。电视专用上行卫星地球站1座，“村村通”广播电视台站9704座。广告收入全年达到8000万元，比2009年略有增加，广播电视有线网络收入1000多万。

【重要会议、重大活动报道取得新成绩】中央第五次西藏工作座谈会精神宣传。中央第五次西藏工作座谈会精神宣传成为贯穿2010年全年宣传工作的重要任务。全区各级广播电视媒体最大限度地整合宣传资源，以专题专栏为主，注重报道的深度和广度，根据区广电局制定下发的《中央第五次西藏工作座谈会精神宣传报道方案》，西藏人民广播电台、西藏电视台（以下简称自治区两台）分别在藏汉语《西藏新闻联播》等新闻和专题节目中开办了《厅局长访谈录》、《亲切的关怀，巨大的鼓舞》等40多个专栏，系统报道了中央第五次西藏工作座谈会的历史背景和重大意义，中央对西藏工作的指导思想、基本思路和战略定位，西藏经济社会发展的主要目标，当前西藏社会的主要矛盾和特殊矛盾等。全面宣传报道了各级党委、政府和各族干部群众学习宣传贯彻会议精神情况以及推进经济社会跨越式发展的新思路、新举措。西藏人民广播电台、西藏电视台还与全国各援藏省市电台、电视台分别合作推出了大型系列直播节目《援藏巡礼》和《情系西藏、再铸丰碑》两个大型系列报道，集中报道了中央第四次西藏工作座谈会以来援藏工作取得的新成就，积累的新经验以及贯彻落实中央第五次西藏工作座谈会精神采取的新举措。节目播出后，在我区及援藏省市中获得广泛好评。播发新闻11000多篇，专题980多期（部），访谈节目116组，解读文章44篇，宣传片花200多条（次）。

西藏百万农奴解放纪念日宣传。区广播影视局根据"主动应对、下好先手棋、打好主动仗"的要求，主动设置议题，采用新旧社会对比的形式，以"翻身农奴说今昔"、"外国人看西藏"、"农奴后代们的今日生活"为视角，在新闻、专题节目中挂牌推出了《铁的事实印证巨变》、《翻身农奴把歌唱》、《说说我们的幸福生活》、《剖析达赖反动本质》等28个专栏，播出了《达赖自称印度太子太荒谬》、《忆苦思甜表心声 当家作主建家园》等重点稿件，集中报道了旧西藏的黑暗残酷，客观反映了民主改革以来，党中央国务院关心西藏、支持西藏和西藏经济社会发生的巨大变化。文艺节目集中展播了《翻身农奴把歌唱》《再唱山歌给党听》《放歌新西藏》等一批有影响的红色影视剧和红色经典歌曲。西藏电视台在办好专栏的基础上，拍摄播出了4集专题片《变迁》，制作播出了《我有一个梦想》、《走在幸福的路上》、《圣城拉萨》等特别节目。重播了《跨越》、《翻身农奴的后代》、《帕拉庄园》、《记忆—1959年前的西藏》等专题片、政论片。中国西藏之声网站与电信合作，推出了"西藏新闻"彩信业务，开办了汉、藏、英三种文字《热烈庆祝西藏百万农奴解放纪念日设立一周年》专题。由于形式新颖，说服力强，感染力强，赢得受众广泛好评。

昌都解放60周年宣传。根据区党委常委、宣传部长崔玉英同志"今年昌都解放60周年的宣传，是为明年西藏和平解放60周年作铺垫，一定要形成很大的声势"的指示精神。早在2009年底，区广电局就将庆祝昌都解放60周年宣传报道作为重要宣传任务进行安排部署，成立了庆祝昌都解放 60 周年宣传工作领导小组，组成了联合采访报道组，制定下发了宣传报道方案。西藏人民广播电台在藏汉语《西藏新闻联播》中挂牌推出了《今日昌都》专栏，在新闻专题《新闻早世界》和藏语康巴话广播《今日关注》中开办了特别节目《喜看昌都巨变》。西藏电视台在藏汉语《西藏新闻联播》节目中挂牌推出了《藏东巨变60年》系列报道，在藏汉语专题节目《农牧天地》等栏目中制作播出了《变迁》、《欢腾的昌都》、《藏东新变化》等特别节目。制作播出了藏语综艺节目《唱响雪域》之《热烈庆祝昌都解放60周年（1950—2020）——我们的生活充满阳光》，译制播出了庆祝昌都解放60周年专题片《藏东60年》。庆祝大会当天，西藏人民广播电台四套频率和西藏电视台藏汉语卫视并机同步直播，中国西藏之声网在线直播，昌都人民广播电台、昌都电视台全程转播庆祝大会盛况，将大会现场喜庆、热烈的气氛，将昌都人民载歌载舞欢庆盛世的喜悦之情通过广播电视、网络迅速传遍世界各地。西藏人民广播电台、中国西藏之声网、昌都人民广播电台联合直播了特别节目《盛世欢歌》。西藏电视台在直播中创下了"七个第一"的优异成绩。即：第一次实现在拉萨以外地区直播；第一次藏汉语卫视频道向全国直播；第一次在藏语卫视频道实现同声传译；第一次大规模、集团化、远距离参与直播；藏语卫视频道信号第一次被四川电视台康巴卫视频道开机播出；昌都解放60周年庆祝大会直播信号第一次五个频道同步直播；第一次实现了跨地区直播和大型直播活动藏语同声传译零的突破。

上海世博会宣传。为做好上海世博会的宣传报道工作，早在上海世博会倒计时100天时，自治区两台就开办了《喜迎世博》、《九点看世博》等近20个栏目。西藏馆开馆以后，西藏人民广播电台借助中国广播联盟、中国国际广播电台音频素材库、上海世博会广播联盟等平台，共同策划播出了《直播中国—世博中国行》西藏周特别节目。西藏电视台开办了《关注世博》、《聚集世博会西藏周》专栏，增加了西藏馆的情况介绍和世博会的整体宣传，对西藏周开幕盛况进行实况录像和实时传送，并及时将开幕实况录像于当晚分别在藏、汉语卫视中同步播出。中国西藏之声网开办了《2010 年上海世博会西藏馆——天上西藏》专题网页。共计播发新闻670多条，专题报道720多条。

全国、全区"两会"宣传。在全国"两会"报道中，两台除开办《直通全国"两会"》、《中外媒体关注西藏》等专栏，重点报道胡锦涛总书记参加西藏代表团审议时的重要讲话。西藏电视台还在北京设立了藏汉语卫视演播室，首次在宣传中采用了代表委员发言的现场同期声，首次采访播出外省市代表委员关注西藏的新闻，并实现了藏汉语同步播出和当天新闻当天播出。自治区两台及中国西藏之声网站共播发稿件976条（次），专题160期（次），特别节目8期，同期声和音响报道49篇，网站图片 279 张。上送中央人民广播电台、中央电视台（以下简称两台）稿件25篇，被采用稿件10篇，创历史最好成绩。全区"两会"报道中，两台创新宣传报道形式，采用记者现场出镜、访谈、花絮、侧记、特写、录音专访、现场直播、现场连线、电话传真、短信服务等多种形式，在新闻、专题节目中推出了《"两会"特写》、《菲菲跑"两会"》、《我们捎话给"两会"》等10多个专栏，全方位报道代表委员参政议政、履职尽责的情况。在《雪域漫谈》等专题节目中开办了《解读政府工作报告》、《数字解析话发展》、《热点透视》等专栏。共播发稿件1145条，专题47组。

党的十七届五中全会和区党委七届七次全委会精神宣传。党的十七届五中全会和区党委七届七次全委会召开期间，自治区两台迅速在重点新闻节目中播报了会议召开的消息，制作了藏汉语专题节目，深入解读了全委会通过的《中共西藏自治区委员会关于制定"十二五"时期国民经济和社会发展规划建议》。开办了《回顾十一五、展望十二五》、《辉煌十一五》专栏，充分宣传了"十一五"以来在党中央英明领导下，自治区党委、政府团结带领全区各族人民奋力推进各地市各部门各行业取得的巨大成就以及好做法、好经验。充分宣传了"十一五"积累的六个基本经验以及"十二五"奋斗目标和重点工作。突出报道了各地各部门学习贯彻党的十七届五中全会和区党委七届七次全委会精神的实际行动，重点报道了各地各部门贯彻落实会议精神的新思路、新举措和新成效。共播发藏汉语新闻200条，专题9组。

【重大突发事件宣传取得重大突破】2010年4月14日，青海玉树发生里氏7.1级地震，西藏广播电视在宣传报道中借鉴5.12汶川大地震宣传报道中的成功经验，坚持"及时、准确、公开、透明"和"三贴近"原则，迅速调整原有节目播出内容，及时减少淡化综艺娱乐节目，并以滚动字幕，挂角标、播出宣传片花、开办专栏等形式，在藏汉语新闻、康巴话等新闻节目中开办了《情系玉树、共同抗灾》等专栏。播出了《我们在一起》、《总书记与震区人民心连心》、《爱的力量》等特别节目和《好好活下去》等多首抗震救灾歌曲。完整转播了中央电视台《情系玉树，大爱无疆》晚会。播发新闻2221条（次），专题347组（次），特别节目8期，宣传片花70多组，向中央台传送藏语康巴话节目53小时。

【日常宣传报道质量稳步提高】在做好重大会议、重要活动宣传报道工作的同时，广播电视日常宣传工作坚持正确的舆论导向，紧紧围绕区党委政府的中心工作，选择具有影响的选题，重点做好了经济工作宣传、惠民政策宣传、以安居乐业为突破口的社会主义新农村建设的宣传以及全区效能建设年活动，创先争优活动，创文明机关、争当好公仆活动、党员联系群众实践活动、学习实践科学发展观活动，学习型党组织建设活动等方面的宣传报道。开办了《从数字看变化》、《迈向新征程》、《重点工程巡礼》、《惠民政策暖人心》、《安居乐业谱新篇》等栏目。许多栏目、新闻节目均获得好评。

【综艺节目丰富多彩】2010年，自治区两台精心制作编排了一批内容丰富、独具西藏特色的文艺晚会和文艺特别节目。一是春节藏历新年电视联欢晚会喜庆热烈。不仅营造了欢乐、喜庆、祥和的节日氛围，而且走出演播厅办晚会，推出了新人新作，采用了大面积电视墙和电子彩幕，晚会精编版在央视播出后，在全国引起广泛好评。二是文艺特别节目亮点纷呈。两台精心制作播出了《吉祥西藏》、《您好，2010》、藏戏《古韵生辉》等20多部特别文艺节目，举办了相声小品专题晚会《欢笑2010》。这些节目以主持人聊天的方式，将时尚、健康、知识性、趣味性、娱乐性和喜庆的节日氛围有机串联起来，送出了对受众新年的祝福，增添了节日的和谐欢乐氛围，得到受众的一致好评，收到短信4000多条（次），热线电话1500多个。同时还安排播出了藏语电视剧《快乐农家》等10多部主题鲜明、喜庆欢乐的优秀影视剧。

【对外宣传力度不断加大、影响不断增强】对外宣传工作一直是自治区广播电视宣传工作的一项重要任务。2010年西藏广播电视一方面加强与中央三台、各省级广播电台电视台以及区内主要媒体沟通联系合作；另一方面积极探索广播电视走出去工程。2010年人民广播电台重点打造了《圣地西藏》对外英语节目，推出了《故乡云》特别栏目、《圣地西藏》节目已覆盖全球50多个国家和地区，覆盖人口达到了30多亿，成为宣传西藏、树立西藏形象的重要窗口。

【获奖作品增多】2010年，自治区两台有100多件作品和栏目获国家级、省部级优秀稿件和优秀栏目奖。其中西藏人民广播电台获得省部级以上奖项73个，西藏电视台共获得省部级以上奖项64个。西藏人民广播电台普布多吉同志荣获第十一届长江韬奋奖，《漫漫送菜路、悠悠边关情》、《安居工程亚古都》分别荣获中国新闻奖二等奖，藏语广播《格桑梅朵》栏目荣获全国少儿节目优秀广播栏目二等奖，汉语广播《金色童年》和康巴话广播《开心书包》栏目分获三等奖。西藏电视台少儿栏目《邦锦美朵》荣获全国少儿栏目评奖三等奖，《在西藏》栏目荣获第二届全国优秀导师文化（文艺）栏目优秀栏目，《古城拉萨》、《圣地西藏》获中国民族语言优秀电视节目金鹏奖，《世博会西藏馆全方位展示新西藏》获上海世博会新闻报道优秀作品。

【上送中央三台稿件再创新高】自治区广电局把对上宣传西藏工作作为一项硬任务，充分利用中央人民广播电台、中国国际广播电台、中央电视台（以下简称三台）援藏交流干部，采取多种形式，加大与中央三台的联系，并根据中央三台播出稿件的要求，组织业务骨干采制适合中央三台播出的节目和稿件。西藏人民广播电台上送中央人民广播电台、中国国际广播电台稿件224篇，采用199篇，比2009年增加34篇，还累计向中央人民广播电台上传拉萨话、康巴话节目1722小时。西藏电视台上送稿件400多篇。被央视采用99篇，其中上中央电视台新闻联播34篇，单条稿件采用率比2009年上升20%。

【藏语译制工作稳步发展】自治区两台在办好藏语频率、频道的同时，进一步加大了藏语译制工作力度，2010年西藏人民广播电台译制量达到9823小时，其中重点译制完成了首部康巴话广播剧《爱在巅峰》、拉萨话广播剧《吉吉和她的将军阿爸》。西藏电视台在做好《央视新闻联播摘要》、《综合新闻》、《午间新闻》等藏语新闻节目的翻译同时，加大了影视剧的译制力度，完成了1276集1000小时电视剧、184集61小时动画片的译制工作。电影公司完成了42部故事片、16部科教片的译制工作。

【电影发行放映工作取得新进展】2010年，完成了农村电影公益性放映指标122162场，其中数字电影放映98106场，胶片23966场，总体实现了每月一村一场电影的目标集中展映了一批反映西藏新旧社会对比，歌颂共产党好、社会主义好、新西藏好的影片，全年共放映《复兴之路》、《西藏今昔》等爱国教育影片130多场，观众达1.5万人次，在社会上引起强烈反响，受到一致好评。自治区电影公司在完成公益性放映的同时，乐百隆国际电影城和拉萨电影城全年完成票房收入1200多万元，创历史最好成绩。

自治区新闻出版工作

【年度综述】2010 年，全区新闻出版战线紧紧围绕反对分裂、维护稳定、促进发展这个大局，坚持以科学发展观为统领，为党和政府中心工作服务；以"深化改革、加快发展、改进服务、加强管理"为重点，稳步推进新闻出版各项工作，整个行业取得了较好的成绩。2010 年西藏新闻出版业总产值 5.2 亿元，占全区 GDP 的 1.2%，连续保持了 12%以上的发展速度，全区新闻出版领域各类从业人员达 8800 人。

【行政管理工作开创新局面】一是设立西藏自治区新闻出版局(版权局)(正厅级)，为自治区人民政府直属机构，升格后的自治区新闻出版局职能、职责、内设机构和人员编制得到了进一步加强。二是全区七地（市）文化局与新闻出版局实行一个机构两块牌子，各县（市、区）成立文化广电新闻出版局，充分体现了区党委、政府对新闻出版工作的高度重视。三是根据国家的统一要求，进一步加强了新闻出版局职责，原文化厅管理音像制品批发、零售、出租、放映和音像制品进口的职责划入自治区新闻出版局；将自治区广播电影电视局的广播电视机构记者证监督管理职责划入自治区新闻出版局。四是积极推进了出版单位书号实名申领数据、条码、CIP 数据和出版物元数据等图书出版信息资源的快捷服务；深入开展中小学教材等各类出版物质检活动，提升了新闻出版产品的质量；出版、印刷、发行单位审核登记工作圆满完成。五是深入贯彻落实中办、国办 2008 年 27 号文件精神，进一步加强和改进报刊管理工作，完成了 23 种报纸、35 种期刊和 25 家中央部门驻藏记者站审核登记和年检工作，开展了新版记者证统一换发，已核发 300 个新闻记者证，实现了全区报刊、通讯社、广电新闻记者证统一换发、统一上网查询的工作目标。六是强化社会监管，严厉打击各种侵权盗版行为，确实维护著作权人的合法权益。加大企业软件正版化工作力度，认真开展著作权自愿登记，积极提供版权咨询，接受著作权登记咨询 323 条，完成作品正式登记 16 件。七是进一步加强出版物审读审片工作，建立健全图书、报刊、音像的审读审片机制，先后审读审片各类出版物 510 种；同时加强网络出版物内容的审读监管，先后检查网站 1000 多家，协同有关部门关闭违规网站 5 家，为创造良好网络出版环境发挥了重要作用。

【事业产业发展取得新成效】据统计，2010 年全区新闻出版业总产值 5.3 亿元，占全区 GDP 的 1.2%，继续保持了 12%以上的发展速度，继续呈现健康平稳较快发展的良好态势，各类从业人员已达 8800 多人。新闻出版公共服务综合楼投入 2900 万元已全面开工建设。全区新闻出版业固定资产增长了 1.8 亿元。一是图书出版以特色旅游、藏医藏药、民族手工、高原生物、生态环保等支柱产业为重点的出版选题，全年出版各类藏汉文图书 788 种 1350 多万册、同比增长 12.6%，本版图书销售额达到 1300 万码洋、同比增长 24%，其中完成中小学教材 500 多种 1200 多万册，确保了课前到书、人手一册。《四部医典系列挂图全集》、《西藏文化概论》等 6 种荣获第十八届全国藏文图书一、二、三等奖；《藏药材炮制规范》、《西藏高原干部健康保健知识》等荣获第十七届中国西部地区科技图书一、二、三等奖。二是全区 23 种报纸出版 5778 万份，完成产量 12.1 万千印张，继续保持两位数以上的增长速度；全区 35 种期刊出版 133 万册，完成产量 5.3 万千印张，报刊业继续保持健康平稳发展态势。在全国报刊总量严格控制和压缩的情况下，自治区新闻出版局积极争取呈报新闻出版总署审批同意，由自治区党委主管、主办《新西藏》（藏汉文）正式公开出版发行，填补了我区没有省级党刊的空白。《西藏商报》被评为"金长城传媒奖——中国十大商报"，《西藏研究》荣获"新中国 60 年有影响力的期刊"称号。三是认真贯彻落实新闻出版总署《关于促进我国音像业健康有序发展的若干意见》，全年各地出版音像制品和电子出版物 40 多种，实现销售数量 10 万盘、同比增长 12.2%。四是全区国有、集体、民营发行单位 272 家，发行图书 23.3 万种、同比增长 12.8%，发行量 5100 多万册、同比增长 26%，实现图书销售码洋突破 1 亿元，达到 1.12 亿元。五是全区印刷、包装、复制企业 378 家，重点印刷企业基本实现了印前数字化、印中高效化、印后自动化的目标，全年完成印刷产量 36 万令纸、同比增长 13.1%，工业总产值达到 2.8 亿元、同比增长 13.5%。六是积极配合新闻出版总署赴藏调研组的考察调研工作，全面完成了全区新闻出版行业的调研任务，形成了《关于加快西藏新闻出版业发展的调研报告》并呈报新闻出版总署。同时认真做好"十二五"规划 33 个重点项目的前期准备工作，为我区新闻出版业"十二五"发展规划的科学编制奠定了良好基础。

【围绕大局、服务人民作出新贡献】一是大力推进农（牧）家书屋、社区书屋、寺庙书屋、职工书屋建设，新建了 730 个书屋，每个书屋平均配送内容丰富、通俗易懂的优秀图书、报刊、音像制品 400 多种 1300 多册（盘），其中藏文出版物占 95%以上，解决了基层农牧民群众"借书难、看书难"问题。二是全力做好重点出版物，精心组织出版发行了《西藏辉煌 50 年》、《50 年的历史巨变》、《西藏民主改革 50 年》、《歌声飘过 50 年》、《透过历史看西藏》等一大批重点出版物，重点推出了《西藏今昔》、《献给母亲的赞歌》、《跨越》、《西藏百科全书》、《快速发展的西藏科技》等 45 种重点出版工程，营造了浓厚的舆论氛围。三是积极争取落实民族文字出版专项资金 420 万元，重点资助了图书、报刊、音像和印刷等公益性项目，不断加大实施重点民族语言文字出版工程力度。四是组织出版了《西藏改革开放 30 年》、《西藏记忆》等一系列全面阐释科学发展观、中国特色社会主义理论与实践、社会主义新农村建设、未成年人思想道德建设等方面的优秀读物。在"六一"国际儿童节期间，举行了优秀图书让利 20%展销和推荐 100 种未成年人优秀读物活动，挑选了 3600 种 24000 册优秀出版物免费赠送中小学校，得到了社会各界的一致好评。五是根据中央宣传部、新闻出版总署《关于进一步推动做好全民阅读活动的通知》精神，开展了一系列丰富多彩、生动活泼的全民阅读活动，形成了多读书、读好书的学习氛围和文明风尚。由于全民阅读活动成绩突出，自治区新闻出版局被中宣部和新闻出版总署评为"全民阅读活动先进单位"、自治区社区书屋工程被评为“全民阅读活动优秀项目。”以上各重大活动得到了自治区党委、人大、政府、政协领导的高度重视，亲临出席献礼出版物的首发式，并给予了充分的肯定和高度的评价。

【“扫黄打非”工作取得新进展】一是严厉封堵和查缴政治性非法出版物，特别是查堵诋毁我国政治制度，歪曲党史、国史、军史，污蔑党和国家领导人，宣扬“法轮功”等邪教教义，煽动民族分裂的非法出版物和印刷品。二是认真组织实施严厉打击和封堵查缴“藏独”反动出版物及宣传品，始终把查缴达赖集团反动出版物作为打击的重中之重，保持高压态势，依法严厉打击兜售传播“藏独”反动信息的不法分子，为我区维护稳定工作做出了新贡献。三是根据中央“两办”关于2010年“扫黄打非”行动方案的通知，由西藏自治区“扫黄打非”工作领导小组牵头，四川、青海、甘肃、云南等“扫黄打非”工作领导小组为成员单位，建立了以查堵“藏独”反动出版物及宣传品为目标的“珠峰”工程，建立联动长效工作机制。这不仅关系到我区的社会稳定，也关系到其他藏区的社会稳定。对此，中央和自治区领导同志作出了重要批示。刘云山同志重要批示：“措施有力，成效显著，赞成加强机制、基础建设的意见。”时任自治区党委副书记、人大常委会主任列确批示：“‘藏独’出版物在意识形态领域渗透确实是十分严峻，打防渗透工作，确需在体制机制和力量上加强。”四是认真贯彻落实中央召开的全国净化社会文化环境工作会议精神，及时屏蔽和删除各类有害信息、淫秽色情和侵权盗版等内容；加强校园周边环境治理，查处不良出版物；深入开展整治网络低俗之风的专项行动。五是积极会同公检法等部门重点查处昌都、拉萨、山南等地非法组织、地下印发非法期刊《封山禁猎》、《清晨的钟声》等一系列非法出版物大案要案，有效遏制了一批夹杂带有影射性内容、渲染美化达赖集团的非法书报刊和音像制品。六是依法打击盗版盗印、非法出版活动和侵权盗版行为，坚决整治报刊低俗之风，依法查办假报刊、假记者站、假记者、假新闻等专项行动。

【体制机制改革推向新阶段】一是根据新闻出版总署《关于进一步推进新闻出版体制改革的指导意见》和自治区《关于推进西藏文化体制改革和文化产业发展的意见》，深入调查研究，形成了《关于西藏新闻出版体制改革调研情况的报告》，按照“试点先行，先易后难，逐步推开”的要求，积极稳妥地推动新闻出版体制机制改革。二是坚持以发展为主题，以改革为动力，以创新体制机制为重点，以调整产业结构为主线，进一步壮大实力、增强活力、提高竞争力，基本形成了以公有制为主体、多种所有制共同发展的新闻出版产业格局。三是确立了公益性出版事业着重转换机制，经营性出版产业主要从体制上去突破，配置资源、盘活存量、优化增量，重点培育和发展了一批具有竞争力和影响力的国有印刷发行企业。四是进一步加大西藏人民出版社、西藏藏文古籍出版社的公益性出版单位内部“三项制度”改革力度。通过深化事业性出版单位内部改革和党报党刊宣传、经营“两分开”改革工作，增强了活力，提高了公共服务能力和水平。五是大力推进发行体制改革，进一步加强物流配送和连锁经营建设，不断完善现代流通体制，逐步形成了统一开放、竞争有序、健康繁荣的现代市场体系。六是推进国有印刷企业股份制改制，取得了显著成效。如：西藏新华印刷厂通过体制机制改革，打破吃大锅饭、平均主义等，实现了计件工资制、多劳多得，调动了广大职工的积极性，整体实力进一步增强。

西藏人民出版社

【年度综述】2010 年，西藏人民出版社着重增强政治意识、大局意识、责任意识、服务意识、阵地意识，牢牢把握正确的出版导向，努力使出版媒体成为宣传科学理论、传播先进文化、塑造美好心灵、弘扬社会正气、倡导科学精神的坚强阵地。为适应出版事业蓬勃发展的形势，挖掘出版资源，实施精品战略，紧紧围绕党和政府的中心工作，在服务三农和社会主义新农村建设、西藏旅游、藏医藏药、民族手工业、高原生态等方面，加大出版力度，基本满足了社会各族各界读者的需求，实现了持续、快速、健康、有序发展的良好态势。经过全社职工的共同努力，圆满地完成了2010年度各项工作任务。

【数字彰显成就】截至2010年10月底，西藏人民出版社藏汉文本版图书发稿408种（含北京发行部47种），已出版374种（含北京发行部17种），共计190万册，13,300千印张。发行总码洋达2386万元（其中包括农家书屋、家庭书柜图书配货码洋841万元），比上年同期增长84%；可比销售收入比上年同期增长19%；销售图书215万册，可比销售134万册，销售实洋1440万元，可比销售实洋943万元，截至10月底资金回收637万元，回收率达到67%以上，到年底确保实现资金回收率达90%以上。截至2010年9月10日，全面完成春秋两季中小学教材523种，全部出版交货，累计出版教材近1216万册，共计69,850千印张，超额完成社里制定的销售收入和资金回收双指标，连续十年创造了销售收入历史新高。

【重点图书、音像、电子出版物选题上报工作】根据新闻出版总署《关于编制“十二五”国家规划的通知》要求，西藏人民出版社确定了《藏族传统手工宝典》、《跨越》等10种重点藏、汉文图书选题，上报自治区新闻出版局根据自治区新闻出版局领导的指示，及时组织人员编译出版了《中共西藏自治区委员会关于制定“十二五”时期国民经济和社会发展规划的建议》（藏汉对照），并免费赠送各单位和基层组织。

2010 年是抗日战争暨世界反法西斯战争胜利65周年，西藏人民出版社按照自治区党委宣传部和自治区新闻出版局的要求，及时组织编辑人员在最短时间内，编译出版了《中国人民的抗日战争》（藏汉对照）一书作为献礼图书，产生较好的社会反响。2011 年是中国共产党成立90周年，西藏和平解放60周年，西藏人民出版社积极策划了《中国共产党在西藏的执政基础研究》等14种献礼图书，上报区新闻出版局审定。

【认真做好“农家书屋”、“牧家书屋”、“社区书屋”、“职工书屋”、“寺庙书屋”的图书出版工作】针对广大农牧民群众的需要，不断开发新品种，努力提高各种“书

屋”图书的针对性、实效性。

精心打造了“农家书屋”工程图书278种，总册数66.72万册，这些图书中有向广大基层农牧民宣传党的各项方针政策及时事政治，如：《社会主义核心价值体系学习读本》、《六个“为什么”——对几个重大问题的回答》等；有宣传各类法律法规，如：《常用法律知识读本》、《合同法案例分析》、《法律知识读本——三大诉讼》等；有针对增加我区农牧民经济收入，提供科学指导，如：《西藏农作物害虫防治实用技术》、《西藏一年两收实用技术》、《农村常见病与卫生常识问答》、《养牛实用技术》等，这些图书极大帮助农牧民群众掌握法律知识，了解党和国家政策，帮助农牧民脱贫致富奔小康，满足农牧民多层次、多方面的精神文化需求。并且积极为拉萨市“家庭书柜” 装配图书140余种，总册数14.6万册，满足了市民的精神文化需求。

西藏人民出版社为认真实施“寺庙书屋”工程建设，从2010年9月份开始，进行实地调研，并针对寺庙僧尼精神文化需要，策划了一系列图书选题。为进一步推进藏族优秀传统文化古籍整理图书的出版工作，抢救挖掘、整理藏民族的优秀传统文化，出版了一系列古籍经典图书。积极主动地与萨迦文化研究所、百慈古籍研究室、色昭佛教古籍搜集整理室联系，策划编辑出版了“吉祥萨迦文库”、“智慧光芒及慧宝丛书”，已完成《宗喀巴大师传》、《萨迦格言》（藏、汉对照）、《显明佛陀密意》、《第四次结集教义》、《入菩萨行论》、《道果偈句教义》、《菩提道次师承传（上、下）》等藏文传统精品及珍贵文献资料图书的出版工作，同时从西藏人民出版社已出版的图书中选择一部分图书，确定西藏人民出版社2011年寺庙书屋藏汉文图书目录，共340余种，上报自治区新闻出版局审定。

【维护社会稳定，促进民族团结】积极组织策划编辑出版了《马克思主义祖国观宗教观民族观文化观概论》、《正义的声音》、《中国共产党在西藏的决策与实践研究》等图书；为了更好地引导游客认识西藏，把西藏多彩的社会人文和自然景观介绍给国内外游客，编辑出版了《康马历史文化掠影》、《西藏最后的秘境——吉隆》、《藏地旅行摄影攻略》、《拉萨市藏传佛教寺院》等图书；为了对长期在西藏工作的广大干部群众的身体健康提供帮助，策划出版了高原医学系列图书《腹部B超自学指南》、《基层医院妇产科诊疗护理常规》、《高原地区常见疾病健康教育指导》、《高原病护理学》等图书；为了满足基层群众和大学生的精神文化需要，出版了《西藏大学生职业发展与就业指导》等图书。

【藏文版《半月谈》】保证了每月的10日和25日发稿，每月的15日和30日按期出书，共完成24期、98.4万字的编译和校对工作，总印数达13万余册。除向全区各乡镇免费赠送外，配送农家书屋8400册，征订数约58000册。

【社自办门市部不断更新设备、转变观念、提高服务质量】在巩固老客户的同时，积极发展教育系统、图书馆藏系统等新客户。为更好地管理和服务，自费安装网络监控器、引进先进的图书销售管理软件。利用电脑网络，科学管理、科学操作、提高工作效率。截止2010年8月底，图书销售码洋达到80万元，上交书款48.78万元。全面完成承包任务和资金分解工作。

【获奖情况】2010年，在第二届中国出版政府奖报奖工作中，西藏人民出版社推荐《中国居民膳食指南》等8种图书参评图书奖；推荐《西藏今昔》等2种图书参评装帧设计奖；推荐旦杰、刚组、郭荣原3位同志参评个人奖；推荐《中国藏戏史》参评第三届中华优秀出版物奖，并成功获奖；推荐德吉桑姆同志参评全国新闻出版行业领军人物；推荐《西藏农作物害虫防治实用技术》等8种图书参评第十八届中国西部地区优秀科技图书奖，并成功获得一个一等奖，一个二等奖，三个三等奖。

卫生、计划生育、体育

自治区卫生工作

【年度综述】22010年，卫生厅党组以深化医药卫生体制改革为重点，以开展创先争优和效能建设年活动为契机，认真落实医药卫生体制改革各项任务，大力实施农牧民健康促进行动，积极推进各项卫生事业健康发展，取得了显著成绩。

【扎实推进医药卫生体制改革】一是农牧区医疗制度健康运行。全区继续保持农牧区医疗制度 100%的覆盖面。会同财政等七部门联合下发了《关于巩固和发展农牧区医疗制度的意见》。农牧民免费医疗补助标准进一步提高，基本医疗保障水平不断提高。积极探索建立农牧区医疗即时结报办法，日喀则地区在11个县开展了与地直医疗保健机构即时结报试点，为在全区推广积累了有益经验。进一步加强农牧区医疗管理，特别是基金监管，做到了专项管理、专户储存、专款专用，基金利息纳入医疗基金，确保了基金安全。加大了农牧区医疗相关政策培训力度，举办了全区7个地市和74个县农牧区医疗相关政策培训班。二是积极推进国家基本药物制度的实施。成立了以自治区分管领导为组长，相关部门为成员的自治区实施国家基本药物制度工作领导小组，强化了对推行国家基本药物制度工作的组织领导。在日喀则、拉萨、山南、林芝、阿里5地（市）432个基层医疗机构分两批实施国家基本药物制度，并实现了药品“零差率”销售，占全区基层医疗机构总数的63%。在《国家基本药物目录（2009年版基层部分）》的基础上，制定发布了《西藏自治区基本用药目录（2010年版 基层部分）》，增补502个品种。出台了《西藏自治区实施国家基本药物制度财政补贴办法》，明确规定药品零差率销售财政补助实行自治区与地（市）、县按8:1:1的比例承担补助经费。积极争取自治区药品集中招标采购机构建设，为建立全区基本药物招标采购平台和配送机制做前期准备。三是进一步健全医疗卫生服务体系。全年争取国家安排建设项目涉及农牧区基础医疗设施、昌都地区人民医院、西藏自治区藏医院临床研究基地、社区卫生服务中心等4大项目136个子项目，总投资66990万元。自治区藏医院、自治区第二人民医院、自治区疾控中心改扩建和自治区卫生监督所建设等重点卫生项目建设工程进展顺利。完成95个中心乡镇卫生院标准化建设项目和34个县卫生服务中心标准化建设项目前期工作。继续采取面向医学院校毕业生公开招考方式，为厅系统和县、乡（镇）卫生机构补充了907人，其中县、乡卫生技术人员854名。组织实施订单定向免费培养农牧区全科医生计划，首批招收80名医学生。完成6918名农牧区卫生技术人员培训计划。对120名基层卫生人员及70名藏医技术人员进行全科医生转岗培训。招收186名基层藏医无学历人员接受大、中专函授学历教育。继续实施万名医师支援农村卫生工程，厅直和地市二级以上医疗单位选派100名医师支援20家县级医疗单位开展工作。584人通过了国家和自治区卫生专业技术资格初中级考试。积极协调落实公益性技术性岗位工作，解决1360名乡（镇）卫生院长期聘用人员待遇。会同自治区财政厅制定了《关于完善村医补贴制度，规范村医服务范围的意见》，并从2010年元月1日起实施。编制完成了《民族医（藏医）临床研究基地建设项目和自治区藏医院改扩建工程总体方案》和《卫生监督体系建设规划》等。四是大力促进基本公共卫生服务逐步均等化。草拟了《关于城乡基层医疗卫生机构基本公共卫生服务考核与经费补助的指导意见》、《城乡基层医疗卫生机构基本公共卫生服务考核指导标准（试行）》和《西藏自治区卫生厅关于提高公共卫生服务能力的意见（征求意见稿）》，提出了提高我区公共卫生服务能力的总体思路和涉及疾病预防控制、健康教育、妇幼保健、卫生监督、卫生应急、采供血、精神卫生和计划生育等公共卫生工作的51个重大支撑项目，提出经费需求计划46.3亿多元。积极探索在7地（市）达孜等18个县开展建立农牧区居民健康档案试点工作，建立健康档案65780个，18个试点县建档率达28.81%，全区建档率达到22.92%。实施重点公共卫生项目，对42余万15岁以下目标儿童开展乙肝疫苗查漏补种。整合中央转移支付和自治区财政农牧区安居工程建设农村改厕资金，建设农牧区安居工程卫生厕所23393户，完成改厕任务的100%。

【认真落实疾病预防控制各项工作】加强重点传染病、地方病和学校传染病的防控工作。严格执行疫情报告制度，加强对学校传染病疫情的监测，并对全区15岁以下的学生和儿童实施了风疹疫苗的接种工作。采取综合措施，加大对鼠疫、人禽流感、艾滋病、不明原因肺炎、结核病、乙肝、手足口病等重点传染病的监测和防治。青藏铁路沿线及重点地区鼠疫防控工作成效显著，及时有效处置朗县人间鼠疫疫情，得到了自治区党委、政府和卫生部的高度评价。启动全球基金艾滋病项目。全区碘盐覆盖率达91.2%，全区实现了基本消除碘缺乏病的目标，65个县实现了消除碘缺乏病的目标。大骨节病、布病、麻风病等地方病防治工作进一步加强。大力实施计划免疫和国家扩大免疫规划项目，投资800万元为全区地（市）、县、乡卫生机构配备了冷链设备。对0-3岁17万目标儿童开展两轮脊灰强化免疫，对8个月-6岁15万目标儿童进行麻疹疫苗强化免疫，并进行了查漏补种。爱国卫生运动工作取得实质性进展，我区实现了“卫生城市”零的突破。

传染病发病率从2009年的489.28/10万，下降到2010年的325.07/10万。

【卫生应急处置能力进一步提高】及时有效处置全区突发公共卫生事件68起。积极应对并圆满完成山南、林芝、阿里等地发生的自然灾害和突发事件的医疗救援和卫生防疫工作。紧急抽调7批141名卫生救援骨干，组建西藏抗震救灾医疗卫生救援队赶赴玉树灾区开展医疗救援、卫生防疫、鼠疫防控等工作，动用车辆36台次，诊治伤病员6724人次，手术186台次，巡回医疗119人次，转诊伤病员30人次。完成45475人次卫生监测，消毒面积10800平方米；开展健康宣传教育6700多人次，发放宣传品3000余份。灭獭面积7930公顷，封堵旱獭洞18432个。出色完成各项医疗卫生救援任务，特别是西藏自治区赴玉树抗震救灾医疗卫生救援队被中共中央、国务院、中央军委授予“全国抗震救灾英雄集体”荣誉称号，受到了卫生部、当地政府和灾区人民的赞誉。

【妇幼卫生工作成效显著】继续坚持以降低孕产妇死亡率和婴儿死亡率、促进住院分娩率为目标，在全区实施“降消”项目，“母子系统保健项目”和“孕期微营养素补充项目”等项目，努力提高妇幼卫生服务能力和水平。特别是“降消”项目从2009年起由原来的24个县扩大推广到全区74个县以来，2010年全区孕产妇和婴儿死亡率分别为174.78/10万和20.69‰，比2009年下降了50个百分点和1个百分点，成为两个死亡率下降最为明显的一年。继续在8个县启动实施了农牧区妇女乳腺癌、宫颈癌检查等一批重大公共卫生服务项目，完成农牧区妇女乳腺癌检查10416例、宫颈癌检查8000多例。积极开展妇女常见病普查诊治工作。在继续实施农牧民孕产妇住院分娩特殊报销补偿政策和生活救助政策的基础上，实施了城镇居民孕产妇住院分娩全额报销政策。开展了烟草控制与健康素养监测，加强了健康教育工作。

【大力发展藏医药事业】2010年9月自治区政府下发了《西藏自治区人民政府关于进一步扶持和促进藏医药事业发展的意见》，为今后一个时期藏医药事业的可持续发展提供了政策保障。围绕深化医药卫生体制改革中心工作，组织制定了《西藏自治区基本用药藏药目录》。启动全区藏（中）医基本现状调查工作。5个藏医药重点学科建设项目被列入国家项目；自治区藏医院被列入中医药标准化研究推广试点单位；昌都、阿里地区藏医院列入第三批文化建设试点单位，8个学科列入中医药优势学科继续教育基地。承办“五省区藏医医院管理年检查评估工作培训班”，开展了自治区级检查评估。接受了国家中医药管理局医院管理年检查评估。《自治区藏医院藏医临床研究基地业务建设方案》顺利通过了国家中医药管理局的审查论证，并已组织实施。启动了国家中医药管理局重点民族医文献整理、适宜技术推广能力建设项目和名老专家传承工作室建设项目。组织编写《常见病藏医诊疗指南》等5部藏医药知识丛书。组织参加在北京举办的中医药科普知识宣传周活动及展览会。举办藏医全科医师、医院医疗质量检测和藏医师承高级研修班，以及全区藏医护理专业技术骨干培训暨藏医护理技术大比武活动。加快自治区藏药厂改制工作步伐，促成西藏宇妥藏药产业集团挂牌成立。

【积极开展卫生监督执法工作】扎实开展了以食品安全、餐饮经营单位地沟油、一次性卫生筷子和塑料餐盒、食品添加剂等为内容的专项整治工作，查处使用过期和过量食品添加剂12起，销毁过期变质食品1350余公斤，取缔无证加工香肠、腊肉等肉制品小作坊5个、无证经营餐饮个体户3家。加强对学校食堂及周边餐馆的食品安全检查。牵头起草了《自治区食品加工小作坊和食品摊贩管理办法》。

推行公共场所卫生监督量化分级管理制度。联合公安部门开展打击非法行医专项整治工作，查处非法行医者34人，取缔非法医疗服务点8家。清理整顿保健用品市场，发现假冒保健用品216种，对13家33种非药品冒充药品的保健用品进行清理整顿。加强对水泥厂、药厂等10家企业的职业卫生监督。强化食品安全知识培训。按照国家的要求在卫生系统认真组织开展了2010年普法依法治理工作和“五五”普法检查验收工作。充分利用“3.15”、“12.4”等各种普法宣传日开展卫生宣传教育。

【进一步加强医疗管理和干部保健工作】按照卫生部的统一安排，在继续开展医院管理年活动的基础上，积极开展“医疗质量万里行”和“平安医院”建设活动，狠抓医疗文件书写质量、医院感染控制、临床用药安全、急救能力建设、依法执业和单位内部安全管理等工作，提高了医院规范化管理能力和医务人员的质量安全意识，促进了医疗安全和社会治安综合治理责任制的落实。组织专家对地（市）及以上综合医院开展了医院巡查工作，进一步加强了医疗监管。在自治区人民医院开展“以夯实基础护理、提供满意服务”为主题的“优质护理服务示范工程”活动，提升了服务质量和水平，赢得了患者的好评，患者满意度达98.8%。医疗服务资源利用率明显增加，2010年全区各级医疗机构门急诊人次和住院人次达到359.93万人和12.3万人，分别比2005年增加46.31%和82.26%。疑难重症诊疗与救治能力大大提高，自治区第一人民医院与美国东南亚祈福基金会合作的《西藏先天性心脏病调查与治疗项目》，免费救治先心病患儿19名；自治区第二人民医院外二科为一名患者成功首例实施脊柱结核病灶清除术、椎体前方减压术、钛网植入加侧路钢板固定术。

认真组织“三下乡”，“科普宣传义诊”、“军警民双拥共建共保”“万名医师支援农村卫生工程”等社会服务活动，为各族人民群众提供免费送医送药，赢得了人民群众和社会各界的好评。

召开了干部保健工作会议，加强了对干部保健工作的领导，创新了干部保健工作的工作机制，完善了相关政策，优化了服务流程，加强了保健队伍建设，保健工作的能力和水平明显提高。圆满完成了中央领导和省（市）领导在藏期间，以及自治区重大会议和活动的医疗保健和食品安全工作。协调财政厅和区组织部建立了援藏干部体检制度。

自治区人民医院

【年度综述】2010年，院党委牢固坚持正确办院方向，求真务实，开拓进取，率领全院干部职工克服人员、床位编制不足带来的极大困难，精诚团结，忘我工作，确保了各项工作有序推进，医院综合实力和服务能力继续增强，社会效益和经济效益同步提高，保持了科学发展的良好势头，为促进我区卫生事业发展、保障人民群众身体健康做出了积极贡献。

【圆满完成医疗保健任务】完成门急诊334,279人次（其中急诊43,099人次），留观86,909人次，体检5,757人次，入院12,449人次，出院11,893人次，病床使用率114.0%(按编制病床500张计算)，入院病人平均住院天数17.1天。急诊抢救5017人，急诊抢救成功率99%，免费救治特困病人600多人。在妇幼保健方面，全年预防接种25,897人次，新生儿访视1,110人次，产后访视1,204人次，托幼体检1,391人次。

【狠抓医疗质量安全管理】积极开展“医疗质量万里行”活动。调整充实了活动领导小组及其办公室，召开了年度实施大会和实施临床路径动员大会等会议进行部署，下发了活动实施方案、考核标准及任务分解表，明确了部门和个人责任。

坚持开展院长行政查房。通过查房全面了解科室工作，现场帮助科室解决困难和问题，院长、副院长及医务部、护理部负责人都亲自参加业务科室交接班，总值班也参加急救中心交接班。医务部、护理部、院感办等业务主管部门坚持每天深入科室现场检查，监督指导科室严格执行医疗质量安全管理制度，发现问题当场解决，或提交医院集中研究解决。

加大医疗文件书写质量管理力度。制定了医院运行病历评分标准、终末病历评分标准、护理文书书写规范等，在长期坚持开展病历抽查和处方抽查、点评制度的基础上，将抽查范围扩大到检验和医学影像检查申请单。

建立健全了手术安全核查制度、临床用血计划制度、医生出诊管理制度等。加强了医疗质量安全重点环节管理。为临床科室发放了《临床疾病诊断依据与治愈好转标准》和《中国国家处方集》等参考书，努力促进全院提高诊疗水平和病历、处方书写质量。

不断加强医院感染控制管理。抓好消毒剂、耐药菌、手卫生、无菌物品、环境卫生监测工作，抓好每年一次的住院病人医院感染现患率调查。此外，多部门联合开展院感培训，让全体医务人员及护工、清洁工增强防范意识，掌握相关知识，共同做好院感控制管理工作。同时，还协办了全区首届医院感染控制管理培训班，对全区加强医院感染控制管理做出了积极贡献。

抓好临床用药管理。严格执行“四查十对”制度和毒麻药管理制度，规范登记上报药品不良反应，动态监测分析使用率最高的10种抗生素和使用金额、数量最大的30种其他药品，及时发现和处理异常用药现象，按时编印发放《医院药讯》，为全院安全用药、合理用药提供指导。

加强急救能力建设。成立了梯队、专业、年龄构成合理的应急医疗队，配备了个人基本装备，开展了急救知识、技能操作演练及野外生存能力培训，提高了急救队伍素质，增强了医疗救援能力。

加强科室之间、专业之间的沟通协作。除了通过抢救、会诊、病例讨论等途径外，坚持召开一年一度的全院医师大会，堵塞医疗质量安全管理漏洞，不断提高医疗质量和协同作战能力。

严格依法执业。禁止尚未取得执业资格证书的医护人员单独从事临床诊疗护理技术工作，坚持要求新进医护人员应当已经考取或有望很快考取执业资格，将考取执业资格与个人利益挂钩。

【抓好科教和援藏工作】圆满完成临床教学任务。承担了藏大医学院9个专业542课时的教学任务，完成了藏大医学院、西藏民院、藏医学院及其他院校实习生115名的带教任务，接收了112名实习生。

加强职工在职培训和在岗培训。全年选派26人分赴中国医科院、四川大学华西医院、中南大学湘雅医院、山东临沂市人民医院等兄弟单位及香港进修学习，安排78人次参加全国各类培训班和研讨会，组织远程继续医学教育114次，举办院级以上学术讲座38次，科级学术讲座155次。针对医院中层干部缺乏培训的实际，还组织机关后勤部门6名管理干部，由院领导带队实地考察了四川和北京多家医院，开阔了眼界，更新了观念，学到了先进经验，提高了管理能力。

大力支持院内外学术团体工作，设在医院的消化内科、神经外科、儿科等学术团体先后成功举办了全区学术会议，组织医务人员参加了西藏医学会组织的“青藏高原内分泌-糖尿病教育高峰论坛”，对于促进医院和全区提高相关领域学术水平发挥了积极作用。此外，还推荐14人次担任中华医学会相关专业委员会委员，推荐国家临床重点专科评估试点专家候选人10人，推荐卫生公益性行业科研专项专家组专家5人次。

大力促进全院加强科研工作。申报国家自然科学基金项目4项，批准立项2项，获得资助课题资金51万元，至此连续三年获得国家自然科学基金支持；获得自治区科级项目立项4项，立项资金38万元；批准院级科研项目1项，课题资金4万元。组织申报了2011年卫生人才培养科研项目2项，2008～2009年度自治区科学技术奖3项。全院出版专著2部，发表论文88篇，其中国际期刊发表3篇。特别是医院平措扎西博士在国际权威期刊《科学》杂志发表了《基因组测序揭示高原适应机制》一文，成为西藏首位在《科学》杂志上发表论文的医生，在国内外引起了较大反响，得到了卫生厅主要领导的高度评价。同时，经专家委员会评审，确认全年开展了新技术45项，其中绝大多数填补了我区空白。

积极开展合作项目。继续与美国东南亚祈福基金会合作实施“先心病”项目，筛查儿童1720多名，29名患儿在医院免费进行了手术治疗，9名病情较重的患儿转往内地治疗。与社会工作者协会儿童社会救助工作委员会合作，救治了5名贫困家庭先心病患儿。与香港中国儿童健康教育基金会合作开展的“儿童白内障治疗”项目进展顺利。与国家海洋局极地考察办公室达成了长期合作共识，医院将持续派员支持南极科考工作。

抓好卫生援藏工作。抽调人员参与承担了第五次全国卫生援藏工作座谈会会务工作。中国医科院詹启敏副院长一行10人应邀来院考察，明确了“院对科、科对科”的援藏新模式和重点受援学科。中国医科院和南京八一医院分别派出医疗队来院开展了为期3个月的援藏工作，其中医科院医疗队13人，八一医院医疗队3人。

自治区人口和计划生育工作

【年度综述】2010年，自治区人口计生委按照区党委、政府的统一部署和要求，紧紧围绕全区工作大局，认真贯彻落实好中央第五次西藏工作座谈会精神，按照年初工作部署，积极努力完成各项工作。

【以学习中央第五次西藏工作座谈会精神为重点，加强调研积极争取项目】中央第五次西藏工作座谈会召开后，为把会议精神落到实处，推动事业发展，自治区人口计生委一是认真组织学习，统一思想，把传达学习和贯彻落实好会议精神作为首要政治任务，以党组理论学习中心组为主，带动各党支部，采取集中学习、开展研讨、听取讲座、撰写心得体会等多种形式深入学习中央第五次西藏工作座谈会精神；二是深入开展调研，摸清底数。为初步掌握我区育龄妇女生殖健康状况，开展了“育龄妇女优生优育专项问卷调查”。同时，由委领导带队，深入7地（市）及其32个县进行实地调研，切实了解和掌握我区基层人口计生和优生优育工作开展情况及存在的突出问题，理清工作思路，有针对性地提出贯彻落实中央第五次西藏工作座谈会的工作目标和重点任务；三是加强协调沟通，争取项目。为切实抓好贯彻落实中央第五次西藏工作座谈会的各项具体工作，成立了工作小组，一方面，加强了区内各有关部门的协调沟通，紧紧围绕国办函[2010]62号文和藏党办发[2010]17号文对人口计生和优生优育工作的要求，起草论证项目文本，多次与自治区发改委、财政厅、卫生厅等单位沟通衔接，力争用好、用足中央的各项优惠政策。另一方面，加强与国家人口计生委的汇报衔接，请求国家在政策、项目、经费、人才培养等方面继续给予我区人口计生事业更多的支持和帮助，并于6月上旬由委主要领导率队赴京向国家人口计生委汇报工作，得到国家人口计生委的高度重视，汇报工作取得实质性成效。

【全面贯彻落实国家人口计生委会议精神，统筹部署全区工作】2010年1月，自治区人口计生委在拉萨召开了全区人口计生和优生优育工作会议。会议传达了全国人口和计划生育工作会议精神。自治区人口计生委主任玉拉同志做了工作报告。报告总结了2009年我区人口计生和优生优育工作取得的成绩，分析了当前我区人口发展和优生优育工作面临的主要问题，按照统筹解决人口问题的要求，全面安排部署了2010年全区人口计生和优生优育工作。

会上，自治区副主席德吉同志发表了重要讲话，指出：要按照科学发展观的要求，充分认识做好我区人口计生和优生优育工作的重要意义。科学审视我区人口计生和优生优育工作形势，不断推进经济社会全面、协调、可持续发展。并进一步贯彻落实《意见》精神，以科学发展观统领新时期我区人口计生和优生优育工作。

【进一步加强人口计生和优生优育各项工作】2010 年，机构改革后的委新一届领导班子为尽快掌握基层工作现状，创新工作思路和方法，分别带队深入基层进行调研，并形成调研报告呈报政府，全区人口计生和优生优育各项工作在原有基础上得到进一步加强。

积极开展宣传教育及政策法规修订工作。坚持把《中共中央稳定低生育水平统筹解决人口问题的决定》、自治区《实施意见》及计生法律法规知识宣传贯穿工作始终，以婚育新风进万家活动为载体，推进和谐人口文化建设；对驻拉萨的 26 家区直、中直机关部门、企事业单位及 6 个地（市）执行《西藏自治区计划生育暂行管理办法》（试行）的情况进行了调研，为该办法的修订奠定基础。

扎实做好人口计生和优生优育信息化建设、“十二五”事业发展规划工作。按照信息化建设的要求，继续开展全区七地（市）育龄妇女信息卡片、总人口信息卡片的录入工作，及时解决各地（市）、县在录入中出现的各种问题，制定信息化建设监测点建设前期方案。截止 2010 年，录入工作完成 86%。“十二五”事业规划制定和西藏人口发展战略研究工作全面启动，完成全区五级行政区划代码核对上报工作。

深入推进“出生缺陷一级预防”工作。召开出生缺陷一级预防专家组会议，制定了基线调查方案和 7 地（市）师资培训计划，举办了 2010 年第一期县级计生技术人员及育龄群众优生优育、生殖健康基本知识培训班；积极开展两项扶助制度的审核、上报及编制经费预算等工作。以“三千人才工程计划”、“计划生育科技大练兵”活动为载体，加强中高级技术人才的培养，抓紧抓好县一级技术服务队伍的建设，尤其注重县卫生服务中心的妇产科力量的加强；积极开展西藏自治区育龄妇女生殖健康促进工程项目，昌都地区、那曲地区、拉萨市先后对辖区内已婚育龄妇女开展了生殖道普查普治活动。

努力提升流动人口服务管理水平。深入开展学习贯彻国家《流动人口计划生育工作条例》的宣传教育；PADIS 流动人口子系统的培训率县级及以上达到 100%，采集完成全员流动人口个案信息 25.17 万人；在拉萨市城关区部分街道办事处、居委会成立流动人口计划生育基层协会组织；按照国家“推动省际间、区域间协作”的重点目标，加强了与入藏流动人口较多的省份协作，签定了合作协议，推进我区流动人口计划生育落实双向管理机制；通过积极争取，拉萨市为全国流动人口动态监测城市，设立了 80 个监测点；积极争取到拉萨市设为全国“流动人口计划生育基本公共服务均等化促进工程”项目城市；评估验收“创示工作”，拓展示范点；在全区“综治考核”的基础上，引进国家流动人口计划生育服务管理各项绩效指标考核体系，为实施“十二五”规划奠定了良好基础。

【认真抓好协会工作】积极组织开展“母亲节”、“5.29”协会活动日为贫困母亲“送温暖、献爱心”活动；幸福工程不断在我区各地拓展，截止 2010 年 1 月，项目在全区共投入 158 万元，救助贫困母亲 262 户，惠及人口 1048 人，已有 58 户基本脱贫；筹备协会理事会换届工作，目前已拟定呈报理事人选 128 名；我区上报的“生育关怀典型案例”已入选中国人口出版社出版的系列丛书《生育关怀行动 100 例》。加强药具管理工作。及时对七地（市）的购调存报表进行汇总、上报。对药具仓库进行清理整顿，实行“凭证出库、先进先出、近效期先出、按批号出库”。对各地（市）人口计生委药具管理目标的完成情况进行总结、评估、打分，并依据考评结果兑现奖励金额 78200 元。

【领导名录】
党组副书记、主任：玉　拉
党组成员、副主任：旦增、代欣言、卢春山
副巡视员：央　宗

自治区疾病预防控制中心

【年度综述】2010 年，中心结合我区实际，坚持求真务实、开拓创新的发展思路，紧紧围绕卫生厅制定的“重点疾病重点防治、重点地区重点预防、重点人群重点保护”的原则，扎实有效地落实各项疾病预防控制措施，着力于重大传染病防控、应急处置、疾病监测与检测、大众健康教育与慢病监测工作的推进，在不断加强自身各项能力建设的同时，进一步强化对全区疾控业务工作的指导和项目的监管力度，努力推动我区整体防控工作水平和疾控事业的发展与进步。实现了综合管理水平、技术服务能力、项目推进力度和社会效益的全面提升，各项工作都有了新的突破。为实现西藏跨越式发展和社会局势的长治久安发挥了积极作用。

【传染病防治工作】传染病疫情监测。2010 年 1 月 1 日至 10 月 31 日全区共报告法定传染病 3 类 22 种，发病 8676 例，死亡 19 例，总报告发病率为 302.31/10 万，总死亡率为 0.66/10 万，总病死率为 0.22%。与 2009 年同期相比，发病下降 24.05%，死亡下降 17.39%，病死率上升 10.00%。其中甲类传染病报告 6 例；乙类传染病中，报告发病数居前三位的为肺结核、痢疾、肝炎，分别占乙类传染病发病总数的 65.13%、17.07%、10.72%。死亡病例发生中肺结核 16 例、鼠疫 1 例、艾滋病 1 例、痢疾 1 例。丙类传染病 7 种 3873 例，无死亡病例，发病率为 134.95/10 万，报告病例数占传染病总发病的 44.64%。

通过突发公共卫生事件报告管理信息系统、电话和传真报告突发公共卫生事件 54 起，涉及全区 7 地市，共发病 1726 例，死亡 3 例，自治区疾控中心传染病所指导和参与处理全区突发公共卫生事件 20 余起。

免疫规划工作。为认真落实扩大国家免疫规划工作任务，完成全区 4.7 万名适龄儿童卡介苗、脊灰、无细胞百白破、A 群流脑，甲肝基础免疫。完成全区 0 至 3 岁 15 万目标儿童脊灰强化免疫。完成全区 15 岁以下 42 万目标儿童乙肝疫苗接种，完成全区 15 岁以下 60 万目标儿童风疹疫苗普种，完成全区 58 万甲型 H1N1 流感疫苗接种完成儿基会项目各项工作。

为了响应世界卫生组织 2012 年消除麻疹的目标，按照国家消除麻疹策略要求，结合西藏实际，对全区范围内 8 月龄

-4岁儿童开展了麻疹疫苗的强化免疫和查漏补种工作。为规范接种技术，提高接种质量，对全区7地（市）72个县（区）130余人开展师资培训，所辖乡（镇）级培训共计2856人次。

全区共设立固定接种点978个，入户接种组597个，巡回接种组105个，临时接种点210个。全区参与强化/查漏补种的工作人员2721个。7地（市）报告8月龄-4岁应种儿童总数148173人，实种儿童总数143360人，接种率96.75%。

【鼠疫与地方病防治工作】鼠疫防治工作。制定了《2010年青藏铁（公）路沿线鼠疫监测方案及卫生部门职责》和《西藏2010年鼠疫监测方案》，进一步明确工作任务和工作指标。2010年4月中旬至10月中旬（即染疫动物出蛰期）启动鼠疫疫情“日”报告“零”报告和监测信息的“周”报告制度。截止2010年11月15日，共上报疫情监测信息20余份。经鼠疫细菌学证实，发生一起人间鼠疫疫情和14起动物间鼠疫疫情，检出鼠疫菌33株，发病6人，死亡1人。流行范围涉及错那、隆子、加查、桑日、达孜、林周、曲水、噶尔、朗县等9个县。

2010年，自治区疾控中心针对大型施工场所、旅游景点、人口稠密区域进行了鼠疫防治知识的宣传教育工作，主要内容包括鼠疫传播途径、发现病死动物上报以及鼠疫疫情的“三不、三报”等，期间累计宣传次数达到28524人次。2010年4月，在林芝地区朗县举办以乡镇领导、乡镇医务人员等共计160余人参加的鼠疫防治培训班。年末对拉日铁路医务人员进行鼠防知识的培训。2010年7月，中心组织举办了一期以鼠疫应急演练为主的突发公共卫生事件应急演练。通过演练提升本级疾控业务人员应对突发事件的应急能力和技术水平。

2010年9月22日，西藏林芝地区朗县发生一起人间肺鼠疫疫情，共发病6人，其中1人死亡，密切接触者达102人。9月23日凌晨，中心派出两批分别由中心主任、副主任带队的9人工作组，昼夜兼程赶往疫区，经过37天的努力，配合卫生部专家指导当地开展医疗救治和应急处置工作，疫情得到有效控制，完成处置工作。

布病防治与大骨节病防治工作。2010年对山南地区措美县古堆、哲古两乡7-60岁1404人群进行了布病流行病学调查，受检率为26.3%，有布病症状的309人；对310人进行抽血和布病平板凝集试验，其中阳性38份、阳性率12.56%。通过与红十字德国尼玛协会协作，对那曲地区双湖特别行政区开展人间布病监测工作，共采集260份血样，阳性46份，阳性率17.6%。

大骨节病防治分别制定了《2009年中央补助地方公共卫生项目西藏大骨节病防治项目技术方案》、《2010年西藏大骨节病病人治疗技术方案》、《西藏自治区重点地方病防治（2004-2010年）》终期考核评估实施方案。全年共完成桑日县、扎囊县、乃东县、谢通门县等成人双侧膝关节X片1133张，儿童右手正位X片1144张，并发放大骨节病成人治疗药品合计人民币8万余元，后期工作正在进行中。

饮水型氟中毒病情调查工作。先后协助日喀则地区、那曲地区开展了饮茶型氟中毒现场工作，日喀则谢通门县、日喀则市10个乡镇调查采样入户饮用砖茶情况104份，儿童氟斑牙检查299人，患病率为32.71%，氟斑牙指数为0.65。36-46岁成人氟骨症拍片257张；那曲地区那曲县5个乡8-12岁儿童氟斑牙检查147人、35-46岁成人氟骨症拍片102张。

碘缺乏病防治工作。2010年4月21-23日组织召开全区地方病的调查培训工作，共计27人参加培训。应急补碘工作覆盖73个县，0-3岁儿童和15-49岁育龄妇女，覆盖人数59万人。

西藏基本实现消除碘缺乏病项目工作，通过县级自查评估，自治区级派出3个工作组分别对七地市进行了检查验收，国家考核验收组于11月对我区申报的65个县的7个地（市）随机抽取2个地（市）进行验收考核工作，自治区级管理指标考评总平均分为85分，通过国家专家组的考核验收，我区实现了基本消除碘缺乏病目标的要求。

【结核病防治工作】结核病防治知识的宣传教育普及工作得到持续开展。通过“3.24”结核病防治日、“5、15科普一条街”等活动，共发放结核病防治宣传资料7500余份，办宣传展板6块，组织编印结核病宣传挂历2万本。有效地提高了群众对结核病防治知识的知晓率，提高农牧民群众的防病健康意识。

根据《全国第五次结核病流行病学抽样调查实施方案》，圆满完成全国第五次结核病流行病学抽样调查现场工作。通过本次调查，发现肺结核病患者53例，其中新发涂阳2例，活动性肺结核患病率为2141/10万，涂阳肺结核患病率为81/10万，对所有新发现的结核病人均建立了病案资料，并已通过了国家的验收。结核病门诊1—10月共登记结核病患者264例，其中新发涂阳病人141例，痰涂片检查3571人次，镜检玻片8942张，工作得到持续开展。

1-10月，共举办结核病临床、实验室、统计监测、项目财务管理等综合性培训班，共培训人员156人次，并组织自治区、地市及部分县的业务人员共计80余人次参加了由国家和项目举办有关会议及培训。通过不断培训，使各级结防部门的项目管理能力得到加强，业务技术水平得到提高。

【麻风病防治工作】制定和下发了2010年麻风防治工作实施计划，并及时了解和掌握各地县麻风病防治工作开展情况。截至10月底，全区共报告麻风新发病例12例，复发病例1例，以上麻风新、复发病例均实施了MDT治疗。组织江曲医院巡诊26次，出动人员52人次，同时按项目要求及时为麻风残疾人员提供了生活费，并送去价值2万余元的慰问品。

【性病与艾滋病防治工作】艾滋病疫情分析及防治工作。截至2010年11月19日，我区已累计发现了121例HIV感染者，其中感染者103例、死亡7例，艾滋病病人18例、死亡3例。其中区内报告发现98例（占80.99%），区外报告发现23例（占19.01%）；累计报告艾滋病病人18例，接受抗病毒治疗的14例。2010年新报告艾滋病毒感染者31例，与上年同期（13例）相比增加138.46%疫情分布在全区七个地（市）。

疫情流行情况分析：按民族分析汉族53例，占43.80%，藏族48例，占39.67%；按性别分析男性77例，占63.64%，女性44例，占36.36%；按年龄分析25-34岁的52例，占42.98％，35-44岁的30例，占24.79％，15-24岁的29例，占23.97%；按传播途径看性途径传播的47例，占38.84%，血液传播的16例，占13.22%，其中传播途径不详的51例，占42.15%。我区艾滋病疫情与全国一样呈持续上升趋势；传播途径三种并存，但仍以性传播途径为主。

全球基金艾滋病项目年初签订协议，将下拨经费调整到7个地市25个项目县，项目工作顺利实施。各级项目管理机构成立，职责基本明确。

在自治区党校开展校内宣传、知识问卷调查、艾滋病防治知识讲座等一系列艾滋病宣传活动，提高党政干部对艾滋病防治知识和政策的了解取得了良好的作用。

积极联合母子保健协会、西藏大学团委等4家社会组织参与艾滋病反歧视宣传活动；11月联合司法、监狱、西藏大学、民办学校等部门开展艾滋病防治知识宣传活动，在学校、农村、居委会、监狱中广泛宣传艾滋病防治知识，取得了良好的效果。

在国家疾控中心的帮助指导下，完成了《西藏自治区艾滋病防治战略分析》《西藏自治区艾滋病十二五防治规划》的起草工作，目前仍在征求意见和修订之中，将会对西藏艾滋病防治工作起到指导性意见。

加大对基层培训力度，提高防治能力：按照项目要求，结合西藏实际，全年共举办《高危人群干预培训班》《战略规划制定培训班》《抗病毒治疗培训班》《性病规范化管理培训班》《HIV咨询检测培训班》《母婴阻断培训班》《艾滋病实验室培训班》等7个专业培训班，邀请国家专家11人次来藏授课，共培训基层专业人员300人次。

国家级性病艾滋病监测哨点完成情况。根据《国家艾滋病哨点监测工作方案》，2010年我区的13个监测哨点共完成监测6113例，其中发现HIV感染者3例，梅毒259例，丙肝23例。

性病门诊和实验室工作。性病门诊年内共诊疗性病、皮肤病人2107人次；检测梅毒290人、其他性病检测735人，检查出的病人都给予了及时诊治。艾滋病确认试验室2010年共开展筛查检测440人、确认检验63人、检出确认阳性24人。接受国家级血清学检验能力验证3次，均以优异成绩通过。

【健康教育工作】2010年，西藏“母子健康保健”项目工作；卫生部／联合国儿童基金会健康促进与健康传播项目（2006—2010年）顺利完成，并通过了国家卫生部/儿基会的考核验收，我区7个项目县母子健康保健工作达到国际组织和卫生部要求的相关指标。通过母子健康保健项目开展5年的比较，项目县孕产妇产前检查率平均为80%，住院分娩率平均为85%，与2006年项目执行初期相比分别提高了40%左右，项目县各项目点群众对母子健康保健知识的知晓率平均达到了90%左右，2010年项目县报告的婴幼儿死亡率下降50%。

卫生部对西藏自治区2005—2010年健康教育与促进工作督导情况.全力开展了各项健康教育工作，我区群众的健康教育知识知晓率由2002年的7％提高到现在的30％，健康行为形成率由2005年的20％提高到现在的40％左右。分别完成了《西藏自治区2009年中央补助地方烟草控制项目实施方案》和《西藏自治区2010年执行中央补助地方烟草控制项目实施方案》的起草和上报工作。

【慢病防治工作】死因监测的死亡报告卡按照国家要求全部实行网络直报。监测工作已经走向常规化管理；按月收集、录入3家哨点医院伤害报告卡，及时上报国家慢病中心。

慢病危险因素监测工作已陆续开展试验认证和现场调查工作，按照国家要求还将对5个监测点开展的现场工作进行督导，12月31日前基本完成3000份（每点600份）家庭问卷、个人问卷、体格测量、实验室检测（指尖血、空腹血、服糖2小时血）现场工作。

完成心血管病危险因素监测工作的1000人份的问卷调查、体格测量、血液和尿液标本采集，所采集标本已经成功运抵北京兰博临床检验所。本次调查为我区心血管病防治工作提供了详实的科学依据，也填补了我区该项工作的空白，同时建立新的心血管病研究队列，为降低心血管病疾病的发生，减轻农牧民群众经济负担奠定了一定基础。

参与了农村妇女乳腺癌筛查项目、西藏慢病回顾性项研究与评估等项目工作

为系统了解我国慢性病防控能力和应对现状，加强我国慢性病防控能力建设，为更好地预防和控制慢性病服务制定慢性病防控相关政策提供依据，中国疾控中心定于2010年在全国范围内开展慢性病防控能力调查工作。8月-10月组织开展了我区慢性病防控能力调查工作。此次调查针对全区7个地（市）疾控中心和74个县疾控中心。调查结果显示：我区2009年在岗的疾控人员有1156人，其中专职从事慢性病工作的在岗人员有16人（其中10人为兼职），占全区防控人员的0.5%。2009年全区到账经费总额约有7551万，其中用于慢性病防控工作的经费约23万，约占全区总额的0.3%。

【卫生监测】做好“两会”“自治区民运会”“区党委七届七次全委会”等重大事件的卫生保障工作，环境、空气消毒达14.6万m²。

全年共监测水质样品35份。公共场所环境监测2星级以上宾馆、饭店41家，对客房进行空气微生物检测305份，餐饮具检测1247份，检测客房公共用品750份，合格609份，合格率为81.1％。全年共体检1172人，办理从业人员健康证1172个，无阴性患者，合格率为100％。

完成全区居民营养膳食监测工作的前期准备工作。完成了自治区食品安全风险评估委员会筹备工作，已上报自治区卫生厅。

【实验日常工作】2010年8月，中心脊灰和麻疹实验室通过了世界卫生组织的认证，达到了国家级实验室的资格。2010年病毒实验室共收到出疹性病例标本28份，其中麻疹阳性标本2份，风疹阳性标本19份，其余可能为其他出疹性疾病。收到疑似手足口标本264份，其中EV71阳性124份，C016阳性32份。禽流感检测标本15份。检测了疑似AFP病例标本8份，均为阴性。接受委托检验可疑化学性食物中毒样3份。微生物组完成水样73份、食品5份、空气289份、疫情标本16份、重大专项标本67份、菌种复苏标本209份、考核标本6份等日常样品检

验工作。

中心检验所专业人员共计13人次分别参加了国家CDC相关业务培训，提高业务技能。

【办好预防医学门诊，做好常见病防治】 1—11月底，预防保健门诊完成放射透视4193人次，胸片2946张；肝功2992人次，肝炎标记物1871（其中新开展甲、戊型肝炎检查1141人次），血常规415份，其他临床检查413份，配发处方11536张，B超及心电图检查479人次，完成肌肉注射1596人次，皮试133人次，静脉注射613人次，各类穿刺9例。全年未发生医疗责任事故和安全事故。

自治区体育工作

【年度综述】 2010年，全区体育系统认真贯彻落实胡锦涛总书记在北京奥运会残奥会总结表彰大会上的重要讲话精神和中央第五次西藏工作座谈会、全国体育系统支援西藏及4省藏区体育工作座谈会精神，以增进各族人民健康为目标，以满足人民群众日益增长的体育需求为出发点和落脚点，以群众体育、竞技体育、登山运动和体育产业为抓手，大力发展高原特色体育事业，取得了较好成绩，为全区经济社会跨越式发展和长治久安做出了积极贡献。

【认真贯彻实施《全民健身条例》，群众体育快速发展】 将贯彻实施《全民健身条例》纳入了2010年自治区政府工作报告和《西藏自治区"十二五"国民经济和社会发展规划》。在《西藏自治区全民健身实施计划（2011--2015）》中提出了"县级上人民政府应当将全民健身事业纳入本级国民经济和社会发展规划，并将全民健身工作所需经费列入本级财政预算"。农民体育健身工程已列入自治区2011—2015年农村人居环境建设计划，拟投资5.6亿元。

按照场地建在百姓身边的指导思想，大力实施体育民生工程，实施农民体育健身工程500个；加强"雪炭工程"项目建设，完成了波密县综合健身馆主体工程，做好了拉萨综合健身馆的立项、设计、土地征用等前期工作，落实了昌都地区类乌齐县、山南地区扎囊县、那曲地区狮泉河镇、阿里地区改则县和拉萨市林周县5个综合健身馆的项目资金；为全区各地（市）的学校、社区、机关、企事业单位发放安装健身路径器材100套；对全区使用5年以上的全民健身路径器材进行了检修。

结合举办西藏自治区第十届运动会，认真策划、精心组织全民健身活动，8月8日开展了丰富多彩的有规模、有特色、影响大、参与面广、示范性强的群众体育活动，营造了全民参与的良好氛围，增强了广大群众的健身意识。全区开展群众性体育活动达400多场（次），参与人数占全区总人口的27.5%。组织马术队在藏历新年、自治区第十届运动会、拉萨雪顿节和第五届拉萨国际半程马拉松挑战赛期间进行马术表演，促进了民族传统体育运动发展。在拉萨市、林芝地区、那曲地区开展第三次国民体质监测，完成监测样本量8230人，为完善西藏国民体质监测系统和数据库，正确指导全民健身提供了科学依据。积极协助国家体育总局开展了武术边疆西部行西藏站培训展示活动，推广了武术运动。

组团参加第四届全国体育大会，取得1个一等奖、2个二等奖、15个三等奖，展示了西藏群众体育发展水平。密切配合区残联组队参加全国第五届特奥会，取得24枚金牌、18枚银牌、7枚铜牌。参加第四届世界武术节，获得1个二等奖、2个三等奖。

根据国家的有关要求，结合我区群众体育工作实际，举办了青少年校园足球辅导员培训班、传统项目学校体育教师师资培训班、中小学学生系列武术健身操辅导员培训班、社会体育指导员管理系统培训班和国家级社会体育指导员培训班等培训活动，增强了群众体育工作者的业务能力，推动了群众体育人才队伍建设，促进了群众体育活动深入开展。组织全民健身志愿服务队赴山南地区开展全民健身志愿服务活动，向基层体育工作者和体育爱好者传授了体育知识。

【认真组织训练竞赛，竞技体育水平不断提高】 自治区第十届运动会于8月8日—16日在拉萨成功举行，来自全区各地市、教育系统、区直单位、西藏军区和武警西藏总队11个代表团的700多名运动员参加了乒乓球、篮球、足球、田径、象棋、吉韧6个大项40个小项的激烈角逐，26人次打破16项西藏自治区纪录。

2010年，西藏运动员参加了全国女子自由式摔跤锦标赛、全国男子自由式摔跤冠军赛、"西坞"全国马术场地障碍赛大奖赛、全国马术场地障碍冠军赛总决赛、"采育杯"全国马术场地障碍冠军赛、全国攀岩锦标赛、全国速度赛马锦标赛等大型体育赛事，共获得1个冠军、5个亚军、8个季军，展示了西藏竞技体育实力，提高了运动员实战能力。

狠抓了各支运动队的冬训和集训工作。经过大规模、长时间的冬训和集训，提高了运动员的运动成绩和教练员的执教能力，选拔出了具有潜力的运动员苗子，使一批集训队员转为试训队员，部分运动员入选为国家队队员，为打造一支作风优良、敢于拼搏、乐于奉献的竞技体育队伍，为参加各类比赛创造佳绩夯实了基础。

区体育局、教育厅、财政厅、人力资源和社会保障厅联合起草，报区政府办公厅下发了《关于加强全区业余体校建设培养后备人才的意见》（藏政办发〔2010〕108号），对于提高教学质量和训练水平、加强体育后备人才队伍建设起到了积极的推动作用。自治区人民政府办公厅转发了《自治区体育局等五部门关于进一步做好退役运动员就业安置工作的意见》（藏政办发〔2010〕143号），自治区有关部门制定了相关配套政策措施，为畅通运动员进出渠道，解决运动员后顾之忧，调动运动员的积极性，促进体育事业健康发展提供了制度保障。

【大力发展登山运动，登山事业持续发展】 在参加第四届全国体育大会和全国攀岩锦标赛中，我区攀岩运动员获得了2个第二名、5个第三名的好成绩，展示了强大的实力和潜力。

邀请奥地利专家举办了登山业务讲座，与意大利滑雪协会进行了业务交流，组团访问考察了澳大利亚高山救援机制，开展了与尼泊尔登山界的定期交流活动。发扬国际主义和人道主义精神，成功营救了2名攀登珠峰的西班牙登山者。继续深化与国家海洋局的合作关系，对中国第27次南极内陆科考队进行培训选拔，为中国南极科考事业作出了贡献。

推广和普及登山运动，开展登山拓展培训，促进了登山健身运动深入开展。加强登山技能培训和高山救援训练，提高了西藏登山运动员的综合能力。组织珠峰环保队在珠峰山区进行大规模清理垃圾活动，为保护山区环境和建设生态西藏作出了积极贡献。严格执行《西藏登山条例》，依法有序组织登山活动，维护了正常的登山秩序。

以庆祝中国人首次登顶珠峰50周年和西藏自治区登山队成立50周年为契机，组织举办了登山论坛和纪念庆祝活动，宣传了登山成就，弘扬了登山精神，扩大了登山运动的社会影响力。

【深入推进体育市场建设，体育产业健康发展】体育彩票种类不断丰富，已达11种，为销量持续增长奠定了基础。体彩着力拓展县级销售市场，新增销售终端机45台，销售终端机发展到206台。体彩宣传推广力度不断加大，公益形象不断提升，体彩管理工作不断加强。2010年，西藏体彩销售额达1.3亿元。

坚持把发展登山产业与促进经济社会发展相结合，积极服务山区经济发展，使登山运动的经济效益和社会效益得到了较好发挥。共接待国外登山团队137支、国内登山团队19支，各大山峰成功登顶170人。通过接待登山团队，上缴税费100多万元，支付参与登山服务的农牧民群众牦牛工费及牦牛费360万元、交通运输费250万元，当地政府登山收入115万元。

创新办赛模式，精心组织赛事，成功举办了第五届拉萨国际半程马拉松挑战赛，来自国内外的4641名选手参赛，男女选手分别创造了历届最好成绩。赛事第一次实现了与中央电视台连线直播报道，提升了知名度，扩大了影响力，为举办类似高原特色品牌赛事积累了经验。

【大事记】1月25日至27日　自治区体育局局长德吉卓嘎参加了在北京召开的“2010年全国体育局长会议”。

4月21日至22日　“2010年自治区体育工作会议”在拉萨召开，自治区副主席德吉出席会议并讲话。

5月15日至26日　在安徽省合肥市举行的第四届全国体育大会上，西藏代表团取得1枚金牌、2枚银牌、15枚铜牌。

7月21日至25日　由国家体育总局副局长、党组成员杨树安和中纪委派驻国家体育总局纪检组组长、局党组成员吴齐率领的国家体育总局赴藏调研慰问组一行36人，深入拉萨、日喀则等地，就体育援藏、西藏体育事业发展等情况进行了调研，并赠送了体育用品，对群众健身活动进行了指导。自治区党委书记张庆黎，自治区党委常委、秘书长公保扎西，自治区副主席甲热·洛桑丹增会见国家体育总局赴藏调研慰问组一行。

8月8日至16日　自治区第十届运动会在拉萨举行，来自全区11个代表团的700多名运动员参加了乒乓球、篮球、足球、田径、象棋、吉韧6个大项40个小项的激烈角逐，26人（次）打破16项自治区纪录。

8月31日　全国体育系统支援西藏及四川、云南、甘肃、青海藏区体育工作座谈会在北京召开。国家体育总局局长刘鹏，自治区党委常委、常务副主席洛桑江村分别在会上讲话，国家体育总局副局长杨树安作会议总结。国家体育总局领导班子各位成员，自治区副主席甲热·洛桑丹增等出席会议。会议的主题是贯彻落实中央第五次西藏工作座谈会精神，研究探讨新形势下推进西藏及四川、云南、甘肃、青海藏区体育事业发展，促进西藏及4省藏区人民平安幸福生活的思路、措施。

9月19日至25日　在福建省福州市举行的全国第五届特奥会上，西藏代表团取得24枚金牌、18枚银牌、7枚铜牌。

10月16日至19日　在湖北省十堰市举行的第四届世界武术节上取得1枚银牌、2枚铜牌。

12月3日　自治区体育局成立了体育援藏受援工作领导小组及办公室，德吉卓嘎局长任组长，杨战旗副局长任副组长；印发了《西藏自治区体育局贯彻〈国家体育总局关于支持促进西藏体育事业发展的指导意见〉和〈国家体育总局体育援藏工作实施方案及责任分工〉的实施方案》（藏体字〔2010〕323号）。

【领导名录】

党组副书记、局长：德吉卓嘎

党组成员、副局长：平措江村、赵光华、贾国富（国家体育总局援藏干部，7月援藏期满返回原单位）　朱强、杨战旗（国家体育总局援藏干部，7月赴藏任职）

副巡视员：索南措姆

民政、人力资源和社会保障

自治区民政工作

【年度综述】2010年，区民政厅充分发挥民政工作职能作用，不断提升服务水平，提高工作效能，各项民政工作有序进行。

【社会救助工作全面落实】一是低保标准进一步提升。2010年，认真贯彻落实国家低保政策，加大资金支出力度和规范化管理，努力提高保障水平。城镇低保标准从每人每月310元增加到每人每月330元，农村居民最低生活保障标准由原来年人均1100元提高到1300元。2010年享受城镇低保的人数9402户37610人，农村居民最低生活保障范围为年人均纯收入1300元以下的23万的农牧区居民。2010年，共落实城市低保资金11242万元；农村低保资金14678万元。二是认真落实向困难群众发放一次性生活补助工作。春节、藏历年前夕，区党委、政府决定对城镇低保对象每人发放600元的一次性生活补助；对农村低保对象、农村五保户每人发放100元的生活补助。经过全区民政部门共同努力，先后共为困难群众284091人及时足额发放了一次性生活补助资金4826.61万元。其中，城市低保对象39714人发放一次性生活补助2382.84万元；农村低保对象23万人发放一次性生活补贴2300万元；农村五保对象14377人发放一次性生活补助143.77万元，把党和政府的关心、温暖及时送到了困难群众中。三是认真做好农牧区五保供养工作。切实抓好敬老院建设和安全管理工作，严格申请、审核和审批程序，把符合五保供养条件的人员，及时、全部纳入五保供养范围，做到动态管理、按标施保。从2010年1月1日起将五保供养补助标准从原来每人每年 1800 元提高到 2000元。 四是出台了城乡医疗救助新政策 。为着力解决城乡居民就医方面的困难和问题，保障城乡居民病有所医，出台了《关于进一步完善城乡医疗救助制度的意见》，救助标准由原来的 8000 元提高到30000元，对患大病或长期支付高额医药费的救助对象，在享受了最高额度医疗救助后，基本生活仍无法维持的，最高救助限额可提高到60000元。新出台的政策，扩大了医疗救助覆盖面，实现了城乡一体化。2010年下拨城乡医疗救助资金8689万元。

【防灾救灾工作扎实深入】一是积极开展灾害应急救助工作。2010 年，我区先后遭受了雨雪、泥石流、风灾、干旱、地震、病虫害等自然灾害。共造成全区 7 个地（市）63个县（市、区）56万多人受灾，因灾死亡423人（雷击死亡5人，溺水死亡4人，建筑物倒塌压埋死亡6人，泥石流压埋死亡1人，雪崩压埋死亡1人，雪灾导致车祸死亡4人，玉树地震遇难402人），失踪10人，紧急转移安置4752人。共造成295户602间民房倒塌，9201间房屋不同程度受损，农作物受灾面积49209.3公顷，绝收7953.31公顷，毁坏耕地面积368公顷，因灾死亡牲畜56248头（只、匹）。经初步估算，以上灾害共造成直接经济损失6.9亿多元，其中农业经济损失1.9亿多元。面对严重的自然灾害，根据自治区党委、政府领导“把确保受灾群众生命安全放在首位，全力开展救灾工作的”指示精神，积极采取多种措施开展灾害救助工作，先后派出工作组218次，出动人员3621人，编写灾情信息328期，向灾区紧急调运救灾帐篷1612顶，棉被4100床，棉衣裤5150套，军大衣480件、睡袋150个，发电机10台、砖茶450条，粮食48吨，发放慰问金25万元，自治区下达应急和灾后重建经费854.92万元，各地安排救灾资金675.53万元，落实冬春救助资金5000万元，共发放救助卡6.258万张，救济灾民和困难群众 25 万余人，使受灾困难群众基本生活得到妥善安排，有效地保障了受灾群众基本生活，维护了灾区社会稳定。二是切实加强灾后恢复重建工作。为加快灾后恢复重建步伐，确保受灾群众早日住上新房，截至目前，共下拨灾后恢复重建经费672万元，社会捐款92万元，格尔木办事处防洪抢险专项资金50万元以及其它救灾专项资金40.92万元，用于救灾和受灾群众生活安排。三是积极开展社会捐助活动。圆满完成了全区社会各界向西南旱区、玉树地震灾区捐赠款物的接收、运送等各项工作任务。全年，自治区民政厅共接收社会捐赠款 52122166.99 元，物资741.97吨，折款8463000元。四是加强备灾工作。为加强应急救灾储备物资储备管理工作，提高自然灾害紧急救援能力，我区积极加强备灾工作。

【社会福利事业加快推进】一是全区的社会福利设施建设与管理推进会成功召开。5月27、28日在拉萨召开了西藏自治区社会福利设施建设与管理推进会，进一步强化我区社会福利院建设和管理，推进社会福利院规范化、制度化、标准化建设，提高管理水平和服务质量奠定了良好的基础，制定了《西藏自治区社会福利院建设标准》、《西藏自治区社会福利院管理规范》等制度。二是社会福利设施建设力度加大。2009 年自治区本级福利彩票共安排资金3353万元，资助新建和续建社会福利院、老年和社区活动中心项目32个，民政部资助我区2520万元，涉及福利项目5个，西藏儿童福利院搬迁新建，昌都、林芝、山南流浪未成年人保护中心将陆续开工建设。三是福利彩票发行平稳。2010年，销售福利彩票累计2.51亿元，筹集公益金8168.99万元。

【切实加强社区和基层民主政治建设】一是开展了和谐社区创建活动。明确在“十二五”期间，每个地（市）所在地的县（市、区）80%以上城市社区必须达到和谐社区标准。二是推进社区服务设施建设。加强了对“十一五”社区服务设施建设项目的监管，确保项目建设按计划如期完成。全区共 26 个社区服务设施建设项目.三是积极推进城市社区志愿服务。在中国社会工作委员会的大力支持下，已在拉萨市城关区开展了社区志愿者网上注册登记试点工作，为发展壮大社区志愿者队伍，发挥社区志愿服务在促进社会和谐稳定方面的积极作用奠定了基础。四是深入开展“难点村”治理工作。在深入摸排的基础上，建立了我区“难点村”台账，同时，在试点的基础上，积极开展“难点村”治理工作。全区165个“难点村”中，已根本治理，彻底好转的33个，已初步治理并取得初步成效的99个，剩下的33个正分阶段、按计划的进行治理。

【双拥优抚安置工作深入开展】一是双拥共建工作深入开展。在元旦、春节、藏历新年期间，自治区“三大节日”慰问团分赴拉萨市、日喀则、那曲等地（市），深入边防哨卡，走村访户，送医、送药、送科学技术和文化知识，对守卫在边防第一线的驻藏官兵和居住在农牧区的优抚对象进行了慰问。各地（市）在“三大节日”期间也成立了慰问分团，由主要领导挂帅，对当地驻军和优抚对象进行了慰问。二是优待抚恤工作逐步完善。通过全区各级政府的不断努力，进一步完善了国家、社会、群众“三结合”的优抚机制，确保了广大优抚对象的生活随着国民经济的增长而提高。目前我区共有各类优抚对象3.5万人，其中，享受定抚的“三属”对象2960人，伤残人员1107人、在乡老复员军人 298 人、带病回乡退伍军人 230人、享受临补的8.7万人（次），重点优抚对象4713人（含参战人员116人）。全区发放优抚对象医疗补助经费4000多万元，近几年自治区民政厅投资近600多万元，在部分地（市）、县兴办了30个优抚对象经济实体，先后安排400余名优抚对象到优抚经济实体中就业。三是烈士褒扬工作不断加强。西藏共有烈士陵园45处，但大部分烈士陵园因年久失修、破损严重，急需维修改造。四是退役士兵安置工作全面展开。2009年10月以来，我区共接收2009年冬季退役士兵档案274个。协调自治区政法委、区人事厅在全区考录基层政法干警中，安排了100名退役士兵定向招录公安系统干警名额，并有15人通过了笔试、面试，正在进行体检和政审。五年来全区共接收安置退伍军人3000余人，符合条件的退伍军人安置率达到100%。五是全力接收审定军休干部。2010年度军队离退休干部接收安置工作从2010年10月开始，2010年11月15日基本结束。2010年自治区民政厅共接收计划审定安置去向的军队离退休干部(含退休士官）38名。

【社会组织登记管理工作依法进行】2010年2月至8月对2009年6月30日以前核准登记的自治区级社会团体、基金会和民办非企业单位进行了年度检查。我区在民政部门登记的各类社会组织322家，其中，自治区级社会组织189家，包括社会团体175家，基金会11家，民办非企业单位3家；各地（市）登记的社会团体127家，民办企业单位6家，审核批准成立了社会组织4家，换发法人登记证书28家；受理法人变更登记，住所变更登记38家，向社会公告42次。开展了智力规范社会团体收费工作和社会团体“小金库”清理整顿工作，我区有5家社会组织荣获“全国先进社会组织”称号。

【区划地名工作全面推进】一是地名标志设置工作基本完成。除墨脱县外，全区7地（市）72个县、（市、区）以及双湖特别区全部完成了城镇地名标志设置任务，结束了我区城镇多年来没有规范的地名名称和地名标志的历史。据统计，全区共设置城市道路路牌2812柱，设置巷牌204块、村牌25柱、桥牌48柱，安装单位、居民门牌60440块；自治区投入资金175.86万元，地（市）、县各级财政共投入资金754.84万元。二是编辑出版本级行政区划简册，共收录全区5261个建制村，188个居委会，9个街道办事处，682个乡镇的标准地名信息，以较强的实用性、可读性为社会提供详实可靠的区划地名信息资源。

【边界管理工作卓有成效】2010年3月至9月，经过西藏民政厅和新疆维吾尔自治区民政厅的共同努力，完成了藏新边界第二轮联合检查。两区民政厅代两区人民政府草拟了上报国务院的《关于西藏自治区与新疆维吾尔自治区行政区域界线联合检查工作情况的报告》。通过界线联检，宣传贯彻了《条例》精神，进一步查清了藏新边界线的现状，巩固了界线勘界成果，确保了边界地区的稳定。

自治区人力资源和社会保障工作

【年度综述】2010年，全区各级人力资源社会保障部门以科学发展观和中央第五次西藏工作座谈会精神为统领，积极落实就业再就业政策，努力探索建立统筹城乡的社会保障体系，稳步推进人事制度改革，大力实施人才强区战略，切实做好收入分配和劳动关系调整工作，不断加强自身建设，努力夯实人力资源社会保障工作基础，全区人力资源社会保障工作实现了新发展，取得了新跨越。

【就业再就业工作取得新成效】2010年，全区新增就业2.1万人，完成年度目标任务的105%；城镇登记失业率为3.81%，好于年初预期；全区农牧区富余劳动力转移就业81万人次、34万人，实现劳务收入16.5亿元。一是我区将援企稳岗的“五缓三补贴”扶持政策期限延长一年，减轻困难企业负担，稳定就业岗位。全年向432家困难企业兑现社保补贴、岗位补贴和培训补贴7751.63万元，稳定就业岗位12292个。二是把高校毕业生就业摆在突出位置，积极组织开展民营企业招聘周、高校毕业生就业推进行动、岗位大收集、创业引领计划、高校毕业生就业服务月、秋季高校毕业生就业服务周等系列活动。继续落实奖金和社会保险补贴等扶持政策，大力推进就业见习工作，切实做好了“三支一扶”人员的管理服务工作。2010年，通过公开考录、“三支一扶”和市场就业等途径，共有10205名高校毕业生实现了就业，高校毕业生就业率达到82.56%。三是帮助新出现的120户“零就业家庭”实现就业，完成了动态消零的目标。精心组织开展了以帮助各类就业困难人员和残疾登记失业人员就业为重点的就业援助月活动，962名就业困难人员实现了就业。四是进一步加大职业技能培训力度，全年共举办培训班500余期，培训各类人员2.5万人，培训合格率90%，培训后有1.3万人实现技能就业，培训后就业率达到52%。五是积极完善和落实促进农牧民转移就业的各项扶持政策，大力引导农牧区富余劳动力就近就地转移就业六是进一步强化公共就业服务，全区对4.1万人次进行职业指导，职业介绍2.5万人，1.65万人实现了就业，职业介绍成功率达66%。

【统筹城乡的社会保障体系建设取得重大突破】全区参加社会保险总人数达到166.23万人，其中：城镇职工基本养老保险9.6万人、城镇职工基本医疗保险23.5万人、城镇居民基本医疗保险15.1万人、失业保险9万人、工伤保险8.6万人、生育保险14.7万人、新农保85.73万人。一是加大工作力度，积极推进新农保试点工作，全年共发放新农保基础养老金8788.78万元。2010年7月份，我区全面推行扩大新农保试点工作，到年底，全区73个县（市、区）全部纳入试点范围，覆盖农业总人口221万人，直接受惠的农牧民群众达23.52万人，提前2年实现了中央第五次西藏工作座谈会确定的“在2012年前基本实现新农保制度全覆盖”的目标。二是及时为29746名企业退休人员调整了基本养老金，提高了养老保障水平。调整后，我区企业退休人员月人均养老金2165元，高于全国平均水平。对原十八军老战士、抗美援朝人员基本养老金给予特殊照顾，实行托底政策，使他们的养老待遇达到每人每月3000元以上。制定出台了解决企业职工参加基本养老保险历史遗留问题、城镇企业职工基本养老保险关系转移、开除除名等各类解除劳动关系人员参加企业职工基本养老保险等办法。全年支付3.2万名参保退休人员基本养老保险待遇9亿元。三是调整完善城镇职工基本医疗保险制度，进一步增加门诊特殊病种，降低起付线，提高报销比例，城镇职工和城镇居民年度医疗费最高支付限额分别达到22万元（含商业补充医疗保险14万元）、13万元（含商业补充医疗保险 8 万元)。积极探索大病医疗补助办法，切实减轻群众看病贵的问题。全年共支付城镇职工基本医疗保险待遇 6.2 亿元。支付城镇居民基本医疗保险待遇 3242 万元。四是失业保险实现了自治区级统筹，失业保险金标准调整到月人均 550 元左右，在拉萨市、日喀则地区和山南地区建立失业动态监测点。全年共支出失业保险基金 8000 万元。五是制定了劳动能力鉴定管理办法及鉴定费用管理暂行办法，建立了劳动能力鉴定医疗卫生专家库，全区把“老工伤”人员纳入工伤保险统筹范围，基本解决了“老工伤”问题，全年共支付工伤保险待遇 650 万元。继续做好生育保险工作，支付生育保险待遇 1700 万元，保障了女职工的基本权益。六是全年共征缴各项社会保险基金 18.05 亿元，清理回收各项社会保险费 7265 万元。进一步加强对社保基金、就业专项资金的监管。认真开展社保基金决算、统计等工作，确保了社保基金的安全。七是在 2010 年春节、藏历年前向我区国有企业离退休人员和城市最低生活保障人员共计 70211 人，以“党委政府惠民购物卡（券）”形式发放一次性生活补助 4212.66 万元。及时开展慰问退休工人活动，“三大节日”期间，共慰问退休工人 639 人，发放慰问金及物品折合 51.78 万元。

【人事制度改革迈出新步伐】一是按照公开、平等、竞争、择优的原则，认真组织实施了区直机关和参照公务员法管理事业单位公开考录公务员（工作人员）工作，分三批从高校毕业生中公开考录基层公务员、工作人员、专业技术人员以及基层政法机关定向招录人员。全年共组织 32600 人次参加各类招录考试，录用 5188 人为公务员和事业单位工作人员。二是认真开展本年度公务员（工作人员）考核工作，继续做好我区 2006 年以来连续 3 年被确定为优秀公务员等次给予记三等功的汇总、审核以及数据库建设工作。积极开展我区省部级以上荣誉称号获得者赴内地休假疗养和参加全国统一安排休假疗养人员的评选、推荐工作。三是积极组织开展本年度公务员四类培训和对口培训，认真组织举办“第四期全区中高级专业技术人员公需科目培训班”等 6 期培训班，共培训 282 人，不断地提高领导干部的能力素质。四是按照“积极稳妥、先行试点、逐步推开”的工作思路，制定并下发了我区教育等 13 个行业《事业单位岗位设置管理指导意见》，并批复了七地（市）的实施意见，为规范事业单位岗位设置管理工作提供制度保障。积极组织开展事业单位岗位设置管理业务骨干培训活动，确保我区事业单位人事制度改革规范、有序进行。五是认真做好自主择业军转干部网络教育培训工作，认真做好我区 2010 年军转干部安置工作，其中，计划分配 26 名，自主择业 590 名。切实做好了我区 4600 多名自主择业军转干部退役金调整和发放工作。开展对 585 名自主择业军转干部的教育培训工作。积极做好企业军转干部解困维稳工作，为我区社会局势稳定发挥了积极作用。

【人才队伍建设得到全面加强】一是认真按照选拔程序组织开展享受国务院政府特殊津贴人员的选拔推荐工作，向国家推荐 16 名专家人选。6 个回国人员科技活动择优资助项获得批准，资助金额达 24 万元。修订完善了《西藏少数民族专业技术人才特殊培养管理暂行办法》，认真做好 2010 至 2011 年度 120 名特培学员的选送和管理服务工作。采取专题讲座、技术指导等方式，对 500 名专业技术人员进行培训，提高专业技术人员的专业能力。二是组织 1 万人次共 43 项专业技术人员资格考试、1 项区内专业技术人员职称业务考试和全区出国（境）培训备选人员外语水平测试考试及合格人员证书发放工作。改革区内职称业务考试，将以往的 120 个考试专业整合为 27 个，统一试题标准，重建考试题库。三是大力从区外引进我区各类急需紧缺专业人才。执行 6 个出国培训团组，出国执行项目 81 人。引进外专常规项目 5 项，示范项目 3 项，获国家资助资金 35 万元。四是向 4000 多名学生、500 多名农牧民工、1000 多名监狱服刑人员和 100 多名残疾人免费提供职业技能鉴定服务，提高他们的市场就业能力。为 150 多名农牧民工和机关、事业单位的 1500 多名技术工人免费开展专项职业能力考核。全年共对 7500 人进行职业技能鉴定，鉴定合格 5200 人，鉴定合格率为 69%。

【劳动关系继续保持和谐稳定】一是研究制定国家人力资源社会保障部、财政部《关于调整西藏特殊津贴标准的通知》的实施方案，及时进行安排部署，并于 7 月底圆满完成了增资兑现工作，人均增资 376 元。二是认真组织开展“春暖行动”，全区共检查各类用人单位 1999 户，涉及农牧民工 8.82 万人，被检查的用人单位农牧民工劳动合同签订率达到 75%。逐步在国有企业推行工资集体协商和集体合同制度，全区新签订劳动合同 3.40 万人次。在调查研究、测算分析的基础上，将现行月最低工资标准调整为 950 元、900 元和 850 元。及时制定发布劳动力市场工资指导价位，引导劳动力合理有序流动。三是开展外国人在藏就业情况调查摸底，加大管理力度，明确管理责任，进一步规范用人单位聘用外国人和外国人在藏就业的行为。四是各级劳动保障监察机构共受理投诉举报案件 738 件，涉及劳动者 5376 人，结案率达 98%，为劳动者追讨工资及押金 1773.9 万元。积极探索建立预防和解决拖欠工资问题的长效机制，指导各地市认真落实民工工资保证金制度和建筑工地设立劳动者维权公告牌制度，逐步形成保障农牧民工工资支付的“一金一牌”格局。五是监督指导各地做好调解组织建设工作，共有 104 家企业建立劳动争议调解委员会，成立了自治区劳动人事争议仲裁委员会，制定完善各项规章制度。全年受理劳动争议案件 993 件，涉及劳动者 5724 人，结案 971 件，结案率达 97.8%。

【领导名录】

区党委组织部副部长、自治区人力资源社会保障厅党组书记、副厅长：边巴扎西

党组副书记、厅长：姚瑞峰

党组副书记、巡视员：祁维国

党组成员、副厅长：蔡宜田、卢海元

党组成员、副厅长，自治区公务员局局长：皮大中

党组成员、驻厅纪检组组长：达 瓦

第六篇 地（市）、县（区、市）

拉萨市

拉萨市

【年度综述】2010 年来，拉萨市以科学发展观为统领，以“机关作风和效能建设”为抓手，较好地完成了各项工作任务，经统计测算：2010 年全市生产总值（GDP）达 178.91 亿元，按可比价格计算，同比增长 13.0%。其中，第一产业 9.14 亿元，增长 3.3%；第二产业 55.76 亿元，增长 14.7%；第三产业 114.01 亿元，增长 13.0%；农村居民人均纯收入 5003.44 元，同比增长 20.6%。农林牧渔业总产值 14.99 亿元，按可比价格计算，同比增长 5.8%。；城镇居民人均可支配收入 16567 元，同比增长 9.6%；社会消费品零售总额 86.32 亿元，同比增长 16.1%；全社会固定资产投资 176.46 亿元，同比增长 29.7%；规模以上工业总产值 15.88 亿元，同比增长 16.0%。

拉萨市人大常委会工作

【年度综述】2010 年常委会从全市大局出发，紧紧抓住拉萨市经济社会发展和社会稳定两件大事，认真组织实施年度立法计划，全年共审议地方性法规案 3 件，其中，新制定 1 件，正在初审之中 1 件，废止 1 件。同时审查备案政府规章和规范性文件 6 件。

【制定了《拉萨市拉鲁湿地自然保护区管理条例》】经过广泛征求意见、反复修改、论证，制定了《拉萨市拉鲁湿地自然保护区管理条例》。该条例进一步明确了拉鲁湿地的主管部门和管理单位，管理职能、权限，保护对象，保护范围，禁止行为和法律责任，内容全面，形式规范，具有较强的可行性和操作性。该条例已经拉萨市第九届人大常委会第 17 次会议通过，并经自治区第九届人大常委会第 17 次会议批准，于 2010 年 9 月 1 日起正式施行。

【认真做好制定《拉萨市水资源条例》的各项前期工作】为切实加强拉萨市水资源管理，解决水资源开发、利用、保护、管理等方面存在的问题，常委会年初开始着手开展全面调研，认真研究，作了大量工作。《拉萨市水资源条例》新立工作，已通过一审。

【依法废止了《拉萨市食品卫生管理办法》】2010 年 6 月 10 日拉萨市第九届人大常委会第十七次会议废止了《拉萨市食品卫生管理办法》。

【依法做好政府规章和规范性文件的备案审查工作】先后对《拉萨市城市绿线管理办法》、《关于公布本市市级行政许可和非行政许可的行政审批项目》、《拉萨市机动车辆污染物排放监督办法》、《拉萨市农产品市场准入管理办法》、《拉萨市按比例安置残疾人就业保障金征收管理办法》、《拉萨市停车场管理规定》六项政府规章和规范性文件进行认真审查并备案，提出了审查意见和建议，保障了政府规章和规范性文件既符合法律法规的规定，又能够适应依法行政管理需要。

【强化法律监督，促进依法行政和公正司法】常委会先后对《中华人民共和国治安管理处罚法》、《中华人民共和国道路交通安全法》、《中华人民共和国动物防疫法》、《中华人民共和国教师法》及《西藏自治区实施〈中华人民共和国教师法〉办法》等 7 部法律法规在拉萨市的实施情况进行了检查，形成执法检查报告，提出了整改意见和建议。如在对《中华人民共和国治安管理处罚法》、《中华人民共和国道路交通安全法》执法检查中，发现行政处罚中拘留和罚款合并执行难、交通管理科技手段落后等问题，建议市政府及相关部门进一步加大普法力度，健全预防和管理长效机制，从严治警，不断提高干警综合素质，强化执法为民和服务意识。市政府及有关部门对执法检查中提出的问题或不足进行了认真整改，达到了预期目的。

【强化工作监督，促进民生不断改善】围绕全市国民经济发展，听取和审议了市政府关于拉萨市 2010 年上半年国民经济和社会发展计划执行情况、2009 年财政决算及 2010 年上半年财政预算执行情况的报告；审议了 2010 年财政预算收支变化情况的报告，作出了 2010 年财政预算收支部分变更的决定。在审议中，常委会对拉萨市国民经济平稳较快发展的态势给予了充分肯定，并提出了加快经济结构战略性调整、转变经济发展方式，促进农牧民持续增收、进一步改善民生等建议。

围绕涉及民生的重点资金，听取和审议了市政府关于《拉萨市2008年至2009年度本级预算执行和其他财政收支情况的审计工作报告》。常委会认为，市政府及有关部门认真履行审计监督职责，加强对预算执行、财政管理、重大投资项目和重点民生资金的审计监督，加强预算管理，提高财政资金的使用效益，为促进全市经济社会又好又快发展发挥了积极作用。建议市政府及相关部门进一步规范财务管理，加强对专项资金的审计监督，切实做到审计不留死角，对审计查出的各种违规问题坚决予以纠正，确保各类财政资金安全并发挥最大效益。

围绕农牧民生产生活条件改善，听取和审议了市政府关于拉萨市“十一五”期间乡村道路建设情况和拉萨市2009年小型农田水利基本建设情况两个报告。“十一五”期间，拉萨市实施了一大批乡村公路交通基础设施以及其他硬化路面建设项目，到2010年底已有92.98%的乡(镇)、48.67%的村民委员会通油路，进一步改善了全市交通建设状况，极大地改善了农牧民群众的生产生活条件，为促进城乡统筹发展，建设社会主义新农村发挥了积极作用；在农田建设方面，仅2009年涉及全市八县（区）的小型农田水利建设项目就有31个，这些项目的建成与使用，极大地改善了拉萨市农田灌溉条件，为农牧业增产、农牧民增收奠定了坚实基础。

围绕人民群众的身体健康，听取和审议了市政府关于拉萨市甲型H1N1流感防控情况及其它传染病防控的专项工作报告。甲型H1N1流感防控工作关系到全市各族人民的切身利益，市政府及有关部门严格按照“高度重视、积极应对、联防联控、依法科学处置”的原则，健全了联防联控机制，开展了各项防控治疗工作，取得了显著成效，甲型H1N1流感得到了有效防控。

围绕就业再就业，听取和审议了市政府关于拉萨市2010年就业再就业专项工作报告。市政府高度重视就业和再就业工作，以安置困难群体就业、农村劳动力转移就业为重点，不断加大工作力度，就业和再就业工作取得了明显成效。截止2010年9月份，全市新开发就业岗位3529个，新增就业再就业人员3016人。建议市政府及有关部门进一步做好就业择业的引导和培训工作，帮助各类劳动力群体树立正确的就业观，不断提高就业率。

围绕审判、检察工作，听取和审议了市中级人民法院上半年工作情况的报告和拉萨市人民检察院关于全市检察工作情况的报告。“两院”以维护国家安全、社会稳定为着力点，突出“公正与效率”这一工作主题，认真践行“公正司法、司法为民”宗旨，忠实地履行了宪法和法律赋予的职责，做到了忠于党、忠于法律、忠于人民，为拉萨跨越式发展和长治久安作出了积极的贡献。

【切实加强代表工作，不断提高代表依法履职水平】认真组织实施代表工作，着力扩大代表知政、知情渠道。进一步加强与代表联系，继续坚持邀请市人大代表、非常委会委员的各县（区）人大常委会主任或副主任列席常委会会议，及时向代表印送人大信息、常委会公报以及相关的学习资料，帮助他们及时了解全市政治经济和社会发展的重大事项，不断扩大代表知政、知情渠道。

认真组织开展活动，着力提高代表依法履职自觉性和履职能力。2010年6月上旬，组织部分基层和市直代表赴山东、辽宁，考察了当地的经济发展、代表活动及代表履职情况。7月份，组织部分基层和市直代表分别赴山南、林芝就发挥地域优势、发展特色和旅游产业进行了学习考察。8月份，组织部分基层代表赴曲水、林周就发展养殖业、特色农牧业等方面的内容进行了视察。通过区内外学习考察（视察），代表们的思想得到进一步转变，发展意识进一步提高，致富观念、履职意识进一步增强，爱国主义和奋发向上的热情得到进一步激发。在学习考察（视察）中，代表们充分认识到发展的重要性，没有发展，就没有进步，就无法过上幸福安康的生活，同时代表们深感自身责任的重大，认识到代表不只是一种荣誉，更是一种责任。

认真办理议案、建议、批评和意见，着力提高办理质量。市人大九届三次会议通过的议案8件，建议、批评和意见共155件。为了使代表提出的议案、建议、批评和意见尽快落到实处，大会闭会后，常委会及时召开代表建议交办会，将代表提出的议案、建议、批评和意见交市政府或有关部门办理答复，要求各承办单位要高度重视，认真落实，不断提高办理质量和效率。同时积极与市政府有关部门配合，参加有关部门的代表建议意见办理工作座谈会，督促解决办理中的有关问题，确保了办理工作的顺利实施，会议期间提出的议案、建议、批评和意见在规定的时间内都已办理完毕并向代表答复。

认真调研、及时沟通，着力提高为代表服务的能力和水平。2010年5、6月份，市人大常委会主任亲自带队赴八县(区)，对基层人大工作开展情况进行调研，并结合调研情况，召开了全市人大代表工作座谈会，各县（区）交流了各自在人大代表工作方面的好做法、好经验。会议还进一步就做好人大代表工作、发挥代表作用提出了新的要求，拓宽了人大代表工作新思路。为进一步加强代表工作，提高为代表服务的能力和水平，2010年9月份，组织代表工作人员赴甘肃、青海学习考察，学习借鉴内地省市在代表作用发挥方面的好经验和好做法。

认真办理人民群众来信来访，妥善处理群众反映的突出问题。2010年，常委会受理群众来信来访和申诉、控告案件33件90人（次)。对群众反映的问题，常委会领导高度重视，要求及时调查核实，按内容转交相关部门依法予以妥善解决。对重点信访件，常委会领导亲自过问，加强督办，积极为群众排忧解难，努力化解社会矛盾。

【依法行使任免权】依法行使任免权。在人事任免中，常委会始终坚持党管干部与依法任免相结合的原则，按照有关法律的规定，认真审议各项人事任免案。2010年市人大常委会共任免国家机关工作人员105人，其中免职21人，任命77人，接受常委会组成人员辞职7人。

拉萨市组织工作

【强力推进基层党组织和党员队伍建设】一是大力实施“农村和城镇社区党组织带

头人培养工程”。坚持“一好双强”标准，实行“双议双把关”，加大从机关选派干部到村（社区）任职工作力度，选好配强村（社区）“两委”班子，配强“带头人”队伍。通过集中轮训、外出参观学习、建立培养实践基地等方式，着力提高村（社区）党支部书记维护稳定、促进发展的能力，提升“带头人”素质。注重考核激励，全面推行村（社区）干部待遇“基本报酬+业绩奖励”激励机制，发挥“带头人”作用。二是大力实施“党员先锋工程”。在全市党员中深入开展党的理论和路线方针政策、“团结稳定是福、分裂动乱是祸”等思想教育，增强广大党员维护稳定、促进发展的自觉性和坚定性。深入开展创建“共产党员先锋岗”和“党员奉献日”等主题实践活动，大力推行“无职党员设岗定责”，搭建党员发挥作用平台。三是大力实施“城乡党建结对工程”。全面开展结对帮扶活动。采取“一帮一”和“多帮一”的方式，广泛开展了党组织之间、党员之间、党员与困难群众之间的结对帮扶活动，并通过签订“双向承诺书”的形式，促进党员兑现帮扶承诺。

【大力加强领导班子和干部队伍建设】一是加强领导班子队伍选配工作。坚持德才兼备、以德为先的用人标准，不断加大干部交流力度，坚持从基层和维稳一线培养和发现人才，认真组织开展公开选拔副县级干部工作，对拉萨市部分县级领导班子进行了调整充实，促使了一大批想干事、能干事、干成事的优秀干部走上领导岗位。二是圆满完成第五、六批援藏干部轮换交接工作。认真做好了第五批援藏干部援藏期满考核、组织鉴定以及档案整理等工作，并对轮换交接各项具体工作进行周密部署，认真研究制定轮换交接方案，顺利完成了第五、六批援藏干部交接工作。三是建立健全干部教育培训机制。认真落实干部培训规划，充分发挥市委党校的主阵地作用，加大了与北京、江苏组织部门的沟通协调力度，提升了干部教育培训的制度化规范化水平。完善利用挂职锻炼培训干部机制，建立健全了选派干部到信访部门挂职锻炼机制等，拓宽了干部时间锻炼渠道。四是强化干部选任工作的监督。组织各县（区）委、市直各单位党委（党组）理论学习中心组及其组织人事部门深入学习贯彻干部选任工作四项监督制度。健全了与市纪检监察机关等的联席会议制度，并对全市干部选拔任用工作进行了集中自查总结，进一步规范选人用人机制，营造风清气正的用人环境。结合拉萨实际对全市干部管理权限进行了调整，扎实做好了离任援藏县委书记和部分调整干部的离任监督检查工作。

【深入推进政府机构改革，着力加强机构编制管理】科学制定“三定”工作总体原则，在对市直各部门原有职责进行认真梳理分析和理清部门内设机构设置和人员编制现状的基础上，审核印发市直部门“三定”规定（方案）。在各有关部门的精心组织和密切配合下，顺利完成了原市建设局下属市园林局、市环卫局等8个单位的人财物划转工作。通过日常监督管理和专项督查等方式，加大机构编制监督检查力度，有效防止了擅自设立机构、超编进人、超职数配备领导干部等现象的发生。

【认真编制全市中长期人才发展规划纲要】通过开展人才统计、分析预测并摸清人才总量、结构特点、总体素质及作用发挥情况和集中开展人才工作专题研讨活动的基础上，集中编制《拉萨市中长期人才发展规划纲要（2010-2020）》，有针对性地提出了全市各类人才建设的目标任务和政策措施。进一步加大对全市人才发展工作宣传报道力度，营造了尊重人才、重视人才的浓厚氛围。

【尽职尽责为老干部服务，积极发挥老干部特殊作用】 认真贯彻党的老干部工作政策，按照政治上尊重老干部、思想上关心老干部、生活上照顾老干部的要求，进一步加大对离退休干部的关爱力度，扎实做好了退休干部体检优先卡发放工作、老干部信访，老干部慰问活动。坚持从老干部切身利益出发，扎实做好老干部活动中心建设工程的管理工作。认真组织离退休干部参与创先争优和“基层党建年”活动，组织举办了拉萨市第六期离退休干部党支部书记培训班，切实加强了离退休党支部和党员队伍建设。

拉萨市宣传思想工作

【深入开展中央第五次西藏工作座谈会精神和惠民政策的宣传普及活动】分层次、分对象，在全市开展宣传教育工作。各县（区）、市直各单位党委（党组）采取理论中心组学习、宣讲报告会、专题研讨会、心得交流会等多种形式，组织机关干部开展学习，举办各类学习会1900余场次，参与人数11万余人次。在农牧区、学校、寺庙的宣讲中，从市直单位、县（区）、乡（镇、办事处）共抽调906名干部，组成81个宣讲组，于2010年4月30日起分赴基层开展了为期75天的宣讲工作。全市共开展宣讲（包括入户宣讲、寺庙和学校宣讲）1.5万余场次，81万人次受到教育，宣讲覆盖面达到100%，发放各类藏汉文宣传资料24万册，实现了家喻户晓，不留死角的工作目标。宣讲活动中，还筹措资金1000多万元为农牧民群众办好事、办实事。通过集中宣传教育，使广大基层群众全面了解掌握了党的惠民政策和扶持措施，深切感受到了党中央的特殊关怀、祖国大家庭的无限温暖和社会主义制度的无比优越，真正懂得“惠在何处、惠从何来”，增强了各族群众谋跨越、奔小康的责任感和紧迫感，进一步坚定了走有中国特色、西藏特点发展路子的信心和决心。

【切实加强和改进理论武装工作】制定印发了《拉萨市推进学习型党组织建设的实施意见》、《拉萨市理论武装工作考核评价体系》和《拉萨市理论武装工作综合考核评价办法》。成立了拉萨市推进学习型党组织建设协调领导小组，强化组织协调，于9月2日召开了全市推进学习型党组织建设协调小组专题会议，强化督促检查，于10月20日至27日组织五个地级干部带队的专题督导组，对全市县（区）、乡（镇、办事处）、村（居）委会、学校的学习情况进行了全面督导，有效推动了学习型党组织建设。同时，将与市委综合考核验收组一道，严格按照年初制定印发的理论武装工程考核评价体系和评价办法对全市各级党政组织的理论武装工作进行检查验收，努力推动中国特色社会主义理论体系和社会主义核心价值体系深入人心。根据《中共拉萨市委理论学习中心组2010年学习安排》，认真组织市委理论中心组的学习，共组织中心组成员集体学习9次，有效带动了全市的理论学习。特别是4月6日至4月8日，为推动中央第五次西藏工作座谈会精神的学习贯彻，市委理论学习中心组集中利用三天时间，采取集中封闭式学习方式，组织市直各部门和县区主要领导进一步专题学习中央第五次西藏工作座谈会精神。参加学习的同志高度重视、专心学习，并结合各自工作实际，积极深入思考问题，致力为拉萨跨越式发展和长治久安建言献策，共有119人交流了学习收获和体会，形成了《拉萨市委理论学习中心组专题学习中央第五次西藏工作座谈会精神发言摘要汇编》。通过学习，党员领导干部贯彻落实科学发展观、坚持西藏工作指导思想的自觉性和坚定性进一步增强，运用理论武装成果指导实践、推动工作的能力和自觉性进一步提升。

【创造性地加强新闻宣传工作，舆论引导水平大幅提升】精心组织系列主题新闻宣传。围绕中国特色社会主义理论体系、中央第五次西藏工作座谈会精神、惠民政策、“红色歌曲、拉萨唱”主题教育、第二个“西藏百万农奴解放纪念日”、“基层党建年”、“效能建设年”、“六城同创”、援藏工作、新农村建设、经济建设、旅游业发展、维护稳定、民族团结等十八个重要内容进行主题系列宣传，在一报两台开设了《认真学习贯彻中央第五次西藏工作座谈会精神，全力推进拉萨跨越式发展和长治久安》、《学习好、宣传好、贯彻好中央第五次西藏工作座谈会精神》、《按照“一坚持、两强化、三突破”要求抓落实，确保全市经济更好更快更大发展》、《深入开展基层党建年活动》、《改进提高机关作风效能建设》、《民生项目暖人心》、《六城同创惠民生》、《援藏风采》、《拉萨孩子看世博》、《全国“两会”解读》、《领会精神、感受幸福》、《党的恩情说不完》、《纪念西藏百万农奴解放纪念日设立一周年》、《红歌颂祖国》、《铭记历史、感受跨越》、《惠民政策在身边》、《叫我怎么不歌唱》、《深入开展民族团结月宣传教育活动》、《深入学习贯彻党的十七届五中全会精神》、《硕果累累“十一五”》等专栏，共刊播各类系列报道新闻3000余条，图片400余张。

大力改进新闻宣传工作。一是较好完成了拉萨电视台《拉萨新闻》栏目的改版工作，于2010年10月1日正式推出全新的《拉萨新闻》。二是实现了拉萨电视台新闻与市政府网站有效的对接，解决了市台不上星、报纸发行渠道窄、覆盖面小的问题。三是拉萨人民广播电台于5月1日正式开播，结束了拉萨市作为首府城市没有广播电台的历史。四是藏文版《拉萨晚报》内容不断得到创新丰富，赠阅工作进展顺利，范围不断扩大。五是与西藏日报社共同开办了《西藏日报》“首府新闻”专版，拓宽了宣传阵地，宣传效果良好。六是协调新华社西藏分社设立了拉萨记者站，开辟了新的宣传途径和渠道。七是制定印发了《关于进一步改进会议和领导同志活动新闻报道的实施办法》，加强了对一报两台的日常业务工作指导，进一步增强了新闻宣传报道工作制度化、规范化。八是加强与对口援助拉萨的北京、江苏两省市的联系，拟于近期组织专人赴北京、江苏联系人才援藏工作，积极探索建立播音主持人、编辑、记者等专业人才短期援助机制。

社会面宣传教育工作扎实开展。精心组织开展爱国主义教育、国防教育系列活动。一是开展了纪念“西藏百万农奴解放纪念日”设立一周年和庆祝中华人民共和国成立60周年2次“升国旗、唱国歌”活动；二是组织全市干部职工观看电影版《复兴之路》；三是认真开展国防教育宣传周活动；四是深入开展民族团结宣传月主题宣传教育活动；五是及时向各县（区）、各单位发放《伟大的变革、光辉的节日——纪念西藏民主改革50周年画册》、《跨越》、《歌声飘过50年》、《社会主义核心价值体系读本》、《献给母亲的赞歌》等宣传教育资料2610册（套）。通过系列宣传教育活动的开展，干部群众在活动中接受爱国主义教育，在活动中升华了对党和政府的感情。

【统筹推进文化事业和文化产业，着力推动拉萨市文化大发展、大繁荣】公益性文化事业进一步发展壮大。精心组织实施了广播电视“村村通”、“户户通”、农村电影放映、“农家书屋”、乡村综合文化站（室）、文化信息资源共享等文化惠民工程和“八个一百、八个八”宣传文化阵地创建工作。全年新建7个乡级综合文化站，116个文化信息资源共享工程基层服务点，44个农家、牧家、社区书屋，截至2010年底，拉萨市农家书屋实现了村级全覆盖。放映电影11760场次，观众91万人次。积极推进有线电视数字化建设，广播电视综合人口覆盖率分别达95.93%、95.66%。认真开展“广播电视进寺庙”调研工作，为全面推广普及奠定了扎实基础。覆盖全社会的公共文化服务体系正在逐步形成。

加强意识形态领域反渗透工作。继续推进“西新工程”，加大“扫黄打非”力度，加强文化市场监管，有效抵御反动文化渗透。开展各类专项整治及文化市场检查17次，检查文化市场各类经营场所2870家次，收缴非法音像制品10万余张（盘），查缴政治性非法音像制品1081张（盘），暂扣文化经营许可证23个，有效净化了文化市场。同时，文物挖掘、保护、利用和非物质文化遗产保护工作进一步加强。2010年全市非物质文化遗产11项重点项目申报工作已经完成。截至目前，国家级非物质文化遗产20个，自治区级非物质文化遗产41个，市级非物质文化遗产43个。

加大文化产业示范点建设力度。各县（区）“一县一特”示范点陈列室正在建设。墨竹工卡县松赞干布纪念馆、墨竹陶瓷、尼木藏香陈列已经完成，曲水县浚巴渔村陈列室布局正在招商，堆龙德庆县藏戏陈列室、达孜县吞米岭·藏艺文博园等文化企业正在建设，林周县果谐队普及工作深入进行，城关区民俗风情园等文化企业初具规模，全市文化产业示范点环线已形成。拉萨河流域文化保护项目已上报国家文化部。

【深入实施文明城市创建工程，大力提升社会主义精神文明建设水平】成功召开了拉萨市2010年拉萨市创建全国文明城市再动员再部署大会，进一步加强了对创城工作的领导，建立和完善了协调工作机制。扎实开展交通秩序专项整治、环境卫生专项整治和遵守公共秩序活动，城市形象明显提升，创城水平进一步提高。“六城同创”宣传工作声势宏大。创城督查工作卓有成效。建立了各单位自查、创城办

明察暗访、统一组织专项督查相结合的督查工作机制，共暗访10次，向市公安局、市环保局等33家单位下达了整改通知，提出整改意见44条。2010年底，由区党委常委、市委书记秦宜智率团再赴北京与中宣部、中央文明办、国家统计局等进行沟通联系，汇报拉萨市创城工作情况。8月2日至7日，中央测评组通过明察暗访的方式，采取实地考察、问卷调查、材料审核三种方法，对拉萨市创城公共文明指数进行了测评。驻市各单位高度重视，措施具体到位，全体市民积极配合和支持，确保了测评工作顺利进行。并取得了75.92分，在全国30个省会城市、副省级城市中列第20名的好成绩，位列杭州之前。

未成年人思想道德建设工作有效开展。深入贯彻《构建学校、家庭、社会"三位一体"青少年思想道德建设体系2009—2011年工作方案》，一是在2009年"三支队伍"工作的基础上，对"三支队伍"人员进行了续聘，继续配合做好市直各学校中小学生的思想品德、爱国主义、新旧西藏对比、民族团结、遵纪守法等教育和预防减少青少年违法犯罪工作，不断提高学生思想政治素质。二是部门联动，为未成年人健康成长提供良好的社会文化环境。市综治办、文化局部门制定完善了一系列净化校园周边环境的政策措施，综合运用各种执法手段，加强网吧、出版物、游戏厅、歌舞厅等文化市场的监管和网络文化产品监管，加强对网络文明建设的引导，强化网吧自律和互联网站自律，有效净化了校园周边文化环境。同时，强化学校周边社会治安管理，为未成年人健康成长营造了安定的社会环境。三是通过"传唱优秀童谣、做有道德的人"的主题活动，为陶冶师生的道德情操提供了平台。2010年，拉萨市未成年人思想道德建设中取得了在全国30个省会城市、副省级城市列第16名的好成绩，位列太原之前。

群众性精神文明创建活动扎实开展。一是深入推进"迎世博迎亚运讲文明树新风"活动。二是精心组织"礼仪亚运、文明拉萨"电视知识竞赛，进一步推广普及了亚运知识，树立了文明新风。三是扎实开展"我们的节日"主题活动。四是隆重举行了"关爱空巢老人志愿服务"活动启动仪式，向空巢老人发放了价值4000余元的药品，并经常组织看望慰问高龄空巢老人活动，送去急需的生活用品。五是"三下乡"、"四进社区"等活动扎实开展。六是及时推荐上报第七届全国"四进社区"文艺展演节目。七是认真开展了"我推荐、我评议身边好人"和第二届自治区道德模范评选推荐工作，对6个类型29名道德模范候选人事迹材料，进行了公开筛选和反复评议，向自治区文明办推荐道德模范候选人13名。八是隆重举行了拉萨市首届道德模范和"五个一"工程颁奖晚会，共表彰了市级道德模范18人、"五个一"作品14部，在社会各界引起了良好反响。九是与农牧等部门联合创建了8个社会主义新农村建设示范点，并隆重举行仪式，投资113万元，为1000户新农村建设示范户配备了藏式书架和书籍，深受农牧民群众欢迎。

【认真开展对外宣传工作】认真做好新闻发布工作。围绕拉萨市推进经济社会发展的重大决策部署和富民惠民政策，解答群众关心的热点难点问题，及时召开新闻发布会9次。

进一步加强网络宣传工作。围绕学习宣传贯彻中央第五次西藏工作座谈会精神、"六城同创"和市委、市政府全年工作重点等内容，在市政府网站设立了"认真贯彻中央第五次西藏工作座谈会精神，全力推进西藏跨越式发展和长治久安"、"一坚持、两强化、三突破，确保全市经济社会更好更快更大发展"、"红色歌曲·拉萨唱"、"六城同创"等专题专栏，共发送文字、图片信息900余条（幅）。同时加强民族团结网络宣传，营造了党的民族政策好、民族区域自治制度好、民族团结好的浓郁氛围。

拉萨市政法工作

【综治目标管理责任制得到进一步落实】在2010年初召开的全市综治工作会议上，区党委常委、市委书记秦宜智，市委副书记、市长多吉次珠亲自出席会议，与各县（区）、驻市单位代表签定了《2010年度拉萨市社会治安综合治理工作目标责任书》，并对拉萨市2009年综治工作先进集体和先进个人进行了表彰，给予了奖励。责任书的签定和综治先进的表彰，进一步提高了全市各级党委、政府和领导干部对综治工作的认识，强化了综治工作领导责任制，调动了驻市单位开展综治工作的积极性，有力推动了拉萨市综治工作的深入开展。同时，为了进一步加强拉萨市与友邻地区社会治安综合治理协作与治安联防，增强行政边界地区社会治安能力，形成预防协作机制，共创平安边界，2010年年初，拉萨市与林芝、山南、日喀则、那曲等四个毗邻地区签订了《平安边境协议书》，按照要求，拉萨市毗邻县（区）之间也相互签订了《平安边境协议书》。

【综治工作各项保障进一步到位，领导责任制进一步落实】2010年，在市委、市政府的高度重视和大力支持下，拉萨市综治工作规范化建设有了新的提高。一是继续做好领导干部维稳综治工作实绩档案建立工作，由组织人事部门下发相关表格并征求市综治委意见后，全部存入领导干部人事档案中，确保了综治工作有人管。二是切实加强综治机构建设，配齐配强综治工作人员，市、县两级综治办配备了综治办主任和专职副主任，人员数量得到进一步加强，乡（镇、街道办事处）和村（社区、居委会）配备了综治专干，驻市单位配齐了"六员"，确保了日常综治工作有人干。三是在将综治工作经费纳入年度财政预算的基础上，根据实际情况逐年增加综治工作经费，对综治工作预算不足部分在专项经费中予以解决，确保了综治工作有经费保障。

【基层综治工作水平和能力得到进一步提高】2010年5月，市综治委组成调研组，深入县（区）、乡镇和村，开展了综治基层基础工作调研。通过调研，查找出拉萨市综治基层基础工作存在的问题和薄弱环节，掌握了拉萨市基层综治工作的现状，并形成调研材料上报区综治委。针对调研中查找出来的问题和薄弱环节，2010年9月，市综治委举行了为期三天的全市基层综治办主任培训班，拉萨市各县（区）综治办主任和各乡镇、街道办事处综治工作负责同志数十人参加了培训。培训以综治工作台帐、流动人口服务管理、平安创建等工作为主要内容，进一步提高了拉萨市基层综治干部的业务水平和工作能力。同时，为进一步推进三项重点工作，提升人民群众的安全感和满意度。2010 年，拉萨市开展了政法综治干部下访活动，按照“属地管理”和“谁主管、谁负责”的原则，组织广大政法综治干部深入基层、深入群众，广泛征求群众意见、建议，解决人民群众最关心、最直接、最现实的问题，进一步夯实基层基础工作，有效预防和减少各类违法犯罪现象的发生。

【着力排查化解矛盾纠纷，群体性事件得到有效预防】 拉萨市各级各部门坚持抓早抓小抓苗头，切实加强矛盾纠纷排查调处工作，建立健全人民调解、司法调解和行政调解有效衔接的大调解体系。切实加强信访机构建设，市、县两级信访部门力量得到加强，工作条件得到改善。建立了领导干部定期下访包案制和信访突出问题及联席会制度。对重大复杂疑难的矛盾纠纷由市委、政府分管领导牵头成立专门工作班子集中力量攻坚，较好地推动了问题的解决。加强重点领域矛盾纠纷的排查调处工作，开展了集中清理涉法涉诉信访积案和“百万案件”评查工作，设立了拉萨市涉法涉诉信访联合接访服务中心；加强对工程建设领域用工情况、发放民工工资情况、工资保证金情况、签订劳动合同情况开展了多次专项检查活动，督促用人单位和劳动者签订劳动合同；加强和谐矿山创建活动，打造平安和谐矿区，注重从源头上预防和减少矛盾。

【落实服务管理措施，流动人口服务和管理工作成效显著】市委、市政府高度重视流动人口服务管理工作，加强组织领导，解决工作机构、增加人员编制、落实专项经费、狠抓措施落实，全面推动以流动人口服务管理为重点的社会管理各项工作，取得显著成效。一是健全完善服务和管理组织网络。形成了自上而下的共同服务管理流动人口的工作格局。二是调整充实服务队伍。三是加大服务和管理经费投入。2010 年，拉萨市共收集和发布就业岗位 100 余个，办理职业技能鉴定 430 人，调解、裁决处理劳动争议案件 35 起，涉及金额 117 万余元，立案调查处理劳动举报、投诉案件 70 起，追回拖欠工资 134 万余元。为涉及流动人口的 99 件劳动报酬纠纷案件提供了法律援助，提供法律咨询 2000 余人次，救助外来人员 2815 人。建立了全区首个“流动妇女儿童之家”，首个全区流动人口计划生育试点，首个社区家庭矛盾纠纷调处中心—“阿佳之家”，接受流动人口计生咨询 7200 余人次，为流动人口育龄妇女免费进行妇科病筛查 300 余人。把对外来务工人员子女的关爱工作纳入对班主任、教师的考核内容，各个学校也在比赛、奖学金评比等方面尽量向流动人口子女倾斜，使流动人口子女享受与当地居民同等的就学待遇。五是强化管理措施，积极预防和减少流动人口违法犯罪。六是大力推动流动人口服务和管理工作走上规范化轨道。目前，全市流动人口服务和管理工作已走上了法制化、制度化、规范化的轨道。

【加强巡查守护，确保铁路绝对安全】一是投入经费切实改善护路队员的工作、生活条件，提高了拉萨市铁路护路联防工作水平和能力。二是加强护路队伍建设，在全体护路队员中开展了作风纪律教育活动，使广大队员养成良好的工作作风，进一步增强全体护路队员的政治责任感和工作使命感，进一步坚定了护路队员做好铁路守护工作的决心和信心。三是加强铁路巡查守护工作，以桥梁、涵洞为重点，采取人巡为主、车巡为辅的方式。四是加大铁路护路宣传力度。市、县两级护路办组织司法、公安、检察、法院、宣传、铁路等职能部门，开展了 24 次宣传活动，进一步提高了人民群众尤其是铁路沿线农牧民群众“知路、爱路、护路”的意识。此外，还在铁路沿线开展了争创青藏铁路拉萨段平安铁路示范乡（镇）活动，5 个乡镇获得了市级“平安铁路示范乡（镇）”荣誉称号。

拉萨市人民政府办公厅

【狠抓学习培训，有力增强干部综合素质】 动员和要求全厅干部职工始终把加强学习作为提升综合素质、拓宽知识层面、增长工作才干的首要任务来抓，牢固树立终身学习的理念和工作学习化、学习工作化的理念，让学习成为自觉的工作生活方式，注重养成处处学习、时时学习的习惯。切实抓好办公厅党员干部的学习培训工作，组织干部 30 多人次分别参加了党政机关文秘干部培训班、党的十七届四中全会精神宣讲骨干培训班、科级干部轮训班、理论研讨班、机关党支部书记培训班、地方志业务知识培训班、接待业务知识培训、科级后备干部培训班、县级干部后备培训班及新任县级领导干部培训班。通过学习培训，干部职工进一步熟悉掌握了党对西藏工作的思想路线、政治路线、群众路线，提高了思想素质和理论素养，坚定了走由中国特色、西藏特点发展路子的信心和决心，增强了全心全意为人民服务的自觉性。

【狠抓参谋辅政，有力落实各项决策部署】办公厅领导班子开展调研 300 余人次，推出了一批具有较高质量的调研成果，参与撰写了大量具有较高水平的会议文稿、重要文件及汇报材料，对产业建设，“六城同创”、“十二五”规划制定、12 件民生项目、应急管理机制建设、寺庙法制宣传教育等重点工作进行了有力督促、检查和落实。办公厅领导成员还积极参与雪顿节节庆筹备、招商引资、旅游宣传推介、外出考察等各项活动的谋划和安排。办公厅领导集中精力狠抓全厅建设，2010 年共召开市政府办公厅党组会议 2 次、秘书长办公会议 4 次，及时研究和解决办公厅工作中的重大事项，切实推动办公厅“三服务”水平的提高，为全市发展服好务。

【狠抓制度建设，有力夯实制度保障基础】一是完善了办公厅个人自学制度、调查研究制度、学习成果转化制度、学习考核制度等 4 项学习调研制度。二是进一步健全了网站方面的规章制度，2010 年制定了《拉萨市政府门户网站信息审核发布管理暂行办法》、《拉萨市政府门户网站内容保障工作考核办法（试行）》和《拉萨市政府信息公开保密审查办法（试行）》。三是建立健全了岗位责任制、首问负责制、一次性告知制、限时办结制、同岗替代制、服务承诺制、失职追究制、绩效考评制等 9 项效能建设方面的制度，并把这些制度印发至各科室，要求学习贯彻落实。

【狠抓文秘工作，有力提升办文办会效率】截止目前，共收到上级党委、政府及部门文件2450件，起草各类公文913件，打印各类文件3013件，交换文件69759件。按照精简办会的要求，切实抓好各类会议的筹备工作，组织各类会议514场次，筹办开幕式、开工典礼、揭牌仪式等各类活动85场次，组织召开市政府常务会议13次、市长办公会议14次、专题会议130次。

【狠抓文字工作，有力提高以文辅政能力】2010年，办公厅主要领导高度重视各类文字材料的起草工作，全程指导、倾心倾力、加班加点。2010年，完成了全市"两会"、经济工作会议、市委工作会议、市委七届七次全会、市长参加全国"两会"、各类专题会议、区党委巡视工作、市政府民主生活会、雪顿节市长论坛、重大项目开工典礼等重大会议或活动方面的文字材料起草工作。全面参与并完成了全市"十二五"规划纲要的编制工作。全年起草、修改、编辑领导讲话、政府文件、工作方案、调研报告等各类文稿1400余份，共计360多万字。在市政府主要领导的关心支持下，市政府办公厅领导亲自抓，相关科室人员全力攻关、逐一审核，成功完成了有45万字的《拉萨市突发公共事件应急预案》汇编工作。

拉萨市外事工作

【精心做好外事接待工作】2010年，拉萨市接待了来自美国、英国、欧盟机构官员、俄罗斯、德国、加拿大、法国、尼泊尔、香港等21个国家和地区的来宾34批317人次，与上年同期相比分别增长了29%和38%，其中外国党宾、国宾、外交官32批288人次，记者2批29人次，接待的重要团组有15国驻华记者团、38国驻华武官团、美国驻华大使洪博培、欧盟机构代表团等。通过认真细致地做好每次接待工作，增进了相互理解，增强了合作信心，促进了拉萨市与世界各国的交往与合作。

6月30日，在圆满完成15国驻华记者一行28人接待任务后，受到了外交部、市委、市政府主要领导、区外办的高度评价7月5日，圆满完成欧盟机构代表团接待任务后，外交部再次发感谢信，对拉萨市的接待予以充分肯定。

【创新因公出国（境）工作机制】2010年，拉萨市外事办以科学发展观为指导，不断创新因公出国（境）管理工作机制，通过采取签订担保书、预交担保金、备案、团长负责制等四项措施，有效确保了全年因公出国(境)管理工作安全。

2010年，全市因公出国境总计11批40人次，其中地级领导3人次，占8%；县级领导15人次，占37%；专业技术人员13人次，占32%；科级及以下干部9人次，占23%。汉族21名，占52%，藏族18名，占45%，蒙古族1名，占3%。出访国家及地区有澳大利亚、英国、新加坡、德国、韩国、丹麦、尼泊尔、香港。出访任务涉及文化交流、残疾儿童全纳教育项目考察、全国小学校长高级研究班、项目形成性研究与合作、参加投资和管理培训、参加投资和管理培训、物流管理培训、人力资源开发培训等。

【充分利用外事优势资源，为拉萨市经济社会发展服务】2010年，拉萨市外事办把接待安排与宣传拉萨市经济社会及各项事业的发展紧密联系在一起，有重点，有针对性地安排参观考察。充分利用会见、会谈机会，重点推介和宣传拉萨市经济开发区、旅游项目、藏医药、生物资源等产业，为拉萨市对外合作、招商招展、引资工作做出了积极努力。3月22日，协助安排LV公司亚太区代表团一行2人对拉萨市进行了商务考察。5月28日，协助安排香港香格里拉集团公司一行7人赴拉萨市参加了拉萨香格里拉酒店建设开工仪式；通过引进法国马赛华侨华人的资金捐赠，拟帮助曲水县聂当乡完小修建1栋350平方米的教学用房，马赛华侨捐助资金5万欧元，约折合人民币40余万，目前，捐助资金已到位。

【为市委、市政府领导及市直单位做好翻译校对工作】6月份，市委副书记、市长多吉次珠赴内蒙古考察，根据要求，拉萨市外事办圆满完成了拉萨市情英文翻译任务；8月份，拉萨市外事办积极协助雪顿办翻译雪顿节宣传语、开幕式节目单3000余字等；9月8日至11日，曹边疆常务副市长赴上海参加中国国际友好城市大会，拉萨市外事办对曹边疆常务副市长在大会上的发言材料进行了翻译。

【加强对非政府组织的管理】拉萨市外事办于2006年与英国救助儿童会签署了以学校为基础的"儿童发展综合项目"的第三期项目协议，协议于2010年3月到期，根据英国救助儿童会关于签署第四期合作协议的要求，拉萨市外事办根据程序，邀请自治区外办涉外项目处、项目合作单位市卫生局、市教体局相关领导对第三期项目开展情况通过深入项目点实地察看、走访群众等方式进行了评估，并广泛征求项目合作单位市卫生局、市教体局和县、区卫生局、教体局意见后，形成了翔实的文字材料，目前，相关工作正在进行中，拉萨市外事办将发挥职能作用，做好协议签署前期各项准备工作。

【友协工作取得新成绩】2010年，在市委、市政府、区外办领导的大力支持下，拉萨市友协工作取得了可喜的成绩。3月份，拉萨市获得全国友协颁发的"人民友谊贡献奖"，9月份，拉萨市友城美国博尔德市获得由全国友协颁发的"对华友好城市交流合作奖"。深化友城交往，实质性交流实现新突破，9月13日至27日，美国科罗拉多州博尔德市医疗交流团访问拉萨市，与卫生局、科技局、旅游局、环保局、文化局、市医院等单位进行座谈，同时就包虫病防治对拉萨市7县60余名骨干医生进行了培训，并成功完成2例包虫病手术。7月19日，副市长阿布与以色列驻华大使安太毅在拉萨市外事办就进一步加强拉萨市与友城贝特谢梅什市间的友城关系，在太阳能利用、特色农业等方面的合作进行了会谈。11月30日至12月5日，拉萨市政府商贸考察团一行7人成功赴尼泊尔进行了为期6天的访问，出访期间，在我驻尼使馆的大力支持下，拉萨市与加德满都市签署了《中华人民共和国西藏自治区拉萨市代表团和尼泊尔加德满都市代表团会议纪要》，就两市建立友好城市关系，在经济、文化、旅游、城市发展等领域进行全面交流合作达成了共识。

【举办首届全市因公出国(境)业务培训】 12月9日下午，拉萨市举办首届因公出国（境）业务培训会议，各县（区）、市直各单位具体负责外事工作的人员，共130余名人员参加了培训会议。

拉萨市总工会工作

【围绕发展大局，深入开展“创建”活动，充分发挥工人阶级主力军作用】 拉萨市总工会深入开展了“当好主力军、建功‘十一五’、和谐奔小康”、“我为节能减排作贡献”、“创建学习型组织、争做知识型职工”等主题竞赛活动，将“创争”活动与企事业发展、经济效益提高有机结合起来，进一步完善了工作体系和工作机制。以建好职工书屋为重点，大力推动职工文化、企业文化建设，加大投入，开展丰富多彩的文体活动，不断满足广大职工的精神文化需求。4月27日，市总工会在龙王潭公园文化广场成功举办了拉萨市庆祝“五·一”国际劳动节“红色歌曲·拉萨唱”主题演唱会，部分市直单位和城关区、堆龙德庆县、西藏华泰龙矿业开发有限公司等单位的干部职工近1000人参加了演唱会，进一步凝聚了广大职工群众的智慧和力量，进一步激发了广大职工群众的爱党爱国爱社会主义热情，取得了干部职工群众满意、各方面反映良好的效果。各基层工会在“五·一”期间也开展了形式多样、内容丰富的庆祝活动，如曲水县总工会举办了“首届农民工庆‘五·一’唱红歌联谊”活动，达孜县总工会举办了全县第六届职工运动会等。9月初召开全市劳模工作座谈会，进一步调查了解了拉萨市劳模的生活、工作等情况，对劳模的困难给予了主动帮助和解决，为进一步加强和改善新形势下的劳模工作、努力提升劳模工作规范化管理水平打下了基础。

【健全机制、创新方式，强力推进基层组织建设】 着眼于基层工会组织建设，找准影响基层工会发展的瓶颈，着力破解组建工会难题，创新建会思路、组织形式、入会方式，理顺组织体制，加快基层工会组建步伐。2010年拉萨市总工会把组建任务重点放在非公有制企业、农民工、外来务工人员和出租车行业上，力争30人以上非公企业都建立工会，已建立的进一步巩固、完善；力争将进城务工人员、农民工、出租车司机最大限度地组织到工会中来，团结到党和政府的周围。4月23日，拉萨市总工会在自治区总工会的指导、帮助下，在自治区总工会全委会议厅举行了“拉萨非公企业组建工会工作经验交流会”。会议深入分析了拉萨市非公有制企业组建工会工作情况，交流了非公有制企业工会组建和发展会员工作经验，安排部署了非公有制企业组建工会工作任务，努力加快了拉萨非公有制企业组建工会和工会规范化建设步伐。7月5日，市委常务副书记焦建俊深入到拉萨市青达陶瓷公司和西藏百益集团两家非公企业就组建工会工作进行了深入调研，重点了解了企业的工会组建情况、职工的生产生活情况和企业的经营状况；并对拉萨市非公企业如何建好工会组织并有效开展工会工作提出了明确要求。按照自治区政协副主席、总工会主席央金和市委常务副书记焦建俊的指示及“拉萨非公企业组建工会工作经验交流会”精神，拉萨市总工会将青达陶瓷公司和西藏百益集团两家企业作为2010年拉萨市非公企业组建工会工作示范点，积累经验、树立典型，通过对他们的扶持、指导、宣传来扩大非公企业组建工会的影响，进一步加快了拉萨市非公企业组建工会步伐。2010年全市新建工会组织64个，新发展会员6862人，其中农民工会员2831人，进一步巩固和扩大了党的阶级基础和群众基础。

【加强维权机制建设，在推动劳动关系和谐发展上力求新突破】 以“深化一个载体、健全两个机制”为抓手，促进劳动关系和谐。深化一个载体，就是把“创建劳动关系和谐企业”活动作为发展和谐劳动关系、构建社会和谐的重要载体。在全市建立工会的企业进一步深化创建劳动关系和谐企业活动，并对全市第二批创建和谐劳动关系模范企业进行表彰挂牌，通过建立激励机制，形成争创“劳动关系和谐企业”的浓厚氛围。健全两个机制，就是进一步建立健全职代会和平等协商签订集体合同制度。通过建立健全以职代会为基本形式的企业民主管理制度，完善深化厂务公开制度，真正落实职工的知情权、参与权、表达权和监督权。积极配合有关部门落实《劳动合同法》，发挥集体合同对劳动合同的规范作用，加强对集体合同和劳动合同执行情况的监督检查。

积极参与企事业单位改革改制工作。按照《自治区总工会关于在国有企业改制中充分发挥工会组织作用的通知》要求，各级工会在参与国有企业改制工作过程中旗帜鲜明地支持改革，旗帜鲜明地维护职工的合法权益。

2010年在21家企业的152个班组、7556名职工中深入开展了“安康杯”竞赛活动，进一步建立健全了工会劳动保护监督检查体系，开展了多种形式的群众性劳动安全检查活动，督促企业落实安全生产责任制，改善职工的劳动安全卫生条件。9月初，陪同自治区总工会有关领导深入西藏华泰龙公司、拉萨市自来水公司进行“安康杯”竞赛活动情况检查验收并调研，有力推动了拉萨市“安康杯”竞赛活动的深入开展。

进一步健全完善职工法律援助和服务机制，劳动法律监督和劳动争议调解机制。充分发挥工会信访和“12351”职工维权热线的作用，为来电来访职工提供政策和法律咨询15人次，对于接到的4起来访案件，与有关部门积极协调，全部予以解决，来访职工的满意率为100%。加强企业特别是非公有制企业劳动争议调解工作，进一步做好政策法律咨询与服务，为困难职工、农民工提供及时有效的帮助。先后开展了“安全生产月”宣传咨询日活动、国际禁毒日、“9·16”平安西藏宣传日和其它一系列法制宣传活动，坚持在农民工当中开展法制知识培训工作。7月中旬，全国总工会“五五”普法检查组第七组莅临拉萨市，对市总工会、曲水县总工会和西藏达氏集团有限责任公司工会“五五”普法工作进行了检查验收，对拉萨市工会工作特别是“五五”普法工作给予了充分肯定和高度赞扬。

【满足职工群众新期盼，推动解决职工群众最关心最直接最现实的利益问题】 一是深化帮扶行动。逐步建立健全困难职工档案，按照实名制的要求进行规范化管理，进一步深化就业促进、金秋助学、医疗救助、大（重）病救助、困难帮扶、职工安全健康等“工会惠民行动”。二是完善帮扶服务体系。进一步加强困难职工帮

扶中心建设，逐步建立起市、县（区）、乡（镇、街道）三级困难职工帮扶服务中心网络，力争覆盖到所有单位和职工，确保困难职工能够得到及时帮扶救助。三是积极开展送温暖活动。2010 年“三大节日”期间，各级工会共为 455 户困难职工送去慰问金 32.4 万元，其中市总工会慰问 218 户，送出慰问金 17.5 万元。2010 年为拉萨市困难职工发放大（重）病救助及生活救助金 10.5 万元，发放 2009 年金秋助学救助金 34.83 万元，截至目前，2010 年金秋助学拉萨市共审核申报困难职工及农民工子女（低保户）58 户，低保边缘户 279 户。市总工会先后慰问了市公安系统一线困难民警和市地毯厂、市政公司、市动植物检疫监督所、市园林局、市环卫局等多家单位困难职工，慰问了武警部队驻西藏日报社维稳部队官兵，慰问了八一农场和二建司三名残疾困难职工。对堆龙德庆县和当雄县铁路护路队员开展了培训和慰问。8 月底，市总工会积极配合自治区总工会、卫生厅和司法厅等单位深入开展了“温暖进万家、真情促和谐”为主题的送医送药和法制宣传月活动，为拉萨至贡嘎机场专用公路中铁二局第二标段项目部、市二建司、旁多水利枢纽工程和西藏华泰龙公司职工及周边农（牧）民群众送去价值 12 万多元的药品和 20 余种法律宣传资料 15000 多册，并为 2 万多名职工群众提供了免费医疗和法律咨询服务。四是认真做好、做实“农民工有困难、要维权找工会”和“千万农民工援助行动”工作，全市各级工会先后共投入 86.1 万元为 570 多名农（牧）民工提供驾驶、地毯编制、古建筑技能、蔬菜种植等培训，切实帮助解决了一大批农（牧）民工在就业、创业、培训等方面的突出困难。4 月底，市总工会组织城关区、墨竹工卡县和八一农场 326 名待业青年参加了拉萨地区第十七期人力资源洽谈会，积极帮助待业青年们谋求就业岗位。

拉萨市文联工作

【加强协会工作，健全协会领导机构】拉萨市文联在上年底成功召开第二届作代会，完成拉萨市作家协会换届工作的基础上，于元月、8 月和 9 月分别召开了拉萨市书法家协会、摄影家协会及音舞戏曲家协会第二届会员代表大会，选举产生了拉萨市书法家协会、摄影家协会和音舞戏曲家协会新一届领导机构和领导班子。各文艺家协会会员代表大会的召开，使拉萨市文学艺术界各个协会的工作翻开了崭新的一页，有效推动文联工作实现新发展、新跨越。

【丰富协会活动，为文艺家提供充分展示才能的平台和机会】2010 年 2 月 6 日，拉萨市文联组织拉萨市书法家协会的藏汉艺术家们，举办了“迎春节、藏历新年”笔会，创作了 80 多幅展现民族团结、社会和谐、祝福祖国，歌颂社会主义新西藏等为主题，内容丰富的书画作品，书协还组织高延鸿、李知宝、党锋、南杰旺扎、张进安、曾玉奇等书法家参加了第 38、39 届日本国际书法道联盟展、钟鼓楼墨韵全国百佳名家邀请展、毛泽东词《沁园春·雪》全国名家邀请展、第二届中国扇子书画精品展等国际、国内重要展览，获得了众多荣誉和好评。书法家高延鸿的作品还被《收藏鉴赏》杂志、《全国书画名家精品集》、《当代书法家十人集》等刊发。

9 月 5 日，摄影家协会举办了摄影作品研讨交流活动，来自拉萨市各行各业的 20 多名摄影家和摄影爱好者参加了活动。在活动中与会者积极交流、探讨了各自在摄影艺术方面取得的成绩和心得，对拉萨市摄影艺术事业的发展给予了高度评价，并对今后拉萨摄影艺术事业的发展积极建言献策，促进了交流、沟通。

9 月 11 日，拉萨市文联摄协组织 9 位会员深入到拉萨市柳梧新区进行采风活动。活动中摄影家们深入到柳梧新区柳梧乡的田间地头、新区机场专用快速路建设工地、火车站等地采风拍摄。新区高耸的现代化办公室、住宅大楼，干净整洁充满现代气息的街道，热火朝天的建设工地以及山清水秀、充满田园风情的绝美景色让摄影家们创作热情高涨，纷纷举起镜头留下了一个个珍贵的精彩瞬间。

【发挥协会作用，组织艺术家投身公益事业】2010 年，青海玉树发生强烈震灾后，拉萨市文联充分发挥协会组织作用，号召艺术家为地震灾区损赠作品参加由青海省书协组织的为地震灾区募款的全国书法家捐赠作品拍卖会。得到了拉萨市书法家们的积极响应，积极捐赠作品，经过精心挑选，拉萨市 7 位书法家的 11 件藏汉文书法作品参加了拍卖，所得款项全部捐赠给了玉树灾区。

【办好《拉萨河》杂志】为办好《拉萨河》杂志，编辑部面向社会，广泛开展稿件征集工作，对征集到的稿件认真筛选，精心组稿。2010 年 5 月出版了 2010 年《拉萨河》藏文版，全刊 128 页，刊载了区内外藏文作者的诗歌、散文、小说、论文、民间故事等，发表的稿件体裁多样、内容丰富，质量上乘，受到了民族文学界专家和读者的广泛好评。

【文学创作在出精品上作文章】2010 年，拉萨市作家次多、罗布次仁合译的藏文长篇小说《绿松石》汉译本的出版发行，引起了区内外专家学者的关注，获得了文学评论界的高度的赞誉，为提高民族文化的影响力和繁荣拉萨市文学事业做出了积极的贡献，获得了拉萨市“五个一”工程奖。拉萨市文联还与区文联共同邀请区内外 30 多名作家、文学评论家成功召开了《绿松石》汉文版作品研讨会。会上区内外文学评论界和作家对《绿松石》汉文版的出版发行给予了高度评价。认为藏文长篇小说《绿松石》是藏文现代文学创作的典范之作，也是西藏传统文学与现代文学的分水岭，具有里程碑式的意义，在整个藏族文学史上留下了不可磨灭的印记，开辟了藏文现代文学创作的先河，许多国内知名作家都把这部作品称为“藏文现代文学开山之作”。《绿松石》汉文版的出版发行，为区内外文学界深入了解藏族优美的文学语言，进而了解西藏博大精深的文化内涵起到了桥梁和纽带作用。

拉萨市检察工作

【依法严厉打击危害国家安全和各种刑事犯罪】2010 年共受理提请批准（决定）逮捕 494 件 788 人。经审查，批准逮捕 430 件 659 人。其中，黑恶势力犯罪 9 件 50 人，八大严重刑事犯罪 130 件 206 人，毒品犯罪 50 件 69 人，涉铁犯罪 8 件 14 人。共受理移送审查起诉 490 件 759

人。经审查，提起公诉450件720人。其中，黑恶势力犯罪1件1人，八大严重刑事犯罪162件277人，毒品犯罪49件60人，涉铁犯罪7件15人。在办案中，切实转变就案办案的错误观念，将化解社会矛盾贯穿于侦监和公诉的各个环节，努力修复被破坏的社会关系。对轻微犯罪案件起诉到法院后，提出从轻减轻量刑建议205件；对未成年人和在校学生犯罪案件，坚持教育挽救从轻从宽处理27件；对邻里纠纷引发的轻微刑事案件，积极推行刑事和解3件。

【积极开展查办和预防职务犯罪工作，严肃查办贪污贿赂和渎职侵权案件】2010年共立案查处职务犯罪10件11人。其中，贪污贿赂8件8人，渎职侵权案件2件3人；大案8件，要案1人。提起公诉10件10人。在办案中，注重化解因职务犯罪可能引发的干群矛盾或冲突，以及影响正常工作秩序的群体性事件。对犯罪数额较小、认罪态度较好、确有悔罪表现的职务犯罪嫌疑人，慎用逮捕、拘留强制措施，决定不起诉3人。同时，对容易引发社会矛盾的职务犯罪积极展开预防，先后与拉萨电业局、柳梧新区五条市政大道、拉贡机场专用公路、市城市供排水管网、自治区自然科学博物馆等在建工程项目，建立了联合专项、系统预防工作机制；把法制宣传从街头延伸到企事业单位、社区、学校、乡村、工地，共开展各类警示教育百余次，受教育人数13800余人，发放藏汉双语宣传资料6300余份。

【以人民群众的关注点为着力点，全面履行法律监督职责】强化对刑事诉讼的监督。依法对侦查机关有案不立、以罚代刑等情况立案监督8件。其中，通知公安机关立案6件。对应当提请逮捕而未提请逮捕的，依法决定追加逮捕2人；对适用法律不当，量刑畸轻畸重的刑事判决，依法抗诉1件；对不构成犯罪或无逮捕必要的，决定不批准逮捕132人；对不构成犯罪或证据不足、犯罪情节轻微，不需要判处刑罚或免除刑罚的，决定不起诉36人；按照最高人民检察院、最高人民法院规定，检察长列席同级法院审委会5次，参与了17起案件讨论；对各种违法情况提出口头检察建议63份，书面检察建议32份，发出违法纠正通知书8份。

强化对刑罚执行和监管活动的监督。积极开展对刑罚变更执行的监督。2010年共审查减刑、假释材料1517人次、保外就医39人，纠正减刑裁定书中的刑期计算错误28人次。对可能超期案件进行清查，催办久押不决案件4件5人。约见服刑人员20人次，帮助返还被扣合法财物折合人民币4.5万余元，为服刑人员查证刑期2人次；对可能患有精神病不宜在监狱继续服刑的，建议监狱对30人次进行鉴定；发现和查处违法的监管人员2人。

强化对民事行政审判的监督。积极探索民事行政审判监督的有效途径。2010年共受理不服人民法院判决、裁定的民事行政申诉16件。其中，立案4件，提请抗诉2件，不提请抗诉5件，终止审查1件，其余案件正在办理中。提请抗诉的案件，经再审程序得到法院改判的2件，改判率达到100%。

坚持把法律监督工作置于党的领导和人大监督下。主动争取有关方面支持，积极营造良好的监督环境，自觉接受党的领导和人大的监督。一直坚持重大案件、重大事项主动向市委汇报、请示制度，争取市委对检察工作的领导、指导和支持，及时不折不扣地完成市委交办的各项任务。主动向各级人大及其常委会报告工作90次，报送检察信息738份；邀请各级人大及其常委会检查工作27次，人大代表视察工作20次；积极配合自治区人大常委会开展反渎职侵权工作专题调研。

【全力做好检察受援工作】市检察院在充分调研的基础上，形成了《关于拉萨市检察机关2011-2013年智力、资金和项目受援计划的意见》，对今后三年对口援助省市院在智力、资金和项目援助方面提出了明确而具体的意见和措施，并前往对口援藏的北京市及江苏省检察院对接，达成初步援助意向，将于2011年正式启动。

拉萨市司法行政工作

【有的放矢，按需普法】一是认真开展妇女儿童依法维权意识工作。经与市妇联充分沟通协调，在第100个国际“三八”妇女节来临之际，从3月份起，市普法办启动了妇女儿童权益保护专项宣传活动，先后在城关区拉鲁居委会、策门林居委会、嘎玛贡桑居委会以及河坝林居委会开展社区流动人口妇女“三八”维权讲座，参加人数达600余人次，通过举办专题法制讲座、解答涉法疑难问题、发放法制资料的形式，在广大妇女群众特别是暂住拉萨市的流动妇女中普及法律常识，培养树立妇女依法办事、依法经营、依法维权的意识。

二是开展基层村党支部书记和主任培训工作。为进一步提高村（居）基层干部的法律知识水平，市普法办抽派专人从2010年4月初至5月中旬对八县（区）211个行政村和30个居委会的党支部书记、主任进行了为期8天的法律知识培训，共有450余名村支部书记和主任参加。

三是根据未成年人思想道德建设需求，继续深入开展“法律进学校”活动。拉萨市法制副校长、法制辅导员，以及拉萨市司法局法宣科人员，以上法制课、办法制讲座、走家访等形式，对在校青少年进行法制宣传教育。截至目前，在全市各级各类学校共举办各类专题讲座119场次，开展参观法制教育场所以及消防安全教育、交通安全教育等专项教育11场次。认真兑现了2009年度法制副校长、法制辅导员工作补助（共计41200元）；9月，及时根据人员变动情况对法制副校长、法制辅导员进行续聘和改聘。

四是紧贴维稳工作大局，开展专题法制宣传教育。2010年，在全市范围内以设立法律咨询台、摆放展板、发放法律宣传资料等形式，开展了以“学法、懂法、守法，维护社会和谐稳定”为主题的“三下乡、四进社区”、3月份“综治宣传月”、“平安拉萨宣传周”、“安全生产宣传日”、《国际禁毒日》、“9·16”平安西藏宣传日、民族团结月设立20周年等各种法制宣传活动。据不完全统计，全年拉萨市市、县两级和中直部门共举办各类法制讲座327场/次，上街开展集中法制宣传服务149次，举办各类法制培训班27期，悬挂横幅400余条，印发各类宣传资料、法律读本20万余份/册。

【不断丰富普法内容和形式，提高普法趣

味性和实效性】完成自编普法教材工作。为进一步提高普法教材的实用性，保障广大群众学法需要，2010 年，拉萨市普法办组织工作人员针对农牧区和流动人口的实际生活、工作以及文化水平等特点，专门编写了以婚姻法、道路交通安全法、进城务工指南、刑法等相关法律法规为内容的《农牧区法律知识读本》和《法制漫画》藏文版法制宣传教育知识读本 46400 本（册），专项经费支出达 25.6 万元。

编排法制文艺节目，筹办“12·4”法制文艺晚会。上年，经与市公安局、检察院、法院和文化局联系协调，由市委宣传部对节目审查确定的小品、相声、舞蹈、歌唱类的歌颂民族团结和法制教育为主要内容的 16 个节目，于 2009 年 11 月至 2010 年 2 月结合“三下乡、四进社区”活动，赴各县（区）进行了巡回演出。文艺节目精彩纷呈，受到了基层群众的热烈欢迎和好评。为进一步调动干部群众学法用法热情，把全市法制宣传教育工作不断推向深入，拟在“12·4”全国法制宣传日设立十周年和“五五”普法总结验收年之际，举办专场法制文艺晚会。目前，晚会各项筹备工作正在进行，定于 12 月 2 日在拉萨市民族艺术宫上演。

组织全市司法行政系统法律知识考试。拉萨市司法局于 7 月 20 号和 23 号，组织全市司法行政系统干部和司法助理员共 131 人参加法律知识考试，全面检测了拉萨市司法行政系统工作人员的整体法律素质，达到了以考促学的目的，极大地提高了干部职工学法用法的自觉性和积极性。

【圆满完成“五五”普法检查验收工作】市普法办于 5 月 17 日至 28 日，对全市七县一（区）和 69 个市（中）直单位进行了市级检查验收，为迎接全国、自治区普法办的抽查验收并为“六五”普法的全面启动奠定坚实基础。8 月 2 日至 6 日，自治区“五五”普法检查验收工作组采取查验资料、听取汇报、召开座谈会等形式，对拉萨市尼木、曲水、林周、墨竹工卡 4 县及市中法、市教体局、市国税局等单位的普法依法治理工作开展情况进行了考核验收。8 月 6 日，拉萨市“五五”普法总结验收工作汇报会在拉萨市司法局召开，会议向自治区检查验收组全面汇报了拉萨市“五五”普法工作开展情况。会上，自治区验收组对拉萨市“五五”普法工作给予了充分肯定。目前，市普法办已将“五五”普法总结验收所需的全套资料准备就绪，正以饱满的热情迎接全国验收。

【法律援助】一是积极办理法律援助案件。2009 年 11 月至 2010 年 10 月，拉萨市法律援助中心办理法律援助案件 263 件，其中：民事案件 170 件、刑事案件 92 件、申诉 1 件。二是全面完成法律援助“便民一卡通”试点工作。2010 年，林周县在全县三个试点乡镇发放便民一卡通 252 本，受益人群达到 811 人。三是协调配备法律援助人员。2010 年，通过拉萨市司法局的努力，司法厅为拉萨市法律援助系统解决了法律援助工作者证 19 本，使拉萨市具有法律援助工作者证的人员达到 22 人。目前，除林周县外，其余县（区）法律援助中心均可以办理法律援助案件。四是多渠道申请法律援助经费保障。2010 年，中央彩票公益金法律援助项目在拉萨市全面开展，拉萨市法律援助中心认真报送相关材料，使拉萨市法律援助中心成为全区首批报送和实施单位，彻底改变了拉萨市法律援助中心经费一直靠拉萨市财政解决的现状。现共计报送案件 73 件，申请经费 76000 元。五是全国“1+1”法律援助自愿者在拉萨市开展法律援助工作。“1+1”行动是中国法律援助基金会向西部无律师和律师人员资源缺乏的西部县派遣一名律师加一名志愿大学生开展法律援助的行动。2010 年 7 月，首次向西藏派遣两名法律援助自愿者、两名法律志愿者，分别在堆龙德庆县、达孜县开展法律援助工作。

法律咨询。

【法律咨询】 2010 年，拉萨市司法局局属律师事务所、“148”法律服务中心、法律援助中心、阳光公证处、法制宣传科等部门立足于化解矛盾、解决问题、维护稳定，积极为民提供法律咨询，及时整理分析社情民意，为依法行政提供决策依据和信息服务。截至 10 月底，拉萨市司法局管理的两个律师事务所、“148”法律服务中心、法律援助中心、阳光公证处等法律咨询服务部门共接待各类法律咨询 8421 人次。

【公证工作】2010 年截至 10 月底，共出证 6021 件，其中：国内经济 1983 件，国内民事 3831 件，涉外民事 191 件，涉台 15 件，涉港 2 件，涉及标的近 5 亿元，涉外公证书发往十多个国家及地区。

【律师管理】一是加强律师队伍思想教育。2010 年，拉萨市司法局深入推进律师队伍社会主义法治理念教育，深入开展“中国特色社会主义法律工作者”主题教育实践活动，在律师队伍中扎实推进警示教育，抓好形势政策教育，切实增强广大律师做中国特色社会主义法律工作者的自觉性和坚定性。二是完成律师和律师事务所执业证书换发和年检工作。2009 年 12 月，根据司法厅《关于换发新版律师和律师事务所执业证书有关问题的通知》要求，完成局属律师事务所和律师执业证书换发工作，并对两个律师事务所及 13 名律师信息进行了重新登记、建档。2010 年 7 月，按时完成局属两个律师事务所及律师的年度考核工作。三是加强监督管理。拉萨市司法局严格依照《律师法》及司法部的其他相关的管理办法，坚持依法管理、依法监督，确实履行法律赋予的职责，及时了解和掌握律师事务所律师违法违纪行为线索。2010 年，两所均未出现违法违纪事件。

截至 10 月底，局属两所律师事务所共受理案件 392 件，代写法律文书 252 件，担任法律顾问 19 家。

【扎实做好矛盾纠纷排查化解工作】全市各级人民调解组织共受理各类纠纷 846 件（其中，婚姻家庭纠纷 267 件，邻里纠纷 92 件、草场纠纷 22 件、虫草纠纷 1 件、土地纠纷 48 件、劳动合同纠纷 89 件、经济纠纷 91 件、治安纠纷 23 件、民事纠纷 58 件、矿产资源纠纷 4 件、房产纠纷 3 件、外来纠纷 24 件、其他纠纷 124 件），调解率 100%，调解成功率 98%。

及时发放司法助理员和人民调解员办案补助。

【强化刑释解教人员管理措施，有效防止重新犯罪】一是完善出入审批制度。2010 年，各级司法行政部门均按照“属地管理”原则，严格签订责任书，层层落实监管体系，遇重大节日及敏感期，刑释解教人员须外出，必须层层通过村委会、乡（镇）、县公安局层层审批方可离开，并必须按期返回。二是真诚帮教。2010 年藏历新年期间，组织安置帮教领导小组成员单位对外出务工的刑释解教人员开展家访和慰问活动，了解刑释解教人员在工作、生活方面存在的现实困难，并及时帮助解决问题，达到感化、教育刑释解教人员的目的。拉萨市司法局将工作重心前移，在服刑在教人员出狱（所）前，主动深入监管机构，对其开展法律常识教育和回归社会心理适应性训练，收到了较好效果。拉萨市司法局还向各县（区）司法局发放影片光盘《走出大墙的人》，各县（区）司法局积极组织当地村委会主任、刑释解教人员、司法助理员等集中观看影片，加强对刑释解教人员的教育感化，共计 2 千余人观看了影片。

多渠道安置刑释解教人员。在做好帮教工作的同时，2010 年安置工作也取得了新的进展，经过市县两级司法行政机关的不懈努力，2010 年已经有 30 人实现稳定就业，其余人员也基本实现临时性就业，刑释解教人员的生活来源得到基本保障，思想情绪稳定。

拉萨市发展改革工作

【围绕中心抓宏观经济管理】一是抓经济监测。年初，认真开展调查研究，在总结 2009 年全市经济社会发展成绩基础上，深入分析宏观经济环境，把握全市经济社会发展有利条件和时机的基础上，编制完成《拉萨市 2010 年国民经济和社会发展计划草案的报告》，并在市九届人大三次会议上顺利通过。坚持每季配合市政府召开经济运行分析会，不定期的向有关职能部门进行情况沟通、信息交流，对全市经济工作目标完成情况进行分析，排查问题，寻求对策建议。为市委、市政府科学决策提供了决策参考。二是抓调查研究。围绕经济社会发展中的热点、难点问题，通过深入调查研究与分析，完成了《拉萨市转变经济发展方式及优化经济结构的探析》、《拉萨市产业结构调整的调研思考》、《拉萨市招商引资调研报告》、《构建符合拉萨经济社会发展的人才体系思考》等系列调研材料，发挥了重要的参谋助手作用。2010 年，共编发各类信息简报 160 期，被上级部门采用 50 多条。三是抓投资分析。及时掌握建设项目的数量、投资、进度等第一手资料，准确做好全市固定资产投资统计，形成固定资产投资月度分析报告。同时，加强与统计局的协调配合，避免了项目漏统、重复统计现象的发生。

【突出主题编好“十二五”规划】2010 年市委工作会议结束以后，“十二五”规划办公室立即抽调精干得力人员，集中一个星期的时间，认真学习了中央第五次西藏工作座谈会、区市党委工作会议精神及自治区“十二五”规划基本思路。在此基础上，着手开展拉萨市“十二五”规划纲要的制定工作，在规划纲要编制的过程中，充分听取和征求自治区有关部门、市属各部门、县区及专家学者意见和建议，到 9 月底完成纲要第七稿。根据党的十七届五中全会、区党委七届七次全委会精神，对规划纲要又进行了反复推敲、反复琢磨，纲要经市委、市政府多次研究，市委七届七次全委会对规划纲要进行了审查，按照审查意见修改完善后，报请市人代会审议。

【全力以赴争取项目投资】全年完成全社会固定资产投资 170 亿元，增长 25%。落实国家、自治区资金支持 20.03 多亿元，同比增长 20.08%，提前超额完成年初预期目标。

【受援项目进展有序】2010 年北京援助资金到位 6415 万元，江苏援助资金到位 2660 万元。关于上轮援藏项目进展情况：根据上轮对口支援资金及项目框架协议，北京援助的项目已竣工 2 个，堆龙德庆、尼木等三县（区）农村沼气、城关区小康示范村基础设施等续建项目年内完工。江苏援助的项目已竣工 7 个，曲水、达孜四县农村沼气等续建项目年内完工。关于本轮援藏项目进展情况：根据与北京、江苏签署的对口援建框架协议安排，北京援助资金 1.16 亿元，确定项目 4 个。第三中学基础设施、藏热路建设、市歌舞团排练综合楼等项目年底交付使用。江苏援助资金 2.25 亿元，确定 10 个项目。拉萨师范高等专科学校大学生活动中心、市人民医院医技楼等项目正在建设。关于中央第五次西藏工作座会新增 1‰项目筛选情况：通过多次与北京、江苏两省市协商，确定了部分 1‰新增援藏项目资金，并确定部分项目在明年大庆前实施。

【突出重点支持产业发展】围绕“一产上水平，二产抓重点，三产大发展”经济发展战略，积极转变经济发展方式，大力支持产业化发展和服务中小企业，增强自我发展能力。一是积极推进特色农牧业发展。2010 年主要实施建设了一批牲畜优质奶牛、生猪、藏鸡等）养殖基地、优质蔬菜花卉生产基地及蔬菜保鲜储藏库建设项目、人工饲草料和草种繁育基地、农户秸秆处理窖示范工程等 11 个农牧特色产业项目，以此来带动农牧民增收致富。二是有重点地加快第二产业发展。认真做好向国家、自治区争取的中小企业扶持，抓好开发区和县（区）工业集中区的基础设施建设，增强拉萨市产业发展后劲。同时，严格按照有关法律法规，加大产业项目的审查力度，坚决制止高污染、高耗能项目上马，加快淘汰落后生产能力。2010 年，在拉萨市发改委备案登记社会投资项目 80 个，总投资 47 多亿元。三是积极推进以旅游业为龙头的第三产业发展。2010 年共争取旅游项目 4 个，总投资 8000 多万元，其中拉萨市旅游综合服务中心，纳木错景区基础设施，大昭寺、罗布林卡世界文化遗产景区建设已完成开工前准备工作，六县乡村旅游基础设施逐步实施。同时，拉萨市发改委参与研究完善促进旅游业发展的政策措施，促进第三产业加快发展。

【围绕“创模”开展节能减排】自 2010 年 4 月份以来，由市发改委牵头成立节能减排办公室以来，在全市范围内开展了公共机构能耗统计工作，利用全国法定的“节能减排”宣传日等途径，开展了节能减排现场宣传等活动，引导全社会树立“节能减排”意识。采取财政补贴、向贫困群众免费发放等措施，在公共设施、宾馆商厦、居民住宅中广泛推荐使用高效节电照明等节能产品。2010 年共推广节能灯 9 万余盏。与此同时，抓好党政机关的节能工作，要求机关单位对办公楼照明设施已全部进行了节能改造，做到节电、节水、节约办公耗材。

【全面支持拉日铁路建设】2010年9月26日，拉日铁路建设动员大会召开后。为全力支持拉日铁路建设，做好铁路建设过程中的后勤保障工作，拉萨市迅速成立了拉日铁路工作领导小组(办公室下设在拉萨市发展改革委支铁办)，铁路沿线堆龙、曲水、尼木三个县也相继成立了支持拉日铁路建设运营工作组织机构。目前，支铁机构与人员已全部到位，项目建设期间，两级支铁机构将积极协调铁路部门和承建单位，搭建路地供需平台，努力做好征地拆迁、环境保护、文物保护、治安保障、宣传报道、施工协调等工作，切实发挥铁路建设带动沿线群众增收的作用。

【强力推进招商引资工作】全年招商引资项目到位资金46.1亿元，同比增长20%。其中，雪顿节经贸洽谈会期间，正式签约项目55个，投资总额53.49亿元，同比增长43%。现在西藏娃哈哈食品有限公司饮料生产项目、西藏华泰龙多金属矿项目、中国石油青海油田LNG公司液化气工程项目、拉萨圣地天堂洲际大酒店、香格里拉大酒店等一批具有相当投资规模的项目在拉萨市落地建设。为切实抓好招商引资工作，进一步拓宽工作思路，充分挖掘自身潜力和优势，不断创新服务方式，一方面加大调研宣传力度。在对全市产业发展规划和资源优势整体把握充分调研的基础上，编印了拉萨市对外招商目录，通过招商网向外推介。同时，成功举办了中国拉萨雪顿节经贸洽谈会，组织参加了“西洽会”、“兰洽会”等国内招商活动，积极宣传推介拉萨，吸引投资。另一方面是加大服务协调力度。对招商项目从对接洽谈、项目签约、办理相关审批手续、征地拆迁、施工建设到生产经营，各个环节进行全程跟踪服务，真正使客商感受到省时省力，营造了良好的投资环境。

【抓好物价维护市场秩序】一是进一步加强市场价格监测。加强对重要商品特别是与群众生活相关必需品的价格监测，准确反映市场价格动态，1-10月份向国家价格监测中心等有关部门上报价格信息37条。同时开展了生猪生产养殖、小农产品等价格调查工作。二是加强价格管理。加强节日市场物价的检查，开展明码标价检查和对民生影响较大的价费如涉农收费、医疗、成品油、鲜活农产品等价费专项检查，有效防止突发性哄抬物价事件的发生。同时对药品、医疗服务价格、旅游景点门票、旅游服务及旅游产品等进行了专项检查，积极化解价格矛盾，严查处各类价格违法案件保护消费者和经营者权益。三是不断理顺市场价格机制。严格执行国家完善后的成品油机制管理成品油调价通知。参与制定《拉萨市物业管理办法》，促进物业收费管理市场化进程。逐步推进医药价格改革，规范医药收费行为。四是继续推动清费减负。对各系统的行政事业性收费项目和收费标准进行了全面清理，年审行政事业性收费许可证147个，换证率90%。对市区幼儿园、民办学校、电力设施管理费及农村电网改造中乱收费等提出限期整改建议。

【加强粮食监管保障民生】市粮食局在深化粮食流通体制改革、完善体制机制、加强粮食宏观调控、加强市场监管，确保粮食安全、稳定粮食市场。一是粮食流通市场购销两旺。2010年国有粮食购销企业收购粮食1100万公斤，油菜籽100万公斤；采购粮食7500万公斤，食用油320公斤；销售粮食6500万公斤，食用油320公斤；库存粮食1400万公斤，食用油220公斤。二是加强粮食市场监测工作。重点加强与非公粮食经营大户联系，从对全市25家重点非国有粮油企业和个体粮食经营户全面调查，并将此纳入全社会粮食流通统计范围，并认真落实粮油市场价格监测报告制度，准确掌握市场动态，为上级机关决策服务。三是加大粮食市场管理。2010年先后两次牵头联合有关部门对粮油经销企业、经营网点等从库存、质量、价格、卫生等方面进行了全面检查，从检查情况来看，总体运行较好，没有违法违规行为。同时，对开展了全市粮食清仓查库，认真检查了库存实物、帐务、库贷及财政补贴情况，进一步加强了拉萨市代储自治区储备粮管理工作。

拉萨市财政工作

【财政收支实现快速增长】2010年地方财政收入继续保持持续快速增长态势，完成150159万元，比上年增加49692万元，增长49.46%。其中：税收收入完成127837万元，比上年增加41357万元，增长47.82%；非税收入完成28322万元，比上年增加8335万元，增长59.59%。

全市财政支出达到513496万元，比上年增加136180万元，增长36.09%。按照“保重点、促发展、求稳定”的原则，加大公共领域和民生方面投入，优先安排农牧业生产、社会保障、科教文卫、节能减排、基础设施等方面支出，重点支出得到有效落实，促进了全市经济社会全面协调可持续发展。

【增收入，蓄后劲】及时采取应对措施。密切关注宏观经济形势和国家税收政策变化，认真分析影响拉萨市收入的各种不利因素，充分发挥财政杠杆作用，保证财政收入平稳较快增长。

继续加强收入态势跟踪。与税务部门建立了密切联系，针对收入情况进行座谈、分析，针对出现的问题进行分析、总结，采取有效措施加强收入征管，确保了税收应征尽征。

严格非税收入管理。深化“收支两条线”管理改革，进一步完善了对非税收入收缴管理工作，抓大控小，积极挖掘了非税收入潜力。

支持企业改革与发展。按照中共拉萨市委《关于加快国有企业改革和发展的意见》，进一步解放思想，转变财政职能，为国有企业的改革与发展服务，积极支持企业改革，促进企业技术改造与进步，提高了企业自主创新能力和市场竞争能力。2010年，共落实企业扶持发展资金13589万元。一是加大对企业技术改造的投入。帮助企业多方筹集资金，加强资金管理，及时将资金拨付给企业，缓解了企业资金周转困难的问题，增强了企业扩大再生产和更新改造能力，提高了企业的生产效益，巩固和壮大了现有财源，企业对当地经济的贡献不断增强。二是积极参与国有企业改革，帮助企业走出困境。建立了国有企业改制周转基金，参与拉萨市国有企业职工住房改革工作，解决企业职工后顾之忧。三是建立中小企业项目管理库。在帮助企业筹集扶持企业发展资金的同时，主动出击，了解情况，筛选重点，促进项目入库。四是积极落实汽车摩托车下乡和家具家电下乡政策，2010年全市共落实汽车摩托车下乡补贴639.86万元，汽车销售 1483台，摩托车销售187台；落实家具家电下乡补贴464.59万元，家电产品累计销售9324台（件），家具下乡产品累计销售2184套（对）。家电家具和汽车摩托车下乡使13178名群众受益，切实让农牧民群众得到了实惠，有力地拉动了消费。

【保支出，突重点】确保重点工程资金支出。2010年，下达基本建设支出78743.55万元，其中：自治区财政安排建设项目62个，投资52153.74万元；市财政安排基本建设项目97个，投资24663.09万元；江苏省2010年援助拉萨市基本建设支出1926.72万元，实施了布达拉宫广场两侧人行地下通道工程建设、拉萨市第四高级中学建设、城市供排水管网、特警支队基础设施、达孜县工业园区建设、污水处理厂建设等重点建设项目。

大力支持"六城同创"工作。根据"六城同创"工作目标和市委、市政府的总体部署，在确保拉萨经济社会各项事业正常运转的前提下，充分发挥财政职能，通过多渠道积极筹措、整合财政资金，全力支持了全市"六城同创"各项工作的顺利开展。

大幅增加社会保障支出。2010年，财政用于社会保障方面的支出达到44568万元，全力支持12件实事。为支持市委、市政府确定的为民办12件实事，市财政积极协助各项工作的开展。重点支持了8个新农村示范点建设，抗震加固（设防）试点，市民服务中心二装及设备购，45岁以上63841位农牧民健康档案的建立及免费体检，完成579台中巴车退市和232台公交车采购及公交总公司组建工作，公厕免费开放，为享受最低生活保障和特困救助家庭中的4350位残疾人每人每年发放600元的生活补贴，建立城市农贸市场农畜产品快速检测体系，培育1000个家庭经济示范户，将村医、兽医待遇提高到每月300元，建设3个社区卫生服务站和20个村卫生室。这此民生项目的实施，改变了农牧区面貌，转变了农牧民群众思想观念，提高了农牧民群众的健康意识，提升了群众的生活质量，提高了基层村医、兽医工作的积极性，体现了政府执政为民的理念。

【推改革，促管理】积极推进国库集中支付制度改革。进一步深化部门预算改革，规范部门预算编制。在各县（区）全面推进部门预算改革，按照统一的"财政e财系统软件"进行编制，并进一步规范了县（区）部门预算的编制工作，对市直部门预算编制软件进行了维护。

顺利完成后勤服务社会化改革。按照自治区财政厅的要求，2009年推行县（区）级党政机关后勤服务社会化改革，通过近一年时间的努力，各县（区）完成了党政机关后勤服务社会化改革任务。

进一步扩大政府采购范围。根据各业务科室下达的政府采购预算，采用以定点采购和公开招标为主的采购方式进行采购。2010年，拉萨市财政局组织实施政府采购303次，采购金额19360万元，资金节约率达 10.49%。顺利完成了拉萨市城市智能交通管理监控系统、城市公交车、市直学校校园监控系统等的采购工作。

进一步推进乡镇财政管理工作。对县（区）乡级财政管理情况进行了调研，在城关区蔡公堂乡和两个街道办事处进行乡财县管试点成功的基础上，已在条件较好的城关区、堆龙德庆县、曲水县、墨竹工卡县全面推行乡财县管改革，通过乡财县管财务软件，实现了县、乡联网，提高工作效率和资金使用率，同时加强县级财政对乡级财政收支管理，自治区财政厅在蔡公堂乡召开了乡级财政管理现场会。

积极推进财政息信大平台建设。2010年，拉萨市财政局按照区财政厅的要求，在全局大力推进财政无纸化办公。通过培训、指导，网络办公正常运行，市财政已实现了网络无纸化办公，并按照全区财政统一部署，启动了金财工程——财政信息大平台的试点工作。

【支三农，惠民生】财政支出向农牧业倾斜。2010年拉萨市本级财政预算安排支农专项资金5600万元，落实自治区财政支农专项资金27405万元，有力地支持了农牧业生产增产增效，促进了农牧民增收。

大力支持农牧工作。落实区、市涉农资金 19101万元，支持农田水利设施建设。2010年，安排全市小型农田水利基础设施建设补助1788万元，实施了农田水利基本建设，保证了农牧业生产灌溉用水需要；安排拉萨河堤岁修防汛建设资金110万元和巡逻人员资金60万元，防汛物质储备 50万元，确保了防汛工作的实际需要，进一步强化和完善灾害防御体系。

加大技能培训投入力度。2010年拨付农牧民培训资金706.42万元，支持农牧业保险工作。为推动农牧区经济社会长期稳定发展，增强农牧民抵御各种自然灾害的能力，安排下达2010年度政策性涉农保险保费市级承担部分资金118.75万元；安排下达2009年度能繁母猪保险费补贴市级承担部分资金5.2万元。

加大"人影"投入。2010年安排下达市气象局气象保障经费121万元，其中：更新13门人影双管"37"高炮84万元，购置的2套HJD-82B型火箭发射装置与100枚人工增雨火箭弹37万元，购置2台皮卡牵引车25.18万元，解决天气预报预警和服务综合能力建设缺口经费17.1万元。

深入推进安居工程建设。根据拉萨市财力，2010年拉萨市整合资金9500万元，用于全市 5000户的农牧民安居工程建设。到年底，已圆满完成了年初既定的各项目标任务。

积极开展安居工程抗震加固试点工作。为提高安居房屋的抗震能力，2010年，安排资金2500万元，用于抗震加固（设防）试点工作，认真开展纳木湖乡安居工程整改工作。市政府安排1500万元对当雄县纳木湖乡安居工程进行新建、重建以及维修加固。

着力抓好交通干线安居工程整体改造提升和村容村貌综合整治工作。拉萨市2010年农村人居环境建设和环境综合整治试点工作已全部开工建设，村庄道路建设工程、农村垃圾污水整治工程、村庄绿化美化等工程已基本竣工。同时，为提升首府形象，打造靓丽拉萨，拉萨市整合资金4.376亿元，对交通干道沿线开展8552户安居工程整体提升和村容村貌整治工作。

【保稳定，促平安】2010年，安排资金1500万元，支持当雄县纳木湖乡安居工程整改工作；调高了公检法司等部门的经费保障标准；落实专项维稳经费，主要用于民族宗教、市属各寺庙法制宣传教育工作、政法部门维护稳定等工作。

【强监管，重督查】加大了对预算外资金使用的审核力度。定期不定期的对各单位预算外资金使用情况进行了专项检查，确保了资金的专款专用。

开展了对森林生态效益补偿基金的专项检查。根据自治区财政厅、自治区林业局《关于开展中央财政森林生态效益补偿基金自查工作》通知精神，5月份，积极配合市林业局对全市八县（区）2008年-2009年中央财政森林生态效益补偿基金和使用情况进行了检查，确保补偿基金专款专用，进一步提高和规范了各县（区）补偿基金使用效率。

开展了对“六城”同创资金的专项检查。2010年5月20日至24日，市财政分别对市委宣传部、市建设局、园林绿化局“六城”同创专项经费支出情况进行了检查。通过检查，规范了相关单位账务。

开展对农牧专项资金的检查。拉萨市财政局利用50多天的时间，多次派人员对拉萨市八个县（区）的农牧业生产、水利设施建设、农业综合开发、财政扶贫开发等资金进行了检查，全面掌握了解情况，加大了对项目资金的检查力度，规范财务行为，及时纠正在资金管理使用过程中发现的各种问题，做到了事前审核、事中监控、事后检查，并对基层农业财务工作进行了指导。

配合市审计局对撤销单位财务进行审计。对原市招商引资管理局、市乡镇企业管理局历时七年的原始单据、账本、月报及年报进行了抽查审计，并根据审计结论进行了入账、下账等账务处理。

拉萨市国税工作

【组织税收收入】截止11月底，税收收入已实现10亿元的历史性突破，全年全市税务系统累计组织入库各项收入112246.76万元，较上年同期增收32753.75万元，同比增长41.20%，完成全年奋斗目标的126.12%。其中:税收收入入库110116.36万元，教育费附加入库1785.22万元，税务部门其他罚没收入入库165.57万元，税务系统行政性收费入库128.41万元，耕地占用税51.20万元，为“十一五”税收工作规划的完成划上了圆满句号。

【税源分析】各部门结合总体要求，认真调查辖区税源，分析税收增减因素，逐级分解落实收入任务和重点工作，层层抓好落实，细化工作目标。2010年，根据国家税务总局的工作要求和区国税局工作安排，将129户纳税人列入区局及总局监控企业范围，比2009年监控户数增加9户，占全区监控户数的31.62%，把监控分析以及数据质量作为重点，通过召开税收收入分析会、定期分析通报等形式，着重强化数据利用及分析，为加强征管提供依据。各征收单位围绕重点监控企业重点加强管理，促进相关税款及时足额入库，主要行业税收贡献率进一步加大。

【税收征管】目前拉萨市已有28000多纳税户，涉及多种经济类型，而且超过82%为个体工商户。为了做到精细管理，认真开展税源基本情况调查摸底，全面了解税源情况，在2009年税收资料调查工作中，共调查户数798户，同比增加137户，占全区调查总户数的53%。各征收单位结合辖区税源情况分别开展税源调查，加强日常纳税检查和清理力度，抓住非正常户、异常申报户、漏征漏管户等薄弱环节，及时据实调整个体户定额情况，对新办户随时跟踪纳入管理，强化了纳税人动态管理。逐步完善档案、文书、台账等征管基础资料管理，针对性地进行整改和规范，进一步健全了纳税人户籍资料，完善了征管基础信息。认真做好普通发票换版前的宣传、旧票情况统计、新票需求调查等工作。

【纳税服务】认真执行区局纳税服务工作规程、办税服务厅纳税服务工作规程等各项纳税服务管理制度，并初步制定市局系统纳税服务考核办法，逐步完善基础制度。为扩大财税库银横向联网电子缴税方式实施范围，各分局按照“成熟一户、推行一户”的思路，加大宣传力度，签订三方协议书，稳步推行电子缴库业务，为纳税人办税提供了便捷的办税渠道。积极筹备办税业务进驻市民服务中心相关工作，就窗口岗位设置、办税项目、业务流程、网络布线、模拟运行等事项进行上报和协调，并做好人员选派等前期工作。积极改进纳税服务环境，创新纳税服务方式，在各县局办税服务厅统一配置窗口标识，进一步规范办税服务厅建设，在车购税征收分局推行POS机缴税业务，市局通过开设电子服务邮箱，为定点联系企业提供税法咨询和投诉受理，基层国税部门通过推出“无职党员设岗定责”、为偏远农牧民提供办税延时服务、发放涉税事宜“温馨提示卡”等措施，进一步方便了纳税人。配合区局及统计部门做好纳税人满意度测评工作，拉萨市国税系统满意率总体排名位居全区七个地市第一。

拉萨市统计工作

【圆满完成了2009年统计年报和2010年定期报表的收集、审核、汇总和上报工作】圆满完成了各项统计调查报表任务。其次在工作中注重年度、季度、月度间的数据衔接，通过认真细致的工作，2009年统计年报和2010年的各项统计数据都能及时、全面、客观地反映了拉萨市经济运行状况。在认真做好各项常规调查的同时，共编印统计分析50期、统计动态61期、被区局、总队和市委、市政府级采用信息58余（篇），及时反映了全市经济发展的走向和趋势，有效提供了预警信息和咨询建议，为党委、政府科学决策提供了重要的参考依据。

【充分发挥了统计工作的参谋助手作用】2010年在完成统计报表的基础上，积极发挥职能作用。每月都编制印发《拉萨市主要经济指标》小册，及时对月、季度报表主要数据进行统计分析，呈送给相关单位和领导。通过数据的搜集整理编印成册，并认真开展统计分析工作，统计报告的质量有了进一步的提高，做到了有数据、有情况、有分析、有建议，为各级领导的决策提供了可靠依据。

【统计宣传工作进一步提高】为了加强统计宣传，提高拉萨市广大市民对统计调查工作的认识和理解，一是充分利用市委、政府举办的各类宣传活动宣传统计知识。通过在全市举办的三月份综治宣传活动、六月综治宣传周活动、9.16平安西藏宣传日活动、“安全生产月宣传咨询日”等活动中宣传《统计法》、《统计违法违纪处分规定》和拉萨市经济社会发展情况中心统计工作；二是拉萨市统计局队与区局、总队联合开展了“世界统计日”宣传活动。活动中围绕“统计和您在一起”和“走向公开透明的中国统计”主题，悬挂宣传条幅，摆放宣传板，开展统计宣传咨询活动，通过 LED 大屏幕显示屏和电视机播放统计知识宣传视频。向广大市民宣讲统计调查工作，接受群众的现场咨询，并就社会公众普遍关心的“CPI 的由来”、“GDP 是如何核算出来的”等热点问题进行了耐心细致的现场解答，并向过往群众发放了“世界统计日”宣传画和人口普查宣传手册、汉藏文版的《中华人民共和国统计法》、《统计违法违纪行为处分规定》、《拉萨统计年鉴》、《GDP 知识若干》等 20 余种、近 1 万份宣传品，进行系列统计宣传。并结合自身工作实际，发挥统计部门专业优势，通过一些重要统计数据指标的变化，利用 17 块展板展示全区和拉萨市经济社会发展所取得的巨大成就。

【突出重点，强化措施，中心工作实现新突破】多次对第六次人口普查进行了动员和安排部署，制定了普查方案，落实了普查经费和相应的物资，分期分批地对各县区人口普查工作人员、业务骨干进行了集中培训。多形式、多层次地组织开展了普查宣传动员、普查区域划分、地址编码、户口整顿、人口资料整理和普查物资筹备等工作。受到了市领导和自治区统计局的充分肯定。目前全市第六次人口普查的入户登记、光电录入工作基本结束，人口普查数据处理工作现已紧密锣鼓地进行，正在开展人口普查的数据审核、校验、汇总等工作。

拉萨市工商管理工作

【严厉打击传销规范直销】把打击传销作为维护社会和谐稳定的硬任务，与公安机关等有关部门密切配合，积极开展全市打传工作，有效遏制传销活动的扩散蔓延。

【严肃查处取缔无照经营】成立了拉萨市工商局查处取缔无照经营领导小组，加强部门配合、实施综合治理。通过电视、广播、报刊等媒体发布公告和张贴标语等形式，提高全民守法意识。发放《无照经营查处取缔办法》宣传单 5000 余份。对残障人员、失业人员、下岗人员、失地农民等弱势群体从事以谋生为主的简单性、没有社会危害的行业简化注册登记，大幅降低前置审批的收费标准。对一些小商小贩、下岗工人、失地农民等违章经营，以教育为主，督促其办理好相应手续，合法经营。对一些社会影响大、危害人体健康、存在安全隐患的重点行业的无照经营及生产、经销假冒伪劣商品、屡教不改的“钉子户”坚决严厉打击。查处无照经营 402 户。

【“扫黄打非”净化文化市场秩序】加大对书刊、音像制品、文化娱乐用品的查处，洗浴中心、保健按摩等行业的监管，“两会”、2010 上海世博会、广州亚运会期间更是加大执法力度，定期和不定期抽查，检查市场主体 1238 户次。始终保持高压态势，坚决查堵和查缴传播政治谣言、制造思想混乱及利用商业贿赂销售盗版物行为，查缴各类侵权盗版制品 346 张。

【及时排查矛盾纠纷】按照“把矛盾纠纷化解在萌芽状态，把问题解决在当地”的原则，各部门结合实际制定应急措施，确保部署到位，措施到位，落实到位，明确分工，各负其责，消除安全隐患。认真做好敏感时期的群众来访接待工作。及时稳妥处理了汽车、电动三轮车消费、鲜肉销售商户和拉威宾馆门面房商户聚集等群体性上访事件，及时平息了事态，消除了安全隐患。

【完善登记备案，加强出租房管理】积极配合公安机关抓好责任区域的流动人口摸排登记工作，对租房人员进行了逐一登记造册，管理上做到了“底数清、情况明”，对暂住人员到公安机关的办证情况进行监督，对身份不明人员及时进行清理，配合公安部门经常性地开展督促检查，有效的预防了租房人员违法犯罪。拉萨市工商局出租房内未出现黄、赌、毒等社会丑恶现象。

【便捷市场主体快速准入】2010 年，开展了“三通四办五制”便民。（对投资创业具备条件的确保畅通、基本具备的实行变通办理、不具备的耐心沟通，创造条件办理；资料齐全马上办、资料不全的指导办、紧急项目加班办，重大项目跟踪办；首办负责制、预约服务制、延时服务制、上门服务制、困难登记帮扶制）。“四个一”利民。（一个窗口、一条龙服务、一心为民和一把手负责）。“六不让”惠民。（不让该办的事项在我的手里延误、不让能办的事项在我的推诿中中断、不让工作差错因我的失职失误而发生、不让来办事的商户在我的接待中受到冷落、不让消极腐败现象和不依法行政行为在我身上发生、不让我的言行影响单位的形象），提高服务质量和办事效率。与此同时，还积极参加拉萨市市民服务中心的各项活动，通过一系列的细化措施和艰苦努力，截至目前全市市场主体已达到 35979 户。其中全市内资企业 1384 户，比上年同期上升 10.02%，注册资金 314464.8 万元，同比增长 17.76%；全市私营企业 2118 户，投资人数 4940 人，雇工人数 42360 人，注册资金 267308.3 万元。同比分别增长 16.69%、12.43%、16.69%和 35.04%；全市个体工商户 32477 户，比上年同期增加 2611 户；从业人员 65144 人，比上年同期增加 3420 人；注册资金 119056.58 万元，比上年同期增加 14936.63 万元；同比分别增长 9.83%、5.54%、14.35%。

【助推新农村建设】走村入户加强引导，发展农牧区市场主体 5147 户。深入实地加大扶持，发展农牧民专业合作社 20 户，截至目前共 62 户，成员总数 2642 人，出资总额 10193.1 万元。受到了拉萨市政府的充分肯定。搞活农畜产品流通，发挥能人示范效应，发展农牧区经纪人 410 人。墨竹工卡县甲玛乡经济合作社大胆探索“企业+合作组织+农户+基地”模式，解决了 181 名当地农民就业问题，实现了民企和谐共建、互利共赢。自治区党委办公厅、政府办公厅《墨竹工卡县创建和谐矿区统筹协调发展推进企业地方群众实现互惠三赢》的《西藏工作情况交流》专刊和《墨竹工卡县甲玛经济合作社实现从民企纠纷到民企双赢的成功探索》专报，对拉萨市工商局工作给予了充分肯定和高度评价；曲水县南木瓜果专业合作社“鑫赛”西瓜商标的成功注册，使该社全年销售西瓜 48.5 吨，销售额达到 961 万元，合作社成员年增收 5 万元）。建立农牧区维权联络站（点）51 个，努力实现农牧区消费维权零距离。农牧民维权意识和商家自律意识不断增强。达孜 1 商户主动上交过期商品 14 个品种，价值 2 万余元，并已组织销毁。积极开展和谐矿区建设活动，化资源优势为经济优势，加大矿产业培育力度，制定了《拉萨市工商局 2010 年度建设和谐矿区的工作方案》，计划用 2 年时间，使全市 90%以上的矿山企业达到和谐矿区的目标要求，对未达标的矿山企业，进行整改，力争 1 年时间使达标率达到 100%。目前全市共有 75 家涉矿企业。

【推进商标战略实施】成立商标战略实施领导小组，开展多种形式的宣传活动，发放宣传资料 7800 余份，商标意识渐入人心。回访 9 家著名商标企业，了解企业使用商标情况及存在的问题。指导其在同类其他商品上或跨类相关商品上注册储备商标。培育农畜产品地理标志商标注册，指导墨竹工卡县斯布牛肉、尼木县尼木藏香申请地理标志注册。

2010 年已注册商标 196 件，申请注册商标 89 件。截至目前，全市共申请注册商标 1618 件、注册商标 1260 件，其中著名商标 29 件，驰名商标 2 件（“5100”、“藏缘及图”）。组织推荐 9 家企业申报全区第六批著名商标。

【创新维权体系建设】12315 指挥中心承接消费者申诉举报，对任务进行分配，各工商分局、各县工商局按属地管理的原则具体调处，12315 指挥中心对处理反馈进行分析。继续推进 12315 进乡镇、进市场、进商场、进超市、进社区，共建立投诉站 12 个，维权联络点 73 个。

共接申诉举报电话 1929 件（咨询 1565 件、举报 151 件、申诉 213 件），成功调解 213 件，案值 108.6 万元，为消费者挽回经济损失 66.82 万元。

【强化监管，营造规范稳定的市场秩序】强化效能监管，加强制度建设，制定《拉萨市工商行政管理局处置重大突发事件应急预案》、《拉萨市工商行政管理系统市场监管应急预案》等 12 项规章制度。突出重点，加强流通环节食品安全监管。积极开展各类市场专项整治，加大执法力度。查处各类违法案件 1265 件，案件总值 543.75 万元，罚没款 120.16 万元，特别是 9、10 月加大了执法力度，仅 2 个月共查处案件 212 件，罚没款 30.8 万元。1-9 月份，查办食品违法违章案件 30 件，查处假冒伪劣食品货值 33.9 万元，罚没款 8.6 万元。

【加大保护知识产权和维权反欺诈力度】一是严厉打击商标侵权行为。检查专卖店 98 家，超市 25 家、集贸市场 6 个，查处商标侵权案件 4 件，案值 10.3 万元。罚没款 6.84 万元。处理“藏花虫”胶囊涉嫌侵犯商标专用权行政诉讼案 1 起。申请堆龙德庆县人民法院强制执行“藏牌高原康”商标侵权案 1 起。同时，出动执法人员 120 余人次，车辆 30 多台次，加大世博会标志的保护工作。

二是规范广告登记发布。发放户外广告登记证 397 个，年检广告经营单位 156 户。以药品、保健食品、美容服务、网上发布“性药品”广告、性病治疗广告为整治重点，现场检查和重点监测相结合，加强各类媒体发布医疗、药品、保健食品等广告的监督检查。检查户外广告 756 户，限期整改 13 件，违法户外广告 3 件。下发责令停止发布通知书 15 份，责令停止发布违法广告 40 条，查处媒体广告违法案件 16 件。罚没款 11.23 万元。调处广告投诉 42 件。

【积极开展各类专项整治】一是开展节日市场专项整治。二是开展品牌汽车专项整治。三是开展烟花爆竹市场专项整治。四是开展成品油市场专项整治。五是开展家电家具下乡专项整治。检查经营主体 795 户，检查中未发现有违法违规行为。六是开展虫草交易市场专项整治。检查经营户 636 余户，对发现的部分商品存在产地标注不明的过度包装现象，已责令限期改正。七是开展非法收购、出售和加工旱獭等鼠疫宿主动物及其产品的专项整治。检查中未发现违法经营旱獭及其产品的行为。八是开展非法销售卫星设施专项整治。九是开展肥料农药市场专项整治。检查经营户 245 户次，未发现各类违法违章经营行为。

拉萨市食品、药品监管工作

【组织召开 2010 年全市食品安全工作会议】总结 2009 年食品安全工作成绩，统一部署 2010 年食品安全整顿工作主要任务，明确工作重点和整顿目标，细化工作责任，继续与各县（区）、市直各成员单位签订了 2010 年度食品安全工作责任书。同时，对 2007-2009 年食品安全工作中取得优异成绩的县（区）和相关成员单位进行了表彰。

【为及时解决拉萨市现场制售食品存在的监管缺位现象】市食安办开展了现场制售食品监管现状调查研究，报送了调研报告，此项工作得到了市政府的高度重视，市政府及时组织召开多次协调会议，研究出台了《关于进一步明确现场制售食品监管职责的通知》（市政办发[2010]33 号），明确了监管职责，有效解决了拉萨市现场制售食品监管缺位问题，为保障拉萨市食品安全提供了有力的监管依据。

【结合拉萨市食品市场实际组织食品市场联合执法检查 10 余次】一是开展了豆制品加工点（店）的联合检查；二是针对回收废弃食用油存在监管难度大等现象，组织开展联合执法检查。在检查过程中，市委相关领导进行现场办公，确定各部门工作职责；三是结合拉萨市综治委《关于切实做好拉萨市中（小）学、幼儿园学校内部及周边地区治安安全整治工作的意见》以及整治工作方案要求，组织相关部门开展了学校（幼儿园）食堂及周边食品安全专项整治工作；四是在重要节庆期间组织开展了食品市场联合检查，确保公众饮食安全。

【充分发挥市食安办“抓手”作用，开展食品市场专项整顿工作督查暗访】截止目前，主要针对食品市场的热点难点问题到监管单位和市场开展督查暗访，并针对食品市场存在的突出问题（如：市场销售未经检验检疫猪肉、餐饮业废弃食用油处理、餐厨废弃油加工企业管理不规范、超市散装食品标示标签不符合要求、商店食品贮存不当等一系列问题)向相关部门送达食品安全督查督办意见函17份，得到了相关部门的高度重视，并及时进行处理，消除安全隐患。

【出台整治方案并扎实开展食品市场整治】拉萨市食品、药品监管局结合拉萨市实际2010年先后制定了《拉萨市2010年食品安全整顿方案》、《关于加强“两节”、“两会”期间食品安全工作的通知》、《关于进一步加强预防食物中毒工作的通知》、《关于加强五一国际劳动节期间食品安全工作的通知》、《关于加强中高考期间食品安全工作的通知》、《关于开展2008年问题奶粉清查的紧急通知》等一系列文件。根据年初方案要求，拉萨市食品、药品监管局先后牵头组织农牧、质监、工商、卫生、商务等职能部门开展了元旦、春节、藏历新年、“两会”、“五一”劳动节、中高考期间等一系列食品安全专项检查和整治，尤其突出对地沟油、猪肉市场、学校周边儿童食品的整治，有效净化了拉萨市食品市场环境，取得了较好的成效，保障了公众的饮食安全。

【完善重大食品安全事故应急预案】2010年年初，拉萨市食品、药品监管局在原先制定的《拉萨市重大食品安全事故应急预案》的基础上，及时结合本地实际对预案进行了完善修改，以便积极应对、高效组织应急救援工作，最大限度地减少重大食品安全事故的危害。

【开展假劣药品市场专项检查】拉萨市食品、药品监管局共出动执法人员380余人次，对补肾益脑胶囊、消渴平、虫草芪参胶囊、强肾糖胰康、不合格避孕套等假劣药械进行全面清查，均未发现要求清查的假劣药品和不合格医疗器械。

【GSP跟踪检查贯穿药品市场监管工作始终】目前，拉萨市食品、药品监管局已完成市区100家药品零售企业GSP跟踪检查任务，监督检查覆盖面达100%；对14家药品批发企业进行了GSP跟踪检查，监督检查覆盖面达100%；完成18家县级药品零售企业的GSP跟踪检查，监督覆盖面达100%；完成31家市区医疗器械专营企业的监督检查，监督覆盖面达70%。对在监督检查中发现的问题，责令涉药单位及时整改；对违法违规行为，及时立案查处。

【积极开展GMP跟踪检查】目前拉萨市食品、药品监管局已对辖区内9家药品生产企业进行了GMP跟踪检查及换证现场检查，检查覆盖率达100%，对检查中发现的问题，要求相关企业立即做出整改方案，严格按照GMP的相关要求和药品生产工艺流程进行生产，严把药品源头质量安全关，增强企业是药品质量第一责任人的责任意识。

【特殊时段开展药械市场监督检查】在元旦、春节、藏历新年、“两会”、“五一”、中高考、国庆等节日来临之即，为了保证拉萨市药械市场秩序稳定，确保药械质量安全，使拉萨市民度过一个和谐平安的节日，拉萨市食品、药品监管局执法人员集中对对辖区内各涉药单位开展了监督检查，重点检查了药品经营企业药品的购、销、存环节，处方药与非处方药的分类管理情况；社会医疗机构重点检查了药品的购进渠道、药品的养护和储存情况。共出动检查人员700余人次，检查涉药单位约300家。

【继续推行创建“标准药房”建设工作】2010年，对社会医疗机构推行创建“标准药房”建设工作进行了现场验收，9家社会医疗机构达到“标准药房”的创建标准，对未达标的医疗机构要求其按照标准药房的验收标准进行整改，此项工作正在实施过程中。

【加大药械广告监测力度】2010年，拉萨市食品、药品监管局加大了对各大媒体的药械广告监测力度，截止目前，共对辖区内6家涉药单位的30个品种药械广告情况进行了监督检查，将12个涉嫌违法的广告移送工商部门处理，并召集存在发布违法药械广告的6家涉药单位负责人召开专题会议，要求其加强自律意识，确保药械质量。

【严格行政许可，及时开展换发《药品经营许可证》工作】2010年，为切实做好《药品经营许可证》换证工作，结合拉萨市实际制定了《药品经营许可证换证工作方案》，圆满完成了拉萨市药品经营企业换发《药品经营许可证》工作，换证率100%；各项行政许可事项落实到位。

【加大农村药品“两网”建设力度】目前，深入农村药品“两网”建设示范县4次，就农村药品“两网”建设工作及农村药品管理情况进行了监督检查。经监督检查各药品供应网点药品供应充足，质量安全，品种齐全，价格统一。示范县乡村实现了药品直接配送的目标。农村药品供应充足，管理较规范，保障药品质量的设施设备较齐全，老百姓吃药难的问题基本得到了解决。农村药品“两网”建设工作总体进展顺利。

同时，2010年拉萨市食品、药品监管局对农村药品协管员在加强协管员职责、工作要求、措施保障等三个方面作了要求。一要规范运作，巩固农牧区药品监管工作阵地；二要积极开展协查工作，保障群众用药安全；三要扎实做好信息工作，保障本地区药品质量的实时监控；四要行动快速，按时完成上级有关部门交付的有关工作任务；五要开展宣传工作，增强农牧民群众的药品质量安全意识。

【处理协查、举报、违法案件情况】截止2010年10月份，拉萨市食品、药品监管局共立案12起，结案9起，没收违法所得10706元，罚款31456元，其余3起正在办理中；共接到内地省市协查函58件，已将协查结果及时进行了复函；受理药械投诉举报22起，全部在规定时限内调查并回复投诉举报人。

【深化食品药品安全宣传工作，营造良好的社会氛围】一是对食品药品安全各类整治工作进行宣传报道40余次；二是利用手机10086短信平台，在相关重要时段向全市公众群发了6期公益性食品安全温馨提示；三是根据创卫办的工作要求，拉萨市食品、药品监管局积极组织、参与开展了《药品管理法》、《食品安全法》宣传活动6次，并组织了《食品安全法》知识竞赛活动；四是认真组织开展食品药品安全知识“三进”活动提高农牧民群众的法律意识、维权意识；五是积极参加了有关部门各类宣传日、宣传周等宣传活动，现场共发放《药品管理法》、《食品安全

法》、《食品安全知识读本》、食品药品安全常识等各类宣传资料共计3000余份，接受群众饮食用药安全咨询，面对面、零距离地向老百姓宣传了食品药品监管法律法规和相关的饮食用药安全常识，得到了公众的一致好评。随着近年来宣传工作的不断深入，拉萨市公众的法律意识、维权意识不断增强，食品药品安全知识深入家庭，为维护拉萨市正常的食品药品市场秩序打下了良好的基础。为此，被国家食品药品监督管理局评为“2006-2010年全国食品药品监督管理系统法制宣传工作先进单位”。

拉萨市安全监督管理工作

【加强非煤矿山安全监管】一是及时成立了复产验收领导小组，加强对复产验收工作的组织领导，制定了《2010年矿山企业安全生产复产验收工作计划》，从企业证照是否齐全、有效，三类人员是否做到持证上岗，企业是否按照要求制定复产前的自查方案，是否落实隐患排查治理规章制度等各方面进行严格的复产验收。二是采取明查暗访和随机检查的方式，对已开工的矿山企业、尾矿库落实安全生产各项措施、安全生产隐患排查治理等情况进行了严格检查。三是针对部分采石企业规模小，生产工艺落后和安全生产基础差等情况，根据关小开大、合理布局的基本要求，提高采石企业准入门槛，对部分达不到安全生产条件的采石场进行了逐步淘汰，仅城关区境内的采石点就从原有50多个减少到目前的29个。四是加大矿山安全生产风险抵押金缴存力度，提高矿山安全生产事故防范处理能力。2010年在高危行业通过收取和结转等方式，共缴存安全生产风险抵押金942万。其中，金属矿山风险抵押金772万，非金属矿山170万元。五是加大事故责任追究力度，责令发生“6·23”生产安全事故（死亡2人）的桑海公司停业整顿，并由墨竹工卡县安监局对企业和负责人罚款50万元。

2010年，拉萨市安监局共开展矿山安全检查51次，停业整顿2家金属矿山企业，排查出事故隐患86处，当场整改60处，下发整改指令19份，并对企业整改落实情况进行了跟踪复查，确保隐患及时得到整改和消除。

【加强危险化学品安全监管】一是对危化企业建立健全安全生产各项制度和应急预案情况、企业防火、防爆、防雷击、防静电、防泄漏工作情况，人员持证上岗情况等开展了拉网式大检查，对发现的违规充装超期未检气瓶行为、特种作业人员无有效资格证、卸油（卸气）环节未严格按照操作规程作业、从业人员三级教育培训落实不到位等问题，责令企业立即进行整改。二是针对百日安全生产大检查第一阶段督导工作中发现的防雷、防静电方面存在的问题，市安监局联合市气象局再次对隐患单位进行了检查，督促企业落实责任，限时整改。检查中，共发现安全隐患83处，下发责令整改指令书26份。

【加强烟花爆竹安全监管】为确保烟花爆竹行业安全运营，市安监局对市区内所有批发企业、零售商进行了全面检查，认真排查、及时消除安全隐患。同时，对节后退出经营的烟花爆竹零售商的剩余鞭炮退回批发商情况、经营点及储存仓库清理等情况进行了督促检查，圆满完成了烟花爆竹零售经营点的颁证和收尾工作。

【强化责任，推进安全生产目标任务落实】市安委会办公室督促各县（区）人民政府、市直各部门、各单位强化安全生产意识，坚持把安全生产作为推动发展、构建和谐社会的重要内容，与其它重要工作同部署、同研究、同落实，促进了安全生产工作在行业和基层的有效落实；要求各分管领导、各行业负责人明确工作重点、细化工作措施，盯住靠上，一项一项抓落实，一件一件求实效，保证了市委、市政府有关安全生产决策部署的贯彻落实。

拉萨市农牧业工作

【年度综述】2010年，全市完成粮油总产18.25万吨，其中粮食产量17万吨，油菜产量1.25万吨，完成蔬菜产量20.3万吨，年末牲畜存栏达到167.6万头（只、匹），出栏率达到34.04%，全年仔畜成活率达到96.7%，全年完成肉类产量3.32万吨，禽蛋产量760吨，禽肉产量1158吨，奶类产量3.77万吨，顺利完成了年初制定的各项目标任务。劳务输出人数达到6.09万人，同比增长16.2%；劳务收入达到5.24亿元，同比增长17%。全市农牧业总产值达到15.02亿元，同比增长11%，农村居民人均纯收入达到5000元，同比增长20.5%。

【狠抓农牧业结构调整，农牧业结构进一步优化】一是积极调整优质青稞和高产作物种植面积。2010年全市优质青稞生产基地面积达到24万亩，同时开展了标准化生产和高产创建示范建设，在全市六个商品粮主产县推广标准化生产和高产创建示范面积达到15万亩。2010年全市总播面积58.38万亩，其中粮食作物34.44万亩，经济作物11.97万亩，饲草料作物11.97万亩。粮、经、饲比例由上年的59.5：20.2：20.3调整为59.0：20.5：20.5；二是加快设施农业建设步伐。根据市委提出发展“一户一棚”的要求，拉萨市农牧局积极争取资金，投入7000余万元资金，新增高效日光温室2160栋，蔬菜种植面积现达到6.5万亩，蔬菜产量达到20.3万吨，为拉萨及其它地区提供了充足的新鲜蔬菜；三是优化畜禽结构。积极争取国家投资，扩大特色养殖规模，坚持“立草为业”的方针，大力发展优质牧草种植，2010年优质饲草饲料面积增加0.27万亩，达到11.97万亩；良种奶牛养殖规模发展到1.61万头，禽类养殖出栏达到139.2万羽（只），牛羊短期育肥出栏15.1万头（只），生猪出栏7.95万头，为市场提供了安全肉产品。

【狠抓科技兴农工作，提高农牧业科技水平】2010年共争取1245万元用于农机购置补贴，使拉萨市的农业机械化水平又上了一个新台阶。2010年全市新增农机具9489台（套），新增农机动力4000千瓦，农机总动力达到47.43万千瓦；完成机耕、机播、机收面积分别为46、46、38万亩，分别占79%79%65%。在种植业上加大了测土配方施肥技术推广，推广配方施肥示范面积达到5万亩，安排测土配方施肥“3414”田间试验示范点31个，实施青稞、蔬菜等农作物标准化生产示范10万亩；继续做好良种繁育工作，建立麦类作物良种繁育基地19200亩。新认证无公害蔬菜生产基地 1569 亩，达到 6289.95 亩；新增无公害农产品 11 个，达到 60 个；改良黄牛和绵羊各 2 万头，新建青贮及微贮窖 4000 多座；完成草原灭鼠、灭虫面积 1 万多亩，减少了鼠虫害大面积爆发的几率，保护了草原生态，为畜牧业增产提供了保证。

【**狠抓动物防疫工作，提高疫病防控水平**】拉萨市农牧局始终坚持“预防为主，防治结合，全面防控”的方针和“统一指挥，属地管理，应免尽免”原则，切实加强领导，及时调整充实重大动物疫病防治领导小组，层层签订防疫责任书，加强了对各县区的督导检查，做到了四季严密防范，责任落实到人，动物免疫“六不漏”，不留死角，全市春秋两季重大动物疫病免疫率均达 100%，2010 年未发生重大疫情。

【**狠抓培训和劳务输出，促进农牧民就业转移**】全年争取农牧民培训资金 680 万元，完成农牧民培训 2 万余人，其中转移就业技能培训 1 万人、农牧业科技明白人及致富带头人 1600 人、农牧业科学普及教育 8400 人。培训内容涉及沼气使用、蔬菜栽培、黄牛改良、汽车驾驶、民族手工艺等多个领域。通过各种方式的培训，有力地促进了农牧区劳动力转移工作，全年转移输出农村劳动力 6.09 万人，实现劳务收入 5.24 亿元。

【**狠抓特色项目建设，带动项目区农牧民增收**】农牧业特色项目建设是扩大拉萨市特色产业规模、提升农牧业效益、增强市场竞争力的发展战略，拉萨市农牧局坚持把争项目、抓项目、建项目、管项目作为各项工作的重中之重，以项目建设为抓手，以跟踪监督管理为重点，强化管理，严格监督，2010 年拉萨市 08-09 年的特色产业项目全部通过自治区农牧厅验收。项目区的经济效益开始显现，2010 年，项目区人均增收可达 900 元以上。在做好续建项目的同时，拉萨市农牧局积极争取新的特色产业项目，通过努力，争取到自治区农牧业特色产业项目 7 个，国家投资 3692 万元，目前 7 个项目都已按期开工，正在实施中。拉萨市的农村户用沼气项目已累计完成 20973 户，通过全区同步验收，并顺利完成了农村户用沼气“回头看”工作，进一步提高了农村户用沼气使用率，促进了农牧民节支增收，保护了生态环境。拉萨市堆龙、达孜等四处大中型沼气已基本完工，正在进入加料调试阶段。

【**狠抓服务企业工作，发挥龙头带动作用**】一是及时安排，加强沟通。二是积极开展信息服务。充分利用信息灵通的优势，向企业宣传国家、自治区和拉萨市关于扶持农牧业产业化发展的优惠政策，让企业了解掌握扶持政策和市场信息；三是积极为企业出谋划策。四是积极为企业牵线搭桥。帮助企业与农科所建立了科研合作关系，为企业申报自治区农业科技推广专项资金、申报拉萨市科研项目等；五是积极落实扶持政策。2010 年为 18 个企业争取到自治区及拉萨市乡镇企业、农牧业产业化贴息扶持，贷款额度达到 23500 万元，贴息资金 782.555 万元，2010 年拉萨市农牧业产业化龙头企业及培育对象保持了良好的发展势头，可实现销售收入 4.1 亿元，解决 1200 多名农牧民就业，可增加农牧民工资性收入 1890 余万元；支付农畜产品收购款 14360 万元，带动 42000 多农牧户增收。为促进拉萨市农牧业产业化龙头企业发展，壮大龙头企业队伍，2010 年初步评审了 2011 年—2013 年拉萨市级龙头企业家 22 家，培育对象 8 家，推荐自治区级龙头企业 6 家。

2010 年拉萨市又新增注册农牧民专业合作社 21 家，注册的专业合作社已达到 58 家，农牧民专合组织发展到 86 家。

【**狠抓民生项目工作，积极为民办实事**】2010 年市委市政府确定为人民群众办好 12 件实事，拉萨市农牧局承担了 3 项：一是培育 1000 个庭院经济示范户，二是提高乡村兽医待遇，三是建立城市农贸市场农畜产品快速检测体系。11 月底三件实事已全部落实，并取得明显成效。2010 年市里安排庭院经济种植户 1000 户，各县区实际完成 1150 户，超额完成全年任务；全市共解决 693 名乡村兽医待遇问题，工资待遇提高到 300 元，从 2010 年 1 月份进行补发。

【**狠抓防抗救灾工作，确保农牧民丰产丰收**】2010 年，旱灾、霜灾、病虫害、泥石流等自然灾害频发，是拉萨市农牧业灾情较为严重的一年，全市旱灾面积 15.2 万亩，占全市农作物总播面积的 26.03%，其中受灾严重的达到 7.86 万亩；发生霜冻灾害 2.1 万亩；洪涝灾害 9.79 万亩；细菌性病虫害 0.1 万亩。面对多灾之年，拉萨市农牧局及时采取有效措施，确保农牧业生产平稳增长。一是及时抗灾救灾。灾情发生后，向受灾县（区）发放各类防抗灾物资 23.55 吨、防治器械 93 部。积极与保险部门联系，做好灾后理赔服务工作，确保农牧民因灾损失降到最低。二是争取主动。认真做好今冬明春防抗灾物资储备工作，2010 年四季度，拉萨市农牧局已组织下拨防抗灾饲料 53.6 吨，并下发了《关于做好今冬明春防抗灾物资储备的通知》，要求各县（区）做好饲草料及兽医药储备工作，确保牲畜安全过冬。

拉萨市八一农场

【**年度综述**】2010 年，农场实现销售收入 1477.88 万元，创利润 120.11 万元，国有资产保值增值率 316%，上缴税金 338 万元，职均收入 2.75 万元。

【**积极发展城市“菜篮子”工程，调整产业结构**】在 2009 年，农场投资 800 多万元完成了蔡公堂分场一期改造工程，新建高效日光节能温室从建成使用至今，不到一年的时间，成效显著。一是经济效益比普通的钢架温室高 1-2 倍，大大增加了职工收益；二是缓解了拉萨反季节蔬菜的供求压力，有效调节了市场物价；三是改善了温室结构，延长了温室的使用寿命；四是优化了蔬菜生产环境，减少了蔬菜病虫害的发生；五是增加了职工就业，同时，解决了周边部分农民的就业问题。同时农场积极申请国家扶贫资金，争取早日完成无公害蔬菜生产基地二期改造工程项目。2010 年，自治区副主席次仁、自治区农牧厅厅长坚参，拉萨市副市长次仁央宗等区、市有关领导同志视察了拉萨市八一农场无公害蔬菜基地的生产建设情况，并对拉萨市八一农场建设无公害蔬菜生产基地的成绩及为市民提供新鲜的无公害蔬菜所作出的贡献给予了充分肯定。同时，通过了无公害蔬菜产地认定和产品认证。

【做好农机购置补贴工作】农场购置了微耕机317台、充电式喷雾器476台、拖拉机11台，水泵40台、收割机60台，涉及资金2857461.00元，其中国家投资100万元，职工自筹资金1857461.00元。购置的农用机械已全部于2010年6月18日到位，并发放到了场属有耕地的职工中。2010年7月，拉萨市财政局与农牧局组成的农机购置联合验收组对拉萨市八一农场2010年农机购置补贴情况进行了检查验收，并通过验收。

【做好农产品市场改造工作】2010年上半年，为进一步加强市场建设，完善市场功能，增加市场经济效益，提高市场竞争力和管理服务水平，拉萨市八一农场投入近40万元对市场原有的摊位、部局等进行了改建和调整，新增部分门面，为商户创造了更加良好的经商环境，也进一步规范了市场的区域划分。下半年，拉萨市八一农场在自身资金特别紧张的情况下，克服困难，自筹资金10多万元在农产品市场安装了监控系统，并对市场屋顶进行了加固处理，安装了大型钢丝网。

【做好大佛岛受灾职工群众的安置工作】2010年8月份，拉萨连续降雨，拉萨河河水暴涨，导致拉萨市八一农场大佛岛分场遭受建场以来最严重的洪灾。洪灾发生后，在区、市党委、政府、市民政局及有关部门的关心帮助下，岛上的受灾职工群众全部及时安全撤离，未造成人员伤亡，并得到了妥善安置。根据市政府多吉次珠市长及次仁央宗副市长的批示精神，在受灾救济资金到位后，拉萨市八一农场于10月11日及时组织工作人员为受灾职工群众发放了救济资金60多万元。

【完成与世邦公司合作项目清算工作】拉萨市八一农场积极配合做好了2007年以来与世邦公司的项目合同和项目合作中国有资产运行状况及城市花园后续建设清算工作，并与世邦公司在商谈中就清算原则、办法、计帐标准等问题达成了一致意见。经过四个月的清算，并由市国资委对清算结果进行详细复查，市委、市政府及市委派驻世邦公司工作组一致认为拉萨市八一农场在与世邦公司项目合作中不仅防止了国有资产的流失，而且还实现了国有资产的保值增值。

拉萨市林业工作

【扎实做好造林绿化工作】全市共完成造林绿化16.9014万亩。其中：重点区域造林5.4528万亩、防护林工程完成4.8万亩、高原生态屏障完成2.4万亩、退耕还林荒山荒坡造林完成3.35万亩、四旁义务植树完成0.8986万亩；目前成活率均达到80%以上。完成封山育林50万亩；完成育苗1300亩。

【切实加强林政资源管理和行业执法】生态效益补偿基金范围进一步扩大。经积极向上争取，目前拉萨市被纳入森林生态效益补偿基金范围内的国家重点生态公益林面积已由原来的590.4035万亩增加到现今的742.83万亩，增加了地方公益林152.43万亩（涉及达孜、堆龙德庆、当雄三县）。落实2009年重点公益林管护费1771.23万元，地方公益林管护费190.54万元。目前管护人员已达到3986名，有力地促进了农牧民的增收。

【积极推进集体林权制度改革试点工作】曲水县作为全区集体林权制度改革试点县，试点面积4979.6亩，涉及449块宗地。目前在市、县、乡、村四级的共同努力下，坚持积极探索、勇于实践的原则，稳步推进集体林权制度改革试点工作。目前已完成前期摸底调研、政策宣传、征求意见、召开村民大会、外业勘界、登记林地分户、公示、签订承包合同等工作。现正在开展林权证发放工作。

【认真开展重点公益林管护资金检查工作】为加强对重点公益林管护资金使用和落实情况的监督检查，林政部门与拉萨市财政局一同利用一周时间对拉萨市七县一（区）2008、2009年度重点公益林管护资金使用情况进行了全面自查，及时发现和解决存在的问题并将自查报告上报上级业务主管部门。

【林政执法秉公开展】执法人员24小时坚守岗位，以高度的责任心，认真履行职责。在安居木材运输监管工作中，坚持依法行政、文明检查、秉公执法，为我区安居工程木材供应管理、维护正常的木材流通秩序，发挥了林政检查站的前沿堡垒作用，树立了林业行政执法队伍的良好形象，自治区林业局专门以表扬信的形式给予表彰。

另外，充分发挥林政管理和执法的职能，对征占用林地问题，市区内外树木的砍伐、移植问题依据法律及程序处理。园林绿化监察办公室认真执行园林绿化法规，进一步加大执法力度，严查违法毁绿事件，2010年共查处违法违章案件200多起，有力地保了拉萨市绿化建设成果，较好地维护了拉萨市城市绿化建设的完整性。

【森林公安执法力度不断加大】森林公安局克服警力不足的困难，共受理非法收购运输、乱捕滥猎国家珍贵濒危野生动物案件9起。其中刑事案件1起，两人因触犯《国家野生动物保护法》被判刑；林业行政案件8起，缴获藏羚羊羊绒1500多斤、雪豹一只、麝皮5张、岩羊皮23张，藏式土药抢1支。救助了国家二级保护动物猕猴一只。为国家挽回经济损失900余万元。

【大力开展育苗工作，积极引进苗木新品种】为配合做好“创园”工作，园林局新东郊苗圃引种丝棉木、香花槐、白玉兰等苗木品种25种；温室内育种草花石竹卡罗娜、石竹、矮万寿等11种。

【认真做好市区绿化带建设和管理工作】自2月28日开始对全市道路绿化进行大量苗木补栽。各条路段种植的草花全部更换为宿根多年生花卉，主要更换的路段有北京中路、康昂东路、金珠西路、娘热南路等，主要更换的品种为宿根福禄考、萱草、鸢尾等；对康昂多路进行绿化改造，种植柏树绿篱余2860株；江苏南路行道树全部更换为胸径在15公分以上的大榆树，目前长势良好；对江苏东路、布达拉宫广场绿化进行恢复，初步达到了设计要求。

【绿地养护管理工作正常有序】为进一步抓好绿地的日常性养护工作，使公共绿地花木、草坪生长正常，达到基本无病虫害、无杂草、无成片死缺株。全面修剪草坪、绿篱10余次。利用水车对全市各路段绿化带进行喷施农药，共喷施农药5次，起到了积极的防治效果。

【做好各大节日城市美化、亮化工作】为增添节日气氛和美化城市，园林局本着"合理安排、科学配置、突出重点、增添亮点"的原则，在"春节"、"藏历新年"、"3·28"、"五一"、雪顿节、国庆等节日到来之前，积极组织全局干部职工加班加点做好了市区主干道路和重要景点的摆花工作，摆放鲜花近13万余盆，品种有铁树、万年青、千头柏等10余个品种；利用绢花设计各种造型，共用绢花8万余朵。"雪顿节"期间在宗角禄康公园举办了第二届花卉展，并在节日期间共完成12个景点的设计工作。

【"创园"工作开展情况】2010年，拉萨市"创园"工作扎实推进，各项指标稳步提高。截至目前"创园"工作涉及的65项指标（其中定性指标29项，定量指标36项）中36项定量指标已完成18项，其中，核心指标城市绿化覆盖率、城市绿地率、人均公共绿地面积分别达到36.49%、33.9%、9.82平方米。65项"创园"指标开展收集和统计工作。

【宗角禄康公园管理工作】宗角禄康公园于2010年5月底整体划入拉萨市林业局，拉萨市林业局在认真做好接收、理顺关系、稳定人心等工作的基础上，进一步加强公园管理工作，确保其稳定有序运转。给广大市民提供了良好的游园环境，深受市民好评。

拉萨市水利工作

【水利项目前期工作质量有了新提升】圆满完成了各项前期工作任务。2010年设计院先后完成了拉萨市林周县澎波灌区规划编制，林周县城防洪堤招投标设计及施工设计，林周县乡村段防洪堤等。墨竹工卡开发区防洪堤，拉萨河两岛蓄水工程，当雄县城防洪堤，尼木续迈灌区的招投标设计、尼木普松灌区、尼木县城段防洪堤。达孜县曲尼帕应急护岸工程、达孜县罗普水库。曲水县其奴水库、曲水县聂当进水枢纽、曲水县大骨节病搬迁农田灌溉工程、完成曲水茶巴拉水库招投标及施工设计等工作。

"十二五"前期工作已全面展开，澎波灌区规划修订也已展开，10月份完成。尼木县东风灌区设计，曲水县聂当取水枢纽工程，堆龙县城二期防洪堤等项目前期工作正在顺利进行。

【重点水利工程建设取得新突破】积极组织协调各县（区）争取申报水利项目，编制"十二五"发展规划。以抓好项目建设为重点，夯实水利基础。一是开工建设了拉萨河拉萨市东郊水厂上游段堤防工程，总投资2993.93万元。该段建成后、拉萨河城区段堤防薄弱处已全部封闭。二是拉萨河两岛蓄水工程总投资802万元，2010年7月完工，并已发挥作用。三是开工建设了曲水县茶巴拉水库、曲水县南木水库，两座水库总投资994万元。

【农田水利建设取得新成效】去冬今春，拉萨市八县（区）在冬春农田水利基本建设中，认真贯彻落实自治区水利厅提出的"五项"措施，突出落实一个"早"字，各县（区）在国家专项补助资金尚未到达前，"早部署、早动员、早动手"，根据各县（区）实际开展农田水利基本建设。拉萨市水利局与八县（区）签订了目标责任书，在组织领导、工程进度、工程质量、环境保护、资金使用、农牧民增收等方面都提出了明确要求，年终进行综合考核，落实奖惩措施，通过协议"民办公助"等措施，积极引导农牧民群众投工投资开展农田水利基本建设。用"以奖代补"评比表彰等方式，充分调动八县（区）农田水利基本建设的积极性。按照区水利厅下达拉萨市2010年农田水利基本建设计划任务，拉萨市八县（区）2010年1-8月份完成修复水毁工程114处，新增防渗渠道干支渠道90.53公里，疏浚河道12.32公里，清淤渠道242.12公里，加固加高堤防13.09公里。改善灌溉面积10.79万亩。

【农村饮水安全工程建设持续推进】2010年农村安全饮水总投资1440万元，拟解决1.3万人的安全饮水问题。农村安全饮水工程正在实施中，争取年底完工。

【水资源管理工作有了新起点】2010年8月10日，由拉萨市水利局牵头，会同自来水公司等相关部门对全市违法开采地下水进行清理整顿，这次活动历时长（准备12月30日结束）、跨度大、范围广。在后期三个多月的时间内，清理整顿违法开采地下水专项行动领导小组将严格按照"执法要跟上、征收要跟上、自来水公司服务要跟上、确保城区市民有水吃、吃不放心水"的原则，确保清理整顿工作取得成效。

【防汛抗旱工作取得新胜利】按照"早部署，早准备，早落实"的原则，四月底五月初就开始全面部署防汛工作，6月初成立检查组赴七县一区检查督导防汛抗旱工作。一是要求各县（区）强化对水库（塘、坝）的管理；二是加强应急水源建设，恢复或抢修水利设施；三是积极做好防汛物资储备工作，2010年市防办共储存编织袋54.8万余条、铁丝146吨、编织铁丝网300张和石料等堆放在险工段，确保拉萨市防洪抢险工作的顺利进行；组织领导情况。2010年先后共派出27个工作组81人次，分赴8个县进行汛前检查、突发性山洪灾害防治指导和冰湖灾害防御指导等工作。受灾情况。截至目前，8个县34乡镇14539人受灾，因灾死亡0人，造成直接经济损失3625.8万元，其中水利经济损失1934.19万元。共造成危房114间，倒塌房屋7间，农作物受灾面积946.35公顷，成灾607.52公顷，绝收295.86公顷，林草地受灾96.4公顷，死亡牲畜72头（只、匹）。因灾受损电站0座、输电线路13.7千米、水渠22.995千米、堤防7.68千米，饮水工程受损12处，损毁蓄水池1座。公路中断18条29次，受损各类公路229.55公里，损毁桥梁28座、涵洞30道等。四是针对6月份—7月初的严重旱情，拉萨市水利局领导高度重视，迅速组织力量投入抗旱工作，共下拨抗旱资金183万元，调拨55台柴油机、25台发电机、51台潜水泵、12台离心泵、25.5吨旱地龙等抗旱物资。五是建立防汛值班巡逻制度，及时上报信息，做到措施到位，人员到位，确保万无一失，确保全市人民的生命财产安全。

拉萨市国土资源工作

【城乡规划管理进一步规范】《拉萨市城市总体规划（2009—2020）》获国务院批准实施后，严格执行“一书三证”规划许可制度，凡不符合规划要求的建设项目，一律不予办理规划审批手续，坚决维护《拉萨市城市总体规划》的严肃性、权威性。全年绘制建设用地红线图106宗，提供各类规划图、地形图1300张（幅），审批《建设用地规划许可证》130本、《建设工程规划许可证》177、《建设项目选址意见书》40本、《乡村建设规划许可证》4本、复函104件，下发规划设计条件154件，上报市政府146件，办结率达98%。制定并实施了《拉萨市建设项目批后公示制度》、《拉萨市建设工程竣工规划验收办法》等制度，进一步加强了城市规划管理工作，较好地解决了重审批、轻管理的问题。在全国较早起草的《拉萨市城乡规划条例》，于2010年4月份由拉萨市人民代表大会常务委员会颁布施行。按照“建新城、保老城”的城市发展思路，委托江苏省城市规划设计研究院编制东城新区控制性详细规划、商务中心区城市设计和重要地块控制性详细规划，年底完成成果报批工作。完成了东城新区东一路，西一路南北延长段、堆龙德庆县堆龙大道、当热东路、柳梧新区东环快速干道总长约10586米拟新建城市道路路由线型走向规划。配合市直相关部门完成了东嘎区藏中变电站至西郊变电站约18公里220千伏输变电线路径走向选线和塔基（杆）定点工作，市创建精神文明“双拥”公益广告大型宣传牌的选址工作，北干渠南支渠长约2.5公里的环境整治规划。配合开展了拉萨市创园选址和征地拆迁工作，规划公园选址65处、拆墙透绿单位35个、防护林选址2.4万亩。

【土地管理工作进一步加强】坚持最严格的耕地保护制度，共同坚守住了全市80.31万亩耕地和74万亩基本农田的红线。投入170万元，完成土地复垦整理1800亩。完成了两个批次城市建设用地报批工作，当雄县羊八井国家地质公园核心景区独立选址建设用地172.1亩和曲水县廉租住房先行用地15亩的审查报批工作。全面完成拉萨市第二次土地调查工作，实现了走在全区前列的目标。拉萨市东城新区储备土地2206亩，强化了政府对土地一级市场的高度垄断。组织完成18宗、970亩国有土地使用权招拍挂工作，总成交价31000万元。开展了闲置土地清理工作，共清理闲置土地86宗，面积247.89公顷，结合闲置土地清理工作，追缴拖欠的土地出让金2197万元。开展了市直机关事业单位小型农场用地清理工作，清理小型农场用地26宗、71公顷。协助中国农业大学，开展了拉萨市征地片区综合地价测算工作，成果已报拉萨市人民政府审批。委托江苏省土地勘察规划院启动了拉萨市中心城区新一轮基准地价更新项目，2010年11月份完成。在江苏省国土资源厅的支持下，土地利用总体规划大纲成果已通过专家论证。

【矿政管理力度进一步加大】2010年主要对墨竹工卡邦浦铜钼多金属矿勘查开发区、甲玛乡驱龙铜矿勘查开发区、达孜县拉抗俄铜多金属矿矿区进行整合。现墨竹工卡邦浦铜钼多金属矿勘查开发区和达孜县拉抗俄铜多金属矿矿区的整合工作已经完成，甲玛乡驱龙铜矿勘查开发区的整合工作正在有序进行中。积极开展整治违法排污企业保障群众健康环保专项行动和拉萨市环境安全隐患排查治理“百日行动”。加大对矿区矛盾纠纷的排查力度和流动人口的管控、清理工作，进一步畅通了矿区信访渠道，对突出信访问题纳入领导包案。抓培训，促增收。加大对矿区群众的职业技能培训，通过各种措施使当地老百姓直接参与到矿产经济的利益分配中来。与相关部门联合开展矿山执法检查23次，共排查事故隐患42处，现场对拉萨市周边36家矿点的民爆物品使用情况进行了清理检查，对排查中发现的问题现场整改12个，下发整改通知10份。有效保护了农牧民权益，保证了资源环境的安全。

【执法监察工作进一步强化】2010年查处各类违法违章建筑560余处，拆除21处，面积近4000多平方米。通过加大执法监督查处力度，有效地遏制了国土资源开发利用和城乡规划建设的违法违规行为，全市国土资源规划管理秩序得到进一步规范。

拉萨市交通运输工作

【努力抓好农村公路建设，切实提高农村公路通行能力】截至目前拉萨市农村公路建设里程达3790.513公里，建设投资达15亿。通过实施一大批农村公路交通基础设施建设。

1、2009年开工2010年续建项目2个，分别为墨竹工卡县尼玛江热乡至扎雪乡公路、当雄县地震抢险恢复工程。建设里程46.82公路，总投资3059.25万元。

2、2010年农村公路建设项目12个，分别为林周县卡孜乡帕雪桥、林周县唐古大桥、林周县阿朗卡多桥、蔡公堂乡白定村支组至318国道公路改建工程、当雄县宁中乡嘎吉林桥、堆龙德庆县乃琼镇至色玛公路、当雄县格达乡至羊易五组公路、堆龙德庆县昂嘎村松热组人畜桥、林周县曲热桥、林周县江热夏吉龙大桥、堆龙德庆县波玛桥、曲水县俊巴乡村公路，总里程48.5578公里，总投资7090.46万元。

3、提前实施2011年建设项目10个，分别为曲水县才纳乡才纳大桥、墨竹工卡县扎雪乡至林周县阿朗乡公路、达孜县曲尼帕大桥、林周县阿朗乡拉岗至曲热村公路、曲水县318国道至麻风病医院公路、当雄县109国道线至羊八井镇公路、曲水聂当乡热堆村公路、堆龙德庆县东嘎新区公路、巴洛通村公路、麻江乡公路，总投资15937.01万元，总里程96.783公里，桥梁延米706.4米。到年底全市累计通车里程达到442.48公里，建成农村公路48.56公里。在建设工程项目的同时加强了工程质量的监管力度。

【统筹兼顾，强化管理，协调推进，加大公路养护管理力度】一是扎实做好干线公路的养护，提高通行保障能力。有针对性地加强对S304、S302和S202省道养护工作的检查督促，突出抓路面养护，选料、备料，边沟清理、路基加固等，不定期抽查养护作业现场，以确保养护质量。2010年，共铺路面面料23450平方米，清理边沟18200米，共完成备料10230立方米，清雪打冰440立方米，疏通涵洞32次19道，修补路基缺口270立方米，修补土路

5276 平方米。极大地改善了公路的路容路貌和防抗灾能力，确保了公路的畅通，完成了“6.6”保通任务。对S202当错线道路进行了安全检查，针对不完善的标志标牌现象及危险路段的警示桩进行了补修工作，并投入220余万元安保资金；二是积极探索农村公路养护的新机制。针对拉萨市农村公路养护工作存在的“重建轻养”现象，调整工作思路，与各县区交通部门签订了《农村公路养护目标责任书》，完善了相关部门的工作职能，明确了养护目标，确定了年终的考核要求。把年终的考核结果与公路建设项目挂勾，从而充分调动各县区养管公路的积极性和主动性。三是加大对公路养护资金的监管。2010年对2008年、2009年两年预留的20%农村公路养护资金给予兑现。根据拉萨市现有农村公路里程核拨了2010年农村公路养护资金399万元。目前该资金通过市财政具体落实分解到各县区。

【进一步加强路政执法，有效维护路产路权】一是强化各县区的路政执法意识，进一步明确县区是农村公路管理的主体意识，通过签订路政管理责任书明确责任，强化执法意识。二是加强路政执法宣传，2010 年拉萨市交通运输局协同相关部门出动执法人员50人次，出动执法宣传车辆15台次，发放宣传单（藏汉文）5000余份，通过广泛的相关法律、法规宣传，增强了公路沿线群众的爱路护路意识，为开展好路政执法工作奠定了良好基础。三是加大路政执法的工作力度。提高路政、路产案件的查处力度，进一步清理整顿“以路为市”、非法占用路产、路权的不法行为等工作。清理堆占4处，50平方米；制止干线违法建筑1处，100平方米；清理各种牌幌2处、广告3个，使路政管理逐步加强，逐步规范，路产路权得到了有效保护。四是及时治理运矿车辆的超限超载，2010年5月份针对尼德公路超限超载运输车辆严重损坏路面的情况，拉萨市交通运输局及时组织路政执法人员与县有关部门联合执法，在尼德公路段设立了临时路政治超监控站，实行24小时监控。通过对尼德公路段的治超监控，有效地打击了违法行为，遏制超限超载上扬势头。五是认真落实市委、市政府的工作要求，积极主动配合市民服务中心做好拉萨市交通运输局进驻拉萨市市民服务中心的相关工作。认真编制了拉萨市交通运输局路政行政许可（审批）流程图。上报了拉萨市交通运输局市民服务中心集中办公前模拟运行工作实施方案，较好地完成了进驻市民服务中心前期的准备工作。

【加强运输行业管理，维护运输市场秩序】一是持续开展全市公交车、中巴车、出租车的规范服务专项整治工作，加大了对城市公共交通运营秩序的管理力度，进一步规范了公共交通行业从业人员的文明行为，提升了城市公共交通服务水平。6月份向社会公开招聘的20名公益性交通协管人员已上岗工作，协助交通运输稽查人员共同监督管理公共交通运输。二继续深化“六城同创”工作。上年拉萨市交通运输局被评为“创卫”“创城”工作先进单位。2010 年在总结上年取得成绩的同时，把“六城同创”工作各项指标落实到位，细化和量化“六城同创”工作任务，同时在客运站等窗口单位发放了以“深入推进六城同创共建美好和谐拉萨”为主题的致广大市民群众的公开信。截止目前共办理 60 周岁老年人免费乘坐公交车2883832人次。三是进一步加强行业安全生产管理建立和完善了各项安全管理制度，明确了安全生产的责任主体和监督管理职责。深入开展《安全生产法》《道路交通安全法》《消防防范安全示意图》等法律、法规知识和百日安全生产宣传活动，发出安全生产方面的宣传资料 8000 余份，解答过往群众咨询100余次。开展重点行业和领域安全生产专项整治活动，采取多种形式督导检查安全工作，并做好落实工作，即定期与不定期的检查，自查与抽查相结合，特别是在节假日和重大活动期间针对工作特点与性质明确重点检查对象与范围，并与检查人员签字认可，责任到人。拉萨市交通运输局对系统内的安全生产工作进行了强化管理，尤其是对所属三家企事业单位、施工场地、养护路段严格管理，着重抓好重点部门、岗位、人的安全生产管理。做到了防患于未然，取得明显效果。五是加强对局属三家企、事业单位的监管力度，市公交总公司、东顺有限责任公司、顺通有限责任公司三家单位总体运营正常。

【579辆中巴车依法退市】中巴退市协议签订工作全面完成。经过大量的前提准备工作，从11月25日到10月29日，拉萨市 579 辆个体中巴车车主全部签订了退市协议，协议资金总额为14023.8万元。

中巴车人员的就业安置工作有序开展。按照方案要求将符合条件的部分中巴从业人员安置到公交驾驶员、乘务员岗位，部分人员计划纳入公益性岗位。

【公交基础设施等逐步完善】完成公交中远期规划。2010年4月份同济大学为拉萨市编制了公交系统中远期规划。目前规划已经通过了拉萨市相关单位和区内外专家的评审。

完成新公交线路规划布局工作。根据公交中远期规划，拉萨市交通运输局拟定了公交线路，通过征求各方意见，对线路进行了适当合理的调整，最终形成了基本稳定的新公交运营线路方案（新公交线路有24条，营运里程达437公里）。

落实了公交场站。在拉萨市公交场站建设不足的情况下，在堆龙德庆县西堪集团及金珠路租借了两块场地，加上现有的纳金公交总站和火车站公交总站共四块场地，基本能满足近期公交运营需求。

【积极争取落实项目，提高对口援藏工作水平】一是选派了5名业务骨干到江苏省交通厅进行为期 2 个月的公路建设、养护、路政管理培训，提升了业务能力和公路水平。二是江苏省交通运输厅出资 50 万元帮助拉萨市交通运输局编制拉萨市“十二五”交通发展专项规划，目前已经完成送审稿。三是2010年4月份拉萨市交通运输局投入援藏资金28万委托同济大学编制了《公交线路规划》，目前规划已经通过了拉萨市相关单位和区内外专家的评审，上报市政府和上级交通部门。

拉萨市住房和城乡建设工作

【市政重点工程建设扎实推进】2010 年拉萨市建设局组织实施的市政基础设施建设项目共18项，总投资10.29亿元，其中2009年续建项目共7项，投资 2.154亿元，2010年新开工建设项目11项，投资8.14亿元。18个项目中，截止目前已完成的项目有12项，投资3.492亿元，正在实施的项目5项，分别为大庆项目民族南路改造工程、北京中路改造工程、柳梧大桥及布达拉宫宫广场东湖亮化工程、五条路管线入地及恢复工程和拉萨市污水处理厂建设工程，投资3.04亿元；正在招标的项目1项，为纳金大桥建设工程，投资3.76亿元。

【街景改造工程进展顺利】按照市政府的总体安排，2009年，拉萨市建设局启动了一期街景改造建设工程，主要对主城区范围内7条街道临街建筑物立面进行了改造。2010年上半年完成改造任务，改造面积达118822.35平方米，完成改造投资4731.95万元，并已通过验收，改造效果达到了设计要求和街景改造的目标。二期改造工程从2010年10月开始，主要对民族路、罗布林卡北路、金珠西路等17条市政主干道临街建筑物立面进行改造，并对主城区部分路段沿线大型公共建筑、标志性建筑设施采用节能材料进行亮化改造。通过街景改造工程的实施，将使拉萨市主城区范围内街景得到有效改善，城市环境得到明显优化。

【村镇建设工作有序开展】2010年，拉萨市建设局切实加大村镇建设指导力度，主要围绕农牧民安居工程抗震加固开展工作，促进了村镇建设各项工作有序开展。同时将羊八井等8个特色乡镇基础设施建设项目和安居工程抗震加固列入"十二五"项目计划。经拉萨市建设局与市发改委协调，对各县国道沿线、景区沿线及其它重点村镇基本情况进行了调研，力争通过援藏途经先行完成规划工作，待规划完成后再按照规划情况制定建设方案。在农牧民安居工程抗震加固工作中，拉萨市建设局按照市委、市政府的安排，积极配合市安居办重点对当雄县纳木湖乡问题房屋开展了加固工作。目前已圆满完成纳木湖乡推倒重建户图纸设计、《打包带技术简介》和《打包带技术操作指南》(试用稿)以及相关培训工作。

【保障性住房建设与管理工作成果明显】一是廉租住房建设工作。2010年安排拉萨市各县(区)共260套廉租住房(城关区自筹2套)。项目总投资2456.73万元。除当雄县外，其余县(区)均于6月底完成招投标，并开工建设，明年7月完工。城关区2007年启动的1300套廉租住房建设工程中，未完成的316套廉租住房与2010年廉租住房工程一并开工建设，现已完成总工程量的35%，明年5月完工。

二是市级周转房建设工作。2007年，自治区下达拉萨市市直党政机关事业单位首期568套周转房建设计划，现已建成448套，于2010年1月进行了初验，并已完成分配，正在陆续入住。2010年自治区下达拉萨市党政机关事业单位周转房建设计划514套，国家和自治区补助主体建设资金5756.80万元。该项目将统一建设在柳梧新区。根据拉萨市市直单位干部职工周转房实际需求量，在柳梧新区规划新建周转房1006套(含2010年自治区已下达拉萨市市直单位周转房建设指标514套和2011年下达拉萨市市直单位周转房建设指标)，总投资22459.75万元，总建筑面积80912.22平方米，9月初开工建设，力争2011年7月底完工。2009年自治区下达拉萨市县(区)周转房建设指标1036套，实际建设1084套，总建筑面积70048.79m2，总投资12134.58万元。目前主体工程已全部完工。

三是经济适用住房建设工作。2010年的300套经济适用房试点建设项目占地35亩，总建筑面积23334.5平方米，工程建设投资估算约6657.96万元。目前已完成项目选址、总体平面布置图、方案设计、单体户型设计图等前期工作。

四是租赁住房补贴工作。经审查，区直、市直单位及各县(区)上报的1人户、2人户租赁住房补贴家庭共1161户，1662人。目前，各项审核工作已完成，发放租赁住房补贴资金448.74万元(其中国家自治区补贴金额358.992万元，市级财政配套67.311万元，县级财政配套22.437万元)。12月初完成发放工作。

五是廉租住房的配租工作。经市民政局、市监察局等多个部门的严格审查、监督，并在所在单位公示。截止目前第三批共配租143户家庭，小区总入住户达659户，入住率为65.9%。2009年各县220套廉租房已入住180户，入住率达81.8%。

【住房公积金和住房资金管理工作规范有序】截止目前，全市已有21243人缴存住房公积金，住房公积金累计归集总额为11亿元，资金余额为6.5亿元，其中2010年全市归集住房公积金2亿元，完成年度计划的111%；住房公积金累计提取4.2亿元，其中2010年提取住房公积金7500万元，完成年度计划的125%；累计发放住房公积金贷款户数为3379户，累计发放贷款总额为4.6亿元，其中2010年发放住房公积金贷款1.23亿元；有32家机关事业单位缴存了公有住房租金，累计缴存167万元，其中2010年缴存63万元，用于单位公共部位的维修支取17万元，公有住房租金余额为150万元；有23家单位缴存了商品住宅维修资金，累计缴存332万元，其中2010年缴存261万元；在职职工住房补贴资金余额为276.82万元，住房补贴资金的收尾工作将在年底全部完成。

【建筑业管理力度进一步加大】2010年拉萨市建设局组织了"安全生产年"、"百日安全生产"大检查，建筑工地食堂专项整治检查、施工企业流动人口检查、重大节日前建筑领域安全生产检查等活动，共检查企业单位60余家176次。对存在安全隐患的建筑工地下达《建设工程停工整改通知书》4份，向未办理施工许可证而开工的工地下发《停工通知书》1份，现已全部整改完毕。同时制定了安全生产年度工作计划，并与建筑施工企业签订了2010年度安全生产目标管理责任书。通过大力开展建筑安全监管工作，确保了全市建筑领域未发生重大安全生产责任事故。根据自治区住建厅的安排，拉萨市建设局分别与尼木、曲水、林周三县签订了各培训100名农牧民钢筋工、防水工、木工、混凝土工、砌筑工、抹灰工等工种的培训合同，培训效果明显。按照建筑企业资质和建筑项目施工许可管理的相关要求，共完成15家企业的资质初审，7家施工企业安全生产许可证初审，发放施工许可证57份。招投标管理中心不断建立健全各项规章制度，加强廉政建设，强化操作规程，将建设工程招投标工作的资格预审纳入建设工程固定交易场所进行公开评审，建立了对评标专家动态考核制度，对建设工程招投标活动实施全过程监督，加大了"阳光工程"运作力度。2010

自治区党委书记张庆黎、主席白玛赤林、常务副主席郝鹏等领导检查指导拉萨饭店改扩建工程

自治区副主席丁业现慰问企业困难职工

国资委党组书记次成甲措与委属企业负责人签订责任书

国资委党组书记次成甲措赴扶贫点开展慰问活动

国资委主任余和平在扎布耶开展调研

国资委主任余和平在尼木铜业检查工作

西藏自治区党委副书记、自治区主席白玛赤林视察拉萨百益超市

西藏自治区党委副书记、常务副主席、政法委书记郝鹏参观西藏自治区工商行政管理局恢复建制30周年图片展

在西藏宇妥藏药产业集团成立大会上，西藏自治区工商行政管理局党委书记、局长段襄征为企业主颁发企业法人营业执照

西藏自治区工商行政管理局召开传达学习中央第五次西藏工作座谈会精神大会

西藏自治区人民政府表彰“5100”和“藏缘及图”商标荣获中国驰名商标大会

西藏自治区拉萨市工商局举行城东、城西、城北、城中和柳梧5个分局揭牌仪式

局党组书记次仁罗布带队检查实验室认证情况

局长李迎春同志带队检查食品生产企业质量安全

组织开展质量提升服务进百企活动

认真传达学习中央第五次西藏工作座谈会精神

全区食品药品监督管理工作会议在西藏拉萨市召开

2010年10月20日，全国食品药品监管系统对口支援西藏工作座谈会在西藏林芝召开

自治区副主席宫蒲光和区人防办主任丹增观摩人防信息化建设展示

自治区副主席宫蒲光在京参观人防信息化建设成果展

自治区领导在京参观人防信息化建设成果展

利用早期人防工程培育蘑菇

海关总署缉私局局长金时锋一行视察拉萨海关缉私局

拉萨海关党组书记、关长王文喜

副关长刘江向岩比乡群众发放扶贫物资

拉萨海关纪念首批海关干部进藏50周年座谈会在成都举行

拉萨海关查获9.23毒品走私案件现场

我方代表与尼泊尔海关代表进行会晤

拉萨海关组织开展爱国歌曲大家唱活动

拉萨海关关区工作会议召开

拉萨海关进行准军事化训练

农业部部长韩长赋在日喀则地区调研

全国农业援藏工作座谈会在拉萨召开

农产品质量安全宣传

农牧厅科技“三下乡”活动

农牧民实用技术培训

牧民群众领取草原生态保护奖励资金

农业部援藏物资交接仪式

自治区举行建立草原生态保护奖励机制兑现仪式

曲水县农牧民新居

岗德林蔬菜协会负责人向农牧民群众传授大棚蔬菜管理技术

林周县半细毛羊

青稞标准化种植

实时水文测量

水质监测

农村饮水安全建设

美丽富饶的山南雅砻灌区

县级水电站

旁多大坝基础处理施工现场

满拉水利枢纽工程

机井提灌

灌区干渠

拉萨河堤

自治区党委副书记、自治区人大常委会主任向巴平措看望和慰问道班工人

交通职工学校微机室

西藏应急通讯演练现场

抢险保通

青藏公路车流

西藏公路建设机械化施工

西藏养路职工在公路发生水毁、雪灾而阻车时，帮助他们解决行车中的困难，为他们提供住宿和其他方面的条件

墨脱隧道

通县油路

新建机场快速通道

柳梧客运站

西藏自治区党委常委、常务副主席吴英杰检查指导邮政工作

国家发改委和集团公司领导莅临西藏自治区邮政公司指导工作

拉萨邮政劳模先进座谈会

西藏邮政职工2010年春节-藏历新年文艺晚会

密切联系群众“献爱心”活动

第四十一届世界邮政日宣传活动

国家工业和信息化部部长李毅中赴藏视察调研，图为李毅中部长亲切接见中国电信西藏公司总经理李晓华

中国电信西藏公司隆重举行公司成立10周年庆典暨四大信息化重点项目启动仪式，图为中国电信西藏公司总经理李晓华从自治区党委副书记、自治区主席白玛赤林手中接过锦旗

中国电信西藏公司员工向青海玉树地震捐款献爱心

中国电信员工顶风冒雪调试设备，为嘎龙拉隧道贯通仪式提供强力保障

拉萨市民通过天翼3G手机收看“西藏百万农奴解放纪念日”设立一周年即时彩信新闻

中国移动西藏公司

在西藏公司10周年庆祝大会上，自治区主席白玛赤林代表区党委、政府向中国移动西藏公司授予“十年服务，铸造辉煌移动；万众同心，建设和谐西藏”锦旗

原西藏公司总经理戴忠与山南分公司领导畅谈未来发展规划

2010年11月22日，由中国移动西藏公司和集团公司南方基地并行监控项目启动

中国移动西藏公司召开2010年工作会

中国移动西藏公司驰援玉树灾区人员集体合影

2010年5月6日至5月17日，中国移动西藏公司组织首批共计69名离退休人员赴海南、四川开展区外疗休养，具体落实对员工的关爱

2010年6月8日上午，拉萨移动与柳梧新区管委会签署战略合作协议，全力支持拉萨城市信息化建设

2010年1月5日上午，全国基层党建工作手机信息系统开通仪式在北京举行，拉萨雪社区居委会党支部书记洛桑（左）通过中国移动3G手机正在阅读习近平副主席的问候短信

2010年4月16日上午，中国移动西藏地区“多媒体教室和爱心图书馆项目”捐赠仪式在山南地区扎囊县扎塘镇完全小学举行。图为小学生在中国移动捐赠的爱心图书馆里认真阅读

2010年12月12日17时30分，全球海拔最高的珠峰TD基站建成开通

西藏公司10周年庆文艺演出全体演职人员

集团公司领导在3G店调研

流动服务车为乡村通信用户提供便利

中央政治局常委、中央纪律检查委员会书记贺国强视察青藏铁路

国家发改委副主任、国家能源局局长张国宝视察拉萨站

西藏自治区党委书记张庆黎、自治区主席白玛赤林参加拉萨西站举行西藏青稞啤酒专列首发仪式

青海省党委书记强卫视察拉萨站

西藏自治区党委副书记、自治区人大常委会主任向巴平措视察拉萨站

西藏自治区党委常委、常务副主席吴英杰在拉萨站召开现场调研会

西藏自治区副主席丁业现视察拉萨站春运工作

民航西藏自治区管理工作

民航局局长李家祥、自治区党委书记张庆黎和自治区主席白玛赤林为阿里昆莎机场通航剪彩

自治区政府主席白玛赤林等领导为日喀则机场通航剪彩

自治区党委副书记、常务副主席郝鹏，自治区党委常委、常务副主席吴英杰为拉萨机场飞行区改造及配套工程奠基

自治区常务副主席吴英杰、民航局副局长王昌顺出席西藏民航机场建设领导小组第四次会议

分管西藏民航工作的自治区党委常委、常务副主席吴英杰（中）在区局局长徐波（右）的陪同下视察安全工作

王昌顺副局长慰问区局干部职工

2010年1月6日，西藏空港航空食品有限公司成立

区局开展第五次西藏工作座谈会精神宣讲会

为青海玉树地震灾区捐款

2010年10月30日，日喀则机场试飞暨通航

拉萨机场跑道灌浆补强夜间施工

拉萨机场应急救援演练

中国气象科学院领导到自治区气象局调研

自治区人民政府召开新闻发布会，向社会发布《西藏自治区气象灾害应急预案》

日喀则地区首届气象信息员培训班开班仪式

安全生产检查

慰问帮扶对象

在海拔5200米艰苦施工

林芝地区气象局高原生态园林式单位全景图

2010年7月，自治区常务副主席洛桑江村在环保厅调研

环境保护进社区

2010年全区环境综合整治工作全面启动

国家级野生保护动物得到有效保护

人与自然和谐发展

2010年9月4日,西藏电力有限公司与拉萨市人民政府共同签署推进拉萨电网建设会

2010年4月28日，西藏自治区水利厅、西藏电力有限公司关于原西藏自治区电力工业局所属水利电力勘测设计院和电力试验研究所机构改革移交工作签字仪式

2010年7月29日，青藏直流联网开工仪式（摄影：党亚利）

2010年12月22日，青藏联网工程唐古拉山沼泽地冻土攻坚战取得胜利

青藏联网工程开工奠基

2010年11月28日,唐古拉山沼泽地冻土基础施工攻坚战突击队队长接受队旗

西藏第一座220千伏曲哥变电站

2010年5月30日，日喀则拉孜县扎果村居民经过户户通电工程通上了电，当地村民载歌载舞

中石油西藏销售工作

自治区党委常委、常务副主席洛桑江村检查指导工作

自治区副主席多吉泽仁在七二五油库检查工作

2010年,中石油销售公司党委书记、副总经理田景惠检查指导工作

2010年8月,集团公司副总经理王福成检查指导工作

中石油西藏销售公司党组书记次仁扎西检查指导工作

中石油西藏销售公司总经理王珺检查指导工作

中石油西藏销售公司总经理王珺慰问职工

次仁扎西书记慰问退休职工

西藏销售公司拉萨铁路接卸库奠基开工仪式

昌都加油站

拉萨和平加油站

拉萨柳梧加油站

自治区领导和局领导为职工周转房剪彩

自治区领导参加地质二队高级技术职称职工住宅楼开工典礼

区地勘局党委书记、副局长李清波在地质六队建队30周年庆祝大会上致辞

中国工程院院士、区地勘局局长多吉在矿山检查工作

中国工程院院士、区地勘局局长多吉向对口帮扶点阿里噶尔县门士乡捐赠扶贫车辆

看望慰问困难职工

看望慰问野外一线职工

参加地学科普宣传

加强与内地省局的合作与交流

加强与各地市的协调沟通，为地勘工作创造良好环境

宣传展示地勘工作

自治区副主席孟德利在拉萨周边检查科技工作

自治区领导关心科普宣传

厅长马胜杰在2010年西藏科技发展战略讲坛上作报告

噶尔县优质牧草种植基地

乃东县奶牛养殖项目饲料玉米连片种植

日土县绒山羊繁育

2010年西藏科技发展战略讲坛“圆桌对话”

2010年科技三下乡启动仪式

2010年全区科技工作大会

新建的太阳能沼气站

琼结县奶牛养殖

贡嘎县藏鸡养殖示范户

自治区党委书记张庆黎、自治区主席白玛赤林慰问全区优秀教师

自治区副主席孟德利视察教育工作

厅党组书记拉巴向优秀教师颁发荣誉证书

厅长宋和平

区党委书记张庆黎参加2010年国际"六一"儿童节庆祝活动

厅长宋和平向优秀教师颁发荣誉证书

厅长宋和平检查高校党建成果

入党宣誓

全区中小学校（中职）心理健康教育骨干教师培训开班仪式

2010年西藏自治区高中新课程改革教师培训开学典礼

自治区教育厅直属系统庆祝建党89周年暨2008-2010年度"一先两优"表彰大会

"金叶"育才图书室工程向西藏自治区四十所中小学校捐赠图书

纪念《国家通用语言文字法》十周年座谈会

庆祝"百万农奴解放纪念日"设立一周年座谈会

全国内地西藏散插班办班学校校长培训会议

深入贯彻落实科学发展观讲座

全区高等学校党的建设工作会议

自治区教工委、教育厅效能建设年活动动员大会暨2010-1011年党风廉政建设责任书签订仪式

2010年2月18日，自治区党委书记张庆黎看望慰问西藏大学师生代表

2010年3月10日，自治区副主席孟德利莅临西藏大学视察工作

2010年6月9日，中国佛教协会副会长、十一世班禅额尔德尼•确吉杰布莅临西藏大学考察

2010年11月16日，举行国家开发银行西藏大学西藏民族学院西藏藏医学院国家助学贷款合作协议暨借款合同签字仪式

2010年3月27日，西藏大学举办庆祝第二个西藏百万农奴解放纪念日专题文艺晚会

2010年11月25日，第五次教职工代表大会隆重开幕

2010年6月12日，西南交通大学与西藏大学学生交换学习合作协议签字仪式

2010年3月5日，西藏大学组织师生观看十一届全国人大三次会议盛况

文化部领导与西藏文化厅领导座谈

世博会期间文化厅领导向贵宾介绍藏香的制作工艺

上海世博会西藏活动周开幕式山南地区卓舞表演

上海世博会西藏代表团街头巡演

农闲之余昂仁县迥巴藏戏在田间排练

国家级非物质文化遗产传承人次仁占堆说唱格萨尔

国家投资3.8亿元的西藏布达拉宫、罗布林卡、萨迦寺三大重点文物保护维修工程竣工庆典仪式在布达拉宫广场隆重举行。中共中央政治局委员、国务委员刘延东出席并发表重要讲话，时任区党委书记张庆黎、自治区主席向巴平措和教育部部长周济、文化部部长蔡武、自治区常务副主席郝鹏、国家文物局局长单霁翔等领导出席并为该工程竣工庆典剪彩

国家投资5.7亿元的西藏"十一五"重点文物保护工程暨江宗山抗英遗址保护工程开工典礼在江孜宗山抗英遗址举行。文化部部长蔡武出席。国家文物局局长单霁翔和自治区党委副书记、自治区常务副主席郝鹏出席并发表重要讲话。自治区文化厅党组书记、副厅长刘建敏和日喀则地委书记、人大主任格桑次仁等领导出席并为西藏三大重点文物保护维修工程暨江孜宗山抗英遗址保护工程开工典礼剪彩

西藏"十二五"重点文物保护工程暨敏竹林寺维修工程开工仪式在敏竹林寺举行。国家文物局副局长董保华和自治区副主席甲热•洛桑丹增出席开工仪式并作重要讲话。自治区发改委、财政厅、文化厅、建设厅等部门的领导同志出席开工仪式。自治区文化厅党组成员、文物局局长桑布出席并作西藏"十二五"重点文物保护工程暨敏竹林寺维修工程进展情况报告

自治区副主席甲热•洛桑丹增在自治区文化厅党组成员、文物局局长桑布等领导的陪同下，赴日喀则地区调研文物工作。这是在“十一五”重点文物保护工程扎什伦布寺文物保护工程现场检查指导工作

自治区副主席甲热•洛桑丹增在自治区文化厅党组成员、文物局局长桑布等领导的陪同下，赴日喀则地区调研文物工作。这是在“十一五”重点文物保护工程江孜宗山抗英遗址文物保护工程现场检查指导工作

西藏布达拉宫、罗布林卡、萨迦寺三大重点文物保护维修工程之一布达拉宫二期保护维修白宫门庭壁画保护维修施工现场

西藏布达拉宫、罗布林卡、萨迦寺三大重点文物保护维修工程之一布达拉宫二期保护维修屋面阿嘎土施工现场

世界遗产单位、全国重点文物保护单位布达拉宫

卫生部张茅书记（前排居中）在自治区副主席德吉（前排右一）和区卫生厅普布卓玛厅长（前排左一）陪同下在西藏自治区卫生厅视察

卫生部张茅书记（左一）在区卫生厅厅长普布卓玛（左二）西藏拉萨市曲水县视察基层卫生工作

自治区党委副书记、区政府常务副主席郝鹏同志视察自治区卫生厅综治宣传活动点

西藏卫生医疗队在青海玉树开展抗震救灾

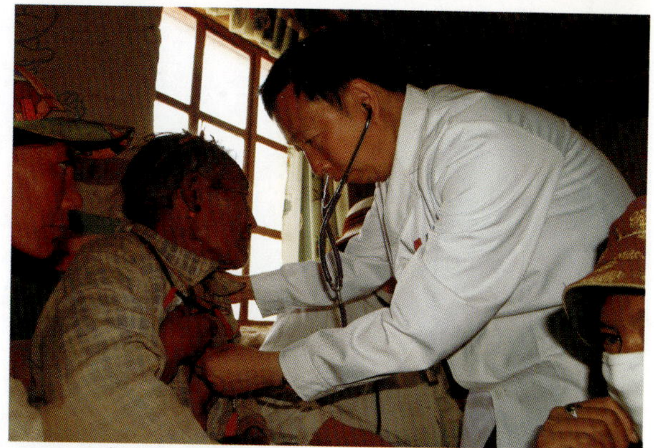

医务人员深入基层为农牧民群众诊疗

2010年9月全国卫生援藏工作会议在西藏拉萨召开

改扩建后的西藏自治区人民医院医技楼

自治区人口和计划生育工作

自治区人口计生委在7·11世界人口日开展宣传服务一条街活动，自治区政府副主席德吉等领导到现场视察

自治区人口计生委党组书记代欣言、主任玉拉、副主任旦增一行赴京向国家人口计生委汇报工作

积极为基层育龄群众提供优生优育服务

全区人口计生和优生优育工作会议在拉萨召开

自治区人口计生委2010年分别举办了出生缺陷预防工作地市级师资培训班和全区优生优育流动服务车车载培训班

自治区领导观看自治区第十届运动会男子篮球比赛

自治区体育工作会议

自治区第十届运动会开幕式

自治区第十届运动会闭幕式

自治区人力资源和社会保障工作

自治区党委常委、自治区常务副主席吴英杰听取人力资源社会保障工作情况汇报

自治区党委副书记、自治区常务副主席郝鹏视察2010年高校毕业生秋季专场招聘会

自治区人力资源社会保障厅厅长姚瑞峰出席《公务员法》知识竞赛活动并现场抽奖

自治区党委组织部副部长、自治区人力资源社会保障厅党组书记边巴扎西深入基层看望大学生村官和三支一扶人员

高校毕业生向用人单位咨询工资待遇等情况

自治区人力资源社会保障厅召开新闻发布会，向社会发布人力资源社会保障领域的惠民政策

自治区主席白玛赤林视察青藏联网工程

县长次仁顿珠在林周县矿业经济工作会议上讲话

半细毛羊

林周县松盘乡白定新村

林周县城绿化亮化

唐古乡热振国家森林公园

2010年2月14日，自治区党委书记张庆黎和城关区居民群众一起共度藏历新年

全国妇联领导莅临社区检查指导工作

2010年1月20日，城关区深入开展基层党建年活动动员大会

2010年1月28日，国家级非物质文化遗产"纳如谐钦"授牌仪式

2010年3月6日，城关区2010年三下乡四进社区活动

2010年3月12日，城关区农牧民安居工程2006-2009年总结表彰暨2010年工作安排部署

城关区廉租房入住仪式

2010年8月10日，拉萨雪顿节商品展销会开幕仪式

2010年9月23日，北京——拉萨市城关区援藏交流大会

2010年9月25日，城关区委、区政府首都历届援藏干部“十二五”规划征求意见座谈会

庆祝百万农奴解放纪念日文艺演出

2010年10月15日，基层政权建设街道社区新建改扩建工程竣工典礼

自治区人大副主任宋善礼莅临当雄县检查指导工作

拉萨市市长多吉次珠检查当雄县安居工程

拉萨市委常委、副市长陈之常参加当雄县新农村奠基仪式

拉萨市委副书记贾沫微莅临当雄县验收学习型党组织建设

县委书记于波亲切关怀牧民群众的生产、生活

县长尼玛带头植树

年，拉萨市房屋建筑和市政基础设施工程项目在招标中心招标备案的共有136项303个子项，中标金额150695.22万元。通过公开招标，降低了建设项目成本，节约项目资金上千万元。

【房地产开发管理不断加强】一是积极推进房屋交易与权属登记管理信息系统建设工作。目前正在开展系统建设前人员培训工作。二是通过企业资质初审、年检等制度，严格房地产开发企业市场准入制，按照自治区住建厅要求及时完成了全市59家开发企业资质审批和年检的初审工作。三是加大了商品房销预售行为监管力度，对商品房销预售许可申请严格把关，对违规销预售行为进行查处。四是对商品房销售情况进行统计分析，形成了《拉萨市房地产市场状况分析报告》。经统计，2010年，拉萨市商品房销售面积21.21万平方米，销售收入约6.57亿元，商品房新开工面积15.42万平方米，竣工面积16.2万平方米 。五是进一步规范房屋权属登记工作。明确了房屋登记审核程序，建立了岗位责任制；制定了房屋权属登记办理程序和收件标准，使收件标准更加细化；加强了房屋测绘管理，实行测管分离，即房屋面积测量工作全部由取得资质证书的测绘机构负责进行。共完成房屋初始登记、转移登记、他项权登记、注销登记等近2万件。六是对物业服务企业进行宏观管理，使物业服务企业的服务水平有了较大提高。

拉萨市气象工作

【拉萨市气候概况】2010年，拉萨市年平均气温为10.0℃，与历年平均值相比偏高1.5℃，年极端最高气温为29.6℃，出现在6月19日；年极端最低气温-10.9℃，出现在2月1日；年总降水量为359.8mm，与历年比较偏少118.5毫米。2-5月出现浮尘（1次）、扬沙（5次），使空气质量下降、空气湿度降低3%，空气干燥。

全年大风日数为6次，无霜期为258天，冰雹为5次，日照时数为3134.2小时。年内未出现灾害性天气。

【市政府高度重视气象工作】1月13日拉萨市政府办公厅颁发实施了《拉萨市气象灾害应急预案》，2010年，自治区人民政府颁布《西藏自治区气象探测环境和设施保护办法》（自治区政府第96号令），自2010年7月1日起施行。

8月23日，由市政府曹边疆常务副市长召集市气象局、财政局、国土局、住建局、发改委、环保局等单位，就“拉萨市城市热岛效应气象观测点建设项目方案”进行了专题研究，会议批准了项目的实施方案。

2010年，市政府对气象工作的资金投入力度明显增加。市政府拨入气象资金共计238.1万元，主要解决了拉萨气象防灾减灾中心工程资金缺口、天气预报预警和服务综合能力建设的资金缺口，解决了两套HJD_82B型火箭发射装置和人工增雨、人工防雹的弹药等问题。另外，市财政审批下达了拉萨市城市热岛效应气象观测站建设专项资金275.36万元。

【基础业务质量继续保持稳定】进一步加强了自动气象站、地面、辐射、酸雨、通信、探空、农业气象等基本业务的管理，业务质量保持稳定，均达到中国气象局和自治区气象局的指标要求。在基本测报业务开展了创优质竞赛活动中，共有7人次被区局授予气象测报“百班无错情”，尼木县气象局邹芳娥同志获得全区地面测报业务技能竞赛第二名。

2010年还完成了米拉山口、日多、门巴乡、热振寺区域无人自动气象站看护协议的签订，办理林周、热振寺、堆龙德庆无人自动气象站的土地使用证，完成了地面气象仪器的撤换工作，共有15个观测站制作和配备室内横牌和室外竖牌以及警示牌等，完成了中国科学院达孜生态站地面观测场地的扩建工程和2个自动土壤水分观测站的建设任务。

【气象预报服务】2010年4-6月，拉萨各地出现的了持续的高温少雨天气，多数地方雨量普遍偏少7成以上，旱情持续加重发展。面对持续的高温少雨天气，预报人员及时对天气实况进行了总结、分析，对持续的高温少雨天气做了比较准确的中短期预报。针对当地农业生产和城市用水、防暑等需求提出了相应的对策建议，并先后多次以“重要气象报告”的形式向市委市政府上报。成功预报了5月底、6月初、6月中旬、6月下旬的转折性、关键性的天气过程，指导人工增雨作业，使拉萨、林周、尼木、曲水等地实施了人工增雨作业。7月5日，全体预报人员经过会商讨论，明确提出“拉萨市7日夜间开始天气转变，各地将出现明显降水天气，高温天气结束，各地干旱灾情可得到明显缓解”的意见，并及时向市委政府领导作了专题汇报。8月份，拉萨市绝大多数地方出现了降水天气集中、强度偏大、雨量偏多的局面。在密切监视天气发展变化的过程，并时常通过网络、个人手机信息、工作电话等方式及时向相关领导、各县气象局长、市局人影办、防雷办传送最新天气监测信息和预报意见，提出了预防山洪、泥石流、冰雹、雷击等极端天气的防范措施建议。实践证明，7、8月份实际天气状况与预报意见吻合，决策服务和公众服务取得了一定的效果，得到政府和社会的肯定。

2010年，共发布36期旬天气预报，12期月天气预报，19期重要天气预报，48期周天气预报，节日专题预报7期，天气消息9期。为认真贯彻落实《西藏自治区人民政府关于切实加强自然灾害防范工作的紧急通知》精神，进一步做好汛期气象服务工作，成立了汛期气象服务领导小组。加强天气变化趋势的研究和分析，严格落实重大自然灾害天气报告制度、24小时安排高工值班制度，严格执行常规预报业务值班、会商和公共气象信息发布、重要信息汇报和发布、灾情直报等有关规定。加强雷电监测工作，派员参加了3月15日－17日拉萨市开展的防汛抗旱工作检查。

【农业气象服务】紧密结合拉萨农牧业生产实际，制订和完善《2010年拉萨国家一级气象试验站周年服务方案》，先后制作和发布了《拉萨2010年春播预报》、《拉萨市2010年春季生态质量气象评价报告》、《2010年拉萨市粮食气象产量预报》、《拉萨2010年粮油收获期预报》，不断丰富业务服务产品。针对2010年4～6月发生的干旱少雨天气，制作并发布了《拉萨主要农区持续高温少雨，旱情进一步发展》，《拉萨5月上旬～6月上旬天气对农牧业生产的影响》。汛期制作并发布了《拉萨市出现降水天气，河谷农区谨防作物倒伏》、《拉萨市近期强对流天气频繁高寒农区谨防冰雹、泥石流灾害》等大田调查报告。发布定期农业气象情报48期，农用天气预报5期，大田调查报告8期，其他非定期农业气象情报12期。

认真落实《拉萨农业气象合作协议》，联合开展为农服务。针对2010年前期降水持续偏少、温度普遍偏高的天气形势，拉萨市气象局农试站积极加强与市、县农牧部门的联系，5月25日至6月10日，与市农牧局、市农业技术推广总站联合组成调查小组，先后深入各县，对标准化农田、旱情等情况进行田间调查，以书面形式将调查情况及时上报给市委、市政府和相关部门。进入雨季后，不定期将各县自动站和人工站观测的雨情资料传给市农牧局，为他们能及时掌握雨情资料，指导各地农牧业生产发挥了参谋作用。2010年，围绕地方特色农业，针对拉萨市日益发展的温室大棚建设，从1月份开始，农试站在堆龙德庆县无公害蔬菜花卉基地，设立定点温室大棚内外小气候观测点进行定期观测，在阴天、低温、浮尘等不利天气发生前，及时通过手机短信提示基地的技术人员告知经营者提早预防气象灾害。在不利天气发生后，及时开展温室大棚调查，先后制作和发布了《近期天气变化无常　需加强温室大棚管理》、《近期气温异常偏高　需加强温室大棚管理》等农业气象服务材料，做好新农村建设气象服务。

【人工影响天气】5月24日、25日晚，多个作业点同时进行了人工增雨作业，使拉萨市区和周围均出现了明显的降水。9月4日晚7时，林周县境内突降冰雹，卡孜乡、强嘎乡和甘曲镇等部分乡镇遭受严重冰雹灾害。接到灾情报告后，拉萨市气象局立即组织工作人员联合市、县农牧局和人影办开展了调查，并以《拉萨气象快讯》上报市委、市政府。

加强人影安全管理工作，规范人影作业。人影管理人员经常下作业点进行安全检查、高炮维修、故障抢修、蹲点培训，其行程达到6500多公里。3月份，联合区人影办对拉萨市人影安全工作进行了拉网式检查。6月份中国气象局人影工作检查组对拉萨市人影工作进行了检查。11月份完成了冬季人影安全工作检查。

【文明创建】2010年，尼木县气象局被自治区命名为"自治区级文明单位"，拉萨市气象局被中共拉萨市委员会、拉萨市人民政府命名为"平安单位"称号，拉萨市气象局还被自治区气象局命名为"全区气象部门廉政文化示范点"，尼木县气象局被自治区气象局命名为"全区气象部门局务（政务）公开示范点"。

拉萨市旅游工作

【年度综述】2010年，全市旅游各项指标再创新高，共接待国内外游客413万人次，已超额完成年初市委市政府下达的380万人次的目标任务，比上年同期增长29%，实现旅游收入42亿元，比上年同期增长28%，为保增长，扩大内需做出了积极贡献。

【旅游接待能力情况】2010年，拉萨市旅游局加快推进旅游宾馆（酒店）星级复核工作，全市星级酒店稳步发展，共对金蕃大酒店、金藏假日酒店、红山饭店、纳木错宾馆、昆仑商务酒店、雄巴拉酒店、电建商务酒店、天海宾馆、拉萨河酒店、邮政酒店、圣江饭店等12家宾馆（酒店）进行了星级复核，截止目前，全市共有星级宾馆（饭店）90家，其中四星级宾馆11家，三星级宾馆44家，二星级宾馆27家，一星级宾馆8家。有星级家庭旅馆15家，社会旅馆231家。全市共有宾馆（饭店）336家，客房16426间，床位30558张。全区有旅行社81家，驻拉萨市的旅行社有78家，拉萨市属管理的旅行社1家。全区有专职导游2000余名，其中持有全国导游证1503人，持有西藏临时导游证497人，全部由自治区旅游局审批、管理和培训。全区共有旅游汽车公司27家，其中驻拉萨市的23家，拉萨市属管理的旅游汽车公司1家。全区共有旅游车2754辆，全部由自治区运管局审批和管理。

【通过抓项目，创建国际旅游城市迈出实质性步伐】2010年，在财政、发改等相关部门支持下前期共投入200万元，加强了旅游项目前期筹备工作；共争取国家扩大内需项目资金8225万元，自治区旅游局发展基金905万元。包括旅游标示牌、拉萨旅游综合服务中心、旅游厕所、景区等配套设施建设以及乡村旅游和旅游纪念品开发等项目12个。"一区三廊道"（即城区和三条国道）沿线投资600多万元的旅游综合配套设施建设已基本完成。城区公共服务设施正在进行前期设计规划，力争用3年左右时间，全面建设完善旅游景区景点的基础设施，基本达到国际旅游城市标准。同时，切实按照秦宜智志常委关于"旅游项目太弱"的批示精神，及时与区市发改委和自治区旅游局衔接沟通，抓紧做好"十二五"旅游项目的规划、申报工作，力求在全区旅游项目的总盘子中占有更大的比例（全区"十二五"旅游总投资10亿元，目前给拉萨分配1.9亿元）。围绕创建国际旅游城市为目标，狠抓拉萨"十二五"旅游项目的前期申报工作。目前，拉萨市已被列入全国37个服务业综合改革试点域区，拉萨市将旅游业作为综合服务业改革试点进行专项申报并得到审批通过，国家将从政策和资金上进一步加大对拉萨旅游业的支持力度。

【通过抓规划，旅游产品得到有效开发】在墨竹、当雄两县已有旅游规划的基础上，完成了城关、堆龙、达孜、林周的县域旅游规划和尼木、曲水两县的重点景区控制性详规。目前，县区旅游规划已进入实施阶段，部分景区已按规划设计开发建设。曲水的俊巴渔村、城关区的两座古建大院，都于上年底完成建设任务。墨竹工卡县的甲玛沟景区完成了阶段性建设任务，尼木县吞巴乡景区完成了道路改造工程，景区大门及景区内的配套设施正在筹建之中。林周县的热振寺景区也正在筹建。城关区、墨竹工卡县和达孜县已将旅游纪念品开发作为重点，着力打造全市旅游纪念品研发基地。《拉萨市旅游发展总体规划》修编工作进展顺利，已于2010年5月11日在拉萨召开了初评会，6月8日在北京召开了终审会，终审会上有来自国家旅游局、中国科学院、中国城市规划设计研究院、北京大学、北京市旅游局的专家和领导，并对新修编的规划给予了充分肯定，一致通过评审。7月中旬向市政府就旅游规划修编工作进行了专题汇报会，并通过《拉萨市旅游发展总体规划》。

【通过抓管理，旅游市场秩序有明显好转】2010年，根据市政府的统一安排，成立了市旅游环境综合整治工作组，与公安、工商、物价、市容市貌等相关单位建立全市旅游常态化联合执法工作机制。组织联合执法相关单位和各县区旅游部门开展了对318、109国道沿线周边环境、旅游厕所、景区点、旅游运输车辆和市内宾馆饭店、旅行社联合交叉检查。通过蹲点等方式对布达拉宫广场等主要旅游景区点的无证导游以及社会闲散人员散发传单等违规行为进行有效治理，旅游市场秩序有明显好转。2010年，开展不同形式的各类旅游市场检查联合行动300余次，出动人员1000人次，车辆600余次；共检查导游人员4686人次，检查旅游团队770个，查处违规旅行社19家，查处不佩戴导游证或导游证未年审凭过期的临时证件带团的违规违章导游人员1200人；全年共受理投诉电话260起，受理有效投诉113起，结案率达100%，其中违规106人，批评教育124人，处罚26人，行政拘留10人，吊销导游证2人，暂扣酒店星级铜牌2家，取缔违规购物店2个，有效净化了市场环境。

【通过抓营销，市场得到快速复苏】2010年，围绕“情系世博、相约拉萨”的宣传主题，及时制定了2010年旅游促销计划，并参加了欢聚世博—上海国际品牌旅游发展论坛。与《西藏旅游》杂志社合作，以特稿的形式对拉萨各县（区）旅游景区（景点）、民俗风情等内容进行宣传，并就世博会出版了一期专刊。2010年5月初，借国家旅游局和自治区人民政府共同策划组织的“走进西藏，体验更多”宣传推广活动的良机，举办了拉萨主题推介会，有包括电视、平面、网络等70家国内知名媒体到拉萨参加了此次推广活动，为全面提升拉萨旅游的形象，全方位宣传拉萨、展示拉萨，起到了积极的促进作用。5月中旬，借全国旅游质监工作会议在林芝地区召开的机遇，邀请了与会的全国各省市分管旅游工作的领导及旅游局局长共80余人到拉萨考察指导工作，并就拉萨旅游进行了重点推介。7月份成功举办第五届纳木措国际徒步大会，共有来自国内外的100多名赛员参加了徒步大会，对宣传和打造纳木措国际旅游品牌发挥了积极作用。雪顿节期间，成功举办“2010中国城市市长拉萨雪顿高峰论坛”。此次论坛的主题为“旅游业的可持续发展与城市文化品牌的重塑”。共有来自中国市长协会、西部十个省会城市、北京、江苏等对口援建省市和地区；中国二十多个优秀旅游城市（地区）、旅游专家、与会城市的旅游局局长等100多人出席此次论坛。为拉萨的市政建设、旅游规划乃至城市精神文明发展提供了诸多宝贵的意见和建议，对拉萨创建具有高原和民族特色的国际旅游城市，对推动拉萨市旅游业的跨越式发展，都起到了不可估量的促进作用。借助世博会的宣传平台，9月中旬在上海成功举行了“情系世博，相约拉萨”大型旅游宣传推广系列活动。通过这一系列活动，拉萨向上海各界充分展示了拉萨改革开放以来，尤其是近年来在社会、经济、文化等各方面的新变化、新发展，全面塑造了拉萨这座中国优秀旅游城市“雪域圣地，高原明珠”的美好形象。

拉萨市政市容管理工作

【下大力气治理城市中存在的乱设摊点、占道经营、乱倒污水、乱晒乱挂、乱堆乱放的行为】一是积极开展城市户外广告的清理整治和在公共设施上乱张贴“牛皮癣”的现象，特别是对户外广告中存在的画面陈旧、破损及时通知相关的广告公司及责任单位进行更换、更新。同时在2010年3月份，及时开展了户外广告清理整治专项活动，要求各广告公司和责任单位加强对户外广告的监督检查，对存在着一定安全隐患的户外广告，及时发现，及时进行治理。对公共设施上存在的“牛皮癣”，根据设施涉及的单位，责令责任单位限期负责清理，确保了市政设施的干净整洁。加大了户外广告设施管理工作，认真按照“六城同创”对户外广告设施的要求，进一步规范户外广告，加大了对户外广告的监督检查，使户外广告设置符合城市整体容貌标准。二是加大落实“门前三包”制，要求沿街各单位、各商户对自己责任范围内的环境卫生、绿化、秩序等责任到位，把落实“门前三包”责任制的各项措施作为城市管理综合执法的重点，切实维护拉萨城市首府城市形象。三是建立联动机制，下大力气整治城市中主要街区机动车乱停乱放，侵占人行道盲道的行为，杜绝在市区各主要干道乱停乱放、挤占盲道、破坏市政设施的问题；与公安刑警建立拉萨市“牛皮癣”整治工作联动机制，积极会同公安刑警对全市“牛皮癣”进行专项整治，对在市区发现的新增电话号码，由拉萨市政市容委进行登记并由公安刑警核实后，通过电信部门给予销号。四是针对部分主要街道存在的突出问题，开展集中和拉网式整治，先后开展了罗布林卡南支路环境整治；鲁堆林卡路废品收购点专项环境整治；扎基路铁器占道加工专项环境整治；罗布林卡南路汽车快修市场综合环境专项整治；夺底路、慈松塘路旧家具市场专项整治；货运车乱停乱放专项整治；校园周边环境专项整治等，参与了市场秩序综合整治；环境卫生综合整治；违章建筑综合整治；交通环境综合整治；旅游环境综合整治。五是加强了萨嘎达瓦宗教活动期间的城市管理工作。一方面积极开展工作，维护良好市容环境，另一方面会同民政部门，对流浪乞讨人员加强了管理。六是根据市政府关于迎检期间和雪顿节期间活动的相关要求，高度重视、强化管理，抓好城市市容市貌综合整治和城市环境卫生、市政管理工作。各下属单位同心协力，确保了迎检工作顺利进行和“雪顿节”期间各项工作的顺利开展，通过近1个月的努力，市容市貌综合整治工作达到了预期目的，取得了实质性的效果，为迎检和雪顿节期间营造了良好的市容环境。拉萨市政市容委2010年至8月份共处理各类案件4178起；教育引导32481起；处理各类举报657起。

【对市区市政设施陈旧、老化、破损的进行及时维护、更新】一是对宇拓路上的喷泉、路灯、休闲座椅等市政设施进行了全面的维修和更新。二是在雨季来临之前，对全市的下水道和检查井内存在的垃圾进行了集中清理，共清理垃圾789吨，确保了雨季来临之际安全正常使用。1-9月份，全市各道路共更换检查井313套，更换雨水井200套，加固检查井10处；新设德吉南路、巴尔库路、娘热路等路段下水管支管8.5米（原支管堵塞报废）、检查井1座；新设娘热路雨水管支管10米（原支管堵塞报废）、雨水井1座。三是清理属于拉萨市政市容委管辖的市政设施上存在的小广告，刷新配电箱，共清理小广告20000多条，刷新配电箱18个及91个路灯控制箱。四是加强了全市各路段的路灯巡查，及时修复路灯，2010年，共修理维护各路段路灯4453盏，处理路灯突发事故234起，更换电力电缆14000米；更换护导线1440米；更换路灯罩子200套。五是开展了城市主次干道和街道路面的维护工作，先后对拉萨市金珠西路、江苏路、北京中路、西路、慈松塘路、娘热路等16条道路路面存在的破损进行了全面的维护，共维修2606.11平方米水泥路面。维修4164平方米沥青路面。娘热路、鲁定路、区职工委路沥青路面塌陷处共102平方米。维修更换彩砖人行道2576平方米、火烧板人行道109平方米；更换道牙石51米；维修更换十字路口人行道护栏34处，18米。同时清理各路段、人行道乱石、渣土107车，共321吨垃圾。六是针对部分道路因突降暴雨，期间出动8辆车、1台装载机对娘热路、北京西路路面进行了清理工作，共清理2200吨泥沙；高空作业车共消耗100多吨水用来清洗路面以及请求消防出动消防车支援。七是维修公交站台，共维修加固公交站台10套。同时，积极开展柳梧大桥的维护工作，维修柳梧大桥人行道栏杆10米、石板桥面6平方米；疏通桥下下水管道176米、雨水井4处；新设桥下雨水井管160米（原雨水井管报废）、检查井4座。2010年截止到9月底共投入资金9185908、51元

【拉萨市的环境卫生质量不断上升】一是加大对城中村、城乡结合部即市区存在的卫生死角清理检查力度，先后对市区八一路、金珠西路、纳金路、娘热乡、拉萨大桥水文局围墙外等存在的16处卫生死角及时进行了清理整治，共清理垃圾26600吨，共动用装载机34余台次，大型翻斗车18辆，人力160人，共花费资金64500元；同时，做好生活垃圾的清理和处理工作，做到全市生活垃圾日产日清和生活垃圾无害化处理，全年共清运垃圾21.6万吨，生活垃圾填埋场加大生活垃圾无害化处理，全年共处理垃圾22万吨，无害化处理率达到了95%。二是加强对全市建筑工地的监督检查，严厉查处乱倒建筑垃圾行为，与全市各建筑工地签定文明施工责任书，签订文明施工责任书35份。加强监督检查，2010年来查处违章建筑工程材料运输车120台，现场处理70台，教育处理50台，查处乱倒乱堆渣土车辆52台；五是查处未办理任何手续违规运输渣土的车辆135台，教育处理35台，下发整改通知书22份，当场处理78台。同时，对市区易出现乱倒垃圾的地点，安排专人采取蹲点守候，禁止乱倒建筑垃圾的行为。三是对全市果皮箱破损的、陈旧的进行及时的维修、更新，对设置不合理的进行拆除，326个损坏的果皮箱已拆除，维修267个，新安装918个。四是积极完善公厕管理标准，加强对全市149座公厕的监督检查，对检查中发现的突出问题，及时会同城关区环卫局进行及时整改，积极维护公厕内的卫生，做到城市公厕符合卫生标准。截止到9月底共投入资金370万元。

【加强全市自来水供水安全】全年安全供水9500万吨（其中绿化供水2100万吨，占城市供水总量的22、1%）。加强对供水设备的维护，先后维修井圈井盖150次；闸门170次；维修全市消防设施227项，大小管网维修工程1472项，积极加强各水厂供水设备维护维修保养，全年总检查维修供电线路48次，供水设施设备维护保养46次，同时为确保供水安全，投入资金15、6万元购置3台水泵用于对北郊、西郊水厂水泵进行更新换代，从而确保了全市的正常供水。加大了用水稽查力度，查处偷水事件50余宗，违章用水76起。自来水公司自筹资金300万元建设了西郊水厂至柳梧新区跨河供水管道，目前该工程已全部完工。针对"4、27"中和国际城自来水污染事件，拉萨市政市容委及时组织力量，从调查事件发生的原因人手，及时对该事件进行了有效的处置，保证了中和国际城居民用上了干净卫生的自来水，消除了影响。截止到目前共投入3957万元。

【积极开展"数字化城管"的前期工作】一是积极开展拉萨市"数字化城管"的前期调研和论证工作，通过与对口援藏单位北京市市政市容管委会协调联系，取得了北京市市政市容管委会在"数字化城管"前期调研和论证方面的大力支持，目前，拉萨市"数字化城管"的初设方案已基本完成。二是到内地在"数字城管"方面建设好的进行学习调研，学习内地好的建设管理的经验，为进一步完善拉萨市的数字化城管作好了智力准备。

【"六城同创"工作指标完成情况】按照"六城同创"工作各项指标，涉及拉萨市政市容委的工作任务目前完成的有：一是认真执行国家有关市容环境卫生管理法规，市容环境卫生管理机构健全，职责明确，管理规范。二是城市主次干道和街巷路面平整，下水道无垃圾堵塞现象；街面路面普遍硬化；城市亮化、美化，照明设施完好，路灯量化率大于等于98%。三是生活垃圾无害化处理大于等于80%。生活垃圾转运站等环卫设施符合《城镇环境卫生设施标准》要求，管理规范。四是自来水厂和二次供水设施管理规范，自身和卫生监督机构监督、检测资料齐全，自来水出厂水质符合《城市公共水质标准》。无是环卫设施齐全，布局合理，垃圾密闭收集运输，日产日清，清运率100%。六是公共厕所等环卫设施符合《城镇环境卫生设施标准》要求，布局合理，管理规范。基本达标的有：一是主要街道两侧建筑物整洁美观，基本无乱张贴涂写、乱设摊点现象，广告、牌匾设施规范，居民楼房阳台屋顶无乱放和乱挂衣物等现象。二是建筑工地管理符合《建筑工地现场环境与卫生标准》要求，与各工地签定了文明施工责任书。三是路面平整干净，无坑洼、积水及泥土裸露。尚未完成的有：一是市区乱摆摊设点、占道经营、乱停乱放现象依然存在，主要街道各商户门前卫生存在不足。二是城市粪便无害化处理因无处理场所，目前达不到要求。三是城乡结合部还存在乱堆乱放、乱占乱摆等不文明现象。

拉萨市环境保护工作

【2010年环境质量主要指标情况】拉萨市环境空气质量继续保持良好，空气质量

优良率均保持在98%以上；全市主要江河、湖泊水质状况保持良好，达到国家规定相应水域的环境质量标准。城市建成区内大气、水、声环境质量均在环境功能区划规定的标准内。

【健全机制，多方努力，全面完成“六城同创”环境指标】出台相关政策机制，推动创模工作不断迈上新台阶。4月22日市政府下发了《关于同意<拉萨市创建国家环境保护模范城市规划总文本>的批复》；5月25日创模领导小组下发了《关于成立创模六个专项工作组的通知》，促使创模工作形成长效机制。相关政策和机制的出台，为“六城同创”工作更好地开展提供了依据。

加强与环保部沟通协调，聘请专家指导拉萨市创模工作。5月5日～15日，市创模领导小组主要成员同市创模办赴环保部汇报了拉萨市创模工作，并就聘请专家、支撑项目等进行了沟通协调。

在环保部领导的关心和帮助下，落实了三位国家环保模范城市评审组的专家。通过接洽，环保部将对拉萨市环保能力建设、拉萨市信息平台建设等项目将给予物力、财力、人力、技术上的支持和倾斜。8月13日—17日，创模专家杨卫国受市创模办邀请在拉萨市开展创模指导工作，为拉萨市创模工作出谋划策，指点迷津。通过召开创模座谈会、实地考察全市创模重点单位、开展创模指标分析培训会等工作，对拉萨市创模工作未达到指标和相关难点、疑点进行了分析，起到积极的作用。

9月13日下午，市创模办邀请成都市环科院专家在市环保局举行了企业“一源一档”档案资料培训会，对拉萨市高争水泥厂、啤酒厂、藏药厂等共21家重点企业进行了培训。

加大资料的收集整理力度，规范和完善资料建设。5月19日下发了《关于及时上报创模相关资料的函》，目前，各成员单位已将资料上报到创模办，创模办正在检查、整理。

6月10日，通过与市统计局、市工信局沟通，就拉萨市一些指标纳入统计年鉴问题达成如下共识：由于拉萨市的环境保护工作备受国际关注，相关指标暂不便于在年鉴上公布，一致认为核查时，由市统计局用文字来描述或者出示证明材料。

根据创模要求，整理完毕《创模指标对照法律法规规范要求》149条中的138条。

在专家的指导下，利用4天时间，清理90余盒档案资料，整理出欠缺资料105项。通过资料的整理工作，摸清了创模资料的底细，为创模工作的进一步完善提供了支撑。

通过2010年年初的指标分析，目前，67项组成指标中有62项达标，5项未达标。其中，达标任务还很艰巨的有3项：环境监察、环境监测等能力建设达到标准化建设；单位GDP用水量<全国城市平均水平且三年逐年下降；工业企业污染物排放口自动监控率≥80%。预期达标的有2项（城市生活污水处理厂建设、危险废物处置中心建设）。

【污染物减排任务按时完成】突出治污减排，以项目实施带动减排任务完成。按照市政府签订的《“十一五”主要污染物总量控制目标责任书》和《拉萨市“十一五”二氧化硫总量削减目标责任书》的要求，到2010年底，拉萨市COD排放总量努力控制在3370吨、SO2排放总量努力控制在710吨。

2008年，按照西藏自治区制定的“十一五”后三年主要污染物总量减排计划，其中拉萨市计划实施COD减排项目3个，减排COD1118.10吨，分别为拉萨市人民医院污水治理工程、羊八井地热电厂尾水回灌工程、拉萨市污水处理厂工程；计划实施SO2减排项目1个，在2010年底关闭西藏高争建材股份有限公司湿法生产线，减排SO2 63.36吨。

拉萨市人民医院污水治理工程于2009年1月投入试运行，试运行期间处理水量约为300立方米/日，计划减排COD 112.20吨/年，该项目现已通过区环保厅验收。

2010年底，拉萨市污水处理厂一期工程、羊八井地热电厂尾水回灌工程等减排项目可以建成投入使用，形成拉萨市减排能力，这些项目建成并投入使用，可削减COD排放量1005.90吨/年。关闭西藏高争建材股份有限公司湿法生产线，减排SO2 63.36吨。

【严把建设项目环评审批关】根据《中华人民共和国环境影响评价法》，认真落实环评制度，严把“环评准入关”，从源头上控制新污染源产生。在受理建设项目环境影响评价过程中，严格按照限时办结制的要求，在限定受理时限内按时办理（环评报告表30天，报告书60天，登记表15天）。截至10月30日，共初审、审批182个项目，核准发放排污许可证202个。环评执行率达到100%。共征缴排污费180万元，征收排污单位达670个。

【加大对园区和企业环境监管力度】针对拉萨市提出的“三园”建设要以环保为重点的工作要求，始终坚持“科技建园、环保建园、效益建园”的宗旨，对各工业园区进行环境影响评价，坚持入园企业“三同时”制度，加大对入园企业污染治理监管力度。加强对矿山企业的综合整治力度，特别是对探矿企业的监管力度，防止以探代采。进一步开展采、选矿企业及尾矿库环境安全专项检查。对位于尼木县帕古乡的拉萨天利探矿和堆龙德庆县的府鼎选矿存在的生态环境破坏严重、环境安全隐患、无环保手续的情况下，对其下发了“听候处理留存通知书”，并责令其停止作业。

【自然保护工作稳步发展，生态环境保护初见成效】积极申报自治区级优美乡镇和生态村工作。拟申报农村环境综合整治项目38个，国家专项资金投资约5000多万元；重点区域环境综合整治项目17个，申请国家专项资金约3000多万元。

根据自治区级生态村申报要求，经实地考察，指导各县（区）环保局完成了申请、工作总结、技术报告等申报内容，经筛选确定了尼木县吞巴乡吞达村为拉萨市生态村拟建对象，9月16日，已经自治区环保厅通过验收，明年年初将授牌。中国-欧盟生物多样性项目拉萨示范项目已进入总结阶段。

【中华环保世纪行相关工作】9月7日至9日，中华环保世纪行——西藏行行动组分别对当雄县、曲水县、拉萨市城关区等地的重点旅游设施、饮用水源地保护区、自治区政府挂牌督办环境问题进行了实地检查和调研，对环境保护工作取得的成绩给予了肯定，同时对存在的问题提出了现场意见。9月10日，中华环保世纪行——西藏行行动组召开了意见交流会。

拉萨市科技工作

【积极组织科技项目的申报争取工作，多渠道增加科技资金投入】 积极组织向自治区、对口援助省市和国家有关部委申报项目。为了指导县（区）和有关部门有重点地申报项目，及时下发了征集科技项目的通知，通过宣传、指导和广泛征集，先后通过市发改委、自治区科技厅向国家科技部、对口援助省市、自治区相关部门申报了“十二五”储备项目、科技援藏、自治区重点科技计划等类型的科技项目 26项，申报资金达4.5亿元。其中向对口援助省市推荐申报科技项目8项，向自治区科技厅推荐申报科技项目9项，提出“十二五”储备项目9项。通过积极努力和大力争取，先后为县（区）争取到2个星火计划项目、3个援藏科技项目、7个科技型中小企业创新基金项目和 1 个科技富民强县后续项目，资金853万元，有力地支持了拉萨市科技进步与创新。

【科学确立本市重点科技项目，合理使用科技资金】按照市委、市政府对科技工作提出的目标任务，努力用好本市科技资金，在组织实施好本市重点科技项目上下功夫。在科技立项上，坚持把推进农牧业科技进步、特色资源开发利用技术提升、民生、能源与环保科技作为科技立项的重点。组织专家对县（区）和有关部门申报的40余项科技项目进行认真的调研、论证和筛选，分别于4月份、8月份分两期制订下达了拉萨市重点科技项目计划，总资金650万元，共支持实施19个科技项目（包括跨年度接转项目2项），其中农牧业科技项目9项，资金400万元，占总资金的61.5%；特色工业科技项目8项，资金115万元，占总资金的17.7%；社会公益项目2项，资金135万元，占总资金的20.8%

【加强科技项目跟踪管理，项目实施取得良好成效】为了确保项目按计划实施，认真与项目承担单位签订了项目合同书，在项目实施过程中及时进行了跟踪检查，加强与项目承担单位的沟通联系，积极协调解决项目实施中存在的问题和困难，确保各重点科技项目实施达到预期目标和成效。“提高高原陶瓷塑性关键技术研究”项目，通过合理调整原料中矿物质含量、提高窑炉温度、调整烧结曲线，从而达到配方骨肉结合，氧化彻底，使脆性、氧化、配方问题全面得到解决，大大提升了产品质量和生产能力，产量由600万匹提高到1200万匹，实现纯利润300万元。“科技示范村建设”项目，在半农牧区的墨竹工卡县塔巴村，新增建2栋高效日光温室和300 ㎡采光保暖型猪舍，在 20 栋高效日光温室中开展西瓜、黄瓜、南瓜、番茄、茄子、青椒、豇豆等10余个蔬菜瓜果优良品种及栽培技术的引进示范，开展了生猪科学养殖技术示范，将菜叶喂猪，猪粪还田，探索循环农业发展模式，增加了群众收入。“藏鸡原种保护与杂交利用研究”项目，开展了藏鸡的提纯复壮，在保持原品种特性的基础上，与从江苏引进的邵伯鸡进行了杂交选育研究工作，目前正在对孵化出的 400 余只杂交鸡的生长发育情况进行观察研究。“保护地蔬菜滴灌技术示范”项目，在200栋日光温室中开展了节水灌溉试验示范。实验观察证明，采用节水灌溉技术节水达60%以上，对促进蔬菜花卉健康生长，控制病虫害发生、降低生产成本、提高产量和品质 ，增加效益具有显著的作用。“塔巴陶瓷工艺技术提升与产品开发”项目，在江苏省科技厅的支持下，在墨竹工卡县塔巴村建成了511.2平方米的厂房，以江苏省陶研所为技术依托，对当地制陶原料进行了化验分析，开展了坯料制备、成型、烧制和上釉等工艺技术研究，并从江苏引进了全套烧制设备，经过江苏专家进藏对设备进行安装调试和技术指导，大大提高了合格产品率，改变了靠烧草皮、灌木、秸秆的传统烧制方法，促进了环境保护，实现了塔巴陶瓷由手工作坊向现代生产工艺的转变。科技富民强县项目--“尼木藏鸡规模化养殖技术示范推广”项目，实施中与德唐萨日公司建成了鸡苗孵化基地，引进了一次性可孵化 1 万枚鸡蛋的全自动人工孵化设备2套，开展了藏鸡的提纯复壮工作，建立藏鸡选育种群2000余只，在尼木、塔荣等乡（镇）发展科学养鸡示范户600余户，养殖规模达到12万只，出栏商品鸡2.7万只，提供商品鸡蛋250万枚，群众通过养鸡实现户年均增收3000余元，高的户达1.2万元，经济效益显著。墨竹工卡县“斯布牦牛品本种选育技术示范推广与产业化”项目，在三个选育场建成了面积为1160.5平方米的牛舍，天然草场围栏3000亩，人工种草1800亩，引进了5头种公牛，建成了105头的牦牛核心选育群，发展了 183 户牦牛短期育肥示范户，项目进展顺利。当雄县牦牛短期育肥项目，在牦牛较为集中的龙仁、格达、宁中、纳木错、当曲卡等5个乡（镇）培养了 300 户科学养殖示范户，通过科学补饲、强化防疫去病等技术措施，累计育肥牦牛9000头，每头牦牛平均增肉30公斤，总计增加肉产量27万公斤，实现新增产值810万元，户均实现新增收入2.7万元。“拉萨市蔬菜保鲜储藏研发及产业化”项目，从内地引进了先进机械设备，在堆龙德庆县岗德林蔬菜生产基地建成了 800立方米的蔬菜保鲜库，采用臭氧杀菌技术，开展了西红柿、四季豆、青椒、豇豆、香菇、黄瓜、土豆、大葱等蔬菜的保鲜实验。结果证明，西葫芦等蔬菜贮藏近 50天，仍保持新鲜状态，青椒等茄果类蔬菜可贮藏保鲜2—3个月。该保鲜库的建成，对调节蔬菜的均衡供应，提高菜农收入，促进菜篮子工程建设，具有积极作用。“藏红花在高原地区栽培技术研究与示范”项目，从内地购进藏红花种球2000斤，置备了繁球场地和育花采花室，室外种植的藏红花生长繁殖种球正常，与内地相比长势相当，球茎平均重量在25—40克之间，部分大的球茎可达60克，有25000多株藏红花进入室内采花，平均每个球茎采集藏红花在12朵以上，呈现出了良好的前景。

对到期结题项目进行了验收。2010年，共结题验收4个科技项目。“青稞糕点研究与开发”项目，完成了青稞糕、青稞饼两类四种青稞糕点食品的配方筛选、生产工艺、保质期、口感的研究，研发的产品符合国家对食品的生产要求，获得了质监部门的生产许可，建成了年产20万公斤的青稞糕点食品生产线，年转化青稞15万公斤，实现年产值600万元，年纯利润50万元，能直接带动500户青稞种植户户均增收1000元。项目的成功实施，对丰富西藏特色食品种类，加速西藏特色资源的开发利用，推动农牧业和工业经济发展具有积极作用。“治疗肝纤维化藏药朗庆阿塔研究与开发”项目，经过几年来的不懈的努力，对传统配方进行了科学优化，试验证明朗庆阿塔对四氯化碳所致大鼠肝纤维化具有明显的治疗作用，对急性肝损伤具有明显的防治作用。完成了朗庆阿塔颗粒生产工艺研究，制定了朗庆阿塔颗粒质量标准，完成了临床前的全部研究工作。该药的研发，藏医理论论述充分，处方组成科学合理，功能主治适应症明确，为广大肝纤维化患者带来了曙光。

【进一步发展壮大了科技特派员队伍】指导县（区）和市直有关部门对基层推荐的156名科技特派员人选进行了考察、复审及向区市两级科技特派员领导小组办公室的推荐申报工作。经自治区和拉萨市科技特派员领导小组办公室审核，2010年新增科技特派员120名，其中自治区审批的科技特派员80名、本市审批科技特派员40名。

【认真开展技术培训，提高了科技特派员的科技素质】采取重点培训和面上培训相结合的方式，共举办了10期农牧民科技特派员培训班，对200余名农牧民科技特派员进行了优质青稞生产、农业机械使用维修技术、牲畜重大疫病防治、农副产品加工、牛羊科学养殖、设施蔬菜瓜果科学种植等方面的科技知识培训，进一步提高了科技特派员的科技水平和服务能力，更好地为农牧业发展服务。

【充分发挥科技特派员在推进科技进步】对每个科技特派员都确定了项目，明确了工作任务，签订了认定书。这些科技特派员在八县（区）承担实施了农畜良种和种植养殖先进适用技术的示范推广、新能源技术示范等40多个科技项目，还重点抓了科技特派员种养示范大户和科技特派员标兵工作。通过努力，向自治区科技厅推荐了22个科技特派员种养示范大户、7个科技特派员标兵。

【大力组织开展科学技术普及工作】加强了科普基础设施建设，积极争取市财政安排科普专项经费124万元，组织专业技术人员制作科普挂图、展板、光碟等22种26400册（张），编印藏汉文科普资料2种15000册，订购《西藏科技报》1965份，在城乡新建科普活动站22个，使全市科普活动站达到52个，达到了创建全国文明城市80%以上的乡（镇、办事处）要有科普活动场所的要求。开辟了科普网站。

大力组织开展了科普活动和科技培训。全年组织开展科普宣传活动18场，发放科普资料2.5万余册（份），展示科普宣传展板1400块，接受科普教育的城乡公民达6万余人（次）。

2010年争取资金38.12万元，积极完成了150名科技明白人和3900名农牧民的引导性培训任务。

组织开展了科普奖励申报争取工作。经国家有关部门评选，拉萨市堆龙德庆县岗德林蔬菜种植专业技术协会获得科普集体奖、岗德林蔬菜种植专业技术协会的洛次和城关区的格桑平措获得科普先进个人奖，获得奖金30万元。

按照要求，市科协办对达孜县、曲水县的18个乡镇、36个村居委660户公民开展了“公民科学素质抽样调查”，圆满完成了中国科协交办的工作任务。

【加强科技交流与合作，促进科技事业发展】积极邀请北京、江苏科技系统的领导和专家赴藏考察指导工作，与此同时主动走出去争取科技援助。2010年，首次开展了“科技招商”活动，组织拉萨市相关企业，组成“科技招商团”观摩学习了“第十七届中国杨陵农业高新科技成果博览会”、“第五届苏北投资贸易洽谈会”，与内地有关科研院所、企业进行了座谈，收集了适宜拉萨市推广应用的科技成果，达成了科技合作意向，对加强拉萨市与内地的科技交流与合作产生了积极作用。

拉萨师范高等专科学校

【强化干部队伍、师资队伍建设，提高干部管理水平和教师专业水平】为推动学校事业发展，解决学校管理干部紧缺的现状，在充分调查研究、广泛征求群众意见的基础上，按照德才兼备的原则，于2010年7月对15个2级机构、35个二级机构内设机构的干部及工作人员进行了调整、充实，聘任17名教师（含附小2名）为副科级干部；对27名副科级以上干部进行了轮岗调整；任命7名干部为副科级干部。加大管理干部教育培训力度，选派干部到区、市党校学习，到内地对口高校挂职锻炼。

大力加强师资队伍建设，进一步完善了《拉萨师范高等专科学校关于进一步加强和改进师德师风建设的实施意见》、《拉萨师范高等专科学校“十一五”师资队伍建设规划》、《拉萨师范高等专科学校教师队伍建设工作条例》等文件，坚持规模、结构、质量协调发展的方针，逐步建立了促进教师资源开发利用和优秀人才迅速成长的有效机制。加大教师培训力度，通过教育部“质量工程”共选派10名教师到内地高校进修学习，提高专业水平，学习先进教育教学方法。鼓励40岁以下的青年教师积极报考各种形式的研究生，提高素质，增强能力。结合区、市开展的“创先争优”活动，积极开展优秀主讲教师评选活动，举办了拉萨师专第一届“教师教学大比武”，评选出12名“教学标兵”，激发广大教师争做先进、敢做先进的热情，在竞争中提高教育教学水平。鼓励广大教师不断增强学习英语的意识，提高英语水平。严把教师入口关，对新进教师采取凡进必考的办法，学历要求为硕士研究生以上。

【深化教育教学改革，不断提升教育教学质量】建立起了校、系（部）二级教学管理机构，明确了各级教学管理机构的职责和任务。制定《拉萨师范高等专科学校专业人才培养方案（试行）》，组织各系（部）对各专业特别是新开设专业的教学计划进行修订和完善，并汇编成册。扎实推进专业建设、教材建设、师资队伍建设（主讲教师建设、专业负责人建设、课程负责人建设、教学团队建设），大力推进精品课程建设。现有精品课程5门、自治区级特色专业2个，获得自治区级教学成果奖7项。逐步完善教学管理的各项规章制度，充分发挥校一级教学指导委员会、教学督导组作用，构建教学管理和质量监控体系。学校已走出中师教学及管理模式，按照高校教学及管理模式正常运转。

教育教学质量是高校生存与发展的关键，是提高人才培养工作水平的突破口。学校不断深化教育教学改革，在狠抓教学质量上下功夫。本着以质量促改革、以质量促教学、以质量促科研、以质量促发展的教学管理原则，强化教学和管理的各个环节，全面推进素质教育，以教师为主导，不断钻研新课程，探索新教法。以学生为主体，充分发挥学生的主动性，尊重教育规律和学生身心发展规律，向课堂45分钟要效益，要质量，取得了显著成效，得到了全校师生的一致好评。2010年，通过全日制教育，共为全区经济社会培养1011名实用型人才。

【提升继续教育培训能力，圆满完成各项培训任务】2010年，继续教育培训工作呈现出培训项目多、培训人数多、培训任务重、目标要求高的特点。学校高度重视，精心准备，积极组织，全面实施，较为圆满完成了各项培训任务。利用寒暑假，共函授面授3844名学员。先后承办、完成了拉萨市小学校长持证上岗培训，共35人；西藏自治区高中新课改骨干教师学科培训，共610人；西藏自治区级小学语文、数学骨干教师培训，共200人；“教育部——中国移动中小学校长培训项目”中小学校长影子培训，共21人；拉萨市学前教育教师培训，共40人。协办了教育部2010年中西部西藏地区农村骨干教师远程教育培训，共5000人。继续教育工作稳中求进，取得了显著成效。

【加大科研经费投入力度，逐步提升科研实力水平】于2010年下半年，召开拉萨师专第一届科研工作恳谈会。邀请西藏大学科研处处长做如何做好学术委员会工作专题讲座。同时，不断完善规章制度，规范科研行为。加大经费投入，鼓励教师学习科研、开展科研、提升科研能力与水平，积极申报、开展科研课题，积极撰写、发表科研论文。2010年，学校科研工作呈现出稳中求进、不断进步的良好发展势头。全年，共申报立项区级一般课题3项，校级重点科研课题7项，校级一般科研课题7项。教师在SCI发表论文2篇，国家核心期刊发表论文13篇，国家级刊物发表论文24篇，省级刊物发表论文62篇，市级刊物发表论文1篇，校级刊物发表论文34篇。出版发行学术性专著2部，非学术性专著1部。

拉萨市文化工作

【大力开展文化文艺活动】2010年，拉萨市文化局紧紧围绕市委、市政府中心工作，一是组织开展了“四下乡”、“喜迎2010年春节、藏历新年电视晚会和广场群众文艺演出”、“庆五一 迎世博”、“红色歌曲·拉萨唱”、“迎送”援藏干部以及北京江苏考察团小型演出、上海世博会西藏厅专场演出、参加“第四届全国曲艺比赛”、“2010年和谐拉萨、欢乐雪顿”、“当吉仁赛马节”、“庆祝中国人民抗日战争胜利65周年”、“拉萨世博周活动”、“政协拉萨成立50周年”、“迎亚运知识竞赛”、“2010拉萨市道德模范暨“五个一工程”颁奖晚会等一系列丰富多彩的文化文艺活动；二是深入尼木、当雄、墨竹等最偏远乡镇村及扶贫点开展“送戏送温暖”演出活动。三是对社区、机关企事业、各县民间艺术团、学校、驻军等选派辅导人员进行辅导、创编“三贴近”的文艺节目，丰富群众文化生活。四是近2010年共演出了130余场次，观众达10万人次。市群艺馆先后反复选派了80余名创编人员深入到市老年活动中心，八一、统建、扎细新村、当巴、嘎玛贡桑、幸福、阿坝林等社区，两岛居委会，城关区地毯厂、达氏集团、八一农场等单位，以及远大农民工艺术团、当雄县民间艺术团等基层业余文艺队伍进行辅导，共新编舞蹈50多个，改编节目20多个。在年初召开的全区宣传文化工作会议上，2名编导人员获得了全国重要文艺作品奖。五是按照《2010年中国拉萨雪顿节总体方案》的要求，为确保2010年拉萨雪顿节期间，以丰富多彩的文艺活动展示拉萨的新面貌，营造欢乐、祥和、热烈、隆重的节日氛围，拉萨市文化局组织14支藏戏队参演。

【加强公共服务体系建设】一是对“十一五”规划落实情况进行了认真回顾与评估，同时开展了“十二五”规划编制的相关工作。二是现已完成了“十二五”期间文化建设重点项目10项，及8大项21个文物保护重点项目，三是严格按照规范，着手开展项目建议、可行性研究、初步设计等工作。四是通过多方努力，拉萨市已有新建市图书馆、市群艺馆、改扩建县级综合文化活动中心及新建3个县民间艺术团排练场所等部分文化建设重点项目已初步列入自治区规划总盘子。五是2010年已初步争取到基层文化设施建设资金2424万元，建设项目包括：7个县级综合文化活动中心改扩建项目，建筑面积1000㎡/个，投资规模280万元/个，总投资为1960万元；当雄、尼木、堆龙三县民间艺术团排练厅，建筑面积300㎡/个，投资规模80万元/个，总投资为240万元；曲水1个、墨竹工卡1个、堆龙德庆2个，共4个乡级文化活动中心项目，建筑面积350㎡/个，投资规模56万元/个，总投资为224万元。六是通过农家书屋工程不断巩固基层文化阵地建设，截止目前拉萨市229个行政村已建立农家书屋的有行政村市190个点，其中城关区、林周县、堆龙德庆县、达孜县、曲水等县（区）已覆盖完，目前剩余39个行政村的点也陆续在覆盖，此项工作将在年底之前全部完成。在大力规范农家书屋内部管理的基础上，按照上级业务主管部门的要求，完成了“全国农家书屋工程信息管理系统”西藏自治区拉萨市农家书屋的录入工作。七是经过精心筹备，当雄县、尼木县2个全国文化信息资源共享工程试点县通过了省级验收，对城关区的5个基层点进行了全面维修。八是北京援建的项目之一市歌舞团综合排练楼工程总投资为2300.6万，2010年3月7日开工，2010年11月25日正式竣工，明年3月底正式投入使用。

【充分发挥文化企业作用】一是按照公司法建立了现代企业制度，妥善处理了改制后的各项衔接工作，建立了新公司财务新账，拟订组织实施新公司经营方针、业务发展目标和年度工作计划。安排部署公司定员定岗和全体员工报酬，年终利润分配和亏损弥补方案，设立公司内部财务开支透明度。二是继续保持与江苏新华发行集团的业务联系，将2010年最后一年的援藏图书落实到位。与该集团签订了在图书援藏结束后开展业务往来合同，并加强与权威出版社书店的联系与合作，保证门市货源充足。三是加强企业内部管理，完善各项规章制度，以图书发行为主业，做好中小学教材发行工作，保证“课前到书，人手一册”，增加各门市图书品种数量，2010年图书达到1万个品种，10万册，全年图书销售码洋 1700 万元，比上年同期的 1626 万元增加 74 万元，增长 5%，租赁收入 250 万元，比上年同期 232 万元增加 18 万元，增长 7%，期间费用 1640 万元，比上年同期的 1578 万元增长 62 万元，增长 4%，实现利润 60 万元。上年同期营利 48 万元，增长 25%。

【继续推进文物保护基础工作】一是启动了新一轮“四有”工作。年初市文物局将新公布的 83 处区、市（县）级重点文物保护单位按照属地原则向八县、区下达了完成“四有”工作的通知。目前，墨竹工卡已经完成 30 处的 50%，堆龙德庆已完成全部 19 处的记录档案、保护标志。二是以机构改革为契机，就全市八县、区文物局设立进展、文物安全、文物保护“五纳入”和“四有”工作进行了调研和督察。目前各县区文广（文物局）正在制定“三定”方案，开始着手与民宗部门协调进行文物保护相关工作的移交并开始工作。尼木、堆龙德庆、墨竹工卡、林周四县将文物保护纳入了财政预算，文物保护年度财政预算资金从 1 万、2 万到 10 万不等。当雄、曲水、城关区三县（区）2010 年将纳入财政预算。三是就下一轮申报和公布新的市、县级重点文物保护单位工作进行了部署和安排。

【继续推进文物普查工作】一是全市第三次全国文物普查田野调查和数据整理通过自治区验收。全市文物点共有 935 处，位居全区第一，新发现 707 处，复查 228 处。其中，古遗址 200 处、古墓葬 177 处、古建筑 372 处、石窟寺和石刻 99 处、近现代重要史迹和代表性建筑 86 处、八廓街 1 处，三处被列入国家第三次文物普查重要新发现。二是完成了《关于老城区古建大院保护管理与开发利用的调查报告》，就 56 处古建大院的基本情况、现状和保护利用存在的问题进行了调查，向市政府提出了对古建大院加强保护与合理利用的建议。

【继续推进文物安全和文物行政执法】一是进一步落实责任，2010 年初与各县、区签订了文物安全责任书，实行文物安全一票否决制。二是加强了巡查，对市辖国保级、自治区级和市、县级重点文物保护单位检查和巡查率达到 100%、40%和 50%。三是多次配合自治区工程办和消防部门重点检查了文物工程施工安全，检查内容包括消防设施、防盗设施、明火供灯、供电线路、建筑损坏、文物单位安全规章制度和内保人员设施等情况。四是积极改善文物保护单位的安全、消防基础设施，下达 10.3 万元资金，用于改善楚布寺、卓玛拉康、羊井寺文物安全基础设施。五是加强了对重点文物保护工程的管理，对工程质量、技术、进度、安全、资金等全面监管，大昭寺、小昭寺、哲蚌寺保护工程质量取得党委政府满意、群众满意、寺庙满意的效果。六是加强了文物行政执法力度，严格了对重点文物保护单位和老城区范围基础设施建设的审批和处罚，通过行政许可 4 个，批准设计方案 3 个，行政处罚 2 起。

【继续推进文化遗产保护宣传工作】一是配合中央电视台 10 套《探索发现》栏目，拍摄完成专题片《历史文化名街—八廓街》，6 月 1 日已正式播出。二是在 2010 年第五个“文化遗产日”活动现场发放了《拉萨：文明悠久的城市》汉、藏、英三种文字的宣传品和各类文化遗产保护宣传资料，开展了“保护文化遗产—拉萨行动”万人签名活动，并以实物、图片、文字集中展示拉萨市文物保护成果。三是积极参与军民双拥共建共保法制宣传、国家第二个“防灾减灾日”宣传等活动，增强广大人民群众对文化遗产的保护意识。四是大力开展非物质文化遗产宣传展示工作，“文化遗产宣传日”期间共制作展板 8 块，发放宣传单 5000 余份，发放宣传画册及 DVD 光碟 100 余套。

【继续推进非物质文化遗产保护工作】现已完成第三批自治区级非物质文化遗产项目代表性传承人申报和推荐工作。全市非物质文化遗产重点项目（26 项）申报工作已完成，其中列入第三批自治区级非物质文化遗产代表作名录体系 19 项，列入第三批国家级非物质文化遗产代表作名录体系 5 项。全市非物质文化遗产参评代表作拉萨市级第二批非物质文化遗产代表作推荐项目名单（6 大类 26 项）工作已完成，拉萨市第三批非物质文化遗产代表作（19 项）申报工作现已就绪。拉萨市民间舞蹈资源专题库建设实施方案已上报自治区文化厅，民间舞蹈资源库视频影像拍摄工作正在进行中。全区民间藏戏队、全区业余演出队统计工作已完成。

根据自治区文化厅的意见，申报国家级拉萨河文化生态保护区工作进展顺利。目前，已成功编制《拉萨河文化生态保护区规划纲要》，制作了申报片 DVD 光碟及画册。

【加强管理，扎实推进净化繁荣文化市场工作】2010 年，拉萨市文化局继续加强对全市文化娱乐服务场所监督管理工作，深入开展文化市场专项治理，扎实推进“扫黄打非”各项工作，确保了工作的制度化、经常化。

自开展暑期文化市场整治行动以来，拉萨市文化局共出动稽查人员 350 余人次，出动稽查车辆 140 余辆次，检查网吧 280 家次，歌舞娱乐场所 42 家次，游戏厅 25 家次，查处网吧违规接纳未成年人的网吧 5 家，非法经营音像店 7 家。对违规接纳未成年人的网吧根据《互联网上网服务营业场所管理条例》进行了下达了限期整改通知书；对 7 家非法经营盗版光盘的音像店做出了相应的处理。通过开展上述工作有力地净化了市场环境，确保了拉萨市文化市场的安全稳定。

拉萨市教育体育工作

【全市教育基本状况】截止 2010 年底，全市有师范专科学校 1 所，在校生 2423 人。教育部门办高中 6 所，在校生 10260 人，高中阶段毛入学率达到 80.8%。教育部门办初中 14 所，在校生 22405 人，初中入学率达到 99.47%，巩固率达到 99.36%。教育部门办完全小学 92 所，教学点 86 个，在校生 45146 人，小学适龄儿童入学率达到 99.76 %，巩固率达到 99.63%。特殊教育学校 1 所，在校生 175 人。幼儿园 10 所，在园幼儿 3804 人。青壮年文盲率下降到 1%以下。

其它部门和社会力量办学机构 32 所，其中中学 2 所（民办 1 所，其它部门办 1 所）、小学 2 所、幼儿园 28 所，在校生中高中、初中、小学、幼儿园学生分别为418人、686人、1745人、7288人。全市共有各级各类学校学生94350人。

全市共有教职工7524人（含离退休人员1069人），专任教师6156人，其中师范专科学校专任教师176人，高中专任教师741人，初中专任教师1753人，小学专任教师3307人，特校专任教师37人，幼儿园专任教师142人。全市高中、初中、小学专任教师学历合格率分别为97.17%、99.47 %、98.73%。

全市各类性质学校固定资产（不含民办幼儿园）总计为111220.64万元，其中中学为46333.07万元，小学为48755.90万元，师范学校为11327.02万元，特校为648.65万元，全市教育办幼儿园4156万元（实验幼儿园为1527万元）。全市各类性质学校校舍面积为956887.97平方米，其中中学为449865平方米，小学为387290平方米，师范学校为58929.97平方米，特校为3218平方米，幼儿园校舍面积57585平方米（实验幼儿园为45604平方米）。

【始终坚持“两基”工作重中之重地位不动摇，狠抓“两基”成果的巩固和提高】坚持督学与督政互相结合、互相促进的工作方针，督促各县（区）政府落实“以县为主”的教育管理体制，在人员、经费、制度和措施上予以保证。

对拉萨市及8县（区）财政地方性收入对教育投入情况进行自查，形成财政、教育等部门认可的数据并上报自治区教育督导室，目前拉萨市8县（区）财政对教育的投入均达标。组织拉萨市部分兼职督学及市教体局相关科室人员，对8县（区）“两基”迎国检工作进行专项督导，查看了各县（区）迎国检准备工作、学生到位情况、县级教育督导委员会及其他相关机构成立情况、教育常规管理情况，对存在的问题提出整改意见，在市委市政府的高度重视下，一些拉萨市教育体育局无力解决的问题，在相关部门协调下逐步解决。组织拉萨市教育体育局相关科室人员、部分县教体局局长、统计人员赴山南参加全区“两基”巩固提高暨迎“国检”现场培训会议，现场观摩山南地区及部分县、乡（镇）、村迎国检准备工作，参观部分中小学校，接受教育部与新疆教育督导室专家关于“两基”国检培训。组织8县（区）数据统计人员培训，完成2009-2010学年度“两基”督导数据，并上报区教育督导室。完成拉萨市迎国检专题片及画册制作。做好迎检工作，陪同国家教育督导团办公室副主任周坚一行对当雄县“两基”巩固提高与迎国检工作情况考察、调研、指导。狠抓防流控辍，在全市范围内开展“两基”薄弱环节排查整改工作。由市政府牵头，组织教育、财政、发改、社保、科技、卫生、审计、农牧等迎检成员单位相关人员组成督查组，从8月24日到9月2日对全市七县一区的“两基”工作和迎“国检”工作进行全面督查，市政府召开反馈会听取汇报并对下一步工作进行安排部署。

【加强教育教学管理】召开全市年度教育工作会议，与县（区）教育局、市直各校签订年度教育目标责任书。强化学籍管理，加大学校常规工作的督查力度，对个别学校变相开除学生等问题及时进行核查处理，规范学校的办学行为。加强学校管理，借助典型引路、示范带动，在曲水、林周两县中学召开拉萨市中学管理现场会，共有84名来自市直各中学的校长、各县（区）中学校级领导及中层干部参会。2010年西藏自治区义务教育均衡发展现场交流会在城关区召开，拉萨市教育体育局协助城关区做好筹备工作。组织人员赴新疆考察学习农村学前两年“双语”教育，在拉萨市进行“双语”教学调研，形成《拉萨市双语教学开展现状调研报告》，结合拉萨市实际、借鉴新疆经验提出拉萨市今后几年双语教学的发展思路。下发通知，积极稳妥推进全市双语教育，确保学校正常教学秩序。完成《拉萨市学前教育事业发展规划（2011－2015年）》，推荐3名幼儿教师参加第二届全国幼儿园优秀自制玩教具展评活动。开展全纳教育实践活动和学校无障碍环境改造工作，在城关区海城小学、墨竹工卡县加尔多完小、曲水县完小开展全纳教育试点工作，目前以上3所学校共有随班就读的残疾儿童38人。关心弱势群体，重视特殊教育发展，选派5名聋哑学生到上海青年聋哑学校就读高中，选派特殊教育学校校长及体育教师观摩全国第五届特殊奥林匹克运动会，拉萨市4名特殊教育工作者及8名特殊学校的学生获得阴法唐教育基金会的奖励。下发《拉萨市教育局（体育局）关于做好2010年中小学招生工作的通知》，对学校接收流动人口子女上学问题作明确规定，目前在拉萨市各级各类学校就读的流动人口（进城务工）子女达到1万余名。认真落实教育惠民政策，切实开展好非义务教育阶段贫困家庭学生的资助工作，兑现2009年贫困大学生资助资金，拿出122.94万元资助369名贫困大学生和8名孤儿大学生。切实将“三包”政策的落实作为“德政工程”和“民心工程”来抓，2010年“三包”经费标准小学提高到每生每年1750元（比2009年增加450元），初中提高到每生每年1850元（比2009年增加400元）。

【充分发挥研究、指导和服务职能，切实抓好教科研工作】深入调研并形成《普通高中新课程改革调研报告》，出台《拉萨市普通高中新课程改革实施方案》，召开全市高中新课改工作部署会议，全面做好实施新课改的师资准备、资源准备工作。2010年秋季拉萨市在高一年级全面启动普通高中新课程改革工作，先后召开课改研讨会、全市课改工作会，组织人员进行普通高中新课程示范教学巡回指导和专项检查。出台《关于进一步加强县级教研室建设的指导意见》和《小学课堂教学常规要求（汉语、数学、藏文）》，对市直中小学部分学校的教研室工作进行评估，加强教研工作。组织教研员深入堆龙德庆、达孜、墨竹工卡、林周等县学校蹲点听课、评课，安排骨干教师“送教下乡”，上观摩课、交流课，积极开展教学指导活动。组织2009—2010年度市区赛课一等奖获得者分别在7所学校上展示课。组织全市中学语文、数学、英语3个学科的教师开展集体教研活动，搭建相互学习、交流的平台，发挥骨干教师在教研教改中的引领作用。开展课题指导工作，组织骨干教师赴墨竹工卡县中学和当雄县中学对“优化农牧区初中物理课堂教学方法试验”课题开展情况进行指导。召开拉萨市第二届小学语文教学研讨会，150人参会，会上作了专题报告，展示了7节识字与写字观摩课，交流了6篇论文。开展7县教师赛课活动，共50名教师参赛，经严格评选，评出一等奖4名，二等奖6名，三等奖12名，6名教师获教案设计奖，尼木、墨竹工卡两县获优秀组织奖。举办拉萨市第二届中小学作文大赛和首届高中藏文作文比赛，提高拉萨市中小学生的写作水平，收到中小学参赛作文1500多篇、高中藏文参赛作文200多篇。举办七县小学学科带头人培训班，为期21天，126人参训。组织教师参加英特尔@未来教育项目培训，在城关区、达孜县、曲水县、墨竹工卡县共举办培训班13期，培训学员390名。安排2名教研员参加英特尔®未来教育主讲教师高级研修班培训，组织人员赴甘肃甘南藏区作项目交流。根据英特尔@未来教育核心课程项目总协调机构下发的《关于各省级项目执行机构配合网站建设的通知》要求，组织电教员设计创作，共提交6件作品参加全国的LOGO海选活动。组织参加“十年耕耘，创新未来——英特尔®未来教育项目十周年及应用成果展示活动，北京小学王先敏老师的作品《文明礼仪在身边》获优秀教学应用奖。加强语言文字规范化的教学管理，组织开展语言文字规范化、标准化知识的校本培训。在全市中小学中开展以“书写经典 传承文明”为主题的第二届全市学生规范汉字书写大赛，收到参赛作品713件，选出49件作品参加自治区语委组织的决赛。修订《拉萨市语言文字规范化示范学校测评标准》，继续开展“语言文字规范化示范校评估”工作。举办“拉萨市第一届基层教师普通话培训班”，来自七县一区的50名教师参加培训。启用国家普通话水平测试信息管理系统和计算机辅助测试系统，开展普通话水平测试工作，完成6个公务员单位的普通话考试（99人参加测试，合格人数94人），对上年测评未过关的108名教师、公务员进行补考。全国普通话现状调研组莅临拉萨市检查指导，对拉萨市语言文字工作开展情况给予肯定。编辑出版《拉萨教育》汉文版8期、藏文版3期、有关高中课改专刊1期、德育专刊2期。

【加强职业教育，不断加大职教经费的投入】2010年全市投入1219.7万元（区教育厅投入978万元、市政府投入241.7万元）职教经费，比2009年多投入835.7万元，拉萨市教育体育局按照“重点投放、兼顾平衡”的原则，合理分配和使用职教经费，使拉萨市各县（区）职业技术教育均衡发展。狠抓基地建设和两支队伍建设。完成当雄、墨竹工卡、达孜、曲水4县全区县级职教中心现场会建设项目的申报；完成拉萨市中等职业技术学校的建设方案及规划设计图；采取专职、兼职、外聘等形式引进职教师资，并充分利用各种资源开展师资培训工作，2010年安排20名教师参加职业学校自治区级骨干教师培训。灵活办学形式，突出专业特色。达孜县积极与博秀嘎玛公司以校企合作形式开展订单式人才培养，墨竹工卡县、城关区、林周县在江苏的大力援助下，开展职教合作办学；2010年，各县（区）根据就业市场的需求，及时调整专业设置和层次结构，开设适合本辖区的特色专业，目前，初步形成了墨竹工卡县以民用建筑和汽车运行与维修专业为主，林周县以特色种植、养殖专业为主，当雄县以金属加工和驾训专业为主，曲水县以室内装饰为主，尼木县开设适合当地民族手工业发展的专业，达孜县、堆龙德庆县、城关区依托拉萨市区开设以现代服务业为主的职业教育专业体系。抓好拉萨市中职班招生、升学、就业工作。2010年拉萨市中职班招生500人；2010年全市中职班毕业生597人，高职院校录取95人、普通高考录取59人、内地中职班录取22人，剩余421人就业320人（就业率76%）。做好首次内地西藏中职班招生工作。2010年国家开始举办内地西藏中职班，拉萨市原计划招生659人，实际录取713人，录取学生中藏族学生占总人数的97%。开展农牧民培训，为其提供技术支撑。2010年市农牧民培训工作领导小组给拉萨市教育体育局下达培训任务1795人，全年实际培训农牧民1800余人。组织参加职业技能比赛，不断提高职业教育质量。选派墨竹工卡县职教中心中职班学生参加全国职业技能大赛，在数字影视技术比赛项目获优胜奖，实现了西藏在全国性职业技能大赛上零获奖的突破。组织参加首届全区职业技能大赛，已完成报名工作。

【切实加强民办学校的管理】 组织人员多次对局辖民办教育机构的办学行为、常规管理、课堂教学、教研教改、安全卫生等工作进行了重点检查和指导，对存在问题的学校下发整改通知书限期整改，促进民办教育健康有序发展。

【各类招生考试进展顺利】圆满完成了2010年研究生、全国高等教育自学考试、成人高考、第31和32次NCRE、第31和32次PETS、2010年NTET和2010年普通高考、中考、内地西藏班（小考）的报名、审查和组织考试工作。累计服务考生21394人次。其中，研究生考试人数为930人；自学考试报名人数为1200人；成人高考报名人数为1426人；NCRE报名人数为1034人；PETS报名人数为45人；NTET报名人数为376人；普通高考报名人数为6596人；普通中考报名人数为7006人；内地西藏班（小考）报名人数为2781为人。

加大招生考试工作“阳光工程”建设力度，坚持原则，严格把关，严肃查处，2010年高考核查中共取消40余名不符合报名条件学生的报考资格。

加强考点规范化建设，投资450万元（教育厅投资350万元、拉萨市教育体育局投资100万元）建成拉萨市考务指挥中心，在全市建立316个标准化考场，在每个考场配置专用金属探测器和信号屏蔽仪，设立视频监控系统和身份认证系统，为实现“平安高考”目标提供了有力保障。

拉萨市广电工作

【围绕中心，服务大局】为做好全年广播影视舆论宣传工作，拉萨市广电局认真制定了《2010年拉萨市广播电影电视宣传要点》，明确了全年宣传工作重点，细化了各阶段宣传任务要点。与拉萨市广播电视台签定了《2010年度拉萨市广播影视宣传工作目标管理责任书》及《上送（传）西藏电视台新闻目标责任书》。全年，紧紧围绕市委、市政府的中心工作，坚持以正面宣传为主，突出“团结鼓劲、积极进取、昂扬向上”的主基调，深入基层、深入群众，重点围绕中央第五次西藏工作座谈会精神，党的富民惠民政策，拉萨市经济发展、社会稳定的好形势，“西藏百万农奴解放纪念日”设立一周年纪念活动，市委、市政府为民办的12件实事，深化“红色歌曲·拉萨唱”主题教育活动，“基层党建年”活动，“六城同创”工作等十八个系列宣传报道主题，牢牢把握正确的舆论导向，做到了宣传内容丰富、形式新颖、主旋律响亮。2010 年，电视《拉萨新闻》共播出藏汉语新闻 5340 余条，上送西藏电视台 190 余条，采用 133 余条。《新闻现场》栏目共播出新闻 2058 条。广播《拉萨新闻》共播出藏汉语新闻 5000 余条，上送西藏人民广播电 140 条，采用 65 余条。尤其是拉萨电视台记者采制的新闻《拉萨基层党组织为民谋福利赢得百姓赞誉》、《更登措眼中的西藏旅游》分别在中央电视台综合频道《新闻联播》、新闻频道《朝闻天下》中播出。

【深入开展中央第五次西藏工作座谈会精神的宣传报道】 拉萨电视台和拉萨人民广播电台分别开辟了《学习好、宣传好、贯彻好中央第五次西藏工作座谈会精神，全力推动拉萨跨越式发展和长治久安》专栏，《新闻现场》栏目以片头、挂角的形式推出《领会精神、感受幸福》、《党的恩情说不完》等专栏。通过系列访谈、典型报道等形式，大力宣传第四次西藏工作座谈会以来，中央对西藏的特殊关怀和一系列惠民政策的实施给西藏带来了翻天覆地的变化。大力宣传全市各族各界广泛深入学习宣传和贯彻落实中央第五次西藏工作座谈会精神的实际举措。4 月 30 日，市委召开深入宣讲“五次”会议精神及党的惠民政策宣传普及教育活动动员培训大会后，拉萨市广播电视台立即行动，进一步充实广播、电视专栏内容，深入报道全市各条战线开展宣讲活动的情况，截止目前，电视《拉萨新闻》播出藏汉语相关新闻 194 余条，广播《拉萨新闻》播出相关藏汉语相关新闻 180 余条，《新闻现场》播出相关新闻 69 条。另外，全面准确深入宣传报道了十七届五中全会和区市党委七届七次全委会议精神和区市领导重要讲话精神，全面准确深入宣传各县（区）、各部门落实十七届五中全会和区市党委七届七次全委会精神的具体举措，全面准确深入宣传“十一五”时期拉萨市经济社会发展取得成就和宝贵经验，引导广大干部群众进一步坚定走有中国特色、西藏特点发展路子的信心。

【认真做好“西藏百万农奴解放纪念日”设立一周年宣传报道工作】 围绕“西藏百万农奴解放纪念日”设立一周年，拉萨电视台《拉萨新闻》以片头、挂角的形式推出《纪念西藏百万农奴解放纪念日设立一周年》专栏，播出相关新闻 40 条；《新闻现场》推出《红歌颂祖国》、《铭记历史、感受跨越》等专栏，播出相关新闻 43 条；广播《拉萨新闻》播出相关藏汉语新闻 20 条。在此基础上，认真转播自治区主席白玛赤林在“西藏百万农奴解放纪念日”一周年时的电视讲话；播出专题片《跨越》共 5 期；全面报道 3 月 28 日在布达拉宫广场举行的“升国旗、唱国歌”活动以及拉萨市各族各界人士纪念西藏百万农奴解放 51 周年相关活动。

【认真开展党的富民惠民政策的宣传报道】 认真做好党的富民惠民政策及市委、市政府为民办的 12 件实事方面的宣传报道。电视《拉萨新闻》报道“拉萨市狠抓惠民项目建设，农牧民得实惠”等惠民政策宣讲、实施情况以及“城关区率先兑现政府惠民政策一次性生活补贴”等，宣传市委、市政府为民办的 12 件实事相关藏汉语新闻共计 165 条。5 月 4 日开始，坚持每天在电视《拉萨新闻》之后播出“惠民政策解读”，详细解读党的各项惠民政策，截至目前已播出 70 余期。《新闻现场》栏目播出相关新闻 14 条。拉萨人民广播电台开辟了《惠民政策在身边》专栏，报道相关新闻 150 余条。

【深入开展“红色歌曲·拉萨唱”主题宣传】 拉萨电视台积极配合全市深入开展“红色歌曲·拉萨唱”主题教育活动，共录制播出了 4 场“红色歌曲·拉萨唱”主题演唱会；电视《拉萨新闻》报道相关藏汉语新闻 25 条；《新闻现场》播出相关新闻 45 条；《格桑梅朵》栏目展播“少儿红歌”近 52 首；拉萨人民广播电台《音乐地带》栏目制作播出 10 期红色歌曲专栏；广播《拉萨新闻》播出“叫我怎么不唱歌”等相关藏汉语新闻 10 条；《红色歌曲·拉萨唱》专场文艺演出电视实况录像及各类红歌展播，深受广大观众喜爱，激发了全市各族干部群众的爱国热情，为掀起全市红色歌曲学唱活动新一轮高潮营造了良好氛围。

【积极开展“基层党建年活动”宣传报道】 在广播、电视藏汉语《拉萨新闻》及《新闻现场》栏目中开辟“党建年、抓党建”专栏，把“基层党建年”相关活动作为重点内容做了宣传报道。电视《拉萨新闻》共播出相关新闻 128 余条；《新闻现场》栏目共播出相关新闻 56 条；广播《拉萨新闻》共播出相关新闻 60 余条。

【积极开展全市“六城同创”工作宣传】 拉萨市广播电视台在广播、电视《拉萨新闻》中分别设立了“六城同创惠民生”专栏，全年电视《拉萨新闻》共播出相关藏汉语新闻 205 余条、口号 102 余条；《新闻现场》播出相关新闻 73 条，《零距离》栏目播出相关内容 1 期；广播《拉萨新闻》播出相关藏汉语新闻 80 余条，每周播出《市创城办致广大市民的公开信》藏汉语版各 2 次，并在黄金时段安排播出“六城同创”广播电视公益宣传片；精心策划，专门抽调精干力量及设备，组织拍摄了创建全国卫生城市专题片，受到广大观众的好评，目前正在拍摄创建全国文明城市专题片。

【认真开展“十一五”成就宣传报道】 开辟了“十一五”成就系列宣传专栏，电视《拉萨新闻》报道相关藏汉语新闻 19 条；《新闻现场》播出相关新闻 6 条；广播《拉萨新闻》报道相关藏汉语新闻 30 余条。

【繁荣电视文艺，丰富电视荧屏】 拉萨市广播电视台克服资金短缺的困难，积极引进电视剧 2280 多集，包括古装剧 8 部、现代都市剧 40 部、军事题材剧 18 部、抗战题材剧 7 部、反腐剧 4 部等，同时引进国内外优秀电影 420 多部。引进广播剧 300 多集。成功录制播出了拉萨市 2010 年春节藏历新年电视文艺晚会《圣城和韵》、拉萨市首届道德模范暨“五个一工程”电视颁奖晚会、城关区 2009 年度电视颁奖晚会《辉煌城关》、市妇联庆祝“三·八”妇女节 100 周年文艺晚会、市国资委系统庆祝“五·一”唱红歌文艺晚会等多台电视综艺晚会。《零距离》栏目共制作播出 24 期节目。《格桑梅朵》栏目共播出 52 期节目，尤其是成功举办了由市文明办、团市委和市广播电视台共同主办，《格桑梅朵》栏目承办，拉萨百货公司独家冠名赞助的“拉萨首届少儿才艺电视大赛”，给全市小朋友及家长送去了美好的节日祝福，进一步鼓励和引导了拉萨市广大青少年健康成长、全面发展。

【积极开展各类电影放映活动】市电影公司以及各县（区）电影管理站在电影“三下乡”活动中全市共放映电影930场次，观众达6.56万人次。此外，为配合拉萨市开展的民族团结宣传教育活动，市电影公司在全市范围内开展了以民族团结为主题的爱国主义影片进校园电影展映活动，为全市各校师生放映了《勇敢少年》、《我的格桑梅朵》、《寻找扎西》等以民族团结为主题的爱国主义影片达400场（次），观众达5万人（次），受到广大师生的欢迎。

【积极实施农牧区电影放映工程】年初，拉萨市广电局与各县（区）文广局签订了《农村电影放映工程目标管理责任书》，明确了各自的职责。全市各县（区）共完成“农村电影放映工程”放映任务14690场（次），其中数字电影14440场（次），胶片电影250场（次），观众达91万人（次）。另外，墨竹工卡县工卡镇塔巴村数字电影放映室建成并投入使用。

拉萨市卫生工作

【3个社区卫生服务中心和20个村卫生室建设情况】2010年6月12日拉萨市卫生局印发了《关于委托城关区卫生服务中心建设项目的函》(拉卫文〔2010〕83号)，将三个社区卫生服务中心建设项目委托给城关区政府负责建设。由于建设选址迟迟不能确定的原因，社区卫生服务中心建设项目进度受到了严重影响。根据市政府的要求，拉萨市卫生局于2010年8月26日下达督察督办函，并与城关区政府协调，要求城关区政府加快落实项目建设各项程序的审批等事项，争取尽快开工建设。近期市政府牵头，召集卫生局、城关区政府、国土资源规划局就三个社区卫生服务中心的建设事宜召开了会议。目前，嘎玛贡桑社区卫生服务中心正在调整设计方案；藏热社区卫生服务中心11月15日发布招标公告；两岛社区卫生服务中心项目已完成设计和概算工作。

20个行政村卫生室建设项目确定建设资金260万元由市财政承担，每个村卫生室投资13万元，其中基础建设10万元，设备配置3万元。截止11月10日止，全市20个行政村卫生室建设项目的工程已全部建设完成，拉萨市卫生局协调了纪检、发改委、财政以及项目县卫生等部门进行了项目工程的验收工作。同时，拉萨市卫生局还根据每个村卫生室3万元的设备配置资金拟订了设备购置计划，经市财政研究同意，于10月29日完成了20个村卫生室设备的配备和发放工作，共为20个村卫生室发放了价值55.66万元的33种基本医疗设备和9种办公用品，此项工作已全部完成交付使用。

【完成自治区卫生城市命名授牌】2010年3月25日，拉萨市正式成为西藏首个自治区卫生城市。还对创建自治区卫生城市工作中成绩突出的23个创卫先进集体和42名先进个人给予了表彰。

【全面开展创建国家卫生城市工作】市创卫办扎实开展专项督导检查，巩固创建自治区卫生城市成果，重点开展了“十项整治”、五小行业专项整治和“除四害”等项工作。全国爱卫办专家组还对拉萨市的农村改厕情况和创卫工作实地进行了考察，对拉萨市创卫工作给予了充分的肯定，同时也提出了今后整改的指导意见。

【狠抓机遇加快项目建设进度】2010年全市卫生建设项目共计20个，总投资6410万元，其中续建项目5个，分别是拉萨市妇幼保健院保健楼项目、林周县卫生服务中心改扩建项目、曲水县卫生服务中心改扩建项目、尼木县疾病预防控制中心建设项目和曲水江曲麻风病村改扩建项目，总投资2745万元，主体工程已全部完工，目前正在实施附属设施建设，年内将全部竣工交付使用。新开工建设项目15个，分别是尼木县卫生服务中心改扩建项目、达孜县卫生服务中心改扩建项目、嘎玛贡桑等三个新建社区卫生服务中心建设项目和尼木县续迈乡等三个中心乡卫生院改扩建项目，以及林周县松盘等七个乡卫生院建设项目，总投资3665万元，其中：两个县卫生服务中心改扩建项目已完成主体工程建设，三个中心乡卫生院建设项目将于11月中旬全部竣工，七个乡卫生院改扩建项目正在紧张施工当中，嘎玛贡桑社区卫生服务中心已完成工程招投标，其余正在图纸审查当中。

【促进基本公共卫生服务逐步均等化】认真开展疾病预防控制工作。2010年1-10月份，全市无甲类传染病发生，乙丙类传染病发病数为2135例，总发病率为412.50/10万，与上年同期相比上升39.57%，死亡2例（肺结核、艾滋病各1例），死亡率0.39/十万。据常规免疫统计，全市8县（区）卡介苗接种率98.12%；脊灰疫苗接种率97.31%；百白破接种率96.06%；麻风疫苗接种率91.72%；乙肝疫苗首针接种率88.27%，其中及时接种1325人、及时接种率65.72%；甲肝疫苗接种率87.13%；A群流脑疫苗接种率78.39%；A+C群流脑疫苗接种率84.41%。开展旱獭数量调查100样，面积6473公顷，保护性灭獭堵洞8821个，预防投药3874人次，召开宣传会67次，参会人员15664人。共报告不明原因死亡动物送检81起，鼠疫检验检出鼠疫菌8株、鼠间鼠疫疫情点数5点，采集鼠疫易感动物血（主要狗血）1000份，无阳性结果。为做好甲型H1N1疫情应急值守、信息报送、事件处置、临床救治、重点环节防控和健康宣传教育等疫情防控工作。拉萨市卫生局2010年积极组织各级医疗单位专业人员进行重症病例救治等技能培训，以提高医疗救治水平，进一步做好医疗救治设备等物资和技术力量准备，提高综合救治能力。同时，继续做好公众宣传工作，特别是学生、孕妇、慢性病患者和农牧民等重点人群甲流感防治知识和疫苗接种政策的宣传，引导公众注意加强自我防护。到目前为止，未发现一例甲型H1N1流感病例。

全面加强卫生监督管理力度。截止目前，共通知体检12740人，办理从业人员健康证9701本；共审批卫生许可证2188本，其中：公共场所907本，食品卫生许可证1281本。培训食品从业人员724人，公共场所（包括五小）从业人员1398人。按照“拉萨市推行食品卫生监督量化分级管理实施方案”的要求，量化分级档案的收集、整理和归档工作，并历经宣传发动、理论培训、现场指导、申报审核等程序，已对1112户餐饮单位实施了卫生许可审查量化评分和日常卫生监督量化评分，并颁发信誉度等级牌，其中：获得食品卫生等级A级单位的有34户，B级单位281户，C级单位797户，等级评审率70%。认真开展食品、饮用水、餐具和空气质量监测，合格率分别为100%、75%、74.6%和100%。

妇幼保健工作有序推进。2010年，拉萨市卫生局在各社区中，开展了不同形式的健康教育工作。在继续加强产科建设，做好系统管理，进一步推行住院分娩"绿色通道"工作的基础上，重点抓提高高危孕产妇的筛查与婴儿患病管理，加强了技术策略和干预措施。召开了全市2010年妇幼例会，出台并下发了拉萨市《关于孕产妇、婴儿住院相关规定》（拉卫文[2010]146号）文件，明确规定对孕产妇及婴儿住院的管理以及报销比例，孕产妇住院分娩实行100%报销比例的基础上，婴儿患病住院报销比例提高到100%，各县（区）与拉萨市人民医院和拉萨市妇幼保健院已签订了"婴儿患病住院绿色通道"协议书，开通了拉萨市"婴儿患病住院绿色通道"，这对降低两大死亡率有着重要作用。此外，拉萨市卫生局组织妇幼保健专家到各县（区）举办了有关母婴安全知识以及妇幼统计报表培训，县乡级135人次妇幼骨干参加培训，通过培训使县、乡两级产儿科及妇幼人员进一步掌握孕产妇系统保健管理基本知识和技术，提高了高危孕产妇筛查识别能力和危重病例应急处理转诊能力。通过以上措施，拉萨市2010年的婴儿死亡率为29.4‰，孕产妇死亡率为140/十万，与上年同期相比有大幅下降。

【加快推进基本医疗保障制度】农牧区医疗制度平稳运行。2010年，全市继续认真贯彻落实《西藏自治区农牧区医疗管理暂行办法》和《拉萨市农牧区医疗管理实施细则》，农牧区医疗制度总体运行顺畅，农牧民群众参加个人筹资的积极性普遍有所提高。截止目前，农牧民应筹资人数28.68万人，农牧民个人实际筹资人数28.39万人，筹资率为99%与上年同期相比上升0.9%，人均筹资额12.5元。至明年年底拉萨市农牧民人均筹资额达到20元，筹资率力争达到99.6%。基金使用情况：住院补偿共计7867人次与上年同期相比上升了15.5%；住院总费用共计2742.36万元，住院补偿共计1607.82万元与上年同期相比上升了64.3%，次平均住院补偿费用为2043.75元；门诊补偿共计54.15万人次与上年同期相比上升了17.6%，门诊补偿总额共计1276.07万元与上年同期相比上升了84%，次平均门诊费用为23.57元。

藏医药服务能力得到加强。各县医院藏医科研究利用藏医治疗高血压、慢性萎缩性胃炎、风湿性关节炎等疾病。加强了理疗科室建设，提高针灸、放血疗法、药浴等外治疗，藏药标本进一步的完善和更新（此项工作仍在进行中）。拉萨市卫生局还通过争取和自筹资金，为各县藏医科和乡镇卫生院藏医配备了72套藏医诊疗器械、举办了县乡基层藏医药人才培训班、完成了全区藏医现状调查数据录入和上报以及2010年农牧区藏医学中专学历教育的报名、资格审查及考试工作。

医疗服务监管和应急救治工作继续加强。继续坚持"以病人为中心，以提高医疗服务质量为主题"的原则，制订了县医院卫生工作及管理考核目标，认真做好医疗质量管理工作，积极开展医院管理年活动。根据全国文明城市创建要求，召开全市医疗机构文明创建工作会议，安排落实"排队日活动"及"窗口行业创优达标活动"，在全市各级医疗机构中，进一步规范了门诊服务文明准则，落实首诊负责制。

积极参加全市"三下乡"活动，组织医疗、防疫、妇幼保健、健康教育、计划生育综合医疗卫生小分队，到各县（乡）开展送医、送药、宣传医疗卫生、疾病预防及优生优育等知识。发放各类藏文宣传资料16800份，免费放发各类药品品种52种，价值39400元，累计接诊群众约3万人次。

举办了一期以疾病控制、妇幼保健、常见病及多发病治疗理论知识为培训内容的农牧区卫生技术人员培训班，培训33人。9月20日—25日还在市人民医院举行了在拉萨市开展包虫病防治学术交流会。

完成了拉萨考点2010年医师资格考试474名考生的报名审核和考试工作。

2010年4.14玉树地震期间，拉萨市卫生局及时组织各县区和市级卫生力量21名，救护车辆6台，携带各类急救及常用药品、物品，分两批赶赴灾区开展灾后救援救治工作，圆满完成各项抗震救灾任务。

【初步建立国家基本药物制度】拉萨市被列为全区第二批实施国家基本药物制度的地（市）。

2010年，拉萨市卫生局结合拉萨市的卫生工作实际，紧紧围绕包括实施国家基本药物制度在内的深化医药卫生体制改革的五项重点工作任务，认真履行卫生部门在医改工作中的职责，强化责任，明确任务目标，落实工作责任，扎实推进卫生部门医改工作的顺利开展，经拉萨市卫生局对全市各乡（镇）卫生院的基本情况进行深入了解和调研，做了大量的前期准备工作。成立了《拉萨市基本药物制度实施领导小组》和《拉萨市基本药物制度实施监督考核小组》；提出了2010年拉萨市卫生局深化医药卫生体制改革重点工作；制定了《拉萨市基本药物制度实施方案》；在全市乡（镇）医疗卫生机构中，开展了国家基本药物目录实施前期的摸底工作；在全市各级医药部门中开展了药物不良反应监测工作，现条件基本成熟，确定从2010年12月1日起，在拉萨市各乡（镇）卫生院正式实施国家基本药物制度，启动基本药品零差率销售工作。

【红十字会工作不断推进】继续开展了2010年"红十字博爱送万家"及"红十字送温暖、献爱心"活动。

2010年藏历年、春节节日前后，动员全社会18—55周岁的健康公民伸出友爱之手，奉献诚挚之心，给生命重危的急救病人开展了一次自愿无偿献血活动。

以"5.8"世界红十字纪念日为契机，组织开展了博爱周纪念活动，为群众多办好事、多办实事。

积极动员全社会为青海玉树地震灾区进行募捐。市红十字会在第一时间迅速做出反应，15日零时50分首先组派了红十字阜康医院紧急医疗救援队，前往灾区实施医疗救援工作。4月15日，市红十字会还通过各种新闻媒体向全社会发出呼吁，动员社会各界募集救灾资金和物资，以帮助灾区群众重建家园。

积极争取国际、国内红十字会项目。争取到了中国红十字会/舒肤佳健康长城工程项目。向中国红十字会争取到了尼木县续迈乡完全小学新建洗手池和改扩建霍德村卫生室两个项目，两项目投资总概算为10万元。到9月底，续迈乡完全小学新建洗手池和霍德村卫生室新建两个项目，已破土动工，尚在建设当中。

经自治区外事办批准，9月28日，自治区红十字会与拉萨市红十字会和那曲地区红十字会分别签署了该项目第四轮合作周期子项目协议书，再一次拉开了在拉萨市林周县旁多乡及墨竹工卡县扎西岗乡项目点开展第四轮项目周期。

【人口计生工作开展情况】坚持宣传教育为主，不断深化宣传教育内容。充分利用宣传日和"三下乡"活动的契机，开展"婚育新风"、"优生优育"、"幸福工程"和"两项扶助制度"知识的宣传。同时投入57500元，购置优生优育图书柜，配发给拉萨市七县一区和城关区各居委会作为建立人口计生宣传的文化阵地。

做好惠民政策的落实。一是积极稳妥地做好西藏自治区农牧区"一孩、双女"户困难家庭扶助制度和西藏特殊子女家庭特别扶助制度工作，按照国家人口计生委要求，严格把握政策，扎实细致的做好资格确认、网上录入工作。二是认真贯彻执行《关于向农牧区实行计划生育的育龄夫妻提供避孕节育技术免费服务》文件的落实，为拉萨市农牧区5828例育龄夫妻提供免费的避孕节育技术服务，免费服务经费达24万余元。

流动人口服务和管理工作。一是举办拉萨市首届流动人口计划生育服务管理依法行政培训班，共198人参加培训。二是全面完成2010年全国流动人口计划生育动态监测80个点2000人份的调查工作。三是拉萨市首个流动人口计划生育协会在贡德林街道办事处挂牌成立。四是为今后拉萨市PADIS流动人口计划生育子系统乡级用户应用，开展乡级流动人口计划生育信息采集、录入等工作奠定基础。五是积极同区外10个省市建立区域协作协议，积极搭建现居住地和户籍地双向的流动人口管理平台。六是做好2个示范县的评估验收和总结推广工作。

深入开展优质服务。一是通过聘请专家和组织技术人员，积极开展妇科"三查一治"服务，开展妇科病普查普治工作。二是坚持以人为本，积极开展知情选择优质服务，保证育龄夫妇获得基本的避孕节育技术服务。

【食品药品监督管理工作】市食安办扎实开展食品安全综合协调工作，食品安全监管相关部门通力协作，有效落实食品安全整顿工作，食品安全专项整顿工作稳步推进，取得了一定的成效，有效地预防重大食品安全事故的发生，确保了公众饮食安全和身体健康。

认真开展药械市场监管工作。一是坚持药械市场专项检查与日常检查相结合，维护药械市场正常的经营秩序；二是开展GSP跟踪检查；三是积极开展GMP跟踪检查；四是继续推行创建"标准药房"建设工作；五是继续加大药械广告监测力度；六是充分利用快速药品检测车，提高检测车使用率、药品初筛阳性率，确保药品质量安全；七是为加强对人用狂犬病疫苗的监管，对区市两级疾控中心、大型医疗机构等12家使用单位的人用狂犬病疫苗的采购、储存、使用情况进行了监督检查，确保疫苗质量安全；八是根据西藏自治区食品药品监督管理局《转发<关于加强医用氧监管工作的通知>的通知》和《关于开展打击工业氧（或压缩气体）冒充医用氧违法行为专项检查的通知》等文件要求，开展了拉萨市医用氧气专项检查；九是坚持依法行政，开展行政许可（受理）工作；十是2010年5月28日，组织49家药品经营企业（76人）开展了药械经营企业验收养护人员专题培训工作，受到了参训人员的一致好评；十一是继续加大农村药品"两网"建设力度；十二是组织开展了对辖区内10家医院、25家诊所使用一次性无菌医疗器械监督检查，对5家药品批发企业经营的生物制品进行监督检查，对辖区内医院使用的医用氧和药品经营企业销售的便携式罐装医用氧进行了监督检查和抽检；十三是组织开展了三类体外诊断试剂和人工晶体进行了调研；十四是严厉打击药械违法违规行为，净化药械市场秩序。

拉萨市民政工作

【城市低保工作稳步开展】2010年，在坚持做到"应保尽保"的基础上，进一步提高了城市最低生活保障标准和补差标准，拉萨市现行城镇低保标准为月人均330元，人均月补差标准为242.96元。严格了低保对象的动态管理，于2010年1月下旬开始在全市范围内开展了低保对象复核认定工作，从有关部门抽调人员组成了以民政部门牵头，各乡镇、街道办事处等参与的复核认定小组，对低保对象进行了入户调查。截止目前，共新增低保对象780户、1411人，停发176户、677人，家庭人口及低保金变更58户、61人的低保待遇，低保对象复核认定工作正在继续当中。进一步加大了低保金的使用监管，确保了城市低保工作的规范有序。四是在低保资金的发放上全市做到了及时足额的发放，切实保障了城市低保对象的基本生活。特别是在三大节日期间，在区、市两级资金未到位的情况下，各县（区）采取垫付的办法确保了节前完成低保金发放工作。截止9月底，全市符合条件的4468户、10337人全部纳入低保范围实现了"应保尽保"，共落实城镇低保资金2373.26万元，落实一次性生活补贴资金647.04万元。

【加大农村低保工作力度，努力实现规范化管理】通过两次核查统计，截止目前全市有农村低保已保对象7847户、20116人，应保未保对象为2740户、11404人。此外，还将失地农民中符合条件的161户、549人纳入农村低保范围，帮助解决了基本生活问题。努力实现农村低保应保尽保。进一步提高农村居民最低生活保障标准，认真执行新的低保标准。2010年将农村低保线调整为1300元，补助标准调整为：重点保障对象年人均补助920元，特殊保障对象年人均补助658元，一般保障对象年人均补助487元。为使低保对象过上一个欢乐祥和的节日，根据自治区党委、政府和市委、市政府的指示精神，及时将一次性生活补贴资金204.75万元，落实到了农村低保对象手中。

【农村敬老院入住及管理运行情况】截止目前，全市有五保对象1326人，2010年新增五保户12人，五保供养率达到了100%。拉萨市五保供养标准由原来的年人均1800元提高到了2000元，拉萨市民政局于4月份对全市七县一区的五保供养及敬老院管理运行情况进行了一次全面深入的调研，为《拉萨市五保对象和敬老院管理办法》的出台工作奠定了基础。经调查了解，目前六个县的9所新建敬老院均已入住，全市集中在敬老院供养的有874人，占五保对象总人数的66%，分散供养452人，并为配备了适当的管理服务人员，目前敬老院共有专职管理服务人员81人，其中公益性岗位52人。各项敬老院管理制度也已初步建立。对敬老院的附属设施进行进一步的补充建设和完善。2010年，共争取资金824.2万元，其中自治区民政厅360.6万元，自治区财政厅140万元，各县（区）财政90.6万元，社会捐助资金233万元。并将林周县敬老院作为全区敬老院建设推进会现场观模点进行了参观，2010年拉萨市就五保供养工作分别将拉萨市民政局作为敬老院建设先进集体、林周县敬老院作为先进敬老院、林周县民政局巴桑作为五保供养工作先进个人向国家民政部进行了推荐。

【城乡医疗救助工作】一是继续资助城乡困难群众参保参合，为1065个农村五保户代缴合作医疗个人缴费资金共计11150元，保证五保对象能够顺利参保参合，与城乡居民一样享受就医实惠。特别是全市敬老院建设完成并入住敬老院后，各县（区）为方便五保对象看病，采取民政同医疗机构协商，对五保老人门诊所发生的费用，由医院记帐，民政部门定期到医院结帐，从根本上缓解他们的就医难问题。二是积极有效开展医疗救助，对符合城乡医疗救助相关规定条件的住院城乡低保户及其它特困群众，及时给予救助。截止9月底，共救助城镇困难居民77人，落实救助资金32.8万元；救助农牧区特困群众1568人，落实救助资金334.23万元，救助人数分别比上年同期增长10%和66%。切实加大了医疗救助力度，减少了“因病致贫”“因病返贫”的现象，缓解了城乡困难群众看病难的问题。三是根据城乡医疗救助标准偏低，在解决特困群众医疗难问题上发挥作用有限的实际情况，将医疗救助政策执行过程中存在的热点、难点问题积极主动的向上级业务部门反映，通过反映，2010年全区城乡医疗救助标准再次提高，即：年封顶线提高到60000元，取消了起付线和救助比例，并将五保对象因病住院护理费提高到800元。从很大程度上提高了救助水平。四是进一步加强制度建设。为切实落实好城乡医疗救助政策，实现规范化管理，为具体操作提供依据，拉萨市民政局结合工作实际起草了《拉萨市城乡医疗救助实施细则》并已报市政府法制办。

【强化城市生活无着的流浪乞讨人员的救助与管理】从2010年1月1日截至9月23日，共救助2815人；区内1461人，区外1354人；藏族1995人，汉族745人，其它民族75人；其中未成年324人；提供返乡车票877人；共发生救助经费48万余元。流浪乞讨人员救助工作取得显著成绩，特别是“萨嘎达瓦”节期间的救助管理工作得到了自治区一线指挥部和市委、市政府的充分肯定。

【全面提高灾害救援能力】2010年1月至9月底，自治区民政厅安排自然灾害救助补助资金480万元，其中：市级补充救灾基金专户230万元，市区应急救济和临时救济20万元，下拨给各县（区）230万元（含林周县3.14重点人员生活补助15万元，曲水县大骨节病搬迁户生活救助15万元）。落实因灾缺粮3959户18673名群众救济口粮1412310斤，折款1768436元。开展好了2010年元旦、春节、藏历年期间“送温暖”活动，落实慰问资金63275元。2010年入汛以来，拉萨市各县（区）都发生了不同程度的洪涝灾害、冰雹、山洪泥石流等地质灾害，根据各县（区）的灾情情况，拉萨市民政局及时从预留的救灾基金中解决了150万元资金给各县（区）民政局，确保了受灾群众得到及时救助。拉萨市民政局2010年拨付给各县（区）自然灾害救助资金共380万元。积极向民政厅申请20万元用于解决拉萨八一农场下属大佛岛分场遭受洪灾的救助（待批复）。

“重生行动”、疝气儿童手术康复活动有效开展。截止目前，拉萨市共有16名唇腭裂患者，已做手术12人，未做手术2人；拉萨市贫困家庭疝气儿童共39人，已安排入院手术36人，自动放弃手术3人。安排落实好了“全国企业家光标榜爱心团”在拉萨市的慈善慰问活动，共计慰问困难户1153户，发放慰问金705000元。完成好了5月12日我国第二个“防灾减灾日”宣传活动。

做好了为“青海玉树地震灾区”受害群众的捐赠工作。从2010年4月16日至5月31日累计接收抗震救灾捐款8413826.5元，物资327.56吨，总价值1842431.7元，在接收捐赠款物工作中，拉萨市民政局在拉萨电视台、拉萨晚报刊发九期公示。按照自治区民政厅规定，接收的捐赠款已全部上交自治区民政厅，由自治区民政厅负责统一向灾区调拨。拉萨市民政局所接收的捐赠物资于4月24日集中组织车辆（11辆车次）运往青海玉树灾区。

【加强基层政权和社区建设】村委会建设工作以村务公开民主管理为重点，结合拉萨市实际，全市确定了19个“难点村”，在摸底排查的基础上建立了台帐，治理工作中，切实做到加强领导，精心组织，分类整治，稳步推进，取得阶段性成效，积累了一些治理经验。

为发展村集体经济，解决村委会“有钱办事”问题，在开展村民自治工作的同时，拉萨市大力提倡发展村办经济实体，2010年，拉萨市民政局上报并批准了10个村办经济实体，共投资295万元。

社区建设工作。2010年7月份在全区社区工作推进会上，上报了一批全区和谐社区建设示范单位，城关区塔玛村委会、俄杰塘社区居委会、扎细街道办事处、扎细社区居委会、绕赛社区居委会为推进会观摩点。同时，拉萨市城市社区建设工作以项目建设为重点，一是拉萨市新建城关区阿坝林卡、雄嘎、热木其、丹杰林、鲁固5个社区服务站，总占地面积3940平方米，总建筑面积5802平方米，总投资714万元。目前，阿坝林卡和热木其已使用，丹杰林和雄嘎将于10月份交付使用，鲁固社区正在修建中，11月底竣工。社区服务站包括图书阅览室、警务室、文体活动室、爱心超市、捐赠物资接收点、便明服务室。二是社区建设经过多年的探索与实践，资源共享，社区共建和养老、医疗、健身、娱乐、托幼等便民利民服务活动以及社区卫生、社区文化、社区治安、社区环境协调全面发展，社区服务逐步向社会化、产业化方向发展。

农村社区建设示点工作稳步推进。目前农村社区试点建设工作进展顺利，初见成效。通过四次调查、指导，在条件比较成熟的达孜县选择了拉姆村、主西村、巴嘎雪村、桑珠林村等 4 个村开展试点工作，一是建有功能完善的村级社区服务活动场所，如农家书屋、卫生所、文艺队等；二是建立机构健全的村级社区各类组织，如民事调解室、社区治安护村巡逻队、村级经济合作社等。

【拥军优抚安置工作】双拥共建工作。“三大节日”期间慰问工作及军警民共建共保活动扎实有效。拉萨市成立了由市四大家主要领导带队的慰问团，深入各驻市部队开展了慰问活动，由自治区党委常委、市委书记秦宜智，市委副书记、市政协主席杨万福带领的慰问团先后走访慰问了 10 个驻市部队 6 个执勤点官兵，送去慰问金 39 万余元。3 月 5 日，由一线指挥部、自治区双拥办负责协调，西藏军区政治部、武警西藏总队政治部、市双拥办及各相关单位负责组织实施的“军民警民双拥共建共保活动”—拥政爱民、拥军优属一条街服务宣传活动在宇拓路隆重开展。参加双拥一条街服务宣传活动的市民达到了 7000 余人，活动取得了预期效果。

全国双拥模范城创建工作进展顺利。为争创第六次“全国双拥模范城”，拉萨市民政局进一步强化措施，创新思路，改进方法，加大拉萨市双拥宣传力度，为全市双拥创建工作营造浓厚的社会氛围。

为使驻市部队积极参与到拉萨市“六城同创”工作中，召开了驻市部队协调会议，2010 年，拉萨市双拥工作重点以争创全国双拥模范城为总目标，继续巩固拉萨市“全国双拥模范城”五连冠成果，为创建全国双拥模范城“六连冠”打下坚实的基础。目前，除林周、尼木、墨竹三县外，堆龙德庆、当雄、曲水、城关区、达孜、墨竹工卡六县（区）多次被命名为全区双拥模范城（县），其中堆龙德庆县连续七次被命名为全国双拥模范城（县）。

优抚安置工作。1 到 9 月份，为 23 人办理了伤残证和变更手续。国家机关、事业单位工作人员牺牲、病故后要求办理遗属一次性抚恤金和子女抚养的报告共 29 人，批复 29 人，落实伤残抚恤金 146 万余元，为享受国家抚恤补助的优抚对象发放一次性生活补贴 4.33 万余元。2009 年入伍义务兵安置卡发放工作及 2009 年度退役士兵报到工作正在有序进行。

“三大节日”期间，看望慰问了拉萨市烈军属、伤残军人、复员军人、军休干部及无军籍退休职工代表。1 到 9 月份，共为 47 名军休干部和无军籍退休职工报销医疗费 57.24 万余元，在报销医疗费时尽量为退休职工讲清楚其报销制度。落实军休干部和无军籍退休职工其他费用 1908 万余元。为在本局领工资的 3 名病故无军籍职工遗属，发放一次性抚恤金 22 万余元。2010 年共接收 25 名军休干部，及时为他们发放了工资卡。

【把群众满意作为不懈追求，大力发展社会福利事业】拉萨市为打造建设一流、管理一流、服务一流的城关区福利院，特别邀请清华大学教授绘制符合西藏民族风格的施工图纸，又派工作人员到北京、青岛两地福利院挂职学习。同时又解决了 18 名公益性岗位工作人员。福利院建设项目占地 4206 ㎡，建筑面积 5396.16 ㎡，自治区民政厅投资 500 万元，城关区自筹 599 万元，总投资 1099 万元。该项目于 2009 年 7 月开工建设。目前已进入房屋装修阶段。

新建拉萨市儿童福利院，第一期项目综合楼建筑面积为 5339.71 平方米，投资 600 万元。第二期建设工程建筑面积 1950 平方米，建设及设施投资 560 万。市财政出资 30 万元帮助购买变压器，争取社会捐赠 15 万元，项目总投资 1205 万元，项目资金主要是国家民政部、自治区民政厅福利彩票公益金赞助、市政府配套。目前，已完成院内绿化。

拉萨 SOS 儿童村现有 17 户家庭 181 名孩子。儿童村的孩子在各级党委、政府和社会各界的关怀下，在儿童村这一大家庭的精心照顾和无微不至的呵护下得以健康茁壮成长。

2010 年，对拉萨市 80 岁以上 3564 名老年人及时发放了 2009 年度寿星老人健康补贴 114 万元。

【区划地名工作有序开展】2010 年是拉萨市第二轮县级行政区域界线联合检查工作的最后一年，拉萨市民政局下发了第三阶段工作安排的通知，要求各县要认真做好此项工作，目前，尼木县、曲水县、墨竹工卡县完成勘界联检工作。通过努力，《拉萨市地名管理条例》经西藏自治区第九届人民代表大会常务委员会第十二次会议于 2009 年 9 月 24 日批准公布，于 2010 年 1 月 1 日起施行。编制的《拉萨市城市道路地名规划》已经市政府和自治区民政厅审批通过。目前，《拉萨市地名管理条例》已翻译成藏文，审稿后于 10 月份出册。市地名办对市内的江苏大道、嘉措路、罗堆路、江冲路、热嘎曲果路、纳金东路、纳金中路、纳金西路、蓝天路、生态园路、巴尔库路、藏大东路、藏大中路、藏大西路、八一南路、八一北路、农科路共 17 条道路安装了 100 个指示牌，并对北京路、夺底路、纳金路、林廓路、朵森格路、德吉路、民族路、金珠路、江苏路共 9 条路 78 个一级道路指示牌进行了更换。

【进一步规范社会事务管理服务】婚姻登记管理工作，从 1 月 1 日至 9 月 20 日，全市登记结婚 2459 对、离婚 368 对。加强了收养登记的审查工作，截止 9 月 20 日，已办收养证 31 例，其中送养 11 个、弃婴 18 个、孤儿 2 个。为 852 名孤儿发放《儿童福利证》。殡葬管理工作，2010 年清明节，在拉萨烈士陵园、拉萨公墓园、藏热村汉族古墓地认真组织开展了祭扫活动，活动中，做到了早安排、早部署，使祭扫活动得到了有序进行。为了进一步加大天葬台的管理，维护天葬台的正常秩序，尊重藏族人民的传统习俗，拉萨市民政局给各县（区）下发《关于加大天葬台管理工作的通知》，重申各县（区）民政部门负责本行政区域内的天葬管理工作。任何人不得擅自进入划定的或俗定的天葬台对天葬仪式进行围观、摄影、录像等活动，也不能在天葬台周边挖沙、采石、建房、射击等。而天葬台及其周边具体保护范围，由所在地县级人民政府民政、国土资源规划、建设等部门划定。目前，在公墓园安葬 13 个，迁墓 2 个。

拉萨市人力资源和社会保障工作

【认真落实就业再就业政策，就业再就业

工作再上新台阶】大力开展就业再就业政策宣传，强化职业技能培训，不断提高失业人员再就业能力，加强公益性岗位开发和管理，加大就业援助力度，继续保持零就业家庭动态消零，切实做好高校毕业生就业服务工作，促进就业再就业工作有效开展。截至9月份，全市新增就业人员3006人，开发就业岗位3523个，职业技能培训1737名，农牧民转移就业培训1263人，职业指导5714人，职业介绍4460人（其中介绍高校毕业生47人），职业介绍成功2237人（其中高校毕业生介绍成功36人），职业技能鉴定626人，收集高校毕业生就业岗位信息570个，发放高校毕业生见习补贴30万元，从而稳定了高校毕业生在企业的见习岗位，始终坚持对困难和零就业家庭实行就业援助制度，城镇零就业家庭动态清零，城镇登记失业率控制在3.9%以内。

【社会保险各项工作稳步推进，社会保障体系建设取得新突破】全市在建立养老、医疗、工伤、失业、生育五大社会保险的基础上，上年年11月启动了新型农村社会养老保险制度，社会保障体系建设取得了新的突破。截至9月份，养老保险参保人数达到15239人（其中扩面2400人），基金征缴2360万元，支付养老保险（抚恤金）6400万元；新农保参保人数达到24367人，基金征缴321.6万元，支付待遇78.48万元；职工医疗保险参保人数达到29323人（其中扩面1246人），基金征缴5238万元，支付待遇5500万元；居民医疗保险参保人数达到41976人（其中扩面4885人），基金征缴1007万元，支付待遇1079万元；工伤保险参保人数达到14600人，基金征缴399万元，支付待遇109万元；生育保险参保人数达到19385人（其中扩面802人），基金征缴220万元，支付待遇170万元；失业保险参保人数达到10000人，基金征缴436.09万元。

【扎实推进"凡进必考"进人机制，积极开展人才引进工作】一是组织开展2010年在全区范围内通过公开考试方式选调公务员（工作人员）工作。通过编制审核，职位筛选，确定对全市30个单位88个岗位107名人员需求计划以公开考试方式进行选调。还从选调计划中拿出市人民医院等4家单位的19个岗位共计32名选调计划，面向全区进行选调。对形不成竞争的市安监局、市中级人民法院等单位按照规定取消了这次选调考试。目前已经为市直单位选调了57名公务员（工作人员）。二是为解决拉萨人民广播电台相关专业人员缺乏的问题，拉萨市人力资源和社会保障局积极协调区人力资源和社会保障厅，在内地引进了专业人才5人，自治区公安厅为拉萨市公安局引进邻近藏区毕业生20人。

【健全完善党政群机关事业单位公务员（工作人员）年度考核评价机制】2009年，拉萨市应参加考核人员17615人，实际参加考核人员17531人。在考核中，评出优秀2158人，称职（合格）14353人，基本称职2人，不称职（不合格）18人，未定等次1000人，未参加考核84人。为保证考核工作的严肃性，对全市7名不称职的公务员给予了降职处理，对11名事业单位不合格的专业技术人员和不合格的工勤人员给予了批评教育。

【认真做好职称评审工作】一是通过认真审查申报材料，并对高、中级人员进行实地考察，截全目前共委托、推荐参加专业技术任职资格评审人员485人，涉及教育、卫生、农牧、工程、艺术、新闻、广电等行业。二是根据评审委员会评审和专业技术资格考试结果，确认245人拟晋升中级专业技术人员相应的任职资格。根据用人单位意见，聘任了39人中级专业技术职务。三是完成中小学教育系列中、初级职称评审聘任工作。四是对61名拟确认高级专业技术职务任职资格人员在本人单位进行了公示，并组织人员进行了考察。

【认真开展人才推荐工作】一是推荐2010年度享受国务院政府特殊津贴人选。经过基层单位推荐，并报请市政府主要领导同意，拉萨市推荐拉萨高等师范专科学校扎西桑珠同志作为拉萨市2010年度享受国务院政府特殊津贴人选。二是推荐西藏特殊培养人选。按照相关要求在全市符合条件的专业技术人员中初选了2010年度10名西藏专业技术人才特殊培养人选，并及时逐一征求相关单位和本人意见后，按要求上报了相关材料。三是推荐"西部之光"访问学者人选。推荐了3名"西部之光"访问学者人选，其中教育系列2名、农牧系列1名。

【圆满完成2010年高校毕业生第一批派遣工作】2010年，拉萨市第一批高校毕业生共派遣581人，其中，经自治区派遣拉萨市的非师范类高校毕业生408人，经拉萨市教育体育局从高校毕业生中双向选择、公开招录中小学教师173人（含协调进藏教师18人）。在非师范类高校毕业生中，大学生"村官"38人、公安部门公务员55人、检察院部门公务员4人、县级政法委公务员13人、乡镇（街道办）司法助理员25人、乡镇公务员59人、2008年定向招录公安部门公务员149人、非西藏生源定向西藏就业毕业生20人、部队生源定向生20人、为拉萨人民广播电台引进毕业生5人、自治区公安厅为拉萨市公安局引进邻近藏区毕业生20人。在师范类高校毕业生中，七县一区中小学教师103人，市直高中教师（含四高和柳梧高中）56人，市直初中教师5人，市直小学教师8人，市特殊学校1人。

【加大检查力度，为构建和谐劳动关系】截至目前，检查了1300家各类用人单位，年审了649家用工单位。通过督促检查，有12000余名劳动者和用人单位签订了劳动合同，共有600多家用人单位为4000余名从业人员缴纳了工伤保险。对一家用工单位非法使用童工2名童工情况，立即责令用工单位将2名童工护送回原籍，并给予用工单位严重警告。3月以来，多次与市信访局等部门联合开展签订劳动合同专项检查工作，对区、市两级66家建筑工地开展检查和复查工作，涉及人数2600余人，督促用工单位与2400余名劳动者签订了劳动合同，督促3家筑施工单设立劳动者"维权公告牌"，督促建筑施工单位落实民工工资保证金制度。通过日常和专项检查，进一步规范了拉萨市劳动用工行为，切实维护了劳动者合法权益。

【加大调处力度，化解劳动争议矛盾】极力营造和谐的劳动关系。共受理劳动争议案件76起，涉及人数413人，涉及金额

326.75万元。经调解、裁决处理76起，涉及劳动者331人，为劳动者追回工资、误工费、生活费、工伤赔偿、补缴社会保险等合计210.45万元，结案率达到100%。29起不符合受理条件的案件，向双方说明情况并建议向基层人民法院起诉，达到了化解争议目的；接待来电、来信、来访、咨询800多人次，接到举报、投诉案件136起，立案调查处理100起，结案98起，涉及人数713人，追回被拖欠的工资、押金230万元。其中：突发案件5起；涉及人数570余人，追回被拖欠的工资203万元。有力地维护了用工单位和劳动者双方的合法权益。

城关区

【年度综述】2010年，城关区上下紧紧围绕“一坚持两强化三突破”的工作要求，进一步抢抓机遇，克难奋进，开拓创新，扎实工作，经过全区各族人民的共同努力，圆满完成了各项目标任务。全区综合实力显著增强，城乡环境有效改善，社会事业取得长足进步，人民生活水平不断提高，社会局势持续稳定，呈现出保稳定、谋发展、求富裕、促和谐的良好氛围。2010年，地区生产总值完成37.6亿元，按可比价计算增长14.53%；一般财政预算收入完成2.53亿元，同比增长52.16%；社会固定资产投资完成23.6亿元，同比增长25.13%；城镇居民人均可支配收入达到14866元，同比增长8.4%；农牧民人均纯收入达到6792元，同比增长20.64%。

【新农村建设扎实推进】全区农村经济总收入完成4.62亿元，同比增长13.1%。农牧业结构进一步优化，粮、经、饲比例调整为33：57：10。投资3660万元建设城关区特色园艺产业化示范园项目，发展213户庭院经济项目户。投入304万元，完成800个农村沼气入户建设任务。投入454万元，实施农牧区安全饮水工程，解决4420名农牧民群众安全饮水问题。投入307万元，实施蔡公堂乡次角林村奶牛养殖基地建设。投入1649.7万元完成525户安居建设任务。投入117.28万元，顺利完成14个小型农田水利设施建设。农牧民合作组织专业化程度不断提高，新成立娘热乡吉苏村前进养猪专业合作社和纳金乡嘎巴村经济合作社。农业机械化水平全面提升。不断拓宽劳务输出渠道，农村劳务输出6401人，实现劳务收入达1.02亿元。投入759.72万元，实施扶贫项目11个，贫困人口生产生活条件得到明显改善。2010年，纳金乡嘎巴村农民经济合作组织被评为“全区特色产业开发先进经济合作组织”。

【重点项目建设顺利实施】坚持把抓项目作为发展的主要途径，以项目建设带动区域经济的持续快速发展。全年共实施148个项目的建设，累计完成投资23.6亿元。积极配合市政府做好拉萨东大门整治、布达拉宫地下人行通道等市政建设，顺利完成城关区市民服务中心、干部职工周转房一期、金珠西路街道办事处、城关区综合办公楼、老城区道路给排水、八一和拉鲁“城中村”改造等项目，扎实开展老城区5座大院改造、廉租房、城关区福利院及教育、文化、卫生等建设项目，积极筹备嘎玛贡桑等“城中村”改造项目。严格执行建设项目的审批、招投标等相关规定，严格落实项目五制，对新建、改建、扩建和维修项目做到严格监督管理，确保各项重点项目顺利实施。

【支柱产业加快发展】加强引导扶持力度，认真落实各项优惠政策，促进以民族工业为重点的第二产业较快发展，实现工业总产值1.5亿元，同比增长15.96%。旅游业迅猛发展。旅游基础设施建设不断加强，服务功能体系建设不断完善，旅游接待能力有效增强。全年共计接待国内外游客360万人次，同比增长99.08%，实现旅游总收入6.53亿元，同比增长93.32%。商贸业保持健康快速发展。进一步加强市场监管力度，维护市场公平交易秩序，积极推进“万村千乡”市场工程，新建8家农家店，大力推动家电家俱、汽车摩托车下乡，农牧区碘盐配送覆盖率达100%。房地产业保持平稳较快发展。尼霞苑、琅赛花园等一批房地产开发项目顺利完成，城乡住房条件进一步改善。

【改革开放不断深化】落实招商引资项目31个，到位资金6.6亿元，同比增长15.78%。虫草交易市场、圣美家超市、雪域天堂酒店、三柒服装厂等一批重点招商项目落户我区，嘎玛贡桑整体改造面向社会全面招商，并与北京住总集团开展洽谈。非公企业总量进一步扩大，经营领域拓宽，在经济总量中的比重继续提高。援藏工作扎实推进，建立起与北京的教育、文化、干部培训、人才交流等多个领域的交流合作关系。由北京市西城区援助2100万元的重点援藏项目城关区市民服务中心主体全面完工，北京市援助1291万元的藏热小学改扩建主体基本完工，北京市援助620万元的新农村配套建设项目进展顺利，西城区援助70万元的老城区导识系统工程建设项目全面完成。

【“六城同创”深入推进】认真开展创建文明城市活动，广大市民的公德意识、文明行为不断增强，圆满完成“全国文明城市”迎检工作。积极开展创建生态园林城市活动，认真开展重点区域及城市周边绿化造林工作。有效推进创建最佳旅游城市，深入开展旅游行业窗口达标活动。扎实开展创建国家环保模范城市，“创模”十项工作积极推进。积极加快创建国家卫生城市步伐，市民卫生意识进一步提高，城市环境卫生工作水平不断提高。创建全国双拥模范城市工作扎实有效，军警民双拥共建共保活动不断深入。

【社会事业建设成效显著】社会事业协调发展。“两基”教育成果得到不断巩固和扩大，各级各类教育协调发展。各级财政累计投入9543万元，其中本级财政投入6763万元，实施娘热小学等6所学校改扩建工程及附属配套，建设9所学校校园网和15所学校视频会议系统，办学条件和水平得到积极改善。农牧区“三包”学生早餐奶计划顺利实施。落实贫困家庭学生教育助学金100万元。圆满召开自治区推进义务教育均衡化发展现场会。大力发展文化事业，投入680万元，全面完成城关区文化馆建设，夺底乡、娘热乡、白定村和蔡村四个乡村文化站室竣工并投入使用，实现了12个村农家书屋全覆盖，广播电视“户户通工程”工程全面完成。确立仓姑寺等4个文物保护单位为县级文物保护单位。“非遗”工作扎实开展，外事外宣工作实现新突破。卫生工作水平不断提高，手足口病、水痘等各类疫情疫病得到有效防控。投入853.5万元，全面完成八廓、扎细、公德林3个社区卫生服务中心建设并投入使用。投入100万元，完成3995名45周岁以上农牧民免费体检，体检率和建档率均达100%，并面向农牧民群众开展健康知识讲座，有效提高农牧民的保健意识和卫生意识。食品卫生安全、妇幼保健、计划生育等工作水平不断提高。

社会保障工作不断加强。组织开展各类就业培训18期，共计培训2136人，新增就业达506人，实现动态消除"零就业"家庭。努力维护劳动者合法权益，积极组织开展劳动合同签订工作，有效推动和谐劳资关系建设。养老保险、失业保险、医疗保险、工伤保险、生育保险等参保人数进一步增加，覆盖面进一步扩大。共计发放退休养老金160.2万元，报销1186名城乡居民医疗费用479.54万元，报销59人生育医疗费用31.5万元，发放工伤抚恤金16.24万元。认真落实城乡居民保障制度，实现应保尽保、应退尽退的动态管理。城乡居民低保标准逐步提高，城镇低保标准提高为月人均330元，农村低保线调整为年人均纯收入1300元，共计兑现城乡低保2954户最低生活保障金1656万元。全面完成920套廉租房和188套干部职工周转房建设并投入使用。

林周县

【年度综述】2010年，林周县上下全力以赴保稳定，实实在在惠民生，以农牧业特色产业、项目投资、矿业产业、招商引资、劳务输出等为富民强县的抓手，开拓奋进、锐意进取，不断巩固和加强农牧业特色产业基础地位，不断改善基础设施建设条件，不断加大对内对外开放力度，不断促进社会事业发展进步，不断提高人民群众生活水平，全县经济社会保持了持续、健康、平稳较快发展。2010年，完成县级生产总值8.39亿元，同比增长15%；全社会固定资产投资达到6.78亿元，同比增长47.42%；财政收入完成2690万元，同比增长81.75%；农牧民人均收入达到4605.31元，同比增长18.51%；全县招商引资到位资金1.58亿元，同比增长8.97%；组织劳务输出14000人，实现现金收入7786.1万元。

【狠抓农牧业生产，农牧业基础地位不断巩固】全县粮油种植面积达到17.03万亩，粮油总产12426.82万斤，单产787.03斤，年末牲畜存栏数28.47万头（只、匹），牲畜总增率34.4%，牲畜出栏率34.7%，畜产品商品率达50%。农牧特色产业规模不断壮大。实施完成青稞标准化生产示范项目面积2万亩，人工种草5万亩，使全县人工种草规模达到13.6万亩；家禽养殖产业继续推进，牲畜育肥成效显著，牦牛育肥专业户达到900户，育肥牦牛5200头，总收入达到2496万元；发展绵羊育肥户650户，育肥绵羊18200只，总收入达1019.2万元。三个养鸭点肉鸭养殖出栏8.3万羽，共计收入199.2万元。农牧业科技水平稳步提高。全县良种推广面积达8.3万亩，良种覆盖率达到85%；实施脱毒马铃薯实验项目1000亩，肥效实验10000亩，牧草繁育基地2000亩。畜种改良成效显著，面上选育牦牛64992头，占牦牛存栏总数的73.5%；新增改良绵羊2.5万只，增收334.04万元，并向全区推广，取得了较好的经济和社会效益；农牧业机械化进一步发展，全年兑现群众农机具购置补贴款498.65万元，到位农机具812台（套）；投资399万元的秸秆处理窖项目惠及南部7个乡镇1000户农牧民群众，每户可增收1354.8元；全县9个乡镇的兽防体系建设已全部完成，农畜产品快速检验建设项目正式启动。农牧业基础设施条件进一步改善，2010年投入产粮大县补贴资金613.4万元，全部用于农牧业基础设施建设；总投资361.97万元，开工建设总长16.3千米农田灌溉渠道，并改扩建水塘2座；县财政投入20万元用于长达15400米的干渠清淤，有效改善了3.34万亩农田灌溉条件；投入资金30万元并调配抗灾物资510吨用于抗灾救灾，为抗击自然灾害，夺取农牧业丰收和生产安全提供了保障。农牧民组织化程度进一步提高，正式组织成立专业合作社6个，到位国家扶持资金165万元，重点涉及养殖、农牧产品加工和旅游观光等行业。农牧民培训力度进一步加大，全县全年共举办各类培训班36期，累计完成农牧民技术培训5926人。

【项目建设继续强化，基础设施建设力度不断加大】2010年，全县建设项目共87个，完成投资6.78亿元。一是基础建设项目投入力度加大。农牧区生产生活条件进一步改善，总投资1140万元实施600户农牧民安居工程建设项目，预计年底全部完成；全县5个人居环境及村容村貌整治示范点工程总投资522万元，已全部开工建设，目前已完成道路硬化；总投入资金1140万元，总户数720户公路沿线房屋改造工程已经启动；总投资84万元的2010年第二批人饮工程正式开工，可解决836人的饮水安全问题，目前农村安全饮用水自然村普及率达到83%，人口普及率达82%；交通建设进一步加强，总投资2783.89万元，完成阿朗乡拉岗村至曲热村公路建设和唐古大桥、帕雪桥、阿麦桥等6座桥梁建设；总投资1980万元，实施4个教育设施建设项目，改善了农牧区办学条件；投资1100万元的县医院标准化建设项目已基本完工，投资30万元的切玛、卡东、新嘎三所村卫生室新建项目已全部完成。二是社会投资进一步扩大，6家矿业公司和1家青稞面方便面厂7个项目总投资达2.1亿元，完成投资1.4亿元。三是重大工程建设项目顺利进行，旁多水利枢纽工程和青海—西藏750千伏/±400千伏交直流联网工程林周境内建设项目年内完成投资3.82亿元，为我县经济社会发展注入了强大动力。旁多水利枢纽工程进展顺利，旁多集镇迁建项目正在按计划组织实施；在前期大量细致的群众工作的基础上，我县进一步加大了思想宣传、组织动员和建章立制等工作力度，制定了《西藏旁多水利枢纽工程征地补偿和移民安置办法》和《旁多水利枢纽工程群众搬迁安置奖励办法》，目前第一期185户1137人搬迁群众安置工作正在有条不紊地进行；青藏交直流联网工程拉萨换流站及十标段工程已正式开工，成立了林周县青藏直流联网工程十标段建设群众工作协调领导小组，制定了青藏直流联网工程在我县境内征占用地的补偿标准，群众协调工作及时跟进，保障了工程建设的顺利开展。四是加快市政设施建设，提升县城发展活力。稳步实施基础设施项目建设，总投资2005.87万元，建设职工周转房200套，总投资368.67万元建设廉租房36套，将进一步改善干部职工及居民居住条件；投资424.32万元的武装部建设项目主体工程和投资976.63万元的县城防洪堤建设项目已基本完工；加强了县城管理，制定了《林周县城市管理综合执法办法》《林周县出租房管理办法》和《林周县门前“四包”管理办法》等制度（办法）；大力开展爱国卫生运动和城乡环境综合整治活动，形成分段包干、定期清理整顿与日常管理相结合的县城卫生环境治理机制。如今，县城道路框架已基本形成，商业区、行政区、休闲生活区三大规划区域已现端倪，一个环境优美、秩序优良、管理优化的县城形象正在形成。

【招商引资工作成效突出，经济活力进一步增强】进一步改善投资软环境，以开明的态度、宽松的环境、让利的精神、优质的服务、优惠的政策，以“引进来”为重点，突出抓好招商引资工作。印制了新的《林周县招商指南》和音像产品等专题宣传材料，积极参加深圳文博会文化招商活动、拉萨雪顿节招商活动；更新充实了招商项目库，全年招商引资预计可引进1.89亿元，可到位资金1.58亿元，新引进2家农牧业公司，并有10个项目充实到了项目库中。全年完成工业销售产值12500万元，完成工业增加值10500万元，工业税收达到600万元，工业投入完成18900万元，工业经济规模进一步扩大。积极扩大居民消费。“万村千乡”市场工程进一步实施，农家店增加到21个，覆盖全县42%的行政村，惠及农牧民近5万余人；家具家电下乡活动深入开展，截至目前，向农牧民兑现补贴157.9万元；碘盐推广惠民政策得到切实落实，及时完成全县303.8吨碘盐推广任务，碘盐覆盖率达到100%。积极推进旅游开发建设。总投资200万元的文物保护工程热振寺寝宫已动工建设，结合以甘曲镇为中心的藏家乐、农家乐和南部自然风光旅游，借助拉萨市北部旅游环线发展之力，逐步打造我县“北佛南乐”的旅游品牌，培育新的经济增长点。

【注重协调发展，公共服务能力和均等化水平不断提高】一是优先发展教育事业。加强教育资源整合，不断改善农牧区办学条件，“两基”目标已经实现或超过，全县适龄儿童入学率98.79％，小学在校生巩固率99.44%，初中入学率98.16%，初中在校生巩固率98.47%；青壮年文盲率控制在0.08%以内。二是大力发展卫生事业。继续抓好新型农村合作医疗工作，全县农牧区合作医疗覆盖率达到100%，个人筹资率达99%；狠抓重大疫病防控、常规免疫与强化免疫、农牧区医疗卫生管理等工作，继续实施好农牧民孕产妇住院分娩费用免收和特困农牧民住院医疗费用直接减免等优惠措施，努力提高农牧区医疗卫生水平。截至目前共发生法定传染病3种54例，无死亡报告，总发病率为100.01／十万；孕产妇住院分娩率达到78.17%，死亡率控制在98.32／十万，婴幼儿死亡率31.46‰，人口自然增长率12.05‰；完成全县45岁以上农牧民10915人体检工作，检查率达到94.3%。三是进一步完善城乡社会保障体系。新型农村养老保险制度正式启动，农村最低生活保障制度和扶贫开发制度衔接工作顺利开展，社会保障体系实现新突破；截至目前，养老保险参保人数231名；新农保参保人数12312人；医疗保险参保人数2601人。其中，城镇职工基本医疗保险、失业保险、生育保险参保率均达到100%；加强城镇特困居民、农村特困户动态管理，发放农村低保金327.22万元（包括县级配套29.74万元）、城镇居民低保金121.35万元；完成了我县1300元以下的低保边缘家庭排查核定工作，为享受低保的66户家庭和特困救助的614户家庭中的残疾人共680人每人每年发放生活补助600元；投入霞光计划资金、民政福利资金和援藏资金共215万元，进一步完善了南部敬老院配套设施建设，保障了北部敬老院建设项目的顺利推进；深入开展双拥共建，兑现军烈属和机关伤残抚恤金5.7万元，三大节日慰问驻军部队、公安干警、消防人员25.22万元，符合条件的退伍军人安置率达100%。四是继续加大了扶贫开发工作力度。全年续建、新建扶贫开发项目28个，总投资1108.48万元（国家总投资967万元），国家农业综合开发县项目已基本确定，农村最低生活保障制度和扶贫开发政策两项制度衔接工作有序开展，现已进入数据录入阶段。文化广电事业：完成了全县10524套广播电视接收设备升级和394套新增广播电视卫星直播设备安装调试工作；县财政投入60000余元，新建了全县10个乡镇和46个行政村的广播站；完成24个农家书屋建设，实现全县46个行政村都有农家书屋的目标；投入20万元，完成2个村级电影放映室建设；开展电影“四进”活动，在全县农牧区共放映电影1480场次，进一步活跃了农牧区文化阵地。建成了县干部职工活动室，丰富了机关干部职工文化生活；认真实施学校德育和青少年思想道德建设工作。

当雄县

【基本县情】“当雄县”藏语意为“选出来的好地方”，是拉萨市唯一的纯牧业县，素有拉萨“北大门”之称。当雄县北与班戈县、那曲县接壤，南与林周县、堆龙德庆县交界，东部一隅与嘉黎县相连，西南与尼木县毗邻，平均海拔4300米。青藏公路、青藏铁路、兰西拉光缆、输油管道横亘全县百余公里，具有重要的战略地位。全县国土总面积1.23万平方公里，距拉萨市162公里。全县辖六乡两镇（格达乡、羊八井镇、宁中乡、当曲卡镇、公塘乡、龙仁乡、乌玛塘乡、纳木湖乡），有28个行政村，172个村民小组，2010年总人口46778人，牧户8712户，劳动力19595人。

当雄县自然资源十分丰富。矿产资源有砂锡、铅锌、玉石、高岭土、石膏、火山灰、石灰石、水晶石、硫磺、泥炭等，其中以羊八井地热最为著名，年发电量1亿千瓦。已探明并开采的县属乌玛乡石膏矿，储备1亿吨以上，高岭土、火山灰、铝锡、铅锌矿和以铜矿为主的稀有金属矿，均有相关的储量和品位。境内草场广阔，天然草场总面积693171.3公顷，优良草场占全县可利用草场的68%，质量中等的占29%。

当雄县旅游资源得天独厚。主要名胜古迹和旅游景点有世界海拔最高的咸水湖——纳木错，历史名城冲噶固始汗夏宫遗址，享有盛名的藏传佛教噶当派创始人——仲敦巴旧址，藏北八大塔，嘎罗寺（噶玛噶举派）、羊八井寺（噶玛噶举红帽派）、康玛寺（格鲁派），羊八井地热田等。海拔4718米的纳木错湖是全国第二大咸水湖，又是西藏重要的佛教圣地，享有“圣湖”的美誉。与“圣湖”遥遥相对的是“神山”念青唐古拉山，其主峰下的牧民从事宗教活动及赛马、赛歌的好地方。

【年度综述】全县实现生产总值 6.1 亿元，比上半年增长 17.3%，人均地区生产总值 12712.31 元，同比增长 16.81%。(其中：一产完成产值 1.86 亿元，二产完成产值 1.89 亿元，三产完成产值 2.35 亿元)，地方财政一般预算收入 4600 万元，同比增长 71.64%；全社会消费品零售总额达 3300 万元，同比增长 20.24%；牧民人均纯收入达 5148 元，同比增长 19.89%；牧民人均现金收入 3850 元，同比增长 16.96%；全社会固定资产投资完成 6.85 亿元，完成工业销售产值 2.98 亿万元，比上年增长 34.79%；工业增加值 13173 万元，同比增长 5.92%；完成工业税收 3799.25 万元，同比增长 78.54%；完成工业投入 1.82 亿元；同比增长 30.94%。

【加强牧业基础设施建设，牧业基础地位进一步巩固】 2010 年，共投资 2700.98 万元(国投 1823.18 万元，群众投劳投资达 877.89 万元)，完成县乡两级防疫体系、牲畜棚圈、人工草料基地等牧业基础设施项目 7 个；投入资金 150 万元，冻配改良牦牛 5000 头；投入资金 550 万元，完成县乡村三级防抗灾粮食储备库建设，90 万公斤粮食、50 万公斤牲畜草料、应急人用畜用药品若干；开展动物疫病防治工作(120 万元)，防疫密度达到 99.98%；积极开展牧业科技培训(50 万元)，举办培训班 6 期，培训 5378 人；各类牲畜存栏 71.3 万头(只)，出栏 20.8 万头(只)，幼畜 15.57 万头(只)，成活率达到 97.8%，同比增长 24.52%，牲畜死亡率降低 1%。

【加强招商引资力度，工业生产增长较快】全年完成工业销售产值 2.98 亿万元，比上年增长 34.79%；工业增加值 13173 万元，同比增长 5.92%；完成工业税收 3799.25 万元，同比增长 78.54%；完成工业投入 1.82 亿元；同比增长 30.94%。

2010 年，通过媒体、“当吉仁”赛马节、纳木错国际徒步大会等各种渠道宣传当雄独特的旅游资源，不断提升当雄旅游景区的知名度。加大投入不断改善旅游景区软、硬件设施建设。进一步加强了对当雄群众的教育引导工作，使群众在合理、合法的渠道中增收致富。全年共接待国内外游客 35.6 万人次，比上年增长 12.3%。参与旅游的总人数 1987 人，包括(大小饭店 138 家，宾馆、招待所 22 家，商户 89 家，家庭旅馆 14 家，床位 378 张)，同比增长 4.8%。旅游带动相关产业实现收入 1.58 亿元，比上年增长 20.68%。

【安居工程完成情况】2010 年底，根据区、市安排全县的安居工程建设任务为 572 户，按照民房改造项目每户的补助资金为 1.9 万元，(其中：拉萨市安居工程配套补助 1.4 万元/户 ，自治区抗震加固补助 0.5 万元/户。)共计区、市补助资金为 950 万元。县财政配套完成 72 户安居工程任务建设，按照旅游牧民定居每户的补助资金为 2.5 万元/户，共计 180 万。

2010 年顺利完成纳木湖乡农牧民安居工程整改重建的 204 户。204 户(共计 10860m2)牧户已全部搬进新居，工程质量及技术要求方面以通过自治区的终验。

尼木县

【年度综述】2010 年，尼木县紧紧围绕“一产做精、二产做强、三产做大”的经济发展战略，坚持走“旅游富民、文化兴业、矿产强县”的发展路子，经过全县各族干部群众的共同奋斗，尼木县经济社会保持了平稳较快发展，圆满完成了尼木县十一届人大四次会议确定的各项目标任务。全县生产总值达到 2.95 亿元，同比增长 15.6%；完成社会固定资产投资 2.98 亿元，同比增长 26.3 %；农牧民人均纯收入 4854.45 元，同比增长 30.85%；财政收入首次突破千万元大关，达到 1154 万元，同比增长 65.8%；城镇居民可支配收入达到 14381 元，同比增长 10.4%。

【狠抓农业综合生产能力建设，农村经济稳步发展】2010 年，战胜了持续干旱、泥石流等自然灾害，以优化农业种植结构、发展特色种养殖业为抓手，着力加大农业新品种推广、畜牧业科学养殖以及经济林木种植力度，为全县经济稳步发展奠定了坚实基础。一是农业生产保持稳定。完成农作物播种面积 56362.22 亩，其中：粮食播种面积 30292.22 亩，经济作物播种面积 6270 亩，芫根复种面积 19800 亩。粮、经、饲比例由上年的 73.9:13.6:12.5 调整到 72.5:15:12.5。全县粮油总产 2628.08 万斤，全县农作物虽然受旱灾和泥石流等自然灾害的影响，但由于尼木县出资 14.9 万元，引导农牧民群众参加了涉农政策性保险，全县 1900 多户受灾农户获得了约 138.52 万元的赔偿，因此，粮食虽减产但不减收，确保了群众利益。二是畜牧业平稳运行。2010 年，全县牲畜存栏总数达到 16.78 万头(只、匹)，牲畜出栏率 32.94%，仔畜成活率 95.7%，成畜死亡率 0.98%。大力实施牲畜改良工作，引进种牛 16 头，并采用本交和冷配技术共完成牲畜改良 900 头。同时，县政府还拨付防抗灾专项资金 55 万元，用于购买牲畜饲草料等防抗灾物资。三是林业工作进展顺利。完成了 426.48 亩的重点区域造林任务，补植补种 3100 亩，完成“四边”植树造林 800 亩。四是农业机械化深入推广。共筹得农机具购置补助资金 402.54 万元，其中国家配套 150 万元，共购买了 842 台(套)农机具，兑现群众三项作业柴油补贴 32.19 万元。分别完成机耕、机播、机收面积 26610 亩、25250 亩和 28686 亩。五是专业合作经济组织不断发展壮大。2010 年，全县已注册的农牧民专业经济合作社达到 9 家，各专业经济合作组织年均盈利从 1 万元至 800 万元不等，为每位社员增加现金收入从 0.8 万元至 10 万元不等，通过专业合作组织的有序发展，提高了农牧民组织化、市场化程度，为农牧民增收致富提供了平台。六是农村剩余劳动力有序转移。上年初，县政府专门成立了劳务输出领导小组，从而使全县劳务输出工作实现了由无序输出向有序输出的转变，2010 年共输出劳力 6074 人，实现劳务收入 7321.83 万元。

【项目带动战略加快推进，经济发展后劲不断增强】2010 年，全县共开工建设项目 110 个，项目总投资达 8.77 亿元。其中，总投资 1236 万元的干部职工周转房新建项目、总投资 570.33 万元的县城改造项目、总投资 1270 万元的县城卫生服务中心改扩建主体工程、总投资 441 万元的县城青少年活动中心、总投资 352 万元的尼木县入口景观大门等工程均已完工或已完工,总投资1700万元的2010年全县小型农田水利项目、总投资243万元的2010年农村饮水工程以及防护林建设和农村沼气工程顺利推进。同时,全县还充分利用援藏资金加大了对基础设施建设的投入力度,投入资金613.97万元,实施了塔荣镇尚日村新农村基础设施建设。在项目建设中,县政府继续对当地农牧民施工队实施了政策倾斜,将投资在50万元以下的项目全部交由当地农牧民施工队承建,仅此一项,就增加农牧民群众经济收入3000余万元。

【安居工程扎实推进,群众生产生活条件明显改善】完成了总投资4286.4万元,共计600户的安居工程建设任务,受益人口达到3251人。针对大部分建设户经济条件差的情况,尼木县自筹资金80.4万元,按照每户0.6万元的标准,为134户贫困户增加了补助资金。为08年至09年间的121户安居工程自建户共计发放资金121万元。为迎接西藏和平解放60周年,大力实施了318国道沿线安居工程整体改造提升项目以及尼木桥头一期、二期综合整治和全县6个村人居环境建设项目。

【充分挖掘优势资源,特色产业建设步伐加快】2010年,县政府进一步探索实现全县特色产业规模发展、规模经营的新途径,产业建设得到快速推进。在位于318国道沿线的吞巴乡和卡如乡推广种植了51亩桃树和苹果树,同时还发展庭院经济50户,栽种核桃树、水蜜桃树、苹果树7000棵,成活率均达到了80%以上。大力推广藏鸡养殖业,经逐户统计,全县藏鸡存栏数近12万羽,比2009年增加了5.3万羽,群众实现藏鸡养殖收入500万元,户均实现收入0.8万元。建立了科学合理的矿产资源利益共享机制,妥善化解矿区矛盾纠纷,积极构建和谐矿区,确保了中国铝业及时进场,全年兑现群众草场补偿金950万元。为加快全县特色矿产业的开发力度,签订了厅宫1500吨和5000吨电解铜厂建设、普松金矿开发项目、白容铜矿资源储量地质详勘等建设项目。总投资4.9亿元的厅宫铜矿5000吨选厂项目已完成立项审批工作,2010年可开工建设。投资90万元,对吞弥·桑布扎故居进行了修缮,同时吞巴景区停车场、旅游步道、景区大门建设项目已通过上级部门审批,2010年将开工建设。

【十一件实事全部落实,民生工作得到进一步加强】上年初,县政府承诺的十一件实事全部落实。包括水利工程、农牧民安居工程、寺庙及僧舍地震灾后恢复重建、干部职工周转房建设、敬老院五保老人生活水平提高、退耕还林基本口粮田建设以及县政府全额资助从2009年起考上大学的所有农牧民家庭子女和城镇低保家庭子女学费,2010年,共资助大学生236名,资助金额达到42.37万元。为提高全县人医和兽医工资待遇,从上年1月起,由县财政补贴,村人医、兽医工资在300元的基础上提高至每人每月400元;乡人医、兽医工资在300元的基础上提高至每人每月500元。

【统筹兼顾,各项社会事业协调发展】一是不断加大教育投入,2010年投入资金达到351.35万元、占财政收入的30.45%,同时扎实做好了"两基"迎国检各项准备工作,并初步通过了拉萨市预检。二是医疗卫生惠及农牧民群众。全县参合农牧民人数为28794人,参合率达到99.46%。全面完成45岁以上6717名农牧民免费体检及建立健康档案工作。三是新农保工作扎实开展。全县适龄应参保人数18496人,实际参保人数14691人,参保率达到79.43%。四是文化广电工作扎实有效。全年深入群众放映电影2027场次,成功申报雪拉鼓、普松雕刻、塔荣镇白面具藏戏为自治区级非物质文化遗产,完成21个"农家书屋"建设项目,圆满完成了208套地面卫星安装和对全县户户通设备升级工作。五是民政工作扎实有效。全年共向662户低保户发放低保金168.1万元,开展医疗救助92人、发放医疗救助款40.8万元,发放革命烈士抚恤金、特困退伍军人救助金和义务兵家属优待金9.26万元。

曲水县

【年度综述】2010年,全县生产总值完成45738万元,增长26%;全社会固定资产投资完成68143万元,增长37.28%;本级财政收入完成2200万元,增长47.35%;社会消费品零售总额完成8955万元,增长17.01%;农牧民人均纯收入达到5109元,增长25.99%;城镇居民人均可支配收入达到12000元,增长7.91%。

【坚持科学发展,不断优化农业结构】按照"农牧业增效、农牧民增收"要求,大力调整优化农牧业产业结构,粮、经、饲比例调整为50:33:17,农林牧渔总产值达到13750万元,增长5.36%。全年总播种面积9.12万亩,粮食总产达到5085.33万斤,油菜产量达到407.66万斤,蔬菜产量达到3.68万斤。土豆、设施瓜果蔬菜等特色农作物种植面积不断扩增。土豆种植面积比上年增加2000多亩达到12000亩。创建高产标准田2万亩,比上年翻一番。新增高效温室大棚524座,全县温室大棚达到2000座。牲畜存栏11.93万头(只、匹),总增率40.31%,出栏率36.18%。林业工作成绩显著,全年植树造林35318亩,成活率达到85%。南木乡集体林权制度改革试点工作全面完成。农业项目得到有效推进,全年续建、新建各类农业项目18个,总投资9500多万元,建成了优质蔬菜生产基地、国家现代农业示范区等一大批具有典型性、带动性、辐射性项目。不断推进农业科技工作,建立曲水县级动物防疫站、农牧业综合服务站、曲水县农产品质量安全检测站,进一步完善了农牧区科技服务体系;投入1156.6万元购置农机具3261台(套),全县机耕、机播、机收面积达到5.4万亩、5.4万亩和5万亩。农牧业产业化和组织化程度进一步提高,新增专合组织5个,吸纳会员795人。认真落实各项强农惠农政策,兑现粮食直补和农资综合补贴153.07万元。

【强抓项目建设,不断改善基础条件】全社会固定资产投资继续保持较快增长,全年开复工项目80个,完成投资68413万元,增长37.28%。一是扩大内需项目进展顺利。国债农村沼气、县级廉租房等18个扩大内需项目全部完工。二是城镇基础设施建设项目投入加大。完成自筹资金1200万元的县城园区道路、投资950

万元的县卫生服务中心等11个市政基建项目建设，总投资8913万元。三是农牧业生产生活条件进一步改善。投资800万元，完成俊巴渔村乡村道路建设；投资3400万元的才纳吊桥改建项目正在建设当中；投资314.76万元的茶巴拉水库除险加固工程，投资1305万元的曲水灌区节水配套工程全部完工；农田水利基本建设成效显著，新修、维修水渠56.5公里，清淤灌排渠道103.6公里，改善灌溉面积1.32万亩。农牧民安居工程项目扎实推进，投资3349万元，完成410户安居工程建设。县城防洪堤建设项目、干道沿线安居工程改造提升、重点区域生态公益林建设等一批重点项目强势推进，基础设施条件明显改善。

【实施工业带动，不断增强发展后劲】立足"一区两园"平台优势，稳步推进全县工业化进程。全年共投入7000万元进一步完善了雅江工业园区基础设施建设，其中投资1200万元的县城园区道路和投资3200万元的输变电路已投入使用，园区承载能力明显增强。投入4300万元先后对西藏金哈达等6家企业进行技改。全年完成工业总产值42000万元，增长42.37%；实现工业税收2300万元，增长135%。全年签订招商引资项目7个，总投资37412万元，到位资金31600万元。通过招商引资和基础项目的建设，园区优势更加突出，工业带动作用更加明显，发展后劲更加强势。

【改善旅游设施，不断提升三产活力】利用区位优势和资源优势，不断加大318国道沿线旅游开发力度。投资450多万元的俊巴渔村开发一期工程已完工；投入50万元对聂当大佛景点和舟桥营地段的公共设施进行了改造整治；新建卓玛拉康旅游服务中心，对县城旅游服务中心进行了维修，改善了旅游环境，提升了旅游服务接待水平和质量。个体、私营等非公有制经济得到较快发展，全县个体工商户达到897家，注册资本1505.8万元，进一步拉动了318国道沿线第三产业发展。2010年，全县旅游收入达到458万元，增长20.39%。

【发展社会事业，不断改善群众生活】大力推进科教卫生、扶贫帮困等社会事业发展。认真实施"科教兴县"战略，科学调整学校布局，由原来的13所完小、19个教学点调为7所完小，优化教育资源配置，改善了办学条件。认真做好"两基"国检准备工作，小学和初中入学率分别达到99.89%和98.7%，在校生巩固率进一步提高。小学生均"三包"经费增加450元，初中生均"三包"经费增加400元。投资113万元为全县17个行政村购买校车，确保学生交通安全。统筹城乡医疗服务，抓好疾病预防控制，加强妇幼保健工作，农牧民参加新型农村合作医疗积极性增加，参保率达到100%。新建和改建乡村文化活动室18座，全县乡村文化室达到53座；大力实施广电村村通、户户通、2131工程，进一步提高了广播、电视综合人口覆盖率。社会保障稳步推进，养老、医疗、工伤、生育、失业保险扩面提质，60岁以上农牧民享受基础养老金；继续提高保障水平，投资140万元对4所敬老院基础设施实施配套建设；全年共发放救灾救济资金38.29万元；为五保户、低保户、贫困户、优抚对象发放慰问物资价值37.6万元；发放城镇低保金及各项补贴20.7万元；发放农村低保金128.69万元。

【政府承诺的10件实事全部完成】一是为全县560名享受最低生活保障和特困救助家庭中的残疾人每人每年发放600元生活补助。二是提高全县村医、兽医待遇，月工资达到300元。三是培育庭院经济示范户200个。四是南木乡江村新农村示范点建设即将开工。五是新建色麦村、南木村卫生室及附属工程。六是提高农村合作医疗国家补助资金，由原来的每人每年140元提高到180元。七是完成112套职工周转房和24套廉租房建设。八是进一步提高贫困大学生资助金额和中小学生校车接送费用。九是完成445户的沼气池建设。十是投资114.9万元，解决1060人的安全饮水问题。

堆龙德庆县

【基本县情】堆龙德庆县位于西藏自治区首府拉萨市西南方，县城距市中心12公里，属典型的城郊结合部。全县总面积2704.25平方公里，下辖五乡两镇，34个行政村，总人口4.6万多人。青藏公路、拉贡公路、青藏铁路穿县而过，青藏铁路客运站、货运站位于县柳梧乡和乃琼镇，柳梧新区和拉萨市国家级经济技术开发区位于县柳梧乡和东嘎镇、乃琼镇。

【年度综述】2010年，堆龙德庆县以推进科学发展、跨越式发展和长治久安为主题，坚持走有中国特色、西藏特点的发展路子，实施"一产上水平、二产抓重点、三产大发展"的经济发展战略，抢抓机遇，砥砺奋进，全县综合实力显著增强，经济保持平稳快速增长，社会各项事业全面进步。2010年，全县实现产总值10.7亿元，与"十五"末相比，增加5.99亿元，年均增长17.83%；实现财政收入8853万元，与"十五"末相比，增加6011万元，年均增长25.5%；农牧民人均纯收入达到5328.23元，与"十五"末相比，增加2699.78元，年均增长15.18%；社会消费品零售总额实现2.83亿元，与"十五"末相比，增加1.14亿元，年均增长10.86%。

【产业结构不断优化升级】三次产业结构由"十五"末的20：49：31调整为"十一五"末的10：58：32，产业规模逐步壮大。农业综合生产能力显著增强。实现农业总产值1.72亿元，比"十五"末增加0.3亿元，年均增长3.3%。农业发展基础不断夯实，科技含量大幅提升，农机"三项作业率"达到80%以上，良种推广率达到86%以上。设施农业投入力度持续加大，产业实力不断增强，辐射带动面进一步扩大，农畜产品供给能力迅速提高，农牧民专业合作组织健康发展，产业效益化显著，农业现代化建设稳步推进。工业经济快速健康发展。第二产业增加值达到6.2亿元，比"十五"末增加3.88亿元，占全县地区生产总值的57.94%，年均增长21.73%。工业增加值达到1.68亿元，比"十五"末增加0.96亿元，年均增长18.3%。销售产值达到4.63亿元，工业税收达到4037.73万元。县域内特色工业企业达到55家，工业园区初具规模，产业集聚效应初步显现，吸纳就业能力和财税贡献份额不断提高。第三产业稳步发展。

第三产业增加值达到3.38亿元，比“十五”末增加2.14亿元，年均增长15.56%。旅游业实现收入619.41万元，比“十五”末增加522.51万元，年均增长44.92%。旅游接待能力显著提高，特色旅游、生态旅游、文化旅游不断壮大，正成为促进和带动全县相关产业发展的重要支撑。

【城乡居民生活水平明显提高】 城镇居民人均可支配收入达到15341.65元，比“十五”末增加3341.65元，年均增长8%；农村居民人均纯收入达到5328.23元，比“十五”末增加2699.78元，年均增长15.18%。社会主义新农村建设全面推进，安居工程建设改善了6434户28359人的住房条件。740户农牧民家庭实现改厕，建成农牧区户用沼气池4776座，农牧区安全饮水工程解决了32个行政村79个村组30774人安全饮水问题，农牧区电网覆盖各乡镇村，食用碘盐实现全覆盖，家具、家电下乡深入推进，农牧区消费能力稳步提升。失地群众得到妥善安置，抗震救灾工作取得全面胜利，重建搬迁任务全面完成，村容村貌明显改观。投入近1000万元，大力实施一系列惠民工程，切实解决了广大农牧民群众关心的热点和难点问题。

【基础设施建设加快推进】 全社会固定资产投资完成21.08亿元，年均增长29.81%，投资规模逐步扩大，一批重点项目建设进展顺利，基础设施条件显著改善。团结路、东嘎东路改扩建工程全面完成，109国道堆龙县城段整治项目顺利实施，柳东路建成通车，县域交通网络体系基本形成。城乡绿化、美化、亮化工程有序推进，堆龙河防洪堤一期工程、农村安全饮水改造工程、古荣乡政府搬迁和德庆乡旅游综合服务区等重点项目全面完工，基层基础设施条件明显改善，为全县经济社会发展奠定了坚实基础。

【社会事业快速、健康、全面发展】“两基”成果进一步巩固。有效整合教育资源，大力改善办学条件，2010年有效整合各类学校32所，其中：普通中学（含职业中学）1所，中心完小12所，教学点18个。教育教学质量明显提高，“两基”成果得到巩固提高，学龄儿童入学率、巩固率分别达到99.54%和99.8%；初中入学率、巩固率分别达到99%和99.1%。教育救助体系不断完善，义务教育阶段在校生规模不断扩大，各类在校学生达到6542人，其中：小学在校生4162人，中学在校生2380人。教职工队伍不断发展壮大，教育教学技能不断提高，教职工人数达到479人，其中：小学专任教师332人，中学专任教师147人，学历合格率均为100%，一支政治素质高、品德修养好、业务技能精、学术氛围浓的教育教学队伍正在发展壮大。

医疗卫生事业快速发展。各级各类卫生机构达到42个，医疗卫生从业人员达到153人，千人拥有卫生技术人员和病床数分别达到3.2人和0.98张，孕产妇死亡率、婴幼儿死亡率分别为187／十万和25‰。城乡医疗卫生条件显著改善，医疗设备配备力度不断加大，各乡镇卫生院改扩建任务全面完成，一批村级卫生室建成使用，县、乡、村三级卫生服务网络基本形成。疾病防控工作扎实有效，食品卫生安全监管力度不断加大，医疗救治和应急处置能力不断提高，

文化事业繁荣发展。文化基础设施条件进一步改善，县、乡、村三级公共文化服务体系不断健全，建成国家级文化产业示范基地1处，县级文化馆（图书馆）1座，农家、寺庙、职工等各类书屋41个，精神文明活动场所1处；建设乡村各类广播电视台（站）55座，配备广播电视卫星直播设备11588套，广大农牧民群众通过直播卫星能够收看到46套电视节目，收听到4套广播节目，广播电视综合人口覆盖率分别达到98%和99%。群众性文化活动蓬勃开展，发展规范化民间艺术（藏戏）队7支，企业文艺队1支，老年文艺队1支；农村电影放映点达104个，室内放映室10座，爱国主义教育放映点7个。文物与非物质文化遗产保护工作不断加强。《堆龙德庆县志》编撰工作圆满完成，并出版发行。

社会保障体系不断完善。社会保险覆盖面逐步扩大，城镇职工医疗保险参保人数达到1551人，参保率为100%；基本养老保险参保人数达到279人，参保率为100%；失业保险参保人数达到538人，参保率为100%；生育保险参保人数达到1331人，参保率为100%。新型农村养老保险迈出实质性步伐，农牧区免费医疗制度实现全覆盖，新型农村合作医疗参合率达到99.53%。劳动力就业转移培训工作力度持续加大，失地群众就业能力不断提高，五年累计劳务输出18350人次，实现劳务收入9916万元。

【对外交流合作不断加强】 招商引资工作取得新突破，招商引资到位资金达到4.49亿元，比“十五”末增加2.11亿元。对口受援工作卓有成效，五年来，北京市累计投入援助资金1499万元，有效改善了城乡基础设施和办学条件。受援方式正由资金型、项目型、输血型向人才型、落户型、造血型转变。改革开放深入推进，对外交流与合作不断加强，为经济社会发展注入了新活力。

达孜县

【年度综述】 2010年，达孜县紧紧围绕“一产上水平、二产抓重点、三产大发展”的经济发展战略，扎实开展工作，实现了经济跨越式发展的良好态势。2010年，完成全县生产总值5.06亿元，同比增长18.78%，其中一产达到8800万元，同比增长8.11%，二产达到23200万元，同比增长9.13%，三产达到18600万元，同比增长40.91%；实现地方财政收入1626万元，同比增长30%；实现税收收入4183万元，同比增长54%；农牧民人均纯收入4872.74元，同比增长20.55%；全社会固定资产投资达到5.39亿元，同比增长10%。全县经济实力明显提高。

【农牧业生产平稳运行】 一是农牧业整体结构趋于优化。全年共落实粮食作物种植4.51万亩，经济作物1.34万亩，饲料作物1.02万亩，粮、经、饲比例调整到65：15：20。粮食作物产量达4635.8万斤、油菜籽产量达310万斤、蔬菜产量达2888.69万斤。二是种植业标准化生产成效明显。全年分别完成一万亩山冬六号标准化种植和一万亩藏青320标准化种植。通过高产栽培管理技术的应用，标准化种植的农田平均产量分别达到1000斤/亩和700斤/亩。三是动物疫病疫情防控能力全面提高。认真部署春秋两季动物疫情

和自然灾情高发期的防疫和防抗灾工作，加强了疫情监测和免疫预防，春、秋两季分别完成禽流感防疫注射28426只和30726只，五号病防疫注射115197头和117244头，防疫密度达到100%。全年牲畜存栏量12.05万头（只、匹），新生仔畜3.43万头（只、匹），牲畜成活率达96.1%。牲畜出栏数达4万头，出栏率达33%以上。猪羊肉产量达501万斤，奶类产量达603万斤。四是农牧民培训和劳务输出力度不断加大。全年共培训农牧民群众2132人，发放科普宣传资料1413册，宣传挂图60余张，科普光碟270余张。培训后实现就业697人。全年实现劳务输出8706人，实现劳务收入4965.9万元。五是特色产业项目进展顺利。按照新农村新牧区建设要求以及农牧业产业发展需求，进一步加快涉农、惠农、支农重点项目建设步伐，全年完成新投资建设项目12个，并全部通过区、市级验收。六是沼气建设稳步发展。全年完成国债项目623口、完成扩大内需项目1457口，全部通过市级验收。并对全县2006年、2007年修建的出现弓盖漏气、池底漏水、管件破损严重等问题的676口沼气池进行了全面维护。七是农牧民专业合作组织进一步健全。全面提高农牧民的组织化程度，支持农牧民专业合作组织加快发展。目前，达孜县注册成立的农牧民专业合作组织已达9个，涵盖蔬菜种植、瓜果种植，鸡、鸭、猪、牛养殖等多个方面，为农牧民群众增收致富奠定了扎实的基础。八是农田水利基本建设、扶贫开发和农业综合开发项目扎实推进。加大农村饮水安全工程建设和水库除险加固、堤防除险加固建设力度，进一步提升了防灾减灾能力。2010年农村饮水安全工程已完成全部工程量的95%，墨达灌区克日、邦堆干渠田间工程以及曲尼帕防洪应急整治工程已建设完工。同时，认真开展扶贫开发和农业综合开发项目，建设完成12个扶贫项目和1个农业综合开发项目。扎实做好农村最低生活保障制度和扶贫开发政策有效衔接工作，确定对象635户、2298人，发放宣传资料700余份，目前，“两项制度”衔接工作已进入收尾阶段。

【工业经济带动作用明显提高】一是招商引资力度加大。2010年，紧紧围绕“领导力量上优先、政策支持上优先、服务措施上优先”的招商引资思路，成立了招商引资工作领导小组，组建了县、乡（镇）、村三级招商网络，开展了多次招商业务培训，制定了《关于加强招商引资的工作意见》。全年新签约企业12家，协议资金6.43亿元，实际到位资金2.72亿元（含09年续建扩建项目），同比增长21.97%。截至目前，入驻工业园区的企业37家，协议总投资11.34亿元，实际到位资金6.82亿元。全年工业园区完成销售4.6亿元，同比增长51%；实现工业增加值1.74亿元，同比增长51.3%。现已有12家企业建成投产运营，试投产运营的企业6家，在建企业5家。同时，还重点推进了2010年镇江党政代表团赴藏考察期间随团企业与达孜签订的7个项目，项目总投资达1.7亿元。二是工业园区建设不断完善。进一步规范工业园区领导机制，成立了工业园区管委会，实现了“一线办公”和“零距离服务”，完成了工业园区发展规划编制工作，《达孜县工业园区总体规划》、《达孜县工业园区产业发展规划》均顺利通过拉萨市人民政府的审核批准，制定了《达孜县工业园区跨越发展三年行动纲要》，提出了“一年提升、两年跨越、三年翻番、五年大变样”的园区奋斗目标。道路、水电、通信等基础设施日趋完善，美化、绿化、亮化等工程快速推进，企业投入持续增长。全年完成工业性总投入2.89亿元，同比增长28.1%。三是工业园区发展带动效应日渐凸显。2010年，工业园区企业收购青稞6730吨，带动了1.5万亩青稞转化，支付收购资金1682.5万元；收购羊毛2000吨，支付收购资金1600万元；收购羊绒80吨，支付收购资金2080万元；收购牛绒90吨，支付收购资金216万元；带动了140万只规模的牛羊养殖。实现农牧民就业1000余人，为农牧民带来直接经济收入1440万。

【社会各项事业扎实推进】全县共有中小学校10所，小学入学率为99.87%，巩固率为99.90%；初中入学率为98.57%，巩固率为99.33%；15—50周岁非文盲率为99.4%；全县中小学毕业率均为100%。师资队伍建设进一步强化，教师学历合格率达到100%；“两基”迎国检工作已基本就绪。职业教育稳步推进，办学体制进一步优化，逐步形成了校企合作、半工半读等办学模式。

卫生医疗工作有序开展。2010年，达孜县医院急诊就诊20341人次，住院944人次，治愈率62%，病床使用率100%；孕妇住院分娩率为82.2%，同比增长4.2%，婴儿死亡率为20‰，孕产妇死亡率为“0”；自然增长率为9.3‰。农牧区医疗基金标准由人均140元增长到人均180元，全年共有5728户家庭享受到了基本医疗保障，划拨基金总额381.59万元，其中群众个人筹资总额25.42万元，筹资率达99.91%。圆满完成“农牧民健康体检及建立健康档案”试点工作，共为5664名农牧民进行健康免费体检，并完成了个人健康档案录入工作，健康体检率达98.9%。

社会保障民政事业不断提升。全年，共收缴基本养老保险金127.04万元，养老保险金支付16人，共计44.99万元，未出现挤占、挪用和拖欠现象。收缴职工医疗保险金95.6万元，统筹支付21人，支付资金15.79万元，覆盖率为100%。支付城镇居民医疗保险金2.49万元，覆盖率为100%；失业参保人数达600人，征收失业保险金74.63万元，覆盖率为100%；工伤参保人数达699人，征收工伤保险金13.61万元，覆盖率为100%；支付生育保险22人，支付资金15.61万元，覆盖率为100%。按照新农保政策，2010年，达孜县60周岁以上领取养老金人数为2068人，全年兑现养老金67.62万元。

文化事业彰显特色。一是扎实开展深入宣讲中央第五次西藏工作座谈会精神及党的惠民政策宣传普及教育活动。共开展宣讲活动248场次，宣讲覆盖面达到100%，经过对宣讲内容测试，测试合格率达100%。为群众办好事、办实事资金达55.88万元，发放各类藏、汉文宣传资料6115套，制作小康规划、计划镜框6095个。二是扎实做好科技、文化、卫生“三下乡”活动，为农牧民群众送去各种科技、法律资料38种15000余份，赠送科技读本8758册，法律法规、健康咨询3000人次，展出各种展板70余张，义务就诊1239人次，赠送各类药品价值6000余元。三是积极推动“农家书屋”工程建设。在原有的11个“农家书屋”的基础上新建成10个“农家书屋”，实现了村村都有

"农家书屋"的建设目标。四是扎实做好广播电视管理工作。认真完成了全年的广播电影电视技术系统的技术维护管理和安全优质播出工作。开展了"村村通"单收转站自查活动，并顺利通过市级验收；完成了全县6000套直播卫星"户户通"升级工作。

【获奖情况】达孜县妇联荣获2010年全区先进妇联基层组织；2010年全市目标责任考核第二名。

墨竹工卡县

【基本县情】墨竹工卡县位于西藏中部、拉萨河中上游，318国道横贯东西。面积5492平方公里，人口48647人，平均海拔4000米以上，辖7乡1镇40个行政村。属高原温带半干旱地带，年日照时数2813.1小时，年均降水量489.4毫米，年无霜期90天左右。该县素有"天边之乡"的美誉，野生动植物资源有黑颈鹤、斑头雁、虫草、雪莲花、红景天等，矿产资源有铜、铅、锌、金、钼、大理石等。境内名胜古迹众多，旅游资源得天独厚，距今850多年历史的直孔梯寺闻名国内外，具祛病美容效用的日多温泉、德仲温泉和有财神湖之称的思金拉措等自然景观独具魅力，以松赞拉康、松赞干布纪念馆、霍尔康庄园、甲桑古道徒步游为重点的藏王松赞干布出生地甲玛景区已完成松赞干布纪念馆建设，并于2010年8月底对游客开放。

【年度综述】2010年，全县生产总值实现8.67亿元，同比增长23.86%；财政收入完成6400万元，同比增长24.98%；税收收入达到1.03亿元，同比增长91.01%，率先成为全区税收亿元县。农牧民人均纯收入实现4854.4元，同比增长20.85%，其中现金收入3495.17元，同比增长21.17%。社会消费品零售总额实现6150万元，同比增长17.61%。全社会固定资产投资完成10.5亿元，同比增长28.99%，实施了各类建设项目105个。

【优势资源有效利用，工业经济发展基础进一步牢固】甲玛铜多金属矿区项目建设取得实质性突破，一期日处理6000吨选矿厂建成并正式投产。尼江邦铺矿区整合开发工作积极推进，项目搬迁安置工作扎实有效开展。墨竹工卡县还从2010年4月份开始实行政企联席会议制度，坚持每月一次召开会议，传达县委、县政府相关安排部署，及时了解掌握企业发展中存在的困难和问题，搭建企业与政府有效沟通平台，促进了墨竹工卡县工矿企业的健康有序发展，有效推动了企业、地方的和谐共建。2010年实现工业总产值4.53亿元，同比增长33.6%；实现工业销售产值4.21亿元，同比增长95.8%；采集原矿57.7万吨，加工原矿73.3万吨，生产精粉2.06万吨；涉矿企业安排本地就业人数352人，促进农牧民增收3200万元。涉矿税收总额完成8728.01万元，占税收总额的84.7%，矿产业支柱产业地位已经确立。

【旅游资源规划开发步伐不断加快，旅游开发有序推进】甲玛景区松赞干布纪念馆正式建成并对外开馆试营业，德仲温泉等景区的开发也在逐步推进中；塔巴陶瓷厂建成，并逐步实现了订单化生产，刺绣唐卡等其他旅游周边产品的开发工作也在有序推进中。为扩大旅游知名度，墨竹工卡县积极组织参加各类旅游促销活动，以多种形式宣传墨竹旅游品牌；在南京市成功举办了墨竹工卡县旅游(招商)推介会。在推进景区(点)基础设施建设步伐的同时，不断加大各景点景区环境集中整治力度，保证了墨竹工卡县旅游环境的整洁美观，为把墨竹打造成旅游名县打下了基础。2010年，全县接待游客36.5万人次，实现旅游总收入719.34万元。

【特色产业】投资1538万元，实施了人工饲草基地建设、秸秆微贮窖、中低产田改造和塔巴科技示范村项目；全年落实庭院经济108户，蔬菜生产面积达到97.7亩，个体育苗户增至137户、育苗面积达260亩，斯布牦牛短期育肥户均增收2万元，农牧业特色产业项目逐步产生效益。

【对外开放】全年共引进新建项目3个，续建项目8个，实际到位资金7.72亿元，同比增长29.3%。认真做好援藏干部轮换交接工作，制订了新一轮三年援藏工作计划，成功组织党政代表团赴南京开展援藏工作回访，进一步加强了与南京市各相关部门的协调联系。全年落实援藏资金1530万元，首次成功组织村"两委"干部赴南京参观学习。区、市对口帮扶工作成效明显，全年落实物资、资金累计达866.23万元。援藏和对口帮扶单位的大力支持和帮助，为墨竹工卡县农牧民群众实现脱贫致富起到了积极作用。

【民生建设】2010年落实种粮农民补贴资金166.73万元、农机购置补贴100万元、农机柴油补贴99.21万元、农牧民购买汽车、家电和家具补贴104万元。投资1753万元，实施农业综合开发项目1个、产业化项目1个、整乡推进扶贫项目5个、面上扶贫项目4个，惠及农牧民群众1023户，实现粮油增产25.5万公斤，实现增收223.8万元，使310户1552人脱贫。投资390.39万元，建成沼气池1183座；仅2010年一年就投资3613.5万元，完成了750户安居工程，农牧区人居环境明显改善。顺利完成中巴车退市、45岁以上农牧民免费体检、提高村医兽医待遇等拉萨市十二个民生项目；除县幼儿园建设项目因需在新区建设暂未开工外，墨竹工卡县在财力紧缺的严峻形势下，财政本级投入1506.54万元，全面落实了县政府承诺的其余九件实事，为墨竹工卡县各项社会事业的发展奠定了坚实基础。

【城市就业及社会保障】全县城镇职工基本养老、医疗、失业、生育及工伤保险参保工作取得明显成效；新农保参保工作进展顺利，全县60周岁及以上农牧民参保率达100%，共发放基础养老金116万元，16—59周岁适龄农牧民参保率达65%。农牧民转移就业工作继续推进，全年实现农牧民和城镇失业人员转移就业389名，完成劳务输出1.08万人，实现收入1.29亿元。继续落实城乡低保制度和五保制度，全年发放城乡低保金221.23万元、五保供养经费62万元；启用扎西岗乡敬老院，全县五保老人集中供养率达到82%；组织开展"扶贫济困送温暖"走访慰问活动，为613户困难户发放慰问金、慰问品32.5万余元；为146户人均收入在800元以下的贫困农牧民家庭发放南京市直工委提供的扶贫帮困救助资金29.2万元；发放城乡困难群众一次性生活补贴42.65万元、医疗救助金近68.84万元、春荒救济粮近12万斤、困难残疾人补贴资金37.2万元；确定58名灾害信息员，实现了灾害报警防御体系县、乡、村三级全覆盖。

【社会事业】始终坚持教育优先发展，本级财政教育投入经费1400余万元，落实“三包”经费882.15万元；迎“国检”工作有序推进，积极开展教育教学监督检查和防流控辍工作，组织各学校校长、优秀教师、离退休教师赴内地考察学习，教育事业取得长足发展。全年小学和中学入学率、巩固率分别达到99.39%、99.31%和99.01%、98.41%，基本实现扫除青壮年文盲目标，青壮年文盲率控制在0.83%以内。科技工作进展顺利，新增科技特派员13名，完成农牧民技能培训6358人(其中：转移就业技能培训444人、实用技能培训5914人)。医疗卫生事业稳步推进，全年开展食品药品监督检查34次；流动人口育龄妇女档案工作顺利完成；为463名享受“一孩双女”和伤残死亡扶助政策的群众发放扶助款33.33万元，为387名80岁以上农牧区老人兑现健康补贴12.25万元；新型农牧区医疗管理筹资率达99.86%，孕产妇住院分娩率达86%，婴儿死亡率控制在33.6‰以内。文化事业取得新进展，全年完成“户户通”工程9088户，广播电视覆盖率达到98%以上，建设电影室内放映室7个，放映电影2150场，建设11座乡村综合文化活动站（室）及3个乡（镇）文化中心，为40个农家书屋配置了书籍；累计开展30余场次文化体育活动，10余次文化市场专项检查；成功申报5个国家级和9个自治区级非物质文化遗产项目，并投入110万元建设了塔巴陶瓷厂房和直孔非物质文化遗产传习所，非物质文化遗产工作得到加强。

柳梧新区

【年度综述】2010年，柳梧新区管委会计划完成固定资产投资不低于11亿元，同比增长32.5%；完成财政一般预算收入不低于1500万元，同比增长50%。到2010年年底，柳梧新区管委会可完成财政一般预算收入1700万元，同比增长70%，完成年初目标1360万元的125%。由于东环快速干道等投资1.17亿元的项目申请援藏，未按原计划开工实施等原因，年底完成固定资产投资10.46亿元；招商引资协议资金19.4亿元，到位资金8.49亿元，同比增长38%，完成年度计划7.38亿元的115.13%。

【以项目为抓手，基础设施建设逐步完备】2010年，柳梧新区管委会计划建设项目29个，总投资12.92亿元，计划完成投资11亿元。到年底，柳梧新区可开工项目36个，总投资23.18亿元，完成投资10.46亿元。通过加大固定资产投资，柳梧新区的基础设施逐步完备。9月30日，察古大道等主要市政道路路灯已经亮化；10月22日，柳梧新区有线数字电视正式启用，结束了使用天线收看节目的历史；11月29日，柳梧新区单位和群众正式用上了自来水。柳梧新区现代化新城的雏形正在形成，建设步伐进一步加快。

【以招商为主线，入驻新区企业日益壮大】2010年，柳梧新区引进招商引资企业9家，协议资金19.4亿元，全年实际到位资金8.49亿元，同比增长38.15%。全年目标到位资金7.38亿元，完成全年目标的115.13%。

2010年柳梧新区管委会引进招商企业9家，主要有中国人寿保险西藏分公司，西藏金川矿业投资有限公司，西藏华泰龙矿业开发有限公司，西藏天知集团，北京富悦佳盛投资有限公司，西藏德天新能源科技有限公司，江苏顺通建设工程有限公司，西藏天和信息咨询有限公司，西藏同信证券等。正在洽谈中的企业有5家(西藏圣宝缘经贸有限公司、西藏全胜工贸有限公司、拉萨金蕃餐饮服务有限公司、西藏雪依生物科技有限公司、重庆川东南地质)。

为了推进柳梧新区招商引资企业项目进度，2010年11月3日第16次主任办公会会议决定成立以管委会书记和主任为总负责人的柳梧新区招商引资项目推进工作领导小组，建立招商引资企业领导挂钩制度，掀起了新区招商引资的新一轮高潮，为新区今后更大更快的跨越式发展奠定了坚实的基础。

【以民生为重点，群众生产生活切实改善】 管委会从维护广大人民群众切身利益出发，切实采取有效措施，在安置失地农民、拓宽群众增收渠道、妥善解决失地农民就业再就业等方面做了大量工作。2010年，解决当地群众就业56人（其中公益性岗位38人）。

为加强乡村基层党组织建设、改善办公条件，柳梧新区管委会承诺在柳梧乡政府办公楼建设中出资150万元，在柳梧村委会办公楼建设中出资300万元，为青藏铁路安居小区群众活动中心解决添置设备费用10万元，出资121万元为青藏铁路安居小区完善配套设施。经管委会党工委会研究，决定通过申请援藏项目对柳梧村幼儿园进行重建。为加强对柳梧村放养牲畜的管理，防止牛羊啃食绿化带，向柳梧村群众发放牲畜圈养补贴43万元。

【绿化园林工作取得突破】对世纪大道、北京大道、站前大街绿化带进行改造升级，投资总额210万元，2010年新增绿化面积达4500平方米。同时配合市林业局做好新区南、北山绿化改造工程，加强机场快速干道两侧的绿化。

【“六城同创”工作积极推进】柳梧新区作为拉萨市的一个“窗口”，购买了100个垃圾桶及3000把扫把，对柳梧新区市政道路路口安装了石墩(352个)及挡板。在柳梧大桥西面的东环快速通道路口安装了宣传“六城同创”的相关内容，并且在世纪大道中间安装了宣传栏，在各主要路段上更换上了关于“六城同创”的相关内容。2010年，为配合“六城同创”及改善柳梧新区的整体形象，柳梧新区管委会已经投入市政资金822万元。

昌 都 地 区

昌都地区

【年度综述】2010年，昌都地委、行署大力实施“一产上水平、二产抓重点、三产大发展”的经济发展战略，按照建设藏东经济区的区域经济发展定位和“巩固提升一个根本，完善一个基础，壮大两个支撑，培育新的增长点”的发展思路，着力改善民生，促进社会和谐，深化改革开放，确保了全地区经济平稳较快发展，社会局势持续稳定和人民群众安居乐业。

2010年，全地区生产总值完成67.07亿元，同比增长15.8%。其中第一、二、三产业分别完成15.01亿元、26.3亿元、25.76亿元，同比分别增长7%、18.7%、18.6%。农牧民人均纯收入达到3662元，同比增长16.2%；城镇居民人均可支配收入12730元，同比增长9.2%。地方财政一般预算收入突破3亿元大关，达3.14亿元，同比增长12.5%。金融存贷款余额分别达到75.64亿元和20.86亿元。

【农牧业生产平稳发展】2010年全地区农牧业总产值完成23.1亿元，同比增长5%。狠抓惠农强农政策落实力度，全年安排支农资金达6.8亿元，涉农贷款达到8.67亿元，完成自治区下达昌都地区农机具购置补贴1887万元（其中：2009年资金900万元、2010年资金987万元）。全地区农作物播种面积53000.73公顷，其中：粮食作物444936.4公顷、经济作物5636.4公顷、饲草料作物2427.93公顷，粮食总产量达到16.62万吨。认真抓好重大动物疫病防治工作，层层签订了目标责任书，建立了分级分片包干责任制，下拨防控经费50万元，确保了“五个强制、三个统一、六个不漏”，全地区新生仔畜成活率达98.2%，成畜死亡率控制在1.8%以内，牲畜出栏112万头（只），出栏率达30.2%。肉、奶产量分别达7.4万吨和7.34万吨。加强农牧业基础设施建设，全年完成中低产田改造9万亩，维修水渠3154条、水塘1225座、水池127个，新修水渠13条、水塘5座，新增灌溉面积1.5万亩，人工种草面积达到25万亩，草地围栏面积突破140万亩。加大劳务输出力度，着力增加农牧民收入，全年完成劳务输出26万人次，实现劳务收入4.4亿元。

【新农村建设扎实推进】2010年共实施完成农牧民安居工程11438户，受益人口7.52万人。实施农村人居环境建设和环境综合整治试点77个村，受益人口7080户、41818人。农牧区水、电、路、讯、视、邮等基础设施配套建设不断加强。新解决11.8万人的安全饮水、4.27万人用电问题；解决了2个乡镇62个建制村通公路问题；广播电视通达率分别达到90.08%、90.13%；新建农村户用沼气12096户。实现了乡乡通邮目标，村通讯覆盖率达到75%。扶贫工作扎实推进，整乡推进、村级扶助、面上扶贫等工作进展顺利，完成了10个整乡推进乡镇。

【固定资产投资落实有力】2010年全地区固定资产投资完成58.07亿元，同比增长12%。其中：国家投资43.5亿元，援藏投资1.39亿元，社会投资13.2亿元。其中：一是自治区“十一五”规划180项目涉及昌都地区的95个项目中，落实到位投资25.3亿元，完成投资39.2亿元。已开工89项（完工70项），1015个子项（完工932个子项），累计到位投资126.9亿元。二是自治区批准的47个昌都解放60周年大庆建设项目，除老城区改造工程外，其余项目均已开工，其中完工15项，落实到位投资48.5亿元。三是新增中央预算内投资2010年到位0.4亿元，完成投资2.7亿元。截止2010年度，全地区新增中央预算内投资项目4批42项已全部开工，其中完工28项，到位国家和自治区投资8.3亿元，完成投资8.1亿元。

【重点项目建设成效显著】一是国道及农村公路建设稳步推进。国道318线竹巴笼至海通沟段、国道214线昌都至邦达机场段、昌都至类乌齐段、国道317线岗托至江达段整治改建工程已完工投入使用。国道318线海通沟至东达山段、业拉山至八宿段公路整治改建工程、省道303线帕通至加玉桥段公路、青泥洞至贡觉县公路改建工程进展顺利；农村公路续建和新建项目分别完成14条和29条。二是城镇基础设施建设步伐加快。昌都镇自来水改扩建、昂曲河北大桥工程、城区防洪二期工程、市政基础设施建设、昌都、八宿垃圾填埋场等项目已交付使用；完成了艰苦边远地区燃油机供电工程、昌都、察雅两县户户通电工程和一批县乡水电站及电网延伸工程，全地区电力装机容量达到了12.3万千瓦。2009年度周转房、廉租房分别建成竣工1628套、746套。地区客运中心、昌都镇澜沧江大桥、八宿县冷曲河、洛隆县防洪堤、芒康县垃圾填埋场等工程进展顺利。三是社会事业进一步加强。地区职业技术学校、地委党校学员宿舍、地区初级中学完善等工程已完工交付使用；“红色遗迹”保护工程、左贡、八宿、江达等三县综合文化活动中心、丁青、洛隆两县青少年活动中心等项目已完成建设任务；地区人民医院改扩建工程、藏医院制剂中心、芒康、类乌齐等五县卫生服务中心、部分乡镇卫生院等项目均已完工。芒康、丁青、左贡、贡觉四县社会福利院工程已完工。地区残疾人综合服务设施和10县社区服务中心工程进展顺利。

【产业建设稳步推进】一是农牧业特色产业加快发展。大庆项目11县蔬菜基地已基本建成，贡觉等3县阿旺绵羊繁育及育肥基地、边坝等6县牦牛育肥基地、八宿等9县人工饲草料和草种繁育基地建设已基本完工。二是大力推动矿产、水能等产业建设，三江水电资源开发前期工作进展有序，金沙江上游藏川段规划、环评工作已基本结束，7个梯级电站初勘工作已全部完成，叶巴滩、拉哇、苏哇龙三个梯级工程预可研工作全面开展。澜沧江上游西藏段水电开发流域规划工作已具备审查条件，古水、如美、侧格三个梯级预可研已经开始。果多水电站筹备期工程已经开工，进展顺利。怒江水电开发西藏段流域规划报告和环境评价报告年内完成，俄米、怒江桥等梯级工程预可研工作已经展开。玉龙铜矿、类乌齐县卡玛多菱镁矿开发建设有序推进，煤炭资源整合和青藏专项地质勘探找矿工作进展顺利。以水能、矿产为重点的产业支撑逐步显现；雪花啤酒罐装生产线已建成投产，以水泥为主的建材业发展取得积极突破，红狮集团昌都水泥厂建设前期工作已经启动，高新芒康水泥厂建设前期工作正在有序开展。三是旅游、商贸等新的经济增长点正在加快形成，完成了地区碘盐配送中心及农畜产品批发市场建设以及八宿县然乌村等4个村生态家园和示范建设项目，全年接待各类游客35.6万人次，完成旅游收入2.36亿元。通过实施"家电、家具"下乡等措施，着力培育新的消费热点，全社会消费品零售总额达到15.2亿元。

【社会事业全面进步】一是狠抓"两基"巩固工作，中小学学生到位率有了新的提高，学前教育提上了议事日程，职业教育内地办学取得实效，教师队伍建设继续加强，教学质量进一步提升，教育投入不断加大，办学条件进一步改善。全民健身运动有序推进，组队参加了自治区十运会，并取得较好成绩。科技下乡和科普宣传活动深入开展，科技特派员制度深入实施，全年共选派特派员397人。卫生事业取得明显成效，农牧区医疗制度覆盖面达到了100%，疾病预防控制不断加强，完成了大骨节病监测工作，碘盐覆盖率保持在90%以上。全面完成了"村村通"广播电视工程设备安装任务。强巴林寺等一批国家重点文物得到维修保护。二是积极开展各项就业服务工作，开发各类岗位3394个，城镇登记失业率控制在4%以内，高校毕业生就业率连续4年保持在90%左右。五大险种、七项保险全面实施，基本建立了覆盖城乡居民的社会保障体系，新农保试点工作实现11县全覆盖。严格执行城镇低保、农村重点保障对象、特殊保障对象、一般保障对象的年保障标准，确保落实到人头。共发放城乡医疗救助资金202.33万元，落实救灾资金810万元积极参与青海玉树抗震救灾工作，基本完成了昌都籍灾民的生活救助、临时安置、政策落实等工作；三是积极组织实施了天然林保护、退耕还林、生态效益补偿基金项目、重点区域造林绿化等工程。全年完成义务植树145万株，封山育林21.1万亩，迹地更新15000亩，育苗287亩，完成退耕还林补植、补造4.11万亩。防抗灾体系进一步健全，加大地震、气象、水文等监测力度，强化物资储备、应急队伍和基础建设。

【昌都解放60周年大庆活动安全圆满】成功举办了昌都解放60周年大庆活动，活动主题鲜明、安排缜密、服务周到、作风务实，得到了自治区党委、政府及中央有关部委的高度评价和广大人民群众的广泛赞誉，积累了宝贵经验，凝聚了奋发力量，增强了进取信心。

【援藏工作不断深化】顺利完成天津、重庆第五、六批，中央六企第三、四批援藏干部轮换，新一轮的干部援藏、经济援藏和技术援藏工作全面启动，及时组团赴"两市六企"衔接"十二五"时期经济援藏工作有关事宜，全年共落实援藏项目35个，完成投资1.39亿元。

【社会局势总体稳定】一是严格落实寺庙属地管理原则，进一步建立健全寺庙管理长效机制，广大群众和僧尼的中华民族意识、国家意识、法制意识、公民意识得到增强，确保了寺庙持续稳定。二是认真组织实施严打专项整治和社会治安重点地区排查整治工作，并取得明显成效。三是建立健全机制，社会管理取得新成效。进一步健全社会防控体系，社会治安综合治理力度进一步加大，严密防范和依法打击了各类违法犯罪活动。深入开展平安创建活动，流动人口的服务与管理得到加强。进一步加强和改进信访工作，围绕社会热点、难点问题，认真开展矛盾纠纷的排查调处工作，资源开发、旧城改造、国企改革、虫草资源、涉法涉诉等领域矛盾纠纷得到有效预防和妥善处置。四是深入开展道路交通、消防安全、非煤矿山、尾矿库、建筑工地、民用爆炸物品等专项治理，安全事故发生起数总体下降，安定和谐局面不断巩固。

昌都地区审判工作

【审判执行工作开展情况】始终坚持把维护稳定、促进和谐发展作为首要任务，全面加强审判和执行工作，为昌都社会局势持续稳定和经济平稳较快发展充分发挥了人民法院应有的职能作用。2010年地县两级法院共受理刑事、民商事、行政、执行等各类案件1666件(含非诉案件606件)，同比上升80%，结案1599件，综合结案率96%。其中：刑事案件247件，审结241件，结案率97.6%；民商事案件598件，审结590件，结案率为98.7%，诉讼标的金额为2623.39万元；行政案件1件，以原告撤诉方式结案。执行案件192件，执结172件，执结率89.5%。

【充分发挥刑事审判的打击和保护职能，全力维护国家安全和社会稳定】全年共审理煽动分裂国家案4件4人，为昌都地区反分裂斗争取得阶段性胜利提供了强有力的司法保障；坚持"严打"方针，突出打击重点，对杀人、重大伤害、抢劫、爆炸等严重暴力犯罪和多发性侵财犯罪，继续保持了高压态势，依法予以严厉打击，全年两级法院共审理危害公共安全犯罪案件21件64人、侵犯公民人身权利犯罪案件86件124人、侵财型犯罪85件158人，有力地维护了昌都社会局势总体稳定，为经济发展、人民生产生活创造了良好治安环境。

【充分发挥民商事审判"定分止争"的调节职能，全力促进经济社会和谐发展】紧紧围绕地委关于"巩固提升一个根本、完善一个基础、壮大两个支撑、培育新的增长点"的经济发展目标，坚持"刑民并举"的审判工作格局，坚持把保障发展、促进和谐作为民商事审判的首要任务，妥善审理发生在生产、生活等领域里的各类民商事案件，尤其是对涉及拖欠、克扣工资等侵犯劳动者合法权益的案件和因草场、水利、土地、虫草等资源引发的案件，全力以赴，妥善审理，充分发挥了民商事审判在促进昌都经济社会跨越式发展、构建和谐社会中的独特作用。

在民商事审判工作中，两级法院牢固树立"和为贵"的理念，坚持"调解优先，调判结合"的原则，特别注重运用调解方式化解各类矛盾纠纷，坚持做细庭前调解、做足庭中调解，做好庭后调解，努力实现"案结、事了、人和"的最佳效果。

全年两级法院审结的民商事案件中，撤诉和调解结案489件，占83%，有力地节约了当事人的诉讼成本，同时也促进了社会和谐稳定。

【积极开展行政审判，促进依法行政】对诉至法院的行政案件始终坚持主体平等原则，既突出对行政相对人合法权益的保护，减少社会不安定因素，又支持行政机关依法行政，促进"官民"和谐，维护社会稳定。工作中积极向党委请示汇报，取得党委对审判工作的理解和支持，努力探索处理行政争议协调机制。全年两级法院共受理行政案件1件，以原告撤诉方式结案。

【加强和规范执行工作，及时兑现当事人的合法权益，维护法律权威】积极推行执行新举措，努力探索党委领导、政法委组织协调、政府支持、人民法院主办、有关部门联动、社会各界参与的执行工作联动机制；将执行工作纳入到社会治安综合治理考评体系，形成了强大的执行合力。同时充分发挥"三统一"（统一管理、统一协调、统一指挥）机制的积极作用，合理调配两级法院执行力量，扎实开展创建"无执行积案先进法院"活动，取得了明显成效，进一步巩固了清理执行积案所取得的成果，使执行工作步入了良性循环的轨道。

【积极构建全方位解决纠纷体制，不断强化非诉案件的调处工作】充分利用车载流动法庭巡回办案、法制宣传、下基层调研、参与当地党委政府中心工作等机会，积极主动开展诉前、诉外及其他非诉案件调解工作，使很多发生在基层的民间纠纷得到了及时处理，取得了较好的社会效果和法律效果，为保障社会和谐做出了积极的贡献。

【深化审判方式和工作机制改革，竭力为群众提供优质高效法律服务】 一是扩大简易程序适用范围。全年适用简易程序审结案件517件，占审结民商事案件总数的90.7%，既提高了审判效率，又节约了当事人的诉讼成本。二是充分发挥车载流动法庭作用，送法进村入户。全年11县法院车载流动法庭巡回办案125次，出动办案人员674人（次），办理案件94件；行驶里程近3万公里，投入经费87.44万元。三是大力开展司法救助，彰显司法人文关怀。共减、免诉讼费10万余元。同时，两级法院还建立了刑事被害人救助基金和执行案件求助基金，部分县法院对特困申请执行人已经开展了救助工作，充分体现了社会主义司法制度的人文关怀。四是深入开展法制宣传工作。结合维稳工作实际和"创先争优"、"人民法官为人民"等主题教育活动，利用综治宣传月活动、"车载流动法庭"巡回办案、重点乡镇集中整治活动、调处资源纠纷工作等机会，深入开展"法律七进"活动，将党的路线方针政策、人民群众关注的法律热点问题等广泛宣讲，占领了农牧区反分裂斗争宣传阵地，有力地提升了群众、寺庙僧尼学法用法的水平。特别是两级法院加大了案件的新闻媒体报道力度，对一些故意杀人、伤害、抢劫等多发性普通刑事案件的庭审、判处情况及时向社会公开报道，既震慑了犯罪，又教育了群众，收到了"审理一案，教育一片"的法律效果和社会效果。

【领导名录】
党组书记、院长：马玉魁
党组副书记、副院长：段川江、杨杰、扎西
党组成员、副院长：格　桑
党组成员、纪检组长：扎西达吉
党组成员、刑一庭庭长：陈云建

昌都地区公安工作

【深入开展反分裂斗争】 地县公安机关深入细致地做好反分裂斗争各项工作，全力维护昌都社会局势稳定。面对国际国内局势的发展变化和严峻的反分裂斗争形势，地县公安机关在武警、解放军的密切配合下，紧紧围绕全国全区"两会"、世博会以及敏感日、节假日、重大活动等安全保卫工作，以"不出事"为最高要求，按照"讲策略、抓重点、手不软、落实到位"的工作要求，坚持以一镇五县为重点，采取有效措施，扎实开展反分裂斗争和维稳各项工作，及时侦破了一批危害国家安全案件，狠狠严厉了分裂主义分子的嚣张气焰，确保了昌都局势的持续稳定。

【严厉打击各类刑事犯罪】 1至12月，全地区各级公安机关共立各类刑事案件308起（含年前案件24起），破293起（含年前案件36起），总破案率95.1%，当月案件破案率90.5%。抓获犯罪嫌疑人560人。与上年同期相比（立285起，破247起）立案数上升23起，破案数上升46起。

【预防打击经济领域违法犯罪】 1至12月共受理经济案件8起，立案5起，破案4起，抓获处理犯罪嫌疑人10人，为国家挽回经济损失1400万元。

【严厉打击毒品犯罪】 1至12月，全地区共破获涉毒案件8起，抓获犯罪嫌疑人22人，抓获吸毒人员26人，收缴海洛因437.1克、冰毒52.56克。

【深入开展治爆缉枪专项行动】 全年昌都地区共收缴各类枪支172支、各种子弹781发、非法储存炸药559.5公斤、雷管17144枚、导（爆）火索1730.66米、黑火药96.5公斤、防雹弹1371发。

【严厉查处各类治安案件】1至12月，全地区共发现受理治安案件301起，查处301起，结案301起。查处违法人员580人次。同比（发现受理查处225起，查处438人）受理案件起数上升76起。通过严厉查处治安案件，使昌都地区的社会治安状况有了进一步的好转，人民群众的安全感明显提高。

【大力整治社会治安乱点】 地县公安机关本着什么问题突出就解决什么问题的原则，对桑拿、歌厅等公共娱乐场所进行了全面清查整顿。共出动警力5443人次，车辆918台次，共清查出租房4946家次，检查重点单位380家次，旅馆业1178家次，娱乐场所864家次，网吧164家次，其他商业网点2232家次，洗浴业115家次，茶楼335家次，汽车修理业105家次，民爆物品储存点132家次，废旧收购点97家次，私搭乱建597家次，清理登记外来流动人口44964人次，盘查可疑人员897人，清查三无人员473人，收缴淫秽光碟33张，查封游戏机5台。

【加强对各类人口和出入境人员管理】

全地区共登记管理暂住人口44596人,清理登记流动人口345890人(次)。在出入境管理方面,出入境管理部门不断加强和完善了对昌都地区出入境人员的控制管理工作,全地区共受理公民出国出境申请80起96人次,登记管理来昌境外人员18起50人,共办理《边境通行证》93人次,办理外国人旅行证件2起23人。

【加强交通管理和消防工作】 全年全地区发生交通事故7起,死亡27人,受伤10人,经济损失13万元。消防部门以防火灭火为中心,以预防群死群伤恶性火灾事故为主攻方向,因地制宜地开展了对消防产品、易燃易爆生产使用场所、网吧的专项治理工作,通过治理,发现和消除了一批安全隐患。全年全地区共发生火灾事故6起,无人员伤亡,直接经济损失16.275万元。

【积极做好昌都解放60周年大庆安全保卫工作】昌都解放60周年大庆安保工作,全地区公安机关共投入警力1485名,其中公安民警1194名、公安消防武警201名、公安反恐90名,还有12000余名联防队员协助地县公安机关参与了大庆安保和单位内部安全保卫。大庆期间,地县公安机关圆满完成了各代表团从邦达机场往返昌都和各分团前往各县的路线安保、庆祝大会、凭吊革命先烈、邦昌公路改扩建竣工典礼、燃油发电机发放仪式、昌都解放60周年成就展、专场文艺晚会等庆祝活动安保以及各分团调研慰问活动安保等40余项安保任务。

【领导名录】

地委委员、政法委书记、公安处党委书记:李玉泉

党委副书记、副处长:旺　堆、伍金泽旺

党委委员、副处长:胡启俊、邓昌平

党委委员、纪委书记、督察长:张继烈

党委委员、政治处主任:索郎泽仁

党委委员、办公室主任:次仁玉珍

昌都地区司法工作

【普法依法治理工作有力推进】据不完全统计,2010年昌都地区开展各类形式的法律宣传活动1200余场次,举办各类重点对象法制讲座及培训近120场次,开办法制宣传专栏200多期,展出法制板报1000余块,编印分发各类法制宣传资料30万余份、法律书籍30000余册,受教育群众达60万人次。

【劳教工作持续开展】采取多种措施,维护场所的绝对安全稳定。一是由主要领导和科室负责人、科室负责人和科室干警层层签订了安全目标责任书,落实了安全目标责任制。二是合理安排值班组和值班人员,严格执行24小时领导带班和干警值班制度,同时,进一步明确了值班岗位与值班职责。三是将定期检查与突击检查相结合。坚持落实场所例行检查,每周四下午组织人员对场所内外,围墙周围,劳教学员生活、教育、劳动和习艺等场所进行彻底的检查,杜绝违禁物品流入,排除各种安全隐患;由所领导和各科室负责人组成的突击检查小组,对各值班组值班情况以及所内安全情况不定期进行突击检查。四是充实完善各种预案,组织了3次针对外来人员冲击场所的演练,有效提高了干警处置突发事件的能力。

加大教育感化挽救力度。2010年,劳教所共依法收容劳教人员25人,解教返回原籍13名。全年对劳教人员共进行520课时的集体教育(思想政治教育120课时,文化教育200课时,法律法规教育200课时),对单亲学员和问题学员进行个别教育2200余次,举办劳教人员亲属亲情感化为主要内容的帮扶教育6次,召开劳教学员思想动态分析会11次,回收包教干警谈话4500余份;继续推行亲属同居、放准假、亲情共餐等劳动教养创特色工作,批准表现好的劳教人员亲属同居16人次,放准假3人次,亲情共餐33人次,拨打亲情电话120人次,有效地减轻了劳教人员的心理压力,提高了改造的积极性;认真开展心理咨询和教育矫治质量评估工作,全年对所内学员进行心理咨询35人次,接受心理咨询的人员总数达到了学员总数的96%,及时预防和控制了劳教学员存在的心理问题;做好社会帮教工作,年初邀请地区工青妇、城关镇、地区第一高级中学、劳动和社会保障局等单位来所帮教并签订帮教协议书21份。

加大劳教学员技能培训力度,解决劳教学员解教后生活上的出路。2010年,昌都地区司法处协调地区安置帮教成员单位,对6名劳教学员进行了机动车驾驶培训,对15名劳教人员进行了摩托车修理技术培训。目前,摩托车修理技术培训人员已经全部拿到了职业技术证书。

【安置帮教工作有条不紊】 一是进一步建立健全安置帮教工作机构。截止目前,全地区共成立刑释解教人员安置帮教工作机构439个(其中,地县安置帮教机构12个,乡镇级安置帮教工作站113个,行政村协调小组314个。)二是落实目标责任制。年初经协调将安置帮教工作列入了昌都地区综治考评内容,制定考评办法,完善了考评标准,并与各单位签定了目标责任书,确保了安置帮教工作的深入开展。三是进一步完善了安置帮教工作汇报制度、排查制度、督查制度和衔接建档制度,有力促进了安置帮教工作规范化开展。四是做好刑释解教人员排查摸底和衔接工作。2010年各级安置帮教组织对2006年以来的刑释解教人员进行了认真排查摸底,进一步准确掌握了昌都地区释解教人员的基本情况,同时将排查出的刑释解教人员数据进行了重新录入,进一步完善了昌都地区刑释解教人员信息库,并由基层安置帮教组织对已衔接的人员建立了个人档案,杜绝了脱管和漏管。通过排查,昌都地区2006年至2010年刑释解教人员共计363人,其中,因刑释解教信息不准确或虚假信息等原因早成无法衔接的53人,其余310人顺利衔接。2010年昌都地区共衔接78人,77人已得到妥善安置,1人待安置,安置率为98.7%,帮教率为100%。五是认真为刑释解教人员解决实际问题。2010年经过与有关部门协调,为3名释解人员解决了公益性岗位,将1名释解人员列入了低保;为1名释解人员解决了临时性工作;为2名家庭困难的释解人员解决了生活、就医中遇到的困难,并在节假日开展了送温暖活动;调解了1名释解人员婚姻家庭纠纷和子女抚养问题。六是经过于相关单位协调,刑释解教人员过渡性安置实体项目可行性正在论证之中。

【基层基础工作进一步夯实】一是加强对基层工作的指导检查。2月份昌都地区司

法处安排人员深入洛隆、边坝2县，深入了解并指导基层司法行政工作。二是根据有关通知，推荐上报了昌都地区3个基层调解委员会和3名人民调解员参评全区及全国模范人民调解委员会和模范人民调解员。三是人民调解工作进一步规范。根据人社部《关于调整司法助理员岗位津贴标准的通知》精神，为提高人民调解员的积极性，察雅、类乌齐、江达等县及时下发文件，对乡镇人民调解组织网络、队伍建设、激励机制、职能发挥、检查考核等工作做出了详细规定，有力促进了昌都地区人民调解工作规范化、标准化建设；察雅、贡觉、江达3县率先全面落实了司法助理员岗位津贴，其他各县正在着手协商落实之中。四是矛盾纠纷排查调处工作成效明显。2010年各县司法局、人民调解员、司法助理员按照司法部《关于开展“人民调解矛盾纠纷专项攻坚活动”的意见》以及地委、行署确定的“矛盾集中整治年”的要求，深入细致地开展矛盾纠纷排查调处工作，配合当地政府最大限度地把问题解决在基层，解决在发生之初，解决在萌芽状态，有力维护了基层的社会稳定。据不完全统计，全年各级调解组织共受理各类纠纷1442件，调解成功1313件，调解成功率为91%，其中防止民间纠纷引起自杀事件1件1人；防止民转刑145件。

【法律服务进一步规范和拓展】截止目前，地县两级司法行政机关共办理各类法律援助案件37件；接待群众法律咨询270人次；代写法律文书120余份。其中地区法律援助管理科办理法律援助案件15件（其中14件为可能判处死刑的指定辩护案件）；协助昌都县办理未成年人法律援助案件2件；代写各种法律文书60份；接待群众咨询80余件100余人次，有力地维护了困难群众和特殊案件当事人的合法权益。2010年共办理各类公证797件(其中经济公证108件,民事公证689)；为当事人代写与公证有关法律文书63份；接待群众公证方面的法律咨询54人次。2010年律师事务所共代理刑事案件24件（含14件指定案件），民事案件28件，非诉讼案件4件，代写法律文书87份，接待群众法律咨询100余人次。

【领导名录】

地区处党组书记、副处长：晏西伟

党组副书记、处长：永　生

副处长：美拉曲珍、洛松扎西、洛松西绕

调研员：姚甲河

昌都地区发展改革工作

【年度综述】2010年全地区生产总值完成67.07亿元,同比增长15.8%，比2005年的32.48亿元增长1.06倍，年均递增15.6%（未扣除价格因素），完成规划目标的103.2%，其中:第一产业15.01亿元,同比增长7%，完成规划目标的115.5%；第二产业26.3亿元,同比增长18.7%，完成规划目标的114.3%；第三产业25.76亿元,同比增长18.6%，完成规划目标的88.8%。地区财政收入达到3.14亿元，同比增长12.5%，完成规划目标的104.7%，较2005年增长近2倍，年均递增24.7%。城镇居民可支配收入达到12730元，同比增长9.2%，完成规划目标的106.1%，较2005年增长69.7%，年均递增11.2%；全社会消费品零售总额达到15.15亿元，同比增长26.5%，较2005年增长1.6倍，年均递增20.8%（未扣除价格因素）；居民消费价格指数为102.5；商品零售价格指数为101.5；城镇登记失业率控制在4%以内。

【狠抓“三农”工作，新农村建设稳步推进】农牧业经济稳步发展。2010年农牧业总产值达到23.1亿元，同比增长5%，较2005年16.5亿元增长6.6亿元，年均递增6.9%。粮食总产量达到16.5万吨，同比增长10.9%，与2005年基本持平；肉类产量达到7.4万吨，同比增长1.5%，较2005年增长23.3%。

农牧民增收效果明显。通过积极拓宽农牧民增收渠道，有力地促进了农牧民增收。全年全地区劳务输出26万人次，同比增长9%；农牧民实现劳务收入4.4亿元，同比增长10%；全地区各县、各行业共培训农牧民群众25550人次。全年全地区乡镇企业总产值完成1.67亿元，同比增长5%；民族手工业产值完成7801.6万元，同比增长5.6%；多种经营收入达到7亿元，同比增长9%。农牧民人均纯收入达到3662元，同比增长16.2%，完成规划目标的95.9%，较2005年增长近1倍，年均递增14.7%（未扣除价格因素）。

农牧区基础条件进一步改善。2010年，全地区共建设完成农牧民安居房11438户，农村沼气12096户；实施农村人居环境建设和环境综合整治试点77个村；实现了2个乡镇62个建制村通公路，行政村通公路率达到85%，同比增加了12.5个百分点，较“十五”末增加近31.5个百分点；新增用电人口4.27万人，人口用电水平提高到52.1%，同比增加2.23个百分点，较“十五”末增加了16.11个百分点；解决了11.8万人的安全饮水问题；农牧区碘盐覆盖率达到90%以上；行政村通讯综合覆盖率达到75%，同比提高了17个百分点。

【狠抓投资拉动，固定资产投资大幅增长】2010年完成固定资产投资58.07亿元，同比增长12%；“十一五”期间累计完成固定资产投资210.44亿元，完成“十一五”规划总投资的108.9%，年均递增15.6%。

【狠抓产业发展，经济发展后劲不断增强】一是农牧业特色产业项目全面推进。列入昌都解放60大庆项目中的昌都地区十一县蔬菜基地建设已完工。2009年农牧业特色产业项目中，丁青等三县阿旺绵羊繁育及育肥基地、芒康县索多西辣椒基地、察雅等4县黑山羊养殖基地、类乌齐等6县牦牛育肥基地、江达等9县人工饲草料和草种繁育基地、昌都县谷布山藏药材生产基地已全部完工。

二是藏东地区有色金属产业基地稳步推进。《藏东地区有色金属产业基地规划》编制工作稳步推进，青藏专项找矿工作进展顺利，卡玛多菱镁矿正在进行厂房和煅烧炉施工，煤炭资源整合方案已经自治区批复。

三是国家“西电东送”能源接续基地建设全面启动。“三江”水电资源开发前期工作进展顺利，金沙江上游藏川段流域规划、环评工作已基本结束，待审查。7个梯级电站初勘工作全部完成，叶巴滩、拉哇、苏洼龙三个梯级水电站预可研工作全面开展。澜沧江上游西藏段水电开发流域规划工作已具备审查条件，古水、如美、侧格三个梯级水电站预可研外业工作已基本结束，正在编制和完善预可研报告咨询稿。果多水电站筹建期工程进场道路、导流洞和下游临时桥梁工程施工进展顺利。怒江上游西藏段正在开展流域规划和环评报告工作。

四是建筑建材产业扎实推进。红狮集团昌都水泥厂日产 3×2000 吨的新型干法水泥生产线建设前期工作已经启动，高新集团芒康水泥厂建设前期工作正在有序开展。

五是旅游、商贸等新的经济增长点正在加快形成。完成了地区碘盐配送中心及农畜产品批发市场建设，以及八宿县然乌村等 4 个村生态家园和示范建设项目，全年接待各类游客 35.6 万人次，完成旅游收入 2.36 亿元。通过实施“家电、家具”下乡等措施，着力培育新的消费热点，全社会消费品零售总额达到 15.15 亿元，年均递增 20.8%，是“十五”末的 2.6 倍。

【狠抓价格管理，市场供应和物价基本稳定】一是围绕关注“民生”，着力规范价费秩序。2010 年特别是进入 10 月以来，受全国农产品价格上涨以及季节性变化、消费需求等因素影响，昌都地区市场粮油、蔬菜等部分居民生活必需品价格出现了一定程度的波动，会同商务、粮食、交通等相关部门积极应对，保障市场供应，确保了昌都解放 60 周年大庆期间和全年主要物资的市场供应及物价的基本稳定。还根据自治区和地委、行署的安排，在全地区范围内开展了行业协会、医药和医疗服务、涉企收费、教育收费、社团组织收费、经营服务性收费、中介组织服务收费、旅游景点收费、电力价格、成品油及液化气价格等重点检查工作，对部分单位擅自提高摊位费的行为进行了检查处理，退还多收摊位费 1.44 万元。二是加强了行业价格的监管工作。上年，对城市管理项目收费和昌都县城区生活垃圾收费标准的成本费用进行了认真测算，提出了收费意见和建议；为规范昌都地区地材开采及短途运输供销市场，营造公平、公正、良好的工程建设环境，树立昌都地区投资建设环境的新形象，牵头于上年 5 月中旬在对地区及十一县进行全面调研的基础上，形成了《地区农牧民群众参与工程建设涉及的地材开采及短途运输指导性价格的意见》，待条件成熟后下发执行。

昌都地区农发（扶贫）工作

【年度综述】昌都地区农发（扶贫）办深入贯彻落实自治区扶贫农发工作会议精神和地委（扩大）会议精神，共争取 2010 年度农发、扶贫项目 171 个，国家投资 22231.97 万元，完成年初分解目标任务 1.5 亿元的 148.21%。其中扶贫项目 162 个，国家投资 19701.97 万元，农业综合开发项目 9 个，国家投资 2530 万元。

【扶贫农发工作】扶贫项目 162 个，国家投资 19701.97 万元，其中：面上扶贫项目 78 个，国家投资 4911.07 万元；整乡推进扶贫项目 19 个，国家投资 1150 万元；互助资金项目 10 个，国家投资 150 万元；集中连片扶贫项目 4 个，国家投资 500 万元；劳动力转移项目 7 个，国家投资 271 万元；溜索改吊桥项目 33 个，国家投资 8852.4 万元；贫困户安居工程 11 个，国家投资 3867.5 万元。

认真抓好 2009 年度农发、扶贫 10 个续建项目的开复工和 2010 年度项目的开工建设。昌都地区农发（扶贫）办在项目建设上做到早准备、早开工、早建设，年初要求各县对于续建工程及早准备，抓好开（复）工建设，加强项目质量与建设进度管理。开（复）工 2009 年度农发、扶贫续建项目 10 个，投资 3500 万元。2010 年 162 个扶贫项目开工建设 149 个，投资 14219.79 万元。9 个农发项目全部开工建设：边坝、八宿、芒康三县 3 个农业综合开发土地治理项目国家总投资 1703 万元，项目水利工程已开工，低改措施完成了 30%。6 个农发产业化项目国家投资 827 万元，正在有条不紊的组织实施当中。

昌都地区 56 个溜索改吊桥项目，作为改善民生的重点工程项目，至 11 月中旬，投资批复 46 座，国家总投资 10366.16 万元（其中 2009 年第一批 6 座，国家投资 309.23 万元，第二批 7 座，国家投资 1204.5 万元，2010 年第一批 33 座，投资 8852.43 万元）。完成建设 16 座（2009 年完成 6 座），正在建设 15 座。

2010 年扶贫贫困户安居工程建设，安排昌都地区一般贫困户 2275 户，国家补助 3867.5 万元。

切实抓好整乡推进扶贫工作。2010 是“十一五”整乡推进工作的最后一年，昌都地区共实施 10 个整乡推进扶贫乡镇，为了做好此项工作，进一步加大工作力度，各乡镇项目建设顺利。昌都县的约巴乡、八宿县拉根乡二个乡镇的整乡推进顺利通过了自治区验收，其余贡觉县木协乡、芒康县竹巴龙乡、洛隆县康沙镇、江达县汪布顶乡、丁青县色扎乡等完成建设内容。

经过积极争取与努力，完成了左贡县 2010 年—2012 年“以县为单位、整合资金、整村推进、连片开发”集中连片贫困地区扶持项目的规划工作，项目自治区扶贫办已立项，计划 3 年国家投资 1200 万元，2010 年第一批资金 500 万元到位，项目正在组织实施当中。

贫困村互助资金试点工作稳步推进。2009 年 5 个贫困村互助资金试点工作已全面展开，2010 年边坝县的 10 个贫困村也正在实施。全地区的“两项制度衔接”工作正在积极的推进当中，此项工作彻底摸清昌都地区 13 万多低收入扶贫人口的基本情况，为昌都地区今后做好扶贫工作提供依据。

积极做好扶贫、农发项目衔接，提前安排，早做准备，为申报 2011 年项目打好基础。昌都地区农发（扶贫）办从项目的前期工作入手，于 4 月初，就专门安排部署农发项目的前期工作，并于 4 月中旬开始，先后深入芒康、八宿、边坝三县农发项目区，积极开展深入细致的外业勘测、规划工作与设计工作，并及时组织申报。

围绕特色产业充分发挥各县优势资源，做大做强产业化。昌都地区农发（扶贫）办重点抓好 36 个 1947 万元扶贫产业化项目，同时 6 个农发产业化项目也扎实推进，充分发挥其带动辐射作用，使之成为调整产业结构，增加农牧民收入的一个重要途经，昌都地区的扶贫开发产业项目已步入健康发展之路。

加强项目建设管理，确保工程质量与效益。切实组织实施好扶贫、农发项目的建设，在配合自治区扶贫办 6 月底至 7 月初对昌都地区扶贫、农发项目开展检查验收与调研工作同时，针对各县扶贫、农发项目重视程度不一、进展不一、力度不一等情况，积极抓好项目的监督检查与验收工作，不断提高昌都地区扶贫、农发项目的组织能力、建设质量、资金使用和管理管护等能力，使扶贫、农发工作不断上水平、上台阶。

在项目建设中，重点抓好在扶贫、农发项目建设中的群众增收工作。群众能完成的土建工程、简单建筑工程等项目交由群众完成。要求每个项目中当地群众劳务收入要达到国家投资的20%以上，确保了群众的增收。

从投资与到位情况看，扶贫、农发项目批复到位早、资金落实早，项目资金比往年有显著的增加，特别是溜索改吊桥项目建设，在上级部门的关心与大力扶持下，得以陆续批复并开工建设，对改善昌都地区的民生与基础设施，增加农牧民收入。扶贫工作的扎实推进，确保完成了1930户，9942人的脱贫任务，对昌都经济社会发展起到了积极的促进作用。

【领导名录】

党组书记、副主任：赵克勤

（2010年7月退休）

党组副书记、主任：安　真

副主任：李培坤

调研员：达泽登、李洪亮

昌都地区粮食工作

【努力做好粮食购销工作】2010年，昌都地区粮食局共组织了3批粮油采购工作，并适时投放市场，保证了市场供应和价格稳定。特别是在“三大节日”来临之际，进一步平抑持续上涨的粮油价格，切实减轻消费者特别是城镇低收入者的负担，由昌都地区粮食局统一组织各县粮食部门到成都采购了不同品种、规格、档次的粮油品种投放市场，丰富了节日市场供应，稳定了粮油价格，充分发挥了国有粮食部门在保供稳市中的重要作用，2010年昌都地区国有粮食部门从内地共组织采购了333.99万公斤的粮油（其中：大米：177.64万公斤，面粉79.94万公斤，青稞67.52万公斤，清油8.89万公斤）；市场销售548.4万公斤（其中：大米：236.24万公斤，面粉95.34万公斤，青稞181.1万公斤。当地面粉8.93万公斤，糌粑10.92万公斤，清油14.48万公斤，其它1.39万公斤）；全地区国有粮食部门全年共加工24.23万公斤（其中：糌粑14.73万公斤；面粉9.5万公斤）。

截止到2010年12月。全地区国有粮食企业商品粮库存约449.28万公斤，其中粮食407.34万公斤(含地区级应急储备粮)；清油41.94万公斤（含自治区级储备油）。目前，昌都地区粮食市场粮油品种丰富、档次齐全、价格稳定，国有粮食部门及各类粮食经营企业粮油库存充实，品种齐全，可以确保“三大节日”和今冬明春粮食供应和价格的基本稳定。

【增强粮食宏观调控能力，积极做好粮食应急工作】一是按照《昌都地区粮食应急预案》、《昌都地区粮食应急工作实施办法》等制度要求，不断完善和充实地、县粮食应急预案，加强粮食市场信息服务体系建设。掌握全地区及区内外有关粮食供求信息，分析预测市场行情，提供预警信息，及时了解和掌握粮油市场动态变化情况，采取切实有效措施开展粮食应急各项工作，切实履行粮食应急工作指挥部的职责。二是为增加昌都地区粮食局地区级储备保管费用偏低的情况，昌都地区粮食局积极向行署申请增加保管费，经行署研究同意，从2010年1月1起，地区级储备粮保管费用由原来的每斤0.08元增加到每斤0.1元。三是为进一步充实昌都地区粮食应急物质保障，结合昌都地区交通、人口以及仓储分布状况，在原有地区级储备粮的基础上，昌都地区粮食局积极协调民政部门向地区行署申请增加地区级应急储备粮45万公斤（其中：糌粑12万公斤；大米33万公斤）已报行署待批。地区级储备粮规模的进一步增强，对于昌都地区进一步应对突发事件和自然灾害，提供了物质保障。

【狠抓储备粮管理工作，确保储备粮安全】一是加强保管员队伍建设，提高业务能力。要求各代储库要认真学习党的方针政策、储备粮管理办法及有关文件精神，使广大干部、职工特别是基层仓库保管员，对储备粮管理工作有了进一步认识。同时在2010年年初从五个自治区储备粮代储库点组织11名业务素质较好的保管员到自治区粮食局参加了学习培训，为做好昌都地区储备粮管理工作打下了良好的基础。

二是深入基层，开展监督检查和指导工作。为了进一步做好储备粮管理工作，昌都地区组成由主要领导带队，相关科室负责人参加的工作组，分别于2010年2月份和11月深入到各库点，对各级储备粮的数量、质量和储存安全等方面进行了监督检查和指导工作。一是检查了各级储备粮是否做到了“一符、三专、四落实”和自治区储备粮数量真实、质量良好和储存安全；二是检查了是否严格执行有关储备粮管理的法规、规章、国家标准和技术操作规范制定的各项业务管理制度。通过检查，各代储库点的储备粮数量真实，质量完好，能在关键时间调得出、用得上。同时面对粮食流通改革的严峻形势和储备粮的进一步规范化管理要求，昌都地区粮食局加大了粮食仓储检查力度，在检查中，加强了储备粮的规范化管理，对粮食的码垛、账、卡、簿等建立情况进一步进行了规范，完善了储备粮的各项管理制度。

三是努力抓好储备粮管理规范落实年活动。为进一步提高昌都地区各级储备粮的管理水平，着力构建昌都地区储备粮管理规范化的长效机制，采取了有力的措施。一是及时成立了以局领导为组长的领导小组开展各项工作，保证“自治区储备粮管理规范落实年”活动取得实效；一是制定了《昌都地区储备粮管理规范年活动实施方案》，并印发了由储备粮管理相关文件及资料形成的《文件汇编学习册》，以便加强学习，促进工作；二是认真开展自查工作，对各代储点储备粮管理的各项工作进行了认真考核，根据自身实际，认真查找问题及不足，分析问题原因，及时进行了整改。

四是认真抓好中央储备粮轮换工作。5月份库主任和副主任及时前往青海考察粮源，确定粮源后与粮食调入方签订销售合同，6、7月陆续从青海调入青稞并做好入库工作；8月份昌都地区粮食局积极帮助该库联系小麦粮源并做好入库工作。在轮入工程中，该库与保管员、检化员签订了中央储备粮轮换质量安全责任书，确保了粮食入库质量关。到12月底已完成中央储备粮轮换工作任务。

【依法加强监管力度，努力做好市场信息服务工作】一是加强对全地区市场粮食价格检测工作。对全地区粮食市场进行全面细致的了解，定期对粮食市场价格变化情况进行调研，在粮价出现波动时实行每两天对市场粮食价格进行检测和了解，坚持每周上报粮食信息，每月汇总11县及昌都地区粮食局驻成都办事处上报的粮食市场价格动态，及时了解国际国内粮食市场动态和本地区粮食价格动态，认真做好粮食市场动态分析，截止到12月底，共上报市场周报45份，市场动态分析简报及昌都地区各县粮油品种零售价格检测情况11期，较好地完成了对全地区粮油市场检测工作。二是做好粮食流通统计工作。为认真落实粮食经营者粮食最低和最高库存量标准，积极开展并建立了各县非国有粮食转化企业和经营企业建档工作，年初，要求各县粮食局对非国有粮食转化企业和经营企业进行摸底调查，并积极指导、帮助各县粮食部门建立非国有粮食转化企业和经营企业建档工作，2010年5月前，已完成各县建立非国有粮食经营企业建档工作。三是在2010年开展爱粮节粮活动年中，结合昌都地区实际，积极开展了宣传活动。主要采取了印制宣传资料，悬挂横幅，流动宣传和讲解、发放宣传资料等形式。通过开展宣传活动，使广大消费者进一步了解了有关粮食政策法律法规以及粮食消费过程中应注意的基本常识，达到了宣传的目的和效果。四是为更好的规范和净化昌都地区粮油市场，使昌都地区粮油市场向良性循环发展，2010年10月6日、7日两天，与工商部门组成联合检查组，对地区所在地的粮油市场进行了检查，在检查中发现，个别粮油经营户所销售的粮油品质较差，存在严重的质量问题，当即抽取了14家经营户22个样品、8个大米品种、14个清油样品，对检查中发现的问题粮油提取了样品后进行了封存，并将所采集的样品及时送西藏出入境检验检疫局检验检疫中心进行检验，经检验，昌都桥头粮油（万家乡大米1196斤）、雅安友谊茶厂（中阳大米5960斤）内江商店（散装菜籽油80斤、桶装240斤）属不合格产品，对三家粮食经营户，按照西藏出入境检验检疫局检验检疫中心进行检验的处罚要求，对三家销售不合格的粮食共7156斤、油320斤予以没收，并对每户进行了8000元的罚款，共处罚24000元。通过此次联合工商部门对昌都地区粮油市场进行检查，提高了经营者树立守法经营、诚信经营的意识，得到了广大市民的一致好评。

【领导名录】
党组书记、副局长：刘宝山
党组副书记、局长：陈秋梅
副调研员：公树生

昌都地区税务工作

【组织收入情况】2010年，昌都地区国税系统共组织入库各项税收收入26368万元，与上年同期相比增收4989万元，增长23.3%，完成自治区国家税务局下达税收计划24000万元的109.9%，税收收入实现了新跨越。其中：税收收入入库25886万元，同比增收4912万元，增长23.4%；其它收入入库482万元，同比增收77万元，增长19%。

【税法宣传情况】2010年，昌都地区国家税务局通过认真开展税法咨询日、税官下企业、短信送税法、纳税服务月、媒体播税法等一系列活动，认真做好税法宣传工作。此外，昌都地区国家税务局在充分利用常规宣传手段的同时，积极探索运用传媒和网络平台开展税收法制宣传，进一步扩大宣传面。一是在《昌都报》上开设昌都国税专版。专版以刊登涉税法规、政策、优惠政策系列宣传、服务等为主要内容，重点突出服务性。二是与成立了昌都地区12366税收咨询投诉中心”。三是通过昌都电视台播放税收知识解读片子和税宣标语，扩大税法宣传的气势和效果。四是建立昌都地区国家税务局门户网站，开辟“纳税服务”、“通知公告”、“通知公告”、“昌都税讯”等主要服务栏目，及时更新、发布最新年税收优惠政策等。

【税收征管情况】2010年，昌都地区各级税务机关通过不断夯实管理基础，切实规范运行机制，税收征管工作取得新突破。一是征管基础不断夯实。通过继续加强纳税人基础管理、加强垃圾户数的日常清理、积极探索建账查账征收示范工作、深入开展纳税信用等级评定等措施，进一步夯实征管基础工作。同时，开展了普通发票代开情况的检查验收活动，对发现的三大类六项问题进行了整改。二是税源管理不断强化。进一步建立健全税收分析、纳税评估、税源监控、税务稽查四位一体的良性互动机制。同时，通过结合纳税信用等级评定管理试行办法的有关规定，对辖区内全体纳税人2009年至2010年度的纳税信用情况进行了等级评定。三是税种管理不断深化。首先，加强增值税一般纳税人管理，对符合增值税一般纳税认定资格的纳税户进行了及时认定。其次，积极开展代开增值税专用发票内部专项检查，进一步规范了增值税专用发票的管理。第三，完善和规范了企业所得税管理。积极开展了企业所得税汇算清缴工作，全年共完成69户企业的企业所得税汇算清缴。

【领导名录】
局党组书记：夏少云
副局长：李建群、克珠朗加
纪检组长：李　梅

人行昌都地区中心支行

【年度综述】2010年，人民银行昌都地区中心支行围绕全年工作目标及中支提出的工作主题和奋斗目标，继续执行适度宽松的货币政策，狠抓特殊优惠政策贯彻落实和衔接工作，切实维护辖区金融稳定，不断提高金融服务水平，进一步规范内部管理，加强党的建设和领导班子建设，提高干部队伍素质，促进辖区经济更好更快更大发展。

【强化“窗口指导”，全面贯彻落实适度宽松货币政策和特殊优惠货币政策】继续加大窗口指导力度，充分发挥窗口指导效果，贴近金融机构指导工作，找准产业政策、信贷政策、财政政策配合和商业银行自身利益实现的切入点和着力点。通过送金融知识下乡、基层调研时走村串户等形式，加强金融宣传，向社会各界大力宣传特殊优惠金融政策和适度宽松货币政策，将金融知识普及到社会各阶层，进一步树立人民银行的良好形象。通过以上举措，有力地推动了地方经济社会的发展。2010

年，昌都地区金融机构各项存款余额达到75.64亿元、贷款余额达到20.86亿元。重点支持了涉农、特色产业、中小企业、消费发展，其中涉农贷款余额达8.67亿元、特色产业贷款余额为3.13亿元。

【加强金融风险监测分析，推进金融稳定协调机制建设】继续加强与地区发改委、财政局、金融机构等部门的协调配合，建立金融稳定协调机制，定期对辖内经济金融形势进行通报，控制昌都地区不良贷款上升，落实了防范和化解金融风险的各项措施。切实发挥人民银行金融稳定工作职责，完善金融稳定风险监测指标体系，提升基层风险防范能力，围绕辖内金融改革、国际和国内经济金融领域重大事件对金融稳定的影响、农牧业保险业发展、区域货币政策与金融稳定、实体经济运行对区域金融稳定的影响等方面进行跟踪分析，积极关注各类隐患，特别是玉树地震对昌都地区贷款户影响的跟踪关注，加强金融风险监测判断，开展调查研究，不断提升金融风险监测、评估和预警能力，有效规避了风险。加强再贷款管理。继续督促农行昌都分行加大对尚未收回的原城市信用社无效资产的清收和管理力度，尽最大可能收回无效资产，切实维护中央银行债权。结合广东、江苏等内地人民银行分支机构综合执法好的做法和先进经验，人行昌都地区中心支行研究制定了《行政执法目录》、《金融服务和管理项目表》，为地区综合执法工作奠定了基础，并组织保卫、货币金银、国库、会计业务等部门对建行及农行洛隆、丁青、八宿等县支行开展了综合执法检查，对检查中发现的问题下发了整改通知书，限期整改，进一步规范了商业银行业务行为，树立了人民银行依法行政的良好形象，保证了综合执法工作的有序推进。

【夯实基础业务工作，提高金融服务水平】做好决策参考服务，支持地方经济发展，在人民银行的沟通协调下，代行署拟定了《关于建立昌都地区社会信用担保体系的意见》，并被地区行署以昌署办发[2010]188号文件形式批转，初步建立了昌都地区社会信用体系。加强支付结算体系，顺利完成固定资产管理系统(网络版)的上线运行和ABS前置机的集中整合；修订完善了《中国人民银行昌都地区中心支行同城票据清算管理办法》，进一步规范票据交换行为，防范了风险。创新国库管理新模式。建立财税库银联席会议机制，及时解决工作中存在的问题，并与农行达成了由人行对代理支库实施考核、农行兑现优秀代理支库奖励的机制，有效提高国库服务水平。结合昌都60周年大庆及维护稳定各项工作要求，按照特事特办、急事急办的原则，开通资金汇划绿色通道，保证了财政资金的及时准确拨付。加强与公安部门联系，促进反洗钱工作有序开展、规范操作，加大对各金融机构大额和可疑交易的监测力度，从金融环节严防不法资金特别是恐怖融资的流入和流出。联合公安部门开展打击银行卡犯罪宣传活动。加强反假货币宣传，做好货币发行工作，确保辖区合理现金供应。针对昌都地广人稀、农牧民辨别假币能力欠缺和虫草收购季节现金交易量大等特点，加大反假币宣传和网络建设，共建立了反假币宣传网络站150个、选聘农村义务宣传员1082名，建立了覆盖城乡的反假币网络。组织到机关部队开展主题为“珍爱信用记录享受幸福人生”的征信知识专题讲座，推进社会信用体系建设。建立完善辖区中小企业信用档案，截至年末，共采集中小企业信用信息档案106户，在试点村为88户农牧民建立信用档案；处理个人异议1笔；累计发放《农牧户贷款证》76912本，发证面达95.51%，使用率95.51%；评定信用乡（镇）17个、信用村217个，有序推进金融生态环境建设。通过将国库集中支付、发行出入库、支付结算、账户、贷款卡发放等业务指定在行政服务大厅集中办理，方便了辖区各级金融机构、财税部门和其他公众办理相关业务，并借助行政服务大厅人流量较大、接触面广的特点，搭建了政务公开平台和金融知识宣传平台，对树立人民银行良好的社会形象发挥了积极的作用。

【获奖情况】中国人民银行昌都地区中心支行获2009年度西藏自治区“文明单位”称号。

陈大华同志获2009年度中国人民银行宣传思想工作优秀宣传干部、2010年度中国人民银行“创新金融服务，支持经济发展”业务竞赛活动先进个人。

徐永平同志获2010年度中国人民银行纪检监察工作先进个人。

【领导名录】

党委书记、行长：次成

党委委员、副行长：次旺热单、杨淮、陈大华

党委委员、纪委书记：拥珠尼玛

建行昌都地区中心支行

【负债业务稳步增长】2010年，全口径存款余额为234071.07万元，较年初增长31294.81万元，增幅为15.43%，市场占比32.37%。其中，企业存款186330.26万元，较年初增长20723.29万元；个人存款47740.81万元，较年初增长10571.32万元，储蓄存款占全部存款的22%。

【资产业务良性发展】截止12月31日，各项贷款余额为98639万元，较年初增长18306万元，增幅为22.78%，市场占比47.29%。其中，公司类贷款余额为65236万元，较年初增加了10321万元；个人类贷款余额33403万元，较年初增加了7985万元。1-12月份，全年共累计回收贷款24842万元，累计发放贷款42692万元。利息实收率99.6%，收取财务顾问费11.89万元。

【财务效益增长显著】2010年建行昌都地区中心支行实现总收入9564.27万元，其中，贷款利息收入3149.40万元，占全部收入的32.93%；金融机构往来收入5613.53万元，占全部收入的58.69%；中间业务收入341.19万元，占全部收入的3.57%，营业外收入389.30万元，占全部收入的4.07%，其他收入63.04万元，占全部收入的0.66%。发生各项支出6380.62万元。其中，存款利息支出1266.84万元，占全部支出的19.85%；金融机构往来支出3544.77万元，占全部支出的55.56%；发生营业费用1353.31万元，占全部支出的21.21%；发生手续费14.37万元，占全部支出的0.23%；上缴税金195.33万元，占全部支出的3.06%。1-12月，建行昌都地区中心支行实现账面利润3183.53万元。

【获奖情况】昌都分行获得2010年度“西藏分行资金结算业务营销竞赛活动”先进集体，授予部门为区分行。

昌都分行获得中国建设银行世博亚运金融服务与安全运营保障工作团队奖名单，授予部门为建行总行。

昌都分行三江分理处获得女职工文明示范岗，授予部门为分行。

李苓宁获得2010年度先进工作者，授予部门为区分行。

普布拉姆获得巾帼建功标兵，授予部门为区分行。

红英获得市场拓展能手，授予部门为建行总行。

姚霞获得中国建设银行个人存款四万亿能手名单，授予部门为建行总行。

巴珠获得优秀党务工作者，授予部门为区分行。

【领导名录】

行　　长：康　龙

副 行 长：董加峰

行长助理：向国安

昌都地区工业和信息化工作

【年度综述】昌都地区工业和信息化局于2010年5月23日挂牌正式成立。全地区34家重点工业企业总产值为70256万元，其中：矿业（包括沙石采集、原煤）总产值27825万元；制造业（食饮品、藏药业、水泥）总产值 27500 万元；电力总产值14931万元。主要工业产品产量：铁矿石150000吨、原煤24000吨、啤酒26600吨、藏药（中成药）50吨、水泥11.2万吨、总发电量42000万KW/H。

全地区26家中小企业（非公有制经济）总产值达 20644.97万元；增加值达6857.4万元；营业总收入达21382.8万元；利润总额达2018.27万元；上缴税金达2837.89万元。

民族手工业从业户数达8219户数，从业人数17871人。总收入达7205.025万元，同比增长22%；总产值7896.301万元，同比增长5.6%；利润3764.504万元，同比增长8.3%。

通信行业各项指标完成情况：①全地区电信行业市场经营收入完成6412万元，其中固网完成3934万元，完成进度82%，移动收入完成2478万元，完成进度为68.91%；昌都电信总用户数达到10.7万户，其中移动用户达到36737户，移动用户净增出账用户达到7385户，完成年度目标9600户的76.92%；宽带用户达到10396户，净增有线宽带1177户，完成年度目标2460户的47.84%。②全地区移动通信行业：市场营业收入7675万元，比上年同期增长5%，客户到达数12.3万户；集团整体收入累计完成2056.3万元。完成全年指标进度的70.70%。

积极做好有关重点项目的督促、协调工作。对红狮控股集团建设日产3×2000吨新型干法水泥熟料生产线项目、玉龙铜矿二期工程建设项目、觉巴电站、果多电站重点项目进展情况进行督促、协调。在行署的领导下，积极与四家重点项目建设单位进行联系、沟通，多次到项目建设指挥点了解工程进展情况，为行署及时提供项目建设进展情况。

为加快昌都地区中小企业结构调整，积极争取中小企业扶持资金，无偿资助昌都地区中小企业发展项目，项目主要涉及食（饮）品业、藏药业、建筑建材、民族手工业等战略支撑产业。积极指导和引导地区中小企业项目申报工作，经过昌都地区工业和信息化局认真组织共申请固定资产类（无偿补助资金）项目13家，申请（无偿补助）资金总额2728万元，其中贴息项目资金237.6万元。

为促进昌都地区食饮品业加快发展，满足人民群众生活需要，增加地方发展能力。带动社会就业。2010年西藏自治区发展和改革委员会、自治区工业和信息化厅共同下达重点产业振兴和技术专项（第一批）资金238万元，其中：华润雪花啤酒（西藏）有限公司年产40000KL啤酒生产线技术改造项目资金112万元；昌都光宇利民有限责任公司年产1100万粒藏药胶囊生产线技术改造项目资金126万元。

昌都地区国资监管工作

【年度综述】昌都行署国资委七家监管企业资产总额达31906万元，比上年同期增长8.2%；负债总额22428万元，比上年同期增长10.4%；所有者权益9478万元，比上年同期增长3.4%。实现营业收入6641万元，比上年同期增长33.7%；实现利润总额422万元，比上年同期增长339.6%；已上缴税金290万元，比上年同期增长32.4%，在岗职工工资总额1244万元，比上年同期增长9.8%。从经济运行情况看，总体保持良好。

【国企改革工作稳步推进】对已拟定的《昌都地区深化国有企业改革的实施意见》进行多次的修改完善，同时，根据行署专题会议研究的意见，征求了行署法制办、地区监察局的意见和建议，再次对《实施意见》修改完善后，上报行署研定础。

充分利用昌都60大庆项目建设的契机，积极推动并加强了地区圣洁自来水公司二期改造项目工程建设，更好地保障昌都城镇饮用水的供给和安全。目前该工程已顺利完工并投入使用。积极协调配合开展好国家建设昌都二类客运枢纽中心建设，前期工作已经完成，为做大做强地区客运公司打下基础。主动协调和争取建设昌都货运枢纽中心项目工作，积极督促昌都蓝天运输公司的参与，承担地区货运物流业务，积极提升企业多元化经营能力。积极开展了马查拉煤矿参与地区的煤炭能源资源整合重组工作。同时，根据行署专员办公会议纪要精神，专门成立领导机构，抽调专门人员组成工作组对邦达工贸公司改革发展情况进行了专题调研，在摸清家底的基础上，帮助企业进一步理清了改革发展思路，合理处置闲置资产，为企业的发展减轻了负担。按照行业体制改革精神，积极协调、配合地区粮食局、水利局的行业体制改革工作。

【现代企业制度和法人治理结构得到完善】不断完善企业分配制度、人事制度、劳动用工制度，完善企业经营业绩考核和薪酬分配制度，保证国有企业科学发展，在企业凡属重大决策、重要人事任免、重大项目安排和大额度资金运作方面，按照决策范围、规范决策程序、强化监督检查和责任追究方面做到遵章守纪、民主决策、务实高效，制定了行署国资委关于“三重一大”制度的实施办法，已下发企业执行。完善了《昌都行署国资委监管企业领导人管理暂行办法》，现正在征求相关部门意见，待修改完善后，上报行署研定下发执行。认真强化企业月报统计工作，及时查找和分析存在的问题，积极深入企业开展督促检查，不断加强调查研究，针对存在的问题，加强监管，依法履职，确保了国有企业各项工作良好发展。

【机构改革工作全面完成】按照机构改革方案的要求，认真组织实施，进一步细化职责，明确目标，落实责任，保证机构改革各项工作落实到位。根据国有企业由行业管理纳入国资监管的职能要求，昌运公司的划转工作有序开展，前期工作已基本完成，待报经行署批准，正式全面接收，实行有效监管。顺利完成了第五批和第六批援藏干部的交接轮换工作。

【切实加强企业安全生产和突出信访工作，成效明显】继续加大对监管企业安全生产工作的监督检查力度，层层签订目标责任书。认真研究、分析企业安全生产形势，排查隐患，及时安排“安全生产月，安全生产百日大检查”活动，督促企业结合实际，制定工作方案，采取多种形式开展安全生产宣传活动，狠抓了各项安全生产工作的落实。到目前监管的企业未发生一起安全生产事故。同时，积极配合消防部门认真抓好邦达工贸公司的消防隐患整改工作，按照整改方案督促企业分阶段抓好落实。

狠抓矛盾纠纷的排查调处工作，及时化解突出信访案件。2010 年，共接访各类信访案件 7 件 8 批 37 人次，认真调处客运公司与金沙出租车公司部分车主发生的经营权纠纷案件，经过反复大量深入细致的工作，目前，双方的矛盾纠纷得到有效调处。同时，客运公司退休人员要求解决住房问题的信访案件也在积极调处，对于缠访案件也积极做思想工作，未发生大的、集中性上访现象。针对上访案件，认真接访，深入调查，讲情、讲理、讲法，依据政策法规，狠抓调处工作，注重化解矛盾，促进了企业和社会的稳定。

昌都地区工商管理工作

【尽职尽责加强市场监管执法】2010 年，昌都地区工商局紧紧围绕“监管与发展、监管与服务、监管与维权、监管与执法”，把握“四个只有”、坚持“五个更加”，尽职尽责，切实维护食品安全和消费维权，积极营造良好的市场经济秩序。全年共查处各类违法违章案件 589 件，案值 170.02 万元，罚没金额 17.78 万元。

【加强重大节日市场的各项执法检查】积极开展以“春节、藏历新年”、“3•15”、“五一”、“六一”、“十一”和中秋节、昌都解放六十周年为重点，开展重要节日市场专项执法检查，重点检查以粮油、肉、饮料、水产品、乳制品、酒、调味调料品、儿童食品、保健品等，坚决打击掺杂使假、以次充好、以假充真、过期变质、三无产品、有毒有害食品等严重违法经营行为，在检查行动中，全地区共出动执法人员 1361 人(次)，检查经营户数 8200 户(次)，查缴假冒伪劣食品 70 个品种，主要属过期变质食品、“三无”产品、假冒伪劣食品等，共计 2865 公斤，价值 22.22 万元；对 557 件适用于简易处罚程序的制售假冒伪劣食品案件进行了处罚，罚款金额为 1.13 万元。

【加强流通领域食品安全监管】截止目前，全地区流通环节食品经营主体共计 2744 户，其中：企业 30 户、个体工商户 2714 户。乡镇食品经营户 1204 户，县城街道食品经营户 1540。各项长效制度的履行取得明显进展，已建立索证索票制度的经营户 2520 户，进销货台账制度的 2744 户（其中建立一票通制度 2015 户）、食品质量承诺制度 2400 户，进货检查验收和重要食品入市备案制度 2200 户。

严格经营主体准入关。2010 年全地区各级工商机关办理食品流通许可证 508 户，其中换发食品流通许可证 236 户，新办食品流通许可证 272 户。

严格监控食品进货、流通、退市三个环节，着力规范食品流通行为。针对进销货台账执行难和坚持难的问题，根据多年的实践和探索，创新方式，制定了食品进销货“一票通”制度和“粘贴式台账”制度，印制了 3000 多册“一票通”票册，全部分发给食品经营户，有效解决广大食品经营户“不识字”、“记账难”、“坚持难”等问题。同时，各县有选择性地对符合条件，规模相对较大的食品经营店铺，推行食品进销货电子台账，为实现食品流通管理信息化、规范化奠定了基础。

严格农牧区食品监管工作。全年共检查食品经营、餐饮企业 2856 户（次），查处查缴假冒伪劣、“三无”以及存在质量问题的食品 13 余种，共计 113 公斤，总价值 0.4775 万元。

严格快速检测工作。全年，共抽检食品 624 组，50 多个品种，不合格食品 32 组，不合格率为 8.4%。根据快速检测结果，由经营者当场确认后，下达责令整改通知书 32 份，责令下架退市食品 560 公斤。抽取疑似陈化粮 8 组，不合格食用油 14 组，查封涉嫌经销不合格大米 10200 斤，食用油 6300 斤。

创新食品监管方式。一是推行流通领域食品备案准入制度。二是建立工商部门与食品企业联合打假机制。三是推行“网格化”监管制度。专门绘制网格监管图，制作经济户口监督卡，建立市场主体动态的经济户口档案，制作网格监管责任人员公示牌，做到“一图一卡一档案一牌”。

【加强各类市场的专项整治工作】抓好商标侵权的专项整治。共查获 2 台仿冒“九阳”家电，查获侵权“宝焰牌”佛灯油 49 桶，价值 0.49 万元；假冒红牛（多牛饮料）432 件，案值 6.22 万元；假冒王老吉饮料（王吉正、王老世家饮料）512 件，案值 3.07 万元。

抓好“扫黄打非”专项整治。2010 年分 3 个阶段开展了 20 余次“扫黄打非”联合专项行动，共收缴淫秽色情出版物 23000 多张（盘）、政治性非法出版物 1100 多张（盘）、盗版图书 1000 多本册。

严厉打击制售假冒伪劣酒类行为。全年，共检查酒类经营户 262 户，查获假冒“红星”二锅头白酒 800 瓶，价值 0.28 万元。假冒“大丈夫”酒 68 件（2040 瓶），案值 1 万余元。

抓好产品质量市场的专项整治。开展以化妆品、建材、服装、鞋帽、汽配、农资、通信器材为重点的产品质量市场专项整治。查扣涉嫌陈化粮 92 袋，价值 1.2 万元，查扣假冒伪劣手机 13 个，没收过期建筑涂料油漆 55 个（罐），价值 0.456 万元。

做好“红盾护农保春耕”工作。全年，共出动执法人员 290 余人（次），出动执法车辆28台（次），检查各类农资经营主体68家，其中企事业单位12家，个体工商户56家，查获过期农药67袋（个），过期菜种子110袋（个），总价值0.145万元。

做好汽车销售行为、汽车配件质量监管工作。检查汽车修理和汽配销售经营者9户，查扣无包装标识等存在质量问题的汽车配件品种5个，实行厂家召回，强制下架汽配待检商品4个，督促经营者建立健全进货检查验收制度，进销货台帐，索证索票等制度17户，进一步规范了汽车销售市场经营行为。

抓好商业贿赂治理的专项整治。到目前为止，昌都地区工程建设、酒店餐饮等领域和行业中不存在商业贿赂行为。

抓好虫草采集交易市场的专项整治。目前现已登记的虫草经营户299户，注册资金1800万元，从业人员468人。其中：本地固定虫草交易户13户，从业人员26人，注册资金600余万元。受理了3件虫草交易案件，案值为5.65万元，为群众挽回经济损失5万多元。同时查处销售假冒伪劣虫草案2件，掺杂使假虫草1.1斤，案值5.3万元。查获各类过期变质、伪劣食品20余公斤，案值0.15万元。

【做好打击传销和严格规范直销工作】加强领导，建章立制。加大宣传教育力度，坚决遏制传销向农牧区、校园渗透蔓延。同时共设立45个重点乡镇宣传点，发放藏汉语宣传资料7100份、宣传画200多份、台历20多本、张贴宣传画6张，现场接受群众咨询近30人次。向12万移动用户、1.7万电信手机用户发布防范传销公益短信各2条、共计27.4万条。突出重点，积极开展打击传销专项检查工作。严格排查，教育引导。目前，昌都地区参与传销的38人中，1人去世，17人返回原籍，其余20人去向不明。对去向不明的20人，地区工商、公安机关的排查工作仍在继续；对已返回原籍的17人，昌都地区工商局已要求各县局对辖区内参与传销的群众进行集中教育和安抚，并采用“一对一”的方式对其行踪进行监控，防止参与传销人员相互串联、相约进行上访，破坏昌都地区社会和谐稳定。

【做好援藏工作，确保受援工作取得实效】天津市工商局和重庆市工商局的援藏资金已全部到位，共计100万元，使地区基层局所的执法装备不断得到改善。

为了提高昌都地区工商干部队伍的整体素质，促进昌都地区工商事业的发展，与天津、重庆两市工商局联系，2010年4月派出10名干部赶赴天津、重庆参加为期两个月的挂职学习。

为迎接第六批援藏干部，昌都地区工商局成立了迎接援藏干部工作领导小组，并安排了相关工作。天津市工商局选派了政治可靠、业务精通、年富力强的华勇同志到昌都地区工商局挂职，并分管局办公室和食品监督管理科工作。

昌都地区统计工作

【切实开展各项统计调查工作】2010年，紧紧围绕提高统计数据质量这个中心，从源头抓起，严把对各县统计报表的审核关，加强统计监测，全面完成了各项统计调查任务。一是狠抓常规统计报表工作。按照上年自治区统计年报布置会要求，按时、高质量地完成了GDP下算、农牧业、城乡住户、畜禽监测、工业、建筑业、固定资产投资、劳动工资、价格、能源、批发零售和住宿餐饮等定期报表和统计年报工作，提供了大量统计调查信息资料；二是狠抓常规调查工作。根据国家统计局和自治区有关部门要求，完成了妇女儿童、退耕还林（草）、农民工调查、价格监测等调查任务，为促进相关事业的发展提供了决策依据；积极开展专项调查，圆满完成了全地区组织工作满意度调查、纳税人满意度调查、公共气象评估调查等调查任务，极大地满足了社会各界多方面的信息需求，为各级党委、政府制定相关政策及十二五规划提供了重要依据；全力做好农村抽样调查样本轮换工作。开展了600户城镇住户大样本调查和260户农村住户样本轮换工作。六是深入开展了昌都城区1000多种商品价格轮换调查工作，计算了社会消费品、商品零售价格、农业生产资料价格权数。

【深入开展第六次全国人口普查工作】一是广泛组织动员全地区各级统计机构认真开展人普前期准备工作，局、队领导积极同行署、各县政府沟通协调，成立了地区及各县普查领导机构和办事机构，积极争取人普经费，制定了符合昌都实际的普查方案。二是精心组织全地区1300余名普查员和普查指导员，成功召开了全地区第六次人口普查工作电视动员会和第六次全国人口普查昌都地区培训会。三是加强督查和指导工作。由局、队领导带队先后分为三个工作组赴左贡、芒康、贡觉、江达、边坝、洛隆、类乌齐、丁青、八宿等县开展深入细致的人普督查工作，为入户登记阶段工作打下坚实基础。四是全面开展入户登记工作，广大普查员不怕苦不怕累，挨家挨户开展入户登记，认真填写普查表，严格坚持人口普查登记进度报告制度，做到了每日一报。截止11月10日昌都地区户主姓名底册已初步汇总，人普日报每日均已按时上报。还将组织开展数据审核和复查工作。

【扎实开展统计服务，不断提升服务水平】一是及时做好经济信息发布及预测工作。及时向社会各界公布每月经济运行情况，每季度、半年撰写有分析、有建议的经济运行状况统计分析报告，使行署及社会各界及时了解和掌握地区经济发展态势。完成了《2009年昌都地区社会消费品零售总额简析》、《上半年昌都地区居民消费价格运行情况简析》、《上半年昌都地区国民经济运行情况分析》、《2010年1-9月份昌都地区经济运行情况》、《昌都地区1-9月份社会消费品零售总额增长24.1%》等统计分析。二是在行署的统一安排部署下，积极配合地区发改委为“十二五”规划提供统计资料，由局、队业务骨干组成工作小组，整理了大量的统计数据，制作了统计分析图表，进行了分析说明，为地区“十二五”规划提供了高质量的信息服务。三是深入开展统计课题分析研究工作。地区经普办和各县经普办积极着手开展昌都地区第二次全国经济普查的资料开发应用工作，已成功完成了《昌都地区批发和零售业的现状和前景分析》、《昌都地区自主创新能力分析》、《昌都地区2009年第三产业发展现状浅析》等课题分析。四是定期向驻昌都记者站、昌都报、昌都电视台等媒体提供统计信息对外发布，使社会各界及时了解昌都经济运行和发展状况。五是积极整理统计资料，编印统计手册和统计书籍。目前已圆满完成了《昌都地区2009年主要统计数据》、《昌都地区2009年统计年鉴》和《第二次经济普查资料汇编》。六是积极为庆祝昌都解放60周年做好各项服务工作。从2010年年初昌都地区统计局、队抽调各科室业务骨干搜集整理60年大庆资料，编印昌都解放60周年统计资料，为昌都解放60周年献礼。根据昌都大庆办安排，抽调局、队业务骨干参与昌都解放60周年大庆筹备工作，核实收集有关统计数据，制作各类统计图表，为昌都解放60周年大庆布展服务。

【获奖情况】荣获2010年度全区统计调查系统统计文化建设活动文艺节目表演优秀奖；

荣获2010年度全区统计报表评比基本单位统计优秀奖；

荣获2010年度全区统计调查工作三等奖。

【领导名录】

地区统计局和调查队党组书记：刘隆柱

党组副书记、统计局局长：斯郎次仁

党组副书记、调查队队长、副局长：罗向银

党组成员、副队长：贾洪、和向阳

昌都地区质量监管工作

【产品质量监管】为确保产品质量安全，特别是食品安全和工业产品安全，制定出台了《昌都地区食品安全整顿方案》、《昌都地区2010年食品质量监督抽查方案》、《昌都地区食品生产加工小作坊基本条件》；同时，制定了《昌都地区质监局2010年工业产品质量监督抽查计划》、《昌都地区工业产品监督抽查方案》、《昌都地区2010年“三大节日”专项检查行动方案》和《昌都地区质量技术监督局2010年食品生产加工领域质量安全专项整治工作方案》。截止9月20日，对11县、92家食品生产加工企业（小作坊）开展了巡查、登记、建档工作，全部签订了《食品质量安全承诺书》。根据昌都地委关于“谋长久之策，行固本之举”的工作思路，按照“积极推进发展一批企业、扶持一批企业、做大做强一批企业、培育一批企业”的原则，组派工作组对芒康、八宿、洛隆县3县4家食品生产加工企业开展了食品生产许可证申办前的审查工作；

在产品质量监管过程中，组织人员到企业大力宣传《食品安全法》、《产品质量法》等法律法规以及《昌都地区食品生产许可证监管程序》、《昌都地区工业产品生产许可证监管程序》等制度，指导企业的生产经营活动，提高企业依法办企业、安全管企业和质量兴企业的意识，落实了企业质量安全主体责任。对8家电杆生产企业的27个电杆样品进行了检验；对2家种子、农药、化肥等农资销售商，抽检6个品牌12个批次速溶化肥等定量包装商品；对6家验配眼镜企业进行了监督抽查；对7家页岩砖生产企业进行了抽样检查。截止9月20日，共抽查重要工业产品23种，企业79家（次），抽查样品104批次；通过巡查抽查，落实了企业主体责任，掌握了质量问题多、质量不稳定的企业和存在共性质量问题的重点产品，为做好昌都地区产品质量监管掌握了第一手资料。

【特种设备安全监察】成立了昌都地区质监局特种设备事故应急预案领导小组、特种设备事故应急预案技术保障领导小组，安排2名特种设备安全监察人员、技术保障人员24小时值班。对全地区7家电杆厂进行了外检和安全监察，并对全地区的常压锅炉进行了再一次的普查建档工作；按照锅炉验收标准对华润雪花啤酒（西藏）有限公司新安装的锅炉进行了初验，截止9月20日，出动检查人员762人（次），执法车次285辆（次），对47家特种设备使用单位进行督查，检查特种设备194台（其中电梯101台、锅炉20台、压力容器35台、起重机械38台，液化气钢瓶16000余只、压力管道5000多米），下达特种设备安全监察指令书36份，提出整改意见47条。同时，围绕《特种设备安全监察条例》及新制定的《电梯监督检验和定期检验规则——曳引与强制驱动电梯》，对75名电梯操作人员、维保人员采取现场边检查边学习的方式，将理论与实际结合，进行了现场培训。

【“四查、四建、四落实”工作】认真组织开展食品生产加工企业“四查、四建、四落实”工作。一查生产企业，督促建立全过程质量安全制度，落实企业主体责任；二查重点产品，建立分类管理、风险预警和快速反应机制，落实风险防范责任；三查重点行业和地区，建立重点区域治理整顿机制，推动地方政府落实领导责任；四查自身监管工作，建立协调有序、分工负责的工作机制，落实相应的监管责任。为把“四查”工作落到实处，昌都地区质监局与各生产企业签订了《产品质量安全主体责任书》，建立了质监局、地方政府和各相关部门“三级联动”的监管机制和各科室协调配合的工作机制，逐步完善全网络、全覆盖、全过程监管体系。

【标准化工作】紧紧围绕推进农业结构调整和增加农牧民收入这条主线，以市场为导向，以提高农产品质量安全水平和市场竞争力为核心，大力发展无公害农产品、绿色食品和有机食品，推进名牌农产品战略的实施，促进农业增效、农牧民增收和农村经济全面发展。联合地区农牧局组织专人对自治区级标准化示范区——类乌齐牦牛育肥示范基地建设情况进行监督检查；根据《关于组织申报国家级农业标准化示范区项目的通知》（藏质监联[2010]74号）精神，积极联系农牧等相关部门，形成了八宿县荞麦种植标准化项目调研工作；企业标准化方面，结合监督检查，调查摸底企业标准贯彻执行情况，打击无标、违标生产现象。按照《昌都地区企业产品标准备案登记监管制度》（昌地质监[2009]61号）要求，全面推进企业产品执行标准备案、登记工作。截止目前，全地区符合企业产品标准登记条件的企业共有23家，其中执行标准已备案企业20家，备案产品10种。

【计量监管工作】一是开展农资计量专项整治工作。检查2家种子、农药、化肥等农资销售商，抽检6个品牌12个批次速溶化肥等定量包装商品。未发现缺斤少两、计量作弊、净含量不足等计量违法行为；二是定量包装商品监管。在“五一”、“端午”节前开展红酒、茶叶、粽子等商品的定量包装进行监督检查，检查大型超市和销售商店30家，抽检20个品牌65个批次的商品，未发现违规行为；三是餐饮计量监管。对35家大、中型餐饮商家在用计量器具、菜单标注情况进行监督检查，存在使用未经计量检定的计量器具，已要求限期检定，并经检定合格后方可使用；四是液化气计量监管工作。对昌都城镇的5家液化气站（含民用和工业用）进行不定期巡查，制定《昌都地区液化气充装站计量监管巡查表》，逐条对照巡查。同时，发放《昌都地区瓶装液化气用户调查表》100份，对反应突出的气体燃烧时间短、燃烧后残液多、服务质量不高、市场上销售价格不一以及无法满足消费者及时更换新气需要等问题进行了清理、整顿。五是实验室计量器具监管。对昌都城镇内各实验室、眼镜店和相关企业的51台（件）在用计量器具开展了周期检定工作。六是积极开展计量器具登记建档工作，截至目前，共登记建档计量器具1267件（台）。

【地理标志产品】全地区10个县共上报獐子菌、藏东干红葡萄酒、洛宗糌粑等48个品种。

【认证认可工作】2010年，昌都地区共有交通局实验室、水利局试验中心等4家实验室获得了资质认定（CMA）资质，重点加强了对已通过认证的检验检测机构的监管，规范检验检测机构的服务行为，提高服务质量。

【领导名录】
党组书记、局长：刘敬峰
党组成员、副局长：李津文、杨明生
党组成员、副调研员：刘素珍

昌都地区农牧工作

【农牧民人均纯收入保持两位数增长】2010年昌都地区农牧民人均纯收入达到3662元，比上年增长16.5%。

【借助有利客观因素，乘势而上，种植业喜获丰收】2010年，全地区完成农作物总播种面积53000.73公顷，其中：粮食作物44936.4公顷、经济作物5636.4公顷、饲草料作物2427.93公顷。粮食总产量16.62万吨，粮经饲比例为（含土豆）84：10.6：4.6。完成机耕面积24.21万亩，机播面积28.5万亩，机收面积22.43万亩。

【畜牧业在科技推动中稳步发展】全地区新生各类仔畜114万头（只、匹），成活109.5万头（只、匹），成活率达到98.2%，与上年同期相比提高0.7个百分点，成畜死亡6.7万头（只、匹），死亡率控制在1.8%，较上年基本持平，全地区年末牲畜存栏369.87万头（只、匹）。出栏牲畜112万头（只），出栏率达到30.2%；肉、奶达到7.97万吨和7.89万吨，较上年略有增长。

【农牧业产业化健康发展】近年来，昌都地区涌现出了一批具有一定发展前景和竞争实力的（如日通藏药厂、芒康绿野食品有限公司、八宿荞麦系列产品开发企业、洛隆糌粑加工厂等）农牧业产业化经营龙头企业。全地区乡镇企业实现产值达到1.67亿元，多种经营收入达到7亿元，分别比上年增长5%、9%。

【突出农产品有效供给，狠抓种植业各项工作】2010年，昌都地区确保粮食安全，特别是青稞生产安全的前提下，立足市场，大力发展经济作物，提高种植业经济效益。一是加强农业基础设施建设。各县组织群众，利用农闲时节，大力开展农田水利设施的修复、低产田的改造、农牧民培训及农用机械的维修等工作。全地区完成中低产田改造9万亩，维修水渠3154条、水塘1225座、水池119个，新修水渠13条、水塘5座、水池127个，新增灌溉面积1.5万亩。维修、检修各类农机具7966台（套、部）。为粮食增产奠定了基础。二是提前做好农用物资组织与调运工作。地委、行署高度重视，多次召开专题会议研究部署，地区财政解决调运种子的运费30余万元。昌都地区农牧局及时下拨农牧厅解决的购种补贴款100万元，从上年10月就着手种子、化肥、农药等农用物资的准备调运工作，提前统计缺种数量，派专人到拉萨、日喀则等地组织协调，为各县调运种子97万斤；各县结合自身实际，组织农牧民群众积造农家肥137.6万吨，从区内外调种174.6万斤，互调良种6.2万斤，农牧民互换332.5万斤，群众自备种子1436.9万斤，种子精选1619万斤，种子包衣586.6万斤。共调运化肥7660吨、农药22吨。为春耕备耕打下了良好基础。三是良种繁育基地建设及标准化生产和高产创建示范活动建设按要求稳步进行，安排一、二级良种繁育基地建设19270亩，落实标准化和高产创建示范活动5.25万亩；继续在丁青、左贡、芒康、昌都、洛隆5个粮食主产县实施“3414”肥效田间试验及配方施肥示范30000亩，并完成了数据录入。为科学种田起到了示范带动作用。四是完成了自治区给下达昌都地区的农机购置补贴1887余万元，其中：2009年资金900万元，2010年资金987余万元。购置各类农机具6377台（套），受益户数4904户、24520人。农业机械化水平进一步提高，增强了农业综合生产能力。

【突出增量提质和控存增出，着力提升畜牧业效益】一是大力开展草地基本建设。据不完全统计，全地区人工种草面积达到25万亩，草地围栏面积突破140万亩。9月份借助邦达草原建设成果，及时召开了现场会，推广项目建设经验。二是草场承包顺利通过自治区终验。全地区草场承包到户面积累计达到562万亩，为今后争取草地基本建设项目打下了良好的基础。三是狠抓了牲畜短期和易地育肥工作，据不完全统计，全地区年内积累短期育肥出栏达25万个绵羊单位，直接增加群众收入近3000万元。四是积极推进以牦牛、绵羊为主的畜种改良，年内累计繁育成活纯种九龙牦牛125头，改良周边地区牦牛2000余头，外调阿旺藏系绵羊2100余只。藏猪（生猪）、藏鸡养殖规模日益扩大，畜牧业产业带（规模）进一步巩固，农区和城郊畜牧业得到合理培育和科学发展。五是狠抓牲畜出栏工作，各县进一步加大部门协调力度，在狠抓牲畜工作的同时，稳步提高畜产品综合商品率，年内累计外销绵羊、山羊3万余只，综合商品率逐步提高到35%左右，为群众收入的稳步增加做出了应有的产业贡献。

【突出防抗结合，全力做好农牧业防灾抗灾工作】地区及各县高度重视防抗灾工作，按照组织上高度重视，行动上充分准备，措施上严谨周密、技术上到位的要求，制订防范措施，狠抓落实。累计储存各类抗灾饲料395万斤，饲草近4.5亿斤。3—5月份昌都地区局部高海拔区域出现强降雪天气过程，致使因雪灾造成牲畜死亡15650头（只），其中：大牲畜4360头，小畜11290只。为全面应对灾情，昌都地区农牧局积极向上级有关部门争取了专项防抗灾资金100万元，及时下拨330吨抗灾饲料，有效地帮助群众开展防抗灾自救工作，最大限度减少损失，维护了当地经济社会秩序的稳定。

【做好农牧业项目的建设和申报规划】一是实施了农牧业特色产业项目9大类，包含牦牛育肥、阿旺绵羊育肥及扩繁、黑山羊养殖、索多西辣椒种植、人工饲草料及草种繁育基地、藏药材生产、蔬菜种植、秸秆处理窖建设、草场建设等，涉及11县。其中：11县蔬菜基地建设（60大庆项目）已完成建设，并通过验收，其余项目正有序开展。据不完全统计，昌都地区农牧业特色产品达27种，年产量541吨，实现产值1006万元，带动农户4016户，为农户增收2504元，人均增收超过600元。二是农村户用沼气项目累计完成建设任务32031座，完成农村沼气中央投资8000余万元。三是扎实开展农牧业项目验收工作。根据自治区农牧厅通知要求，9月份昌都地区农牧局会同地区发改、财政等相关部门组派项目验收工作组，赴11县对2007年—2009年已完工项目开展地区初验。11月5日—8日自治区农牧业项目验收工作组对昌都地区2007年至2009年申报终验的73个农牧业项目进行了验收，57个项目通过了终验。

【突出科技引领，促进农牧业增产增效】一是扎实开展农牧业科技推广服务工作。按照农牧业实用技术到田间地头、进村入户的要求，在春耕备耕、牲畜接羔育幼的关键期，结合区、地两级科技特派员工作，派出以科技特派员为主要成员的工作组，深入各县开展科技指导，帮助群众解决生产中的难题，提高了农牧业生产的科技含量。在提高粮食单产行动、高产创建、新品种展示、标准化生产、测土配方施肥等科技示范工作中，地、县农牧技术部门组织精干力量，制定实施方案，落实人员，开展技术攻关，做到了早安排、早落实，确保了科技推广服务取得明显成效。二是切实抓好农牧民培训。地区及各县按照“实际、实用、实效”的原则，举办各种形式的培训班，广泛开展沼气池的修建维护与管理使用、农作物病虫害防治、动物疫病防治、畜种改良、农机具使用和维护、农药及化肥的使用、无公害蔬菜栽培、奶牛饲养管理等技术培训。全地区共举办培训班210期，培训农牧民25550人次，其中：农牧民群众23235人次，农牧民技术人员1390人次，乡村干部925人次。提高了农牧民群众的生产技能。

突出劳务输出，增加农牧民现金收入。继续加强对农牧民劳务输出工作的领导和组织协调。坚持“政府组织、专人负责、群众参与、形成合同”的劳务输出工作方针，积极帮助农牧民群众联系工程，沟通劳务输出渠道，扩大劳务输出规模。因势利导，全地区组建农牧民施工队38个，实现收入1430万元，人均实现收入5325元。凡是适合农牧民群众组织实施的工程，交给农牧民群众组织实施。全地区劳务输出人数达26万人次，同比增长9%；劳务收入达到4.4亿元，同比增长10%。切实增加了农牧民群众现金收入。

【突出扶持龙头企业、加大专业经济合作组织工作力度，推进农牧业产业化经营】一是加大了对地区级龙头企业（昌都县日通藏药厂、芒康绿野食品有限责任公司、洛隆县糌粑加工厂）及县级龙头企业（八宿县荞麦系列产品开发企业）等的扶持力度，强化了管理和服务。全地区地县7家龙头企业实现产值1380万元，实现收入1171万元，带动农户1964户，户均实现收入3459元。农牧业产业化经营龙头企业的辐射带动作用进一步增强。二是农牧民专业合作经济组织得到进一步发展。全地区58个农牧民专业合作经济组织实现收入3145万元，农牧民从事专业合作经济组织6910人，人均实现收入3500元。其中：农牧民协会26个协会实现收入1466万元，农牧民参加协会5274人，人均实现收入1668元。为农牧民增收创造了条件。

昌都地区林业工作

【营林生产】2010年，昌都林业坚持把植树造林、加强生态建设作为林业建设的重要任务，采取多种造林方式，大力开展造林绿化活动，地、县绿委会组织党政机关、企事业单位，驻军2032人次，完成妥昌公路植树2.678万株，全年完成封山育林21.1万亩，完成退耕还林补植、补造4.11万亩，义务植树145万株，育苗287亩。

【林业重点工程】天保工程。继续加强对120万公顷天然林资源的全面管护。完成封山育林26240亩；组新增的天保工程生态公益林建设封山育林20000亩、人工造林1000亩，封山育林补植1409亩。

重点区域造林。完成重点区域造林42344亩，其中经济林6788亩，水保林38456亩，栽植苗木660.36株。

退耕还林。严格按照地区关于加强退耕还林补植补造的工作要求，完成补植20352亩，补造20708亩。编制完成了县级巩固退耕还林成果专项规划实施方案；配合国家林业局中南林业调查规划院完成了2010年退耕还林工程重点核查验收任务，通过对8县15829.7亩退耕地的重点核查验收，保存总面积15615.6亩，保存率98.6%；保存合格面积9930.6亩，占保存总面积的63.6%；保存基本合格面积5685亩，占保存总面积的36.4%。编制完成了《巩固退耕还林成果专项规划项目实施方案》，项目总投资112543897元，其中国家投资：82550373元，地方配套与投资：29993524元。

森林生态效益补偿基金项目。启动了实施了第三批中央和地方森林生态效益补偿基金项目，管护面积从2009年的796万亩，增加到现在的4749.67万亩，年均管护资金从2388万元增加到1.425亿元。全地区95.7%的森林资源纳入管护范围，为全地区57万农牧民年均增加纯收入247元。

防沙治沙项目。早行动、早安排，完成2008、2009、2010年防沙治沙88645亩，其中造林种草66116亩、围封22529亩。到位资金2285.3万元。

自然保护区建设。评审通过了修改完善后的芒康红拉山、类乌齐县国家级自然保护区二期项目作业设计基础性资料，二期工程项目基础建设预算总投资1163万元；组织实施了野生动物肇事补偿核查工作，目前自治区到位资金320万元。

昌都镇城区绿化工程。作为迎接昌都解放60周年的大庆项目，完成了昌都西路、海南路、寺庙路、聚盛路（光明街）、昌都中路（胜利街）、马草坝路、体育路、澜沧江路八条主干道的绿化工作，绿化街道7957米，栽植雪松、塔柏、大叶女贞、红叶李等园林绿化树种2188株，移栽柳树800株，种植万年青168㎡、草坪1443㎡，黄杨苗301㎡、混播草坪1138㎡，为行署迎宾楼摆放花卉180余盆。完成投资120万元。

【森林防火】 进一步加大森林防火工作力度。强化森林防火目标管理和行政首长负责制的落实，层层签订了目标责任书。编制完成《重点火险区综合治理二期工程可初步设计》。全地区累计派出工作组358次、1500人次，出动宣传车800余台次，4890人次，发放宣传画（单）243045张（册），悬挂宣传横幅200幅，张贴标语6839条，制作永久性宣传牌32个，召开群众大会656次，受教育群众10万余人。继续组织实施了《昌都地区重点火险区综合治理森林防火建设项目》，基础设施建设得到进一步加强。全年，全地区共发生森林火灾3起，过火面积1404亩，因火造成林区群众2人死亡、6人受伤。

【林政、森林公安管理】林政、森林公安依法加强了对现有林地和森林资源的管理，严格执行农牧民安居工程户均15m3的限额采伐指标；查处边坝县违规安居工程木材加工点2个，昌都县无证木材加工点3个，罚款2万元，没收木材71立方米；调查处理了丁青县桑多乡安拉村乱砍滥伐林木及木材检查站冲卡事件，治安处罚9人。加强了区内商品材的运输管理工作，实行商品材现场检尺、签证制度，从源头上杜绝了木材运输超方等违法行为的发生。进一步规范征占用林地审核、审批、补偿工作，打击非法征占用林地行为。开展了重点工程建设项目征用林地审核审批工作，完成昌都县果多电站征占用灌木林地87.88亩、疏林地17.06亩；新建地区物资公司炸药库征占林地30亩的审核审批工作。组织开展了昌都县、江达县林政执法检查工作。地、县组织开展了“春季行动”、“排查化解矛盾纠纷、深化大走访爱民实践活动”和林业执法、安居工程木材供应清理整顿专项行动。全年，全地区累计查处林业行政案件150起（野生动物案件3起）；共收缴各类木材2455立方米，罚款2.47万元，追究刑事责任2人，拘留11人，警告26人，处罚167人，批评教育98人。协调化解昌都县群众上访2起。

【森工企业】地区林业有限责任公司全年生产成材4506立方米，销售成材4386.6立方米，完成销售木材收入833.45万元；加油站完成销售收入99.13万元；达脱卡森林公园完成经营收入16.23万元，累计上交利税287.67万元。组织职工上山造林，完成2010年重点区域造林2700亩，增收27万元。启动实施了昌都地区林场棚户区改造工程。新建住房2栋，建筑面积4019.65m2，建设住房50套；改造棚户区住房150户，完成投资949万元。

地区中心苗圃用覆膜育苗新技术育苗45亩，全年共育苗160亩，新育98亩，苗木存圃560万株，全年出圃苗木388万株，明年出圃苗木370万株。

启动实施了全地区重点苗圃整治改造项目，下拨资金337万元，完成了785亩重点苗圃改建任务。

【领导名录】
党组书记、副局长：郭宗惠
党组副书记、局长：赤 来
党组副书记、副局长：毛易武
党组成员、副局长：阿旺泽仁、余忠文、华生
副调研员：李新春 、边坝泽仁

昌都地区国土资源工作

【耕地保护】严格土地管理，全面提升土地管理水平。圆满完成了第二次土地调查工作。在自治区第二次土地调查领导小组办公室的统一安排下，配合专业队伍完成全地区第二次土地调查数据汇总、数据调整、数据库建设、数据入库以及数据库应用、管理、系统培训、工作报告编写等工作。完善耕地保护制度，将全地区耕地保护目标落到实处。完成了地区与各县2010年度耕地保护目标责任书签订和2009年度耕地保护目标责任的考核工作；指导和规范县与乡（镇）、乡（镇）与村、村与农户签订2010年度耕地保护目标责任书。加强耕地、基本农田保护落实情况的检查。

【地籍管理】加强地籍管理工作，保护土地使用者的合法权益。全年完成了29宗用地的初始、变更登记工作，登记面积1779028.05 平方米；办理土地抵押登记33宗，面积7009.65平方米，贷款金额1595万元。

【建设用地管理】积极争取用地指标，确保建设项目用地。一是为确保2010年昌都地区重点建设项目和农牧民安居工程用地，尤其是188项目、大庆项目和民生项目用地。昌都地区积极争取上级业务部门的支持，编制了昌都地区2010年度用地计划。二是严格建设项目用地预审管理。完成了江达县自来水厂改扩建、昌都地区重点森林火险区综合治理二期工程等32个建设项目用地预审工作。三是严格建设项目用地报批管理。完成国道214线类乌齐至昌都段公路整治改建工程、贡觉县热曲河水电站等21个建设项目用地的选址，完成了2个城镇批次建设项目和21个村镇批次建设项目用地组件报批工作。上报用地面积540.6193公顷，其中：耕地面积55.3285公顷。已获自治区人民政府批准项目17个，批准面积143.44公顷，待批项目17个，面积397.18公顷。四是完成了武警昌都地区支队驻训基地等26个单位用地的审查工作，并根据用地单位的用地情况，提出了具体的处理意见，上报行署批准实施。五是认真贯彻落实中央第五次西藏工作座谈会精神，积极参与川藏铁路线路及昌都站的选址工作；积极配合果多电站实物指标调查和芒康县如美电站料场及业主营地的选址工作。六是以挂牌方式处置关闭企业土地使用权1宗（原地区建筑公司苹果园），土地面积9996.47平方米，土地收益510万元。

【土地评估】认真做好昌都县沙贡乡加达通土地开发整理前期工作。目前，该项目可研已获自治区国土资源厅、财政厅审查，并下达了投资计划，现正在做施工设计，有望年底实施。

认真开展昌都镇“一点三翼”土地调

查工作。根据行署安排，于2010年5月启动了昌都镇"一点三翼"土地调查工作，目前，已完成昌都至下加卡一线、昌都至日通乡一线土地野外测绘工作和室内制图工作，测区面积12.411平方公里。

开展全地区农村宅基地确权登记发证前期准备工作。根据自治区的统一安排，成立了昌都地区农村宅基地确权登记发证工作领导小组，起草了《昌都地区农村宅基地确权登记发证工作实施方案》和收集了相关资料。

启动了昌都地区土地利用总体规划的编制工作，现已完成资料的收集、整理和野外踏勘工作。

根据国土资源部、自治区国土资源厅的总体安排部署，启动了昌都地区类乌齐县土地矿产兼有型试点创建活动

【矿产资源开发秩序整顿和规范】认真贯彻落实张庆黎书记"竭诚服务、一路绿灯"的指示精神，为玉龙铜矿、类乌齐卡玛多菱镁矿等重点项目的投资建设做好了协调服务工作，保障了项目顺利实施。目前玉龙铜矿已进入二期建设，一期完成投资17亿。卡玛多菱镁矿开发建设进展顺利。

青藏专项工作顺利实施，取得成果。截止目前昌都地区三个青藏专项已完成60%以上实物工作量，新发现铜铅锌矿化点1处、铜多金属矿化点1处、铜矿化点3处，检查已知铜铅矿化点1处、金矿化点2处。

煤炭资源整合工作进展顺利。已完成建立健全组织机构、编制方案、动员部署、摸底调查、征求意见、提出建议等工作任务，现正在进一步开展工作，年内完成第一阶段6个矿点的整合工作。

积极开展矿产资源补偿费的征收工作。已完成全年应征额的90%左右，2011年底全额征收入库。

加强配合，部门联动。配合安监、环保等部门联合开展了多次专项行动，对部分矿山(点)的安全、环保等进行了检查，对矿产资源开发秩序进行了整治。

根据行署安排，启动了昌都地区藏东有色金属产业基地建设规划。

【探矿权、采矿权管理】认真开展探矿权、采矿权备案登记管理工作，已经为178个勘查点，45家勘查企业进行了备案登记。开具介绍信和证明50余份。

矿业权实地核查工作基本完成。昌都地区矿业权实地核查工作已进入收尾阶段，已完成25个矿山的核查工作，其余5个因外部环境暂时无法开展工作，正在积极协调中。

【地质灾害防治】及时编制《昌都地区2010年度汛期地质灾害防治方案》，上报行署批转各县执行。同时督促各县局，要求在汛期来临之前制定本县《年度汛期地质灾害防治方案》和《重点地质灾害隐患点应急预案》，并对各县业务人员进行了地质灾害防治"五到位"的培训。

加强汛前地质灾害巡查和汛期重大地质灾害隐患再排查工作。5月6日至7日，陪同自治区地质灾害巡查工作组深入江达、昌都、类乌齐等县的地质灾害隐患点进行了巡查。7月1日至5日，陪同自治区地质灾害隐患再排查领导小组对昌都县城关镇及周边、贡觉县城和敏都乡、江达县、察雅县、八宿县、左贡县等重大地质灾害隐患点实地进行了再排查，对各县地质灾害防治工作提出了明确要求，以减少地质灾害的发生。

积极协调地质灾害治理及地质环境恢复治理项目工作。已完成了鲁然滑坡和贡觉县橡皮乡瓦达塘砂金矿矿山地质环境恢复的治理工作。积极向区国土资源厅争取地质灾害治理工程项目，目前，区财政厅已批准治理八宿县城泥石流治理工程，投资治理金额450余万元；完成了4个项目的前期工作。

2010年自5月1日起，全面启动了昌都地区地质灾害"日报告、零报告"工作，同时积极与气象台联系，详细了解每日天气及降水等情况。

积极开展了芒康县地质灾害群测群防"十有县"建设工作。

完成了昌都县1：5万水工环地质调查野外工作。

【执法监察】大力开展工程建设领域突出问题专项治理工作。一是对全地区2006年以前和2007年1月1日至2009年9月30日的土地出让、划拨情况进行了认真梳理和自查。通过自查，全地区2006年以前共出让土地443宗，面积29.38公顷，合同价3284.73万元；2007年1月1日至2009年9月30日，共出让土地84宗，面积12.3293公顷，合同价1570.42万元；全地区2006年以前共划拨土地83宗，面积61.73公顷；2007年1月1日至2009年9月30日，共划拨土地110宗，面积301.8253公顷。二是对昌都地区国土资源局监管的3个工程建设项目进行了自查清理。通过自查，昌都地区国土资源局监管的3个项目投资均小于1000万元，是按照建设管理相关规定和程序进行操作、实施，没有违规现象，三是对全地区探矿权、采矿权设置情况进行了全面清理。截止目前全地区共设置探矿权167个，采矿权26个，其中除16个非金属采矿权由地区国土资源局批准设置外，其余探矿权和采矿权均属自治区国土资源厅批准设置。全地区16个非金属采矿权设置均严格按照规定的程序进行操作，没有违规现象。

认真开展土地卫片执法检查工作。查清了全地区62个图斑的位置、实际面积、用地时间、批准用地面积等基本情况。全地区62个图斑，总用地面积1384.4亩，其中：实地伪变化图斑58宗，面积1273.30亩；新增建设用地3宗，面积33.6亩；违法建设用地2宗，2宗均在类乌齐县，属未报即用违法用地。目前，检查结果已通过自治区审核。

加强国土资源管理领域矛盾纠纷的调处排查及化解工作。全年共排查出1起矿产资源开发纠纷、1起土地权属纠纷，收到群众来信1封，转办件1件，目前2起纠纷和1封群众来信及转办件1件均已办结。

昌都地区交通工作

【国省道、通县油路和地区客运站项目建设顺利】2010年国省道、通县油路和客运站在建项目共计9个，总投资30.8422亿元，截止2010年底已完成投资20.5486亿元。其中：国道214线昌都至邦达机场段；国道318线竹巴笼至海通沟段整治改建工程已完工。

国道214线类乌齐至昌都段；国道317线岗托至江达段；国道318线海通沟至东达山段，业拉山至八宿西段；省道303线帕通至加玉段；县道青泥洞乡至贡

党段整治改建工程和昌都地区客运站新建工程项目正在建设中。

【农村公路建设力度进一步加大】2010年农村公路续建和新建项目71个，总投资32427.3039万元，截止年底已完成投资16193.8512万元，解决了42个建制村的通达。未完工项目计划于2011年内全部完工，可实现3个乡（镇）的通畅和35个建制村的通达。

【公路养护质量稳步提升，服务保障能力不断增强】昌都地区交通局在确保公路畅通的前提下，加强公路日常养护，注重公路预防性养护，适时处治路面病害，改善排水条件，公路好路率稳步上升，为车辆的安全通行提供了更好的服务。

2010年全局共完成公路小修保养路面备料59909立方米，铺路面料91065立方米，修补土路963028平方米，清理边沟183933米，疏通涵洞119道/136次，维修涵洞32道，整修路肩15342平方米，整修边坡2431平方米，清扫路面76580平方米，清理坍方12869立方米，打冰除雪18512立方米，清理流沙15462立方米，新挖边沟18088米，修补路基缺口11处/906立方米。

【路政和交通运政管理工作不断规范】路政部门加大《公路法》等相关法律、法规和安全生产知识的宣传力度。2010年各养护段路政所路查路巡27500公里，依法查处路政案件4起，破案4起，结案4起，破案率为100%，结案率为100%。收回公路路产损失赔（补）偿费40500元。查获超限超载车辆3199台次，收回公路损害赔（补）偿费869439元，卸货分运226吨，开通绿色通道636车次。组织开展路政法制宣传、安全生产宣传等活动24批次，共发放各类宣传资料17000余份，出动宣传车18台次，悬挂宣传条幅40条。举办交通行政执法规范培训1次，参训人员35人。

交通运政管理部门，积极开展客运市场、货物运输的整治和管理工作，打击违章运输工作，共出动稽查人员298人次，检查过往车辆3706辆次，查处违章车辆213起，查处黑车25辆。完成进出藏货运量101.75万吨；货运周转量53284.23万吨公里；完成客运量609.64万人次；客运周转量10658.86万人公里。

【重大事项及获奖情况】2010年5月17日举行了昌都地区交通运输局挂牌仪式，标志着昌都地区交通运输事业进入了一个崭新的发展阶段。

2010年，昌都地区交通局被中共西藏自治区委员会、西藏自治区人民政府授予西藏自治区“十一五”重点建设项目工作突出贡献集体。2010年，昌都地区交通局丁青养护段扎西多吉同志荣获全国劳动模范和“五一劳动”奖章，在首都北京受到了党和国家领导人的亲切接见。

【领导名录】
党委书记、副局长：张宏军
党委副书记、局长：齐　飞
党委副书记、副局长：吴明清
副局长：尼　玛、吴　正、泽旺四郎

昌都地区邮政工作

【年度综述】2010年昌都地区邮政局把科学发展观的思想融入企业发展中，始终把企业的生产效益作为第一任务，严格管理，注重发展企业文化，关心职工自身学习发展情况，先后组织各类活动，在丰富职工业余生活的同时，也增强了职工队伍的素质，并取得了显著成效。

2010年实现全年邮政业务收入1701万元，完成年预算目标的105.5%，同比增长12.4%，全员劳动生产率达到9.9万元/人，连续四年超额完成区公司下达的全年生产任务。

【信息建设】新增综合网硬件防火墙来替换以前的软件防火墙，大大提高了网络安全性，在此次任务中新增了OA系统IP端口；完成了ATM机系统1.13和1.14版本升级，新装及更换ATM防护罩4套；为各个网点新增保险业务。

完成了地区邮政枢纽楼二层网络及电话的综合布线工作，并完成包裹室、挂号室、邮件自取室、稽查室的搬迁及网络调试工作，协助各个储蓄网点装修搬迁及综合布线工作；

完成了会计室事后监督主机系统的多项升级工作，完成了速递主机系统的多项升级工作，增加EMS返单录入查询系统，增加并完善信息网运维管理系统、网运系统的设备管理，完成了个人网银项目、金融理财规划系统的上线工程。

协助业务培训，搭建关于速递、个人网银、名址信息系统及袋牌打印机相关的业务培训环境，并顺利通过测试；为各个网点新增电子商务平台和名址库平台，并调试成功。

完成十二个网点的网络改造工程，使网络结构更加科学、规范。

【乡邮工作】目前，昌都地区邮政局共有乡邮人员154人；其中乡邮投递人员131人、新增乡邮中心网点5个，营业员11人、乡邮驾驶员12人。（含加密邮运班期驾驶员），共有乡邮邮路604条，总长度增长为22122.73公里（单程），其中汽车邮路82条5165.5公里，自行车邮路89条2221公里，马步班邮路433条14735.23公里。达到了“十一五”期间要求昌都地区实现乡乡通邮的目标要求。

2010年，总计投入乡邮费用900余万元（其中乡邮人员酬金116万元）

【金融类业务在调整中发展】全局邮政紧紧围绕“突出重点，攻克难点”的要求，着力培育业务增长点，主动适应新形势，加快业务结构调整，在力促余额增长的基础上，使业务结构调整步伐进一步加快。各类业务中代理金融类业务收入904.74万元，完成预算目标的94.04%，占收入比重达的53%，较上年同期增长2.5%。

【邮务类业务发展力度进一步加大】函件业务在遭受替代性业务严重冲击的情况下，加大了项目开发。全年开发了定制型贺卡、《雪域铸丰碑》画册、昌都解放60周年大庆包装盒等函件类业务项目，同时，全局通过完善名址信息库，加快了个性化名址信息的采集建设工作，依托名址信息库开展营销活动，较好拉动了函件业务的发展。全年函件收入完成117万元；集邮业务结合本地大庆典活动，加大邮品的开发，有力地促进了集邮业务发展，报刊业务在加强党报党刊征订工作的基础上，加大私费订阅，努力开展报刊“三进工程”（进社区、进军营、进学校）和教辅图书等一系列营销活动，全年邮务类收入完成 554.57 万元，占总收入的 32%，完成预算目标的 113.87%，同比增长 38.83%，列全区第一。

【速递物流类业务平稳发展】 通过对邮政特快专递的品牌宣传，提高知名度，提升窗口服务水平，用服务来巩固和扩大用户群，大力开发经济快递市场，按照区公司要求开展专项营销活动，针对性地分析客户需求，深入挖掘市场潜力，使业务得到了快速发展，收入完成 173.24 万元，完成预算目标的 84.1%，同比下降 5.19%，占总收入的 10%。

各分项业务完成情况：截止 12 月 31 日，完成储蓄余额 3.13 亿元，净增 4897.02 万元，实现储蓄业务收入 656.94 万元，完成年计划的 93.85%，比上年同期下降 0.11%；汇兑业务收入完成 247.8 万元，完成年计划的 102.4%，比上年同期增长 10.12%；函件业务收入完成 116.92 万元，完成年计划的 125.05%，同比增长 39.06%；特快专递业务收入完成 94.91 万元，完成年计划的 74.73%，比上年同期下降 3.1%；包裹业务收入完成 57.54 万元，完成年计划的 100.07%，同比增长 15.08%；集邮业务收入完成 176.74 万元，完成年计划的 112.57%，同比增长 61.45%；代理和信息完成 45.47 万元，完成年计划的 133.57%，同比增长 68.43%。机要业务收入完成 13.22 万元，完成年计划的 82.6%，同比下降 7.2%；报刊业务收入完成 144.68 万元，完成年计划的 112.16%，同比增长 26.16%；物流业务收入完成 80 万元，完成年计划的 99.15%，同比下降 7.61%。实现安全行驶 74 万公里，完成邮运 3395 万袋/公里。

昌都地区防震工作

【贯彻实施防震减灾法律、法规，推进地区防震减灾法制建设】 2010 年，为切实加强昌都地区地震应急预案管理工作，提高各级各部门应对地震灾害事件的应急处置能力，结合昌都地区实际，制定出台了《昌都地区加强地震应急预案管理工作实施意见》。地震管理工作更加规范化，法制化，科学化。

为规范昌都地区地震灾情速报工作，及时收集并速报地震灾情，向行署和各县人民政府抢险救灾决策指挥提供灾情信息，制定了《昌都地区地震灾情速报工作实施细则》，建立速报地、县、乡三级网络，共涉及 11 个县、138 个乡镇，现有速报员 154 人，为地震速报工作奠定了一定的基础。

【完成昌都地区地震台 GNSS 站和丁青县地震台设备安装调试工作】 2010 年 5 月，自治区地震局监则中心专家组一行 4 人到昌都地区地震台 GNSS 站大地位移卫星定位测定系统进行了安装调试工作，安装工作一次成功，设备运行正常，信息记录传输正常。9 月，又再次对昌都地震台 GNSS 站国家五部委科研项目后两个课题气象要素和大地重力水准流动测量系统进行安装调试，经过试运行，监测数据完整，传输正常，标志首个国家五部委委托西藏自治区地震局承建的藏东科研项目顺利完成。

2010 年 5 月，自治区地震局专家组对昌都丁青县地震台监测传输地震信息设备安装调试，向西藏自治区地震局地震监中心传输监测信息。由于丁青县电力供应紧张，供电时续时断，监测和信息传输处于停止状态。经多次协商，2010 年 9 月，自治区地震局筹措资金 8 万元对丁青地震台新增太阳能供电系统，实行交流电与太阳能供电并用，保障丁青地震台正常工作。

【加强建设工程抗震设防管理】 对昌都公路管理分局 2 个职工周转房建设工程、类昌公路一道班工区建设工程、昌都检察分院干部周转楼建设工程、客运公司商住楼建设工程、昌都会议中心·贵宾楼附属综合楼建设工程、行署二期周转房工程、检察院修建干警周转房工程、地真机关干部职工周转房工程、地区广播电影电视中心电视演播大厅工程、蓝天汽车运输公司新建职工经济适用住房工程等 11 个建设项目进行了抗震设防核查。对国计民生和生命线工程项目进行地震安全性评价，特别对粮食局办公综合楼、人力资源和社会保障局人力资源市场综合楼、地区二高、三高、烟草公司、人民医院精神卫生防治中心、教育局 14 个项目建设工程场地、昌都县卫生服务中心住院医技楼场地、昌都地区昌林液化加气站工程场地等 22 个重点工程进行地震安全性评价工作。

【加强地震应急救援工作】“4.14”玉树 7.1 级地震应急救援。2010 年 4 月 14 日 07 时 49 分（北纬：33.1 度；东经:96.7 度）在青海省玉树藏族自治州玉树县发生 7.1 级地震。震源深度 14 公里。昌都、江达、类乌齐、丁青部分地区有明显震感。

地震发生后，昌都地区地震局迅速确定“三要素”并立即用电话报告行署领导，以震情简报的形式向行署应急办、行署报告，向江达、昌都、类乌齐、丁青四县通报。要求四县立即开展震情调查工作，通过调查，无人员伤亡和财产损失，人心安定，社会秩序井然。制作了 2 张玉树地震震中位置和烈度区划图，为行署应急办、地委、行署驰援玉树灾区提供了决策依据。灾情就是命令，时间就是生命。遵照自治区党委张庆黎书记、自治区人民政府主席白玛赤林的批示，自治区地震局的通知和地委、行署的安排，昌都地区地震局、地震应急救援支队分别于 4 月 14 日上午 09 时 20 分和 09 时 30 分出发，21 时和次日凌晨 03 时 30 分抵达玉树地震灾区，是第一支到达玉树县结古镇灾区的地方救援队。在这次应急救援行动中，反应迅速，服从安排，顾全大局，完成了当地应急指挥部交予的任务和青海省地震局安排的工作，昌都地震救援支队从倒塌废墟中挖出1名重伤8具遇难者遗体和大批被埋压财产。得到了自治区党委政府和昌都地委行署高度评价。

开展地震应急疏散演练。为了确保人口密集的学校师生在地震时能够做到科学避险、有序撤离，确保师生的人身安全，昌都地区地震局组织昌都地区初级中学于 5 月 12 日开展了全校师生地震应急演练。1700 多师生只用 1 分左右就全部撤离到学校操场集合完毕。参加演练的师生严肃认真，接近实战，整个地震应急疏散演练活动快速、安全、有序。11 月 9 日昌都地区地震局领导又赴昌都职业学校，帮助制定地震应急演练预案，指导演练的组织工作。

开展昌都解放 60 周年活动地震应急准备工作。为确保在昌都解放 60 周年大庆活动平安和谐，加强地震安全工作，根据自治区地震局密电指示精神，地震局进入地震应急期，启动内部应急预案，时刻准备应对突发性地震灾害。补充完善建立健全11个县154名乡（镇）地震灾害速报员队伍。在自治区地震局的支持下，购买方便食品、水、个人防护装备、睡袋、帐篷等物资共计25800元的应急装备，随时准备奔赴昌都地区或周边地区地震现场实施救援行动。

【**获奖情况**】2010年8月，金战兵同志被中共中央、国务院、中央军委授予“全国抗震救灾模范”称号。

2010年，昌都地区地震局被中国地震局评为“2009年度全国市（地）地震局防震减灾工作综合评比三等奖”。

地震局被评为“2009年度全国市（地）地震局防震减灾工作综合评比三等奖”。

【**领导名录**】
党组成员、局长：金战兵
助理调研员：胡　斌
党组成员、副局长：嘎　玛

昌都地区电力工作

【**年度综述**】2010年，昌都地区电力公司内强管理、外塑形象，克服重重困难，较好完成年度工作任务。全年完成售电量12790.77万千瓦时，同比增长8.15%；资产总额达到8.56亿元；应收电费实现结零；电压合格率为99.14%，城市供电可靠率为99.25%；综合线损率10.84%；实现营业收入5395万元，同比增加265万元，增幅5.17%；售电收入实现4958万元，同比增加296万元，增长6.35%；完成利润-3551万元，比公司下达的指标减亏129万元；全员劳动生产率175606元/人·年。

【**电网发展在困难中取得突破**】昌都电网作为一个孤立运行的小电网，基础薄弱，送电距离远、线路损耗大、供电可靠性低、冬季枯水期缺电“靠天吃饭”、夏季盈水期水资源不能转化为经济效益、电网结构性矛盾突出，电网先天不足，安全可靠性不高。但西藏经济跨越式发展的良好态势给昌都电网建设提速提供了机遇，2010年西藏电力有限公司积极配合昌都解放60周年大庆活动，用于昌都电网发展建设的总资金达2.4亿元，资金投入之大、建设任务之重是历年之最。投资近5000万元实施了城网改造工程，改善了城市配电网结构，提高了供电可靠性。

【**公司化运作初见成效**】2010年，在公司战略规划的引领下，对人财物等重要资源统一配置，统一按照公司规划，下达年度用工计划推行全员教育培训；统一按公司的要求开展“三清理一规范”。对信息系统统一建设，根据“统一规划、统一标准、统一推广”原则，建成并启用SG186信息化系统；建成了与公司纵向贯通，在各部门、各厂站之间横向集成的一体化信息平台；初步规范了办公自动化，实行内、外网分离，保证了信息规范、安全，实现了基础数据集成共享，为提高管理效率和经济效益提供了重要支撑。对管理标准和规章制度统一规范，在人力资源管理中建立了与公司序列一致，统一规范、职责对应、精简高效的组织机构，并启动了劳动计划和定编定员管理工作；在营销管理中狠抓营销基础管理，推行计量、抄表、收费和服务标准化；在财务管理中推行项目预算、成本定额标准化。对企业文化统一培育，昌都地区电力公司把企业文化建设作为与公司同步、与国网公司接轨的重要切入点，按照统一的品牌标识，对营业大厅进行了装修，塑造了统一的品牌形象；按照统一的服务标准和规范提升服务；推行“95598”客户服务，使国家电网服务品牌深入到藏东地区。

【**管理水平持续提升**】建立了每日生产碰头会，每两周定期召开生产会的管理制度，及时对生产经营、综合计划进行调控；严格成本控制，开展增收节支和“三节约”活动，勤俭办企；理顺业务流程，使公司内部业务协同程度有所提高；狠抓线损管理与电费回收工作；积极配合昌都电网电价改革工作；在内部管理方面，补充完善了各项管理制度；进一步增强依法治企理念，加强审计工作整改、监督和检查力度，企业风险防范能力得到提升。

【**存在的问题**】社会对电力设施保护的意识淡漠，破坏电力设施的现象得不到有效整治。

由于地方保护主义严重，相关电力建设协调难度加大。如：建设征地问题，电力通道不列入规划等。

电费回收困难，虽然通过采取多项措施，电费回收率比同期有所提高，但仍有部分单位及大部分居民用户在当月不能按时缴纳电费；仍存在部分人员对电费回收工作消极懈怠现象，对完成全年电费回收指标存在不利因素。

电网基础薄弱，安全供电事故时有发生（特别是10KV及以下的配电事故，二次方面的事故），电网规划滞后，电力整体发展较慢。

【**领导名录**】
总经理：赵　明
党委书记：加　永
副总经理：潘小廷
纪委书记、工会主席：尼玛江村
总会计师：贾安军
调研员：帕巴晋美
副调研员：刘泽成

昌都地区环境保护工作

【**严把环评准入关，切实落实环境影响评价制度**】认真落实环评制度，严把“环评准入关”从源头上控制新污染源产生。积极开展扩大内需新增项目的环境影响评价工作，积极配合自治区环保工作组分别到玉龙铜矿和昌都地区芒康县宗西矿山综合治理和群众纠纷问题的协调处理工作，配合自治区环境保护厅开展了全地区选矿和重点矿山开采企业环保专项执法检查工作，同时，还专门检查了昌邦（昌都至邦达）、类昌（类乌齐至昌都）公路建设环境保护工作情况，加大了对重点交通干线建设的环保检查监督工作；强化了矿山开采的生态保护意识，对各县矿山开采进行了检查监督并提出整改意见。

【**加强水污染防治，确保人民群众饮水安全**】2010年，开展了全地区城镇饮用水水源地基础环境状况调查和评估工作。对新、改扩建项目严格要求做好水污染防治工作。对全地区饮用水源进行了重新划定饮用水源保护区，并编制了饮用水源地环境现状调查报告和环境保护规划；督促各县人民政府按要求对各县水源划定保护区范围；加强了水源地日常巡查执法，会同有关镇乡和部门清查、整治和取缔二级饮用水源的排污口，使水源地的生态环境得到有效改善；开展了水质监测和集中式饮用水源水质监测。

【加大环保基础设施建设，提高污染处理能力】地委、行署组织实施“城区生活垃圾清运及处理工程”、“城区污水处理厂及配套管网工程”，昌都地区环保局都积极配合项目选址，做好环评服务及监督工作。地区垃圾处理工程项目2010年8月建成并投入使用。八宿县垃圾处理工程也在实施过程中，其他县垃圾处理工程项目和污水处理工程项目正在申报中，昌都地区医疗废物处置中心已经破土动工。

【深入开展以“打击环境违法行为，保障群众身体健康”为主题的环境专项整治行动】全面贯彻2010年全国整治违法排污企业保障群众身体健康环保专项行动电视电话会议精神，坚决取缔对昌都地区污染严重的企业。对全地区污染较重的行业进行了多次环境执法检查，并对个别违法企业下达了限期整改通知书，局监察支队在人员少、任务重的情况下，为了切实解决人民群众关心的热点、难点问题，抽出人员和时间共处理来人、来信投诉12件，做到了人民满意。

【加强城镇环境综合治理】 认真开展城镇煤（油）烟整治、噪声控制。一是实施餐饮业准入管控，在清洁燃料使用、油烟有组织排放方面严格把关，在规模酒店、火锅店安装油烟处理设置，减少对居民区的污染。二是开展环境秩序专项整治，会同城管、工商、卫生等部门开展联合执法，整治城区夜市摊点。三是加大城区噪声控制力度，对音乐茶座、歌城，继续实施专项整治，落实夜间专人值守、12369投诉热线处理投诉；四是参与城区扬尘整治，在城管安排下合理布设监控点，进一步提高城市环境质量。五是依法征收排污费，截止三季度共征收排污费30余万元，并严格按照《排污费征收使用管理条例》要求全部上交国库。

【进一步加大禁止“白色污染”工作力度，积极开展“禁塑”活动】5月中旬，昌都地区环保局联合地区发改委、工商局、质监局、商务局、市政等部门在全地区范围内开展了禁止“白色污染”和“禁塑”活动，为迎接昌都解放60周年大庆到来，昌都地区环保局会同相关部门对城区环境卫生进行了综合整治，并会同地区商务部门开展了再生资源回收站（点）的整治工作。

昌都地区科技工作

【以项目建设为抓手，为昌都经济社会发展提供科技支撑】2010年，昌都地区实施自治区重点科研项目一个，总投资200万元，即“金牦牛科技工程—类乌齐县牦牛育肥技术示范”，该项目在类乌齐县觉恩卡村建立牦牛养殖基地进行牦牛育肥，探索牦牛快速育肥技术，建立畜产品加工厂，进行畜产品加工，形成产、加、销一条龙产业模式，带动农牧民增收致富。实施地区重点科技项目11个，总投资210万元。

【加强交流与合作，科技援藏工作力度逐年加强】自2005年全国第二次科技援藏工作座谈会召开以来，对口支援昌都地区的天津市、重庆市按照中央关于西藏工作的总体要求，积极安排援藏项目，落实各项援藏措施，以项目为依托，通过资金、技术、人才、物资等多种方式，加大科技援藏力度，为昌都地区民族团结、社会进步和经济发展等方面起到了积极的促进作用。六年来，对口支援昌都地区的天津市、重庆市先后落实科技援藏项目7个，总投资达到710万元，目前已到位资金510万元。特别是2009年全国第三次科技援藏工作会议召开以来，昌都地区不断加强与对口援藏省市的交流与联系，科技援藏工作力度逐年加强。2010年实施科技援藏项目1个，即《藏药材规范化种植研究及示范基地建设》项目，投资50万元，由重庆市药物种植研究所指导实施。落实《新能源示范利用》和《蔬菜标准化生产示范及林下资源开发》项目2个，投资200万元，由天津市农业高新技术示范园区管理中心负责指导实施。

【以科技特派员工作为突破口，积极探索科技服务体系新模式】 自昌都地区科技特派员试点工作开展以来，得到了地直有关部门、各县和科技人员的积极响应，把科技推广、新产品开发、市场开拓和科技项目有机结合起来，运用政府、社会和市场三种力量、三种资源，深入基层，开拓创新，建立多元化、社会化农村科技服务体系，实现农村科技的“零距离服务”，逐步形成了具有昌都特色的科技特派员工作体系，已经成为调整农牧业结构，发展农牧区经济，增加农牧民收入的战略性措施，取得了阶段性成效。现全地区共有自治区级科技特派员397名，其中，农牧民科技特派员253名。他们深入科技一线主战场，以技术开发、技术推广、科技承包、咨询服务等多种形式服务“三农”，围绕“两牛两羊”、藏鸡、藏猪等特色产业项目，强化技术推广，扩大先进实用技术推广的覆盖面，有效促进了项目区特色产业的发展和壮大，增强了农牧区经济发展后劲。

【加强协调、形成合力扎实有效开展农牧民科技培训】利用科技项目建设平台，进行集中培训。观摩学习人数达到600余人；利用两所星火学校举办技术培训班，主要开展汽车维修、汽车驾驶、摩托车维修、种植、养植、木工、民间绘画、民族手工艺、家政服务等培训。2010年，完成了摩托车维修培训56人，藏红花栽培技术培训22人，汽车驾驶培训53人，宾馆管理人员培训290人，宾馆服务人员培训196人，汽车维修培训63人。

【深入基层，服务群众，积极开展科技扶贫工作】以科技扶贫为重点，着力改善扶贫点群众生产生活条件，不断提高自我发展能力，2010年，昌都地区科技局先后两次由县级干部带队到边坝县热玉乡开展定点帮扶工作，深入村、户开展调研，解决实际问题，落实扶贫项目1项，投入资金8万元，在边坝县热玉乡四个行政村各建一个大棚温室，并以建成的蔬菜大棚为基地，协同边坝县科技局对农牧民群众进行蔬菜种植、病虫害防治等实用技术培训，培训当地农牧民26名，为提高农牧民技能，起到了科技示范作用。集体捐物2次（电脑、打印机、打字复印一体机），折合资金2万余元。

【加大科普力度，营造科普氛围，科普宣传取得良好社会效益】2010年，昌都地区科技局充分调动各级、各部门和社会各方面抓科普工作的积极性，宣传科技政策法规，普及科技知识，增强干部群众实施科教兴昌战略的紧迫感和责任感。一是开展科技“三下乡”、专家技术咨询服务活动，组织科技人员和专家深入到江达县、类乌齐县、察雅县开展技术咨询和服务活动。期间共发放各类科普书籍、画册、宣传单1500余份/册，发放各种优质蔬菜种子2000余袋，展出科技展板10块，咨询人数1000余人。二是积极参与“社会治安综合治理集中宣传”活动、“百万农奴解放纪念日便民活动”、防灾减灾宣传活动、“携手建设创新型国家”科技宣传周活动，努力营造平安和谐的社会大环境。活动期间发放宣传资料3000多份，展出科普知识展板20块。三是提高学术交流质量，2010年出版《昌都科技》三期，共900册。8月，组织了十一县和地直单位科技工作者19名，在上海市科技业余学校“科技干部创新能力培训班”进行了为期12天的培训，为增强科技服务能力，提高科技服务水平作出了积极的努力。

【重大事项】成功举办了“全国科普日暨科普工作交流会”活动。由西藏科协、昌都地区行署主办，地区科技局（科协）具体承办的西藏自治区2010年“全国科普日暨科普工作交流会”活动启动仪式和城区科普活动于9月15日在天津广场隆重举行。自治区科协党组书记群增、区科协普及部副部长扎桑、地委副书记程越、人大地区工委副主任泽洛、地区政协副主席扎西巴姆、西藏各地（市）科协代表出席了本次活动，行署副专员旺堆同志主持了启动仪式。

【领导名录】
党组书记、副局长：杨伟祥
党组副书记、局长：尤拉杰
党组成员、副局长（正县）：泽登扎西
党组成员、副局长：格桑平措
副调研员：倪天友

昌都地区教育工作

【“两基”迎国检工作】2010年先后召开地区教育工作暨“两基”迎“国检”档案资料建设汇报会、自治区教育厅工作组检查暨全区迎国检培训会精神贯彻落实会、地区“两基”迎“国检”业务知识培训会，对迎国检工作进行全面安排部署。地区教育局还组织力量深入各县，调查研究“两基”迎“国检”工作开展情况，督促、指导各县高度重视并切实抓好“两基”数据统计和“两基”档案资料建设工作，编印了《昌都地区“两基”迎“国检”工作手册》和《“两基”国检基本知识问答》，分发各县，用于指导各县做好“两基”迎“国检”各项准备工作。高度重视控辍保学工作，对《昌都地区各县中小学校管理和学生到位抽查办法》、《昌都地区学生到位抽查奖惩办法》进行了修改完善，2010年对各县中小学生到位情况进行了5次全面检查，检查结果已作为年终对各县教育工作考评的主要依据予以兑现。

【基础教育】截止2010年底，全地区各级各类学校共有538所，其中：中等职业技术学校1所，高级中学3所，初级中学15所，完全小学198所，教学点306个，幼儿园15所（含民办幼儿园2所）。全地区各级各类在校生达到111927人，其中：小学在校生达到66679人，适龄儿童入学率为98.68%，与2009年基本持平；初中在校生达到32776人，初中入学率达到93.44%，比2009年提高近3个百分点。

【学前教育、普通高中教育和职业教育】进一步优化教育结构。召开全地区首次学前教育管理现场会，各县、各乡（镇）结合实际情况，整合现有资源，不断扩大学前教育规模。在试点的基础上统一全地区学前教育教材，将学前教育纳入各县年度目标并进行考评。圆满完成了全年内地西藏中职班418人的招生任务，认真落实2009级28名重庆中职班学生在地区职校就读的分段办学工作。高中在校生达到5267人，职业中专在册学生达到5304人，高中阶段入学率达到33.23%，比2009年提高7个百分点，全地区普通高中一年级招生1595人，毕业1302人，考入高等院校697人。在园幼儿1901人，比2009年增加1150人。青壮年文盲率下降到2.2%，比2009年下降0.3个百分点。修订完善并执行《昌都地区普通高考奖惩办法》，给予高考上线农牧民子女家庭1000元奖励，并将考试违纪作弊行为纳入奖惩范围。

【教育教学质量和学校管理】2010年继续深化义务教育阶段新课改工作，全面推开高中起始年级新课改工作，对400余人次开展了自治区、地区级高中新课改教师培训，地区初级中学首次办学水平评估会。召开全地区2009—2010学年教学质量分析研讨会，为做好2010—2011学年教学工作，进一步提高教育教学质量理清了工作思路，明确了办法措施，标志着昌都地区教育从注重抓学生规模向规模与质量并重的重大转变。召开了局直学校亮点工作推介会，对于交流、总结、借鉴学校管理经验，提高学校管理水平起到了促进作用。在总结开办地区二高“边远班”成功经验的基础上，在昌都县二中开设“惠民班”，招收偏远乡镇农牧民子女就读，为不断优化教育资源，提升质量效益进行了有益探索。

【教师队伍建设】2010年新分教师196人，中小学正式教师达到6741人，小学、初中、高中正式教师学历合格率分别达到98.7%、98.3%、89.4%。大力推进教师培训工作，全年700余人次参加了各类培训。和地区有关部门配合，深入调查了解地区二高边远初中班教师先进事迹，编写了《地区二高边远初中班教师先进事迹宣传材料》，广泛宣传地区二高边远初中班教师先进事迹，发挥榜样示范作用。在教育系统深入开展效能建设年和创先争优活动，进一步推进教育系统党风、行风建设，机关效能进一步提升。和地委党校合作，举办了首届教育系统基层党支部书记培训班，对加强教育系统基层党组织建设起到了积极作用。

【电化教育】年初，地区教育局与各县、局直各学校签订了电化教育工作目标责任书并在年终进行了专项考评。安排电教员下乡蹲点，协助指导各县教育局和各学校做好电教工作。实施局直属学校“电脑进教室”项目，成功举办了地区首届中小学生电脑运动会。电化教育基础设施进一步改善，截止2010年底，全地区中小学建成卫星教学收视点198个，教学光盘播放点392个，计算机网络教室105个，有线教育电视系统181个，多媒体教室88间，课堂实录室1间，校园网络电视台3个。

【获奖情况】2010年，昌都地区电化教育工作继续扩大全区领先优势，全地区教师有44人次30件作品在全国信息技术创新实践活动、全国课件制作大赛、全国中小学电视公开课展示活动等国家级电教大赛中获奖，地区电教馆荣获组织奖。有1件作品在自治区组织的电教比赛中获奖，10人次和10个集体获自治区级电教奖项。200年，全地区有39名教师荣获自治区优秀教师、德育先进工作者和模范班主任荣誉称号。

【领导名录】

局党委书记、副局长：赵建国

局党委副书记、局长：仁青罗布

副局长：达嘎、林世昌、王小虎（重庆援藏干部）

纪委书记、调研员：苏贵和

副调研员：李学刚、嘎松扎西

昌都地区广播电影电视工作

【大力宣传报道中央第五次西藏工作座谈会和区党委工作会议精神】一是全方位、多角度、深层次对中央第五次西藏工作座谈会和区党委工作会议精神进行宣传报道。同时，组织最强藏、汉翻译人员，准确将两会精神翻译成藏文，做到康巴语广播与电视台藏语频道同步播出。二是对全地学习贯彻情况进行宣传报道，营造全地学习贯彻的浓厚氛围。三是广播电视台藏汉频道开辟专栏，通过知识问答等形式，广泛深入宣传两会精神。四是大力宣传报道昌都地区60年来特别是改革开放以来翻天覆地的变化和取得的辉煌成绩，为昌都地区经济跨越式发展和社会长治久安、为昌都解放60周年大庆营造了良好的舆论氛围。五是在宣传报道上，广播电视台以学习贯彻中央第五次西藏工作座谈会和区党委工作会议精神为宣传重点，建立宣传的长效机制。

【为维护社会局势稳定营造良好的舆论氛围】昌都广播电视台始终坚持团结稳定鼓劲、正面宣传为主的方针，组织新闻工作者深入广泛宣传报道地委、行署坚决贯彻落实中央和自治区关于维护社会稳定的一系列重要指示和各项决策部署，宣传报道全地区党政军警民齐心协力、艰苦奋战，确保社会局势稳定的先进典型和先进经验，宣传报道全地区开展效能建设、创先争优、“三热爱、一守法”等活动。通过宣传报道，广大观众受到了深刻的教育，进一步激发了爱祖国、爱西藏、爱社会主义、爱人民的热情，进一步坚定了政治立场，旗帜鲜明反分裂，坚定不移抓发展。昌都广播电视台通过正确舆论引导，为全地区构筑起一道道“反对分裂、维护稳定”的铜墙铁壁。

【加强对重要事件、重大活动宣传报道，积极创新节目编播方式，充分发挥主流媒体舆论引导作用】2010年，地区广播电视台在认真总结以往工作经验的基础上，加强了对重要事件、重要会议、重大活动的宣传报道，提前制定方案措施，提前细化分解任务，落实责任，做到了底数清、情况明，工作有条不紊。各重要新闻争取在第一时间内编辑播出，新闻时效性得到了有力保障。在地委（扩大）会议、庆祝昌都解放60周年、第五批和第六批援藏干部轮换及其他重要会议和重大活动中，昌都广播电视台及时组织记者进行追踪报道，基本确保了当天的新闻当天播。

【广播电视户户通及电视进寺庙工程】2010年，完成了自治区广电局给昌都地区下达的广播电视户户通工程直播卫星17398套（户）。为确保该工程截止2010年年底，全地广播电视综合覆盖率分别达到91.42 %和91.63%。

2010年，昌都县在全地区率先实施了广播电视户户通。

2010年，国家广电总局先行给昌都地区赠送了2194台电视机，全部发放到通电通电视信号的寺庙。电视进寺庙对维护社会稳定、民族团结等方面有积极的推动作用。

【西新工程】对江达县、左贡县、类乌齐县调频发射设备进行了更新改造，总投资30万元。对八宿县广播电视发射塔进行了改扩建，由原35米改扩建为68米，同时，增加中央人民广播电台藏语节目。

【移动电视工程】在昌都镇新建并试开通了移动广播电视（2010年至2012年为试运行阶段），总投资100万余元。

移动广播电视采用数字接收无线发射，可通过手机、车载和机顶盒等方式收看收听到高清晰的数字广播电视节目。目前，可收到7套无线移动数字电视、1套标清电视和2套广播节目。

【电影】在地区新建了农牧区数字电影下载平台，配备了38套数字电影放映设备，数字电影放映已在农牧区全面展开。

2010年5月31日，召开了昌都地区电影工作会议，这是自地区广电局、广电中心成立以来。

农牧区电影“2131”工程进展顺利。在完成“2131”放映任务的前提下，为广大干部职工、农牧民群众放映了一大批优秀爱国主义影片。

【“十二五”广电规划项目】2010年年初，昌都地区广电局前往自治区相关厅局，协调落实了“十二五”期间广电规划项目：即6个大项28个小项，计划总投资54949.05万元。

【地区演播大厅项目】总投资1700万元的天津援建的地区广播电视演播大厅工程竣工，并于昌都解放60周年大庆之际投入使用。

【数字电视工程】2012年之前完成地（市）级城镇有线广播电视数字化建设任务，2015年前完成县级城镇有线广播电视数字化建设任务。地区广电局、地区广电中心高度重视，按照自治区的总体安排和地委、行署的工作部署，已于2010年全面启动了地区所在地数字电视建设工程。目前，地区广电局、地区广电中心已经做了大量工作，完成了建设方案、前端租线费、主干线地下管网基础(移动同沟)设施建设、招投标等工作；完成了有线数字电视前端核心平台和内容平台的建设；完成了昌都镇部分城区主网络的建设；完成了与自治区总前端的有线数字电视信号的接通。截至到2010年12月，完成了500户的建设任务。

【地区实验台改扩建项目】 国家对地区实验台进行改扩建，目前完成了前期论证、规划及土地征用等工作，总投资700万元左右，该工程正在建设中，2011年5月左右完成并投入使用。

【获奖情况】昌都地区广电局被评为“2006—2010年全国广播影视系统法制宣传教育先进单位”。

昌都地区广电局办公室主任、科技科副科长樊强被评为全国“广播影视行业基层单位统计工作先进工作者”。

昌都地区卫生工作

【医药卫生体制改革】一是农牧区医疗制度健康运行。全地区继续保持农牧区医疗制度100%的覆盖面。农牧民免费医疗补助标准进一步提高，基本医疗保障能力不断增强。进一步加强了农牧区医疗管理，特别是基金监管，做到了专项管理、专户储存、专款专用，基金利息纳入医疗基金，确保了基金安全。加大了农牧区医疗相关政策培训力度。二是进一步健全医疗卫生服务体系。争取国家安排建设项目涉及农牧区基础医疗设施、地区人民医院等重点卫生建设项目进展顺利。积极协调落实公益性技术性岗位工作，解决280名乡(镇)卫生院长期聘用人员待遇。三是大力促进基本公共卫生服务逐步均等化。提出了提高昌都地区公共卫生服务能力的总体思路和涉及疾病预防控制、健康教育、妇幼保健、卫生监督、卫生应急、采供血、精神卫生等公共卫生工作的多个项目。积极探索在各县开展建立农牧区居民健康档案试点工作。积极实施重点公共卫生项目，对目标儿童开展乙肝疫苗查漏补种。

【农牧区医疗管理】一是继续对农牧区医疗制度工作进行督促和指导，对农牧区医疗结余资金进行了统计，了解各县在执行农牧区医疗制度工作中存在的困难和问题，并就相关问题提出解决意见和建议；二是结合各县对农牧区医疗制度的宣传情况，了解宣传资料和家庭账户本短缺的问题，并向各县补发了家庭账户本；三是完成农牧区医疗制度执行情况报告。全地区农牧民总人数是593065人，全部享受了农牧区医疗待遇，其中参加集资的人数为550023人，占农牧民总人数的93%，为农牧民报销医药费用7589.09万元，其中：家庭账户支2114.03万元，大病统筹支出5475.06万元。

【加强法定传染病监测和管理工作】对传染病防治工作做到了早安排、早部署，严防传染病的流行，做好物资、药品储存。加大了学校、乡镇等重点人群和重点部位传染病防治知识的宣传力度，提高群众防病意识；加强网络建设，经过努力培训和资金投入，各县疫情管理人员基本掌握了网络直报技术，建立完善了疾病预防控制机构的传染病网络直报系统；建立了县、乡、村三级疫情监测网络，层层指定专人负责传染病监测，对疫情管理做到“零报告、日报告”制度。全地区共报告法定传染病10种1398例，总发病率为217.1/10万，死亡1例。其中乙类传染病6种1251例，丙类4种147例。

【重点做好结核病、麻风病和艾滋病防治工作】1—9月份全地区共登记结核病人789例，涂阳199例，涂阳率达25%以上。继续加强麻风病防治管理，一是继续加强麻防知识宣传，发放宣传单6000份，二是加强现症病人的管理，对已满疗程病人全部进行验收，验收率达100%。三是在芒康、丁青、贡觉、江达四县36个乡(镇)开展了线索调查，全年通过线索调查、病人自报等共发现新发病人11例。截止2010年底，全地区累计发现病人2459例，治愈2295例，治愈率达93.33%。艾滋病防治主要是以宣传为主，针对理发店、工地、宾馆等公共场所进行了预防知识宣传，发放问卷调查200余份，发放宣传资料2000余份，安全套2000余只，艾滋病志愿咨询457人次，开展相关培训2次，完成417人份的血清HIV检测，均为阴性。

【加强卫生应急工作，及时处置突发公共卫生事件】2010年共发生4起突发公共卫生事件，其中重点疫情1起，食物中毒3起。一是6月份地区所在地各学校出现了散发性的风疹病人，共发生猩红热6例、风疹125例、水痘4例。地区卫生、教育等职能部门采取强有力的科学防控措施，使疫情得到了及时控制。二是5月和11月昌都县和察雅县分别发生1起食物中毒，中毒12人，其中死亡4人。事件及时得到处置，对病人及时进行救治，最大程度的确保了群众的生命财产安全。三是积极做好玉树抗震救灾工作。4月14日青海玉树发生7.1级强烈地震，及时组织医疗救援队，第一时间赶赴灾区开展医疗救援工作，成为当时在灾区接诊最多的医疗救援队之一，共诊治病人3018人次，抢救危重病人18例，完成各种手术159例，顺利接生2例，转送病人32例，输液348人次，为灾区消毒20余万m^2，共向灾区伤病员发放价值19余万元的药品，同时，积极做好从灾区转运到昌都地区伤病员的医疗救治工作，地区人民医院先后收治22名从地震灾区转运到昌都地区的伤病员，除1名伤势较重，经四川华西医院远程会诊建议转往内地外，其余全部治愈出院。四是做好昌都解放60周年大庆卫生应急工作。制定了昌都地区卫生系统反恐应急预案，组织人员参与了地区的应急演练工作。成立领导小组，抽调30余人成立了医疗保障、食品安全和卫生防疫工作小组，确保了大庆的医疗卫生保障和食品安全工作。

【认真做好(扩大)免疫规划和应急接种工作】完成了糖丸、百白破、麻疹等7种疫苗的常规接种，接种率达95%以上。同时，4月在地区疾控中心开展了为期两天的培训工作，于5月25日至6月30日在全地区范围内统一实施麻疹、脊灰强化免疫活动，共接种麻苗29644人次、糖丸26716人次。接种甲流疫苗8.8万人次、风疹11余万人次。9月20日开始了麻疹的查漏补种工作，9月底结束，共接种麻疹疫苗12177人份。利用儿童预防接种宣传日，加大了《传染病防治法》和《疫苗流通和预防接种管理条例》宣传力度。

【认真做好地方病防治工作】完成了

2010年饮茶型氟中毒的数据上报工作。

加强碘缺乏病的防治工作，2007—2010年全地区配送碘盐10051.34吨，全地区农牧民年人均食用碘盐5公斤，居民碘盐覆盖率在90%～100%之间；检查8～10岁儿童尿碘1100人，尿碘中位数都在100μg/L以上；抽查8～10岁儿童4480人，甲状腺肿大率触诊法为0.31%；问卷调查五年级学生碘缺乏病健康知识250人，平均得分为4.58分；抽取类乌齐县作为全区的考核县，经实际考核91分。评估结论：昌都地区实现了县级基本消除碘缺乏病标准，标志着昌都地区和县都达到了基本消除碘缺乏病的目标，为下一步消除碘缺乏病工作打下了基础。

开展鼠疫监测工作。完成了3县5个疫点的鼠疫常规监测工作，未发现异常，全地区已连续25年未发生人间鼠疫。

做好大骨节病的监测工作。完成了全地区的大骨节病监测工作，7月卫生部地方病专家来昌都地区共采样130份，粮食130份，临床诊断1548人，阳性率2.7%，X线诊断1548人，阳性率7.69%，达到国家控制标准，大骨节病经多年综合防治呈现下降趋势。

【卫生基础设施建设】 负责编报了昌都地区“十二五”卫生基础设施项目规划，为下一步发展打下了基础。督促各县完成昌都解放60周年大庆及国家新增投资项目建设工作，主要有县妇保站、计生服务站项目工程、乡卫生院建设和3个县卫生服务中心改扩建项目及部分县卫生服务中心改扩建项目。完成了芒康县麻风病院建设用地的选址，通过了地区发改委进行行业评审，完成了项目招标工作，项目建设工作正在进行。及时核查在建项目的进展情况，目前，地区人民医院综合办公楼、地区藏医院制剂中心两个大项目的建设已竣工，地区精神卫生防治中心大楼7453平方米，投资1500万元，完成了工程建设的80%以上，2011年投入使用。地区人口计生和优生优育综合技术服务指导中心，总建筑面积3947平方米，总投资概算1058万元，争取在2011年开工建设。流动人口计划生育和优生优育“一站式服务”管理站，项目已上报，昌都地区江达、芒康、丁青、昌都4个县的建设项目，总投资概算5308万元。为7个县配备了优生优育流动服务车，2010年12月为全地区通公路的乡（镇）卫生院配备了流动卫生服务车119辆，尚缺19辆，2011年有望配齐。

【妇幼保健】 根据基层妇幼工作要点，继续贯彻执行“一法两纲”，坚持“以保健为中心，以保健生殖健康为目的，保健与临床相结合，面向基层、面向群众”的妇幼卫生工作方针，深化妇幼卫生改革，完善各项管理体系，进一步满足社会多元化的卫生保健需求，不断提高广大妇女、儿童的健康水平，下发并投服维生素A胶丸49000粒。协调安排昌都地区6个新增项目县12名卫生专业技术人员于5月中旬到自治区参加了设备培训；根据卫生厅统一安排，昌都地区丁青县作为意大利合作发展—西藏急救与初级卫生保健项目县，于5月下旬安排6名卫生专业技术人员到北京和西安进行为期75天的业务培训。昌都地区2010年孕产妇死亡率为119.74/10万，婴儿死亡率为9.04‰，住院分娩率为47.4%。

【医院管理】 做好药品集中招标采购工作。2010年上半年招标采购金额达10142897元，节约资金达1494868元，节约率达12.84%；下半年采购金额达10146191元，节约采购资金达3636732元，节约率为26.38%。11县卫生局长、县卫生服务中心主任以及地直医疗卫生单位负责人参加了评标会。

加大专业技术人员管理工作。5月份，根据卫生部的要求，完成了全地区2010年参加全国医师资格考试的考生的报名工作，经考试昌都地区有83人成绩合格，均办理《执业医师资格证》并注册。做好医技专业职称考务评审工作，顺利完成了2010全国卫生专业技术资格考试工作，上半年组织完成了全地区163名卫生专业人员参加考试，下半年组织完成了24名藏医专业考试。坚持“半年审核”的原则，年初完成了2009年度内所有专业技术职称续聘工作，做好了2010年初中高级职称申报工作，申报初级职称8人，中级职称13人，高级职称1人。

医疗管理工作。一是加大对医疗机构管理，全地区医疗机构门诊就诊人数达20余万例，其中地区人民医院58000余人次，地区藏医院38000余人次，妇保院3620余人次，各县平均达2万人以上。住院人数达10000余人次，其中地区人民医院5348人次，地区藏医院700余人次。地区人民医院完成各类手术1000余台次，平均治愈率达50%以上，地区人民医院加强了院外采供血工作，共采集血液94230毫升，基本满足了工作需要。开展新技术19项，主要有血液透析治疗肾功不全等工作。地区藏医院继续做好民族医药服务工作，突出特色。

强化药械市场监管，保障群众用药安全。地区食品药品监督管理局做到经常性对各经营单位的监督检查，并组织开展专项整治工作，全年对地区所在地4家医疗机构、10个县卫生服务中心、19家个体诊所、6家小型制氧使用单位重点进行了监控。做好药品经营质量管理工作，共有7家药品经营企业通过了GPS认证。

开展白内障复明工作。根据自治区安排的白内障复明手术任务，由地区人民医院和洛隆县医院承担此项工作，两院精心组织，认真实施，截止2010年底共完成白内障复明手术4462例，超额完成了工作任务。

【藏医藏药】 一是进一步修改完善藏医药事业发展“十二五”规划，明确符合昌都实际的发展目标和重点任务；二是继续坚持“巩固、充实、提高”的方针，加强藏医医疗机构内涵建设、专病专科建设和重点学科建设，充分发挥藏医药的特色和优势；三是进一步加强县藏医院和藏医科基础设施建设，增强乡（镇）卫生院村卫生室藏医药服务能力，大力推广农牧区藏医药适宜技术；四是继续加强藏医药人才队伍建设，通过送往自治区深造、地区培训、开展藏医药传承工程等方式，培养出一批藏医药技术骨干和专病专科人才，同时，加强乡村医生藏医药知识与技能培训，提高服务能力和水平；五是继续加强地区藏医院藏医药临床研究和重点学科建设，继续实施培养名医、创建名科、建设名院和藏医药进农牧区、进社区、进家庭的“三名三进”工程，充分发挥藏医药的特色和优势。

【卫生执法监督】 严格贯彻检查制度和相关稽查标准。采取以制度抓管理的思路和稽查与考核相结合的办法，并在稽查结束后下发稽查情况。

开展日常卫生监督稽查工作。由地区食品药品监督管理局和卫生监督所组织卫生执法人员开展卫生稽查52人次，签发稽查意见书5份，开展专项卫生监督检查19次。检查食品卫生服务行业291家，确保了高考、大庆期间无食品卫生安全事故的发生。

大力开展卫生法律法规的宣传活动。为了让群众更多了解卫生法律法规，配合专项卫生监督执法工作，2010年办理食品类卫生许可证230份，个人健康证800份；公共场所卫生许可证321份，个人健康证494份。

【卫生队伍建设】通过各方努力，解决了280名乡（镇）聘用卫技人员公益性岗位指标，进一步提高了聘用卫生人员的工资待遇。加强医务人员培养工作，各县通过援藏或其它方式派30余人参加了各类进修培训，地区人民医院完成业务教学50学时，接受县卫生服务中心和各乡医技人员培训48人次，接受各大专院校实习生11人，完成院外进修5人次。

【红十字会工作】一是开展宣传工作，投入11000元制作宣传画和横幅。二是开展救助工作，向昌都县面达乡身患残疾和精神病的2位病人捐助2000元，向察雅县香堆特困生邓班曲措救助1000元。三是开展救灾工作，青海玉树发生地震，地区红十字会组织开展社会捐款活动，共接受捐款40583元，接受价值180000余元的药品，同时筹集49710元的药品、食品及时送往灾区，弘扬了“人道、博爱、奉献”的红十字精神。四是会同疾控部门，开展了以“关爱麻风患者，共享和谐家园”为主题的慰问活动，走访患者，为在昌麻风患者人均发放500元的慰问金。五是开展了唇腭裂患儿的报名筛查工作，对符合条件的患者送拉萨进行手术，此项工作得到“嫣然天使”基金的支持，对实施手术的患儿每人给予一次性交通、生活补助。六是开展免费义诊工作，红十字会共义诊人数达1806人，免费发放药品价值达4万余元。

昌都地区信访工作

【年度综述】截止2010年12月4日，地区信访局共办理（接待）群众来信来访124批（件）927人次。包括来访71批458人次，其中集体访19批361人次，个体访49批94人次，来信53件469人次，其中联名信10件420人次，单信39件42人次，重复信4件7人次。

信访总量批次与2009年同期相比下降11%，人次上升18%。来访批次上升18%，人次下降4%；来信批次上升1%，人次下降41%。

【地委、行署高度重视，妥善化解疑难信访问题】2010年，地委、行署主要领导亲自阅批信访事件达98件，占信访总量的90%。地委、行署始终坚持把信访工作作为化解人民内部矛盾，维护社会大局稳定的主渠道之一，纳入了主要工作日程，对疑难信访问题始终坚持地级领导包案制度，主要领导亲自过问，分管领导深入基层，听取群众意见，了解具体实情，提出解决办法。地区信访联席会议办公室针对虫草采挖和牧场搬迁过程中资源纠纷隐患突出的实际，根据地区一线指挥中心的安排，向各县发出紧急通知，要求各县制定具体的工作预案，切实消除了虫草采挖和牧场搬迁期间的各种矛盾纠纷隐患。

【深入开展矛盾纠纷排查调处工作，确保昌都解放60周年大庆期间和敏感节点的社会稳定】一是组织本局干部职工认真传达学习地委、行署及地区大庆领导小组有关文件精神，对做好昌都解放60周年期间信访工作进行再动员、再部署、再安排；二是信访局对11县和地区范围内可能出现的上访苗头及矛盾纠纷进行了全面的摸排和梳理，对新增的信访突出问题及时建立台帐，落实了包案领导，明确了责任单位，提出了具体的工作要求；三是实行信访问题零报告制，要求各县、地区各有关部门认真安排值班人员，每日按时向地区信访局上报辖区内的信访动态。同时，对自治区和地区督办的信访突出问题，要求责任单位及时报告工作开展情况；四是充分发挥各县、地直有关部门的积极性和主动性，动员各方面力量，深入开展矛盾纠纷排查活动，较为全面，准确地掌握了重点人群、重点人员的思想动态，并对可能采取过激行为制造事端的人员，切实加强防范，采取果断措施进行稳控，坚决防止发生异常访。通过认真排查，有效预防，积极化解，在大庆期间全地区信访形势平稳，未发生一起异常信访行为，确保了昌都解放60周年大庆期间全地区社会局势的稳定。

【积极做好非法传销人员稳控工作】一是信访局对非法传销人员进行认真摸排，建立完善的档案材料，做到“三查清”即查清其参与非法传销的经过，包括参与非法传销的时间、地点、介绍人、参与方式、参与非法传销后的活动情况等；二是要求有关县认真开展集中教育活动。相关县本着“成熟一个、解除教育一个”的原则，因人施教，确定重点人员，强化措施重点帮教。同时把对参与非法传销人员（包括其家人、亲属）的教育管理作为长期任务，抓在日常和具体当中，使他们真正认识自己的错误；三是切实加强情报信息工作。密切关注社会面对参与非法传销人员返回原籍后进行集中教育、管理、救助工作期间的各种反应，跟踪掌握社情舆情，及时发现异常动向，加强防范，切实消除影响社会稳定的各种隐患；及时发现和有效封堵、删除有害信息，严防达赖集团等敌对势力宣传炒作，形成新的热点问题；四是为加大“8.16”专案侦查工作力度，妥善解决非法传销人员稳控工作，最大限度地挽回群众经济损失。

【热情接待信访群众，及时协调化解各类诉求】信访局对信访案件的转办交办，向督查及促进问题解决上转移；向及时协调化解上转移。2010年，信访局积极协调地、县有关职能部门及时就地化解了群众反映的各类诉求。

【全力以赴，广泛深入宣传《信访条例》】一是根据自治区信访局的统一安排向各县和地直有关部门下发了《关于昌都地区集中开展5月纪念<信访条例>实施五周年宣传月活动有关工作安排的通知》；二是预定了《信访条例》藏汉文3千余册，并及时发放给了各县；三是5月1日和“12.4”全国法制宣传日，信访局会同昌都县、地区有关部门在昌都市区设立宣传点，广泛宣传国务院《信访条例》和西藏自治区《信访条例》。向市民和农牧民群众共发放《信访条例》藏汉文宣传手册6百余份，接待4百余名咨询群众；四是通过接访、回访等途径，向信访群众宣传新修订的《信访条例》，引导群众以理性合法的形式表达自己的诉求，提高群众依法上访的自觉性。

【主要特点】一是越级上访时有发生，部分信访群众，无论所反映的问题是否合理、合法性，动辄越级信访，以此给当地政府施压；二是虫草及草场资源纠纷等热点、难点问题较集中；三是涉法涉诉信访大幅度增加，不少应由司法部门解决的涉法问题通过信访渠道反映出来，增加了处理难度；四是上访群众思想观念上存在误区，信“上”不信“下”，信“访”不信“法”，抱有“大闹大解决”的错误观点，想以缠访、闹访、越级访等方式达到目的。

【领导名录】
党组书记、副局长：旺　修
党组副书记、局长：四朗欧珠
党组成员、副局长：周卫东、洛松群培、罗布顿珠

昌都地区人力资源和社会保障工作

【就业再就业工作】2010年，昌都地区人力资源和社会保障局把就业工作置于全局工作重点。全年共开发各类岗位3394个，完成自治区下达目标任务的134%，实现了城镇“零就业家庭”动态消零。全地区城镇新增就业3394人，完成地区下达目标任务的103%，城镇登记失业率控制在4%以内。累计农牧民转移就业14.09万人次，完成自治区下达目标任务的104%，实现创收27800万元，完成自治区下达目标任务的111%。

全年开展职业介绍3393人次，职业指导3845人次。为226人办理了职业资格证书，同时，开展了道路养护工和电工专业的工人技术等级考试，共有163人参加等级考试。

全年共举办各类培训班60余期，培训2821人，其中城镇失业人员（高校毕业生）就业培训30期，培训1356人；农牧民转移就业培训30期，培训1465人，发放培训合格证2000余份。

【养老保险工作】截止12月底，11县16-59岁参保登记人数49547人，其中参保缴费人数37655人，60周岁及以上领取待遇人数17632人，支出基础养老金1976万元。新农保试点工作在全地区的铺开，标志着昌都地区基本实现了到2010年底对农牧区适龄居民的全覆盖的工作目标。

城镇职工基本养老保险工作。截止12月底，昌都地区养老保险参保单位126家（其中：企业42家、机关55家、事业29家）；参保人员6882人（其中个体灵活就业参保470人、离退休人员2020人）；基本养老保险费收入4563万元，其中：清欠收入237万元、落实工龄收入18万元、转移收入15万元、利息收入8万元。基本养老金支出4534万元。养老金发放率和社会化发放率均达100%，确保了企业离退休人员基本养老金按时足额发放。

不折不扣落实养老保险政策及规定。一是2010年，根据相关规定，共向全地区2144名退休工人补发基本养老金88万余元（月人均增资205.59元）、兑现2010年度体检费56.13万元、发放一次性生活补助128.64万元。二是根据《关于对开除、除名、自动离职、辞职、辞退和有偿解除劳动关系人员参加我区企业职工基本养老保险有关问题的复函》（藏人社办函〔2010〕13号）精神，对昌都地区41名人员在认真审核档案及相关资料的基础上，按个体身份接续了基本养老保险关系。

【医疗保险工作】城镇职工医疗保险工作。2010年，昌都地区城镇职工基本医疗保险参保单位137家，参保职工26097人，医疗保险基金收入12771万元，其中：统筹收入6170万元，个人账户收入4146万元，公务员医疗补助收入2455万元；支出5784万元，其中统筹基金支出2693万元，个人账户基金支出2849万元，公务员医疗补助基金支出242万元。

城镇居民基本医疗保险工作。截止12月底，参加城镇居民基本医疗保险的单位134家，参保人数14840人，医疗保险基金收入347万元，统筹基金支出285万元，划转个人账户支出142万元。

加强对定点医疗机构、定点零售药店的监督管理。对检查中发现的问题，提出了限期整改要求。

【工伤保险工作】2010年，参加工伤保险的单位83家，参保人数9355人。工伤保险费收入233万元，支出23万元。按照自治区人力资源和社会保障厅、财政厅《关于将老工伤人员纳入工伤保险统筹管理工作的通知》规定，昌都地区已有11家单位68人填写了《老工伤职工纳入统筹资格确认表》，21人填写了《工亡职工供养亲属纳入统筹资格确认表》。

【失业保险工作】2010年，参加失业保险的单位167家，参保人数10181人，失业保险费收入1427万元，支出1304万元。

【生育保险工作】2010年，参加生育保险的单位126家，参保职工18294人，生育保险费收入357万元；支出176万元。

【人事人才工作】2010年，完成教育、卫生、农牧等专业共23人拟晋升高级专业技术职务资格人员的审核、推荐以及任职前考察及材料的撰写上报工作；完成地区教育、农牧系列、党校系列、图书、新闻和艺术系列共计295名中级职务材料申报的审核、考察和资格确认工作；完成地区教育、农牧系列共计27人高级职称初（续）聘任工作；完成全地区教育、卫生、农牧等系统共325人中级专业技术人员的初（续）聘工作；共审核批退39名中级专业技术人员的退休，其中：高级职称1人，中级职称38人。

全地区共有“三支一扶”大学生256名，其中2010年服务期满的有31人。

圆满完成了2010年昌都考区第一、二批高校毕业生公开考录、“三支一扶”招募、医护人员补录工作，共有1554名考生在昌都考点参加了考试。组织实施了2010年度地直机关事业单位公开考录公务员（工作人员）工作，共招录59名优秀人才充实到地直有关单位工作。

共从内地引进62名应届高校本科医学、畜牧专业毕业生（其中临床医学40

人，畜牧兽医22人）充实到昌都地区各县医疗卫生农牧系统工作。

经统计汇总，2006—2009年连续三年被评定为优秀等次记三等功人员共计321人，2007—2009年当年被评定为优秀等次记嘉奖人员共计2833人次。

于7月圆满完成了昌都地区机关、事业单位在职人员和离退休人员调整西藏特殊津贴标准工作。按照有关规定和要求，共审批工资2万余人次。

【劳动管理和劳动监察】积极开展劳动监察工作。截止12月底，共开展清理整顿人力资源市场专项检查和农牧民工工资支付检查6次，共检查用人单位236家，涉及农牧民工2046人。

依法依规调处劳动争议案件。共受理劳动争议案件150起，涉及人数911人，追讨经济补偿金和工资633.56万元，有力地维护了劳动者的合法权益。

建立维权公告牌制度，切实维护劳动者合法权益。共设立劳动者维权公告牌98块，涉及工人数3220人，基本实现了昌都镇建筑施工单位在建筑工地设立劳动者维权公告牌的目标，拖欠农牧民工工资现象得到有效遏制，切实维护了劳资双方的合法权益。

依法开展工伤认定工作。共受理工伤认定申请29起，认定工伤29起。劳动能力鉴定4人。

大力开展法律法规宣传工作。共开展人力资源和社会保障法律法规宣传9次，发放宣传资料16000余份，解答政策咨询296人次。

【领导名录】

人大地区工委副主任、地委组织部副部长、局党组书记、副局长：仁青永宗

党组副书记、局长：刘　莎

党组成员、副局长：吕宝良、雷占宝、张　雄

党组成员、公务员局副局长：潘　毅

党组成员、纪检组长：索郎卓玛

昌都县

【基本县情】昌都县位于西藏自治区东部，昌都地区的中北部，是昌都地委、行署所在地，地势北高南低，东西呈“w”型，县境平均海拔3500米，金沙江、澜沧江、怒江流经昌都县境内。县境东与江达、贡觉两县相邻；南与察雅、八宿两县接壤；西与类乌齐县交界；北与青海省囊谦、玉树两县毗邻，东西跨度90千米，南北距离145千米，幅员面积1.1万平方千米，森林覆盖面积53万公顷，水资源总流量152亿立方米，是藏东经济、交通、文化、商业中心。全县辖15个乡镇、158个行政村、9个社区居委会，总人口12.48万。国道214、317线贯穿全境。

【年度综述】2010年，昌都县大力实施“一产上水平、二产抓重点、三产大发展”的经济发展战略，按照地委确定的“巩固提升一个根本、完善一个基础、壮大两个支撑、培育新的增长点”的发展思路，紧紧围绕保增长、保民生、保稳定的各项工作，致力于推动科学发展，促进社会和谐，全县经济总量连上新台阶，社会主义新农村建设扎实推进，农牧区交通、水利等基础设施建设显著加强，农牧民生产生活水平进一步提高，教育、文化、卫生等社会事业协调发展，民生问题大幅改善，全县呈现出和谐发展的良好态势。2010年，全县完成地方生产总值12.18亿元，同比增长18.5%，年均增长19.4%，连续五年保持了两位数的增长速度，是“十五”末的2.4倍；完成农村经济总收入5.9亿元，同比增长9.8%；农牧民人均纯收入完成4504元，同比增长9.8%，年均增长17.8%；城镇居民人均可支配收入达到12920元，同比增长6.8%，年均增长8.7%；县级财政收入完成3934万元，同比增长12.3%。

【农牧业生产】全年安排本级财政收入的7%共计245万元投入农牧业生产，落实国家粮食直补、良种补贴、良种推广补贴及一二级种子田建设补贴等支农惠农资金244.8万元，有力地促进了农业增产增收。全年完成农作物播种面积8.4万亩，其中粮食作物6.9万亩，完成粮食总产量3697万斤，比“十五”末增加了182万斤；经济作物0.98万亩，总产量2499.5万斤，粮、经、饲结构比例调整到82∶12∶6。畜牧业经济效益稳步提高，新生仔畜成活率达95.5%，牲畜总增率达29.6%，比“十五”末提高了1.3个百分点；成畜死亡率控制在1.7%以内，综合出栏率达31%，比“十五”末提高了1个百分点。完成牦牛上市3011头，年末牲畜存栏39.1万头（只、匹）。按照“六不漏”的工作要求，加强了重大动物疫病的防治和监测，完成了春、秋两季牲畜五号病疫苗注射工作，实现了“清净无疫”目标。着力提高组织化程度，优先吸纳农牧民群众参与工程建设，完成劳务输出51504人次，实现劳务收入7273万元，同比增长17.9%，是“十五”末的1.8倍。科技推广力度不断加大，科技特派员制度深入实施，科技对农牧业增产增收的贡献率进一步提高。

【新农村建设】全年总投资7126.5万元，完成农牧民安居工程建设1535户，全部实施了抗震加固，有9500名农牧民群众住上安全适用的房屋。完成了卡若镇乃帕村和日通乡冻多村2个新农村整村推进项目建设。实施了村容村貌整治试点工作，完成了城关镇生达村、俄洛镇俄洛村、卡若镇加卡村、如意乡达若村等9个农村人居环境建设和环境综合整治试点建设任务。“十一五”期间，昌都县累计完成农牧民安居工程建设7585户，共有51988名农牧民群众受益；累计完成167个村级组织（其中9个社区居委会）活动场所及基础设施配套建设，累计投资达4.7亿元，其中县级财政配套投入达758万元。同时，积极实施了通电、通路、通水、通讯、通邮、通广播电视等建设，群众的居住环境和生活条件发生了历史性变化。

【重点项目及特色产业建设】重点项目建设进展顺利，特色产业建设迈出新步伐。2010年，全县开工建设项目共56个，总投资4.5亿元，实际完成投资3.7亿元。已完成重点项目主要有：投资2279万元的昌都镇昂曲河北大桥项目、投资1642万元的昌都镇生活垃圾填埋场项目、投资4399万元的昌都镇市政基础设施改造项目、投资1722.9万元的2009年干部职工周转房项目、投资810.8万元的幼儿园综合楼项目、投资350万元的卡若镇达修村新农村整村推进项目，已全部竣工投入使用。在建重点项目主要有：总投资3236万元的昌都镇澜沧江大桥项目；果多水电站建设项目；总投资551.4万元的2010年沼气建设项目；总投资4420万元的

2009 年天然草场退牧还草工程、阿旺绵羊繁育及育肥基地项目、牦牛育肥基地项目；合同投资 5763.8 万元的昌都县安居苑项目，各项目进展顺利，进度良好。2010 年完成了谷布山藏药材生产基地、城关镇都康乳制品厂改扩建、俄洛镇油菜加工厂、芒达乡、埃西乡奶牛养殖项目、城关镇小恩达村砂石料厂等 6 个特色产业项目建设。同时，继续加强了"百户千头奶牛"养殖基地、牦牛育肥示范基地、牦牛保种选育扩繁基地、反季节蔬菜生产基地、石材石料加工基地等特色产业项目的运行和管理，成立了"奶牛养殖"、"石材加工"、"蔬菜种植"等农村经济合作组织，进一步拓展了特色产业发展空间和群众增收渠道。

【社会事业】 优先发展教育，狠抓"两基"巩固工作，中小学招生、控辍保学工作继续加强，教学质量进一步提高。教育投入不断加大，办学条件进一步改善，完成了埃西乡中心小学教学楼、学生宿舍楼、若巴乡中心小学学生宿舍楼建设，实施了县一中、嘎玛乡、拉多乡、妥坝乡、沙贡乡、卡若镇乃达通等学校的修缮工程。继续实行"三包"大宗物资集中采购，确保国家"三包"经费足额、及时到位，认真落实"两免一补"政策。"两基"迎国检工作扎实推进。

基层医疗卫生工作进一步加强，农牧区免费合作医疗覆盖率达到了 100%，2010 年全年累计为 2436 人次报销医疗费 750 万元，落实医疗救助资金 40 万元，发放扶助资金 9 万元，群众看病难、看病贵问题得到进一步解决。继续加强了人口计生工作，人口出生率控制在 15‰以内；落实农牧区"一孩、双女"户困难家庭、"特殊子女"家庭等特别扶助资金 112.9 万元。全县 15 个乡（镇）碘盐覆盖率达到国家规定标准。

文化设施和文物保护工作不断加强。完成了所有乡（镇）的广播电视"户户通"工程，成为全地区率先实现广播电视"户户通"工程的县。完成了 156 个村级文化室和村民文化活动广场建设。完成了 156 处文物点的普查工作。昌都锅庄和嘎玛嘎赤画派被列入国家级非物质文化遗产，强巴林寺酥油花制作技艺、日通藏药、古姆游戏、嘎玛佛像锻造技艺被列入自治区级非物质文化遗产。

【昌都解放 60 周年庆祝活动】 2010 年是昌都解放 60 周年，大庆活动安全圆满，城市整体形象大幅提升。

【领导名录】
县委书记：刘金洪（副厅级）
行署副专员、县委副书记、县长：吕天明

江达县

【基本县情】 江达县地位于西藏自治区北部，昌都地区西北部，东与四川省石渠、德格、白玉三县隔江相望，北与青海省玉树县毗邻，南接贡觉县，西连昌都县。因地处觉普沟口而得名，属于以藏族为主体的少数民族地区，是四川、青海、西藏三省（区）的结合部位，也是藏东的门户，川藏公路 317 国道经过这里。

县城距昌都镇 223 公里，距拉萨 1170 公里，距成都 1070 公里。县域东西最大距离 286 公里，南北最大距离 327 公里。

【自然资源】 江达县以农业为主，种植青稞、小麦、油菜为主，饲养牦牛、绵羊、山等。野生动物有獐子、鹿、猞猁等，产虫草、贝母、知母等药材。

贡觉县

【年度综述】 2010 年，全县生产总值 36000 万元，为上年同期的 115%，其中：一产 13101 万元，为上年同期的 114.7%；二产 4392 万元，为上年同期的 120%；三产 18507 万元，为上年同期的 115%，三产比例为 36：12：52。农牧民人均纯收入 2700 元，同比期增长 12.5%，其中：现金收入 1895 元。财政收入完成 1075 万元，同比增长 13.8%，年均增长 24.3%。金融存贷款余额分别达到 12424 万元和 39209 万元。

【农业】 2010 年全县完成农作物总播种面积 4280 公顷，粮食产量达到 13365 吨，同比增长 122%，其中：粮播 3526.66 公顷，占总播种面积 82.4%，产量 13365 吨；春小麦 0.35 万亩，青稞 4.49 万亩，豆类 0.05 万亩，油菜 0.6 万亩，蔬菜 0.1 万亩，青饲料 0.13 万亩，荞麦 0.1 万亩。

【牧业】 加强牲畜接羔育幼和出栏工作，全年成活 91568 头（只、匹），成活率 97.15%。牲畜出栏 80765 头（只），综合出栏率为 29%，年末牲畜存栏 282816 头（只、匹）。新生仔畜 94255 头（只、匹），成活 91568 头（只、匹），成活率 97.15%。成畜死亡 4888 头（只、匹），死亡率 1.76%。牲畜出栏 80765 头（只），综合出栏率为 29%。加强牲畜疫病防治工作，注射各类牲畜 250754 头（只），免疫率 100%。年内动员农牧民为 260959 头（只）牲畜入保。

【非公有制经济蓬勃发展】 2010 年全县个体工商户发展到 427 户，从业人员 996 人，注册资金 1998.28 万元，同比分别增长 3.6%、3.4%、9.9%。企业发展到 13 户，其中国有企业 10 户、集体企业 2 户，法人企业 1 户，雇工 125 人，注册资本 458 万元，同比分别增长 18.2%、86.6%、81%。培育农牧区营销大户 15 户；发展农牧区经纪人 60 户，从业 60 人，注册资金 270.65 万元。

【基础设施建设】 全年建设项目 35 个，其中：新建项目 22 个，续建项目 13 个。其中：扩大内需项目 7 个。项目总投资 26294.91 万元，本年度完成固定资产投资额 13675.11 万元，现累计完成 23996 万元。实施的主要项目有贡青油路、热曲河水电站、县文化活动中心、医技楼、物价综合楼、则巴桥、城中大桥、克日乡东达至莫扎公路等工程。

【安居工程】 完成安居工程建设 997 户，国家投入资金 1032.6 万元，使用木料 9686 立方，户均 10.5 立方。在安居工程建设中，同步实施了抗震加固 997 户，安排资金 498.5 万元。安排资金 10 万元，将青贡公路沿线的桑珠荣、夏日、莫洛、查雄普等村 164 户民房整体亮化。建设了阿旺乡多扎、维多、东如村、拉妥乡罗玛村、莫洛镇拉玛村新农村建设示范点建设，国家投资金 1000 余万元，群众自筹 234 万元。

【社会事业】教育。一是教学设备配备率大幅提高，各学校配备图书共83566册，使初中生人均图书达到15.17册，小学生人均图书达到13.07册，县中学、小学和罗麦乡中心小学、克日乡中心小学配备了多媒体教室。二是加强师资队伍管理。年内对校长、财会人员、电教人员及202名教师进行了业务培训，提高了学校管理和教学质量；组织教师体检和及时为66名教师申报、评职；为各学校配备了办公用品，改善了办公条件。三是师资队伍建设得到加强，共补充教师190人，使全县正式教师达到325人，其中小学专任教师265人，中学专任教师60人。五是职业教育得到加强，教育成果喜人，2010年有10名学生受聘到成都智达兴潮工艺坊有限公司工作。四是多措并举，推进远程教育。年内完成了县教育局网页制作和上网运行；投资14万元为县中学、县小学和罗麦、克日两乡中心小学配备了多媒体教室，丰富了教学形式。五是教育教学质量有了提高，年内考入内地西藏初中班10人、高中班1人，中职班18人。

科技。一是完成机耕1.15万亩，机播2.1万亩，机收1170亩。推广良种5万亩，良种覆盖率86%。二是加强人影工作，年内发放防雹弹20箱，发射架7座，回收过期防雹弹16枚。三是积极开发利用新能源，在莫洛、相皮、哈加按照“一池三改一棚”标准建设沼气工程，现已建成697户。

文化。一是大力推进文化基础设施建设。完成了县综合文化活动中心项目建设，开工建设了莫洛、相皮、哈加三乡文化站；完成了1镇5乡18家“农家书屋”工程建设任务，县财政投资9.36万元为农家书屋配套了书架、桌椅等设施，上级配套的21000余册书籍，已配发到位。二是完成相皮、哈加、木协3乡10村307户广播电视直播卫星“户户通”设备安装；向65座寺庙发放了165台电视机；年内放映影片858场(次)，极大推进了“2131”工程。三是加大了对外宣传工作力度，上报各类新闻稿件40篇、采用28篇，采用率70%。四是加大市场监管，年内在3家网吧的3台服务器及88台客户终端安装“全国网络文化市场计算机省级监管平台网吧管理系统”监管软件；查缴销毁了部分非法图书和影像制品；在3家网吧、5家歌舞厅、3家朗玛厅安装了“未成年人禁止入内”警示牌。五是积极做好寺庙文物保护工作，加大对文物保护场所消防、建筑安全隐患排查力度，增强文物保护人员安全防范意识。

卫生。一是积极开展卫生医疗下乡服务，投入200万元，为县卫生服务中心配备救护车、巡回医疗车，为县人民医院及各乡镇卫生院配备了X光机、多参数监护仪、显微镜、心电图和11辆乡镇卫生院流动服务车。诊治病人3614人(次)，核减个人家庭医疗帐户基金127.2787万元，为224名乡干部、736名村干部进行体检。二是年内收集到30579名农牧民个人筹集医保款305790元，集资率为81.86%；门诊核减家庭医疗帐户基金164.3864万元；在大病统筹基金中，为1391名农牧民报销医疗补助金451.4213万元；农牧民免费医疗经费从年人均80元提高到2010年的180元。三是采购药品136种，支出金额59.1979万元。四是强化儿童免疫接种和传染病防治工作，共为405儿童接种了乙肝、麻疹、流脑等疫苗，接种率达90%，为6153人进行了甲流疫苗接种，接种率72.8%。五是向366户农牧民家庭发放“一孩双女”困难户家庭和独生子女伤残死亡家庭扶助金30.768万元。六是强化计划生育工作，免费发放计生药具5114人(次)，为92名住院分娩产妇全额报销医药费40.9408万元。六是继续做好加碘盐食用推广工作，实现销售加碘盐22.98万公斤，确保了群众身体健康。

【领导名录】
县委书记：张新成
县委副书记、县长：公嘎泽仁

类乌齐县

【年度综述】2010年，全县生产总值完成54030万元，同比增长15.4%。其中第一产业17851万元；第二产业2010年完成10410万元；第三产业2010年完成25769万元。实现农牧民人均纯收入4249元(其中现金收入2332元)，比地区指标增长149元。完成社会民间投资7736万元(含援藏项目投资)，比地区指标增长2736万元。全年完成劳务输出17450人(次)，劳务收入达到2130万元。

【财政收支情况】2010年地区下达财政收入任务1356万元，其中税收能够完成350万元，非税收入能够完成1006万元，目前已经完成1208万元，12月份还可完成148万元，地区指标任务可以完成。

【第二产业生产情况】卡玛多菱镁矿截止2010年底共累计投资1.2亿元；县农电公司全年发电530万度，完成产值277万元；民族手工业产值480万元；建筑业完成投资5800万元。

【招商引资】完成招商引资5000万元，完成地区任务的140%。

【农业方面】年初地区给类乌齐县下达的粮食总产量指标为1528万斤，实际完成粮食总产量1629万斤，比地区下达指标超101万斤。地区下达良种覆盖率指标为86%以上，全县良种覆盖率达到指标。截至2010年年底，我县完成2009年度农机购置补贴50万元。类乌齐县2010年的虫草采挖工作有条不紊，秩序井然，由县领导带队的工作组分别到全县十个乡镇和3个主要虫草采集点蹲点指导虫草采挖工作，2010年全县采挖虫草人数达两万余人。2010年全县虫草产量达到3918斤，产值达6661万元。

【畜牧业方面】2010年，全县新生牲畜76346头(只、匹)，新生成活75335头(只、匹)，成活率为96%。成畜死亡率在1.1%，商品综合出栏率30.85%，均达到地区指标要求。全年春季、秋季疫苗注射率100%。草场纠纷处理方面。类乌齐县与丁青县交接地(布托卡)的农牧民在同一片草场上居住和放牧，草场矛盾是有发生，甚至发生打架事件。县委、县府高度重视，一方面派驻强有力的工作组在布托卡蹲点，另一方面与丁青县进行商谈，初步达成统一意向，解决了当地长期存在草场纠纷。

【社会事业】教育工作。各级各类在校生5850人，其中初中生950人，初中入学率95.96%；小学在校学生4900人，小学

正常适龄儿童入学率为94%。积极争取国家投资、援藏资金、民间投资共计1514余万元，用于改扩建县小学、长毛岭乡第二中心小学，维修加固全县部分学校的大门、窗户、篮球场、围墙、厕所等，为各乡镇、学校"国检"办及县中心幼儿园、县中学购置办公设备，加强基础设施建设，有效地改善了办学条件。2010年有4人考上内地西藏高中班，14人考上内地西藏初中班，63人考上区内重点高中班，53人考上内地西藏中职班。狠抓教师队伍建设和教学质量提高，"两基"迎国检工作扎实推进，进展顺利。

科技方面。超额完成引进推广农牧业先进适用技术，共引进4项农牧业先进适用技术并取得实效。(1)通过项目带动，以类乌齐镇觉恩卡村的牦牛集中养殖场为平台，通过示范带动、开展农牧民培训等方式，引进和推广3项技术，包括冬春季补饲保膘技术、优质牧草种植技术、疫病防治技术，带动当地农户284户，涉及人数2600余人，人均增收120元。(2)在宾达乡建设元根种植示范基地，推广使用科学的田间管理技术，通过示范带动和开展农牧民培训等方式，改变了农牧民粗放的种植方式，元根亩均增产100余斤。

文化事业。2010年类乌齐县各乡镇调频高音喇叭安装完毕，并投入使用，同时类乌齐县继续加强乡镇综合文化站、"农家书屋"等基层文化服务设施项目的社保工作，在2010年10月类乌齐县政府再次投入4余万元为类乌齐县新建13个点的"农家书屋"购置桌椅、书柜等基础设施。

卫生工作。(1)农牧区合作医疗用药100%纳入地区药品招标办集中统一采购。(2)农牧区医疗管理人均0.8元办公经费全部纳入县级财政预算，并全部兑现。(3)2010年1月1日开始，对村医每月按照200元基本报酬予以发放，奖励补助人均4.60元将在年末根据工作业绩考核情况进行奖励兑现。(4)人口自然增长率10.7‰，未超出自治区13‰、地区12‰的控制目标。(5)适龄儿童计划免疫接种率达95%以上；全年未发生计划免疫针对的传染病流行或暴发，流脑、麻疹、百日咳年累计发病数为零。(6)加快碘盐推广力度，2010年全县共计向农牧民发放碘盐270吨，碘盐普及率达到100%，并顺利接受了国家卫生部消除碘缺乏病项目验收，受到卫生部的好评。

【受援工作成效明显】自1995年至2010年6月，重庆先后派了五批干部援助类乌齐县，援助资金和物资累计达8601.7万元。2010年7月，第六批援藏干部来到类乌齐县后，很快融入到全县工作中去，迅速打开了局面。

丁青县

【年度综述】2010年，全县完成生产总值6.31亿元。增长15.6%。三产分别完成3.23亿元、1.02亿元、2.05亿元，同比分别增长9%、30.4%、20.4%。农牧民人均纯收入4120元，城镇居民人均可支配收入达1.12万元，同比分别增加7%和6.7%。全县社会固定资产投资达到3.31亿元，同比增长32.8%，其中，社会民间投资完成2.11亿元。县财政收入完成2623万元(其中税收完成517万元)，同比增长15%。各类存款余额达1.83亿元，同比增长6.07%；各项贷款1.49亿元，同比增长8.30%。2010年，全县个体工商户已发展到1011家，从业人员1955人，注册资金达2026万元；私营企业16家、雇工人数147人，注册资金1520万元。

完成了木塔乡森格日乌铜矿、县迎宾馆租赁改造招商项目、协雄乡新型建材厂、丁青县澜沧江液化气站等项目招商工作。其中，森格日乌铜矿项目总投资5000万元，年内已投入2900万元；协雄乡新型建材厂开发项目投资400万元；澜沧江液化气站协议投资300万元；县迎宾馆租赁改造招商项目协议投资580万元。

初步形成了孜珠寺、布托湖和布加雪山旅游项目规划和开发建议书；积极做好了涉外旅游定点单位的申报和管理，全年共接待游客4.9万人，实现旅游收入126.63万元。

【"三农"工作成效显著】2010年，完成农作物总播种面积11.98万亩，粮食作物播种面积10.5万亩，粮食产量达到4916.47万斤，油菜产量189.24万斤，蔬菜产量628.02万斤。合理调整了种植业结构，逐步扩大经济作物播种面积。粮、经、饲比例由2009年的89：5：6调整为86：10：4。全县牲畜存栏28.2万头(只、匹)，新生仔畜9.7万头(只、匹)，成活9.5万头(只、匹)，成活率达97.3%；成畜死亡率1.41%，总增率27.5%，牲畜出栏率29.76%。完成四旁绿化义务植树13万株，封山育林1万亩，育苗25亩。补栽云杉33万株，完成退耕还林补栽2095亩。切实加强了资源林政管理和野生动物资源保护；认真执行了巡山、工作考核和奖惩制度，有效制止了乱砍滥伐、乱捕滥猎、偷伐林木等各类违法行为。

2010年，在丁青镇、协雄乡、尺牍镇建立良种繁育基地2200亩，"藏青320"、"喜马拉雅19号"播种面积都达到了千亩以上，收到了较好的经济效益，全县培育新型畜牧业产业带项目共投资348万元，建立种植饲草基地3500亩，分散种草6600亩，连片种草3000亩，新修天然草场围栏5000亩，修建仓库1000平方米。其中，发展牦牛育肥重点专业户200户，年育肥牦牛4000头，建立牛舍和暖棚6000平方米，防疫点160平方米。建设扶贫特色奶牛养殖户120户，实现年产值39.6万元。

全县共完成面上扶贫项目5项，完成资金投入349万元，涉及木塔乡羊塔吊桥、尺牍镇乌巴桥、协雄乡扶贫汽修厂、丁青镇贫困户奶牛养殖、丁青县2010年贫困户奶牛养殖等五个扶贫项目全部完工交付使用。总投资328万元色扎乡整乡推进项目已全部顺利完工，受益人口215户，1877人。全县实现脱贫85户，406人，温饱巩固率达99.5%。

【农牧民安居工程建设步伐加快】全年保质保量完成农牧民安居建设任务1256户(新建1110户，维修146户)。其中，农房改造1032户，一般贫困户224户，建筑总面积33.28万平方米，受益人口达9151人，入住率100%，总投资1.86亿元；完成了6个行政村的农村人居环境建设和环境综合整治试点工作。

【基础设施日趋完善】2010年新建项目27个，续建项目1个，建筑总面积达37万平方米。完成固定资产投资3.31亿元，其中：完成国家投资8832万元，援藏资金300万元，县自筹资金657万元，社会投资2.11亿元。农牧区基础设施得到有效改善，县城及小城镇建设逐步完善。

完成了觉恩乡巴河村、木塔乡政府至青海杂多县交界公路变更共计6.3公里农村公路建设。年内投入159万元，完成嘎塔乡两座钢架桥、40公里简易公路的建设，进一步改善了丁青县农村交通状况。养护公路总里程达582.3公里，养护投资达35万元，优良路率达30%。

完成安全饮水工程点60个，投资1778万元，共解决60个自然村1593户1.5万人及4.6万头（匹、只）牲畜的安全饮水问题。投资128万元，实施了尺牍镇供水工程项目，解决了尺牍镇275户2200人的饮水问题。

总投资212.06万元艰苦边远乡村（其中不包括10年油料补贴1346.21万元）燃油发电项目，安装燃油发电机432台，解决了6个乡12个行政村1337户8960人的用电问题。投资1.5亿元，装机容量2500千瓦的巴登电站前期准备工作已全面完成，正在筹备申报自治区、国家审批。

【社会事业发展井然有序】教育方面全县继续以“两基”迎“国检”为抓手，不断加大教育投入，全年县财政按照20%以上比例配套投入教育524.6万元，兑现了控辍保学奖金110万元，丁青县中小学学生到位率和巩固率不断提高。目前，全县小学生日常巩固率达到了92%以上，中学生日常巩固率达到了47%左右。

2010年，参加新型合作医疗的农牧民达到7396户57822人，占农牧民总人口的90%，核销农牧民医药费兑现率达100%。全县药品集中招标采购率达100%，全县享受免费医疗的农牧民总人口人均0.8元的办公经费兑现率达100%；按农牧民人均4.6元村医公共服务奖励补助配套率达100%。实施医疗救助12.89万元，适龄儿童计划免疫接种率达95.24%，人口自然增长率为12.2‰。

建设农家书屋26个，投资68万元的网络文化共享工程竣工并正式投入使用，有针对性开展各类培训25次，累计提供服务达2600余人次。宣传、教育、文化、工商等部门对文化市场开展执法检查8次，进行清理整顿6次，文化市场整体发展势头良好，全县文化市场得到进一步强化；本着“合理利用、有效保护、抢救第一”的原则，文物的保护管理工作不断加强。

完成农牧民培训2912人次。完成种子包衣、土壤处理、深施化肥、机耕机播等4项农牧业适用技术的引进并取得效益，完成良种推广补贴32.004万元，农机补贴100万元。水利项目农牧民技术培训，全年共开展培训14次，培训人员449人。重视开展就业培训，年内共培训城镇失业人员100人次。

2010年，全县共兑现粮食直补89.97万元、农资综合补贴89.97万元、退耕还林还草补贴172.22万元；城镇职工基本医疗保险覆盖率达100%。全年兑现城镇低保金576户，1200人，共计24.96万元，兑现农村低保金1552户，7159人，共计475.58万元，兑现465名五保户供养人员一次性生活补贴93万元；兑现城乡困难群众医疗救助12.89万元；落实配套救灾救济资金37万元。落实寿星老人健康补贴11.01万元；新增就业岗位155个；转移农牧区富余劳动力550人；城镇登记失业率控制在3.96%；征收养老保险基金178.58万元，财政配套83.88万元；征收失业保险金90.99万元，财政配套9.2万元。

察雅县

【基本县情】察雅县地处藏东横断山脉北段、澜沧江中上游，位于西藏东部、昌都地区东南部，县城距地委、行署所在地88公里，与昌都、贡觉、芒康、左贡和八宿5县毗邻。全县幅员面积8413平方公里，海拔高度2990—5600米。全县共9654户55220人，辖10乡3镇，3个居委会、138个行政村，476个自然村。全县耕地面积50018.8亩，天然草场747万亩，其中可利用草场面积695.57万亩，畜均占有草场19.8亩，属于半农半牧县。

【年度综述】2010年达到45312.27万元，同比增长27.6%。县级财政收入快速增长，农牧民人均纯收入达3818元，其中现金收入2444元，年均增长速度超过15%。2010年社会消费品批发、零售总额达到8928.8万元，是“十五”末的3.4倍。金融机构各类存款余额22185万元，比“十五”末增长255%，贷款余额7280万元，其中涉农贷款（含扶贫贷款）5454万元，比“十五”末增长107%。

【发展特色经济产业，增强农牧业发展后劲】加强农牧业生产，着力提高农牧业效益。2010年，县委、县府紧紧围绕改善农牧民成产生活条件，增加农牧民收入，促进农牧业稳步发展这个首要任务，努力克服旱、涝、泥石流等自然灾害带来的影响，稳步推进农牧业各项工作，采取多种有效措施，确保了农业增效、粮食增产和农民增收。年初，县农牧部门和各乡镇认真做好春耕备耕工作，重点抓好春耕物资供应保障，组织群众换种51万斤、自筹种子48.5万斤、使用良种15万斤、精选种子114.5万斤，种子包衣60万斤，使用化肥600吨、油粕5吨，保证农牧业生产所需，完成粮食播种面积4.58万亩（其中豆类1500亩），为粮食丰收奠定了基础。在旱、涝灾害交替发生的情况下，全县粮食总产达到2627.01万斤，完成了年初确定的目标任务。在牧业方面，认真落实草场承包制，加强草场保护和建设，鼓励群众进一步提高牲畜出栏率和商品率，减轻草畜矛盾，提高了牧业生产效率。全县仔畜成活率为96%，成畜死亡率控制在1.8%以内，牦牛上市1050头，综合出栏率为30%，年末牲畜存栏35.4万头（只、匹）。

加强农牧业产业结构调整，切实增加群众收入。提出了重点培育六大产业基地，即以吉塘、卡贡、烟多、新卡等乡镇为重点的种养殖基地，以荣周乡河谷地带为重点的优质青稞生产基地，以香堆镇为重点的优质黑青稞生产基地，以王卡、荣周、烟多等乡镇旱地为重点的优质油菜生产基地，以阿孜、察拉等乡镇为重点的优质绵羊生产基地，以肯通、扩大、宗沙等乡镇为重点的优质牦牛生产基地。2010年，察雅县利用气候条件好的优势，大力种植经济林木，在烟多镇、卡贡、吉塘等乡镇种植经济林木达3000余亩，种植各类蔬菜1100亩，其中在烟多镇和吉塘镇共投资600万元，修建高效温室大棚102个，逐步成为藏东的水果、蔬菜生产基地。在宗沙乡实施了黑山羊养殖示范基地建设，扶持黑山羊养殖专业户，进行科学养殖，快速育肥，加大出栏，以此带动全县黑山羊养殖业的发展，提高畜牧业养殖的经济效益。该项目总投资70万元，现已完成总投资的65%。与此配套实施的是总投资222万元的人工种草和草种繁育基地建设项目，其中人工种草8400亩，集中连片种植3500亩，带动扶持农户1725户，目前该项目已完成总投资的90%。

【民生工作得到加强，社会各项事业长足进步】2010年，全县完成安居工程建设1492户，完成沼气池建设3330户。结合安居工程和沼气工程建设，狠抓配套设施建设，进一步丰富“乐业”内涵，巩固“安居”成果，着力解决好水、电、路、视、讯、邮等问题，使安居工程真正成为民心工程、德政工程、长效工程，扎实推进社会主义新农村建设。集中建设了吉塘镇吉塘村、酉西村，卡贡乡卡贡村等9个新农村建设示范点。积极实施“科教兴察”战略，已实现“基本扫除青壮年文盲”和“基本普及九年义务教育”预期目标，教育基础设施得到较大改善，全县现有各级各类学校53所，其中初级中学1所，县中心小学1所，乡镇中心小学12所，村完小6所，教学点32个，幼儿园1所，全县小学入学率达98.4%，初中入学率达90.61%。医疗卫生事业不断发展，农牧区医疗制度全面落实，全面加强卫生基础设施建设，已实现了乡乡设有卫生院的目标，计划生育及医疗保健覆盖率达90%，人口自然增长率控制在12‰以内，医疗卫生服务覆盖率已达到100%，基本实现了人人享有初级卫生保健服务的目标。科技工作成效明显，大力实施了良种工程、科技富民工程等，培养了一批运用科技的骨干力量，累计培训青年农民1.4万人次。文化、广播电视事业得了全面发展，全面完成了“村村通广播电视”工程，全县138个建制村实现了通广播电视，全面实施了“2131”工程，乡镇文化建设不断加强。全面实施了新农保试点工作，严格执行了城镇低保、农村重点保障对象、特殊保障对象、一般保障对象的年保障标准。察雅县还充分利用国家安排的专项扶贫资金和以工代赈等资金，积极与区财政厅、公安厅协调，认真落实各项定点扶贫措施，全面实施了整乡推进，进一步改善了农牧民的基本生产条件和生活条件，建设了一批周期短、见效快、效益好的扶贫项目，“十一五”期间累计投入扶贫资金6604万元，稳定解决了1822户10348人的贫困问题。

【积极做好招商引资工作】与拉萨华宇建设责任有限公司达成协议，引进投资1700万元兴建商贸大厦，目前该项目已开工；与成都禾创药业达成框架协议，前期投资2500万元，在察雅县建立中药材种植基地；引进昌都元丰汽车修理厂投资200万元在察雅县修建汽车修理厂，该项目已于2010年7月份建成并投入使用；邀请中铝公司专家，对全县矿产资源进行全面勘查，为矿产资源开发奠定了坚实基础，为壮大县域经济迈出了新的步子。

八宿县

【基本县情】八宿县位于西藏东部，昌都中南部，基本地貌为高山河谷地带，夹带小面积高山草原，全年气候干燥气温较高，自然资源相对匮乏。幅员面积1.26万平方公里，平均海拔4096米，辖4镇10乡，109个行政村和1个居委会，316个村民小组，总人口40686人，全县总耕地面积4.1万亩，草场总面积844万亩，可利用草场818万亩，森林覆盖面积336万亩，覆盖率6.57%。受自然资源、气候条件、地方病等因素影响制约，八宿县经济社会事业发展整体水平不高。

【年度综述】2010年八宿县地方生产总值完成3.55亿元，同比增长15%；全年农牧民人均纯收入达3617.35元，同比增加7.72%，其中现金收入达到2000元；财政收入完成1314万元，同比增长12.69%；完成农林牧渔业总产值24913.5万元，工业总产值65万元。

【农牧业基础地位进一步夯实】全年完成农作物总播面积5.03万亩，全年良种推广面积3.74万亩，良种覆盖率达86.3%，粮食总产量达2159.74万斤(含土豆折成粮食14.2万斤)，完成年度指标任务的102.8%；化肥施用量达600吨，积造农家肥69470吨；机耕面积达到1.52万亩，机播面积达到1.63万亩，机收面积达到3.2万亩；全县无公害蔬菜种植面积达到14亩；完成接羔育犊98690头（只、匹），成活率达95.8%，成畜死亡率控制在1.8%；牲畜存栏达285655头（只、匹），牲畜出栏数达95439头（只、匹），牲畜综合出栏率达到30.8%；储备抗灾饲草2020万斤，饲料粮食储备182万斤；实行严格的耕地保护制度，全年耕地保有量49114.6亩，基本农田面积达40000亩，实现了耕地总量动态平衡。

【新农村建设稳步推进】全年累计投入资金533万元，为165户农牧民群众改善了居住条件。投入资金727.11万元，开展了农村人居环境和环境综合整治试点工作。进一步加大了农家书屋建设力度，丰富了新农村文化生活；投资659.87万元，通过安装汽柴油发电机，建成发动机房24座，解决了林卡、郭庆、夏里、瓦乡等5个乡镇23个行政村35个艰苦边远自然村558户3942人的供电困难；2005至2009年八宿县农村饮水安全工程以96.8分的高分、整体优秀的好成绩通过自治区验收，目前覆盖全县的农村饮水项目已全部完工投入使用；村村通公路建设项目11个（其中2个为续建项目)，现已完成5条村村通公路建设任务，完成投资445.4741万元，新增通车里程28.5公里；广播电视“村村通”工程成效显著；全年累计新调试安装2个乡镇15个村委会23个自然村505户广播电视直播卫星“户户通”工程。

【产业建设成效显著】2010年，八宿县结合地方特色和资源优势，重点建设了荞麦生产及加工基地、邦达人工种草养畜示范基地、天然草原退牧还草工程、蔬菜种植基地、人工饲草料和草种繁育基地、牦牛育肥基地等项目。成功举办了全区人工种草、退牧还草工程现场会；在河谷地带建立了荞麦种植基地，荞麦种植面积达6105亩，荞麦加工厂的生产运营良好。投入资金65万元，将原荞麦白酒内外包装进行了全面改进。荞麦加工基地从农牧民群众手中收购特色产品共计11.63万斤，其中荞麦达10.73万斤，荞麦酒年产可达5000斤，荞麦壳枕芯年产900个，为农牧民群众直接创收58.36万元；河谷地带核桃、苹果、葡萄等经济林木种植进一步扩大，其中核桃树种植3.5万株，果品类收入不断增加。在城郊建成温室大棚64座，高效日光温室38亩蔬菜生产基地，年产值可达182.4万元，极大的调动了农牧民种植积极性；以旅游为主的第三产业健康发展，通过与重庆电视台、旅游卫视等沟通协作，继续加大然乌湖、多拉神山、来古冰川等旅游景点的对外宣传力度，进一步扩大然乌湖旅游景区知名度。积极组织申报了然乌旅游特色村建设、然乌瓦巴旅游民俗村建设、农牧民"游客之家"等6个项目。通过配套完善解说导示牌系统及环卫绿化设施，制定特色村文艺表演常态化机制、加强监管建设力度等办法措施，促进了旅游产业的发展。全年共接待国内外旅客3.36万人次，实现旅游业收入362.34万元。

【农牧民收入持续增长】全年举办农作物栽植培训和蔬菜种植及人工种草等技术培训共20期1973人次，农牧民技术人员培训81人，乡村干部培训17人；依托项目拉动，结合县域实际，继续扶持壮大农牧民专业协会和施工队，不断发展壮大农牧民经济合作组织，提高组织化程度。上年八宿县然乌、白马、拉根、邦达等乡镇的农牧民运输队参加了道路改造、桥梁等项目建设，增加了农牧民群众收入。全年完成劳务输出10560人次，收入达到2250万元，全年群众采集虫草实现收入2880万元。大力培养农村科技"带头人"和科技"明白人"，全年培养82个农村科技"带头人"和科技"明白人"。

【社会建设成效显著】2010年，八宿县以"两基"巩固提高为重点，以"控辍保学"作为"两基"巩固工作的着力点和突破口，不断改善办学条件，提高办学质量，完善制度措施。学校项目建设累计超过1600万元；争取职教专项经费96.5万元，采取多种方式，加大教师培训力度，着力提高教师综合素质；截止目前，全县学校共计29所。在校生达7506名，小学适龄儿童入学率达98%，初中入学率达91%。

文化广播电视事业蓬勃发展，广播电视综合覆盖率大幅提高，文物普查、非物质文化遗产保护工作全面展开。全年完成3个乡镇的文化站建设、县文化活动中心建设和县电视台办公楼建设。新建的18个农家书屋2010年3月可全部完工投入使用。农村电影放映"2131"工程顺利实施，广播电视"村村通"、直播卫星"户户通"的调试安装工作稳步推进，农村电视广播覆盖率全面提升，农牧民群众精神文化生活日益丰富。

卫生事业健康发展，八宿县狠抓了农牧区合作医疗、卫生防疫、妇幼保健、计划生育以及地方病防治等工作。农牧民基本医疗与常见传染病预防诊治服务在内的卫生服务管理工作在全县14个乡镇铺开；初步形成县乡两级卫生服务网络，广大农牧民群众就医难、看病难的问题得到一定程度解决；全县农牧区医疗管理覆盖率达100%，按规定报销农牧民医药费325.42万元，兑现率达100%，城镇困难群众医疗救助支出249876元。适龄儿童计划免疫接种8587人，实际综合接种率达94%以上，推广碘盐22.27万公斤，农牧区碘盐覆盖率达90%以上。

【项目建设呈现新亮点】2010年，全年开复工建设项目达40个（其中新开工33个，复工建设项目7个）完成总投资19256.101万元。

左贡县

【基本县情】左贡县位于西藏东南部，北靠察雅，东依芒康，南接云南德钦，西与察隅、八宿相连，318、214国道交汇贯穿全境，具有承东启西、联结南北的区位之便，是历代商贾由茶马古道进出西藏的必经之地。

全县现辖3镇7乡（旺达镇、田妥镇、扎玉镇、美玉乡、东坝乡、中林卡乡、碧土乡、绕金乡、下林卡乡、仁果乡），127个行政村、1个居委区，总人口46173人。全县总面积1.17万平方公里，怒江、澜沧江、玉曲河由北向南呈"川"字型纵贯全境奔流而下，形成三种不同的河谷地貌、气候特征。两江流域峡谷深切，山岭重叠，交通不便，但海拔低，气温高，年无霜期长，物产丰盛；玉曲河流域山势平缓，河谷宽坦，交通便利，却海拔高，年无霜期短，农业生产局限性大。

全县以农业为主，兼有牧业、林业。耕地总面积4.2万亩，人均占地1.2亩，主要种植青稞、玉米、小麦、油菜等；牧业主要饲养牦牛、犏牛、黄牛、马、绵羊、山羊。森林总覆盖面积52.5万公顷，主要为云杉、冷杉、马尾松和少量的世界珍稀树种红豆杉，两江流域还广泛种植核桃、苹果、葡萄、橘子、梨子、花椒等经济林木。梅里雪山的神奇壮观，茶马古道的厚重悠远，帕巴拉神湖的美丽传说，东坝民居的富丽堂皇，共同构筑了左贡极具品味的旅游资源。

【年度综述】2010年，全县完成地方生产总值4.85亿万元，同比增长15%。农牧民人均纯收入3800元（其中现金收入2400元）。完成社会民间投资任务3500万元（含援藏资金），其中70%援藏资金直接用于改善农牧民生产和生活条件。财政收入达到1430万元。通过努力，左贡县圣康酒业有限公司600万元招商引资项目顺利签订协议。

【农、牧持续发展】2010年，全县粮食总产量3579.14万斤（其中青稞产量为1639.05万斤）；年末牲畜存栏达346106头（匹、只），适龄母畜达50.66%，仔畜成活率为96.74%，成畜死亡率控制在1.35%以内，总增率38.54%；出栏率32.9%，完成肉产量6339.33吨，奶产量5100.81吨，绵羊毛产量达40.93吨。全县全年完成播种面积5.61万亩，完成二级种子良种繁育田5200亩，高产创建示范面积920亩，测土配方施肥面积6000亩，良种推广面积3.6万亩，覆盖率达87%，完成中低产田0.5万亩；农作物有害生物灾害损失控制在1.5%以内；美玉乡草场承包工作通过自治区验收；重大动物疫病防控（牲畜w病、小反刍兽疫、禽流感）注苗率达到100%，无重大动物疫病发生。

产业建设初显成效，50座蔬菜基地建设完工，黑山羊养殖与育肥基地、绵羊改良与育肥基地、美玉草场围栏和人工饲草料以及草种繁育基地建设进展顺利。两江一河水电开发不断推进；青藏专项地质勘探找矿工作进展顺利。第三产业增长明显，全年累计接待游客4.17万人次，实现收入329.7万元。2009年度乡村旅游项目顺利通过验收，2010年乡村旅游项目建设工作有序开展，梅里雪山北坡申报自治区风景区工作进展顺利，已通过评委会评审。家电、家具下乡有序推进，共销售家电家具2238台（件）、家兑现补贴资金29.8万元。

全年全县乡镇企业完成总产值918万元，完成多种经营收入4545万元，劳务输出完成23102人（次），劳务收入完成5370万元。

2010年，左贡县进一步完善农田水利、县乡电站、人畜饮水设施的管理制度；农田水利设施完好率达到90%以上，县乡电站、人畜饮水设施完好率达到100%；按照有关法律和政策审查办理用水许可证、河道采砂许可证，及时制止和依法处理有关违法行为。2010年农村饮水安全工程完成投资743万元，解决了7092人的农村饮水安全。2008-2009年度农村饮水安全工程通过初步验收。“民办公助”项目进展顺利。

全年完成农牧民安居工程988户，完成农村人居环境建设和环境综合整治试点建设7个。完成安居工程总投资1023.2万元。

2010年，全县续建项目11个，完成项目10个，完成投资3286.16万元。新建项目79个，其中属于2009年已落实见年开工建设的项目34个，完成投资4652.4万元。

【社会事业取得长足发展】全年共举办各类培训15期，完成了2220人的农牧民素质技能培训任务（含各项技能培训）。全年开展了8次送科技下乡活动，引进2项农牧业适用技术。

“两基”巩固提高和迎“国检”工作进展顺利，各校教育教学秩序良好，教师队伍建设进一步加强，教育行政管理水平进一步提高。2010年，小学在校生4798人，小学适龄儿童入学率为98.42%，适龄少年2380人，初中在校生2152人，初中入学率为90.42%。

继续做好文化广播电影电视工作。全年共组织人员深入乡（镇）检修“村村通”设备60余次，对7748套直播卫星接收设备进行升级。进一步健全文化管理机制，全年完成文化市场检查8次，为农牧区群众放映电影2546场次（其中播放爱国主义宣传片896场次）；进一步加强了文物古建筑物的保护力度，深入文物保护单位开展全面检查2次。举办各类活动，送文化下乡，增添节日色彩，提高广大农牧民群众的文化生活。

全县计划免疫工作顺利开展，全年全县风疹接种9580人，接种率达91%；麻疹接种461人，接种率达98%。强化免疫工作进展顺利，脊灰糖丸接种1500例，接种率达99%；麻疹强化接种2105例，接种率达97%。已计划免疫人员未发生流行性传染病，全年未发生流脑、麻疹、百日咳病例。

【援藏工作逐步走向深入】2010年，顺利完成第三批、第四批援藏工作交接，完成援藏项目3个，完成援藏投资297万元。

芒康县

【年度综述】2010年全县生产总值达到80960万元，同比增长17.1%，其中：一产完成29160万元、二产完成26843万元、三产完成31997万元，三产比为33.1:30.5:36.4，全年地方生产总值可达8.8亿元；农牧民人均纯收入3785元（其中现金收入2535元），同比增长16.5%；全年可实现农牧民人均纯收入4026元（其中现金收入2598元），同比增长16.5%。劳务输出3.45万人次，实现劳务收入7150万元，同比增长5.1%；全年劳务收入可达7400万元。社会商品零售总额完成8834万元，同比增长7.9%。全年可达11200万元，同比增长11.1%。

【工业生产稳中有升】截止10月份，工业总产值完成3465万元，同比增长6.7%。其中，电力工业总产值380万元，发电量达915万度；水泥工业总产值888万元，水泥产量17762吨；全年工业总产值可实现3910万元，同比增长8.6%。

【固定资产投资大幅增加】截止10月份，固定资产投资累计完成136435万元，同比增长17.4%。全年固定资产投资实现145000万元，同比增长20.8%。

【非公有制经济稳步发展】全县乡镇企业完成产值2197万元；多种经营收入完成6873万元；民族手工业产值完成358万元；劳务输出达3万余人次，劳务收入达6512万元。

【农业生产平稳】全年粮食总产量达27102吨（含薯类592吨），较上年有所增长；油料产量达672吨，蔬菜产量为8925吨。2010年全县农作物播种面积6913.354公顷，其中粮食播种面积5773.304公顷亩（含薯类86.67公顷），油料作物430公顷，蔬菜306.33公顷，其他作物408.66公顷。农业机械化程度进一步提高，机耕机播覆盖面进一步扩大。全年共调运化肥1113.5吨，有机肥实际施用量每亩达4500斤以上。良种推广面积得到扩大，从区内外调种35.5万斤，良种覆盖率达87%，种子精选达100%。

【畜牧业成绩喜人】截止10月底，牲畜存栏519649头（只、匹），出栏166215头（只、匹），综合出栏率达32%；当年新生仔畜176867头（只、匹），仔畜成活171561头（只、匹），成活率达97%；成畜死亡率控制在1.8%以内。完成肉类产量7568.9吨，奶类产量8355吨，毛绒产量174吨。重大动物疫病防控能力进一步提高，全年完成重大动物疫病免疫累计达1779605头（只、匹）次，动物疫病防控注苗率达到100%，全面完成了检疫、消毒工作，全年无重大动物疫情发生。

【农牧业项目建设和基地生产顺利进行】全年在洛尼乡、帮达乡、徐中乡落实二级种子田4450亩，标准化生产和高产创建示范13200亩，优质油菜200亩，完成测土配方肥效实验5400亩；人工饲草料场和草种繁育基地建设完成12289.26亩，比计划超出289.26亩，在曲孜卡乡建设秸秆处理窖760座。索多西乡辣椒基地、纳西乡蔬菜基地、徐中乡大蒜基地以及黑山羊基地、藏鸡养殖基地的生产活动推进顺利，农牧民现金收入稳步提高；顺利完成2010年计划修建的1500沼气用户。

【安居工程顺利实施】2010年，芒康县农牧民安居工程建设任务是1818户（新建205户，改造1613户），一般贫困户324户，农房改造1494户，新增游牧民定居146户。共落实资金5520.4万元，其中自治区补助资金1882.8万元，地区、县各配套1818.8万元（地区部分以物补钱的方式配套)，抗震加固资金 909 万元，目前已全部完工并顺利通过地区初验，等待自治区终验。

【基础设施不断完善】大力推进农牧区基础设施建设，不断改善农牧区生产生活条件。截止 10 月份，对 67 条清淤渠道进行了检查和整治，新建水渠 20 公里，改造水渠 17.5 公里，新增灌溉面积 1445 亩，改善灌溉面积158亩。发放水泥200多吨、钢管 300 米，为农田灌溉、农牧民生活用水及冬春播工作提供了有力保障；完成 2009 年第三批、2010 年第一批农、2010 年第二批村安全饮水共 137 个项目点的建设任务，解决了 3257 户 27512 人、牲畜 143662 头（只、匹）的安全饮水问题；农村道路交通状况将得到明显改善，途经芒康的国道 318、214 线竹海段、芒隔段整治改建工程顺利完工，海东段正在加紧建设。乡村公路建设工作继续加强，截止目前，共有 23 个乡村公路建设项目已建设完成，建设里程达 316.366 公里，总投资近 5000 万元。随着芒康县局域网工程、戈波电站、艰苦偏远地区供电项目等的一批水电项目的实施建成，2010 年新增用电 1532 户 10331 人，农牧区用电人口比例大幅提高。

【特色产业发展稳步推进】2010 年，在壮大索多西辣椒基地建设中，新建日光温室大棚 96 座，扶持种植户 51 户，在为项目区群众增加现金收入的路子上又向前迈了一大步许、纳西、曲孜卡三乡藏鸡养殖基地已达到养殖 23 万只的规模，出售 13 万只，实现收入 390 万元；如美、朱巴龙、索多西三乡（镇）黑山羊养殖基地已全部完成，土建工程 70000 平方米，购置种羊 1500 只，商品羊 8000 只；盐井反季节蔬菜生产基地规模达 240 亩，年产各类蔬菜 109 吨，极大丰富了城乡市场。

【社会事业发展进步】教育事业持续发展。持续实施“两基”巩固提高工作，不断改善农牧区基础教育软硬件设施。充分做好迎“国检”各项准备工作。目前，全县小学在校生为 7889 人，适龄儿童入学 7842 人，小学适龄儿童入学率为 99.28%；初中在校生为 4039 人（未含在外就读学生 165 人），初中入学率为 91.02%。积极为上一级学校输送合格毕业生，考入内地初中班 20 人，内地高中班 12 人。不断加强师资队伍建设，共选派 33 名教师参加区内外学校学习和培训。

卫生事业健康发展。卫生工作继续向农牧区倾斜，继续加强基层医疗建设，2010 年，顺利完成了县卫生服务中心住院楼、医技楼、附属工程新建项目建设以及朱巴龙乡卫生院、妇保计生站和嘎托镇卫生院综合楼等的建设。除此以外，纳西乡中心卫生院、宗西乡卫生院改扩建工程正在加紧实施中，基层卫生机构基础设施建设不断得到完善。全面落实合作医疗，截止 10 月底，全县共筹集农牧区医疗基金 1414.8 万元，为农牧民报销医药费用 828.7 万元，兑现率达 100%。继续做好疾病预防控制和公共卫生工作，疫苗接种工作扎实推进，各种传染病的防控工作严密有效。截止目前，全县未发生传染病、疫情传播现象。强化疫苗接种，有序推进适龄儿童五种疫苗免费接种工作。计生工作顺利进行，人口自然增长率为 6.89‰。

社会保障成效显著。全年共征收养老保险金 181 万元；失业保险金 102 万元；全年医疗保险金 810.7 万元。“新农保”工作正在开展调查、摸底、统计等前期工作。完成就业培训 351 人，实现农牧区富余劳动力转移就业 37000 人，城镇失业人员再就业 164 人，城镇失业率有效控制在 4%以内。截止目前，累计发放城镇低保金 113.19 万余元，农村低保投入 683 万余元，五保供养 68 万余元，实现了应保尽保。支出医疗救助资金 57 万元、发放抚恤金 50 余万元，为残疾特困户发放慰问金 12 万余元。坚持在重要节日慰问驻芒各部队，发放慰问金 7 万元。

洛隆县

【基本县情】洛隆县位于西藏自治区东北部、昌都地区西南部。东与八宿县隔河相望，南靠波密县，西邻边坝县，北接丁青、类乌齐县。县域东西最大距离 127 千米，南北最大距离 105 千米，总面积 8048.4 平方千米。县政府驻孜托镇，东距昌都 302 千米，西距首府拉萨 1256 千米。

地处念青唐古拉山脉和怒江中游流域，为高原山地。地形地貌复杂多样。南高北低，呈扇形向东北方向倾斜，平均海拔 3200 米，相对高差 2500 米。境内有大小河流 100 多条，湖泊 50 余个。属高原寒温带半干旱季风性气候，年平均气温 5.1℃，年降水量 400 毫米，年平均日照 2572 小时。边昌公路横穿县境。属半农半牧县。主要旅游景点和名胜古迹有大金寺、硕督寺、依丈寺、夏普寺、巴尔东措湖等。

边坝县

【年度综述】2010 年全县完成生产总值 32028 万元，同比增长 16.46%，其中：第一产业为 14849 万元，增长 7%，第二产业为 7046 万元，增长 38%，第三产业为 10133 万元，增长 18.88%；完成工业产值 600 万元，同比增长 20%；农牧民人均收入达 3506 元，同比增长 10.7%，其中现金收入 2274 元，同比增长 10.66%；社会消费品零售总额达到 10000 万元，同比增长 33%。

【继续加大安居工程及其配套建设力度】一是完成总投资 2421.10 万元，其中：安居工程自治区补助资金 485.8 万元，抗震设防（加固）自治区补助资金 234.5 万元，地级财政配套 46.9 万元，县级财政配套 46.9 万元，银行贷款 200 万元，群众自筹 1407 万元。二是全年完成安居工程建设 469 户，建筑面积 8.2 万平方米，受益人口 2633 人，入住率达到 98%；完成 469 户农牧民安居工程抗震设防（加固）。三是完成马武乡达如村、加贡乡加贡村 2 个新农村示范点建设。四是积极在拉孜乡、边坝镇、草卡镇、尼木乡的 6 个行政村开展农村人居环境建设和环境综合整治工作，实施“十大工程”，投入资金 687.98 万元，使整治后的试点行政村基础设施基本配套、环境质量明显改善，村庄风貌整洁优美。五是继续实施水、电、路、讯、广播电视、邮政、沼气等基础设施建设，并将家电、家具下乡工作纳入配套工作范围。

【狠抓农牧业生产】一是加大农业产业结构调整力度，全县总播种面积达到 52991.4 亩，全年农作物总产量达到

2672.31万斤，其中：粮食产量2132.5万斤，粮食生产安全得到了有效保障。二是提高农业科技含量，现代农业技术在农业生产中得到推广和应用。农业技术承包面积3.5万亩，机耕面积0.98万亩，机播面积1.5万亩，机收面积1.75万亩，改造中低产田面积0.6万亩，无公害蔬菜种植面积13.5亩，种子精选185.8万斤，种子包衣92.9万斤，化肥用量450吨；农牧业科技培训完成780人次，良种覆盖面积39295亩。三是特色农产品开发开始起步，总投资19.996万元开办了特色农产品加工厂，主要加工白青稞、藏红麦面粉、麦片、人参果、虫草、贝母、清油等产品，年生产能力可达15.8万斤。四是加大动物疫病防治，完成了疫苗注射工作，没有发生大的动物疫情。五是加大草场网围栏建设和草场病虫害防治，鼓励群众淘汰老弱病残的牲畜。六是总投资260万元在马武、拉孜两乡建立了牦牛育肥基地，其中马武乡200户，拉孜乡41户，满足了人们在牦牛出栏淡季对鲜肉的需求。七是加强牲畜棚圈的新修、维修，共维修和新建棚圈4986座。截止11月，全县牲畜存栏总数达到239508头（只、匹），牲畜综合出栏66481头（只、匹），出栏率达到27.8%，新生仔畜成活率达到95%。

【多渠道拓宽农牧民收入】一是积极引导农牧民群众有序开展林下资源采集，下发虫草采集证13057个，共采集虫草4266.7斤，实现产值6826.7万元。二是大力推广实施“两2三5”行动计划，组建了拉孜、金岭、边坝、尼木、沙丁5个乡镇农牧民运输协会，扶持草卡镇东托村砂石厂、江村农牧民施工队等经济合作组织的发展。全年共完成劳务输出11786人次，增加群众收入1984万元。三是发放农机具购置国家补贴150万元，购买农用拖拉机77台，总价值166.6750万元，兑现种粮农民直接补贴和农资综合补贴87.9万元。四是全年家电家具下乡产品实际销售额为333.96万元，兑付补贴资金80.45万元。五是投资330万元在草卡镇东托村、江村建温室蔬菜大棚40座，带动群众40户265人，年人均增收1510元。

【坚持项目促发展，加大基础设施建设和招商引资力度】 全年社会固定资产完成15162万元，极大带动了经济的发展。全年实际完成招商引资项目10个2467万元。

【完善服务体系，全面搞活非公有制经济】全年登记注册个体工商户数622户，从业人员1533人，注册资金4177.41万元，新增登记注册个体工商户102户，新增从业人员215人，注册资金1235.04万元，与上年同期数相比分别增长19.03%、15.9%、40.9%。

【民生事业和谐发展】教育事业稳步协调发展。高度重视“两基”迎“国检”工作，建立健全了组织和制度保障，狠抓“两基”档案建设，召开了“两基”迎“国检”动员大会和档案资料建设现场会。宣传动员工作全面出击，全年送出了22名中职班学生，超额完成12人的指标。如数完成了小学新生612人的指标，初中新生入学接近90%，先后派出19名教师外出学习，学年共培训116人次，教师培训面达38%。从上年寒假开始，开设了30人和20人的职教绘画班，完成了180户安居房屋的绘画装饰，职教工作取得了成效。

卫生服务能力不断提升。全年门诊就诊量22265人次，日门诊量61人次，急诊抢救病人58人次；抢救成功率90%以上；完成800名残疾人的建立健康档案和体检工作，体检村干部433人次。完成了11个乡镇、5360户、30288人的《家庭帐户本》登记造册工作，并将农牧区医疗基金的50%全部划入到家庭帐户中，收缴个人筹资302880元，农牧区医疗制度覆盖率达到100%。新型农牧区医疗制度大病统筹基金报销1534115.72元，兑现“一孩、双女”户困难家庭扶助对象919人，常规免疫接种“五苗”完成2218人，占应接种率99.7%，人口自然增长率为12‰。

社会保障进一步健全。全县实现就业80人次，开展职业介绍80人，城镇登记失业人口控制在4.3%以内。全面启动了新型农村养老保险试点工作，已完成1681人的参保手续。下发临时救济金25.72万元，累计救助154个贫困家庭；农牧区低保资金及一次性生活补贴共356.8万元；医疗救助资金43.27万元，累计救助130人次。全县社保基金中养老保险参保人数达222人，征收基本养老保险费约148万元，支付抚恤金11.1万元；参加城镇职工医疗保险850人，征收医疗保险费约420万元；参加城镇居民医疗保险175人，征收医疗保险费2.8万元；参加失业保险405人，征收失业保险金36万元；参加工伤保险311人，征收工伤保险费6.3万元。

山 南 地 区

山南地区

【年度综述】2010年，全地区上下以科学发展观为统领，牢牢把握推进跨越式发展和长治久安这个主题，大力实施“一产上水平、二产抓重点、三产大发展”经济发展战略和“1322”发展思路，按照“抓发展、提质量，调结构、促转变，惠民生、促和谐”的要求，攻坚克难，积极奋进。

全年完成地区生产总值54.03亿元，同比增长13.9%，其中一、二、三产增加值分别为3.9亿元、24.04亿元、26.09亿元，分别增长3.4%、22.3%、9.6%；财政收入突破4亿元，同比增长23.7%；税收收入达到6.41亿元，同比增长41.6%；农牧民人均纯收入4270元，同比增长14.6%；城镇居民人均可支配收入14179元，同比增长9.2%。

【年度特点】一是农牧业生产在大旱之年喜获丰收。粮经饲比例由上年的60:25:15调整为57:22:21；粮油总产3.2亿斤，较上年略有增加；仔畜成活率同比提高6.4个百分点，成畜死亡率同比下降1.78个百分点；农牧业特色产业实现了规模和效益的新突破，改良黄牛4.47万头、禽类养殖223.6万只、养殖生猪6.25万头，种植优质油菜8万亩、饲草9.88万亩、蔬菜1.26万亩。乡镇企业完成产值5.89亿元，多种经营收入9.18亿元，同比分别增长17.2%、16.1%。二是工业经济实现了量的扩张和质的提升。实现工业总产值11.3亿元，同比增长29.8%，其中规模以上工业完成产值10.35亿元，同比增长28.5%。税收过1000万元的企业有9家（其中2010年新增3家），新增过亿元的企业1家。三是以旅游业为龙头的服务业加快发展。共接待国内外游客92.4万人次，实现旅游收入2.7亿元，同比分别增长20%、26.8%；全辖金融机构本外币存款余额71.68亿元，同比增长17.1%；各项贷款余额19.1亿元，同比增长2.6%，交通运输、商贸餐饮、邮政通信等现代服务业快速发展。

【切实加大投入力度，农村面貌和城镇形象明显改善】一是加大安居工程建设。完成安居工程整修1.3万户，实施了84个行政村农村人居环境建设和综合整治工程，新建饮水点133处、新增安全饮水2.97万人，新增和改善农牧民用电1.87万户7万余人，新建户用沼气5819户，新改建农村公路415公里，农村面貌极大改善。二是努力促进群众增收。继续落实“项目投资15%交由农牧民实施”的举措，全年劳务输出达到4.9万人、创收3.52亿元，同比分别增长13%、29.4%；认真落实各项惠农补贴，鼓励农牧民参与二、三产业发展，增加农牧民现金收入。三是大力推进城镇建设。实施了雅砻河综合整治、体育场改造升级、泽当城区主要干道改造等市政工程，泽当城镇街道硬化、亮化、绿化、生活垃圾无害化处理率分别达到82%、95%、73%、94.7%，供水普及率达95%，排水服务面积达70%；实施了12县县城功能提升项目，新增县城干道4公里、给水管网7公里、排水管网4公里，道路亮化和绿化率分别为72%、61%，城镇服务功能明显增强、品位不断提升。

【千方百计扩大内需，投资和消费拉动作用明显增强】全年完成固定资产投资55亿元，同比增长20.6%，其中，国家投资35.32亿元、招商引资6.8亿元，同比分别增长28.4%、88.9%，民间投资12.27亿元、援藏投资0.61亿元，同比分别下降2.6%、67.9%，藏木电站、加桑公路、江北灌区、泽当水厂等一大批重点项目建设有序推进，为经济社会持续快速发展奠定了坚实基础。千方百计扩大消费。认真落实各项扩大消费、促进增长的惠民政策，家电家具下乡活动继续走在全区前列，兑现消费补贴700万元，带动消费2300万元，碘盐覆盖率连续四年达到100%；深入实施“万村千乡市场工程”、“双百市场工程”、“新网工程”、“标准化菜市场示范工程”，成功举办地、县物资交流节，全地区社会消费品零售总额完成17.9亿元，增长18.8%。

【改革和开放步伐明显加快】扎实推进农牧区改革，草场承包经营责任制、集体林权制度和农牧区综合服务等各项改革稳步推进。积极实施财税金融体制改革，成立了雅砻投资有限公司，出台了地区中小企业贷款担保专项资金管理暂行办法、农牧户贷款担保管理办法，启动了规范基层财务管理工作。稳步推进国企改革，健全了国有企业监管制度，指导实施了乃东县商业联营公司、隆子县综合工交公司等5家县属企业的改革和1家地区企业改革。努力扩大开放。招商引资创历史新高，全年引进企业和项目30个，到位资金6.8亿元，同比增长21%，中广核、红艳购物中心等项目顺利落户并开工建设。完成新一轮援藏干部轮换工作，“企业援藏”、“人才援藏”、“爱心100活动”等援藏模式不断创新和发展。非公有制经济不断发展壮大，全地区私营企业311户、个体工商户10269户、同比分别增长19.2%、7.1%；完成对外贸易860万美元，同比增长26%。

【始终坚持协调发展，社会和民生事业明显进步】一是教育事业优先发展。落实教育经费5.7亿元，开展了“两基”迎国检查漏补缺工作，基础教育继续走在全区前列，中等职业教育办学规模逐年扩大。学习、使用和发展藏语文工作不断加强。二是科技事业不断发展。积极引进、推广和应用先进适用技术，加大科技创新力度，实施农牧、林业等科技示范项目52个，科技支撑能力进一步增强。三是卫生事业加快发展。积极开展农牧民健康促进行动，出台了地区加强妇幼保健工作的实施意见，实施了169个无医村村医招考、培训，人口计生、疾病防控、食品药品监管成效明显。四是文化事业繁荣发展。着力改善基层文化设施条件，广播电视户户通、文物保护维修等工程有序推进，创作了一批反映山南改革发展成果、具有时代精神和民族特色的文艺作品，参加上海世博会西藏周活动取得成功，扎囊果谐将参加央视春晚。五是就业和社会保障工作深入推进。城镇失业人员实现就业2600人，城镇登记失业率控制在4%以内；五大保险基金征缴率均达到 100%，新农保实现12 县全覆盖；城乡低保、五保户、重点优抚对象实现应保尽保。人均收入低于1700 元的贫困人口减少 1 万人。残疾人事业健康发展。大力实施为民办实事工程，地区本级财政投入 1.14 亿元实施的“六大民心工程”全面完成。六是生态环境保护与建设不断加强。大力开展全民义务植树和城乡绿化建设，着力加强 101 省道生态环境建设，积极开展旅游景区、重点交通干线、工业企业环境综合整治，管护公益林 1315.7 万亩，完成植树造林 14.17 万亩，同比增长 30%。

【社会管理和维稳工作明显加强】一是不断加强民族团结。紧紧围绕“共同团结奋斗、共同繁荣发展”的主题，深入开展“三个离不开”思想教育，不断巩固和发展平等、团结、互助、和谐的社会主义民族关系。扎实开展“兴边富民行动”，全面落实人口较少民族各项扶持政策，促进了各民族共同团结进步。二是依法管理宗教事务。继续巩固和发展寺庙爱国主义教育，依法管理宗教事务和寺庙僧尼，积极引导宗教与社会主义社会相适应。三是深入开展反分裂斗争。认真贯彻中央、区党委的各项决策部署，落实各项安全防范措施，确保了重点地区、重点部位、重点目标、重要敏感时段的安全。四是全面加强社会管理。坚持打防结合、预防为主和专群结合、依靠群众的方针，深入开展“严打”整治斗争，坚决扫除“黄、赌、毒”等社会丑恶现象，切实增强了人民群众的安全感。加大矛盾纠纷排查调处，及时组成工作组深入一线开展了扎囊县因探矿引发“7•16”群体性事件和措美草场、贡嘎机场改扩建征地矛盾纠纷排查调处工作，及早将矛盾化解在萌芽状态、解决在基层。

山南地委办公室

【文秘工作严谨细致】 一是进一步规范发文程序。从发文数量、质量、审批程序上进行规范，切实把好各类文件初审关，保证了文件的规范运行。二是进一步提高办文效率。在公文传阅、文件制发、材料印发等环节加大跟踪催办力度，做到及时登记传阅，及时整理存档，确保了文件高效运转；及时向基层和部门传达区党委和地委的工作意图，确保政令畅通。截止目前，共传阅、办理自治区、地（区、中）直各单位及各县文件、电报 2800 余份。三是进一步提高文字材料质量。围绕地委中心工作，在制发各类公文过程中，严把质量关，追求“零”差错。截止目前，共起草、修改、转发、印发各类公文 35900 余份。四是进一步加强文件管理。指定专人负责文件的收发、登记、传阅、交办、催办、归档等，特别是对涉密文件采取逐一打码、对号分发、专人收取等更加严密的管理措施，确保了文件特别是涉密文件的安全。五是跟随地委主要领导多次深入基层处理重大突发事件，并根据领导指示和要求及时起草文件、整理材料、上报情况，发挥了积极作用。

【督促检查工作扎实深入】坚持“四个围绕”开展督查工作，有力推动了区党委、地委各项决策和重要部署落实位。一是围绕中心任务、重大决策和重要工作部署抓督查；二是围绕领导批办件抓督查；三是围绕基层调研抓督查；四是围绕上级督查部门转办事项抓督查。截止目前，共向区党委及区党委办公厅上报各类《情况报告》47 期，形成《地委督查》9 期，下发《领导批示》45 期，向地委领导呈报《督查与落实》12 期，报送《督查专报》31 期，编发《督查简报》5 期。特别是撰写的《积极预防化解矛盾纠纷 全面促进山南社会和谐》一文，得到了区党委张庆黎书记和公保扎西常委的充分肯定，并由自治区信访局在全区转发。

【信息服务工作及时到位】截止目前，累计向区党委办公厅上报《山南信息》2000 余条、2000 字以上综合信息 96 期，被区党委办公厅的采用率分别为 6%和 9%；共编发《山南快报》38 期，办理领导阅件 192 期，其中地委领导作出重要批示 37 期，编发灾情、疫情等工作专报 6 期。

【会务和接待工作水平不断提高】2010 年，在地委 3005 会议室、会议中心、地委礼堂共召开山南地委、行署向区党委工作汇报会、地委会、地委行署联席会议、地委（扩大）会等大小会议共 320 次；同时，在电信大楼和行署 101 会议室安排电视电话会议 15 次。目前，共衔接协调中央有关领导、十一世班禅大师、自治区主要领导以及援藏省市代表团来山南检查指导工作接待事项 90 件，制定手册、印发文件 400 余份，安排照像 18 次、931 人，发放照片 1120 张。

【切实抓好信息技术服务工作】2010 年，先后深入部分县和地直单位开展业务指导 500 余人次、现场排除故障 500 余起，通过电话指导排除各类突发故障 300 余起，确保了党政网络正常运行。截止目前，共下载办理自治区文件党办通报类 75 期、藏党发类 10 期、藏党办发类 30 期、藏委类 40 期、藏委厅类 12 期、其它文件 30 份，地区各单位（含各县）文件 159 期，上传至自治区文件 110 期 260 份，下发至地区各单位（各县）文件 53 期 3400 份，转发各类文件 182 期 4065 份，上报信息 3066 期（含行署信息 1020 期），传阅《互联网信息摘要》30 期，充分发挥了网络技术的作用。

山南地区宣传工作

【着力开展建设学习型党组织工作，理论武装工作取得新成效】强化理论学习。以建设学习型党组织为目标，全地区各级各部门共组织多种形式的集中学习活动 5000 场次，参学人数近 10 万人次。

深化理论宣讲。宣讲中央第五次西藏工作座谈会精神 1100 多场次，发放资料 3 万多册（份）。同时，集中开展西藏自治区设立“民族团结月”20 周年宣讲活动。积极开展“民族团结月”宣讲活动，全地区派出宣讲小组 62 个，累计宣讲 531 场次。

注重理论调研。全地区各级党员干部开展专题调研 1500 余次，撰写调研报告 130 多篇，为基层、企业、群众解决实际问题 1000 余件。通过学习调研，进一步提高了党员干部“解读理论、解放思想、解除困惑、解决问题”的能力。

【着力提升舆论氛围营造工作，新闻宣传服务能力实现新突破】2010 年，全地区新闻宣传工作稳步推进，圆满完成了中央政治局委员、中央宣传部部长刘云山，全国政协副主席、中央统战部部长杜青林，十一世班禅在山南地区调研考察期间的新闻报道工作，在会议宣传、民生宣传、节庆造势、典型宣传等方面均达到了预期效果，为全地区经济社会跨越式发展和长治久安营造了浓厚的舆论氛围，提供了有力的舆论支持。11 月 9 日地委书记、人大地区工委主任洛松次仁在《地委宣传部新闻宣传报道情况报告》上批示指出："你们作了大量的工作，报道上了很大一个档次。质量高，内容丰富，主题突出。"对 2010 年新闻宣传报道工作给予了高度评价和充分肯定。

抓导向、造氛围。紧扣"五次会"和十七届五中全会精神的舆论宣传，着力抓好区党委和地委工作会议精神，以及区党委七届七次全委会精神的宣传报道工作。

抓载体、助声势。以开展经济宣传、民生宣传、新农村建设宣传为重点，围绕"六大产业、七大基地"大力宣传山南地区"十一五"以来经济工作在推动产业结构调整等方面所取得的新成效。

抓基础、求实效。以巩固学习实践成果为基础，各媒体认真做好建设学习型党组织、创先争优、效能建设年活动宣传报道工作，努力为基层基础工作服务。

抓典型、树形象。以宣传典型为切入点，加大对先进个人、组织的宣传报道力度，在全社会努力营造学习先进、学习典型的良好氛围。

抓节庆、勤造势。各媒体紧扣重要时间节点和各项重要活动，认真做好选题策划，通过针对节庆活动的宣传报道，充分反映了山南地区各族人民的精神风貌和幸福生活。

抓轮换、宣业绩。切实做好了湖南、湖北、安徽三省以及中粮公司的三、五和四、六批援藏干部轮换的宣传报道工作。出色的宣传报道工作受到了援藏工作领导小组和援藏干部及广大受众的一致好评。

抓教育、强国防。充分发挥山南烈士陵园这个全国爱国主义教育基地和全区国防教育基地的作用，在清明节期间，组织地（中）直各单位，各中小学校、驻军各部队参加烈士陵园扫墓活动人数年均在 1 万人左右。2010 年，参加人数达到 12000 余人次。

【着力提升精神文明创建工作，文明、和谐社会构建呈现新亮点】全年，山南地区共荣获自治区级文明村镇 11 个、文明县城 2 个、文明单位 10 个、文明社区 2 个、文明户 128 户；全国文明村镇 1 个、文明单位 2 个、创建文明村镇工作先进村镇 2 个、精神文明建设先进单位 1 个。

评模范、树风尚。向自治区文明办推荐了 10 位山南地区各行各业涌现出的先进典型。在自治区文明委举办的"道德之光"颁奖晚会上，山南地区尼玛扎西荣获"见义勇为道德模范"称号，格桑卓嘎、桑珠、洛桑、索朗多吉分别获"敬业奉献道德模范"、"助人为乐道德模范"、"见义勇为道德模范"、"诚实守信道德模范"提名奖。

勤助学、惠群众。向自治区文明办推荐了 15 名 2010 年考入重点大学的贫困大学生和 34 名重点高中的学生。同时，积极争取西部送电脑活动在山南地区深入开展，目前，已有 200 台电脑发放到基层群众中。

扣主题、唱旋律。结合当前反对分裂、维护稳定、促进发展的实际，以"维护民族团结、反对分裂"为主题，以"开学第一课"为契机，在校内举行"揭批达赖"征文活动和开展优秀童谣传唱活动，组织学生召开"雷锋精神代代传"主题班会，同时组织地区 3000 余名师生瞻仰烈士纪念碑，缅怀革命先烈，深入开展爱国主义教育活动，在广大师生当中进一步唱响了"共产党好、社会主义好、改革开放好、伟大祖国好、人民军队好、各族人民好"的社会主旋律。

【对外宣传能力取得新提升】努力打造"精品工程"，积极提升外宣实力。大型外宣系列片—《雅砻春天·再现藏南文明》的第一部《守望青稞地》经广泛征求区内专家、学者意见，完成稿件审查，已经拍摄过半。经过一年多的精心组织筹备，山南地区的综合性门户网站——《中国西藏山南新闻网》，在 11 月 8 日测试开通试运行。

加强新闻发布工作，积极引导公众舆论。2010 年，先后于 9 月 28 日、10 月 12 日，组织召开了两场新闻发布会，满足了公众知情权，有效引导了社会舆论。

注重阵地建设，积极拓宽对外传播渠道。及时将区党委外宣办为山南地区配发的 5 台具有藏、汉、英三种文字功能的《西藏视窗》触屏机，安装在了泽当饭店、雅砻河大酒店、裕砻酒店、邮政酒店和地区公安处外事科办证厅，在乃东县、扎囊县新增 4 个外宣采访点。

【着力提升文化软实力水平，文化、广电工作取得新进展】公共文化服务体系不断健全。2010 年，投资 310 万元新建了乃东县综合文化活动中心、浪卡子县综合文化活动中心，并争取专项资金 150 万元对曲松等 5 县综合文化活动中心进行了设施设备配套，实现了县县有综合文化活动中心并能正常发挥功能作用的目标；同时还投资 396 万元新建了 7 个乡镇综合文化活动站。协调安排了 4 座文化资源共享工程县支中心、113 个村级点的设备安装，建设了 228 家农家书屋。

文化市场井然有序。为切实加强对网吧的管理，聘请技术人员到 12 县 31 家网吧安装了网吧监管平台。全年共出动文化市场执法人员 150 人次，动用车辆 41 台次，检查网吧、朗玛厅、歌城、音乐酒巴、夜总会等 360 多家次，有效净化了文化市场环境。

文艺创作演出再创佳绩。先后组织各演出团体在区内外参加各项重大文化交流演出活动 10 次。组织琼结久河卓舞队赴京参加了文化部春节电视文艺晚会的演出录制工作；组织地区艺术团参加了 2010 年新年音乐会《魅力西藏》的编排演出活动；组织 75 名演职人员、编排 13 个节目参加了"庆五一、迎世博"全区农牧民文艺展演活动；组织地区艺术团乐队赴京参加了《第二届中国交响乐之春》演出活动；组织群众艺术馆演职人员分别赴西安、广州参加了全国非物质文化遗产展演活动、全国第十五届群星奖文艺比赛，参加比赛的《欢乐踢踏舞》、《阿嘎舞》均获最高奖——群星奖；组织贡嘎县卓舞队、地区群众艺术馆演职人员 172 人，编排了《雪域腾飞》、《雪域珍宝》参加了上海世博会西藏活动周活动，并组织地区艺术团 10 名演员在世博会西藏馆中进行为期一个月的文艺表演，得到了自治区党委、政府领导的高度赞扬；组织地区艺术团赴内蒙古鄂尔多斯市参加了第七届中国舞蹈"荷花奖"当代舞现代舞大赛，参赛的《夯杆起 踏歌来》获当代舞组评委会特别奖；组织地区老年艺术团参加了“庆国庆·迎重阳”全区第三届老年文艺调演，参赛的8个节目获得了1金、2银、4铜的好成绩，并获得了组织奖；组织扎囊县农民果谐队的节目《果谐的春天》参加了中国西部民歌会。举办了“庆祝西藏百万农奴解放纪念日专场文艺晚会，开展了“山南地区高雅音乐进校园”活动。目前共完成新创作、修改节目126个，完成演出446场次，观众达49万人次。扎囊县果谐、琼结县久河卓舞分别有望上央视春晚和元宵晚会；电视剧《热巴情》完成在山南地区的拍摄工作。

广播影视工作扎实推进。2010年，安装直播卫星接收设备3503套，为寺庙送电视机354台，更换11县调频发射机33台，自治区高清数字电视（DTMB）和移动手机电视（CMMB）在山南地区落地开通，目前能够覆盖地区所在地泽当镇。全年全地区共放映电影20000余场，其中数字电影达10000场以上，观众人数达300万人次。

文化遗产保护力度加大。认真做好第三次全国文物普查资料、非物质文化遗产项目资料整理工作，扎实抓好文化遗产保护各项基础性工作。组织实施拉加里王宫、克松村红色革命遗迹等已批项目的重点文物保护维修工程和博物馆新建工程，认真做好张国华将军指挥所保护展示等工程各项前期准备工作，全年争取文物保护维修工程项目投资超过一亿元。

出版发行工作态势良好。《山南文艺》编辑部完成了《山南文艺》全年四期的编辑、出版、发行任务。地区新华书店目前共购进图书及教材526万元，销售图书及教材517万元，完成全年目标任务810万元的63%，与上年同期相比，进货、销售分别增长11%、6%，实现利润6万元，上缴各项税费13万元。

山南地区政法工作

【强化组织领导，维稳指挥体制不断健全完善】始终坚持执行党委政府统一领导，依托维稳一线指挥部统一指挥，各有关方面共同参与的处置重大突发事件联合指挥机制，组织调动全地区党政军警民共同开展维稳防控工作。高危期地区领导实行集体带班，并派出地级干部蹲点各县检查指导和督促维稳工作，协调各级维稳单位落实措施、堵塞漏洞。各县委、政府也高度重视，把维稳工作作为压倒一切的政治任务，成立了由一把手负总责的维稳一线指挥部，形成了党委、政府统一领导，各级各部门齐抓共管，众志成城保稳定的良好局面。

【强化边境封控，边境防线进一步巩固】边防部门及边境县政法机关切实加大了边境社会面治安巡逻管控力度，加强对通外山口（通道）、重点路段、重点部位的巡逻、设卡、堵截工作，有力挫败了达赖集团的“闯关”图谋。进一步深化军地平安创建活动，制定出台了《山南地区党政军警民边境管控行动方案》，严格落实边境一线各项防、封控措施，充分发挥军警民联防联控组织的优势，采取派出工作组蹲点指导、加大边境布控、完善边境卫星通讯设备等措施，有效堵住了达赖集团利用边境进行渗透破坏的渠道，巩固了边境的稳定。全年，共出动执勤警力12623人次、护边联防队员1000人次。

【强化寺庙管控，阵地控制能力进一步提高】各级政法机关深入开展“五进寺庙”活动，与涉宗部门密切配合，坚持公开与秘密相结合的方式，认真落实寺庙基础调查、僧尼管控、分层分级落实重点寺庙侦察控制措施，加强重点寺庙秘密力量物建，加强寺庙阵地技术侦控，寺庙阵地控制得到加强，管控能力显著提高。进一步强化了寺管会建设，有效增强了广大僧尼的爱国意识、学法守法意识。2010年重点在敏竹林寺开展了平安和谐寺庙教育整顿，园满完成了“5·26”在山南期间佛事安保工作及寻找第六世德珠活佛灵童、金瓶掣签、坐床仪式等重大宗教活动安全保卫工作。

【强化重口稳控，帮教工作能力进一步提高】各级职能部门继续加强和改进“3·14”刑释解教和非罪处理遣返人员、编外学经人员、闲散僧尼、国保工作对象等重点人员的稳控和教育转化工作，有效防止重点人员在异地违法犯罪。深入开展安置帮教工作，加大就业培训力度，落实政府救助措施，有效防止了重点人员再次成为影响社会稳定的突出问题。截止2010年10月底，全地区接收刑释解教人员274名，帮教率100%，安置率98%，重新犯罪率控制在2%以内。

【强化处突演练，处置突发事件能力进一步提高】各级维稳职能部门进一步制定完善和落实了各项维稳处突预案，认真开展实战演练拉练，在震慑犯罪的同时，极大地提高了指挥员的指挥协调能力和各处置力量的快速反应能力。为切实提高实战能力，各职能部门组织开展了代号为“雅砻利剑”、“利剑-02”、“利剑-03”、“猎狐-02”等处置突发事件拉动演练以及装备展示，对分裂主义分子形成了强有力的威慑。

【矛盾纠纷排查化解工作成效显著】1-12月，全地区共排查各类矛盾纠纷800件，调处化解800件，调处率为100%。

【重点地区排查整治工作进展顺利】成立了由地区综治委主要领导挂帅的工作领导小组。全年全地区共确定排查治安相对重点地区132个，已整治109个，正在整治23个，经过整治均取得明显成效。

【流动人口服务管理工作稳步推进】目前，全地区共登记出租房屋11802间，流动人口25251人，核发《暂住证》21334人。全地区共配备了流动人口协管员250人，其中专职145人，兼职95人。全地区共建立流动人口服务管理工作领导小组83个，流动人口服务管理站54个。

【安全生产工作逐步加强】一是深入开展交通安全集中整治行动。加大了路检路查和水上运输安全监管工作力度，在重点路段、重要渡口设立了33个固定检查卡点和4个全天候安全检查站，确保了道路及水上运输安全。截止10月20日，全地区共发生各类道路交通事故96起（含特大道路交通事故1起），伤亡107人。二是深入开展消防安全专项整治。对全地区易燃易爆场所、公共复杂场所、各级各类学校、重点文物保护单位等消防重点单位进行了安全大检查。截止10月20日，全地区共发生火灾12起，受伤1人，直接经济损失13.6349万元。三是开展危险化学品和烟花爆竹专项整治。加强资质审查、安全条件审核和运营环节监管，共检查危险化学品和烟花爆竹企业（商户）32家，排查并整改隐患224处，对3家安全不达标的加油站进行了停业整顿。四是深入开展"扫黄打非"专项行动。文化部门出动文化市场执法人员114人次，动用车辆33台次，检查网吧、歌城等270多次，有效净化了文化市场环境。

【综治组织机构得到进一步健全】 山南地区进一步加强了地、县、乡镇、村组四级综治组织建设。制定出台了《关于建立和完善乡镇社会治安综合治理工作中心的实施办法》，进一步整合乡镇综治维稳资源。地、县、乡三级13个综治委、192个综治办作用得到充分发挥，乡镇综治办主任全部由乡镇级正职兼任。村（居）民警室和村（居）"两会"第一道防线不断夯实，554个村（居）民警室和723个村治保民调会实现了责任、工作、制度、报酬四落实。

【领导名录】

书记：边　巴

常务副书记、综治办主任：桑杰群培

副书记：牛金志（正县级）、杨晓玲

副书记、综治办副主任：杨日军

山南地区发展改革工作

【年度综述】2010年，全地区实现生产总值53.05亿元，同比增长12.3%（按可比价计算，下同），其中，第一产业实现增加值3.98亿元，增长3.7%；第二产业实现增加值24.67亿元，增长21.1%；第三产业实现增加值24.4亿元，增长6.5%；人均生产总值达到15433元，增长15.4%，；三次产业比重由2009年的7.5:42.6:49.9调整为7.5:46.5:46，初步实现了"二三一"的产业结构。

【农林牧渔业】2010年，全年实现农林牧渔业总产值7.27亿元，其中农业产值3.39亿元，牧业产值2.9亿元。粮经饲比例由2009年的60:25:15调整为57:22:21。粮食产量达到14.47万吨，同比增长1%；油菜籽产量达到1.18万吨，减少419吨，下降3.4%；年末牲畜存栏头数200.77万头（只、匹），较上年增加8.85万头（只），出栏率达31.2%；改良黄牛4.47万头，养殖禽类223.6万只、生猪6.25万头；肉类总产量2.09万吨，下降1%；奶类总产量4.33万吨，增长2.9%，羊毛产量1389吨，增长4%。

【工业和建筑业】2010年，完成工业总产值12.05亿元，实现增加值8.14亿元，同比增长37.2%。其中规模以上工业完成总产值10.76亿元，增长33%。按轻重工业分，重工业完成产值10.32亿元，增长35.9%；轻工业完成产值0.44亿元，增长16.2%。按经济类型分，国有企业完成产值2.79亿元，下降3.7%；股份制企业完成产值7.97亿元，增长55.5%。主要产品产量：水泥74.45万吨，增长65.1%；中成药产量46.7吨，增长53.3%；自来水供应量373万立方米，增长8.7%；铬矿石10.76万吨，下降2.5%；发电量5.75亿千瓦小时，下降9.9%。

全地区建筑业实现增加值16.53亿元，同比增长14.4%

【固定资产投资】2010年，完成全社会固定资产投资55.02亿元，同比增长20.6%。其中：国家投资完成35.78亿元，增长30.1%；援藏投资完成0.55亿元，下降71.2%；招商引资完成6.95亿元，增长93.3%；民间投资完成11.74亿元，下降7.1%。全地区83.3%的县、37.8%的乡镇、11.6%的行政村实现了通油路，80%的家庭、78%的人口用上了电，6.28万户28.2万农牧民住进了安全适用的房屋，解决了4.3万户19.9万人的饮水安全问题，92.7%的乡镇、86%的建制村通邮，新增和改善灌溉面积28.7万亩，其中新增和改善耕地灌溉面积10万亩。

【国内贸易和对外经济】城乡市场繁荣，消费持续增长。社会消费品零售总额完成18.27亿元，同比增长25%，按地域分，城镇零售额完成14.01亿元，增长22.4%；农村零售额完成4.26亿元，增长34.4%。按行业分，批发业完成0.05亿元，增长20.4%；零售业完成15.89亿元，增长25.3%；餐饮业完成1.98亿元，增长23.2%；住宿业完成0.35亿元，增长22.3%。

全地区登记注册个体工商户1.06万户、从业人员3.58万人、注册资金2.76亿元，同比分别增长6.7%、7.9%、6.5%；私营企业359户、注册资金12.81亿元，同比分别增长20.1%、33.5%。

全年完成进出口总额680万美元，增长12.6%，其中，出口374万美元，增长175%；进口486万美元，下降10.8%。

【财政、旅游】全地区地方财政一般预算收入完成4亿元，同比增长23.7%。其中税收收入完成3.17亿元，增长40%，占地方财政收入的79.3%。四大主体税种保持较快增长势头，个人所得税完成0.47亿元，增长504%；营业税完成1.29亿元，增长14.9%；增值税完成0.56亿元，增长27%；企业所得税完成0.43亿元，增长40.2%。全地区财政总支出28.53亿元，增长18.3%。其中一般公共服务支出7.8亿元，增长26.6%。

全地区共接待国内外游客92.4万人次，同比增长20%，增速较上年回落28个百分点。其中接待海外过夜旅游者1.31万人次，增长24%；国内过夜旅游者46.1万人次，增长6%；接待一日游游客45万人次，增长45.8%。实现旅游总收入2.7亿元，增长26.8%。其中国内旅游收入2.49亿元，增长27%；旅游外汇收入295.5万美元，增长24%。

【人民生活和社会保障】全地区城镇居民实现人均可支配收入为14179元，同比增长9.2%；农牧民人均纯收入为4329元，增长17.8%。全年实现劳务输出4.9万人，劳务收入达到3.52亿元。

年末全地区参加基本养老保险的职工人数6410人，发放养老保险金4716万元。参加失业保险人数为9622人。城镇职工与居民参加基本医疗保险分别为23151人、11612人。以免费医疗为基础的农牧区医疗制度全面建立，农牧民免费医疗标准提高到180元/人。

全地区共有3667人次的城镇居民得到政府最低生活保障救济，发放低保救济金1191万元；28897人次的农村居民得到政府最低生活保障救济，发放低保救济金2170万元。年末全地区各类收养性福利单位床位1095张，收养各类人员808人。

【始终坚持以群众增收为主线】全年培训农牧民2万余人，项目带动群众增收3.5亿元以上，输出劳务4.9万人、创收3.52亿元，有力促进了群众增收。

【始终坚持以转变发展方式为重点】坚持在发展中促转变、在转变中谋发展。围绕“巩固和优化‘二三一’产业格局”的战略部署，制定了《关于加快第二产业发展的意见》，狠抓了黄牛改良、禽类养殖、生猪养殖和优质油菜、蔬菜大棚“五大产业”，切实以增强自我发展能力为核心，以产业结构调整为主攻方向，以加快城镇发展为纽带，突出工业量的扩张和质的提升，不断强化农牧业基础地位，全方位发展现代服务业，以增量结构的优化促进了存量结构的调整。

【始终坚持以投资消费为动力】全年完成固定资产投资55.02亿元，同比增长20.6%，藏木电站、加桑公路、江北灌区、泽当水厂等一大批重点项目建设有序推进，为经济社会持续快速发展奠定了坚实基础。全年完成社会消费品零售总额18.27亿元，同比增长25%。扩大消费、促进增长的一系列惠民政策全面落实，兑现消费补贴700万元，拉动群众消费2300万元，家电家具下乡继续走在全区前列，碘盐覆盖率连续四年达到100%；“万村千乡市场工程”、“双百市场工程”和“新网工程”、“标准化菜市场示范工程”顺利实施。

【领导名录】
党组书记：平措旺堆
党组副书记、主任：张福臣
党组成员、副主任（正县）：李景富、周述东
党组成员、副主任：曾宪彬、王荆州、邓建军
党组成员、粮食局局长：马根成
调研员：西洛
副调研员：宋全林

山南地区外事工作

【强化外事职能作用，增强全地区外事归口管理意识】2010年4月召开了地区外事工作会议。会议传达学习了中央第五次西藏工作座谈会和区党委工作会议精神，区外办主任巨建华和地委委员、行署副专员张汉华亲临会议并作了重要讲话。会议还邀请区外办各处室负责人就礼宾接待、领事友协、涉外政策法规等问题进行了讲座。在11月还组织召开了地区因公出国（境）管理工作会议。进一步规范和理顺因公出国（境）办理审批程序，强化外事涉外归口管理职能，严肃因公出国（境）管理政策规定和外事纪律等方面起到了重要作用。

【提升礼宾接待水平，注重接待宣传实效】2010年山南地区外事办协助区外办先后接待了意大利驻华使馆官员、哥伦比亚前总统、美国参议院外委会高级助手团等重要访问团组5批25人次，并尝试性地独立承接区外办的外事接待任务，通过地区行署主要领导亲自出面会见、座谈等形式全面介绍山南和平解放60年以来，特别是改革开放30多年来经济社会发展的巨大成就和民族传统文化传承保护等方面的基本做法和经验，给客人留下了深刻印象。这些都为进一步扩大山南的对外宣传，提升山南作为藏民族历史文化发祥地的重要影响发挥了重要作用。

【加强NGO管理，发挥外事部门在维稳工作中的作用】为了进一步加强对境外非政府组织（NGO）的管理，2010年山南地区外事办开展了一系列跟踪调研、综合评估和制度建设等活动。一是积极会同区农牧厅、四川海惠助贫服务中心等单位对扎囊、乃东、曲松等县的国际小母牛项目运行情况进行了考察评估。二是陪同区外办领导和有关处室负责人对山南地区现有NGO项目进行了跟踪考察和调研，并就今后做好NGO管理工作进行了交流座谈。三是加大调研频率，特别是在重要敏感节点，由办领导带队共组织三次深入的涉外项目调研活动，对全地区各涉外项目牵头单位和实施项目所在县进行了全面深入的实地调研，并形成综合调研报告，及时有效地跟踪掌握山南地区NGO的动态。四是建立了由外办为召集人，统战、安全、公安、发改委、教体局等单位组成的地区境外非政府组织管理联席会议制度。联席会议制度的建立对于加强NGO情报信息收集研判，增强协调互通，强化对NGO项目的全方位监管发挥了积极作用。

【加强因公出国（境）管理，注重出访活动实效】山南地区外事办全年共服务协调和初审因公出国（境）9批18人次。山南地区外事办坚决按照中央、区党委、地委关于严格控制因公出国（境）团组的规定，严把关口，认真审核，严格管理，加强因公出国（境）人员政治纪律、外事纪律和保密纪律教育。为切实加强因公出国（境）工作的归口管理，强化有关政策规定的宣传动员，严肃因公出国（境）纪律，确保因公出国（境）活动实效，2010年召开了全地区因公出国（境）管理工作专题会议。会后，山南地区外事办又对有关单位和部门的因公出国（境）考察报告进行了跟踪督办并取得明显成效，地区农牧局、团地委、地区妇联等部门先后提交了出访考察报告。同时，山南地区外事办在时间紧、任务重的情况下，全力做好地区行署主要领导出访的协调服务工作。另外，为努力加快山南对外开放力度，积极实施“走出去”的开放战略，山南地区外事办认真研究制定了山南地区地级领导出访计划（方案）。

【领导名录】
党组书记、副主任：张连滢
党组副书记、主任：丹增多吉
党组成员、副主任：新　建、常婵娟

山南地区编译工作

【地区藏语文工作会议成功召开】山南地区藏语文工作会议于6月3日成功召开。会上，自治区藏语委办副主任、编译局副局长洛桑土美和地委委员、宣传部长晋美旺措同志分别作了重要讲话，山南地区编译室达瓦主任作了5年来山南地区藏语文工作总结，错那等7个县进行了交流发言。会议全面总结了近年来山南地区的藏语文工作，深刻分析了做好新形势下藏语

文工作的重要性和必要性，安排部署了当前和今后一个时期工作，并对桑日县翻译室等8个单位给予表彰，授予了“山南地区藏语文工作先进单位”称号。

【社会用字规范化程度不断提高】2010年，地区藏语文工作委员会会同地委宣传部、教育局、工商局、城建局等有关部门，聘请地区人大代表、政协委员，在以泽当镇区为中心的全地区范围内进行督促检查和清理整顿。经过清理整顿，全地区机关、企事业单位和个体工商户的门牌、广告、横幅、标语等用字译文合格率由上年的89%上升到93%，社会用字逐步规范，语言表述进一步准确、科学。

【藏语文工作调研成效明显】山南地区编译室利用45天的时间，先后两次深入到山南地区12个县24个乡（镇），通过听取汇报、召开座谈会、实地查看等方式，对行署办公室转发的《中共西藏自治区党委宣传部、西藏自治区藏语文工作委员会办公室〈关于在我区各种宣传活动和市面标语口号横幅使用规范藏汉两种文字的通知〉》（山行办发〔2010〕56号）和地区藏语文工作会议精神的贯彻落实情况进行督促检查。检查调研中还了解了各县编译部门的基本情况和当前藏语文的学习、使用方面存在的问题。通过检查调研获得的第一手资料，对掌握基层情况，不断丰富和完善工作思路起到了重要作用。

【举办翻译培训班和参加翻译研讨会收获颇丰】8月份山南地区编译室积极组织参训人员参加为期27天的第十一次全区翻译培训班，听取了中央第五次西藏工作座谈会精神辅导报告；听取了我区资深翻译家次仁曲达、赤烈曲扎等专家讲授的藏汉翻译理论、公文翻译、翻译实践、翻译技巧等课程；比较系统地学习了国产藏文软件操作知识。同时，参加了全区第二次翻译学术研讨会，并有两篇论文获奖。

9月份在山南地区又召开了由各县翻译室主任和基层翻译骨干参加的以会代训班，为期三天。期间，学习了国家民委〔2010〕53号文件；讨论如何开展好下一步山南地区藏语文和编译工作；征求当前山南地区藏语文和编译工作开展方面的意见和建议；交流和探讨新字术语翻译、公文翻译技巧、藏文软件应用等。

两期培训班中山南地区共有11个县和地直相关部门6名从事翻译工作的同志共17人参加。这两期培训班时间紧凑、任务重，但在室领导的精细组织和安排下，凭着授课老师的认真负责、细针密缕、不吝赐教，和参训人员的学风端正、认真刻苦、潜心钻研，培训取得了预期效果。

此外，山南地区编译室达瓦主任于8月份参加了在内蒙古召开的全国少数民族语言文字翻译研讨会，并代表山南地区在会上作了题为《全面贯彻执行党的民族语言文字政策 努力开创藏语文工作新局面》的发言，得到了与会领导的好评。

【各项编译工作任务圆满完成】年初，按照洛松次仁书记的指示精神，动员全体翻译人员全力以赴投入到中央4号文件主要精神的翻译、整理、印刷工作中，发扬不怕苦、不怕累、连续作战的作风，在最短的时间内保质保量地完成了约5万字的中央4号文件精神手册，并印制2000份发放到全地区各乡（镇）和村委会，为基层干部和广大农牧民群众更加深入地了解掌握中央第五次西藏工作座谈会精神提供了方便和有利条件。

在人员少、任务重的情况下，还积极主动承担了地区卫生局和地区创先争优办宣传手册的翻译任务。截止目前已翻译8万余字。

山南地区扶贫工作

【年度综述】2010年全地区共实施了86个扶贫开发项目和贡嘎、扎囊、乃东、隆子四个开发区建设，争取国家投资14600万元。其中：扶贫开发项目投资8230万元，农业综合开发项目投资6370万元。项目区群众通过参与项目建设工增加收入3650万元，占国家投资的25%，受益群众达54800人，人均增收500元以上，减少贫困人口1.2万人。

【扶贫开发工作成绩显著】一是突出重点抓好了贫困户安居工程建设。2010年，山南地区共完成安居建设任务3520，国家投资4224万元，使15840名贫困群众的居住条件得到了改善。二是扎实推进了整乡推进扶贫开发建设工作。2010年，山南地区续建整乡推进扶贫开发乡镇5个，实施项目19个，国家投资1079万元。三是进一步加大了面上扶贫开发项目实施力度。2010年，山南地区实施了49个面上扶贫开发项目，国家投资1918万元。四是巩固和提升了劳动力转移项目。按照“巩固、提升”的原则，2010年，对市场前景广阔、群众增收明显的9个劳动力特色转移项目进行了扩大规模和提升质量，国家投资400万元。五是认真实施了以“县为单位，整合资金、整村推进、连片开发”试点项目。2010年，一方面抓了投资1000万元的扎囊县连片开发项目收尾工作及区地两级验收工作，此项目涉及7000余户、31500余人，人均增收463元。另一方面抓了错那县连片开发项目规划上报及项目实施工作。2010年错那县连片开发项目国家投资500万元，实施项目6个。六是狠抓培训转移就业工作。2010年，在抓好常规扶贫培训工作的同时，继续与地区各行业部门、各用工单位建立紧密联系，联合举办了汽车驾驶、导游、竹器编织、农机具维修、蔬菜种植、餐饮服务、卡垫、氆氇编织等培训，共培训1980人，600余名农牧民群众实现了转移就业。七是全面铺开了“两项制度”有效衔接工作。

【农业综合开发工作扎实推进】一是土地治理标准不断提高。在四个开发区完成土地治理2.9万亩。人工种草1.45万亩，机耕道42.56公里，新修主渠9.41公里，农田林网3.02万株，新增保灌面积2.02万亩。二是产业化项目经营水平不断提升，受益面不断扩大。一方面完成了全地区4.5万头黄牛改良任务，另一方面在7个村完成了黄牛改良示范点建设，使7个村的黄牛改良面达到了100%。三是人才培训力度不断加大。2010年四个农业综合开发区共举办黄牛改良、蔬菜种植、禽类养殖等各类常规培训1.75万人次；四是农牧民经济合作组织作用不断增强。

【重大事项】2010年3月4日-5日，全地区扶贫农发工作会议召开，会议全面总结了2009年山南地区扶贫农发工作，安排部署2010年扶贫农发工作。6月3-4日，全区扶贫特色产业劳动力转移就业总结表彰大会在山南召开。11月20日-30日，由安丰年书记带队，本办一行10人赴湖北省考察。

【领导名录】

党组书记：安丰年
主　　任：布阿林
副 主 任：刘富宏、次仁达娃、朱佳平、王洪柱
纪检组长：王为季

山南地区共青团

【团建工作迈出新步伐】截止2010年底，山南地区"两新"组织和非公企业建团数已达24家。在此基础上，全地区全面开展基层共青团系统信息采集工作，全面掌握全地区团组织、团干部和团员基本情况，并实现动态管理，使基层团务管理工作进一步科学化、规范化。

【驻点试点工作稳步推进】在全面总结前三批驻点工作的基础上，上年，继续从团地委机关选派了2名同志分别到隆子县和错那县开展为期半年的驻点工作，帮助和支持基层团委理清工作思路，找准工作重点，破解工作难题。截止目前，山南地区驻点工作覆盖了9个县，覆盖面达75%以上。在贡嘎县甲竹林镇、乃东县以及琼结县分别开展了乡镇共青团组织格局创新试点、基层组织建设试点和基层少先队组织建设试点工作，对增强乡镇共青团组织力量、拓宽基层团组织联系青年的渠道、发挥基层团组织的作用进行了有力地探索。

【青、学联事业健康发展】2010年，团地委全面加强了对青、学联组织的领导，成功开展了青学联换届工作，进一步优化了青联委员和学联代表的组织构成，明确了工作职责，建立健全了委员、代表之间的沟通、联系和协调机制，有力地促进了青、学联事业健康发展。

【干部队伍优化充实】为了充分发挥团县委的"桥头堡"作用，团地委主动强化协管职能，通过积极与各县委沟通、衔接和举荐，狠抓了团县委班子建设，指导县级团委及时换届。上年，曲松、桑日、加查、浪卡子、琼结、洛扎等团县委班子实现了调整和充实，一批优秀青年团干充实到基层团干部队伍，为基层团工作开展提供了人才保障。同时，多措并举，努力提升了山南地区团干部综合素质。通过上挂下派、交流培训等方式，选调了6名基层团干部到团地委挂职，选派了5名团干部赴北京、上海、安徽等地挂职，选派了4名团干部到港澳地区和韩国等地参观学习，还在全地区集中举办团干部培训班1期，培训乡镇、村（居）等基层团干部80余名。

【工作机制逐步健全】通过创先争优以及效能建设年活动，全面加强了制度建设，优化了基层工作环境。团属刊物、网站等宣传阵地不断拓展，团内工作考核、激励、评价、督查等工作机制不断健全，团的工作逐步迈上科学发展的轨道。

【紧抓协调强机制，维权工作更深化】一是切实维护青少年合法权益，有效预防青少年违法犯罪。各级团组织充分利用各种时机，积极开展"送法下乡"活动，大力宣传《未成年人保护法》和《预防未成年人犯罪法》，提高未成年人运用法律武器维护自身权益的意识和能力，增强全社会保护未成年人的责任感。二是加大预防办工作力度。不断完善预防办成员联络机制，拓展合法、有序、有效的组织化渠道，促进各级预防办工作逐步实现制度化、规范化。三是进一步完善"12355"青少年维权服务工作平台建设。努力为广大青少年搭建平台，畅通了青少年信息沟通和利益诉求的渠道。四是积极开展面对面活动。组织开展"青少年与人大代表、政协委员面对面"活动，了解青少年的心声，形成"青少年如何戒除网瘾"、"关爱农民工子女"等提案5份，并逐步探索形成青少年与人大、政协委员面对面活动的长效机制。五是继续深化了优秀"青少年维权岗"创建活动。全地区创建"优秀青少年维权岗"单位36家，并积极为青少年提供了法律援助、教育转化和生活救助等服务。

【获奖情况】2010年，山南共青团工作可谓齐头并进、蓬勃发展、亮点纷呈。山南共青团工作获得了"自治区共青团系统综合目标考评第一名"，获得了"山南地区综合考评优秀单位"的殊荣，扎囊县青年志愿者服务组织被团中央授予"中国青年志愿者优秀组织"，西部计划志愿者巴桑罗布同志获得"中国青年志愿者优秀个人"荣誉称号。

山南地区审判工作

【年度综述】2009年12月26日至2010年12月25日，山南地区两级法院共受理各类案件725件，审结662件；结案率为91.31%；与上年同期相比收案数减少了25件，结案率提高了0.91%。

【加强刑事审判工作】山南两级法院始终以确保国家安全和社会稳定，以确保国家、集体和广大人民群众的生命财产安全为己任，依法严厉惩处各类刑事犯罪。2010年，共受理各类刑事案件88件，审结85件，未结3件，结案率为96.59%。

【加强民事审判工作】山南两级法院不断创新民事审判工作方式，提高民事审判工作质量和效率，积极发挥民事司法的服务、调节和保障作用。2010年，共受理各类民商事案件465件，审结422件，诉讼标的1932.8277万元，未结43件，结案率为90.75%。

【加强行政审判及国家赔偿工作】山南两级法院组织干警认真学习和宣传了新颁布的《中华人民共和国国家赔偿法》，积极监督和支持行政机关依法行政，注意协调和平衡公共利益与公民权益的关系，着眼于促进社会和谐，积极探索行政诉讼案件协调和解等工作新机制，积极稳妥化解行政争议，推进社会管理创新，既依法保护了公民、法人和其他组织的合法权益，又监督和支持了行政机关依法行使职权，促进了"官民"和谐。

【加大执行工作力度】2010年，山南地区两级法院共受理各类执行案件143件（旧存23件），总标的716.49万元，执结127件，执结标的563.88万元，执结率为88.81%，其中:执行和解31件。未

结案件 16 件，未结标的 152.61 万元。中院执行局指导和协助基层法院执行案件 40 余件，督办案件 1 件。乃东县法院通过优化执行工作方式，攻克了李某某等人的一批疑难案件，在涉及被执行人李某某的 23 件执行案件中，最终使被执行人与 23 名申请人达成了执行和解协议，兑现了 230.67 万元。

【规范减刑、假释案件办案程序，保证了减刑、假释工作依法、公正、高效进行】2010 年，共受理申诉、申请再审 11 件，审结 10 件；减刑、假释 18 件，已结。

【严格执行司法救助制度】2010 年，两级法院共减、免、缓交诉讼费 52382 元，其中减交 18695 元，免交 27578 元，缓交 6109 元。严格落实《执行救助基金制度》和《执行救助基金管理办法》，加大司法救助力度，全年救助案件共 19 件，救助人数共 50 人，发放救助金 114228 元。

【获奖情况】山南地区中级人民法院执行局被中央政法委、最高人民法院评为“全国集中清理执行积案活动先进集体”。

山南地区桑日县人民法院被自治区高级人民法院评为“全区优秀法院”。

山南地区中级人民法院执行局局长格桑多布杰同志被自治区政法委、自治区高级人民法院评为“全国集中清理执行积案活动先进个人”。

山南地区中级人民法院刑事审判第一庭副庭长雷明之同志被西藏自治区高级人民法院评为“全区优秀法官”。

山南地区中级人民法院民事审判第一庭副庭长、副县级审判员马红梅同志被西藏自治区妇联授予“西藏自治区三八红旗手”以及“三八红旗手标兵”称号。

【领导名录】

党组书记、院　长：索朗扎西

党组成员、副院长：扎桑、李世蓉、周清平

山南地区纪检监察工作

【进一步严明党的政治纪律，坚决维护政令畅通、社会稳定和民族团结】一是加强了对中央、区党委、地委重大决策部署执行情况的监督检查。二是加强了对贯彻落实党的民族宗教政策情况的监督检查。三是加强了对换届工作纪律的监督检查。加强宣传教育，重申换届纪律，特别是对换届工作“五个严禁”、17 个不准和 5 个一律”纪律要求的执行进行了监督检查，营造了风清气正的换届环境。四是加强了对执行党的政治纪律、维稳决策部署落实等情况的监督检查。促进了社会和谐、民族团结，维护了社会稳定，确保了政令畅通。

【深入开展基层建设年活动，着力密切党群关系，夯实基层基础】在加强基层建设年活动中，区直派出 12 个工作组，地区派出 40 个工作组，12 个县派出 183 个工作组，共 994 人，进村入户，扎实开展工作，切实解决了实际问题，夯实了基层基础。一是注重宣传，努力营造氛围，不断夯实活动思想基础。截止目前，中央、自治区主流媒体报道山南地区基层建设年活动的各类新闻、简讯达 300 余条，全地区共举办文艺演出 540 场次，文艺下乡巡回演出 910 场次，组织强农惠农政策知识竞赛 300 余场次，举办畅谈会 366 场次，收到主题征文 1100 多篇，开展宣讲 3178 次、受教育人数达 435610 人次，开展主题演讲 13 场次。在全区基层建设年活动主题演讲活动中，山南地区包揽了冠亚军，并荣获了组织奖。二是注重解决突出问题，确保活动真正取得实效。各驻村工作组进驻联系点后，深入开展了走访慰问和调查摸底工作，了解农牧区和农牧民家庭基本情况、生产生活中的困难。活动中，开展了 6137 次调研，走访了 31143 户群众，征求到意见建议 3000 余条，形成调研报告 180 余份，为基层理清发展思路 1131 条，为基层和群众提供技术支持 1.7 万余次，提供各类信息服务 3 万多条。全地区已经争取落实的办实事项目 1958 个、资金总量为 10393.8 万元。三是注重组织建设，切实增强基层党组织的凝聚力和战斗力。各驻村工作组先后帮助所驻村清理制度 100 余项，新建制度近 300 个，调解矛盾纠纷 591 个，发展农牧民党员 975 人，推荐村居“两委”班子成员 460 人，建立专业合作组织 150 个，为加强村居“两委”班子建设奠定了较好基础。

【开展廉政宣传教育，加强领导干部作风建设，促进廉洁自律】一是以学习宣传和贯彻执行《廉政准则》为重点，加大了反腐倡廉宣传教育力度。向基层党员干部发放了 13383 份反腐倡廉学习资料和电教片，丰富了廉政宣传教育内容，营造了廉荣贪耻的良好氛围。二是切实加强了对干部作风的监督检查。大力实施了“五大监督工程”，促进党员干部作风大转变。三是扎实推动反腐体系建设。养成了自觉执行制度的习惯，提高了靠制度防治腐败的能力和水平。四是积极配合区党委政府和区纪委监察厅，扎实抓好了乃东县开展县委权力公开透明运行试点工作，深入开展了农牧区基层党风廉政建设，全面启动了党的基层组织实行党务公开工作。

【深入推进查办案件工作，严肃查处党员干部违纪违法行为】一是加强组织领导，完善联动机制，发挥各级党政组织在查办案件过程中的积极作用。对于办案力量薄弱的单位，经常委派经验丰富的办案人员现场指导，帮助办案，从而提高了全地区查办案件工作水平。二是突出办案重点，注重社会效果，确保查办案件工作为改革发展稳定服务。2010 年 1 至 9 月份各级纪检监察机关共受理群众来信、来访、来电 45 件，初查了结和澄清事实 11 件，立案 19 件（结案 16 件，待结 3 件），给予党纪处分 15 人，给予政纪处分 11 人，给予双重处分 5 人。三是贯彻实施纲要，加强警示教育，积极发挥查办案件的“治本”作用。警示教育广大党员干部、国家公职人员自觉遵守党纪国法，预防和减少各种腐败现象的发生。

【认真开展纠风专项整治工作，切实解决损害群众利益的突出问题】一方面，紧扣“树行业新风，优化发展环境”这一主题，深入开展了政风行风评议工作。按照年初民主评议政风行风工作会议的安排，2010 年在政风行风评议中，着力解决各单位存在的“门难进，脸难看，话难听，事难办”，以及乱收费、乱罚款、乱摊派等问题，做到了内强素质，外树形象，努力营造了安商、稳商、富商的招商环境和便民、利民、惠民的政务环境。一是深入开展明察暗访工作，促进机关作风不断改进。二是集中开展了政风行风宣传和“开门接访”活动。8月5日，在地区纠风办的组织下，地直36个行评单位的干部职工走上街头，面对群众集中开展了一次政风行风宣传和“开门接访”活动。三是以开展“五比五看”活动为抓手，着力解决了“门难进，脸难看，话难听，事难办”的不正之风。另一方面，积极开展了纠风专项整治理工作。全地区各级、各部门把宣传党的支农惠农政策纳入全局工作，强化责任意识、使命意识，抓住一切与群众接触的机会，向农牧民宣传各项支农惠农政策，特别是在2010年基层建设年活动中，区、地、县三级183个工作组深入全地区183个村，利用密切联系群众的机会，采取举办知识竞赛、文娱联欢、集中座谈等多种形式，向农牧民群众宣传党的支农惠农政策，真正使支农惠农政策入脑入心。同时，多措并举重实效，切实促进了党的支农惠农政策兑现于民。

【**狠抓执法监察工作，不断拓展源头预防和治理腐败工作**】2010年，全地区执法监察工作重点围绕专项治理和常规性执法监察工作开展。一是认真抓好工程建设专项治理和扩大内需政策落实监督检查工作。二是认真开展行政执法监督工作，监督相关部门认真执行工程建设招投标法。截止目前，共参与监督各类建设工程招投标229项，对18家投标人不符合招投标法及不能很好地响应招标文件的要求当场进行废标处理。对5家废标处理项目进行了重新招标；监督相关部门认真执行国有土地招拍挂制度，参与国有土地使用权出让监督，挂牌出让土地3宗面积9亩，出让价为450万元；监督相关部门认真落实耕地保护制度，目前全地区耕地保护工作目标落实良好；三是积极推进执法监督工作创新。查处了四川煜坤实业有限公司用假资质参与山南地区人民医院及部分县人民医院手术净化工程建设项目招投标的问题，将四川煜坤实业有限公司列入山南地区建筑企业“黑名单”，对相关部门负责人进行了诫勉谈话。同时，地区纪委监察局将此案件做为典型案例，在全地区进行了通报，起到了查处一个、教育一片的警示作用。

【**全面加强行政监察工作，着力开展专项治理，推进依法行政**】一是积极参加全地区各类考试、录用公务员、征兵等工作的监督检查，加强了对高考学生户籍、学籍管理情况的监督检查，遏制了“高考移民”现象。截止目前，2010年先后派出31人次对各类考试进行监督，严肃了考风考纪。二是深入开展“小金库”专项治理工作。在2010年全面自查的基础上，2010年对85家单位进行了复查，对部分账户进行了调整处理。地区“小金库”治理办公室，组织三个检查组，对3个县和29个地直单位进行了抽查，从抽查情况来看，大部分单位能够按照要求清查规范账户。为了彻底铲除“小金库”的滋生土壤，山南地区78家预算单位和12个县均采用了国库集中支付系统和会计集中核算相结合的县级支付模式，基本实现了财政资金“集中管理，分账核算，统一调度”。同时还将援藏资金纳入了国库集中支付系统，确保了财政资金的安全和使用效益，从源头上杜绝了“小金库”现象的发生。三是积极开展党政机关公务用车专项治理。圆满完成了公车治理第一阶段的自查登记工作，为有效落实党政机关和领导干部公务用车配备使用管理规定，最大限度地解决超编、超标、违规借车、换车、摊派款项购车、豪华装饰、公车私用等六大违规现象打下了基础。四是积极开展了的行政审批制度改革专项治理工作、加快转变经济发展方式专项检查、水利项目专项检查等工作，全方位，多角度地加强监督检查，维护了公平正义、依法行政。

山南地区公安工作

【**突出抓好敏感期和重点时段防控**】为确保2010年“三节”、全国和自治区“两会”特别是三月份敏感期社会稳定，地县两级公安机关分级成立了预防和处置紧急事件领导小组，制定并完善了处突预案和工作方案，按照不同戒备等级防控措施，加强与军队、武警执勤官兵的配合，以泽当城区、各县县城、广场等情况复杂、人群聚集、易发生突发事件的部位作为重中之重，采取固定设卡、流动巡逻、反恐检查、制高点控制、视频图像监控五位一体的军警民联防联控措施，形成多层次、立体式的防控体系，对重点地段、重点目标、重点区域严密监控、严阵以待，严防死守，有力地挤压了达赖分裂集团及其敌对分子实施破坏的空间，实现了对社会面的全方位、全天候、全时空覆盖，有力地挫败了达赖集团的反扑，确保了重点目标、重点部位、党政首脑机关以及重要民生设施的安全。并相继完成了“萨嘎达瓦”宗教活动及“六四”、“7．5”、世博会开幕、国庆长假、党的十七届五中全会、昌都和平解放60周年等敏感节点和“421”在山南礼佛等重大安全保卫任务。

【**强化严打整治，严厉打击各类刑事犯罪活动**】2010年，地县两级公安机关以严打整治为龙头，加强组织领导，周密部署，强化措施，狠抓落实，深入扎实开展了打黑除恶、“百日严打整治”、打击拐卖妇女儿童、治爆缉枪专项行动、打击银行卡犯罪专项行动、禁毒人民战争以及打击造谣、传谣、网上传播有害信息等一系列专项打击行动，成功破获了胡清明系列入室盗窃、强奸案，“3．28”特大系列入室盗窃案，“12．6”抢夺出租车案，“1．27”、“2．28”抢夺案，“10．16”抢劫案等一批大要案件，有力地打击了犯罪分子的嚣张气焰，维护了全地区治安大局稳定。

【**强化重点地区治安隐患排查，扎实开展集中整治行动**】及时召开了处机关民警动员大会，对全地区两级公安机关开展排查整治和严打整治工作进行了动员和部署。为切实把治安混乱的区域、部位、场所和影响群众安全感的突出问题摸排清楚，地县两级公安机关按照“什么问题突出就集中处理什么问题，哪里治安混乱就集中整治哪里”和“属地管辖管理”的原则和切实做到把问题搞清、把事情摸透，把情况弄明的工作措施，采取分地域、分行业、分重点的方法，根据行业、部门特点，对矛盾纠纷多发、各类案件高发以及“村霸”、“乡霸”等黑恶势力的高危区域、部位和场所进行了全面排查，广泛搜集治安重点地区和突出治安问题线索，通过集中宣传、畅通举报渠道等多种措施，发动群众反映治安乱点情况，及时发现和打击违法犯罪活动。同时采取集中统一清查方式，重点加强了对文化市场、旅馆业、歌舞厅、留宿洗浴、酒吧、网吧等复杂场所清理整顿，先后组织开展了“天网行动”、“风暴行动”、“平安三月”集中清查等一系列治案清查专项行动，加强了对容易发生治安问题的地区、部位、时段、行业的管理，坚决扫除“黄赌毒”等社会丑恶现象，有效维护和保障了人民群众安全及正常的社会生活秩序，群众安全感不断提升。

【强化校园及周边治安秩序整治，确保校园安全】对全地区校园安保工作进行了安排部署，开展了形式多样的校园周边秩序整治行动，确保了校园及周边安全。在开展校园及幼儿园周边社会治安秩序专项整治工作中，两级公安机关共出动警力813人次，警车321台次，清查校园周边的出租房屋570家，检查各类学校320所，共设立护学岗7个107人次。

【强化民爆物品和枪支弹药管理，严防打响炸响】共收缴民用枪支2支，1支为铅弹气枪改造的小口径，1支为藏式火药枪；收缴“81—1”步枪子弹20发；通过宣传教育，群众主动上交英式步枪子弹11发，54式手枪子弹25发，雷管444枚。全年共审批使用炸药1894吨，电雷管361300枚，导爆索31万米。销毁过期粉状乳化炸药4吨、电雷管、火雷管3万余枚，导火索9千米，导爆管750米。

【强化严管严控，确保道路交通及消防安全】2010年，地县两级公安交警部门深刻吸取桑日县“3．06”重大道路交通事故教训，按照各级党委、政府和上级业务部门总体部署及要求，扎实组织开展了预防重特大道路交通事故“百日行动”、“治理货运机动车违法载人专项行动”以及道路交通“百日严打整治”等一系列专项行动，强化交通安全宣传，保持严管严控高压态势，依法严厉查处客运车辆超员、机动车超速、货车违法载人、酒后驾驶、疲劳驾驶、无牌无证等严重交通违法行为，道路交通秩序进一步明显好转消防部门积极开展宣传活动，加大对重点单位、场所尤其是易燃易爆场所安全隐患的排查力度，及时消除火灾隐患，认真抓好演练和灭火救援工作。

山南地区财政工作

【年度综述】全地区一般预算收入安排2.15亿元，力争实现目标收入3.59亿元，按可比口径，同比增长20%。初步安排总财力15.78亿元（不含教育系统），支出要紧紧围绕自治区、地区保增长、扩内需、调结构、促就业、强基础的决策部署，对保运转、保稳定、保民生、促发展的重点支出予以积极安排。

【积极扶持，确保财源的稳定增长】一是配合抓好招商引资工作，培植新兴税源。2010年全年共落实招商引资企业扶持资金16787万元，主要用于海思科药业、诺迪康药业、国航、川航等企业退税。二是以“扶持现有企业做大做强”为基础，积极培植重点税源。本着让企业做大做强的原则，从2008年起至2010年每年安排国有企业改革与发展资金1000万元，三年内达到3000万元滚存使用，用于产业发展和产业结构调整。2010年为解决农牧民群众和中小企业贷款难问题，组建成立了地区雅砻投资有限公司，并与人行山南中心支行、农行山南分行联合制定了《山南地区中小企业贷款担保专项资金管理暂行办法》和《山南地区农牧户贷款担保专项资金管理办法》。

【强化征管，确保财政收入应收尽收】2010年地方财政收入一举突破4亿元，达到40005万元，较2009年增长23.7%。在财政收入不断增长的同时，收入结构日趋优化，收入质量大大提升。2010年地方财政收入中税收收入完成31727万元，占地方财政收入的79.3%。

【财政资金和政策进一步向农村倾斜，城乡协调发展局面初步形成】一是大力推进社会主义新农村建设。山南地区财政局一直把“三农”问题作为财政工作的重中之重，2010年地区财政落实支农资金4300万元，本级财政对农牧区的投入保持10%以上的增长速度。全年共落实种粮农民综合补贴474万元；落实粮食直补501万元；落实农民专业合作组织资金640万元；落实重点区域生态公益林建设2704万元；落实农村沼气建设补贴资金353万元；落实森林生态效益补偿基金3947.16万元；落实农牧业特色产业资金2020万元；落实农村劳动力转移项目资金400万元；落实防沙治沙款332.8万元。二是全面推进安居工程建设。2010年山南地区财政局共落实自治区专项资金6660.5亿元，本级财政安排农牧民安居工程补贴资金2000万元，贷款贴息资金800万元，并联合农行山南地区中心支行共同制订了《山南地区农牧民安居工程贷款贴息资金暂行办法》，调动了农牧民群众贷款和建设社会主义新农村的积极性，完成剩余11949户农牧民安居工程建设任务，使所有农牧民住上安全适用的住房。截止2010年11月底，山南地区全面完成了“十一五”安居工程建设任务共20147户，其中：贫困户1194户、地方病搬迁40户、兴边富民项目3165户、游牧定居项目883户，整修户14865户，并顺利通过了自治区农牧民安居工程的终验。

【加大对社会事业的投入力度，公共财政作用彰显】一是优先支持教育事业发展。2010年用于教育事业投入达到64579万元。先后4次提高了农牧民子女义务教育阶段“三包”经费标准，目前年生均标准达到1800元；中小学教职工公用经费标准提高到3400元，中小学生均公用经费提高到500和300元，实现了中等职业教育农牧民子女学费、食宿费全免。二是不断加大医疗卫生的投入。支持医疗卫生体制改革，2010年落实基本公共卫生服务经费26852万元，比上年增长了21%。农牧民优生优育补助标准由年人均6元提高到12元。三是积极支持科技文化事业发展。2010年累计落实科技文化事业经费6767万元，积极推进科技特派员工作和科普下乡活动。大力支持县乡综合文化活动场所建设，加快推进了广播电视数字化进程，不断提高广播电视节目质量。积极支持“红色遗迹”、烈士陵园和文物保护工作。

【坚持以人为本，保障民生需要】2010年社会保障和就业支出达到10116万元。农牧民最低生活保障标准由800元提高到1300元，城市居民最低生活保障标准由200元提高到320元，五保户供养标准从1200元提高到2000元，农牧民免费医疗标准由80元提高到180元，城镇居民基本医疗保险财政补助标准由年人均140元提高到180元，最高报销额由2万元提高到5万元，门诊特殊病种由15种扩大到20种，住院起付线标准由533元下降到187.5元，并将城镇居民基本医疗保险参保人员生育费用纳入统筹基金的支付范围，目前全地区参加“五大保险”的人员共计321979万人（次），“五大保险”覆盖率达到90%以上。同时，2010年地县财政还投入268万元，帮助全地区农牧民办理了人身意外伤害保险；深入开展新型农村社会养老保险试点，对60岁以上农牧区民发放基础养老资金1042万元，目前基本实现了全覆盖。

【集中财力，全地区重点支出得到有效保障】一是积极落实自治区党委、政府出台的扩大内需、促进经济增长的刺激计划。为扩大内需、促进经济恢复发展，本级共落实项目前期经费600万元，较好的保证了各重点项目如期实施。二是继续实施为民办实事工程。自2009-2010年，积极筹措资金1.139亿元，开展为民办实事“六大民心工程”。2010年认真完成“六大民心工程”接续工作，落实资金3818万元，完成2009年扫尾验收工作。并针对部分工程项目提出了“国有企业总承包的政府项目代建”模式和“民办公助、以奖代补”模式，增加农牧民收入。三是始终坚持稳定压倒一切。不断加大支持政法系统执法能力建设力度，认真落实专项资金，改善政法部门设施设备条件，2010落实公共安全资金19889万元。2010年根据2009年制定出台的《山南地区救灾储备物资管理办法》，积极补充地区级应急救灾准备金413万元。全年累计拨付应急救灾资金1827.4万元，用于解决受灾群众口粮等支出，进一步提高了地区防灾、抗灾及突发事件应急能力。四是实施了“家电家具下乡”和“汽车摩托车下乡”补贴政策。2010年为有效刺激农牧区消费能力，山南地区共补贴家电家具下乡资金650万元、汽车摩托车下乡资金111.03万元。

【经验体会】一是财政事业的发展壮大，离不开上级财政的大力支持，离不开地委、行署的高度重视和正确领导，离不开各级各部门的理解和支持，特别是离不开地委行署主要领导对山南财政发展壮大、干部队伍成长和建设给予的关心和鼓励。

二是财政事业的发展壮大，经济发展是基础，必须正确把握经济决定财政、财政反作用于经济的基本规律，着眼于培植新的财政经济增长点，综合运用预算、税收、贴息、补助、贷款担保、设立产业发展基金等政策手段支持经济发展，做大做强经济总量。同时，加大结构调整力度，不断提升经济增长的质量和效益，壮大财源税基，增加地方财政收入。

三是财政事业的发展壮大，改革创新是动力，必须始终坚持推进财政体制创新、制度创新和机制创新，不断更新理财思路，完善财政体制，转变理财观念，调整理财方式，丰富理财手段。这是山南地区财政工作不断取得新进展、新成绩的强大动力。

四是财政事业的发展壮大，规范管理是保障，必须规范财政资金分配程序，强化财政资金管理，加大财政监督检查力度，完善财政监管机制，维护财经秩序，严肃财经法纪，这是保障山南地区财政资金安全、规范和有效使用的重要手段。只有通过优化结构，整合资源，集中财力，保障重点，强化管理，突出效益，才能较好地体现党委、政府的大政方针和决策意图，实现财力向基层、向农牧区、向重点事业发展领域的倾斜。

五是财政事业的发展壮大，队伍建设是关键，必须培养和造就一支高素质的财政干部队伍，不断适应新形势，顺应新变化，努力提高政策水平和业务能力，这是保障山南地区财政事业可持续发展的必要条件。

【获奖情况】2010年，山南地区财政局荣获全国妇联全国妇女“双学双比”活动领导小组颁发的全国城乡妇女岗位建功先进集体；自治区财政厅授予的“十一五”时期全区财政工作先进集体；自治区委员会政法委员会、高级法院授予的全区集中清理执行积案活动先进集体；地委、行署颁发的2007-2009落实党风廉政建设责任制工作先进单位；山南地区群众性爱国主义教育领导小组颁发的新中国成立60同年、西藏民主改革50周年群众性爱国主义教育系列宣传教育活动先进单位。

【领导名录】

行署副专员、财政局局长：云　丹
党组书记、副局长：李世平
党组副书记、副局长：吾金
党组成员、副局长：冯玉婷、李文武、郑　伟、索朗达杰
副调研员：昂旺列西、查　果

山南地区国税工作

【年度综述】2010年，地区税务系统组织税收收入达64117万元，比上年同期增收18845万元，增长41.6%，完成年度税收计划50000万元的128.2%，税收收入突破六亿元大关。

【加强征收管理】一是统筹规划组织收入工作。为了确保组织收入工作的顺利开展，地区局年初按照区局确定的组织收入目标及2009年实际完成税收收入情况，对全地区2010年税收增、收等因素进行了全面科学的分析，及时分解落实税收计划，并明确了“应收尽收、及时足额”的工作要求。二是切实加强重点税源监控。2010年，全地区重点监控对象增至38户，山南地区国税局严格按照相关规定切实做好了日常监控和数据分析工作，在各重点税源监控单位配置业务骨干，对重点税源企业实行“一对一”管理，并开展纳税辅导和政策宣传。强化数据管理，要求各数据指标务必源于纳税登记、纳税申报表、企业报送的财务会计报表和货物、劳务纳税信息，确保重点税源报表与申报征收数据一致。充分利用重点税源数据作好税源分析，准确掌握税源变化增减因素，有效提升征收管理的针对性。三是扎实开展专项检查工作。制订《2010年山南地区税收专项检查工作方案》，有计划、有步骤地开展了税收专项检查工作。对建筑安装业、药品经销行业、营利性医疗机构、非营利性医疗、房地产、交通运输及矿产品采矿选矿等行业的18个纳税户进行了全面细致的纳税检查。专项检查实现查补收入121万元。四是认真落实税收优惠政策。严格把好税收优惠政策审批关，全年减免各项税收1307万元。五是不断规范执法行为。按照税收执法检查工作的总体要求，周密部署，狠抓落实，进一步规范干部税收执法行为。制定了《山南地区国税局税收执法检查工作制度》，成立了工作机构，建立了执法检查人才库，以动态管理方式严格落实税收执法责任追究制

度，在检查过程中，做到边查边纠，凡涉及应当追究当事人税收执法责任的，均严格按照责任追究制的相关规定对当事人进行了追究责任。六是做好年所得12万元以上个人所得税自行申报和企业所得税汇算清缴工作。受理年所得12万元自行纳税申报137人，比上年同期增长32%，征收税款34.4万元。

【优化纳税服务工作】一是制定了《山南地区国税局办税服务厅服务行为规范》，完善并落实好岗位责任制、服务承诺制、首问责任制、限时办结制、失职追究制等，进一步完善了《办税服务厅工作人员行为规范标准》、《办税服务厅办税公开制度》、《AB岗工作制度》、《办税服务厅值班制度》等管理制度，落实《全区2010-2012年度纳税服务工作规划》，结合地区实际，对纳税服务工作任务进行细致地分解。深化公开办税。通过公告栏、电子显示屏、触摸屏等设施公开税收政策、办税程序、服务承诺、纳税人的权利和义务、办税服务厅文明礼貌用语、税务行政性收费项目、税务违法违章处罚标准、税法宣传口号等公开项目；二是认真开展税法宣传活动。将“纳税人的权利”作为税收宣传月的宣传重点之一，加以大力宣传，继续开展“税法进农村”活动，宣传内容贴近生活，宣传形式生动活泼，受到了农牧民群众的喜爱和欢迎。

山南地区工业和信息化工作

【机构组建情况】于2010年8月组建西藏山南地区工业和信息化局，为行署工作部门，正县级建制。内设5科1室，分别是：产业规划科、运行监测协调科、中小企业科（非公有制经济办公室）、工业科（节能与综合利用科）、信息化科（无线电管理科）、办公室。核定人员编制总数18人，其中：行政编制8人，事业编制8人，后勤编制2人，局领导职数4名。成立了党支部、工会、妇女联合会组织。

【主要职责】贯彻执行国家、自治区工业和信息化发展的方针、政策，贯彻实施有关工业和信息化法律法规和规章；拟订并组织实施地区工业和信息化发展规划；推进信息化和工业化融合。

提出优化工业产业布局、结构的政策建议，指导协调工业园区（工业开发区）的建议和发展；指导行业质量管理工作；负责工业行业对内招商引资工作。

监测、分析地区工业运行态势，统计并发布相关信息，进行预测预警和信息引导；协调解决行业发展中的有关问题并提出政策建议，负责工业应急管理、产业安全和国防动员有关工作。

负责提出工业和信息化固定资产投资规模和方向，研究提出国家、自治区对口部门和地区用于工业和信息财政性建设资金安排的建议；按国家、自治区和地区行署规定权限审核、核准工业和信息化固定资产投资项目。

推进工业体制改革和管理创新，提高行业综合素质和核心竞争力；指导工业行业技术创新和技术进步，以先进适用技术改造提升传统产业；组织实施自治区、地区有关科技专项，推进相关科研成果产业化，推动软件业、信息服务业和新兴产业发展；承担装备制造业组织协调的责任，指导引进先进技术装备的消化创新。

组织实施工业的能源节约和资源综合利用、清洁生产促进政策、参与拟订工业能源节约和综合利用、清洁生产促进规划，组织协调相关示范工程和新产品、新技术、新设备、新材料的推广应用。承担指导相关行业加强安全生产管理的职责。

负责中小企业发展的宏观指导，会同有关部门拟订促进中小企业发展和非公有制经济发展的相关政策和措施，协调解决有关重大问题。承担指导民族手工业发展的职责。

承担有色、化工（不含炼油、煤制燃料和燃料乙醇）、建材、轻工、民爆、食品、医药等工业的行业管理工作。

统筹推进地区信息化工作，组织、协调信息化建设中的有关问题，促进各种信息资金的融合，指导协调电子政务发展，推动跨行业、跨部门的互联互通和重要信息资源的开发利用和共享。

统一配置和管理地区无线电频谱资源，依法监督管理无线电台（站）；协调处理军地间无线电管理相关事宜；负责无线电监测、检测、干扰查处，协调处理电磁干扰事宜，维护空中电波秩序，依法组织实施无线电管制。

承担相关信息安全管理的责任。统一配置和管理地区无线电频谱资源，依法监督管理无线电台（站）；协调处理军地间无线电管理相关事宜；负责无线电监测、检测、干扰查处，协调处理电磁干扰事宜，维护空中电波秩序，依法组织实施无线电管制。

承办行署交办的其他事项。

【年度综述】山南地区工信局成立以来，在地委、行署的高度重视和正确领导下，较好地发挥了工业行业管理部门的作用。2010年，地区工业总产值完成12.05亿元，同比增长37.2%。地直调控的企业为16户。其中：工业企业7户、内贸企业2户、旅游企业1户、交通企业2户、建安企业1户、其它企业3户。调控企业共完成产值(现价)76427万元，同比增长29%；完成增加值45904.2万元，同比增长44%；成销售收入119708万元，同比增长13%；实现利润总额28146.3万元，比上年同期增加利润1871万元。

【行业运行情况】能源电力：一是藏中水能接续基地建设稳步推进，藏木电站成功截流，加查、大古、街需等电站前期工作扎实开展。二是中电投桑日10MW光伏发电项目和中广核桑日10MW光伏发电项目的开工实施，标志着山南地区江北光伏发电基地建设正式启动；建材业：紧紧抓住国家进一步加大基础设施投入的有利时机，重点发展水泥、水泥制品、墙体材料及轻质、高效能、低能耗的新型建材产品，合理开发石材、板材、石膏、砂石料等资源，华新水泥二期60万吨新型干法水泥生产线项目于2010年3月点火投运，年生产能力达90万吨，成为全区大型生产企业，同时与西藏高争水泥厂整合，使山南地区建材业与自治区强势企业实现联合，水泥生产能力突破230万吨；矿产业：坚持保护与开发并重和抓大限小的原则，加强矿产资源勘探开发工作，已发现金属、非金属矿30余种，矿床（点）60余处，其中曲松罗布莎矿是国内最大铬铁矿业集团，实力显著增强；华钰二期、玉锋矿业基础设施建设等项目进展顺利；藏药业：科研机构和人才队伍建设得到加强，

科研能力和技术水平较大提高。目前，金珠雅砻藏药公司拥有国家药典标准进行研制的药品100多个品种；雍布拉康藏药厂拥有2个国药准字药品、77个制剂准字号产品和112种藏药；地区藏医院研发制剂药品200多个，得到准字号73个品种。藏药产量产值进一步提高，藏药业发展前景广阔；民族手工业：生产的氆氇、围裙、卡垫、地毯、挂毯、竹编制品、水晶石等，远销欧美，随着产品质量不断提升，出口订单大幅度增长，销量稳步上升。

【非公有制经济运行情况】 2010年，共为非公有制企业家争取中小企业发展专项资金和重点产业技术改造扶持资金712万元。截止2010年底，全地区共有私营企业310家，工人7585人，注册资金115305.61万元；个体工商户10269户，从业人员34208人，注册资金26351.29万元。

【工业园区建设情况】 截止2010年底，山南地区建材工业园已引进4家企业落户，投资4.5亿元的华新水泥二期工程投入运行；扎朗县手工业园引进西藏盛世藏绒科技开发公司等企业，成立了西藏民族手工业与生物研究所，为民族手工业发展提供了重要支撑，地区民族手工业开始规模化、品牌化、现代化迈进。上述园区的建设对繁荣地区经济，增加就业岗位，进一步带动运输、服务等行业迅速发展的集聚效应初步显现。

【领导名录】
党组书记、副局长：李根才
党组成员、副局长：董安学、邓博

山南地区国资工作

【年度综述】 2010年以来，山南地区行署国资委深入贯彻落实科学发展观，以发展和壮大国有企业整体实力为中心，进一步深化企业改革，完善公司治理，优化布局结构，加强党的建设，继续完善国有资产管理体制和制度，进一步提升国有企业核心竞争力，各项工作取得了积极进展，为实现国有资产保值增值奠定了基础。截至11月底，国资委监管的6家地直国有及国有控股企业（直接监管企业5家，间接监管企业1家），监管中的3家工矿企业完成总产值24,505万元，与上年同期23,337万元相比，增长了5%。6家监管企业实现销售收入27,811万元，与上年同期32,046万元相比，减少了13.2%。其中：直接监管企业实现销售收入24,897万元，与上年同期25,463万元相比，减少了2.2%；间接监管企业实现销售收入2,914万元，与上年同期6,583万元相比，减少了55.7%；盈亏相抵后实现利润9,562万元，与上年同期15,085万元相比，减少了36.6%。其中：直接监管企业实现利润9,484万元，与上年同期14,898万元相比，减少了36.3%；应交税金4,022万元，与上年同期5,615万元相比，减少了28.4%；已交税金4,686万元，与上年同期7,186万元相比，减少了34.8%。

到2010年底，监管中的3家工矿企业完成产值29，200万元，较监管之初（2005年）的24，523万元，增长了19%；实现销售收入35，040万元，较监管之初24，020万元，增长了46%；实现利润11，060万元，较监管之初5，480万元，增长了101%；实现税金5，133万元，较监管之初2，601万元，增长了97%。

2010年销售收入完成年初指标37，880万元的93%；实现利润完成年初利润指标10，893万元的102%。

【安排部署全年工作，确定任务目标】 于4月2日召开了地区国资监管工作会议，总结2009年国资监管工作，对2010年的国资监管进行了安排部署。全年的目标任务是：力争2010年委监管企业实现销售收入37880万元，实现利润10893万元，净资产收益率达到16%，成本费用率达到29%。

【国资监管工作不断加强】 进一步完善国有资产监管的法律法规体系。2010年，山南地区国资委从健全和完善国资监管制度体系入手，落实责任，强化监管，坚持以制度管人、管事、管资产相结合，先后健全和完善了《国资委关于开展监管企业“小金库”专项治理工作实施方案》、《山南地区行署国资委监管企业负责人经营业绩考核办法》、《地直国有企业经营管理人员培训计划》等制度，先后出台了《委属企业负责人外出（离岗）请销假报告制度》、《山南地区行署国资委关于加强地区国有企业经营管理行为监督的若干规定（试行）》、《山南地区行署国资委挂牌上岗制度》、《山南地区国有企业领导人员管理暂行规定》等制度，这些制度的健全和完善必将对国有资产的依法监管提供了依据和准则。

进一步加强国有产权管理。认真抓好产权管理的基础工作。山南地区国资委对地区国有企业进行了产权登记年检及数据汇总，涉及企业20户，实收资本22469.4万元；对4家地直监管企业的不良资产进行了核销，并要求企业对所核销不良资产进行清理和追索，避免国有资产流失；完成了对湖北大厦、雅砻工矿公司2家企业的资产评估核准分析汇总工作和资产备案分析汇总工作，涉及资产总额4725.74万元，负债总额1142.53万元，净资产3583.21万元；评估资产总额5523.17万元，负债总额1142.53万元，净资产4380.64万元；评估增减值为797.43万元，增值率为16.87%；按照国有资本经营预算暂行办法做好2011年国有资本预算草案编制工作，加强国有资产经营预算体系建设，对监管企业的国有资本进行预算管理，对资本收益的使用进行监督，争取国有资本收益收缴管理取得实质性进展；为解决企业在实际生产经营过程中面临的资金周转困难的问题，经行署批准，山南地区国资委从国有资本收益金中给建工总公司借款1000万元，帮助企业度过了难关。

经营业绩考核工作进一步完善。对2009年监管企业法人代表进行了经营业绩考核，在2010年的地区国资监管工作会议上对2009年度经营指标完成前三名的江南矿业公司、建工总公司等企业进行了表彰；科学制定2010年度国资委直管企业经济指标。并与各直管企业签订了目标责任书。在认真做好企业月报统计工作基础上，对全地区企业国有资产进行了统计，纳入统计范围的企业为40户，截至2009年底，企业资产总额为123，729.4万元，比上年同期109，469万元，增长了13%；负债总额47，160.3万元，比上年同期37，684.1万元，增长了25%；所有者权益总额76，569.1万元，比上年同期71，785万元，增长了6.6%，国有资产保值增值率为119.48%，资产负债率为38.12%，为了解和掌握企业国有资产分布和营运情况、制定国有资产监管政策提供了基本依据。

监事会工作进一步加强。依据《监事会工作条例》，积极探讨监事会工作职责与范围，监督检查的方式、内容、手段、措施，多途径、主动参与企业重大的经营决策，对监管企业私设“小金库”情况进行了检查，未发现违规现象。

【加快国有企业改革步伐】指导各县县属企业进行改革。按照自治区国资工作会议精神，2010年要完成县属国有企业改革工作，为确保工作顺利进行，年初，我们组成专项工作组，对九县十一户企业（电力和粮食企业除外）进行了调研，并在此基础上，对各企业提出了改革指导意见，确定2010年正式纳入改革的县属企业有8家，目前，已有3家关闭注销，1家完成了改革，3家县政府决定继续保留经营，暂不进行改革，1家正在进行当中。

完成地区农牧工商公司关闭工作。为给量小质弱、盈利能力差的小企业寻求新的发展途径，积极配合农牧局做好农牧工商公司的关闭工作，根据行署办公会议纪要[2010]4号文件精神，将地区农牧工商公司整体出售给湖南长沙好韵味实业发展有限公司。9月底完成了农牧工商公司的关闭工作。

完成了山南地区交通国有企业兼并工作。原定组建西藏山南地区交通集团总公司方案，由于达不到注册集团的条件，经认真研究讨论，山南地区国资委结合企业的实际情况提出了由地区长盛公司兼并地区兴业水泥厂和地区运输公司的工作方案，目前已形成了《山南地区交通国有企业兼并方案》，兼并工作进展顺利，已接近尾声。

山南地区审计工作

【审计成果】2010年，山南地区审计局完成项目42个；查出违规资金7,370万元，管理不规范金额945万元，其中：上缴地县两级国库资金1705万元，补缴税金23万元，归还原渠道资金140万元，调账处理2,229万元，提出审计建议128条，向相关部门移送处理案件4起，撰写审计报告42份，上报信息127篇，被中国审计报、地委、行署和山南报采用40余篇(次)，较好地发挥了审计“免疫系统”功能。

【经济责任审计】受地委组织部门的委托，完成19名领导干部的经济责任审计，13个单位的审计调查，查出违规资金1,479万元，管理不规范金额226万元，上缴地县两级国库130万元，归还原渠道资金90万元，调账处理金额1,793万元，提出审计建议52条。

【专项资金审计】完结9个单位的审计和44个单位的审计调查，查出违规资金411万元，上缴地县两级国库资金71万元，归还原渠道资金50万元，提出审计建议31条，分别移送地区教体局、扎囊县纪检委(监察局)处理案件3起。

【财政审计】完结3个县财政决算及其他财政收支情况审计和14个单位的审计调查，查出违规资金4,717万元，管理不规范金额534万元，应上缴地县两级国库1,495万元，提出审计建议14条。

固定资产投资审计　完结6个项目的固定资产投资审计和11县援藏工程项目的抽查审计，查出违规资金2.7万元，管理不规范资金109万元，上缴地区国库资金2.7万元，调账处理金额96万元，提出审计建议13条。

【行政事业财政收支审计】完结1个单位的审计，查出违规资金80万元，针对存在的问题，提出审计建议6条。

【企业审计】完成4个单位的审计，查出违规资金679万元，管理不规范金额75万元，上缴地区国库6万元，补缴税金23万元，调账处理340万元，向地区国税局移送处理案件1起，提出审计建议12条。

【领导名录】
党组书记、副局长：扎西
党组副书记、局长：贾德文
党组成员、副局长：张洪林、扎西罗布、次仁群培（2010年9月组织任命调入）
党组成员、副调研员：王显琼
调研员：卫　东(2010年9月由党组成员、副局长提任)

山南地区统计工作

【圆满完成山南地区第六次全国人口普查】山南地区共划分了554个普查区，包含1149个普查小区，为入户调查打下了基础。五是积极落实普查经费和普查物资。为了给普查工作提供物质保障，山南地区统计局队多方努力落实普查经费和普查物资，最终全地区落实经费共151.9万元，各种普查物资也及时到位。

9月3日，山南地区第六次全国人口普查动员会暨培训会召开，大会对山南地区的普查工作做了安排部署，标志着山南地区的普查工作正式开始。顺利通过了自治区人普办的审核，圆满完成了普查任务。

【完成了组织工作满意度民意调查】为了保证此项工作的顺利开展，山南地区统计局队对调查做了大量的前期准备工作，及时成立了山南地区组织工作满意度民意调查工作领导小组和办公室，并积极同地委组织部沟通协调，严格按照自治区的相关规定确定了调查样本。

5月11日，山南地区统计局队抽调业务骨干组成4个工作组，分别深入到抽中的地直单位、曲松县和错那县。在5天的调查中，共对400名抽中的调查对象进行了现场调查，及时准确、保质保量的完成了现场调查及数据上报工作。

【统计调查业务用房通过竣工验收】2009年经行署批准，建设山南地区的统计调查业务用房，该项目由山南地区建筑规划设计院设计，四川省大邑县第一建筑工程公司施工，湖北吉伟工程监理公司实施工程监理。总建筑面积为1943平方米，主体三层，局部四层，框架结构。2009年7月26日开工，2010年7月6日竣工。

2010年7月8日，由建设单位、规划部门、建设主管部门、设计单位、监理单位、施工单位及质检单位的专家和领导进行了实地检查验收，一致认为该项目按设计要求实施完成，工程质量较好，同意

该项目交付使用。

该项目的实施结束了山南地区统计调查部门没有独立办公场所的现状，提升了山南地区统计调查部门的工作环境。

【山南地区统计局举行升格揭牌仪式】 2010年9月3日，山南地区统计局隆重举行了升格后的揭牌仪式，这标志着我区统计调查事业进入一个崭新的发展阶段。地委委员、行署副专员薛长学同志、人大山南地工委副主任嘎玛洛桑同志出席仪式并为地区统计局揭牌。行署副秘书长胡柏勤同志、各县统计局局长及分管县长和山南地区统计局、国家统计局山南调查队的全体干部职工参加了揭牌仪式。

由上级党委、政府批准，山南地区统计局由副县级单位升格为正县级机构。

【领导名录】

地区统计局、国家统计局山南调查队党组书记：胡永福

地区统计局、国家统计局山南调查队党组副书记、局长、队长：阿旺朗杰

地区统计局党组成员、副局长：普布卓玛

国家统计局山南调查队党组成员、副队长：王　猛

国家统计局山南调查队副队长：王彬彬

山南地区农业技术推广工作

【冬小麦育种】 冬小麦育种参试材料共计930份，其中全区区域试验参试材料包括对照肥麦共12份，品种比较试验参试材料12份，其余为杂交后代。通过选育，从后代中选育出了23份综合性状较好的材料；新配制杂交组合166个，其中147个组合配制成功，成功率88.6%。山冬6号播种量试验，以每亩播量为27斤，产量最高。新品种展示试验展示新品种为W34-04、W30-06、W36-08品系，均为参加2010年审定品种（系）。

【青稞育种】 根据常规育种系谱法进行了品系区域试验、品系比较试验、品系鉴定试验、选种圃以及原始圃。选定了11份区试材料。品系鉴定材料共有98份，其中经济性状好，植株整齐，籽粒颜色一致的8份材料混收提升作为明年的品系比较试验，其余材料来年继续种植观察和记载。选种圃共种植241份材料，包括对照品种藏青320。其中经济性状较好、较稳定的20个品系提升明年的鉴定圃，淘汰了11份经济性状差的材料。共新配杂交组合71份，实收杂交新后代材料54份，杂交成功率达70%以上。与此同时，新品系展示面积7.51亩，品种有4个（2006青24新品系、96青14新品系、98青16新品系、2006青24新品系），藏青320为统一对照品种。经试验示范展示2006青24新品系321.8公斤/亩，比对照品种增产28.4%。

【油菜育种】 参试材料430份，其中，油菜区域试验供试品种（系）12份，品比10个，其余为后代圃，新配杂交组合90份，成功80份，成功率为89%。区域有一份材料产量达到亩产441.95斤，比山油2号增产4.3%。油菜新品种（系）展示共计5个品种（系），其中，一个品种（系）优于山油4号。该品种（系）适宜种植在海拔3800m-3900m以内有灌溉条件的中上等肥力地上生产示范。

【食用菌栽培示范推广】 自2002年山南地区农业技术推广中心建立山南地区高原食用菌菌种繁育中心以来了，山南地区坚持以科学发展观为指导，因地制宜，大力发展食用菌产业，通过几年的不断探求和尝试，食用菌产业已成为带动山南地区经济发展，促进农牧民群众增收的一项富民产业。辐射带动了乃东、加查、桑日等六县逐步建立起了食用菌生产基地，并取得了较好的经济效益和社会效益。全年由山南地区农业技术推广中心生产原种袋5000包，生产栽培袋1万包，各相关县生产菌袋5万包，全地区已初步形成了以山南地区农技推广中心食用菌繁育中心技术人员提供制种繁育菌包技术和材料，由各县农牧局配合，承担项目农户栽培种植销售的生产格局。

【测土配方施肥】 2010年，完成了全地区测土配方施肥工作数据录入、分析和数据整理等各项工作，制作并装订了《山南地区测土配方施肥采样地块基本情况调查表》、《山南地区测土配方施肥农户施肥情况调查表》、《山南地区测土配方施肥资料汇编》。全地区共建立了4万亩的测土配方施肥示范基地，形成了乃东、贡嘎、扎囊、隆子等粮油主产区《山南地区测土配方施肥技术报告》、《山南地区测土配方施肥"3414"试验报告》、《山南地区测土配方施肥工作报告》，各项工作坐在了全区的前列。为下一步测土配方工作更深层次的发展奠定了坚实的基础。

【农药新品种筛选】 2010年，在贡嘎县姐德秀镇果结村实施了5%唑啉草酯乳油60毫升/亩；5%唑啉草酯乳油80毫升/亩；5%唑啉草酯乳油100毫升/亩；大骠马80毫升/亩；野麦喂200毫升/亩的农药试验。结果为5%唑啉草酯乳油，防除麦田野燕麦规定剂量下对作物比较安全；5%唑啉草酯乳油能有效防除麦田内野燕麦及其它禾本科杂草；5%唑啉草酯乳油防除麦田野燕麦，从除草效果及经济效益分析，亩推荐施用剂量80毫升；5%唑啉草酯乳油防除麦田野燕麦时麦类作物拔节初期施用防效提高15%以上。

【青饲玉米种植】 2010年全地区共种植玉米13100亩，实际种植13500亩。其中青饲玉米10440亩，青饲玉米亩产达到10000斤左右，西藏绿源种业有限公司收购加工青贮青饲玉米200万斤，圆满完成高产创建指标任务。

【脱毒马铃薯繁育基地建设】 山南地区脱毒马铃薯繁育基地建设项目于2009年开工建设，项目总投资360万元，建设内容为，恒温恒湿库建设81平方米；农机具库建设253平方米；质检、挂藏、品鉴等工作室建设81平方米；网室（含防虫网室）建设13340平方米；种薯晾晒棚建设600平方米；生产性基础设施建设面积14355平方米，完成率100%，支出资金132.17万元。土地平整2220亩；土壤改良2220亩；排灌渠系建设3.5公里；机井（含配套设施）修建2眼；田间道路修建7公里，完成率100%，支出资金155.32万元。购置仪器设备52台（件），使用资金25.81万元，完成率100%。购置农机具3台（件），完成率16.67%。完成实际投资10.77万元，完成预算投资的83.6%。购买脱毒马铃薯原种（微型薯）22.5万

粒，支出经费9.66万元，完成投资预算的126%。2010年9月9日向乃东县结巴乡农户提供费乌瑞它、昌果红皮、艾玛岗脱毒薯种7万余斤，每斤2元，两项合计14.84万元。完成培训200人次，花费3.4万元，完成预算投资的50%。共计完成投资346.81万元，完成投资总额的96.3%。

山南地区水利工作

【年度综述】 2010年，山南地区新（续）建水利水电项目共26项，概算批复总投资39916.94万元，其中，续建水利水电项目7项，概算批复投资6023.15万元；新建水利水电项目19项，概算批复投资33893.79万元（2010年争取项目总投资）。其中灌区工程12项、防洪工程2项、电站工程1项、线路延伸工程1项、病险水库除险加固工程5项、农村饮水安全项目（共2批）以及农田水利基本建设项目、其他项目2项。全年累计完成投资28895.03万元，与2009年相比，同比增长6674.87万元，增幅达30%。与年初地区确定的水利项目投资确保完成2.7亿元、力争达到3亿元指标相比较，分别达到107%、96%。

【重点水利项目建设情况】 2010年，地区下达了确保完成2.7亿元，力争达到3亿元水利水电工程建设的总目标，面对水利工程建设任务重、时间紧、要求高，而山南地区水利技术力量薄弱、人员少的特点，在总结以往经验的基础上，紧紧抓住国家进一步加大基础设施建设的大好机遇，完善了项目建设管理方案。一方面，狠抓项目前期工作，夯实建设基础，另一方面，严格执行水利工程"五制"，加大项目监管力度。自开复工以来，在项目法代处与建设监理的监控下，按照批准的施工设计组织施工，工程建设有序进行。2010年，共实施重点水利项目15项，概算总投资为19619.83万元，2010年累计完成投资11496.77万元，与2009年完成投资相比增长4365.96万元，增幅达19.6%。

【农村饮水项目建设情况】 让农牧民群众能吃上放心水、安全水，一直是摆在水利部门议事日程中的重要民生工程之一。2010年，通过国家投资、地方配套、劳务投入等多种渠道，努力解决农村饮水安全问题。全年共实施第一、二批农村饮水项目，总投资4643.69万元，其中国家投资3212万元、劳务投入1431.69万元，共建成饮水点133处，解决了12县133个村组29699人、136748头（只、匹）牲畜的饮水安全问题（超额完成地委、行署下达的经济工作分解指标任务新增安全饮水1.3万人的目标）。截止目前，全地区农村饮水安全人口（覆盖面）达到95%。

【小型农田水利基本建设情况】 山南地区水利局继续坚持把农田水利基础设施建设作为扩大农田草场灌溉面积，充分发挥重点水利水电建设项目后续效益的重要措施来抓，转变思路、改进方法、注重实效，全年共完成小型农田水利基本建设资金5921万元。其中：中央投资1600万元，自治区投资1213万元，地区配套318万元，县级财政配套1150万元，群众投劳1640万元。完成土石方量146.32万立方米；修复水毁工程268处；新修渠道19条，总长32.36公里；维修清淤渠道370条，总长557.72公里；疏浚河道总长148.62公里；新修水池（塘）16座，维修水池（塘）117座；新打机井18眼；维修机井66眼，新增灌溉面积1.91万亩；改善灌溉面积13.82万亩；群众投劳82万个工日，出动机械12.63万台班。

【农村小水电建设情况】 2010年，继续以小水电站续建和线路延伸工程为重点，着力解决农牧民用电问题。错那县勒布二级电站（装机320KW）、洛扎县局域网线路延伸工程已全面完工，累计完成投资2674.11万元。解决和改善了2187户8285人的生产生活用电问题，为改善群众生产生活和边境稳定起到了积极的作用；同时，还完成了网外五县小水电站运行管理人员及乡村级电工（共120人/次）的培训工作，培训内容涉及运行、维修与管理等方面，进一步提高了电站运行人员、乡村电工的业务素质和综合能力。

【防洪堤、病险水库除险加固工程建设情况】 2010年，山南地区水利局把保障群众防洪安全、生产用水作为关系民生的大事、要事来抓，实施了洛扎县城区段防洪堤工程、措美县防洪堤工程建设，完成投资809.14万元；措美县波嘎水库、浪卡子县林西水库等5座病险水库除险加固项目陆续实施，全年累计完成投资1847.94万元。

【领导名录】

党组书记、副局长：平措

党组副书记、局长：范和平

党组成员、副局长：杨道明（援藏）、何大华（援藏）、多吉仁增、达瓦、廖仕平、田存余

山南地区交通运输工作

【年度综述】 2010年全年基础设施建设完成投资4.8亿元，比2005年增长90%，各项工作取得了长足发展。一是不断深化"十二五"规划编制工作，深入细致地开展了项目前期工作；二是不断加强主干公路建设，建成琼结至措美公路以及汀汀拉至棒拉山边防公路等新改建工程；三是不断推进通达通畅工程，建成农村公路415公里，改善6个乡镇和19个建制村公路通达通畅问题，并提前实施了"十二五"头年的部分建设项目；四是不断加强养护管理，全年完成养护工程资金920万元；五是不断完善客运站点，地区中心客运站已全面完工并投入营运，桑日、曲松2个县级客运站建成；六是不断促进企业效益提升，交通企业全年完成产值4518万元，利润126万元，税收244万元。在"十一五"规划各项目标任务圆满完成之时，山南地区交通运输局被自治区党委、政府授予"十一五"重点建设项目工作突出贡献集体，被交通运输部授予"五五"普法先进集体，被自治区交通运输厅党委授予"十一五"精神文明建设先进集体，荣获地区"十一五"时期定点扶贫工作先进集体，并连续三年在地区综合考评中被评为先进单位。

【社会办交通的局面逐渐形成】 山南交通运输事业由"部门办交通、部门小交通"扎实向"社会办交通、社会大交通"转变。2010年，地区和各县先后挂牌成立了交

通运输局，交通运输服务管理更多职能归并入新成立的交通运输局，行业管理关系进一步理顺，大交通格局和大交通理念正在逐步形成。各级党委、政府大力支持交通运输事业发展，金融、财税、国土、环保等相关部门积极配合交通运输各项重大工程建设，广大人民群众积极参与交通运输事业发展。

【交通特色文化鲜明生动】山南交通运输系统结合自身工作实际，以文化凝聚精神，以文化创新工作，以文化塑造形象，积极培育了各具特色的机关文化、所站文化、工地文化和道班文化，全系统的文化建设呈现出巨大的活力。积极倡导“畅洁绿美、资源节约、环境友好、绿色通道、阳光工程”等现代文明理念，组织开展“交通精神大讨论”，先后举办主题演讲、摄影、书法、体育比赛、文艺汇演、读书征文等交通文化实践活动20余次，收到良好的效果。同时，大力弘扬了“铺路石精神”和“新时代养护工人精神”。

【交通战备应急保通能力不断增强】山南地区交通运输局扎实开展交通战备应急保通工作，先后建立了《抢险保通应急状况值班制度》、《交通战备应急制度》、《交通战备训演练报告制度》等规章制度，进一步修改完善了《山南地区交通战备应急保通工作预案》，确保了交通战备工作在应急状态下有序高效开展。同时，努力加强交通战备应急保通专业队伍建设，定期进行应急保障科目和交通战备演练，建成了交通应急视频指挥系统和交通应急通信系统，应急反应速度明显加快。

山南地区邮政工作

【年度综述】2010 年全局实现邮政业务总收入 1764.99 万元，完成年计划的 108.1%，比上年同期增长 16.2%；成本费用累计完成 4069.94 万元，完成年计划的 102.37%。全员劳动生产率达到 6.91 万元。2010 年，邮政主营业务收入完成 1643.58 万元，完成年计划的 102.6%，比上年同期增长 8.41 %。三大业务板块中，邮务类业务收入占总收入的 36.6 %，代理金融类业务占总收入的 40.3%，代理速递物流业务占总收入的 19.7%。

【农村通信】截至 2010 年，全局有 13 个中心乡镇网点，102 名乡邮工作人员。全年投递函件 51391 件，包裹 4243 件，特快 13928 件，汇兑 492 笔，党报党刊 238.77 万份，杂志 29246 份。乡邮车安全行驶 45 万公里，实现了全年无安全事故管理目标。

为加强乡邮人员管理、提高中心乡镇邮政固定资产的综合利用率，2010 年相继出台《关于做好委代办邮政业务的通知》、《乡邮摩托车管理办法》、《山南地区农村通信中心乡镇邮政所房屋管理办法》等多项管理措施，并与每位乡邮人员签订了《乡邮摩托车使用合同书》，严格按照区公司下发的乡邮员酬金管理办法，利用政策激励机制调动乡邮员积极性，拓展卡类业务在农牧区乡、镇、村的营销代售市场，在进一步满足农牧区群众邮政普遍服务和特殊服务需求的同时，实现了企业增效创收。

【通信服务】2010 年以“邮政金融内控和案防制度执行年”、和“双创”活动为契机，一是继续加强规章制度的学习和贯彻执行力度；二是在重大节日及敏感日期间开展内控管理，加强资金安全制度执行、营业规范等方面的检查，对检查中存在的问题及时进行整改、复查，实现全局营业秩序正常、资金安全无风险、客户服务无重大投诉的管理工作目标。

【基础建设】2010 年按照区公司年初能力建设要求，一是顺利完成浪卡子打隆镇、工布学乡、贡嘎县岗堆镇、措美县哲古镇四处中心乡镇邮政服务网点及三林边防驻军邮政所建设任务，提升了邮政服务“三农”搭建平台；二是下半年，国家发改委、国家邮政局和集团公司联合组成的调研组深入到山南地区了解农牧区邮政网点建设和邮政空白乡镇的用邮需求等情况，为下一步完善山南地区农牧区邮政基础设施建设奠定了基础；三是重建了洛扎县、琼结县邮政局综合楼，并装修改造了洛扎县和加查县邮政局职工宿舍楼，极大的改善了两县职工生产生活条件，同时利用有限的资金对地区营业大厅进行扩建，配置了网银机等服务用硬件设施。部分县局也新安装了视频监控、尾随电子联动门等安防设备，进一步保障了金融场所的安全。

基层邮政金融网点建设工作取得了重大成就。通过近 2 年的积极争取，区银监局批准了山南局 10 个县储蓄网点开办申请，在区公司、银监局的大力支持下，2010 年底山南地区邮政局顺利开办了 8 个县代理储蓄营业网点，形成了覆盖全地区的邮政金融服务网络，打开了邮政金融业务发展新局面。

【精神文明建设】2010 年，山南地区邮政局先后荣获中央精神文明指导委员会授予的“全国精神文明”单位；国家体育局授予的“全国体育先进集体”；中国邮政企业协会授予的“2009 年度全国邮政用户满意企业”；被地区行风办评为 2009 年度民主评议政风行风“满意单位”，并三年免评，同时在 2010 年的青年文明号考评年检工作中，获得“国家级青年文明号”先进集体一等奖。

隆子县邮政局也被地区青年文明号检查组评为“地区局青年文明号”先进集体；措美县局被正式命名为自治区级青年文明号、曲松县、桑日县邮政局为县级青年文明号。曲松县局颜海燕同志代表山南局参加西藏自治银行协会举办的第九次金融业务比赛，获汉字录入第二名的好成绩。地区邮政局营业班组被区公司工会评选为先进集体；营投科王欢、曲松县局颜海燕两名同志被评为先进个人。

【领导名录】

党委书记、局长：布 林

党委委员、副局长、工会主席、纪检书记：曲 杰

党委委员、副局长：李卫华

山南地区气象局

【畅通气象预警信息发布渠道】充分利用信息员队伍、电视天气预报、《气象服务信息》等常规渠道，及时向社会公众传播气象预警信息；与地区移动公司合作，从 2010 年 6 月 1 日起通过地区移动公司“企业通信平台”，向 7 个无人自动站所在县的党政领导、涉农部门负责人、政府办主

任实时发布手机短信决策服务信息；在10个县政府所在地建立了气象电子显示屏；10月26—27日对全地区12县基层乡（镇）的50名气象灾害信息员进行了集中业务培训。

【决策气象服务】2010年，山南地区局部发生了较大的灾害性天气。6月7—19日沿江一线出现了晴热少雨天气，致使沿江各县发生不同程度的农业旱情和虫灾；入汛后部分地方遭受强降雨、冰雹、雷电和泥石流、山洪等气象次生灾害，给人民群众生命财产安全造成了较大损失。面对这些灾害性天气，山南气象局都进行了及时，周到的预报预警服务和灾中、灾后保障服务，并实施人影作业135次。全年向地委、行署提供各类专项决策气象服务产品39期，提供专题气象服务报告4次，行署领导在决策气象服务产品上作批示2次。公众服务方面，针对性地开展了节假日、学生考期等天气预报服务；及时做好灾情收集上报工作。

【公共气象服务】制作农业气象情报50期，编发农业气象旬月报、候报63期，在西藏农经网发布信息2012条。发布降温天气消息、前期降水实况、后期天气预报等专题预报29次，发布节假日预报6期、气象服务周报18期、天气实况和预报短信服务50份，发布短期气候预测2期。

利用“3·23”世界气象日，平安宣传周、安全生产月等节点，向社会公众广泛宣传气象防灾减灾科普知识，发放科普宣传材料达300余份。开展了气象科普知识“进校园”活动。

【专项气象服务】围绕春节、藏历年、“五一”节、国庆节等重大节日，提供节日专项气象服务6次；围绕地区重大活动，提供针对性的专项气象服务3次。

【气象探测环境保护工作】 在全区内率先以地方政府名义召开了气象探测环境保护工作会议。地区建设局、发展改革委、国土资源局、环境保护局的负责人以及各县分管城建工作的副县长、建设局局长、农牧局局长和气象局局长参加了会议。地区行署副专员乔增楼，自治区气象局副局长赵一平出席会议，并分别作了重要讲话，对加强气象探测环境和设施保护工作提出了具体要求，会上，与12县签订了《气象探测环境和设施保护协议》。

【援藏工作】2010年10月8日，2011—2012年湖北、湖南、安徽三省气象局对口援藏协调会在湖北宜昌召开。会议总结了2009—2010年三省气象局对口援藏工作情况，就2011—2012年对口援藏工作进行了具体研究，确定了资金、人才、技术、设备等方面援助的具体内容，并形成了会议纪要。

【领导名录】
局党组书记、局长：尤良锡
副局长、局党组成员：边巴次仁
纪检组长、党组成员：黎　明

山南地区环境保护工作

【年度综述】2010年山南地区环境保护系统紧紧围绕让人民群众喝上干净的水、呼吸新鲜的空气、睡上安稳的觉，在良好的环境中生产生活的目标任务，从生态环境保护、重点城镇环境整治、饮用水源地保护、农牧区环境综合整治、环境宣传等方面入手，深入开展环保专项行动，加强环境污染防治，及时化解群众反映强烈的热点、难点等环境问题，为构建生态山南、和谐山南做出了积极贡献。同时坚持保护与建设并重，促进经济发展与环境保护协调推进，地区生态环境明显改善。农牧区、主要城镇环境综合整治力度不断加强，极大的改善了农牧区及主要城镇的环境。加强对项目建设的管理力度、严格环境准入政策，严格控制污染物排放总量和加强污染治理等工作，切实保障人民群众的合法环境权益。在中央和自治区的大力支持和帮助下，山南地区环境监察监测力量、设备、手段都逐步得以加强。目前，全地区大气、水体、声环境、土壤、辐射和生态环境质量总体一直保持在良好状态。

【重大事项】2010年，山南地区环保系统迎来改革和发展的春天，山南地区环保局顺利升格为正县级单位，内设办公室、规划与项目科、环境监测科、环境影响评价科、污染防治科（辐射环境管理科）、自然生态保护科（山南地区生物多样性保护与生物环境安全管理办公室）6个正科级行政科室，以及山南地区环境监察支队（山南地区环境应急与事故调查中心）、山南地区环境监测站（山南地区辐射环境监测站）、山南地区环境工程评估中心（山南地区固体废物监督管理站）3个正科级事业单位，人员编制从仅有的9个增加到24个，并于2010年7月29日经地委会议研究决定成立中共西藏山南地区环境保护局党组，2010年11月20日山南地区环保局完成挂牌。此次机构改革，山南地区环保局从机构到人员配置都得到了长足的发展。同时12县也成立了独立的环境保护局。环境保护机构的健全和人员的增加，为全面推进山南地区环境保护工作提供了强有力的组织保证。

【获奖情况】2010年度山南地区环保局被评为全国环保系统先进集体、全区“十一五”环境保护系统先进集体、第一次全国污染源普查先进集体；2人被评为第一次全国污染源普查先进个人、1人被评为全区“十一五”环境保护系统先进个人。

【领导名录】
党组书记、副局长：顿珠次仁（藏族）
党组副书记、局长：邓　荃（汉族）
党组成员、副局长：闫强（援藏干部）（汉族）、达　娃、（藏族）

山南地区科技工作

【精心组织实施2010年科技项目】2010年，山南地区科技局结合工作实际，立足科技创新，以农业结构调整为主线、增加农牧民收入为前提、人才培训为保障，共成功申报和实施了总投资1152万元的科技项目，投资额是2005年的5.6倍。

国家级科技项目。一是2009年批准的科技富民强县项目“贡嘎县特色昌果红土豆种植技术推广与产业化开发”进展顺利，目前已规模化种植“昌果红土豆”5000亩，组建特色种薯提纯复壮基地500亩，产品价高且供不应求，项目取得了初步成效。二是成功申报了“琼结县规模化养猪技术示范与推广”和“浪卡子县良种牦牛繁育技术示范”两个国家科技部科技富民强县项目，申请总投资为890万元。

自治区级科技项目。一是自治区级重大科技成果转化项目“山南地区农牧业科技成果转化示范”进展顺利。项目2010年投资270万元，在上年的基础上继续实施乃东县养牛、琼结县仔猪繁育、贡嘎县养鸡等三个实用技术示范，技术依托单位仍为自治区农科院。项目在各级各部门的通力合作、默契配合下，正按照原定实施方案顺利进行，取得了良好的经济、生态、社会效益，促进了农牧业增产、农牧民增收，带动了当地社会经济发展以及提高农牧业科技水平，为下一步农牧业特色产业发展奠定了良好的基础。二是总投资40万元的山南地区科技平台建设项目，有力地改善了山南地区科技工作基础设施条件。与此同时，山南地区科技局还向自治区科技厅申报了总投资140万元的5个农牧民科技特派员示范大户项目，正待批。

地区级科技项目。2010年山南地区共安排科技三项经费220万元，实施了“清洁能源综合开发利用技术示范”、“科技管理及项目申报实施业务技能交流与合作”、“优质农作物新品种展示”、“新型藏药研制开发及剂型改造”、“核桃油、藏式辣椒酱试制加工技术研究开发”、“藏香猪仔猪繁育技术示范”、“青稞酒酒曲加工技术改进开发研究”、“空中大气水分资源开发利用技术研究”、“隆子县扎日蕨菜加工包装技术研究开发”、“民族手工业产品及旅游纪念品制作研发”、“特色经济发展示范科技扶贫”、“相达一年一胎牦牛本品种繁殖选育技术研究”、“贯彻落实山党办发〔2010〕11号文件精神工作前期经费”等13个科技项目。

【发挥科普职能，积极开展科普活动】 2010年，山南地区科技局共开展“科技三下乡”5次，服务群众6000多人次，发放科普书籍、宣传资料15000余份（册），开展“5.12防灾减灾日”、“知识产权周”、“科技活动周”等主题鲜明的宣传活动3次，发放宣传资料、科普书籍6000余份（册），展出展板40多块，出动大篷车4次。

送科技下乡，促农牧民增收。1月5日，山南地区科技局在地委宣传部门的统一组织下，在曲松县下江乡开展了科技三下乡活动，活动期间，地区科技局、科协设立了科技宣传点，把科普大篷车开进场地，充分利用产品展示、现场咨询、展板宣传、科普资料等形式，开展互动性较强、内容贴进群众生活的科普活动，共发放各类种养殖技术书籍10类2000多本。参加群众2000多人，展示展板20个，展板涉及防灾减灾、节能减排、疾病防治、生活知识等方面的内容。

实施科普惠农兴村计划，激发群众科普热情。2006年国家科协开始启动实施“科普惠农兴村计划”。截止目前，山南地区受到中国科协、财政部表彰扶持的单位6家、个人5人，其中2009年表彰先进协会1、科普带头人1，即地区科技项目浪卡子县卡龙乡农牧民奶渣加工协会、扎唐镇阿嘎村大蒜种植大户旺堆。2010年，地区科协积极组织了申报工作，最终3家单位，即隆子县隆子奶牛协会、乃东县良种奶牛基地、浪卡子县卡龙乡黄牛改良基地和1个个人，即桑日县桑日镇洛村的桑珠，分别获得中国科协2010年全国“科普惠农兴村”先进单位和先进个人。

开展科普宣传活动，提高群众科技知识。一是开展知识产权宣传。二是开展防灾减灾知识宣传。

建立科普活动站，推进全民科学素质。在自治区科协的支持下，地区科协2010年拟在错那县勒布办事处、洛扎县拉康乡两个边境乡建立两个科普活动站。

【加强科技特派员工作，促进农牧区经济发展】 一是加大了农牧民科技特派员选派工作力度。经积极争取，2010年自治区新批准山南地区60名农牧民科技特派员，截止目前山南地区共有农牧民科技特派员200人，他们均已带项目带任务深入基层，开展蔬菜种植、疫病防治、植物保护等方面的技术服务。科技特派员们进村入户，做项目、教技术、传信息，为促进当地农牧业经济的发展和农牧民生产生活水平的提高做出了积极的贡献。

二是加强了农牧民科技特派员的培训工作。2010年，山南地区科技局针对农村产业结构的特点，对140名农牧民科技特派员开展了一次集中培训。培训采用集中教学和分散教学两种方式进行。贡嘎、扎囊、乃东、琼结、桑日五县的85名农牧民科技特派员集中在地区职业技术学校进行了为期9天的培训，其余边远七县55名农牧民科技特派员由于交通不便，由各县农牧局分别负责培训，培训达到了预期目标。同时，利用科普活动日、科技活动周等契机，开展科技培训3次，培训人员600多人次。

【开展科技交流，积极争取科技援助】 2010年年初，地区科技局局长艾啦同志亲自带队，前往湖北、湖南、安徽三省衔接落实援藏项目，争取援助资金。2010年6月，湖北省科技厅党组成员、机关党委书记钟喜英带队的湖北省科技考察团来山南检查指导工作，并在地区科技局隆重举行了科技援藏物资捐赠仪式。捐赠仪式上，湖北省科技厅向山南地区科技局捐赠了总价值125万元的资金、物资。

6月中旬，安徽省科技厅党组成员、纪检组长周晓刚率队的安徽省科技考察团，来到山南地区考察了山南太阳能灭虫灯、山南皖藏农业科技有限公司等安徽科技援藏项目建设情况。安徽省科技研究院与山南地区科技局达成了西藏沙生槐、青稞成分化验分析等科技项目建设意向；江淮园艺科技有限公司表示将为山南特色农牧业科技示范基地建设免费开展项目前期准备工作。

【在武汉举办了山南地区首期科技管理工作业务培训班】 在地区财政没有解决资金的情况下，山南地区科技局通过多方筹集，积极争取培训资金。成功组织了地、县两级共20人的山南地区科技管理工作者赴湖北省科技厅科技管理业务培训班。提高了全地区科技管理工作者的业务能力，规范了科技管理工作。

【获奖情况】 山南地区科技局何毓启于2010年5月被国家科技部、中共中央宣传部、中国科协评为“全国科普工作先进工作者”。

【领导名录】

党组书记：何毓启
局　长：艾啦
调研员：索朗顿珠
党组成员、副局长：肖宗新、巴桑次仁、李斗林
科协主席：何毓启

山南地区教育（体育）工作

【年度综述】2010年，山南地区教育工作紧紧围绕“科学发展、和谐发展、办人民满意教育”的奋斗目标和年初的工作安排，进一步坚持教育优先发展的战略地位不动摇，着力促进教育公平，继续深化教育改革，扎实推进素质教育，全面提高教育质量和学校管理水平，切实增强教育为全地区跨越式发展和长治久安服务的能力，确保了年度工作目标的有效推进。截止2010年底，全地区共有各级各类学校297所，其中，中等职业技术学校1所，高级中学2所，初级中学14所，一贯制学校1所，完全小学101所，教学点165个，幼儿园13所，学前班432个。在校学生总数62519人，其中，高中在校生（含职校）10507人，初中在校生16183人，小学在校生28863人，在学前班和幼儿园就读的儿童达6966人。农牧区学前一年儿童受教育率达到77%，学前两年入园率为39%，城镇学前三年儿童受教育率达67%。小学适龄儿童入学率为99.7%，毛入学率为110%；初中适龄少年入学率达到99.2%，毛入学率为112%；高中阶段入学率为70%，青壮年非文盲率达到99%。全地区共有中小学教职工4397人，小学、初中、高中专任教师学历合格率分别达到97%、97%、98%。

【“两基”巩固提高和迎国检工作】2010年，山南地区教育工作根据年初工作安排，分别对各县中小学师生到位、教材发放、“三包”经费的管理使用、学籍管理及教育收费等情况进行了全面检查。进一步加大义务教育“控辍保学”工作力度，切实完善“双线控辍工作目标责任制”和控辍保学“四书制”，严格执行“就近免试入学、划片区招生”制度，继续实施了科室人员包县制度，加强了“两基”建档和控辍保学工作的监督检查，认真做好了“两基”迎接“国检”各项准备工作。在扎囊县组织举办了各县“两基”统计员培训工作现场会。成功承办了全区“两基”巩固提高暨迎“国检”现场培训会议，并根据国家教育督导团及自治区教育督导委员会对山南地区提出的整改内容，认真做好了“两基”迎“国检”的各项查漏补缺工作。

【项目建设工作】2010年全年下达教育事业费的预算指标数43498.6万元，其中“三包”及奖助金5144万元；地区本级财政对教育投入3200万。2010年新建、改造各级各类学校的总投资达25938万元，建设项目学校91个。完成了教育续建项目和新建项目的复工、放线、基槽、基础验收以及五个县的青少年活动中心建设方案审查工作。积极配合自治区“治工办”工程建设领域突出问题专项治理工作检查和扩大内需项目建设检查组对全地区学校项目进度、质量、资料建设等进行了专项检查，并将检查情况在全地区范围内进行了通报。

【教师队伍建设工作】全年共完成各级各类教师培训人数1448名。完成了1500多名教师资格认定的证件打印和发放工作。对乃东、琼结、桑日、洛扎、曲松、加查、错那、措美及地区一小等1600多名教师人事档案进行了归档整理。完成了21名基层教师的高职考察。对218名教师的中级职务和173名教师初级资格进行了任命。根据《从2010年高校师范类毕业生中公开招考中小学教师的实施方案》要求，完成了190名高校师范类毕业生的招考信息上报、报名及相关考试工作；根据教师学科结构和现状需求，认真做好了119名教师跨地区调配和地区内部教师的相关调动手续工作；完成了2500名教师的普通话培训测试和全地区中小学分课程专任教师及职称情况汇总统计上报工作。

【职业教育工作】2010年，山南地区教育工作完成了1444人的职高招生、350人的对口高职推荐考试和546名内地西藏中职班学生的招生考试录取工作。深入开展国家提出的“四大工程”农牧民培训和第十届“燎原科普之冬”活动，在“燎原科普之冬”活动中共开展农牧民各级各类培训人数达13381人次。

【学校体育工作】积极引导广大群众参与体育锻炼，举办了全民健身志愿者服务活动。不断提高体育课堂教学效率，切实增强青少年身体素质，并成功举办了山南地区第八届中学生运动会。

【教研教改工作】严格执行国家课程计划，开齐课程，开足课时，积极推动新课程改革工作，加强校本教研，确保新课程改革顺利实施。认真组织开展了全地区中小学教师藏语文、汉语文和数学学科赛课活动；举办了地直学校小学生英语竞赛；召开地直学校联动式教研活动联席会议；进一步加强了中小学汉语教育的督促检查；完成了扎囊县中学、贡嘎县中学、地区一小和地区三小的语言文字规范化省级示范校评估验收工作。同时，充分利用各种教育设施和现代远程教育设备，提高教育技术水平。顺利完成了地区教育局网络视频培训中心的项目建设工作。结合全国电脑制作十周年纪念活动，认真组织学生开展了电脑作品制作比赛；完成了小学相关年级的数学、藏文等学科区编教材资源制作和配发工作；进一步加强了现代远程教育试点工作，完成了10所第二批自治区级远程教育试点学校项目的上报工作；完成了地区东辉中学、实验学校及琼结县中学等学校的网络机房建设及初验工作；在贡嘎实验中学建设了全区第一批数字化校园项目并完成了自治区级初验工作。

【学前两年“双语”教育工作】认真做好了学前两年“双语”教育的前期准备工作，向各县下发了《关于做好学前“双语”教育规划统计工作的通知》，进一步加大学前教育发展力度，促进学前教育合理化布局和幼儿教育基础设施建设，不断改善城乡幼儿园办学条件和装备水平，为幼儿发展创造健康成长的环境。组织人员到新疆进行了农村学前两年“双语”教育的考察学习，为切实做好山南地区学前两年“双语”提供了借鉴。同时，山南地区教育（体育）局结合当前学前教育实际，并按照办园条件、师资队伍、教育方法等办园标准，对全地区学前教育情况进行了全面的摸底调查，制定出台了《山南地区农村“双语”幼儿园（学前班）课程设置方案》。指导各县、校充分利用农牧区闲置校舍，在农牧区新开设学前班共212个，入学人数3205人。组织地区实验幼儿园的管理人员和骨干教师有针对性开展了送教下县工作，对桑日、曲松、加查、琼结、浪卡子、贡嘎、扎囊等县级幼儿园进行了现场指导，并组织各县幼儿教师到地区实验幼儿园实地取经学习，切实提升了山南地区各县幼儿园的办园理念和思想。

山南地区职业技术学校

【年度综述】学校2010年有在册学生3567人，教职工210人，专任教师183人，开设有计算机、种植、藏医、汽车维修、畜牧兽医、民用建筑、文秘、体育、英语导游、烹饪、传统绘画、医士、会计、村医、美术大专班等15个长班专业，共55个教学班级；先后举办了以汽车驾驶、卡垫编织、传统绘画、小学教师培训、农牧民科技特派员、项目管理培训班等短期实用技术培训班18期。

【务实管理，狠抓教学教研，切实提高办学质量】一是抓好师德、师风建设。二是抓好常规教学工作，2010年共有354名学生考入高一级院校学习。三是进一步深化教研教改，共组织公开课4次、观摩课2次，教师撰写教学论文166篇，建立了各学科题库。四是强化短期培训工作，2010年，学校坚持以市场为依托，根据培训专业，不断扩大短期培训学员的招生人数，共培训专业技术人才1357人。五是加强师资队伍建设，2010年学校共培养培训了43名“双师型”教师，从藏医院等单位聘请了10名专业技术人员到校授课。六是认真做好小学教师培训工作，2010年学校共培训小学教师148人。

【齐抓共管，坚持以人为本，扎实开展德育工作】一是加强民族团结和爱国主义教育。本年度共播放爱国主义电影5部，举办专题讲座4次，形势教育3次，出主题板报5期。二是大力加强学生管理，不断规范学生日常行为。三是加强法制教育，扎实推进校园普法工作。2010年学校开展法制讲座4次，组织班级学习法律知识3次以上。四是大力开展丰富多彩的校园文化活动。

【获奖情况】2010年3月荣获“新中国成立60周年、西藏民主改革50周年群众性爱国主义教育系列宣传教育活动先进单位”，授予单位为山南地区群众性爱国主意教育领导小组。

2010年6月荣获“全国中等职业学校德育工作先进集体”，授予单位为教育部、人社部。

2010年6月荣获“西藏自治区三八红旗集体”，授予单位为西藏自治区妇女联合会。

张强同志6月荣获“全国中等职业学校德育工作先进个人”，授予单位为教育部、人社部。

2010年5月，组织学生参加教育部主办的全国职业技能大赛，其中烹饪比赛1人获得三等奖。

组织学生参加了西藏自治区第二届大中专院校运动会，获得乙组团体总分第一的好成绩。

【领导名录】

党委书记（正县）：饶建军

校长（正县）：巴　珠

党委委员、副校长：其美旺杰、扎　西

党委委员、纪检书记：仓　决

山南地区卫生工作

【卫生成果】农牧民免费医疗经费水平已由2005年的年人均80元，提高到2010年的180元，农牧民医疗制度覆盖率100%，参加农牧民免费医疗制度的人数达到28.6万人，参加率为96.5%。农牧区医疗制度深受广大农牧民群众的欢迎，为保障广大农牧民享有基本医疗卫生服务发挥了重要作用。

【疾病预防控制工作成效明显】2010年全地区乙、丙类传染病总发病率为453.98/10万，较2009年下降45.76%。地区疾控中心实验室于2007年顺利通过资质认定。

【卫生监督体制逐步提高，卫生执法监督行为逐年规范】目前，泽当镇共有餐饮单位371家，公共卫生场所99家，持证经营率95.5%，量化分级管理实施率15%，餐具消毒设施达标率86.5%。食品卫生监督覆盖率重点地段达到95%，县城90%，乡（村）65%；食品卫生合格率城镇80%，乡（村）70%；公共场所卫生合格率城镇75%，乡（村）55%；学校卫生监督覆盖率城镇95%，乡（村）85%。

【扎实推进城乡卫生服务体系建设】全地区除琼结县外其余各县卫生服务中心均纳入了2011年的标准建设中，2010年共投资4540万元的浪卡子县、扎朗县、桑日县、加查县四个县的标准化卫生服务中心正在建设当中。其余8个县标准化县级卫生服务中心建设前期工作已全部完成，已通过自治区卫生厅、发改委项目评审。二是进一步推进乡镇卫生院升级改造。继上年四个乡镇卫生院改扩建基础上，2010年对25个乡镇卫生院实施了改维修工程，共投入760多万元。同时，山南地区卫生局配合地区安居办，对84个村卫生室配备了简易的医疗设备。

【采取多种措施，充实和发展卫生人才队伍】制定了全地区2010年基层卫生技术人员培训计划。对全地区行政村无村医情况进行了全面调研，并于2010年9月20日与地区职业学校联合对166个无村医行政村的新学员进行为期3年的培训。对在岗村医进行学历改造，同年3月地区卫生局选派了52名村医到日喀则卫校进行学历改造。学历改造期为3年。全年培训人次达731人次。

【基层妇幼保健工作不断加强】2010年1月起全地区十二个县全部开通了母婴急救绿色通道，极大地方便了农牧区孕产妇。2010年全地区住院分娩率由2005年的32.55%提高到2010年的61.37%、提高28.82%；孕产妇死亡率从2005年的367.1/十万下降至2010年的194.98/十万；5岁以下儿童死亡率2005年为39.16‰，2010年为49.96‰，上升10.8‰；婴儿死亡率2005年为28.82‰，2010年为45.09‰，上升16.27‰。积极开展居民健康档案建立试点工作。圆满完成了桑日、琼结试点。

【人口和计划生育工作稳步推进】截止2010年两项扶助制度目标人群分别为3801和993人，兑现扶助资金分别为273.7万元和116.3万元，全地区扶助目标人群总数达6000余人；幸福工程—救助贫困母亲进一步深化，截止2010年共投入50万元，救助贫困母亲60户，惠及人口260人。

【医政管理水平不断提高】2010年3月份在组织部专技科监督下对2009年副高以上专业技术资格考试合格的共8人，其中对7名符合条件人员进行了副高以上职称推荐评审。积极协助自治区红十字会，为开展“嫣然天使基金”唇腭裂免费手术，输送患儿19名，并成立领导小组，制定《山南地区红十字会开展“嫣然天使基金”唇腭裂患者免费手术活动实施方案》。

鼓励专业技术人员进修，提高医护人员素质。2010年共选派44名卫生专业技术人员到对口三省医院进修。2010年卫生援藏共25人，已经在地直医疗部门、12县人民医院从事医疗救治和传、帮、带工作。

【领导名录】

党组书记、副局长（副主任）：次仁顿单

党组副书记、局长（主任）：巴桑

党组成员、副局长：次仁云旦、陈谦（援藏干部）、陈春明、魏文霞、珠　杰

山南地区藏医院

【硬件设施不断完善、服务功能不断提升】医院目前已开设有内科、外科、心脑血管、消化、骨伤、理疗康复、药浴保健、妇科、眼科、耳鼻喉科、口腔科等藏西结合临床一、二级科室近20个。综合住院大楼开设有藏医全科、藏西医结合、外治药浴中心以及普外科现代手术治疗等一体化的住院病区。综合住院大楼现实际开放病床120张，各种设施设备配套完备、能够给广大患者提供宽敞、舒适、洁净的住院环境，开放的护士站成为医患平等、尊重、关爱的沟通平台，职业卫生保洁人员让病人分享星级宾馆式服务。医院现已拥有先进荷兰飞利浦（PHILIPS）MX4000型多层螺旋CT仪、欧林帕斯电子胃镜、电子腹腔镜、X光机，彩色多普勒超声机、全自动血球计算仪、全自动生化分析仪、脑电图、心电图、心脏监护仪、呼吸机等现代诊疗仪器设备。

医疗技术的不断提高和服务领域、服务范围不断拓宽，前来医院就诊的患者也逐年增加。据统计，2010年山南地区藏医院门诊常规就诊人次（包括急诊）达66672人次，比上年同期增3%，（1至12月份）医院总收入3515万元，其中：财政补贴收入1315万元、医疗收入600万元，药品收入1400万元。（医院年收入2000万元中藏医收入达80%以上）。医院总支出3135万元（包括上缴财政利润60%）。其中医疗支出1253万元，药品支出1369万元，其它支出488万元。2010年业务收入2000万元，比2009年增21%。

【人才素质不断提高，竞争能力不断增强】五年来通过走出去的形式先后培养出了各类专业人员50多人次，涉及专业包括藏医理论、西医普外、麻醉、心脑、骨科、妇科、电子胃镜、心电、放射（赫兹共振）、心超、检验、护理以及行政管理等，这些不仅填补了藏医药在某些领域中的薄弱或空白，同时也为继承和发扬藏医药优良传统注入了新的生机和活力，更为藏医药不断走向藏西医结合的发展路子打下了坚实的基础。

【基础设施飞速发展，就诊环境明显改观】先后投资近2300万元新建了一栋专家楼，住院大楼，制剂室前处理车间、库房、综合楼，雅砻藏医药文化馆，放射科等，完成了院内道路硬化、绿化，门诊大楼、职工周转房、医患食堂、干部保健科、门诊收费室、治疗室、卡擦尔室的维修、改造工程。大大改善了医院就诊环境，同时也改善了广大干部职工的住房条件。投资近1700万元新购置了荷兰飞利浦双层螺旋CT仪、美国GE彩色B超、日本奥林巴斯电子胃镜和电子腹腔镜，全自动生化分析仪、手术室净化改造、新住院大楼配套设施设备、中心供氧系统设备、住院部太阳能热水系统设备、制剂室藏药粉碎机、制丸机、干燥箱、自动包装设备等医院临床和藏药生产所需设施设备，不仅大大改善了医院硬件设施条件，更重要是使医院综合实力、综合服务能力、综合服务功能得到了质的变化，趋于全区同行领先，为全地区干部群众健康创造了更加便利、更加完备的健康保证。

一是完成了总建筑面积900平方米，项目总投资180万元的雅砻藏医药文化馆主体工程与投资120余万元内外装修全部完成，现正在进行馆内藏医药文献整理、藏医文物古籍搜集和挖掘工作。完成了投资80余万元的门诊大楼维修工程。三是投资500多万元，在院内进行了胃镜室的净化装修，增加50张床的供氧系统，增加和改造了住院部的太阳能热水系统，装修和改造卡擦尔室、门诊治疗室、干部保健室、医院收费室、医院停车场，购置两台较好的心电图机，在制剂室新建了一栋办公楼、手工车间和会议室，原手工车间改造为符合GMP要求的第二车间，同时从医院项目资金中为兄弟医院妇保院新建大门和围墙解决了40万元的经费。四是为了促进藏医药文化交流与宣传，也为了能够使来院患者足不出户就能约请到北京广安门医院等内地大医院专家会诊，2010年医院申请中国扶贫基金会“天使工程”项目办支持，与北京藏医院合作，率先在全国藏医医疗机构中开通了远程医学平台。

【藏药生产与科研事业稳步发展】2010年医院制剂室和雍布拉康藏药厂共生产181种藏成药品，总产量22.8吨，完成销售收入858万元，实现销售利润286万元，上缴税金95万元，全年增加固定资产245万元，销售、管理、制造等费用支出210万元。

继上年取得74个藏药制剂准字号之后，从上年年底起，山南地区藏医院继续将其余66个未通过的制剂准字品种按照自治区食品药品监督管理局的要求，分两批进行申报。其中不含毒性药材的11个制剂药品于2009年年底申报，目前已完成前期各项准备工作，11个品种当中的二十五味鬼臼丸已获得藏药制剂准字号，其余10个品种正在等待自治区食品药品监督管理局批复；含有毒性药材的55个制剂药品自治区食品药品监督管理局才于2010年7月下发了《关于申报含有毒性药材藏药制剂品种的专家意见》，根据该意见要求，山南地区藏医院目前已完成了所有申报制剂准字号品种的前期资料准备工作，并于2010年8月再次向自治区食品药品监督管理局申报，目前也是正在等待审批。

国家中医药管理局在全国范围内遴选确定了山南地区藏医院在内的区内五家藏医药机构为国家中医药（民族医学）优势学科继续教育基地，山南地区藏医院确定为国家级藏药炮制继续教育基地。

山南地区藏医院积极争取由国家中医药管理局组织开展的民族医药文献整理及适宜技术筛选推广项目。其中确定给西藏的藏医百会金针疗法治疗脑中风康复期技术，藏医放血疗法治疗多血症的技术，藏医药浴疗法治疗风湿性关节炎的技术，藏医盐敷疗法治疗肾积水的技术，藏医泻下疗法治疗绦虫病的技术，藏医火灸疗法治疗堪章脉隆（腰痹）的技术，藏医脉诊技术，藏医尿诊技术，藏医舌诊技术以及藏医眼面诊断技术等 “十项”适宜技术推广项目全部由本院承担。日前项目总方案、具体项目实施方案制定等前期工作已完成。项目投资为300万元，具体工作现正在落实阶段。

乃东县

【年度综述】2010年，全县生产总值达到22.014亿元(含地直)，按同比增长6.4%(可比价，下同)，其中第一产业完成增加值7310万元，增长0.5%；第二产业完成增加值7.79亿元，增长8.2%；第三产业完成增加值13.49亿元，增长5.8%；农牧民人均纯收入达到5310元，同比增长15.4%，其中现金收入3966.2元，增长5.5%；实现本级财政收入3190万元，下降12.19%，其中完成税收2803万元，占财政收入的87.87%，增长17.92%；人均生产总值达到38228元，增长17.6%；全社会固定资产投资总额实现2.55亿元，减少12%；社会消费品零售总额达到6.42亿元（含地直），增长16%；乡镇企业实现产值1.28亿元，增长15.8%；多种经营收入达到1.8亿元，增长27.5%；招商引资6750万元，增长66.7%；劳务输出12226人（次），实现收入达到1.08亿元，增长20.8%；同时完成了县政府机构改革、全国人口普查以及新型农村社会养老保险试点工作。

【农牧业结构调整步伐加快，农牧区经济形势较好】常规农牧业稳步推进，成效明显。2010年，全县总播种面积6.24万亩，其中粮播面积4.1万亩，粮经饲结构调整为66∶19∶15，粮食总产可达21900吨，增长5.2%；油菜总产达1560吨，减少5.8%；全县良种覆盖率和农机化作业率均达72%，实施测土配方施肥0.6万亩，完成中低产田改造1.5万亩，完成农机具补贴200万元。畜牧业方面，全县牲畜年末存栏15.4万头(只、匹)，新生仔畜61800头(只、匹)，成活率97.2%；各类牲畜出栏率32.19%；成畜死亡率0.8%；肉类产量2900吨，增长15.2%；奶类产量2300吨，减少6.9%；设立黄改点44处，冻配8118头，增长13.9%；新生改良犊牛5556头，成活率达89.2%；种植饲草料面积9200亩，可产青饲草2万吨；种植青饲玉米3000亩；以W病、禽流感等动物重大疫病为重点，防疫密度达100%，计划储备防抗灾饲草料1412万斤。

特色产业继续壮大，建设步伐加快。以贡桑禽类养殖专业合作社为依托，以泽当镇、昌珠镇、结巴乡为辐射区的禽类养殖基地，养殖规模达到105万只，出栏禽类85万只，实现产值4100万元，户均增收3600元；良种奶牛繁育基地通过实施引购与自繁等技术措施，存栏优质黑白花奶牛295头，累计发放优质犊牛345头，带动周边乡（镇）800户农户从事奶牛养殖，饲养规模达到3080头；短期育肥规模达到16000只羊单位；主要分布在昌珠镇、泽当镇、多颇章乡的藏蒜种植基地和分布在结巴乡的优质油菜基地，分别完成种植面积3000亩和5000亩，两项合计可为群众创收840万元；在昌珠镇建设的有机蔬菜种植基地取得新突破，基地生产的辣椒、西瓜、黄瓜等6个品种，获得国家农业部有机食品认证，蔬菜专业合作社严格按照一棚一品的要求和有机蔬菜标准进行生产，经济效益和市场影响力不断扩大。

【固定资产投资保持良好势头】2010年，全县完成固定资产投资2.55亿元，其中国家投资7776万元、援藏资金140万元、招商引资6750万元、民间投资10852万元。全县已有8072户农牧民住上了安全适用的新房，85%的农牧民住房条件得到极大改善，建设了45处村级组织活动场所，解决了721户、2991人的农村安全饮水问题。改善灌溉面积1.22万亩，改善中低产田2000亩。全县沼气总户数已达5269座，户用沼气覆盖率达到54.2%，建立沼气服务总站1个、服务点4个。

【城郊型经济规模扩大，拓宽群众增收渠道】一是充分发挥乡镇企业的作用，积极为农牧民创收。全县27家乡镇企业完成产值1.28亿元，上缴税金245万元，同比增长5.31%。二是实现多种经营收入1.8亿元，同比增长27.5%。三是以打造“藏民族之宗、藏文化之源”的旅游品牌为目标，以推进“三色旅游”为举措，累计接待游客35186人，同比增长3.3%；实现旅游总收入172.56万元，同比增长6.8%，其中乡村旅游收入67.5万元，同比增长6.3%。四是全年注册个体工商户3184户，实现营业收入1.8亿元（含地直）。五是大力推动“家电家具下乡”，销售家电、家具8877台（件），实现销售额674.4万元，兑现补贴资金154.1万元；积极实施“万村千乡”市场工程，确定了32户农家店作为补贴对象，补贴资金达到22.4万元。

【援藏工作进一步深化】一是援藏资金数量大、到位快。积极争取省援藏资金及社会援助资金，在武汉市政府援藏资金1840万元的基础上，使第五批援藏资金总量达3500万元，其中当年完成140万元，实现了历史性突破。二是项目启动早、选点准、见效快。经过反复论证，确定了援藏资金主要投向新农村建设、民生工程、重点产业发展和基层政权建设四个方面。通过两年多的努力，开工建设的9个重点项目已全部完工。三是援藏层面进一步拓宽。由政府为主的援藏方式拓展到社会及企业共同参与的模式，武汉各部门和13个街乡（场）对口帮扶乃东县7个乡镇协议资金达400万元。用援藏资金作匹配和打基础，吸纳、整合其他资金，使援藏项目发挥更大的效益，以1840万元援藏资金整合了3000多万元国家、省、区项目。

【科、教、文、卫全面发展】2010年，乃东县全面巩固“两基”成果，继续扎实做好“两基”迎“国检”各项准备工作。“控辍保学”工作力度进一步加大，全县小学入学率达 99.87%，比上年提高 0.17%；初中入学率达 99%，稳步向双百目标迈进。继续实施《非义务教育阶段农牧民子女、城镇低保生资助和激励办法》，全年共资助非义务阶段大中专学生 601 人，资助金额 136.98 万元。社会助学持续推进，筹集资金超过 100 余万元。

2010 年，乃东县积极推进先进适用技术的引进推广、指导服务，全县科技进步对经济增长的贡献率达到 40%以上。深入开展培养科技致富带头人，加大科技特派员下派力度，全县科技特派员达到了 18 名。广泛开展形式多样的“科技三下乡”活动，取得了良好的社会效果。大力实施技术成果转换工程，实施了奶源基地和养牛技术成果转换等科技项目。

2010 年，乃东县 18 个村(居)委会设立了文化活动室，建立了 18 个农家书屋，基本满足了群众的文化需求。“村村通”建设步伐加快，全县广播、电视覆盖率分别达到 97.5%、98.2%，实现户户通 7674 户、机顶盒升级 1397 户。放映电影 2000 余场次，新编节目 9 个，演出 52 场次。

2010 年，乃东县继续完善了农牧区医疗制度，参加农牧区免费医疗的群众达到 35679 人，农牧区新型医疗制度覆盖率和农牧民受益率达 97%，全县门诊人数达 5.5 万人；大病统筹基金 354.57 万元，拨付各乡镇家庭帐户基金 377.72 万元；发放大病统筹住院补助 321.67 万元；加强妇幼计生工作，5 岁以下儿童死亡率 56.9‰，婴幼儿死亡率控制在 53.3‰，兑现“一孩、双女”扶助金 58.1 万元；解决 22 名村医一次性生活补助 22 万元；加强食品卫生监督工作，七个乡镇共集中招标采购药品 187.12 万元；完成碘盐下乡任务 248 吨，碘盐合格率 100%。

扎囊县

【年度综述】2010 年，全县实现生产总值 2.9 亿元，同比增长 17.3%。其中，第一产业产值 5300 万元，第二产业产值 1.12 亿元，第三产业产值 1.25 亿元，同比增长 6.4%，27.6%，14%。社会固定资产完成 2.8 亿元，同比增长 12.9%。实现社会消费品零售总额 2620 万元，同比增长 22.7%。实现财政收入完成 637 万元，同比增长 12%。实现农牧民人均收入 4035 元，同比分别增长 13%。

【农牧业生产总体良好】2010 年，全县总耕地面积 6.65 万亩，种植冬播作物面积 2.85 万亩，春播作物 3.8 万亩，实现粮食产量 2.2 万吨，比年初目标增长 0.1 万吨。一是扎实做好农用物资准备工作。从日喀则、拉萨等地调运良种 12.75 万斤，折款 20.45 万元。品种主要为藏青 320 和早熟青稞等。调运春播化肥 683.3 吨，积造农家肥 7.3 万吨，调运农药 7.58 吨，为农业生产提供物资保障。二是强化农业基础设施建设。扎实做好秋翻工作，完成秋翻面积 3.8 万亩。实施中低产田改造 2.6 万亩，重点改造田计划 0.6 万亩。积极利用农闲时节，加大农田围墙、机耕道的新修和维修工作，新修农田围墙 3.12 万米、维修 1500 米，新修机耕道 10 余处，组织农牧民群众开展水渠清淤及基本农田水利基础建设。三是加强抗旱工作。3—6 月，因干旱缺水，造成了全县 19385.46 亩农田遭受了不同程度的旱灾。灾情发生后，县委、政府十分重视，采取了打机井、修水渠等有效措施，大力推广农作物干旱节水技术，利用好现有的水利基础设施和水源条件，把灾害带来的损失降到最低限度。四是抓好农牧业项目建设。2010 年农牧业项目建设主要包括优质奶源基地建设、藏鸡养殖专业村、人工饲草基地和草种繁育基地、基层农技推广体系改革建设、农牧业体系建设、农作物良种补贴、秸秆处理窖、农机购置补贴等项目，总投资达 952 万元，大部分项目已基本完成或正在实施。立足农业综合开发，抓好 1000 万元农发项目建设，改善农牧业发展条件，带动农村经济发展。五是以黄改为重点，狠抓青饲玉米种植。2010 年全县种植青饲玉米 1800 亩、牧草 10724 亩。全县黄改任务 6700 头，已完成 5278 头，占任务总数的 60.6%，年底基本完成。目前，全县牲畜存栏数达 22 万（头、只、匹)。六是强化农畜产品监督和管理。做好牲畜防抗灾工作，抓紧牲畜饲草料的生产、收割、加工、贮藏工作，确保牧业正常生产。七是认真开展农牧业资源调查。摸清人口、土地、草场、牲畜等资源，为推进新一轮农牧业结构调整夯实基础。

【项目建设成效突出】2010 年，全县实施项目建设 40 个，总投资约 2.8 亿元。2010 年，地区下达安居工程建设任务为 1724 户，已完成 623 户主体建设，在建 63 户，备料 1099 户，年底基本完成。按照自治区和地区的统一部署，重点抓好了 5 个乡（镇）7 个行政村人居环境建设和环境综合整治试点前期准备工作。加快农村能源项目建设，2006 年至 2010 年农村沼气任务 6423 户全部完成。投入 1600 万元，实施了 2009 年小型农田水利重点县工程，扎实推进农村安全饮水工程，投入 137 余万元，新建 5 处饮水工程，解决了 1370 人饮水问题。大力发展电力事业，桑耶、阿扎“户户通电”工程建成通电，实现了乡乡通电目标。加强交通项目建设及公路管理维护，投入 1028 万元，实施了扎其乡敏竹林油路、吉汝乡格普村、节念村砂石公路等三条道路建设。大力实施扶贫开发，扎实推进 2009 年吉汝乡整乡推进扶贫开发工作，分别完成藏猪、绵羊、奶牛购置 145 头、864 只、130 头，项目惠及贫困户 140 余户 600 余人。加强生态环境建设，全县造林绿化总任务面积达 7.78 万亩，均全面完成。积极开展招商引资，成功引进了桑日县中信石油有限责任公司在扎囊县桑耶镇建加油站项目，项目总投资 300 万元。

【产业发展整体推进】2010 年，主要实施了县民族手工业园区仓库建设项目，农发 1000 万元的扶贫氆氇编织项目。目前，全县民族手工业产值完成 2205.9 万元，实现利润 481.4 万，其中，西藏盛世藏绒开发有限公司计划完成产值 628.9 万元，实现利润75万元，阳光氆氇厂79.9万元，实现利润 15.3 万，各乡镇氆氇产值完成 1497.4 万元，实现利润 391.1 万元。扎囊县旅游业 2010 年形势喜人。目前，全县接待游客 16 万人(次)，实现总收入 1600 万元，2010 年全县接待游客25万人(次)，实现总收入 2639 万元。

【农牧群众增收明显】 始终把增加群众收入放在首位，一是强化劳务输出。目前完成劳务输出8256人，创收2606.3万元。二是落实好各项支农惠农政策。共及时发放兑现各项支农惠农资金 1500 万余元。进一步扩大“万村千乡”市场工程覆盖面，兑现2006年、2007年、2008年农家店补贴14.25万元。积极落实好家具家电下乡政策，全县农牧民群众已购买家具家电1894台（件），总价值151.8万元（国家补贴33.9万元）。三是落实项目带动增收。严格落实项目建设不低于15%交给有组织的农牧民实施规定，截止目前交给农牧民实施的达3200万元，在带动群众增收的同时，进一步提高了他们的技能。

【民生事业稳步改善】社保方面：继续扩大各类保险覆盖面，基本医疗保险、基本养老保险，工伤保险参保人数分别为1312人、81人、556人，参保率均达100%。开展了新型农村社会养老保险试点工作，全县参保人数已达6977人，参率27.8%。落实相关就业政策，安置了38名公益性岗位人员。教育方面：完成了"两基"迎"国检"整改工作，召开了"两基"迎"国检"业务现场会，投入1800万元改善了办学条件。卫生方面：切实加强了"甲型H1N1流感"防控工作，接种甲型H1N1流感疫苗8000余人份。认真执行农牧区新型医疗制度管理，全县共有3.57万人参加，参加率达99.57%。有效改善县级医疗条件，投入资金1680万元建设县卫生服务中心。文化方面：加大文化市场整治力度，执法检查20余次，没收非法音像制品635张。举办了扎囊县"西藏百万农奴解放纪念日"一系列庆典活动。抓好"中央第五次西藏工作座谈会精神"宣讲活动，宣讲32次，人数达2.8万人次。民政方面：目前，已发放城镇低保资金43.8万元，发放农村五保户供养金49.2万元，发放农村低保金131.4万元；实施困难群众城乡医疗救助502人（次），兑现救助金22.8万元；为全县1250户5625人受灾群众解决口粮17.5万多斤，折款14万元。抓好地震受损民房恢复重建，投入重建资金54.8万，重建危房5户、维修民房54户。积极开展青海玉树地震灾区募捐活动，募集资金达39.82万元。

贡嘎县

【基本县情】贡嘎县历史悠久，是西藏雅砻文化的发源地之一。1959年5月12日，成立贡嘎县人民政府，隶属山南地区。贡嘎县位于西藏自治区山南地区西北部，总幅员面积2283.84平方公里，地形地貌以高山和谷底为主，平均海拔3750米，交通便利、信息灵通，101省道横贯全县，西藏最大的航空港——贡嘎机场坐落县境内，素有西藏"窗口"、"门户"之称。此外，贡嘎地形地貌奇异独特，风光壮美迷人，有秀美的羊卓雍措，有令人神往的甲桑曲吾日神山，有号称高原第一洞的"昌果溶洞"，有西藏原始社会遗址-昌果多吉扎岩画，有西藏的第一座佛塔"布当"，有宁玛派、萨迦派寺庙24座。民族特色产品更是享誉区内外，素有"氆氇之乡，围裙之邦"之称，昌果卓舞、杰德秀围裙（邦典）制造技艺被列入国家非物质文化遗产名录，吉纳望果节、贡嘎曲德寺鼓舞（阿羌）被列入自治区非物质文化遗产名录。

【年度综述】2010年，全县生产总值完成46768万元，同比增长7.2%；人均生产总值完成9448元，同比增长8.7%，三产比例为9.2:37.5:53.3，"三、二、一"经济结构逐渐形成；地方财政收入完成4023万元，同比增长19.1%；固定资产投资完成44641万元，同比增长33.3%；社会消费品零售总额完成3304万元，同比增长23.5%；农牧民人均纯收入完成4420元，同比增长16.3%；农牧民人均现金收入完成2591元，同比增长1.14%%。

【基础夯实】2010年，全县共实施各类项目47项，全社会固定资产投资完成44641万元，是历年来投资总额最大，完成最多的一年。投资1024万元的重点区域生态公益林、机场生态防护项目的实施，使生态屏障初具雏形；投资1684.26万元的2010年农业综合开发、中低产田改造、农田水利设施等项目的实施，增强了农牧业抵御自然灾害的能力；县政务中心、县周转房、县物价监管业务用房、县民宗统战业务用房、乡镇周转房及东拉乡办公楼等项目的实施，极大地改善了干部的办公条件和生活条件；投资5000余万元的森布日、昌果子灌区工程和县配套200万元的小型农田水利重点县项目的实施，进一步提高了耕地有效灌溉面积和抗灾能力；中小学危房改造、两所中学校园建设、新校园沼气建设等项目，有力地巩固了教育基础，改善了办学条件；机场入口区改造及整治工程已于2011年7月初完工，并顺利献礼西藏和平解放60周年；通过实施1772户的安居工程建设、县财政配套140万元的7个试点行政村委会的农村人居环境建设和环境综合整治、6430户沼气建设、投资326万元的2010年第一批、第二批农村饮水安全工程和投资7100万元的县"户户通电"工程等项目，全县人居环境极大改善；长沙路路灯安装及景观树种植、老城区污水处理排放系统及城门楼改造等市政项目的实施，县城面貌焕然一新。通过这些项目建设，无论是农牧基础设施、城镇基础设施还是人居环境都得到了进一步改善，全县发展后劲得到了进一步提升。

【活力增强】一产取得新进展。针对干旱少雨天气，县政府投入支农资金500万元，加强了农田、草场水利基础设施的建设，农牧业形势好于预期。完成产值4302万元，全年粮食产量完成2.96万吨，油菜产量完成2600吨，肉类产量完成3700吨，奶类产量完成4680吨；牲畜出栏率达35%，仔畜成活率达93%；养殖藏鸡7.82万只，为群众增收40余万元；实施青饲玉米、人工种草、农户秸秆处理窖项目，完成黄牛改良6519头；新建100座温室大棚已顺利通过自治区终验；新开发种植2500余亩昌果红土豆，亩产可达3000斤。二产呈现新格局。二产突出抓好龙头企业、民族手工业和招商引资三大重点，完成产值21060万元。扶持秀隆生态养殖有限公司，增加产值1000余万元；积极开发氆氇、围裙等民族手工业产产品，实现生产总值1800多万元。同时，加大招商引资力度，藏大藏药种植项目、甲竹林草莓及花卉种植项目均落户贡嘎县，到位资金1509万元。三产迈上新台阶。通过夯实旅游业、服务业基础，提升接待水平，三产迈上新台阶。完成产值29685万元。接待海内外游客14.5万人次，创收482.5万元；投资600万元，完成了雅江漂流旅游项目的论证立项工作；销售下乡产品960件（台），兑现补贴42万元；共建立"万村千乡市场工程"农家店58家；发放碘盐261.8吨，完成率101.16%。

【民生改善】教育事业不断发展，争取资金2529万元，改善了办学条件，小学、初中入学率分别达到99.04%、99.8%；卫生事业扎实推进，农牧区和城镇医疗制度全面实施，覆盖率达100%，村医工资待遇提高到了730元/月；文化事业长足发展，已发放直播卫星地面接收设备8396套，广播、电视覆盖率分别达到84%、93%，建成“农家书屋”18家，陇巴“牛皮船”舞、昌果卓舞顺利完成全运会、世博会演出任务；社会保障范围扩大，“五大保险”参保人数3882人，核定报销费用188.25万元，新农保试点工作顺利完成，参保人数4121人；城乡低保、医疗救助和五保户供养等社会救助工作扎实推进，发放自然灾害救助金46万元，解决缺粮资金115.2万元；顺利启动“爱心100”活动，力争每年完成100名困难家庭学生的结对帮扶任务；通过加大政策扶持，加强农牧民技能培训，调整农牧业经济结构，引导群众外出务工，鼓励群众参与项目建设，完善就业渠道，农牧民人均纯收入达4815元。特别是通过项目建设为群众增收达3478万元，通过劳务输出创收达5200万元；自觉接受人大监督，办理人大议案建议和要求32件，落实资金200余万元，解决了主要涉及水利、农牧、民生等一系列群众热点、难点问题。

【领导名录】

县委书记：夏文斌

县委副书记、县长：尼玛扎西

县委副书记、县人大常委会主任：仓　决

桑日县

【基本县情】“桑日”一词在藏语中是“铜山”之意，地处岗底斯山南麓，雅鲁藏布江中游河谷地带，是山南地区五个沿江县之一，是湖南省岳阳市的对口援助县。全县总面积2634平方千米，占山南地区总面积的5.16%。2010年，全县总人口16826人，其中藏族人口占95.6%，汉族人口占2.3%，门巴族、回族、满族、蒙古族等其他民族人口占2.1%。全县总播种面积2.3万亩，其中粮食作物11960亩、经济作物6670亩、饲草作物4370亩，粮经饲比例为52:29:19。全县辖3乡1镇，42个行政村，83个自然村。县城距地区行署所在地泽当镇28公里，距自治区首府拉萨178公里。

桑日县地处西藏高原中南部，属藏南谷地。县境内东西宽61千米、南北长62.2千米。地形地貌以高山谷地为主，高山最高海拔6220米，谷地最低海拔3143米(达古村)。境内有高等植物约为53科191属419种，森林覆盖率43%。分布有脊椎动物53科173种。境内矿产资源较为丰富，既有铜、铬、金（砂金）等金属矿产，又有石灰岩（石）、大理石和花岗岩等非金属矿产。其中以铜矿和石灰石、大理石具有开发前景。

【年度综述】2010年，全县生产总值完成5.2亿元，是2005年1.5亿元的3.5倍；全社会固定资产投资完成3.9亿元，是2005年1.6亿元的2.4倍；社会消费品零售总额完成3086万元，是2005年620万元的5倍；本级财政收入完成2300万元，是2005年331万元的6.9倍；税收完成4585万元，是2005年411万元的11.2倍；农牧民人均纯收入完成4610元，是2005年2337元的2倍，各项指标都实现了两倍以上的增长。

【产业建设效益明显】 产业结构调整不断推进，三次产业结构比重从2005年的16：66：18调整为2010年的6：77：17，“二三一”的产业格局更加明显；华新水泥厂一期二期工程、至诚选矿厂等企业如期竣工投产，工业产值的比重大幅提升，对全县经济的推动效应更加明显；以绒乡藏香猪养殖、桑日镇无公害蔬菜种植和糌粑加工、油菜加工为主的特色农牧业引导作用明显，以程巴石材厂、吉荣大理石厂为主的村级集体企业有益尝试，以鲁定林卡、沃卡温泉为主的旅游景点建设，达古旅游景点、思金拉措开发全面启动。

【新农村建设稳步推进】全年完成702户房屋整修任务（实际新建551户，整修151户）。到目前为止，全县共完成农牧民安居房建设3342户，受益群众13036人，纳入安居工程同步建设的42个村级活动场所也全部完工交付使用。大力实施农牧区村容村貌整治工程，对村庄给排水工程、人行道路、绿化带等进行统一规划、高标准设计施工。2010年以来共完成7个点的村容村貌整治工程，总投资1000多万元。新农村建设成效显著，农牧区面貌大为改观，以县城防洪堤和洞庭大道、比曲路等为主要内容的城市基础设施不断完善，县城功能和品位得到有效提升。

【项目建设突破较大】2010年全县共实施各类建设项目30项，总投资13.19亿元，截至目前已完成投资3.9亿元，其中招商引资类5个，已完成3.17亿元；国家类投资24个，完成投资0.34亿元；民间投资1个，完成投资0.39亿元。同时还争取到国家扩大内需新增投资项目9个，投资近2000万元，其中本级财政直接为中央新增投资项目配套资金170万元。另外一批重点建设项目达古、街需、巴玉电站（总装机容量180万千瓦），拉林铁路桑日段等项目正在进行前期工作。

【社会建设协调推进】“普九”工作全面实现，“两基”工作有效巩固，公共卫生体系建设进一步强化，农牧区新型合作医疗惠泽绝大多数农牧民群众，农牧区2691户11071人的饮水安全得到保障，文化广播电影电视事业迅速发展，广播电视人口覆盖率达到99%，城乡就业渠道进一步拓宽。以“十道保障线”为基础的社会保障体系更加完善，从开始尝试的“七道保障线”到上年全面推广的“十道保障线”，都是在充分维护和保障弱势群众的根本利益。

【领导名录】

书　记：余良勇

副书记、人大主任：李战英

副书记、县长：索朗曲巴

琼结县

【基本县情】琼结县地处西藏南部、雅鲁藏布江中游南岸的琼结河谷地带，琼结河横贯南北，县城距地区行署驻地泽当28公里，全县版图面积1760平方公里，平均海拔3900米，属高原温带半干旱季风气候区，较为适宜农作物生长。全县总耕地面积2.73万亩，草场面积137.63万亩，林地总面积27.264万亩，总人口1.8万人，辖1镇3乡20个行政村，是一个以农为主农牧结合的河谷农区县。

【年度综述】2010 年全县完成生产总值17210万元，同比增长20%；本级财政收入完成648万元，同比增长12%；农牧民人均纯收入达到4520元，同比增长27%；社会消费品零售总额达1590万元，同比增长34%，实现劳务输出6500人次，实现劳务收入4690万元。

【“三农”工作取得新进展】2010年，粮食及经济作物总产量达到1650万斤，实现产值247.5万元。粮经饲比例由2009年的60：26：14调整到59：26：15。在做好农业发展的同时，坚持以市场为导向，大力发展特色农牧业，实施黄牛改良3315头，短期育肥1.45万只，藏鸡养殖20万只，年牲畜出栏率达到33.4%。完成植树造林7503亩（其中人工造林503亩，封山育林7000亩），森林覆盖率达到17.64%。新农村建设工作扎实推进。坚持以城带乡。围绕公共设施和基础设施、人居环境建设的薄弱环节，在三乡一镇7个行政村实施了农村综合环境整治工程；加大通乡、通村公路整治力度。加快农牧区公路建设步伐，进一步解决了群众行路难的问题；加强农田水利建设。全县农村生产生活条件进一步改善，农业综合生产能力显著提高。

【重点项目建设扎实推进】2010 年新开工建设及复工建设项目95个，社会固定资产投资完成21439万元，比2009年增加11.9%，其中国家投资完成14019万元，援藏投资60万元，民间投资5860万元。招商引资1500万元，比2009年增长21.3%。主要实施了琼措公路续建工程、加麻油路、县卫生院整体建设、雅砻灌区工程、琼结河排洪出涝工程、青瓦达孜桥工程、县城磁卡式水表改造、规模标准化养殖技术示范与推广等建设项目。

【工业经济平稳发展，第三产业发展明显增强】顺应市场经济的发展要求，盘活了水晶玉石厂、雅拉香布实业有限公司等现有企业，积极促成金藏元食品有限公司尽快投产运行，走出了一条多元投资、优势带动、重点突出、效益良好的新型工业化路子，有效推动了产业结构向“二三一”的转变。第三产业得到长足发展，着重从行业管理、市场开发、风景区规划建设三个方面开拓全县旅游业，取得了一定的成果。旅游人数达到8.9万人次，创造旅游收入达30.7万元。

【受援工作进展顺利】2010 年琼结县共实施援藏项目2个，投入援藏资金55万元。一是县机关幼儿园周转房建设工程，投入援藏资金45万元；二是下水乡干部职工食堂建设工程，投入援藏资金10万元。

【各项社会事业全面发展】巩固了“两基”成果，降低了辍学率，全县适龄儿童入学率、在校生巩固率均达到100%，加速了教育信息化建设，初步实现了现代化远程教育；为全县3769户农牧民家庭建立了医疗帐户，农牧民参合率达100%；大力实施广播电视“村村通”工程、“西新工程”和电视进万家工程，广播电视覆盖率均达到了98%；着力完善城乡特困群众生活和医疗救助制度，农牧区60岁以上老人“老有所养”的问题得到了根本解决。统计、审计、民政、妇女儿童和国防动员等各项工作均取得新成绩。

【领导名录】

书　记：王建军

副书记、县长：中达娃

副书记、人大主任：陈海云

曲松县

【综合实力明显增强】2010 年，全县生产总值达到3.2亿元，年均递增14%。农牧民人增纯收入达到4060元，年均递增13.2%。本级财政收入完成2318万元，年均递增19.8%。社会消费品零售总额达到1890万元，年均递增12.5%。

【产业结构不断优化】三次产业结构由“十五”末的“10:67:23”调整为“十一五”末“6:68:26”，到2010年，全县第一产业产值达到2020万元，比“十五”末增加357万元；第二产业产值达到2.16亿元，比“十五”末增加1.06亿元；第三产业产值达到8220万元，比“十五”末增加4478万元。在继续稳固一产基础地位的前提下，二产支柱地位更加明显，三产发展速度加快，三次产业结构更趋优化，“二三一”产业格局更加合理。农牧业综合生产能力稳步提高，粮食总产量稳定在1395.18万斤左右，基本保持了粮食自给自足。以黄牛改良、禽类养殖和蔬菜、油菜、饲草种植为重点的农牧业特色产业不断发展，以劳务输出为重点的劳务经济成效显著，成为农牧民增收的两大亮点。

【基础设施日臻完善】2010 年固定资产总投资完成1.9亿元，比“十五”末增加9087万元，整个“十一五”期间累计完成固定资产投资达到7.3亿元。曲松河灌区、色斯公路、农牧民文化活动中心、县城给排水、市政道路、“户户通电”、县城街道美化亮化、福利院、干部职工周转房等一大批项目已建成并发挥效用。全县公路通车里程达355.418公里，通电率达97%，乡镇通邮率达100%。

【城乡面貌显著变化】县城城区面积新增13.2万平方米，达到139万平方米。城区道路条件、环境卫生极大改善，尤其是2010年实施县城美化、亮化、净化工程以后，城市功能和品位明显提升，配套设施日趋完善。新农村建设扎实推进，提前一年完成了安居工程建设任务，3270户农牧民群众住上了安全、适用、舒适的住房，水、电、路、讯、气等设施条件极大改善。

【受援工作迈上新台阶】湖北孝感、黄石高度重视援藏工作，五年来累计选派援藏干部15名、援助资金达2000多万元、实施项目11个，极大促进了曲松经济社会发展。

【民生极大改善】五年来累计落实支农、科教文卫等民生资金5252万元，教育“两基”目标全面实现，人口覆盖率达100%；公共卫生体系建设得到加强，农牧民免费医疗覆盖率达100%；文化事业进一步繁荣，广播电视覆盖率均达到92%；城镇登记失业率控制在4%以内，社会保障体系进一步完善；社会救助、扶贫开发扎实推进；生态环境保护与建设不断加强，全县森林覆盖率达到18.23%。

措美县

【年度综述】2010年，全县生产总值实际完成12765万元，同比增长8.7%；其中，第一产业增加值1800万元，增长7.1%；第二产业增加值4855万元，比上年增长1.3%；第三产业增加值6110万元，增长15.9%。全社会固定资产累计完成16420万元，社会消费品零售总额完成2295万元，增长25.4%；本级财政收入完成545万元，同比增长12.4%；税收收入完成420万元，同比增长36.28%。农牧民人均纯收入达到3620元，增长16.1%。

【项目建设全力推进】全县在建项目42个，年度计划总投资18499万元，累计完成投资16420万元。其中：国家投资项目33个，本年计划总投资11548万元，累计完成投资11120万元；援藏项目3个，本年计划总投资932万元，累计完成投资600万元；招商引资项目3个，本年计划总投资2010万元，累计完成投资580万元；民间投资项目3个，本年计划总投资4122万元，累计完成投资4120万元。包括通县油路、市政道路建设等在内一批重点项目建成并投入使用，有力地推动了全县经济社会发展，极大改善了城乡面貌。

【安居工程进展顺利】截止2010年底，措美县共完成安居工程建设任务3179户，其中，新建2657户，整修522户；完成投资18866.3万元，其中国家投资补贴3339.1万元，群众自筹11871万元，县财政投入250万元，银行贷款2270.7万元，地直、县直帮扶190.6万元，社会资金20万元，小康示范村924.9万元。2010年，地区下达措美县的安居工程建设任务为159户，全部为新整修项目，目前已全部完工。总投资86余万元的卡珠村和玉美村人居环境建设整治工程全面完成。扎实做好了家电、家具下乡以及"万村千乡市场工程"等各项工作，积极鼓励群众开设供销点、小卖部等，活跃了市场，拉动了消费增加了收入。另外，2006年至2010年安居工程配套的基层政权建设项目共16个，覆盖了全县16个行政村，总投资434.63万元，目前这些项目已全部完工并投入使用，保证了村村有办公场所，村村有活动室，为进一步加强基层政权建设，发挥基层党组织的战斗堡垒作用奠定了坚实的基础。

【民生保障不断改善】2010年，措美县共确定城乡低保对象1497人，落实低保资金119.53万元；发放寿星老人健康补贴3.85万元，兑现五保户供养资金25.6万元，全面落实社会保障制度和城镇职工养老保险。措美县还扎实开展"两项制度"（农村最低生活保障制度与扶贫开发政策有效衔接）普查工作，共培训统计人员22人，对措美县农牧区符合"两项制度"条件的贫困户进行了全面的调查统计，并确定扶贫户和扶贫低保户797户3587人，为下一步开展扶贫工作奠定了基础。同时，措美县农牧区免费合作医疗制度逐步建立，全县有13115人参加了农牧区合作医疗，到位资金249.185万余元，全县失业保险、医疗保险制度以及大病统筹医疗保险制度、工伤保险制度、最低生活金保障制度进一步完善，零就业家庭和"35、45"人员的就业难问题逐步得到解决，全年共组织劳务输出3350人，创收2175万元；新农保工作全面启动，实现制度层面的全覆盖，共计1289名60岁以上老人享受基础养老金，适龄实际参保缴费达2648人；严格落实各项支农惠农政策，确保各项支农惠资金足额、及时发放到农牧民群众手中，2010年共落实农机购置补贴38.4万元（包括群众自筹资金），农村税费改革资金108万元，粮食直补资金17.4万元；加大人畜饮水工程建设力度，努力改善基础设施条件；2010年措美县共投20万元完成改厕农户545户；圆满地完成碘盐推广和分配任务，有效地预防了碘缺乏病的发生，保证了人民群众的身体健康；同时还投入37万元用于添置健身器材和安徽广场绿化、美化，极大的丰富了群众的业余生活。

【援藏工作扎实推进】安徽省第三批援藏工作共完成援藏项目18个，援助资金3745万元，一批交通、水利、能源、教育、文化和城乡基础设施工程建成并投入使用，在深入调研并经县三大班子认真讨论的基础上，确定了2010—2013年援藏项目安排，切实加强了对农牧区援藏项目资金的倾斜力度。措美县目前共争取安徽省第四批援藏资金5500万元，其中用于改善农牧区生产生活条件的资金达到了2330万元，占援藏总资金的42.36%，援藏重点更加突出，援藏的渠道更加多元，援藏的效果更加明显。社会事业、基层政权建设，提升城市功能安排资金3170万元，令计划占计划总投资的57.64%。

【社会事业全面进步】2010年以来，措美县高度重视发展各项社会事业，县广电中心竣工并投入使用，总共完成608套"户户通"和15家农家书屋建设，广播电视覆盖率分别达到87.9%和91.2%；加大文物古迹保护力度，做好文物普查工作，哲古镇卓德寺、乃西寺和乃西乡达玛墓地被评为自治区级文物保护单位；教育基础设施不断改善，乃西完小附属工程和古堆完小学生宿舍和食堂附属工程如期完成，进一步改善了基层教育设施；严格"三包"经费账目管理，实行公示制度、政府采购、经费月报制度，足额落实"三包"经费，小学、初中入学率分别达到100%和99%，使学生进得来、留得住、学得好，进一步巩固了"两基"成果，"两基"迎国检工作顺利开展；县、镇、村三级医疗卫生网络建设不断完善，农村合作医疗实现100%，疾病预防控制工作成效显著，积极做好甲型H1N1流感、鼠疫、地方病等疫病防控工作，全县未出现传染病流行现象。

洛扎县

【基本县情】洛扎地处西藏南部，俗称"南方悬崖"，外与不丹王国接壤，东北、东南以及北面分别与措美县、错那县、浪卡子县相邻。距山南地区354公里，离拉萨310公里，是山南地区最偏远的一个县。全县边境线长240公里，国土面积5031平方公里，辖2镇5乡、26个村（居）民委员会、100个（居）民小组，其中边境乡（镇）6个、边境村（居）民委员会21个。截至2010年年底，全县共有5834户19564人。洛扎县境内水力、林业、野生动植物和旅游等资源十分丰富。其中野生动植物资源中有国家一级保护植物红豆杉，国家一级保护动物雪豹、棕尾虹雉等。

【年度综述】2010 年，全县生产总值达到 1.592 亿元，同比增长 12.3%。县级财政收入达到 642 万元，同比增长 12.0%。税收收入实现 450 万元，首次突破 400 万元大关。县域经济实力和发展后劲明显提速。一是一产实现丰收。粮食产量达 9428 吨，超额完成 7.5%。油菜籽产量达 817 吨，超额完成 2.1%。黄牛冻配 1369 头，超额完成 14.1%。牲畜出栏 30430 头，出栏率达到 27.6%，实现一产收入 3170 万元，同比增长 5.2%。二是二产有序增长。引进藏南春食品有限责任公司等三家企业落户洛扎县和稳步推进扎日清油、洛扎粉丝、次麦砂石料加工协会等 10 余家初具雏形的企业发展，实现二产收入 4711 万元，同比增长 21.6%。三是服务业蓬勃发展。全县接待游客达 9.3 万余人次，实现创收 372 万元，分别同比增长 304%和 396%。商贸餐饮、金融、邮政通信等现代服务业发展迅速。实现三产收入 8039 万元，同比增长 10.3%。

【新农村建设扎实推进，群众持续增收】2010 年，投资 2415 万元，完成安居工程建设户 908 户，抗震加固户 54 户，完成率达 100%。7 个试点行政村的农家书屋、太阳能照明、村庄道路建设等 10 类农村人居环境建设和环境综合整治工作已基本完成，农牧区人均居住面积由 24 平方米提高到 39 平方米。新增安全饮水 2118 人，安全饮水群众达到 1.7 万余名，占总人口的 97.8%。新增和改善农牧民用电 1769 户 6828 人，用上电群众达 1.6 万余名，占总人口的 96.3%。新改建农村公路 13.5 公里，通车总里程达 710 公里，99% 的行政村解决了出行难问题。新增沼气用户 822 户，农村薪柴能源代替工程进展顺利。发放碘盐 112 万斤，覆盖率达到 100%，人民群众生活条件得到进一步改善。完成义务植树 250 亩，完成重点区域造林 7635 亩，完成退耕还林配套荒山荒坡造林 2500 亩，生态环境得到进一步改善。

围绕“政策增收、项目增收、劳务增收、采集业增收、产业增收、扶贫增收”六个主要增收渠道，农牧民群众实现持续增收。2010 年，全县农牧民人均纯收入达到 4160 元，同比增长 15.4%。其中，现金收入达 2761 元，占总收入的 66%，同比增长 17.6%。2010 年，为群众发放良种补贴、边民补助等各种支农惠农资金 925 万元。项目带动群众增收 2600 余万元，占项目总投资的 15.6%。开办各类培训班 8 期，培养懂技术、会经营、善管理群众 349 名，完成劳务输出 2278 人，其中跨县 751 人，实现群众依靠劳务增收 609 万元。通过季节性采集虫草、松茸等名贵中药材和林下资源，实现群众依靠采集业增收 795.4 万元。通过发展壮大种养殖产业、农家乐、民营企业等产业，实现农牧民群众依靠产业增收 514 万元。通过投入资金 481 万元，修建色乡曲西村农副产品加工厂等 7 个扶贫项目，使 2000 余人受益，实现扶贫创收 206.6 万元。

【投资和消费双拉动，经济发展后劲明显增强】2010 年，我们多方位、多渠道扩大投资，全社会固定资产投资完成 1.668 亿元，同比增长 27.3%。局域网延伸工程、职工周转房、廉租房、嘎波水库等一批重点项目已开工建设或交付使用，为经济社会持续发展奠定了坚实基础。城乡消费持续活跃，社会消费品零售总额实现 3410 万元，同比增长 26.3%，城乡消费市场呈现出齐头并进、同步增长的良好态势。积极推动家电、家具、农机等生产生活用品下乡，扩大补贴幅度，刺激消费，2010 年，补贴资金 120 余万元，帮助农民群众购买农机具和家用电器 2000 余台。“万村千乡市场工程”和“双百市场工程”扎实推进。

【各项社会事业全面进步，和谐进程明显加快】科、教、文、卫等事业取得长足发展。教育上，“两基”迎“国检”查漏补缺工作顺利推进，教学结构得到优化，教学水平不断提高。各校舍软硬件设施得到进一步改善，初中升学率由 2006 年的 76.5%提高到 85.3%，小学适龄儿童入学率达 100%，初中适龄儿童入学率达 100%。文化上，农牧区基层文化工作稳步推进，建立和完善了 14 个农家书屋，发放广播电视直播卫星户户通设备 467 套，广播、电视人口覆盖率分别达到 75%和 95%。创作和推出了反映农牧民群众新生活和宣传中央第五次西藏工作座谈会精神节目 8 个，下乡演出 62 场(次)，巡回放映电影 2304 场。拉康俗人羌姆被列为国家非物资文化遗产保护名录，县文化馆被中宣部、文化部评为“全国服务农民服务基层文化建设先进基层文化馆（站）”。卫生上，加强了县乡卫生院标准化建设，进一步改善了县乡医疗条件，婴儿死亡率控制在 79.14‰之内，孕妇住院分娩率达到 50%。加大村医补贴力度，把 33 名村级医疗卫生人员月工资由 350 元提高到 730 元，进一步提高了基层医疗卫生人员待遇。人口计生、疾病防控、食品药品监管得到有效防控，2010 年，未发生一起突发公共卫生事件。农村医保工作扎实推进，农牧民群众参加新型医疗合作率达 100%，为 749 名农牧民群众发放大病统筹资金 119.69 余万元。社会保障事业上，投入扶贫互助资金 180 万元，对 12 个村（居）委会进行了定点扶贫。开发安置了 45 个公益性岗位，实现高校毕业生就业率达到 98%以上，复转军人和困难群众得到妥善安置。加强了 3 所敬老院服务建设工作，60 名孤寡老人得到集中供养，供养率达 34%。五大保险基金征缴率达到 100%，新型农村养老保险稳步推进。落实社会救助资金 814 万元，2000 余名困难群众实现应保尽保。

【加强援藏工作，经济社会发展更加稳健】2010 年，中粮集团共计援助资金 800 万元，修建了吉堆蔬菜大棚、嘎波居委会当桌羌水渠、中粮宾馆等基础设施和出资邀请了川大编制了《洛扎县“十二五”规划》和邀请中央电视台第 7 频道《乡土》栏目宣传报道洛扎县民俗民风，进一步提高了洛扎县对外知名度。

【领导名录】

书　记：蒋明浩

副书记、县长：央中卓嘎

加查县

【基本县情】加查县位于西藏自治区东南部，分布于雅鲁藏布江中游南北两岸，属多河流峡谷地带，系山南地区的东大门，东与朗县交界，北与工布江达县接壤，西与桑日、曲松两县相连，南与隆子县毗邻，东西跨度86.5公里，南北距离99.6公里，全县国土面积4493.14平方公里，其中森林覆盖面积14万公顷，草场面积19万公顷，耕地面积2.39万亩。全县平均海拔为4000米左右，属高原温带半湿润半干旱气候，年平均气温8.9℃，年平均降水量446-600毫米，县城所在地海拔3240米。S306省道东西向横贯县境，西距山南地区行署所在地泽当镇146公里，距自治区首府拉萨市300公里，东距林芝地区朗县76公里。全县辖2镇5乡，77个行政村，总人口5819户20142人，其中农村人口4813户18272人。

【年度综述】2010年，全县生产总值完成4.62亿元，同比增长22.7%；社会固定资产投资完成14.08亿元，同比增长24.95%；县级财政收入完成4116万元，同比增长32.99%；社会消费品零售总额完成9441.7万元，同比增长22.8%；农牧民人均纯收入达到4950元，同比增长20.2%。

【农牧区经济发展呈现良好态势】农业生产稳步推进，全年完成农作物播种面积2.9万亩，其中种植商品玉米3000亩，良种推广面积8000多亩。复种面积达5100亩，粮经饲比例调整为68:23:9。牧业发展成效显著，年末牲畜存栏83935头（只、匹），牲畜出栏23246头（只、匹），出栏率达29.22%，新生仔畜22372头（只、匹），新生仔畜成活率达94%，重大动物疫病免疫率达100%。林业产业发展步伐加快。完成义务植树1240亩，零星工程造林1300亩，封山育林2500亩，重点区域生态公益林建设196万亩，造林地成活率达93%以上，全年未发生重特大森林火灾和人员伤亡事故。出台《加快林业改革发展（2011-2015年）的实施意见》，为今后一个时期全县林业改革发展指明方向。

【新农村建设扎实推进】农牧民安居工程全面推进，100%完成了“十一五”时期既定的农牧民安居工程任务，“十一五”期间共新建和改造农牧民住房4085户，农牧民人均居住面积达30㎡以上，社会主义新农村建设成果初步显现。积极推进新能源开发，累计完成沼气建设1602座，出气率达97%以上。水、电、路、讯等配套设施建设进一步加大，新解决236户1314人安全饮水问题和147户641人用电问题，户通水率达81.35%，户通电率达63.15%；移动信号覆盖率达90%以上，全县乡村电话普及率达73部/百人，位列地区首位，城乡面貌不断发生变化，农牧民生活水平有了新的提高。

【项目投资拉动作用明显增强】全年完成固定资产投资14.08亿元，同比增长24.95%，完成年度计划的100%。积极做好藏木电站、加桑公路、邦布岩金矿等大型项目建设的前期规划、征地补偿等各项协调服务工作，大力发展石材、砂石料、水泥制品等基础建材产业，提高了服务大型项目建设的能力。重点开展了无电地区电力建设工程、朗加公路、加桑公路二期工程、江北江南灌区、通乡油路、草场建设、中小河流域综合治理、索朗沟水电开发、加查电站等重大项目前期工作。

【特色产业发展呈现新气象】积极引导农牧民走集约化、规模化发展路子，投资584万元分别实施了无公害蔬菜种植项目和短期育肥项目，建成高效日光蔬菜温棚50个，扶持发展拉萨白鸡养殖5万羽，生猪养殖9245头。不断发展和巩固以核桃为主的优质干鲜果基地建设，核桃规模发展到7682亩22.36万株。着力加强沟通交流，不断完善项目协调机制，逐步细化服务措施，严格落实监管责任，为水电开发和矿产业发展创造环境和条件。突出“一湖、两谷、四区”，加大旅游基础设施投入，完善旅游服务功能，推动相关行业快速发展，全年共接待入县游客15554人次，实现旅游综合收入410万元，同比增长47.68%。

【社会事业得到全面发展】教育方面：累计投入教育资金819万元加强学校规范化建设，改善基层学校办学条件。“两基”迎“国检”步伐加快，小学适龄儿童入学率和在校生巩固率均达到100%，初中适龄少年入学率为96.29%，同比提高3.65个百分点。启动学前两年“双语”教育工程，扎实推进扫盲工作，青壮年非文盲率达到99.58%。文化方面：大力开展文化、科技、卫生、法律“四下乡”活动，进一步完善公共文化服务网络，加强基层文化设施建设，推动文化事业全面发展。全年共放映电影1955场次，安装调试广播电视直播设备550套，建成“村村通”站点117座，完成“户户通”3985台（套），新建农家书屋14个。木碗、石锅和造纸等非物质文化遗产国家级申报工作顺利展开。加查县第一部地方志出版发行。卫生方面：全面推进村级医疗卫生工作，完成了77个村级组织活动场所建设，培养村医85名，实现了村村有卫生室、村村有村医的目标。加强农牧区医疗卫生管理工作，农牧民参加农牧区医疗管理制度人数达到1.8万人，参医率达100%。全面实施农牧区孕产妇住院分娩补助政策，由县级财政投入专项资金对每位住院分娩的孕妇奖励100元，提高住院分娩率，孕产妇住院分娩率由2007年的55.5%提高到77.88%，新生儿死亡率控制在了9.8‰，全年未发生孕产妇死亡，未发现新生儿破伤风，未发生突发性公共卫生事件。社会保障工作：建立健全社会保障体系，全年共发放低保金、五保供养金、各类救灾救济救助资金、补贴补助以及医疗救助金376.236万元，对60周岁以上的农牧区老人发放首批新农保基础养老金53.031万元。加大对社会弱势群体和城镇低收入家庭的关心与帮扶，县敬老院、福利院、30套廉租住房均已投入使用，认真落实租赁补贴金47.25万元。加大养老、失业、工伤、生育、医疗等社会保险扩面与保费征缴力度，保险基金征缴率均达100%。认真开展就业再就业工作，加大农牧民技能培训和就业指导力度，全年成功举办就业指导和农牧民技能培训8期290人，购买公益性岗位37个，实现就业再就业115人，城镇登记失业率控制在3%以内。大力开展面上扶贫工作，实施并完成总投资730.8万元扶贫项目6个，有效改善了农牧区群众的生产生活条件。其它：投入3777.72万元实施农牧民增收、城市形象提升、基层基础建设、妇幼健康保障、“两基”教育巩固提高、农村人居环境建设和环境综合整治六大民心工程，为农牧民群众解决了最关心、最直接、最现实的利益问题。

【领导名录】
书　记：邵利民
副书记、县　长：贡觉多吉
副书记、人大主任：邓世杰
常务副书记：高杰

隆子县

【基本县情】隆子县位于西藏南部，山南地区中偏北，喜玛拉雅山东段北麓，是一个边境大县、农牧业大县、资源富县、维稳重县。全县境域面积10566平方公里，实控面积8165平方公里，辖2镇9乡、80个行政村、401个自然村，总人口35645人，居住有藏族、汉族、珞巴族等十几个民族，其中藏族占99%以上。县城所在地海拔3980米。

【年度综述】2010年，全县生产总值完成36324万元，按可比价计算，比2009年增长29.5%，形成了“二三一”的三次产业结构比例，是2005年的2.9倍；固定资产投资完成45647万元，比2009年增长51.2%，是2005年的2.2倍；本级财政收入完成1100万元，比2009年增长37.5%，是2005年的3.3倍；社会消费品零售总额完成3880万元，比2009年增长29%，是2005年的2.3倍；农牧民人均纯收入达3940元，比2009年增长16.2%，是2005年的2倍。在2010年山南地区综合考评中荣获二等奖。

【“三农”工作收获了新成果】本级财政预算安排农牧、林业、水利经费999.96万元，比2009年增加59.81万元。粮、经、饲比例调整到52.2：20.4：27.4。良种推广16530亩，其中：二级种子田3800亩。筹集调种款及良种补贴款48万元，调运良种12万多斤。春播种子包衣113.5万斤、精选112.4万斤，包衣率和精选率分别达99%和98%；筹集资金28.8万元，调运化肥657吨，较上年增长104%。调运农药21.495吨。落实粮食直补70.39万元、粮食综合直补42.37万元。完成投资250万元购置各类农业机械695台。据统计，粮食产量16422.7吨，增长4.4%；油菜产量926.6吨，增长5.4%。被国家农业部评为“全国粮食生产先进县”。牲畜出栏率达29%。新生仔畜成活率95.8%，比2009年提高3个百分点。成畜死亡率控制在0.26%以内，比2009年下降0.94个百分点。完成投资340万元大兴农田水利基本建设。总投资2500万元的农业综合开发项目完成90%以上的工程量。完成投资731万元，实施生态造林12186亩，在2009年的基础上增长了134%。完成投资465万元，建设农村能源沼气池1175座。项目建设带动农牧民增收3298万元。落实森林生态效益补偿管护资金769.4万元。完成投资717万元上马了9个扶贫开发项目。组织劳务输出4940人，创收3304万元。

【项目建设取得了新进展】　全年共开工项目64个，竣工62个。招商引资完成1.8亿元，招商引资工作在全地区荣获二等奖。完成安居工程建设1596户，受益人口4581人。总投资743.8万元的农村人居环境建设和环境综合整治试点项目进展顺利。争取国家投资404万元，新增安全饮水人口3548人。县城至列麦乡油路项目完成90%的工程量。争取国家投资262万元，实施了9个“兴边富民”项目。争取投资1421.15万元实施县乡机关周转房项目。妇幼计生服务中心、疾控中心、常德广场一期工程、隆子镇新巴村委会办公楼等一批基础设施项目竣工投入使用。隆子县的项目工作得到了广大人民群众和地委、行署的充分肯定，被评为“十一五”基本建设项目先进集体。

【产业建设实现了新突破】新增3个黄改点，维修黄改点6个，新修暖圈560座。新增人工种草1.16万亩。新生犊牛4680头，成活4363头，成活率93.22%。完成黄改冻配6518头，超额完成行署下达的任务。出售改良牛807头，创收282.45万元。目前，隆子河谷一带黄牛改良及副产品收入在农牧民人均纯收入中的比重已占到30%—35%，被地区行署评为“山南地区黄牛改良和人工种草先进县”。西藏华钰公司二期扩建项目竣工投产，华钰公司上缴税收1147万元，占全年税收总额的72%。全县工业产值完成6302万元，同比增长74%，其中：矿业产值达5936万元，占94%。《隆子县旅游发展总体规划》、《隆子县旅游景点详细规划》通过了地区的评审。到扎日转山、朝佛、旅游的人员达4000人次，带动当地群众增加收入80万元。大力推进“万村千乡市场工程”，建设7个农家店，累计补贴资金5.6万元。销售家电家具下乡产品5124台（套），销售总额311.69万元，补贴总额73.17万元。境外珞巴人180人次进入隆子县从事边境贸易，交易额达505万元。推广碘盐188.11吨，同比增长1.6%。

【社会事业迈上了新台阶】本级财政对教育事业的投入达到200万元。争取资金1024万元改善教育基础设施条件。落实“三包”经费482.96万元。全县小学适龄儿童入学率达100%，在校生巩固率小学为99.8%、初中为99%，初中毛入学率达105.4%。农牧区电影“2131”工程完成电影放映2087场，观众达40余万人次。新建7个农家书屋。本级财政预算安排医疗卫生资金达1394.66万元，比2009年增加217.19万元。农牧区医疗制度免费资金到位597.29万元，大病统筹补偿825人次，补偿金额553.06万元。为54名患者实施了白内障复明手术，免除手术费用23.22万元。落实救灾资金23.64万元，解决了2765人的口粮问题。落实城镇和农村低保金289.85万元。向263名城乡特困群众给予医疗救助41.5万元。落实五保户落实生活补助54.72万元、80岁以上寿星老人发放健康补助7.27万元。投入资金8.7万元完善了敬老院的附属生活设施。解决劳资纠纷5起，为34名民工追回劳动报酬13.3万元。新型农村养老保险工作全面启动，参保率达67.83%，向60周岁以上的参保人兑现半年的养老金84.35万元。投入资金9万元对三林乡格西村地质灾害进行治理，保障了57名群众的生命财产安全。

【领导名录】
书　记：华学健（2010年7月前）
　　　　李育智（2010年7月后）
副书记、县长：洛桑平措
副书记、县人大常委会主任：格桑龙点

错那县

【基本县情】错那县位于西藏自治区南

部，喜玛拉雅山脉东南，境外东接印占洛隅地区，西邻不丹，南与印度接壤，是西藏自治区的重要边境县之一。全县总面积34979平方公里(包括印占“麦克马洪线”以南的门隅地区)，现实际控制面积约10094平方公里。全县平均海拔4500米，县城所在地海拔4380米。县城距拉萨418公里，距行署所在地泽当220公里。全县辖1镇1处9乡23个行政村、55个村民小组，居住着藏、汉、门巴、回等民族，总人口14911人。错那县是一个以农牧业为主要产业的半农半牧县，也是一个经济欠发达、农牧民生活水平不高的贫困县。全县现有耕地面积2.23万亩，草场面积530万亩，森林面积36.6万亩。农作物主要有青稞、小麦、荞麦、豌豆等，经济作物主要有油菜籽。牲畜主要有牦牛、黄牛、绵羊、山羊、马、猪等。

【年度综述】2010年，全县生产总值完成1.726亿元，同比增长12.3%，其中：第一产业完成1630万元，增长了5.2%；第二产业完成5100万元，增长了15.9%；第三产业完成10530万元，增长了18%。本级财政收入完成510万元，增长了12.6%。社会固定资产投资完成1.7935亿元，增长了10.7%。农牧民人均纯收入达到3400元，增长了14.7%。

【以产业发展为重点，加快经济建设步伐】在第一产业方面。2010年，全县粮食总产量达到3963吨，与上一年基本持平；油菜籽产量达到380吨，比上一年增加8吨，增长2.2%；肉类产量达到860吨，比上一年增加22吨，增长2.6%；奶产量达到2400吨，比上一年增加284吨，增长13.4%。在第二产业方面。在2010年，错那县进一步发展特色产业，新垦茶叶种植基地287亩，引进优质峨眉毛峰茶苗40万株，投入资金489万元。天麻试种面扩大到200平方米，投入资金3万余元。继续加强矿产资源勘探工作，让5家合法企业，在全县开展矿产资源勘探，共投入勘探资金1254.24万元。完成了对勒布蕨菜产品的商标注册和包装、广告宣传的设计。对木碗加工技术进行了改进，实现了由粗加工到细加工、精加工的转变。勒布野猪杂交繁殖示范基地和觉拉乡藏鸡养殖示范点建设进一步推进。在第三产业方面。通过市场化运作，搞好旅游景区开发和建设，提升旅游业的整体带动力，进一步做好全县旅游规划、建设和推介，全年到错那县旅游观光的团队达到40个，旅游人员达到7000人次，实现旅游收入达到200万元，比上一年增长66.7%。

【以项目建设为重点，着力完善社会基础设施】2010年，认真贯彻落实中央第五次西藏工作座谈会精神，紧紧抓住“扩内需、保增长”和对口援藏的历史机遇，加强与区地有关部门和对口援藏省市的协调与联系，充实和完善项目库，申报了一批能够进一步完善基础施设，健全社会功能，改善生产生活条件的重大项目，积极发挥了项目在经济发展中的拉动作用。2010年，全县在能源、交通、水利等方面建成和开工建设42个项目，其中续建项目8个，新建项目34个，总投资20711.4万元。在矿产勘探领域招商400多万元。全县区域经济发展协调性增强。援助项目更是涉及城镇基础设施、教育、卫生、能源和新农村建设等多个领域。

【以安居乐业为重点，推动新农村建设稳步前进】2010年，错那县完成安居工程建设229户，全面完成了安居工程建设任务。新建安全饮水13处，投资300万元，安全饮水覆盖率达到93%。完成了勒布二级电站建设，较少民族地区群众水电供给得到保障。新建乡村公路90.51公里，对因灾受损的16条846公里公路进行了维护和保通，总投资达1527万元。建设沼气项目98个，总投资达到36.75万元，受益群众达294人。移动、电信通村率达到83%，全县覆盖率达80%，乡镇通邮率达到100%，行政村通邮率达到70%。

【以社会保障为重点，做好群众就业救济工作】社会保障覆盖面不断扩大，城镇职工基本养老保险、基本医疗保险参保人数分别达到163人和871人，失业、工伤、生育保险参保人数继续增加，征缴各项保险费287.7908万元，做到了应征尽征、应缴尽缴。为困难家庭解决就业岗位42个。顺利实施扶贫项目11个，总投资达994万元，为673户2288困难群众解决了实际困难。根据“两项制度”衔接工作要求，完成了制定方案、识别对象、建档立卡等工作，共统计贫困人口4215人，为顺利实施“两项制度”衔接工作打下了良好的基础。为214户特困户发放生活救济金7.63万元。各单位和党员领导干部为困难群众解决实际困难67余件，累计投入资金17.3万元。

【以改善民生为重点，促进社会事业协调发展】教育事业进一步发展。2010年全地区教育工作会议上错那县作为“两基”成果巩固先进单位地委、行署给以了表彰奖励。“两基”迎国检准备工作更加充分，教育基础设施不断完善。2010年完成教育基础建设投资991万元，全县教学条件不断改善；卫生事业进一步发展。全县新农合基金总额达到221.95万元，参合农牧民达13663人，参合率为100%。公共卫生服务体系不断健全，卫生项目建设全面完成。2010年完成卫生基础项目投资100万元；文化事业进一步发展。全面完成了“村村通”建设任务，及时对其设备进行了全面维护。投资58万元完成了错那镇文化站建设。

【领导名录】

县委书记：许　华

人大主任：拉　次

县　　长：罗布占堆

常务副书记：刘圣育

浪卡子县

【年度综述】2010年，全县生产总值达到2.7613亿元，同比增长27.06%；县级财政收入完成681万元，同比增长17.76%；社会消费品零售总额完成4698万元，同比增长23%；固定资产投资完成2.7548亿元，同比下降9.1%；农牧民民均纯收入达3687元，同比增长16.91%。

【重视农牧业生产】保障农业持续发展。安排10万元，购买良种8.3万斤；安排285.34万元支农惠农资金和100万水利专项资金，用于防洪坝、水渠、提灌站等建设，改善农牧区小型水利设施，服务农牧业发展。完成农作物总播种面积2577公顷，其中粮食播种面积1804公顷，经济作物播种面积309公顷，饲草料播种面积464公顷。粮经饲播种面积比例为71.6：12.2：16.2。粮食产量6275万吨，比上年增长18.5%；油菜籽产量500吨，比上年增长1.8%。

保障畜牧业加快发展。落实畜牧业“两增、两减、两控制”的指导方针，不断改善畜群畜种结构。适龄母畜177682头（只、匹），占总数49.7%，仔畜成活数112639（只、匹），成活率92%，成畜死亡数4376(只、匹)，死亡率控制在1.2%以内，牲畜出栏率29.3%，年末牲畜存栏数38.68万头（只、匹）。全县共完成黄牛冻配4405头，受胎率67.91%。畜牧业的商品化程度不断提高，肉类产量达2418吨，下降13%；奶类产量达7677吨，增长8.5%；毛类产量达303吨，增长9%；皮类产量达12.68万张，下降4%；蛋类产量达18.7吨，增长1.6%。

【重视项目建设】全年在能源、交通、水利等方面共开工34个项目，其中续建4个、新建30个，总投资27548万元。建设完成了朗杰塘万亩草场开发、县垃圾填埋场、县医院标准化建设、县乡干部职工周转房、县中学及4所完小改扩建、3座水库及人畜饮水、物价监管及统战民宗办公楼、文化活动中心等项目。安排150万元用于张达等8乡镇取暖项目建设。

【重视特色产业】一是加大旅游开发力度，安排50万元，用于旅游产业开发，完善景区景点建设。羊湖租赁于珠穆朗玛旅游公司经营以后，对岗巴拉山进行了适度开发，使国内外游客纷至沓来，激活了农牧民参与旅游的积极性，向旅游服务迈进。全年接待旅游人数26.7万人次（其中：国外游客5.3万人次），旅游收入达1445.3万元。二是大力发展地方优势产业。紧紧围绕“一乡一品”目标要求，重点扶持了甘扎畜产品加工和张达民族手工业合作社、卡龙甜奶渣加工和浪卡子镇采石协会、白地羊毛加工和打隆牦牛本品选育基地，推动浪卡子县民族手工业向规模化、商品化、市场化发展，实现产值890万元。

【重视消费带动】以“万村千乡”市场工程为契机，助推了“家电、家具、农机具”下乡试点和“耐用消费品、医药”下乡，丰富农牧区消费种类。目前已落实补贴资金3.63万元，购置家电、家具113台（件）；落实补贴资金130万元，购置农机具564台（套）；落实补贴资金36万元，购置汽车82辆。

【重视受援工作】认真总结受援工作经验，制定好受援工作规划，项目向农牧区倾斜、技术向农牧业倾斜、资金向农牧民倾斜。积极谋划好6500万元项目的开工准备工作，做好配套700万元的村容村貌整治项目规划、设计完成后勤服务中心综合楼、县城环城路等项目和泽当办事处的前期准备工作，确保如期开工建设。全年完成5名干部挂职锻炼、2名医生援助浪卡子县医疗事业、3名医生到内地业务学习和项目投资335万元等，充分发挥了援建资金的政治、经济和社会效益。

【重视安居工程】继续推进安居工程建设，投资363.5万元，完成安居工程727户。积极争取资金1450.8万元（其中援藏资金700万元），在扎玛龙、白地、哈西、曲龙、那木其、色空、雪宗等7村（居）开展人居环境整治试点项目，倡导健康文明的生活方式。

【重视农牧民增收】全年劳务输出7112人，创收5563万元；政策性增收力度不断加大，落实好了各种粮种补贴、“三包”经费、支农资金等和农牧民从事服务业等，确保了农牧民纯收入达3687元以上。

【重视社会保险】参加养老保险74人，缴纳养老保险102.68万元，征缴率100%。落实退休职工25人的养老金50.79万元，发放率100%；城镇职工参加医疗保险889人，缴纳基本医疗保险基金420.77万元，征缴率100%。落实参保职工40人的医疗保险基金26.73万元；参加工伤保险21人，缴纳工伤保险基金2296.8元，征缴率100%；参加生育保险职工850人，缴纳生育保险基金18.8万元，征缴率100%。落实参保生育保险基金7.19万元。2010年浪卡子县被确定为新型农村社会养老保险试点县，据初步统计，16至59周岁农业户口21958人，60周岁以上人口2641人，参保登记工作正在开展，参保率达60%以上，年内兑现60周岁以上老人养老金87.15万元。

【重视社会救助】安排50万元抗灾救灾资金，民政部门拨付自然灾害补助、救助资金47万元，保障灾民生产生活秩序正常；兑现农村低保资金197.95万元，受益789户、3181人；兑现城镇低保资金34.89万元，受益395户、476人；医疗救助143人，救助资金35.54万元；安排39.6万元，用于“五保”老人生活保障；安排18.55万元，用于其他社会弱势群体救助。

【重视社会事业】教育方面。积极争取国家投资，改善办学条件，按照教育优先发展的战略，本级财政配套资金136.2万元和迎“国检”启动资金10万元，占总收入的20%以上。目前全县“普九”目标全面实现，“两基”人口覆盖率达100%，学前教育、小学入学率、初中入学率和成人非文盲率分别达到25%、100%、99.7%和99.85%。部分乡镇基本实现了无辍学生的目标。县中学还开创了“学校+公司”职业教育办学模式，开设了绘画、木工、卡垫编织等8项技术课程。实现了“升学有基础、就业有技能”的目标。医疗方面。全县参加合作医疗34212人，参保率达99.6%，极大地解决了农牧民群众看病难和看病贵的问题，基本实现了人人享有卫生保健。增加10名乡镇合作医疗专职人员，充实医疗队伍，完善基层医疗保障体系，优化群众医疗通道。年就诊17298人次，住院1622人次，免疫疫苗接种14029人次，接种率达94.2%。安排9.76万元，用于计划生育专项经费，开展优生优育工作。文化方面。继续推进西新工程和“2131”工程，健全和完善农牧区广播电视公共服务体系，广播、电视覆盖率分别达到83%和100%。安排10.29万元，用于村级文化室建设，丰富农牧民群众业余文化生活。先后有“羊卓羌谐”、“打狼歌”、“羊卓服饰”等6项被列为自治区级文化遗产名录。2010年正在申报“相达谐望”、“卡热卓舞”、“江塘吉仁节”等3项自治区级文化遗产，极大地提高了浪卡子县文化知名度。

日喀则地区

日喀则地区

【基本区情】日喀则地区地处西藏自治区西南部，南与印度、尼泊尔、不丹三国接壤，西衔阿里，北靠那曲，东邻拉萨与山南。总面积18.2万平方公里，东西长约800公里，南北宽约220公里，边境线长1753公里，是祖国西南边疆的前沿阵地，战略地位十分重要。日喀则地区历来是与南亚诸国友好往来的重要门户，现有国家一类陆路通商口岸2个（聂拉木口岸、吉隆口岸），二类口岸1个（定结日屋口岸），边境互市贸易点28个。318、219国道和204省道（日亚公路）贯穿境内，公路通车总里程超过1.3万公里。全地区以农牧业为主，农业总量居全区第一位，畜牧业总量居全区第二位。现辖1市17县和1个口岸管理委员会，203个乡镇（街道办事处），1671个村（居）民委员会。全地区总人口72.5万人，其中藏族人口占95%。除藏族外，还有汉、回、蒙、土、满、苗、壮等十几个民族，另有少数夏尔巴人和达曼人。

行署驻地日喀则市建成至今已有600多年的历史，海拔3800米，是西藏第二大城市，历代班禅驻锡地，日喀则地区政治、经济、文化中心和交通枢纽。1986年被国务院列为历史文化名城。

现有耕地面积8.91万公顷，草原面积1232.64万公顷，其中可利用面积1028.17万公顷，林地面积122.8万公顷，其中森林面积11.97万公顷，森林覆盖率6.81%，林木蓄积量3328.5万立方米。矿产资源开发利用前景可观，共发现矿床、矿（化）点及找矿线索234处，有金、铅、锌、锂、铜、硼、玉石等46种矿产。其中仲巴县的硼砂和锂矿，谢通门县、拉孜县的铜金矿，日喀则市、仁布县、白朗县的铬铁矿，昂仁县、定日县的铅锌矿等都具有较大开采价值。

能源主要有水能、地热能、太阳能、风能等，尤以水能资源最为丰富。仅雅鲁藏布江、年楚河等河流，水能蕴藏量就达1000余万千瓦。太阳能资源丰富，光伏电站分布广泛，太阳能得到充分利用。地热形式多种多样，沸泉、热泉、温泉等较为普遍。矿泉水资源分布较广，最著名的是岗巴县曲登尼玛矿泉水。

日喀则地区旅游资源尤为丰富。自然景观得天独厚，有世界最高峰——珠穆朗玛峰、观相神湖——雍则绿错湖、雅江源头——杰玛央宗冰川、人间仙境——吉隆沟等。名胜古迹数不胜数，历代班禅驻锡地——扎什伦布寺、班禅夏宫——德庆格桑颇彰（新宫）、第二敦煌——萨迦寺、英雄城——江孜、抗英古战场——红河谷、苯教圣地——热拉雍仲林寺等。

【年度综述】2010年，日喀则地区生产总值达86.39亿元（第一产业20.88亿元，第二产业21.61亿元，第三产业43.90亿元），同比增长11.7%；人均GDP达12074.53元，同比增长9.0%；地方财政收入完成3.35亿元，同比增长14.8%；税收完成1.94亿元，同比增长20.8%；农牧民人均纯收入达3750元，同比增长17.1%；城镇居民人均可支配收入达14700元，同比增长11.0%；完成全社会固定资产投资61.39亿元，同比增长14.8%，新增固定资产48.36亿元，交付使用率达78.78%。

【毫不动摇抓结构调整，产业布局明显优化】一、二、三产业发展比例调整为24.2:25.0:50.8，三产结构首次呈现“三二一”型，产业结构日趋合理。

农牧业经济稳步发展。以市场为导向的效益农牧业开始起步，农牧业产业化经营有了新进展，特色农牧业不断发展壮大，重点实施了农村沼气、退牧还草、牲畜暖棚圈、动物防疫、科技推广、游牧民定居等项目，建立了优质粮油、马铃薯、蔬菜等特色农产品“十大基地”，粮经饲比例调整为60:26:14。农牧林渔业总产值达到28.05亿元，同比增长3.6%；农作物总产量达到83.78万吨，同比增长4.49%，其中粮食总产量达34.14万吨；年末牲畜存栏576.76万头（只），牲畜出栏率为38.6%；肉产量达到3.63万吨，同比增长9.7%，奶类产量达到7.41万吨，同比增长0.5%。

工业经济快速增长。以培育支柱产业和建设国家重要的战略资源储备基地为目标，重点扶持发展了建材、矿产、能源等支柱产业，进一步提升了工业化水平。日喀则地区雪莲工业贸易公司与西藏高新建材集团有限公司实现成功合作、山东力诺太阳能10MWP光伏电站成功落户日喀则。扎布耶锂矿、宝翔纳如松多铅锌矿、天龙矿工贸和曲登尼玛、珠峰冰川矿泉水逐步发展壮大。藏毯、金银器等民族手工业发展迅速。工业总产值达6.98亿元，同比增长1.7%，其中规模以上工业企业实现总产值5.19亿元，同比增长7.6%。发电量达到1.81亿千瓦时，同比增长0.7%；铅矿石、锌矿石产量分别达9066吨和5600吨，同比分别增长2.2%和88.6%；自来水产量达到1243.4万立方米，同比增长13.1%；瓶（罐）装饮用水产量达到1938.23吨；水泥产量达到15.75万吨。

第三产业蓬勃发展。以旅游、外贸为主的第三产业占GDP的比重达到53%，成为重要的经济增长点。全年接待国内外游客110.7万人次，实现旅游总收入8.56亿元，同比分别增长23.7%和71.3%。边贸业运行良好，实现对外贸易进出口总额5459.98万美元，同比增长8.8%，其中边境小额贸易实现进出口总额5077.77万美元，占进出口总额的93.0%，同比增长1.2%。农牧区商贸流通体系进一步完善，实现社会消费品零售总额35.87亿元，同比增长18%。金融服务业健康发展，年末存贷款余额分别达到101.96亿元和19.66亿元，同比分别增长18.57%和3.6%。邮政、通信、运输、住宿、餐饮等服务功能进一步提高。

【自始至终抓基础建设，发展后劲明显增强】全年正式施工项目662个，其中新开工项目579个，全部建成投产项目499个。完成了中尼公路、新藏公路日喀则段改扩建工程，实施了亚东、康马、定结、吉隆等通县油路，日喀则机场试飞通航，拉日铁路开工建设，逐步形成公路、铁路、航空三位一体的立体交通网络。实施了三期农网、无电地区电力建设和农村电网改造，实现了县县通光缆、乡乡通电话。援藏投资力度不断加大，极大地改善了农牧区基础设施条件，造血功能、自我发展能力进一步增强，日喀则宗山博物馆等一批援藏工程相继建成并投入使用。

【千方百计抓民生保障，各项事业快速发展】优先发展教育事业。实施了地区第三高中、江孜高中、南木林高中等一大批教育基础设施项目。巩固"两基"攻坚成果，适龄儿童入学率和初中入学率分别达到了98.55%和93.9%，青壮年文盲率控制在1%以下。各类高中阶段在校生达到12919人，幼儿园在园幼儿2579人，特殊教育学校在校生达52人，农牧区学前一年和城镇学前三年儿童受教育率均达到40%以上。

积极发展文化广电事业。深入开展"送戏下乡"、"送书下乡"、"三下乡"活动，大力开展"扫黄打非"、"珠峰工程"等专项整治活动，积极参加2010年上海世博会文艺演出和"西藏活动周"非物质文化遗产展示活动，顺利完成876处不可移动文物点野外调查，继续加大了萨迦寺、扎什伦布寺、乃宁寺等重点寺庙维修保护和"红色遗迹"抢救保护工作。建成了4个县级综合文化活动中心、13个乡镇文化站，完成了19名第二批自治区级非物质文化遗产项目代表性传承人推荐确认工作。广播电视宣传能力大幅提高，广播电视综合人口覆盖率分别达到94.08%和92.00%，"西新工程"取得新进展。

突出发展公共卫生事业。大力推进医药卫生体制改革，积极开展国家基本药物制度试点，规范医疗基金管理，加强妇幼卫生保健，医疗卫生服务网络不断健全，医疗卫生体系进一步完善。加强了禽流感、甲型H1N1流感、手足口病等重大传染病及地方病的防治工作，完成了江孜、拉孜等8个县医院标准化建设、聂拉木县疾控中心和地区疾控中心地方病实验楼等卫生基础设施项目，进一步提高了应对突发公共卫生事件的处置能力。

全面发展社会保障事业。社会保险覆盖面进一步扩大，基本养老金按时足额支付率和社会化发放率均达到了100%，确保了参保人员及时享受各项社会保险待遇。年末全地区各类社会保险参加人数达34.62万人，得到政府最低生活保障救济77521人。实现城镇就业4356人，失业率控制在3.6%以内。廉租房建设达638套、周转房达1322套。向西南旱区、玉树地震灾区、舟曲泥石流灾区、吉林洪涝灾区捐款800余万元，向昂仁县及时下拨灾后重建资金250万元，极大提高了受灾群众的恢复生产生活自救能力。

【领导名录】

地委副书记、行署专员：许雪光

地委副书记、行署常务副专员：阿　旺、李耀东、闵卫星

行署副专员：同　珠、张雪喜、旺　堆、欧珠卓玛、索朗罗布、刘永颇、普布桑珠

行署秘书长：尹立生

日喀则地区纪检监察工作

【认真落实党风廉政建设责任制和惩防体系建设工作规划，努力构建反腐倡廉责任网络】一是层层签订责任书。在年初召开的地区党风廉政建设暨纪检监察工作会议上，地委、行署与各县市、地直各单位签订了2010-2011年党风廉政建设责任书。二是抓好责任分解。实行"一岗双责"，把权力集中、资金密集的部门和单位作为重点领域，把项目审批、项目资金安排、资金管理、招投标工作和干部选拔任用作为重点环节。三是抓好责任考核。2010年11月，下发通知要求各县市、地直单位就落实党风廉政建设责任制情况进行自查，并组成两个工作组赴部分县市、地直单位进行了重点抽查，将重点抽查情况在地区范围内进行了通报，并上报区纪委党风室。四是加强组织领导。地委对党风廉政建设和反腐败工作协调领导小组进行了充实；各县市委和地直、区直、中直单位党委（组），进一步完善了落实责任制的办法，为全面落实党风廉政建设责任制提供了组织保障和措施保证。

在推进惩防体系建设方面，主要是抓了"三个机制"建设：一是建立了领导机制。地区成立了以地委主要领导为组长的贯彻落实《工作规划》和《实施意见》领导小组，下设办公室；各县市成立了相应的领导机构和工作机构，全地区形成了分工负责、上下联动的监督网络机制。二是建立了协调机制。纪检监察机关经常深入基层开展调查研究，及时掌握影响廉洁、影响党和政府形象的新热点、新动态，积极提方案、提建议，为全地区党风廉政建设和反腐败工作的安排部署提供依据。三是建立了考核机制。制定了贯彻落实中央《工作规划》和自治区《实施办法》的分工方案，将工作责任分解为119项，落实到46个具体部门。并逐项提出责任目标和工作要求，在全地区范围内建起了一个纵向到底、横向到边的责任网络，形成了齐抓共管的良好局面。

【推动领导干部廉洁自律】一是认真开展了《中国共产党党员领导干部廉洁从政若干准则》（以下简称《廉政准则》）的学习贯彻工作。取得了良好的效果。联合地区编译局将《廉政准则》翻译成藏文，印刷成藏汉双语合订册6100余册，已发放到18县市、地直单位党员干部手中。二是对全地区各县市，地、中、区直各单位现有丰田"V8"车辆情况进行了全面统计，共有34辆，并将统计结果如实上报区纪委党风室。三是地区已杜绝了领导干部驾驶公车现象。四是2010年11月，地区纪委联合地委组织部、地委党校召开了地区新任县处级干部（含进一步使用）廉政教育培训会议。五是各级党政组织在党员干部中开展了"一述双评"活动，地区县处级正职领导干部在日喀则电视台进行了公开承诺；全地区形成了党组织创先、党员干部争优的浓厚氛围，促进了各项工作的深入开展。六是地区纪委监察局联合地区移动公司，每周向党员干部发送两条廉政短信息，搭建了新的廉政教育平台；日喀则市纪委监察局组织开展了"反腐倡廉警示教育月"活动，进一步提高了党员干部的廉洁自律意识。七是会同地区财政局下发了《关于进一步落实党政机关厉行节约要求的通知》，明确了责任分工，量化经费缩减，严格控制预算，并对检查和奖惩作了详细规定，对一般性支出进行了有效控制。八是认真做好"小金库"专项治理"回头看"工作。会同地区财政局、地区审计局对12家"零申报"和"零问题"

单位进行了重点检查，共查出违纪账户32个、违纪资金466000元，减少了财政资金的流失和浪费，从源头上预防了腐败问题的发生。九是对行政事业单位财政收支情况进行了监督检查，地区财政局制定了《日喀则地区行政事业单位2008-2009年度财政收支执行情况工作方案》，组织4个工作组对53家地直行政事业单位2008-2009年度财务收支执行情况进行了监督检查，对存在的问题及时提出处理建议，进一步规范了地直行政事业单位财务管理。十是协同地委组织部，认真开展了严肃整治干部选拔任用过程中行贿受贿行为专项治理活动，认真做好了干部职工配偶及子女移居国外情况的统计工作。

【加强查办案件工作力度，努力维护党纪国法的严肃性】全地区纪检监察系统共受理群众来信来访125件（次）；共初核案件线索并结案84件，其中转立案17件，了结67件；正在初核25件；共审结案件17起28人，其中受开除党籍处分的4人，受党内严重警告处分的10人，受党内警告处分的2人，受降级处分的9人，受记大过处分的2人，受记过处分的1人，受党纪、政纪双重处分的5人。为国家和集体挽回经济损失449.5万元。

【认真开展纠风和执法检查工作，坚决纠正损害群众利益的不正之风】一是加强公路三乱检查。2月初，利用三天时间对318、219等国道沿线的设卡检查点进行了检查，未发现乱收费、乱罚款现象。二是开展了纠风调研工作。地区纠风办深入江孜、南木林、岗巴、昂仁及四县所辖三个乡镇和个别村进行调研检查，针对调研中发现的问题，向相关部门提出了整改建议。三是开展了对救灾资金的监督工作。日喀则地区向西南旱区捐款金额为1662172.3元，向青海玉树灾区捐款金额为5363642.8元，都及时汇入了自治区民政厅专户中。四是积极配合自治区纠风办，做好《政风行风热线》走进日喀则特别节目的录制工作。五是地区纠风办对江孜县热龙乡政府拖欠村干部工资问题进行了调查，涉及资金50282元，并向江孜县政府提出了监察建议。江孜县纪委、监察局对这一问题在全县范围内进行了通报，目前，拖欠款已全部兑现到位。六是加强“两项工作”（工程建设领域突出问题专项治理工作、扩大内需促进经济增长政策落实监督检查工作）的监督检查。七是开展了对工程建设项目招投标的监督工作，参加招投标65次，其中公开招标63次、议标1次、邀请招标1次；对总投资概算为3486.13万元的16起工程建设招投标活动做出了废标处理。八是开展了对政府采购的监督工作，全地区政府采购金额为7450.4万元，共节约资金718.66万元，节支率为9.65%。九是认真治理“双拖欠”问题，地区纪委执法室协调解决“双拖欠”资金462663元。十是参加了全地区2010年度普通高考考生、小学内地考生的体检、户口审查及考试巡视工作。在监督过程中，发现体检替检1名，户口不符合规定的15名，户籍不符合规定的30余名，并及时按照有关规定做出了处理。

【加强反腐倡廉制度建设，努力从源头上预防和治理腐败】一是对各县市、地直单位反腐倡廉制度建设情况进行了书面调研，使我们对全地区反腐倡廉制度建设情况有了一个基本估价：全地区共建反腐倡廉制度1244项，其中18个县市共建立制度758项（包括乡（镇）、村（居）所建制度），地直部门共建制度486项；在2010年效能建设年活动中，全地区共修改完善制度184项，废止制度28项。二是督促各县市从县市整体上建立了一些制度，如县市重大事项决策制度、财政管理制度、公务接待制度、干部职工八小时外管理制度等；督促地直部门从业务角度建立了一些制度，如地区国有资产管理制度，地区政府采购制度、地区关于厉行节约的实施意见等。三是现有的反腐倡廉制度得到了严格执行，如民主生活会制度、三项谈话制度、述职述廉制度、“收支两条线”管理制度等等。在效能建设年活动中，各县市、地直单位都及时召开了专题民主生活会和组织生活会，党员干部都开展了批评与自我批评。年底，一些县市、地直单位组织科级以上党员干部认真开展了述职述廉工作，提高了党员干部的勤政廉政意识，取得了较好的效果。四是基层反腐倡廉制度得到进一步完善和落实。各乡镇进一步健全、完善了民主议事、财务管理等制度，并制定出台了一些村干部考核、管理制度，五是政务公开、村务公开在乡村得到了有效落实。乡（镇）、村都设有公开栏，实行每半年（每季度）公开一次或不定期公开的方式，对“三包”经费、农牧区合作医疗经费等使用情况进行公开。日喀则市、仁布县、亚东县等县市还建立和完善了“两公开”工作制度，增加了公开内容，切实保障了干部群众的知情权、参与权和监督权。

日喀则地区组织（人事、编制、老干部）工作

【进一步加强领导班子建设】深入各县市、地直部门，采取民主测评、个别谈话、实地了解等方式，全面考察拟提任干部的德、能、勤、绩、廉等五方面情况；并通过与考察对象面谈，要求其撰写本人近三年来工作总结等形式，全面了解考察对象的逻辑思维能力、语言表达能力、看待事物的观点和为人处世态度等方面情况，进一步提高了考察工作的针对性和准确性。2010年，全地区共提拔调整县级干部200名（含2名地级兼任县级领导职务），16名有乡镇领导工作经历的科级干部走上了副县级领导干部岗位，县级班子的民族、性别、年龄、专业等结构更加合理。在优化县级班子的同时，狠抓乡科级领导班子建设，完成18个县市、21个地直单位1818名科级干部的审核、考察、备案等工作，其中县乡之间交流提拔调整395名、高低海拔之间交流200名。为完善“能下”机制，坚持治庸治懒与整顿干部作风相结合，2010年降职使用4人、从领导实职转任非领导职务28人。

【进一步加强干部队伍建设】圆满完成17个县市的县市委书记履行干部选拔任用工作职责离任检查工作，委托相关单位对7名领导干部进行了经济责任审计，对因公（因私）出国（境）的27名同志进行了政审。同时，注重真情真心关心关怀干部，注重深入基层了解干部情况，解决基层困难，落实干部体检等各项措施，在全地区范围内形成了团结一致保稳定、齐心协力谋发展的良好风气。选派4名基层工作人员到地区信访局培养锻炼，及时办理了77名干部退休、20名干部借调和51

名干部调动手续，取消了3名毕业生录用资格，批准了10名公务员辞职。

【进一步加强对干部选拔任用工作的监督】学习贯彻落实“四项监督制度”广泛深入宣传“四项监督制度”393次（篇）；通过成立严厉整治干部选拔任用工作中行贿受贿行为工作协调领导小组，制定落实实施方案，排查举报信件，加强案件警示教育，大力加强严肃查处用人违规违纪行为工作，为进一步匡正选人用人风气奠定了基础。专题研究部署组织工作满意度调查工作，成立了由地区统计局组成的调查工作协调机构，协助调查工作组，顺利完成了400名抽样调查对象参加的组织工作满意度调查工作。督促指导县市委扎实开展2009年、2010年度“一报告、两评议”工作。归类整理2001年—2009年信访315件，信访工作进一步规范化。畅通“12380”电话、信访举报等监督渠道，使干部工作自觉接受群众的监督。截至目前，共受理举报信件40起，转办6起、查核21起、备案13起，办结率100%。

【加大人事制度改革力度】在7个县、10个地直单位推行“两推一述”办法，选拔了115名科级干部；为拓展干部选拔任用渠道，指导萨嘎县、地区教育局、地区人民医院公开选拔了15名科级干部。成立由地委领导挂帅、各相关单位为成员的地区人才工作领导小组，为地区公安处特警支队选调工作人员23人。会同地区人力资源和社会保障局，组织涉及地直28个单位、96个职位的公开选调工作。为地区交通局、人民医院、农牧局、旅游局、电视台等单位引进25名紧缺专业人才。下拨80余万元人才项目专项资金，培训了240名农民和2089名基层兽防人员，培养了20名农民技术员和264名村级动物防疫员。成功举办日喀则地区20名副高级以上专家同部务会成员联谊座谈会，完成总额为317万元的萨迦唐卡、高原肺水肿诊疗、慢性病毒性肝炎（肝硬化）三个人才培养项目申报工作，督促指导县市委组织部抓好“三支一扶”人员就业培训。开展了涉及教育、卫生、农牧三个系统378人评审工作，顺利完成事业单位岗位设置试点和337人中级专业技术职务资格确认、53人中级专业技术职务聘任（转聘）工作，圆满完成2010年高校毕业生第一、二批公开考录、400名高校毕业生安置、2010年度全国经济资格考试和外语职称等级考试及免试外语专业技术人员职称业务考试的考务和26名“三支一扶”人员服务期满考核、136名“三支一扶”人员《高校毕业生“三支一扶”协议书》签订、89名在职“三支一扶”人员年度考核以及军队转业干部安置和网上教育、干部档案清理、人事档案整理、审查和辞职、辞退及取消录用人员档案建立等工作，成功申报了两名2010年“西部之光”访问学者候选人和两名享受国务院政府特殊津贴人选、10名参加专业技术人才特殊培养推荐等工作。圆满完成各类人才工资变动、西藏特殊津贴调整、公安干警职务套改、公务员奖励等工作，出台《日喀则地区机关事业单位工资审批管理暂行办法》，工资审批工作进一步规范。

【突出重点，拓宽渠道，扎实推进干部教育培训工作】一是认真落实上级调训任务。全年共完成上级调训任务484人次，其中：副省级干部1人、地级干部12人、县级干部191人、科级及以下干部280人。二是做好本级培训工作。把“办班式”、“宣讲式”、“交流式”培训结合起来，坚持以中央第五次西藏工作座谈会精神为重点，突出乡镇党委书记、乡镇长应急处突能力培训，联合地委党校举办县处级干部及其后备干部等培训班15期，培训736人次；举办两期大学生村官能力培训班，培训108人，实现了全覆盖。制定《关于加强日喀则地区干部双语培训的意见》，协调地区财政局、编译室，编印了12000册《日喀则地区干部藏汉双语培训教材》。制定青年干部理论研讨班工作方案，确定理论文章题目，督促指导拟参训学员撰写理论文章，组建理论文章评审组，从202篇理论文章中筛选出68篇优秀文章，完成青年干部理论研讨班的前期筹备工作。地区完成各级各类培训151个班次，培训2008人。指导各县市、地直各单位自主开展各具特色的培训活动，累计培训各级各类干部11723人次。三是充分利用对口支援的优势，选派干部赴上海参加24个班次的各类培训，培训干部290人次；协调吉林省援藏干部中心组，争取700万元，计划2010年11月至2012年底安排18个班次、970人次参与培训。同时，督促指导县市、部门严格落实干部培训申报、调训制度，促进了干部培训管理工作规范化。

【精心部署，狠抓落实，扎实做好援藏干部轮换工作】一是认真学习领会第五次对口支援西藏干部工作座谈会精神，教育引导第五（三）批援藏干部坚持高标准、严要求，继续履行好职责。确保援藏干部相关待遇的及时落实。二是积极配合上海、山东、黑龙江三省市和宝钢集团组织人事部门，对三省市一企业派出的对口支援干部进行了期满考核。结合上年的集中考核，认真做好154名援藏干部的总结、鉴定、期满考核登记表填写和上报等工作，为其返回后的安排使用提供了可靠依据。三是周密制定和落实援藏干部迎送方案，确保上海、山东、黑龙江、吉林第五（三）批援藏干部走得顺心、安心和舒心，积极为第六（四）批援藏干部充分发挥作用创造条件。同时，协调地区各级宣传部门和新闻媒体，广泛宣传了援藏工作成效和援藏干部先进典型，展示了援藏成果和援藏干部良好形象。四是扎实做好第六（四）批182名援藏干部进藏任职工作，协调受援单位做好援藏干部的后勤保障等工作，并以地委、行署的名义向第五（三）、六（四）批援藏干部送去中秋问候，切实做到了政治上充分信任、工作上大力支持、生活上热情关心、管理上严格要求。

【积极稳妥，统筹兼顾，扎实推进机构编制管理工作】一是统筹推进地县两级政府机构改革工作。顺利完成了地区行署工作部门“三定”规定的审核批复和县市政府工作部门“三定”规定的备案工作。机构改革后，地区行署设置工作部门29个、部门管理机构4个；各县市设置政府工作部门20-22个，部门管理机构3个。二是加强机构编制管理工作。主动服务，加大了机构编制法律法规和工作流程的宣传力度，扩大了宣传范围，实现了机构编制管理知识进党校教材的目标，年内共发放宣传资料300余份。圆满完成了2009年度机构编制统计工作，共对地直49个县处级机构、18个县市、203个乡（镇、街道办）的24724名编制、22248名实有人员进行了机构编制统计。2010年，共为公开选调核编33家单位，调动核编197人次，上编120人次、减员81人次。三是依法加强事业单位登记管理工作。完成事业单位法人登记年检104家，初始登记2家，变更登记5家，注销登记1家。针对日喀则地区事业单位法人登记难度大、登记率不高、约束力差等实际，将县市级事业单位法人登记工作职责下放给县市编办，有力地促进了全地区事业单位法人登记工作的深入开展。

【突出重点，亲情服务，切实加强老干部工作】一是倡导“亲情化”服务理念。结合老干部工作实际，以抓好老干部政治、生活待遇为重点，以活动阵地建设为窗口，研究探索服务的特点和规律，深化拓展服务的形式和内容，联动老干部原单位、老干部居住地、老干部家庭，大力倡导亲情化、个性化服务，逐步建立和完善老干部管理服务长效机制，全面提高老干部的满意度，促进全地区老干部工作科学发展。二是周密制定为老干部服务的活动安排。坚持把老干部活动与试点开展“五个好”离退休党支部创建、试点推行社区“四就近”、开展健康养生月与文化体育等活动结合起来，制定下发《利用社区资源服务离退休干部试点工作的实施方案》，在日喀则市2个居委会顺利启动试点工作，为其争取2万元资金、2台电视机和500册图书；编写《老干部政策汇编》，争取资金3.5万元，成功举办100余名老干部参加的太极拳培训班；组织7名老领导，参观上海世博会；顺利启动“老年人绿色通道”行动，制作“老年人优先”标识和“关爱老年人、构建和谐日喀则”倡议书，完善相关制度，促进老年人绿色通道行动常态化。深入调研，拟定慰问特殊困难老干部制度，探索建立特殊困难离退休干部帮扶机制。向每位老同志发送“重阳温馨短信”，会同地区文化局联合举办“载歌载舞迎重阳”文艺汇演，为300多位离退休人员送去重阳节慰问。组织老年文艺队参加第三届老年文艺汇演，获金奖1名、银奖2名、铜奖2名和组织奖1名。三是坚持管理与服务并重。制定下发《联系老干部制度》，征订《中国老年报》和《老年生活报》等十余种报刊杂志，为169名干部办理了退休手续，下拨资金5300多元，为104个党支部征订《老年人》杂志；争取援藏资金5万元，改善了康马县驻江孜县退休党支部办公条件。康马县驻江孜离退休干部党支部被授予“2010年全区离退休干部思想政治建设工作先进集体”称号。四是积极稳妥做好信访工作。全年共受理来信来访15件、处理14件，接待来访19件次、处理答复19件次。

中共日喀则地委党校（行政学校）

【年度综述】2010年度，党校、行政学校紧紧围绕地委、行署中心工作，结合效能建设年、创先争优、“创建学习型组织争做学习型干部”、“四联两发挥”、治赌专项等活动，不断加大主体班培训规模，不断增强干部教育培训工作力度，全年完成主体班培训（轮训）、联合办班、西部远程培训19期，培训学员1071名，超09年的6.14%，授课1056课时（约2112小时）；完成中函303名学员的毕业工作；“流动党校”送教上门23场次，培训2857人次，授课332课时（约664小时）；师资及干部队伍建设得到进一步加强。重点举办了乡镇党委书记、乡镇长轮训班，县（处）级党员领导干部学习中央第五次西藏工作座谈会精神研讨班，县（市）党校师资及宣传干事学习中央第五次西藏工作座谈会精神专题培训班，县市大学生村官轮训班，中青年副县级后备干部轮训班等。通过培训，进一步帮助学员全面把握了科学发展观的理论体系，不断增强其贯彻落实科学发展观的坚定性和自觉性，进一步坚定了理想信念，增强了立党为公、执政为民、严于律己、言行一致、艰苦奋斗、清正廉洁的意识，增长了知识才干，增强了党性修养，提升了道德情操，转变了工作态度与作风，推动了本职工作。

【科研工作】全年完成10多篇理论文章。其中，《完善西藏地市委党校教学新布局与创新教学方法的探索》、《以中央第五次西藏工作座谈会精神为指引推进西藏跨越式发展和长治久安》在《西藏发展论坛》发表；向地委调研编辑室学习中央第五次西藏工作座谈会精神专刊约稿选送了6篇文章；向地委宣传部“学习型党组织建设”征文活动、设立纪念西藏百万农奴翻身解放日一周年活动选送6篇文章；向地委组织部干部教育科组织的“优秀青年干部理论研讨会”征文活动推荐7篇理论文章。

【行政管理、后勤服务工作】又重视并加强思想政治工作，精心抓好办文办事。基础设施建设取得较大进展，争取到国家投资843.2万元，建成两栋学员宿舍楼和一所食堂，极大地改善了党校、行政学校办学条件，为学员创造更加优越的学习环境；投资18万元，改善教师办公条件；投资3万元，建设了校园电子监控系统；向昂仁县阿木雄乡兑现扶贫资金4万元等等。此外，还顺利完成了山东省委党校第五、六批援藏干部交接工作。

【领导名录】

地委副书记、党校校长：刘化文

校务会委员、常务副校长：代晓明

校务会委员、副校长（正县级）：陈良文

校务会委员、调研员：巴　桑

校务会委员、副校长：王立富、红　英、付东顺

校务会委员、办公室主任：普　琼

日喀则地区审判工作

【年度综述】2010年，两级法院共受理各类案件1502件（统计数据截止到2010年12月25日），审结1472件，综合结案率为98%。其中，地区中院受理各类案件99件，审结90件，综合结案率为90.91%。与上年同期相比（以下简称同比），两级法院受案数上升109件，上升率为8%；地区中院受案数上升4件，上升率为4%，结案率下降0.67个百分点。按审判程序划分：在受理的1502件案件中，一审案件1082件，结案1077件，结案率为99.54%，其中，适用特别程序案件39件，结案39件，结案率为100%；二审案件47件，结案47件，结案率为100%；综合上诉率为4.34%，同比下降0.39个百分点；再审案件4件，结案4件，结案率为100%；申诉申请再审案件7件，结案7件，结案率为100%；减刑案件13件，结案13件；执行案件349件，执结324件，执结率为

92.84%。

【始终坚持"宽严相济"的刑事审判政策，依法严厉打击各类危害国家安全和严重刑事犯罪】两级法院共受理各类刑事案件183件275人，结案179件240人，结案率为97.81%。受案数同比上升14件，上升率为8.28%，结案率同比下降0.95个百分点。分别为：一审案件161件249人，审结157件214人，结案率为97.52%，同比下降1.2个百分点；二审案件8件12人，结案8件12人，结案率为100%，其中基层法院审理的刑事案件上诉率为5.37%，同比下降2.66个百分点。二审案件中，维持原判7件，撤诉1件。另，受理再审案件1件，结案1件；受理减刑案件13件(上年同期未受理此类案件)，结案13件。在上述刑事案件中，地区中院受理33件，同比上升3件，结案31件，结案率为93.94%，同比下降2.73个百分点。中院未结的2件刑事案件中，系被告人邹龙等9名恶势力团伙犯案一案，被告人嘎尔桑等13名黑社会性质组织和被告人涂文斌纵容黑社会性质组织、被告人索朗包庇黑社会性质组织一案。

刑事案件的发案类型及特点：从受理的各类刑事案件来看，刑事案件发案率连续三年来总体呈下降趋势，但个别类型案件上升趋势较明显，案件类型呈现出多样化的发展趋势。

【突出民事审判优势和亮点，依法调节各类社会经济关系，促进社会经济和谐发展】2010年，两级法院在民事审判工作中取得了较为优越的成效，实现了"两降两升"的目标。即：二审改判率、发回重审率下降，二审维持原判率和综合调解结案率上升。2010年，两级法院共受理各类民商事案件958件，结案957件，结案率为99.9%，涉案标的为6022.582万元。同比受案数上升45件，上升率为4.93%；结案率上升0.34个百分点。其中，一审案件917件，同比上升38件，审结916件，结案率为99.89%，涉案标的5472.4556万元。二审案件38件，同比持平，涉案标的269.86万元，审结38件（改判7件，改判率为18.42%，同比下降4.91个百分点；发回重审7件，发回率为18.42%，同比下降4.91个百分点；维持原判10件，维持率为26.32%，同比上升2.99个百分点；调解11件，调解率为28.95%，同比上升8.95个百分点）；撤诉3件，撤诉率为7.89%，同比下降2.11个百分点。再审案件3件，同比下降1件，审结3件（调解2件，改判1件），结案率为100%，涉案标的30.2215万元。2010年，地区中院共各类民事案件45件，同比上升7件，结案45件，结案率为100%，涉案标的2361.8343万元。

在上述审结的民事案件中，除适用特别程序审理的39件案件外，以调解方式结案635件，同比上升23件，综合调解率为69.17%，同比下降0.06个百分点。其中，一审案件调解结案622件，调解率为70.84%；二审案件调解结案11件，调解率为28.95%；再审案件调解结案2件，调解率为66.67%。

【最大限度地保障申请执行人的合法权益得以实现】2010年两级法院共受理执行案件349件，同比上升51件，执结324件，执结率为92.84%，同比上升1.23个百分点，执结标的为1280.8081万元，同比下降2087.1842万元。其中执行和解57件，和解率为17.59%，同比上升0.37个百分点；自动履行249件，自动履行率为76.85%，同比上升4.32个百分点。

2010年，地区中院共新收执行案件8件，同比下降6件；执结7件，执结率为87.5%；申请执行标的为296.3138万元，执结标的为291.5648万元。

【继续强化审判监督工作，提高审判质量与效率】中院审监部门在抓好再审案件、减刑案件审理及加强对中院各业务部门审判监督的同时，进一步加大对各基层法院审监业务指导力度，使两级法院的案件质量和效率有了进一步提高。一是坚持裁判文书质量评查、评比制度，并按照中院的奖惩制度规定予以奖惩；二是加强日常生效裁判文书的评查工作，共对基层法院上报的100余份裁判文书进行了评查；三是为探索和推行法官业绩考核量化办法，制定了《日喀则地区中级法院法官、书记员业绩考核办法》及其考核表，并下发基层法院参照执行；四是探索和建立减刑、假释案件听证程序，制定了《日喀则地区中级人民法院减刑假释案件听证规则》；五是加强对庭审观摩活动的总结、分析工作，及时提出改进意见和建议；六是做好裁判文书审查、审签工作，加大事前、事中、事后监督力度。

日喀则地区检察工作

【年度综述】一年来（2009年10月26日—2010年10月25日，下同），两级院共受理各类案件398件583人，审结360件539人，审结率为90.5%，同期相比件数人数分别上升10.6%和2.6%，上升率为7.3%，审结率上升3.5个百分点。其中共依法批准逮捕各类刑事犯罪案件119件191人，同比分别下降了18.5%和17.7%，批捕审结率为97.7%。依法提起公诉166件267人，同期相比分别上升0.6%和1.1%，起诉审结率为69.1%；案件批捕、公诉准确率均保持100%。

【积极开展查办和预防职务犯罪工作】加大对贪污贿赂、渎职侵权等职务犯罪的查办和预防力度。共受理贪污贿赂案件线索10件10人，同比件数下降16.7%，人数下降28.6%，初查6件6人，初查率达60%；立案4件4人（其中涉农职务犯罪3件3人，大案1件1人，要案1件1人），同比件数人数均上升33.3%；已侦查终结3件3人（移送审查起诉2件2人，不起诉1件1人），与上年同期相比持平，涉案总值达350余万元，挽回直接经济损失116万元。共受理渎职犯罪案件线索2件2人，同比件数人数均上升100%；初查2件2人，初查率达100%，立案2件2人（上年积案），待移送审查起诉2件2人，涉案经济损失198.5万元。

【强化监督、化解矛盾，着力营造公平正义的法治环境】坚持把有案不立、有罪不究、以罚代刑和违法取证、滥用强制措施等问题作为重点，进一步深化立案监督试点工作，已在南木林、白朗、谢通门等5个基层院开展了试点工作，推进了立案监督工作扎实开展。共立案监督3件，监督纠正侦查机关不该立案而立案3件，发出《纠正违法通知书》3份、《不捕理由说明书》3份。同时认真贯彻执行宽严相济刑事司法政策，对20人做出了不批捕决定，对31人做出了不起诉决定，不捕率和不诉率分别为9.4%和12.4%，使该政策得到了较好的贯彻落实。同时积极开展量刑建议权试点工作，共对67件93人提出了量刑建议，法院采纳率达88%以上，促进了侦查机关公正执法、依法办案。

认真贯彻落实全国第二次民事行政检察工作和全区第一次民事行政检察工作会议精神，受理民事申诉22件22人，同比件数人数均上升175%，立案6件6人，同比件数人数均上升500%，息诉服判16件16人，息诉成功率达100%，终止审查1件1人；审查生效裁判、裁定书、调解书353份，发出检察建议4份，采纳率达100%，接受法律咨询答疑11次，发出纠正违法通知书3份，现已全部改正。

切实履行林业检察法律监督职能，严厉打击严重破坏森林和野生动植物资源违法犯罪，共审查森林公安办理案件2件，其中，盗伐林木案1件，非法收购、运输、出售珍贵濒危野生动物及其制品1件，了解捕杀野生动物案2件（主体为现役军人）。同时积极与林业、森林公安、珠峰管理局加强联系，并建立定期问询制度，进一步加大法制宣传力度，为使西藏成为国家重要生态安全屏障做出了积极贡献。

认真开展监所专项检查活动，着力纠正违法减刑、假释、监外执行和执法违法等问题，切实维护在押人员合法权益和监管场所秩序。一是派专人进驻驻所检察室，设立机构，配备人员，实现了全程监督目标；二是为防止出现超期羁押现象，在地区全面试行刑事羁押案件“一证通”制度，进一步规范了执法程序、提高了工作效率，被高检院转发至全国检察系统；三是针对个别监管场所出现的存在的主要问题和不足，组成联合工作组深入地区及18个县（市）看守所开展督促检查工作，对各监管场所存在的主要问题和不足，下发检察建议予以整改落实，整改落实率达90%以上；四是加大对犯罪交付执行工作力度，广泛征求政法部门意见，制订了《交付执行工作规定》，被区检院转发至全区检察系统；五是深入各监管场所进行安全检查435次，同比上升29.1%，及时有效地消除安全隐患7次，提出书面检察建议9份，采纳率达100%，提出口头建议82次，受理、审查“减、假、保”案件11件11人，其中审查保外就医6件6人（其中对4件4人提出审查纠正意见），审查减刑5件5人（其中对1件1人提出审查意见，现已得到纠正），受理在押人员申诉案件2件2人（1件1人为刑期计算错误，经查实，法院作出刑事裁定书对原判刑期予以更正，1件1人正在查办之中），有力地促进了监管场所的安全有序运行。

【深入扎实地推进三项重点工作】共依法受理人民群众控告、申诉、举报和来信来访153件196人，同比件数上升363.6%，人数上升444.4%。其中控告申诉18件18人，转自侦部门2件2人，存查4件4人，直接答复5件5人，移送其他部门3件3人。检察长接待来访57人次，做到案结事了、息诉罢访，实现了涉检信访“零越级”上访。同时，为进一步健全执法监督制约机制，促进执法办案质量明显提高，遏制涉检信访新案的发生，邀请人大代表、人民监督对两级院2004年以来办理的自侦案件、不捕、不诉案件以及控告申诉案件等45起重点案件进行了评查。

针对当前社区矫正的问题，对全地区2000年以来社区矫正“五类”人员进行分类汇总，据统计，目前我地区刑满释放人员为477人，其中管制20人，宣告缓刑408人，监外执行48人，为进一步建立社区矫正工作机制奠定了坚实基础。

【获奖情况】日喀则市人民检察院荣获了“全国模范检察院”荣誉称号

日喀则地区公安工作

【严厉打击各种刑事犯罪和经济犯罪活动】全地区各级公安机关始终坚持“严打”方针，严厉打击各类违法犯罪活动，努力营造良好的社会治安环境。工作中，一是坚持严打方针，严厉打击了一批影响大、性质恶劣、人民群众反映强烈的犯罪活动。二是深入开展打黑除恶专项斗争。2010年，破获涉黑涉恶案件2起，抓获涉黑涉恶违法犯罪人员41人。三是以侦破命案为龙头，认真开展命案侦破工作。2010年，共发命案12起，破12起，破案率100%；与2009年同期相比，命案发案率下降25%，破案率持平。四是加大对刑事案件的侦破力度，进一步加强追逃抓捕工作，有力打击各类违法犯罪活动。2010年，受理各类案件151起，破139起，破案率为92%，与2009年同期相比，发案率下降31.98%，破案率上升16.8%。五是把盗窃、故意伤害等多发性案件作为主攻目标，组织精干力量快侦快破，特别是对危害严重的重特大案件由主要领导亲自挂帅开展专案侦查，全力攻坚，有效减少了各类可防性案件的发生，群众安全感明显增强。六是狠抓禁毒工作。大力促进“无毒社区”的创建工作。2010年，破获毒品案件5起，抓获犯罪嫌疑人8人，缴获海洛因209.41克，与2009年同期相比，发案率上升25%，破案率持平。八是严厉打击经济犯罪。2010年，受理经济案件2起，通过审查立案1起，破1起，破案率100%，破获年前积案2起，追回经济损失50万元，发案率较2009年同期下降83.33%，破案率上升16.67%。

【管理与服务并举，全面加强社会治安行政管理】2010年，受理治安案件1410起，查处1374起1748人，查处率为97.44%，与2009年同期相比，发案率上升5.61%，查处率上升2.31%。一是开展治爆缉枪专项行动，及时消除安全隐患。工作中，共收缴土枪、小口径步枪、军用步枪等共计740支、管制刀具824把、各种炸药11.4吨、雷管170780枚、导火线16468米、各类子弹1846发。二是深入开展校园安全专项治理工作。确保校园及周边安全稳定。三是加强流动人口管理工作。工作中，共清理建筑工地、旅馆、出租房屋、商店等7万余处，清查流动人口50余万人次。四是加强道路交通安全管理工作，维护良好的交通秩序。2010年，发生交通事故73起，死亡35人，受伤109人，直接经济损失86.74万元，与2009年同期相比，事故发生率下降57.3%，死亡人数下降31.37%，受伤人数下降44.1%，经济损失下降17.06%。五是加强消防管理工作。2010年，发生火灾16起，无人员伤亡，经济损失156.31万元，与2009年同期相比，火灾发生率上升77.77%，经济损失上升2558%。六是深入开展打黄扫非工作，定期不定期地对音像出售店等场所进行专门清查，共收缴各类反动淫秽音像制品共计2042个（本），删除低俗、反动内容的手机铃声3000余首。七是做好第二代身份证换发工作。已换发二代证25万余证。八是加强对外国人的管理工作，严格审批公民因私出入境，妥善查处涉外事（案）件，经常深入涉外宾馆、旅店督促检查外国人登记管理制度。

日喀则地区司法工作

【人民调解工作】2010年，各级调解组织和调解员共受理涉及邻里、婚姻家庭、劳资、房屋拆迁、土地、抚养赡养、自然资源、环境污染等方面的矛盾纠纷1773件，成功调处1751件，调处成功率为98.6%，防止民间纠纷引起的群体性事件20件，防止民间纠纷转化为刑事案件34件，防止民间纠纷引起的自杀事件1件。与上年同期相比（以下简称“同比”）受理纠纷总数下降148件，下降率为7.7%，调处成功率上升1.2个百分点。

【基层基础工作】2010年，积极与司法厅、发改委等部门衔接协调“十二五”规划建设项目，目前地区司法处迁建已初步完成可研设计待送审。17个县司法局（除日喀则）扩建列入2011年急需建设项目，50个乡镇司法所建设项目的前期工作紧张有序进行。积极协调各方，采取统一招录的形式，为基层培养招录司法行政工作人员85名，2010年年内已分配到位42名，其余将在今后2年内陆续分配到乡镇司法所。大力推进基层司法行政机关规范化建设，提升服务能力，司法处制定出台了《全地区司法行政机关规范化建设办法（试行）》。

【普法、治理工作】认真做好“五五”普法检查验收各项工作。5月17日至6月3日，由司法处牵头，组成了由地区法制宣传教育工作领导小组成员单位5名县级领导带队的5个检查验收工作组，期间，发放普法依法治理工作问卷调查表682份，收回682份，公民对五年来普法依法治理工作的满意率为98.2%，基本实现了“五五”普法规划确定的各项目标任务，法律知识普及率达85%。在自验的基础上，8月25日至9月1日，日喀则地区“五五”普法工作顺利通过自治区“五五”普法检查验收组验收，并受到充分肯定。

积极开展各种专题法制宣传活动。地县两级司法行政机关（普法办）充分利用综治宣传月、3·15消费者权益保护日、“6.26”国际禁毒日、“9.16”平安建设日、新法律颁布实施日等节日和“军警民共建共保”、“三下乡”、法律下乡等大型活动，积极搭建法制宣传教育平台，借助宣传车、设立宣传点、发放法律书籍和宣传单等形式，有针对性地开展了以《宪法》为核心的基本法律法规的法制宣传教育。

突出“法律七进”和重点对象的法制宣传教育。年内，日喀则地区法制宣传部门出动法制宣传工作者共3070人次、开展法制讲座1145场次、设立法制宣传点778个、提供法律咨询11441人次、悬挂横幅781条、出动宣传车706台次、发放宣传挂图65941张、发放各种宣传资料750172余份，受教育人数达778080人次。

加强基层民主法治建设 。2010年全地区推行了“法治县市创建活动”试点工作，江孜县在全县范围内组织开展了县级“十佳模范守法户、十佳模范守法公民、模范守法用法单位、诚信守法企业”评选活动。地区普法办制定出台了《关于开展法治县市创建活动试点的实施意见》，全地区每年确定4—5个机关事业单位、1—2个企业单位作为创建示范点开展创建活动。

【法律服务工作】法律援助工作。1-10月，全地区法律援助机构受理法律援助诉讼案件48件（其中刑事案件27件，民事案件21件），非诉讼案件198件，为当事人及困难群众代写法律文书743件，接待来访及咨询1667人次。

公证法律服务工作。1-10月，公证员受理各种公证达711件，出证700件（其中经济公证172件，民事公证528件，总标的达49857.5万元），拒绝公证11件，为国家、集体、个人挽回经济损失135余万元，免费为当事人代写申请公证文书197件。受理公证总数同比上升258件，上升率为57%。

律师法律服务工作。1-10月，律师代理民事经济案件21件，办理刑事辩护案件6件，办理法律援助案件4件、非诉讼案件8件，运用调解方式化解矛盾纠纷8起，担任政府机关、企事业单位和公民个人常年法律顾问6家，为公民提供法律咨询500人次，代书30余件。

认真开展国家司法考试报名审查工作。2010年，日喀则地区国家司法考试考生网上预报名考生共有202名，151名考生得到了现场审查确认。

日喀则地区人民防空工作

【积极协调，认真筹备组建地区人防单位一是组建机构】办领导上任伊始，主动向行署分管领导请示、汇报，到拉萨向自治区人防办领导汇报，邀请行办、财政局领导实地调研。及时向行署请示解决办公设备、交通工具，向组织部请示解决工作人员，积极协调城建局借办公场地。

【改善办公条件】面对脏、乱、差的场地，办领导找熟人、讲价钱，利用行署解决的有限资金对场地进行简单的装修。把一分钱当成两分钱用，充分发扬艰苦创业、勤俭持家的优良作风，不该买的绝对不买，该买的也是货比三家，讨价还价，利用有限的资金购买了必备的办公室设备，初步具备了一个单位办公的条件。同时，积极协调财政局政府采购办为日喀则地区人防办采购了交通工具，保证了办公室的正常运转。

【协调解决工作人员】办公室成立伊始只配备了两名领导，无工作人员。办领导积极协调各单位挖人才，向组织部请示解决办公人员，先后借调了文秘、财会、通信专业的3名人才，保证了日喀则地区人防办的正常运转。同时，通过公开考试选调了5名工作人员。

日喀则地区民宗工作

【坚持开展“民族团结月”活动】2010年9月起，在日喀则地区开展以“讲团结谋发展、保稳定促和谐”为主题的第20个“民族团结月”活动，9月1日地区行署分管副专员发表了电视讲话，拉开了2010年日喀则地区“民族团结月”活动的序幕。根据活动安排，8月底开始，全地区18个县市、地直各单位分别在主要路段悬挂藏、汉两种文字的宣传横幅标语，地区电视台、《日喀则报》专门开办了“民族团结月”活动专栏，专题宣传近年来全地区在民族工作中取得成绩的先进集体和先进个人，积极营造民族团结月活动的浓厚氛围。

9月13日上午，地委、行署组织召开了日喀则地区“民族团结月”活动电视电话会议，行署主要领导在会上作了重要讲话，对开展好整个“民族团结月”活动进行了安排部署并提出明确要求。

9月17日上午，喀则地区民宗局召开了全地区各族各界代表座谈会，地区党、政、军、警、民各族各界代表参加了会议。行署分管领导主持会议并作了重要讲话。与会代表还就如何进一步加强和改进日喀则地区民族宗教工作提出了宝贵的意见和建议。

9月27日，地委、行署隆重召开了日喀则地区第三次民族团结进步表彰大会，对近年来日喀则地区在民族团结进步方面涌现出的49个先进集体和81个先进个人进行了表彰。地区教育局，解放军某部，日喀则市清真寺民管会主任、日喀则市甲措雄乡奴杰村村民在会上作了交流发言，唱响了民族团结进步的最强音，引起了社会强烈反响，取得了良好的效果。

【大力实施“兴边富民”行动项目建设】2010年共争取到30多个项目，投资达1200多万元，项目涉及城镇建设、生态建设和社会事业等各个方面。“兴边富民”行动项目建设得到了基层群众的一致肯定和好评，“兴边富民”行动暨农牧民安居工程的建设和实施很大程度上改善了边境群众的生产生活条件，树立了国门形象，体现了祖国民族大家庭的温暖。

地区民宗局研究制定了日喀则地区亚东县、日喀则市民族团结进步试点单位的创建工作，经喀则地区民宗局分别与亚东县及帕里镇、日喀则市、日喀则市城北办事处及江洛康萨居委会沟通、协调和论证，制定了两个试点单位3年内的项目规划。

【继续大力实施“安居工程”，造福广大农牧民群众】经过努力，日喀则地区2010年共完成了3300多户农牧民安居，落实资金4000多万元，极大地改善了农牧民群众的居住环境和生活条件，得到了广大农牧民群众的忠心拥护，使他们深深感受到了党和政府的关怀，社会主义大家庭的温暖。

【积极争取民族特色产业无息贷款】2010年共向上级争取到800多万元的无息贷款，用以扶持发展、壮大当地民族企业，使其更好地为经济社会服务。

【认真开展寺庙法制宣传教育工作、全面掌握僧尼的思想动态】“法律进寺庙”活动开展以来，地区民宗局紧密结合“3.14”打、砸、抢、烧严重暴力犯罪事件，针对广大僧尼的实际情况，用通俗易懂的语言讲解法律，开展法制宣传、加强法制教育。同时积极争取并向18个县市民宗局和宗教场所发放《宗教事务条例》2800余本，《西藏自治区实施〈宗教事务条例〉办法》藏汉共4600余本，寺教“六本教材”2600余本，纪念西藏民主改革50周年、庆祝百万农奴解放纪念日“歌声飘过”、西藏经典歌曲辑312套，伟大的改革、光辉的日子——纪念西藏民主改革50周年画册312套，纪念西藏民主改革50周年“跨越”光盘312套。还组织人员深入18个县市民宗局200余座宗教活动场所宣讲法律知识。5月13日和5月28日分别对扎什伦布寺、萨迦寺等重点寺庙进行“五五”普法验收测试，法律测试平均成绩为90分以上，达到了预期目的。

【组织召开全地区民宗工作会议】4月初，经行署批准，组织召开了日喀则地区民族宗教工作会议，会议传达学习了全区2010年民宗局长工作会议精神；安排部署2010年地区民族宗教工作。行署领导做了重要讲话，讲话站在讲政治、讲大局、讲团结的高度，进一步对民族宗教工作提出了明确的任务和新的要求。会议对6个民族宗教工作先进集体、6个民族工作先进集体、4个宗教工作先进集体、5个“兴边富民”工作先进集体和9个年度民族宗教工作先进个人进行了表彰。

【全力筹备全国五省藏区藏传佛教民主管理交流会】全国五省藏区藏传佛教民主管理交流会于8月14日在日喀则地区扎什伦布寺召开。按照地委、行署领导同志指示精神，地区民宗局积极配合上级有关部门，为全力做好此次现场会筹备工作，喀则地区民宗局专门抽调了一名副局长、一名副科长两同志到扎什伦布寺专门开展相关工作，确保了现场会的圆满召开。

【认真做好全区第一期重点寺庙民管会主任培训班工作】 8月25日—30日，2010年全区第一期重点寺庙民管会主任培训在日喀则开班。来自拉萨、山南、那曲、日喀则四地（市）民宗系统的负责人及四地（市）民管会主任副主任（成员）参加了培训。

培训期间，来自全区4地（市）46名学经僧尼集中学习了党的民族宗教政策、法律法规、形势政策、中央第五次西藏工作座谈会精神等内容。此次培训会共开设讲座8场，安排讨论活动1次，听取经验报告1场，还专门组织学员们参观了白居寺、夏鲁寺、萨迦寺和扎什伦布寺。

会议的成功举办，得到了自治区党委书记张庆黎同志的“这个班准备充分，组织严密，内容选的也好，取得了令人满意的成果”的高度评价。

【积极妥善解决宗教教职人员社会保障问题】地区民宗局快速行动、积极协调，圆满完成了全地区宗教教职人员最低生活保障、基本医疗保障、基本养老保险等数据统计工作，全地区宗教教职人员社会保障正在落实中。

日喀则地区残疾人事业

【培训基层残疾人康复人员，加快地区残疾人事业发展】2010年4月和10月，在自治区康复中心和国际助残组织的精心指导和大力支持下，地区残联举办了全区第四期、第五期基层残疾人医疗康复指导员培训班共培训130名乡镇医务人员。

【开展残疾人各项工作，推动地区残疾人事业向纵深发展】2010年4月，利用日喀则地区举办康复黑市员培训班的机会，地区残联领导同自治区康复中心副主任刘树燕一道，先后在江孜、白朗、南木林、谢通门、定日等县听力残疾筛查工作。听力筛查共查访听力残疾人员28名，符合康复条件的有12名；同时就近查访了精神和智力残疾患者各1人，脑瘫和脑损残疾患者3人，肢体残疾5人。

自治区康复中心和自治区国际助残有关领导和地区残联负责人及相关人员，于2010年4月10日在日喀则阳孜宾馆召开假肢建设项目会议。目前，日喀则地区残疾人用品供应站和假肢矫形装配车间正在设备筹备中。

目前，全地区残疾人4.3万，残疾人就业仅有二百余人，就业率非常低。在全地区筛选了符合条件的10名残疾人参加自治区残疾人劳动就业培训中心举办的4-6个月的残疾人厨师、理发师培训班，实现残疾人就业转介培训目的。日喀则地区残联会还派专人护送参训人员到拉萨。培训结束后，日喀则地区残联会将为参训人员实现就业提供更多帮助和支持，争取培训一个，就业一个。

2010年，地区残联在国际助残组织的指导下，对日喀则地区萨嘎、昂仁、拉孜、日喀则、江孜等县市15名残疾人假肢用具进行了修复，对3名残疾人专用鞋作了增高处理；同时，筛查出符合假肢安装条件且自愿的残疾人9名，为下一步免费安装假肢提供了详尽资料。

【贯彻落实自治区党委精神，认真履行残联工作职责】2010年七月，地区残联选送了肢体残疾患者1名，前往自治区康复中心进行假肢安装手术，并妥善安排解决了该患者前往拉萨康复期间的食宿、交通等费用8800多元，并通过国际助残组织免除了该项患者的医疗费用，减轻了残疾人家庭的负担。目前，该患者能象正常人一样行走和上下楼梯，群众给予了广泛称赞。2010年9月7日-8日，地区残联组织2个残疾人工作调研组，深入江孜、白朗、日喀则市9户残疾人家中，调查了解残疾人的生产生活状况，解决残疾人生活中急需解决的困难。调研行动为残疾人家庭送去慰问金3000元和价值4000多元的代步轮椅3辆。

目前，全地区已登记在册的残疾人有11132人，已经通过复审和发证在手的有10149人；全地区仍有8000多名残疾人没有完成登记。

长期以来，地区残联与特校建成的友好协作单位，参与了学校各项设施建设活动。在2010年教师节，残联理事长代表残联看望了特校教师，并对他们为地区残疾人事业发展作出的贡献表示感谢，希望特校师职员工更加关心理解残疾人。

南木林县白内障患者复查工作已经完成。待天气转暖、农牧民群众农闲时节，为该县100例以上白内障患者免费实施复明手术，这将给农牧民群众带来更大的福音。

【加快残联基础设施建设，推动地区残联系统健康发展】目前，由上海、山东、吉林、黑龙江、青岛、济南等省市残联投资190万元的地区残联综合楼工程，已竣工验收，正在计划投入使用。由国家投资280万元的日喀则地区残疾人综合服务设施工程占地面积6.39亩，建筑面积1803.43平方米。该工程现已竣工、等待验收。

【加大扶贫力度，促进社会稳定、和谐发展】谢通门南木切乡是地区残联和地区检察分院的定点扶贫乡镇。2010年来，残联和检察分院一道，本着给钱不如给点子的扶贫思路，积极为南木切乡谋划脱贫致富渠道，为该乡筹资投资扶贫50000元，为该修建致富桥一座，并为该乡小学购置3000元师生学习生活用品，为该群众致富奔小康奠定了基础。

中国人民银行日喀则地区中心支行

【认真执行货币政策，确保优惠货币政策有效落实】一是灵活运用金融联席会、金融运行分析会、面谈等途径指导、通告辖区金融生态环境状况，提升央行“窗口指导”和“道义劝告”等传统性间接货币政策工具效应，探索了以旨在规范和整合行业行为和资源的“金融联席会”为中心，服务政府部门、金融机构和企业客户的“银企座谈会”、“金融生态建设领导小组会议”等新颖货币政策工具载体为辐射的优惠货币政策传导机制。通过强化央行“窗口指导”，确保优惠货币政策在日喀则地区经济金融的各个层面的传导与贯彻更加畅通有序，积极引导金融机构积极调整信贷结构，突出信贷重点，加大支农、支牧力度，取得了显著的成效。截至12月底，全地区金融机构本外币各项存款余额101.96亿元，比年初增长18.57%；各项贷款余额19.66亿元，比年初增长3.55%；全地区农牧民安居工程贷款余额2.89亿元；农牧民贷款卡发放量达到92907张，贷款金额7.32亿元。二是认真开展统计研究，及时报送相关报表，并对报表里面的数据用文字进行分析，做到了观点突出、角度客观，分析深入，不断提高统计分析的质量和水平。紧扣辖内经济金融发展过程当中的热点、难点问题，深入基层开展调研，为上级行和地区行署决策提供有力的参考依据。结合日喀则地区特殊的地理环境和边贸发展状况，确定了《口岸建设中人民银行的地位与作用》为特色研究课题。截至12月底，共完成各类调研任务18次，形成调研报告13篇，其中《银行业破解中小企业贷款‘两难’思考》被《西南金融》采用，《日喀则地区口岸对金融服务需求调查》等4篇被《西藏金融调统与分析》采用。三是加强非银行信息采集，促进全地区信用体系建设。2010年征信系统直接受理信用报告查询38次。深入基层大力开展各类征信宣传活动，加强中小企业与农牧区信用体系建设，引导金融机构充分利用中小企业信用档案数据库信息，增加对符合条件的中小企业的信贷支持，已累计为54户中小企业建立了信用档案。四是加强外汇管理，切实落实优惠外汇政策。对地区中国银行国际收支申报业务现场核查和个人结售汇业务现场检查，进一步规范了国际收支申报行为、提高个人外汇业务监测水平。积极贯彻落实西藏优惠外汇管理政策，在制度允许的情况下简化核销手续，节约企业办理核销时间，便利企业正常的货物贸易活动。加强了对企业逾期未核销的催核力度，下发催核通知书2次。截至12月底，逾期未核销3笔，未核销金额为12万美元。日喀则地区进出口总额为373万美元，同比增长4%，其中：出口总额为373万美元，同比增长4%，没有发生进口业务。

【强化风险监测，切实维护地区金融稳定】一是及时收集和整理2009年度辖内宏观和金融指标数据，建立了指标数据库，进一步完善了《日喀则地区金融稳定监测指标体系暨评估体系》，为认真分析本地区金融风险状况提供了理论依据，按时上报相关报表。二是加强金融稳定调研，上报反映当前经济金融运行中热点难点和风险因素的调研报告5篇。三是认真做好跨境资金流动监测，及时掌握帕里边贸进出口、人民币和周边国家货币汇率变动情况，按时上报了相关报表。四是对金融机构突发事件应急预案相关制度广泛征求了各方的意见，进一步完善了日喀则地区的突发事件应急预案体系。年内，全地区未发生任何金融案件或风险。

【切实履行好经理国库职能】一是加强国库会计基础工作，加强柜面监督，严格审核外来凭证，强化代理支库监督检查工作，年内对代理支库实地检查11次，进一步规范了国库代理行为。二是从国库资金运动变化情况着眼，探讨国库收支变化的内因，按时上报反映财政预算执行情况和国库资金运作状况分析报告。三是认真组织国债发行和兑付工作，对地区商业银行国债发行网点进行国债业务监督检查，对存在的问题进行了解上报。2010年，建设银行无国债业务发生；中国银行共发售6100万元，年内兑付4475万元；农业银行共发售170万元，一年期提前兑付3万元，及时有效的开展了国债发售，兑付工作。完成了全辖预算收入45603万元，其中：中央级15793万元、省级1448万元、地市级10831万元、县级17981万元；财政支出311480万元，财政自给率8.5%

【加强支付反洗钱业务管理】一是加强支付结算管理，强化结算纪律执行情况、票据清算以及对商业银行柜面的监督管理工作，确保资金安全和会计核算工作的顺利进行。二是将地区邮政储蓄票据交换所有业务全部通过小额支付系统进行清算，使2010年中国人民银行日喀则地区中心支行小额普通贷记业务达到了近400笔，为小额支付业务发展奠定了良好的基础。三是严密监控境外资金的流入，坚决打击违法犯罪活动，严防、堵截犯罪分子在金融系统内的洗钱犯罪活动，为地区社会局势稳定、金融稳定起到了积极的作用。四是认真完成有关会计报表的编制和上报工作，对各类报表进行了及时、认真的编制和分析，报表内容严格执行保密，确保了各种报表真实可靠、数据准确、编制规范、分析细致。五是严格执行财经制度，坚持“艰苦奋斗、勤俭办行”的方针，对各项费用据实列支，严格各项费用控制在上级行下达的财务费用指标之内，认真编制全年财务预算。认真开展清理“小金库”工作，经查中国人民银行日喀则地区中心支行不存在设立“小金库”的现象和私设账外账的行为。

【做好人民币发行管理工作】一是统筹安排发行基金，提出了抓组织领导，保措施到位、抓调查研究，保预测准确、抓金融服务，保现金供应、抓思想建设，保制度落实、抓风险防范，保安全运行等“五抓五保”措施，做好全年现金发行工作，确保了现金供应的合理性。二是加大对地区各商业银行的人民币收付业务和反假币工作现场检查力度，规范了人民币收付业务管理和假币收缴、鉴定行为。三是组织相关人员到地区工商局、国税局及各商场、电视台、广告制作点进行走访调查，未发现非法使用人民币图样、经销流通人民币的行为，切实维护了国家发行货币的严肃性和权威性。四是协同公安部门和地税局，在市区主要街道和商业场所进行了反假货币宣传，共发放宣传资料4800多份，咨询人数120余人。五是为了进一步推进城市社区、农村乡镇反假货币宣传网络建设，向地区行署报送了《中国人民银行日喀则地区中心支行关于批转〈关于建立反假货币宣传工作站（点）的通知〉的请示》，目前已得到行署批准，近期将转发各县执行。

日喀则地区工业和信息化工作

【成立情况】日喀则地区工业和信息化局于2010年下半年正式成立。根据上级人事安排，由松泽任地区工业和信息化局局长，米玛、张志坚任副局长。机构组建初级单位实有干部职工15人，其中干部12人，工人3人。向行署争取了90多万元资金维修原乡镇企业局办公楼；争取办公用车2辆，改善了交通条件；申请了12套职工周转房，解决了无房干部职工的后顾之忧。地区工信局成立以来积极执行各级工业和信息化发展的方针、政策，拟订并组织实施地区工业和信息化发展战略、规划，推进信息化和工业化融合。核定机关编制20人，其中行政编制18人、事业编制2人。内设立办公室（政工人事科）、运行监测协调科（节能与综合利用科）、中小企业科（非公有经济办公室）、原材料与消费品工业科、信息化推进与信息安全科5个科室。

【抢抓政策机遇，积极申报工业发展项目】按照国家、自治区、地区确定的工业发展政策导向，围绕日喀则地区矿产业、农畜产品加工业、藏医药业、民族手工业、高原绿色食（饮）品业、水电能源等产业，积极申报工业发展项目，上年已经落实中小企业项目6个，重点产业振兴项目2个，总投资达到700多万元。同时，认真开展了企业循环经济技术标范工程的申报工作。

【深入开展调查研究，积极做好常规工作】地区工信局成立以来，为推动工作有序开展，局领导先后深入18个县（市）和企业积极开展了全地区工业企业经济运行情况和民族手工业发展情况调研。

通过分析研究，撰写了《日喀则地区发展工业经济的对策思考》、《日喀则地区民族手工业发展情况调研报告》等，为准确把握工业发展形势、科学决策提供了可靠依据。同时，协助全区开展了建材工业调研工作。为加强“十二五”时期工信工作，组织人员进行《日喀则地区工业和信息化“十二五”规划》编制工作，目前进展顺利。为开展好工信局各项常规工作，先后制定出台了《日喀则地区工业和信息化局关于深入打击互联网及移动多媒体传播淫秽色情专项整治行动工作方案》、《日喀则地区2011年春运工作实施方案》以及日喀则地区重点骨干企业评价标准等，为有力推动各项工作提供了标准和规范。

日喀则地区审计工作

【审计成果】2010年，日喀则地区审计局共完成对33个单位的审计及审计调查，查处违纪违规金额9287万元，其中应上缴财政156万元，应归还原渠道资金837万元，应调账处理金额1469万元。移送纪检监察等部门处理事项4件。提交审计工作报告37篇、信息63篇，向有关部门和被审计单位提出审计建议40条。财政审计 围绕规范财政管理行为，提高资金使用效益的目标，组织实施对仲巴县、吉隆县、萨迦县2008—2009年度财政决算及其他财政财务收支情况的审计。经济责任审计 受日喀则地委组织部的委托，完成对15名领导干部的任期经济责任审计。审计共查出财政收支核算不真实等违规问题金额8268万元，损失浪费金额9万元，对问题进行了严格的责任界定。并对发现的重大违法违纪案件线索，依法进行了移送处理。

【专项资金审计】认真开展玉树、舟曲抗震救灾款物的跟踪审计工作；组织实施对18个县市扶贫项目、2个县农牧业建设项目、南木林退耕还林项目、西新工程等专项资金的审计。审计专项资金总额8370万元。针对专项资金管理的薄弱环节，提出了加强项目管理和财务报销规范化的建议。

【投资项目审计】2010年未开展投资项目审计，因经济责任审计工作任务繁重，经整合审计资源，用于实施经济责任审计项目。

【企业审计】组织实施对日喀则市自来水公司相关年度财务收支审计。针对企业需弥补以前年度亏损等问题，提出了进一步加强企业经营管理，提高资产保值增值能力的建议。

【行政事业审计】 根据自治区审计厅的统一安排，组织实施了对国家统计局日喀则调查队相关年度财政收支情况审计。通过审计，在揭示问题的同时，对规范资金管理等方面提出了建议。

日喀则地区工商工作

【市场主体发展情况】2010年，日喀则地区各类市场主体发展到19001户，从业人员66426人，注册资金31.1亿元，与“十五”末相比市场主体户数增加7512户、从业人员增加51615人、注册资金增加210174.56万元，分别增长64.97%、182.41%和194.4%。其中：个体工商户发展到17818户，从业人员40498人，注册资金4.92亿元，同比分别增长10.91%、9.02%和57.14%；私营企业639家，雇工人数19917人，注册资本（金）12.22亿元，同期分别增长20.57%、21.71%和11.93%；内资企业544家，同比增长0.55%，从业人员6011人，同比减少2.31%，注册资金13.96亿元，同比增加58.74%。

全年农牧区个体工商户发展到4979户，注册资金7154万元，从业人员1.25万人，同比分别增长1.92%、17.7%和0.65%；私营企业发展到297户，注册资金7.9亿元，雇工人数1.15万人，同比增长31.42%、1.072%和28.4%；登记注册农牧民专业合作社73家，出资总额7672万元，社员13845人，同比增长143.33%、167.6%和47.29%，农牧区经纪人发展到946户，经纪业务量为8081.4万元，同比增长24.8%、16.29%。

共为518名下岗失业人员、高校毕业生、退役军人、残疾人、城市低保等人员免收证照登记类规费2.2万元。

年内，开展上门指导服务50余次，下达商标行政建议书26份，形成专题调研报告1份；全地区新注册商标26件、新申请商标12件，有效商标总量增至104件，其中涉农注册商标39件，已实现“一县一标”目标。

【市场监管方面】全年共查处各类违法违章案件764起，案值119.96万元，罚款46.42万元。查处无证无照经营案87件，案值34.6万元，罚没款3.22万元。共开展食品安全专项检查27次，查处制售假冒伪劣食品案件142件，案值4.85万元，查获假冒伪劣食品数量共1.1万公斤，价值14.58万元。查处不正当竞争案件共35件，案值28.16万元，罚没款15.73万元。审查、监测各类广告385条、纠正各类违章广告20余起，查处广告违法案16件，罚款0.96万元。查处了一起商业贿赂案，案值4万元。各级12315维权站点共受理、调解消费者申（投）诉案245件，为群众挽回经济损失8.37万元，调解成功率为96%以上。

【领导名录】

党组副书记、局长：姜有胜

日喀则地区质量技术监督工作

【全面准确摸清工作底数】在日喀则地区18个县（市）开展“拉网式”质量技术状况普查。在普查对象上，既查规模企业也查小作坊，既查证照齐全的企业也查证照不齐的企业，消除监管盲区和死角，全面掌握了日喀则地区的企业分布情况、产品质量、食品安全和特种设备的总体状况，完成全地区368户生产加工企业和小作坊质量建档，生产加工企业和小作坊建档率达到95%。在此基础上，建立起了《日喀则地区生产加工企业动态监管图》、《日喀则地区特色产业分布图》、《日喀则地区食品生产企业动态监管分布图》、《日喀则地区特种设备分布示意图》。针对不同企业、产品、设备，加强分类指导，落实好质量巡查、监督抽查、突击检查等各项措施，着力实现质量安全监管“没数变有数，没底变有底，无序变有序”。

【真扶，真心实意地落实帮扶措施】一是落实责任抓质量。向企业广泛宣贯《产品质量法》、《食品安全法》等质量法律法规。特别是对量大面广的小作坊及特种设备，每年逐个签订《食品质量安全承诺书》和《特种设备安全生产目标责任书》，增强业主的责任意识和质量意识；二是夯实基础抓质量。引导企业制定质量发展战略，增强自主创新能力，建立健全从产品设计到售后服务全过程的质量管理体系；三是创建名牌抓质量。落实《西藏自治区名牌产品认定和保护办法》，结合日喀则地区特色产业发展特点，组织实施名牌产品发展扶持工作，积极开展了亚东鱼、黑木耳、珠峰冰川水、日喀则农业科技有限公司等特色产业帮扶。

【细管，科学规范健全网络体系】一是研究制定了《日喀则地区工业企业和食品加工企业产品全过程监管通用要求》，建立从产品设计、原料进厂、生产加工、出厂销售到售后服务的工业品全过程监管链条，认真落实把住厂门的责任；二是建立产品质量和食品安全的质量追溯体系，做到任何质量问题都能通过台账和票据追到源头；四是建立企业质量诚信档案制度，从根本上解决生产经营中质量失信问题。

【精建，精心精细夯实基础工作】一是加强组织领导体系建设。成立了日喀则地区质量工作机构，建立健全质量监管联席会议制度、情况通报制度、工作协作制度、联合打假、基层协管制度，形成密切配合、相互协作的工作机制；三是加强质量宣传体系建设。高度重视舆论宣传工作，把开展流动宣传与媒体宣传结合起来，建立了日喀则电视台、《日喀则报》、日喀则地区政务网等质量安全宣传平台，深入开展了“三进”活动，不断提高了全社会的质量意识；四是加强技术检测体系建设。围绕日喀则地区产业发展特点，科学规划，精心设计，建成了地方特色明显、专业项目互补的食品等实验室。

【严治，规范行为保持整治力度】一是建立社会监管网络。“12365”投诉举报系统建成运行，把质量安全监管延伸到社会各个角落、每个家庭，实施了网格式监管；二是积极开展专项整治。以农牧区和城乡结合部作为重点区域，以小作坊为重点单位，以涉及群众利益生命健康安全的农资、食品等作为重点产品，扎实开展专项整治；三是健全预防性措施。按照“防重于治、标本兼治”的要求，制定完善产品质量、特种设备安全监管预案，实现了假冒伪劣产品的早发现、早控制、早解决。

【主要成效】通过扎实开展创先争优活动，全地区的质量安全监管工作，在以下几个方面实现了跨越发展和突破。

【质量意识提升有新突破】全地区60%以上产品生产企业质量管理主管人员接受过全方位质量管理培训，企业质量诚信经营的意识明显提高。人民群众参与质量监督的意识进一步提高，地方政府、媒体等社会各界关注、重视质量安全的意识显著提升，消费者运用法律手段自我保护的能力增强。

【质量水平提高有新突破】截止2010年底，主要生产企业质量保证体系逐步建立，企业采标率达到94%以上，产品出厂检验率大幅度提高。产品监督抽查样品达到622个批次以上，抽检平均合格率83％以上。11家企业获得质量认证（包括体系认证和产品认证）。全地区取得生产许可证的企业达到14家，培育西藏名牌3个，中国名牌1个。企业质量诚信意识和诚信经营的意识明显提高，全地区5家企业获得自治区级“质量信誉AAA级企业”称号。

【产品质量安全万无一失】实行企业全备案、产品全登记、检测全报告制度，推动企业质量安全主体责任的落实。不断加强特种设备动态监管突出对重点区域、重点设备进行重点监管，督促企业按时报检，按计划开展检验，特种设备使用登记和定期检验率达到95%以上，实现检验检测工作的有效覆盖，确保了“两安全”万无一失。

【技术基础工作有新突破】全地区工业企业采标率超过94%，备案33家企业45个产品标准。大力推进农业标准化示范区建设，先后实施白朗蔬菜、江孜大蒜2个国家级农业标准化示范区建设，南木林县土豆种植1个自治区级农业标准化示范区建设。积极开展强制检定计量器具普查，完成力学、流量、光学、长度、质量5大项1038台强制检定计量器具的建档工作，强检计量器具受检率达到90%，定量包装商品受检率在80%以上。

日喀则地区农牧工作

【种植业生产形势良好】共落实播种面积128.06万亩，其中粮食作物76.61万亩（青稞64.38万亩），经济作物33.30万亩，饲草料作物17.93万亩，粮经饲三元比例60:26:14。粮油总产达37.22万吨，其中粮食总产34.61万吨（含青稞27.60万吨），油菜总产2.61万吨。

【畜牧业稳步发展】新生仔畜成活196.1万头（只），成活率达93%；成畜死亡率2.15%；牲畜总增率31.64%；出栏率37.05%。肉、奶产量分别达3.7万吨、8.4万吨，与上年基本持平。完成短期育肥80万个绵羊单位（含活羊出口20万只），总收入18830万元，纯利润5500万元。

【农牧业项目建设进展顺利】共争取农牧业项目固定资产投资31834.53万元，其中国家投资22424.53万元。截止目前，共计完成总投资29757.4万元，其中国家投资20651.5万元。重点实施了农牧业特色产业项目、退牧还草工程、农村沼气、高寒牧区牲畜暖棚圈建设、游牧民定居配套建设、动物防疫体系建设、农牧业科技推广体系建设等六大项目。地区级以上产业化经营龙头企业已达11家，各类经合组织103家。

【农牧业科技工作持续推进】按照“实际、实用、实效”原则，开展了以农机具安全操作、家畜家禽饲养管理与疫病防治、测土配方施肥、标准化生产、农用沼气技能等为重点的各类培训135期，培训各类农牧民6.7万人次，发放资料3.5万份（册）。

【努力提高农业综合生产能力】一是采取以粮换种、春借秋还、内部调剂等办法，共备种2700余万斤，解决了春播用种问题。二是狠抓沃土工程，治理坡耕地5.02万亩，改造低产田17万亩，平均亩施农家肥2400公斤。三是狠抓农资调运，共调运分配化肥2.27万吨、农药497.5吨。四是通过加强田间科学管理，合理灌溉，科学除草，提高单位面积基本苗数；“扎扭”灭草60万亩；开展蝗虫、蚜虫虫情监测和防治，努力降低病虫害损失。五是继续开展测土配方施肥“3414”田间肥效试验，认真做好8万亩配方施肥示范田建设工作。六是狠抓农业标准化生产和高产创建工作，标准化面积达20万亩，比上年增加11.5万亩。七是狠抓良种繁育与推广及新品种示范工作，建设粮食良繁基地58627亩，油菜良繁基地800亩，良种推广面积达91.1万亩。八是实施好农机化工程，努力提高农机化水平。共争取国家农机购置补贴4200万元，覆盖面扩大到18个县市，农机总动力达94.26万千瓦。机耕面积81.2万亩，机播面积71.4万亩。九是专门组织农牧业生产检查组，深入“三秋”工作第一线，切实加大“三秋”工作的组织领导和指导力度，确保了“三秋”工作的顺利进行。

【认真落实畜牧业生产措施】一是强化重大动物疫病防控责任制，坚持防疫监督员制度和疫情信息24小时值班制度，加大防控监督检查力度，为畜牧业构筑了安全屏障。二是加大了畜禽及其产品的市场检疫力度，共动用执法人员400余人次，开展专项整治7次，检疫各种肉类102吨、活禽7.5万只、生猪4561头，消毒畜禽产品14吨。三是通过提前安排接羔育幼草场、加强暖棚（圈）建设与羔宫维修、母（仔）畜偏饲偏喂等措施，认真搞好接羔育幼工作，切实提高了仔畜成活率，有效降低了成畜死亡率。四是认真开展春秋两季重大动物疫病防控，确保畜牧业安全，防疫注苗牲畜620.76万头（只、羽），免疫密度达到99%。五是狠抓冬虫夏草采集管理，确保了虫草采集期间产区各县社会局势稳定，维护了群众的根本利益。六是继续加强了天然草场建设与保护工作，江孜、南木林、亚东三县2008-2009年草场承包经营责任制工作通过自治区终验。七是加强渔政管理，严厉打击非法捕捞活动，监督群众合理开发水产资源，切实保护渔业资源。

【狠抓农牧项目争取与建设工作】一是积极与上级有关部门沟通和衔接，多方争取农牧项目，进一步夯实农牧业发展基础。共落实特色产业项目6个大项，涉及马铃薯种植、藏系绵羊短期育肥、无公害蔬菜、人工种草、优质奶牛养殖、绒山羊基地建设等；面上项目涉及农村沼气、农牧业科技推广体系、高寒牧区牲畜棚圈、游牧民定居配套建设、动物防疫及退牧还草等6个项目。二是狠抓项目建设管理。采取措施早落实、早安排、早启动，进一步明确职责，完善制度，确保了项目及时开（复）工并顺利实施，严格落实项目“五制”，强化项目建设过程中的指导、协调，执行各项管理制度和程序，确保项目尽快建成并发挥效益。三是充分利用项目建设吸纳当地劳动力，增加群众现金收入，同时解决项目实施劳动力问题。

【加大科技培训与指导服务力度】通过培训补充了村级防疫员300人，有效解决了村级防疫员缺编问题。执业兽医资格考试报名工作成效显著，全地区共136人报名参加考试，初审通过116名，复审通过103名，占全区复审通过率的30%以上。

【扎扎实实做好防抗灾工作】18县市筹备抗灾饲草1.1亿斤、饲料1500万斤、燃料1400万斤、油饼1200万斤，青油15万斤，砖茶20万条，新修棚圈4000座，棚圈维修率达100%。全地区因旱灾、洪涝等自然灾害，农田累计受灾3.59万亩，死亡牲畜4.6万头（只）。灾害发生后，立即启动了《日喀则地区农牧业防抗灾工作预案》，及时调拨抗灾化肥，发放抗灾物资和资金，下派技术人员开展技术指导，加强抗救灾与恢复生产，把灾害损失降到了最低。共调拨抗灾化肥2650吨，发放价值100万元的抗灾药品，加工调拨抗灾饲料500吨，为上年农田受灾较重的65个乡镇解决缺种经费190万元。

【切实加大财政支农力度】地、县（市）两级人民政府在认真落实党的强农惠农政策的同时，进一步加大本级财政支农力度。仅地区财政支农资金就达到了3202万元，其中特色产业扶持专项资金达到2000万元，有力地推动了日喀则地区特色产业的发展。

日喀则地区林业工作

【春季造林圆满结束】2010年自治区林业局下达的造林指标为224682亩，全地区实际完成各类造林224377.4亩，完成率为99.86%。其中：重点区域造林82923.4亩（西郊亮点工程造林面积24525亩），完成率为103%；义务植树7353亩，完成率为105%；拉萨及周边地区造林25601亩，封育40000亩，完成率为90%；退耕还林工程荒山荒地造林15500亩、封育5000亩，完成率为100%；完成生态安全屏障防沙治沙工程48000亩。另：完成育苗面积1057亩，完成率为103.6%，天然林新封育20000亩。

【日喀则市西郊亮点工程造林进展顺利】选取中尼公路（318国道）日喀则市至萨迦段两侧，地势平坦、土质较好、地下水资源丰富、适宜造林的地块，大规模实施造林示范工程，以带动整个地区的林业生态建设。该项目总投资5600万元，工程计划2年完成，2010年计划任务已全部完成。目前，已完成10眼机井的10千伏安高压输电线路和打井工作，完成318国道27.2公里绿色通道和7万亩农田的林网防护林，农田林网148条，长达260公里，造林成活率在95%以上。

西郊亮点工程造林项目二期工程前期准备工作已基本完成，待明年起大规模实施。

【退耕还林地全面进行补植补造】为了巩固退耕还林成果迎接国家的验收，在退耕还林六个县市，根据自治区核查的结果，对质量不合格，保存率不高，面积不足的退耕地组织动员退耕农户进行了全面补植补造，同时对退耕还林档案资料全面进行了整理归类，根据地县林业部门自查和初验，基本上达到了国家规定要求，并于2010年上半年顺利通过国家核查。

【开展农区经济林木种植试点】根据地区农村工作会议精神和地委行署领导的指示，日喀则地区林业局在日喀则市、谢通门、南木林、仁布、江孜和白朗等县部分小气候乡村选择500多农户、寺庙推广种植5万多株苹果、桃树、梨树、核桃等经济林木苗。目前成活情况较好，为发展农户庭院经济林打下了基础。

【实施依法治林，严厉打击各种破坏森林资源行为】截止目前，共受理各类案件28起，行政处罚17人，没收非法运输木材26.8立方米、野生动物11（头、只），没收野生动物皮1张、野生动物制品4件、野生动物猎具15件，没收盗伐的中、幼树80株，罚款1000元。

【森林防火工作】各级林业部门，林区各乡（镇）党委政府把森林防火工作作为林区各项工作的头等大事来抓，及时将全国森林防火电视电话会议精神和区、地护林防火会议及相关文件精神传达到逐村、逐户，并要求认真贯彻落实。高度重视防火宣传和火源管理两个关键性工作，利用广播、电视、宣传车、散发宣传单和张贴标语等形式加强了森林防火宣传工作，增强了群众的森防意识。广泛动员当地群众和组织护林员队伍进行巡山护林，及时发现和处理火灾隐患，取得了年内“双无”的好成绩，确保了森林资源的安全和林区社会的稳定。

日喀则地区水利工作

【千方百计抓好水利基础设施建设，着力改善民生】全年开复工水利基建项目共有20项，工程总投资达25357.25万元，其中续建项目4项，总投资8382.91万元；新建项目16大项，总投资16974.34万元。目前到位投资18882.96万元，完成固定资产投资3.6亿元，超额完成年初既定目标任务。近期，日喀则地区已完成招投标即将开工建设的水利项目有8项，总投资9748.9万元；概算批复已下待招投标的项目有3项，总投资3989万元。以上11个项目和2010年已开复工建设的20个项目共31个项目的实施，到年底工程建设将完成水利固定资产投资3.8亿元，占年初目标任务的102%。完成投资比2009年完成投资（3.2亿元）增加了0.6亿元，同期增长12%。

【顾全大局，做好防汛抗洪工作，促进经济发展】2010年，日喀则地区先后发生了旱灾、虫灾、山洪泥石流等多种自然灾害。上半年，日喀则地区遭受了特大干旱，导致35.94万亩农作物不同程度受灾，4.46万农牧民群众出现饮水困难，15座水库干涸，牧区天然草场大部分干旱严重。地县两级防汛抗旱指挥部及时启动抗旱Ⅲ级响应，层层落实各项责任，及时组派工作组深入实地调研，召开由农牧、水利、气象、水文等有关部门负责人参加的旱情会商会议，明确抗旱指导思想和工作措施，按照“先保人饮，后保灌溉”的原则，及时定点送水，合理调配水资源管理，稳妥调处用水矛盾，确保人畜饮水安全，在上半年旱灾较重的情况下，大力推广节水技术，实施截潜流、打机井、拉运水和蓄、引、提、灌等形式，千方百计增加工程蓄水。全年累计投入抗旱资金935.52万元，投入抗旱人数2.535万人，启动机电井41眼、大小提灌站19处、机动抗旱设备72台套、抗旱用油22.75吨，解决抗旱浇灌面积0.23万亩，解决临时饮水困难0.25万人。抗旱工作取得了全面胜利。

【水利受援工作】2010年山东援藏干部通过多方努力，2010年积极争取到150万元援藏资金，其中100万元修建了地区防汛抗旱物资筹备中心，50万元作为技术培训资金。2010年，通过山东援藏渠道，局机关解决了一辆价值34万元的交通工具，还解决了部分电脑、打印机、照相机、传真机等办公设备。

日喀则地区交通运输工作

【狠抓公路基础设施建设，公路建设再创新高】完成公路基础设施建设投资16.4亿元，超地区计划任务13.8亿元的18.8%，解决了130个建制村的通达和4个乡（镇）11个建制村的通畅问题。截至目前，全地区通车里程达13167.37公里，比“十五”末增加799.84公里，次高级路面达1889.45公里，是“十五”末692.03公里的2.73倍。已初步形成了以日喀则市为中心，以国道318、219为主干线，以6条省道为骨架，以县乡公路、专用公路、边防公路和农村公路为基础的外连邻国印度、尼泊尔，内接拉萨、山南、阿里和那曲地区，辐射日喀则地区18个县（市）的“二横、四纵、一星、三个通道”公路交通网络。

【狠抓公路养护管理，公路服务经济强区建设能力不断提高】共实施公路养护工程项目11个，总投资达3071.5623万元。日喀则地区交通运输局属正常养护的国省干支线油路平均优良路率达85.42%、MQI值为81.95，砂土路平均优良路率为77.6%、MQI值为83.6；农村公路砂土路优良路率达39.7%、MQI值62.28；铺装路面优良路率达70%，MQI值达77.6。

【抓好国道219线移交准备工作，确保了交接工作平稳过渡】按照公路管养体制改革的总体要求，做好国道219线人、财、物的清理登记，广泛宣传了国道移交的相关政策，做到了人员思想稳定、财账清晰、物资登记完备，确保了国道219线的平稳顺利移交。

【强化路政、运政规范化管理，交通行政执法能力全面提升】局属管养各路段全年共发生路政案件40起，破案40起、结案40起，破、结案率均达100%，共收回公路路产损坏赔（补）偿费13.8万元。

【加大农村客运站点建设力度，道路客货运输能力不断增强】新开辟县乡客运班线2条，建设县乡客运站点2个，促成2个县级客运站投入运营，地区道路交通运输完成客运量125.55万人次，旅客周转量20019.65万人公里，货运量99.92万吨，货运周转量18262.91万吨公里。

日喀则地区科技工作

【科技项目概况】国家科技部项目2项，资金523.99万元；自治区项目4项，资金411万元；地区项目26项，资金300万元；援藏项目资金161万元；科协项目13个，资金139万元；科技特派员（共479人，每人每年5000元，如果考核不合格，予以取消）生活补助资金待定，视考核结果兑现，239.5万元。科技对农牧经济贡献率为35%。

【充分把握机遇，积极申报重大科技项目】成功申报了“西藏日喀则国家农业科技园区”项目，申报资金高达1.6亿元，并争取了20万元的前期项目活动经费，该项目得到了国家科技部的重视和受理，项目论证答辩顺利通过，有望明年正式启动实施，认真制定“十二五”科技规划，精心组织筛选申报“十二五”科技项目17个，得到地区认可项目7个，并纳入地区“十二五”规划总盘子，资金达1.6亿。

【试验示范农牧业科技项目，引领农牧产业经济发展】 一是在自治区农科院专家组的大力指导支持下，继全区重大科技项目（2009年组织实施的“种植业结构调整与农区高效养殖及产业发展示范项目”）投入680万元取得了良好成效后，2010年又申报实施了250万元的巩固与提高项目资金，分别由地区农科所、白朗县、江孜县、南木林县和日喀则市雅江源农业科技开发有限公司继续组织实施，有效巩固和提高了该项目成果；二是实施岗巴县黄牛改良项目。以引进西门达尔和当地黑白花作亲本，严格按照技术方案进行杂交改良，年计划配种（参配母牛）总数达到 200 头，杂交犊牛成活数达到 180 头。三是实施江孜县康卓乡养鸡基地建设。截至目前，全村建设养鸡专业户 35 户，共新建了 1050 平方米土木结构的鸡舍，每户有 20—50 平方米的简易运动场，购买和订制了总容积 30 立方米的运输笼，从成都购买了 38 套饮水器和饲料槽，购买了总长 160 米的铁丝网（用作隔离栏）；从拉萨市堆龙德庆县养鸡公司购买了 5 吨复合鸡饲料和部分消毒、防病药品，购买 5 吨煤炭用于养鸡场育雏加温，举办了三期养鸡技术培训班，培训 150 人次，育雏成活率达到 75%，藏鸡鸡苗成活率 95%，肉鸡成活率达 83%以上，卫生防疫面达 100%。四是实施谢通门奶牛示范户项目。经多次深入各乡镇调查了解后，确定在通门乡和卡嘎镇（各选 2 户）选定 4 户责任心较强的具有一定养殖技术和科学管理经验的，能够带领广大农牧民走科技致富之路的农户确定为建立奶牛养殖示范户，购买了优良品种奶牛 12 头和种公牛 4 头进行示范养殖，在饲养条件正常、产奶正常、没有重大疫病的情况下，每头奶牛年产鲜奶量可达 5 吨，可实现年净利为 3000 元—6000 元，一户养殖户年收入达 4.5 万元，4 户养殖户年收入达 18 万元，投产后只需要 4 个月就收回成本，经济效益将会明显。五是定结县优质玉米、花生种植项目。在定结县陈塘镇试种了优质玉米 15 亩、花生 5 亩，在项目种植的实施中，县技术人员充分合理地利用陈塘镇当地土地、水利以及光能资源优势，挖掘特色种植业潜力，手把手地教农牧民群众种植玉米、花生技术、田间管理技术、施肥技术等，共开展培训 4 次，累计培训天数 12 天，培训人员达 216 人，提高了群众对新技术与新品种的了解，加深了科技与农作物种植关系的认识，为该镇种植业内部结构调整起到了良好的作用，得到群众的好评。六是岗巴县蔬菜大棚温室种植技术示范项目。该项目选点在岗巴县岗巴镇、直克乡、龙中乡、昌龙乡，修建了四座温室，每座温室面积为 400 平方米，即总面积为 1600 平方米，温室结构为石料，开展蔬菜大棚温室栽培技术示范，试种了 15 个品种，培养科技明白人 100 人，通过该项目实施，使群众了解了高寒地区的蔬菜作物栽培技术要点，了解了新品种在高寒地区的适应性，了解多个品种在高寒地区的栽培技术。七是萨迦县《大棚温室西瓜示范种植》项目。本项目紧紧围绕“以农种瓜、以瓜促农、提高市场观念、丰富菜蓝子、农牧民增产、增收”的原则，建立西瓜种植基地示范村 1 个，培育和发展西瓜种植专业示范户 4 户，使用高效日光温室 4 座，每座使用面积为 0.3 亩，总使用面积 1.2 亩，每座温室年西瓜产量 2000 斤，总产量达到 8000 斤，总产值 3.2 万元，实现人均增收达 500.00 元。同时群众还学会了温室的管理、西瓜育苗常识、无公害西瓜栽培、西瓜病虫草害防控管理方法及其农药使用管理技术、瓜类园艺生产与管理知识等实用技术。

【培育扶持科技型中小企业，支撑特色产业经济发展】 一是根据国家科技部"富民强县"专项行动计划要求，在第一时间积极协调县市及县市科技局，及时申报了 4 个项目，批准了两个项目，即“亚东县野生黑木耳人工栽培示范与产业化开发项目”和日喀则市“马铃薯栽培加工技术示范推广项目”，国家投入资金共 523.99 万元，科技型小企业得到培育和扶持，特色资源得到合理开发利用，高附加值产品开始形成，科技型企业显现出活力，形成了新农村建设中的一个亮点，带动了当地群众增收致富，目前，高附加值的亚东人工黑木耳已有小批量上市。二是“联酥喜”优质青稞产业化开发项目。根据联乡特色种植加工产业化发展需要，该公司采取公司＋农户＋加工房生产经营模式和农村合作组织形式经营管理，并在日喀则市、拉萨等地设立销售网点，指定专人从事产品的销售，为使产品早日商品化，商品不断市场化，日喀则地区科技局不断帮助该公司打造企业形象，指导企业统一商标设计、统一注册、统一包装，确保这一历史品牌的声誉。同时日喀则地区科技局还投入小额资金帮助该企业建设基础设施，竭力为企业排忧解难，帮助企业走出困境，为企业购置了脱皮设备 2 套，维修水磨房 2 座，修建仓库面积 50 ㎡，新修水磨房 4 座，新修水渠长度 300 米。

【加大科技培训力度，提高劳动者素质和管理水平】 一是开展了江孜县特色手工业及服务技能培训项目。于 2010 年 6、9、10 月在江孜星火技术职业学校和江孜卡垫厂分别举办了 3 期培训班。邀请江孜卡垫厂技术员、江孜星火技术学校职业老师开展了“卡垫、氆氇生产技术培训班”，培训对象为全县 19 个乡（镇）有一定编织爱好、并懂得简单编织技巧的农牧民及卡垫厂工人，培训人数 50 人；邀请江孜县畜牧技术推广中心技术员、星火技术学校培训基地的科技特派员开展了“家庭养殖业技术培训班”，培训对象为热索、藏改、达孜、重孜、江孜镇、江热 6 个乡（镇）的养猪专业户、奶牛养殖大户，培训人数 50 人；邀请江孜县城电器修理专业人员、江孜星火技术学校职业老师开展了“农民实用技能培训班”，培训对象为全县 19 个乡镇在家电维修、绘画、家政及餐饮服务方面有一定技术特长、兴趣爱好、文化素质相对较高的中青年，培训人数 30 人。二是开展了科技特派员和科技管理干部培训，认真落实科技特派员待遇（每人每年 5000 元）和优惠政策，努力加强科技特派员技能和素质建设，积极开展了“春季农牧民科技特派员培训”和“基层科技干部管理培训”，投入 120 万元建设了科技特派员示范户，2 名科技特派员推荐为全区科技特派员优秀标兵，2010 年申报并审批了 90 名科技特派员，截止目前日喀则地区农牧民科技特派员已达到 479 名，全员受到一次以上培训。三是开展了“农牧民科技特派员技能培训”，以 PPT 的讲座方式讲解了畜牧兽医、临床、诊断、药理、病例等专业技术知识，邀请专家实地指导蔬菜大棚温室技术和讲解西红柿、黄瓜、青椒、马铃薯等常用蔬菜生产知识和技能，培训人员达 400 余人。四是协同自治区能源研究示范中心开展了为期 7 天的“光、电、风能基础管理人员培训”，重点讲授了光伏电站设备安装、使用操作方法、电工基础、光伏组建工作原理及维护常识等知识，16 个县（乡村）41 名基层科技人员参加了培训。五是积极采取“走出去”学习方式，先后 5 批次到区内外参加了学习、参观和考察，让科技人员

进一步开拓了视野，开阔了眼界，增长了见识。

【加强“光明”能源建设，推进无电乡村民生科技】一是充分与自治区科技厅衔接协调，争取到比亚迪公司赠送给西藏无电乡村的照明灯400套，解决了14个县无电乡村400户群众照明问题；二是采取村民自筹60元与国家补贴500元结合的方式，为西部8个县无电村村民解决176台太阳能灯。

日喀则地区职业技术学校

【基本情况】学校占地270亩，总建筑面积63000余平方米。现有教职工230人，其中：专兼职教师155人（从学历上讲，硕士研究生13人，本科125人，大专11人，中专4人；目前学校开设了护理、农村医学、藏医医疗与藏药、农村卫生保健、导游服务、酒店服务与管理、药剂、民族美术、学前教育、汽车应用与维修、临床医学、行政管理、文秘等十余个专业，各类在校生3800余人。

【扩大办学规模】第一，加大了招生宣传力度，向广大初中毕业生宣传在日喀则地区职业技术学校上中职国家给予的一系列优惠政策，大力宣传日喀则地区职业技术学校所办专业毕业后的就业前景，大力宣传日喀则地区职业技术学校良好的办学条件和优美的生活环境，充分动员更多的学生来日喀则地区职业技术学校求学成才。第二，对部分专业的学生实行教材费全免，在国家规定的助学金标准上再适当加发一定数额的助学金，以增强学校对学生的吸引力。第三，坚持了“来者不拒”，只要有要求来日喀则地区职业技术学校上学的，我们都大开绿灯、满足其愿望，从不以任何理由将其拒之门外。第四，加强了定向、定岗、定单培养工作，开设了农村卫生保健专业，订单培养1200名乡村卫生员，加上当年录取的690名新生，2010年日喀则地区职业技术学校各类在校生达到了4190人的规模。

【专业结构调整】一是继续把医学专业办好办出特色，二是尽最大努力把汽车应用与维修、宾馆与饭店服务、种养殖等专业逐步办大加强，三是加强技能人才需求的调研预测，适时瞄准新的行业、新的岗位、开办新的专业，不断开辟日喀则地区职业技术学校发展的新天地。

【加强教学管理、提高培养质量】一是强化了教师对教学工作的责任感和使命感，真正做到上好每堂课，传授好每一点知识。二是教育学生树立勤奋刻苦的精神，努力克服学习上的困难，全身心地投入到学习当中，真正学到真知识，掌握真本领，为自己今后的生存发展奠定坚实基础。三是着力改革学校的办学模式、培养模式和教学模式。在办学模式上，积极推动教产结合、校企一体化办学。2010年日喀则地区职业技术学校在汽车应用与维修专业方面开始与有关企业一体化运作，与企业一起培养人才，实现优势互补、资源共享、合作共赢，增强学生的实践技能和岗位能力；在培养模式上，树立了学历教育不是关起门来办才是学历教育、学历教育不是脱产学习才是学历教育的观念。职业教育的人才培养一定要切实落实工学交替、顶岗实习的环境。从2010年开始像种养殖专业就实行了半年在校学习、半年回家生产的培养模式；在教学模式上，日喀则地区职业技术学校改变了一支粉笔、一本教材、一块黑板的传统教学方式，逐步推行了模拟教学、案例教学、技能打包教学等适合职业教育的教学方法。四是创新教材的运用，针对岗位技能要求的变化，在现有教材的基础上开发补充性、更新性和延伸性的书本教材、实物教材、电子教材。五是推进讨论式、探究式、协作式的教学方式，营造学生主动学习、自主学习的课堂氛围。六是加强实训教学环节，充分发挥现有实训设备在提高学生技能的作用。七是努力建设起中职学生成长的“立交桥”。增强他们继续学习的能力和职业生涯持续发展的能力。

【全方位加强教师队伍建设】在继续支持教师参加国家级的骨干教师培训、对口援助教师培训和自治区级教师培训的同时，2010年底学校已开始启动利用寒假赴内地五年一轮训的全员培养计划，首次培训地点选在了重庆师范大学，时间为半个月。认真组织、周密安排好丰富多彩的培训活动内容。通过赴内地的培训，要使全体教职员工的教育观念得到更新，教学视野得到开阔，革命精神得到大振，工作劲头得到倍增，建设名校的行动得到加快。

【领导名录】

校党委书记、副校长：次旺多吉

校长、校党委副书记：曾凡平

党委委员、常务副校长：陈标（援藏）、旦增、石敦勇、旦加、边巴旺堆

日喀则地区广播影视工作

【圆满完成了重大活动的宣传报道任务】2010年，日喀则地区广电局紧扣中央第五次西藏工作座谈会精神的宣传报道工作，围绕经济强区建设，进一步深化改革，完善机制，努力推进新闻宣传上水平。围绕中心工作，日喀则电视台先后开辟了《庆祝西藏百万农奴解放纪念日设立一周年》、《深入学习贯彻中央第五次西藏工作座谈会精神 推进地区经济跨越式发展》、《援藏巡礼》等系列报道工作，共播出50余条；播出“3.28西藏百万农奴解放纪念日”选题的共3期，专访援藏系列报道共6期；《辉煌十一五》共播出63条。通过开办时事节目栏目，圆满完成了各项重大活动的宣传报道任务，弘扬了时代主旋律。

【围绕地区中心工作充分发挥舆论引导作用】在认真做好中央台、西藏台的转播工作的同时，紧紧围绕经济强区建设、新农牧区建设等重要工作，制定完善了详细、全面的宣传报道方案，在自办频道开设专栏，深入基层，采制了一批鼓舞人心、催人奋进、富有时代气息的新闻作品。其中，在《日喀则新闻联播》节目中播出新闻共2189条，制作《珠峰漫话》34期，制作《休闲日喀则》栏目共40期；成功举办了日喀则地区2010年春节、藏历年“珠峰和韵”电视综艺晚会以及日喀则地区首届“庆祝六一儿童节”文艺晚会《同在阳光下》的策划和录制，积极宣传地委、行署的工作决策，客观记载日喀则地区蓬勃发展的历史进程，为地区的稳定和发展提供了有力的舆论支持。

【上送新闻稿件的数量和质量明显提升】进一步加强了与西藏广播电台和西藏电视台的沟通，对上送西藏广播电台和西藏电视台的新闻稿件制定了奖惩制度，定责任、下任务，规范上送新闻稿件工作制度，并充分调动工作人员上送新闻稿件的热情和积极性，使日喀则地区每项活动都能够在西藏广播电台和西藏电视台藏汉语《西藏新闻联播》和《新闻视点》等新闻栏目中播出。截止11月底，上传西藏台的新闻稿件共计208条，在《西藏新闻联播》中播出129条。

【“西新工程”取得了新突破】为确保“三满”播出，局领导带领技术骨干多次深入各县和部分乡村，强化巡查督导，加强维护维修，确保了各台（站）的正常运行。2010年，日喀则电视台完成了日喀则地区地面无线数字电视和手机电视开通工作，现发射中央1套和新闻频道节目。此外，日喀则地区广电局积极配合上级业务部门，扎实做好了日喀则中波台和实验台的项目建设工作。

【加快实现广播电视“村村通”向“户户通”的转变】2010年，日喀则地区广电局把工作重点放在巩固成果、提高质量上。把丰富和提高农牧区群众广播电视节目数量和质量作为工作的出发点和落脚点，进一步加快广播电视“村村通”向“户户通”的转变。一是按计划从自治区争取到直播卫星设备5350套，这些设备已于10月初全部完成安装调试。二是积极开展广播电视进寺庙工程，先期为全地区36座寺庙发放电视机593台。三是日喀则地区广电局还充分发挥自身技术优势，及时维修各县（市）送来的设备。2010年，为各县（市）维修电视发射机52台，调频发射机36台，直播卫星接收机569台，调制器31台，电视机11台，有力保证了18个县（市）广播电视设备的正常运转。此外，日喀则地区已发放安装直播卫星设备72422套，广播电视覆盖率得到了进一步扩大，全地区广播电视综合覆盖率分别达到了93.35%和91.09%。

【电影放映工程成绩突出】2010年，全地区有103个农牧区电影放映队（含扎寺放映队），1811个放映点，全地区基本实现了农村电影放映数字化。全年完成农村电影放映任务30150场，累计观众达450多万人（次）。全地区平均每村每月看到1.61场电影，超额完成了自治区下达的任务。截止12月初，共放映电影1104场次，收入达157950元。

【安全播出达到了新水平】分管领导均靠前指挥，技术骨干坚守岗位，统一指挥调度，实行24小时值班、带班制度。同时，业务部门加大有线电视网络的巡查力度，对放大器采取加锁等方法，实现了技防和人防相结合的防范手段，保证了全地区广播电视安全播出。

【获奖情况】

地区广播影视局办公室主任边巴平措同志获得2006——2010年度全国广电系统法制宣传先进个人。

地区电影放行放映管理站获2010年度中国电影协会向祖国汇报先进集体。

地区电影放行放映管理站获2010年度全国广电系统庆祝建党90周年暨西藏和平解放60周年巡回放映活动组织奖。

地区电影放行放映管理站获全区广电系统先进集体。

日喀则广播电视台被自治区党委宣传部评为全区宣传系统先进集体。

【领导名录】

党组书记、副局长：明　珍

党组副书记、局长：杨广田

党组成员、调研员：姚伯林

党组成员、副局长：普　布、宁　菁

（上海援藏干部）

日喀则地区卫生工作

【加强农牧区医疗制度规范化建设，确保农牧民群众享受基本的医疗保障服务】2010年，日喀则地区下拨中央、自治区及地区免费医疗经费共11610.67万元。采取门诊医疗开放、加大巡回医疗力度等各种措施，提高医疗基金的使用率，确保农牧民群众真正收益。强化报销补偿工作，认真落实门诊医疗费用随时核销、住院费用在病人出院后随时报销制度，推广实施农牧民住院费用即时结算制度，有效方便农牧民群众就医。2010年，日喀则地区在原有6个试点县基础上在萨迦等5个县中推广实施农牧民在地区级医院住院费用即时结算制度。10月份，地区卫生局召开了农牧民住院费用即时结算制度协调会议暨即时结算协议书签字会议，会议深入研讨、总结了实施即时结算制度所取得的成效和存在问题，11个县与地直医疗单位签定了即时结算协议书。2010年，全地区共筹集农牧区医疗基金12675.5万元；全年医疗基金支出9724.93万元，其中住院补偿5397.71万元，门诊补偿4327.22万元，当年资金使用率为81.55%，累计受益农牧民127.8万人次，其中住院4.15万人次，门诊124.2万人次。

【狠抓疾病预防控制工作】实施免疫规划工作。制定了2010年地区免疫规划工作方案，开展了甲流疫苗接种82156人次、麻疹查漏补种5829人次、风疹疫苗接种163041人次，开展了脊灰强化免疫及麻疹强化免疫活动，接种率均达到95%以上。加强结核病、麻风病、艾滋病等重大传染病防治工作。2010年1—3季度，全地区共初诊结核病人1077人，其中涂阳病人254例（新涂阳病人231例）、涂阴病人718例。2009年新涂阳结核病人治愈率为82%，涂阴结核病人疗程完成率为94.4%。开展了全国麻风病防治规划（2006—2010年）终期评估自查工作，地区对麻风病现症病人家属及密切接触者进行了线索性调查工作，部分麻风病流行疫区县进行了麻风病可疑者筛查工作。实施了中央支持地方艾滋病防治项目及全球基金艾滋病防治项目工作，共自愿咨询检测15人，对699人进行了HIV及梅毒检测服务，对2390名各类高危人群进行了高危干预，强化以高危人群为重点的艾滋病/性病防治宣传教育，共发放艾滋病宣传资料2.6万余本（张、册）。完成了国家级青少年艾滋病哨点监测工作任务。加强鼠疫、碘缺乏病、氟中毒等地方病防治工作。截止10月份，地区疾控中心共检验血清469份，其中康马县送检的1份狗血清检验结果为血凝阳性，对此，地区组派专业人员进行了鼠疫监测工作。开展了碘油丸发放、碘盐监测的碘缺乏病防治工作。据碘盐监测结果显示，2010年，全地区碘盐覆盖率为96.6%，尿碘中位数

125.4ug/L，甲状腺肿大率为7.2%。地区对县级及自治区对地区进行了碘缺乏病考核评估工作，并达到了自治区验收标准。完成了谢通门县饮水氟中毒含量监测及氟斑牙、氟骨症等氟中毒病情监测。完成了农村改水改厕项目及水利项目水质检测68份，其中13份水样不合格。

【认真开展妇幼卫生工作】地区召开了"降低孕产妇死亡率和消除新生儿破伤风项目"扩展暨启动会议，在原由6个项目县的基础上，在其余12个县中全面启动实施了"降消项目"工作。各县（市）加强了产科能力建设，加强农牧民住院分娩宣传工作。2010年，全地区孕产妇死亡率相比上年下降，婴儿死亡率为25.18‰、相比上年下降0.32‰，妇住院分娩率50.43%，相比上年提高5.53%。在康马、拉孜2县开展了母子系统保健健康促进与健康传播项目工作。开展增补叶酸预防神经管缺陷项目，为全地区育龄女免费补服叶酸44400合（每合31片）。协助卫生厅在日喀则地区开展了宫颈癌筛查培训工作。在日喀则、南木林2县（市）开展两癌筛查工作，其中宫颈癌筛查6700人，乳腺癌筛查 4000 人。完成了妇幼卫生"三网监测"统计数据质控工作、千万阳光全国公益慈善基金会捐赠的雅士利婴幼儿奶粉发放工作、维生素A普服工作。加强"出生医学证"规范化管理。

【实施建立农牧民群众健康档案工作试点工作】截止10月份，全地区建立农牧民健康档案15514人，其中4个自治区级试点县建档11191人。

【强化综合协调、加强食品安全监管工作】地区组织开展了春夏季食品安全专项整顿、问题乳粉和乳制品专项整顿、猪肉食品安全专项检查及"地沟油"及厨房废弃物管理专项整顿工作，加强了重大节庆活动期间食品卫生监督检查。2010年1—10月份，全地区发放卫生许可证2568户，从业人员健康体检4857人，办理个人健康证4768人；共开展食品卫生巡回监督检查6659户次，开展公共场所卫生监督检查306户次，开展市区学校食堂食品安全专项检查9户次。受理餐饮举报案例6起，对4家餐饮户处罚8050元；有效处理了白朗县曲努乡甲村肉毒杆菌中毒事故，处理了"老鬼牛肉火锅城"可疑食物中毒，已排除食物中毒。完成了自治区对谢通门县创建自治区级食品安全示范县的检查验收工作。组织开展了市区社会医疗机构执法监督工作。

【实施无偿献血活动】地区卫生局牵头在地区职业技术学校开展了无偿献血活动，献血者达59人次。地区人民医院中心血站每周2次在市区开展采血活动，有效推动了日喀则地区的无偿献血工作。

日喀则地区人力资源和社会保障（公务员）工作

【年度综述】2010年，日喀则地区人力资源和会保障局以保障和改善民生为出发点和落脚点，以加大劳务输出、开展技能培训、深化职业介绍、开展职业技能鉴定、做好高校毕业生就业服务、加强就业服务管理、落实就业再就业扶持政策为抓手，"七措并举"打造就业亮点，全地区就业形势呈现出稳中有升的良好局面，全年城镇新增就业人数为3353人，登记在册失业人员为1350人，城镇登记失业率控制在3.6%；职业指导5567人，完成目标任务的148.5%，职业介绍3983人，介绍成功1979人，完成目标任务的107%；全年实现劳务输出35.9万人次，16.77万人，收入达到6.6亿元，分别完成全年目标的102.6%、109.1%。

【加大劳务输出，带动就业】一是加大组织带动力度，将加大劳务输出作为促进就业的重要内容，围绕促进群众增收致富，充分发挥沟通协调作用，依托市场大背景，广泛收集用人信息，采取本地就业与劳务输出并重的原则，向日喀则、拉萨、山南、林芝、阿里等地区劳务输出357636人次。二是充分发挥引导作用，为进一步拓展群众增收渠道，日喀则地区人力资源和会保障局党组经过广泛市场调研，确立了将重点放在满足服务行业用人需求的工作思路，在"洗头浴足保健按摩"、"餐厅服务"、"藏餐厨师"等行业实现集培训、职业介绍、综合管理的"一条龙"服务，鉴于部分农牧民群众思想观念陈旧，对新兴行业如"洗头浴足保健按摩"等接受能力较低、不认同的状况，日喀则地区人力资源和会保障局党组专门下派工作组深入18县市进行广泛宣传，有效地转变了群众的观念，在切实拓宽群众增收渠道的同时，进一步拓宽了农牧区富余劳动力转移的渠道。三是打造劳务输出品牌，积极向区人社厅申报并被批准"洗头浴足"、萨迦县农牧民手工唐卡制作、谢通门县"郎玛卡嘎"藏刀生产、江孜县谢玛氆氇编制、康马县农牧民石材加工等5个劳务品牌和日喀则市1个农村劳动力转移就业工作示范县，品牌效应在劳务输出工作中的作用得到彰显。

【开展技能培训，提升就业】先后开辟汽车驾驶、藏餐厨师、洗头浴足、保健按摩、餐厅客房服务员、钢筋工、农机维修、摩托车维修、计算机操作、民族绘画、挖掘装载、雕刻装饰等领域工种培训，各县（市）人社局还结合各自实际，开展了卡垫编织、酥油花制作、采石等具有地方特色的技能培训。2010年开办培训班50期，涉及32个工种，共培训4225人，其中农牧民转移就业培训3187人（完成农牧民转移就业培训年初目标任务的199%），城镇失业人员1038人；技能培训2206人，引导性培训2019人。

【深化职业介绍，帮助就业】一是以窗口树形象，紧密结合创先争优活动，通过开设"文明窗口"、"党员咨询服务台"等形式，向广大务工者进行深入细致的服务介绍。截至12月，在职介中心登记求职人数达3169人，职业指导5567人，职业介绍3983人，职业介绍成功1979人。二是以洽谈筑平台，深入贯彻上级关于促进就业工作的相关指示精神，把拓展就业渠道作为推动地区经济建设和促进社会稳定的一项重要工作来抓，积极与西藏远征集团、日喀则互惠互利超市、西藏娃哈哈食品有限公司、西藏顿林工贸有限责任公司、日喀则地区和平机场等8家用人单位协调，举办11次劳务洽谈会，解决1278人就业，有效缓解了就业压力。三是以服务促发展，加大公共就业服务力度，积极组织开展了农民工、退役士兵等针对性强的招聘会，通过新闻媒体及时发布岗位信息。开展了就业服务月、就业援助进万家等一系列活动，满足了城乡劳动者的不同就业需求。发布就业信息200余条，开展就业援助5次，消除13户零就业家庭。

【开展职业技能鉴定，保障就业】为进一步提高劳动技能，减少生产事故发生，局党组以对人民群众生命财产高度负责的态度，协调公安、工商等部门联合组成专业职业鉴定工作组，深入各县市对农牧民进行免费职业技能鉴定。同时不断加强对不同工种从业人员的鉴定考核工作，全年对农牧民开展免费职业技能鉴定713人次，涉及农机维修、摩托车维修、电焊、计算机操作等行业，取缔违禁操作行业3项。开展社会化鉴定340人次，工人技术等级考核工作也在有序开展。

【做好高校毕业生服务，推荐就业】向高校毕业生宣传“市场导向、政府调控、双向选择”的就业方针，引导高校毕业生树立“先就业、后择业、再创业”的就业理念，一是开发公益性岗位，通过积极协调，及时开发200个高校毕业生公益性岗位，成功安置350名困难高校毕业生走上公益性岗位。二是安排就业见习，为提高广大高校毕业生就业技能，及时安排54名高校毕业生在日喀则饭店等6个见习基地进行培训。三是努力搭建高校毕业生就业平台，积极引导高校毕业生自主创业。举办高校毕业生专场洽谈会，鼓励大学生自主创业，多渠道促进高校毕业生就业。仅在就业服务月期间，就提供岗位95个，入场求职高校毕业生总人数达713人，其中本科180人，专科230人。

【加强就业服务管理，稳定就业】成立公益性岗位监督领导小组，加强对前两批850个公益性岗位开展跟踪管理服务，及时指导各用人单位完成了合同续签、存档等后续工作。积极安置第三批政府购买的1950个公益性岗位，使就业困难对象深刻感受到党和政府的温暖。同时全面检查公益性岗位政策落实情况，严肃查处了公益性岗位安置中存在的问题，并仔细核查了三批公益性岗位档案，建立了公益性岗位人员的基础资料和电子台账。

【落实就业再就业扶持政策，推动就业】紧紧围绕“促就业、求发展、保稳定”的主题，采取各种形式、利用各种机会积极宣传《中华人民共和国就业促进法》、《西藏自治区实施〈中华人民共和国就业促进法〉办法》、《就业服务与就业管理规定》以及国家和自治区出台的一系列就业扶持政策，解答人民群众普遍关心的问题。截至12月，发放宣传单（册）1500份，接待咨询3200人次，积极落实就业再就业扶持政策，共为困难企业兑现各种补贴1054.6万元，惠及79家企业1537人。

【完善制度、提高待遇，社会保障体系建设取得新突破】2010年是日喀则地区各项社会保险快速发展的一年，社会保障体系建设不断完善，社会保险覆盖总人数达到336162人次；社会保险费征缴工作进一步强化，五项社会保险征缴总额达到21588万元。各类社会保险基本都超额完成了年初目标任务。同时，进一步强化了社会保险基金监管，确保了各项基金安全平稳运行，社会保险的保障与支撑能力得到新的增强。

【主动开展人才引进工作】积极搭建“筑巢引凤”平台，建立健全人才引进工作机制。为地区交通局、人民医院、电视台等40多家单位，在内地开展了道路桥梁、临床医学、播音主持等专业的人才引进工作，25名紧缺专业高校毕业生被录用到日喀则地区相关部门工作。

【积极做好高校毕业生就业安置工作】推行按编制、按需求分配等办法，加大工作透明度，坚持倾斜西部和面向基层原则，重点解决西部县市女性干部偏少，性别结构不合理，干部队伍不稳定的问题，不断充实西部县尤其是乡镇的女生毕业生力量；坚持一律面向县、乡分配，重点充实加强了乡镇，特别是艰苦、边远、边境县乡镇干部队伍的力量。第一批共安置高校毕业生382人，其中95%在基层就业。

【扎实开展公务员管理各项工作】一是规范了地直单位借调人员工作，为地办、纪检委、行办等单位借调的15名人员办理了借调手续。二是加大对考核结果的运用力度，对2009年度被评为不称职等次的5名同志分别作出降职的处理决定并在全地区进行了通报。三是不断规范考核工作，下发《关于进一步规范公务员（工作人员）平时考核的通知》，推行平时考核记录卡，按季度收集各县市、各单位在平时考核中出现的异常情况，作为年终考核的依据，从制度建设入手不断规范考核工作。四是对日喀则地区2006年以来288名获记三等功和2007年以来3438名获嘉奖人员填写了《公务员奖励审批表》并逐一进行了审批归档。五是探索村官集中安置引领村官创业试点工作，协同人才科形成了《日喀则地区关于开展引领大学生村官创业工作的意见》，同时在江孜县召开了日喀则地区大学生村官创业工作现场会，对大学生创业工作进行了部署。六是严肃公务员纪律，取消了3名试用期不合格毕业生的录用资格，批准10名不安心工作的公务员辞去公职。

【加强对专业技术队伍的管理】一是规范职称评审工作。完善专业技术职务评审实施细则，建立了教育、卫生、农牧等三个系列专业技术职务评委库，进一步规范了评审组织工作。开展了教育系统300人、农牧系统33人和卫生系统45人的评审工作。全年自治区人力资源和社会保障厅确认日喀则地区高级专业技术职务资格23人；确认中级专业技术职务资格（48）人，聘任（转聘）中级专业技术职务（53）人；确认中小学教师中级专业技术职务资格289人。二是加强人才推荐和继续教育工作。推荐日喀则地区农业科学研究所副研究员扎西次仁同志作为享受国务院政府特殊津贴人选。推荐3名同志参加“自治区党校举办的公需科目培训班；推荐10名同志参加专业技术人才特殊培养。

【军转安置工作进一步加强】圆满完成了75名自主择业军转干部的档案审查工作；按时落实771名自主择业军转干部的工资待遇，调资1258143.39元，补发12490594.38元；积极做好军转干部医疗保障工作，完成771名转业干部2010年医疗保险统筹工作及门诊补助的兑现工作，截止11月份兑现门诊补助3534130.42元，报销住院费201866.52元；深化服务，认真做好“三大节日”期间的慰问和来信来访处理。截至目前，日喀则地区未发生军转干部上访事件，军转维稳工作成效明显。

【劳动关系协调机制进一步完善】 继续以构建和谐劳动关系为主线，深入贯彻劳动合同“一法两条例”，提高企业劳动合同签订率；扎实推进和谐劳动关系创建工作，提高用人单位劳动用工备案率；不断加大宣传力度，营造维护劳动者合法权益的良好氛围；进一步加强协调劳动关系三方组织体系建设，不断提高基层劳动争议调处能力；全力解决企业历史工资拖欠，解决历史遗留问题。截至目前，共鉴证劳动合同465家，涉及劳动者1320人，鉴证集体劳动合同5家，涉及劳动者80人；共举行劳动保障法律法规宣传12余次，发放宣传资料15000余份，接受群众咨询2600 余人次，维护了职工的切身利益，促进了社会和谐稳定。

【劳动纠纷预防和处置能力进一步提高】积极推进劳动保障监察网格化建设，加大对劳资纠纷的预防和处置工作。坚持依法行政，认真受理和查处举报投诉案件，积极开展各项专项执法监察活动。2010 年共受理劳动争议案件 130 件，结案 127 件，结案率为98%，涉及劳动者750人，涉及被拖欠工资金额275万元，为劳动者追回工资收入 270 万元，下仲裁调解书 30 件，下仲裁裁决书8件；受理人事争议案件1件，涉及人数1人，涉及金额114454元。受理举报投诉案件128起，立案查处125起，结案123件，结案率98%。支付克扣拖欠工资及押金共计113.75万元，签发限期改正指令书52份。

日喀则市

【基本市情】日喀则市位于雅鲁藏布江及其主要支流年楚河汇流处，是全地区政治、经济、文化中心和交通枢纽，具有较大的农产品流通市场和较完善的流通体系。全市共有实播面积18.55万亩，牲畜年存栏32万头（只匹），市辖10乡2个街道办事处171个行政村（居委会）10.9万人，其中城市人口3.9万余人。总面积3875 平方公里，阳光充足，气候温和，具有明显的季风和干旱、半干旱等高原性气候特征，年日照时数3248.2小时，年平均气温6.3℃，年降水量422.4毫米左右，是夏季避暑和旅游的好地方。

【年度综述】按照地区建设两个中心经济区和两条经济走廊的区域发展要求，通过合理调整经济建设区域布局，从改善投资环境，增强依法行政意识出发点，从改善服务质量，提高办事效率抓手，确立了“一城两区三园”的经济社会发展目标，有力地促进了全市经济社会又好又快发展。2010 年，全市地方生产总值达到 29.02亿元，同比增长15.5%；经济总收入达到8.69亿元，同比增长13%；农村经济收入达到6.2亿元，同比增长14.8%；农牧民人均纯收入达到 5900.73 元，同比增长18.7%；固定资产投资完成7.6亿元，同比增长49%；批零贸易实现8.9亿元；财政收入完成5821万元，同比增长14%；财政支出33748万元，同比增长8.7%；税收收入完成2740万元，增长106%。

【产业结构得到优化，有效地提高了农牧业发展水平】种植业结构得到优化，粮、经、饲三元种植比例优化为 49:29:22。完成农作物播种18.55万亩，其中改造低产田4.75万亩，种植冬小麦2.6万亩，建设农业标准化生产和高产创建示范区4万亩，马铃薯种植基地3万亩。为受灾乡（街道）村（居）解决种子42.15万斤；畜牧业生产健康发展，牲畜总数达32万头(只、匹)，新生成活仔畜11.1万头(只、匹)，成活率92%；科技服务推广共培训、指导农牧民3万人次，选派134名技术员到区内外培训；完成市动物卫生监督站以及三座基层兽防站建设任务，并争取国家资金1164万元，实施了六个农牧业特色产业项目。实施了人工饲草料种植 3.08万亩，新建大棚温室75座、秸秆处理窖2000座。实现藏系绵羊育肥收入3823.44万元；实施了东嘎乡羊雍水塘、曲布雄乡农业综合土地开发治理等一批农业基础设施项目；在青岛、山西、黑龙江两省一市的援助下，完成了“联酥喜”加工和纯藏鸡养殖等产业化开发项目的申报工作。争取黑龙江援藏资金100万元，购置饲草种子32吨并试种成功。争取青岛市援藏资金6万元，新建大棚温室6座，引进红枣新品种6个，栽培树苗3000株。完成了 1.5万亩测土配方施肥项目。

【创城工作扎实推进，进一步提高了城市建管水平】2010年，总投资9956万元，实施了城市供排水管网改扩建项目；投资784万元，实施了南郊水厂续建项目；完成了总投资1.5亿元的市政道路、卫生、维稳、交通等项目前期工作；老城区道路硬化等项目进展顺利；日喀则机场顺利通航；支持协调拉日铁路建设有序进行，选址、征地、拆迁等前期工作进展顺利；初步完成了城市控制性详细规划编制工作；加大老城区保护和市政建设力度，投资1658万元实施了7座城市公厕建设和科技路（主车道）改造工程；扎德路过境道路、贡觉林支路、藏隆广场、318国道过境路与青岛路交叉口道路建设项目即将开工；更换了市区主要路段、重点区域的垃圾桶，新安装了环保垃圾桶；集中解决城市占道以及其他扰乱城市交通秩序问题，城市管理机制逐步理顺，市容市貌管理不断向精细化迈进，城市环境得到较大改善。土地市场得到有效整治，基本农田得到有效保护，保护率达到 92.18%。全面完成了第二次土地调查，对11处地质灾害防治重点地带进行了排查，并建立了警戒标志，有效遏制了未批先建、占而不用、私下改变土地用途等违法行为；农村宅基地确权登记工作进展顺利。

【社会事业快速发展，人民群众幸福质数进一步提高】坚持科学发展观为统领，紧紧围绕改善民生谋发展，把就业和再就业放在经济社会发展的优先位置，加强职业培训和就业服务，促进高校毕业生、农村转移劳动力、城镇就业困难人员就业。新型农村社会养老保险和最低生活保障制度实现全覆盖。支持协调拉日铁路建设进展顺利，完成了红线内 4764.58 亩以及111 家拆迁农户的面积测量及搬迁建设任务。积极稳妥推进医药卫生体制改革，全面建立城镇居民基本医疗保险制度、新型农村合作医疗制度。城乡社会救助体系建立稳步推进。2010 年，举办就业培训256人次，15名大中专毕业生通过公益性岗位就业。完成劳务输出6万人次，实现收入10.37万元。征收养老、工伤、生育等保险金179.9万元。新型农村合作医疗参合率达99.67%，覆盖率100%；发放60岁以上农牧民基础养老金372.06万元；发放救济粮33.2万斤。兑现农村低保金266.74万元、农村一次性补贴40.97万元、城市低保金949.9万元、城镇一次性生活补贴215.34万元、寺庙僧尼低保金2090元、医疗救助27.04万元。发放五保户、教育救助、寿星健康、优抚等补贴42.03万元。

坚持把优先发展教育作为贯彻落实科学发展观的基本要求，进一步加强对教育事业发展的投入，促进教育公平，着力提高义务教育质量和水平。2010年，投资2216万元，实施了甲措雄乡中心小学综合教学楼建设、边雄乡中心小学学生食堂等工程，部分学校安装了监控设备；投资720万元建成的情馨幼儿园全面运转，招收幼儿160名；小学、初中考入内地高中班比例大幅度提高。新建180座卫星直播收转站，8756套广播电视卫星接收系统得到升级。210套职工周转房建设主体工程已完成，104套干部周转房和398套廉租房建设进展顺利。建立了文物保护数据库，新闻宣传工作成效显著，“四下乡”、“文明社区四进”活动效果明显。非物质文化遗产保护工作进展顺利，经过协调，日喀则市江洛康萨藏白酒进入上海世博会。30个村（居）建起了农家书屋。电影放映2850余场、观看群众达15万人次。

【**基础设施得到夯实，农村生产生活条件进一步改善**】2010年，落实自治区、地区、本级财政投入资金1.29亿元，扎实推进以安居乐业为突破口的社会主义新农村建设，不断增加农牧民收入，提高人民生活质量。共完成农牧民安居工程建设2008户、建设村委会活动场所32个，实施了农房抗震加固工程、农村人居环境建设和环境整治工程；投资5085万元，实施了城北、江当等乡5处水源、12处小农建设，解决了1.16万人的饮水安全问题；完成总投资1236.59万元，建设农村公路7条，总长度达98.77公里；养护农村公路400公里，并积极争取了6个乡村道路建设项目，总投资1538.9万元；建设户用沼气1061座；“万村千乡”市场工程稳步推进，对7户农家店配发了价值达5.6万元的货柜等物品。完成碘盐供应365.4吨，覆盖率达100%。

南木林县

【**基本县情**】南木林县意为“全胜之地”，南木林县位于西藏自治区的中南部，日喀则地区东北部，地处冈底斯山脉东段的河谷地带，雅鲁藏布江中上游北岸。东与拉萨市的尼木县交界，西与谢通门相邻，北与那曲地区的申扎、班嘎两县接壤，南与日喀则市隔江相望。县境东西长98公里，南北宽110公里，辖区面积8848平方公里，占日喀则地区面积的4.86%，占西藏自治区总面积的0.74%。现辖1镇16乡146个行政村，12738户82082人，耕地面积11.84万亩，人均占地1.44亩。

【**年度综述**】2010年，南木林县实现生产总值4.78亿元，同比增长7%；三次产业比例调整为47.9:14.8:37.3；人均GDP5781元，同比增长4.5%；农村经济总收入3.04亿元，同比增长16.4%；地方财政收入809万元，同比增长14%；多经收入1.6亿元，同比增长12.2%；乡镇企业收入767.8万元，同比增长9.2%；农牧民人均纯收入2928.5元，同比增长12%，现金收入占人均纯收入的60%，达到了1757元；粮油总产4578.7万斤；人口自然增长率控制在10‰以内。

【**稳步推进农牧业内部结构调整**】在稳定粮食综合生产能力和粮食安全的前提下，抓好了种植业结构调整工作。2010年，全县总播面积118372亩，其中粮食作物播种面积61790亩、经济作物面积53030亩、饲草种植面积3552亩，粮、经、饲比例调整为52.2:44.8:3。

【**扎实推进社会主义新农村建设**】突出抓好“三大工程”和“两大产业”。“三大工程”方面：一是切实抓好安居工程。2010年，全县实施了608户安居工程，现已全部完工，有效改善了人的住房条件。二是努力抓好生态工程。完成工程造林、退耕还林、“南艾绿色通道”建设和县城绿化等各种造林1.43万亩，栽植树苗35万株；兑现退耕还林补助资金242.17万元，地方公益林补偿基金140万元和黑顶鹤保护经费26400元。同时加强林地管护、林政宣传、野生动植物保护等各项工作，提高了群众生态环境保护意识。三是大力开展科技兴农工程。实行科技人员包乡（镇）、村工作制度。2010年对168名农牧民进行了马铃薯垄作机械高产栽培技术示范等培训；开展测土配方、“3414”田间肥效试验等新技术的推广工作。同时，大力实施沃土工程，改造中低产田9748亩。

“两大产业”方面：一是大力推进土豆产业。土豆规模化、标准化生产进程加快，全县土豆种植专业乡7个、专业村10个，实现了土豆种植跨乡联合、连片开发。2010年，在艾玛、卡孜等14个乡（镇）开展土豆配方施肥示范5000亩，测土配方施肥田间肥料效应试验54块，连片种植96块1.3万亩，标准化种植面积1万亩，全县土豆种植面积达到4万亩，产量2.1亿斤，比2009年增加1194.6万斤。同时，成功召开全区特色产业现场会，进一步推动了土豆产业发展。二是切实抓好畜牧业发展。扎实开展动物防疫工作，防疫诊治牲畜疫病总数达204万头（只、匹），达到“重大动物疫病清净县”标准，使常见疫病发病率明显下降，疫病治病科技贡献率明显提升。加强饲草基地建设，完成种草1.05万亩，为牲畜安全过冬打下坚实基础。加强短期育肥工作，做好宣传、引导和示范工作，确保能及时上市、四季出栏、常年出栏，完成短期育肥52896个绵羊单位，出售52896个绵羊单位，总收入1865.67万元，纯收入982.74万元，实现了畜牧业增值和农牧民增收。加强黄改工作，完成黄改冻配3952头，犏改320头、黄改5000头，引进帕里种牛（牦牛）14头、岗巴种羊120只，分发到仁堆、拉布普等7个乡，为畜群改良奠定了基础，示范、试点工作取得了一定的成效。2010年，全县新生仔畜122075头（只、匹），成活119748头（只、匹），成活率为98.1%；成畜死亡2030头（只、匹），死亡率控制在0.5%以内；全县牲畜总增数为117718头（只、匹）比2009年增加19807头（只、匹），总增率达到28.79%，出栏120893头（只、匹）比2009年增加17457头（只、匹），出栏率达到29.57%；年底牲畜存栏数407869头（只、匹）；畜牧业发展形势乐观，成活率、出栏率创历史新高。

【**工业经济取得新突破**】一是石材开发产业进一步发展壮大。南木林县辖区内共有7个采石分场180个采石点，参与人员达

1459 人，拥有采石空压机 635 台，石材开采年总收入达到 988.32 万元，实现全年采石销售纯利润 597.82 万元，参采者年人均纯收入达 4097 元。二是扎实开展矿产勘探工作。有效解决了各类阻碍探矿事件，深入宣传土地和矿产基本法律法规，13 家单位通过合法手续，正式进驻南木林县开展探矿工作，矿业开发迈出了艰难第一步。三是发展壮大非公有经济。截止目前，全县个体工商户 869 户、从业人员 1529 人、注册资金 897 万元，新增个体户 101 户、从业人员 177 人、注册资金 172 万元，同比分别增长 10.6%、10.5%、和 22.5%；注销 18 户。私营企业达 22 家、雇工人数 1007 人、注册资金 2723 万元，同比分别增长 175%、116%和 223%。完成各类税收 574.08 万元，同比增长 29.65%。

【社会事业全面进步】一是大力推进教育事业。开展好"两基"迎国检各项工作，认真做好"控辍保学"，大力推进素质教育。2010 年，全县在校生 11954 人，其中小学在校生 6988 人、入学率为 100%；初中在校生 4444 人、入学率为 99.38%；在园幼儿人数 172 人；高中在校生 320 人。二是加强医疗卫生工作。完成农牧区医疗资金划拨、换证、农牧区计划生育扶助政策落实、育龄妇女（WIS）管理信息系统建立等工作。2010 年，139 名村医充实到基层，有效解决了农牧民就医难问题。三是加快基层文化建设步伐。突出南木林文化底蕴深厚特色，全力打造"湘巴藏戏"和"土布加谐庆"这两大精品力作，创品牌特色，送戏下乡 10 余场，建立乡镇文化站 3 个、农家书屋 8 个，丰富了群众文化娱乐生活。四是认真解决民生问题。发放城乡最低生活保障金 865.9 万元，解决了农村低保 2225 户 9351 人、城镇低保 455 户 789 人和僧尼低保 137 人的生活困难。争取 501.5 万元资金，开展了城乡医疗救助、农村五保供养、社会福利、残疾人保障、自然灾害救济等工作。新型农村养老保险实现全覆盖，截止目前，参加新型农村社会养老保险人数达 13927 人，征收基金 154.92 万元；60 周岁以上参保人员共有 5770 人，共发放基础养老金 190.41 万元。安排专项资金 4.12 万元发放春荒口粮，用于雹灾、洪涝等自然灾害救济，解决了受灾群众的口粮问题。

【援藏工作扎实开展】2010 年，潍坊市第四批援藏工作组根据南木林县资源条件和现有产业基础，确立了建设高原特色产业基地县的发展定位，在全县规划了"四区、两带、五大产业链"（"四区"：包括南部综合生态开发区、北部畜牧良种繁育区、东部规模养殖区和西部大田保护地栽培区；"两带"：包括南北观光旅游产业带和东西矿产开发产业带；"五大产业链"：包括高原特色农产品种植加工产业链、畜牧产品规模养殖加工运销产业链、有色金属采选运销产业链、建筑建材开发输出产业链和苗木林果生态开发产业链）的经济发展布局，大力实施了 1000 吨土豆恒温保鲜库项目、雅江北岸综合生态开发区、万亩瓜菜示范基地、苗木基地和南艾公路两侧绿化及路域治理项目等建设项目。在培育特色养殖项目方面，投资 80 多万元在卡孜乡鲁古东村修建藏鸡种鸡场项目，建成后可养种鸡 600 套（3000 只），年可孵化藏鸡鸡苗 30 万只，形成"龙头带基地，基地连农户"的养殖模式；通过招商引资，促成了艾玛乡藏猪养殖加工基地项目，目前，该项目已经完成 3000 亩牧草种植，为藏猪养殖打下了基础。加大县城规划建设力度，聘请山东省建筑规划设计院专家，按照"东进西拓，北控南延"的总体思路，形成了"一轴、两心、五片区"的总体规划布局，投入 310 万元资金完成了湘河县城段防洪工程建设和两岸道路硬化，有效提高了湘河防洪标准，提升了县城形象，方便了群众生产生活。同时，在主要道路两侧栽植大规格柳树 10000 余株，进一步提高了县城绿化水平。

江孜县

【年度综述】2010 年，全县生产总值达到 93518 万元，完成目标任务的 96.8%，比上年增长 13.6%；其中第一产业为 21268 万元，第二产业为 11083 万元，第三产业为 61167 万元，三大产业所占的比重为 23：12 ：65 ，同比上年分别增长 5%、11 %和 16%，实现人均 GDP 为 14264 元。

【农村经济持续发展，结构调整步伐加快加大】2010 年江孜县农作物实播面积 16.19 万亩，其中粮食播种面积为 8.29 万亩，经济作物播种面积为 3.87 万亩，饲草作物播种面积为 4.03 万亩，粮经饲三元种植比例为 51：24：25。粮油总产值达 12871.55 万斤，比上年增加 39.44 万斤，同比上年增加 0.31%。

【农区、城郊畜牧业步伐加快，畜牧业发展趋势良好】全年牲畜存栏总数 361319 头（只、匹），仔畜成活率达到 88.89%，牲畜总增率达到 35%，牲畜出栏率达到 36%，蔬菜产量达到 5000.24 万斤，比上年增加 1154.33 万斤，同比上年增加 30.01%（上半年，受自然灾害影响）；肉类、奶类产量分别达到 531.11 万斤和 3392.1 万斤，同比上年分别增长 21.3%和 0.04%。

【农牧区基础设施建设进一步加强，农牧民生产生活条件不断改善】在这一年里，各级政府认真贯彻执行党的方针政策，狠抓农业和农村经济，江孜县增加了农牧业投入，加大了水利设施、农田草场、林业生态等基础设施投入，实施黄牛改良 14928 头，绵羊改良 15473 只；生态建设继续加强，植树造林 4974 亩，零星植树 35 万株。在 2010 年江孜县在 19 个乡镇范围内实施农牧民安居工程建设，地区指标为 2055 户，实际完成 2076 户，超额完成 11 户；完成村级组织活动场所建设 28 个村。2006—2010 年累计完成安居工程建设 5571 户，实际完成 5641 户，超额完成了 70 户，其中扶贫绝对 159 户、相对 901 户，牧民定居 250 户，国家投资总计达 4107.23 万元；累计完成村级组织活动场所建设 156 个村，其中援藏建设完成 10 个村，安居工程建设完成 146 个村。村委会建设总计投资 3053 万元（援藏投资 250 万元，安居投资 2803 万元）

【农牧民收入继续保持较快增长态势】通过农牧业基础设施建设的改善，加大优良品种推广力度等措施，农牧民收入有了明显增长。2010 年农村经济总收入 3.87 亿元，同比上年增长 9.38%， 农牧民人均纯收入达到 5099.96 元，同比上年增长 8.54%，其中现金收入 3644.41 元，占人均纯收入的71%，农牧区经济呈现稳定发展趋势。

【固定资产投资稳步推进，建设施工程序逐步规范，基础设施建设得到改善】江孜县固定资产投资建设项目达到43个，包括农牧民安居工程、达藏干渠、农发项目、农村沼气项目、新增饮水安全、幸福新村工程、江孜县廉租房、三大队营区、仁青宾馆、满拉灌区环保与水保工程等重点建设项目，本年累计完成投资4.21亿元。

【加大民族手工业企业扶持力度】2010年江孜县工业生产继续保持了稳定增长态势，2010年江孜县工业企业产值达到4020万元，同比上年增长25%。收入达到2522.78万元；其中规模以下总产值达到1467.5万元、总收入达到1147.5万元。

【旅游业继续保持良好增长势头，大力推动江孜县经济发展】2010来江孜县旅游的总人数达到了10.5万人次，旅游人数首次突破10万，同比增长15.2%；其中内宾7.2万人次，占旅游总人数的69%，外宾3.3万人次，占旅游总人数的31%。2010年江孜县旅游总收入达到1200万元，同比增长32%，其中各旅游景点门票收入280万元，各旅游接待企业营业收入800万元，旅游纪念品销售收入70万元，农牧民群众参与旅游收入50万元。

【招商引资工作成效显著，不断深化经济发展】2010年，结合江孜实际情况，正确定位、合理开发，继续实施感情留商，以商引商，朋友引商，以及通过参加招商引资推介会等多种形式开展招商引资工作，起到了较好的效果。已成功引进位于工业区的西噶建筑公司、扎西洁白粘粑加工厂、锯板厂等项目。实现到位资金1000万元，完成全年指标的100%。

【社会事业全面发展】教育事业得到进一步发展。2010年教育建设项目主要包括年堆武警爱民学校食堂改造，武警西藏总队投入49万元；卡麦完小学生宿舍改扩建工程，投资337万元；纳如完小教学楼改扩建工程，投资297万元；江孜高中新建教学楼、学生宿舍建设工程，投资6475万元；县城各教育单位安全监控摄像头安装，交通安全小黄帽，安全警示牌等，投资75万元。截止年底，全县各级各类中小学校数为28所，包括完全小学18所、中心小学2所、村教学点4所、青少年活动中心1所，县幼儿园1所普通初中1所、完全中学1所。在校生10673人，其中高中生2459人，初中生2865人，小学生5359人，适龄儿童入学率达到98.8%，年巩固率达到98%以上，升学率达到100%，输送内地西藏班46人，教育事业得到全面的进步。

医疗卫生成绩显著。首先，通过有关部门积极协调，共筹集合作医疗基金1133.51万元，其中国家、自治区两级政府投入资金1071.69万元，地区配套资金18.47万元，县政府配套资金12万元，群众个人集资31.35万元，资金筹资到位率达100%。资金总数中划入大病统筹基金431.63万元，划入家庭个人帐户基金635.18万元，划入民政部门医疗救助基金66.7万元。其次，截止到10月31日为止，实际给群众兑现医疗补偿基金720万元，其中大病统筹补偿人数1478人次，兑现医疗补偿资金477.18万元，超出年初预算数45.55元，门诊医疗补偿人数82869人次，兑现门诊医疗补偿资金242.82万元。

文化建设进一步加强。首先，县广播电视“村村通”工程建设方面达到了98%，目前共已安装7000多套接收器；“户户通”工程达到了68%。其次，组织安排民间艺术团下乡广泛收集整理素材，积极创作反映党的富民政策、惠民、惠农政策为主要题材的节目共10个。民间艺术团在县影剧院、宗山广场、江孜饭店等县城内演出达6场次，观众人数达20000人次。下乡为广大农牧民群众演出达24场次，观众人数达50000人次，赢得了广大干部群众的一致好评和赞扬。再次，在完成上级业务部门放映要求共放映2240场的基础上，结合2010年的民族团结月、江孜达玛节、八一建军节等节庆日，放映20多场次，观众人数达到60000多人次。

定日县

【年度综述】2010年，县委、政府紧紧围绕“一山一水一文化加边贸”的工作思路，紧扣年初确定的各项目标任务，攻坚克难，埋头苦干，全县生产总值完成3.6亿元，同比增长15.1%；农牧民人均纯收入2783.18元，同比增长17.52%。2010年共实施13个农牧项目，总投资5313.03万元。2010年全县粮油总产量达到5258.65万斤，完成农作物实播面积10.2051万亩，粮、经、饲比例达到75:15:10。年末牲畜存栏33.98万头（只、匹），牲畜出栏16.18万头（只、匹），短期育肥42537个绵羊单位，纯收入636.0456万元。2010年完成了2700多户新能源替代工程，投资1006.25万元完成575户安居工程，边境社会局势持续稳定，党的建设进一步加强。

【围绕农牧业效益提升抓调整，农牧业基础地位更加巩固】依托长所农牧科技示范园区建设，发挥辐射带动功能，调整优化种植和养殖结构，实施了奶牛养殖、藏系绵羊短期育肥、人工种草等特色产业项目；狠抓万亩农业标准化和高产创建示范片项目建设，提高了农牧业综合效益。在协格尔、岗嘎、曲当、长所建设了40座无公害大棚温室，目前协格尔每个大棚年收入平均在3000多元，个别大棚达到5000多；在加措、克玛、扎西宗、协格尔、岗嘎、扎果6各乡（镇）开展2万只藏系绵羊短期育肥项目的基础上，进一步扩大范围，提高效益。

【围绕生产生活条件改善抓民生，群众生活水平进一步提高】积极实施农村人畜饮水安全工程，在7个乡镇实施了32处安全饮水点，解决了1073户5918人的安全饮水问题。实施了曲当乡卡达电站线路改造工程，解决了7个行政村479户群众的生产生活用电问题。认真落实中央和区党委各项强农惠农政策，从政策层面促进群众增收，2010年落实农机补贴300万元。大力开展劳务输出，转移农村富余劳动力接近41534人次，创收近5455.47万元。在长所乡建立了木工培训基地，在安排32人就业的同时，培训木工技能；利用珠峰培训中心，开展厨师、木工、翻译等培训；与自治区登山协会合作，在县中学开办职业技能培训班，提高农牧民劳动技能和就业能力。在曲洛乡成立了农牧民石材加工合作组织；在扎西宗乡扎盆村成立了互助社，解决其发展生产的资金短缺问题，促进困难群众增收。

狠抓村居环境改善，社会主义新农村建设取得实质性进展。完成了575户农牧民安居工程和39个村委会建设任务。在实施安居工程的过程中，坚持按照“八个基本解决”的要求，注意抓好农村水、电、路、讯、广播电视等农村基础设施建设，使安居点建设内涵不断深化。同时，2010年在全县确定了7个行政村，开展农村人居环境建设和环境综合整治试点，效果良好，深受群众欢迎。

2010年发放城镇低保资金119.14万元，农村低保金553.25万元；落实医疗救助资金36. 68万元。妥善解决受灾群众和困难群众的生产生活问题。投入79.5万元为受灾群众解决口粮22.69万斤；投入7. 5万元为10户特困户解决房屋重建及维修。建设了县社会福利院、曲当敬老院和救灾仓库等福利和民生项目。

【围绕基础设施建设抓项目，经济发展后劲进一步夯实】坚持把项目建设放在经济工作的首位，多方协调，落实项目用地、用水、用电和资金等问题，不断增强经济发展后劲。全年实施建设项目51个，其中新建项目43个，续建项目8个，完成固定资产投资1. 59亿元。投资1949.87万元实施了县卫生服务中心改扩建项目，投资190万元实施了县客运站建设，投资100万元实施了玛藏娃桥。重点招商引资项目—珠峰冰川矿泉水取得试生产成功。这一大批项目的实施，进一步缓解了定日县基础设施“瓶颈”制约，拉动了经济增长，群众在项目建设中得到更多实惠。完成了《定日县“十二五”时期国民经济与社会发展规划纲要》和《定日县国民经济和社会发展第十二个五年规划研究报告》。

【围绕产业发展抓旅游，特色经济发展实现新突破】采取扶持发展典型和小额信贷措施，引导有经营能力的农牧户带头开办茶馆、藏餐馆和家庭旅馆及登山服务等，参与旅游服务。成立“珠峰旅游专业合作社”，规范旅游行业行为。2010年进入珠峰核心区旅游、探险、登山等人数达5.91万人，(其中外宾15389人)，增长18.2%；实现旅游总收入达3256.41万元，增长16.3%；农牧民群众参与旅游服务总收入达950万元。

坚持把旅游与文化相结合，突出“珠峰”文化品牌，充分挖掘民间歌舞、民风民俗等文化资源，举办了“甲谐”、“洛谐”等培训活动，使这一非物质文化遗产得到保护、传承和发展，深化了旅游业发展的文化内涵。

【围绕统筹兼顾抓协调，各项社会事业实现新发展】坚持教育优先发展。小学适龄儿童入学率达99.64%，初中入学率达97.75%。由县财政建立的“定日教育基金”2010年救助贫困大学生164名，累计已救助300名；“阳光展翅”助学资金2010年救助贫困学生16名，累计救助学生96名。加强卫生基础设施建设，投资1949.87万元新建了县卫生服务中心；配备了148名村医，缓解了“缺医不缺药”问题；巩固完善农牧区合作医疗制度，大病统筹基金比例由原来的33%提高到43%；在扎果乡开展了农牧民健康档案试点。有效落实社会保障措施。城镇职工养老保险、医疗保险、工伤保险、失业保险、生育保险已经实现全覆盖，社会保障缴费情况达到100%。启动并实施了新型农村养老保险，参保率达到52%。积极推进信息工程建设。在全县设立了55个村级活动场所宽带站点，24个光盘站点，目前已开通21个站点。全县电信固定电话已经覆盖11个乡镇和92.5%的建制村，实现5个乡镇通宽带。移动通讯基本实现乡村全覆盖。

萨迦县

【年度综述】2010年，全县生产总值达到32876万元，比2009年增长17%，比2005年增长104%；城乡基础设施建设步伐逐年加快，固定资产投资力度不断加大，2010年固定资产投资达到1.64亿元，比2009年增长45%，比2005年增长了105%；2010年地方财政一般预算收入完成600万元，比2009年增长17%，比2005年增长121%；2010年农村经济总收入达到19001.15万元，比2009年增长17%，比2005年增长80%；2010年农牧民人均收入达到3082.66元，比2009年增长17%，比2005年增长64%。

【农牧业生产形势平稳】全县累计调运化肥1310吨，其中：抗旱化肥100吨，农药35.12吨，调运粮种53.09万斤，马铃薯种子73.75万斤，饲草料种子35.13万斤，完成春播11.38万亩，其中：机耕9.2万亩、机播8.2万亩，种植业生产机械化水平大幅提高，全县农用机械6929台，其中：拖拉机4128台；完成二级种子田建设4500亩、测土配方施肥10000亩，农作物良种推广面积达到8.1万亩；完成土豆种植18835.1亩，总产量达5085万斤，平均亩产2700斤，人均增收880元。2010年虽然自然灾害频繁，但农业生产形势良好，粮油总产达到5373.98万斤。粮、经、饲比例维持在54:38:8。全县新生仔畜成活160642头（只、匹），成活率达97.3%，成畜死亡1471头（只、匹），成畜死亡率控制在0.4%以下。引进优质奶牛777头、优质种公牛279头，引进白绒山羊663只、藏系绵羊212只，畜群结构不断优化。牲畜疫病免疫密度达到99.8%，全县无重大动物疫病发生。

【农业综合开发和扶贫工作进展顺利】雄玛乡农业综合开发项目进展顺利，项目总投资1516万元，其中国家投资1170万元，完成土地平整1000亩、客土改良1100亩，修建机耕道6.23公里，修建水渠3.67千米、支渠1.7千米，科技示范推广6000亩，人工种草2000亩，黄牛改良760头；扶贫方面项目总投资565万元，其中国家投资482万元，建成水塘2座，扶持120户生产资料，建成刚架桥1座，长83.48米、路线全长2.836千米。

【农田水利基本建设保障到位】全年新修山洪渡槽36米，维修渡槽15处、长165米；新建堤坝3处、长396.5米，维修堤坝45处、长5005.1米；新建水塘2座、库容40000立方米，清淤水塘417座、库容93424立方米；新建水渠2条、长980米，清淤水渠716条、长12746.7米，农田基本水利设施修复率达95%以上，确保了农牧业生产用水充足。

【劳务经济发展质量显著提高】全年劳务输出实现26559人次，实现劳务收入

6719.85万元，其中：本县输出7602人次，跨县输出8710人次，跨地区输出10087人次，跨省输出160人次，人均收入达2530.63元。

【资源开采增收实现新突破】吉定查嘎石灰石开采进展顺利，全年共开采8.1万吨，实现总收入450.53万元，运费276.52万元，税收16.18万元，其他收入32.86万元，项目区群众收入116.39万元，现有开采工人87人，最高月收入达5500元；查荣页岩开采1180立方米，实现收入17.9万元，开采人员人均收入达2753元；此外，加大群众虫草采集管理工作力度，引导群众有序、合理采集虫草资源，实现群众增收55万元。

【农牧业特色产业建设成效凸显】短期育肥成效显著，完成育肥出栏91336只（绵羊单位），实现总收入3725.24万元，纯收入1313.98万元，项目区人均增收514元，其中岗巴羊项目完成育肥出栏20027只（绵羊单位），实现总收入848.26万元，纯收入282.46万元，项目区人均增收672元。萨迦镇优质奶牛养殖示范基地规模效益凸显，现有优质奶牛597头，全年出售牛犊117头，实现收入277200，销售奶渣收入19500元、销售酥油收入49800元，有效的拉动了项目区农牧民增收，示范户人均增收达292元；白绒山羊养殖示范基地建设成效显著，白绒山羊养殖示范户发展到85户，共有1064只，示范户人均增收230元；发展藏鸡养殖示范户131户，藏鸡养殖数量达到6340只，户均养殖48只，项目区年户均增收2958元；建成绿色蔬菜大棚温室116座，县城蔬菜供给率达到20%以上，每座温室年均纯收入不低于6000元，示范户人均增收达580元。

【旅游业继续保持快速发展势头】全县接待游客116500人次，其中：外宾1070人次，实现游客消费990万元，比2009年增长90%，同时带动住宿、餐饮第三产业快速发展，吸收更多群众就业，从业人员人均月收入达700元；共销售手工唐卡150幅，实现收入444750元，销售新唐卡2005幅，实现收入831884元，销售八思巴真丝哈达469条，实现收入74102元，全年旅游业总收入达1125余万元。

【以安居工程为突破点，新农村建设扎实推进】2010年萨迦县新农村建设完成了以117户扶贫点建设为重点的安居工程及抗震加固（设防）建设、23个村委会建设、7个行政村农村人居环境建设和环境综合整治试点工程建设，受益群众达521人。累计完成安居工程建设总投资1608.65万元，其中完成自治区安居补助资金140.4万元、抗震加固（设防）资金58.5万元、地区安居建设配套资金5.85万元、群众自筹资金193.7万元；村委会建设资金457万元；农村人居环境建设和环境综合整治试点工程建设资金755.3万元。

【各项社会事业协调发展】教育事业得到优先发展。切实强化政府行为，大力推进“科教兴县”战略，加大“控辍保学”力度，全县中小学入学率分别达到99.23%、100%，巩固率达到100%，为顺利通过“两基”“国检”打下坚实基础。全县教育质量不断提高，3名学生考入内地西藏班，38名学生考入重点高中，271名学生考入普通高中，40名学生被录取到内地中职班，初中生毕业率、升学率均达到100%。师资队伍进一步加强，全年35名教师获得小教一级职称，26名教师获得小教高级职称，有1名教师获得小教特级职称。县财政安排贫困户大学生救助金，2010年救助金提高到50万元，有效的解决了贫困户大学生上学难问题。

农牧区科技工作迈上新台阶。萨迦县以“新农村建设科技示范县”为契机，在自治区科技厅的大力帮扶下，重点加强农牧科技服务和推广体系建设，不断提高科技服务“三农”，支撑特色农牧业发展的能力和水平，加大对农牧民科学种养殖技能的培训，为农牧业产业发展提供技术和人才支持。新农村建设科技示范项目顺利通过自治区科技厅验收，全年共培养和发展科技特派员58名，全县农牧区科技普及率达到80%，科技对农牧民增收贡献率达到30%。

农牧区医疗卫生水平显著提高。大力实施“农牧民健康促进行动”，始终密切关注各类疫情监控和防治，保障群众生命健康。农牧区新型合作医疗覆盖率达到100%，全年住院报销总金额达283.22万元，涉及193人次，家庭账户核销金额达250.5万元，涉及77998人次；合作医疗药品参加集中招标率达到年用药量的100%；食品卫生监督检查覆盖率达95%以上，碘盐推广率达到100%；兑现“一孩双女”困难家庭扶助金30.74万元，兑现独生子女伤残或死亡家庭补助金9.02万元。10个乡（镇）卫生院规范化建设顺利完成，村卫生室建设成效显著。

农牧区文化事业繁荣发展。积极传播先进思想、先进文化，引导人民群众树立崇尚科学文化的风尚，申报地区级文明乡镇1个、文明单位2个；非物质文化遗产开发利用、文物保护工作得到加强，县级非物质文化遗产名录发展到6大类13个项目；深入开展群众性爱国主义教育活动，有条不紊地推动公民道德建设，扎实推进“西新工程”、“户户通”、“2131”等文化事业建设，全县电力能源覆盖村全部实现了“户户通”；加强基层文化建设，建成农家书屋48个，覆盖率达44.86%；广电事业不断发展，节目制作数量和质量显著提高。

拉孜县

【年度综述】2010年，县级生产总值(GDP)完成4.23亿元，同比增长16%；人均生产总值(GDP)8281元，同比增长15.2%；农牧民人均纯收入3695元（其中现金收入2447元），同比增长16%；地方财政一般预算收入达772万元，同比增长14.2%；全社会固定资产投资完成2.04亿元，同比增长13%；全社会消费品零售总额实现7995万元，同比增长15%；三产结构调整为40：11：49。农牧区基础设施不断完善，农牧民住房条件不断改善，群众消费观念不断改变，人民生活水平不断提高。

【经济结构不断优化，农业工作再上新台阶】积极推进农业综合开发，大力发展优质高效经济作物，种植业结构不断优化。2010年，克服因洪灾、雹灾造成的损失，粮油总产达到8099.62万斤（其中粮食产量7204.58万斤，油菜产量895.04万斤），比上年增产25万斤；蔬菜瓜果产量4986.43万斤，比上年增产49万斤；饲料产量477.66万斤，粮、经、饲比例调整为56：33：11。经济作物发展迅速，实施了标准化青稞基地建设2.5万亩，二级种子田0.9万亩，测土配方施肥1.5万亩，优质油菜2.2万亩，优质马铃薯1.1万亩；“拉孜西瓜”种植逐步实现规模化，目前拥有一个公司、四个种植基地，250座瓜果蔬菜大棚，年产西瓜31.14万斤，实现收入125万元；草原畜牧业、农区畜牧业和城郊畜牧业统筹发展，全年牲畜存栏33.03万头（只），总增28.1%；出栏9.6万头(只)，出栏率为29%；其中短期育肥出栏71026只，总收入达2592.4万元，纯收入达1136.4万元。藏鸡、鸭养殖逐步实现规模化，扎西宗、曲玛等乡养殖数量均达到10000只以上。大力实施重点区域造林工程，加强退耕还林的后续管理及补栽工作。完成重点区域造林5170.5亩、54.29万株，成活率达80%以上；退耕还林补植2000亩，苗圃育苗70亩。

【基础设施建设步伐加快，综合发展能力进一步增强】2010年，拉孜县继续实施项目拉动经济战略，统筹安排，多领域、多渠道争取资金，固定资产投资保持了较快增长。2010年共争取交通、水利、扶贫农发、农牧、安居、维稳等各类建设项目44个，总投资完成2.04亿元（其中国家投资1.18亿元，社会投资0.86亿元)，同比增长13%。

【安居工程建设顺利，农牧民生活条件不断改善】顺利完成安居工程建设1625户和24个村级组织活动场所建设，占全年建设任务的100%，大大改善了农牧民居住条件。大力普及农村沼气，积极发展适合农村特点的清洁能源，实施了3500座的沼气工程，切实改善了农牧区生活卫生条件。

【第三产业发展迅速，农牧民增收渠道进一步拓宽】把发展特色产业作为增加群众收入的重要渠道之一，组建了曲玛乡藏鞋专业合作社、曲下镇蔬菜大棚种植合作社、芒普乡页岩开发协会和拉孜镇谢玛氆氇农民专业合作组织四家农民专业合作组织，同时注重抓好“一乡一品”工作，以芒普乡、查务乡页岩、彭措林石材开发最为突出，效益明显，参加户数315户、人数559人，实现收入572万元。

旅游产业实现新突破。依托拉孜特有的人文景观和交通优势，不断加强旅游基础设施建设，完善旅游服务功能。全年接待国内外游客25038人次，实现旅游收入235.2万元，较上年增长17%。

非公有制经济快速发展。乡镇企业产值完成3966万元，多种经营完成收入13466万元。劳务输出出现了跨县、跨地区、跨省就业新局面，就业渠道更加多元化，全年劳务输出16752人，实现收入5249万元，同比增长10%。

【社会各项事业全面进步】教育事业稳步发展。继续做好控辍保学和职业教育工作，抓好“两基”攻坚成果巩固、师资队伍建设和学校管理工作，严格“三包”经费管理，“国检”建档工作进展顺利。加强学校基础设施建设，投资1156万元；狠抓学校安全卫生工作，杜绝安全隐患。2010年，全县小学适龄儿童入学率为99.89%，初中入学率为93.78%。

卫生事业健康发展。一是以合作医疗为基础的新型农牧区医疗制度已基本覆盖全县，农牧民参加人数达49186人，参加率为99%。二是做好强化免疫接种工作，接种覆盖率达到99%；三是加强妇幼保健工作，认真做好人口和计划生育工作，及时足额发放“一孩、双女”扶助资金31.46万元；四是农牧区基本药物零差价试点工作进展顺利；五是狠抓食品、药品放心工程；六是加强农村医疗卫生基础设施和乡村卫生队伍建设，确保广大农牧民群众享受到安全有效、方便优质的健康服务。

文化事业欣欣向荣。紧贴农牧区发展实际，广泛开展文化下乡活动，放映电影1698场，观看人数达29.4万人次；成功举办了拉孜县第三届“堆谐文化节”暨物资交流会，进一步弘扬了拉孜堆谐文化，扩大了对外影响，丰富了农牧民的精神文化生活。基层文化阵地建设进一步加强，有线电视（含农牧区卫星地面接收器用户）入户率达95.8%以上。“村村通工程”、“西新工程”、农村电影“2131”工程再创佳绩，全县广播、电视覆盖率分别达到95%和92%，“户户通”达到70%。

【对口支援干部轮换顺利完成，第六批援藏项目基本确定】认真协助做好第五批援藏干部的考核及项目收尾工作，精心安排第五、六批援藏干部的迎送工作，确保了干部轮换工作安全、有序地进行。通过反复分析论证，制订了三年援藏计划，确定了第六批援藏的总体目标、工作任务、工作方法、指导原则，初选项目18个，总投资1.2亿元，为新一轮援藏工作奠定了坚实基础。

昂仁县

【年度综述】2010年，全县生产总值由2005年的16395万元增长到2010年的35735万元，年均增长16.8%;人均GDP由2005年的3470.2元增长2010年的7207.1元，年均增长15.73%;人均收入由2005年的1586.44元增长到2010年的2699.27元，年均增长11.2%;财政收入由2005年的275万元增长到2010年的601万元，年均增长16.9%;全社会固定资产投资由2005年8699万元增长到2010年的31678.2万元，年均增长29.5%；劳务输出收入由2005年的2322万元提高到2010年的5595.1万元，年均增长19.2%。

【新农村建设扎实推进，农牧业发展水平进一步提高】一是突出产业结构优化。全县完成各类农作物总播种面积7.46万亩；粮经饲比例调整为79.6:12.2：8.2；粮油总产量达3710.7万斤，比09年增加10.02万斤，饲草饲料产量达353万斤，比09年增加36万斤。二是通过引进优良品种和积极争取低改项目，提高粮食单产。全年落实青稞标准化示范田5300亩，建立二级种子田4000亩，在6个农业乡镇开展了“双脱”工作；藏青“320”、喜马拉雅19号、拉孜小油菜等为主的良种种植面积达到6.4万亩，良种覆盖率占到了粮食播种面积的94.6%以上。三是调整养殖结构，做大优势产品，提高增收能力。全县新生仔畜21.2万头（只、匹），成活率为87.32%；成畜死亡19259头（只、匹），死亡率为2.87%。全县育肥总数23833个绵羊单位，出售20156个绵羊单位，实现短期育肥总收入809.5万元。四是全面落实支农惠农资金。共落实支农惠农资金960.42万元，农机购置补贴资金

300万元。五是大力推进新农村建设，农牧区生产和人居环境得到改善。共完成了1507户的安居工程、900户（相对）扶贫建设、63所新建村级活动场所和10家新建“万村千乡”农家店的任务。

【着重抓好项目建设，基础设施建设步伐加快】 2010年，实施交通项目7个，新增公路里程570.78公里，其中续建重点项目2个，投资4315.72万元、续建一般项目3个，投资519.81万元、新建一般项目2个，投资1110.24万元；实施农牧业项目8个，总投资4660.1万元，包括乡（镇）级兽防站建设项目、游牧定居三配套工程、高寒牧区牲畜棚圈试点建设项目、人工饲草基地建设等；水利项目12个，总投资3132万余元，包括2009年第三批新增农村饮水安全工程、亚木乡杰水库除险加固工程；农发扶贫项目6个，总投资380万元，包括桑桑镇大棚温室建设项目、达居乡珠吾灌溉水渠工程、卡嘎镇努增普截潜流管道引水工程等；投资150万元修建了昂仁县文化活动中心；城建新开工建设项目3个，继建项目2个，总投资2200万元，包括县城、乡镇干部职工周转房建设、地震危房改造工程等。第五批援总投资了1600万元和720万元援藏物资，极大地改善了昂仁县牧区基础设施建设。

【竭诚招商引资，着力把资源优势转变为经济优势】 高度重视招商引资工作，秉承“在保护中开发，在开发中保护”的原则，把环境保护、综合利用与维护农牧民的切身利益相结合，重点开发了阿木雄、查孜、德吉林铅锌矿和亚木铜金矿等矿产资源；做好了旅游项目申报工作，其中日吾其金塔、日吾其寺旅游景区项目已获地区旅游局批准并将实施。

【竭力改善民生，社会事业发展加快】 一是加大教育事业投入，改善办学条件。2010年教育基建项目资金达2492.14万元，已完成1930万元，全面巩固“两基”成果，顺利通过了第三年“两基”复查验收，控辍保学工作取得良好成效。目前全县在校生达8689人，其中：初中在校生2861人，入学率达97.34%，同比提高5.49%；小学在校生5828人，适龄儿童入学率为99.93%，同比提高1.36%，辍学率为0.80%，同比下降0.86%。二是卫生事业发展较快，医疗设施建设得到加强。完成农牧民合作医疗个人经费集资48.25万元，筹资率达99.49%。个人家庭帐户建立及覆盖率达100%。四级财政免费医疗经费到位率达100%，共计879.32万元（不包括个人集资款）。强化就业和再就业工作，抢抓了社会保障制度实施，各项保险参保率全面提升，落实城保资金70.55万元、农保资金383.75万元，落实城镇低保对象一次性生活补助资金15.9万元、农村低保对象一次性生活补助金58.94万元，医疗救助、寿星老人补助、自然灾害救助等各项救助补贴经费共计73.32万元，确保了人心稳定，社会和谐。三是大力发展公益性文化事业和文化产业。加快城乡文化设施建设。2010年，完成了县文化活动中心和13处农家书屋的建设任务，全面开展了迥巴藏戏保护工程，进一步加大对文物和非物质文化遗产的保护力度，同时全力开展了昂仁县首届桑桑酥油节暨赛马节活动，进一步推进了县内外的经济交流与合作。

【顺利完成援藏交接】 山东省淄博市第六批援藏干部到县后，通过在反复调研、认真研讨、多方征求探讨的基础上，确定了“一条主线、四个加快、三个保障”的工作思路。一条主线”，即加快发展，提高收入，改善民生。“四个加快”，即加快农牧业发展壮大；加快农牧民收入提高；加快城乡基础设施改造；加快公共服务体系延伸。“三个保障”，即稳定保障、组织保障、机制保障。同时，确定了总投资6500万元的20个援藏项目。

谢通门县

【基本县情】 谢通门藏语为“一见则喜”之意。谢通门县位于日喀则地区西北部，雅鲁藏布江北岸，东邻南木林县和日喀则市，北接那曲地区申扎县，西邻昂仁县，南与萨迦县和拉孜县接壤。县城距地区行署驻地83公里，行政区域面积1.4万多平方公里，平均海拔4200米以上，全县辖1镇18乡、95个行政村、9221户，4.5万人，属于典型的半农半牧县。县内以金、铁、铜、铅锌为主的矿产资源丰富；以卡嘎藏刀、通门皮具为代表的民族手工业闻名全区；以卡嘎温泉为龙头的旅游业发展迅速。

【年度综述】 2010年，全县生产总值达到4.2亿元，同比增长18.27%，其中第一产业增加值13078万元；第二产业增加值13054万元；第三产业增加值16190万元；一、二、三产业的比例达到31：31：38。农牧民人均收入达3565元，同比增长15.2%，县级财政收入完成3696万元，同比增长21%。

【农牧业经济持续发展】 农业生产取得新的成绩。粮、经、饲的种植比例61.5：28.5：10。完成优质马铃薯基地建设0.8万亩；实施人工种草6039亩；实现了粮油总产2947.76万斤；全年完成改造低产田1.5万亩、坡地改造0.27万亩、建立高产稳产田1.77万亩、建设测土配方施肥示范田2000亩、建立良种繁育基地5500亩。达木夏乡琼达村土地开发整理项目通过自治区国土资源厅初审，整理土地1036.97亩，项目完成后，净增耕地799.44亩，亩产量将提高到275公斤。

【牧业发展取得新突破】 引进帕里牦牛101头，分发给10个牧业乡开展牦牛改良工作。同时，从山南引进20头杜洛克种猪实施生猪改良。全县新生仔畜达14.7万头（只、匹），成活率为95.4%。完成绵羊短期育肥5.82万只，创收2508万元，纯收入501.6万元。养殖藏土鸡21342只，出栏16896只，创收45.855万元。

【农牧业基础设施进一步改善】 加强了农田水利基本建设，扩建水塘35座、维修水渠185条、新修防洪堤10处、维修防洪堤36处、维修提灌站3座，完成了2010年第一批农村饮水安全工程的项目设计工作。强布水库项目建议书已上报相关部门等待审批，西干渠、查巴干渠已纳入农田水利项目建设计划。

【矿产开发为主的第二产业发展壮大】 截止2010年，县内登记备案的矿产企业及地质队共有30家55个点，其中正在打洞探矿的有11家18个点，已办理采矿证的企业4家，正在采矿的企业2家，正在办理采矿证的公司4家。全年实现矿业产值23552万元，实现矿业财政收入2516万元，占全年财政收入的68%。

【民族手工业发展迅速】谢通门县“朗玛卡嘎藏刀”、这一富有浓厚民族地方特色的传统手工业，在县委、县政府高度重视、对口援藏省市大力支持下得到壮大和发展。政府及对口援助市（单位）累计投入扶持资金240多万元帮助企业加大生产设施的投入；加大在央视、西藏广播、地区电视台等各大新闻媒体宣传力度，提高手工艺产品在区内外的知名度；组织成立“朗玛卡嘎藏刀加工专业合作社”推进藏刀生产的组织化和规模化发展进程。2010年，从事该行业的专业户数发展到28户，其中，制作技术精湛的有6户。从业人员达到了52人。产品规格从过去的三种（长刀、短刀、小刀）发展到现在的12种，制作工艺方面在传承传统工艺基础上得到不断改进和创新，“卡嘎朗玛”藏刀的工艺技术和质量水平有了新的飞跃，市场知名度和影响力也得到提升，“卡嘎朗玛”藏刀推向市场后，深受国内外游客的欢迎，上门订购的客户络绎不绝，产品供不应求。从事藏刀生产的农户收益也得到提高，户年均收入可达到10万元以上，最多的甚至达到20万元。此外，通门皮具、仁钦则陶瓷等民族手工业都取得了较快发展。

【项目投资拉动效益明显】全年争取项目50个，总投资1.85亿元，实际完成投资1.25亿元，续建了县卫生服务中心、户户通电工，新建了县民政福利院、财政会计核算中心、乡级周转房、武装部商品房、青少年活动中心、县城规划市政路、安居工程等。此外，达木夏乡列多电站项目已上报相关部门审批，通门乡安张防洪堤工程已通过自治区水利厅审查。

【社会事业全面发展】新农村建设富有成效。安居工程建设和村委会加大建设力度，全年共争取安居工程建设资金147万元，完成了110户农牧民安居工程建设任务，该工程均已完工并通过验收并投入使用。争取项目资金730.8万元，建设村级综合活动场所23座，实施了7个行政村的综合整治试点工程，村容村貌焕然一新。

科技工作力度不断加大。全年开展了4次科技骨干技能培训，培训151人次。并对40名农牧民科技特派员和45名畜牧兽医开展了专项技能培训，增强了基层科技力量。

教育事业投入力度大。谢通门县加强教育信息化环境、人才、资源建设，强化信息化资源应用，走出了一条适合自身发展的教育信息化之路，中小学现代远程教育工程也取得了初步效果，初步达到远程教育资源“走进课堂，面向学生，用于教学”的目标。教育信息化进程加速推进。2010年，投入30余万元，完成了4个乡完小的计算机网络教室建设。购置26台电脑发放各中小学校。谢通门县436名教师购买了个人电脑，占教师总数的85.3%，所有中小学校（包括教学点）均配备了光盘教学设备；13所学校拥有卫星接收系统；10所学校拥有计算机网络教室；10所学校实现了白板教学设备配备。学校教学、生活环境进一步得到改善。争取530万元项目资金，其中县财政配套160万元，建设了县青少年活动中心；投资260万元建设了中学教职工周转房，解决了县中学教职员工住房紧张问题；争取职业教育基地建设资金70万元，维修了职教楼，修建了职教蔬菜大棚；争取230万元，修建了达木夏乡完小学生宿舍及附属工程；投入60万元，为县幼儿园添置了儿童活动设施及教学设备。“两基”成果得以巩固提高，全县小学入学率达到100%，巩固率100%；全县初中入学率达到97.89%，巩固率99.6%。

文化、广电、医疗卫生事业积极推进。大力推进文化事业健康发展。成功召开了县第三届赛马广交会，丰富了群众文化生活，促进了物资交流；查收了《幸福香巴拉》等一批违禁音像制品，净化了文化市场；农家书屋活跃了乡村群众文化生活中，培养积极向上的文化氛围。大力发展乡村广电事业，完成了4487套直播卫星设备安装调试，为农牧区群众架起了了解外部信息的有效平台。新型农牧区合作医疗工作开展顺利，2010年，实际参加合作医人数41300人，参合率98.76%，共筹集基金8095280.8元，极大地缓解了农牧民群众“看病难、看病贵”问题。全面启动了“降消”项目工作，组织19个乡镇的卫生院妇幼计生专干进行“降消”项目培训，完成了全县育龄妇女信息管理系统（WIS）数据采集及录入工作。

白朗县

【基本县情】白朗县地处西藏自治区西南部，雅鲁藏布江主要支流——年楚河中游，距拉萨280公里，距日喀则市49公里，距江孜县47公里，总土地面积2758.99平方公里，平均海拔在4200米，县城驻地3893米。全县辖2镇9乡，111个行政村，人口44982人。是自治区商品粮油基地和“两高一优”

农业示范县，也是“一江两河”农业综合开发重点县。有大棚蔬菜、优质青稞、农区畜牧业三大产业。县域内有参卓林等21座寺庙，有杜琼氆氇、旺丹卡垫等特色民族手工艺产品以及普度泉水、千年古柏等人文景观。

【年度综述】2010年，全县生产总值达到4.7亿元，比2005年增长88.51%，年均增长13.5%。三次产业比例由2005年的45.6：17.1：37.3调整为36：19：45；地方财政收入完成636万元，比2005年增长62.24%，年均增长12.4%；农牧民人均收入达到4385元，比2005年增长109.4%，年均增长15.9%。

【新农村建设扎实推进，农业发展水平进一步提高】完成了3546户的农牧民安居工程，111个村级活动场所建设及13个村级道路硬化建设任务；解决了6076户41596人的饮水安全问题；全县公路通车里程达658.65公里，92个建制村实现通达；乡村通话率达97%，乡镇通邮率达100%；粮油总产与上年持平。畜牧业生产继续保持较好的发展态势，年末牲畜存栏259786头（只、匹）。生态建设与保护工作进一步加强，生存环境进一步改善。积极落实种粮农民直接补贴、良种推广补贴、良种繁育补贴、农资综合补贴、成品油补贴、农机具补贴、农村税费改革补贴等各项支农惠农补贴资金累计2987.94万元。

【蔬菜产业稳步发展，产业化水平进一步提升】坚持“上规模、增效益、做特色、强产业”的原则，依托现代农业科技示范园的科技优势，以培育设施蔬菜为重点，以深入实施“白朗蔬菜质量提升工程”为手段，实施了现代农业科技示范园建设项目，实施了蔬菜标准化生产示范村建设工程，完成了无公害蔬菜生产基地和无公害蔬菜产品认证工作，实行了县级蔬菜技术特派员、村级农民技术员分片负责工作，组建了蔬菜协会，开展了“白朗西瓜品鉴推介会”大型宣传活动，巩固和发展了“白朗蔬菜”的品牌。

【固定资产投资逐步扩大，经济发展后劲进一步增强】按照基础设施先行的要求，紧紧围绕“十一五”项目规划，实施和完成了以交通、能源、农牧林水、农牧民安居工程、农牧业综合开发、产业化项目、公共卫生防控体系建设和县乡职工周转房为主的一批重点建设项目，积极协调争取资金，2010 年完成固定资产投资 2 亿元，比 2005 年增长 77.62%，年均增长 12.18%；“十一五”期间累计完成固定资产投资 9.1 亿元。

【非公有制经济加快发展，市场活力进一步增强】2010 年全县乡镇企业收入完成 10900 万元，比 2005 年增长 118%，年均增长 16.5%。多种经营收入完成 6594 万元，比 2005 年增长 48.18%，年均增长 8.18%。全年劳务输出 2 万人次，实现收入3457.1万元。完成招商引资1800万元，比2005年增长253.63%，年均增长28.74%。

【社会事业全面进步，基础条件进一步完善】教育事业稳步推进，大力发展“义务”教育，全面实施素质教育，切实加强职业教育，“两基”巩固提高工作迈上新台阶，各级各类教育事业改革发展取得新成效。小学适龄儿童入学率达 99.3%，初中入学率达 98.3%；“科教兴县”战略深入实施，人才队伍整体实力持续提升。公共卫生体系进一步健全，突发公共卫生事件应急防控能力有新提高。深入推行农村合作医疗制度，合作医疗参保率达到 95%。人口和计划生育工作扎实开展，人口自然增长率控制在 8‰以内；劳动与社会保障工作机制不断健全，基本医疗保险参保人数达 1058 人，养老保险参保 171 人，工伤保险参保 522 人，城镇居民医疗保险参保 406 人；群众精神文明创建活动深入开展，公民思想道德素质和城乡文明程度进一步提高。

仁布县

【年度综述】2010 年，全县地区生产总值完成 18880 万元，同比增长 12%，第一产业完成 8070 万元，同比增长 5%，第二产业完成 1010 万元，同比增长 25%，第三产业完成 9800 万元，同比增长 24.5%；完成全社会固定资产总额 8088.9 万元；财政一般预算收入达 390 万元，完成预算指标的 145.53%，同比增长 14.37%，财政一般预算支出 12847 万元，完成预算指标的 140%，同比增长 23.65%；农牧民人均纯收入达 2690 元，同比增长 12%；劳务输出 17027 人次，创收 2696.4 万元，分别完成任务目标的 112%和 103%；社会消费品零售总额 1401.4 万元，同比增长 10%；金融机构各项存款余额 13389 万元，同比增长 25.6%，贷款余额 7629 万元，同比增长-11.67%。

【农业生产情况】全年共调运化肥 420 吨、农药 9.08 吨及精选种子 40 万斤、种子包衣 15 万斤。2010 年，全县农作物总播种面积 51201 亩，粮、经、饲种植比例为 59.4∶34.6∶6，其中：粮食作物 30394 亩（青稞 24994 亩，小麦 2400 亩，豌豆播种面积 3000 亩）；经济作物 17701 亩（油菜 7001 亩，蔬菜 10700 亩）；饲草料 3106 亩，全年粮油总产量达 1760.02 万斤。大力实施土地改良和农田水利基础设施建设，改造低产田 7000 亩、治理坡耕地 1500 亩和维修水渠 256 条、水塘 176 座、堤防 67 公里，有效优化了土壤质地，保障了供水需求，增强了农业发展后劲；在帕当、姆 2 个乡的 3 个行政村科学规划了 600 亩的青稞良种示范基地，在查巴、仁布、德吉林三个乡镇进行了近 400 亩的青稞良种推广，各青稞良种推广均取得良好的成效；投入 44 万元，在姆乡司玛村新建了 30 座蔬菜温室大棚，效益明显，进一步充实了县城“菜篮子”工程。目前，已完成 35840 亩秋翻和 40960 亩冬灌，分别占总耕地面积的 70%和 80%，为明年的农业生产打下坚实的基础。

【牧业生产情况】始终坚持以草定畜的原则，从畜群改良、牲畜防疫、物资储备和防抗灾准备工作上下功夫，促使牧业健康、稳定、持续发展。按照上级业务部门的安排和动物防疫工作要求，认真抓好了畜禽疫病防疫工作，全年完成了两次“五号病”、“禽流感”、“鸡新城疫”疫苗注射，免疫率达 100%；2010 年全县牲畜总头数控制在 190383 头（只、匹），新生仔畜 47939 头（只、匹），成活数 46318 头（只、匹），仔畜成活率达 96%，成畜死亡 2684 头（只、匹），死亡率控制在 1.38%以内；出售短期育肥 1443 头（只），获得了良好的经济和社会效益。2010 年，从岗巴县引进了 200 多只种羊，改良了然巴乡的畜种结构；实施人工种草 3000 亩，主要在切洼、姆、查巴、然巴四乡进行连片种植 1000 亩和农户分散种植 2000 亩，饲草总体收成良好；完成了投资 34.2 万元的乡镇兽防所建设项目和投资 23.86 万元的县动物卫生监督站建设项目，进一步完善了兽防体系建设和动物卫生监督体系建设。

【工业发展情况】充分利用 318 国道经济带动功能，着力培育了名牌产品，积极申请国家和上级部门资金，重点把达热瓦青稞酒厂、仁布玉器厂等知名企业做大做强，切实提高了市场竞争力；以企业带农户为模式，大力推广“企业＋基地＋农户”的方式，全力开发人力资源、社会资源、自然资源，促进群众性的运输业、当地资源开发、打工等经济的协同发展，切实增加群众收入，提高地方财政收入。2010 年，全县完成工业现价总产值 1010 万元，同比增长 25%。

【特色产业情况】2010 年，全县始终坚持依靠多种经营和坚持“上规模、增效益、做特色、强产业”的原则，按照“一乡一业”、“一村一品”的发展模式，根据气候、资源、区位等优势，突出抓好了“喜孜”青稞酒、康雄、普松酥油花、切洼乡嘎布久嘎糌粑、帕当藏香、民族手工业等多种经营，本着培育农牧区经济新的增长点，拓宽农牧民群众增收渠道，增加农牧民现金收入的这一原则，着力于市场开发、产品营销、改善服务，多种经营得到大力发展。2010 年，仁布县达热瓦青稞酒厂总产值达 580 万元，营业收入 557 万元，实现利润总额98万元，人均增收1000余元；帕当乡藏香创收 2.3 万元；仁布、康雄、查巴三乡养鸡场共养殖藏鸡 600 余只，创收 6.1 万元；德吉林镇综合示范园创收 3.6 万元；切洼乡、姆乡 32 座蔬菜温室大棚创收 5.3 万元；切洼乡嘎布久嘎糌粑销售 5.67 万斤，创收 8.5 万余元，切洼乡露天西瓜 60 亩，创收 15 万元。

【社会各项事业发展情况】教育工作。始终把教育放在优先发展的位置，突出抓好全县教育基本设施建设，着力抓好"两基"成果巩固和提高，积极推动学前和职业教育发展，2010 年仁布县教育教学水平得到明显提高，争取到了县完小、康雄乡小学集中办学前期报建项目 1000 万元，完成了各学校维修建设任务、各乡镇全民健身篮球场建设任务、县幼儿园场外塑胶铺设任务，共计 56.5 万元。全县适龄儿童、初中的入学率和巩固率创历史新高均达到 100%。

医疗卫生工作。始终坚持把人民的健康作为改善民生的重要目标，紧紧围绕"加快推进医疗保障制度建设、初步建立国家基本药物制度、健全基层医疗卫生服务体系建设、促进基本公共卫生服务逐步均等化"四项改革目标任务，切实加强了县乡医疗保健机构建设，不断改善了群众就医条件，建立健全了公共防疫体系，解决了就医难的问题，农牧区医疗管理覆盖率达 100%，2010 年重点加强了农牧区医疗数据系统管理普及工作，目前除帕当乡未通电外，其他各乡镇农牧区医疗门诊实行了刷卡核销系统。同时，提高了农牧民群众在各级医院住院费用报销比例，减轻了群众经济负担和简化了住院费用报销程序。2010 年，全县参加农牧区医疗管理制度的户数、人数分别达到 4874 户、31271 人，参加率达 99.7%。

文化、广电工作。坚持以诚信建设为突破口，利用"三下乡"活动等有利平台，在全县开展了"共铸诚信仁布，推动跨越发展"主题活动，服务于社会主义新农村建设，进一步加强了文明创建工作。"西新工程"、广播电视"村村通"工程、电影"2131"工程三项工程进展顺利，目前，全县已建村级文化室 20 个、"农家书屋" 33 座，全县广播、电视混合覆盖率分别为 96.15%和 99.3%，行政村通电话率达到 100%。

【受援工作情况】黑龙江省第四批援藏干部进驻仁布县后，援藏项目上初步确定了仁布县广电中心、贫困户整体搬迁 50 户、350 亩苗圃建设、县城滨河大道、新建敬老院、新建两栋医院职工周转房等，为顺利完成为期三年的援助工作打下了坚实的基础。

康马县

【年度综述】 2010 年，县级生产总值达到 2.1 亿元，年均增长 12%；地方财政收入达到 325 万元，年均增长 12%，是 2005 年的两倍；农牧民人均纯收入达到 4074.82 元，年均增长 15.04%是 2005 年的 1.65 倍；全县工业生产总值达到 483 万元，同比增长 32%，是 2005 年的 4 倍；社会消费品零售总额达到 3582.37 万元，年均增长 24.3%，是 2005 年的 1.3 倍；多种经营收入 3909.61 万元，比 2005 年增长 1031.78 万元。2010 年全县存款余额突破亿元大关，达到 1.20 亿元，是 2005 年的 5.74 倍，各项贷款余额 4390 万元，是 2005 年的 4.2 倍。人口自然增长率控制在 7.1‰以内。

【产业结构不断调整优化】一二三产业比例由 2005 年的 34.19：22.58：43.23 调整为 2010 年的 26.57:14.23:59.2。一产稳步发展。实现增加值 5580 万元，农牧业生产连续多年获得丰收。2010 年全县粮油总产量 2345.92 万斤，粮食总产量基本保持稳定。投资 1230 万元的退牧还草工程。总投资 244.48 万元解决了乡镇兽防体系建设和县动物防疫站项目。二产亮点明显。突出农牧民合作社，石材开发进一步加快， 2010 年实现收入 530 万元，是 2005 年的 5.03 倍，年均增长 80.5 万元；建筑业发展迅猛，实现群众增收 381 万元。通过体制革新，县邮电局业务收入由原来的 11.5 万元增加到 19.2 万元；电信用户由原来的 2998 户增加到 3059 户；2010 年县农行对涉农贷款 3826 万元，安居工程贷款 1117 万元，扶贫贷款累计发放 1652 万元。2010 年底，第二产业完成增加值 2988 万元，是 2005 年的 2.49 倍，占同年生产总值的 14.23%。三产持续快速增长。2010 年实现 1.2 亿元，是 2005 年的 2.3 倍，占同年生产总值的 57.24%。第三产业的快速发展，为一、二产业更好更快发展发挥了积极的服务作用。

【基础设施建设成就明显】"十一五" 期间，全县完成投资 45577 万元，并成为拉动全县经济增长的主要动力。"十一五" 期间，固定资产投资对经济增长的贡献率达到 70%以上。水利基础设施得到加强，涅如灌区四号干渠等工程已经全部竣工，过去五年水利项目总投资达到历史最高，为 4244.89 万元。保障性住房进一步得到改善，解决了 80 套县级周转房，60 套乡级周转房，80 套廉租房等工程，有效改善了困难群众和干部职工住房困难问题。全县公路通达总里程达到 508.48 公里，乡道好路率达到 40%，广播覆盖率达到 87%，直播卫星"户户通"覆盖率达到 72.6%，电视覆盖率达到 97%。信息化水平大幅提高，3G 网络实现全县覆盖，互联网用户超过 259 户。

【城乡消费齐头并进】坚持特色与规模并重，加大专项扶持，特色优势产业快速发展。"十一五"共整合资金 1000 万元，扶持特色农牧业发展。主要实施了以萨马达乡为中心 2 个乡的岗巴羊联合开发，扶持了"公司+基地+农户"藏鸡养殖项目以及少岗糌粑加工厂项目建设。其中"嘎姆古日"糌粑加工 2010 年实现收入 36 万元。同时，加强了农牧区市场建设，建成 1 个县级农贸市场。"十一五"，认真落实家电家具、农机等下乡政策，共兑现补贴资金8万余元，兑现农机购置补贴 330 万元。同时，落实各项惠农政策补贴 1973 万元。

【对口支援工作进展顺利】黑龙江省农垦总局三年援建的总投资 2900 万元的十七个项目全部建设完毕，所有项目均被认定为优质工程。

【各项社会事业蓬勃发展】"十一五" 以

来，大力实施科教兴县战略，累计争取教育投资2700万元，小学适龄儿童和初中适龄少年入学率分别达到100%和99.71%，青壮年文盲率为1.07%。目前，康马县已发展了7种文化娱乐项目，经营摊点（场所）达86家，形成了多层次、多功能、多种类的文化市场。覆盖城乡的医疗卫生服务体系逐步完善；所有乡、村医疗机构配备了基本医疗设备和交通工具。大力实施科学知识和劳动技能培训，2010年农牧民科技培训2.01万人次，是“十五”末的1.51倍。

定结县

【年度综述】2010年，全年实现生产总值(GDP) 18980万元，同比增长11%；工业收入完成450万元，同比增长5.14%；农村经济总量达到6960万元，同比增长7.97%;财政一般预算收入完成300万元，同比增长14.50%；农牧民人均纯收入2928元，同比增长17.17%。

【农牧业生产顺利进行】2010年粮油总产达到1376万斤，同比增长7.5%；粮、经、饲三元结构比调整为66.4：18.8：14.8；投入财政资金9.12万元在江嘎镇查玛和琼孜乡白萨村建立了“二级种子田统供基地”337亩；加大良种推广力度，全年“喜玛拉雅19号”种植7500亩，藏青320种植1800亩，分别比上年增加了2500亩、800亩；投入13.8万元购置了大型60马力四驱拖拉机一台，为提高生产效率奠定了基础；年末牲畜存栏达23.65万头（只、匹），出栏达到8.2头（只、匹），出栏率达到33%；短期育肥6.8个绵羊单位，每只净收入68.5元；牲畜疫病防治密度达到100%；为“岗巴羊”产业开发和藏系绵羊育肥饲草饲料开荒种植1万亩，每年将增加饲草料200万斤以上，经济效益约60余万元，进一步增强了全县畜牧业生产能力；在7个乡镇组建了行政村用水协会，同时在每个乡镇成立了防抗灾抢险队；针对前期旱情和后期洪涝灾情，解决防抗灾资金39余万元，抽水机三台，发放铁丝6吨、旱地垄65箱和编织袋45700条等抗灾物资，有力地加强了防抗灾工作和缓解了受灾群众的生产生活问题。

【项目建设扎实推进】全年共实施项目33个，总投资11948万元。完成项目投资达11948万元，超额完成地区指标；其中续建项目8个，总投资2630万元。新建项目25个，总投资9318万元。通县油路进展顺利，土石方路基总体完工，有望明年初铺设油路；陈塘公路2500万元、县卫生服务中心、县民宗统战办公楼和县乡周转房等项目顺利开工建设，城镇和农牧区基础设施得以加强，极大地增强了可持续发展能力。

【农牧民科技培训不断加强】举办了3期科技培训班，参训人数达236人；从白朗县、吉隆县和山南地区错那县聘请技术人员对当地农牧民开展蔬菜种植、竹编等培训；组织本地施工队人员进行钢筋绑扎、水泥配比等建筑技能培训，帮助群众掌握致富技能，增加收入；全年劳务输出达11900人次，实现劳务收入为2006.5万元，分别完成全年目标任务的102.6%和100.1%。

【特色产业步伐加快】为了提高竹编技艺，投入20多万元先期派人前往四川省考察竹编产业，又专门邀请专家实地考察并帮助定结县制定竹编产业发展方案，同时选派了13名有竹编技艺基础的人员赴内地学习开展了为期3个月的培训，为下一步发展竹编精深加工工艺奠定了坚实基础。同时，经汇报衔接，竹编精深加工业已列入全区林产品开发重点项目；落实党内帮扶资金1万元，扶持发展荣孔糌粑加工，历史上第一次有了包装袋糌粑，全年销售2万斤，盈利3.5万元；鸡爪谷酒商标已经成功注册，人员技术培训及设备购置已完成，厂房正在加紧建设之中，为今后产业化发展奠定了基础；投资163.64万元新建无公害蔬菜基地暨菜农培训中心，有高效温室大棚20栋及教学间、办公室等，为今后蔬菜种植面积稳步扩大，群众增收拓宽了道路；进一步加强“岗巴羊”产业发展和藏系绵羊育肥项目的实施，在8个乡（镇）46个行政村修建藏系绵羊育肥棚圈170座已经完工，平均每座150平方米，总面积2.55万平方米。组建了“岗巴羊”联合产业开发定结合作组织分社，共参加了630户。

【边境贸易有序推进】正在加紧开展日屋口岸发展规划的前期工作，争取上级投资50万元资金对日屋口岸边贸市场进行维修，并成功举办了首届日屋口岸边贸物交会，共有244户中尼商户参展，交易总额达339.1万元。全年实现边贸交易额达600余万元，为有效促进边民增收奠定了基础。

【社会事业全面进步】高度重视师资队伍建设，组织中小学优秀教师和校长到兄弟县市进行观摩考察学习，受到了启发触动，促动工作进步。全县中小学校和幼儿园周边环境安全防范工作进一步加强，正在逐步配备专职保安人员；深入中尼边境开展免费送医送药活动，共诊治6320人次，免费发放58种药品，折合人民币共3.02万元，满足了双方边民医疗卫生服务的迫切需求，增进了两国人民之间的友谊；繁荣文化事业，紧紧围绕第二个西藏百万农奴解放纪念日、老西藏精神提出20周年、援藏干部轮换等重大活动，精心组织策划，及时宣传报道开展情况，提升了主流舆论的引导能力。全年上传各类新闻稿件60余篇；第六次人口普查工作正在火热开展中，有望提前完成普查工作；加强对民族民间文化的保护、传承和开发，陈塘夏尔巴歌舞已列入国家级非物质文化遗产名录。

仲巴县

【年度综述】2010年，仲巴县紧紧抓住国家扩大内需、加快投资、促进经济平稳快速增长的机遇，围绕“保增长”目标积极开展各项工作，全县综合实力不断增强。全县生产总值（GDP）达3.29亿元，同比增长7%；牧民人均纯收入达到3792.54元，同比增长12%；县级财政收入达833万元，同比增长13%；税收完成620万元，同比增长33%。

【基础设施建设不断加强，城乡面貌显著改善】千方百计争取国家投资，着力加强基础设施建设，落实新建、续建项目46个，完成全社会固定资产投资4.19亿元

（含219国道改造2.7亿元），市政道路改造、乡镇卫生院、水利、村活动中心等一批重点项目进展顺利，实现了项目建设的重大突破，有力缓解了“瓶颈”制约。

【“三农”工作备受重视，牧业基础地位更加巩固】完成投入1160万元725户牧民安居工程建设和总投资280万元14个村委会建设任务，解决2685人26080头（只、匹）牲畜安全饮水问题；完成总投资3654.56万元366公里乡村道路建设和1441.2公里公路养护任务。完成劳务输出4200人次、创收720万元；继续加大牧民经纪人培养，牧民经纪人壮大到50人，培育专业合作社5个，帮助群众创收400万元；完成短期育肥9万头（只、匹），净收入达675万元；加大县城、帕羊和隆嘎尔农贸市场的开放力度，牧民群众创收41万元。

【特色产业发展方面】2010年，全县仔畜成活率达88%，全县牲畜饲养量达78.87万头（只、匹）；加大牲畜良种扩繁推广工作，全县白绒山羊、吉拉牦牛、霍尔巴绵羊覆盖率进一步扩大，全县牲畜出栏38.13万头（只、匹），出栏率达38%；完善草场生态保护奖励补助机制，全县共完成草地“三灭”32万亩；在县城所在地拉让乡实施了3.8亩的温棚和露天蔬菜种植，种植品种达到了7个，创收12057元；开采精品锂矿5000吨、硼矿30000吨、原盐1300吨，实现矿产收入672万元；特色旅游业稳步发展，全县国内外旅客达到2.54万人次，旅游服务业创收达180万元；边贸进出口总额达8823万元，出口活畜13.10万头（只、匹），其中出口额达6000万元。非公有制经济方面：各项存贷款余额分别达到18705万元和2919万元；充分发挥工商行政管理市场的职能，全县个体工商户发展到205户，从业人员490人，注册资金867.5万元，同比增长14.5%、12.4%、203%；邮政、通信网络覆盖面进一步扩大，服务质量进一步提高。

【社会事业全面发展】教育方面。加大投入力度，基本完成全县11所完小的改扩建，配齐了教学设备，加强了师资队伍建设。全县小学适龄儿童入学率达到98.5%，初中入学率达到91.35%，青壮年文盲控制在2.6%以下，以优异成绩顺利通过自治区和地区第二次“普九”复查。卫生方面。牧区合作医疗覆盖全民，巡回医疗服务、门诊接诊工作取得新突破；加强计生服务，全面实施牧区孕产妇住院分娩免费政策；加强基层医疗基础建设，相继启动了13个乡镇卫生院建设；加强了乡镇卫生院规划建设与管理工作，地方病、传染病防控工作得到加强，为群众和干部职工免费接种甲流疫苗3866人，确保了全县公共卫生安全。文化方面。西新工程、广播电视户户通、牧区电影放映工程大力实施，广播电视人口覆盖率分别达到85%和95%。加强基层文化基地建设，完成了县城电子阅览室建设。科技方面。加强动物疫病防治工作，小反刍疫苗、牲畜五号病疫苗注射密度分别达到97.7%和98%；13个乡（镇）兽防站建设顺利完成。生态建设方面。草原生态保护奖励机制试点工作全面启动，完成全县各户基本信息表和每户国家财政补助政策登记卡填写工作，全县13个乡（镇）58个行政村4667户20372人，享受补贴户为2373户，全县生态建设稳步推进。

亚东县

【年度综述】2010年，全县生产总值完成22410万元，比上年增长10%；人均生产总值达到16654元，比上年增长2.5%；农牧民人均纯收入达到4000元，比上年增长18.8%，其中现金收入3280元，占人均总收入的80%以上；全年完成固定资产投资17987万元，比上年增长23.7%；完成财政收入690万元，比上年增长12.8%；教育、卫生等各项社会事业稳步发展，社会局势更加稳定。

【调结构、上项目，农牧业实现健康较快发展】始终高度重视推动农牧产业发展，以“一产上水平”为目标，全年积极落实三农资金150多万元，加强农牧业基础设施建设，强化农技推广和服务，改善农牧业发展环境，加强动物疫病防控和防抗灾体系建设，进一步巩固了农牧业的基础地位。一是加强农田水利等农牧业基础设施建设和维护。改造中低产田2000亩，治理坡耕地300亩，投入资金20万元，维修水渠10000米左右、水塘10座；投入资金150万元，建成了县级动物防疫站和4个乡镇动物防疫站；投入资金60万元，维修棚圈118座，新建牲畜圈3座、越冬暖棚3座；投入资金40万元，建成7座亚东木耳种植双层高效温棚。二是强化服务。强化农药、化肥、良种等推广服务，统一组织调运春播化肥128吨、农药2吨，推广良种500亩，进一步强化了为农服务力度；向地区申报落实科技特派员3名、科普示范基地1个（即亚东鲑鱼养殖场）；在北部乡镇启动实施“帕里牦牛良种补贴项目”，已选育出优质帕里牦牛4000头；大力推广和普及农业科学技术，培训兽医骨干技术人员12名，完成亚东木耳人工种植技术培训60人/次，完成农牧民无公害蔬菜种植培训1910人/次，竭力培养新型农牧民。三是积极推进农牧产业结构调整。粮食播种面积下调到5814亩，经济作物增加到2661.24亩，青饲料播种面积增加到4214.54亩，粮食产量达304.19万斤，经济作物达299万斤，饲草产量达494.78万斤，粮、经、饲比例由2009年的45：23：32调整到2010年的46：21：33，使产业结构更加优化、比例更趋合理。四是抓好动物疫病防控及农牧业减、防、抗灾工作。牲畜疫苗注射密度达100%，牲畜仔畜成活率91.07%，成畜死亡率控制在2%以内，并大力开展绵羊短期育肥工作，牲畜存栏增至95292头（只、匹），牲畜总增率达30.1%，出栏增至25415头（只），出栏率达28%；同时认真汲取“7.18”、“5.26”等重大灾害教训，努力修复仁青岗村内渠等三处，尽力化解因灾造成的后续影响，并不断健全和完善防抗灾体系，积极完善并落实防抗灾预案，加强棚圈改造维修，加快防、抗灾软硬件建设，县乡两级组建防抗灾机构8个、人员达132人，组建防抗灾突击队26支、人员达998人，提前准备各类防抗灾机具1000多辆（台），储备各类饲料920万斤，燃料3399吨。以上措施的落实，进一步夯实了发展农牧产业的软硬件基础，优化了产业结构，巩固了农牧产业的基础地位，完成了年初既定的各项农牧业发展指标。

【特色经济稳步发展，带动作用显著增

强】一是亚东木耳人工种植在依托上海农科院技术援助的基础上，争取了资金80多万元，新建了大棚菌种植育苗基地，吸纳了群众参与，提高了生产量。目前市场销路良好，参与种植木耳种植群众已达23户，已生产出菌袋5.8万袋，发放群众4万袋，生产新鲜木耳16000多斤，实现了产值81万元，增加群众收入35万元。二是康布温泉在区内外有较高的知名度，但因地理条件等因素限制，服务水平仍有不足之处，为此，成立了康布温泉专项整治领导小组，争取资金30多万元，购买了垃圾清运车，修建了垃圾填埋场，完成道路硬化设计图，有效改善了环境。同时，派人员维修电视塔保证电视信号的正常发射，鼓励周边群众发展服务业 。三是帕里牦牛开发主要狠抓种牛改良、草场围栏、人工种草等工作的落实。投入资金100多万元，推进了帕里牦牛繁育基地项目建设工作，改善了牦牛种群。四是亚东鱼因2009年“5.26”特大自然灾害的影响，损失惨重，积极争取民间投入与援藏资金相结合的办法，投入资金1000多万元，开工建设了亚东上海休闲鱼庄。目前，项目主体工作已完工，明年可投入使用。五是针对林下资源丰富的实际，充分发挥林下资源加工厂的作用，制定林下资源采集办法，实现科学采集、有序采挖，实现可持续性利用，尤其是在虫草采挖季节来临之际，组派乡村工作组，指导虫草采挖工作，保证虫草采挖工作的有序进行，杜绝了越境采挖，确保了边境地区的安宁。群众采集林下资源的收入达到900多万元。

【多渠道争取资金，实施项目，发展后劲不断增强】开工建设了亚东县二级电站、局域网建设、亚东吉马至卓拉边防公路、亚东则里拉至詹娘舍公路、县廉租房一期工程、亚东县卫生服务中心、亚东县垃圾填埋场、二期防洪工程、康布流域治理一期工程、下司马镇政权建设、帕里镇政权建设、亚东县边防大队、堆纳乡边防派出所、民宗统战业务楼、物价局基础设施等项目，总投资17987万元。加强了项目的后续管理，及时移交给使用单位，建章立制，保证了正常运行。

【边境互市贸易稳步发展，带动了旅游业的进步】截至11月30日，仁青岗边贸市场实现进出口总额达3512万元，同比2009年增长116%，其中：进口额为1966万元，同比增长142%；出口额为1555万元，同比增长89%；出入境人次17306人次、车辆5186台次。帕里、阿桑贸易点进出口额大幅度上升，全县边民互市贸易总额达5000万元，比上年全年总额增长88%，其中：进口2570.3万元，出口2429.7万元。边贸的强劲发展带动了旅游业和第三产业的发展，前往亚东旅游的人数不断增加，全年共接待游客5600人次，实现收入90.2万元。

【扎实推进安居工程建设，村容村貌明显改善】投入资金2144万元，完成484户安居工程建设任务；投入资金414多万元，完成了嘎林岗等7个村居环境综合整治工程；投入资金587万元，完成了堆纳乡至莱贵村、下亚东乡卓玛桥等乡村公路建设，里程达56公里；投资160万元的县客运站投入运营；投入资金50多万元，实现了电信通讯专线进入所有乡镇，好易通信号服务覆盖所有村（居），移动信号服务覆盖主要交通沿线；柴薪替代工程加快推进，累计完成318户沼气池建设，农牧区碘盐覆盖率达到100%，为各乡（镇）配备了标准医疗设备。

【全面落实强农惠农政策，农牧民收入稳步增长】加大强农惠农补贴力度，累计落实粮食直补19万元，农机购置补贴50万元，积极兑现化肥补贴，落实“家电下乡”补贴8万元。动员群众积极参与商业涉农保险，提高抵御自然灾害的能力。以推广农牧民适用技术为契机，培训农牧民259人次，提供21余种岗位。

在不断巩固“两基”攻坚成果的基础上，努力争取资金68万多元实施了康布乡小学学生宿舍、县中学配套设施建设，县财政投入资金120多万元，支持教育事业的发展。深入推进平安校园建设，采取与家长签订目标责任书、配备门卫、校园门口设置减速带、校园安全排查等措施，确保了学校安全。认真落实了“三包”、义务教育阶段免费等各项优惠政策，提高了适龄儿童入学率。针对部分农牧民子女上学难的问题，采取设立援藏扶持教育资金和捐资助学相结合的办法，妥善加以解决。加强师资队伍建设，推进教学改革，突出德育教育，提高教学质量。改善医疗条件。进一步加强和完善了农牧区医疗制度、公共卫生服务、医疗服务、医疗保障和药品供应保障体系建设。着重加强了卫生基础设施建设，安排资金1256万元，开工建设了县卫生服务中心，争取资金120多万元，开工建设了下亚东乡卫生院、堆纳乡卫生院、帕里镇卫生院。选派人员参加学习，提高了医务工作者的医治水平。加强传染病、地方病的预防工作。认真落实免费医疗等各项优惠政策，有效解决群众看病贵的问题，农牧民参加合作医疗的比例达到98%，覆盖率达100%。计生工作得到加强，流动人口计划生育管理工作成效明显。人口自然增长率控制在4.6‰以内。文化事业有序推进。不断推进村级文化设施建设，完成了县文化活动中心，堆纳乡、帕里镇文化站建设；不断加强对先进文化的宣传，积极开展文化“三下乡”活动，完成了25个农家书屋建设，县新华书店共下乡13次，售书5950册，丰富了全县各族人民群众和驻军官兵的精神生活。以“户户通”工程、“西新”工程、电影“2131”工程、有线电视安装与强化服务为突破口，按照新农村建设“五通”的要求，安装了2452套直播卫星接收器。全年来，放映电影1963场，观看人数达76895人次，丰富了农牧区群众文化生活，把党和国家的声音及时准确地送到了千家万户。

吉隆县

【年度综述】 2010年，全县生产总值完成21430.43万元，比2009年增长16.7%，其中：第一产业增加值为5926.64万元，同比增长14.7%；第二产业完成增加值为4141.02万元，同比增长14.23%；第三产业完成增加值为11362.77万元，同比增长18.7%。三产比重由2009年的28.5：20：51.5，调整为27.6：19.4：53。人均GDP达到15914.4元，同比增长19.8%。农牧民人均纯收入达到3260元，同比增长16%。完成固定资产投资15956万元。全县财政总收入完成12109万元，同比增长13.26%。财政一般预算收入完成315万元，同比增长14.96%。税收收入完成

266万元，同比增长22.58%。社会消费品零售总额完成 4573 万元，同比增长24.27%。

【农牧基础地位不断夯实，特色种养业初见成效】紧紧围绕增加农牧民收入、优化调整产业结构和推进农牧业产业化进程。全县粮油总产达到1043.89万斤，比上年增加5.72万斤，全县年末牲畜存栏总数控制在152933头（只、匹），仔畜成活率达到92%；出栏66034头（只、匹），出栏率达到42%。继续投入了33万元特色产业扶持滚动资金，大力发展特色种植、养殖业。全县大棚温室达到110座，露天蔬菜种植面积扩展到了1857亩，养殖藏猪339头，比上年增加56头，养殖藏鸡5938只，比上年增加1593只。防抗灾工作取得明显成效，全年新建防抗灾饲草基地5000亩，筹备饲草料283.7万斤。

【口岸建设和发展力度不断加大】一是继续为《吉隆口岸规划》、《吉隆镇城镇建设规划》的修编提供基础数据和服务保障工作，目前《吉隆口岸规划》已上报国家审批，有望明年初出台。二是扎实抓好口岸功能建设。完成吉隆镇三期市政工程、四期市政工程和热索机动中队、公安边防机动中队、公安边防派出所办公楼等项目建设，吉隆镇垃圾转运站、商务服务中心项目正在紧张建设中。三是认真做好口岸电站、边贸市场、口岸医院等项目的汇报衔接工作，这些项目拟在明年开工建设。四是积极做好热索至楚当退出珠峰自然保护核心区成为实验区的各项工作。五是积极向国家、自治区上报中尼跨境经济合作区范围确定的基础材料。

【项目建设势头强劲】2010年，全县共落实国家投资2亿多元，实际完成固定资产投资15956万元，其中通县油路、热索公路桥、吉隆镇三期市政工程等10个续建项目施工进展顺利；吉隆镇第四期市政工程、乡镇周转房等13个新建项目竣工投入使用；强拉山至贡当乡公路、康比村至汝村公路、吉隆镇垃圾转运站等5个项目正在紧张施工中；萨勒卫生院、商务服务中心等项目已陆续开工建设；全年完成吉隆镇中尼国际大酒店和吉隆县旅游综合开发2个项目的招商引资工作，共引资950万元；认真完成了“十二五”规划编制工作。

【边贸互市日益活跃】2010年完成边境贸易额达3554万元，同比增长95.8%，其中进口额1316万元、出口额2238万元、活羊出口49976只。交易人数中方有4287人，尼方有2961人。

【旅游业稳步发展】2010年吉隆县共接待游客人数9472人次，实现旅游总收入73万元，同比增长22%。

【社会主义新农村建设有效推进】2010年完成了272户安居工程建设和7个试点村委会的人居环境建设和环境综合整治工作任务，2006年以来累计完成1717户农牧民安居工程。在认真抓好农牧民安居工程建设的基础上，通过“六通”配套设施的建设，农牧民行路、就医、吃水、用电、收听收看广播电视等条件得到了有效的改善。在农牧民安居工程实施过程中，大力扶持当地农牧民施工队，把道路硬化等工程交给他们去做，极大地提高了群众收入。农牧民安居工程顺利通过了自治区验收，并给予了高度评价。

【社会事业全面发展】一是教育事业蓬勃发展。“普九”工作成果进一步巩固，按照 38 项指标切实做好迎国检的各项工作，“控辍保学”工作有效开展，“三包”经费全面落实，县中学附属配套工程等教育基建项目有效推进，教育教学质量得到全面提升，保持了中、小学入学率分别达95.94%、99.08%；二是卫生事业稳步发展。卫生体制改革继续得到深入。农牧区合作医疗进一步深化，全县参加合作医疗的群众达到农牧民总人口的99%。接种疫苗、结核病防治、碘缺乏病防治工作扎实推进。计划生育工作得到全面加强，藏医进农村、进社会、进家庭的“三进”服务全面启动；三是文化、广电事业扬帆奋进。第二届“同甲啦”文化艺术节的成功举办，以手镯舞为代表的民间艺术大放异彩；农家书屋建设不断向前推进，干部群众读书环境不断优化；文化市场环境不断净化；广播、电视覆盖面得到进一步扩大，电视节目数量不断增多，广播电视综合覆盖率达98%以上。县城电视频道增加到41个；农牧区“2131”工程深入人心，2个电影队全年为农牧民群众放映电影 520多场次。

聂拉木县

【农牧业内部结构调整取得新成效】2010年，全县农作物播种面积21904.9亩，其中粮食播种面积16232.9亩，比上年减少40 亩；以油菜、蔬菜、青饲料为主的经济作物播种面积4018亩，比上年增加40亩，粮、经、饲比例达到74.11：18.34：7.55，经济作物种植比例有所上升。继续调整优化畜牧业结构，积极推行围栏放牧、轮牧休牧等，继续抓好波绒乡、乃龙乡、聂拉木镇饲草料基地建设，同时根据年初春季农牧业大检查中的部署，县政府多方筹集资金70万元，地区农牧局解决购种资金36万元，群众投工投劳1万多人次，从4月至7月人工开发2800亩荒地种植披碱草，完成2.5万米配套灌渠建设，进一步加强抵御风雪灾害的能力。继续优化畜牧业结构，加强黄牛改良工作，从日喀则市、萨迦县引进优质奶牛 148头，其中种牛9头，在上年只有琐作乡一处试点的基础上，2010年从乃龙乡、门布乡、樟木镇选择具备一定养殖技术的农户进行养殖，进一步扩大优良品种的养殖范围，增加受益群众数。

【加大科技支农、支牧力度，做好春耕春播和接羔育幼工作】一是在春耕春播期间，组织农牧技术人员下乡巡查，对农牧民进行培训和指导，主要讲解优质青稞种植技术、油菜种植技术、蔬菜种植技术、牲畜“W”病防治技术等，起到了很好的效果。全县机耕、机播面积各1万亩，与2009年持平。全县总用种量926050.5斤，亩用种量45斤以内，县内部调种5万斤，引进良种青稞“320”55350 斤，拉孜系列油菜8160斤。加大中低产田改造和农田水利设施建设，改造中低产田5000亩，治理坡改1500亩，施用化肥350吨；二是强化畜禽疫病防治、检验检疫和监控工作，做好接羔育幼工作。加大动物防疫设施建设，投资60万元的县级动物防疫体系建设项目和投资90万元的聂拉木、樟木、亚来、波绒、琐作等5乡（镇）动物防疫体系建设项目（每个乡镇18万元），已顺利完工投入使用。2010年五号病防治注射17.7万只，防疫密度达100%，高致病禽流感注苗285只，防疫密度达99.9%，出血性败血病防治注射2500头（只），防疫注射密度达到100%；全县接羔育羔完成100%，产仔总数70718头（只），成活率94.5%。

【优化产业结构，特色支柱产业不断发展壮大】一是继续扩大藏青“320”、年河10号、拉孜系列油菜连片种植面积，目前我县良种连片种植面积达到2990亩，占总播种面积的18.42%。；二是总投资665万元的藏系绵羊育肥基地建设项目，到目前为止已全部完成500处暖圈建设。同时积极争取扶贫资金，在门布乡、波绒乡共建180处暖圈。目前短期育肥项目共实施了两期，育肥绵羊50000只，经济效益开始凸显，截止目前出口活羊近1.5万只，预计全年将出口活羊5万只以上；三是总投资90万元在各乡镇修建61座无公害蔬菜大棚全部竣工投入使用，同时对聂拉木镇扎西岗村原有的22个大棚进行了全面的维修。充分利用好援藏投资修建的宗塔瓜菜基地，从白朗县引进优良种子和聘请技术人员，在宗塔村民生瓜菜基地为当地群众手把手传授种植技术，首次看到了群众自己种植出西瓜、黄瓜等六个品种，填补了我县种植业上的一项空白，初步形成了“一棚一品”的格局。

【以增加农牧民收入为中心，切实做好技能培训和劳务输出工作】进一步加大对农牧民培训工作，一是对上年参加驾驶培训的41名人员进行再培训，4月份全部毕业，都考到了驾驶执照；二是组织了波绒乡、乃龙乡20名初中毕业生进行木工培训，目前所有参加培训的人员都能独立地制作简单的家具，极大缓解了我县安居工程中缺乏木工技术人员的现状，同时为增加乃龙乡贫困党员和困难群众的收入开办羊毛梳理作坊和裁缝培训班；三是积极同上级有关部门协调，组织了5乡2镇44个行政村80名农机操作员，由地区农机站技术人员在聂拉木镇乃萨村对农机维修保养知识和实际操作的方式进行集中培训，同时还免费发放了相关技术手册及容易损坏的零部件，受到农牧民群众的热烈欢迎；四是把项目建设和群众增收结合起来，鼓励和扶持农牧民施工队，做好技术和服务工作。对以工代赈、农房改造、乡村公路等工程建设，在不影响工程质量的前提下，全部交给农牧民施工队伍承建。截止8月底，全县劳务输出16257人次，实现总收入2341万元，完成年初指标的68.75%。

【做好民生工作，协调社会事业全面进步】教育工作扎实推进。积极采取了教改控辍、扶贫控辍、管理控辍和依法控辍等多种措施，加大控辍保学力度，全力做好“两基”迎国检准备工作；加强了教育基础设施建设，投资510万元的县中学完善工程已竣工投入使用，投资525万元的青少年校外活动场所工程建设顺利；加强了教师队伍建设及校园周边环境整治，投资16.4万元为县中学、县完小、樟木小学及县城、樟木幼儿园安装了监控报警系统，为正常的教学提供良好的环境。

文化广电工作健康发展。一是加强文化市场管理，打击非法政治性出版物，开展对网吧、歌舞厅等娱乐场所的监督检查力度，确保我县文化市场健康有序发展；二是加大文化基础设施建设，总投资155万元的县文化活动中心和投资56万元的乃龙乡文化站等文化设施工程建设进展顺利；三是做好广播电视建设管理工作，全县59个站（点）运转正常，同时对上年发放的2千余套卫星接收器进行再核查登记造册，确保农牧民群众真正得到实惠；四是丰富农牧区业余文化生活，管理使用好2009年新建的8家农家书屋，开展好数字电影下乡活动，共放映电影790场，观众5万余人次。

卫生工作成绩突出。一是全力做好合作医疗工作。全县参加合作医疗人数14520人，参合率98%，其中民政代缴人数1571人，未筹资人数256人。1-8月大病统筹基金报销人数为985人，补偿费用64.13万元，家庭账户门诊核销18192人次，核销金额63.64万元；二是全力做好卫生防疫工作。在结核病防治、计划免疫、强化免疫等工作顺利进行的基础上，全力开展地方病防治和甲流疫苗接种工作；三是加强乡镇卫生院规范化管理工作。进一步解决农牧民群众看病难问题，不断加大乡镇卫生院规范化管理，2010年可顺利达到86%的预定目标。5月份地区乡镇卫生院规范化管理工作现场会在我县成功召开，标志着我县乡镇卫生院规范化管理工作走在了全地区的前列；四是针对我县基层缺医情况，从2007年举办的第一期村医培训以来，共举办了村医培训班3期，培训村医58人次，率先实现了一个行政村至少配备一名村医的目标，初步构建起县、乡、村三级医疗体系，为“小病不出村，大病不出县”提供了保障。

萨嘎县

【基本情况】萨嘎县地处喜马拉雅山北麓，冈底斯山脉以南，雅鲁藏布江上游，东衔昂仁县、西接仲巴县、北邻阿里地区措勤县、东南与吉隆县、聂拉木县为邻，西南与尼泊尔共和国接壤，边境线长约105公里。全县总面积约为1.24万平方公里。距日喀则市450公里，距拉萨720公里，是日喀则地区西部三县（仲巴、吉隆、萨嘎）的中心。境内219国道贯穿全县东西，是通往阿里地区普兰县的交通要塞，具有重要的政治、经济、军事和交通地位。全县下辖7乡1镇，共有38个村民委员会。全县除旦嘎、夏如两乡为半农半牧乡外，其他皆为纯牧业乡（镇）。截止2010年年底，全县总人口为14362人，人口总户数为3312户，其中农业人口户数为2691户，非农业人口户数为621户。

【年度综述】2010年，全县生产总值实现16659万元，比上年增长6.1%；农牧民人均纯收入达到2880.25元，增长14.2%；地方财政收入完成350万元，增长10.1%；各项税收完成280万元，同比增长17%；社会消费品零售总额实现1726万元，同比增长18.5%。国民经济呈现良好发展态势，社会事业全面进步，社会局势持续稳定。

【新农村建设扎实推进】全年共落实支农资金371万元，农牧业综合生产能力不断提高。2010年，全县共完成农作物播种面积7142.25亩，粮经饲三元种植结构比例调整为78：14：8；受上半年干旱灾害天气影响，全年粮食产量为242.3万斤，比上年减产7.6万斤。加强对牲畜和草场的管理，加大牲畜出栏，增加群众现金收入。2010年全县牲畜存栏292273头（只、匹），新生仔畜102907头（只、匹），成活率为88.3%，比上年增长16.5个百分点；成畜死亡率为2.8%，同比降低0.1个百分点；牲畜出栏98084头（只、匹），出栏率为33.4%，同比降低2.9个百分点；牲畜短期育肥9000只。狠抓重大动物疫病防控工作，加大各种疫苗注射力度，防疫密度和注射率均达到100%，2010年，全县没有发生大范围重大动物疫病。以农牧区“八个基本解决”为重点，扎实推进社会主义新农村建设。完成了地区下达的344户农牧民安居工程建设和抗震加固任务，完成率100%；农牧区人居环境建设和环境综合整治试点工作进展顺利，总投资736.8万元的7个试点村整治工作现已全部完成。

【基础设施建设步伐加快】2010年，全县共实施开工项目18个，其中续建项目1个，新建项目17个，固定资产总投资8159.5万元，完成投资7542.7万元。项目建设和管理得到加强，完成了2008年退牧还草项目，高原棚圈试点项目、藏西北绒山羊项目和游牧民定居三配套项目已竣工并交付使用。雄如乡穆巴拉山公路、昌果乡至仲巴县界公路和G219国道至旦嘎乡公路工程全线竣工。夏如乡达孜水渠项目、雄如乡孜康防洪堤等工程建设进展顺利，人畜饮水工程全部竣工并投入使用。完成了乡（镇）干部职工周转房建设，并顺利通过地区验收。加加镇扶贫整乡推进工作进展顺利，进一步夯实了贫困农牧民增加收入、脱贫致富的基础。加强城镇建设和管理工作，完成了县城发展规划和城镇主街道、给排水及其他市政基础设施建设的前期准备工作，严格土地审批程序，预留城镇发展空间。加大对项目的督促检查力度，成立了萨嘎县基建项目工作领导小组，强化项目争取和落实力度，提高工程质量，确保工程进度。

【第三产业迅速发展】2010年，全县共接待国内外游客47765人次，实现旅游收入达333.77万元，同比分别增长33%和42%。认真落实各项优惠政策，突出服务重点，创新服务举措，市场主体持续健康发展。截止2010年底，全县个体工商户发展到452户，从业人员979人，注册资金1455万元，同比分别增长22%、26%和27%。全县登记注册内资企业12家，注册资金4507万元；全县农牧民经纪人发展到30人，经纪业务量79万元。加强边贸市场基础设施建设，改善交易环境，采取定点、定员、定时、定卡的工作方式，组织边民集中交易，对外经济贸易发展势头良好。全年出口活羊109975只，出口大畜4320头，边贸进出口总额达到6773.89万元，边贸出口额为6756.89万元，同比增长47.8%。积极引导群众转变消费观念，努力扩大消费需求，全年社会消费品零售总额达到1726万元，同比增长18.5%。扎实推进“万村千乡市场工程”，完成3家农家店建设，并对建成的农家店进行跟踪服务。深入开展家电、家具、农机和摩托车下乡工程，扩大下乡产品种类，减少环节、简便手续，全年共兑现购买补贴资金82630元。

【社会各项事业加快发展】全年落实教育事业经费1778万元，同比增长9.6%。积极争取资金，实施了旦嘎乡完小改扩建工程，县中学职工周转房竣工并投入使用。认真贯彻落实教育“三包”政策，截止11月底，共落实教育“三包”经费283万元。以提高入学率为抓手，加大“控辍保学”力度，狠抓教育教学质量，“两基”迎“国检”工作扎实推进。2010年，全县小学适龄儿童入学率为99.39%，巩固率为99.83%，初中入学率为94.85%，巩固率为98.72%。卫生工作成效显著。进一步加强了农牧区医疗制度的规范化管理，有效提高了群众抵御疾病风险的能力。建立完善了传染病与地方病防治机制，突发公共卫生事件和医疗救治的应急处置能力不断增强。农村改水改厕等重大疾病防控工作稳步开展，覆盖全县的“降低孕产妇死亡率，消除新生儿破伤风”项目全面启动。文化基础设施不断完善。争取经费3万元，完成了18个农家书屋配套设施，基层文化设施不断加强。大力弘扬社会主义先进文化，深入开展了科技、文化、卫生、法律“四下乡”活动，宣传党的富民政策，丰富农牧民群众的业余文化生活。邮政通讯工作稳步开展，全年完成邮政业务收入49万元，移动用户达4500户，电信用户达2350户。

岗巴县

【基本县情】岗巴县位于西藏日喀则地区南部，地势高亢，雪山连绵，北邻萨迦、东邻亚东、白朗，西与定结县山水相连，南印度锡金邦接壤，边境线长达97公里，通外山口17个，为我区一个以藏民族为主的高寒边境县。县城驻地岗巴镇雪村，其距日喀则市307公里（岗嘎线）、165公里（曲岗线）。全县总面积为4203平方公里，其中可耕地面积22200.2亩，草场面积555.7万亩。2010年底，全县辖有4乡1镇（岗巴镇、昌龙乡、龙中乡、直克乡、孔玛乡）、29个村委会。全县总人口3043户、10627人，其中城镇人口1077户、1378人，农牧区人口1966户、9249人。全县共有党组织60个，党员886名，其中农牧民党员520名。

【年度综述】2010年，岗巴县完成生产总值13794万元，同比增长14.6%；其中第一产业2404万元，同比增长4.3%，第二产业2466万元，同比增长50.6%，第三产业8924万元，同比增长6.1%。

农牧业生产受旱灾影响，略有减产。2010年全县粮油总产量为6879049斤，其中青稞6439961斤，油菜439088斤，与上年相比略有减产。全年新生成活仔畜78420头（只、匹），年末存栏190849头（只、匹），存活数为76217头（只、匹），存活率为97.2%。

【农牧区经济快速发展】2010年全县农村经济总收入达4115.1万元，同比增长14.43%；农牧民人均纯收入达到3529.72元，同比增长11.98%。全县乡镇企业产值51万元，同比增长32.12%，多种经营总收入1683.66万元，同比增长19.59%。劳务输出总人数达5459人次，劳务输出收入达816.37万元。

【财政收入持续增长】全年地方财政收入达346万元，同比增长28.15%。全县各项税收完计完成360万元，创历史新高。经济结构更趋合理。全县一、二、三次产业比重调整为17：18：65。

【加大政策科技投入，确保农牧区经济快速健康发展】2010年，全县及时足额兑现“种粮直补”、“农资综合补贴”达57 万元；落实中央财政森林生态效益补偿资金 34.5 万元；争取农机购置补贴100 万元，将按购置价格的 35%进行补贴，共有 161 户群众从中受益。切实做好农资调运供应工作，全年共调运化肥147 吨、农药 9.8 吨，价值达 30 万元，其中化肥半价销售、农药免费发放。

在保证基本耕地面积的基础上，大力实施“种子工程”、“沃土工程”“农机化工程”，继续做好科技培训与科技承包工作。积极引进农作物优良品种，以春借秋还的形式发放给各乡镇种子达 4.7 万斤，价值达 5.17 万元；从日喀则购买短期育肥羊所需饲草种子 50 万斤、所需化肥 4.4 万斤全部无偿发放给农牧民群众。全年实播面积 22502.5 亩，其中粮食作物13577 亩，油菜 3195 亩，蔬菜 1270 亩，饲草 4460.5 亩。改造中低产田 2000 亩，治理坡耕地 500 亩。机耕完成 3100 亩，机播完成 5000 亩。争取无公害蔬菜生产项目资金 180 万元，新建蔬菜大棚温室100 座。

加大科技承包力度，2010 年全县科技承包面积高达 13577 亩，占总播种面积的 64%以上。全县共实施科技重点扶持项目 5 个，总投资达到 220 万元。引进和推广优质品种 8 个，实用推广技术 16 项，通过各种活动，培训群众达到 4000 人次。狠抓动物疫病防治工作，积极调动乡村兽医，先后投入 10 万元用于兽防站工作人员的误工补贴和购买药材；并免费为各乡镇发放各种兽药品种达 30 余种，价值88587.56 万元。

大力开展农田水利基本设施建设，为农牧业发展夯实了坚实的基础。全年共投入资金 201.8 万元，通过“民办公助”的形式积极鼓励群众对受毁的水渠、水塘、堤坝等水利设施进行全面维修、清淤、新建工作，全县水毁修复率达到 100%。争取上级抗旱资金 49 万元，同时县里补助抗旱资金 28 万元，进行了 8 座水塘的防渗加固和 3 处进水口的维修改造，为各乡镇和电站发放了铁丝 4.8 吨和编织袋8500 条及 8 件旱地龙。

【坚持项目拉动，基础设施建设成效显著】2010 年社会固定资产投资达 5867 万元，共开、复工建设项目 44 个，总投资10385.2 万元，其中援藏项目 12 个，投资 650 万元，项目涵盖教育、卫生、职工周转房等多个方面。

2010 年 4 月，注册成立了岗巴县岗巴羊农民养羊专业合作社，位于直克乡，现有 241 个养殖户，养有绵羊 38000 多只。据统计，岗巴县 2010 年已通过各种渠道完成岗巴羊销售 76030 只，实现纯收入684.3 万元，200 多户农牧民群众从中受益。进一步完善了岗巴羊繁育基地水利设施配套，投资饲草种子 50 万斤、化肥 4.4 万斤，扶持农牧民群众种植饲草 10500 亩，增加饲草产量 1600 万斤，新增载畜量 25000 只。

继续加大对曲登尼玛矿泉水厂的扶持力度。2010 年，在县委、县政府的积极努力下，帮助亚美集团争取项目发展资金 800 万元。据统计，2010 年岗巴县曲登尼玛矿泉水公司产量达 2060 吨，销售收入达 822 万元，当年上缴各类税收总计115 万元。

旅游休闲产业方兴未艾，扩内需工作成效显著。龙中、孔玛温泉年收入已近10 万元，塔杰温泉成功开发，曲登尼玛风景名胜区旅游、朝圣人流量逐年上升，2010 年人流量已近万人，有力地促进了岗巴县商贸业、餐饮服务业的发展，可拉动消费 30 余万元。“万村千乡市场工程”扶持设立农家店 13 家，“家电家具下乡”定点企业驻县销售，农牧民消费热情空前高涨。

【统筹兼顾，大力发展社会事业】坚持教育均衡发展，幼儿教育、义务教育、职业教育同步发展，2010 年全县在校学生1803 人（含各乡镇幼儿班 144 人），小学和初中入学率均达 100%。2010 年教育“三包”经费大幅提高，小学生为每生每年 1850 元，中学生为每生每年 1950 元。教育教学质量迅速提高。2010 年岗巴县参加中考学生 91 人，高中阶段上线学生达到 72 人，高中毛升学率为 79.1%，奠定了普及高中教育的基础。2010 年岗巴县小考内地西藏班录取学生 9 人，创历史新记录；学前教育从无到有，学前儿童入园率已达到 48%。

2010 年全县农村合作医疗参加人数为 9181 人，参加率 100%，人民健康水平不断提高。医疗技术人员队伍不断壮大，截止 2010 年底全县公益医疗机构共有医疗卫生从业人员 106 人，卫生技术人员91 人。全县参加基本养老保险统筹单位21 家、职工 94 人，各项社会保险清缴率达到 100%，支付率达到 100%。2010 年新型农村社会养老保险工作在岗巴县正式启动，参保人数达到 3430 人，参保率达到 64.45%。根据消费物价指数变化及时调整低保保障标准。全县核定农村低保对象 1132 人，救助发放标准提高到 A 类人均每年 920 元，B 类人均每年 658 元，C 类人均每年 487 元；实施医疗救助 104 人，救助资金达 10.96 万元。全县共核定城市低保对象 110 户 164 人，保障标准线提高到了每人每月 340 元；实施医疗救助 2 人，救助资金 1.44 万元。密切关注弱势群体，全年累计供养五保户 42 人，发放资金 8.4 万元，为 33 位寿星老人发放补助资金 10100 万元。

积极推进文化基础设施建设。2010 年，全县广播电视混合覆盖率达到 100%，“村村通”正向户户通转变，全年放映电影 624 场次，累计新建“农家书屋”15 个。全年共向自治区、地区有关报社、媒体发放稿件达 300 多条，采用 170 多条。

大力实施 7 个村的农村人居环境建设和环境综合整治工作，总投资达到736.8 万元，群众生活居住条件显著提高。狠抓农村饮水安全工程建设，新建农村安全饮水工程 10 处。大力推进农牧区道路交通建设，通过 3 个建设项目，新建公路里程 56.85 公里，总投资 425.57 万元。继续推进扶贫开发与兴边富民行动，全年共实施扶贫项目 2 个，总投资 220 万元；实施兴边富民工程 4 个，总投资181 万元。

那曲地区

那曲地区

【年度综述】2010 年，那曲地区生产总值达到 50.87 亿元，同比增长 12.77%；地方财政一般预算收入完成 2.05 亿元，同比增长 14.1%；农牧民人均纯收入 4042 元，同比增长 13%；税收收入完成 2.22 亿元，同比增长 23%；社会消费品零售总额 9.48 亿元，同比增长 7%。

【突出巩固牧业基础地位，努力推动“一产上水平”】坚持把牧业产业化建设作为牧业发展的根本方向，稳步推进农牧民专业合作经济组织发展，进一步细化和落实政策、科技、人才、资金等方面的扶持措施，合作组织数量明显增加，效益和质量显著提升，已从 2007 年的 124 家发展到目前的 194 家，在工商部门注册登记的 133 家，出资总额 6791.43 万元，成员总数达到 8953 人。加快推进防减灾体系建设，投资达 29 亿元的项目规划已纳入自治区各部门行业规划。坚持“多畜多出，少畜少出，老畜弱畜必须出栏，大灾年份加大出栏”的原则，因地制宜制定牲畜出栏指标，着力提高畜产品商品率和附加值。高度重视、积极应对西部县区严重旱情，组织群众科学调剂草场，合理安排牧业生产，适当加大牲畜暖季出栏力度，组织群众开展活畜交易 25.36 万头（只），农牧业继续保持增产增效的良好态势。2010 年，农牧业总产值达到 13.55 亿元，增长 5.5%；全地区各类牲畜存栏 656 万头（只、匹），减少 0.9%；肉、奶产量 7.53 万吨和 4.8 万吨，增长 1.34%和 17.07%；畜产品综合商品率达到 55%。农作物播种面积 7.39 万亩，粮食产量 8976 吨。虫草产量 2.15 万公斤。

【突出项目建设与管理，基础设施条件明显改善】积极争取国家投资，扩大社会投资，落实援藏资金，投资规模不断扩大。2010 年，全地区固定资产投资完成 40.11 亿元，同比增长 20.48%。“十一五”规划内项目全部开工，五年累计完成国家投资 95.89 亿元，比原计划超出 44.69 亿元。国道 317 线那曲段改扩建工程 2009 年提前开工，已完成总工程量的 70%，那曲机场建设前期工作进展顺利，尼玛县水电站、申扎县雄梅水电站、比如县吉前水电站竣工发电。始终把建好、管好项目作为检验执政能力、执政责任的重大考验，牢固树立项目是发展的载体，质量是发展的生命的理念，制定了《那曲地区工程建设招标代理机构管理办法》、《那曲地区项目管理“黑名单”制度》等制度，从组织领导、制度规范、考核监督等各个环节规范项目建设，深入开展工程建设领域突出问题专项治理，严厉查处工程建设中的违纪违法行为。下功夫解决非法转包等工程建设领域的“顽症”，对不履行合同、不守信誉、不重质量的施工企业，禁止在那曲境内承建任何项目。查办建设领域案件线索 11 起、初核调查 7 起，通报批评、严重警告和经济处罚施工企业 12 家，给予登记不良记录处理 3 家、逐出那曲建筑市场处理 4 家。

【突出规模与优势，特色产业建设取得新进展】整合资金 1.71 亿元，实施绒山羊专业村、蔬菜大棚、奶制品加工销售、绒山羊扩繁、畜产品加工基地等特色农牧业项目 26 个，有力促进了农牧业产业化经营。第二产业稳步发展，全地区工业总产值达到 1.4 亿元，实现增加值 1.31 亿元，分别增长 8.5%和 18.2%。嘉黎县陇玛拉铅锌矿、蒙亚阿铅锌银矿，安多县东风铬铁矿等矿点开发进展顺利，夏木拉矿泉水市场前景看好。旅游业增势强劲，全年接待海内外游客 30 万人次，实现旅游收入 6000 万元，分别增长 7.9%和 7.8%。成功举办了“世界旅游精品——羌塘草原可可西里自驾远征行”活动，投资 410 万元的那曲地区游客服务中心开工建设，投资 2080 万元的羌塘旅游景区项目已完成招投标工作，投资 126 万元改善卓玛圣谷、杭措鸟岛旅游景区条件，旅游基础设施建设力度逐年加大。

【突出优化环境、增强活力，改革开放呈现新局面】 以建立草原生态保护奖励机制试点工作为契机，进一步巩固、提高草场承包经营责任制，鼓励引导群众积极开展草场经营权流转，农牧区改革不断深化。国企改革稳步推进，牧工商公司、格尔木绒毛分梳厂、那曲羊绒分梳厂政策性破产基本完成，晨曦公司整体兼并康桑公司，地区物资局、综合市场股份制改革和地区商办加工厂改制工作扎实推进，38 家单位机构改革和人员划转工作圆满完成。积极依托那曲物流中心，加大招商引资力度，截止目前，已与相关企业签订协议项目 20 个，协议资金突破 12 亿元，完成工商注册的企业 10 家，上缴税收 4500 万元。大力扶持市场主体，非公有制经济快速发展，全地区私营企业达到 75 家、个体工商户 9992 户，非公有制经济从业人员 21624 人，注册资金 3.13 亿元。对外经贸合作不断加强，进出口贸易总额大幅增长，全年达到 643 万美元。

【突出抓好那曲镇基础设施建设，努力打造藏北“草原城市”新形象】始终把那曲镇建设和改造作为一项重大民生工程来抓，全力做好项目前期工作，主动靠上汇报衔接，那曲镇总体规划修编和控制性详规、专项规划及局部修建性详规的编制工作全面完成，投资 11.4 亿元的那曲镇基础设施改造项目已经国家发改委正式批复立项，2011 年开工实施。成立那曲镇基础设施建设工程指挥部和精干、管用的内设机构，全力做好项目开工前的各项准备。多次召开听证会，广泛征求各方意见，制定了《那曲镇城市房屋拆迁实施办法》。按照依法坚决、扎实稳进的原则，扎实做好那曲镇土地登记确权工作，完成国有土地初始登记 87 宗、变更登记 46 宗、抵押登记 75 宗，为那曲镇城市改造有序顺利进行奠定了坚实基础。进一步加强城镇建设和管理。在积极争取国家和援藏投资的同时，地方财政投入 1 亿多元，实施了地区赛马场改造、迎宾大道及延伸工程、色尼河公园建设、环城路绿化亮化、地区烈士陵园修葺等项目。以浙江路等城市主干道为突破口，开展街景改造和综合整治，对沿街门面房实行联体出租，建立那曲镇环境卫生清扫长效机制，加大城市综合执法力度，不断提升城市主体文明素质。目前，那曲镇“五纵五横”的城市主体框架全面形成，全国海拔最高、规模最大的那曲地区赛马场二期改造工程主体竣工，那曲首个城市公园——色尼河公园投入使用，那曲镇面貌发生了明显变化。

【突出可持续发展，生态环境保护与建设不断加强】进一步强化生态因素是重要发展成本的意识，认真做好《西藏高原国家生态安全屏障保护与建设规划》项目前期工作，涉及那曲的项目达74.95亿元。大力实施退耕还林、退牧还草等重点生态建设工程，加大草原沙化退化、“三害”治理力度，完成退耕还林3000亩、重点区域造林绿化1704亩，那曲县乌尔古查姆雄草原生态保护区和嘉黎县措色湖草场灌溉工程顺利竣工。安多、聂荣、班戈三县草原生态保护奖励机制试点工作通过自治区验收，为群众兑现减畜奖励资金3188.725万元、薪柴替代补助资金2079.5万元。自然保护区建设和湿地保护工作进一步加强，色林措国家级自然保护区一期建设全面完成，投资2986.35万元的嘉黎县麦地卡湿地保护与恢复项目正式立项，投资2415万元的尼玛县昂孜措-玛尔夏措湿地自然保护区保护与恢复项目自治区已下达批复。坚持把环保优先的理念贯穿于项目建设全过程，将生态环保纳入项目规划、建设和招标内容，与施工单位签订基本建设项目环境保护目标责任书。严格落实环境执法、环境准入、环境评估和建设用地审批制度，全面加强环境保护监管，紧盯资源开发和国道317线、通县油路、乡村公路建设中的环保工作，对重点项目专人负责，组派联合工作组蹲点旁站监督，实行跟踪问效，切实做到项目实施到哪里，环保工作就跟进到哪里，坚决避免先建设、后治理。加大环保宣传和环境综合整治力度，制定了国道沿线乡镇《环境卫生管理制度》，跟踪检查各垃圾填埋场的使用、维护情况，加强集中饮用水水源地环境检测，有效防止了二次污染和“白色污染”。

【切实抓好首要任务，社会主义新农牧区建设取得重大进展】始终把安居工程建设作为改善农牧民生产生活条件的着力点，全年新建农牧民安居房8979户，受益群众4.53万人，实施新建和已建安居工程抗震加固15867户，受益群众6.14万人。在11个县（区）、48个乡（镇）、66个行政村开展的人居环境建设和环境综合整治试点工作全面启动。“十一五”以来，全地区累计完成投资21.5亿元，使4.81万户、25.06万农牧民住上了安全适用的新房，基本实现了从游牧到定居的历史性跨越；农牧区配套设施建设同步跟进，完成村级道路硬化83个，13.8万农牧民喝上了安全干净的饮用水，新增农村用电人口6.28万人，新（改）建农村公路6648公里，乡镇和行政村通邮率分别达到95%和73%，电信光缆已通达全地区83个乡镇，682个行政村通电话。

【积极探索建立农牧民增收长效机制，群众收入稳定增长】把增加农牧民收入作为全地区的难点工作，坚持因地制宜、内外结合、多措并举，进一步拓宽渠道，不断开辟农牧民增收的新途径。全年开展农牧民技能培训1.45万人次，劳务输出4.6万人次，实现劳务收入6700万元。牲畜暖季出栏28.1万头（只），同比增长25.63%，增加农牧民现金收入3.5亿元，同比增长35.82%。成功举办第五届畜产品展销会，交易额再创历史新高，达到2.38亿元，比上年增长114.79%，参展群众3.8万余人次。展销会规模逐年加大，交易额逐年攀升，在树立那曲畜产品品牌、提高畜产品商品率、增加群众现金收入方面起到了重要作用。坚持“开发式”扶贫，落实扶贫、农发资金1.97亿元，又有3013户、14089名重点扶持对象实现脱贫，返贫率和贫困发生率始终控制在5%和10%以内。

【统筹经济社会发展，公共服务水平不断提高】一是教育事业优先发展。“两基”攻坚全面完成，教育事业实现历史性跨越，全地区小学适龄儿童入学率和初中入学率分别达到98.93%和90.3%。投入资金2.1亿元，实施幼儿园和中小学规范化建设，对地区职业技术学校、地委党校进行改扩建。召开教育工作会议，对今后五年那曲教育事业跨越式发展进行了系统部署。二是医疗卫生服务进一步改善。投资8474万元，完成了安多等5县卫生服务中心、比如县疾控中心、24所中心乡镇卫生院和9所普通乡镇卫生院的改扩建工程。进一步完善以免费医疗为基础的农牧区医疗制度，落实免费医疗经费6652.93万元（不含县级财政），医疗制度人口覆盖率、个人筹资覆盖率分别达到97%和89.19%。切实抓好手足口病和甲型H1N1流感的防治，接种重点人群2万余人。三是科技工作不断加强。组织申报《嘉黎县娘亚牛本品种选育技术示范推广》、《尼玛县白绒山羊产业带建设》等科技项目18项，落实科技三项经费55万元。科技特派员人数增至228名。四是就业和社会保障机制不断完善。新增政府购买公益性岗位640个，城镇新增就业人员2105人，培训城镇失业人员910人，城镇登记失业率控制在3%以内。以城镇基本医疗保险、基本养老保险、失业保险、工伤保险、生育保险为主要内容的社会保障体系逐步完善，新型农村养老保险扩面工作实现全覆盖。“两房”建设扎实推进，新建廉租房280套、干部职工周转房882套，城镇困难家庭和干部职工居住条件得到明显改善。

【地委领导名录】

地委书记、地区人大主任：边巴扎西
地委副书记、行署专员：谭永寿
地委副书记、地区政协主席：江措拉姆（女）
地委副书记：刘自康（援藏，6月离职）
地委副书记：张金根（援藏，7月任职）

【行署领导名录】

地委副书记、行署专员：谭永寿
地委委员、行署常务副专员：嘎玛泽登、吴雪桦（援藏，6月离职）、姚绍良（援藏，7月任职）
行署副专员：嘎玛仁青、才仁桑珠、江村旺扎
行署副专员：黄云素（兼秘书长4月离职）
行署副专员：王纯丁、欧　嘎（10月任职）、戴林生（10月任职）

人大那曲地区工委

【积极为出席自治区九届人大会议的代表服务】西藏自治区第九届人民代表大会

第三次会议于2010年1月10日在拉萨召开。人大办按照会议要求，及时组织代表参加会议，并在会议期间，积极作好各项服务工作，为代表履职提供了后勤保障。会上，那曲代表团参会的56名自治区人大代表以“三个代表”重要思想和科学发展观为指导，结合那曲地区经济社会发展需要，从经济、人文、社会发展、生态保护等方面分别以代表团和个人名义向大会提交了建议意见共52件，按照建议意见办理程序，自治区财政厅、人保厅、交通厅、农牧厅等相关部门对调整项目建设资金、修建那曲东部电站、实施藏中电网延伸、规范工程项目建设管理、开发普诺岗日冰川、调整招生计划、公路网建设、冬虫夏草资源开发、4500米以上高海拔地区干部职工健康保健和相关优惠政策、半脱产人员待遇问题、农牧民安居工程建设、色林湖水位上涨灾害补贴、乌尔古查姆雄草原生态自然保护区纳入国家重点项目投资等建议意见给予了答复。工委办及时将各建议意见答复送呈各位代表手中，并对答复情况给予追踪问卷，做好相关的统计上报工作。

【积极配合，开展执法检查和立法调研活动】积极协调配合自治区人大常委会及专门委员会开展执法检查和立法调研，受自治区人大常委会的委托自行开展各种自查活动。期间，那曲地区采取实地走访、召开座谈会等形式，对《中华人民共和国妇女权益保障法》等法律法规进行了执法检查；对《中华人民共和国招投标法》等法律法规的执行情况进行了自查；对“十二五”规划纲要编制工作（教科文卫）、2008-2012年五年立法规划、解决高校毕业生和推进公招制度改革、新型农村养老保险试点工作、那曲地区农牧区医疗制度推进、建立草原生态保护奖励机制试点工作、财政一般性转移支付资金使用情况、《流动人口服务管理条例》、人民法院加强民事执行工作情况等开展了立法调研，在调研中发现的问题也及时以书面形式向区人大常委会汇报，同时向“一署两院”进行反馈，提出改进建议。同时，人大那曲地区工委注重对各种法律草案等认真进行修改，尤其是对《中华人民共和国代表法》（草案）进行了修改完善，结合那曲实际，提出了修改建议4条。

【积极服务代表工作】积极组织开展视察活动，及时对代表视察活动进行安排部署，组织了部分在那曲地区的自治区九届人大代表共6人开展了视察活动，分别对比如县、地区教育体育局、地区城建局、地区人力资源和社会保障局、交通局、畜牧局进行了视察。视察工作得到了相关县和单位的大力支持，形成了有价值的视察报告。认真开好2010年度人大工作交流会。按照年初工委工作安排及人大工作的需要，经请示地委同意，于2010年9月10日召开了那曲地区人大工作交流及代表培训会议，全地区共有50多名人大工作者及代表出席了交流培训会。进一步提高代表履职尽责能力。三是积极作好代表培训工作。在自治区人大常委会的安排和援藏兄弟省市的关怀下，组织部分基层人大代表先后赴福建、安徽、江西、黑龙江、吉林、辽宁、北京、拉萨、林芝参加学习培训和实地考察。

【积极指导和帮助各县人大工作】按照新时期人大工作的要求，对各县人大工作开展情况进行认真调研，找准了那曲地区人大工作存在的问题和困难，指出了努力的方向；认真对基层人大业务工作进行指导。分别对那曲、班戈等县罢免人大代表及其他业务工作进行指导和答复；认真审阅各县人大报送的材料，对各县的好做法和好经验，以人大信息形式进行交流，不断开创人大工作新局面。

【积极参加主题教育实践活动】2010年人大那曲地区工委按照相关要求，办公室抽调秘书和驾驶员分别随同工委三位领导深入比如、索县及西部三县一区参与主题教育和维稳督导活动，积极为领导和基层服务；认真配合开展“千名干部下基层”活动。抽调人员积极配合和协助区人大组成的“两帮”联合工作组在索县荣布镇，开展“千名干部下基层活动”，帮助当地群众解决实际问题；

全面推进效能建设年和创先争优活动。根据自治区和地委的安排，迅速在人大那曲地区工委掀起了开展效能建设年和创先争优活动的热潮。通过两项活动的深入开展，使机关工作得以整体推进，工作效率明显提高，工作作风明显改善。

积极开展“送温暖、献爱心”活动。一是青海玉树地震发生后，为灾区募得捐款资金8980元。二是在西南片区发生严重旱灾时，人大那曲地区工委向旱区募得捐款资金8900元。三是认真做好定点扶贫工作。拿出15000元资金为申扎县下过乡一村解决了安居工程配套资金。

【积极衔接好援藏工作】2010年7月按照定期轮换的要求，人大那曲地区工委对第五批辽宁援藏干部进行了热情欢送，热情隆重迎接第六批浙江援藏干部。援藏干部同时还向原单位积极申请资金和物资，对人大那曲地区工委进行援助（2010年已拨资金5万元）。

【奖励情况】支健同志被西藏自治区党委深入学习实践科学发展观活动领导小组评为先进个人。

【领导名录】

人大工委主任：边巴扎西

人大工委副主任：次　仁

人大工委副主任：加央多吉

人大工委副主任：魏世魁

那曲地区组织工作

【切实加强对基层党建工作的帮助指导，进一步提高基层抓党建工作水平】对全地区2010年的基层党建各项工作做出具体安排，并督促指导各县（区）委组织部与各乡镇、县直各部门层层签订党建目标责任书，全面推进基层党建工作目标管理，加大考核、督查和责任追究力度，切实推进党建工作责任制落到实处。积极指导督促各县（区）认真做好2010年党建工作计划，包括远程教育的工作计划，确保基层党建工作有计划、有目标。全面分析研究了农牧区基层党建工作中存在的热点难点问题，结合实际研究制定下发了《那曲地区乡镇党建工作责任制》，对乡镇党委尤其是乡镇党委书记抓党建工作提出了明确具体的工作要求。积极配合乡镇工作办公室开展了各项相关工作，很好地做到了基层党建与乡镇工作相结合、相促进。积极抓好了2009年度党费收缴、党建业务的上报下达、组织关系的转接等各项党建日常事务性工作。

【大力加强基层村级干部队伍建设】一是结合实际认真制定出台了《那曲地区村干部管理办法》。不断创新村级干部管理措施，进一步明确了那曲地区村（居）党支部书记目标责任制、村党支部书记民主评议制度、不合格村党支部书记调整制度以及村党支部书记、村委会主任和其他村干部业绩考核奖励办法。二是超前谋划，精心组织，整合培训资源，创新培训方式，全面完成村党支部书记轮训工作，2010年，全地区共举办各类培训班25期，对1192名村（居）党支部书记基本轮训一遍。三是切实加强大学生村官管理和作用发挥。建立村干部帮带、乡镇领导帮教制度，让大学生“村官”与村党支部书记或村委会主任一起参与村级事务管理，手把手传授村务管理、民间纠纷处理、农牧业服务技术等实际经验，使他们尽快熟悉村情民意，更快适应基层工作。四是扎实抓好村两委班子成员的培训工作。2010年，全地区共培训乡镇干部332人，培训村级组织负责人1191人，培训村两委班子成员8500余名。累计培训机关党员干部达12800余人次，累计培训农牧民党员达1.5万余人次。五是加强村级后备干部队伍建设。目前各村均已培养了3人以上的村级后备干部队伍。六是认真做好村干部待遇的落实和监督工作。目前，村党支部书记、村委会主任基本报酬达到每年5740元，增加业绩考核奖励每人每年平均1394元。

【围绕“三化”目标建设，扎实推进乡镇机关各项工作】2010年，通过扎实开展乡镇工作三化建设，乡镇领导班子观念进一步转变，认识不断提高；乡镇干部队伍能力进一步增强，作风不断转变；乡镇工作机构进一步健全，职能不断明晰；乡镇工作制度进一步完善，服务不断规范；乡镇硬件建设进一步规范，形象不断提升。

【着力提高执政能力和领导水平，不断推进领导班子和干部队伍建设】2010年从地直单位选派3名年轻优秀汉族干部到县上担任主要领导职务，从县上提拔了7名优秀干部到县上或地直部门担任一把手，进一步树立“领导来自基层，干部出于一线”的选人用人导向。在地直单位机构改革工作完成后，及时对新成立的部门配齐、配强了领导班子成员，确保了日常业务工作的顺利开展。

【不断强化干部管理工作，大力营造风清气正的选人用人环境】始终坚持执行职位人选署名推荐、干部谈话制度、离任审计制度、诫勉谈话制度、干部考察预告等制度，扎实开展主要领导干部述职述廉工作。切实加大对《党政领导干部选拔任用工作条例》执行情况的监督检查，注重抓好“四项监督制度”的学习培训和贯彻落实，扎实开展整治用人上不正之风有关工作，发现问题及时纠正。依托12380举报平台，认真受理群众举报，严格监督和查处违反干部任用工作规定和违反组织人事纪律的案件。注重干部谈话制度，针对群众反映或在工作中暴露出来的问题，及时与相关人员进行谈话，对苗头性、倾向性问题进行提醒谈话，对问题较多或群众意见较大的，进行重点谈话，对不能很好地履行廉政责任的，进行廉政谈活。2010年8月，那曲地区第一次对6个县即将离任和已离任的县委书记开展了干部选拔任用工作离任检查。全年共委托审计部门对3个县和10个地直部门行政一把手进行了经济责任审计，把对党政主要领导干部的监督工作进行了前移。始终坚持德才兼备、以德为先，把培养选拔年轻干部工作作为一项重要工作来抓。根据2009年后备干部集中调整后建立的后备干部库，及时拟定了培养锻炼计划，采取多种形式，把政治坚定、一心向党的干部培养成为肯干事、会干事、干成事和经得住风雨、经得起考验的骨干力量，为那曲地区经济发展和社会稳定储备优秀人才。

【认真完成了第五、第六批援藏干部集中轮换工作】根据那曲地区第五、第六批援藏轮换领导小组的安排，按照“隆重、热情、俭朴、细致”原则，浙江、辽宁两省和部分国企共208名援藏干部于6月15日至9月20日圆满完成有关轮换工作。同时，将第五批96名援藏干部的考察、鉴定、推荐使用意见等相关材料及时向区党委组织部进行了移交；认真做好了第六批112名援藏干部的进藏培训和任职工作，为援藏干部尽快进入工作角色，顺利开展工作创造了有力条件。

【加强培训，提高干部队伍整体素质】2010年全年共调训了94个班次，培训各级各类人员954人，有力提升了参训人员的整体素质和业务能力。同时，圆满完成了共9批36名干部的出国政审工作，其中地级干部4人，县级干部12人，科级及以下干部20人。在出国政审工作中，切实加强与区、区外事部门、地区公安处出入境管理部门以及各人员派出单位的沟通协调，不断完善工作流程，确保了各项出国境学习考察活动的顺利开展。

【以新一轮机构改革为契机，进一步加强机构编制工作服务大局的整体水平】着力推进新一轮政府机构改革工作。一是切实做好地直单位“三定”方案下发和落实工作，此次机构改革中，那曲地区地直涉及改革和调整的部门共38家。二是切实做好人员划转工作。地区编办根据实际情况对在职和退休人员进行合理调整。三是在深入调查研究的基础上与地直各相关部门一同审查县直部门“三定”规定，并结合县（区）直各单位工作实际进行修改把关，将各县（区）“三定”方案存在的各种问题进行汇总、整改， 6月初基本完成各县（区）“三定”规定审核和“三定”规定的备案工作。

着力抓好机构编制“实名制”工作。规范和加强那曲地区机构编制管理“实名制”工作，健全和完善编制管理与人事管理、财政管理相协调的控制约束机制，把各项工作落到实处。在日常管理工作中，机构编制“实名制”信息库和编制卡片册由专人负责，动态管理，确保数据安全和准确，极大地提高了那曲地区机构编制管理信息化水平。

着力抓好乡镇机构改革试点工作。制定下发了《那曲地区乡镇工作部门设置的指导意见》，进一步健全完善了乡镇体制，对巩固党在基层执政地位和执政水平，加强基层政权的建设提供了有效的体制机制保障。

着力抓好机构编制监督检查工作。重点从学习贯彻上级机构编制文件精神情况、编制管理和使用情况、机构设置情况、事业单位登记管理情况、机构编制统计情况、财政供养人员总量控制长效机制执行情况、乡镇人员编制管理和实名制落实情况等7个方面做好监督检查工作。二是针对政府机构改革中矛盾问题突出，信访工作量增加的实际，确保了“12310”举报电话24小时畅通，随时受理各级干部群众的反映情况。

着力抓好事业单位登记管理工作。一是对事业单位年检材料进行初审，严格把关，完成了地直事业单位需要变更登记的相关材料审查和受理、核准、更换证书、公告等工作。督促指导各县（区）完成了事业单位法人年检和变更登记工作。二是及时组织各县（区）机构编制系统人员，参加了由自治区组织的在长沙的关于事业单位登记管理方面业务知识培训工作。

【全力做好老干部工作，取得建设管理新成绩】深入开展“三大节日”老干部慰问工作。对那曲地区2010年“三大节日”期间慰问离退休干部工作进行了全面部署。采取召开茶话会、联欢会、个别走访、电话慰问和寄送慰问信、慰问品、慰问金等多种形式开展慰问活动。全年共走访慰问安置在拉萨、成都、那曲镇以及各县（区）的老干部、老职工1729人次。召开各类座谈会10余次，慰问经费支出25万余元。

全力落实老干部“两项待遇”。一是认真组织那曲地区离退休干部开展庆祝西藏百万农奴解放纪念日系列活动。专门组织召开了那曲地区老干部喜迎百万农奴解放纪念日座谈会，进一步激发离退休老干部的爱党、爱国热情。二是组织安置在那曲镇的86名退休干部参加“深入学习中央第五次西藏工作座谈会会议精神专题讲座”，使老干部及时了解党的大政方针。三是积极落实好老干部跨省安置工作。对2名要求跨省安置的退休干部及时上报自治区老干部局进行审批，给3名退休干部下发了安置通知，给要求跨省安置的9名退休干部转办工资关系。四是在充分民主的基础上，对那曲地区老干部协会进行了改选，协会领导及成员由7人组成，完成了离退休老干部协会理事会换届选举工作，制定出台了《离退休老干部协会章程》，对全地区的离退休老干部在自愿的原则下，进行了老干部协会入会登记工作，并给105名老干部发放了协会会员证和会费证。五是认真组织那曲地区退休老干部疗养。8月份组织那曲地区58名退休老干部及部分家属赴四川参加第十五批疗养，组织那曲地区5名离退休老干部赴云南昆明参加疗养工作，组织那曲地区23名老干部赴上海世博会参观考察，协调保障参观考察经费10余万元。六是协调解决了地区电力局体质改革前六名去世干部家属生活困难补助费，共落实生活补助费8.285万元。

提高管理水平，扎实做好老干部日常管理工作。一是认真完成了代管及户口关系在那曲的77名老干部及家属城镇居民的医保核定工作；二是对户籍关系在那曲的46户退休干部共计138名家属、遗属受教育情况进行了全面统计调查；三是组织82名退休干部参加地区体管中心组织的体能测试；四是在羌塘恰青赛马艺术节期间，组织安置在那曲镇的退休老干部代表54人召开座谈会；五是组织40名离退休干部代表召开庆祝建国61周年座谈会；六是认真完成了户籍关系在那曲的离退休干部及家属的人口普查工作；七是积极选派4名退休干部党支部书记、委员参加了自治区党委老干部局组织的全区退休干部党支部书记培训班。选派3名老干部系统工作人员参加自治区党委老干部局组织的老干部工作人员培训班。八是积极协助区党委老干部局老年文艺队赴那曲地区完成文艺巡回演出任务，组织那曲地区安置在拉萨的离退休干部参加自治区党委老干部局、自治区文化厅举办的“迎国庆 迎重阳”第三届老年文艺调演活动，那曲地区老干部代表团荣获一项银奖、三项铜奖和老年风采奖。

那曲地区宣传工作

【学习宣传好、贯彻落实好中央第五次西藏工作座谈会精神】地委宣传部把学习贯彻中央第五次西藏工作座谈会精神纳入各级党委（党组）理论中心组学习内容，纳入干部群众学习教育培训计划，纳入各重要时间节点宣传教育活动，纳入重点项目开工、建设、竣工的各个环节，纳入群众喜闻乐见的文化活动，纳入文艺创作、文化发展。一是认真学习座谈会精神。制定周密的学习贯彻方案，有计划、有重点地抓好学习宣传、贯彻落实。二是广泛宣讲座谈会精神。地委宣传部整理编印藏汉文《中央第五次西藏工作座谈会精神宣讲提纲》8000余册，及时下发。三是深入宣传报道座谈会精神。那曲电视台、那曲新闻网、西藏日报驻那曲记者站、那曲报、《那曲新闻—手机报》等地区主要新闻媒体，创新宣传形式，深入开展宣传报道工作。四是加强督促检查，推动座谈会精神贯彻落实。对各县（区）、各单位学习贯彻中央第五次西藏工作座谈会精神情况进行全面巡回督导，有力地推动了座谈会精神的深入贯彻落实。五是统一组织考试，检验学习效果。地委宣传部拟定45道测试题，组织本县（区）干部参加考试。

【深入贯彻落实刘云山同志在藏考察调研期间的一系列重要指示、区党委第13次常委会精神】认真贯彻中宣部、中组部等6部委《关于加强地方县级和城乡基层宣传文化队伍建设的若干意见》（中宣发〔2010〕14号），及时将中宣部援赠的宣传车、电脑、复印机、打印机等办公车辆和设备发放到基层宣传部门；2010年新建聂荣县、班戈县综合文化活动中心，新建187座“牧家书屋”，那曲地区“为家书屋”达到275家。

【努力做好主题教育活动后续工作，巩固中国特色社会主义主题教育活动成果】一是总结好主题教育活动的特色经验，全面反映主题教育以来那曲地区新发展新变化，使主题教育活动在总结完善中得到升华。二是继续宣传好主题教育活动。坚持把推动农牧区发展稳定贯穿始终，把夯实基层基础贯穿始终，结合乡镇“三化”建设，组派宣传报道小分队深入基层采访报道，发放主题教育光盘、宣传册等辅导材料2万余份。邀请人民日报、新华社、中央人民广播电台、《西藏日报》社、西藏电视台、西藏人民广播电台等新闻媒体深度采访报道主题教育活动，《西藏日报》连续刊发3篇评论员文章，3篇主题教育系列长篇报道，《西藏新闻联播》播出5条主题教育成效新闻，西藏人民广播电台播出3条主题教育成效新闻。三是坚持好主题教育活动所建立的长效机制。地委宣传部坚持每年结合实际编写一本主题教育后续宣讲资料，继续开展主题教育宣讲活动。2011年主题教育“回头看”宣传资料已定稿付梓。四是发展好主题教育活动成果，区党委宣传部向全区七地（市）

印发了《做好新形势下群众工作，进一步夯实推进跨越式发展和长治久安的共同思想基础》（那曲地区中国特色社会主义主题教育总结推广材料），作为做好新形势下群众工作的典型借鉴。

【坚持用中国特色社会主义理论体系武装党员、教育干部群众】认真组织理论中心组学习，鼓励发表理论文章，多次召开理论研讨会。要求各县（区）委理论中心组学习次数不少于12次，且做到有学习计划、学习制度和学习记录。各级党委（党组）理论学习中心组深入系统地学习中央第五次西藏工作座谈会、党的十七届五中全会、区党委七届七次全委会、干部选拔任用四项制度、廉政准则等内容。坚持把思想教育贯穿始终，以创建学习型党组织为载体，在理论普及上下功夫，大力加强社会主义核心价值体系建设，深入开展创先争优活动和效能建设年活动，进一步建立完善体制机制。

【创新宣传舆论引导方式，积极抢占宣传思想文化主阵地】那曲电视台、那曲新闻网、西藏日报驻那曲记者站、那曲报、《那曲新闻—手机报》等地区主要新闻媒体围绕地委行署中心工作，把握正确舆论导向，不断提升宣传的话语权、主导权，深入广泛地开展新闻宣传和舆论引导工作，大力宣传党的强农惠民政策和那曲新发展、新变化、新生活，取得了良好的宣传教育效果。年终，地区新闻媒体对全年重要工作和重大项目开展了全面盘点展播。2010年那曲地区实施了6582套广播电视“户户通”。广播电视“村村通”、“西新工程”和农村电影放映工程（电影“2131工程”）进一步发展，广播电视覆盖率分别达到80.07%和85.17%。广电部门积极配合地区民宗局做好分发到寺庙的434台电视机的调试工作；积极协助各县（区）做好电视接收机升级工作。广电部门在索县、尼玛、安多三县和嘉黎县嘉黎镇、巴青县雅安镇、比如县夏曲镇、那曲县古路镇、索县嘎美乡、聂荣县尼玛乡七个乡镇实施了无线广播试点工作，并与三县七个乡镇签订了《无线广播覆盖试点工作目标管理责任书》。2010年，那曲地区71个电影放映队在1433个放映点累计放映电影19557场次，其中胶片电影9851场次，数字电影9706场次，观看人数达110万人次。2010年，那曲地区有线电视数字化整体转换的前端平台建设的设备招投标工作已完成。目前，前端平台建设已全部安装调试完毕，数字电视机顶盒入户工作正在统计中。

【以群众性创建活动为重点，推动精神文明建设】积极开展文明单位、文明行业、文明村镇和文明户创建活动，班戈县普保镇1村、聂荣县当木江乡、申扎县巴扎乡7村、尼玛县尼玛镇3村、巴青县巴青乡2村荣获全国文明村镇称号。那曲镇28村等12个乡村荣获自治区级文明乡镇（村），安多县、比如县村荣获自治区级文明县城，青藏铁路安多段护路联防办等12家单位荣获自治区级文明单位，140户农牧民荣获自治区级文明户。有计划地组织科技、文化、卫生、法律、农牧等部门在全地区范围内多次开展了“三下乡”活动，举办各类文艺演出142场次，送科技下乡138次，送法律下乡4404次，现场解决群众涉法问题1504个，送医药下乡403次，免费赠送价值34.43万元的药品。认真组织开展了“礼仪亚运、文明西藏”知识竞赛活动，筛选出4名选手参加全区“礼仪亚运、文明西藏”竞赛活动，荣获三等奖。

【领导名录】

地委委员、部长：多吉坚赞

副部长、纪检书记：阿布古（2010年10月调出）

副部长：傅立文（浙江援藏干部，2010年7月援藏期满回浙江）

杜春雷（辽宁省援藏干部）

刘建军（主持那曲地区行署驻成都办事处工作）

陈昌逢

那曲地区统战工作

【通过座谈会、看望慰问等形式，强化对党外人士的思想政治教育】1月28日，地委统战部举行了各界党外爱国人士迎春节、藏历新年座谈会。原地委委员、地区政协副主席、统战部长赤来罗布作了重要讲话。8月12日在地区赛马场举办了赛马节党外人士座谈会，地委副书记、地区政协主席江措拉姆同志出席会议并作重要讲话。

地、县统战部门在2010年“三大节日”期间，看望慰问了那曲地区党外爱国人士、困难政协委员、已故著名党外爱国人士遗孀、遗属、归国定居藏胞60多人，累计发放慰问金7万多元，使他们切实体会到了党和政府的温暖，增强了做好自身工作、维护祖国统一、民族团结和反对分裂的自觉性。

3月26日，地委统战部举行了那曲地区各族各界纪念“西藏百万农奴解放纪念日”设立一周年座谈会。行署副专员嘎玛仁青同志出席座谈会并作了重要讲话。会上，地区政协副主席索朗加泽、那曲县政协副主席土登曲扎、地区工商联主席日卓等同志先后发言，通过自身经历，畅谈了西藏民主改革50年来，我区各个方面发生的翻天覆地的变化，通过新旧社会对比，深刻揭露了达赖集团祸藏乱教的罪恶行径和反动本质。

【妥善应对，主动治理，确保宗教领域稳定】一是时刻保持高度警惕，加大了对寺庙周围的巡逻力度，严格僧尼请销假制度，认真落实24小时值班制度，做好寺庙内部防火、防盗和外来人员登记、管理等工作；二是敏感时期按照适度可控的原则，适时适地举办僧尼集中学习会；三是充分发挥寺管会和宗教界爱国人士的作用，根据维稳工作需要，推迟或压缩佛事活动的时间和规模，严格佛事活动报批程序，明确了根据常规性宗教活动规模和参与群众的人数由不同层级的部门审批并有相应级别的干部现场负责的要求；四是层层签订管控目标责任书，加大了对66名拉萨三大寺清退的编外学经人员的教育管控力度；五是随时同各县寺教办保持的联系，及时了解情况，坚持每日向区地相关部门有事报事，无事报平安。

【加强指导，狠抓督促落实】自治区驻那曲维稳工作指导组组长、区人大常委会副主任嘎玛、自治区维护稳定指挥部寺庙组、区党委统战部部务会成员、区社会主义学院院长昌达等领导多次深入那曲地区县、乡（镇）、寺庙检查指导寺庙教育及维稳工作情况。江措拉姆同志多次深入各县寺庙检查指导工作，才加同志虽已经批准退休，但仍坚决服从组织安排，深入各县乡镇、20多座寺庙督促检查各项工作。其他地、行多位领导同志还深入白嘎寺、热登寺等重点寺庙蹲点指导工作，及时解决发现的新情况、新问题。比如、巴青、索县等县分别成立了县级督导组，加强了对寺庙教育活动和维稳工作的督促指导。

【切实解决寺庙实际困难问题】地县相关部门及驻寺工作组投入 476.5 万元为许多寺庙解决了通路、饮水等困难；投入160多万元为60多座寺庙解决了照明、电视等设备，向寺庙僧尼发放慰问金 45万多元，近30名老弱病残僧尼被纳入了五保、低保范围，解决了他们的后顾之忧等等。

【主题教育活动取得了阶段性成果】一是广大僧尼进一步认清了十四世达赖集团祸藏乱教的反动本质，祖国观念、政府观念、公民意识和法制观念明显增强。二是广大僧尼的祖国大家庭意识和中华民族凝聚力进一步提升，青海玉树发生特大地震灾害后，广大僧尼踊跃为灾区捐款34.8 万多元。三是宗教领域保持了持续稳定。面对“3.14”事件以来那曲地区宗教领域严峻复杂的形势，各工作组排除万难，扎实工作，稳住了寺庙，教育了僧尼，实现了那曲地区宗教领域无大事、中事的目标。四是对问题突出、情况复杂的重点寺庙的教育整治工作成效明显。积极稳妥地处理了索县江达寺俱力护法神信奉矛盾事件，依法果断处置了那曲县达前乡夏荣布寺个别寺庙僧人与境外分裂势力相互勾结，达赖集团插手活佛转世灵童寻访的问题等。五是充实加强了寺管会班子力量，寺庙的领导权牢牢掌握在了爱国爱教的僧尼手中。六是健全完善了寺庙各项规章制度，逐步建立了寺庙管理长效机制。七是构筑起了党委政府、涉宗部门、乡镇、寺管会四位一体的管理体系，建立健全了地、县级领导联系寺庙制度，保证了寺庙存在的难点、热点问题能够得到及时有效化解；八是在寺庙教育活动中，广大干部经受了艰苦条件和艰巨任务的考验，增长了才干、得到了锻炼，积累了工作经验，密切了同僧尼的关系，为今后做好宗教领域管理工作奠定了基础。

【积极开展六届佛协换届各项工作】那曲地区第五届佛协理事会 2010 年届满。那曲地区统战部对各县推荐的六届佛协代表、理事、常务理事按照《佛协章程》和相关标准进行了全面认真考核、考察。在此基础上，与地委组织部、地区民宗局等单位进行了沟通协商，拟定增补理事 4名、常理 1 名。增补后那曲地区六届佛协代表会议代表中，代表 20 名，理事 56名，常务理事 19 名。保留五届佛协理事52 名，占 93%；新推荐 4 名，占 7%；男52 名，占 93%；女 4 名，占 7%。教派比例：格鲁派 28 名，占 50%；噶举派 8 名，占 14%；宁玛派 8 名，占 14%；苯教 12名，占 22%。12 月 20 日至 22 日召开了那曲地区六届佛协理事会换届会议，园满完成换届工作。

【工商联工作】一是加强非公经济人士的思想政治教育，6 月 22 日举办了非公有制经济代表人士学习中央第五次西藏工作座谈会精神讲座，在那曲地区会员企业党支部和党员中开展了创先争优活动。推荐 3 名非公经济优秀代表人士参加了上海世博会和赴台经贸考察；二是 4 月 14日青海玉树发生 7.1 级地震后，积极组织非公经济人士向地震灾区捐款捐物折合人民币 37 万余元。三是按照坚持标准、确保质量、突出重点、优化结构的原则，2010 年新吸收个体会员 5 个，会员企业 1家。截止 2010 年底，地区工商联共有会员 199 户，其中会员企业 26 家。四是根据《那曲地区工商联会员缴纳会费修订办法》，从 2010 年 10 月 1 日开展了对会员企业和个体会员会费缴纳工作。

【藏胞工作】认真做好回国探访藏胞的调查核实工作，强化入境藏胞的跟踪管理，及时解决归国定居藏胞在生产、生活中遇到的困难和问题，做到了管理、教育、服务三跟进。2010 年共受理藏胞回国探访申请 30 人次，同意的 18 人，不同意的12 人，共接待了回国探亲藏胞 26 人次。对归国定居藏胞信息重新进行了登记核实。在 2010 年的重要敏感时段加强了对回国探访、归国定居藏胞的管控，成功劝返 1 名探亲持尼泊尔国籍护照的藏胞提前离境。

【领导名录】
地委委员、统战部部长：才仁郎公（2010 年 9 月 30 日任职）
副部长、地区工商联党组书记：玉　拉
部副部长：章丰华（浙江省援藏，2010年 6 月离职）、史　峥（辽宁援藏，2010年 7 月任职）、洛　珠、次仁多吉
调研员：李伟霞

那曲地区政法工作

【突出敏感时段，统筹抓好全年维稳工作】深入分析维稳形势，精心组织、周密部署、全民动员、全力以赴，切实做好了3 月份敏感时段、国庆长假、虫草采集、昌都解放 60 周年庆祝活动、上海世博会和广州亚运会举办期间的安全防范工作，确保了全地区社会局势持续稳定。一是按照地委、行署的安排部署，地委政法委紧紧围绕维护社会稳定这个重中之重的政治责任，投入多名工作人员在地区维稳指挥部办公室工作，组织协调开展了全地区维稳工作。工作中，做到了全地区维稳工作动态全盘掌握，并大力开展督导检查，对发现的值班备勤及措施落实不到位的情况及时督促整改，切实做到了查漏补缺，将政法维稳力量拧成了一股绳。二是对多年来维稳工作中积累出来的成功经验及时加以总结，并固化为工作制度，切实维护持续稳定大局，不断推动那曲地区社会走向长治久安。地区维护稳定工作领导小组办公室根据多年来处突经验，制定了《那曲地区处置突发事件指挥部机制》，并配套制定了《青藏铁路那曲段反恐预案》、《东三县处突预案》、《那曲镇处突预案》，维稳机制建设得到完善。

【深化平安创建，全面提升社会治安综合治理工作水平，有力维护良好社会治安秩序】一是大力开展法制宣传，营造良好法制氛围。二是不断扩大工作覆盖面，切实深化平安创建工作。全年，全地区共投入平安创建经费 143.8 万元。三是立足常住人口管理，进一步加强流动人口动态服务管理工作。努力实现流动人口管理社会化，并以此推动治安防控体系建设。四是加强“两个排查”工作，切实将隐患化解在萌芽状态。全年，全地区调解组织共调

解各类矛盾纠纷 2270 件，已调解成功 1960 件，调解成功率 86%，有效防止民转刑案件 2 件，审判机关诉讼外调解民事纠纷 134 件，未出现因人民内部矛盾引发的群体性事件。五是扎实开展校园周边治安专项整治工作，维护校园周边良好治安秩序。共出动巡逻民警 2500 人次、车辆 500 台次，检查中小学校、职业学校及幼儿园 213 个，网吧 216 家次，排查隐患 25 处，当场整改 12 处、限期整改 13 处，清查流动人员 2500 余人，有效消除了不法分子以学生为作案对象实施犯罪的隐患。六是加强铁路护路联防联控工作，确保铁路安全畅通运营。本年度，先后有 3 人在铁路护路联防工作岗位上殉职。同时，还投资 17 万元，对 458 名护路队员进行了全面的体检。七是构建全方位治安防控体系，切实提高治安防控水平。目前仅那曲镇内已有 175 名专业保安配合各单位开展内保工作（其中 69 人为公益性岗位），有效提升了单位内保工作水平，努力构建起了单位内部治安防控网络。

【行固本之举，大力夯实政法维稳工作基层基础】 一是结合实际推进三项重点工作，进一步强化政法基层基础工作。将深入推进社会矛盾化解、社会管理创新和廉洁公正执法三项重点工作作为解决影响那曲地区社会和谐稳定的源头性、根本性、基础性问题来谋划、推动。工作开始以来，地区三项办整理工作专刊 29 期，全面反映了全地区深入推进三项重点工作开展情况；编写督查专报 2 期，及时通报情况，并对工作表现突出的县（区）、部门提出了表扬。二是加强基层政法维稳力量建设，切实提高一线政法综治维稳能力。各级政法部门加强协调，下大力气解决基层政法维稳力量薄弱的问题，力争做到重点乡镇均有综治办、派出所，逐步建立基层法庭、司法所等机构。目前，经地委政法委的积极协调，地委已明确规定全地区所有的乡镇设立综治办。

【真抓实干，严明纪律，大力加强政法队伍建设】 一是深入开展效能建设年活动。通过效能建设年活动的有序开展，那曲地区政法工作专业化、规范化、法制化、信息化水平得到了不断提高，政法干警事业心和责任感得到不断增强。二是深入开展创先争优活动。通过挖掘先进人物、树立先进典型，并加大培养、总结、宣传和推介力度，不断推进全地区政法整体工作创新发展，进一步提高那曲地区政法机关的公信度与美誉度。三是推进党委政法委执法督察工作。全年，执法督察科共接待群众来信来访 20 次 35 人，受理线索 20 起，并有效办结 19 起，办结率 95%。四是扎实开展公正廉洁执法主题教育实践活动。进一步建立健全了政法队伍管理的长效机制。

【获奖情况】 李瑞（地区护路办副主任科员）、陈桂（地区维稳办副主任科员）均荣获 2010 年度全区护路工作先进个人荣誉称号。

【领导名录】
地委委员、政法委书记：赵红阳
常务副书记（正县）：贡嘎仁青
副书记、地区综治办主任（正县）：拉　加
副书记（援藏、正县）：胡双全
副书记（副县）：斯　达
综治办副主任（副县）：李成统

那曲地区党校工作

【扩大培训规模和培训范围】 全年培训轮训各类班次共 22 期，实际培训人数 860 人。在原有主体班次中青年干部培训班 2 期、入党积极分子培训班 1 期、公务员任职培训班 2 期、地直机关党支部书记培训班 1 期、各县（区）组织部长培训班 1 期、乡镇团支部书记培训班 1 期、村（居）委会主任、党支部书记培训班 1 期、村妇代会主任轮训班 1 期、国资系统党员党性教育培训班 1 期，同时，紧紧围绕学习贯彻落实中央第五次西藏工作座谈会精神，开办了县（处）级干部学习研讨班 1 期、科级干部学习研讨班 1 期、乡镇干部轮训班 6 期。此外，那曲地区党校还积极配合地区关于中央第五次西藏的宣传工作，选派了十几位优秀教师下到十一个县（区）80%的乡镇进行了宣讲，赢得了各县（区）党委、组织部门与受训对象的一致好评。

【强化管理，提高培训质量和培训效果】 在办学中进一步发挥好党校的主导教育作用，立足当前，放眼长远，以勇争一流的精神，把发展与创新统一起来，在促进发展的同时，全面提升党校的办学水平。那曲地区党校严格按照《学员管理条例》、《学员守则》和教学计划的要求对学员进行管理。

1、每次开班前都对新学员进行了入学教育，包括宣读《学员管理条例》、《学员守则》，并对各类班次学员进行入学摸底考试，以便了解学员的基本情况。

2、为了确保教学任务的圆满完成，在主体班组建了由校党委审批的党支部和班委会。并要求学员在校期间以一个普通学员的身份来严格要求自己，必须做到上课认真听讲，尊重老师，遵守学校的各项规章制度。

3、对各短期培训班我们都配备了兼职班主任。兼职班主任对学员的请、销假制度严格把关，采取周报制，强化班主任管理。

4、加强对学员的学籍管理，加强对学员评优评先的管理，实行（毕）结业证必须由主管校长签字后才能予以发放制度，配合地委组织部强化对学员平时表现的考核。

【创新培训方式方法，提高学员的综合素质和工作能力】 在教学改革实践中认真贯彻“实事求是，与时俱进，艰苦奋斗，执政为民”的十六字党校教育方针，在教学布局、课程体系、教学管理、教学方式上进行大胆创新和尝试，在推进“三个代表”重要思想和科学发展观进教材、进课堂、进头脑上不断突破。按照加强“理论基础”，开阔“世界眼光”，培养“战略思维”、增强“党性修养”四个方面来设置教学内容。学习培训力求做到理论联系实际，内容充实，方式灵活，学以致用。采取集中学习与参观考察相结合、专题讲座与座谈讨论相结合、理论学习与实际工作相结合的方式方法。对培训内容视培训对象进行调整，注意了教学内容的针对性和实效性。每学期各班都制定了切合实际的课程设置，将各课程的安排具体细化。使参训人员的思想素质、政策水平和工作能力等诸方面都得到了明显提高。

【函授工作稳步推进】 2010 年共组织了 4 次函授考试，05 级法律高起本和 07 级经管高起本毕业学员进行了论文答辩和补答辩。并做好了07级高起本班本科阶段的入学工作与06级高起本班本科阶段的毕业工作，制定了各班次的教学计划，选配了责任心强、热爱函授教育、教学经验丰富、教学效果好、专业相符的授课教师。同时调整经验丰富、责任心强的同志担任班主任，狠抓班级管理，提高学员面授率。在函授的收尾阶段，我们没有一丝懈怠，确保各项工作有条不紊，保持那曲地区党校函授教育在各兄弟地市党校中的良好口碑。

【进一步提高科研质量】圆满地完成了《那曲发展研究》2010年度第一期的征稿、编辑、审稿、出版发行和校刊的稿酬发放工作，并按照地委宣传部的要求认真组织撰写了“3·28”百万农奴解放纪念日网评文章，“纪念国家实施西部大开发战略十周年”理论文章，还认真开展了“公务员法颁布五周年成就报道”活动征稿工作，2010年下半年，那曲地区党校按照自治区新闻出版局的要求，对《那曲发展研究》开展了自查整改工作，通过报刊处刊物抽样检查，那曲地区党校《那曲发展研究》刊物达到了继办的四项要求，被批准成为连续性内部刊物并升级为季刊。目前，那曲地区党校正在着手进行2010年第二期《那曲发展研究》刊物的印刷工作。

那曲地委办公室

【打造精品文稿，以文辅政能力有了新提高】全年，共完成各类综合文稿144篇、60余万字；参与修改了《那曲地区寺庙属地管理办法（试行）》等重要文件；整理朱维群、齐扎拉等中央、自治区领导在那曲地区调研视察工作时的讲话和地委领导在各县（区）以及地直单位调研时的讲话11个；向区党委上报那曲地区发展稳定等重大工作情况报告19份；起草向中央和自治区领导以及部门汇报材料8份；撰写中央、自治区和地级领导重大活动新闻稿件80余篇；协助地区维稳指挥部编写专题会议纪要20余期；制定了《那曲地区2010年-2015年千名新型农牧民培训计划》。

【深入调查研究，参谋助手作用有了新突破】紧紧围绕地委各个阶段的工作重心，灵活调研方式，采取随同领导下乡调研、书面调研、部门联合调研和查阅资料等方式，深入分析全地区发展稳定中的热点、难点问题，根据国家、自治区有关政策提出相应的对策建议，及时体现在领导讲话、重要文件等文稿起草中，使其进入领导的决策视野，不仅提高了文稿质量，又增强了指导基层工作的实效性和针对性。2010年，协同地区农牧局组成督查调研组，深入11县（区）对全地区农牧业生产、涉农项目建设与管理、农牧民增收、牧业产业化示范点建设和农牧业特色产业项目建设等工作进行了实地督查调研，形成了《那曲地区上半年“三农”工作督查调研报告》，为地委科学指导全地区下半年“三农”工作提供了依据。及时起草下发了《关于对今冬明春防抗灾工作进行全面调研的紧急通知》，组织协调相关职能部门，深入11县（区），就各县（区）防抗灾工作进行了全面细致的调查研究，掌握了大量的第一手资料，为开好地区防抗灾工作会议、科学安排部署今冬明春防抗灾工作打下了坚实基础。积极配合区党委政研室（农工办）开展调研，形成了《那曲地区农牧业结构调整情况报告》和《那曲地区农牧业规模化经营调研报告》，为区党委农工领导小组总结推广好经验、好做法，制定出台相关配套政策，指导全区“三农”工作提供了借鉴。

【挖掘信息资源，信息服务职能有了新转变】全年共编发各类紧急信息50余条。编发的《预防在先、综合施策、那曲地区虫草采集管理工作实现从被动应付向主动治理的转变》和《夯实基础地位，狠抓首要任务，力促“三农”工作再上新台阶》以及《那曲地区中国特色社会主义主题教育活动成效显著》等综合典型经验材料，得到自治区党委的高度重视，被党委办公厅采用。全年，共编发上报那曲信息2800余条，被区党委办公厅信息综合处采用300多条，上报工作情况交流20多期，编发《那曲信息摘报》210余期。截至10月底，那曲地区信息累计考核总分列全区第四名，在信息数量和质量上均实现了新跨越。

【加强督促检查，政策执行力度有了新提升】进一步强化领导督查，创新工作思路，改进督查方式，健全督查制度，重点抓好决策督查，努力搞好专项查办，不断提高督查工作的质量和水平，全面发挥督查职能作用，有效推动了中央、区党委、地委重大决策部署、重要领导批示事项的落实。按照“抓重点、督全盘，充分利用督查资源，形成工作合力”的工作思路，以地委办公室文件形式，对地区经济工作会议、地委（扩大）会议精神进行任务分解，明确牵头单位、协助单位、具体负责人和落实时限，并从工作计划、工作进度、阶段性成效等全过程进行了督查。建立督查工作台帐。把凡是中央、区党委、地委作出的重大部署以及各级领导的重要批示事项纳入督查台账中，按照轻重缓急，明确督办时间，实行跟踪督查，做到了各项决策部署年初督计划、年中督进展、年末督结果。积极探索和运用新的督察方式，实现了“三个转变”。由单兵督查向合成督查转变。组织协调各级督查力量，积极开展合成式督查，共同抓好决策落实。与地区“十二五”规划项目落实办共同督促各单位及时落实“十二五”规划项目汇总上报工作，使一批事关那曲发展长远的重大项目纳入了自治区“十二五”规划总盘子；与地区治工办联合督促重大项目建设中存在的突出问题，使工程质量进一步提高；与地区建设局配合督查，确保了色尼河公园及周边环境治理、浙江路“穿衣戴帽”工程等进展顺利，城市面貌得到很大改观，城市品味进一步提升。由静态督查向动态督查转变。先后派出多名专职督查人员，配合 地委农工办、地区乡镇“三化”建设领导小组办公室深入基层开展调研，让督查干部走出办公室，提高了督查干部研究问题分析问题、提出对策建议的能力。由被动督查向主动督查转变。不满足奉命行事，主动把一些需要督查落实的热点、难点问题列出督查清单，实施全程跟踪，及时反馈领导。进一步规范督查工作程序，制订了《决策督查程序》、《专项督察程序》和《督查工作制度》，运用《地办督查》载体改变了督促不动的“肠梗阻”现象；运用《督查专报》载体，反映重要工作的进展情况以及存在的困难和问题；运用《领导批示》载体，促进领导关心、社会关注的问题得到有效落实。全年，共

印发《地办督查》50期，《督查专报》150期，《领导批示》160期，发出督查交办单48期，使事关民生、事关那曲发展的问题得到有效解决，促进了中央、区党委及地委、行署重大决策部署的落实。

【以提高效率为重点，确保办公室日常工作顺畅运转】继续按照“严、细、实、合”的要求，扎实做好办公室各项日常工作。一抓协调，形成工作合力。加强与区党委办公厅的联系，主动寻求工作上的支持和帮助；加强与地区四大班子办公室、县（区）委和地（中）直各部门的沟通衔接，为工作开展和落实创造良好条件；加强与各县（区）委办公室的联系协调配合，提高整体工作效能。二抓把关，减少文山会海。从制度建设入手，搞好总体协调把关，精简文件、会议；合理安排领导活动，减少领导不必要的应酬；继续控制各类检查评比达标活动，严格审批程序，完善管理机制。三抓规范，强化运作机制。建立超前筹划机制，体现工作的前瞻性、预见性，做到思考在先、谋划在先、服务在先、安排在先；建立快速反应机制，体现工作的高质量、高效率，对交办的任务做到“随到随办、办则办结”，确保反应敏捷、政令畅通；建立精细运作机制，体现工作的严谨性、周密性，严格按规程办事，力求做到“办文零差错、办会零疏漏、办事零失误”。

【“办文、办会、办事”能力进一步提高】在认真总结以往办文工作经验的基础上，对办文的程序进一步规范，细化文件起草、格式内容、校对把关、领导签发和文件印制等各个环节，将责任落实到具体人头，保证了文件的质量和水平。全年共办理各类文件226份，其中，地委发文70份，地办发文107份，地办通报33份，地委会议和地行联席会议纪要16期。2010年，主要办理了两次地委（扩大）会议，地区经济工作会议、农村工作会议，中国特色社会主义主题教育活动“巩固提高年”动员大会和三年总结表彰大会，全地区教育工作会议和地委会议、地行联席会议以及一系列电视电话会议、工作会议会等大、中、小会议70余场，同时指导地区有关部门办会10余场，会务质量明显提升；切实加强上下级之间的联系、协调、沟通，对地委领导交办的事项坚持做到协调各方、督促落实、及时反馈。有效促进了人民群众信访问题的解决，地委形象得到了有力维护。

那曲地区行署办公室

【规范办文程序办文质量全面提高】一是对公文报送、办理、运转、审核等环节的工作作了严格规定，使公文处理有章可循；不断提高办文、办电质量和效率。2010年，那曲地区行署办共印发、转发各类行署公文200份、各类行办公文300份。二是高度重视文稿质量，牢固树立文稿精品意识，坚持出精品、出力作，每一篇文稿都准确把握领导意图，内容准确实在，反复推敲，字斟句酌，一丝不苟，精益求精。全年共撰写领导讲话、大型会议材料等220余份，文字数量达到100余万字。三是重视档案管理，认真接收、征集、整理、保管、编目地委、行署和其它机关的重要文书、科技、历史、会计档案资料。全年，共接收地直机关相关档案材料500余卷，图片档案1000多张。同时，分期分批对县（区）、地直部门等75家单位进行了档案业务指导。

【加强调查研究，综合调研工作不断提高】2010年，那曲地区行署办继续加强了调查研究工作。年初，围绕行署中心工作和重大决策部署拟定了调研提纲。按计划，随同行署领导深入基层、深入群众、深入一线，先后开展了各县（区）各项目标任务落实情况、防抗灾准备工作落实情况、农牧民合作经济组织发展现状、农牧民安居工程建设情况、西部四县（区）旱情及经济运行情况、虫草采集秩序管理和社会稳定工作等大型综合调研，形成调研报告10余份。部分调研报告得到有关领导的充分肯定。

【强化信息编辑报送工作，信息服务能力增强】2010年，那曲地区行署办共编发《那曲信息快报》436期、1300余条。稳步推进政务信息公开工作，利用那曲地区行署门户网站等媒介，广泛宣传那曲地区位优势、发展成效、惠民政策等，保障广大群众的政务知情权，引导广大群众有序参与政务工作，自觉接受群众的监督。

【加大督查工作力度，全地区行政执行力普遍增强】全年累计督促检查100余次，下发编印《督查专报》18期、《那曲政务督查》8期、《那曲政务督查通报》3期、《督查交办单》5期。同时，积极协同地办督查科和相关部门拟定了全地区目标考核责任书，完成了各县（区）2010年经济目标责任考评工作。

那曲地区编译工作

【加强藏语文工作】2010年，进一步加大工作力度，组织人员分赴东三县和安多县，重点对这些县的藏语文工作开展情况进行了抽查，并对各县如何开展藏语文工作方面进行了指导。

2010年，地区编译室领导高度重视，开展了规模较大的社会用字大检查工作。检查人员不顾疲劳，认真仔细地对每个商户的匾牌进行了检查，并对存在问题的商户提出了限期整改的要求。借城市改造实施的契机，为规范门面改造中的浙江路、拉萨路的社会用字，专门组织人员对门面改造中的各商品房户主和各广告店发放了《关于进一步规范制作招牌及社会用字的通知》，使那曲镇浙江路、拉萨路的社会用字逐步走向规范化、标准化，对美化、净化市容，树立那曲地区的良好形象起到了积极的作用。

【采取多种渠道入手，提高自身的综合水平】室党委始终把加强干部职工的理论学习作为一项重大政治任务来抓，在坚持中心组学习的同时，以党支部为核心，确定每周二、五下午为学习日，狠抓了干部职工的政治理论学习。2010年，重点学习中央第五次西藏工作座谈会精神、《党章》、《公务员法》、《民族区域自治法》等理论文章，不断用党的最新理论和法律知识武装全体干部职工的头脑，使干部职工在思想上与党中央保持高度一致，在行动上用党的理论和国家的法律作为指南。

为提高那曲地区编译室现有翻译人员的业务素质，提高翻译技能、技巧，在实践中不断提高翻译能力，那曲地区编译室百忙中抽出时间组织翻译人员坐在一起讨论翻译中遇到的问题，时常开展一些学习交流活动，相互交流翻译实践中的好经验、好方法，以取长补短。通过这些行之有效的办法，努力提高现有翻译人员的整体素质，提高办事效率。

2010 年从各县（区）翻译人员中抽调骨干人员参加了自治区第十一届翻译培训班。这对基层翻译人员的翻译理论水平进一步得到提高，丰富了翻译技能技巧，更加地熟练了中标普华 office 藏文软件的操作技能，为基层翻译事业奠定了更加坚实的基础。

为全地区普及使用中标普华 office 藏文办公软件，统一使用新词术语，为那曲地区的经济建设和精神文明建设服好务，从西藏大学和自治区编译局争取到了中标普华 office 藏文办公软件两百多套及自治区藏语委办统一编制的最新版藏汉新词术语一套。及时组织人员大量复印，并免费发放给各县（区）、乡（镇）和有关地直单位。

那曲地区扶贫农发工作

【积极与区扶贫（农发）办组织协调，申报扶贫（农发）项目，启动“十二五”规划编制，争取区扶贫（农发）办最大支持】后续工作中，那曲地区扶贫农发办仍然把项目申报工作作为重要的日常业务之一，由各项目科室负责人跟踪落实。全年申报项目 70 个，申报投资约 2.05 亿元。截止目前，实际批复建设项目 99 个，总投资 22429.25 万元，批复率达 109%，同比增加投入近 1.2 亿元。其中扶贫开发投入 20401.25 万元（国家投入 17050.95 万元、群众劳务投入 3350.3 万元），农业综合开发投入 2028 万元（中央财政投资 1160 万元、自治区财政配套 345 万元、群众投工投劳 5.8 万个工日折资 296 万元、企业自筹资金 227 万元）。按照扶贫（农发）的工作职能和任务，年收入低于 1700 元的低收入人口实现脱贫 3248 户 15318 人，比既定目标超额完成 235 户 1229 人，返贫控制 736 户 3467 人，比既定目标超额完成 270 户 1230 人。

【贫困户安居工程顺利实施】 认真组织落实了 5060 户贫困户安居工程建设，使全地区剩余 20%住房条件比较差的农牧民都能够共享安居工程成果。

【整乡推进力度不断扩大】 实施整乡推进项目 15 个。其中：新修人畜简易桥 31 座，解决了 17 个村 2399 人交通不便及外出难的问题；维修村级道路 88 公里，项目惠及 11 个村约 3000 人；实施借畜扶持子项目及专业养殖子项目 15 个，解决了 177 户贫困群众生产难的问题，人均增收 2200 元；购置户用太阳能 394 套，解决了 394 户约 1400 人贫困农牧民用电和收听看广播的问题；新建石材加工、肉奶制品销售经济合作组织、摩托车维修点、蔬菜大棚、扶贫楼配套设施各一处，安置就业 367 人，人均增收 2000 元。

【顺利实施面上扶贫项目】实施特畜扶持、贫困经济实体、牧业基础设施建设、人畜简易桥、奶制品加工、组建牧民施工队等‘短平快’项目 61 个，切实解决贫困户急需解决的生产生活问题。项目受益群众约达 31000 人，新增就业 4200 人，人均增收 2000 元。

【充分利用经济合作组织促进扶贫特色产业发展】实施特色建材产业项目 7 个，带动农牧民群众 400 人，人均增收 3000 元左右。

【顺利实施好培训项目】紧瞄建档立卡户，把具有初中、高中文化的贫困青年首选为培训对象，签订责任书，实现“培训一人、就业一人、脱贫一户”的最终目标。全年投入培训经费 435.75 万元，举办摩托车修理、餐饮服务、施工建筑、汽车驾驶等培训，培训人数达 3000 人，转移就业 1600 多人，人均增收可达 2000 多元。各县（区）积极主动通过各自财政或定点帮扶，投入培训资金 120 多万元，举办餐饮服务、施工建筑及草原灭鼠等适用性技能，培训人数 3500 人。

【完成溜索改吊桥前期工作】积极做好 10 条溜索改吊桥的现场勘察、设计、审查工作，截止目前，该项目已通过区扶贫办审查。

【扎实做好定点帮扶工作，进一步形成大扶贫格局】2010 年各定点帮扶单位选派 290 名优秀人员进行对口帮扶工作，其中地（厅）干部 18 名，县（处）级干部 91 名，科级及以下干部 101 名，其他工作人员 80 名。据统计，全年共落实各类项目 77 个，落实投资 8107.687 万元，单位及干部职工捐款捐物折资累计 785.36 万元；其中，实施培训项目 35 个，培训 317 人次，共转移就业 154 人。各级帮扶单位深入帮扶点，调查研究，立足当地实际，采取一系列帮扶措施，切实为当地解决干部群众反映的“热点”、“难点”问题，受到了当地干部、群众的一致好评。

四、加强党建工作，促进扶贫农发事业又好又快发展。

那曲地区妇联工作

【培训工作开展情况】那曲地区妇联积极争取资金 4、9 万元，于 2010 年 6 月份在地委党校举办了第一期村妇代会主任培训，此次培训的学员共 50 人，均来自十一县（区）的村妇代会主任。同时争取资金，举办了妇女致富带头人培训班。参加培训的人员共 68 人。聂荣县妇联从妇女培训经费中拿出 3000 元，在县城组织开展了妇女手工艺培训 ，共 40 人参加了培训。地区妇联工作组在那曲镇举办了为期一天的全镇村（居）妇代会主任培训班。培训主要从基层妇联的业务知识和主题教育的学习内容两个方面进行专题讲解。参加人数达 55 人。索县妇联积极协助县卫生局举办了疾病防控培训，共培训乡镇卫生人员及赤脚医生共 45 名。由自治区妇联出资申扎县妇联、巴青县妇联、安多县妇联举办了牲畜短期育肥、常见病防控、编织饰品、缝纫绘画等农牧区妇女技能培训，培训经费共 6.75 万元，培训人数共 130 人。那曲县妇联联合社会保障局在县职业中学举办了缝纫和手工编织技术创业就业技能培训班，此次培训时间一个月，共 40 余名学员参加培训。

【母亲水窖项目进展情况】在自治区妇联的大力帮助下，通过各相关部门的积极努力，争取到班嘎县、聂荣县“母亲水窖”项目资金 70 多万元，该项目已竣工，切实解决了那曲地区 11 个村，774 户 2114

人、28205头（只）牲畜的饮水问题，有力改善了当地群众生产、生活条件，提高了受益地区妇女儿童的健康问题。

【扶贫帮困活动开展情况】9月份，双湖区协德乡村妇代会主任曲宗在调节完一场草场纠纷正返回家的途中不幸遭雷击当场死亡，那曲地区妇联立即委托双湖区妇联对遇难家属进行慰问，送去慰问金1000元。10月份，地区妇联深入定点扶贫的班嘎县嘉琼镇二村，为30户贫困家庭送去了价值6000多元的慰问金和慰问品。申扎县妇联为对口扶贫村从财政争取小额贷款32000元，用于3村发展多种经营，开设茶馆、小卖部等项目，经过妥善经营和管理，目前实现盈利50185元，纯利润43491元。2010年，那曲地区各级妇联组织在开展送温暖慰问活动中，为群众办实事做好事20余件，捐款捐物折合人民币23万余元，受益群众人数达1900余人；开展各类政策宣讲60余场，宣传妇女人数8000余人。

【妇女民族手工业经济合作组织工作进展情况】地区妇联赴班嘎县普保镇三村调研“巾帼示范村”工作开展情况，了解该村生产、生活等相关状况，为妇联组织更好地服务于新农村建设掌握了第一手详细的材料，并对该村进行了授牌仪式。双湖区妇联对部分乡镇实施的牧区妇女手工业合作组织在规模、产值等方面有了很大的突破，改变了双湖区民族手工业的盲点，纺织业项目形成带动双湖区民族手工业快速发展，形成以特色手工业带动牧民奔小康局面。南措镇妇女民族手工业合作经济组织目前共有8个生产点有246名妇女编织人员，一年产值达14550元。

【深化“双学双比”活动】在“双学双比”活动开展中，针对那曲地区农牧民妇女收入收入水平低，增收难度大的实际，地区妇联把搞好贫困地区妇女劳务输出作为增收农牧民收入，促进经济结构调整、加快农牧民小康社会建设的重要措施来抓。积极动员广大妇女参与二、三产业的发展，为拓宽就业渠道，增加经济收入创造了条件。双湖区妇联2010年主要通过修路、安居工程、捕捞卤虫卵等方式共实现妇女劳务输出391人。

【“三八”国际妇女节系列活动】在“三八”国际劳动妇女节100周年之际，那曲各级妇联开展了一系列丰富多彩的活动来庆祝自己的节日。一是表彰先进，隆重纪念“三八”妇女节100周年。“三八”期间，各县（区）妇联精心组织、周密部署，均召开了纪念“三八”国际劳动妇女节100周年暨表彰大会，对各条战线涌现出来先进集体及个人进行了表彰。此次各县妇联共表彰55名“三八红旗手、13名“三八”红旗集体、8名“双学双比”女能手、4名支持妇女先进单位以及29户“五好文明”家庭。地直机关妇委会还召开各类座谈会，来庆祝自己的节日。二是送温暖、献爱心，为群众办实事。“三八”节期间那曲地区妇联购置价值5000元的慰问品对人民子弟兵进行的慰问。各县（区）妇联也为政法系统女干警、女医护人员、环卫工人、以及贫困妇女和孤儿送去41200元的慰问金。

【庆祝“3.28”活动】地区妇联为庆祝3.28纪念日，组织各界妇女召开了以西藏新旧社会妇女地位变化和谈中央第五次西藏工作会议为主要内容的座谈会，来自那曲各界的50余名妇女代表参加了座谈会。双湖区妇联举办百万农奴解放纪念日一周年庆祝活动，双湖区各党支部、中小学、幼儿园等团体和个人演出了各自特点的文艺节目，600余人参加了庆祝活动。安多县妇联召开座谈会，并给10个妇委会发放活动经费12000元，座谈会结束后组织全县机关妇女在篮球场上进行拔河比赛。

【关注儿童成长，切实为儿童办实事、办好事】“六一”儿童节期间，地区妇联主要领导分别到地区三小、聂荣县桑荣乡灾区小学和安多县滩堆乡小学看望小朋友，并送去价值8000元的学习用品及1500元慰问金。各县（区）妇联也为小朋友送去价值9600元的学习用品及18500元慰问金。

【领导名录】

党组书记、主席：张娅娜（女）

副主席、纪检组长：强巴曲珍（女）

副主席：欧　色（女）

那曲地区审判工作

【审判事业全面发展】2010年，那曲两级法院共受理各类案件2917件（其中，944件为诉前调解案件），结案2644件，结案率为90.64%。其中，中院受理各类案件147件，结案135件，结案率为91.84%。

【打击各种刑事犯罪，确保社会政治稳定】2010年，那曲两级法院共受理各类刑事案件221件（含旧存13件），审结210件，结案率为95.02%。具体为一审刑事案件205件，结案196件；二审案件16件，结案16件；另外，受理减刑11件，结案11件。其中，中院受理各类刑事案件28件，审结27件，结案率为96.43%。

【妥善处理各类民商事、行政案件，保障社会良好秩序，维护安定团结】2010年，那曲两级法院共受理各类民事案件1259件（含旧存172件），审结1088件，结案标的7045.67万元，调解结案730件，调解率为67.15%。具体为一审民事案件1190件，结案1020件；二审案件62件，结案60件；另有诉讼外调解案件944件。其中，中院受理各类民事案件82件，结案73件，结案率为89.02%。2010年，共受理行政案件2件（含旧存1件），结案2件。

【大力加强执行工作，努力提高执行工作效率】2010年，两级法院共受理执行案件465件（含旧52件），执结376件，执结标的为1034.27万元，执结率为80.86%。其中，中院共受理执行案件11件，执结9件，执结率为81.82%。执结标的419.67万元。

【进一步规范立案信访工作，保障人民群众诉讼权利】2010年，两级法院共处理各类案件2917件；解答群众法律咨询921余人次。2010年两级法院应收诉讼费278707元，实收诉讼费124591元，共办理缓交诉讼费案件16件计20903元，免交诉讼费案件94件计35580元。其中那曲地区法院应收诉讼费185995元，实收诉讼费 119748 元，共办理缓交诉讼费案件 2 件计 46988 元，免交诉讼费案件 10 件计 19259 元。高度重视涉诉信访工作，认真落实信访工作责任制，共处理来信来访案件 141 件，无重复访和矛盾激化事件发生。

【加强审判监督工作及司法赔偿案件的审理，依法纠正错案】那曲地区中级人民法院共受理申诉、申请再审案件 12 件，已审结 12 件，进入再审程序案件有 7 件。各县法院无再审案件。那曲地区法院严格依照法律法规，确认国家机关及其工作人员违法行使职权侵犯公民、法人或其他组织的合法权益造成损害的，国家对受害人所应承担的赔偿责任。受理司法赔偿案件 1 件（旧存），已结。

那曲地区司法工作

【法制宣传活动丰富多彩，重点对象学法用法工作不断深入】那曲地区以开展中国特色社会主义主题教育、效能建设年、创先争优、三项重点工作、公正廉洁执法主题教育实践等活动为契机，深入开展了"法律七进"、"十佳学法单位"、"百佳学法个人"等活动，切实增强和提升了公务员、寺庙僧尼、青少年、农牧民群众和流动人口的政权意识、国家意识、法律意识和社会责任感。截至目前，全地区共开展法制宣传 650 场次，受教育人数达 328500 余人次；接受法律咨询 620 人；悬挂横幅 217 条；出动法制宣传车 39 台；滚动播放法制宣传光盘 50 场次；开展青少年和寺庙僧尼集中法制培训 150 次，受教育人数达 4921 人；张贴宣传图片 300 余份；发放法制宣传册 6000 余份；设立法制宣传栏 20 期。

【"五五"普法规划检查验收法律知识考试和总结检查验收工作顺利完成】一是根据司法部、厅党委和处党组的决定，那曲地区 4800 余名干部职工分别在地直机关、各县（区）机关、各乡（镇）、学校的 356 个考场参加了"五五"验收干部职工法律知识考试。经阅卷统计，此次法律知识考试成绩优良以上占 73%，合格率占 27%，及格率为 100%。二是那曲地区及时召开法制宣传教育工作领导小组全体成员会议，对检查验收工作进行安排部署，共检查了 11 个县（区）的 33 个乡镇、33 个村、42 个县直机关、11 个县属事业单位、11 个县属企业、45 所中小学，15 座寺庙和拉康，30 个地（中）直单位。较好地完成了"五五"普法工作的各项任务，验收的合格率达到了 100%。

【提升人民调解工作在矛盾纠纷排查调处中的"第一道防线"作用】人民调解组织网络和队伍建设不断加强。目前，全地区共有各级人民调解组织 1963 个，人民调解员 6978 人。

矛盾纠纷排查调处工作机制不断完善。通过采取政治理论和业务培训，进一步提高了人民调解员的思想政治、业务素质、调解技能和调解水平，提升人民调解工作质量和公信力，深入推进了人民调解工作制度化、规范化、法制化建设。

人民调解工作水平和能力不断提高。截至目前，全地区各级人民调解组织共调解各类矛盾纠纷 1128 件，调解成功 1015 件，调解成功率 90%，有效防止民转刑案件 2 件。

【着力推进刑释解教人员安置帮教工作】截至年底，那曲地区共有安置帮教工作机构 385 个、共 1007 人。共有刑释解教人员 627 人（其中：刑满释放人员 524 人，解除劳教人员 103 人），建立帮教对象档案 627 宗，已全部列入帮教对象，绝大部分得到帮教和安置，重新犯罪率控制在 1.3%。

【公证、律师、法律援助工作】2010 年，公证处共受理各类公证事项 567 件，出证 558 件，总标的达 4000 多万元，公证业务量比往年有较大幅度的上升，办证数量增幅达 105%。在办理公证业务的同时，公证人员还提供法律咨询 60 余人次，代写法律文书 25 件，法律援助 15 件，上门服务 10 次，为老、弱、病、残等弱势群体无偿提供公证服务活动，免收公证费 2000 余元。

【获奖情况】2010 年 1 月，那曲地区司法处被评为全区（西藏自治区）司法行政系统先进集体。

2010 年 1 月，党组副书记、处长王展春同志被评为全区（西藏自治区）司法行政系统先进个人。

2010 年 1 月，政治处副主任才旺仁增同志被评为全区（西藏自治区）司法行政系统先进个人。

【领导名录】

党组副书记、处长：王展春
党组成员、副处长：胡高生（援藏干部）
　　　　　　　　　廖　英
党组成员、调研员：次仁占堆

那曲地区公安工作

【圆满完成 3 月份敏感期维稳安保任务】一是加大巡防力度，确保社会面的安全稳定。全地区共出动警力 16945 人次、车辆 3148 台次，检查场所 34864 处、人员 446857 人。二是以重要区域、重点部位防控为重点，全力确保重要民生目标的绝对安全。那曲、安多两县公安局组织护路队员、公安民警、武警官兵、干部群众等安保力量，在青藏铁路那曲段沿线开展了全方位巡逻守侯和重点防范工作，确保了铁路的安全运营；交警部门设立交通安全检查服务站 23 个、临时执勤点 30 处，出动警力 4977 人次、警车 1045 台次，检查车辆 93739 台次、人员 287220 人次。三是全力做好群众性活动安全保卫工作，确保活动安全可控。全地区共举行"3·28"庆祝活动 241 场、参与人数达 6.3 万余人，投入 7129 名安保力量、车辆 278 台，扎实做好安全保卫工作，有效确保各项庆祝活动安全有序进行。出动安保力量 3850 人次、车辆 540 台次，确保了全地区 13 万余名僧俗群众参与的 400 余场宗教活动的绝对安全。

【全力开展刑侦案件侦办工作】刑侦部门充分发挥职能作用，以社会治安"冬季行动"、重点地区排查整治、"百日严打专项整治"和全区"风暴行动"为契机，保持主动进攻和严打高压态势，集中优势警力，快侦快破涉枪涉爆、故意杀人、故意伤害、盗窃等各类刑事案件，有效打击了各类违法犯罪活动，提高了群众安全感。

各级刑侦部门牢固树立“命案必破”精神，大力开展命案侦破工作，各类现行命案全部破获，实现了命案必破的工作目标。

【积极开展禁毒工作】禁毒部门积极落实“预防为主、综合治理和禁种、禁制、禁贩、禁吸并举”的禁毒工作方针和“三个遏制”的工作目标，深入开展禁毒宣传和吸毒人员排查工作。禁毒支队在那曲火车站和地区客运中心开展了“两节”禁毒预防宣传教育活动，向旅客发放藏汉禁毒宣传资料200余份和《新型毒品防范手册》40册，在候车大厅张贴了《禁毒法》和《防范新型毒品》宣传挂图4套。督促娱乐服务场所建立完善场内自律制度，逐一与法人代表签订禁毒责任书12份。对已登记在册的吸毒人员逐一进行排查，认真核对登记信息，了解其现实状况，当年录入在册吸毒人员22名，发现新滋生吸毒人员8名；破获贩卖冰毒案件1起，抓获犯罪嫌疑人4人，查获冰毒5.61克、毒资2041元。

【扎实开展经侦工作】经侦部门制定方案，广泛向群众宣传金融法律法规，并配合银行、税务等相关部门，积极开展打击假币犯罪、假发票犯罪、银行卡犯罪专项行动。全年，发放各类宣传资料2.05万余份、制作宣传展板8块、悬挂宣传横幅4条，接受群众咨询0.41万余人次；查处2起持有、使用假币违法案件，收缴假币0.62万元；检查19台ATM机、40台POS机的管理、监控和维护情况；开展以“远离传销、共建和谐”为主题的宣传活动，发放宣传材料和书籍0.51万余份、手机宣传信息2万余条。

【扎实开展治安管理工作】治安部门成立上海世博安保领导小组及办公室，针对涉爆物品管理、校园及周边、道路交通、消防安全、行业场所等存在的突出治安问题，持续开展专项整治行动，努力营造良好的治安环境。全年共受理各类治安案件863起，查处861起1772人，查处率99.8%。治安案件与上年同期的548起1187人相比分别上升了57%和49%。

【道路交通安全整治成效明显】交警部门以源头管理为重点，狠抓交通安全管理工作，形成各职能部门综合治理、多警种上下联动的交管工作机制，努力提升预防事故的能力和水平。一是积极开展道路交通安全专项整治行动。全年，先后开展了“酒后驾驶交通违法行为”、“春运道路交通安全”、“货运机动车违法载人”、“道路交通安全百日大检查”、“公路客运交通安全隐患”、“中小学校幼儿园周边交通秩序”、“道路交通重点区域”、“涉牌涉证违法行为”等专项整治行动。酒后驾驶专项整治活动中查获酒后驾驶42起；春运期间，检查车辆4.7万辆次、人员9万余人次，查处交通违法行为994起；公路客运交通安全隐患排查整治中，排查客运企业13家次，停运客运车辆10辆，营运期限到期车辆8辆，排查客运班线5条，整治危险路段7条。二是加大道路交通管控力度。在国省道、县乡道主要路段继续采取增设检查站（点）的管控措施，敏感时段设立临时检查站23处，常态下设立交通安全检查服务站7处，依法严厉查处机动车违法载人、酒后驾驶、无牌无证、客车超员、疲劳驾驶、超速行驶等交通违法行为，全力预防道路交通事故。三是深入推进“三项建设”。积极与地区财政和银行部门协调，交通违法罚缴分离措施于5月1日实行；配备25套电脑，顺利建成无纸化驾证考试系统并投入运用。共发各类交通事故371起，其中重大交通事故22起、死亡28人、受伤28人、直接经济损失26.1万元；出动警力42679人次、警车5378台次，查处交通违法行为14707起；罚款约18.81万元。

【加大铁路沿线治安管理工作】铁路治安管理部门以保障铁路安全畅通为重点，全力做好铁路治安管理各项工作，确保了青藏铁路那曲段的安全畅通。那曲、安多两县公安局加强对沿线各类人员管理，办理通行证127人，建立铁路沿线外来人员资料127份，基本做到了对铁路沿线施工单位、施工人员情况明、底数清。逐步探索形成“固定守护为主，流动巡逻为辅，强化督导检查”的铁路护路工作模式，以“防恐怖、防爆炸、防破坏”为重点，切实加强敏感时段铁路巡护和督导工作。以乡镇和村委会为单位，将青藏铁路那曲段划分为5个责任段（那曲县2个、安多县3个），沿线11个乡镇和42个村各负其责，组织义务联防人员进行守护。

那曲地区发展改革工作

【加强宏观经济监测，地区经济平稳运行】2010年，地区发改委密切关注地区经济运行情况，加强经济运行跟踪和监测工作，认真总结分析，向地委、行署汇报，并提出合理建议，及时向地委、行署汇报情况，大力推动那曲地区经济的平稳运行。2010年，地区生产总值51.15亿元，同比增长13.39%；农牧业总产值13.55亿元，同比增长5.5%；固定资产投资40.11亿元，同比增长20.48%；地方财政收入2.05亿元，同比增长14.1%；农牧民人均纯收入4080.94元，同比增长14.09%；社会消费品零售总额10.98亿元，同比增长12%；居民消费价格指数稳定在103左右；城镇登记失业率控制在3.5%以内；人口自然增长率控制在12‰以内，全地区总人口约44.3万人，人口城镇化率12.06%(户籍人口)。地区经济继续保持平稳、快速增长的良好势头。

【固定资产投资快速增长】2010年，积极争取国家投资，主动衔接援藏投资，千方百计扩大社会投资，着力加强基础设施建设，为地区经济的快速增长提供了强有力的支撑。2010年，全社会固定资产投资完成40.11亿元，同比增长20.48%。其中：基本建设投资39.62亿元（其中：国家投资33.28亿元，援藏投资1.31亿元，社会投资5.03亿元），更新改造项目0.49亿元。国道317线夏曲卡至那曲段、夏曲卡至巴青段油路工程、农村公路三期工程、农村沼气、游牧民定居工程、农村饮水安全工程、无电地区电力建设与主电网扩网等项目建设全面铺开；地县乡三级干部职工周转房、廉租房、村级组织活动场所、特警大队基础设施建设、政法系统乡镇派出机构等建设进展顺利；农牧区卫生医疗基础设施、基层文化设施建设、初级中学建设与完善工程、邮政通信基础设施等新建项目稳步推进；此外，那曲镇城市基础设施项目、政法基础设施项目等前期工作取得积极进展。

农牧业基础设施建设进一步改善。2010年，全地区农牧业累计投资7.89亿元。主要实施了退耕还林、退牧还草、农牧民安居、农牧业特色产业、农牧业综合开发、扶贫开发、农牧区水利、农村小水电、农村经济合作组织、村容村貌整治等25大类农牧业基础设施建设项目。

协调各方面关系，大力推动受援工作开展。2010年两省和中直五大企业实施项目34项，完成投资1.31亿元。其中：浙江省0.4亿元，辽宁省0.3亿万元，五大企业0.61亿元。主要实施了主要项目有：那曲地区赛马场二期改扩建、地区藏医院搬迁、那曲地区劳动服务中心、农牧民安居工程配套、党校行政综合楼、那曲镇特困户廉租房、县乡村文化活动中心等项目。认真编制援藏规划，总结15年援藏工作，确定受援思路，汇总建设项目。目前，援藏规划已完成编制，并通过地委行署审议。

2010年，地区发展改革委进一步加强了项目管理工作力度，重点从以下方面入手：一是积极落实“188”项目。188项目中涉及那曲地区项目总投资为120.15亿元，五年间，累计完成188项目投资95.89亿元，远远超出“十一五”规划确定的既定目标。二是提高服务质量。全年累计审批工程招投标方案182项，依法对98个建设项目招投标活动进行监督。完成46个项目的初步设计和概算评审并下达概算批复，从源头上优化设计、控制投资、防止资金浪费。三是加强项目检查。全年累计检查项目60余次，其中：全地区范围内的重点项目检查两次，对检查中发现的问题及其处理意见及时向行署汇报，得到了行署的大力支持，并对地区重点建设项目检查情况进行了通报。四是完善项目管理制度。不断总结地区项目管理工作中的经验和教训，在各单位帮助下，研究制定了《那曲地区基本建设项目验收制度》等制度，经行署批准后在全地区转发执行。

【狠抓重大问题研究，“十二五”规划编制工作取得阶段性进展】协调地区各规划编制。协调督促各责任单位编制各县域规划和专项规划。经过各单位的共同努力，那曲地区1个总体规划、23个专项规划、11个县域规划、1个区域规划共36个规划中，已完成规划初稿的35个，与自治区有关单位衔接后，初步完成规划编制的9个，正在与自治区有关单位衔接或审查的6个，正在修改完善初稿的21个。

切实做好责任内规划编制工作。目前，由那曲地区发改委负责的6个规划中，地区总体规划纲要、重点建设项目规划已完成，地委、行署已讨论两次，并通过专家评审，待地委行署最终审议后即可颁布执行。产业发展规划、经济体制改革规划、青藏铁路沿线经济带发展规划（修编）已完成编制，待行署审批。

【做好价格监测和管理工作，规范市场经济秩序】一是加强价格监测及预警预报工作。积极向自治区发展改革委价格处、地委、行署及相关部门提供价格监测周报48期，价格动态12期。二是进一步整治价费秩序。2010年开展各类专项检查以及定期不定期检查达95次，出动检查人员136人次，共查处各类价格违法案23件，违法金额3450元，有效地制止了乱加价、乱收费，规范了价费秩序。三是2010年共受理各类价格举报7次，做到即受即办，充分发挥了“12358”举报电话的作用，办结率达100%；四是努力做好价格基础性工作。2010年共受理价格鉴证152件，标的金额102.5万元，为司法和行政执法机关提供科学客观的依据。加强和管理《收费许可证》的各项工作，新办5家单位，年审《收费许可证》工作正在进行当中。

【获奖情况】2010年被评为“自治区‘十一五’重点项目突出贡献先进集体”。

2010年被评为“‘十一五’全区发展改革系统先进集体”。

2010年徐建被评为“自治区‘十一五’重点建设项目工作突出贡献先进个人”。

2010年叶星、曾金、徐涛被评为“‘十一五’全区发展改革系统先进个人”。

2010年次仁顿珠被评为“全国农产品成本调查优秀个人”。

2010年嘎宗被评为“全区档案工作先进个人”。

【领导名录】

党组书记、发改委副主任：杨东升

党组副书记、发改委主任：徐建

发改委副主任：李云魏、叶建勇、米玛扎西、刘一村、付荣华

发改委助理副调研员：石绪富

那曲地区财政工作

【总财力大幅提升，保障能力显著增强】2010年，那曲地区一般预算总财力达到229940万元，地方财政一般预算收入完成19176万元，一般预算支出完成224175万元。从财力规模看，自治区财政继续加大了对下的支持力度，当年对那曲地区各项财力补助达到210764万元；从支出结构看，在财政支出需求持续多样性增长的情况下，2010年当年区、地两级财政一般预算总财力中对重点领域的投入大幅增加，支出结构进一步优化，公共财政特征进一步凸显。

【组织收入稳步增长，重点支出得到有效保障】2010年1至10月份，地方财政一般预算收入完成14640万元，比上年同期增加2000万元，增长15.82%。其中：税收收入完成9957万元，占收入总额的68.01%，非税收入完成4683万元，占收入总额的31.99%。地区本级完成一般预算收入7222万元，同比增加1350万元，增长22.99%；县级完成7418万元，同比增加650万元，增长9.6%。

2010年1至10月份，一般预算支出完成167074万元，比上年同期增加32630万元，增长24.27%。其中：地级支出54046万元，同比增加7993万元，增长17.36%；县级完成113028万元，同比增加24637万元，增长27.87%。

【增收压力仍存，支出结构不断优化】1-9月地方组织收入占全年预算收入的64.2%，离平均进度差10.8个百分点。全地区除申扎县、巴青县、比如县、地区本级略超平均进度外，其余几个县未能达到平均进度，特别是那曲县只完成年初预算数的36个百分点。目前，那曲地区整体财政收入完成不够理想的主要原因是由于没有第一、二产业的有效支撑，第三产业发展的根基十分薄弱，金融业、保险业、房地产业、信息产业等大头税种取得税收收入规模很小，财政收入来源缺乏“支柱”产业的支撑，具有明显的不可持续性和不

稳定性。

【认真落实强农惠农政策资金】2010年，截止目前，那曲地区各类涉农资金达101836.36万元，其中：自治区93032.76万元，本级8803.6万元。农牧区教育类资金13347.8万元，农牧区卫生类资金7333.4万元，农牧区文化类资金577万元，农牧区科技类资金96万元，农牧业发展类资金23688.84万元，农牧区环境和气象类资金27万元，改善农牧民生活条件类资金46140.22万元，对个人和家庭补助类资金5065.22万元，农牧民技能培训资金490万元，基层政权建设类资金2280万元，其他2790.88万元。

【积极实施保障和改善民生工作】2010年城市居民最低生活保障资金到位1844万元，其中：自治区1684万元，本级配套160万元，截止目前支出1824万元，全地区参保人数6859人。农村居民最低生活保障资金到位1896万元，其中：自治区1686万元，本级配套210万元，截止目前已支出1888万元。全地区享受农村最低生活保障待遇人数35028人，城镇、农村低保资金按进度发放率达100%。

2010年全地区9个县（区）已经全部纳入自治区新农保试点的范畴，28492名符合待遇领取条件的60周岁以上人员基础养老金1143万元已全部兑现。

那曲地区2010年政府购买公益性岗位已分配1220个岗位。其中：地直部门534人，11县（区）686人。已拨付全年年工资及“五大”保险保险金1106万元，从根本上解决一部分就业困难人员就业问题，推动就业再就业工作意义重大，效益显著。

【大力支持社会事业发展】支持教育优先发展，2010年，本级财政教育配套资金达到2357万元，比上年增长135.7%。落实资金337.8万元，支持科技文化卫生等事业发展。

【及时拨付基本建设项目资金】2010年，截止目前已到位基建项目资金43810.21万元，主要涉及交通、水力、特色产业、廉租房、周转房、办公楼等项目。那曲地区财政局严格执行基本建设项目资金财政直接支付办法，按照工程进度和拨款通知，及时下拨项目资金。未出现挤占、挪用项目资金的现象，未出现因财政部门资金落实不到位而导致的拖欠民工工资等问题，为项目顺利实施和维护社会稳定提供了有效的保障。

【积极落实防抗灾资金保障】2010年截止目前共落实防抗灾资金1158万元，其中自治区1008万元，地区本级150万元。

【加强城市主体功能建设】2010年，那曲地区财政局继续本着压缩一般性支出，集中财力解决突出问题的原则，本级财政安排资金2340.51万元，实施了色尼河景观改造和公园建设项目以及浙江路改造和浙江路街景改造工程等项目，市政面貌显著改善，对提升城市综合品位、促进招商引资等方面发挥了积极作用。本级财政安排资金1081.56万元，实施了办公楼及周转房维修、配备供暖设施等项目，对改善地直机关办公生活条件提供有力的财力支持。本级财政安排资金1240.6万元用于更换公用车辆和办公设备购置等。

那曲地区税务工作

【税收收入持续快速增长】截止2010年12月31日，那曲地区税务机关共组织各项税收23，373万元，完成区局下达的20,000万元年度计划的117%，完成地区局确立的20,240万元奋斗目标的115%，比上年度增长29%，增收5,299万元。地区税收总量继2007年首次突破亿元大关以来，仅用三年时间就实现了从一个亿到两个亿的新跨越。

【基础设施建设日趋完善】地区国税局综合业务办公用房于2007年元月8日批准立项，2009年4月30日破土动工，到2010年12月13日圆满完成建设任务，顺利通过竣工验收并正式投入使用。巴青、班戈和尼玛县国税局职工周转房项目全部竣工并顺利交付使用。同时，用于改善征收一线交通状况的9辆业务用车，在上级部门的支持下，已通过政府采购配备到位。

【税收政策全面落实到位】一是深入开展政策调研。结合那曲地区经济社会发展实际，全面分析政策调整与实施对经济发展和税收收入的影响，并就如何用好、用足、用活税收政策建言献策。在畜产品、虫草和营运车辆税收征管上，积极参与政府安排的各项工作，并提出了税务部门的意见和建议。二是广泛开展宣传辅导。政策法规科、征管科和直属税务分局等单位依托现有平台举办政策宣讲、税企座谈，广泛宣传和深入解读政策调整的背景、意义和具体内容，引导企业准确把握和运用政策。按照上级的统一部署和工作要求，新增值税、营业税暂行条例、卷烟批发环节消费税政策、车辆购置税减免税政策、车船税税源采集及减免工作都得到了很好地贯彻与落实。三是抓好政策衔接和协调沟通。2010年那曲地区新认定增值税一般纳税人17户，总户数达31户，涉及的税务管理机关增加至8个。四是强化跟踪管理和服务。建立和完善税收政策执行情况反馈机制，实施重点企业联系点制度，既注重加强监督管理，确保各项政策正确执行，又坚持跟踪服务，努力把政策优势转化为企业发展优势。2010年，全地区共兑现各项税收优惠464.91万元，享受优惠政策纳税人达2782户。

【税源控管水平进一步提升】一是加强征管基础建设。全地区已确定第一批选用机型纳税人102户；及时清理漏征漏管户，进一步规范普通发票管理，严格验旧领新，强化以票控税，夯实了税源管理基础。二是强化各税种管理。切实加强了增值税、车辆购置税等货劳税管理，强化营业税分行业管理，做好了企业所得税汇算清缴工作。全地区共有96户企业参加汇算清缴，比上年增加5户，增长6%；实际应纳所得税额559.43万元，预缴所得税额211.94万元，应补所得税347.49万元，应退所得税15.26万元，比上年增加345.80万元，增长161.87%。进一步强化个人所得税管理，完成了个人所得税管理系统推广应用前期准备工作。年所得12万元以上个人自行纳税申报工作进一步加强，全地区有100人进行了自行申报，比2008年度增加38人，增长61%，实际应纳税额88.08万元，已缴税额71.98万元，应补税额16.10万元。强化资源税征管。三是深入开展税收检查。全年累计检查纳税人15户，查补各项税款159万元；组织企业自查10户，实现税款188万元。重点开展了打击发票违法犯罪专项工作，对“代开、虚开或未按规定取得、开具发票”等违法行为进行了严肃查处，截止2010年10月底，共查处非法使用和取得发票户数72户，涉及发票236份，涉及金额28.94万元。

【领导名录】
党组书记、局长：嘎白才
党组副书记、副局长：南　扎
党组成员、纪检组长：白玛次仁
党组成员、总经济师：谭志雄
党组成员、总会计师：刘建昆
助理调研员：德吉、吉罗布

农行那曲地区分行

【业务经营跨越式发展】截至2010年底，分行各项存款余额较2005年底增长了2.78倍，增加22亿元；各项贷款较2005年底增加6亿元，增长1.78倍；中间业务收入较2005年增长了3.83倍。在我区竞争空前激烈的形势下，农行那曲地区分行存贷款市场份额继续稳居同业首位。

【改革取得重大进展】克服各种历史和现实的困难，顺利完成股改的各项工作，经营体制发生了脱胎换骨的变化，不良资产等有历史遗留问题基本得到解决。同时，各项内部改革稳步推进，现代商业银行治理架构不断完善。特别是人力资源综合改革取得了显著成效，干部公开竞聘制度已成常态。积极引入经济资本管理先进理念，制定完善了绩效考核评价、财务费用配置等经营考核体系，有效调动了全行员工工作积极性。

【内控和风险管理得到强化】围绕信贷、财会、基建等重点领域，狠抓内部治理和整章建制工作，加大监督检查和违规惩处力度，案件高发势头得到有效遏制，连续五年重大案件事故发生。信息科技对业务的支撑作用不断增强，电子化水平明显提高，“新一代”系统已覆盖所有县支行。

【社会形象大幅提升】经过不懈努力，农行那曲地区分行发生了质的变化，有力地扭转了此前内部管理乱、经营效益差等局面，逐步树立起管理规范、经营实力强、对社会负责任的农业银行崭新形象。

【“三农”信贷工作成绩突出】特别是在支持地方经济社会发展方面成效显著，得到了自治区和地方政府的充分肯定。截至2010年底，涉农贷款余额9.86亿元，较2005年增加5亿元，其中：扶贫贷款2.8亿元，小额信用贷款8亿元，较2005年分别增加1.26亿元和4.67亿元。为地方经济发展做出了重大贡献。

【大力支持农牧安居工程建设】“十一五”初期，农行那曲分行各类涉农贷款已占全行总贷款的70%以上，覆盖了90%以上农牧户，也就是90%以上农牧户有农业银行小额信用贷款，在这样情况下，再发放农牧民安居工程建设贷款，风险较大，但农行那曲分行却没有因此而退缩，而是主动承担起农牧民安居工程贷款工作。在行领导的亲自带领下，多次深入到广大农牧区进行调研并责成相关部门制定了详细的实施方案，在本着农牧民贷款自愿、不违反信贷“三性”原则的基础上，积极开展农牧民安居工程贷款发放，尽力满足农牧民安居工程所需信贷资金。五年来，农行那曲分行信贷支持农牧民安居工程建设户数达20078户，占项目内总户数的43.72%；累计投放农牧民安居工程建设信贷资金3.41亿元，约占区、地、县三级补助（配套）资金和援藏配套资金的47.72%，其中，农房改造累计投放贷款1.84亿元，游牧民定居贷款1.41亿元，扶贫搬迁贷款1665万元，地方病搬迁贷款21万元。户均贷款达17006.67元，建筑总面积约达2080583平方米，约占项目总面积的52%。目前1.26亿元信贷资金还在帮助农牧民安居工程建设首尾工作。自农牧安居工程式实施以来，已有43、72%以上的项目内农牧户通过银行贷款而喜迁新居。

那曲地区工业和信息化工作

【乡镇企业管理工作】截止2010年9月，乡镇企业达到75家，从业人数达2200人，实现产值11000万元，同比增长23.6%；多种经营收入达46300万元，同比增长40.3%；农牧民劳务输出达46000人(次)，比2009年增加500人（次），农牧民劳务输出收入达6700万元，同比增长3.1%，农牧民技能培训达2800人（次）。

龙头企业逐步发展壮大。截止到2010年9月，共培育、发展规模的龙头企业4家，其中年产值上百万元的一家，上千万元的2家，超过1亿元的3家。龙头企业新成员—藏绒王羊绒制品有限责任公司，利润781.71万元，上缴税金227.78万元。

【加大项目储备和建设力度】围绕那曲地区特色产业发展，积极组织十一县（区）及各中小企业申报以农畜产品深加工业、民族手工业、藏药业、高原绿色食（饮）品业、现代服务业为主体的项目资金申报工作。加快项目建设步伐，支持企业技术改造和提升传统产业、走科技兴企、品牌兴企之路。

【加大协调力度，认真编制工业经济发展和信息化建设“十二五”规划】按照那曲地区“十二五”规划发展纲要和自治区工业经济“十二五”规划要求，积极协调地区发改委、建设局、统计局等经济部门和电信、移动、联通三家通信运营商，结合实际，本着“立足全局、放眼长远、科学谋划、切实可行”的原则，认真编制工业经济发展和信息化建设“十二五”规划。

【对地直中小企业展开调研】详细调查了解企业基本情况、发展现状、发展中存在的问题和困难、今后的发展思路、发展重点和意见建议。及时掌握第一手资料，形成详实的调研材料，为决策部门提供决策依据，也为工信局开展好下一步工信工作打下坚实的基础。同时积极组织十一县（区）及各中小企业申报以农畜产品加工业、民族手工业、藏药业、绿色食（饮）品业为主体的项目，对地区藏绒王羊绒制品有限公司、地区物资局等企业改扩建项目，协同发改委、财政局等多家单位，努力为企业申请中小企业扶持资金近五百万元，着力加快企业技术改造和提升传统

产业步伐，支持企业走科技兴企、品牌兴企之路。全力抓好“十二五”规划项目的衔接，确保“十二五”开局之年就有新项目、大项目开工建设。

那曲地区国资监管工作

【加强企业经济运行监测，促进企业良性健康发展】2010年，那曲地区国资委在自治区统评处的指导下，坚持每月对各监管企业财务情况进行统计监测，确保了企业财务运行正常。截止10月底，经统计，11家监管企业实现资产总额16429万元，比上年同期增加1354万元，其中，流动资产达7104万元，比上年同期增加2474万元。负债总额7638万元，比上年同期增加1904万元。共上缴税费595万元，比上年同期增加178万元。职工薪酬973万元，比上年同期的740万元增加233万元。1-10月份，企业实现营业收入12426万元，比上年同期的20847万元减少8421万元。实现利润总额为-66万元，比上年同期减少161万元。

2010年营业收入和利润减少的主要原因是：烟草公司在上划阶段，忙于上划事宜，分散经营精力，进货不多，销售额也大大下滑；地区综合市场因2008年火灾原因，2010年赔偿经济损失100多万元，造成营业收入和利润大幅下降。

【积极申报基础设施和重点建设项目，为企业争取资金支持】一是物资局建材市场建设，总投资为4000万元，向财政申请中小企业发展专项资金300万元；二是唐盛公司总投资960万元的骨头饲料加工项目、总投资1700万元的洗毛加工项目、总投资为1600万元的牛绒被加工项目和总投资为583.61万元的木材加工市场建设项目，各项目分别申请中小企业专项发展资金300万元；三是那曲饭店旧楼改造项目，总投资为4000万元，申请中小企业专项资金300万元。这些项目已于2010年9月份向地区财政局申报；四是那曲地区国资委一个项目已被自治区国资委纳入“十二五”规划中。

【3家企业的政策性破产工作进展情况】牧工商政策性破产工作在行署领导的关心支持下，经与地区烟草公司多次协商，2010年7月，由地区烟草公司以295万元的价格购买牧工商饲料厂土地及地面建筑物。这批资金已到清算组账户，至此牧工商资产已变现完毕，破产工作年底有望结束。格尔木绒毛分梳厂的政策性破产工作已进入完结阶段，已完成《西藏那曲地区绒毛分梳厂政策性破产终结报告》上报地区法院。那曲地区羊绒分梳厂政策性破产工作，截止目前，3名分流职工已安置到位，自谋职业职工发放一次性生活困难补助金。

【兼并工作开展情况】晨曦公司兼并康桑公司工作。目前，双方以达成协议，改制方案已初步完成，改制步骤、方案都得到了职代会通过。改制方案已上报行署，得到行署批准后实施。

海南赛通商业有限公司兼并医药公司工作，双方已于2009年4月签订整体收购合同，新公司在那曲地区工商局注册，2009年7月，由行署批准医药公司改制方案，公司改制比较成功。2010年截止到10月份，实现销售收入3.2亿元，公司现有职工52人，人均工资为2128元，职工社保、统筹等费用一律按照改制时合同中的规定按时上缴给地区劳保局。公司1-10月份，累计上缴税金4151.5万元，已逐步成为那曲地区的纳税大户。

【股份制改制工作进展情况】商办加工厂改制工作，结合企业实际，那曲地区国资委已提出三个改制建议，在商讨中，改制工作开展之中。

物资局股份制工作，目前已完成了资产评估、清产核资。但没有上报改制方案，有望启动改制工作。

综合市场股份制改制工作，现已上报改制方案，资产评估在进行中。

【健全产权监管体系，企业产权管理进一步规范】2010年，为逐步完善国有资产评估管理制度，防止国有资产流失，那曲地区国资委建立健全了国有资产评估资料库，全面统计了委属国有企业资产情况。并按照自治区有关文件要求，那曲地区34家国有企业全部办理更换了产权登记证，变更法人3家，注销2家。资产损失核销和账目调整资金1063万元，固定资产核销85.11万元（原值）。

那曲地区工商管理工作

【市场主体继续保持健康发展态势】积极营造良好的经济发展环境，深化“绿色通道”建设，对农牧民入市、大学生自主创业等实行“绿色”准入，高质量服务市场主体发展，确保了市场主体总量不断增加、规模不断扩大、产业不断升级。到年底，各类市场主体达到11280户，注册资金10.1亿元，同比分别增长10.01%、15.54%。其中内资企业315户，注册资金61517万元；私营企业75户，从业人员1810人，注册资金16862万元；个体工商户9992户，注册资金14411万元，从业人员19814人，与2009年底相比增长显著，市场主体发展实现了新突破，全区经济建设迈上了新水平，受到了那曲地委、行署的高度评价。

【服务农牧区经济发展成效显著】制定出台了《那曲地区工商行政管理局关于发展壮大农牧区专业经济合作组织补充意见》、《那曲地区工商局扶持农牧民经济合作组织若干规定》等相关政策措施，努力培育发展农牧区市场主体，使那曲地区从事畜牧业、奶制品加工业、矿产业、藏北工艺品制造业等特色优势产业的农牧区经纪人、经济合作组织得到了迅速发展，加快了农牧民增收步伐。

认真开展调研，促进特色经济进一步发展。局领导带队深入农村牧区，了解农牧区经纪人、经济合作组织发展的情况和面临的困难，广泛宣传工商法律法规和国家扶持农牧区经济发展的相关政策，鼓励农牧民能人从事经纪活动，提高了农牧民发展本地特色产业的意识。并撰写了那曲地区农牧区经济发展情况调研报告，受到了上级有关部门的充分肯定。2010年是那曲地区工商局深入基层的次数最多，走乡串户、访问户数最多，下乡行驶里程最多的一年。到上年底，全地区注册登记的具有法人资格的农牧民专业合作组织154户，成员总数13791人，成员出资额8304.82万元，与2009年底相比分别增长180%、72.25%、171.64%；农牧区经纪人已发展744户，实现经纪业务量3.92

亿元，增长率分别为12.22%、1.37%。

【认真完成市场主体年检验照工作】全地区应检企业367户，实检339户，年检率92.37%；应验照个体工商户9169户，实验照8732户，验照率95.24%。

【继续加大对那曲物流中心的支持力度】那曲物流中心已入驻各类企业12户，注册资金7780万元，从业人员229人。

【商标战略实施进展顺利】那曲地区拥有注册商标20件，国家工商总局商标局新受理商标注册23件，待申请注册的商标9件。

【切实履责，确保市场稳定】充分发挥工商部门规范市场秩序、服务经济发展、维护社会稳定的重要职能作用，针对那曲地区维稳形势，密切关注市场动态，通过市场巡查、执法大检查等向个体工商户广泛宣传维护稳定促发展的重要性和必要性，并多次组织召开个体私营经济发展稳定座谈会，扎实做好维稳宣传工作，努力在全地区形成自觉守法经营，文明经商的良好氛围，确保那曲地区社会稳定和经济健康稳步发展。

加强信访工作，促进社会和谐。那曲地区工商局始终把信访工作摆在重要位置，牢固树立“群众利益无小事”的信访理念，以高度的政治责任感和使命感，认真按照《信访条例》的要求，结合工商职能，健全信访机构，配强信访人员，畅通信访渠道，及时了解和掌握苗头性、倾向性问题，切实维护信访秩序。

【综合监管，依法行政，营造有序市场环境】紧紧围绕社会关注、群众关心的热点、焦点问题，深入整顿规范市场经济秩序，强化市场监管执法，深入整顿规范市场经济秩序，切实保障群众消费安全和保护消费者合法权益。2010年，共查处各类违法违章案件832件，案值76.32万元，没收金额14.74万元、罚款3.01万元。

那曲地区安全监管工作

【安全生产基本情况】1-10月那曲地区共发生各类安全生产事故50起，死亡39人，与上年同期的38起、死亡38人相比，分别上升31.58%和2.63%，占全地区死亡人数控制指标（65人）的60%。一次死亡3-9人的较大事故发生1起，死亡6人，与上年同期的3起、死亡10人相比，分别下降66.67%和40%。没有发生死亡10人以上重大事故，全地区安全生产形势保持了稳定好转态势。

【各级各部门安全责任意识增强】2010年，全地各级各部门“以安全促发展”的理念进一步增强，有效促进了领导干部落实“一岗双责”，安全工作做到了主要领导亲自抓，分管领导具体抓，坚持齐抓共管，协调配合，推动各级各部门把安全生产作为经济社会又好又快发展的基础和保障。

【企业基础管理水平得到有效提升】那曲地区安监局认真分析近年企业发生事故的原因，创新监管手段，通过开展安全生产“三项行动”；层层推进安全生产隐患排查治理；推进企业分类监管、安全管理标准化工作；建立理事组管理模式等活动，指导、帮助企业从安全制度、操作规程、内部教育、责任制落实、现场管理等方面进一步规范，夯实安全工作基础，企业安全管理水平明显提升，全地区工商贸企业事故呈下降趋势。

【重点领域的安全状况有效改善】2010年，那曲地区安监局根据全地安全生产工作的实际，认真履行安全监管工作职责，把危险化学品生产经营、非煤矿山企业、道路交通作为监管重点，深入推进专项治理，充分发挥安委办职能作用，先后组织召开多次工作会议，及时协调整治工作中遇到的问题，专项治理工作有序开展。

【全民安全意识得到增强】认真开展各类安全生产活动，广泛宣传安全法律法规和安全常识，尤其是通过“安全生产月”组织了形式多样的宣传教育活动，宣传安全法律法规，全民安全意识得到增强。

【强化监管监察，规范提升监管行业领域安全生产条件】针对不同时期和特定时段对安全生产工作的特殊要求，那曲地区安监局从立足本职工作，切实从强化源头管理、行政许可和经常性监督检查入手，扎实抓好非煤矿山、危险化学品、道路交通、工程建设和烟花爆竹安全监管工作，督促相关行业、企业进一步强化安全生产管理，规范安全生产条件，加强员工的培训教育。

非煤矿山：根据安全生产“百日大检查”整治行动第一阶段部署，先后三次联合地区国土、环保等单位组成专项督查组，对全地区22家探矿企业、8家采矿企业安全生产“三同时”执行情况、安全生产许可证取证及换证工作情况进行了专项效能监察，下达整改指令书10余份，查出安全隐患40余条，并针对发现问题及时与相关县（区）、企业召开整治工作会议就整改落实工作进行安排部署。此外，针对嘉黎县华夏、中凯、煜景3家重点采矿企业的安全生产工作采取了紧盯不放的策略，通过重点检查、突击检查和以罚促改相结合，督促企业及时彻底整改存在的隐患，达到了矿山企业在安全生产的同时为当地经济发展做贡献的目的。由于那曲地区安监局严格执法、措施得当，2010年那曲地区所有矿山企业未发生一起安全事故，与上年同期的2起、死亡4人相比，分别下降200%和400%。

【狠抓继续深入开展“安全生产年”工作】制定了工作方案，明确了工作任务、工作进度和工作要求。做到每季度不少于一次提交行署开会研究有关安全生产工作议题，研究部署相关工作。组派督查组到各县（区）、地直相关单位督查“三项行动”的开展落实情况。加强重点时段（敏感时段）安全检查。加大检查企业的频率。认真开展安全检查。

那曲地区食品、药品监管工作

【坚守阵地履行综合监督职能】2010年，那曲地区食品药品监管局继续履行好现行食品安全牵头职能，认真抓好食品安全综合监督和组织协调工作，2010年，那曲地区食品药品监管局作为地区食品药品安全委员会办公室，先后制定下发了元旦、春节、藏历年、“五.一”“赛马节”、

"十一"等重大节日期间食品安全专项整治方案和《那曲地区2010年食品安全专项整治方案》、《那曲地区2010年学校食堂工地食堂食品安全安全专项整治方案》，同时结合那曲地区实际，下发了《2010年春季做好预防肉食中毒工作的通知》、《那曲地区〈食品安全法〉宣传活动实施方案》等一系列食品安全监管文件。年初召开的地区卫生、计生、食品药品监管工作会议上，地区行署副专员嘎玛仁青同志代表行署与各县（区）人民政府签定了《2010年食品药品安全工作目标责任书》。进一步明确了各县（区）、各成员单位的的职责，明确了2010年食品安全专项整治工作的重点领域和重点品种，并要求各县（区）、各成员单位加大对辖区内食品市场的专项整治工作，充分发挥各职能部门的职责，加强对那曲地区食品市场的监管工作，杜绝食品安全隐患，真正抓出成效，确保那曲地区广大人民群众的身体健康和生命安全。

【牵头组织联合检查，确保公众饮食安全】进一步加强对重点领域、重点环节的监督检查。对各大餐饮、超市、大小副食点、批发店、干杂店等重点领域及重点环节进行了监督检查。

在春节，藏历新年、"3·15"、"五·一"、"十一"黄金周、赛马节等重大节假期间，地区食品药品监督管理局积极牵头，组织地区工商局、质监局、卫生局、农牧局、商务局、公安处、物价局等单位组成联合检查组，对那曲地区的大型百货超市、宾馆、饭店、食品批发店、餐饮店、馒头店、粮油店、农贸市场、菜市场、火锅店、青油加工店、风干牦牛肉厂、学校食堂、个体工商户等重点环节、重点区域、重点对象开展食品市场专项整治工作。开展了乳粉和乳制品专项整顿、抗震救灾捐赠食品检查、学校食堂和工地食堂食品安全专项整治工作。2010年全地区食品安全委员会办公室牵头，检查食品生产加工、经营、餐饮业共3924户次，出动执法人员828人次，车辆326台次，在检查中没收过期变质和"三无"产品共670余种，价值人民币479128元，死因不明猪肉7头，价值8400元，查出不符合卫生条件的餐饮业98户，限期整改29户、停业整顿5户、罚款8户共计6400元。对制售假冒伪劣产品做到了早发现，早预防、早控制、早解决，在各职能部门的积极努力下，那曲地区食品市场环境明显好转，确保了广大人民群众的饮食安全。

【加大宣传力度，提高全民食品安全意识】在主要街道悬挂横幅12条，接待咨询相关食品安全知识210人，发放藏汉文宣传册38000余份，图片220余张，利用宣传车播放《食品安全法》内容及相关食品安全知识。宣传活动得到了地委、行署、人大、政协等相关部门的高度重视，各部门的主要领导亲临活动现场，检查指导了宣传活动。那曲地区食品药品监管局编印食品药品安全宣传手册5万册，自治区局编印的《食品安全知识读本》分发到各县（区）食品药品安全委员会。同时，各县（区）以深入开展学习科学发展观活动为契机，组织各相关部门形成工作组深入到农牧区，广泛宣传食品安全知识，逐村逐户地向农牧民群众仔细讲解《农牧区卫生小常识手册》，积极引导农牧民群众改变食用生食变质牛羊肉和病死牛羊肉的不良习惯。开展了食品安全知识讲座。邀请专业人员，深入乡镇讲解食品安全知识，发放食品宣传单28000份，食品安全知识宣传画165张，悬挂横幅108条。

【积极完成药品、医疗器械抽样工作】根据区局的安排部署，2010年那曲地区食品药品监管局抽验药品11批次，其中藏成药3批次、西药1批次、中药材1批次、医院制剂6批次，利用药品快速检测车初筛检测药品168批次，未发现质量可疑药品。对辖区内2家地直医疗机构、1家地区级疾控中心、1家县级医院和1家医疗器械批发企业进行了一次性使用无菌医疗器械抽样，共抽取一次性使用无菌器械4个批次（2000支）。已送往国家局指定的检验机构。

【加强药品、医疗器械从业人员业务培训工作】2010年初，召集28家社会医疗机构、9家药品经营企业、4所学校医务室负责人以及相关重点岗位操作人员共54人，举办了相关业务培训班。7月份，组织十一个县（区）药品协管员，医务工作人员36人举办了为期三天的培训班。8月份，组织全地区药品经营企业负责人、质量管理员举办了为期三天的培训班，详细讲解了《药品管理法》、《医疗器械监督管理条例》等相关法律法规，药品采购、使用、以及合理用药等环节的相关知识，并发放了《合理用药手册》206册。

那曲地区农牧工作

【畜牧业生产继续保持稳步发展】2010年末，全地区牲畜总头数达656.27万头（只、匹）；各类仔畜成活198.76万头（只、匹），成活率为90.75%，与2009年相比上升了10.59个百分点；各类成畜死亡12.63万头（只、匹），死亡率1.91%，与2009年相比下降了2.19个百分点；主要畜产品中肉类产量7.5万吨，奶类产量4.8万吨，分别比2009年增长了1.35%、17.07%。牲畜出栏率30%；粮食作物总产8975.63吨。全年共实现农牧业总产值13.55亿元，比2009年增加了0.97亿元，增长率为5.53%。

【农牧业产业结构调整工作成效显著】2010年，那曲地区畜牧业结构调整在"发展牦牛（含黄牛）、适度发展山羊、减少绵羊、控制马"的原则下，经过全地区各级农牧部门和广大农牧民的共同努力，牦牛、山羊、绵羊和马的比例已从2009年的28.11：21.78：48.87：1.15整到了2010年的28.82：21.98：48.10:1.10，畜牧业结构日趋合理。截止2010年底，娘亚牛、多玛绵羊和白绒山羊三大优良畜种比例进一步提高，分别达到6.5万头、48万只和70万只，分别占牦牛、绵羊和山羊总数的3.52%、14.83%和49.59%。种植业结构调整按照"稳粮增收调结构"的要求，"粮、经、饲"比例已从2009年的77.46：10.58：11.96调整到2010年的77.21：11.31：11.48，使农作物种植结构进一步合理。在沃土工程方面，2010年共调运了100吨化肥，其中二铵50吨、尿素50吨，春播用种176.43万斤。同时，为了增加耕地土壤的保土、保肥、保水能力，减少污染，各有农县鼓励农民尽可能多的使用农家肥，共使用17606吨。

【乡镇企业和多种经营蓬勃发展】2010年乡镇企业实现产值11000万元，同比增加了2040万元，增长了22.76%；多种经营收入达46300万元，同比增加了12800万元，增长了38.20%；农牧民劳务输出人数达46000人(次)，同比增加了430人(次)，增长了0.94%；农牧民劳务输出收入达6700万元，同比增加了150万元，增长了2.29%。

【农牧区体制改革不断深化】一是积极做好草原生态保护奖励机制试点工作。2009年那曲地区安多、聂荣和班戈三县开展了建立草原生态保护奖励机制试点工作，共兑现减畜奖励资金3188.725万元和薪柴替代补助资金2079.5万元。二是农村人居环境建设和环境综合整治试点工作情况。2010年共投资6981.4万元，那曲地区启动了11个县（区）、48个乡（镇）、66个村（居）委会的农村人居环境建设和环境综合整治试点工作，已完成农家书屋、村医疗室及村庄绿化美化草皮移植等部分工程，并基本通过了自治区级验收。

【农牧业项目投资力度进一步加大，项目得到有效落实】2010年那曲地区重点实施了天然草原退牧还草工程、农牧业特色产业项目、畜禽良种体系建设项目、乡（镇）兽防体系建设、县级动物卫生监督站建设项目、县级动物防疫站建设项目、游牧民定居工程配套设施建设项目、高寒牧区牲畜棚圈建设、农村户用沼气建设项目等9大类95个子项目，总投资到位77128.11万元，其中国家投资47715.88万元，群众配套28561万元，地方配套851.23万元。这些项目的建设，极大地改善了牧区基础设施条件和牧民的生产生活条件，提高了草原畜牧业抵御自然灾害的能力，推动了牧区经济的向前发展。

【“三灭”工作成绩显著】为做好“三灭”工作，2010年那曲地区农牧局共下拨了594万毫升灭虫药品、3.3万毫升灭鼠药品、553个水桶、390个手动式喷雾器和11个机动式喷雾器，出动各种车辆1144多台，投入劳力46764多人次，共完成灭虫面积17.16万亩，灭鼠面积123万亩，灭效均达到95%以上，取得了十分明显的效益。

【进一步加大了动物疫病防治和检疫工作力度】2010年那曲地区积极组织疫苗的调运和分发工作，先后共调运疫苗8170.2万毫升(头份)疫苗，驱虫药1443箱。共注射口蹄疫病疫苗13454011（头、只），小反刍疫苗4260250只，免疫密度达100%。预防注射肉毒梭菌85.7万头，牛出败168万头，羊三、四联苗263.4万只，炭疽63.8万头（只），羊大肠杆菌苗76.9万只，猪瘟疫苗38.5万头，布病130万头（只）；驱虫576万头（只）；治疗各种常见传染病、多发病484.5万头（只、匹），处理病死尸体620头。共检疫生猪17880头、牛86736头、羊88819只；回收证件90件。另外，完成了动物标识及疫病可追溯体系建设和疫病监测采样工作。

【农牧民培训工作取得新进展】2010年，那曲地区农牧局积极安排部署农牧民技能培训工作，周密制定培训方案，通过集中培训的方式，向农牧民讲解了专业合作做经济组织和牲畜疫病防治的相关知识，共培训农牧民1722人（次）。通过培训，提高了受训农牧民的科技水平和增收致富能力，增强了农牧业生产中的科技含量，取得了较好效果。

【防抗灾工作取得明显成效】自2010年入春以来，那曲地区西部遭受了严重旱灾，因受干旱影响至少有13657.28万亩的草场不能正常使用，奶类减产40%，绒毛减产20%，死亡牲畜28582头（只），造成经济损失17071.5万元。对此，那曲地区农牧局积极组织工作组深入受灾乡村开展实地调研，并指导了当地防抗灾工作。同时，调运了200万斤饲料下拨到各受灾县。另外，为认真做好今冬明春的防抗灾工作，那曲地区地委、行署高度重视，于8月份召开了那曲地区防抗灾工作会议，会议总结了上半年防抗灾工作，安排部署今冬明春防抗灾工作，通报了那曲地区今冬明春抗救灾应急预案。另外，按照地区《关于灾区与非灾区对口支援、防灾减损，开展活畜交易的指导性意见》，完成了1.1万头牦牛和24.26万只绵羊的活畜交易工作。

【农牧民收入稳定增长】通过举办畜产品展销会；转变观念、促进就业；抓好劳务输出；发展区域特色产业；积极培育合作经济组织等多种形式，为牧民开辟了更多的增收渠道。2010年底牧民人均纯收入达到4080.94元，与2009年相比人均增收503.94元，增长率14.1%。同时，2010年狠抓各项强农惠农政策的贯彻落实，全年落实粮种直补、农机具购置补贴、化肥补贴等惠民资金159.87万元。

【虫草采集管理工作有条不紊开展】2010年那曲地区冬虫夏草采集工作共涉及6个虫草产区县、53个乡镇、517个采集点、136381名群众，共收取草原植被恢复补偿费928万元，采集虫草2.15万公斤，比2009年增加了4689万斤，增长了27.89%。在虫草采集过程中，那曲地区地县两级先后组派117个工作组，845名干部，长期蹲点在虫草采集点第一线，靠前指挥。另外地区派出了2个片区督导组、3个督导小组采取巡回督导的方式，定期不定期深入到采集点，指导和督促虫草采集管理工作。

同时，那曲镇虫草交易市场建成并开业运行，制定出台了《加强虫草交易市场管理实施意见》，使虫草交易市场趋于规范化、正规化。

【农牧业特色产业发展迅速，农牧民组织化程度进一步提高】 累计投资2.8亿元，重点建设了牦牛育肥基地、绵羊育肥基地、绒山羊育肥基地等一批农牧业特色产业项目，初步形成了西部四县（区）绒山羊产业，中部四县铁路、公路沿线牲畜育肥、奶制品加工产业和东部以虫草为主的藏药材产业协调发展的局面。

农牧民专业合作经济组织发展迅速，截止2010年底合作组织数量已达到194家，其中154家已注册登记，出资总额达6791.43万元，成员总数8953人，参与群众人均增收2573元，经营范围涵盖了畜牧业生产经营、畜产品加工销售、采矿采砂和运输诸多领域，成为了那曲地区农牧业产业化发展中的重要支撑力量。

【获奖情况】自治区农牧厅授予那曲地区“十一五”农牧业经济发展先进地区三等奖。

自治区农牧厅授予那曲地区2010年度农牧民增收先进地区。

自治区农牧厅授予那曲地区2010年度牲畜出栏先进地区。

自治区农牧厅授予那曲地区2010年度重大动物疫病防控工作先进单位。

【领导名录】

副局长：布明华（浙江援藏）、祁茂斌（辽宁援藏）

副局长：李文福、郭红宝

那曲地区林业工作

【自然保护区建设进展顺利】色林错国家级自然保护区一期建设顺利通过自治区林业局的验收，同时完成了二期建设项目可行性研究报告，已于2010年6月上报国家林业局。羌塘国家级自然保护区二期建设投资416万元。一是建成野生动物救护站、监测站、保护站各1处；二是采购并配备了管理局、管理分局、管理站、监测站的巡护监测设备和交通工具；三是进一步改善了管理局、管理分局、管理站的办公和生活条件。

【湿地保护工作稳步推进】一是2010年6月完成了嘉黎县麦地卡湿地保护与恢复工程建设项目审批工作，项目总投资达2986.35万元；二是在2010年6月通过了尼玛县昂孜错—马尔下错湿地自然保护区湿地保护与恢复建设项目审核，西藏自治区发改委已下达批复，项目总投资2415万元；三是2010年8月聘请国家林业局中南林业调查规划设计院专家完成了尼玛县当惹雍错、嘉黎县嘉乃玉错湿地公园的总体规划编制工作，并已上报自治区林业局审核。四是2010年6月—9月积极协助西藏自治区林业规划设计院完成了西藏第二次湿地那曲区域的调查，为下一步实施湿地生态效益补偿提供了科学依据。

【野生动物保护工作进一步加强】深入开展专项打击行动。2010年那曲地区林业局积极开展了"绿箭一号行动"、"春季行动"、"高原利剑行动"、"林区社会治安整治"等专项行动。并会同西藏自治区森林公安局、那曲、阿里三地森林公安局和森林武警官兵开展了保护藏羚羊专项行动。全年共查处各类案件37起，其中行政案件35起，刑事案件2起，取缔非法加工野生动物制品窝点3个，案件侦破率和查处率均达到了100%。

认真开展野牦牛杂交调研，切实加强保护区鼠害防治工作。2010年4月27日至5月10日邀请中国科学院张于光、杨海龙等2名野生动物保护专家，对野牦牛与家牛杂交情况进行了专题调研，为合理保护野牦牛种群提供了科学的依据。会同地区草原站、尼玛县、双湖区林业局和农牧局等部门，组织专家和科研人员完成了羌塘国家级自然保护区鼠害调查，制作并安装鹰架60个，切实增强了保护区内防范鼠害的能力。

进一步加强野生动物疫源疫病监测防控工作。2010年那曲地区林业局继续强化了安多县（错那湖、懂错）、那曲县（夯错、崩错）、班戈县（亚都错）3个重点监测区域67个监测点野生禽流感的监测工作。2010年5月双湖区措折罗玛镇发生了野生禽流感疫情，通过采取石灰消毒、填土掩埋等方式，进行了无害化处理，疫情得到了有效控制。进一步加强了防控野生禽流感物资储备，给相关县（区）发放防护服500套、新大卫消毒液100件、喷雾器15个、口罩1000个、冷藏箱7个、橡胶手套500双，雨鞋924双。

积极推进野生动物肇事损失补偿机制的实施。截止2010年10月，累计落实2007—2009年度野生动物肇事补偿资金3280.83万元。

【森林生态效益补偿项目顺利实施】2010年国家下拨森林生态效益补偿管护费2470.74万元。自2005年开始实施该项目以来，有效管护公益林面积达到823.58万亩，累计下拨管护费6237.17万元。

【森林防火工作时刻没有放松】那曲地区始终将森林防火工作放在首位，以"预防为主、积极消灭"的方针，把工作重点放在预防森林火灾的发生上，采取了一系列森林防火措施，确保了那曲东部林区生态安全。2010年那曲地区共发生一般森林火灾3起，过火面积约700亩左右，组织1200多人参加扑灭火行动，坚持以人为本、科学扑救的原则，做到了无人员和牲畜伤亡。

【进一步规范了资源林政管理工作】一是开展木材市场调查，为安居工程建设提供相关信息。组织人员对那曲镇木材市场进行了详细的价格调查，并及时向各县（区）发布各类木材价格信息。积极协调相关部门，全年累计供应安居工程建设木材9386.5立方米。二是全面整顿清理那曲镇木材市场。2010年10月10日至20日，积极协调地直相关部门，组织林政稽查大队、森林公安局、林政资源科等部门，对那曲镇木材市场进行了全面的整顿检查，进一步强化了规范经营意识和安全生产意识，坚决杜绝了木材市场的火险隐患。

【重点区域造林绿化成效明显】2011年投入资金165.23万元，完成重点区域造林绿化1704亩。该工程自实施以来，共投入资金507.03万元，累计造林绿化6999.8亩，工程实施区域生态环境显著改善。同时在2010年完成了比如、嘉黎、巴青、那曲、索县5个县的宜林地调查及2011年重点区域造林工程的项目作业设计工作，造林绿化基础工作得到进一步加强。

【退耕还林工程不断巩固】一是全年完成退耕还林补植补造3000亩，兑现政策补助151.45万元，继续使项目实施区域1846户、8467名农牧民，实现了年人均增收200元。自工程实施以来，已累计兑现政策补助756.91万元。二是积极配合国家验收组完成了比如、嘉黎、巴青、索县四县2002年度退耕地还林工程验收，验收总面积为2004.5亩。三是邀请国家林业局中南林业调查规划设计院专家，圆满完成了巩固退耕还林成果专项规划编制工作。

【领导名录】

党组书记、副局长：吴海鹏

党组副书记、局长：布　穷

党组成员、副局长：王立武（援藏，7月离职）、方　勇、（援藏，7月任职）、兰　忠、（女）、米玛次仁

副调研员：布　琼

那曲地区水利工作

【年度综述】2010 年，那曲地区水利局深入贯彻落实中央第五次西藏工作座谈会精神，按照区水利厅的总体部署，继续统筹兼顾、突出重点、全面完成了那曲地区水利 2010 年的建设任务，到位资金13497.17万元，完成投资13158.17万元，为“十一五”规划基本画上了一个圆满的句号。2010 年突出抓好了七个重点，落实六项措施。

【加快推进 2010 年工程建设，完成“十一五”规划建设任务】4 个续建项目进展顺利。目前，尼玛县水电站、比如吉前水电站、申扎雄梅水电站已完工发电；比如白嘎水电站工程量已完成 97%，正在安装发电机组，力争 2010 年年底试发电。

2010 年，那曲地区计划新开工水利工程 17 项，概算总投资 16217.85 万元。其中：线路延伸工程 12 项，防洪堤工程 1 项，草场灌溉工程 2 项、牧区水利试点项目 1 项，水电站工程 1 项。目前，12 项线路延伸项目完成招投标工作，已陆续实施。申扎县防洪堤工程招投标工作完成，已开工建设；嘉黎县措色湖草场灌溉工程已开工建设；那曲县乌尔古查母草场灌溉工程是由地区水利局督促，县水利局负责修建，工程一期投资为 120 万元，该工程已完工，并已初步发挥社会和经济效益；双湖区巴岭乡水电站工程属 180 项目建设范围，是从尼玛县文部水电站调整过来的项目，由于工程设计存在一定的问题，目前正在完善补充相关设计资料。

【全面启动“十二五”规划建设任务，加快推进那曲地区水利基础设施建设】那曲地区 2011 年计划新开工项目 18 个。目前，18 个项目前期工作进展顺利，力争 2011 年全部开工建设。分别是防洪工程 5 项、草场灌溉 9 项，线路延伸 3 项，嘉黎县夏玛水电站。截止到目前，5 项防洪堤工程已完成了项目的审查和环评、水保审查、土地预审等工作，正在协调区水利厅下达审查意见。草场灌溉 6 项已完成审查工作，正在开展环评、水保和土地预审工作。线路延伸已完成 2 项前期工作，待区发改委批概。

“十二五”骨干电源点建设前期工作进展顺利。（一）索曲水电站。索曲水电站已列入水利“十二五”规划，目前电站装机待进一步拟定，规划总投资 4 亿元。工程完工后，与东三县现有电站联网运行，形成东三县局域网，可以解决东三县 17 个乡（镇）、261 个行政村、16602、81308 人的生活、生产用电问题。（二）巴青梅帕塘电站。索曲水电站若出现故障，没有其它电源补充，整个东三县局域网都会处于瘫痪状态，所以那曲地区水利局计划在巴青县同时再修建一座装机为 4800KW 梅帕塘水电站做支撑，形成互补。经过与区水利厅衔接，巴青梅帕塘电站已列入我区“十二五”水利重点项目，作为那曲地区东三县的骨干电源点之一。目前，那曲地区水利局正在积极协调，开展项目前期工作，力争明年或后年能同时与索曲水电站开工建设。（三）嘉黎县夏玛（三岔口）水电站。嘉黎县夏玛水电站已列入明年开工计划，项目建议书已上报区水利厅待审，电站的修建将解决嘉黎县六乡镇的用电问题。藏中电网已从那曲县延伸至由恰乡，从墨竹工卡延伸至嘉黎县绒多乡，并且嘉黎县忠玉乡在“十二五”期间规划修建一座装机78万KW的大型水电站。因此，嘉黎县条件优越，完全可以由藏中电网进一步提高用电质量和扩人覆盖范围。三义口水电站修建后可以作为忠玉水电站和藏中电网的施工用电和藏中电网在冬季缺水的补充电源点，同时夏季发电出力保证时出售给国电公以增加收入。（四）西部三县能源建设思路。西部四县班戈县已由藏中电网解决了用电问题，其余三县用电问题解决思路：1、“十二五”期间建设藏北风力发电实验基地，靠风力发电联网解决申扎、尼玛、双湖用电问题；2、申扎、尼玛、双湖都有县级水电站，修建风力发电站，采取风力、水电互补的方式解决三县用电问题。两种思路正在论证中。

【加快农村饮水安全建设】2010 年至 2013 年，计划解决 28.51 万农牧民饮水安全问题。2010 年已争取农村饮水安全项目累计总投资 8096 万元。其中：第一批农村饮水安全项目涉及 10 个县，总投资 3415 万元，解决 29072 人的饮水问题；第二批农村饮水安全项目涉及 10 个县，总投资 4681 万元，解决 40642 人农村居民饮水安全问题，解决 900 人农村学校师生饮水安全问题。目前，第一批工程建设任务已全部完成，第二批建设任务正在实施中，年底完成。同时，做好了 2005-2009 年农村饮水工程的验收工作。

【切实做好防汛抗旱】①洪灾：全地区受灾乡（镇）共 50 个 489 户 2162 人牲畜 960 头（只、匹），393 栋房屋死亡 1 人，失踪 3 人，全地区因洪涝灾害造成直接经济损失约为 3981.85 万元。②旱灾：2010 年入春以来至 7 月下旬，那曲地区西部四县长时间持续干旱天气，草场受旱面积为 6376.482 万亩；1236.12 亩耕地农作物受损。西部四县河流断流 497 条，水井干涸及水位下降 280 眼（其中：农村饮水安全工程保暖井干涸 30 眼，农牧民自己修建的简易水井 213 眼；农村饮水安全工程保暖井水位下降 37 眼），湖泊干涸 33 个。因灾死亡牲畜 3970 头（只、匹）；共有 5252 户，23785 人，997941 头（只、匹）牲畜饮水困难。

全地区共储备编织袋 20 万条，铁丝 32 吨，石料 22000 立方米，彩条布 10000 立方米，其中地区防办储备编织袋 12 万条，铁丝 20 吨、彩条布 10000 立方米。物资的及时到位，确保了那曲地区防汛抗旱工作顺利开展，为夺取全地区防汛抗旱工作的胜利打下了坚实基础。

那曲地区交通工作

【重点项目建设进展良好】G317 线巴（夏）那改建工程。本项目由国家全额投资建设，巴夏公路建设总投资为 4.92 亿元，建安费为 4.02 亿元；夏那公路建设总投资为 4.68亿元，建安费为 3.87 亿元；项目计划工期为 24 个月（2009 年 9 月—2011 年 8 月）。2010 年 4 月份开始，各施工单位陆续运送路面机械进场，并作好路缘石预制和机械安装调试工作。截止 11 月底，巴青至夏曲卡公路项目全长 131 公里，路基基本成型 113 公里，成型率 86.2%，浆砌防护完成 124000m²，占总工程量的 72.9%，所有参建单位的水稳、沥青拌和设备已安装调试完毕，并全面展开了路面工程的施工。

是那聂油路建设。那聂油路于 2008

当雄县职业技术培训

当雄县康玛寺向玉树地震捐款

当雄县中学团队一体化启动仪式

当雄县赛马节

当雄县纳木措

2010年4月22日，自治区党委书记张庆黎在古荣乡检查春播工作

2010年1月28日，自治区主席白玛赤林视察岗德林蔬菜基地

2010年10月21日，区党委常委、拉萨市委书记秦宜智考察县工业园区

2010年10月27日，市长多吉次珠在德庆乡门堆村慰问老党员

2010年10月27日，县委书记于海波慰问抗洪抢险部队

2010年8月25日，军民共同保护堆龙河河堤

2010年9月3日，全区创先争优活动会议人员参观县行政服务中心

2010年1月22日，全县第一批百名干部藏语培训班毕业合影

2010年4月15日，县村党支部书记培养实践基地挂牌

2010年12月10日，在县综合应急救援队成立仪式上，县长安央金向救援队赠送应急救援器材

2010年12月30日，举行税收突破亿元表彰大会

2010年11月4日，举行全县新型农村养老保险金发放仪式

县委书记 林涛

县委副书记、县长 林生

县政府领导深入矿山企业调研

工卡镇工卡村巴热组设施农业成果喜人

嘎则新区发展得到了南京市的广泛关注和支持

对在目标考核中取得优异成绩的单位进行表彰

教育从娃娃抓起

西藏和平解放60年之际，全县上下举行隆重的庆祝，各族群众载歌载舞，欢庆和平解放60周年

2010年8月25日，墨竹工卡县甲玛景区松赞干布纪念馆开馆

机械化春耕春播场面

近年来不断加强基层政权建设，投入逐年加大，图为建设中的格桑村委会办公楼

安居工程实施后的农牧民新居

县委书记刘金洪下乡调研

县委副书记、县长吕天明

民间文化人才辈出

新农村文化书屋

昌都镇全景

鸟瞰昌都镇中心坝

藏族姑娘载歌载舞欢庆丰收

大力开展送科技下乡活动

参加昌都解放60周年大庆彩排

廉租房建设

昌都县卡若镇加卡村奶牛养殖基地

昌都县城关镇白格蔬菜大棚

县委书记张新成陪同自治区领导格桑次仁一行检查工作

贡觉县委书记张新成

县委副书记、县长公嘎泽仁

县委副书记、县长公嘎泽仁在阿旺乡阿益村调研

签订新一轮援藏协议

人保理偿

青年志愿者

县城新貌

贡觉县城一角

农牧区风貌

金沙江贡觉段峡谷风光

西藏和平解放60年之际，农牧民群众向昌都地区政协副主席、察雅县委书记敬献哈达

县长次仁卓嘎到工地调研

共谋察雅发展大计

香堆藏戏

发展中的察雅县中学

察雅县吉塘镇卓玛温泉

察雅县卡贡乡村邦村农牧民安居房

察雅县吉塘镇立体农业示范区种植的苹果

察雅县卡贡乡百姓的精耕细作远近闻名

高原野生动物羚羊

察雅县王卡乡恩达瀑布

自治区人大常委会主任向巴平措到八宿县调研

昌都地区行署专员吾金平措视察蔬菜大棚

县领导视察邦达草原人工种草情况

精心培育着力打造的特色产品

交相辉映的然乌湖

武钢援建的县文化广场

援藏项目成绩斐然

县城新貌

八宿水蜜桃

大骨节病区安居新家

八宿油菜种植基地

希望的田野

自治区副主席李昭到左贡县慰问群众

一汽集团公司党委书记金伟莉莅临左贡考察合影

左贡县玉曲河峡谷风光

左贡县野生葡萄

左贡獐子菌

左贡县城全景

左贡县欢庆藏历新年文艺汇演

左贡县新农村

左贡县东坝乡富丽堂皇的民居

左贡县美玉牧区羊群

左贡县帕巴拉神湖旅游景点

左贡县美玉草原风光

县长敖刘全视察学校（左2）

县长敖刘全视察工地

载歌载舞

欢度六一

桃花盛开的觉龙沟

索多西辣椒

政协会议

欢送援藏干部

县城一角

松达电站

红拉山秋景

赛马

山南地区行署专员赵宪忠慰问武警官兵

山南地区召开援藏干部迎送大会

华新水泥二期项目正式投产

开工典礼暨通车典礼

山南地区举办农牧民创业技术培训班

山南地区开展军民共建活动

各族群众隆重庆祝“西藏百万农奴纪念日”

雅砻灌区水利枢纽

整治后的泽当镇雅砻河夜景

错那勒布沟安居新村

山南地区泽当镇绿化工程

山南地区泽当镇城市一角

乃东县第六批援藏干部领队、县委书记周耕在乃东县泽当镇乃东居委会调研

县长丹增深入昌珠居委会调研

国家级非物质文化遗产—扎西雪巴藏戏

农奴泪话剧

泽当镇白日街

望果节

非物质文化遗产——泽当哔叽

泽当哔叽编织技术

乃东县白蓉奶源基地

乃东中学学生升国旗仪式

自治区主席白玛赤林莅临扎囊县检查指导工作

县领导检查抗洪工作

县领导到田间地头调研

学生上电教课

施公村水渠

援藏工程 扎囊县政务大楼

氆氇捻线

扎囊中学教学楼

国家重点文物保护单位敏珠林寺

农牧民新居

青饲玉米

扎囊县城

自治区领导在贡嘎县检查指导工作

《贡嘎县志》评审会现场

贡嘎县中学综合教学楼

农牧民安居工程

夜幕下的贡嘎县长沙广场

岗堆村民在图书室查找资料进行科技养殖

温室反季节蔬菜

改良后黄牛

贡嘎县城一角

区党委常委、统战部部长齐扎拉在桑日县育苗基地实地考察花椒试种情况

群众参与葡萄种植

由湖南省岳阳市援建的桑日县委、人大、政府办公楼

华新水泥厂已成为桑日县重要的财税支柱之一

焕然一新的桑日县中学

鲁定林卡

桑日县优美的达古风光

桑日县城新景

桑日县境内重要的能源企业沃卡电厂

国家一级保护动物白唇鹿在桑日县境内也有广泛分布

桑日县现有的干部职工周转房

桑日县文化广场

山南地委书记其美仁增到曲松调研，并亲身体验村广场健身器械使用情况

山南地区行署专员赵宪忠视察工作

第六批援藏书记柯东海视察养鸡场建设

援藏医生为农牧民群众测血压

笔直宽敞的县城街道

城镇居民住房

农牧民种植业培训

地区文化馆演出人员在曲松演出

种地实现机械化

优质黄牛养殖

农牧民活动中心

校园一角

自治区主席白玛赤林莅临措美县检查指导工作

具有浓郁特色的扎杂服饰

手工织氆氇

特色民族服饰——甲黔

安徽省第一批援藏项目——安徽文化广场

夕阳下的哲古镇

安徽省第一批援藏项目——县综合文化活动中心

哲古镇小康示范村

亚洲第二大光伏电站——哲古光伏电站

措美县城全貌图

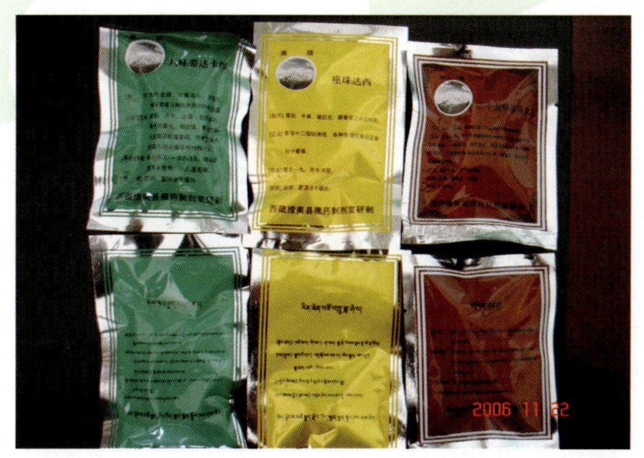

藏药

高品位锑矿

自治区党委书记张庆黎到洛扎县考察，受到群众的热烈欢迎

自治区党委常委、统战部部长齐扎拉到洛扎县考察

色乡物交会开幕式

民俗民风

种植结构调整

群众在过望果节

沙石厂

中粮宾馆

卡久寺

洛扎县全景

拉郊乡新农村建设新貌

林下资源—松茸

拉康卡久寺产的长寿草

自治区主席白玛赤林莅临隆子县检查指导工作

县委书记李育智

县委副书记、县长洛桑平措

县委副书记、人大主任格桑龙点

洛桑平措县长（中）与第五批援藏干部合影

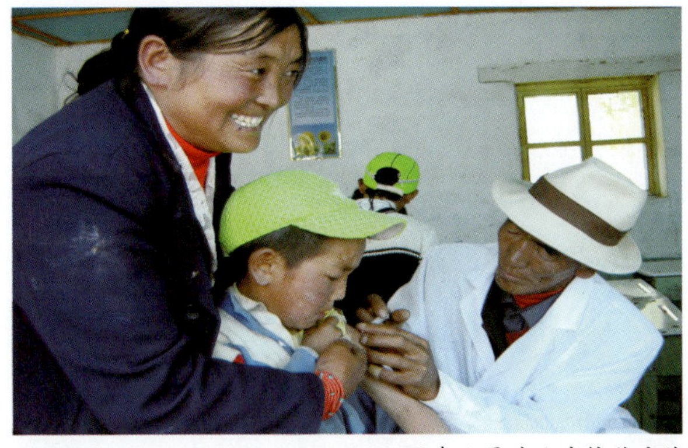
医务人员为儿童接种疫苗

发放农机具

隆子县幼儿园

入选国家级非物质文化遗产保护名录的隆子县斗玉珞巴民族乡珞巴族服饰

农业综合开发建设现场

湖南常德第五批援藏项目常德广场

西藏华钰公司山南分公司选矿车间

隆子县城全貌

农机具下乡给农牧业发展注入新动力

新农保让农牧民晚年得保障

农产品交易平台经常化规模化

农家书屋让群众文化更丰富

新农村建设兴边疆富边民

城镇化建设再上新台阶

热烈庆祝建党90周年·西藏和平解放60年文艺演出

县中学电教室

“3.28”百万农奴解放纪念日庆祝大会

县中学

浪卡子文化站

筹备日喀则机场通航工作

全力支持拉日铁路建设

研究植树造林方案，打造良好生态

打造“一城两区三园”，启动光伏产业园区项目

加强社区建设

基层群众开展庆“3.28”活动

丰富多彩的基层文化

县委书记秦维强视察雅江北岸综合生态开发区建设

县委书记秦维强与藏族村民一起欢度藏历新年

县委副书记、县长巴桑多吉下乡检查指导工作

县委书记李季孝视察蔬菜大棚

白朗农牧民群众着节日盛装欢迎援藏领导

村委会活动场所

农牧民安居工程

娟珊牛

农业综合开发项目

自治区主席白玛赤林莅临我县检查指导工作

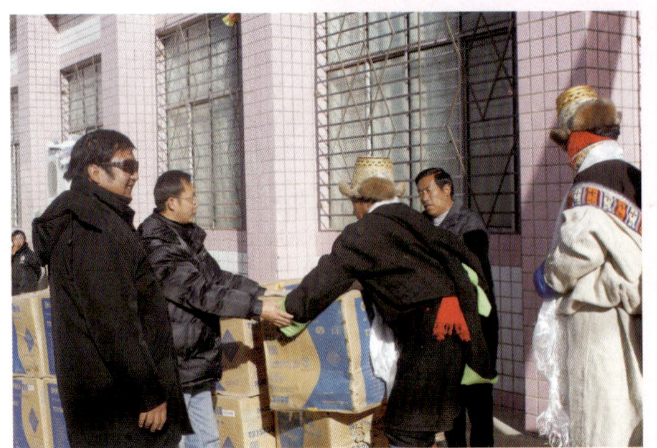

县委书记次仁顿珠、人大主任多布杰、县长黄居壁为农牧民群众发放电视机

县长黄居壁参加农牧民农机补贴发放仪式

县委书记次仁顿珠参加岗巴县新农保基础养老金发放仪式

岗巴县岗巴镇雪村土地征用补偿发放仪式

日喀则地区千名干部下基层宣讲第五次西藏工作座谈会精神岗巴县宣讲动员大会

中化集团援藏岗巴党政服务中心办公楼落成庆典

欢送中化集团第三批援藏干部

岗巴县直克乡兰德希望小学奠基仪式

岗巴羊

县委书记纪晓鹏，县委副书记、人大主任陈红英，县委副书记、政府县长陈小和在参加会议，研究部署工作

县委书记纪晓鹏，县委副书记、县长陈小和在全县党员干部大会上讲话

县委书记纪晓鹏和县委副书记、政府县长陈小和在研究部署工作

自治区党委常委、自治区常务副主席吴英杰视察县完小食堂

地委书记边巴扎西在比如视察工作

县委书记喻昌检查普九迎“国检”工作

娜如沟风景名胜区双色湖之一“蓝湖”景色

娜如沟风景名胜区双色湖之二“白湖”景色

2010年那曲地区虫草王 比如县虫草

比如县城全貌

自治区领导在安多县视察工作

县委书记王欢苗

县委副书记、县长达尔地

援藏干部捐资助学活动

干部职工业余生活丰富多彩

安多县城全貌

安居工程

安多县党政办公楼

措那湖

格拉丹东冰川

藏羚羊

安多风光

上级领导视察申扎县

上级领导视察申扎县

申扎县县委书记李富忠

申扎县县委副书记、县长杨赤卫

申扎藏药加工

巴扎服饰

查刚遗址

申扎藏药

申扎县鸟岛

中央统战部常务副部长朱维群在索县指导工作

自治区党委常委、自治区常务副主席吴英杰在索县视察

繁荣的蔬菜市场

县领导与考入内地西藏班学生合影

县长嘎松美郎深入基层视察工作

红歌会

热烈欢迎第六批援藏干部

县委书记巴塔

县委副书记 县长许军基

班戈尼玛谐饮

党政办公楼

保吉乡娘热溶洞

纳木措系列牦牛肉

那曲地委书记边巴扎西检查指导工作

那曲行署专员谭永寿检查指导工作.

县委书记农军为"村通工程"纪念碑揭牌

县长赵兵深入文部调研

援藏县委副书记高胜民慰问对口帮扶学生

援藏副县长张志宏验收大棚温室

尼玛县文部乡农家乐

尼玛县第三届畜产品展销会

县城建设

尼玛县白绒山羊

涉农乡试种饲草长势良好

美丽的当惹雍措

贡嘎书记在经济工作会议上发言

区长南培在经济工作会议上发言

区长南培认真记录牧民意见

区委、区府领导慰问值班室值班人员

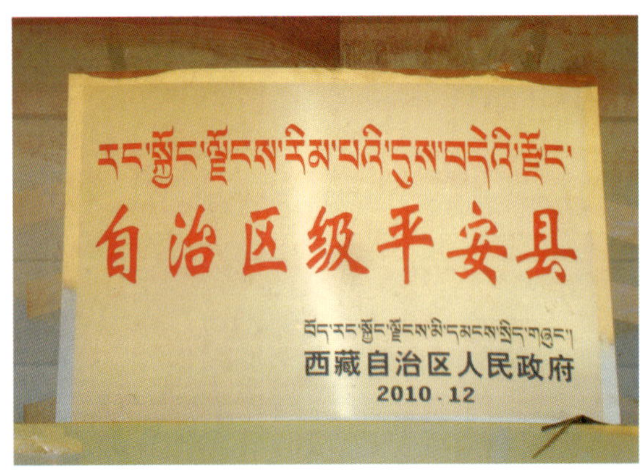

双湖特别区党政办公大楼（援藏建设）

珍贵保护动物——黑颈鹤

成群结队的藏羚羊

奔腾的藏羚羊

棕熊

盘羊

混在家养牦牛中的野牦牛

世界第三极陆地冰川——普若岗日冰川

县委书记 黑树林

县委副书记、县长卫东

惠民政策宣传

普兰神山塔尔钦佛事活动

普兰科迦寺跳神

普兰细德水磨优质白糌粑

札达县托林广场

札达县大棚蔬菜喜获丰收

国家地质公园--札达土林

区纪委书记金书波参观噶尔县廉政文化建设作品展

噶尔县委书记张宇和县长索朗次仁下乡检查指导工作

陕西省第六批援藏工作队向孔繁森小学捐资助学仪式

噶尔县效能建设年活动经验交流大会

噶尔县人工种植苜蓿基地

加木村大棚蔬菜

日土县“广场文化”活动，图为干部职工群众在做广播体操

日土县“电视进万家工程”受赠仪式

日土县“四化”工程齐力改善环境，打造美丽高原边城

日土县新农村建设及小康示范村——乌江村

日土县夜景

县委书记 张学营

县长 扎西措姆

县那布文化艺术团文艺汇演

革吉建县50周年大庆

初具规模的革吉中学

县城街道一隅

涉农保险理赔现场

送医下乡

民族服饰

人人都有民主

县苗圃培育基地

村居活动场所

自治区主席白玛赤林莅临措勤县检查指导工作

自治区党委副书记、自治区常务副主席郝鹏莅临措勤县检查指导工作

自治区纪检委书记金书波在措勤县检查指导工作

西藏措勤县水电站开工典礼

措勤县人工种草示范基地

软黄金——紫绒山羊专业养殖示范户

措勤县人民医院藏医队伍2010年自制研发的藏药

中共中央政治局委员、书记处书记、中宣部部长刘云山在林芝县视察工作

西藏自治区党委书记张庆黎在林芝县检查指导工作

自治区党委副书记、政府主席白玛赤林在林芝县视察工作

县委书记蔡家华，县委副书记、县长才佳深入乡镇调研

林芝县委书记 县长大接访暨矛盾纠纷排查化解动员大会

林芝县人民政府补贴农牧区大病统筹基金103万元

林芝县庆祝中国共产党建党89周年“升国旗、唱国歌”仪式

施工中的农房

援藏书记邵育秦陪同中央巡视组徐光春组长及张庆黎书记一行

县长达瓦主持米林县第四届珞巴民俗暨藏医药文化旅游节开幕式

米林县委县政府积极开展招商引资工作

米林县第四届珞巴民俗暨藏医药文化旅游节开幕式

米林致力于珞巴文化传承

第五批厦门援藏书记在基层调研

2010年12月21日，自治区党委书记张庆黎出席全区经济工作会途中在工布江达县考察，县委书记王进足(左)县长李桑(右)陪同

自治区党委副书记、自治区主席白玛赤林检查指导工作

自治区党委常委、副书记、自治区常务副主席郝鹏在工布江达县检查指导工作

县委书记王进足

县长李桑

工布江达县城全景

2010年8月27日工布江达县第六届巴松措旅游文化节在错高木巴旅游小集镇开幕

工布江达县江达乡太昭村太昭古城大门

福建省泉州市第五批援藏投资950万元修建的工布江达县新区市政道路景象

错高村藏猪繁育基地

工布江达县林则村藏鸡养殖基地

工布江达县错高乡结巴村丹参种植基地

县委书记左孟新

县长格桑

县城全景

县城南岸防洪提

新农村之安居工程

波密县党政综合办公楼

特色产业（县粮油加工厂生产间）

新农村

特色产品（波密天麻）

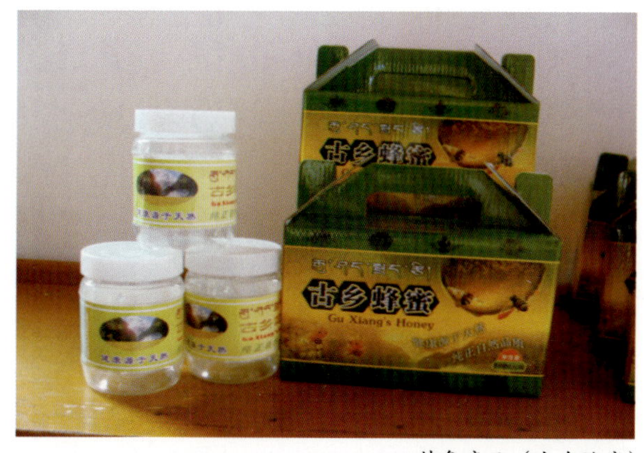

特色产品（古乡蜂蜜）

县委书记郑新强参加察隅县工作汇报会

县委副书记、县长洪强

县委书记郑新强及相关领导视察巴嘎小康示范村建设

县长洪强在察隅镇指导小集镇规划

第六批援藏工作组实地考察县水厂建设项目

察隅县城全景

察隅县机关大院

广东省援建的察隅县小学教学楼

察隅县边境重镇：下察隅镇

广东省援建的察隅县嘎巴大桥

察隅县丰收的天麻

察隅县下察隅镇水稻田

察隅县察瓦龙乡怒江吊桥

国务院扶贫办主任范小建（左三）在墨脱县调研

地委副书记罗布顿珠（左三）在援藏医疗队义诊现场指导工作

地委副书记罗布顿珠（中）视察德兴乡小康示范村建设情况

县委书记刘革生（左四）视察墨脱县完小建设情况

县委副书记、县长欧珠多吉（右一）接受中央电视台采访

县长欧珠多吉及副县长杨兴富、卓嘎查看亚东电站建设进展情况

年5月正式开工建设。截止11月底，已完成投资1.66亿元，收尾工程准备预算金额370万元。

【农村公路建设稳步推进】2010年那曲地区实施农村公路计划建设项目共73个，总投资43454.48万元。新（改）建公路里程3108.722公里，桥梁4762延米/253座，涵洞16502.34延米/2719道。

【项目管理水平持续加强】2010年，为确保农村公路建设质量，除了坚持以往好的做法外，又切实抓紧了建设项目的各环节工作。一是抓紧抓实在建项目工程质量。二是严格执行公开、公平、公正的招标制度。三是坚决做到专款专用。四是起草了符合实际的项目管理办法。五是加强用工及机械租赁管理。

【进一步加大公路养护力度】2010年6月份公路科对8个公路段和11个县（区）交通局制定了有关规章制度，安排了公路养护任务。11月起杨波同志带队的工作组到8个公路段和11个县（区）交通局进行了全地区公路养护情况大检查。全年国省干线养护情况良好。

2010年段道房改建工程主要有尼玛工区新建职工宿舍，该工程已于7月20日开工，11月2日完工及验收合格；危桥改建方面，S305线贡曲桥（3-13米空心板桥）8月15日开工现已完成62%的工程量，吾曲桥（3-13米空心板桥）8月15日开工现已完成52.9%的工程量，X615线昂曲桥（5-20米T梁桥）现已完成招投标工作，但是由于该项目的批复时间比较晚、项目点气候恶劣，路途远等原因准备明年开春时再开工。

【路政管理工作结硕果】在维护路产路权方面，2010年3月份那曲地区水利局投入使用了S301线班戈大桥路政检查站，对过往大吨位超限运输车辆严格管控，保护了沿线公路、桥梁，全年共收取公路赔补偿费444982元，有效维护了公路路产路权。

另外，继续加大了对路政执法人员的培训教育工作力度，路政执法人员的文化水平得到很大提高。

【交通企业稳步发展】发达公司全年公司完成客运量213055人次，与2009年相比同比增长8.7%，实现净利润304万元，与2009年相比同比增长17.2%，缴纳各种税费300多万元。公路工程公司施工总产值9000多万元，已争取到但尚未施工项目710万元，全部竣工工程总产值3700多万元，实现利润700多万元，国道317线公路改建工程已完工70%。另外还新建了嘉黎县和双湖区客运站，新建了公司检测站并购置了检测设备，完成了总投资近200万元的职工周转房建设及客运南站附属工程建设。

局属金盛公司基本完成了年初制定的各项工作目标，并将2009年承建的双湖至巴岭乡二标段工程路基路面工程在保证质量的同时突击完工，仅余波纹管台帽、护坡未做。目前公司新一届领导层已着手制订切合公司实际的一系列合理、务实的计划和管理制度。

【大事记】2010年4月，陈朝同志被任命为那曲地区交通局党组副书记、局长。

2010年9月份，扎西罗布同志被任命为那曲地区交通局党组成员、副局长。

2010年12月份，布玛同志调任人大地区工委副主任。

2010年12月份，那曲地区交通运输局挂牌成立。交运局第一届领导班子为：陈朝（党组副书记、局长）、杨波（党组成员、副局长）、尼玛次仁（党组成员、副局长）、扎西罗布（党组成员、副局长）。

那曲地区邮政工作

【年度综述】2010年，全地区邮政完成业务总收入1311.3万元，完成全年预算的100%，同比增长6.82%。其中：完成主营业务收入1288.9万元，占总收入的98.3%，其它业务收入累计完成22.4万元。全员劳动生产率达到5.75万元/人，同比增长9.54%；全年，安全生产无事故。二级干线完成邮运总里程54万公里。

【经营管理】推进专业化经营。根据区公司对快包业务划归速递物流专业的文件精神，那曲地区邮政局将地区大厅快包划归速递物流业务部经营，并及时调整业务板块和部门间的经营预算指标，及时理顺了业务归属关系。

积极组织开展各类劳动竞赛活动。2010年，进一步建立完善业务发展激励机制和管理办法，继续组织员工开展了“爱我邮政、刷我绿卡”、“职工协储”、“爱心包裹”捐赠、航空机票代销、报刊大收订等竞赛活动，有力地带动和促进了那曲地区邮政局各项业务的发展。

加强内部管理，促进业务发展。为推动重点业务的协调稳步发展，坚持每月月初经营分析和会计通报制度，重点对航空票务、短信、代理电信业务、报刊日常收订、汇兑商务汇款、集邮销售与库存、储蓄余额、五节联送等专项营销业务进行细致分析通报，尤其是对各类短、频、快的高效益业务，通过电话、手机短信等快捷方式定期汇总、通报，促使任务圆满完成。

加强合作互利共赢。充分利用邮政自身规模与平台，推动邮政电子商务业务的发展。上年，同移动公司签订了合作补充协议，实现移动代缴话费业务各电子化支局网点上线工作，移动商务汇款业务向地区移动自办网点拓展；八月，经过积极努力，与地区电信公司正式签订了邮政商务汇款合作协议，成为新的增长点。

推行大客户服务卡制度。为了向大客户提供更加细致周到的服务，从4月份开始，储汇业务部细分客户群，整理大客户档案，制作“储汇大客户服务卡”，并派专人送到每个大客户手中，认真听取他们对我们工作的意见建议，改善服务，留住并发展了客户。

加强数据库信息维护，为业务发展做支撑。2010年建设完成全地区学校班级精品库及全地区组织机构库，全地区班级学校库数量3526条，党政机关及企事业单位名址库数量1086条，全地区组织机构库数量达6000余条。

【邮政通信建设】2010年基层生产生活条件又有新提高。一是邮政信息化水平不断加快。先后完成了速递揽收系统、邮政代理保险大集中系统、储蓄系统2.0版本新增功能、邮政信息网运维服务管理系统、邮政金融理财规划系统、反假币系统上线工作；防火墙系统调试成功；完成了地区五处ATM机监控系统改造及软件升级工作；多次对储汇业务控制台、清算会计控制台、事后监督系统、速递站点系统进行了软件升级；11月，那曲地区安多、比如、嘉黎三个新增邮储网点顺利上线，至此那曲邮政储蓄网点已达5个；二是完成了那曲县（火车站）营业网点、双湖营业网点的工程建设和索县、申扎县邮政职工周转房建设工作。目前，邮运仓储中心工程正在实施过程中。三是邮运能力得到进一步改善。全年更新邮运车辆4台，新增投递车辆2台。

【农牧区邮政通信】乡邮管理工作有新提升。一是继续加强了对各县乡邮劳务费用、车辆维修使用费用的核算和管理，确保了资金的合理适度使用；二是重点加强了对乡镇邮件封发和交接环节的检查力度，制定了《关于调整填报乡邮邮件投递清单的通知》、《关于做好二级干线乡(镇)邮件交接签收工作的通知》等规定，先后对那曲县、嘉黎县、比如县部分直投乡镇的邮件投递情况进行了实地检查、指导；三是按照区公司规划要求完成了“十一五”末建中心乡镇网点和“十二五”待建网点统计及普遍服务调查统计工作。

【精神文明建设】地区局被中国邮政集团公司授予“全国邮政用户满意企业”称号；那曲申扎县邮政局被中国邮政集团公司、国家邮政工会授予“全国邮政农村支局（所）职工小家示范点”称号、被西藏自治区和中华全国总工会授予“全区模范职工小家”和“全国模范职工小家”荣誉称号。比如县邮政局荣获地区级“青年文明号”荣誉称号。储汇业务部被区邮政公司、中国邮政储蓄银行西藏分行授予“明星网点”称号。

中国电信那曲分公司

【快速推进网络建设，着力增强保障能力】那曲电信以高度的政治感和大局意识，着力提升通信能力和服务质量，以打基础、办实事为突破口，发挥综合信息服务优势，携手打造“数字那曲”，实现了程控交换机数字化，可为用户提供来电显示、呼叫等待、呼出限制、固话彩铃等多种程控新业务；传输采用了以光纤为主、好易通信号覆盖为辅、卫星为备的方式，建成了以那曲地区为中心，辐射那曲11县（区）的光纤传输网，保证了传输系统的安全可靠，光缆建设总里程达到3700.38皮长公里；除开办电话、传真等传统业务外，还开通了数字数据传输网，可为用户提供高质量的数据专线出租业务，提供点对点的数据、话音、图像通信；开通了ADSL、ISDN、电视电话会议和各种速率的数据业务。同时，以信息“下乡”、“进村”、“入户”为切入，通过光接入、卫星通信、450D、800M天翼网络等多种手段，积极推进农牧区网络建设，高起点、高标准、高质量地推进农牧区网络覆盖延伸和优化。截至2010年12月份，累计完成680个行政村通信覆盖，其中2010年完成118个，全面完成自治区通信管理局下达的任务指标。2010年新建“乡乡通宽带”项目34个，全面完成“乡乡通宽带”任务。通信和综合信息服务能力的不断增强，为“保增长，保民生，保稳定”和“一产上水平、二产抓重点、三产大发展”的西藏经济发展战略实施做出了积极贡献。

【电信业务迅猛发展】无线市话“好易通”、宽带（ADSL）等业务的推出让羌塘草原与世界触手可及；我的e家、商务领航、好易通99等业务的面市让电信客户轻松享受信息新生活；“全球眼”视频监控业务助力“平安城市”建设，促进社会和谐稳定；CDMA移动业务的闪亮加盟，让那曲电信成为全业务的运营商；3G业务，让那曲各族群众畅享现代信息新生活。截至目前，那曲分公司用户规模达到7万余户，业务收入同比增幅达15%。

【服务工作不断走上新台阶】先后实施了“诚信服务放心消费年”活动，全新推出了“六项服务承诺”，全面贯彻服务“十七条”，着力提升营业厅“服务四力”，认真落实三级回访制度，严格执行服务工作巡检、通报制度，通信服务水平逐步提高，客户满意度稳中有升，重大新闻媒体曝光为零，社会形象不断提升；客户经理、网上客服中心、统一充值付费平台、电子售卡渠道系统、10000号等多渠道服务，充实了服务内涵，缩短了企业与客户间的距离；以村组代理的形式发展社会代理业务，加大对农村代理人员的指导、考核，提高了农牧区实体渠道覆盖率和营销服务能力。

中国移动通信那曲分公司

【网络指标及网络规模】截止2010年底，小区完好率平均值为99.02%，掉话率平均值达到1.12%，网络忙时接通率平均值为98.01%，三个指标均超过区公司下达的挑战指标。投资建设效益最终得分12.56分，排名全区第三；网络运行质量最终得分10.68分，排名全区第五。全网现有468座基站，其中2010年新增基站164座（其中包括TD基站29座）；同时在土建机房数共计193座，新建光缆3000公里，截止光缆总长度达到5640公里。实现了98个乡镇通光缆、576个行政村通移动电话。

【不遗余力挖掘潜力，想尽办法完成指标】一是严格落实区公司的各项工作要求。在区公司相关文件的要求下，分公司在实施各项营销案的过程中规范了业务流程，规避了负面风险，有效、有力开展了区公司各项营销活动，特别是“辉煌十年，感谢有你——存费送费活动”取得了良好效果，共有近万用户参与活动，渗透率排名全区第二，为分公司收入增长奠定了良好的基础。二是结合实际，开展特色营销。那曲主产虫草，有特色节日——赛马节。分公司牢牢把握这特色中的商机，组织力量、构想思路、筹备资源，在做好充分准备后展开了强劲有力的营销和促销活动，收效显著。值得一提的是，通过这些针对性营销活动，分公司2010年数据业务收入达到2602万元，打破了以往一直无法完成指标的困境，书写了新的历史。三是开展深度捆绑活动。针对地区的重要单位、特殊部门和公费报销通信费用的单位采取了“二次”营销。虽然，在成本上有一定的付出，但从长远来讲，巩固了重要客户的关系，减少了重要客户的流失，更为有效地遏制了竞争对手的策反活动，达到了事半功倍的效果。四是深耕牧区客户。那曲是农牧民占绝对数的地区，东西经济水平差异较大，农牧民的消费水平和观念迥异，而农牧民市场恰恰又是我们市场增收的亮点。针对这一情况，分公司采取了地毯式营销、驻点营销、村村通村村搞促销、差异化促销和品牌营销。特别是“缴费有礼，低端机等您拿”活动的开展，累计赠送手机4400部，实现了可观收入。五是及时关注重要集团动态。为进一步捆绑重要集团及挖掘潜在用户，有效遏制竞争对手放号促销态势，分公司积极开展二次营销活动：自2010年2月份开始，客户经理深入60多家重要集团单位进行“一对一”宣传讲解，在送上宣传资料的同时，还积极收集各单位对移动业务需求。截止年底，那曲重要集团覆盖率达到了72%，有效地捆绑和发展了集团客户。六是渠道优势营销。渠道就是收入，当城区市场基本饱和的情况下，乡村渠道的覆盖占据了很重要的位置，各县公司在分公司的督促下，把乡村渠道覆盖列为工作重点，指标分解到每月。截止年底共完成了280家，渠道覆盖率突破60%。有了这些资源，营销方式和营销速度也有效的得到了跟进，把握了战机、赢得了收入。七是努力提升营业厅服务创新能力。2010年，除了在营销策略和手段上出手快而硬的同时，也加大了对营业厅服务创新能力的提升。改善了服务质量，改进了服务短板。八是开展劳动竞赛活动。在军令状签署之后，分公司提出了全员营销思路，要求全员参与到放号工作中来。截止年底，员工共放号1万余户，新增放号收入400余万元。

【努力打造精品网络，确保企业生命线】按照网络实现扁平化管理的思路，分公司一直坚持“网络就是企业的生命线”这一核心理念，重抓了网络建设、优化、维护这三大重点工作，有效处理好了“建、优、维”三者之间的关系，确保了“三项”工作有序、有效、有力并进，为分公司挖掘市场奠定了坚实基础：

一是抓好网络建设。2010年，分公司通过建设村通、边际网和网络提升工程，营造一条绿色“生命线”。全年共新建基站164座，新建土建机房193间，光缆新建、附挂共计2912.78公里，形成那曲——聂荣——安多——那曲，那曲——谷露——嘉黎——那曲两条光缆环线。同时，率先完成RNC对接工作，在全区第一个完成TD基站开通任务。二是做好网络优化工作。一方面对天线偏移、中频线老化的卫星站点进行全面整改，降低了设备故障率。另一方面是通过对中心机房、二干中继机房的整改，提升了机房的标准化和统一化程度。三是着力抓好网络维护工作。通过全面考核，对代维厂商势力进行比较，更换了实力弱的代维厂商，关键指标得到了较大提升。其中，忙时接通率、小区完好率和系统掉话率三个指标均超过挑战目标。

中国联通那曲分公司

【年度综述】中国联合网络通信有限公司那曲地区分公司，由中国联通那曲分公司和原中国网通那曲分公司合并于2009年1月1日。公司位于那曲地区浙江东路，雄壮的通信大楼矗立于黑昌公路旁。2008年10月15日，中国网通、中国联通红筹公司正式合并，组建中国联合网络通信有限公司。

那曲分公司已在2010年5月开通3G WCDMA业务，为分公司加快基础建设、完善网络覆盖、进一步拓展县乡业务奠定了基础。2010年，分公司固网机房四个，移动网覆盖那曲地区、安多县、比如县、索县、巴青县、申扎县、尼玛县、聂荣县、班戈县、嘉黎县；全面覆盖青藏公路沿线，覆盖率达到90%。

经过多年发展，那曲分公司从最初的四名员工增加到现有的66人，并逐渐分部门运营——综合部、运行维护部、市场销售部、集团客户部；年收入达千余万元，用户规模也达到了近万户。

【积极开拓市场】一是营销工作有进步。在2010年春节期间，分公司针对在网用户订购了一些礼品进行了维系赠礼及抽奖活动，六月份，借虫草收获东三县农牧民增收之机，开展了预开通卡促销、交话费送话费等综合营销业务。通过这些活动，提高了用户入网、缴费的积极性。当年新增用户千余户。二是提升一线人员服务水平。为保证前台服务质量，进一步提高服务水平，分公司市场部经常性组织营业、营销、外线人员开展了大量新增业务和服务礼仪等方面的培训工作，对分公司的整体服务能力的提升起到了很大的推动作用。员工耐心细致地受理客户的各种业务需求，及时准确地处理用户投诉，赢得了客户的好评。

【加强网络维护】一是完成了地区粮食局、文化路机房、检察院是光缆线路改迁工作。二是完成了二杆传输接入工作。三是完成了固定电话线路维护和检修，确保各电话超市用户设备正常运行。

【大事记】2010年5月，开通3G WCDMA业务；

2010年6月，青藏沿线移动网络覆盖全面启动；

2010年10月，黑昌线二杆传输工程启动；

2010年12月移动网覆盖那曲地区、安多县、比如县、索县、巴青县、申扎县、尼玛县、聂荣县、班戈县、嘉黎县。

【获奖情况】那曲分公司员工洛桑卓玛被自治区分公司评为“2010年度优秀工会工作积极分子”和“2010年度先进工作者”；

那曲分公司员工格桑卓嘎被自治区分公司评为“2010年度服务明星”。

【领导名录】

总 经 理：皇超奇

副总经理：楚 光、徐 伟

那曲地区国土资源工作

【加强地政管理，服务经济建设】一是做好供地保障工作。积极做好交通、能源、水利等各类建设用地的预（初）审工作，提供建设用地948亩，没有因为用地问题影响项目开工建设。二是规范建设用地审批程序。针对部分县（区）项目单位在申请建设用地时存在的资料不齐全、程序不规范等问题，及时向各县（区）人民政府和国土资源局印发了《关于加强建设项目用地预（初）审意见相关事项的函》。三是积极开展城镇国有土地确权登记工作。在确权登记工作中，在《那曲报》上发布了《关于开展那曲镇城镇国土土地确权登记发证工作的公告》，加大宣传力度，确保那曲镇居民家喻户晓。在此基础上，按照街坊划分，逐户开展确权登记调查工作。目前已完成了那曲镇52个街坊中的32、33、34、49、50等5个街坊的国有土地确权登记发证任务。四是认真开展土地市场清查和治理整顿工作。按照国土资源部和区国土资源厅文件精神，开展了土地市场专项清查和土地市场秩序治理整顿工作，重点查处违规、违法划拨供地，非法转让土地和擅自改变土地用途等行为。共清查各类违法占地13宗，其中拆除违法圈地2宗，完善土地手续11个。积极开展了2009年以前国有土地使用权出让合同清理工作。五是首次开展了全地区土地卫片执法检查工作。为全面做好土地卫片执法检查工作，提请行署成立了领导小组，制定了《那曲地区2009年度土地卫片执法检查工作实施方案》，开展了学习培训。各县（区）也高度重视，按照地区部署迅速行动，积极开展工作。在此过程中，那曲地区国土资源局组织工作组，利用一个多月的时间，对全地区土地卫片执法检查工作进行了检查、指导。对存在的4起未批先建违法用地行为，督促相关县（区）及时完成整改任务，圆满完成了2009年度土地卫片执法检查工作。六是地籍管理工作进展顺利。完成初始、变更、抵押等各类土地登记208宗。整理归档第二次土地调查地籍档案9358卷，提供土地档案信息查询服务100余次。

【加强矿政管理，规范开发秩序】一是积极为矿山企业提供优质服务。为33家企业和95个勘查项目办理了备案登记和年检手续。办理采矿许可证8个。支持和引导嘉黎县铅锌、申扎县铜矿、尼玛县锂矿等建设，帮助解决矿产资源开发中遇到的各种问题和困难，鼓励农牧民积极参与矿产资源开发活动。2011年那曲地区矿产资源产值7150万元，矿山企业雇佣农牧民工160余人次、车辆50余台，农牧民直接收益近102万元。二是支持勘查单位积极开展青藏专项大调查，为进一步摸清矿山资源家底，保障那曲发展特色经济奠定了基础。三是规范矿产资源开发秩序。重点打击无证采矿、越界开采、以采代探等违法行为。对重点矿山进行了现场检查，对检查中发现的问题，要求企业及时进行整改。对个别矿山以采代探行为进行了严肃处理。同时，为坚决防止砂金禁采工作回潮和反复现象的发生，对4个砂金重点矿区进行了2次突击检查，均未发现问题。四是加大矿山环境治理力度。通过积极争取，提前介入等方式，争取资金911万元，完成了双湖区江迁、卓如马登，尼玛县达查、马尔夏砂金治理恢复等4个矿山环境治理工程项目，整理及新增草场面积达887亩。开展了那曲县周边石场和尼玛县玉龙砂金矿矿山地质环境治理项目招标工作，签订了项目建设合同。向区国土资源厅上报了2011-2012年矿山地质环境治理项目16个，其中2011年项目9个，2012年项目7个。申报矿业权数据库项目20个，其中采矿权14个，详查项目6个。

【加强地质灾害防治工作，保障群众生命财产安全】针对2010年地质灾害防治工作的严峻形势，及时下发了有关防汛抗灾的通知，明确了重点防治区、点，落实了相应的防治措施。加强地质灾害气象预报预警工作，及时将气候预警预报信息通知到有关县（区）局，督促相关县（区）局加大对地质灾害隐患巡查、排查力度，提前做好防灾的各项准备工作。在“十二五”规划项目编制中，申报巴青、索县、嘉黎县地质灾害滑坡治理项目3个，投资4580万元，矿区复垦整理项目26个，投资27550万元。同时，通过援藏渠道，争取开展地质灾害治理项目建设。

【顺利完成“二调”工作，夯实业务基础】完成了11个县(区)、1172个行政村的两书签订工作，组织签订了《西藏自治区权属界线协议书》2152套、《西藏自治区权属界线争议原由书》958套。争取资金183308元，建成了第二次土地调查数据库机房。按照西藏自治区第二次土地调查领导小组办公室关于做好第二次土地调查数据库管理系统的安排，举办了第二次土地调查数据库管理系统使用培训，同时将各项调查数据录入进了地、县两级数据库的管理系统。建成了1个地级农村数据库，10个县级城镇数据库。

【获奖情况】那曲地区国土资源局2010年被人力资源和社会保障部、国土资源部授予“全国国土资源系统先进集体”荣誉称号，被国家测绘局授予“全国地理信息市场专项整治工作先进集体”荣誉称号。

那曲地区住房和城乡建设工作

【着力完善项目监管措施，建筑业市场管理进一步规范】2010年，那曲地区住房和城乡建设局坚持不断完善项目基建程序，严格建筑和市政工程开工许可审查，全地区建筑业市场健康发展。一是严把市场准入关，完善建筑企业登记备案制度。目前，进入那曲地区的建筑业企业共登记备案123家，比上年增加32家，与2005年相比，增加121家。其中建筑业施工企业79家，招标代理机构14家，监理企业14家。加强建设项目报建管理，办理报建项目35项，总投资为3.6亿元。强化工程程序管理，落实工程现场踏勘制度，核发工程施工许可证26份。全面落实建筑企业履约保证金缴扣制度，缴扣施工企业履约保证金近500万元。妥善解决个别施工企业拖欠的民工工资，落实到位拖欠资金36万元。二是重大项目建设进展快速。努力抓实工程建设前期工作，积极解决工程建设中的新情况新问题，促进了重大工程的顺利实施。迎宾路延伸段工程建设进展顺利，现完成总工程量的32%。色尼河广场和周边整治工程、浙江路街景整治等重大工程全面完工。环城路、迎宾路整治工作顺利完成。三是加强招投标活动的监督管理，积极做好建筑、市政项目招投标工作，维护了投标人的合法权益。全年举办房屋建筑和市政项目施工招投标活动93次，共149个标段，中标价3.8亿元。四是坚持以人为本，狠抓建筑施工安全，及时排查和消除了施工建筑安全隐患，全年发生1起致1人死亡的建筑施工安全事故，占全年控制指标的33%，安全生产形势总体平稳。

【完善工程质量监督手段，工程质量明显提高】一是加强工程实体质量监督。通过采取质量抽查、平行抽查相结合，严格监督执法，严格监督检查，充分发挥监理公司在质量监督中的主体作用，有效杜绝了工程质量隐患及质量事故的发生。全年受理质监项目28项，总投资2.25亿元。其中新建项目21项，投资1.59亿元；跨年续建项目7项，投资0.66亿元。按照公司化运营、市场化运作的要求，积极申请组建成立建材检测公司，组建手续正在抓紧办理。二是积极开展监理企业整顿工作。组成由质监、设计、建管等人员参加的工作组，赴班戈、安多、聂荣和那曲镇15个在建工程施工现场，围绕监理单位转让监理、越级承接监理任务、挂靠经营业务行为进行了全面检查，对阿里地区工程监理有限公司、安达工程监理有限公司分别作出停业整顿处理。

【加大规划执行力度，城市建设管理水平进一步提高】加强城市规划管理，坚持选址定点到户，办证发证到户，打桩放线到户，实行工程建设建前、建中、建后一条龙的跟踪管理，基本做到规划到点，管理到户，建设到位，城镇建设用地不断规范，城镇主体功能体系逐步完善。严格执行城市规划管理“一书两证”制度，始终将体现民族、时代、地域特色作为任何新建项目的重要审查要求，对任何建设项目无论投资来源，规模大小，规划部门都进行了严格审查。截止目前，2010年共审定核发建设项目选址意见书、建设用地规划许可证32份，累计用地面积304803.2㎡；审批工程规划许可证41份，累计建筑面积108293㎡。制定了《那曲镇房屋拆迁安置补偿实施意见》、《那曲地区房屋拆迁工作实施方案》《那曲镇城市房屋拆迁管理实施办法》和《那曲地区城市房屋拆迁补偿标准》，进一步规范了城市建设用地拆迁安置工作，保障了建设项目的顺利进行。完成了文化东路延伸段拆迁范围内48户房屋拆迁评估工作，确定了武警支队新址和藏医院新址建设用地；完成了那曲县物价局、旅游局、盐业公司、金路公司、武警反恐支队等单位的选址及规划红线定位工作。

【加快城乡住房建设，基层干部群众的居住条件明显改善】一是以实物配租为主、租赁补贴为辅的廉租住房保障制度不断完善。2010年实施廉租住房建设280套，国家和自治区补助资金2772万元。全面推进2009年廉租住房入住工作，入住率达90%。积极做好租赁住房补贴的审核、公示和发放工作，及时兑现租赁住房补贴204万元。二是干部职工周转房建设稳步推进。全地区实施干部职工周转房建设任务1939（2583）套，总投资2.11亿元。其中实施2009年干部职工周转房1057套，项目覆盖全地区114个乡镇；2010年实施干部职工周转房882套，其中，巴青等六县602套，地直机关280套。供电工程、道路硬化、院内绿化和给排水等附属设施同步建设。通过实施廉租住房和干部职工周转房建设，进一步改善了基层干部群众的住房条件，有效缓解了城镇低收入家庭住房难的问题。

【求特创新，注重质量，设计能力不断提升】2010年1—9月，完成1939套干部职工周转房和280套廉租房、班戈县法院审判大楼、地区人力资源和社会保障局办公大楼、浙江路街景整治、烟草公司配送大楼等15个项目、总投资0.9亿元、设计总面积达146000平方米的设计工作。2010年将完成总投资1.2亿元、设计总面积达150000平方米的设计工作，为加快推进那曲地区工程建设提供了有力保障。

【突出抓好住房公积金的建档、核定和缴存工作，住房资金规范、安全运行】贷款回收力度不断加大，恶意和逾期拖欠贷款从700多万元减少至200万元。区别公积金缴存单位、缴存年限、缴存数额，积极推进住房公积金建档工作。1—9月，缴存公积金1.0亿元，全年缴存公积金1.50亿元，与上年相比，增长29%，累计缴存6.77亿元，本年归集余额2.97亿元；1—9月，支取公积金4.22亿元，与上年相比，减少31%，累计支取3.28亿元，本年支取余额3.52亿元。本年委托贷款发放298人、0.5亿元，累计发放2.11亿元，最大限度地保障了全地干部职工改善住房条件的需求。

【加强水厂管网维护与建设，最大限度满足了城镇居民的用水需求】2010年对17家单位的供水管网和70余只水表（次）进行了检修，对二期水厂水池进行了清洗，对不符合供水标准的6处水井和井盖进行了维修和更换，改造一期水厂老管网83米。在确保正常供水的前提下，新增供水单位6家，现累计供水单位达63家，供水覆盖范围进一步扩大。1—9月，完成总供水量210万吨，全年完成供水量300万吨，与上年相比，增长36%；与2005年相比，增长186%。1—9月收取水费53万元，全年收取水费61万元，与上年相比，增长9%。加强水厂水源地保护与建设，顺利完成了一、二期水源地保护工程招投标工作。

【加强市政公用事业建设，城镇品位得到进一步提升】一是市政基础设施维护工作进一步加强。加强市政公用设施的维护和修缮，坚持做到损坏一盏更换一盏，确保了市政道路的正常照明。制定下发了《市政环卫工作制度及目标管理暂行办法》，实行各路段卫生承包制及路长负责制，组织各路长每周开展两次卫生评比工作，那曲镇的环境卫生明显改善。加大卫生费收取力度，1—9月，收取卫生费70万元，完成全年目标任务的69%，力争年底前全面完成收费目标。加强保洁硬件设施建设，新增垃圾压缩车和道路清扫车各1台。加强环卫队伍建设，面向社会完成了通站路、环城路卫生保洁员的招聘工作。二是形成了《市政监察执法大队市政管理巡逻检查工作分工制度》，进一步充实完善了《市政设施挖掘赔偿修复收费标准》、《市政路灯、路牌、灯箱等设施赔偿修复标准》、《市政设施开挖接通上下水管赔偿修复标准》，并报请行署批准实施。办理占用市政基础设施许可证60张，办理占道开挖手续达98%，收取占道费用260000元，收取道路开挖恢复押金31万元。加大城管执法力度，对乱摆摊设点的商贩进行了教育处罚，收取罚款30000元。

【领导名录】
行署副专员、住建局局长：欧　嘎
党组书记：卿立亮
党组副书记、局长：杨东升
浙江省援藏副局长：黄志斌
辽宁省援藏副局长：刘　斌、金建荣、胡成泽
副局长：群　宗、次仁索朗、央　乌

那曲地区旅游工作

【年度综述】2010年，地区旅游局深入贯彻落实科学发展观，使那曲地区旅游工作取得了良好成效。2010年完成接待海内外游客330958人次，同比增15.8%；

实现旅游综合收入57660821.00元，同比增长3.5%。1-5月份那曲地区三星级饭店累计平均住房率为74.9%，6-10月份累计平均住房率为92.2%，实现了全地旅游市场秩序、安全、质量、健康四统一目标，旅游景区（点）无任何事故发生，未接到任何投诉。

截止目前，全地区共有大小宾馆、饭店、招待所、旅社126家，客房1796间，床位4132张，从业人员800多人。其中地区星级宾馆2家，待评四星级酒店1家，客房245间，从业人员226人；地区非星级宾馆、饭店、招待所、旅社69家，客房1135间，从业人员412人；各县（区）宾馆、饭店、招待所、旅社51家，从业人员162人。

【着力抓旅游行业监管，旅游服务质量进一步规范】一是那曲地区旅游局质监人员联合工商、安检、消防等相关单位深入宾馆饭店、购物场所等地进行监督检查，对存在的安全隐患责令采取有效措施，并下发整改通知书，要求限期整改，坚决把不安全的因素消除在萌芽状态。二是重大节日期间以局领导牵头成立节日旅游安全及旅游质量检查小组，对星级宾馆和部分社会宾馆饭店进行大检查，维护游客合法权益。三是为有效防范旅游安全事故的发生，创造良好的旅游安全环境，在那曲地区重点旅游线路对“黑车”“黑导”“黑社”等进行突击检查，全年共出动19人次，出动车辆30余次，对25个旅游团队，40辆旅游车辆，45名导游进行了检查，未发现任何违规违纪行为。

【借助藏北独有资源平台 开辟西部探险游黄金大通道】2010年以来，那曲地区旅游局组织了“世界旅游精品—羌塘草原可可西里自驾远征行”活动。

8月17日，“世界旅游精品—羌塘草原可可西里自驾远征行”自驾团27名成员和4家知名新闻媒体安全顺利抵达拉萨，标志着以那曲为起点的“世界旅游精品—羌塘草原可可西里自驾远征行”取得圆满成功。

【精心搭建游牧民俗文化旅游帐篷村，提升文化旅游品位】2010年赛马节期间，在那曲地区旅游局与地区文化局共同努力下精心搭建游牧民俗文化旅游帐篷村，供国内外游客旅游、参观。赛马节期间文化旅游帐篷村共接待游客1956人，实现门票收入13000.00元。

【大力开展旅游宣传促销】旅游业是典型的形象产业，知名度就是生产力。一是在总体策划上，把现有的纳木措、卓玛圣谷、唐古拉山等旅游资源，塑造为特色鲜明的形象予以传播，以此提高知名度。二是坚持“走出去”与“请进来”相结合，大力开拓国内旅游市场，结合那曲地区旅游实际，2010年那曲地区旅游局与地区电视台合作投资40万元，拍摄了《壮美那曲》系列之二《永恒的纳木措》以及那曲古象雄文化电视专题宣传片，参加一年一度的中国国际旅游交易会，向中外展示藏北特色旅游景观，提升那曲旅游形象。

【领导情况】

党组书记、副局长：张海章
党组副书记、局长：西　德
党组成员、副局长：韩　伟、拉　青、布洛才
党组成员、调研员：索朗旺堆
副调研员：拉巴朗杰

那曲地区气象工作

【气象服务能力进一步增强，气象科研和学术交流稳步推进】2010年度共制作发布了旬（月）报43期、《专题气象服务》58期、《决策气象服务》45期、《天气情况汇报》59期、《灾情汇报》2期、《遥感监测信息》10期、《强降雨预警信号》1期、手机短信12000余条、《那曲地区干旱天气分析报告》3期、《那曲地区汛期气候影响评价》1期、《那曲地区汛期西部气象调研报告》1期。准确及时、优质高效的气象保障服务，为各级政府及有关部门指挥防抗灾和安排农牧业生产赢得时间和主动。地区行署才仁桑珠副专员在与全国总工会赴藏考察组座谈时指出：2010年全国极端天气频繁，那曲4月份遭遇强降雪，6月又逢干旱，但仔畜成活率达91.27%，比上年同期提高了8个百分点；成畜死亡率仅0.73%，比2009年同期下降3个百分点，畜牧业取得如此大的成绩，准确及时的天气预报功不可没。

【汛期气象服务成效明显】针对5月18日孟加拉湾热带风暴LAILA可能对那曲地区造成的影响，那曲地区气象局提前制作了《孟湾风暴LAILA外围云系将引发的降水消息》的重要气象报告，提出了合理化的生产建议和防范措施，得到地方政府的高度重视，取得了良好的服务效果。7月份，频繁的降水过程，严重影响地区重大民生工程——赛马场改扩建工程的建设进度，那曲地区气象局及时协调自治区人影办实施“人工消雨”作业，地委、行署领导给予了充分肯定。

【积极主动地开展冬季气象服务工作】进入2010年冬季以来，那曲地区气象局先后与区气象台和西部班戈、申扎两县进行视频天气会商14次，制作“天气情况汇报”7期，“遥感监测信息”2期，“决策气象服务信息”7期，针对嘉黎县、比如县等重要活动提供“专题气象服务”7期，向全地区各级领导发送手机短信1500余条。

【深入开展气象科学研究和学术交流】年内完成了投资16万元的《那曲地区常见气象灾害应急避险手册》项目的文字编辑、图片遴选和版面设计等工作，已交付出版社印刷，一期拟印制藏汉两种版本23000册；向区气象局申报2011年项目两项，《数值预报产品在藏北高原可预报性检验》课题获得立项；完成了那曲局局设项目《那曲气象影视中心实用技术指南》、《那曲地区地、县级预报制作与评分系统》、《那曲地区SVM降水预报系统》的研究工作；年内撰写学术论文10余篇，在《西藏科技》、《西藏气象》等刊物发表6篇。

【县级电视天气预报成功试播，社会各界反响强烈】10月11日，藏北高原首家县级电视天气预报在申扎县进行试播，一个多月来，县委县政府和社会各界给予这一节目更多的关注和支持，对气象部门主动为农牧区、农牧民全程服务，最大限度地减轻气象灾害损失所做的不懈努力给予了高度评价，并希望进一步完善节目内容，提高预测预报准确率。

【防雷减灾扎实推进】积极开展雷电防护装置安全常规监测、工程施工图纸防雷审核、建筑工程防雷跟踪检测和竣工验收、防雷科普知识宣传等。年内，受地区行署防雷减灾办公室和地区防雷检测中心委托，委派专业人员参加地区安委会组织的全地区安全生产检查3次，组织行政执法检查3次。完成自动气象站和气象现代化设备雷电防护装置安全检测36站（次）。开展各县（区）易燃易爆场所雷电防护措施安全检测52站（处），10处合格，占总检测站（处）数的19.6%；18处部分合格，占总检测站（处）数的35.3%；24处不合格，占总检测站（处）数的45.1%。完成工程施工图纸防雷审核123份；参与建筑工程防雷跟踪检测49家、竣工验收10余家。利用开展防雷检测及安全生产检查工作之际，积极组织防雷科普知识宣传，发放宣传材料5000余份，接受咨询500多人（次）。根据当地防雷减灾工作实际需求，调整充实了以地区行署副专员为主任、地区发改委、地区城建局、地区财政局、地区安监局等单位主要领导组成的地区防雷减灾管理办公室，增设秘书处全权负责防雷减灾日常工作，进一步增强了地区防雷减灾工作的公共管理职能。

【援藏工作稳步推进】完成对口援藏省局赴那曲考察调研的接待和相关工作的汇报；援藏干部欢送和迎接工作；对口援藏经费已全部划转到位。宁波市气象局薛根元局长率工作组考察东西部台站对口交流活动，捐助资金10万元；义乌市气象局与安多县气象局友好台站建设，本年度5万元的援助资金也已到位，并表示继续将对口援藏交流工作推向一个新的高度。

那区地区环保工作

【切实开展饮用水源地保护工作】继续开展了全地区城镇集中式饮用水水源地环境综合整治，清理整顿了水源地保护区内的污染源，依法取缔了水源地一、二级保护区内的非法建设项目，建立健全了管理规章制度和应急预案。在具体的项目实施方面，2010年在自治区环境监测总站的帮助指导下，完成了全地区21个集中式饮用水水源地的勘察和水质检测，基本划定了地理界标，编制完成了19个水源地可行性研究报告，其中有2个（申扎县申扎镇甲仁水源地和聂荣县城水源地）已通过自治区有关专家的评审。那曲县二期水源地已完成初步设计，在2011年完成建设并投入使用。

【重点区域环境综合整治初显成效】由那曲地区行署牵头，环保局等单位共同参与，从11月14起，到元月14日结束，利用两个月时间，通过宣传动员、集中整治、巩固提高三个阶段，对那曲镇浙江路等主街道的占道经营、店外店、门前三包、乱围、乱占、乱帖、乱挂、乱搭建、乱摆摊设点、乱停车、噪音污染及擅自开挖人行道、路面等现象进行集中整治。

以那曲镇和109国道、317国道沿线乡镇为重点，结合实际，把牧区垃圾集中收集处理工作作为牧区环境整治的重中之重。针对生活垃圾是主要的污染源之一，从政策和资金上给予倾斜，减少生活垃圾的污染面，健全牧区垃圾处理系统，不断改善牧区生态环境。国道沿线6个乡镇结合自身实际制定了《乡镇环境卫生管理制度》，以法规形式规范了镇、村的环境卫生管理。并经常组织政府各部门干部职工进行卫生清理工作，在没有建立垃圾场的乡及行政村合理设置简易垃圾场，对生产生活垃圾进行定点收集填埋，减少“白色污染”。2010年11月4日，那曲地区环保局联合7家单位对地区人员较集中、环境卫生较差的11家餐饮企业进行突击检查。此次检查出动4车次、10人次，收缴一次性筷子175公斤，一次性塑料袋500多个。通过有效的措施改善了那曲镇环境卫生和城市面貌。

【启动机动车尾气检测工作】目前，那曲地区机动车保有量已近2万辆，机动车尾气已成为那曲地区大气污染的主要污染源之一，防治机动车排放污染迫在眉睫。2010年，那曲地区环境监测站积极与拉萨市环境监测站联系，就如何做好、管好机动车尾气检测工作进行了深入学习。目前，地区环保局委托的汽车检测中心已完成设备安装调试，投入运营。

【加强建设项目管理，有效控制新增污染】一是加强了“十二五”项目衔接，地区环保局主要领导与自治区环保厅及相关单位积极协调，争取将更多环保项目列入“十二五”规划。二是全面贯彻执行《环评法》和《建设项目环境保护管理条例》，在项目建设管理上，执行分类管理、分级审批制度，把好企业环保准入关。2010年1月份至今审批及监管的建设项目共有103个。为有效控制新增污染源，预防交通建设项目对环境造成不良影响，主动与建设单位加强联系，完善环保手续，安排专门时间下乡，进行现场检查。重点对国道317那曲段改建工程项目进行了严格的监督管理，班戈到纳木措的油路、那聂公路等建设项目环保验收基本通过。2010年国道317开工以来共检查15次，26人次，蹲点天数总计达两个月以上，对于检查中发现的影响环保的问题，及时下达了整改通知。

【集中力量加强对重点建设项目的环境执法检查】2010年，对所有建设项目，地区环保局坚持“预防为主”和先评价后建设的原则，严格执行《环境影响评价法》和“三同时”制度，严把建设项目审批关。要求建设单位在项目完成环评工作后，立即到地区环保局进行登记备案，交通建设项目必须提供沿线生态环境保护方案，内容包括取土场、采砂场、采石场、临时用地、沥青拌和场等开发利用方案、复垦方案，审查并现场勘定后方批准开工。2010年纳入监管范围的有109国道整治完善项目、317国道改扩建项目、那曲至聂荣公路项目、纳木错至班戈公路项目、那曲迎宾路建设项目、青藏铁路那曲物流中心项目、那曲城市改造项目、安狮公路整治项目等，目前纳班公路和聂荣公路已通过自治区环保厅的验收。按照“属地管理”原则，各县区分别对本辖区内农村公路项目和农牧区安居工程、饮水工程、草原农牧开发项目以及矿产资源勘查项目进行监督。

【跟踪检查采（选）矿企业，消除环境安全隐患】为了确保那曲地区工业废水稳定达标排放，各选矿厂尾矿库实现零排放。2010年6月份开始，由地区环保局牵头，会同地区相关部门，对全地区矿产资源勘查与开发、项目建设任务较重的那曲县、嘉黎县、申扎县、安多县、尼玛县进行了重点调研和尾矿库专项检查，其中专项检查了选矿厂尾矿库7个（含停建项目1个），出动人员100余人次。

2010年5月5日，由那曲地区行署牵头，由环保等部门组成的联合调研组，对那曲嘉黎县荣多乡境内西藏华夏矿业公司矿山及其选矿厂建设进行了调研并对选矿厂尾矿坝施工现场进行了查勘。经过调研组会诊，认为该项目存在一定的安全隐患，而项目选矿厂尾矿库的建设即将进入正式施工阶段，在自治区各厅及那曲行署、各部门高度重视下，将监管工作前置，确保矿山及选矿厂建设按程序办事，按规定办理，达到了监督华夏矿业公司选矿厂建设，消除生产安全隐患，实现“禁排”目标，保障坝体下游群众生产生活和拉萨河源头水质安全。后来直至年底，地区和嘉黎县环保局选派得力人员长驻现场，对尾矿库的施工进行了全程监督。

【进一步完善环境监测基础能力建设】在自治区环保厅的组织协调和大力支持下，那曲地区环境监测站完成了监测仪器设备配置工作。2010年8月，所有仪器设备均已按照原定购置清单购置完成，全部设备共计49项65件，仪器中包括原子吸收分光光度计、原子荧光分光光度计、噪声统计分析仪、干燥箱、生化培养箱、大气采样器等水、大气、噪声、生物采样及分析仪器和台式计算机、笔记本电脑、照相机、摄像机等办公和采证设备，为下阶段监测工作的开展奠定了坚实的基础。8月中旬，在上级部门的督促下，部分设备——原子吸收分光光度计、原子荧光分光光度计、离子色谱仪、双光束紫外可见光分光光度计、噪声统计分析仪等已安装完成。安装的同时，那曲地区环境监测站监测人员学习了上述设备的基本操作和维护方法、相关安全防护措施，具备了一定的实际操作能力。

【大事记】2010年9月28日举行环境保护局升格挂牌仪式。

2010年8月28日陈瑞利任地区环保局党组书记、副局长（正县级），免去其地区国土资源局党组成员职务。旦增次仁任地区环境保护局党组副书记、副局长（副县级）。安世贵任地区环境保护局党组成员、副局长（列旦增次仁之后）。

那曲地区科技工作

【国家科技富民强县专项行动计划】对已实施的国家科技富民强县专项行动计划项目《那曲县藏北牦牛乳肉制品加工及产品开发》、《安多县多玛绵羊良种选育推广与产业化技术研究开发》、《聂荣县牦牛短期育肥》、《班戈县绵羊选育优质羊肉技术示范推广》四个项目，那曲地区科技局作为地方科技管理部门，严格按照国家科技部以及自治区科技厅的要求，组织精干力量，积极同各试点县沟通、协调，并深入项目实施地全程监控管理，顺利完成各阶段的项目指标任务，确保项目实施效果。

【藏药材资源普查】为了解掌握那曲地区藏药材资源分布现状，统计藏药材资源的实际储存量和可用量、再生能力以及濒危状况等可靠依据，为藏医药事业的发展及资源生态环境的保护工作提供有力的科学依据，2009年那曲地区科技局向自治区科技厅申报了《藏北藏药材资源普查》项目，并获得审批立项，项目经费50万元，项目已于2010年在地区藏医院实施。

【金牦牛科技工程】在2009年实施的项目基础上，2010年拨款190万元，以自治区农科院为技术依托，采取专家入村、科技入户承包等方式，继续培养科技特派员5名，培养乡村专业技术人员30名。对牧户进行有关人工种草、田间管理、牧草适时收获、加工及贮存、牦牛繁育、牦牛育肥、常规疾病的诊断和防治等技术培训，培训人员达2000人/次，完成了“提高母牦牛产奶性能技术示范、牦牛高效育肥与快速出栏技术示范、牦牛安全越冬度春技术示范、牦牛疫病综合防控技术示范、温室大棚人工种草技术示范、母牦牛冬季补饲示范”等相关技术研究，通过项目的实施，初步探索出藏北高原牦牛繁育、育肥和冷季防掉膘的饲养模式，基本建成稳固的牦牛综合繁育与育肥基地，选育群规模达到1000头以上、育肥牦牛规模为3000头，母牦牛科学养殖示范100头，牦牛冷季防掉膘示范5000头，重大疫病防控技术示范5000头，利用冬圈夏草和房前屋后人工种植牧草5000亩。

【那曲地区决策气象服务远程视频会商（灾害应急会议）系统示范研究】2009年那曲地区科技局组织那曲地区气象台申报《那曲地区决策气象服务远程视频会商（灾害应急会议）系统示范研究》，并获得审批立项，项目经费30万元，项目已由织那曲地区气象台组织实施，已取得初步成效。

【积极开展科技项目申报工作】为保护和推广那曲地区优良畜种，为畜牧业生产提供科技支撑，推动特色畜牧业产业开发，2010年组织各县（区）申报国家富民强县计划项目，最后从各县（区）申报的项目中筛选出嘉黎县《娘亚牛本品种选育技术示范推广》以及比如县《西藏那曲地区比如县牦牛良种繁育技术示范推广与产业开发》两个项目，项目已通过自治区专家组评审，上报至国家科技部待国家审批。

由那曲地区科技局组织申报的国家星火计划项目《尼玛县白绒山羊产业带建设》项目，经过2008、2009、2010年的多方努力，2010年获得审批立项，项目经费50万元。

【认真做好项目总结验收工作】对实施期限已经到期的科技项目，那曲地区科技局积极安排有关项目组成员，对所经手的项目进行做好总结验收工作。那曲地区科技局和中国科学院亚热带农也生态研究所共同实施的国家农业科技成果转化项目《应用特杀鼠2号治理藏北草原鼠害技术示范推广》以及由那曲地区科技局和自治区农科院共同实施的自治区重点科技工程《金牦牛科技工程》两个项目于2010年2月通过了自治区科技厅组织的专家组验收。

【创新科普宣传思路，不断加强科协工作力度】2010年那曲地区科技局共开展大型科普宣传活动4次，投入资金约30万元，活动中共发放各类藏汉文科普书籍33000余册、科普宣单26000余份，科普挂图650余张，科普展板100余个，法律书刊140余本，义务就诊650余人，免费提供藏药、西药及各类计生用品价值8000余元，为农牧民群众义务维修家用电器200台（件），提供咨询服务500余人次，受益人数达到15000人次，进一步提高了农牧民群众的科技意识，改善农牧民的生活条件，丰富农牧民的科技文化生活，受到了农牧民群众的热烈欢迎和一致好评，达到了预期目的。

【获奖情况】那曲地区科技局承担的《藏北高原环境治理植物资源引种栽培关键技术研究与示范》项目荣获自治区科技进步二等奖，那曲地区科技局科协办主任罗布次仁同志授予“全国科普工作先进个人”称号，那曲地区草原站旦久罗布同志被评为“全国优秀科技特派员”及“自治区科技特派员优秀标兵”，那曲地区聂荣县色庆乡28村村民裸布旺加被评为“全区科技致富带头人”。

那曲地区教育体育工作

【努力完成“十一五”规划各项目标任务，切实制定好“十二五”教育发展规划】“十一五”期间，那曲地区各级各类教育事业快速发展，“两基”攻坚目标如期实现，普及义务教育步伐明显加快。与“十五”末相比，小学在校生增加397人，小学适龄儿童入学率提高5.9个百分点。全地区初级中学13所，初中在校生18798人，初中入学率达到91.94%，与“十五”末相比，初中在校生增加15915人，初中入学率提高68.2个百分点。与“十五”末相比，高中增加1所，高中在校生增加913人，高中阶段入学率提高30.7个百分点。“十一五”期间，参加普通高考的人数累计达5293人，录取2896人，录取率54%。参加普通中考的人数累计达8367人，录取7512人，录取率达89%。参加内地西藏班考试的共11462人，五年内共向内地西藏班（校）输送小学优秀毕业生1283名，录取分数线提高到228.5分。“十一五”期间那曲教育基建总投入7.8249亿元，对118所小学、6所中学、12所幼儿园、9县职教中心、7所青少年活动中心和地区职业技术学校进行了改扩建，在33个教学点配备了光盘教学设备，覆盖率为100%；在124所中小学配备了现代远程教育班班通，覆盖率为93.2%；在139所中小学建设了卫星收视设备，覆盖率为96.2%；在23所中小学建设了计算机网络教室。“十一五”期间国家共发放“三包”经费近三亿元，受助学生268276人。

2010年，上级为那曲地区投入小学规范化建设项目、农村寄宿制学校建设项目、校舍安全建设项目等教育基建项目共资金已达1.8001亿元，并已全部得到落实，其中6723万元项目已全部开工，涉及11个县（区）22个学校，工程实施平均进度达到总工程量的80%以上，争取到的项目资金11278万元，部分工程已开工，剩余项目正在进行前期工作，已竣工验收的项目有地区一小的“八一爱民综合教学楼”。通过努力全面完成了“十一五”规划目标，为“十一五”规划画上了圆满的句号。同时，那曲地区教育体育局积极上下协调，多方奔走，于2010年年初就开始着手制定那曲地区“十二五”教育发展规划纲要，积极向教育厅和发展改革委等单位反馈那曲教育发展困难，争取“十二五”期间的资金、政策支持。经过那曲地区教育体育局多方努力对“十二五”教育建设项目进行了认真编制，经过论证和筛选后，教育建设项目资金最终定为14.94亿元（其中，学前教育新建和改扩建项目资金有23190万元；小学教育新建和改扩建项目资金有76192万元；初中教育新建和改扩建项目资金有16667万元；高中教育新建和改扩建项目资金有11020万元；职业教育新建和改扩建项目资金有18000万元；新建教师培训中心项目资金有2350万元，新建那曲地区特殊学校项目资金为2000万元。那曲教育“十二五”发展的宏伟蓝图已绘就。

【举全地之力，全力以赴做好迎“国检”工作】2010年，地委、行署成功召开了全地区第一次教育工作会议，会议出台了《中共那曲地委那曲地区行署关于推动教育跨越式发展的实施意见》（征求意见稿），会议表彰了教育工作中成绩突出的25个先进集体、100名先进个人，会议对未来一个时期的教育发展作出了重要战略部署，地委行署主要领导做了重要讲话。会议的召开充分体现了地委、行署对教育的高度重视，展现了各级党委政府、各族各界人士齐心协力、团结一致推动教育发展，实施教育优先发展的强大决心。

年初那曲地区召开了2010年度部门教育工作会议，会议受到地委行署高度重视，地区行署副专员王纯丁同志亲临会场指导并讲话。在会上，地区教育局（体育局）与各县（区）签订了2010年目标责任书，会议对2010年全年教育工作各项任务作出了全面部署，会议统一了全地区教育系统干部职工、教师队伍思想，为全地区2010年教育工作提出了目标任务。

根据地区行署和教育工作会议安排，4月1日至26日，地区“两基”攻坚办、教育督导室组成工作组对索县、巴青、比如三县“两基”巩固提高工作进行了全面督查，工作组深入29个乡镇、34所中小学、7个教学点，行程2652公里，乡镇人民政府和学校抽查面达90%。在此次专项督查中，索县适龄入学率79.46%、初中阶段入学率59.4%；巴青县适龄儿童入学率91.62%、初中阶段入学率41.72%；比如县适龄儿童入学率97.17%、初中阶段入学率42.3%。三县小学、初中入学率出现不同程度的下滑，与自治区巩固提高标准存在极大差距。地区“两基”办、教育督导室对三县督查结果已形成专题报告上报自治区教育厅、地委行署，并受行署委托由地区教育督导室责成三县人民政府限期整改。4月22日区地两级教育督导组对那曲、聂荣两县迎“国检”进行督导检查。7月初，地区教育（体育）局再次组成以分管督导工作的副局长带队深入安多、聂荣、那曲、嘉黎、班戈5县进行督导。从目前情况来看，那曲地区“两基”迎“国检”工作任重道远，招生劝学工作任务十分繁重，学生入学率与区地两级要求差距较大。10月份，地区教育局再次对地直各学校和那曲县中学、完小等进行一次全面督导检查，对存在的问题进行了全面整改。

自治区教育厅十月份对那曲地区巴青、安多、聂荣三县的普九进行了复查，自治区复查组同意报请自治区人民政府核准安多、聂荣、巴青三县通过“普九”复查，报请国家教育督导团办公室核准聂荣、巴青两县通过“普九”复查。

【加快职业教育发展，实施科教兴地战略】通过以地区职业技术学校为龙头、各县职教中心为纽带，加快农牧区农、牧、兽医、摩托修理、计算机、羊毛加工等短期劳动力培训，仅仅地区职业技术学校就培训农牧民劳动力1340人。加大职业技术学校招生力度，全面完成自治区教育厅分配给那曲地区的200多名内地院校职教生招生工作。按照“升学有基础，回乡能致富，创业有技能”的职业教育发展思路，通过劳动力短期培训、扩大职业教育招生规模、积极鼓励初高中毕业生报考职业院校，拓宽职业技术学校毕业生就业渠道，不断提高职业技术学校为“三农”服务、为那曲地区市场经济服务水平，改变农牧民“读书为读大学，读大学为当干部”的思想观念。积极争取职业教育项目，2010年利用自治区人大到那曲调研的有力时机，对那曲地区职业教育资源短缺，“双师”型教师缺乏的问题向自治区人大、教育厅反映，对当前职业教育存在的弱点难点问题，列入“十二五”规划中加以解决，把职业教育与基础教育列入同等重要的地位，加快发展。在《关于推进那曲教育事业跨越式发展的意见》中，提出了通过地委行署、地区教育局和对口援藏省市努力，选聘一批优秀职业院校毕业生，以合同制形式送到内地民营企业顶岗实习2至3年，有效提高学生职业素养、培养市场经济观念、增强竞争能力，不断拓展职业学校毕业生就业空间发展空间。

【严格招生考试制度，做好各类招生考试工作】2010年，那曲地区各项招生考试工作顺利实施，全地区参加普通高等学校招生考试普通高中毕业生有1239名，其中进藏干部职工子女享受父母工龄加分73人，基层教师子女享受加分36人，基层农牧科技人员子女享受加分15人，基层医务人员子女享受加分19人，自治区级“三好”学生及优秀学生干部享受加分15人，国家级竞赛获奖生享受加分2人；参加普通高中（中专）招生考试初中毕业生2881人，其中内地初中班212人，自治区级“三好”学生及优秀学生干部享受加分64人；参加内地初中班招生考试的小学毕业生2342人；在考试期间，行署专员谭永寿、地区教育局（体育局）书记、局长亲临一线指挥，担当考区负责人。高考中考小考三项考试工作在那曲地区招生委员会直接领导下于6月21日全面圆满结束，为社会交出一份满意答卷。2010年那曲地区572名高考考生被录取到各高等学校，其中拉萨那曲高级中学262人，地区中学75人，地区职校108人，育英民办中党队，社会考生24人。2010年那曲地区高考录取率为46%，拉萨那曲高级中学、地区中学、地区职校和育英民办中学录取率分别为62.3%、32.2%、34.3%、49.3%。参加普通中专（高中）考生2881人全部录取到高一级学校，其中1067人录取到重点高中、599人录取到普通高中，1172人录取到中等职业技术学校，录取率100%。

全地区参加春季自学考试的考生52名，秋季自学考试32人、参加成人高考1757人，参加全国中小学教师教育技术水平考试的考生647名，以上考试工作已圆满完成。

【领导名录】

党组书记：王选忠

党组副书记、局长：永旦扎巴（藏）（2010年11月任那曲地区政协副主席）

副局长：常欣（援藏）、孟立忠（援藏）、康希娥（女）、罗布次仁（藏）

纪检书记、调研员：斯塔（藏）

调研员：次仁多吉（藏）

副调研员：多吉顿珠（藏）

那曲地区文化工作

【成功举办一年一度的羌塘恰青赛马艺术旅游节】在地委、行署以及赛马艺术节组委会的正确领导和高度重视下，实现了“安全、精彩、详和、圆满”的目标，取得了圆满的成功。调集十一县（区）和地（中）直相关单位1690名干部群众演员全满顺利地完成了2010年那曲地区羌塘恰青赛马艺术节开幕式大型歌舞《和谐羌塘》的三个章节文艺节目的演出任务。同时，成功举办了“那曲地区第二届普古曲姆大赛”、“第四届民间歌手大赛”、充分展示了藏北儿女的精神风貌。2010年的赛马艺术旅游节文艺活动得到各级领导及广大干部群众的高度评价。

【群众文化丰富多彩】一是积极开展业务指导、辅导和加强文化交流活动。2010年，地区群艺馆抽调业务骨干到班戈县进行业务指导，对机关单位文艺节目进行专门辅导，取得了较好的成绩；二是加强文艺节目的交流力度。文化科、群众艺术馆组织带队索县、安多县民间民间艺术团参加在山西大同举办的“第八届中国民间艺术节”，那曲地区独有的原生态果谐舞《雪域祝福》获得金奖、组织奖；组织格萨尔说唱艺人参加了在青海西宁举办的全国格萨尔艺人说唱会暨学术研讨会，加强了文化艺术交流；三是为丰富广大群众的精神文化生活，淡化宗教消极影响，不断解决群众“文化饥渴”问题。要求实现“县县有民间艺术团队、乡乡有民间文艺队、有条件的行政村有业余演出”的总体目标和任务；对文艺团队的演出场次、场次补贴、群众演员的务工补贴等方面首次作了明确的规定；共开展97场文艺演出，观众达6万多人次；五是那曲地区三县民间艺术团和群众艺术馆演出队加大文艺节目的创作力度，积极开展送戏下乡活动。共创作编排新节目66个（舞蹈17个、声乐13个、小品3个、其他3个），演出场次达103场，观众人数达8.7万人次。同时，各县（区）民间文艺队也积极参加赛马艺术节等活动，组织演员深入基层开展文艺演出活动，共演出86场，观众达4.35万人次。区党委书记张庆黎、区党委常委、宣传部长崔玉英、地委书记边巴扎西同志作出重要批示给予充分肯定。

【专业文艺创作水平供给能力不断提高】地区艺术团紧紧围绕时代主旋律，坚持以“二为”方向和“双百”方针，按照“三贴近”的基本要求，加大文艺节目的创作力度，积极开展文艺演出活动，不断丰富广大群众的精神文化生活。共创作编排8个节目（舞蹈6个、小品1个、声乐1个），完成演出15场，观众人数达15263人次。

【加大基层公共文化服务体系建设力度】一是上年那曲地区实施并完成了187座“牧家书屋”工程建设（截至目前总计为275家），聂荣、班戈县综合文化活动中心工程，为基层农牧区群众就近汲取科学文化知识，巩固基层社会主义思想文化阵地发挥了重要的作用。二是基层公共文化设施的使用和管理，直接关系到人民基本文化权益的实现和文化发展成果的共享程度。根据多托副主席在《那曲基层文化现状调查报告》上的批示精神，那曲地区文化局把建设好、管理好、使用好、运行好县乡文化馆站作为一项重要工作来抓。11月4日起组织专门工作组，对11个县（区）的基层文化设施建设、管理、利用等情况监督检查。通过检查，被挤占、闲置、挪用的基层文化馆站基本得到正常使用，有的正在整改中。三是切实督促检查东三县27个乡镇，安多、申扎、那曲6个乡镇文化站建设、验收进度，总体上来看，除申扎县塔尔玛乡、雄梅乡文化站在建外，其余的均已竣工验收。

【加强文化市场监管力度】坚决封堵查缴政治性非法出版物和境内外反动宣传品及清除淫秽色情出版物。加强执法队伍建设，规范和完善全地区文化市场执法行为。进一步加强网吧的日常管理，加大处罚未成年进入网吧的力度，坚决实行实名登记管理上网制度；深入开展"反盗版天天行动"，加大音像市场专项整治力度，杜绝盗版音像在市面上的反弹。全年共出动执法人员1400人次，执法车辆100台次，检查各类文化经营场所5000家次，收缴各类盗版、淫秽及政治性非法音像制品12769盘（张）。

【文物保护工作取得实效】进一步加强文物保护法规的贯彻落实，加大文物法律知识普及和宣传，不断增强全社会和公民的文物保护意识，确保文物的安全；扎实搞好第三次全国文物普查。截至目前，那曲地区共调查登陆331处不可移动文物点，其中新发现183处、复查148处，全面完成了第三次全国文物普查工作任务，普查处率达到100%。进一步加强了文物保护工作，完成了国家级文物保护单位索县邦纳寺抢救性维修工程，推进文物的依法保护工作。积极申报国家、自治区、县级文物保护单位。目前，那曲地区拥有1处国家级文物保护单位、22处自治区级文物保护单位、54处县级文物保护单位。

【非物质文化遗产工作成效显著】2010年积极推进那曲地区非物质文化遗产、古籍的普查、保护及申报工作。班戈谚语、赞丹寺羌姆等13个项目已列入自治区级非物质文化遗产保护名录。截止目前，全地区共拥有7个国家级、20个自治区级非物质文化遗产保护名录。12月初召开那曲地区古籍普查工作会议，下发古籍普查保护工作实施方案，为全面开展藏文古籍普查工作奠定良好的基础。

【不断加大图书征订发行力度，满足不同层次的文化需求】全年一般图书销售9.5万多册，销售收入125.83万元；全年两季教材发行销售2112621册，实现销售收入1258.68万元，比上年同期增长23%和5%。进一步发挥文联的"联系、协调、服务"的作用。在不断提高刊物质量的基础上，积极组织稿源，完成了《羌塘》藏、汉文刊物的出版工作。

【获奖情况】索县、安多县民间艺术团37名演员参加由中国文联主办、中国民间艺术家协会、山西大同市承办的"第八届中国民间艺术节"中荣获组织奖；大型果谐舞《雪域祝福》获得金奖；

那曲地区文化局文化市场管理科被文化部评为2010年全国文化市场综合执法先进单位；

安多县文化馆被中宣部、文化部等部委评为"全国服务农民服务基层文化建设先进基层馆（站）"；

那曲县罗马镇牧民曲松在文化部等主办的首届中国农牧艺术节、全国乡村歌手大赛中获得优秀歌手奖；

那曲地区文化局文联办洛布扎西被文化部、国家民委、中国民间艺术家协会评为"中国民间文学集成"特殊贡献奖；

那曲地区文物局文物管理科索朗曲吉尼玛、达娃两位同志被国务院第三次全国文物普查领导小组办公室授予文物普查工作突出贡献个人奖。

【领导名录】

党组书记、副局长 ：扎西旺久

党组副书记、局长：次仁龙培

党组成员、副局长：李维宇、党组成员、副局长：普布江春

党组成员、副局长、纪检组长：塔　杰

党组成员、副调研员：琼　达（女）

那曲地区广电工作

【抓好"三项工程"建设和巩固工作，不断扩大广播电视覆盖面】2010年，广播电视"村村通"、"户户通"工程，"西新工程"和农村电影放映工程（电影"2131工程"）得以进一步发展和巩固，广播电视覆盖面不断扩大，全地区广播电视人口综合覆盖率分别达到81.35%和86.02%。

1、广播电视"村村通"、"户户通"工程：按照自治区广电局的统一安排，2010年那曲地区共实施了6582套"户户通"。同时，积极配合地区民宗局，做好分发到寺庙的434台电视机的分配工作；积极协助各县（区）做好九州、创维接收机升级工作，确保了广大农牧民群众看到电视。

2、"西新工程"调频广播：按照"三满"播出的要求，2010年，加大了"西新工程"调频广播"三满"播出的监测力度，同时要求各县（区）做好日常维护和管理工作。为进一步扩大广播覆盖面，在索县、尼玛、安多三县和嘉黎县嘉黎镇、巴青县雅安镇、比如县夏曲镇、那曲县古路镇、索县嘎美乡、聂荣县尼玛乡七个乡镇实施了无线广播试点工作，目前，设备运行良好，效果明显。

3、农村电影放映工程（电影"2131工程"）：2010年，地区电影放映公司按照年初工作计划，切实抓好电影放映工作，确保了一村一月放映一场电影的目标。那曲地区71个电影放映队在1433个放映点累计放映电影19557场次，其中胶片电影9851场次，数字电影9706场次，电影"2131工程"实现程度为1.36场/村/月，观看人数达116万人次。2010年，那曲地区索县、比如、双湖三县（区）电影放映队获"全区农村电影放映工程先进集体"荣誉称号，才吉、占堆、次仁旺扎三名同志获"全区农村电影放映工程先进个人"荣誉称号。

4、有线电视数字化整体转换工程：那曲地区实施有线电视数字化整体转换工程得到自治区、地委、行署的高度重视。目前，那曲地区有线电视数字化整体转换的前端平台建设已完成。

【坚持正确的舆论导向，抓好新闻宣传报道工作】2010年，那曲地区始终坚持"三深入"和"三贴近"的基本要求，紧紧围绕地委、行署的中心工作，坚持正确的舆论导向，大力唱响继续解放思想，坚持改革创新，推动科学发展，维护社会稳定，

促进社会和谐的主旋律，切实搞好新闻宣传报道工作。全年在《西藏新闻联播》中共播出新闻 296 条，其中汉语新闻 186 条，藏语新闻 110 条。在全区新闻年会上，那曲电视台被评为2010年《西藏新闻联播》发稿先进电视台第一名；新闻记者尼玛被评为2010年《西藏新闻联播》发稿个人第一名。在全区好新闻评选中，西藏电视台与那曲电视台联合采制的大型系列报道《情系西藏 在铸丰碑》被西藏自治区广播电视协会、西藏电视台评选为“全区电视好新闻消息类特别奖”；由那曲电视台新闻记者普布塔培、德珠采制的新闻《那曲地区建立草原生态保护奖励机制试点工作成效显著》被西藏自治区广播电视协会、西藏电视台评选为“全区电视好新闻消息类优秀奖”。

【加强管理和维护工作，确保广播电视安全播出】那曲电视台和各县（区）广播电视转播台认真落实各项维稳措施，切实加强了广播电视设备设施的巡查工作。在敏感时期的重要时段、重点部位、重大活动始终做到主要领导靠前指挥，抓好安全播出应急预案的演练，确保了安全播出。同时，加强对擅自销售卫星接收设施行为的整治力度，规范经营和销售渠道，防止和杜绝境外广播电视节目的传播。

那曲地区人民医院

【年度综述】医院总体运行情况良好，门诊病人、住院病人、手术病人、检查病人数量都在逐步增加，截止目前，门急诊病人 62797 人次，健康体检 2854 人次，住院病人 4397 人次，其中治愈 1436 人次、好转 137 人次、未愈 191 人次、死亡 19 人，治愈率 48%、好转 45%、死亡 1%，全年手术 555 例，接受实习及进修生 26 人次。

全年事业收入 20087 千元，与上年同期相比增加了 3313 千元。其中医疗收入 11098 千元，药品收入 4905 千元，其他收入 4084 千元。在本年度中，那曲地区人民医院共计支出各项开支 40944 千元；2010 年度实际滚存结余为：2,964,422.66 元。

【继续抓好质量规范管理，促进医疗业务不断发展】医务科和护理部将提高医疗质量在“三基三严”基础上，对全院医生、护士进行了基础理论、基本知识、基本技能的考核和测评，有效地使医务人员在临床中严格执行基本规章制度和各项技术操作规程。将科主任定为科室第一负责人，要求严把科内医疗质量、手术质量、护理质量、病历书写质量、各种检查、检验质量、医学影像质量等质量关，发现问题及时解决，及时防范，使医疗质量管理更趋科学化、专业化。同时不断加强对医技人员继续培训工作，从而大大提高了那曲地区人民医院医技人员的整体业务素质和诊疗水平，为提高人民群众的健康水平和生命质量作出了积极的贡献，取得了较好的社会效益和经济效益。

【强化药品“质量第一”的管理理念】建立完善各项制度，对各科室进行考核、检查、指导、评价实行整改制度，为保障广大群众的利益，本着“提高质量，降低费用”的原则，医院采取医务科定期抽查和科室自查相结合的方式对全院的医疗质量进行全面监控。严禁药品商私下向医生推销药品的现象，严格执行药品购进验收制度，从厂家、包装、质量、批号、效期等多个环节予以验收，杜绝假冒伪劣药品进入医院。严格实行药品效期管理，建立失效期药品督导工作机制，持续抓好麻醉药品和毒麻限制、精神药品的管理工作，加强质量问题疑似药品管理，保证了医院用药安全有效，切实维护了广大群众的身体健康和生命安全。

那曲地区藏医院

【医疗指标完成情况】门诊接诊总数 12653 人次，日门诊平均 70 人次，完成率 50.6 %；住院病人 385 人次，完成率 39.3 %；出入院诊断符合率 99.7%，治愈好转率 88.7%，病床周转次数 8.0 次，完成率 72.7 %；病床使用率 50.7%，完成率 59 %；B 超 1090 人次，完成率 34.1 %；放射 753 人次，完成率 39.6%；检验 2841 人，完成率 49.8%；心电针灸理疗 729 人，完成率 63.4%；胃镜 61 人次，完成率 17.4 %；藏医外治 138 人，完成率 120 %；各项业务指标完成比上年同期有所降底。

【生产指标完成情况】药品生产品种 39 种，产量 4152.15 kg，产值 92 万多元，比上年同期有所增长。

【经济指标完成情况】医院全年经济指标任务为 717.5 万元，截止 5 月底实际收入达 294.3 万元，完成率为 41 %，比上年同期增长 6%。

【继续深入推进医院管理年活动，全面提高医疗服务质量】一是那曲地区藏医院以强化藏医药文化建设为先导，扎实推动医院精神文明建设。加大了对藏医药的文化宣传力度。从建筑风格、内部装潢、诊疗环境、形象识别等方面入手，充分利用大堂、走廊、候诊区、诊室等区域，全面展示藏医药文化，如各种标语、宣传栏都用藏汉双语，不仅为农牧民群众提供了便利，更是在全院形成了浓郁的藏医药文化氛围。二是经过几年的建设，医院对重点专科的医疗水平、诊疗效果、人才队伍等方面均取得了较大进展，如心脑血管、放血治疗等特色专科建设卓有成效，在加强专科建设的同时专科人才梯队进一步完善，人才结构逐步趋向合理。那曲地区藏医院虽然面临着名老专家相继退休的严峻现实，医院采取多种办法加强医院人才队伍的建设，如院领导对即将退休的名老专家在卸任前希望再带一批中青年人才队伍的殷切期望下部分老专家仍在岗位上为医院的人才队伍和医院健康发展作着贡献，在全院上下的努力初步形成了一支梯队合理、藏医药功底扎实、专业能力强的人才队伍。三是完全按照西藏自治区藏医医院管理年活动评价细则的要求，紧紧围绕藏医特色优势、人员配备、临床科室建设、重点专科建设、藏药药事管理、藏医药文化建设等六大重点全面推进医院管理年活动。并在总结以往多年开展医院管理年活动的经验上，联系医院目前存在的问题和不足，实施新方法，采取新措施，充分动员广大职工，真正把提高医疗服务质量这个永恒的主题抓好。病人对医疗服务的满意率接近 100%，充分展示了那曲地区藏医院的医疗服务更加贴近群众、贴近社会的崭新一面。

那曲地区人力资源和社会保障（公务员）工作

【就业再就业工作】全年实现就业再就业1527人，培训城镇失业人员910人，培训农牧民1249人，安排了24名高校毕业生进入见习，考核鉴定技能工人167人，安置了640名公益性岗位，征收失业保险1205万元，向36家困难企业发放了补贴301.5万元，同年10月，失业保险基金实现区级统筹，全年城镇登记失业率控制在2.47%；

【工务员考录工作】圆满完成了从高校毕业生中公开考录国家公务员（工作人员）各项工作；认真做好了自主择业军转干部管理服务工作；制定出台了《那曲地区事业单位岗位设置管理实施意见》和《那曲地区事业单位岗位设置管理试点工作实施方案》并在地区藏医院和地区中学两家单位开展了试点，完成了全年各类职称考试报名人员的资格审查、数据录入及考务工作，选派了6名专业技术人员到内地学习深造；

【加快推进社会保障体系建设】全年参加城镇职工基本医疗保险23216人，征收城镇职工基本医疗保险费10784.13万元，审核参保职工住院待遇1866人次，支付基本医疗保险费6360.86万元；参加城镇居民基本医疗保险17834人，征收城镇居民基本医疗保险费354.50万元，支出城镇居民基本医疗保险372.93万元，到年底与那曲实现联网的定点医疗机构共26家，联网的定点零售药店34家，地区医疗保险管理中心在2010年被评为2008—2010年度全国人力资源和社会保障优质服务窗口；在开展企业合同制工人信息采集和录入工作的同时，全年核定养老保险6118人，征收养老保险5154.4万元，支出5132.1万元；核定生育保险16599人，征收378.8万元，待遇支出199.9万元；核定工伤保险10198人，征收334.8万元，待遇支付22.65万元。全力做好了那曲地区1835人基本养老保险金的调整，年增资456万元。同年12月，那曲地区新农保试点工作11个县（区）全部通过自治区级验收，从政策上实现了全覆盖，全年拨付新农保基础性养老金1257.16万元，全地区参加新农保26620人，新型农村养老保险费帐户收入214.42万元；

【开展了老工伤统筹落实反劳动争议工作】全年接待工伤咨询36件，正式受理5件；按照工资福利政策，扎实做好了全地区机关企事业单位、援藏干部等的工资审批与政策落实，完成了全地区工资水平调查和劳动力市场部分职位工资指导价位测算，开展了劳动合同制工人的档案清理清查并向社会公开发布了那曲2010年900元最低工资标准；开展了法律法规政策宣传和劳动力市场专项检查活动，全年受理各类劳动争议案件210件，涉及劳动者人数2811人，为劳动者追讨劳务工资496万元；从68家建筑企业扣缴民工工资保障金2582.64万元。

那曲县

【年度综述】2010年，全县GDP达到71525.12万元，总量较2005年翻了一翻，年均增长速度达到15.61%；财政收入完成近2.5亿元，较2005年扩大了1.82倍，本级财政收入完成2360万元，较2005年增长了68.45%；农牧民收入完成4468.09元，较2005年增长了69.88%，现金收入完成3351.07元，较2005年增长了108.86%。

2010年底，全县累计出栏牲畜296076头（只、匹），出栏率达到33%，存栏93万头（只、匹），近年来，那曲县始终坚持以。

【进一步加快新农村建设步伐】全年共完成安居房建设848套，同时，进一步完善乡镇发展规划，加快农牧区基础设施建设，解决群众最关心水、电、路、桥问题，改善农民生产生活条件。

【优化发展环境，不断加大招商引资力度】随着青藏铁路的开通和我区经济的快速发展，那曲县作为连接西藏和内地“桥头堡”的重要作用愈发突出。

【加快社会各项事业的发展】积极贯彻教育优先方针，不断加大教育投入，积极巩固义务教育“控辍保学”成果，调整优化教学资源，不断提高教学质量，全县中学适龄儿童巩固率、入学率达到99.09%和94.16%，小学适龄儿童巩固率、入学率达到98.92%和99.12%，较2005年有明显提高，进一步推动了教育的发展。文化部门结合“四下乡”活动，组织开展文艺下乡活动2次，参与人达到3万多人次，并按时完成了全县“村村通”设备检修和卫星电视接受设备升级工作。卫生部门认真落实要求，进一步规范农牧区医疗制度，建立农牧民群众看病绿色通道，报销各类住院费用580.98万元。同时，联合工商、教体局等部门共同执法，加强对食品安全的督促检查，全力确保群众的生命财产安全。民政及社会保障部门立足本职，严格落实各项政策，及时足额兑现各类民生资金，积极开展扶贫救助及就业、再就业工作，前三季度共兑现低保资金6871042元，开展各类技能培训450人次，实现就业和再就业200余人。那曲镇阳光苑廉租房小区的正式投入使用，为全县300户困难群众解决了住房问题、解了燃眉之急。交通部门结合实际，在国家及有关部门的大力支持下，全年共投入资金687.87万元，建设公路171.502公里，进一步改善了农牧区交通状况。国土和环保部门，进一步加大了对矿产资源和环境保护的监管力度，为那曲县的可持续发展奠定了坚持的基础。

【积极开展扶贫工作】严格落实国家政策，在困难群众中识别和查找出五保户、低保户、扶贫低保户、扶贫户四类人，根据不同情况开展扶贫，全年完成脱贫358户1790人，返贫控制94户376人。

嘉黎县

【基本县情】嘉黎藏语译为“拉日”，地处那曲地区东南部、唐古拉山与念青唐古拉山之间，有“藏北江南”的美誉。东连昌都边坝县、林芝波密县，南临拉萨当雄县、林周县、墨竹工卡县和林芝贡布江达县，西接那曲县，北依比如县，属藏北高原与藏东高山峡谷结合地带的高原山区，交通网络四通八达，区位优势十分明显。地势自西北向东南倾斜，平均海拔4500

米左右。现辖2镇8乡，122个村（居）委会，人口31538人。

嘉黎县是十一世班禅大师、热振活佛、二十三世达隆活佛的故乡。有藏北草原风情、茶马古道及风景秀丽的原始森林。这里是歌舞的海洋，是观光旅游的胜地，是野生动植物的乐园，是历史上茶马古道的北线重要的物资集散地。

【年度综述】2010 年全县 GDP 达到31294.8万元，人均GDP跃上新台阶，达到9922.9元，地方财政收入达到1973万元，税收收入达到2067.09万元，产业结构进一步优化，第二产业对经济增长的贡献更加明显，三次产业结构调整为19∶35∶46，三次产业格局进一步优化，增长方式得到进一步转变。社会消费品零售总额达到9271.8万元，金融机构各项存款和贷款余额达到10172万元、10101万元。

【新农村建设取得明显成效】农牧业基础地位不断夯实。2010年，全县农作物春季播种面积达5120.25亩，农作物产量达到809.42吨。全县各类牲畜存栏217860头（只、匹），牛羊马猪的比例调整到80∶15∶2∶3，基本实现“发展牛、稳定羊、控制马”的目标。牲畜疫病防治工作成效显著，疫苗注射率达到100%。以开发娘亚牛和藏猪为重点，发展特色畜牧业，建立了娘亚牛育肥基地，推广娘亚牛178头。藏猪在嘉黎县畜牧业的比重逐步提高，达到5860头。林下资源也得到一定程度的开发。

农牧民安居乐业齐头并进。截止2010年底，嘉黎县安居工程累计完成投资23672.5万元，新建或改造3546户安居房，完成1052户已建抗震加固，改善了21729人的居住条件，使全县80%的农牧民住上经济舒适安全适用的住房，高质量超额完成了“十一五”期间全县农牧民安居工程建设目标。以“六通”为主的配套设施和村级组织活动场所积极推进。积极开展劳务输出工作，劳务输出3712人次，收入1000余万元；绒多乡运输队、阿扎镇采沙场、林堤乡六村奶制品加工等7个农牧民专业合作经济组织运转有序。通过安居工程、劳务输出等措施的实施，农牧民生产生活条件得到明显改善。

农牧区基础建设成效显著。实施人畜安全饮水工程102处，解决了12723人的饮水问题，占农牧民总人口的43.52%。新建公路577.9公里、桥涵218座；完成2个乡镇的水电站建设，安装光伏电站8个点，装机容量15千瓦，农牧户太阳能供电设备759套，用电人口7116人，占全县总人口的29.13%；铺设了那嘉电信光缆和移动光缆，建立卫星农话基站22个、电信基站27个、移动基站41个，移动电信信号行政村覆盖率达到80%，9个乡镇实现通邮。

【人民生活水平大幅改善】覆盖城乡的社会保障和社会救助体系日趋完善，城乡低保工作基本做到应保尽保和动态管理，发放标准提高了10%。全面推行新型农村合作医疗制度，个人集资覆盖率达到97%，基本解决了农牧民看病难、看病贵的问题。医疗、生育、失业、工伤、养老五大保险的受益面进一步扩大，保险费征缴率进一步提高，截至年底，参加五大保险的人数分别达到1216人、934人、523人、526人、196人。民工维权工作进一步深入，劳动合同签订率达到100%，进一步维护了农民工的基本权益。61名合同制退休工人的基本养老金调资工作顺利完成。扶贫开发工作扎实推进。贫困人口逐年减少，脱贫率达到31%，返贫率控制在4.5%。全县农牧民人均纯收入增加到4966.27元。

【社会事业全面进步】教育现代化建设步伐加快，“两基”工作通过自治区复查验收。小学入学率增加到99.24%；中学入学率增加到93.2%；正式教职工增加96人，中学专职教师学历合格率达到97.33%，小学专职教师学历合格率达到100%。全县有14名小学毕业生考入内地西藏班，12名中学毕业生升入重点高中。

卫生医疗条件明显改善。全县10个乡镇卫生院、县卫生服务中心住院部、县防疫站职工周转房、县卫生服务中心门诊楼、县疾控中心传染病房等医疗服务机构基础设施进一步改善。加强和完善了农牧区医疗卫生服务网点，层层落实合作医疗制度，扩大了医疗卫生覆盖面，嘉黎县卫生服务中心医疗、预防、妇幼保健、计划生育等医疗卫生服务水平明显提高。全县预防接种率达到97%，三项节育率达到11%，人口自然增长率基本控制在12‰，成功实施嘉黎县第一例阑尾手术。加强了食品药品检查工作力度，农牧区人口碘盐覆盖率达到90%，确保了全县人民的健康生活。地方病防治、医疗救助、防疫、食品药品安全等工作逐步加强。

文化事业蓬勃发展。群众性文化生活日益丰富，农牧民群众精神面貌更加昂扬向上。新建乡镇电视发射塔4座，单收站20座，村收看室20个，农牧民个体单收站2347座，覆盖面达80%。改造完善有线电视网，更换了调频台和县城内的故障广播设备，广播电视覆盖率和收视质量大大提高，乡镇、行政村、零散用户广播电视用覆盖率分别达到100%、97%、62%。“西新工程”层层落实责任，保证了“三满”播出。“2131”工程放映8357场，观众达到20多万人次，组建了民间业余艺术队，组织文艺演出80场；挖掘优秀传统文化，12个自编节目获得地区表彰。成功举办了“欢腾的七月”文艺汇演、“红心向党行”演讲比赛等文化活动，文化市场监管和文物普查工作切实加强。

【获奖情况】嘉黎县荣获自治区级平安县称号；

嘉黎县人民检察院荣获西藏自治区检察机关“先进集体”；

阿扎镇9村党支部被评为自治区“十佳”基层党组织；

嘉黎县人民检察院检察长彭全意同志荣获全国检察机关“先进个人”；

嘉黎县卫生局副局长、藏医院院长索朗巴珠同志获得全区卫生先进工作者。

比如县

【基本县情】比如藏语意为“母牦牛部落或母牦牛角”，地处那曲东部，东邻那曲地区边坝县，西接那曲县，南抵嘉黎县，北连巴青、索县，距那曲265公里、拉萨597公里。全县国土面积1.12万平方公里，有草场面积1566万亩、林地196.5万亩、耕地3万余亩。属怒江上游流域，因相对优越的气候条件而享有“藏北江南”的美誉。全县辖8乡2镇、175个行政村（含7个居委会），2010年全县总人口63838人，其中农牧民59330人。

【年度综述】2010年，全县实现生产总值5.2亿元，是“十五”时期的2.2倍，年均增长11.39%。其中，一、二、三产业分别达到13985.5万元、14139.6万元和23874.9万元，年均递增6.13%、23%和14.8%。农村经济总收入达到40965万元，同比增长20%。地方一般性财政收入达到544万元，同比增长14%，是“十五”时期的2.3倍。实现农牧民人均纯收入5341元，同比增长12%，其中现金收入4609元，同比增长19%。农行全年吸收各类存款26380万元，同比增长19.29%；累计发放贷款17362万元，其中涉农贷款13966万元，再创历史新高。

【新农村建设加快步伐】全年实施农牧民安居工程919户及相关配套设施。大力推进水、电、路、讯、气、广播电视、邮政和优美环境“八到农家”工程。新增投资4600万元，实施比如牦牛桥、茶曲玛库桥、香曲努玛通村公路、比扎线康钦拉段公路整治等项目，乡镇公路通达率100%，通达行政村94个，占54%。在党中央、国务院的亲切关怀下，在上年为97个行政村各配发1辆农用车的基础上，2010年为剩余78个行政村配发农用运输车78辆，达到了175个行政村每村1辆，极大地方便了群众运输、出行。吉前电站竣工发电，白嘎电站完成主体工程量，全县现有电站7个，装机容量达到5075KW，农网、电网覆盖面进一步扩大，全县通电乡镇8个，通电行政村81个。大力实施游牧民定居“四配套”建设，启动1200户沼气建设任务。实施人畜安全饮水工程36处，农牧区人畜饮水难题等到一定缓解。邮政开通储蓄业务，全面实现乡镇通邮目标，村村通邮率达70%。通信覆盖率进一步扩大，移动、电信信号覆盖10个乡镇，全县现有固话用户1074户、手机用户达13000多户，宽带用户436户。全面启动人居环境建设和环境综合整治试点工程。农牧区面貌明显改观，安居乐业质量稳步提高。

【农牧业加快发展】2010年，实现农牧业总产值9195.6万元。其中农业产值达到701万元，牧业产值8494.6万元。牲畜总存栏29.29万头（只、匹）。农作物播种面积24951.6亩。全年虫草产量1.5万斤，贝母产量2000斤。认真落实各项强农惠民政策，按时兑现各类补贴资金，群众农牧业生产积极性进一步提高。

【固定资产投资加大】坚持投资拉动战略，大力加强项目建设，破解基础发展瓶颈制约。2010年，完成固定资产投资3.5亿元，建设安居、农牧、交通、能源、生态、扶贫、维稳等各类项目58个，为加快比如发展增添了新的活力，创造了更加良好的发展环境。

【社会事业全面进步】教育事业。以树立“藏北教育的一面旗帜”为目标，加大投入，加强教育硬件设施建设，优化师资力量配备，改善办学条件，教学质量进一步提高。扫盲、“普六”、“普九”成果进一步巩固，“两基”迎“国检”工作扎实推进。全年小学适龄儿童入学率达99.3%，中学巩固率达91%。

文化事业。推进实施西新工程、“2131”工程和“村村通”“户户通”工程，安装党中央、国务院赠送的户用接收器1600套，广电覆盖率分达70%和97%。“丁嘎热巴”、“达布尔谐”等国家级非物质文化遗产得到传承和保护。成功举办第五届娜秀民间文化艺术节。农家书屋建设达到100%，群众文化生活更加丰富多彩。

卫生事业。深化农牧区医疗卫生体制改革，基本实现人人享有初级卫生保健的目标。2010年农牧区新型合作医疗参加人数56441人，参合率100%，参与率达97%。计生国策得到全面贯彻落实，自然增长率为12.38‰。积极开展计免、强免工作，接种率分别达100%。认真落实“降消”优惠政策，农牧区孕产妇及新生儿死亡率大幅度降低。大力实施食品药品放心工程，加强执法监督管理，市场环境得到净化。加强“两院一站”建设，医疗医技及防疫检疫水平进一步提高。加强医疗救助资金管理，认真做好大病统筹、“一孩双女”及“特殊子女”扶助工作。

社会保障。积极做好养老、医疗、失业、工伤、生育等保险工作，社会保障体系进一步健全。全年各类保险参与人数达到4102人。认真做好就业再就业工作，政府购买的73个公益性岗位，全部用于零就业家庭安排就业。认真排查低保救助对象，社会救助范围不断扩大，城镇和农村低保人口分别达到676人和4937人，贫困户、五保户等弱势群体的生产生活得到妥善安置。老龄工作扎实开展，兑现新农保60岁以上基本养老金140.7万元。

【改革开放得到深化】加大产业结构调整，三次产业结构调整为26：27：47，进一步趋向合理化。加强财税金融改革，严格财政收支管理，加强财源税源建设管理，全面征收虫草税，增加了财税收入。坚持资金向农牧区倾斜，金融服务“三农”的能力进一步提升。深化国有企业改革，企业效益得到提高。2010年，县粮贸公司实现利润130多万元，县水电公司实现产值65万元。大力促进非公经济发展。全年登记注册个体工商户597户，注册资金601.53万元；发展农牧区经纪人64户、注册资金1779万元；培育发展农牧民经济合作组织48个。社会消费品零售总额8959.85万元，同比增长14%。

【受援工作成效显著】充分发挥援藏干部作用，加强同援藏市县的衔接联系，拓宽了援藏渠道，丰富了援藏内涵，开创了援藏工作新局面。全面完成第五批受援藏工作，完成投资5000万元。积极衔接第六批受援工作，投资1亿元。

【获奖情况】2010年，比如县城获自治区级文明县城；

比如县获那曲地区2010年度县（区）经济社会目标管理责任制考评第二名；

聂荣县

【年度综述】2010年，全县生产总值完成2.95亿元，比2005年增加1.33亿元，年均增长12.72%；地方财政收入完成432万元，比2005年增加243万元，年均增长18.19%；牧民人均纯收入达3338元，比2005年增加1687元，年均增长15.1%。税收收入完成324万元，同比增长19.12%，比2005年增加201万元，增长163.41%。

【坚持深化牧区改革，牧业发展水平持续

提升】 2010年，全县各类牲畜存栏达405881头(只、匹)，新生仔畜成活101864头（只、匹），成活率为89.6%，同比上升了7.22个百分点；成畜死亡7749头（只、匹），死亡率为1.85%，同比下降了2.64个百分点；牲畜出栏14.18万头（只），出栏率为33.95%；畜产品商品率达到65.79%，牲畜疫苗注射密度达到了100%。

巩固完善草场承包到户工作成效显著。对全县10个乡镇草场承包到户工作状况进行了调研，在此基础上圆满完成了2005年末实施草场承包到户的白雄、索雄和当木江3个乡、13个村的草场承包到户工作，实际承包到户草场面积292.81万亩，占可利用草场面积的97.69%，进一步优化了草场资源的分配和使用，进一步转变了草场的经营方式。

草原生态保护奖励机制试点工作扎实推进。全面完成了建立草原生态保护奖励机制试点工作，相继通过了区、地两级评估验收，及时、足额兑现以草定畜奖励资金1311.41万元、薪柴替代补贴资金573.9万元。

各类涉牧项目进展顺利。年内，共投资2955万元，实施了退牧还草、游牧民定居工程四配套、高寒牲畜棚圈试点示范工程、县动物防疫站、牦牛育肥基地改扩建和乡镇兽防站续建等涉牧项目。除退牧还草和县动物防疫站建设项目外，其余项目已竣工并投入使用。

共发展以帕玉、嘎确牧民专业合作组织为代表的各类牧民专业合作组织17家，参加牧户664户、2900人，创收505万元，发现并培养牧民经济人、致富带头人56名。年内，新成立5家牧民专业合作组织，参加牧户63户、324人，全年收入达210万余元，组织29名牧民经济人和致富带头人参加了地区合作组织理事长培训班，在自治区农科院的大力支持下，先后组织了40人次牧民经济人和致富带头人赴林芝、山南、拉萨等地市考察学习先进经验，进一步理清了发展思路，坚定了发展信心。

【多方开拓致富渠道，牧民群众持续增收】 继续实施并不断完善九项增收措施，推动牧民群众人均纯收入再上新台阶。成功举办聂荣县第三届活畜展销会，积极组织牧民群众参加地区赛马物资交流会和第五届畜产品展销会，为牧民群众出售畜产品、提高畜产品商品率、增加现金收入提供了服务、搭建了平台。牧民人均纯收入达3338元，比2005年增加1687元，年均增长15.1%。

【大力加强城乡基建，牧区面貌持续改善】 2010年完成固定资产投资3.1亿元。完成了仓琼玛和当木江乡果雄通村公路续建项目，当木江乡嘎尔玛桥和佐当河桥、索雄乡央金河桥和永曲乡哲布河桥以工代赈项目竣工并投入使用，尼布公路和尼下公路实现开工，于2010年竣工。完成了全县7个乡镇已建饮水工程的摸底调查工作和2009年安全饮水工程续建项目，建成聂荣镇和当木江乡2处管道引水工程、7眼保暖井；实施了2010年农村安全饮水工程项目，建成保暖井73眼，积极协调和配合区、地电力部门实施并完成"户户通电"工程建设，覆盖7个乡镇，受益群众3216户、16080人。继续扎实推进农牧民安居工程及配套设施建设，实施并完成了1300户农牧民安居工程建设，全部采取了抗震加固措施，投资60多万元，为2006年以来实施的3062户新建安居户增购了209.75吨涂料，实施了安居房亮化工程；建成27个村级组织活动场所，并投资110万元左右，为已建成的66个村级组织活动场所购置和发放了30余种办公和医疗设备；投资574.06万元，在8个村委会开展了以综合文化体育设施建设、村庄道路硬化、农村垃圾污水整治等十项工程为主要内容的农村人居环境建设和环境综合整治试点工作，工程建设进展顺利。大力支持乡镇"三化"建设，深入推进乡镇工作，进一步改善乡镇机关办公条件和干部职工生活条件，营造拴心留人的良好环境。投入1018万余元，对尼玛、色庆两个乡的办公楼和干部职工周转房进行了维修，在10个乡镇新建了乡镇食堂和80套干部职工周转房，配置了餐桌、冰柜、办公用品等设备。实施并完成了廉租房、县社会福利院、尼玛乡和桑荣乡敬老院、县公安局附属设施和两个公安检查站、县完小、尼玛乡完小和查吾完小职工周转房和学生宿舍、县幼儿园和县司法局办公楼续建、县城道路硬化等工程，招商引资90万元建成县液化气站。县、乡干部职工周转房和县物价监测楼项目实现开工建设。县城总体规划修编工作中的地形图测量工作已经完成。尼玛乡玉寨温泉旅游度假村项目前期准备工作已全部完成，水样科研项目已立项实施。精心编制了内含228个项目的聂荣县"十二五"发展项目规划送审稿。

【深入发展社会事业，公共服务更加优化】 教育事业蓬勃发展、成果辉煌。适龄儿童入学率、初中入学率分别从"十五"末的91%、10.05%提高到现在的98.41%、93.98%，脱盲率达到98%；中、小学现代远程教育覆盖率分别从"十五"末的0%、11%提高到现在的100%、62%；师资队伍从"十五"末的113人增加到现在的334人。2010年，进一步巩固扩大"两基"攻坚成果，"普九"攻坚工作顺利通过了自治区级复查验收。

文化、广电事业稳步推进。深入开展文化惠民活动，年内，共放映电影3298场次，累计观看人数达25万余人次；组建了聂荣县业余文艺队，广泛动员牧民群众开展群众性文化活动，以"三大节日"、"3·28"等节点为载体，开展各类文艺演出活动99场次，进一步丰富了广大牧民群众的精神文化生活。加强文化设施建设和非物质文化遗产保护，新建10座农家书屋，累计建设农家书屋19座；建设乡镇广播站2座，实施了203户广播电视"户户通"工程；完成了拉夏、擀杖制作技艺和拉拉制作技艺三项非物质文化遗产的申报工作。

医疗、卫生事业健康发展。"十一五"期间，聂荣县卫生事业快速发展，5个乡镇卫生院、县卫生服务中心、疾控中心、藏医院、妇幼保健院等项目相继实施并投入使用，新增各类医疗设备28种，卫生技术人员从"十五"末的78人增加到现在的185人，全县每千人拥有病床位2张，医疗服务体系和疾病防控体系基本完善。2010年，全县参加合作医疗人数达30134人，参合率达98.88%，农牧民医疗制度运行良好，人口自然增长率控制在10.6‰以内。为贫困群众看病就医开辟了"绿色通道"。配备村医29人，累计达到75人，各类计划免疫率达到98%，有效控制了水痘、手足口病、菌痢等疫情。

安多县

【**基本县情**】安多县始建于1959年，地处西藏北部，著名的唐古拉山脉南北两侧。东与青海省治多县、扎多县，西藏聂荣县为邻，南与那曲县接壤，西与班戈县、双湖特别行政区搭界，北靠青海省格尔木市。全县平均海拔5200米，是全国海拔最高的县份之一。县城所在地位于109国道3420至3430公里处，距那曲地区所在地那曲镇135公里，距自治区首府拉萨市463公里，距离青海省格尔木市703公里，在建青藏铁路贯穿全县，交通发达，是西藏的北大门。

全县下辖4镇、9乡，74个行政村、居委会，总人口为3.8万人，是一个纯牧业大县。全县面积约10万平方公里，可利用草原面积4.5万平方公里，主要植物是矮蒿草、小蒿草、披碱草，紫花针草等。

安多县矿产资源也极为丰富，属本县的大三优势之一，目前发现的矿产多达30余种，主要有煤、铁、铬铁、铜、锌、锑、钼、砂金、岩金、硼砂、铂、银、水晶石、玉石、石膏、云母、盐、石油等，大部分矿物储量均属国内各县的首位，且品位高，易开采。由于受交通、技术等制约，目前只对铬、锑、砂金、石膏等矿种进行小规模开采。

安多县境内可供旅游的文化古迹、自然景观较多，境内有8座古寺庙，大多建于十九世纪，最早的白日寺建于七世纪；神奇的长江源头格拉丹东，由于终天积雪，自然冰雕成美观壮丽的水晶宫、冰塔林，还有著名的唐古拉，神奇险峰千姿百态，另外安多特殊的地理环境，藏民族独特的风俗、习惯和服饰，使其自然景观和人文景观具有独特的魅力。

【**年度综述**】2010年，全年生产总值实现3.99亿元，同比上年增长11.16%。其中：第一产业增加值完成7219.36万元，同比增长1.17%；第二产业增加值完成1.05亿元，与上年同期相比增长12%；第三产业增加值完成2.22亿元，同比增长14%。全县财政一般预算收入完成1318万元，同比增长12%。税收收入完成432万元，同比增长24.14%。

【**社会主义新农村建设步伐进一步加快**】2010年，顺利完成了总投资2052万元在全县13个乡镇实施共1208户安居工程建设任务，投入878万元实施了1756户安居房的抗震加固任务，极大地改善了牧民群众住房条件；完成了13个村级活动场所及1个硬化路面的建设，截至上年，计划3年的村级活动场所和硬化路面工程建设任务已全部完成，同时还为每个村级活动场所增设了1.2万元的办公设备。投资328.6万元实施的五个农村人居环境综合整治试点建设村建设成效明显，目前已完成工程总量的80%以上。投资71.32万元修建了帕那镇4村全长11.5公里的村级公路，总投资125.31万元，建设完成了帕那镇两座桥梁的施工建设，对滩堆乡、玛曲乡部分乡村道路也做了维修工程，新建扎仁镇6村村道137公里，完成多玛乡、玛荣乡公路建设达183公里。全年投入279万元加强了县乡公路的养护力度，养护里程达757公里，极大地方面了牧民出行；上年实施的两批人饮建设项目，总投资887万元，共解决了包括部分学校师生在内的7800余人的饮水安全问题。扎仁镇供水工程也顺利完工，即将投入使用。投资1.7亿实施的安多县南部七个乡镇“户户通电”工程顺利通过了上级的验收，解决了安多县2000多户的用电困难问题。电信业务社会代办点在6个乡镇顺利建成，移动通信网络信号已完成覆盖安多县的全部乡镇，部分乡镇的村级也有了通讯信号，上年通过与移动公司积极协调，为安多县的易灾、偏远乡村配发了卫星电话48部，有效解决了部分偏远、易灾乡村的通讯难问题。

【**牧业经济较快发展，产业化发展方式加速转变**】2009年，安多县牧业经济总收入达到1.82亿元，比上年增加921.86万元，其中，牧业收入完成1.2亿元，比上年减少846.73万元；副业收入达6157.72万元，比上年增加1768.59万元；牲畜总量100.16万头(只、匹)，同比增加3%。牲畜成活率和死亡率分别为79.5%和2.02%，各类牲畜出栏率为33.48%，同比上年减少1.33%。各类畜产品总产量17000吨，产值达9751.47万元，畜产品商品率达60%，全县牧民人均收入达3994元，同比增长8.98%，牧民现金收入达到2558.74元，比上年增加113.53元。

全年共完成新建牧民经济合作组织25个，其中已经登记、注册的9个。据统计，2010年各经济组织共完成销售总额达178.01万元，实现现金收入106.81万元，同比2009年增加了57.21万元，翻了一番多，受益牧户达1022户，户数同比上年翻了3倍多。在加强牧民合作经济组织培育的同时，还把发展重点放在了引导和扶持上，进一步加强了对龙头经济组织在牧区的宣传推广力度，积极引导牧民群众转变陈旧观念，参与产业致富。上年还积极协调金融部门加大信贷力度，大力支持牧业产业发展，2010年全年发放各类贷款余额1.05亿元，其中包括牧业产业贷款在内的涉农贷款余额达8050万元，占总贷款余额的76.67%。

【**工业经济发展势头良好**】2010年全县工业总产值达1883.93万元，同比增长4%。产业园区也有了进一步规划和发展，夏木拉矿泉水厂全部完成设备安装调试工作，试生产的100余万瓶矿泉水作为宣传产品在国内进行了推广，获得了优质好评，目前正在进一步加强宣传造势工作，2010年把宣传推广工作延伸到国际市场。上年安多县成功与西藏顶峰水资源开发有限公司签订了招商协议书，达成了总投入1.2亿元的矿泉水厂二期改扩建项目建设协议，即将正式投入施工建设。县屠宰厂加强调整经营管理方式，加强了牲畜屠宰加工生产线的运转效率，拓宽了产品销售渠道，有效提高了经济效益。措那湖藏毯厂积极应对市场影响，加强对外营销，新建产品配送中心200平方米，并于成功批准成为卡垫下乡和家具下乡指定店，上年生产产品总产值达到了200余万元。为积极促进藏毯厂发展，提高牧民群众技能水平，通过与地区农牧局协调，积极争取专业技术培训资金，总共投入48万元完成了对措那湖藏毯厂招聘的牧民群众进行的技术培训工作。

【**三产服务业经济发展的引领作用持续增强**】全年服务业增加值增长了10.3%；零售业销售额同比增长8.5%，住宿餐饮业营业额增长12.7%，公路旅客运载量比“十五”末提高了6%，铁路旅客和货运运载量分别增加了34%和22%。新增出租车辆20台、长途客运车辆1辆，有效完善了城市交通服务业。全年通讯业务完成收入151万，邮政业务完成47.4万元，同比增长22%。进一步加强环卫工作，切实改善了县城城市面貌。上年，全县旅游收入实现36万元，刷新了安多县旅游创收新纪录。

【经济发展基础进一步夯实】2010年全年累计完成固定资产投入1.84亿元，同比增长5.75%。上年重点加大了项目的申报和衔接力度，共争取国家投资项目36项，同比增加了16.67%，实施国家投资项目39项，同比上年增加了38.46%，顺利完成了既定的目标任务。全年实施了一批重大投资项目，总投资1.69亿元共实施了包括产业建设、农牧、水利、扶贫、城市功能、社会服务、维稳建设等等在内的39项建设项目，极大地改善了安多县基础设施现状。

【社会各项事业进一步发展】确保了包括适龄儿童入学率达、初中入学率、脱盲率在内的多项指标全部达标，"普九"工作顺利通过了区、地两级复查验收。进一步加大了教育基础建设投入，总投资1727万元全面改扩建了县完小，投入350余万元新建了安多县幼儿园，结束了安多没有幼儿园的历史。通过多方协调，争取到水井项目，有效解决了县中小学、幼儿园师生的吃水难问题。同时为县中小学和6所偏远乡镇小学增添了专用车辆，为偏远乡村学校工作的正常开展提供了保障。加强了职业教育设备配备工作，新增了5万元的绘画、缝纫、医学书籍等设备和材料，有效缓解了安多县职教设备严重缺乏的现状。积极推进"西新工程"三满播出，安全播出率达100%，加强广播电视"户户通"工程维护升级工作，确保广播覆盖率达83.74%，电视覆盖率达到83.19%。电影"2131"工程超额完成了1754场放映任务。乡村文化基础设施建设进一步加强，顺利完成雁石坪、扎仁、强玛三个镇的综合文化站建设和25个农家书屋建设，积极开展"三下乡"演出活动，全年完成了56次演出任务，上年还荣获了全国先进文化馆和自治区级文明县城荣誉称号。申报成功一个国家级、三个自治区级非物质文化遗产，文物保护工作快步发展。加大了文化市场秩序的整治，文化市场得到进一步规范。进一步规范农牧区新型合作医疗制度，农牧民医疗救助标准每人提高到了180元，合作医疗全年报销250.19万元，医保覆盖面达100%。同时加大了计划生育技术免费报销力度，全年完成免费报销13.5万元，服务群众1426人，人口自然增长率控制在了千分之十二以内。

申扎县

【基本县情】申扎县地处藏北高原腹地南部，以念青唐古拉山东为界，位于西藏中部、万里羌塘的西南部、南与日喀则地区南木林县相邻，北与双湖特区相望，东与班戈县接壤，西与尼玛县为邻。辖有申扎镇、雄梅镇、塔尔玛乡、巴扎乡、下过乡、买巴乡、卡乡、马跃乡2个镇6个乡和62个行政村，244个自然村。国土面积约25546平方公里，平均海拔4760米。县城所在地距那曲500公里，距拉萨505公里。平均海拔4700米以上，位于内陆高原亚寒带季风半干旱气候区，气候总体特征是低温、日照时间长。

【年度综述】申扎县作为一个纯牧业县，牲畜以牦牛、绵羊、山羊为主。2010年底，牧业户数共有3643户，牧业人口17787人，人均纯收入3015元，现金收入2025.4元。牲畜共有631310头。(只、匹)，其中牦牛76451头、绵羊394015只、山羊157140只、马3704匹；牲畜折合绵羊单位901982只，人均折合绵羊单位50.71只。可利用草场面积2942.96万亩。"十一五"期间，县委、政府在一产调优，二产调强，三产调大上下功夫，坚定不移地以申扎县"1344"发展战略统领经济发展全局，全县生产总值累计达到10.53亿元，比"十五"期间增长3.87亿元，年递增4.29%。2010年生产总值23536.24万元，其中第一产业达到4519.21万元，年递增8.21%；第二产业达到5020.1万元，年递增-1.71%；第三产业达到13996.93万元，年递增5.8%，产业结构更加优化。

【社会各项事业】教育事业全面发展。目前，全县学前教育全面开展，入学率达到45%；小学在校生2154人，适龄儿童入学率达到99.31%；小学入学率达到100%；初中在校生1220人，毛入学率达到107.48%，比全地区平均入学率高出15个百分点；高中（中专）升学率达到79.8%；职业教育培训达6139人次；2010年，全县初中毕业生考入区内重点高中59人，小学内地西藏班升学考试上线10人，创造了历史最好成绩。医疗卫生事业全面推进。目前，全县参加合作医疗17256人，参合率达到99.62%。2010年申扎县积极与拉萨、日喀则5家医院开通了申扎县牧民群众就医"绿色通道"，极大方便了申扎县广大牧民群众看病难问题。着力改善和保障民生。申扎县社会福利院、雄梅镇敬老院等工程已于近期竣工，目前进入验收和配套设备采购阶段，明年初正式投入使用。邮电通讯事业迅速发展。目前，全县6个乡（镇）已开通了光缆，移动、电信信号覆盖村不断增加。截至年底，县农行发放贷款4180万元，存款余额达10925万元。交通事业扎实推进。全县交通规划基本完成，形成以县城为中心，7个乡镇相互连接的网状公路结构。文化事业取得新突破。"十一五"期间，全县在文化方面累计投入600余万元，截至目前，2个乡镇建立了乡级文化站；全县62个行政村实现村级文化活动组织场所全覆盖；26个行政村已建成牧家书屋；62个行政村、23个自然村和14座寺庙安装了"村村通"广播电视设备；1020户干部群众用上了党中央和国务院赠送的直播卫星接收设备。申扎县巴扎服饰与其它地区的服饰有所不同，有着自己独特的样式与造型，她的历史悠久，传说更具有传奇色彩，2008年该服饰分别被列入自治区和国家级非物质文化遗产。

【受援工作】2002年至今，中信集团公司肩负支援申扎的使命，先后共选派4批7名政治立场坚定、工作作风优良的干部到申扎开展对口支援工作，累计投入援藏资金（含物资折价）1.37亿元，完成涉及交通、通讯、教育、特色产业、市政等基础设施建设项目44个，培训各类人才近百人。2010年，投资8000余万元的中信那曲大酒店建成投入运营，并将50%的股权赠送申扎县，标志着中信集团援助申扎县完成了从“输血”向“造血”的重大转变。

索 县

【基本县情】索县位于藏北高原和藏东高山峡谷的结合部，那曲地区东北部、怒江上游的索曲流域，平均海拔4100米，面积0.56万平方公里。现辖2镇8乡，124个村（居），总人口43944人。自然经济条件呈现“四有四不突出”（即：有农田、有森林、有草场、有虫草，但相对于周边兄弟县都不突出），是较为典型的半农半牧县。交通建设滞后，目前仍有2个乡属季节性通车、31个行政村不通车。自然灾害多发，冬季多雪灾，夏季多雷雨、冰雹、山洪、山体滑坡、泥石流等灾害。1994年被列为国家级贫困县，2000年被列为国家扶贫开发重点县，人均收入1700元以下的有4304户、19181人，占全县总户数的48.9%、总人数的43.6%。

【年度综述】2010年，全县完成生产总值3.35亿元。其中，第一产业增加值7800万元，第二产业增加值7900万元，第三产业增加值1.55亿元。三次产业结构比例调整为27：24：49，经济结构进一步优化。地方财政收入完成819万元，同比增长2.8%。农牧民人均纯收入2817元，其中现金收入达2479.78元。农、牧、林产业稳步提升。县政府继续加大政策扶持和资金投入，全面落实了粮食直补、良种补贴等支农惠农政策，积极进行农牧业结构调整，加快牲畜出栏，加强林业工作。农、牧、林业实现产值7800万元。全县粮食总产量5520吨。虫草产量2381公斤。各类牲畜存栏19万头（只、匹），牲畜出栏5.7万头（只），出栏率达31%。牲畜疫苗注射率达100%。

【基础设施建设步伐加快】2010年共争取国家投资2.75亿元，除安居工程外，开工建设项目45个，其中新建37个、续建8个，事关经济发展的基础设施建设的羌达公路、农村饮水工程、干部职工周转房、政府机关大院改造等项目建设，对经济的拉动作用明显。认真执行项目招投标规定，严格落实项目“五制”，进一步加强了农村饮水安全工程等重点工程的建设与管理。召开了项目管理工作会议，全县项目管理、基建管理基本走上了制度化、规范化道路。

【农牧民合作经济组织逐步建立】认真贯彻地区农牧民专业合作经济组织座谈会精神，结合索县实际，认真调查研究，坚持“民办、民管、民受益”的原则，形成了关于索县农牧民合作经济组织及农牧业产业化示范点建设的基本思路，为加强农牧民合作经济组织建设、促进农牧民增收奠定了基础。截至目前，全县在工商部门登记注册的农牧民专业合作经济组织22个，入社会员达875人，带动农牧户234户，亚拉、热瓦等乡镇运输队、热瓦乡央达村藏粑加工厂、央达菜籽油加工厂、荣布镇蔬菜大棚等合作组织，目前已实现产值达1000余万元。

【政府驾驭市场经济的能力得到提高】县政府大力推进税务公开，优化服务，坚持“抓大不放小”，加强税收征管，确保应收尽收。2010年，完成税收480万元，将连续12年超额完成任务。全力以增收节支为重点，严格执行收支两条线规定，截至11月份组织县级财政收入724万元、完成预算数的88.4%，一般性支出8552万元、完成预算数的97.6%，比上年同期增长1194万元，增长16.23%。加大对金融工作的引导，发挥金融杠杆作用，加大有效信贷投入，全年发放各类贷款1.2亿元，极大的促进了县域经济的发展。通过认真落实自治区制定的一系列经济调控措施，全年索县经济仍然保持了两位数增长，农牧民人均纯收入增长13%以上。

【社会事业全面进步】继续集中关注教育发展，并将更多的精力和资金向社会事业倾斜。教育事业得到优先发展，小学适龄儿童入学率达98.96%，初中入学率达90.82%，“两基”攻坚成果得到进一步巩固。继续改善办学条件，投资682.8万元，建设了县中学学生和教师宿舍，新建了加勤乡教学综合楼等项目。加大教育体制改革，推进素质教育，全县315名中小学专职教师学历合格率达100%，选派优秀校长、教师、管理人员到林芝、内地培训，以提高全县教师队伍的整体素质。加强教育教学管理，完善了《关于提高学校教学质量的实施办法》，制定出台了《索县教体局毕业班教学质量奖惩办法》。结合索县实际，制定了《索县教育“十二五”规划》。继续深化职业教育工作，以确保学生升学有基础、就业有技能、回乡能致富，制订了《索县职业教育项目实施方案》。认真加强“三包”经费管理，确保了公开、透明使用。

2010年，投资570万元对人民医院进行改扩建工程并投入使用。认真实施新型农牧区合作医疗制度，农牧民参合率达92%，参保人员达3.9万人。人口与计划生育工作成效显著，人口自然增长率9.3‰。流行病、传染病得到有效控制，“五苗”全程合格接种率为99.5%。文化事业蓬勃发展。“西新工程”、“村村通工程”顺利实施，“村村通”建站已达218座，广播电视覆盖率达79.23%和87.95%。加大有线电视网络改造，实施“2131”电影放映工程，累计放映电影2470场次。诚挚邀请自治区话剧团会同县民间艺术团在全县10个乡镇积极开展了“在希望的田野上”的“五下乡”活动，演出文艺节目61场次，观众人数达7万人次，发放法律、科技等知识读物5200余册，发放药品价值4万元。加快农家书屋建设，已建设了8个乡镇26个行政村，配发书籍2.52万册。认真开展了农村人居环境村级文化试点工作项目前期建设工作。加大文化市场稽查，严厉打击淫秽影碟出租活动，进一步净化了全县文化市场。认真开展了非物质文化遗产和文物普查工作，目前索县已有藏医院的“脉泻”和赞丹寺的“羌姆舞”列入自治区级非物质文化遗产。

【防抗灾工作扎实推进】建立乡镇抗灾小组21个，人员312人，村抗灾突击队184个，人员1189人。累计储备各类粮食966.18万斤、饲料及代饲品4145.07万斤、人畜药品价值30.5万元，以及其它生活必需品。新建及维修牛羊圈998个、暖棚723个、羔宫546个。

班戈县

【基本县情】班戈县位于藏北高原那曲地

区西北腹心地带，班戈县东西跨度为364公里，南北宽350公里，全县总面积为30138平方公里，平均海拔4747米。辖4个镇6个乡，有86个行政村(5个居委会)，总人口达37809人。班戈县属纯牧业大县，牲畜存栏数达106.5万头，出栏率达到36%。

班戈县旅游资源丰富，纳木措湖，纳木措湖藏语含“天湖”之意，纳木措湖面海拔4718米，是世界上海拔最高的大湖，水面面积1920平方公里，东西长70公里，南北宽30公里，是我国第二大内陆咸水湖，同时也是著名的佛教胜地，每年都有来自青海、甘肃、四川、云南、西藏等各地的藏传佛教信徒到此转经朝拜，前来光顾的中外旅游者络绎不绝。纳木措湖已被列为国家重点自然保护区，并成立了西藏自治区纳木措湖管理委员会。念青唐古拉—纳木措已被国家住房和城乡建设部评为“国家级风景旅游名胜区”。。

班戈县地下矿藏较为丰富，已探明的石油储量为1.5亿吨，试泵获得探明储量在300万吨以上，已探明的主要矿种有硼砂、砂金、锡、铬铁、铅、锌、盐、油页岩、玉石、云母、紫水晶岩等，都具有较高的开采价值。

【年度综述】2010年，全县地区生产总值完成33162.22万元，其中第一产业完成9818.09万元；第二产业完成9347.18万元；第三产业完成13996.95万元。金融机构存款15116万元，发放各类贷款7827万元，其中发放农牧民贷款4718万元；全县地方财政收入完成625万元，同比增长21%；农牧民人均纯收入达到3515元，其中现金收入为1848.6元。全县经济发展态势良好。

【扎实推进重点项目建设，经济发展后劲不断提高】2010年，项目总投资达22990.58万元，实施了涉及基础设施建设、交通、牧业生产、基层政权建设、教科文卫等基础设施建设；中国石化援藏投资2572万元，实施了包括牧民安居工程、送光明工程、中国石化小学、各类干部培训等项目。

【农牧业生产稳步增长】2010年全县各类牲畜存栏数为106.5万头；成畜死亡10288头（只、匹），死亡率为0.99%；仔畜成活297415头（只、匹），成活率为88.2%；全县完成注射各类牲畜“W”疫苗1116005头（只、匹），免疫率99.9%，累计开展牲畜疾病诊疗113次，体内外治疗牲畜疾病188804头（只、匹），寄生虫病例治疗856950头（只、匹）。牲畜出栏率达到36.04%。

【进一步完善和落实牧民增收的各项政策措施，探索和建立增收的长效机制】加大牧业内部结构调整力度，深挖牧业内部增收潜力。2010年，班戈县佳琼镇5村经济合作组织人均收入达4200多元。普保镇小康示范村牧民经济人协会参加牧户30户、245人，人均收入达25000元至30000元，该组织通过经营牧场带动62名贫困群众致富，在原有基础上实现增收000元至1000元，通过手工编织带动24人致富，实现增收1000元。进一步加大技能培训力度，中国石化每年投资50万元用于各项技能培训，拓宽就业渠道，增加牧民群众收入。积极组织农牧民参加了那曲地区第五届畜产品展销会，实现销售额1415.81万元，并成功举办了第三届班戈县畜产品展销会，实现销售额134.5万元。组织农牧民技能培训1556人次，劳务输出4775人次，劳务收入达580万元。

【加强牧区基础设施建设，改善牧区群众的生产生活条件】全县86个行政村（居）委会活动场所和7个乡村道路硬化项目已全部实施完成；共投资1727.01万元实施了4503眼（其中管道工程1处）人畜安全饮水项目，解决了6994人的安全饮水问题；乡村公路组织养护386公里，保通公路80公里，确保了全县10个乡镇通乡公路的通畅；同时，中国石化还投资援藏资金100万元，实施了送光明工程。实施了德庆镇昂曲河危桥改造工程（长度为80米）和当达（保地）通村公路修建项目以及“大地之爱·母亲水窖”工程项目等。实施农村人居环境建设和环境综合整治试点工作。结合全县村级基础设施建设现状，在北拉镇、普保镇、青龙乡、新吉乡交通沿线的4个村开展了试点建设，投资428.1万元，重点实施农家书屋、综合文化体育设施、村级广播文化信息、流动电影、村医疗室设备、太阳能公共照明、村庄道路、农村垃圾污水整治、万村千乡市场、村庄绿化美化等10项工程。进一步改善牧区群众的生产生活条件。

【以安居乐业为突破口的社会主义新农村建设扎实推进】大力实施安居工程建设，进一步改善牧区群众的居住条件。五年来累计投入13423.57万元实施了5863户安居工程建设。同时，为做好安居工程抗震加固（设防）工作，共完成了1026户新建安居房和654户已建安居房的抗震加固（设防）措施，确保了全县新建和已建安居房的工程质量和牧民群众的生命财产安全。

【社会事业协调发展】努力提高教育管理水平，着力改善办学条件。全县适龄儿童入学率达到99.21%，中小学升学率达到100%；扫盲程度达到96.74%。投资了300多万元，进一步改善各乡（镇）完小办学条件。“三包”经费严格按照有关规定进行采购和发放。

医疗卫生基础设施建设进一步改善。不断提高医疗卫生服务水平，积极组织卫生下乡活动，积极开展各项防控工作，严格落实计划生育政策，人口增长率控制在10.76‰以内。扎实推进牧区合作医疗工作，牧区合作医疗覆盖率达100%，参加率达99.12%。继续推行农牧区“一孩双女”户困难家庭扶助制度。

文化广播电视、通讯事业全面发展。文艺创作力度不断加大，班戈县组织的《班戈县尼玛谐钦》在地区赛马节和2011年自治区藏历新年晚会上成功演出，并申请到国家级非物质文化遗产。全县广播覆盖率达到89%，电视覆盖率达到91%，进一步丰富了全县人民群众的文化生活，有力地促进了社会各项事业的健康发展。全县10个乡镇所在地的村（居）委会已完成通邮51个村，覆盖率59.3%；全县10个乡镇所在地和49个行政村（居）委会已实现电话村村通，覆盖率56.98%；目前班戈县电信用户已达到2711户，移动用户已达到3000多户，电信、移动通讯均已覆盖全县10个乡镇；2010年新建6个乡镇的通乡光缆，牧区的通讯覆盖面进一步扩大。

【受援工作成效明显】中国石化自2002年对口支援班戈县以来，累计派出5批10名优秀干部，共计投入15669万元资金，展开了全方位的无私援助工作。2010年，中国石化累计投入援助资金2572万元，并将85%的资金用于牧区经济社会事业的发展，主要实施了中国石化小学、安居工程、光明工程等项目。

巴青县

【基本县情】巴青，藏语意为“大牛毛帐篷”。巴青县位于西藏自治区东北部、那曲地区东部、怒江上游，东靠那曲地区丁青县，西接聂荣县，南依比如县、索县，北邻青海省杂多县，全县平均海拔在4500米以上，冬寒夏凉，太阳辐射强，日照时间长。总面积约2万平方千米，总人口44734人。县委、县人民政府驻黑昌公路沿线的益曲河北岸——达尔塘。

【年度综述】2010年，巴青县生产总值达49638.16万元，同比增长23.91%，较“十五”增长89.30%。其中第一产业10434.21万元，同比增长4.3%，较“十五”末增长27.16%；第二产业10186.43万元，同比增长14.19%，较“十五”末增长214.67%；第三产业29017.52万元，同比增长35.41%，较“十五”末增长96.37%。完成县级财政收入456万元，同比增长12.32%，较“十五”末增长91.6%。完成各项税收收入573万元，同比增长14.37%，较“十五”末增长96.23%。农牧民年均纯收入达4207.01元，同比增长10.36%，较“十五”末增长74.8%。牲畜存栏36.5万头(只、匹)，出栏率达27.8%，暖季上市率达17%，商品率达56%。肉类产量达9860吨，奶产量达4932吨，毛绒产量达84吨。多种经营收入实现6424万元，劳务输出收入达604万元，乡镇企业产值613万元。虫草产量达6135公斤。各类存款余额为17975万元，较上年同期增加2131万元，增长13.45%；各项贷款余额为23039万元，较上年同期增加5534万元，同比增长31.6%；在服务”三农”上继续加大力度，截止12月底涉农贷款余额达22496万元，较上年同期增加5817万元，增长34.88%。实有个体工商户300户，从业人员566人，注册资金881.5万元，增长13%，全县内资企业3家，增长8.1%，注册资金2839万元，增长9.5%。

【新农村建设方面】在新农村建设实施中，巴青县安居工程人均住房面积达到15.5平方米，抗震加固设施、道路、电、水、电信通讯、供暖设备均已配套完成，达到安居工程要求。项目建设覆盖10个乡(镇)，完成安居工程889户，完成抗震加固1730户，农牧区住房条件进一步改善.实施村级活动场所60个，村级硬化路面7个，目前实现投资667万元，完工受益人口3150人。

【基础设施建设方面】2010年，巴青县积极完善交通、水利、农牧、卫生、教育、维稳等配套建设项25项，总投9607.6847万元。积极投入巴青县游牧民定居工程四配套建设、巴青县完小综合教学楼、安居工程及抗震加固工程、卫生服务中心改扩建工程、巴青县特警大楼、巴青县民宗统战办公楼项目、巴青县物价监管基础设施、巴青县乡镇干部职工周转房、巴青县县城干部职工周转房、玛如乡至恰卡公路、玛如乡11村尼庆渡浪桥、岗切乡央培囊、萨嘎库等4个村公路、岗切乡至东玛堆龙公路、江绵乡2、3、9、15村桥、江绵乡扎嘎公路、贡日乡2、3村七座钢架桥、拉西镇龙桑河多布桥、拉西镇塘前河桥、以工代赈的拉西镇阿尔丹桥、扎色镇真雄桥、岗切乡曲热松多桥、农牧民聚居区7条道路改扩建工程、拉西镇卫生院、雅安卫生院改扩建项目、扎色卫生院改扩建项目、江绵卫生院改扩建项目、县计生服务站项目等。还争取到了鞍山市1500多万元的援建资金。

【特色优势产业方面】县政府出台的优惠政策鼓励群众创办了石材加工厂、沙石场、砖厂、民族手工艺品加工网点，大力鼓励群众从事第三产业生产，共增加商业网点60多户，运输车辆100多台。促进了巴青县经济快速发展。农牧业特色产业有2007年那曲地区牦牛育肥带建设项目、2008年巴青县牦牛育肥项目、2008年巴青县牦牛育肥基地建设项目、2009年巴青县无公害蔬菜大棚建设项目以以及2009年巴青县人工饲草料及草种繁育基地建设项目。无公害蔬菜大棚建设项目，新建高效日光温室7座及附属设施。项目总投资28万元，项目涉及农户189户，1090人。人工饲草料及草种繁育基地建设项目，在扎色镇人工种草1992亩，拉西镇实施高产连片人工种草3000亩，总投资247万元。

【社会事业】始终把教育摆在突出主导地位。全面实施城镇幼儿园建设，学生达到100多人，建设成配套设施齐全、专任教师教育教学的专门幼儿园。组织各中小学校长赴区内教育质量较为发达的学校进行学习考察，在考察后要求各中小学校长吸取兄弟县区的“两基”攻坚有效经验，扬长避短，发挥自身优势，提升管理方法与水平。通过自治区“普九”复查工作验收，各项教育指标均达到普九复查要求。

加大文化市场管理力度，多次开展文化清查活动，净化了文化市场，确保了巴青县文化市场的健康与稳定。组织参加地区赛马艺术节，在赛马节上获得了舞蹈、歌曲等集体荣誉奖9项，为巴青县争夺了各种荣誉。做好156个行政村“2131工程”，电影保质保量在本县10个乡(镇)放映，每年每一村每月放映一场电影，全年放映电影2294场。“村村通”工程力度进一步加大，确保正常运转率保持在94%以上，真正实现“户户通”。

提升卫生系统服务意识和服务质量。开展“三下乡”便民服务活动，为农牧民群众上门核销免费医疗资金近10万元。检查县中心药库、县人民医院药房药库、县城内两家药店两家诊所、以及10个乡镇卫生院所有药品，将过期、失效药品全部集中统一销毁。县人民医院可开展普通外科手术，生化及常规检查，B超检查，X光检查等。藏医院可开展藏医、藏药加工药蒸、药浴等项目。在上级主管部门及县委、县府的大力帮助下，巴青县藏医大楼已全面启动，并购置了各类医疗设备，选派技术人员前往上级医疗部门学习设备操作技术。县藏医院目前开设了藏医心血管、胃病等专科，全年藏医门诊人数达16694人次；住院治疗41人；全县内注射麻疹疫苗，及时控制好风疹问题，提高预防手段，保障人民群众健康。

【大事记】2010年7月，新型农村医疗

保险在全县全面实施。

2010年8月，巴青县2009年廉租房工程顺利完工，该工程建成住房48套，将极大地解决巴青县困难城镇居民的住房问题。

2010年10月26日，巴青县卫生服务中心改扩建工程及卫生系统职工周转房工程举行开工典礼，该工程建成后将进一步改善巴青县医疗卫生服务基础条件，同时解决26套职工住房。

2010年10月27日，巴青县顺利通过自治区“两基”复查验收。

2010年12月，巴青县县城垃圾填埋场顺利完工。

【获奖情况】2010年，巴青县在党务工作方面，本塔乡琼青同志获得“自治区优秀共产党员”称号。

2010年3月，巴青县巴青乡、江绵乡在全区开展创先基层党组织和争做优秀共产党员活动中获自治区“先进基层党组织”称号。

2010年3月，获自治区“普及九年义务教育县”称号。

尼玛县

【年度综述】2010年，全县生产总值完成31528.15万元，同比增长10.8%，其中第一产业完成7535.23万元，同比增长2.4 %，第二产业完成5728.75万元，同比增长14.3%，第三产业完成18264.17万元，同比增长10.62%。财政收入完成808万元，同比增长12 %。农牧民人均纯收入为4215元，同比增长9.94%。完成税收收入618万元，是09年的150%。

【安居工程建设取得新进展】2010年共筹措资金2287.8万元(其中国家投资1140.4万元，地区配套149.4万元，援藏配套500万元，新建安居工程抗震加固资金498万元)，分别在全县13个乡(镇)66个村建成安居工程996户，（其中扶贫搬迁722户，为其他贫困户；民房改造274户），建筑面积68410平方米，受益群众4561人。已建安居工程抗震加固422户，每户补助抗震加固资金0.5万元。大力推进“八个基本解决”，农牧区基础设施明显改善；2010年投资778万元，解决了农牧民群众8943人安全饮水问题；各乡（镇）通了四级砂石路面；各乡（镇）聘请了邮递员，各乡镇建立了卫星通讯站，开通了移动电话、部分乡（镇）通宽带，好易通等业务，全面实现了乡村通电话，广播、电视人口覆盖率分别达到了95%和90%；完成了17家“牧家书屋”建设任务。

【农牧业生产形势良好，结构调整初见成效】2010年，全县牲畜存栏数115.53万头（只、匹），幼畜成活率90.40%，比上年同期上升7.4%。大畜死亡26180头（只），死亡率2.70 %，比上年同期下降了1.73 %，采取措施有效遏制了旱灾情况。牲畜出栏率达到37.1%，商品率为58%。主要做法：一是农牧业基础设施得到加强，农牧业基础地位得到巩固。2010年总投资7906万元，共计新续建项目包括退牧还草、绒山羊专业村建设、绒山羊扩繁基地建设、高寒棚圈建设、县动检站建设等项目7个，现已全部完工。水利基础设施建设进一步加强，投资778万元实施的农村安全饮水工程，第一批工程已经完工，第二批安全饮水工程正在建设之中，解决了8820名农牧民群众饮水问题。二是按照“大力发展山羊、适度发展牦牛、稳步发展绵羊”的牧业发展战略，因地制宜不断调整畜群结构，2010年底，牛、绵羊、山羊的比例调整为9：54：37，畜群结构更趋合理。同时，积极发挥原种场的作用，通过绒山羊专业村、绒山羊养殖专业户项目的实施，全年推广绒山羊1875只，极大地改良了绒山羊的品质。三是大力加强种植业结构调整。县委、县府在2009年文部乡扩大经济作物种植面积试点工作取得成功的基础上，2010年进一步加大了推广力度，县财政投入资金14万元，为文部南北两村解决了简易灌溉和农用机耕用具，完成农作物播种面积2793亩，推广优质经济作物1360亩，新开荒900亩，同比收益是原先的2倍，农牧民直接增收60万元以上。四是大力深化牧区制度改革，在14个乡镇建立了农牧业保险机制，县财政投入资金22.2万元为牧户的住房、牲畜购买了保险，切实解决了群众的后顾之忧。五是大力宣传草原生态奖励机制，认真做好草原生态奖励机制的前期准备工作。

【农牧民经济合作组织发展取得新进展】其主要做法：一是深入调研，因地制宜，积极扶持条件成熟的村进行合作经营，努力推动经济合作组织向纵深发展。二是以人居环境整治为契机，投资215.8万元（其中县财政配套18.46万元）在申亚乡一村和文部乡北村开展了农村人居环境建设和环境整治工作试点，极大改善了试点村的群众生产生活环境，为合作经济组织起到了示范作用。三是将国家投资、援藏投资与扶贫资金相结合，从政策、资金、项目等多方面向农牧民经济合作组织示范点倾斜，为经济合作组织提供强大资金支持，努力推动经济合作组织不断向前发展。2010年，中国海油援藏项目组针对尼玛县农村用电困难问题，援助142万元，国家投资61万元，为申亚乡1村和甲谷乡4村修建了50千瓦时的太阳能光伏电站；援藏投入资金60万元和扶贫资金40万元捆绑使用，为甲谷乡7村建立起了第一个以劳务输出为主的农牧民合作经济组织，每年承接乡村道路维护、安居工程建设等任务，极大地增加了牧民群众收入。四是大力加强经济合作组织人员培训力度，努力探索能人带动的发展模式。在加大技能培训的基础上，组织全县经济合作组织负责人赴拉萨、山南、班戈、双湖及尼玛县嘎庆村等地学习经营管理技术，通过学习，进一步开阔了眼界，增长了见识，为下一步发展经济合作组织奠定了人才基础。

【农牧民收入持续增加，惠农资金全面落实】2010年，培训专业技能人员815人次，实现多种经营收入1957万元，农牧民劳务输出9289人次实现劳务收入1216.51万元，比2009年分别增加了19.46 %、78%和53.82%。

【民生工作蓬勃发展】坚持优先发展教育事业，将财政收入20%投入教育事业并保证逐年增长，及时足额的发放学生“三包”经费，切实做到经费专款专用。“控缀保学”力度进一步加强，顺利通过行署“普九”复查工作组对尼玛县“普九”工作的复查，为迎接“国检”做准备。全县小学在校生2934人，适龄儿童入学率100%；

初中在校生 1464 人，入学率 97.43%。中学附属设施、师生宿舍建设已全部完工并投入使用；对甲谷、来多、卓尼、阿索等四乡完小进行了改扩建，教育基础设施建设得到进一步加强。

文化广播事业繁荣发展。广播电视“户户通”工程、电影“2131”工程继续推进，覆盖率分别达到 95%和 90%；放映电影 1470 场（次），观众人数达 111506 人（次）；组织相关单位开展科技文化“四下乡”活动，极大地丰富群众业余文化生活；加强对外宣传力度，设计制作的“尼玛之窗”4 级网站已投入运行；组团参加了地区羌塘恰青赛马艺术旅游节，充分体现了尼玛人民的精神风貌；文化遗产保护工作进一步加强，优秀传统文化得到继承和弘扬，对 8 处非物质文化遗产进行了普查，制定了非物质文化遗产名录中的重点项目具体保护措施和方案；发放“购物簿”6000 本，30 多家农牧民群众购买了藏式家俱、摩托车、电冰箱和彩电。

卫生事业健康发展。农牧区医疗制度改革成效显著，农牧民参合率 99%，大病统筹报销 517 人次，报销金额 84.12 万元；培训医务人员 28 人，有效地提高了医务人员专业技术水平；疫苗接种工作有序进行，脊髓灰质炎强化免疫接种率达到 98%以上；优生优育工作全面展开，“三项”节育 1174 人次；为了方便农牧民就医，县政府与军区总医院签订了农牧民就医协议，实现了零付账就医，全年农牧民持卡在总医院住院 64 例，已核销 29 例，核销金额 14.69 万元。疾病防控和卫生应急工作措施得力，甲流等流行性疾病得到及时有效防治。组织人员对县城餐饮企业进行食品卫生安全检查，没收过期、“三无”食品 18 种，价值 1056 元。加大碘盐推广销售力度，完成碘盐销售 121.29 吨，实现农牧区碘盐覆盖面 100%，圆满的完成了自治区确定的任务。

双湖特别行政区

【基本区情】双湖特别区位于西藏那曲地区西北部，地处羌塘国家级自然保护区腹地，东邻安多县，南与班戈县和申扎县接壤，西与尼玛县毗邻，北部跨可可西里与新疆维吾尔自治区和青海省交界。总面积 11.67 万平方公里，平均海拔 4760 米。双湖区政府所在地索嘎鲁玛，距离那曲镇 560 公里。全区现有藏、汉、回、水等民族，全区总人口 12161 人，其中牧业人口 10920 人

双湖区是一个纯牧业区，可利用草地面积 5 万多平方公里，2010 年牲畜存栏总数 44.9 万头（只、匹）。双湖野生动物种类繁多，国家一、二级保护动物就有 25 种，其中一级保护动物藏羚羊、野牦牛、藏野驴、藏原羚数量多、分布广。双湖境内已探明的矿种有 10 多种，其中石油、锂、硼砂、锑、铬、砂金等储量丰富；经中科院专家组实地勘测，颚雅措、朋叶措锂资源开发价值超过百亿元；其香措卤虫卵资源是双湖区财政收入和牧民群众收入的重要来源。海拔 6482 米的普若岗日冰川是除南北极以外的世界第三大陆地冰川，藏北无人区探险、野生动物观光等旅游资源开发潜力巨大。

【年度综述】2010 年双湖区生产总值达到 2.18 亿元，同比增长 3.46%，比 1995 年（有数据记录的年份）增长 9.35 倍；人均生产总值达到 1.73 万元，比 1995 年增长 7.6 倍。2010 年本级财政收入实现 1071 万元，同比增长 13.2%，比 1995 年增长 23.18 倍，位居那曲地区前列。

【人民生活水平显著提高】2010 年双湖区牧民人均纯收入 4636 元。广大牧民从祖祖辈辈使用酥油灯到用上了清洁环保的太阳能照明设备，已建牧民安居工程 1413 户、7006 名牧民群众住上了宽敞明亮的安居新房，实现了从游牧到定居的历史性跨越。人均寿命从双湖办事处成立之初的 55 岁提高到了现在的 60 岁。彩电、摩托车、汽车等现代化生活用品已经进入寻常百姓家，每百人拥有固定和移动电话 33 部。

【城乡面貌发生巨大变化】35 年来，国家和对口支援双湖的中石油集团公司累计投入资金 5 亿多元，实施了一大批基础设施和惠民项目，城乡面貌发生了历史性变化。双湖区所在地已由成立之初的十几间土坯房、几十顶帐篷，发展到现在建成面积达 7 平方公里的小城镇，昔日尘土飞扬的土路已变成了宽阔平坦的水泥路，上世纪七、八十年代修建的低矮简陋的土坯房已被宽敞明亮的办公大楼，整齐舒适的职工周转房所替代。邮政、银行、电信、移动等服务业蓬勃发展，乡乡通电话的目标全面实现，区机关及 4 个乡镇通光缆，乡、村公路通达率达到 85%和 29%。

【社会事业全面进步】“两基”攻坚全面完成，办学条件不断改善，现有小学 8 所（完全小学 4 所），初级中学 1 所，教师 137 人，在校生 2109 人。适龄儿童入学率 99%，初中入学率 96%。文化事业从零起步，快速发展，牧区文化基础设施不断完善，广播电视“村村通”工程覆盖 7 个乡镇 31 个行政村，区机关电视节目转播达到 46 套，全区建有农家书屋 24 个。城乡公共医疗卫生体系不断完善，现有 1 个区卫生服务中心和 7 个乡镇卫生院，医务人员 49 名，合作医疗乡村覆盖率达到 100%，牧民群众参合率达到 99%。社会保障和困难救助体系基本建立，7 个乡镇牧民群众全部纳入自治区新农保范畴，基本实现了“应保尽保”，各族人民共享改革发展成果。

【奖励情况】2010 年双湖特别区荣获自治区颁发的“自治区级平安县”荣誉称号。

2010 年双湖特别区财政局荣获“全国财政系统先进集体”荣誉。

【领导名录】

区委书记：贡嘎

区委副书记、区长：南培

区委常务副书记：郑斌（援藏）

区委委员、常务副区长：王晖（援藏）

阿里地区

阿里地区

【经济实力大幅增强】“十一五”末，阿里地区生产总值达到18.52亿元，年均增长14.02%以上，是“十五”末的1.93倍；地方财政收入首次突破1亿元大关，达到1.04亿元，年均增长11.22%，是“十五”末的1.7倍；城镇居民人均可支配收入达到1.96万元，年均增长17.62%，是“十五”末的2.25倍；农牧民人均纯收入达到3451元，年均增长13.89%，是“十五”末的1.92倍。

【基础设施显著改善】“十一五”期间，阿里地区社会固定资产投资完成79.19亿元，相继实施了1000余项基础设施建设项目，发展基础不断夯实，瓶颈制约不断缓解。一是交通运输条件极大改善。阿里昆莎机场于2010年7月顺利通航，219国道全线贯通，普兰、日土、噶尔、札达四县实现通沥青路，县通沥青路率达到57%，乡镇和行政村公路通达率达100%和80.14%。二是综合能源开发步伐加快。狮泉河、改则、萨让、乌江等水电站竣工投产，措勤县水电站进展顺利，华能集团援建的1万千瓦应急电源投产发电，10兆瓦光伏电站项目进入实施阶段，电力人口覆盖率达到65%。三是邮政通信行业迅猛发展。实现了村村通电话目标，乡乡通宽带网络率和乡镇通邮率分别达到81%、90%。移动电话网络基站达到190座，覆盖全地区所有乡镇。2010年，全地区移动、联通、电信、邮政业务总量达到7000万元，是“十五”末的3.1倍，年均增长24%。四是城镇建设稳步推进。不断完善城镇功能，实施了狮泉河镇、日土镇、托林镇、普兰镇、革吉镇、改则镇、措勤镇等县城建设，拓展了巴嘎乡、门士乡、多玛乡、盐湖乡等一批交通沿线集镇建设，切实加快了小城镇建设步伐，2010年全地区城镇化率达到21%。

【发展方式有序转变】“十一五”期间，阿里地区始终坚持“优势区域、优势资源、优先发展”的原则，依托优势资源，转变发展方式，壮大特色支柱产业，培育新的经济增长点，努力实现可持续发展。着力打造青稞、无公害蔬菜、瓜果、绒山羊、矿泉水、乡村旅游等特色品牌，区域化布局、规模化生产格局初步显现，逐步走出了一条产业发展的新路子。一是扩大规模，推动畜牧业上水平。以绒山羊特色产业开发为重点，白绒山羊本品种选育技术研究取得阶段性成果。建成了以日土原种场为核心，改则和革吉两县扩繁场为基础，日土、改则、革吉三县乡级选育点为桥梁，绒山羊养殖示范户为纽带的绒山羊选育推广体系，基地建设已初具规模，全地区绒山羊存栏144.3万只，占牲畜存栏总数的49.8%，发展绒山羊养殖示范户3531户，拥有优质绒山羊33.4万只。二是面向市场，推动矿产业上规模。积极开展“青藏专项”研究和找矿评价资源勘查项目，累计初步探明铜矿储量500万吨，铁矿储量近2亿吨。2006年以来，主要开采了革吉县扎仓茶卡、聂尔措、改则县基布茶卡硼镁矿资源，累计开采固体硼矿石50万吨，各级税费收入达1亿多元，工业产值达6.5亿多元。三是打造精品，推动旅游业上档次。加快与西藏旅游股份有限公司、珠穆朗玛集团有限公司的合作步伐，编制了神山、圣湖、古格、土林等旅游景点的发展规划。2010年全地区接待国内外游客达61390人次，实现旅游总收入6121万元，创汇360万美元，接待总人数和旅游总收入分别比“十五”末增长44%和42%。四是发挥优势，推动边贸业上台阶。积极争取专项资金，加大边贸口岸基础设施建设力度。逐步壮大了以普兰口岸为主，札达什布奇、甲尼玛，日土独木齐列，噶尔典角边贸互市点为辅的边贸市场，提升了边贸业市场化水平，从单一的传统边境互市贸易逐渐发展成为集进出口、旅游、边境贸易和边民小额贸易为一体的边贸发展模式。“十一五”期间全地区边贸进出口总额达1.9亿元，农牧民出口活畜创收1亿多元。

【社会事业全面进步】“十一五”期间，阿里地区坚持以人为本，注重改善民生，加快社会公共服务体系建设，推动了社会各项事业全面协调发展。一是教育事业成绩斐然。大力实施教育优先发展战略，扎实推进素质教育，加快发展学前教育，高度重视成人教育，积极开办职业技术学校，科学调整义务教育布局，狠抓教师队伍管理，教育质量持续攀升，基础教育得到进一步巩固和加强。2006年全地区基本实现“普六”目标，2008年基本实现青壮年“扫盲”目标，2009年实现“普九”目标。截止2010年底，全地区共有各级各类学校50所；适龄儿童入学率为98.75%，比2005年提高了13.95个百分点，初中入学率为92.84%，比2005年提高了9.27个百分点；青壮年非文盲率保持在97.89%以上，比2005年提高了61.89个百分点；人均受教育年限达到6年，比“十五”末提高2年。二是卫生事业成效显著。农牧区合作医疗制度得到进一步巩固和完善，合作医疗覆盖率达98.8%。全地区现有卫生机构53个，医疗机构床位数570张，医疗卫生人员577人，每千人拥有卫生技术人员为2.86人，每千人拥有床位数为5.49张，新建和改建了7县疾控中心、36个乡镇卫生院、141个村（居）卫生室并配备了基本医疗设备，基本满足了农牧民群众就医需求。三是科技事业成果丰硕。实施了日土县绒山羊本品种、措勤县紫绒山羊本品种推广与产业带建设、噶尔县高产奶牛养殖与示范推广、藏西北高寒优势牧草栽培技术示范、日土县高产奶牛养殖与示范推广、噶尔县门士乡索多村牦牛冬春季保膘育肥饲养管理技术研究与养殖示范、小型户用沼气和中型校园沼气试验示范建设等项目工程。醉马草（苦马豆素SW－BSA）疫苗和缓释解毒丸的研制、免疫疫苗接种、药品和疫苗安全性能分析、醉马草分布区域生态系统控制工程试验、分布卫星遥感检测等重大科研项目顺利攻关。大力实施“阳光工程”，太阳能采暖房、光伏水井、光伏电站及户用照明、太阳能温室大棚、太阳能灶具得到广泛应用。在普兰、札达、噶尔三县成功推广了沼气清洁能源的利用技

术。发展科技特派员216名。四是文化事业成就喜人。古格王国遗址第二期保护维修工程顺利开工,第三次文物普查通过国家验收。积极开展古格王国遗址世界文化遗产和神山圣湖、札达土林世界自然遗产的申报工作。成功申报国家级非物质文化遗产1处、自治区级非物质文化遗产7处。建设了一批文化资源信息共享工程和县乡文化馆站,建成农(牧)家书屋141个、县乡文化馆站15个。重点开展了象雄文化和民间艺术之乡等研究与开发工作,广泛开展了群众性精神文明创建活动。继续推进广播电视"西新工程"、"村村通"等工程建设,建设广播电视站911座;由财政补贴60万元在农牧区推广3000套卫星电视接收设备,全面实现村村通广播电视目标。加大公共体育设施建设力度,阿里地区体育场建设顺利。由自治区纪委推动的电影《先遣连》即将开拍。五是社保事业稳步推进。社会保障体系进一步完善,城乡居民最低生活保障实现全覆盖,养老、医疗等保险制度初步建立,保障水平显著提高。农村合作医疗标准由2005年的人均80元提高到现在的180元,农牧区"五保户"供养标准由2005年的1200元提高到现在的2000元。建立了干部职工体检制度,标准也在逐年提高。积极落实各项支农惠农政策,兑现家电家具及汽车摩托车下乡补贴资金22.2万元。开展职业指导3062人(次),职业介绍2820人(次),城镇登记失业率控制在4%以内。完成了1000套廉租住房建设任务。深入开展为民"做好事、办实事、解难事"活动,累计发放各类物资及慰问金1309万元。向城乡困难群体发放购物券180万元,向城乡低保、五保供养、贫困大学生等人群发放生活救助补助1154.6万元。积极推进"十大民心工程"建设,落实资金2765万元。

【人民生活日益幸福】"十一五"期间,阿里地区坚持发展依靠人民、发展为了人民、发展成果由人民共享,全面落实党的惠民政策,突出安居工程建设重点,加快推进社会主义新农村建设,积极解决人民群众最关心、最直接、最现实的利益问题,人民群众的生产生活条件显著改善,生活水平显著提高,幸福感显著增强。一是增收工作富有成效。农牧民劳动技能和农牧业科技培训班,培训农牧民群众1.5万人(次);发展农牧区经纪人11名,年均带动交易额134万元;发展农牧民专业合作组织11家,经济业务量达2124.3万元;鼓励农牧民经商办企业,大力发展具有阿里特色的乡村旅游业,在城郊、旅游沿线、景区周边兴办家庭旅馆、农家乐、牧家乐、民俗歌舞村、休闲度假村等服务业,农牧民个体工商户达922户,注册资金达1648.19万元;成立农牧民劳务创收队,引导农牧民参与乡村公路养护、矿业开发、交通运输等项目建设,有效拓宽了农牧群众增收渠道。"十一五"期间全地区劳务输出20.2万人(次),创收23596万元。二是新农村建设扎实推进。将安居工程作为新农村建设的重点,投资17121.4万元实施安居工程10360套,投资1036万元建设抗震加固房2072套,80%以上住房条件较差的农牧民住房条件得到改善。投资4338.61万元实施了120个村级组织活动场所建设项目。投资4442.8万元实施了42个村人居环境建设和环境综合整治试点项目。完成132家乡(村)级农家店的新建和改造任务,农家店村级覆盖率达到36%。完成了141个农(牧)家书屋建设任务。加碘盐市场覆盖率达到90%以上。三是农牧区基础设施建设强力推进。投资4395万元实施了农村饮水安全项目,修建集中供水点752个,解决了46647人的饮水问题。投资1020万元维修农田水利基础设施,新增灌溉面积1975亩。实施六县三期农网改造工程和改则县农网延伸工程,建设3座乡村水电站,解决了3215户9528人的用电问题。实施了游牧民定居工程、退牧还草工程、绒山羊产业带、人工种草、高效日光温室、短期育肥基地、动物防疫体系建设等一批重点农牧业项目。

【生态文明取得突破】"十一五"期间,阿里地区投入生态环保专项资金达3687万元,环境状况得到明显改善,可持续发展进程加速推进。实施退耕还林5200亩,义务植树7238亩136.3万株,西四县城镇周边绿化造林25632.8亩358.1万株,狮泉河城镇周边绿化投资1499.41万元,建设城市绿化护栏20029.7米,重点区域造林5000亩,荒山荒地造林4500亩,森林覆盖率达到5%。国有公益林管护面积1287万亩,农牧民管护员1154人。大力开展湿地恢复与保护工作,2008年建设玛旁雍措湿地保护监测站;2009年完成了玛旁雍措湿地、洞措湿地、班公措湿地、扎日南木措湿地自然保护区规范化建设项目的立项工作;2010年完成了环评、作业设计等前期工作,项目有于2011年投资建设。开展了全国湿地第二次普查工作,摸清了全地区湿地资源底数。积极开展生态功能区环境调查工作,编制了《阿里地区狮泉河流域重要生态功能区规划》与《阿里地区狮泉河流域重要生态功能区建设方案》。争取国家投资4570万元,实施了14个矿山地质环境治理及迹地恢复项目。开展了集中式饮用水水源地环境保护与建设工作,基本完成了水源地环境保护与建设规划。在普兰、札达、噶尔三县建设沼气池1067座。大力实施退牧还草工程,禁牧483万亩,休牧447万亩,草原补播282万亩。措勤县草场生态补偿奖励机制试点工作进展顺利。城市垃圾无害化处理率达30%,比"十五"末提高20个百分点。

【对口支援】2008年以来,河北、陕西两省及国家电网、中国移动、中国联通等3家央企累计投入项目资金1.5亿多元,建设完成了一批能够直接增加农牧民收入、改善农牧民生活质量、提高农牧业效益的项目,促进了阿里经济社会发展。

阿里地区纪委、监察工作

【年度综述】2010年,阿里地区纪委、监察局围绕中心、服务大局,把党风廉政建设和反腐败斗争与保增长、保民生、保稳定紧密结合起来,与加强和改进新形势下党的建设紧密结合起来,加强对贯彻落实党的政治纪律和区党委、阿里地委关于保持经济持续快速发展等一系列重大决策部署的监督检查,紧紧抓住贯彻落实《建立健全惩治和预防腐败体系2008—2012年工作规划》及《实施办法》这个主线,加强对党中央、区党委和阿里地委重大决策部署的贯彻落实情况的监督检查,扎实开展效能建设年活动,开展专项治理工程建设领域突出问题,确保扩大内需促进经济增长政策落到实处,着力解决少数党员干部宗旨观念、宗旨意识、工作作风、廉洁自律等群众反映强烈的突出问题，加大违法违纪案件查办力度，惩治腐败分子和腐败现象，党风廉政建设和反腐败斗争取得明显成效。

【加强从源头上预防和治理腐败工作，大力铲除滋生腐败的土壤】2010年，地区纪委监察局协同组织人事部门在干部任用选拔方面严把审核关，严格执行民主推荐、考察预告、任前公示、任职试用期制度，有效地防止了“任人唯亲”、“带病提拔”等现象的发生。同时，加强推进财政制度改革，大力推行部门预算制、国库集中支付制、收支两条线制度、大宗设备及办公用品政府统一采购等制度建设，加强基层财务监督管理和“小金库”治理工作，严肃查处公款私存等违纪违法行为，有效地加强了财政资金的监管，铲除了滋生腐败的土壤。

【加大查办案件和信访工作力度，切实遏制消极腐败现象滋生蔓延的势头】2010年，严格按照中纪委和区纪委关于查办案件工作的一系列要求。一是进一步加强“县案地审”工作，专门组织各县纪委书记、监察局长召开座谈会，研究部署“县案地审”相关工作，研究并制定了《阿里地区纪委监察局机关案件查办县案地审工作制度（试行）》和“县案地审”工作流程图，下发各县纪委执行，有力地促进了“县案地审”工作的有效开展，改变了县级纪委办案过程中存在有查无审、以查代审的现象，提高了案件审理质量；二是进一步规范了办案程序，制定和完善了办案制度，加大了案件初核的力度，提高了办案质量。

【认真开展执法监察及纠风工作，切实解决损害群众利益的突出问题】一是加强对执纪执法部门的监督检查，特别是对群众反映强烈的执法不公、乱收费、乱罚款等行为进行了有效制止，有力地推进了依纪依法办事、文明礼貌执法的工作进程；二是有针对性地组织开展行业评议工作，有效地纠正了行业不正之风；三是积极配合自治区和地区有关部门开展普九验收和学生“三包”经费的检查落实工作，严格规范学校办学和收费行为，有力地促进了教育发展和教育公平；四是加强对各类考试的监督检查，2010年共查处各类违纪考生4名，确保了考试的公平公正；五是积极配合相关部门继续整顿和规范食品药品生产流通秩序，切实规范医疗机构的收费行为；六是积极配合行署有关部门建立健全廉租房使用管理制度，深入整顿和规范土地使用程序，有效地确保了群众利益不受侵害。

【认真开展扩大内需促进经济增长政策落实检查工作及工程建设领域突出问题专项治理各项工作】2010年全地区扩大内需促进经济增长政策落实工作和工程建设领域突出问题专项治理工作呈现出组织保障有力、部门通力合作、资金落实到位、监督检查到位的良好局面。共有扩大内需项目95个，其中竣工项目69个。有效地促进了扩大内需项目顺利实施和工程建设领域突出问题的专项治理工作。

【认真开展机关效能建设年活动，有力地推动了阿里社会稳定和经济又好又快发展】2010年根据区党委的统一安排，阿里地区及时成立了以地委副书记、纪委书记次顿同志为组长的地区效能建设年活动领导小组。扎实开展效能建设年活动。全地区113个单位和6699名党员干部职工参加了这次活动，并严格遵循“四个阶段”、“十一个环节”、“六项重点工作”的工作程序，精心组织，扎实有效地开展各项工作，取得了明显成效，得到了自治区效能建设办公室考核验收工作组的高度好评，为更好地推动社会稳定和经济又好又快发展奠定了良好基础。

【领导名录】

地委副书记、纪委书记：次　顿

纪委副书记、监察局局长：洛加次仁

阿里地区民族宗教工作

【认真开展民族工作，营造民族团结进步氛围】一是始终坚持“三个离不开”方针和“五湖四海”原则，广泛宣传民族区域自治法和新时期党的民族宗教政策，发放相关学习材料100多本。二是努力推进民族团结进步事业不断向前发展，积极向自治区有关部门推荐民族团结进步创建示范点。现藏布居委会已被列入自治区级民族团结进步示范活动（试点）单位。三是2010年5月31日至6月6日，地区民宗局、地区气象局、地区国资委3家单位联合组成中央第五次西藏工作座谈会精神宣讲组，并由地区民宗局党组书记拉琼同志带队赴札达县底雅乡底雅村、什布奇村、鲁巴村进行实地宣讲。四是牵头开展了民族团结进步宣传月活动。同地委宣传部、地委党校联合组建“民族团结月”宣讲团，在地直机关、企业、事业单位中开展了七场集中宣讲，听众达2000多人次。五是2010年9月，以民族团结进步创建活动为契机，广泛开展评选“第五届民族团结进步‘先进集体’和‘先进个人’人选推荐工作。经过筛选共评选出21个先进集体和41名先进个人。六是2010年初，组织召开边境县民宗局长会议，并组织专门人员科学编制“兴边富民行动‘十二五’规划”草案。七是严格检查、验收2009年兴边富民项目18个项目，总投资为314万元。八是积极向上级主管部门争取“兴边富民行动和少数民族发展专项资金”559万元。

【反对分裂、维护稳定，狠抓宗教领域工作】一是按照“划清两个界限，尽到一个责任”的政策原则和工作要求，明确“两条底线”，扎实有效的开展全地区宗教工作。宗教内部更加净化，宗教秩序井然有序，寺庙僧尼能够爱国爱教，党的宗教政策全面得到贯彻落实，保障了公民的宗教信仰自由。二是在“3.28”百万农奴纪念周年之际，同政协、地委宣传部联合组织13名爱国爱教、有一定宗教造诣的宗教界人士，举办题为“只有爱国守法，才能保障宗教信仰自由”的宣讲活动，并制作光盘发放给各寺庙学习。三是于9月底召开了《阿里地区佛协六届四次理事会议暨民管会主任培训会议》，主要传达学习中央第五次西藏工作座谈会和中央统战部召开的五大藏区藏传佛教工作会议精神，以及区党委、阿里地委有关寺庙维稳方面的重要指示和相关会议精神。四是按照自治区和阿里地委创建“和谐寺庙”相关要求，与各县民宗局签订《创建和谐寺庙目标责任书》。地区寺庙爱国主义教育领导小组对创建“和谐寺庙”制定了评选标准，

于11月15日开始进行检查验收，并对创建“和谐寺庙”活动中达标的寺庙和僧尼进行了表彰。

【扎实有效开展扶贫联系点工作】2010年，阿里地区民宗局深入扶贫联系点札达县底雅乡什布奇村，走村入户，广泛听取当地群众和农牧民的心声，调查分析影响和制约当地农牧民发展生产、脱贫致富的因素，帮助他们寻找发展思路，拓宽致富渠道。克服本单位自身经费紧张的现状，为扶贫联系点解决车辆运费、添置家具、救助子女供学、购置农器具等资金共计9万余元。

【获奖情况】阿里地区民宗局荣获国家民族事务委员会“2006-2010年全国民委系统法制宣传教育工作”先进集体。

【领导名录】

党组书记：拉　琼

党组副书记、局长：次程多吉

阿里地区扶贫农发工作

【两项制度有效衔接】2010年，阿里地区扶贫办根据自治区扶贫办的要求，积极与民政、统计等部门协调，全面铺开“两项制度”有效衔接工作，把人均纯收入1700元以下的贫困人口划分为扶贫户、扶贫低保户、低保户和五保户四类贫困人群，建立了纸质、电子档案，为6397户24217名扶贫户和扶贫低保户发放了《扶持证》。

【进村到户帮扶工作成效明显】阿里地区扶贫办始终坚持开发式扶贫的方针，大力实施进村到户帮扶工程。2010年，全地区共争取到面上扶贫开发项目86个，完成国家投资3343万元，通过大力实施进村入户项目，全面改善了贫困群众的生产生活条件，加快了脱贫致富步伐。

【整乡推进工作有新突破】2010年，阿里地区以促进贫困地区经济社会发展为目标，以增加贫困农牧民收入为核心，以完善贫困乡村基础设施、改善群众生产生活条件为重点，对贫困乡镇分阶段、有计划地实施整乡推进扶贫，共实施整乡推进扶贫项目16个，项目涉及普兰、札达和日土县的3个乡镇18个贫困村，完成国家投资611万元。通过实施整乡推进扶贫，基础设施条件明显改善，村容村貌焕然一新，优势主导产业进一步发展，农牧民收入水平和自我发展能力有了较大提高，加快了贫困地区经济社会发展。

【集中连片开发和互助资金试点工作有序推进】投入财政扶贫资金1000万元，在日土县实施集中连片开发项目3个，并对500户贫困户进行绒山羊选育扶持；围绕有效解决贫困户生产资金短缺的问题，在2009年3个贫困村互助资金试点工作的基础上，投资165万元在革吉县11个贫困村继续推进互助资金试点工作，有效缓解了贫困户生产资金短缺问题，带动了试点村种养业和运输业的发展。

【狠抓特色产业开发，促进农牧民增收】2010年，全地区实施劳动力转移项目8个，完成国家投资721万元，主要包括洗沙厂建设、预制厂建设、牧民施工队建设、牦牛旅游托运队建设、矿泉水厂、活羊出口基地等项目建设，有效带动了项目区商业、运输业、餐饮业的发展，增强了农牧业发展的自我“造血”功能和自我发展能力，增加了贫困农牧民群众的现金收入，促进了农牧区经济发展。

【实施“雨露计划”，带动贫困人口脱贫】2010年，阿里地区继续加大对贫困地区劳动力的转移培训力度，共实施“雨露计划”项目8个，完成培训资金57.88万元，培训农牧区劳动力1060人次，农牧民劳动技能得到提高，农牧区劳动力就近就地转移工作得到加强，有效推动了贫困人口增收脱贫工作。

【实施土地治理，增强农牧业综合生产能力】投入国家财政资金1100万元，实施土地治理项目2个，改善了农田基础设施条件，开发区已基本实现“田成方、林成网、渠相通、路相连、旱能灌、涝能排”的新格局，全面提高了农业综合生产能力，促进了农牧业可持续发展，实现了农牧民增产增收。

【努力推进农牧业产业化经营】2010年，阿里地区继续推进农业产业化经营，对辐射带动作用大、经济效益比较好、市场竞争优势比较明显的龙头企业或合作组织给予重点扶持。投资105万元，完成产业化项目1个，建设温室12栋，露天蔬菜20亩，优势产业进一步发展壮大，农牧业发展后劲进一步增强，农牧民组织化程度明显提高，农牧民群众从产业化经营中得到了更多的实惠。

【领导名录】

党组书记：钟顺一

主　　任：索南罗布

副 主 任：次仁石曲、翁江湖

阿里地区司法工作

【普法教育】一是认真落实“五五”普法规划，落实普法责任制，广泛开展“法律七进”、3月综治宣传月、“6.26”国际禁毒日、“9.16”平安西藏宣传日、“12.4”法制宣传日等多种形式的普法宣传教育活动，形成良好的学法氛围。二是通过整合多方力量，早部署、早安排，组织全地区正科级以上领导干部进行法律知识考试，参考人多、面广、规模大，切实增强了领导干部的依法行政能力。三是深入全地区重点乡镇和寺庙，大力开展“送法下乡”活动，及时满足群众学法需求。2010年，先后组织3个工作组，深入全地区七个县、21各乡（镇）、46家单位，开展了“五五”普法工作全面检查验收工作，顺利通过自治区“五五”考核验收，并在全区验收总结会议上，荣获“五五”普法工作第二名的好成绩。四是初步完成了“六五”普法规划编制工作。2010年共开展各类法制宣传活动78次，发放宣传单6650余份、法律书籍950份，举办法制讲座10次，受教育人数达10000余人。

【律师工作】律师事务所共受理刑事案件6例，法律援助刑事案件3例，代书18件，咨询34件。法律援助中心加强了弱势群体和农民工工资拖欠问题的法律援助工作，加大对来访拖欠农民工工资案件的调解力度，成功调解4例拖欠民工工资纠纷案件，兑现了138600元拖欠工资。

全年提供各种法律援助服务22件，代书9件，解答法律咨询94起，发放各种条例450余份。

【公证工作】积极开展公证业务，不断拓宽服务领域，全力规范办证程序，努力提高公证质量和队伍整体素质，切实提升阿里地区公证品位。2010年，阿里地区公证处共办理公证事项452件，办结431件，经济类204件，民事类218件，其他类9件；因不符合公证法的相关规定，拒绝受理21件公证事项，总标的达329990485.85元，业务收费363228元。无一例假证、错证，人情案和关系案。

【基层司法】2010年，阿里地区各县司法局组建工作已基本完毕，基层司法行政工作逐步走上正轨。为解决部分县司法局没有围墙和人门问题，阿里地区司法处及时派出专人到各县进行调查了解，并协调各相关部门进行了落实。目前，七县司法局办公楼、围墙等基本设施已建设完毕;36个乡（镇）司法所已下达29个编制，并配备了20名司法助理员，阿里地区司法行政工作已实现全覆盖。

【法律援助】一是法律援助中心重点加强了对弱势群体和拖欠农民工工资问题的法律援助工作，提供各种法律援助服务46件（其中刑事辩护10例，民事非诉讼7件，民事案件29例），代书15件，解答法律咨询138起，发放各种条例750余份。二是深入开展了法律援助调研工作。始终把法律援助工作作为一项光彩事业、民心工程来抓，进一步整合律师和法律援助工作者，深入基层为广大弱势群体送去法律知识，大力推进法律援助进社区、进贫困群体家庭，营造良好的法律援助工作氛围。三是开展重点专项援助活动，较好地维护了全地区老年人、妇女、儿童、残疾人、农民工和特殊案件当事人的合法权益。

阿里地区发展改革工作

【年度综述】2010年，阿里地区发展改革委紧紧围绕全地区中心任务，以效能建设年、民族团结进步、创先争优等活动为契机，突出发展和改革两大主题，正确处理"工学"关系，较好地发挥经济综合部门职能作用，各项工作取得了显著的成效。2010年全地区国民生产总值实现18.5亿元，增长13.2%；固定资产完成投资21.6亿元，增长24.9%；农牧民人均纯收入达3480元，增长16.5%；社会消费品零售总额达4.48亿元，增长17%。到2010年年底，招商引资资金落实3341.5万元。

【积极谋划，"十二五"规划工作展开顺利】为使"十一五"规划与"十二五"规划有效衔接，在完成"十一五"规划工作任务的基础上，使阿里地区"十二五"规划项目更具科学性、可行性、选择性和持续性，能切实带动阿里经济社会发展。制定《阿里地区国民经济与社会发展"十二五"规划》，并开展了地区"十二五"规划项目衔接储备工作。目前，阿里地区"十二五"规划项目衔接工作已经完成，并形成《阿里地区"十二五"建设项目规划》，共编制项目238个，计划投资374亿元。与此同时，编制了阿里地区"十二五"援藏项目规划、阿里地区"十二五"特色产业规划、阿里地区"十二五"防抗灾规划和阿里地区"十二五"城乡发展规划。

【提前谋划，项目库储备充足】进一步做好阿里地区重大项目前期工作，加大项目的沟通、衔接力度，努力提高投资决策水平，积极组织开展重点建设项目的前期工作，力求做到一批好项目投产达产、一批好项目开工建设、一批好项目储备报批，全面推动阿里地区经济社会发展，已上报拟定项目21个，分别为狮泉河镇中桥河道路整治工程、噶尔县卫生服务中心、地区政法系统业务用房、旅游基础设施及配套阿里地区物流中心设施等，总投资为28282万元。

【加大投资落实力度，各类项目建设顺利】2010年下达投资235715.7万元，其中续建项目31个，下达投资145115万元，完成投资134421.38万元；新建项目98个，下达投资87416.7万元，完成投资76534.1万元；自筹部分总投资3184万元，完成投资3184万元。

【加强项目评审，提高项目投资控制能力】为科学合理利用国家投资，使项目建设有序进行，本着公平、公证、合理的原则，阿里地区发改委在项目立项前组织项目评审工作，对没有通过评审的项目不予立项。在工程概算审查中，做到自觉抵制不正之风，能够认真、仔细、严格执行基本建设管理的各项规定。共审查工程预结算70项，送审价为36354247.18元，审核价为16734037.1元，审减资金19620210.08元，主要有地区南区水厂供水凿井工程，阿里地区中心小学维修及附属工程、阿里地区行署食堂改扩建及围墙工程、日土县东汝、热帮两乡派出所等项目。

【参与工程招标，合理地控制招标工作限价】认真负责地做好招标工程限价工作，以此保障国家投资的合理利用。以服务阿里建设、服务部门、服务基层理念参与工程招标工作，参与工程招标共101项，工程总投资为391392556.2元。核算的招标最高限价项目为13个项目，最高限价核算为47808235.2元。

【以效能建设年活动为契机，努力提高工程质量水平】一是全面提升建设工程质量。工程质量总体水平在全自治区争先，工程创优率达60%以上，争创1个"质量示范点"，以点带面，全面推动阿里地区工程质量的提高。二是严格价格施工许可制度。凡未申领施工许可证的工程一律不得开工建设，创建文明工地10个（各县1个、地区3个）。三是加强工程质量监管。基本建设项目工程质量监督覆盖率达100%，加强对基本建设工程的质量监管力度，确保人民群众的生命财产安全。四是专项整治监理行业。督促监督监理企业委派有资格、素质高、业务精的人员到施工现场开展监理工作，切实提高监理工作质量。五是确保建筑节能材料及工程用其他材料100%合格。同时，全面做好工程建设领域突出问题专项治理自查自纠工作，深入七县对16个重点建设项目进行全面自查自纠工作。

【建立健全项目建设制度，规范项目建设行为】加强基本建设项目管理，规范项目建设程序和行为，提高项目建设质量和投

资效益，结合阿里实际，起草《阿里地区基本建设项目管理暂行规定》、《阿里地区基本建设项目管理暂行规定细则》、《关于进一步规范阿里地区国家投资、援藏投资项目建设流程和管理工作的意见》等实施文件。

【积极做好招商引资工作，促进经济发展】全面抓好国家、自治区产业政策的调查研究，规划经济产业带发展方向，积极落实各项产业扶持资金的申报，多渠道整合资金，初步形成招商“进得来、留得下、再投资”的社会大环境。到2010年年底，落实招商引资资金3341.5万元。

【积极做好协调工作，加快产业发展】西藏旅游股份有限公司投资的神山、圣湖旅游招商引资项目前期工作备案已全部完成，总投资将达到2.5亿。西藏阿里岗底斯文化公司、四川攀枝花房地产有限公司联合拟建设冈底斯文化园，投资7000万元，已完成立项备案工作，正在进行前期的环评、灾评工作。按相关政策法律批准了西藏伊成建设有限公司阿里分公司等六家符合地区产业政策的企业备案批复，批准旭升盐湖资源开发公司等3家矿产企业立项批复。

【利用价格杠杆加强宏观调控，维护市场秩序】一是强化价格法等法律法规宣传力度和价格监测预警。利用“三大节日”、“五一”、“十一”进行价格宣传，发放宣传单5000余份，召开企业、个体、私营、大中型商场、超市负责人或代表参加的“价格提醒告诫会”，针对地区液化气、成品油、粮食、食用植物油蔬菜类、肉禽类等价格趋势进行监控和监测，并及时上报相关情况，24小时开通“12358”价格举报电话。二是会同食品安全、商务局、粮食局、电视台等单位对阿里地区主要食品价格进行了全面检查，并下发价格告诫通知，使节日期间粮油价格基本稳定，没有出现粮油紧缺、断档、脱销情况，市场供应充足。三是对16个行政、事业性收费单位按照《行政事业性收费标准管理暂行办法》进行了年审。对35个行政、事业性收费单位换发了新的《收费许可证》。对全地区部分事业单位、社会团体近15个单位的收费行为进行了检查整治。清理和整顿旅游参观点门票价格工作取得实效。四是努力解决群众反映强烈的价格热点难点问题。扎实做好涉农价格管理，通过清理涉农收费、落实粮食最低收购价政策、加强化肥等农资价格监管，认真落实各项减轻农牧民负担的优惠政策，防止农产品价格大幅波动。规范有限电视收费行为。对有线（数字）电视服务收费行为进行全面检查，没有发现乱收费行为。会同地区纠纷办等单位，对全地区教育行业的收费情况进行了全面检查，没有发现乱收费现象。强化医药价格监管，针对全地区医疗机构、医保定点、个体诊所等近60家单位进行专项检查，对存在的问题勒令整改。组织开展了行业协会、质量检验检疫、交通运输服务价格收费的监督检查，落实各项清费减负政策，切实减轻企业负担。五是认真做好涉案价格鉴定工作。积极配合地区公检法等单位，对13起刑事案件的涉案赃物进行了价格评估，估价金额为11.4万元，为公检法能及时结案提供了科学、详实的法律依据。

阿里地区商务工作

【年度综述】2010年，阿里地区社会消费品零售总额全年完成4.5亿元，进出口贸易总额为6973.4万元，其中进口贸易总额为1311.2万元，出口贸易总额为5662.2万元（活畜出口4948万元）。

【家电家具销售工作保持良好势头，政策效应明显】截止2010年11月26日，阿里地区家电下乡承办企业4家，家具下乡承办企业5家。家电下乡承办企业销售家电下乡产品288台（件），销售额47.6054万元，累计兑付补贴资金10.3964万元；家具下乡承办企业累计销售家具下乡产品1659件（套），销售额113.947万元，兑付补贴28.9505万元。

【加大农牧区碘盐宣传推广力度，做好碘盐配送中心建设】一是加大碘盐推广宣传力度，提高群众的知晓率，净化盐业市场。二是加大碘盐推广工作力度，提高碘盐的覆盖率、食用率。为确保完成自治区制定的向农牧民推广销售碘盐人口覆盖率90%的目标，阿里地区商务局及时向各县人民政府下发了《关于下达2010年碘盐推广目标任务的紧急通知》，督促各县和地区盐业公司做好向农牧区配送推广碘盐工作，于2010年5月底，全面完成了碘盐配送任务，共计386.067吨。与此同时，地区盐业公司购进了20吨精制碘盐销售给城镇居民，储备34吨精制碘盐用于供应城镇居民。三是为全面提升阿里地区人口素质，阿里地区商务局指导地区盐业公司积极规划碘盐城镇销售网络布局，从自治区定制了店牌、货架，宣传册等，为进一步规范阿里地区碘盐销售市场做好准备。四是切实推进阿里地区食盐流通现代化进程。阿里地区碘盐配送中心工程于2010年7月开工建设，并于年底投入使用。碘盐配送中心的建成使用，将对完善和巩固食盐专营体制，落实食盐计划，确保将合格碘盐安全、快捷地配送到广大人民群众手中发挥重要的作用。

【加大“万村千乡市场工程”和“双百市场工程”建设力度】一是及时下发了《2010年度“万村千乡市场工程”农家店目标任务的通知》，并结合地区财政局《阿里地区2010年农村人居环境建设和环境综合整治试点工作实施方案》，统筹安排农家店建设指标，圆满完成了自治区商务厅下达的农家店建设任务。截止，目前，阿里地区已累计建设农家店177家，覆盖了全地区36个乡镇77个行政村，县乡（镇）级覆盖率达100%，村级覆盖率达70%。二是支持和培育阿里地区流通企业。对申办企业《关于列入‘万村千乡市场工程’承办企业的申请》进行了初审，完成相关资料的申报工作。三是主动服务于企业，加大调研工作力度。四是积极组织做好“双百市场工程”和商品配送中心建设的初验工作。

【做好标准化菜市场升级改造项目的初验工作】根据自治区商务厅、财政厅《关于对标准化菜市场示范工程项目进行实地抽查验收的通知》精神，阿里地区商务局于2010年6月会同地区财政局对普兰县标准化菜市场升级改造项目进行实地验收。

【加大狮泉河镇生猪、牛羊屠宰场的整治检查力度】阿里地区噶尔县狮泉河镇生猪、牛羊屠宰场自建成投入运营以来，按照国务院《生猪屠宰管理条例》《生猪屠宰管理条例实施办法》，严格实行定点屠宰、集中检疫制度。但由于在运行过程中软件设备达不到相关国家标准，屠宰场一定程度上存在着脏、乱、差现象，阿里地区商务局局以商务部实施市场监管与“放心肉”建设项目为契机，一是积极向商务厅上报了阿里地区噶尔县狮泉河镇生猪屠宰场、牛羊屠宰场标准化改造可行性项目报告》。二是按照自治区商务厅等6部门下发的《关于印发<西藏自治区开展强化畜禽屠宰监管确保肉品质量安全专项整治工作方案>的通知》（藏商发运字[2010]10号）精神，加大对屠宰场的检查力度，持续整治不法商贩私屠烂宰现象，进一步强化企业责任意识，确保了广大群众吃上放心肉。

【加大成品油市场准入和监管力度】一是针对普兰县巴嘎乡塔尔钦旅游景点和新藏公路沿线无正规加油站问题，阿里地区商务局严格审查中石油的建站申请后报自治区商务厅批准，有效缓解了车辆加油和群众生产生活的实际困难。二是针对个别县加油站数量多、且修建年代早，存在较大安全隐患问题，阿里地区商务局积极协同县人民政府进行了严格的整治。

【加快边贸市场建设、管理和口岸开发力度】一是加大普兰边贸市场管理力度，完善普兰国际市场基础设施条件，协调狮泉河海关对普兰县联检楼进行了维修，进一步改善了外商经营环境。二是加强日土县独木齐列边贸市场建设与管理工作，与日土县人民政府就今后加强该边贸市场的商人、市场管理等方面达成一致意见。三是加大口岸开放力度。按照自治区商务工作会议确定的“重点建设吉隆口岸，稳步提升樟木口岸，积极恢复亚东口岸，逐步发展普兰口岸和日屋口岸”的口岸建设发展思路和自治区商务厅口岸办的相关要求，完成普兰口岸“十二五”规划编制及征求意见上报工作。四是以阿里昆莎机场于2010年7月1日正式通航为契机，加大阿里地区改革开放力度，加强对外经济合作交流、大力发展对外贸易，积极协调相关部门，做好昆莎机场开辟为国际航空口岸的前期论证、资料整理工作。

阿里地区财政工作

【年度综述】2010年，阿里地区财政部门以组织收入为中心，加大依法征管力度，财政收入快速稳步增长，财政实力不断增强，为阿里经济的稳步发展提供了有力的保障。全地区财政总财力达到13.6亿元，地方财政收入突破亿元大关，达到1.04亿元，实现了历史性跨越；财政支出达到13.4亿元。

【财政体制改革】2010年，阿里地区财政局继续深化部门预算改革，认真编制地直单位部门预算，国库集中支付系统全面上线运行，全地区县直党政群机关后勤服务社会化改革工作和公务员收入分配制度改革顺利完成；继续深化“收支两条线”改革，进一步规范非税收入征收和管理。政府采购规模进一步扩大，管理更加规范。财政投资评审、国有资产管理进一步加强。“金财工程”建设力度进一步加大，办公自动化系统全面运行，财政“大平台”信息系统建成上线，会计集中核算转轨有序进行。

【财政监督管理】阿里财政监督走出“重外部、轻内部，重下级、轻本级”的盲区，加强对部门内部和本级监督，以构建公共财政框架为目标，创新机制充分发挥财政会计监督的职能作用，建立财政资金拨付责任追究制，以监督关口前移和多环节控制为立足点，以协调运行，全方位、全过程监督为内容，着力构建新型的财政监督机制。通过完善监督制度、理顺体制机制、创新监督方式、提高监督能力，财政监督和会计监督工作进一步制度化、规范化，监督水平有效提高。

【调整优化支出结构，加大财力倾斜力度】2010年，全地区完成农牧民安居工程430户；整合资金实施农村水、电、路、讯、气、广播电视、邮政和优美环境“八到农家”等基础设施建设；安排资金4442.8万元，启动42个行政村农村人居环境建设和环境综合整治试点工作；安排资金1.71亿元，建设170套廉租房和830套周转房；投入资金2.17亿元，扎实推进农业产业化、农业综合开发、扶贫开发和农田水利基础设施建设；累计落实农作物良种、牲畜良种、粮食直补、化肥补贴和农业机械购置等补贴资金240.38万元；投入资金3863万元，实施森林生态效益补偿政策，全地区所有生态公益林全部纳入中央财政补偿范围；启动实施草原生态保护奖励机制试点工作；农村综合改革、农村社会化服务体系建设全面推进。

【获奖情况】2010年，阿里地区财政局被自治区财政厅评为“全区财政系统先进集体”；被全国妇联、团中央等部委授予“全国城乡妇女岗位建功先进集体”荣誉称号。谢天芳同志被评为全国财政系统先进个人，陈代均同志被评为全区财政系统先进个人。

【领导名录】
党组书记、副局长：宗　吉
党组副书记、局长：杨　春

阿里地区国税工作

【年度综述】2010年，阿里地区国税系统坚持“发掘优势抓创新，科学发展促转型”的工作基调，狠抓各项工作任务的落实，完成国税收入1.16亿元，比上年增收2038万元，增长了21%，税收收入首次突破亿元大关。

【依法治税取得新进展】认真贯彻落实各项税收政策，坚持“依法征税，应收尽收”的原则，坚决不收过头税，坚决防止和制止越权减免税，严格落实税收执法责任制和执法过错责任追究办法，切实强化税收执法监督，不断规范税收执法行为。全年免征畜产品营业税700余万元；共为98辆1.6升及以下小排量汽车减征税额15.6万元。积极开展税收宣传活动和普及税法知识活动，充分利用电视、报纸、通信业及互联网等现代传媒，认真抓好税法宣传月活动，全方位、多层次地开展税收宣传。

【税收征管质量显著提高】深入推进税收征管改革，强化税源管控，加强税种管理，全面落实《税收征管法》及实施细则，认真实施行政许可法，不断完善税务行政执法责任制，强化制度建设和基础管理，深入开展日常检查、专项检查、专案检查和发票协查工作，有效发挥税务稽查作用。截止2010年底，阿里地区国税局累计评估、查补税款410余万元。

【干部队伍建设全面加强】一是加强学习型、实干型、廉政型、创新型领导班子建设，不断提高综合能力；二是建立领导干部后备人才库，进一步完善竞争上岗机制；三是认真落实党风廉政建设目标责任考核工作，加大对领导班子和领导干部的监督；四是加强干部培训，全年共组织培训人员100人次，培训面达90%以上；组织1期税收业务知识考试，以考促学成效明显。

【精神文明建设不断深入】开展“创建文明机关，促进政风建设，坚持执政为民，争做人民满意的公务员”活动，内强素质，外树形象，并建立绩效管理机制，推动文明创建工作持续发展，树立了良好的国税部门形象。先后被阿里地委、行署授予“2010年度县级领导班子综合目标管理责任制先进集体”、“2010年度党风廉政建设目标责任制先进单位”、被噶尔县委、县政府授予“2010年度综治考评责任制优秀单位”等荣誉称号。

阿里地区工业和信息化工作

【年度综述】2010年，阿里地区实现工业总产值9803.2万元，同比减少8.4%，实现工业增加值6200万元。阿里地区工业企业共19家，其中规模以上工业企业2家，工业总产值6547.04万元，同比增长15.7%。二产占GDP比重为23%。截止2010年底，阿里地区移动电话客户70882户，普及率达76%；固定电话客户13180户，普及率达14.1%；互联网客户5230户，普及率达5.6%；广播、电视人口覆盖率分别达77.05%和75.74%。村村通电话覆盖率为69%，乡乡通光缆覆盖率为48%。

【部门成立】阿里地区工业和信息化局于2010年6月正式成立，局机关内设办公室、综合科、中小企业科（非公有经济办公室）及信息化管理科共四个科室，人员编制为14名。

【主要职能】拟定并组织实施工业和信息化发展战略、规划，产业政策，行业技术规范和标准；提出工业和信息化固定资产投资规模方向，国家对口部门和自治区、地区用于工业和信息化财政性建设资金安排和建议；按国家和自治区政府权限审核、核准工业和信息化固定资产投资项目；监测分析分全地区工业运行态势，指导工业行业技术创新和技术进步；组织实施国家、自治区和地区有关科技重大专项；负责中小企业发展的宏观指导，统筹推进全地区信息化工作，协调维护全地区信息安全和信息安全保障体系建设等。

【启动工作】一是全面调研。阿里地区工信局及时组织人员到地区发改、城建、工商、乡企等部门开展调研，全面准确掌握划入工信局相关职能情况，摸清工业产业布局、结构，行业运行发展，信息化管理等情况，并进行了梳理、汇总。二是做好交流。在组建之初，派出2名业务骨干到区工信厅学习业务知识，积极争取上级业务部门的支持；与地区发改委、国资委等业务相关部门沟通、协商职能划分。三是落实工作。地区工信局在无办公场所、无经费预算等的情况下，通过积极协调相关部门，局办公楼工程项目已列入2010年建设计划，并于2011年8月交付使用。地区工信局结合自身工作实际，成立了机关党支部；起草和拟定了《办文办会制度》、《车辆管理制度》等10余项规章制度，切实做到有章可循、有章可依。同时实行了人、财、物的规范化管理，使工信局的建设逐步走上规范化的道路。

【积极申报扶持项目】结合阿里地区实际，逐步形成了以矿产资源开发为核心，以加工制造业为重点的产业链。全地区有采矿业企业29家，注册资金8392万元，工业总产值3500万元，销售额180万元，从业人员489人；有藏酿传说青稞酒业有限公司、岗仁波齐矿泉水厂等制造业企业27家，注册资金4095万元，工业总产值12280万元，销售额688万元，从业人员460人；电力、燃气及水生产和供应业9家，注册资金5915万元，总产值680万元，销售额722万元，从业人员180人；相关建筑业42家，注册资金6881万元，总产值17886万元，销售额9910万元，从业人员3010人。截止2010年年底，阿里地区中小企业达4690户（含个体工商户、民营企业），注册资金20925.29万元，占全地区各类市场主体的94.03%，从业人员达8270人。整个地区中小企业支撑力增强，非公有经济逐步成为主力军。2010年8月，为认真做好中小企业发展工作，地区工信局在认真调研的基础上，积极组织了2010年中小企业发展资金申报工作，此项目涉及矿泉水开发、民族手工艺加工、绿色食饮品、建材等，申请项目总投资为9867.5万元，拟申请扶持资金1602万元。报送战略性新兴产业储备项目2个，项目投资1.8亿元，报送申请“国家服务业发展引导资金”建设项目2个，项目投资5657.7万元，申请扶持资金565.7万元。

【认真编制行业“十二五”规划】为顺利推动工业和信息化工作，2010年底已初步完成了《“十二五”工业和信息化发展规划》，《“十二五”中小企业发展专项规划》、《“十二五”信息化发展规划》。

阿里地区审计工作

【年度综述】2010年，阿里地区审计局共完成审计和审计调查项目14个（预算执行审计4个，专项资金审计3个，行政事业审计1个，企业审计1个，固定资产投资审计2个，经济责任审计3个），通过审计，查出违规及管理不规范资金7433.6万元，其中：违规资金4158.6万元，管理不规范金额3275万元。提出审计建议50条，被审计单位采纳30条。

【预算执行审计】完成了札达县、噶尔县、普兰县、日土县2009年度预算执行审计，共计查出违规及管理不规范资金6134.6万元，其中未按规定征收、缴纳预算收入46万元、隐瞒预算收入92万元、财政支出核算不实2479万元、违规改变用途95万元、账外资产576.6万元、决算编制不完整526万元、预算结余不实438万元、损失浪费1万元、虚增收入74万元、往来账过大355万元、账表不符1150万元、原始票据不规范11万元、其它291万元。

【专项资金审计】完成对措勤、改则、革吉、普兰、日土、札达、噶尔七县2008—2009年度农业综合开发和扶贫项目审计，玉树抗震救灾捐助资金及广电局“西新工程”项目的专项审计，地区中学“三包经费”的专项调查，噶尔县、普兰县、札达县的安居工程审计调查。查出违规及管理不规范资金358万元，其中：违规改变用途56万元、资金滞留69万元、账外资产2万元、配套资金不落实231万元。

【行政事业审计】根据审计厅授权对国家统计局阿里调查大队2008年至2009年财政收支进行了审计。查出违规及管理不规范资金400万元，其中：违规改变用途83万元、虚列支出10万元、其它38万元、未按规定提取基金61万元、未落实收支两条线和专户管理规定178万元、账外资产63万元。

【企业审计】在地区农机有限责任公司2005年6月至2009年12月末资产、负债、所有者权益的真实性、合法性、效益性情况审计过程中，查出违规金额2万元，其中：少计或虚列成本1万元、其它1万元。

【经济责任审计】完成地区残联原理事长李兴国、地区国资委原主任程心明、地区住建局原局长扎西旺堆三名同志的离任经济责任审计。查出违规及管理不规范金额420万元，其中：违规资金326元，管理不规范资金94万元。

【固定资产投资审计】完成了自治区审计厅委托的政协办公大楼和阿里地区首期廉租房的审计。审计出违纪违规资金86万元，其中：核减投资额44万元、多计工程款15万元、挤占建设成本3万元、其它24万元。

【领导名录】
党组书记：向国平
局　　长：边巴卓玛

阿里地区统计工作

【人口普查工作】一是建立健全普查机构，负责对本辖区普查工作的领导和组织实施；二是统筹规划，制定人普工作计划，对全地区人口普查工作进行精心部署、统一安排；三是积极沟通协调，全力保障地区人普经费的落实；四是地区人普领导小组于2010年7月17日—21日召开全地区人口普查工作会议，安排部署阿里地区人口普查工作，同时与7县签订了目标责任书；五是针对人普工作重点和难点，地区人口普查办以“下延两级”的业务培训方式，对来自7个县和36个乡镇的93名普查工作骨干进行了5天培训；六是为切实开展好第六次人口普查工作，全地区步调一致搞好舆论宣传，积极营造良好普查氛围。共发放人普宣传单1万余份，悬挂横幅57条，张贴标语1千余张，通过媒体（电视）滚动播放《告全地区人口普查的一封信》，通过网络（电信、移动）制作了人口普查宣传彩铃，构成多角度、多方位、多形式的宣传态势，给人口普查工作调查摸底与入户登记打下扎实的基础；七是为确保普查质量，各级人普机构严格按照操作流程，严把数据关，规范工作人员登记、填写人口普查表格。2010年10月，从7县和地直单位共抽调70名普查员，利用15天初步完成阿里地区第六次人口普查第一阶段普查的登记、填表和快速汇总工作。全地区第六次人口普查第一阶段的人口普查工作选调普查员386人，普查指导员91人，共计477人。

【各类调查工作】第二次全国经济普查数据质量抽查和数据查漏补缺工作全面完成，普查数据录入工作扎实有效；完成了人口抽样调查、群众安全感调查、规模以上工业企业清查、农村住户、城镇居民住户、个体私营经济和劳动力抽样调查等各项统计调查工作。先后完成了全区组织满意度民意调查、自治区在阿里的“组织工作满意度”调查和“群众安全感”调查等工作。

【改善基层办公条件】阿里地区统计局队给部分县和24个乡镇配备了电脑、打印机共计64台（套），进一步改善了基层统计办公条件，推进了办公自动化建设工作，减轻了基层工作人员负担。

【抽样调查工作】为及时、准确、客观、全面地反映农村居民的生产与生活状况，阿里地区统计局积极组织人员进行调查工作，完成了阿里地区100户的农村住户抽样调查任务，为地委、行署及时了解掌握地区农村发展和社会热点问题、制定相关政策措施和决策提供了参考数据。

【常规统计调查和统计预测预警】阿里地区统计局紧紧围绕地委、行署对经济工作的总体部署，充分运用统计调查和统计资料的权威性，对经济发展敏感指标进行常规统计调查分析，为地委、行署及地直相关单位和主要经济部门提供月度经济运行情况分析和各种调查分析。全年共撰写统计分析和送阅材料51余篇。

【扶贫工作】2010年，阿里统计统局累计筹集各类扶贫资金45.86万元用于扶贫联系点建设。其中，协调相关部门筹资38.4万元修建40个羊圈、40座储草棚和2处人畜饮水井；下拨局队扶贫专项资金5.58万元、购买口粮5吨（1.34万元）、捐款0.54万元。通过直接扶贫和实施扶贫项目建设，使71名贫困人口得到帮扶，352人的温饱得到了解决，使36户低收入贫困人口实现了稳定增收的目标。

阿里地区工商工作

【以科学发展为统领，抓服务，促发展，全面打造服务型工商新品牌】2010年，阿里地区工商局立足本职，优化服务，努力与经济发展战略“合人、合力、合拍”，在服务地方经济发展上寻求新突破。一是坚持“非禁即入”的原则，进一步降低登记门槛，放宽准入，优化环境，改进登记、简化手续，快速办成；二是深化和拓宽服务市场主体工作，开展了“工商大走访、大服务”活动，变被动受理为主动介入，帮助企业解决涉及工商部门的事务问题；协调处理企业生产、经营过程中遇到的其它疑难问题。在全地区规模以上企业建立工商联络员制度，为企业提供预约服务和向导服务。三是细化服务措施。实施现场办公、流动窗口、首问责任、限时办结等各项服务措施，实现政府满意、企业满意、社会满意。2010 年，全地区登记注册的内资企业 298 家，注册资金 4.9 亿元，同比增长 1.4%和 1.5%；私营企业 36 家，雇工人数 375 人，注册资金 4950 万元，个体工商户 4660 户，从业人员 7895 人，注册资金 1.6 亿元。

【积极构建食品安全长效监管机制】加大食品市场专项整治力度，开展了以非法滥用食品添加剂、乳品、“地沟油”等为主的专项执法检查，没收各类假冒伪劣、过期变质、“三无”食品 621 种，案值 12.08 万元，查扣掺杂使假食用油 35 公斤。同时，加强食品安全示范工作，联合有关部门、经营者和消费者代表评选出 20 家“食品安全示范店”、3 家“食品安全放心超市”，以典型促规范。在全地区 56 家较大商场、超市推行购销台帐、索证索票、质量承诺、不合格食品退市等制度。细化监管措施，实行了不定期食品快速检测，与 47 家超市、商场签订了食品安全责任书、乳粉和含乳食品质量承诺书。在狮泉河镇 9 家超市统一制作了监管公示栏，公布了监管人员姓名及联系方式，开展食品安全知识进校园、进牧区活动 17 次，800 名校园师生、4200 名农牧名受益。落实责任，实行县局包全域、所包片、个人包户的责任制，对食品安全实施网格化、精细化的全过程监管。

【认真开展各类市场专项整治】开展了保护商标专用权专项执法检查。与“劲酒”厂家通力协作，一举查获仿冒“劲酒”特有的名称、色装、装潢案件，没收假冒劲酒 121 箱，案值 1.94 万元；捣毁假冒“水井坊”、“劲酒”等制假窝点 1 个，案值 6880 元。开展了虚假广告专项执法检查。查处违法广告 14 条，拆除违法广告牌 42 块。开展打击传销工作。在全地区 26 个乡镇聘请了“打传”义务联络员，向农牧民群众和个体工商户发出了打击传销、禁止参与传销活动的公开信。开展“打传”知识进校园、进牧区活动 15 次，邮政投送传单 6000 余份，手机群发信息 1 万余条，营造了“打传”良好社会氛围。积极开展取缔无照经营专项活动。按照“疏导一批、规范一片、取缔一批”的原则，开展了为期 4 个月的清查取缔专项行动，共取缔无照经营 62 户，罚没款 3.61 万元，维护了公平竞争的市场环境。三是切实做好消费维权工作。消费维权机制得到进一步完善。在全地区建立了 36 个乡镇维权联络点，10 个投诉点，消费维权网络初步覆盖全地区。认真受理消费投诉。全年共受理消费投诉 56 起，挽回经济损失 9.42 万元。加大消费市场监管力度。开展日用品、土特产品、汽车及配件、通讯械材等市场专项检查，共查获各类假冒伪劣商品 387 件，案值 1.6 万元。

【以教育防范为主线，抓制度、抓监督，全面推进党风廉政建设】开展了以《党员领导干部廉洁从政若干准则》为主要内容的系列学习活动，筑牢干部防腐拒变思想基础。围绕行政审批、案件查办、财务管理、人事选用等重点环节，查找出廉政风险点 32 个，并建立了相应的措施加以防范。修订完善了政务公开栏，制作了廉政格言栏和办事流程图，推行了科级以上干部问责制，全面推行基层行政执法人员面向监管服务对象述职述廉，取得了初步成效。2010 年，全系统所办案件实现了零投诉、零复议、零诉讼。

【获奖情况】荣获“全国工商行政管理系统法制宣传教育先进集体”；

荣获“全区工商行政管理系统先进集体”；

张德会同志荣获全国工商系统法制宣传教育先进个人、全区工商行政管理系统先进个人；

达瓦布知同志荣获全区工商行政管理系统先进个人。

阿里地区质量技术监督工作

【实施“技术立监”战略，加强技术能力建设】一是 2010 年 5 月份，区质监局为阿里地区质监局配置了气相色谱仪等一批食品检测仪器，并委派专业人员对阿里地区 7 名质监干部进行操作培训，食品气相色谱检测能力初步形成。二是“12365 举报处置指挥系统”安装投入使用，为进一步加强阿里地区执法打假，提高系统资源使用效率，实现信息互通，资源共享打下了坚实的基础。三是在局内部强化学习新型加油机计量检定车的配置和使用方法，缩短加油机的检定时间，提高了工作效率。

【质量提升年活动成效显著】按照国家质检总局和自治区质量技术监督局统一部署，阿里地区质监局积极开展“质量提升年”活动，努力提升质监系统的服务发展水平、科学监管水平和基础保障水平，积极动员企业提升质量控制和检验能力，将企业的产品质量安全提升到新水平。一是大力推进阿里地区名牌战略。帮扶西藏阿里岗仁波齐资源开发总公司神山矿泉水申报西藏自治区名牌产品称号。二是加强质量监督抽查力度，确保产品质量安全。对食品、建筑建材、手机锂电池、电线电缆和低压电器等产品进行了监督抽查，共抽查 70 个样品。检查结果出来的样品有 20 个，合格 15 个，并对检查不合格的样品下达了整改通知书，要求企业进行整改。三是开展了食品，建筑钢材、水泥，特种设备，农资产品、家电产品和卫生纸市场等五项专项检查。四是加强企业质量档案的更新工作，全面掌握企业的生产状况。完成了地区水泥、水泥预制产品、家具、门窗加工、验配眼镜等 33 家企业（小作坊）质量档案更新工作。五是在抓好执法工作的同时，建立和完善各项工作制度，逐步形成打假治劣的长效机制，对制假活动做到早发现、早打击、早报告、早控制。

【食品安全监管成效显著】以消除食品质量安全隐患，提高食品质量安全水平为目标，全力抓好“四查、四建、四落实”。一是加大食品质量安全宣传，建立全社会关心、关注食品质量安全的舆论监督机制，通过《阿里报》、电视台等载体，广泛宣传食品质量安全和质量监督工作，营造了浓厚的舆论氛围。二是深入开展专项检查。结合阿里食品生产、加工、销售等环节实际情况，先后开展了乳制品市场专项检查、食品添加剂专项整治、蛋糕店专项检查、“六一”儿童食品专项整治和高考期间食品安全专项检查，共检查了米、面、油、矿泉水、乳制品、肉制品、馒头、卤制品、腌腊制品、糕点等 10 大类与群众生产生活密切相关的食品。未发现国家通报的 6 个三聚氰胺超标产品品牌，无2008年9月14日前生产未经检验的乳制品，未查出问题乳制品。依法没收各类过期变质及无“QS”标识的食品共计5大类16个品种，总标值达2844元。三是完善食品生产加工企业质量建档工作。在前期质量建档工作的基础上，深入各食品生产加工企业（小作坊），认真开展调查、核查工作，并详细填写《食品生产加工企业（小作坊）质量档案表》，完成食品生产加工企业质量建档工作任务。四是严格履行日常巡查监管制度。在建立食品生产企业（小作坊）动态质量档案的前提下，根据上年监管工作中存在的问题，进一步完善食品生产企业(小作坊)巡查监管制度，并明确巡查的频次和要求，确保日常检查工作落到实处。全年共巡查食品生产加工企业100余次，提出整改意见30余条。要求企业针对巡查、回访中存在的问题制定整改措施，限期整改。五是以监督抽查、风险监测为手段，督促企业不断提高产品质量。按照区局产品质量监督抽查和风险监测的相关文件要求，认真开展食品质量定检、监督抽查和风险监测工作，确保阿里地区食品质量的安全。全年共抽检食品17个样品，涉及白酒、乳制品、面、饮用水、糕点、原料粉等6个品种，经自治区产品质量监督检验所检验，全部合格，合格率100%。六是开展“质检邀您看企业，食品安全大家行”活动，作为“质量提升年”的一项重要内容之一，为增强食品安全人人有责的使命感，营造全社会共同关心支持食品安全监管和企业承担食品质量安全主体责任的浓厚氛围，增强了消费者对食品安全的信心。

【特种设备安全监管进一步加强】一是加强节假日期间的专项检查。累计出动安全监察人员86人次，对32家特种设备使用单位进行轮流检查，对个别有问题的单位要求及时整改。全年共检查锅炉35台次，压力容器30台，电梯8台，起重机械16台，医用氧舱3台，开出《特种设备安全监察指令书》35份。二是开展百日督查工作。根据阿安委会[2010]05号文件精神，成立专项整治领导小组，在全地区开展百日督查专项行动。此次专项整治活动共下达指令书14份，特种设备现场检查记录25份，要求每一个使用单位都立足整治隐患，预防事故发生。三是顺利完成液化气站充装许可评审工作。邀请自治区质监局特种设备安全监察处与特种设备监督检验所评审人员组成的评审组，对地区燃料公司、改则西部液化气站、日土、札达、顺发等5家液化气站依法进行了鉴定评审，对存在安全隐患及资料不完整的充装单位提出改整意见，责令立即整改，待其整改完毕后，再换发新证。四是进一步加强对液化石油气瓶规范充装。8月中旬，阿里地区质监局对各液化气站下达了《进一步加强对液化石油气瓶规范充装的通知》，责令各液化气站严格按照GB8334-1999《液化石油钢瓶定期检验与评定》及GB5842-1986《液化石油气钢瓶》标准制造的规定，对使用期限超过15年或超过标准规定使用年限或制造标识模糊不清的超期未检螺丝瓶，进行报废处理。

【计量工作】一是深入开展“5.20世界计量日”宣传活动。出动车辆2台次，人员9人次，在狮泉河镇十字路口开展了宣传。在宣传活动中，悬挂横幅1条，向路人发放宣传资料200余份，接受群众咨询12人次。二是开展诚信计量进市场活动。完成对地区石油公司、水泥厂、燃料加油站、城管大队等四家单位的电子汽车衡定期检定工作。对地区5家加油站和革吉、改则、措勤、普兰、日土和盐湖乡11家加油站45支加油枪的定期检定工作，并对石油公司用于支农惠农的2台流动加油车4支加油枪进行了检定。完成地区农贸市场及个体工商户在用的度盘秤、电子秤、电子天平、架盘天平等计量器具共计290台（只）定期检定工作，在用计量器具受检率达到98%以上。三是开展光明计量进镜店活动。协调区局计量所对阿里地区眼镜制配店在用计量器具进行了定期检定，受检率达到100%。四是完善对加油机、衡器等强检计量器具的登记造册工作，摸清全地区在用强检计量器具底数。五是完成了狮泉河镇加油机检定工作。六是依法对存在问题的1台加油机进行了查封。七是开展了虫草计量专项整治工作。对狮泉河镇销售虫草的经销商在用的计量器具进行了检查，检查虫草经销商12家，其中有7家经销商在用的计量器具超过检定周期。

【认证工作】一是积极配合区局认证办开展实验室资质认定活动，帮助地区相关实验室规范检验检测程序，完善实验室规章制度。目前，阿里地区已有3家实验室获得自治区级实验室资质认定，各实验室按照职责开展检验检测业务，有效地保证了阿里地区工程质量和道路交通安全。二是开展了强制性认证产品的市场查处工作。以节日为契机，进行家用电器、电线电缆、汽车配件和儿童玩具的强制性认证产品无证查处工作，没收无“3C”认证标志的强制性认证产品5个品种，货值2300元。

【标准化工作】协助地区农牧局开展普兰白青稞和日土白绒山羊标准化示范区等特色农牧业项目申报和建设工作。

阿里地区安全生产工作

【年度综述】2010年，阿里地区安全生产监督管理局按照“责任具体化、安全部位化、检查专业化、监督社会化”的要求，深化专项检查，突出整治隐患，强化重点领域和高危行业监管，确保全地区安全生产形势总体平稳。2010年，阿里地区共发生各类生产安全事故9起，死亡14人，其中：道路交通事故8起，死亡12人，建筑施工事故1起，死亡2人。在日土县班公湖发生1起较大水上交通事故，死亡6人，其他行业和领域未发生生产安全死亡事故。

【加强安全生产督查】2010年，阿里地区安监局始终坚持“以人为本、安全第一、预防为主、综合治理”的工作方针，在“重基层、打基础、强监管、抓重点、严整治、广宣传”上下功夫，在业务工作中突出一个“实”字，在热点工作中坚持一个“严”字，在综合监管上形成一个“合”字，在具体服务上彰显一个“优”字，加强日常检查的同时，认真组织各县、地区安委会各成员单位在重大活动和节日期间，开展安全生产大检查，以非煤矿山、危险化学品、消防、建筑施工、公共聚集场所、商贸和旅游为重点，进行全面督查，有效地预防和遏制安全生产事故的发生。

【加强安全生产宣传】一是以三月综治月、六月安全生产宣传月等活动为契机，利用展板、宣传车、标语、广播、电视、印发资料等形式，大力开展道路交通、消防、危化品、旅游、矿业、建筑施工等各类行业的安全宣传，共开展各类安全宣传活动196次，发放宣传资料40余种、35000余份，悬挂横幅269条，发送短信23000多条；二是强化教育引导。引导各级、各部门要树立科学发展、安全发展、和谐发展的理念，引导各企业老板要树立“安全第一、预防为主”的理念，正确处理好发展、发财与安全生产的关系；教育广大群众要树立“生命至上、安全为天”的理念，做到时时讲安全，事事讲安全，人人讲安全，努力提升全社会关注安全、关爱生命的安全意识；三是加强安全培训。2010年，共组织200余人参加危化、非煤矿山、特种作业等不同类型从业人员的安全生产岗前培训；聘请自治区“打非”督查组有关专家对地、县安监局所有干部职工进行业务培训；参与农牧区摩托车和农用拖拉机进行专门调查摸底，对操作人员以乡（镇）为单位专门进行安全宣传教育培训，共培训120多场次，受教育培训人数达8120余人次，教育培训覆盖面达95%以上。同时，在全地区强制性推行摩托车驾驶员戴头盔的办法，有效地遏制了农牧区交通事故的发生。

【加大安全生产整治】一是在源头控制上，严格安全生产许可证制度，狠抓新建、改扩建项目“三同时”制度的落实，组织人员对全地区所有探采矿企业、砂石料和预制加工生产企业、危化行业、建筑施工企业的安全生产许可情况进行全面清理，督促12家企业领取安全生产许可证；二是在监控措施上，坚持常规检查与重点检查结合，综合检查与专项检查结合，平时检查与年终考核结合，明查与暗访结合“四个结合”的原则，以开展“百日安全生产”、“安全生产百日督查”、“交通百日督查”、“打非治违”等活动为载体，突出抓好道路交通、矿山企业、建筑施工、危化行业的安全整治。在认真开展自治区“百日安全整治行动”的基础上，根据阿里季节和生产经营特点，启动了“生产旺季保平安百日行动方案”，出动执法人员230余人次，发现和排查事故隐患280多处，下达各类执法文书80余份，要求限期整改70多处，年底已全部整改到位；针对道路交通面广线长的特点，加大了对219国道、301省道等危险路段的整治、排查和巡逻管控力度，严厉打击旅游“黑车”、“黑点”，强化旅游车辆的管理，在事故黑点设置了减速带和增设大型安保警示示牌，并坚持建点设卡制度，设立11个检查卡点，杜绝了客货混装现象的发生。2010年，阿里地区安监局共排查客运企业3家、客运线路2条、整治危险路段11处、查出各类交通违法行为60余起；对危险化学品生产经营单位的储存、经营、使用、运输、废弃物处置、隐患排查治理、规章制度和事故应急救援预案的建立、重大危险源监控登记、生产经营许可等加强日常安全监管，对存在“三违”、“三超”现象的非法经营行为和不符合产业政策及不具备基本安全生产条件的，坚决予以严厉打击、关闭和取缔。依法取缔了日土多玛加油站，关闭了普兰霍尔加油站，搬迁了黄河加油站，规范整治了革吉、札达洪泉、普兰孔雀加油站，对加油站安全距离不足的改则西部、西奴、高原、飞天等4家加油站，派出安监、商务、消防、住建联合工作组与县政府协商，做好业主工作，待县城规划出来后全部予以搬迁，切实规范了危险化学品经营秩序；三是在责任落实上，通过建立健全部门联席会议制度、协调制度和联合办公制度，对涉及多个行业、部门、领域的安全生产工作，实行“谁主管、谁负责”，“谁为主、谁牵头”的办法，按照议定事项分头抓落实；进一步完善了“一岗双责”制度、联系点制度、安全生产月例会制度、事故隐患月报告制度和台账制度、安全事故有奖举报制度、隐患整改交办制度、领导干部安全生产备案制度、责任追究制度和奖惩制度，落实了责任，增强了开展工作的积极性、主动性。

阿里地区食品药品监督工作

【年度综述】2010年，阿里地区食品药品监督管理局在阿里地委、行署的正确领导和自治区食品药品监督管理局的有力指导下，坚持科学监管理念，切实履行食品药品监督管理职能，大力开展食品、药品法律法规宣传活动，全力整顿和规范食品、药品市场秩序，深入开展机关效能建设和创先争优活动，积极推进阿里地区食品安全示范县及药品“两网”建设，切实保障人民群众饮食用药安全，为促进阿里经济发展、社会稳定做出了积极贡献。

【食品安全综合监管】一是完成09年度目标考核评比工作。牵头并组织相关部门对七县及14家成员单位开展了2009年度食品安全目标考核，对食品安全工作成绩突出的县、单位进行了表彰和奖励。二是召开全地区食品药品安全监管工作会议，出台了《阿里地区食品安全整顿工作实施方案》，并与地区食品安全委员会成员单位签订2010年度食品安全工作目标责任书。三是坚持联合执法，加强日常食品安全排查力度。在“元旦”、“春节”、“藏历年”、“五一”、“十一”等节假日食品安全事故高发时段组织联合监督检查，对发现的“问题”食品及时进行查处。2010年全地区各部门累计出动执法人员899人/次，车辆42台/次，共检查各类门店1128户/次，没收过期变质食品469种，重量10109公斤，价值13968元。

【食品安全专项整治工作】一是组织开展“乳制品”专项整治工作。根据自治区食品安全委员会《关于进一步做好乳粉和乳制品监督管理工作的紧急通知》精神，联合地区工商、质监、农牧、防疫等部门，对狮泉河镇的超市、商店、茶馆进行全面细致的检查。检查共出动执法人员256人/次，出动车辆60台/次，检查食品销售经营户1370户/次，茶馆100余家/次，下架奶粉233.6公斤，企业自主下架过期伊力、雅士力奶粉计119.5公斤。二是开展“地沟油”专项整治行动。牵头并组织工商、卫生、质监、农牧、防疫等相关部门，组成联合检查组对狮泉河镇的食品生产经营场所进行地毯式检查，共出动执法人员115人次，执法车辆16台次，检查食品生产、销售和餐饮单位330余家，其中小型餐馆50家，火锅店7家；出动各县食品安全委员会各成员单位执法人员56人次，执法车辆7台次，检查食品生产、销售和餐饮单位136余家，其中餐馆126家，火锅店10家。均未发现使用“地沟油”现象。

【食品安全示范县验收工作】阿里地区日土县作为自治区级食品安全示范县，地区食安委办公室严格按照西藏自治区食品安全示范县评定办法细化工作步骤，从四个方面保证示范县验收工作顺利进行。一是完善食品安全工作体系，进一步落实农村食品安全“三网”各环节建设工作。二是完善农村食品安全动态监管机制。监管部门密切协作，加强食品安全基础性工作。三是完善行之有效的食品安全应急处置机制，食品安全监管实行24小时值班带班制度。四是采取设立咨询台、印发宣传资料、利用广播等形式开展宣传活动，提高广大人民群众的食品安全意识和维权意识。2010年9月，阿里地区日土县通过了自治区食品安全委员会的综合评价，评分为95分，食品安全示范县创建工作取得了阶段性成果。

【药品市场整治工作】一是加大GSP跟踪检查力度，全年跟踪检查药品零售企业9家。二是抓重点品种和重点环节加大监管力度。通过对购药渠道、流通领域等环节实行重点监管，进一步规范了药品经营行为；组织对特殊药品经营使用情况进行专项检查4次，监督销毁过期变质特殊药品16种，价值43347.1元。三是抓住“三大节日”、“五一”、“十一”等重要敏感时段加大对药品安全专项检查和联合执法检查力度。四是继续保持打假高压态势，严厉打击制售假劣药品、医疗器械违法犯罪行为。共出动执法人员454人次，检查药品经营、使用单位、集体（个体）716户，没收过期变质药品、医疗器械55种，折合人民币17048.5元；监督销毁过期药品290余种，折合人民币80319.9元；立案1起，结案1起，收缴罚没款0.07万元，责令整改9起。五是加强药品抽样与检验工作，全年完成抽样240批次，检验240批次，检出不合格药品10批次，合格率为95.9%，不合格率为4.1%。抽样医疗器械2批次已送至自治区食品药品检验所进行检验。六是加强协查沟通，对日常监管中发现的可疑药品，及时发函确认。2010年，共向七县发放协查函33份，收到复函150余份。七是开展非药品冒充药品的调查摸底工作，共出动执法人员40余人次，重点对地区规模较大的10家药品零售企业、医疗机构进行调查摸底，没收非药品冒充药品1种，价值7574元。

【药品“两网”建设】一是加强监管网络建设，按照地区机构改革要求，阿里地区食品药品监督管理局积极与各部门协调沟通，争取建立健全七县食药监管机构，调整充实基层食药监管工作人员，确保药品协管员、信息员在职在岗。二是优化供应网络，鼓励企业新开办“连锁门店”、“便民药店”，扩大供应网路建设。2010年，审批新开办药品零售企业2家，换发药品经营许可证1个，办理药品零售企业许可事项变更2件。三是推进“规范药房”创建，督促各乡、村加大对农牧区医疗机构药房、药库规范化建设力度，加强对规范后管理的督促整改。四是按照地委行署要求，在阿里地区两网建设示范县（噶尔县）工作取得成果的基础上，将药品监督网和供应网建设工作纳入为民办实事工程，切实巩固药品两网建设成果。五是进一步加大对“两网”建设投入力度，规范药品的购、存、销活动，确保药品供应网络全覆盖，群众使用药品快捷、方便、经济、安全、有效。

【药品信用体系建设】一是对几家试点药品经营、使用单位成功经验进行全面总结并积极推广。二是积极开展宣传教育工作，充分利用消费者权益日、节假日及日常执法等时机，向药品经营企业及药品使用单位进行“依法经营、规范经营、诚信经营”宣传教育，为确保广大人民群众用药安全有效，规范药品经营行为起到了积极的推动作用。

【获奖情况】杰嘎卓玛同志被评为2010年度自治区普法先进个人。

【领导名录】

局　长：杰嘎卓玛

副局长：马 兴 明

阿里地区农牧工作

【农牧业综合生产能力全面提升】2010年，阿里地区农牧业总产值实现47281.5万元，增长7%，粮食、油菜籽、蔬菜产量分别达到5084.94吨、205.7吨、1512.5吨，牲畜存栏总数达282.68万头（只、匹）；肉类、奶类产量分别达到14900.53吨、8568.95吨，绒毛总产量1938.63吨，其中山羊绒产量294.21吨。幼畜成活率达到79%，成畜死亡率控制在4%以内，牲畜出栏率达到35.8%，农畜产品综合商品率为62.7%。

【农牧民收入持续增加】地、县两级农牧系统始终坚持把增加农牧民收入、提高农牧民生产生活水平作为农牧工作的出发点和落脚点，千方百计增加农牧民收入。一是加大农牧业结构调整力度，物播种面积为96150.15亩，其中粮食播种面积为24433.35亩，油菜播种面积为1954.5亩，蔬菜播种面积为1392.75亩，以燕麦草和紫花苜蓿为主的人工种草68369.55亩，粮经饲比例为25.4：3.5：71.1，产业结构进一步趋于合理。二是调整优化畜种结构。突出发展经济价值高的绒山羊，畜牧业资源配置得到进一步优化。2010年底全地区牲畜存栏总数为282.68万头（只、匹），其中适龄母畜141万头（只、匹），比重达到49.9%，加快了畜群周转和再生能力，畜牧业开始步入良性循环的轨道。三是进一步加强农牧民技能培训工作，2010年成功举办了各类农牧民综合技能培训班43期，参加培训的农牧民学员达5560人（次），组织劳务输出4.9万人次，创收5600万元。四是按照“凡是农牧民能够承担的工程，都必须不折不扣地交给农牧民实施”的原则，2010年底农牧民人均纯收入达到3451元，增长15.5%。

【特色产业茁壮发展】积极适应农牧业新形势变化，围绕农牧民增收的目标，根据资源优势状况，大力发展绒山羊、无公害蔬菜等特色产业，调出特色规模，调响品牌，取得了明显成效。优势特色产业逐步向区域化布局、规模化生产、产业化经营的方向发展，质量效益显著提高，成为农牧民增收的重要渠道和亮点。截止2010年底，共培育农业特色产业10个，牧业特色产业29个，受益农户达到2086户。重点做好绒山羊特色产业开发工作。目前，阿里地区建成了以日土原种场为核

心、以改则和革吉两县扩繁场为基础、以日土、改则、革吉三县乡级选育点为桥梁、以绒山羊养殖示范户为纽带的绒山羊选育推广体系。2010年底全地区绒山羊养殖数量144万只，饲养比例为50%。全地区共有绒山羊示范村24个，示范户3531户，拥有优质绒山羊33.4万只。

注重培育典型，加强示范引导。大力培育噶尔县农牧科技示范基地，为农牧民生产拓宽思路、树立样板。在成功试种牧草的基础上积极探索城郊畜牧业发展道路。在技术和管理上给予该基地大力支持，从奶牛引进、饲养管理、疾病防治方面给予充分指导，使当地群众获得了良好的收益，进一步提高了走现代化生产道路的积极性。

【疫病防控工作水平显著提升】在重大动物疫病防控方面，加强了对重大动物疫病实行全覆盖免疫，有效控制了禽流感、小反刍等重大动物疫情，保障了全地区畜牧业健康发展。动物防疫工作有组织、有计划、有标准，有检查，有奖惩，真正做到"四到六不漏，一个100%"，杜绝动物疫病流行，保障了畜牧业稳定发展。

【农牧区改革不断深化】一是按照自治区和地区有关要求，加大草场承包经营责任制的落实工作。目前，全地区7个县36个乡镇144个村全部落实了冬春草场承包经营责任制，冬春草场承包累计达到1.28亿亩，占全地区冬春草场总面积的85.3%。有力地调动了农牧民保护、建设和合理利用草场的积极性。二是为实现减畜、保护草原生态环境。2009年措勤县草原生态保护奖励机制试点工作于2010年7月26日已经顺利通过自治区验收。成立了阿里地区草原生态保护补助奖励机制工作领导小组，着手处理草原生态保护补助奖励机制的各项工作。目前以草场承包合同为依据在全地区范围内核定实际载畜量、开展减畜、兑现草原生态保护补助奖励相关工作正在紧密实施中。三是在有条件、基础好的乡村，积极依托牦牛、绵羊、无公害蔬菜等特色优势产业的发展，注重典型引路和示范带动，鼓励和扶持农民在生产服务、产品流通、储藏加工、市场销售等环节，组建多种形式的自我管理、自我服务、自我发展的专业合作经济组织，提高农民生产经营的组织化水平。目前已发展各类专业合作经济组织（协会）58个，参与农牧户3129户，带动了5100多农牧户，涉及短期育肥、奶牛养殖、蔬菜种植、招待所、采石采沙场、便民商店、畜产品销售等产业。

【科技推广步伐逐渐加快】进一步建立健全农牧业科技推广体系，完善和创新农牧业技术推广机制，稳定壮大农牧业科技推广队伍，提高服务手段，提升服务功能。集中力量推广了一批先进实用技术，各种技术集成、组装、配套和综合应用，实施了一批草原畜牧业示范项目，积极探索"科技特派员"等新的技术推广模式。加强农牧业科技服务体系、质量安全体系、动物防疫体系、防抗灾体系建设，科技对农牧业的支撑作用和公共服务能力不断增强。按照"草业先行、以草定畜、草畜平衡"的思路，通过引进内地技术人员、种子、地膜等新技术，积极开展试验与推广工作，使牧草试种工作取得了明显成效。目前，在阿里地区成功引进推广的牧草品种有披碱草、苜蓿、燕麦草等10余种优质牧草，为进一步推动全地区开展人工种草工作奠定了坚实的理论与实践基础。"十一五"时期人工种草12.8万亩。仅2010年，全地区人工种草面积6.8万亩。2010年，建成阿里地区村级农机综合定点维修服务站3个；建设了改则县农牧业技术推广综合实验楼；农作物良种推广面积达6300亩，主要品种有"藏青320""青油17号"和"藏油3号"。通过推广应用先进实用技术，在很大程度上提升了草原畜牧业生产水平和质量效益，加快了传统畜牧业向现代畜牧业转型的进程，产生了明显的经济社会效益。

【农牧业基础设施条件明显改善】"十一五"期间，阿里地区累计投入农牧业基础设施建设项目资金91859.5万元，其中国家投资56821.5万元。实施了退牧还草工程、游牧民定居工程、科技推广体系建设、生态安全屏障保护与建设、农牧业特色产业等13个大项87个小项。一是完成游牧民定居房6621套，面积66.21万平方米，牲畜棚圈99.315万平方米，贮草棚0.6621万平方米，太阳能井662眼。使6621户33105人农牧民住上了安全适用配套的住房。二是完成绒山羊基地、蔬菜基地、人工种草基地、短期育肥绵羊等项目建设，推动了特色优势产业的持续发展。三是实施了农村户用沼气建设，目前建成1067座，建成并成功点火492座。四是按照"立草为业、草业先行"的畜牧业发展战略，坚持发展和保护并重，完成退牧还草工程建成草场围栏1275万亩，其中禁牧638万亩，休牧567万亩，草原补播392万亩。退牧还草工程的实施使草场植被覆盖率平均提高了15个百分点，仅饲料粮一项就使项目区农牧民群众增加收入4033.86万元。草原畜牧业基础设施的加强，在很大程度上改善了生产基本条件，提高了抵御自然灾害的能力，促进了传统生产方式的变革，极大地改善了农牧业基础薄弱的局面，农牧业产值和农牧民收入得到大幅增长。

【领导名录】

党组书记、副局长：索南才旦

党组副书记、局长：张　　文

阿里地区林业工作

【全力打造高原边疆生态屏障，生态环境有效改善】一是以西四县城镇周边造林绿化工程为主的城镇造林发展迅速，城镇人居环境有效改善。顺利完成西四县周边造林项目的年度全部任务。全地区完成工程造林4598亩，植树919678株，其中普兰县工程造林1330亩，扎达县678亩，日土县500亩，噶尔县2090亩，工程造林平均成活率在80%以上。二是加强退耕还林工程后续管理补植补造，巩固成果持续推进。4月初，组织相关人员对各县的退耕还林进行认真检查，督促各县认真开展补植补造工作。全地区共完成补植补造754亩，植树83773株，其中扎达县611亩，噶尔县143亩。三是义务植树成效显著。整个义务植树活动历时近10天，参与人员近8千人次，共完成造林659亩，栽植红柳扦插苗、班公柳带根苗及云杉苗等13.19万株。四是积极推进种苗工程建设。着手建设200亩地区中心苗圃基地，选择立地条件较好的地块，改扩建札达、日土、普兰县级苗圃，开展大规模的育苗，种苗以适应性强的乡土树种为主，主要是班公柳带根苗、红柳扦插苗、变色锦鸡儿等，全地区共育苗190亩，228410株，其中地区中心苗圃40亩，47640株，普兰县70亩，84770株，扎达县80亩，96000株，3年后可以出圃用于造林。城镇个体苗圃发展迅速，按照多渠道、多形式培育种苗、夯实林业发展后劲的原则，积极加强城镇个体苗圃的引导，近年阿里地区扎达、日土及地区所在地发展个体苗圃200多亩，成为国有集体苗圃的有效补充。五是荒山荒滩造林和防沙治沙取得突破性进展。全地区共完成荒山荒地造林3988亩，共植树797668株，其中普兰县造林1500亩，日土县造林1500亩，扎达县造林988亩。以狮泉河镇防沙治沙工程和昆沙机场周边防沙治沙为重点，积极开展封沙育林(草)、植树造林。其中昆沙机场附近防沙治沙共完成造林2550亩，封育27450亩，并保障了造林地块的灌溉等问题，目前长势良好，通过防沙治沙项目，风沙围城局面得到了有效扭转。

【森林和野生动物资源保护、自然保护区建设取得可喜成绩，生物多样性得到有效保护】一是积极落实生态效益补偿基金项目。积极向上级业务部门争取扩大阿里地区生态效益补偿规模，在自治区有关部门关心下，生态公益林管护面积增加到2984640亩，项目总资金为2800多万元，农牧民群众参与管护的人员增加到750人。二是积极探索病虫害防治途径。2009年以来，先后3次对狮泉河镇城镇绿化带喷洒氧化乐果等药物，遏制病虫害的蔓延，取得显著成效。三是以野生动物监测与保护为手段，以野生动物肇事补偿为着力点，促进人与自然和谐相处。全年累计巡逻16次，出动警力90余人次，车辆32次，共破获重特大非法偷猎野生动物案件9起，抓获犯罪嫌疑人12人，圆满完成2009年度全部野生动物肇事资料的收集、统计工作，兑现补偿工作已全面完成，共兑现资金184.74万元，受到了自治区林业局的通报表扬。国家林业局工作组专程到阿里地区措勤、改则等县实地调研，对阿里地区2005年以来野生动物肇事理赔工作给予了高度评价。四是湿地保护保护与恢复取得长足发展。以玛旁雍错、班公湖、扎日楠木错和洞措等四个湿地为重点，开展了湿地保护与恢复项目申报工作，目前四个湿地保护与恢复项目总投资近1亿元，目前有2个项目已经通过环评，有望2011开工建设。五是自然保护区建设和管理工作得到全面加强，生物多样性得到有效保护。目前，阿里地区已建立各类自然保护区15个，总面积约18.7万平方公里，约占地区国土面积的48.9%，其中国家级自然保护区1个，自治区级自然保护区4个，县级自然保护区10个。

【大力开展扶贫工作】进一步加大扶贫工作力度，做到领导小组机构不撤，援助力度不减。一是先后4次组成工作组，深入到改则县物玛乡布责村，开展了第五次西藏工作座谈会精神宣讲活动，帮助群众认识到中央对西藏的特殊优惠政策，使他们了解到惠在何处，惠从何来。二是对村民的生产生活状况进行了调研，根据村民的实际困难，安排专人负责衔接借畜还畜、温室大棚、引水工程和蓄水池等项目，解决群众反映的热点、难点问题。三是积极与有关部门协调，解决物玛乡小学被褥20余套，为贫困家庭学生送去了温暖。

阿里地区水利工作

【农村饮水安全工程稳步实施】2010年，阿里地区水利局按照地区“十一五”农村饮水安全总体规划，结合新农村及“八到农家”建设项目，实施了2009年安全饮水续建工程和2010年第一批饮水安全项目，总投资2219万元，解决16674人的饮水安全问题。其中：2009年农村饮水安全工程点186处，总投资1868万元，解决了14567人的饮水不安全问题；2010年第一批饮水安全项目，涉及改则、革吉、普兰三县，总投资351万元，共建设工程点31处（其中：管道引水工程3处），解决了2107人的饮水不安全问题。

【能源建设取得较大突破】实施改则县水电站、札达萨让水电站、日土乌江水电站续建项目，总装机容量为2400kw，总投资9392.95万元。改则县电站完成了98%的工程内容，已试运行发电并向改则县城送电；札达萨让水电站完成了90%的工程内容，机组安装调试完毕，线路部分完成50%的工程内容；日土县乌江水电站主体部分、线路及机组安装工作已完成，正在试运行发电。新建电站1座，即措勤县水电站。设计装机容量960kw，总投资7570万元。工程于2010年7月份开工建设，已完成“三通一平”的准备及大坝基础开挖工作。

【农牧区水利基础设施逐步改善】一是实施了2009年第二批小型农田水利续建项目，完成投资207.5万元；实施了2010年第一、二批小型农田项目建设，完成投资648万元（其中：地区配套资金100万元）。2010年，共维修清淤渠道245条，345.45公里，新增防渗干支渠道71.2公里，加高加固堤防2.85公里，加固水库3座，新建塘坝2处，新建灌溉机井1眼，新增蓄水能力466.29万立方米，新增旱涝保收面积0.08万亩，新增灌溉面积0.245万亩，改善灌溉面积3.58万亩，改造中低产田0.05万亩，治理水土流失面积0.2平方公里，完成了普兰等县的水毁修复工作。二是灌区续建配套与节水改造工程：完成了普兰县胜利灌区工程的招投标工作，相关报批手续已送自治区有关部门待批，工程总投资2962.61万元，控灌面积12100亩。工程建成后，可将水灌溉水利用系数提高到0.65。三是完成了日土县牧区节水灌溉示范项目的招投标工作，工程开工前期准备工作已就绪，工程总投资320万元，控灌面积3200亩；建设噶尔县昆莎乡草场灌溉工程，总投资293万元，控灌面积2000亩，于10月底全部完工，并通过了地区的初步验收。

【防汛抗旱减灾工作扎实有效】始终坚持“防大汛、抗大灾、救大灾”的思想，及时安排部署防汛抗旱工作，并与各县防汛抗旱指挥部和地区各相关部门签订《防汛抗旱责任书》，以确保防汛抗旱各项工作落到实处。一是投入防汛抗旱资金257万元，有效应对了七县抗旱减灾及加木河突发险情。二是完成了日土县城区段防洪堤工程的招投标工作，新建排洪渠5.6km及附属设施，投资766万元。三是开工建设札达县托林水库除险加固工程，改善库容12万立方，投资213.89万元。

【项目前期工程进展顺利】一是认真做好

水利“十二五”规划工作。按照“十二五”水利规划及自治区水利厅给阿里地区下达的前期工作任务通知，按照轻重缓急的原则，逐项分类排队，抓紧资料收集、规划勘测、可研及初步设计等基础性工作，切实做好“十二五”水利规划的前期工作。二是做好2010及2011年拟建项目的审批工作，截止目前，区水利厅下达的8个项目前期任务基本完成。三是认真开展规划内项目的前期工作。革吉县噶尔噶饲草料基地、措勤县梅朵龙嘎玛灌溉工程、措勤县门东村牧区草场灌溉工程等牧区水利项目野外勘测工作全部展开。

阿里地区交通运输工作

【通县油路建设顺利】巴尔兵站至札达（古格王朝遗址）公路改建工程于2009年开工建设，项目全长133公里，总投资5.05亿元。在项目管理中，阿里地区交通运输局严格按照“政府监督，法人管理，企业自检、社会监理”的四级质量保证体系，制定了项目办各部门职责，责任落实到人，设置巴尔、札达两个驻地办，安排了专门人员开展工作。同时，强化服务意识，主动为承建单位服务，帮助承建单位解决施工中的困难和问题，促进了各项工作的进展顺利，截止目前已完成总投资4.1亿多元，完成建安投资3.778亿元。交通运输厅代建项目巴嘎-马攸木新桥油路改建项目，全长137公里，总投资为4.9877万元，2009年完成2亿元，2010年完成2.9877亿元。

【农村公路建设继续铺开，农牧民创收取得实效】2010年自治区交通运输厅农村公路管理处共批复阿里地区农村公路建设项目19个，投资9826.8179万元，截至2010年底，实际完成项目15个，完成项目投资7967.86176万元。交通运输厅代建项目札达（加铮）-山岗公路改建项目，全长204公里，总投资为4.0139亿元，2009年完成3.2736亿元，2010年计划完成7403万元，现已交工验收；那木如-什布奇公路改建项目，全长353公里，总投资为4.9859亿元，2009年完成1.1654亿元，2010年实际完成2亿元。2010年，地区交通运输局积极帮助当地农牧民参与公路项目建设促进增收，参与农村公路建设实现增收614万元；参与省道养护项目实现增收400万元，参与农村公路养护实现增收1486万元。

【公路养护管理得到加强，通行保障能力进一步提高】2010年，阿里地区交通运输局以强化养护目标责任制管理为手段，狠抓全面养护，使路容、路况有了新的改观。针对公路等级低、抗灾能力弱、危桥、险道路段多的实际情况，坚持以“立路为民，服务社会”为工作目标，着力在改善路容路貌，提高路况质量上下功夫。2010年省道养护投资1327.7万元，农村公路养护投资1486.16万元，完成S301线及S206线备料43万立方米，铺料12万平方米，整修路肩边坡18.4万米，疏通边沟9万米，疏通涵洞198道。农村公路设养里程5500公里，养护备料112万立方米，铺料46万平方米，疏通涵洞1800道。

【加强治超治限及客货运输工作】2010年，阿里地区完成客运量1.383万人，旅客周转量483万人·公里，完成货运量62万吨，货物周转量109664138吨·公里。2010年，阿里地区交通运输局积极做好治超治限工作，全年共发放宣传材料1500多份，并在S301线盐湖乡临时设点检查过往车辆的超载超限情况，共查处超载车辆317辆。

【狠抓安全生产，促进交通和谐发展】一是加强对安全生产工作的领导，及时调整交通运输局安全生产领导小组，并签订《安全生产目标责任书》。二是建立和完善各项安全管理制度，明确安全生产的责任主体和监管职责。三是落实安全生产责任制，各单位按规定配备完善专兼职安全员，责任到人。四是深入开展安全生产法律法规宣传和知识竞赛活动，发放安全生产方面宣传资料1000余份。五是认真开展安全生产大检查3次，做到防患于未然，将事故消除在萌芽之中。六是认真开展了重点行业和领域安全生产专项整治活动，取得明显效果。

【深入基层，扎实做好扶贫工作】始终把对扶贫联系点的扶贫工作放在全局工作中的重中之重。2010年，阿里地区交通运输局先后六次深入对口扶贫联系点亚热乡强玛村，开展扶贫、调研工作，共走访强玛村党员群众68户，为当地困难群众解决了5000斤口粮；为羌玛村和亚热乡解决扶贫资金17650元(其中干部职工捐款2650元)，受益群众达到128户444人；看望慰问亚热乡完小学生，发放学习资料600余册，笔记本100余本。

【领导名录】
党组书记、副局长：格桑朗杰
党组副书记、局长：周学刚

阿里地区国土资源工作

【年度综述】2010年，阿里地区国土资源局以服务经济社会发展为目标，以扩内需、促增长、保民生为重点，以完善体制机制为突破口，以规范化效能建设为手段，按照“两个确保、两个突破、两个规范、两个服务”工作思路，精心谋划，积极运作，不断提高国土资源管理水平，全面推进国土资源各项工作。

【完善体制机制】健全了首问负责制度，服务承诺制度、岗位责任制度、限时办结制、效能考评制“五项”机制和《阿里地区国土资源系统党风廉政建设和反腐败规章制度》。实行责任考核制，与各县局签订了目标责任书，对局各科（室）下达任务分解书，变单项考核为综合考评，实行全局干部职工“问责问效”综合考核制度。对影响群众利益和社会和谐、国土资源管理秩序的突出问题进行深入调研，制定出台了《阿里地区临时用地管理规则》、《加强砂石料场、电杆厂、预制厂管理暂行办法》、《阿里地区征地补偿标准》、《关于农用地转用审批和征地审批有关事宜的通知》、《关于加强征地补偿工作 切实保护农牧民权益的通知》等规范性文件。

【加强耕地保护】建立耕地保护共同责任机制，耕地保护工作纳入县级目标责任制，地、县、乡、村四级专项签订耕地保护目标责任书，严格实行耕地“占一补一”政策规定，按规定收取和兑现耕地开垦费。建设项目杜绝擅自占用耕地、未批先占等违法违规行为；坚决不允许占用基本农田，对其进行立碑保护。组织实施了普兰县土地整理一期工程项目，投资167.18万元，土地整治480.3亩，开发约500亩。申报香孜乡土地开发整治项目获得批准。

【保障发展用地】积极服务建设项目，运行第二次土地调查数据库，编制县级土地利用总体规划。加大土地预审、供、批力度。预审土地60多宗；划拨土地49宗，面积为34.729公顷；出让土地13宗，面积为7.1216公顷，收取出让金111万元；出租土地1宗，面积1.33公顷，收取租金7万元；收取土地收益金4.73万元。

【强化土地整治】开展工程建设领域土地突出问题专项整治活动，清查163个工程项目，完善各县66宗用地手续。清欠征地补偿费75万元。首次开展土地"卫片"执法检查，核查13宗用地的合法性，查出2宗"未报即用"土地。依据第二次土地调查成果，补办78宗机关划拨用地手续。加强土地动态监测与监管，严格用地审批权限，做好建设用地报批工作。

【服务地勘项目】2010年，由科研院校和地勘单位从事的"青藏专项"项目共27个，投资约7758.5万元，面积为47.9840公顷，主要实施基础地质、成矿理论、找矿方面的研究。以矿山企业找矿和评价资源为主的探矿权勘查项目64个，勘查面积约0.3645公顷，涉及的矿种主要有铜、铅锌、锑、岩金、铁矿等。签定了《2010年阿里地区矿产资源管理目标责任书》，协调各县积极配合和服务地勘项目，营造良好的地勘环境，未出现无理阻挠地勘单位和向地勘单位索要钱财等行为。

【提高矿管水平】对革吉县扎苍茶卡矿区进行整合，原6家企业12个采矿权以"一固一液"两个主体企业形式进行整合；全面调查狮泉河镇砂石料场、电杆厂、预制厂共计25家，并在加木乡统一规划选址，实施搬迁。坚决贯彻落实砂金禁采令，对各县和矿区进行全面巡回检查；重点公路沿线设立检查站，拦截违法开采人员和采金机械设备，未出现盗采、偷采砂金矿行为。积极协调矿山企业、项目建设单位，促农牧民增收，实现创收449万元。

【加强地环保护】争取国家投资1201万元，实施了四个砂金矿矿山地质环境治理项目。投资389万元，开展札达土林国家地质公园遗迹保护（三期）工程建设工作，包括地质公园博物管建设及景区附属设施建设项目。适时开展监督检查，严防地勘项目、矿山开采企业乱采滥挖、破坏环境等行为，督促落实农牧民草地补偿费。

【严格国土执法】为严肃查处各类国土资源违法案件，坚决遏止国土资源违法行为反弹，一是建立案件"会审"制度，对某个具体事件和案例，召开领导和科室联动会议，根据相关法律，做到查处有依据，查处有结果，查处有威慑；二是对有阻力的典型案例，积极与纪检、公安部门等配合，形成打击违法行为的合力，三是实行"12336"电话举报制度和定期与不定期相结合的执法巡查机制。对各县实行"五制"即：包片制、区域制、辖区制、问责制、落实制，国土资源违法违规案件发生率大幅度下降。

【防范地质灾害】编制地质灾害防治方案，加强群测群防体系建设，落实地质灾害速报制度和汛期值班制度；排查梳理地质灾害隐患点共65处。开展札达县达巴乡地质灾害勘察治理项目前期工作。

【领导名录】

党组书记、副局长：日　娃

党组副书记、局长：黄泉浩

阿里地区环保工作

【强化污染防治与辐射环境管理，切实保障环境安全】一是扎实推进污染减排，对地区水泥厂烟尘排放情况进行重点监控，确保年度污染减排任务完成。二是强化持久性有机污染物防治。按照《西藏自治区重金属污染综合防治规划》和《西藏自治区"十二五"持久性有机污染物防治规划》，认真开展了重金属污染调查工作，配合自治区工作组现场排查阿里地区尾矿点和铅、锑、锌等矿开采点的重金属污染隐患，并深入各大型超市、地区人民医院、藏医院、消防支队现场发放调查表，了解阿里地区持久性污染物排放情况。三是严格辐射环境管理。2010年5月份，委托自治区辐射环境监测处对阿里地区辐射环境进行了全面的监测，监测结果及时向行署汇报，妥善处理了辐射环境对学校师生身心健康的影响。四是清理整顿砂石料场、电杆厂、预制砖厂。会同地区国土资源局、建设局、安监局、质检局和工商局等相关单位和部门对狮泉河镇内砂石料厂、电杆厂、预制砖厂进行全面摸底调查，并在多次召开商讨清理整顿砂石料场、电杆厂和预制砖厂的处理办法，形成了"关于清理整顿狮泉河镇内砂石料厂、电杆厂、预制砖厂的意见"和"关于加强砂石料场、电杆厂、预制砖厂管理暂行办法"，加强砂石料资源管理以及狮泉河镇的环境保护工作。

【加强建设项目监管工作，促进经济社会与环境协调发展】一是加大执法力度。与噶尔县环保局、普兰县环保局对G219线新藏公路门士至巴嘎段公路和巴嘎至普兰（斜尔瓦）支线公路改建整治工程进行了竣工环境保护"三同时"监督检查，重点检查了公路建设过程中环保对策、措施执行情况；多次检查阿里地区札达至山岗边防公路环境保护情况，督促该公路项目部全面落实自治环保厅提出的各项整改工作。二是严格规范建设项目环境保护管理工作。2010年，地区环保局共审批232件环境影响评价文件，协助开展工程建设领域突出环境问题整改工作，针对发现的41个规模以上（500万元以上）建设项目环境问题，在责令其限期补办手续的同时，及时向地区治工办报送了《关于阿里地区工程建设领域突出环境问题自查报告》、《关于阿里地区工程建设项目环境影响评价管理意见》和《关于贯彻落实环境影响评价的实施意见》，提出项目建设和运营过程中应采取的环境保护对策和措施，明确了环境影响评价文件编制、分级管理、审批和竣工环境保护专项验收的程序和要求，规范了建设项目环境管理工作。三是跟踪监管矿山企业选（采）、探矿行为，遏制环境污染和生态破坏。阿里地区矿山企业较多，尤其是探矿企业，已达40多家，为规范探矿活动，有效控制环境污染和生态破坏，地区环保局在全地

区开展了矿山企业跟踪执法检查，重点检查矿产资源勘查活动范围，禁止在自然保护区核心区和缓冲区、重要生态功能保护区、主导生态功能区和重要公路、重要河流两侧一定距离内的矿产资源勘查活动。同时，按照《环保方案》要求，核实各项环保对策、措施及相应投资落实情况，并检查各探矿单位的环评文件、环保验收材料及备案情况，有力地促进了环境恢复治理工作有效开展。

【全面整治事关民生的环境问题，保障群众身心健康和正常生产生活】一是强化饮用水水源地保护工作，确保人民群众饮用水安全。按照《西藏自治区集中式饮用水源地环境保护与建设规划》，组织七县环保局对阿里地区 11 个集中式饮用水水源地项目进行调研，编制项目可行性研究报告，对水源地存在的安全隐患和防治对策、措施及建设内容进行全面阐述。二是强化环境综合整治。开展主要交通干线、旅游景区、城镇等重点区域垃圾污染治理调研。重点申报了“昆莎机场周边环境综合整治”和“神山圣湖周边环境综合整治”等中央农村环保专项资金项目，努力改善农村环境状况。三是认真处理群众来信来访，切实解决群众关心的环境问题，共接待来访群众 7 人次，收到群众来信来电 10 件次，环保热线电话投诉 6 件次，办结率为 98%。

【狠抓环保基础建设，提升环保工作能力和水平】一是科学谋划环保事业发展。根据《西藏自治区“十二五”时期环境保护规划》和《全国环保系统“十二五”对口援藏规划》，积极申报并衔接阿里地区“十二五”时期环保系统能力建设需求和对口援藏需求。二是完成了阿里地区空气质量自动监测室 2 个站房建设和设备安装工作，并派出专职人员在自治区环境监测站全面接受环境监测培训，启动了阿里地区环境监测业务。

【重大事项】顺利完成了地区环保局机构升格及组建工作，并隆重举办阿里地区环保局挂牌仪式会议。

【获奖情况】阿里地区环保局被自治区环保厅评为“十一五”全区环保系统先进集体。阿里地区环保局顾启华同志、革吉县环保局尼珍同志被自治区环保厅评为“十一五”全区环保系统先进个人。

【领导名录】

党组书记：张树贤

局　长：强巴楚成

党组副书记、副局长：欧珠多吉

阿里地区科技工作

【年度综述】2010 年，阿里地区科技系统始终坚持以科学发展观为统领，深入贯彻中央第五次西藏工作座谈会精神，紧紧围绕阿里地区“稳定发展第一产业、做大做强第二产业、加快发展第三产业”的经济发展战略，坚持“引创结合、重点突破、夯实基础，支撑发展”的科技工作方针，把科技创新与技术引进、吸收、消化、再创新和示范推广相结合，将农牧业增产、农牧民增收作为科技工作的出发点和落脚点，以科研和适用技术推广为重点，以科研项目为依托，注重民生科技，加强科技平台和队伍建设，积极发挥科技管理职能，努力加强自身建设，注重思路创新，强化措施，狠抓落实，为阿里地区经济社会发展提供了强有力的科技支撑，取得了显著成效。

【农牧区科技服务体系得到进一步加强】一是阿里地区科技局把培养农牧区实用人才和农牧业实用技术培训作为增强科技服务体系建设的重点，在全地区采取集中办班培训与现场示范指导、现场观摩等形式，广泛深入、形式多样地开展了科技培训工作，集中培训农牧民技术人员 40 余名。二是充分发挥科技特派员作用，在各自服务点上对当地农牧民进行培训和技术指导，面对面、手把手地传授奶牛养殖、蔬菜种植、瓜果种植以及优质牧草种植等技术。三是利用科技下乡、科普活动周及科普宣传日等活动深入乡村进行适用技术培训服务，发放各种农牧业生产实用技术手册，使广大农牧民群众不仅懂得了怎样学好用好农牧业科学技术，而且使农牧业科技实现了由点带面的推广和应用。四是围绕农牧业生产的产前、产中、产后向群众提供科技服务，引导农牧民科学种地、科学养畜。在农业方面，筛选和试种适应阿里气候条件的蔬菜、瓜果和作物新品种工作得到加强；牧业方面，牲畜选育推广工作不断推向纵深，尤其是日土白绒山羊、措勤紫绒山羊选育等方面取得明显的辐射效益，成为农牧业增效增产、农牧民增收的重要渠道。

【科研攻关成效显著】一是醉马草防治技术研究取得阶段性成果。阿里地区作为西藏第二大畜牧业主产区，自 2003 年起，草原毒草—醉马草（冰川棘豆）大面积繁延，导致大批牲畜因中毒死亡，经济损失每年达到 4000 万元，畜牧业经济发展严重受阻。阿里地区科技局从 2005 年起，与陕西杨凌大农生物技术有限公司合作启动了醉马草防治技术研究，先后完成了“疯草苦马豆素疫苗”的研制，完成免疫疫苗的初试试验和中试试验。2009 年 11 月，阿里地区行署、自治区科技厅在拉萨召开阿里地区醉马草防治技术研究工作汇报会，自治区人民政府对醉马草科研工作给予肯定。2010 年阿里地区科技局向自治区人民政府申报的《关于设立阿里地区醉马草综合防治技术研究专项科研项目》请示获批立项。2010 年醉马草综合防治项目投入资金 300 万元，与自治区农科院共同开展了技术攻关，在改则县先遣乡、玛米乡、改则镇重灾乡镇共建设醉马草防治康复试验区 70 个 4200 亩，完成了药丸投服、毒草根部注射试验、植物群落调查与样品分析、土壤样品采集与分析、醉马草救灾预案设计等工作。为做好这些工作，阿里地区科技局与自治区农科院、改则县科技局长期蹲点开展检测工作。同时，与河南农业大学合作开展醉马草卫星遥感检测工作，对阿里地区醉马草空间分布、面积、密度及其他植被差异信息进行了卫星遥感监测，目前科研报告及卫星遥感信息正在整理之中，这将为下一步醉马草综合防治与利用技术研究工作提供了有效参数，目前醉马草综合防治各项工作仍在紧张的实施之中。二是校园大容量沼气建设取得圆满成功。阿里地区科技局在小规模户用沼气试验成功的基础上，筹资 46 万元在普兰县中学组织实施大容量沼气试验建设，修建 120 立方米的沼气发酵池及进料口、出料口、温室大棚及其他附属设施，并作了多项技术创新，使这座沼气设施更符合阿里气候特点和校园的实用性，沼气运行稳定，产气量足，效果良好，达到了试验阶段的各项指标，沼气建设取得了成功，一年内可正常供气 8 个月，基本上能解决8个月学校所需燃料问题，每年可节约燃料费20万元左右。

【**科技项目建设实现新突破**】2010 年，阿里地区科技局投入资金1068万元实施科技项目，其中重点科技项目5个，投入项目资金819万，创历史新高。重点项目有国家富民强县项目3个—《措勤县紫绒山羊本品种推广和产业带建设》、《噶尔县高产奶牛养殖与示范推广》和《日土县白绒山羊本品种选育推广和产业化技术开发》；国家星火计划项目1个—《日土县高产奶牛养殖与示范推广》；自治区“金牦牛科技工程”项目1个—《噶尔县门士乡索多村牦牛冬春季保膘育肥饲养管理技术研究与养殖示范》；自治区重点科研项目—《醉马草综合防治与利用技术研究》。

【**项目管理日趋完善**】阿里地区科技局高度重视专项行动计划项目的监管和引导工作，成立了以局主要领导为组长的专项行动项目领导小组，对专项行动计划项目和重点项目实行统一部署，加强项目的过程管理，坚持做到领导到位，资金到位、管理到位、服务到位、宣传到位的“五到位”，确保各个重大项目目标任务如期完成，取得显著成果。

【**科普宣传力度不断加大，基层科普条件显著改善**】2010 年，阿里地区科技局先后举办了科技活动周、科普活动日、科技三下乡等活动，全年累计举办科普宣传6场（次），直接参与接受科普知识、科技培训、科技服务等3000人次以上，发放各类科普资料3500册。加大了科普基地建设，截至目前，阿里地区已建设科普活动站1个，科普活动长廊1个，乡级科普活动站6个，村级科普活动室2个，基层科普条件得到显著改善，农牧区科技普及率达到75%以上。

【**科技人才队伍不断发展壮大**】按照“用好现有人才，稳住关键人才，引进急需人才，培养未来人才”的要求，结合阿里实际，围绕体制机制建设和重点产业发展，优先技术领域，多渠道、多形式引进培养急需人才取得了进展。截至2010年底，阿里地区有兼营性科研事业单位13个，各类专业技术人员1462名，其中从事教学科技人员占36%，卫生行业的占26%，农牧科技人员占 12%，气象科技人员占7%，工程科技人员占 5%，水利、水文及社会发展研究等其他技术人员占14%。特别是近年来加强了基层生产第一线科技服务人才队伍建设，在全地区推行科技特派员制度的同时，加大了基层科技人员的培训和深造力度。

【**农牧民科技特派员培训和选聘工作进一步加强**】2010 年，阿里地区科技局按照自治区科技厅关于落实农牧民科技特派员工作的要求，在全地区农牧民科技特派员选出37名进行了为期10天的集中培训。在全地区七县农牧区专业种养殖大户、科技明白人、致富能手和农牧区各类专业组织带头人中选拔了80名农牧民作为拟聘农牧民科技特派员，上报自治区科技特派员领导小组办公室，得到审批。截止2010年底，全地区科技特派员达到216人，其中：农牧民科技特派员136人，完成了地区工作会议确定的平均每个行政村1名科技特派员的目标。

阿里地区教育（体育）工作

【**年度综述**】阿里地区规范幼儿教育工作取得积极成果，幼儿教育招生、收费、办园、师资管理切实加强，合格园建设进程加快。推进义务教育布局调整，通过强弱合并、联合、托管等方式加快薄弱学校改造步伐，探索出台《阿里地区实施集中办学初步意见》。稳步实施阿里地区完全中学改为阿里地区高级中学工作，顺利开办阿里地区职业技术学校。重视成人教育，加强语言文字工作，推广各级各类学校教师使用普通话授课。进一步提高九年义务教育人口覆盖范围。认真完成“两基”迎“国检”各项准备工作。截至2010年12月，全地区共有小学39所，其中完全小学17所，3个教学点。小学在校生10859人，小学适龄儿童入学率达到 98.65%。中学8所，其中高级中学1所，初级中学7所，初中在校生4451人，初中入学率达到98%。职业技术学校1所，青壮年非文盲率保持在 97.89%以上，高中阶段入学率达到33%。

【**教育教学质量显著提升**】认真实施“减负提质增效”工程，出台《阿里地区中小学教育教学评估体系》和《校长岗位绩效评估办法》，严格执行自治区教育厅的规定，统一安排并逐一审核全地区义务教育阶段学校课程、课时和作息时间，全地区学校教育教学质量得到显著提升。加强招生工作全过程监管，圆满完成初中、高中招生任务。认真组织开学检查和期中视导工作，初中阶段每季召开一次专题管理工作会议，高中阶段定期召开校长月度例会。2010年，全地区高、中考成绩在2009年基础上迈上新的台阶，全地区有55名同学被大专院校录取，录取率达到28%；共计1018名学生被区内外高中录取，录取率达99%；小考录取率达到100%。举行中小学教师课件评比活动，改则县完全小学题目为《大昭寺小昭寺》课件取得了实实在在的成果。2010 年，全地区教师在地区级以上教育刊物发表论文476篇（其中汉文版336篇，藏文版140篇），其中80篇论文获地区级奖项，建立教研员“学科活动日”制度，教研工作机制更加健全。顺利召开阿里地区“三年一度”教师表彰大会，表彰47名教师、教育行政干部和支持教育的社会各界人士；8名教师和教育工作者获得了自治区级优秀教师、优秀班主任、中小学德育先进个人、教育先进工作者等荣誉称号。

【**队伍管理常抓不懈**】改革教学质量管理办法，更加关注教学“增值”，增强教师的岗位意识、质量意识和危机意识，出台《阿里地区加强和改进师德建设的实施方案》和《阿里地区教师违反职业道德规范暂行处理办法》。召开全地区加强教师队伍建设大会，明确教师队伍建设十年规划。加大骨干教师培训力度，开展骨干教师、名教师、名校长推荐评选工作。扎实开展新理念新课改培训，继续实施“教育技术能力建设”计划，开展新教师上岗培训及寒暑假期间地区级培训。组织实施自治区级培训350人次，鼓励、提倡教师参加高层次学历进修，正在参加在职大专函

授学历120人，本科学历80人。截至2010年底，全地区共计中小学、幼儿园教师1004名，其中本科学历250人，大专学历573，中专159人，高中及以下22人，中小学教师学历合格率比2005年分别提高了7.5个百分点和6.3个百分点；中小学校长持证上岗率为100%。

【素质教育扎实推进】坚持德育为先、育人为本，在广大青少年中深入开展爱国主义教育及法制、心理科普、环保等专题教育，开展三好学生、十佳美德少年等评选活动。2010年地区教育局成立了思想政治科，各校设立了学生思想政治工作处，健全了地区德育教育工作机构；推荐表彰了一批阿里地区级优秀家长和示范家长，召开阿里地区学校德育工作会议。认真执行义务教育课程设置方案，深化普通高中课程改革。全面实施"阳光体育"活动，确保学生每天阳光体育活动不少于1小时的要求，积极举办中小学生篮球赛、乒乓球赛，庆"六一"小学生田径赛、"唱响青春"中学生合唱比赛，丰富校园生活，培养学生特长。全地区16名中小学生参加了西藏自治区第十届全运会，3名学生在女子3000m、5000m和男子3000m、5000m、10000m中取得了2金1银的优异成绩；女子乒乓球获个人第四名，田径比赛获个人第五、第六的好成绩。阿里地区代表队还被评为第十届全运会体育道德风尚奖。积极开展校园安全、卫生、综合治理工作，及时处理突发事件，落实晨检、午检措施，有效遏制各种流行性疾病或突发安全事件在学校发生。

【"和谐校园"建设初见成效】2010年，阿里地区教育（体育）局认真做好义务教育免费教科书发放工作，落实自治区、阿里地区贫困家庭学生各项资助政策，落实了班班通项目，大力推进"食谱进食堂"工作，组织实施校舍安全工程，管好用好校舍维修改造专项资金，推进10所中小学教职工、学生宿舍和教室工程建设，全地区校舍总面积达到100861万m²，实现了县县有中学的目标。2010年"三包"经费再次增加，小学生从2009年年生物1300元增加到1750元，初中生从2009年年生物1450元增加到1850元，边境县（乡）中小学年生均标准继续在上述基础上增加100元，确保了学生进得来，吃得好，安心学习。制定了《阿里地区学校安全事故报告制度》，严格安全隐患排查、整改工作。切实加强学生接送车辆管理，积极开展"平安校园"创建活动。

【领导名录】
党组书记、副局长：谭明轩
党组副书记、局长：罗　拉

阿里地区文化工作

【各项文化事业和文化基础设施建设迅猛发展】加快公共文化服务体系建设，保障人民基本文化权益。2010年，阿里地区文化局在充分调研的基础上，继续加大对全地区文化项目申报和建设力度。一是总投资为355万元的五个乡镇综合文化站建设项目，已全部竣工验收并投入使用；二是投资408万元的地区和四县文化资源共享工程项目建设已建成并投入使用；三是投资60万元，建设地区电子阅览室项目已建成并投入使用；四是为2009年已建的四乡文化站各争取了10万元的设备购置经费，共计40万元，极大地改善了文化站条件，满足了各年龄段农牧民的多层次文化需求，充分解决了乡镇广大干部职工业余文化生活单调匮乏的问题，繁荣了农牧区的文化娱乐生活，成为乡镇干部职工和附近农牧民群众休闲娱乐以及排练节目的好场所。

【开展"扫黄打非"工作，规范文化市场经营秩序】加强文化市场管理工作，及时与各文化娱乐经营单位签订建设平安文化市场目标责任书。坚持打防并举、标本兼治、综合治理的方针，深入开展专项整治行动和"扫黄打非"工作。全年开展执法检查50次，出动人员400多人次，收缴各类非法出版物3000多件，删除互联网有害信息180条，受到停业整顿、警告和罚款等行政处罚的文化经营单位20家，没收销毁非法经营的电子游戏机100多台。同时，加大文化市场从业人员管理，认真核对和登记歌舞娱乐场所及网吧的从业人员身份证、暂住证等有效证件，实行歌舞娱乐场所节目内容审查批准制度，进一步规范了文化市场经营秩序。

【加大非物质文化遗产的挖掘、整理、抢救、保护和传承工作】2010年，阿里地区文化局多次深入札达、普兰县各乡村开展具有本地文化艺术特点的民间传统文艺普查抢救工作，为保护和传承民族民间优秀传统艺术提供翔实的依据。认真完成阿里地区非物质文化遗产的申报、整理和出产品工作。加强项目申报工作，目前，阿里地区县级非物质文化遗产项目有45项，自治区级非物质文化遗产项目9项，国家级3项，已上报待批7项，预上报8项，各县预上报6项。制作申报影像光盘78张，图片光盘45张，文字光盘64张。通过积极努力，争取到古格宣舞保护经费21万元。

【繁荣文艺创作，为建设社会主义核心价值体系服务】圆满完成了"3.28"百万农奴解放纪念日晚会创作、排练和演出任务；参加中央电视台音乐频道《民歌·中国西藏》栏目排练、录制和演出；完成阿里昆莎机场试飞演出和通航迎接两场文艺晚会、中印会晤演出以及《西藏民间舞蹈资源专题库》建设等重大任务；积极完成参加上海世博会的文艺演出任务；完成抗日战争65周年红歌文艺演出和国庆61周年文艺演出活动。认真组织象雄艺术团，精心排练有针对性的节目，抽调业务熟练的优秀演职人员，分赴日土、噶尔、札达、普兰等地，积极开展送戏下乡活动。全年共演出30余场次，观众达6万多人次。完成了春节、藏历年三大节日和中印会晤演出7场，观众人数达4000余人。

【群众文化丰富多彩】阿里地区文化局始终把满足群众精神文化生活需求作为工作重点，开展内容健康、形式多样、丰富多彩的群众文化活动。一是率普兰县民间艺术团参加"庆五一、迎世博"全区农牧区文艺展演活动，共演出4场，观众达2万多人次，受到了上级单位高度表扬；二是组织安排民间艺术团在普兰县两乡一镇给农牧民群众演出15场，观众达3万多人次；三是庆祝大会文艺演出5场次，观众达10000多人次。

【图书发行工作井然有序】2010年，阿里地区新华书店共从拉萨购进教材260705册，累计向各县及学校发送教材

14次，行程17500公里，完成了全年春、冬季教材的发行工作，实现了"课前到书、人手一册"的要求。为正确处理两个效益关系，从多进好书，多发好书上下功夫，对现有门市书架充分合理利用，进一步优化图书结构，扩大业务范围。同时在一般图书的进销业务上狠下功夫，加大经营管理。门市书架图书品种达3500多个，其中藏文图书1000种，年销售汉文图书50000多册，藏文30000多册，销售额达28万多元。

【农家书屋建设工作进展顺利】截止2010年，阿里地区153个农家书屋的建设工作全面完成，并配备了价值近2万元的436种农牧区实用图书。2010年9月份新增图书80余种。目前，阿里地区正着手准备寺庙书屋建设项目。

【文物保护工作开展情况】2010年，阿里地区以阿里地区第三次全国文物普查工作为抓手，以文物安全为根本，紧紧围绕"保护为主、抢救第一、合理利用、加强管理"的文物工作方针，较圆满地完成了各项工作任务。一是积极开展普查收尾工作。2010年1月-4月期间，对七县普查资料进行了整理和录入，完成了电子文档的文字录入、绘图等工作。经统计，在普查中发现不可移动文物点466处，其中复查点为94处，新发现点为372处，新发现占文物总数的79.8%，成为自治区七地(市)中新发现文物点比例最高的地区。4月-6月间，在自治区第三次全国文物普查领导小组的指导下，将资料录入到《第三次全国文物普查数据采集专用软件》中，顺利通过验收，并得到了国务院第三次全国文物普查领导小组办公室的充分肯定。二是切实抓好文物保护基础工作。完成了阿里地区"十二五"文物保护规划工作；抓好文物安全工作，认真开展文物安全检查，落实文物安全责任制，加强安全防范，尽力排除隐患，切实保证文物安全；将普兰喜德观音碑等十处文物点成功申报为自治区级文物保护单位。

【努力做好文物保护修缮工作】完成古格王国都城遗址保护维修工程有关衔接工作；科迦寺整体保护维修工程全面结束，消防等设施建设进一步衔接中，争取2011年开工；自治区级文物保护单位扎西岗寺、玛那寺及玛那遗址维修工程前期环评测试已经完成；分别投入27万元和1万元维修噶尔县古如加木寺和普兰县曲古寺；进一步加强文物维修工程的管理工作，对文物工程项目经费使用、执行法律法规和工程质量等情况进行检查。

【加大文物保护宣传力度】进一步加大文物保护的宣传力度，认真开展中国文化遗产日宣传活动，宣传《中华人民共和国文物保护法》及《西藏自治区文物保护条例》等法律法规，普及文物保护知识，大力营造人人保护文物、人人支持文物保护事业的社会氛围。同时，文物、公安等部门联合采取切实有效措施，严厉打击文物犯罪，切实加大了文物保护力度。

【领导名录】
党组书记、副局长：旦真次仁
局　长、副书记：索南群觉

阿里地区广播影视工作

【年度综述】2010年，阿里地区广电局紧紧围绕农牧区发展、农牧民增产的中心工作，加大广播电视"村村通"工程建设力度和管理力度，巩固"西新工程"成果，实施电影"2131"工程，不断提高广播电视宣传舆论工作在农牧区的引导水平和对社会的影响力，提高全地区广播电视覆盖人口。

【广播电视播出机构】目前，阿里地区共有电视播出机构7家，有线网络传输已改造成光缆传输，目前传输有线电视节目45个频道，无线发射4套节目，总功率为350瓦。6家县电视台完整转播中央1、2、7套电视节目的同时有线转播20—45套中央和兄弟省台电视节目；地区电视台完整转播中央1、2、7套电视节目的同时，播出地区电视台藏汉新闻节目。地区、普兰、札达、日土、革吉电视播出已基本实现"三满"要求，其余两家由于电力原因每天播出4—5个小时。全地区广播电视从业人员150人。

【大力实施广播电视"村村通"工程】国家实施广播电视"村村通"工程以来，阿里地区乡村级广播电视事业取得了长足的发展。到目前全地区36个乡镇，289个行政村及803个自然村建有711座电视单收站、广播电视收转站26座、广播收转站8座，121座2套无线8套电视收站，5套有线电视站，建站运行率达到95%以上，初步形成了地、县、乡、村四级网络，广播电视人口覆盖率已分别达到75.97%和74.91%，全地区各乡镇及行政村已全面实现广播电视"村村通"工程目标。同时，地区广电局把广播电视进万家与"户户通"工作有机地结合起来，把国家补助与农牧民自购设备相结合，把政策宣传与服务到户工作结合起来，积极帮助农牧民"看好电视、听好广播"，截至2010年底，直播卫星入户6840余套。

【切实加强"西新工程"管理】2010年，阿里地区广电局采取多项措施，落实工作责任，切实加强广播电视"西新工程"管理，确保"三满"播出。截至目前，地区300W三套调频广播和100W三套无线电视频道，达到了"三满"播出要求。各县有100W三套调频广播和50W三套无线电视频道，但因电力供应问题，有的县达不到"三满"要求。为了继续巩固成果扩大优质覆盖，2010年，地区广电局投资40多万元，对6个县和地区调频台配备备用设备，并对6县"西新工程"运转情况进行了检查，派技术人员对日土县、革吉两县调频广播进行全面检修。

【加快推进电影事业发展】国家实施农村电影"2131"工程以来，阿里地区电影事业取得了较好的发展，现有地区电影公司1个，县电影管理站7个，乡(镇)级电影放映队36个，农村电影放映队6个，农牧区年均电影放映场次达到4900场，有效地解决了偏远山区农牧民群众看电影难的问题。

阿里地区民政工作

【抗救灾各项工作扎实开展】2010年，阿里地区季候异常、自然灾害频繁、先后遭受了干旱、地震以及历史罕见的持续强降雨天气等自然灾害，使牲畜大量死亡，农田大面积受损、畜产品产量减少，农牧民收入锐减，给灾区群众的生产和生活造成极大困难，各类自然灾害共造成损失5575.45万元。民房倒塌及受损造成经济损失达4473.6万元；农田受损100.3万元，牲畜死亡损失1001.55万元。人员伤亡方面，雷击造成札达县达巴乡曲龙村1人死亡，日土县日松乡过巴村二组2人重伤、2人轻伤。其中，以强降雨灾害最为严重，导致阿里地区36个乡（镇）5352户23611人受灾，共造成七县2897户3913间房屋损毁，其中，民房倒塌393户575间，严重受损877户1186间，轻度受损1627户2152间；农作物受灾面积4929亩，其中，粮食作物受灾4926亩、绝收1133.5亩，经济作物冲毁绝收3亩；因灾死亡牲畜27465头（只、匹），750户农牧民群众燃料被雨水浸泡或被冲走。

灾害发生后，阿里地区各级各部门高度重视，加强组织领导，及时组织人力、物力投入到抢险救灾工作中，全力保障人民群众正常生产生活。投入道路交通抢险保通资金412.42万元，其中，噶尔县27.72万元、普兰县56.7万元、札达县140万元、日土县17万元、改则县70万元、革吉县76万元，措勤县25万元；投入63.93万元对狮泉镇治沙工地渠道进行清淤。截止11月，2010年自治区自然灾害救助资金到位530万元，灾民基本生活得到妥善安排。

【灾害统计培训力度不断加大】于2010年8月召集七县专职救灾工作人员，在地区举办自然灾害信息统计操作业务培训，确保灾情报送及时准确，确保救灾各项工作有序开展。同时，通过开设自然灾害图片专栏、发放防灾减灾宣传单等方式，加大了防灾减灾宣传力度，积极营造防灾减灾舆论氛围，努力形成全社会共同关心、共同参与防灾减灾的工作格局。

【社会救助工作进一步加强】一是城乡低保补助水平不断提高。截止2010年11月，全地区共有城市低保540户1178人员，新增92户209人，全年下拨资金3283351元，其中自治区下拨2237112.8元，地区配套794584.6元，各县配套251154元；下达城市居民最低生活保障对象一次性购物卷58.14万元，标准每人600元。截止11月，全地区共有农村低保对象2688户7024人，全年下拨资金4224340元，其中：自治区下拨3185020.8元，地区配套519659.6元，各县配套519659.6元；下达农村低保一次性生活补助70.24万元。二是城乡医疗救助力度不断加大。截至11月，阿里地区支出农村医疗救助资金37.1万元，共救助436人，其中救助低保239人、非低保198人，全部为住院病人；累计支出城市医疗救助资金84539.9元，其中：住院累计支出84539.9万元，直接救助37人。三是五保供养工作顺利开展。从2010年元月起，五保标准年人均提高200元，即2000元。目前，阿里地区已纳入五保供养的共有433户433人，其中老年人356人，未成年19人，残疾人58人，集中供养41人，分散供养392人。四是大学生救助工作成效明显。2010年，共救助大学生21人，支出救助资金9.9万元，其中：本科15人，专科6人；上报大学生教育救助人员35人，其中本科29人，专科6人。五是救助日喀则籍流浪乞讨人员24人，遣送13人；内地流浪乞讨或等待资助返乡人员15人，累计支出救助资金4.25万元。

【双拥工作和退伍军人安置工作扎实有效】一是继续强化责任，认真做好优抚对象的日常管理和抚恤工作，按期足额发放生活定补，使其基本生活得到了保障。自治区民政厅共下拨抚恤补助资金72万元，重点优抚对象抚恤补助经费20万元，给各县下拨抚恤补助金57万元。同时兑付义务兵家属优待金2.28万元。二是把解决伤残军人、“三属”、带病回乡退伍军人等重点优抚对象的医疗难、生活难问题列入民政工作重点来抓，在深入调查了解的基础上，为烈军属、病故军人遗属、伤残军人等20名重点优抚对象发放抚恤金14.9万元。三是落实优抚对象生活、医疗救助工作。自治区民政厅下达2009年度优抚对象医疗补助资金55万元，其中给各县下达40万元。同时，做好2010年退役士兵的接收安置工作，使2009年度8名转业士官和退役士兵得到妥善安置，其中：安置转业士官1人，退役军人7人。2010年，自治区民政厅共下达军队移交政府安置离退休人员经费68.5万元，其中发放军休干部2010年工资41.1万元，调资补发5.44万元。四是努力营造“双拥”氛围。充分利用春节，“八一”建军节等节日，组织慰问“三属”、带病回乡退伍军人、复退军人等优抚对象195人次，走访慰问驻阿部队官兵，慰问经费支出25万余元。积极开展双拥共建活动，进一步增添军民鱼水之情。五是利用电视、报刊等宣传媒体广泛宣传爱国主义教育和国防教育，巩固和发展“同呼吸、共命运、心连心”的新型军政军民关系，营造了军爱民、民拥军的浓厚社会氛围。六是积极开展争创双拥模范城（县）活动。

【基层民主政治建设进一步深化】始终坚持“点面结合”的战略，扎实开展治理难点村各项工作。通过抓“面”，提高村级组织建设的整体水平，通过抓“点”，解决一批“难点村”的问题。完善重大事务决策过程的公开制度，进一步加强城市村务公开和民主管理工作检查督促，进一步推进村务公开，提高基层民主管理水平。

【社会福利和社会事务管理水平不断提高】一是积极推进婚姻登记体制改革，规范和完善婚姻登记工作。截至2010年11月10日，阿里地区登记结婚256对，离婚76对。二是在完成地名采集信息工作的基础上，建立本地区城市地名数据库管理信息系统，开展区划档案信息管理工作。统一县、乡政府驻地地名规划。认真总结地、县地名设标工作经验，采取政府投入为主的筹资渠道，努力推进地、县地名设标工作，不断提升地名公共服务工程水平。三是深入开展社会团体管理工作。截至目前阿里地区共有17个社会团体。四是民政福利事业发展成绩斐然。2010年，共到位农村敬老院建设资金90万元、社会福利院项目资金600万元。五是支持和鼓励乡村发展具有地方特色的多种经营，增强农村经济实力，增加群众收入，自治区落实2个村办经济实体项目，总投资56万元。六是共落实了12个易灾乡村救灾库房建设项目，总投资180万元。七是福利彩票销售喜人。配合自治区福彩中心工作人员对阿里彩票的销售运行情况进行了全面的检查，并正式开通了阿里地区福利彩票“刮刮乐”。截止11月10日，共销售福彩818.4万元，其中电脑福利彩票销售为668.1726万元，“刮刮乐”150.2226万元。

【老龄工作取得新进展】积极开展节日慰问活动，“重阳节”期间慰问老年人9人，发放慰问金4600元；“三大”节日期间慰问特困老年人15名，共送去慰问金7500元。同时，为28名寿星老人发放2010年度健康补助8800元。

阿里地区人力资源和社会保障工作

【就业再就业工作取得显著成效】2010年，阿里地区实现就业再就业907人，城镇登记失业率控制在4%以内。农牧区富余劳动力转移就业8573人，实现劳务收入1954万元。一是积极的就业政策得到有效落实。认真贯彻落实《就业促进法》、《就业服务与就业管理规定》等法律法规，继续实施援企稳岗的扶持政策，减轻企业负担，稳定就业岗位。全年向24家困难企业的307人兑现社保补贴、岗位补贴和培训补贴94.85万元，开发就业岗位1476个。二是高校毕业生就业率继续保持在较高水平。把高校毕业生就业放在就业工作的突出位置，建立“三支一扶”人员管理制度，继续落实促进高校毕业生就业奖励和社保补贴等优惠政策。为确保困难家庭的高校毕业生全部实现就业，组织24名高校毕业生到地直机关、企事业单位见习，共发放见习补贴16.6万元。2010年，通过公开考录、“三支一扶”等途径，阿里地区共有334名高校毕业生实现了就业，高校毕业生就业率达到86%。三是农牧民转移就业成绩明显。加大农牧民转移就业培训力度，继续实施免费培训，全年共举办转移就业培训班9期，培训农牧民448人。积极完善和落实促进农牧民转移就业的各项扶持政策，大力倡导技能增收、创业致富理念，引导农牧区富余劳动力就近就地转移就业。加强转移就业统计分析及岗位信息采集发布等工作。四是就业困难人员的就业问题得到缓解。向符合条件的失业人员发放《失业证》18本并建立个人档案信息。新增“零就业家庭”得到动态消除。精心组织开展就业援助月活动，帮助各类就业困难和残疾登记失业人员就业。五是职业技能培训进一步加强。不断整合培训资源，积极推广订单式、定向式培训模式，促进培训就业一体化，有效提高了就业率。全年共举办培训班24期，培训各类人员880人，培训合格率93%，就业率65%。六是公共服务能力进一步强化。全年职业指导1275人次，职业介绍958人次，介绍成功570人。开展职业技能鉴定560人，鉴定合格536人，鉴定合格率95.7%。

【覆盖城乡居民的社会保障体系建设取得重大突破】一是在完善城乡社保体系上取得新发展。新农保在2009年试点的基础上，上年跨越式地实现了全覆盖。全地区7县36个乡（镇）138个行政村全部纳入到试点范围，覆盖农业总人口75245人，全地区5978名60周岁以上的农牧民领取到基础养老金220万元，12544名农牧民参保登记，全年征缴新农保基金159.5万元。按照公平普惠、共享发展成果等原则设计的新农保制度，既夯实了阿里和谐社会的基石，又推动了阿里新农村建设的跨越式发展。二是社会保险政策进一步完善。深入贯彻落实自治区出台的解决企业职工参加基本养老保险历史遗留问题、城镇企业职工基本养老保险关系转移、各类解除劳动关系人员参加企业职工基本养老保险等法律法规，开展城镇居民参加基本养老保险调研工作。充实和完善地区劳动能力鉴定委员会成员，扎实开展劳动能力鉴定工作。三是社会保险覆盖面进一步扩大。到2010年末，全地区城镇企业职工养老保险参保单位达到45家1603人，征缴养老保险金1411万元。工伤保险参保达到45家1552人，征缴工伤保险金28万元。失业保险参保人数达到2939人，征缴失业保险金451.32万元，城镇职工基本医疗保险参保单位达到442家9344人，征缴医疗保险金3956.32万元，清欠历年欠款基金250万元，支付医疗费2644.63万元。城镇居民医疗保险参保达到2926户4831人，征缴医疗保险金116.8万元，支付医疗费93.42万元。生育保险参保单位达到434家7200人，征缴生育保险金165万元，支付52.88万元。面向全地区编辑发行了《阿里地区医疗保险政策读本》12000册，更加便于广大从事医疗保险的工作者和参保单位及参保人员查阅并掌握医疗保险有关政策与运作方法，使各项医改政策达到家喻户晓，人人皆知。四是待遇水平稳步提高。全年向340名离退休人员支付养老金1000万元，其中发放养老金968万元，支付丧葬抚恤金32万元，养老金足额发放和社会化发放率均达到100%。五是基金征缴和监管进一步加强。在全地区积极组织开展社保基金专项检查，检查中未发现挪用社保基金等违规行为。认真开展社保基金决算、统计等工作，加强对社保基金、就业专项基金的监管，确保了各类基金的安全。

【人力资源开发利用工作再上新台阶】一是贯彻落实人才工作会议精神取得新进展。全区人才工作会议召开后，积极开展学习讨论和调查研究等活动，进一步理清人才工作思路，明确人才工作目标任务，进一步完善了人才优先的政策措施。二是人力资源开发利用的政策制度进一步完善。认真贯彻落实《公务员法》及其配套政策法规，逐步建立起科学完善的公务员管理政策法规体系，继续规范技能人才专业技术考核。三是人才队伍建设不断加强。加强对新录用公务员和工作人员培训力度，提高他们的工作能力和业务素质。加强“三支一扶”人员管理，对“三支一扶”人员及期满人员的信息进行审核、登记，统一录入全国“三支一扶”信息管理系统。不断优化人才资源配置，加大基层机关干部交流力度。采取技术指导等方式，加强专业技术人员培养工作。四是军转安置工作扎实开展。加强自主择业军转干部管理服务工作，全年接收自主择业军转干部39名，按时足额发放退役金，及时兑现医疗保险待遇，开展网络教育培训，军转干部档案审查、数据库建立，协调成立军转干部党支部，组织开展各类形式多样的慰问活动。

【人力资源社会保障工作有效运转的体制机制基本建立】一是机构改革进展顺利。地区和7县的人社机构改革全面完成。通过机构改革，队伍进一步充实，职能进一步理顺，机构编制进一步规范。基本实现了“组织优化、机构规范、机制完善、效能提高”的目标。二是人事制度改革取得重要进展。深入贯彻自治区事业单位岗位设置管理指导意见，推动事业单位岗位设置管理等人事制度改革有序开展。三是工资收入分配制度改革稳步推进。采取以岗代训的方式，全面提升各单位劳资人员政策水平和业务能力。细致梳理中央、自治区、地区规定的各项津贴项目，监督指导各单位抓好落实。注重调查研究，不断深化对工资福利工作规律性的认识，积极为自治区调整工资福利政策和向中央争取优惠政策建言献策。完成调整西藏特殊津贴标准的相关工作。认真审核企业增资方案，探索建立企业员工工资正常增长机制和集体协商制度。四是劳动关系保持和谐稳定。认真组织开展“春暖行动”，全地区共检查各类用人单位57家，涉及农牧民工1637人，农牧民劳动合同签订率达到85%。认真组织开展日常检查、农牧民工工资支付情况专项检查、整治非法用工打击违法犯罪专项行动，切实维护劳资双方合法权益。落实劳动者维权公告牌制度，设立劳动者维权公告牌15块，有效遏制拖欠农牧民工工资事件的发生。全年受理劳动争议案件15件，涉及劳动者185人，结案14件，结案率达到93%。通过劳动监察和劳动人事调解仲裁，共为劳动者追讨工资231.5万元。扎实开展各类宣传活动，全年进行大型宣传6次，发放各类宣传资料6330份，现场解答群众疑问276人次。

【重大事项】阿里地区人力资源和社会保障局（公务员局）于2010年5月正式成立。

新农保：2010年噶尔县被自治区列为首批新型农村社会养老保险试点县，

2010年8月23日，阿里地区新型农村社会养老保险工作会议召开。

2010年底，新型农村社会养老保险工作实现全覆盖。

【领导名录】

党组书记、副局长：洛桑次仁

党组副书记、局长：段群法

普兰县

【年度综述】2010年，普兰县实现了四个突破，GDP突破1亿元，达到1.5亿元，财政收入突破400万元，达到453万元，农牧民人均纯收入突破3000元，达到3702元，社会固定资产投资突破1亿元，达到1.2亿元。呈现出边防巩固，社会稳定，经济发展，人民安居乐业的良好局面。

【农牧业】始终把“三农”工作作为生命线和保障线，引进推广“藏青320”、青油17号和藏油3号优质、高效、高产农作物6550亩，农作物播种面积9551亩，粮食总产量2896吨。年末牲畜存栏13.5万头（只、匹），实施畜产品以乡镇和村为单位集中收购销售，肉、奶、绒毛产量分别达到552吨、732吨和82.3吨，出栏率33%。农林牧业生产总值3532.8万元。“一村一品”稳步推进，吉让预制厂和沙石厂、岗莎牦牛运输队、西德白糌粑和清油加工厂等专合组织蓬勃发展，在劳动力转移和促进增收上作用明显。

【基础设施建设】始终把项目建设作为推动经济社会发展的支点和杠杆。科学编制了“十二五”规划，计划争取投资35.6亿元建设重点项目142个。全年完成社会固定资产投资6601万元，建设重点项目11个，完成了14个重大项目前期工作。做好了普兰县二级电站、城镇三期给排水、市镇公路、胜利灌区和退牧还草等重点建设项目争取和衔接。推进县城“亮化、美化、绿化”建设，被评为自治区级文明县城。完成了县城基础设施建设规划报告和旅游景点基础设施建设规划报告等，进一步明确了城乡基础设施建设思路。

【保障和改善民生工作】实施以安居乐业为突破口的新农村建设，建设砖木结构抗震安居房80套；投资873万元在9个行政村集中整治农村人居环境和村容村貌。建设农村安全饮水集中供水点11处。投资88万元养护农村公路390.7公里。复工建设巴嘎至郭隆和普兰县至甲达勒线环湖公路。完成农牧民技能培训900人，新增城镇就业45人，劳务输出创收950万元，实现脱贫60户。投资62万元建成巴嘎曲西组扶贫招待所、霍尔贡珠村扶贫旅馆和霍尔乡敬老院。筹资474.5万元实施县中学和霍尔小学改扩建；农牧民子女享受“三包政策”1127人；狠抓控辍保学工作，小学入学率98.9%，初中入学率91.2%。建成2个乡级卫生院和3个村级卫生室，农牧区合作医疗制度参与率100%。村村通覆盖率90%；完成了科迦寺文物保护维修和文物普查；在村居建设了农家书屋和牧家书屋；《普兰县志》通过自治区终审；实现有线电视优化升级，将收视频道拓展到46个，创办了普兰自办台。落实2010年2月份雪灾和7、8月份雨水灾害政策性涉农保险赔付金117.1万元。整合2009年受灾补助款和涉农保险赔付资金321万元，实施了327户受灾群众灾后恢复重建。

【旅游边贸】编制了普兰旅游总规。加强同西藏旅游股份有限公司沟通联系，普兰国际大酒店、游客集散中心等一批旅游基础设施立项建设，旅游开发取得了实质性进展。全年实现旅游总收入1495万元。积极联系自治区商务厅帮助制定口岸规划。全年进出口总额2457万元，边民互市贸易更加活跃。

【生态环境建设】全年落实造林项目资金170.44万元，完成植树造林3120亩。试点推行林权改革。在县城周边植树造林70亩。建设苗圃基地49亩，到2010年底全县有自治区批准重点保护公益林38万亩。玛旁雍措湿地自然保护区列入国家湿地自然保护区项目，湿地保护面积达到17.31万公顷。农村宅基地确权登记覆盖率60%。着力建设了高原生态安全屏障。

【领导名录】

县委书记：黑树林

县委副书记、政府县长：卫　东

扎达县

【综合经济实力再上新台阶】2010年，札达县完成生产总值10315.62万元，比上年增长31.5%；县级财政收入完成368万元，同比增长13%；农牧民人均纯收入达到3200.5元，同比增长16%；税收收入完成331万元，同比增长10%；各类储蓄存款达到4557万元，同比增长17.48%；发放各类贷款1839万元，同比增长15.09%。

【农、牧、林产业稳步提升】认真落实中央各项强农惠农政策，全年共兑现农机具补贴30万元，粮食直补5.5万元。农业方面，共播种农作物7524.45亩。其中粮食作物5946亩，经济作物816.45亩、种植饲草料762亩，粮经饲种植比例调整到79：11：10；实施提高粮油单产行动，推广良种种植2603亩，主要农作物粮种普及率达44%。年粮食总产量达693.38吨。牧业方面，有效组织实施了防治牲畜“小反刍”、“W”病、禽流感等疫苗注射工作，免疫率达到100%。全县牲畜存栏13.2万头（只、匹），牛、马、羊比例调整为10：3：87。成畜死亡率控制在2%以内，牲畜出栏率达到31.5%。全年完成山羊绒产量10吨，绵羊毛产量60吨。林业方面，积极实施造林绿化工程。完成城镇周边造林678亩、植树7.5万株，完成荒山造林988亩、植树11万株，完成退耕还林补植补造6.8万株，义务植树4.8万株。

【项目建设亮点纷呈】2010年，札达县巴札公路、山岗边防公路、那什边防公路等6个续建项目和县直和乡（镇）职工周转房、民宗统战业务用房、廉租房附属设施、国土局地质展览馆、物价局办公大楼、卫生服务中心综合楼、乡（镇）食堂等30个新建项目建设进展顺利，投资总金额达到7.5亿元。目前，所有36个在建项目已进入最后攻坚阶段。

【能源建设起色明显】札达县积极向上争取能源建设资金901万元，分别在香孜乡、达巴乡、曲松乡、种畜场四个建设点新建光伏电站四座，为加快农牧区基础设施建设起到积极推动作用。萨让电站建成并已投入使用。

【新农村建设逐步走向合理化】2010年，札达县共投入资金879.2万元，在全县八个行政村实施了人居环境综合整治工程，进一步改善了农牧区群众的居住条件，提高了人居环境，丰富了农牧民业余生活，使农牧区建设逐步走向正规化、合理化。

【继续加强交通基础建设】2010年，札达县不断创新体制，进一步规范公路建设、养护工作。投入14.8万元，完成托林镇东嘎村村道的公路建设；投入25万元，新建底雅乡鲁巴村岗芝牧道25公里的公路；投入22.7万元完成达巴乡嘎林8.1公里公路整治工作；共投入资金210万元，完成公路养护点七处，养护里程达370公里。

【扶贫、农发两大开发项目得以全面实施】共投入731万元，实施扶贫开发项目9个。其中投资400多万元，完成香孜乡热嘎夏村4000多亩土地治理及主水渠硬化；投入200万元，建设蔬菜大棚40座。农业开发与土地治理得到全面加强。投入1920万元，完成加德农场农业综合开发土地治理及草籽繁育基地建设集中连片8000亩的人工种草、主水渠、支渠的硬化工程；投入164万元，新建短期育肥点19个，完成草地种植4824亩。

【第二产业焕发新生机】围绕“旅游兴县”发展战略，不断壮大旅游产业。截止目前，来县游客突破6600人次，其中接待国内外游客达3500人次，实现门票收入60万元，旅游总收入达360万元，创历史新高。农村旅游快速发展，2010年积极向上争取资金90万元，完成扎布让村集体藏式旅馆及室内附属设施建设和托林村民俗村接待点，拓宽了农牧民增收渠道。全县有二十多户农牧民参与旅游接待服务，实现旅游收入30万元。

【切实增加群众收入】一是实施特色产业促增收。在转变发展方式，优化经济结构的同时，大力发展蔬菜、林果等特色农业，有效增加群众收入。通过引进种植能手搞示范，推广实用技术抓培训，已扶持蔬菜瓜果种植77户，户均增收2万元。二是大力发展劳务经济。除大力组织引导农牧民群众参与工程建设项目外，还因地制宜积极发展以旅游、餐饮、农产品交换为主要内容的第三产业，鼓励和引导群众开展多形式、多渠道的劳务输出。到年底，共组织劳务输出60417人（次），实现收入725万元。三是积极落实惠农政策。始终将落实支农惠农政策作为促进农牧民增收的主要工作。2010年，共落实农牧区税费改革资金33.56万元，极大地调动了农牧民群众生产积极性。

【社会事业全面发展】深入开展“控辍保学”工作，切实加强“两基”攻坚巩固提高、作好迎“国检”工作，小学儿童和初中青少年入学率分别达到99%、96%。进一步加强对“三包”经费的管理，提高资金的使用效率。

农牧区基层文化工作稳步推进。新建农家书屋5家，丰富了农牧民群众的业余生活。广播电视综合人口覆盖率达到78%，先后完成1382套直播卫星接收设备的系统升级工作。顺利完成全国第三次文物普查工作，摸清了文化遗产底数。“噶尔玛宣”、“札达婚俗”已被列为自治区级非物质文化遗产。

通过改善医疗条件，提高诊疗水平，为人民群众生命健康安全撑起了一把“保护伞”，广泛开展“送药下乡”、“巡回医疗”活动。全年共接诊各类病人00000人次，治愈率达96%。下乡巡回医疗120多人（次），诊治病人4800多人次，免费发放药品折合人民币5.532万元。截止年底，全县参加新型医疗保险群众已达5617人，覆盖率为100%。全年，共落实职工医疗保险金5.69万元和城镇居民医疗保险金5.27万元。

全年向城乡低保户发放各类救助金53.72万元；为5名城乡特困群众救助医疗金2.47万元。优抚工作取得显著成效。向30名复原还乡军人发放生活补助金3万元；全年共兑现抚恤金及丧葬费56.94万元。双拥工作取得新成绩。深入开展双拥共建共保活动，形成“军爱民、民拥军”的良好氛围，人民共享发展成果得到进一步体现。

【扶贫济困深入民心】2010年，向社会困难群体发放各类救助金7.92万元，其中地方财政投入4.92万元，地区总工会配套3万元；资助考入区外大学家庭经济困难学生1人，发放救助金0.5万元。

噶尔县

【基本县情】噶尔县位于西藏自治区西北部，阿里地区西南部，喜马拉雅山和冈底斯山之间的噶尔河谷地，为阿里地委、行署所在地，是阿里地区政治、经济、文化、信息、物流中心，全县平均海拔4500米以上，狮泉河镇城区为4273米，最高海拔6554米，具有“世界屋脊的屋脊”之称。南北长295公里，东西宽185公里，国土面积1.8万平方公里。北与日土县相邻，南与普兰县相接，西隔喜玛拉雅山和扎达县相望，东与革吉县相连，西北同印控克什米尔地区接壤，边境村典角村与印度隔河相望，边境线长98公里，通外山口2个。人口稀少，牧区平均每平方公里仅0.25人；空气稀薄，含氧量只有内地平原地区的48%，属高寒干旱地区，气候干燥寒冷，冬季气温一般在零下20—30℃，年平均气温0.7℃，年均降水量为73.4毫米，年均无霜期95天左右。全县辖4乡1镇、城区居民590户，7683人，农牧民1550户，6565人，加上当地驻军、流动人口，总人口4万余人。

【年度综述】2010年全县实现生产总值1.21亿元，同比增长16%；县财政收入1338.6万元，同比增长13%；农牧民人均纯收入3659.3元，同比增长16%；全县固定资产投资突破1亿元；粮食总产量287.5吨；年末牲畜存栏20.8万头（只、匹），牲畜出栏率达到36.6%，农畜产品综合商品率达到64.5%。

【农牧民增收取得新突破】认真落实支农惠农政策，兑现粮食直补、良种补贴等资金19.95万元；成立劳务创收领导小组和劳动技能服务中心，切实抓好劳务输出工作，全年劳务创收达1153万元；大力发展人工种草、苗木培育、蔬菜种植、奶牛养殖和牲畜短期育肥，促进农牧民增收；积极鼓励、引导群众开办茶馆、商店，从事运输、服务业等多种经营，努力拓宽群众增收渠道；利用狮泉河镇项目多的优势，充分吸收城镇居民剩余劳动力，实现就业转移促增收；切实强化牲畜出栏工作，加强出栏设施建设，牲畜出栏率达到36.6%，人均现金收入822元。

【特色产业发展迈出新步伐】围绕“一产上水平”，在不断扩大人工种草面积，大力发展城郊畜牧业的基础上，逐步完善了昆沙乡种植示范基地、奶牛养殖基地和白绒山羊改良基地基础设施，基本形成了“一乡一业、一村一品”的农畜产品发展新格局。围绕“二产抓重点”，进一步优化县域投资环境，广泛宣传城市产业规划布局，谋划招商引资工作。围绕“三产大发展”，积极争取资金，重点完善了那木如温泉、门士札达布日寺、加木度假村和扎西岗边贸市场等景点的基础设施，美化和亮化了狮泉河城区。

2010年，全县人工种草面积达12000亩。成立奶牛养殖协会，打造噶尔新村、索麦村和加木村成为奶牛养殖村。加大牲畜短期育肥，全县幼畜成活率为80%，牲畜出栏率和商品率36.6%和64.5%，肉类产量1079吨，奶类产量958吨，山羊绒产量23.64吨，绵羊毛产量106.16吨；牛绒产量8.2吨。打造旅游品牌，投资30万元初步制定了旅游业中长期规划，投资29万元建设芝达布日、古入江等景区的垃圾池、公共厕所的建设。抓好“188”、“十一五”规划和“扩内需、促增长”等项目，先后完成“户户通电”工程、“两房”建设、村级活动场所建设、基层政权建设等一大批改善民生的项目。县城、乡机关的通信覆盖率已达100%，所有行政村通电话，农牧民电话使用率达80%以上。切实抓好了《噶尔县国民经济社会发展第十二个五年计划纲要》的编纂工作。

【基础设施条件明显改善】按照“投资拉动”和“项目带动”的思路，一批事关全县发展的基础设施建设项目有效推进。积极配合地区实施了219国道狮泉河镇至那木如段通油、太阳能光伏电站、狮泉河盆地治沙、农牧区文化广播电视西新工程、“2131”工程等一批重大建设工程，全县基础设施建设的“瓶颈”制约得到缓解。截至2010年末，已完成1028户农牧民安居工程建设任务，70%的农牧民群众住上了安全、舒适的安居房，投资633万元完成了六个村的农村人居环境综合整治；完成两乡敬老院建设；投资221万元建设了昆莎乡示范路等农村公路；投资430万元新建了典角村典型桥；投资755万元实施了奶牛养殖推广、金牦牛科技工程、棚圈建设等13个项目，大多数群众安全饮水得到初步解决，广播电视覆盖率为90%和75%，社会主义新农村建设稳步推进。先后投资4489万元实施了县乡周转房、廉租房、乡镇食堂等10个项目，全年固定资产投资达8417万元，基础设施瓶劲制约得到缓解。同时配合上级相关部门狠抓了工程领域突出问题的专项治理，加大了项目质量的监管力度。

【社会事业协调发展】教育方面：以“两基”成果巩固提高为目标，切实做好“控辍保学”工作为重点的“迎国检”各项工作；完成了以孔繁森小学为重点的学校美化、绿化工程；投资406万元，实施了教职工周转房和后勤办公楼等工程，落实了县级财政支教资金364万元。顺利通过“两基”自治区复检工作，2010年噶尔县初中入学率为96.7%，小学入学率为99.89%，“两基”成果巩固提高和“迎国检”各项准备工作有序推进。

卫生方面：全面加强公共卫生服务体系建设，加快乡镇卫生服务站建设，医疗保障逐步完善。城镇职工基本医疗保险迅速扩大覆盖率达100%。98户城镇居民入住首期廉租房，140套廉租房建设工程基本完工。组织实施了新型农牧区合作医疗保险制度改革工作，农牧区合作医疗巩固率、投保率均达100%。新型农村合作医疗已连续3年全覆盖，农村合作医疗补助标准提高到人均140元，农牧民合作医疗参保率达到100%。社会大病救助体系基本建立，便民惠民医疗优惠服务逐步完善。向噶尔县12个自然村发放3.98吨碘硒盐，预防和治疗大骨节病。贯彻落实计划生育政策，兑现“一孩、双女”奖励补助3.7万元，孕产妇住院分娩率达到87.5%，兑现孕产妇住院分娩补助1.56万元，96人次，孕产妇和婴儿死亡率控制在0.02和6.4‰。深入开展农牧区送政策和送医巡诊活动，切实加强传染病、地方病防治工作和妇幼保健工作，农牧民群众健康水平得到提高。

文化方面：切实抓好广播电视“村村通”、西新工程、农牧区电影放映工程和文物保护工作，基本实现了广电“村村通”，广播、电视覆盖率分别为90%和75%。完成了14个村（居）书屋和远程教育站点建设。

科技方面：切实加大常规技术与实用技术组装配套工作，积极开展农畜产品良种和实用新技术的引进、示范、推广工作，大力推进农牧区小康科技特派员制度，已下派科技特派员 22 名。

【援藏工作成效显著】先后投资援藏资金 300 万元完成了昆沙乡农牧业示范基地改扩建工程。整合援藏资金 136.9 万元完成了村级活动场所及配套设施建设。整合援藏资金 270.7 万元实施了噶尔县廉租房建设、新农村配套设施建设、噶尔县四乡一镇干部食堂建设和噶尔县老干部活动中心建设。大力开展了智力援藏工作，在全县范围内选派五名优秀干部到陕西宝鸡市岐山县挂职培训，联系法院、检察院同志到宝鸡市金台区跟案学习，邀请宝鸡市园林环卫局 3 名技术人员到噶尔县指导狮泉河镇城市管理工作。同时，积极协调在陕西省宝鸡市首次开办西藏班。经多方协调争取，“十二五”期间陕西省每年援助噶尔县资金达到 2000 多万元。

【获奖情况】2010 年，噶尔县被西藏自治区人民政府评为“自治区级平安县”，被中共阿里地委、地区行署评为“阿里地区‘三级联创’活动基层组织建设先进县”、“全地区党风廉政建设目标责任制先进单位”，并获得“县级领导班子综合目标管理责任制三等奖”、“全地区社会治安综合治理工作第一名”等荣誉。

日土县

【年度综述】2010 年，全县生产总值达到 1.6092 亿元，同比增长 13%；县级财政收入 615 万元，同比增长 13%；农牧民人均纯收入 3751 元，同比增长 15%；社会固定资产投资 6426.05 万元，全县一、二、三产分别完成 5160 万元、2085 万元、7205 万元；城镇居民可支配收入达到 13190 元；社会消费品零售总额为 4360 万元，全年共组织农牧民劳务输出 3891 人次，实现创收值 594 万元，年底牲畜存栏 41.3 万头，（只、匹）。

【搞好投资拉动，项目建设创历史新高】2010 年，全县先后共争取项目 54 个，总投资达 1.015 亿元（不含援藏资金 3000 万元），其中，正式落地的项目 47 个，总投资达 7387 万元。重点完成了整乡推进、乡镇卫生院、乡镇公路、单位用房、干部职工周转房等一系列基础项目。

【加大扶持力度，特色优势产业发展势头良好】白绒山羊产业发展层次进一步提升。2010 年，超额完成了羊绒统购统销任务，完成羊绒收购总量 72 吨，仅此一项老百姓实现创收达 1600 余万元。旅游业已逐渐成为日土县新的经济增长点。通过科学规划、积极引导、政策扶持、资金支持，日土旅游的知名度不断提升。2010 年，全县旅游行业共接待游客 4000 余人次，其中，农牧民通过旅游实现创收达 85 万元。

【突出抓好“三农”，社会主义新农牧区建设扎实推进】农牧民劳务创收成效显著。通过向建筑工地进行劳务输出，开办石材加工厂、洗砂厂、民俗旅游度假村积极引导群众参与并增加收入，同时，鼓励和引导农牧民到都木契列边贸经商，成功实现了农牧区剩余劳动力的转移。2010 年，全县累计组织农牧民劳务创收 3891 人次，实现创收 594 万元。农牧民劳动技能培训全面实施。2010 年，选派 111 名人员参加劳动技能、国防教育、兽防知识等培训，通过各种培训提高了农牧民的劳动技能，劳动者的综合素质也得到提升。农牧业结构调整取得实效。2010 年，全县农作物播种总面积为 15052 亩，粮经饲播种面积分别为 4606.6 亩、401 亩、10046 亩，粮：经：饲比例调整到 30：3：67，实施完成了人工种草和连片种植任务。防抗灾工作成效明显。为应对 2010 年全县境内干旱天气和强降雨灾害，及时启动了《防抗灾应急预案》，县委、政府主要领导亲自带队，多次深入灾区了解灾情，提出对策，调动人力、物力、财力开展救助，并发动受灾群众开展生产自救和灾后重建工作，最大限度减少了农牧民群众的财产损失。同时，继续加大投入，完善了监测机制，做好蝗虫、小反刍疫情的监测工作。

【社会事业统筹发展】坚持教育优先发展。以“两基”攻坚为重点，继续加大“控辍保学”力度，认真落实“三包”经费政策，及时足额拨付补助经费，学生学习生活条件得到显著改善；县财政安排的教育专项经费每年呈递增趋势。农牧区合作医疗制度进一步健全。日土县农牧区合作医疗制度已覆盖全县四乡一镇十三个行政村，实现了家庭账户核销率、资金到位率、县财政配套率、医疗费用报销率、群众受益率 5 个指标达到了 100%。在继续提高医疗制度补助标准的同时，全年共落实参合农牧民补偿金额 29.08 万元。民政救助力度显著提高。全年共发放农村低保金 27.57 万元，一次性补贴 7.18 万元，同时，为维护农牧民工的合法权益，积极开展劳动合同清查工作，对漏签、错签、违法的劳动合同关系进行清理。文化科技事业繁荣进步。2010 年底，全县单收站发展到 107 座，“2131”工程发展到 1423 座，广播、电视覆盖率分别达到了 90%和 95%；积极开展彩色周末和广场文化活动，先后组织了 4 场群体性文娱活动，为干部群众放映电影 117 场，干部群众的精神文化需求得到满足。

革吉县

【基本县情】革吉，藏语意为“美丽富饶的土地”，县城位于狮泉河镇东部，距拉萨 1640 公里，离新疆叶城 1170 公里。革吉县是阿里地区三大纯牧业县之一，全县土地总面积为 55287 平方公里，草场总面积为 47163 平方公里，其中可利用草场面积为 33014 平方公里，占草场总面积的 70%。境内有大小湖泊 30 多个，河流 10 多条，流量最大的是狮泉河。2010 年底全县总人口 16534 人，其中牧业人口 14553 人，占总人口的 86.4%。革吉县处于冈底斯山脉成矿带，有着十分丰富的矿产资源，主要矿种有金、银、铜、铁、铅锌、锂、硼镁矿等二十几个矿种，其中尤以盐湖矿区的硼镁矿，以其储量大，品位高，质量好而出名。

【年度综述】2010 年革吉县生产总值完成 1.672 亿元，同比增长 13.52%；地方财政收入完成 1175 万元，同比增长 19.78%；农牧民人均纯收入达到 3353.4 元，同比增长 15%；全社会固定资产投资 5477.41 万元；社会消费品零售总额 1693 万元。

【狠抓首要任务，新农村建设扎实推进】全年完成游牧民安居工程配套建设 237

户，牲畜棚圈6.33万平方米，草棚4220平方米，太阳能井42眼，改善了大多数群众的居住环境。投资130万元实施了农牧区安全饮水工程，极大程度改善了农牧区人畜安全饮水条件。投资860万元建设了那孜桥至公前村乡村道路、芒拉桥和赛利蒲河桥，全县乡村道路通车里程达1878.7公里，农牧区交通运输条件得到逐步改善，乡村通路率达100%的目标已基本实现。顺利完成2007、2009年退牧还草项目，累计投资2518万元，围栏90万亩，禁牧48万亩，休牧42万亩，补播27万亩，草场载畜能力明显增强。"光明工程"项目顺利投入使用，95%的群众都实现了用电照明，超过"十一五"目标5个百分点。

【农牧民增收渠道进一步拓宽】全年培训农牧民群众800多人次，发送科技资料500份，组织转移3217人参加劳务输出，实现劳务创收1042万元。安排专项资金100万元建立农牧民贷款担保基金，为33户农牧民贷款82.8万元，专业经济合作组织发展到9个。盐湖乡羌麦村益民合作组织作用发挥明显，得到了区扶贫办的好评，并在中央电视台进行了宣传。安排专项资金14.6万元设立涉农保险，并安排专人负责牲畜保险工作，有效降低了各种自然灾害造成的损失。严格按照标准，及时对参与人工种草的群众进行补助，落实补助资金达200万元。认真开展防抗灾工作，安排专项资金90万元，购置防抗灾储备物资，及时发放到受灾群众手中，将灾害损失降到了最低限度。加大重大动物疫情监测防控工作，疫苗注射率达到100%。

【加强引导扶持，特色产业逐步壮大】革吉县按照"一产上水平、二产抓重点、三产大发展"的要求，不断加大扶持力度，安排专项资金1214.7万元，实施特色农牧业项目7个，特色产业建设扎实推进，自我发展能力不断增强。以特色农牧业为主导的第一产业发展水平不断提高，实现产值6815.1万元，增长13.6%；牲畜出栏率达到34.5%；牲畜存栏总数达64.6万头（只、匹），其中经济畜比例占一半以上；收购畜产品325吨，其中山羊绒64.1吨，绵羊毛228吨；农畜产品综合商品率达68.7%。以优势矿产业、民族手工业为重点的第二产业有新发展，实现产值2882.8万元，增长15%，发电量突破51万千瓦时，自来水供水达到3.6万立方米，生产预制砖95万块。以旅游业、服务业为引导的第三产业快速发展，实现产值6578万元，增长14.5%。接待旅游人数3970余人次，实现收入16.4万元。

积极扩大投资，基础设施明显改善。2010年，革吉县努力扩大社会投资，着力加强基础设施建设，"瓶颈"制约得到一定缓解。全县固定资产投资总额达5477.41万元，其中国家投资5059.41万元，援藏资金341万元，地方自投77万元，全年建设项目14个。各乡镇政府食堂顺利完工，干部职工周转房投入使用，光电站扩容项目投产发电，绒山羊扩繁基地、绵羊短期育肥基地等特色产业建设项目建成使用，借母畜还仔畜建设等扶贫项目顺利实施。严格执行项目"五制"，狠抓工程领域突出问题专项治理，整顿工程项目遗留问题2个，工程质量和监督管理程度不断提高。

【注重促进和谐，社会发展全面进步】狠抓"两基"攻坚成果巩固提高工作，适龄儿童入学率达到98.6%，初中入学率达到90.38%，顺利通过了地区行署"普九"复查工作组的验收。县中学基础设施配套建设顺利实施，各中小学校办学条件和校园环境明显改善。认真开展教师培训工作，全年完成教师区内外培训24人，师资力量逐步增强。加大校园周边环境整治力度，抽调公安干警进驻校园，"平安校园"创建取得实效。认真开展农村合作医疗工作，覆盖率达到100%，参合率达到95%，进购药品63.3万元，家庭账户核销22.3万元，超过8000名农牧民从中得到实惠。大力推行巡回医疗制度，送医送药到户，方便群众就医，全年共巡诊5000余户、2万余人次，发放药品折合人民币4万元。深入学校、牧区开展预防接种工作，全年接种3545人，接种率为100%。安排专项资金5.8万元，建立农牧民大额医疗保险，确保农牧民看得起病、看得好病。加大科技投入，18名科技特派员深入牧区开展实用技术传帮带活动，更多农牧民在科技中受益，科技对农牧业的贡献率不断提高。大力推进优质绒山羊和牲畜短期育肥为主的特色畜牧业发展，全年推广良种白绒山羊140只，接羔育幼235只，建设白绒山羊专业示范村2个，专业示范户4015户。狠抓文化事业发展，新建农家书屋6家，藏书达6个种类1123册，为群众放映电影400场次，观看人数达2.8万人次。大力实施西新工程、广播电视户户通工程，发放安装"户户通"489座，电视覆盖率达到95%，群众精神文化生活日益丰富。

【领导名录】

县委书记：张学营

县委副书记、县　长：扎西措姆

改则县

【基本县情】改则县位于西藏西北部腹心地带，阿里地区东部，具有一定的地理区位优势，素称"阿里地区东大门"。全县平均海拔4500米以上，气候寒冷干燥、昼夜温差大、空气稀薄、紫外线辐射强，年平均气温为—0.2℃，高原气候特征明显。全县总面积13.5万平方公里，占阿里地区土地总面积的31.6%；年均降雨量为189.6毫米；年日照时数为3160小时。下辖六乡一镇47个行政村1个居委会，总人口2.2万人，是一个纯牧业大县。

【年度综述】2010年，改则县完成生产总值24471万元，增长10%；地方财政收入完成646万元；牧民人均纯收入达3455.7元；全年实现劳务输出创收1387万元；实现脱贫288户；新增城镇就业人数30人。

【狠抓"三农"工作，提升"一产"水平】2010年末全县牲畜存栏控制在82.3万头（只、匹）；幼畜成活率为81.5%，成畜死亡率控制在4.3%；年农畜产品综合商品率69.7%；牲畜出栏率37%以上。重点抓好重大动物疫病的防治工作，加大了疫病监测、检测力度和巡诊巡防力度，及时有效预防和控制了动物疾病的发生，确保牧业生产健康、持续发展。为拓宽肉产品销售渠道，紧紧抓住夏秋季节价格优势，积极引导反季出栏，提高销售收入、商品率和出栏率。努力打造改则畜牧业品牌，积极做好白绒山羊的繁育和推广工作，扩繁场新增白绒羔羊125只，母畜产仔率为83%、羔羊纯白率达到 86.4%，为白绒山羊推广奠定基础。实施人工种草1万亩，进一步缓解了草畜矛盾，提高了畜牧业低于自然灾害的能力。毒草防治科研进入实验攻关阶段。

改则县在用好、用足、用活国家扶贫政策上下功夫，结合县域实际，积极实施了《古姆乡珠玛日村草场配套建设项目》、《洞措乡三村草场四配套建设项目》、《麻米乡牧业基础设施建设项目》、《先遣乡白绒山羊借母畜还子畜建设项目》等6个，国家总投资192.77万元。同时积极争取对口扶贫单位的支持，地直、县直机关在深入调研的基础上，结合对口联系点实际，共实施扶贫项目12个，投入扶贫资金130多万元。

2010年，全县实施涉农项目12个，主要包括藏西北绒山羊专业村建设、绒山羊扩繁基地建设、牲畜棚圈建设等项目，国家总投资达4000万元。2009年第三批安全饮水工程总投资666万元，打井74眼，2010年第一批安全饮水工程投资94万元，打井14眼。乡村公路改造顺利实施，共新修乡村道路 402 公里，总投资5300万元。2010年新建安居房311套，总投资1177.4万元。完成13个村级组织活动场所建设任务，行政村（居）组织活动场所覆盖率达 100%。同时，完成了2个村（居）的农村人居环境建设和综合整治试点工作。

【以项目建设为重点，“二产”稳步推进】 2010年，改则县基础建设总投资达 1.5亿元，项目涉及到农牧、电力、城镇基础设施、廉租房、民生、科教文卫等多个领域。2009—2010年共争实施藏项目共34个，项目总投资达3500万元，中国移动为改则的发展注入了更大动力。按照地区关于贯彻落实中央第五次西藏工作座谈会工作任务分解细化通知要求，结合改则实际，由县委、政府牵头，各单位积极协助，将2010年—2020年发展规划进行了进一步细化分解，并制订了年度工作计划，为项目衔接工作做好充分的前期准备工作。

【以完善服务为重点，“三产”得到新发展】 来改则经商的商户较往年有所增加，居民消费进一步得到满足，市场物价涨幅平稳。全年新增餐饮、服务店20余家，商品零售额达到7000万元。新增村级农家店16家，“双百市场工程”顺利实施，投入改造资金15万元，对原农贸市场进行了标准化改造。

【社会事业全面推进，民生不断改善】 一是基础教育事业不断发展。。2010年小学入学率达到98.7%，初中入学率达到94.4%，巩固率 100%，无辍学现象发生，考入内地班人数达25人；深入开展学校及周边安全隐患排查整改工作，确保学校安全；切实做好教育资金、“三包”经费、学校公用经费的监管，各类经费及时足额拨付；顺利通过区、地“两基”过程督导和复查验收。成功设立了TD联盟教育发展基金，得到了自治区党委、政府高度评价。二是基层卫生服务不断加强。新型牧民合作医疗成果进一步巩固，覆盖率达100%，全县推行特困户、贫困户患者住院“零押金”制度，方便了患者，实惠了群众。积极组织开展基层医疗人员技能培训工作。《巡回下乡就诊制度》继续深入开展。三是群众文化生活不断丰富。广播电视“户户通”工程全面启动，为619户“户户通”用户进行了卫星接收设备升级；“2131”工程设备全面更新，放映电影380场，数字电影“三进”全面落实；38个牧家书屋创建工作完成，添加读物4000余册；积极开展“扫黄打非”工作，依法打击查处非法影像、书刊制品，促进了文化与经济社会的融合发展；成功举办了改则县建县50周年庆祝活动，提高了改则知名度；地方志编制工作基本完成；顺利通过了国家第三次文物普查验收工作，发现文物点34处。四是社会保障工作不断深入。新一轮贫困户统计工作，全面完成扶贫济困政策全面落实。失业、工伤、养老保险参保率、保险金征缴率达100%；城镇职工医疗保险参保率 100%，城镇居民基本医疗保险参保率33%；新农保试点工作取得初步成效；第一、二批共146套廉租房全面完工，缓解了城镇低收入群体的住房难问题。总投资274.82万元的社会福利院一期工程顺利开工。

【经验体会】 要实现改则的跨越式发展和长治久安，必须抓住发展这一要务。始终咬定发展不动摇、不放松、不懈怠，越是落后越要加快发展，越是危机越要抢抓机遇发展，越是任务艰巨越要科学发展。必须抓住转方式调结构这个重点。坚持用科学的发展方式和科学的工作方式推动产业结构调整、产品结构调整、城乡结构调整，坚持走生产发展、生活富裕、生态良好的文明发展道路，而不能走粗放增长的老路，不走先污染后治理的弯路，不走经济增长而人民得不到实惠的狭路。必须把握改善民生这个根本。始终把富民强县、造福群众作为一切工作的出发点和落脚点，尽职尽责、尽心尽力为老百姓多办好事实事。必须严格依法行政这个原则。牢固树立“责任政府”、“法制政府”的法治理念，使各项工作自觉地在法律的框架内开展。必须坚持真抓实干这个保证。不抓好落实，再好的思路、再美的蓝图也变不成现实。只有坚持真抓实干、埋头苦干，才能不断解决问题、破解难题、推动发展、加快发展。必须保持和谐稳定这个大局。这是是广大党员干部的共同愿望，也是改则人民的福祉所系。

【领导名录】

县委书记：张 文 涛

县委副书记、县长：平措罗布

措勤县

【年度综述】 2010 年，措勤县生产总值达1.4多亿元，同比增长14%；财政收入达40多万元，同比增长19.73%；完成山羊绒收购37.10多吨、绵羊毛收购191.80多吨；畜产品综合商品率为59.5%，同比增长7%；牧民人均纯收入达到3655多元，同比增长 16.7%；劳务创收1173多万元，同比增长67.58%。

【坚持“牧业稳县”，推动“一产上水平”】 措勤县始终坚持把“牧业稳县”作为基础，通过“抓产提活”、“抓出控存”、“抓优扶强”、“抓防强治”，促进牧业快速健康发展。年初，适龄母畜26.10多万头（只、匹），育幼繁殖23.60多万头（只、匹），仔畜成活 18.6 万头（只、匹），成活率78.5%；成畜死亡2.20多万头（只、匹），死亡率为 4.6%；牲畜出栏 16.30 多万头（只、匹），出栏率为 33%；年末各类牲畜存栏 49.3 多万头（只、匹）。立足紫绒山羊资源优势，进一步加强紫绒山羊产业带建设。投资资金 613.4 万元，建成紫绒山羊原种场。目前原种场共有紫绒山羊 1155 只，建立紫绒山羊示范户 297 户。全年，完成春季五号病疫苗注射 49.37 万头（只、匹），免疫密度达 100%；秋季疫苗注射 61.8 万头（只），免疫密度达 100%；小反刍应免疫注射 47.75 万只，免疫密度达到 100%。

【紧扣首要任务，促进“牧民增收”和“脱贫致富”】一是稳定牧业，发展牧业。全年酥油产量 11.6 万斤，羊毛产量 274.6 吨（含绵羊毛 191.80 多吨），羊绒产量 41.45 吨（含山羊绒 37.15 吨），牛绒产量 6.4 万斤，奶渣产量 19.70 多万斤，市场消化牦牛 4941 头、绵羊 10.90 万只、山羊 4.87 万只，各类皮张 23.75 万张，牧业收入达 3806.92 万元。二是加强财政、信贷资金向牧区倾斜，建立以县国有资产公司为担保的信贷担保体系，支持牧民在“二、三产业”方面创业。全年，落实财政支农资金 949.8 万元，发放信贷资金 446 万元，扶持牧民创业 14 户。三是加强“劳务创收”工作，全年完成创收 1173.03 万元。四是促进就业再就业。全年完成牧民群众转业 1783 人，转业创收 653 万元；安排和落实城镇失业人员就业 58 人。五是加强“政策增收”和“造血增收”。落实资金 341.18 万元，组织实施“产仔畜、还母畜”工程，受益群众达 249 户；落实投资 150 万元，为无畜户添置牲畜 5255 只、基础母羊 3655 只、种畜 590 只；全年完成脱贫 126 户，返贫率控制在 3%以内。

【围绕产业化、精加工和社会化，挖掘新经济增长点】全年累计投入资金 273.6 万元，创办经济合作组织 8 个，参与经济合作组织共 245 户 1004 人；投入资金 75 万元兴办夏岗江风干牛肉厂，上市销售收入完成 34 万元。投资扶贫资金 139 万元，创办措勤镇门东村扶贫砂石料加工厂，完成产值 95 万元；兴办“牧家乐”2 家，完成收入 7.45 万元。

【以安居工程为重点，推动社会主义新牧区建设】2006 年-2010 年，落实资金 4417.64 万元，建设 1808 户安居房，建筑总面积达到 12.214 万㎡；同时，完成了 21 个村委会办公场所、5159 套半封闭羊圈、125 眼人畜安全饮水井，建设饮水管道 4 处，建设乡村公路总里程达 696 公里。

【以加快市场流通体系建设为着眼点，改善新牧区建设环境】坚持以“万村千乡市场工程”建设为载体，不断强化基层流通体制建设。一是继续扎实推进“万村千乡市场工程”建设。全年，建设乡级店 5 家、村级店 18 家，实现销售收入 123.4 万元；配送各类商品 340 余种，消费品零售总额达 646 万元，同比增长 51.4%。二是深入推进牧区碘盐配送工作，进一步扩大碘盐覆盖面。全年共完成碘盐配送 64.724 吨，碘盐覆盖率达 100%。三是完善牧区市场监管体系。全年，开展市场监管专项行动 32 次，检查和监管市场主体 46 家，清查“过期、变质、伪劣”商品 32 次，清缴各类不合格商品折合人民币达 14 万元，处理“强买强卖”等恶性交易问题 3 起。

【狠抓基础设施建设】全年安排和落实项目 14 个，其中续建 4 个，新建 10 个，固定资产总投资达 1.53 亿元。一是争取投资 7570.2 万元，开工建设措勤县水电站项目；争取投资 1094 万元，启动和开工建设县城水厂及给水管网改扩建工程。二是投资 449.89 万元，完成县城美化亮化工程建设；投资 44 万元，完成县城道路工程建设；投资 1775.58 万元，完成县城职工周转房建设；投资 308.95 万元，完成卫生服务中心综合楼及普通病房建设；投资 194.67 万元，完成物价局办公楼建设；投资 523.66 万元，完成措勤大酒店建设；投资 181.67 万元，完成建筑技能培训中心建设；投资 270.49 万元，完成民政福利院建设；投资 1116 万元，实施县城供暖项目。

【社会事业全面发展】教育方面。一是抓普及，提高两基攻坚迎国检水平。2010 年，全县完成小学入学 1763 人，入学率 99.74%；初中入学 808 人，入学率 93.19%；在校生巩固率达 100%，小学、初中无辍学现象；完成高中招生 199 人。二是抓管理，提高教育质量。全年完成小学升初中 265 人，升学率达 100%。三是抓师资，提高教学水平。全年新配备教师 29 名，其中“体、美、劳”等教师配备 7 名，德育教师配备 7 名；评选“教育先进集体”16 个、“优秀教师”48 个、“教育工作先进个人”8 名，落实奖励资金 4.4 万元。四是抓学前教育。在国家电网公司的援助下，新建国网幼儿园，共招收幼儿 56 名，选用幼儿教师 4 名。五是抓建设，改善办学条件。落实资金 3760 万元，完成集中办学校区建设。

文化事业方面。一是加强设施建设，巩固基层文化阵地。截至目前，完成牧家书屋建设 16 个，电视单收站 113 座，基本实现电视节目全覆盖。二是继续实施“文化惠民”工程，完成电视节目有线转播 41 套，无线转播 3 套，自办节目 1 套，闭路用户 435 户，设立“2131”工程电影放映点 27 个，放映电影 100 余场次。三是加强扎日南木措民间艺术团的管理，全年组织艺术团赴各乡镇演出 42 场，观众达 3000 余人次。四是加大文化场所整治力度，规范文化事业有序发展。全年开展文化市场排查 7 次，排查治理个体 13 家。五是加强文化遗产保护。完成了第三次文物普查工作的各项任务，共发现不可移动文物 36 处，可移动文物 55 件。

卫生事业方面。一是投资 494.95 万元，新建县人民医院综合大楼、住院病房。二是全年共收治各种病例 17386 人次，治愈率 74.4%，死亡率 0.02%，病床使用率 90%以上。三是参加新型农村合作医疗人数达 12780 人，参合率为 100%，落实大病住院补偿 69.10 万元，补偿率 100%。四是全年接种疫苗 10674 人，免疫率为 98%；强化免疫 1455 人，接种率为 100%。五是全年组织计生宣传 18 次，开展巡回计生服务 5 次，住院分娩 90 人次，解答群众咨询 7853 人次，发放资料 23973 份。六是藏医门诊达到 8608 人次，自制新发藏药 22 种，其中卡擦藏药 6 种，普通藏药 16 种，产药 126 斤。

林芝地区

林芝地区

【年度综述】2010年，林芝地区生产总值达到53.69亿元,比2005年增加29.19亿元，增长1.16倍，人均国民生产总值长期保持领先地位；财政收入达到3.46亿元，比2005年增加2.17亿元，增长1.6倍；社会固定资产投资达到50.66亿元，比2005年增加25亿元，增长1倍。农牧民人均纯收入一直位居全区之首，从2005年的2723元增长到2010年的5410元，基本实现翻番。

【特色产业不断壮大，内生动力显著增强】林芝地区始终坚持产业强地，大力推进特色农牧业、生态旅游业、藏医藏药业、水电能源业等四大支柱产业建设。特色农牧业初具规模，初步建成以特色养殖、藏药材种植、优质水果干果、林下资源采集加工、粮油生产加工为主的产业带和以优质水稻、莲藕、野生天麻、“两椒两桃”为主的特色产业基地，培育特色产业乡镇16个、专业村48个，打造以林芝松茸、波密天麻、朗县核桃为代表的特色产品，特色农牧业共辐射带动农户2万余户，占农牧民户数的76%，受益农牧民达8.5万余人，占农牧区总人口的67%，累计实现收入1亿多元。生态旅游业主导地位逐步形成，突出“畅游西藏，从林开始”的旅游理念，着力打造“雅鲁藏布大峡谷”品牌，旅游景区景点开发力度不断加大，林芝旅游知名度和吸引力不断提高。藏医药业稳步推进，藏药材人工种植规模不断扩大，研发水平和企业竞争力进一步提高，奇正藏药成功上市。水电能源业发展速度不断加快，巴河雪卡电站投产发电，老虎嘴电站正在加紧建设，林芝至拉萨220千伏输电线路顺利竣工，林芝电网与藏中电网成功并网，松塔、波堆、多布电站前期工作顺利推进，林芝、工布江达“户户通电”工程全部竣工。

【基础设施加快推进，城乡面貌显著改变】林芝地区坚持以大项目带动大建设，以大建设促进大发展，实施了一大批打基础、管长远、增后劲的重大项目，地区基础设施条件明显改善，发展基础不断夯实。交通建设取得重大进展，林芝机场、米朗油路等重大项目相继建成，然察油路进展顺利，扎墨公路控制性工程嘎隆拉隧道全线贯通。林芝地区公路总里程大幅增加，通车总里程比2005年高出近3倍，县通油路率达71.8%，乡（镇）公路通达率96.3%，比2005年分别提高14.6和18.1个百分点，行政村公路通达率84.9%，以八一镇为中心，辐射各县，联结各乡（镇）的交通运输网络正在形成，林芝已成为进出藏的重要通道。解决53个乡镇399个行政村的用电问题，乡镇通电率98.1%，行政村、自然村通电率分别达到81.6%，80%，分别提高9.2和12.6个百分点。通信事业快速发展，电信、移动3G网络顺利开通，乡镇宽带通达率达85%，行政村移动电话通达率达80%。城镇化步伐逐步加快，城镇化率达31%，以八一镇为中心、各县城为重点、各小集镇为节点的城镇化网络基本形成，成为历史上城镇化进程最快的时期。

【改革开放不断深化，发展空间显著拓展】林芝地区坚持有重点地推进体制机制改革创新，着力构建充满活力、富有效率、更加开放、有利于科学发展的体制机制。政府机构改革全面完成。农牧区土地承包经营权流转、集体林权制度改革扎实推进，基本农田保护工作进一步加强。财税金融体制改革继续深化。国有企业改革稳步推进，地区自来水公司等9家国有企业改制成功，国有企业兼并重组力度进一步加大。招商引资力度不断加大，出台积极的优惠政策，不断改善非公有制经济发展体制和环境，招商引资到位资金累计达66.8亿元，引进投资规模500万元以上的企业87家。实施开放带动战略，采取“走出去”与“请进来”相结合的办法，积极参与周边地市及内地省份区域经济协作，加强与广东、福建交流合作，与陕西杨凌农业高新技术示范区缔结为友好地区，与尼泊尔博克拉市建立友好城市关系。援藏工作向纵深推进，广东、福建两省累计投入援藏资金11.7亿元，建设市政、新农村、特色产业等项目555个，顺利完成第四、第五批及第五、第六批援藏工作轮换。

【社会事业快速发展，人民生活显著改善】林芝地区始终把保障和改善民生作为做好一切工作的出发点和落脚点，努力让人民群众共享改革发展成果。各项民生工程深入实施，以农牧民安居工程为突破口的社会主义新农村建设成效显著，投入资金25亿多元，完成安居工程24628户，使95%以上农牧民住上了安全舒适的新房。张庆黎书记给予了高度评价，总结为“四高一好”、“三个一样”，即：各级重视程度高、群众参与积极性高、规划建设质量高、管理水平高，安居与乐业结合得好；城郊和农村一样，主干道、大路边和大山沟里一样，贫困户和富裕户一样。综合配套建设全面跟进，完成所有村（居）组织活动场所建设，安全饮水、生产生活用电、农牧民群众出行等问题得到有效解决，整合援藏、地区财政资金2亿元，开工建设50个小康示范村，农牧区面貌焕然一新。教育、卫生、文化、科技等各项社会事业进一步发展，就业工作取得新成绩，公共服务能力全面提升，城乡居民收入不断增长，社会保障体系进一步完善，保障水平显著提高。农牧民人均纯收入基本实现翻番，城镇居民收入达到14000元，城乡居民得到更多实惠。

【生态建设逐步加强，人与自然和谐发展】林芝地区始终坚持生态立地、生态兴地、生态强地，按照构建西藏高原国家生态安全屏障的要求，制定规划，完善措施，积极开展国家级生态地区创建活动。八一镇荣获全国园林绿化先进城市称号和人居环境范例奖，被命名为自治区园林城市。大力实施自然保护区建设工程，深入开展退耕还林、公益林保护、迹地更新、防沙治沙、植树造林、森林防火等工作，大力实施薪材、建材替代工程。城乡环境综合整治工作深入开展，环境监测能力建设取得突破性进展，环境执法监管力度不断加大。经济社会发展、资源开发和生态环境进一步协调。

【社会局势持续稳定，人民群众安居乐业】林芝地区始终把反对分裂、维护稳定作为硬任务和第一责任，牢固树立稳定也是政绩、也是生产力的观念，坚持越是稳定的时候就越要抓好稳定的工作理念，大力推进平安林芝建设。特别是拉萨“3·14”事件发生后，以不出任何事为目标，强化措施，狠抓落实，不断完善常态和非常态下维稳工作机制，保持了社会局势长期稳定，成为全区最稳定的地区。形成了和睦相处、和衷共济、和谐发展的良好局面。

【领导名录】
地委副书记、行署专员：卓 嘎
地委副书记、行署常务副专员：陈秋雄、阮 军
行署副专员：红 卫、刘来兴、平措多吉、杨方宇、赵树明、扎西平措、顿 吉
行署秘书长：扎西达杰
行署副秘书长：朱 峰、林良灌、丁惠霞、旺 东、贾百祥、丁海梁

人大林芝地区工委

【按时召开人大地区工委委员会议】2010年，人大林芝地区工委先后召开了四次委员会会议。会议分别听取了地区中级人民法院、发改委、财政局、农牧局、旅游局、商务局、教育局、卫生局、司法处、交通局等10个地直部门的工作报告或专项工作报告，在肯定成绩的基础上，分别有针对性提出了改进工作的意见和建议。充分履行了人大的监督职能，有力地促进了“一署两院”依法行政和公正司法。

【组织代表开展工作视察】于10月20日至24日组织林芝地区部分自治区九届人大代表开展了为期5天视察活动。
视察结束后，视察组对视察情况进行了认真的总结，对取得的成绩给予了充分的肯定。同时，也对存在的问题提出了很好的意见和建议。向自治区人大提出了2条建议：一是关于国有改制企业职工申请提前退休的问题，二是尽快解决原西藏太阳农业资源开发有限责任公司累计拖欠易贡茶场职工的五险一金等款项问题；向地区行署提出5条建议：一是加大对易贡茶场及职工的帮扶力度；二是为森工企业从事营林造林和林区管护工作提供更多便利条件；三是缓缴森工企业历年欠缴税款问题；四是核销企业不良资产问题；五是小康示范村建设的进度问题。通过开展视察活动，拓展了代表知情知政渠道，为代表了解民情、反映民意、关注民生，积极参政议政、建言献策提供了第一手资料。

【认真开展执法检查和工作检查】组织开展了《中华人民共和国治安管理处罚法》和《中华人民共和国职业教育法》执法检查。有力地推动了国家法律法规在林芝地区得到正确的贯彻和执行。

结合2010年“中华环保世纪行——西藏行”主题活动内容，9月6日至9月11日，工委组织地区地区林业局、环保局、财政局等相关部门深入到朗县、米林县、林芝县和部分乡镇及地直有关部门就贯彻实施《中华人民共和国环境保护法》和《中华人民共和国环境影响评价法》情况进行了检查（工布江达县、波密县、察隅县、墨脱县分别开展了自查）。检查结束后，就存在的三方面问题及对策向地委作了汇报，为地委在今后的工作中加强环境保护工作提供了翔实依据。

为了进一步突出监督工作的针对性，2010年9月6日至10日，对林芝地区近年来公益林管护、生态效益补偿资金兑现和退耕还林资金兑付情况开展了检查。

【积极开展工作调研】按照年初工作计划，由人大地区工委牵头，组织地区商务局、财政局、发改委、农牧局等单位组成的调研组，于2010年7月26日至28日，深入到朗县和米林县及地直有关部门，对林芝地区落实国家实施家俱家电下乡政策情况开展了专题调研。针对存在的问题提出了具体的整改意见和建议，人大工委办还组织开展了人民法院加强民事执行情况的调研，听取了地、县两级法院民事执行情况工作汇报，指出了地、县两级法院在民事执行工作中的不足之处，提出了改进建议，有效地提高了执法部门的依法办事能力。

【协助配合上级人大开展执法检查和立法调研工作】2010年，人大地区工委积极协助和配合自治区人大在林芝地区开展了《中华人民共和国畜牧法》执法检查；对《西藏自治区旅游条例》、《西藏自治区食品生产加工小作坊和食品摊贩管理办法》进行了立法调研；对《中华人民共和国全国人民代表大会和地方各级人民代表大会代表法》、《西藏自治区流动人口服务管理条例》、《西藏自治区民用机场保护条例》、《西藏自治区湿地保护条例》、《西藏自治区测绘法》等法律法规和西藏地方性条例广泛地征求了修改意见；对自治区“十二五”规划纲要编制、经济结构调整、组织编制工作等重点课题内容开展了工作调研，为自治区人大在林芝地区顺利完成工作任务提供了便利服务。

【认真做好群众来访来信工作】人大林芝地区工委领导高度重视，亲自过问并督促办理。工委办还指派专人负责处理群众来信来访。对于群众来信来访，首先做到热情接待，耐心倾听群众反映问题，认真做好记录。对群众反映的问题，进行深入了解，反复核实真实情况，通过扎实细致的工作，使每一信访案件得到了一一解决。截止12月底，人大林芝地区工委共接待来信来访17件（次），其中来信5件、申诉2件、来访10件。这些案件通过转办、交办和督办目前已全部办结，努力维护了人民群众的合法权利，有效地疏导和化解了社会矛盾。

【做好接待工作】2010年，人大地区工委办在人员少、事情多的情况下，先后接待了全国人大、各省市区人大考察团及兄弟地市考察团来林芝参观、考察、工作交流，共计81个团队890余人（次）。其中省级团队34个、地级团队25个、地级以下团队22个。

【认真做好自治区九届人大四次会议代表议案、建议和意见的收集整理工作】2011年元月初，自治区九届人大四次会议即将在拉萨召开，为了确保林芝代表团在这次会议上提出有质量、有深度，符合林芝实际的议案、建议和意见，人大工委

召开了专门会议进行了安排部署，并下发了通知，要求各县和地直有关部门要高度重视，认真做好2010年代表议案、建议和意见的收集整理工作。到目前，人大林芝地区工委共收到九届人大四次会议代表议案1件，建议和意见40 件，内容涉及地区改革、发展、稳定以及改善民生等方方面面，对地区经济社会更好更快发展将起到积极的推动作用。

【援藏工作圆满结束】在地委、行署、福建省第五批援藏工作队的高度重视和大力支持下，投资1600余万的人大林芝地区工委综合办公楼于2010年4月竣工并通过验收交付使用。人大林芝地区工委综合办公楼的建成，使人大地区工委的办公条件得到了极大的改善，广大干部职工的办公环境得到了进一步的优化，工作热情进一步提高，人大援藏工作划上了圆满的句号。

林芝地区纪检（监察）工作

【深化宣传教育，营造反腐倡廉的良好社会氛围】2010年，全地区一是认真抓好党的十七届四中、五中全会、中央第五次西藏工作座谈会、中央纪委十七届五次全会、区党委七届六次、七次全会、区纪委七届六次全会精神宣传贯彻落实工作。二是制定下发《林芝地区2010年反腐倡廉宣传教育工作意见》，对宣传、教育、培训、廉政文化建设4个方面11项工作作出安排部署。三是深入开展了第15个党风廉政建设宣传教育月活动，以"加强效能建设，坚持勤政廉政，促进科学发展"等为主题，集中开展了"十二个一"活动。在宣教月活动中，全地区共悬挂条幅80余条，制作宣传栏90余块，发送廉政短信5000余条，播放警示教育片50余场，4000余名党员干部接受了警示教育。

【狠抓制度落实，促进领导干部廉洁自律】一是狠抓《领导干部廉洁从政若干准则》、《中央纪委关于严格禁止利用职务上的便利谋取不正当利益的若干规定》、《中国共产党巡视工作条例（试行）》、《关于实行党政领导干部问责的暂行规定》、"四大纪律、八项要求"、"五个不许" "十个不准" 、"禁止党员干部参与赌博"等廉洁自律有关规定的贯彻落实。二是进一步学习贯彻好全区严禁领导干部驾驶公务用车电视电话会议精神，召开地区严禁领导干部驾驶公务用车电视电话会议，对相关工作作了进一步安排部署。三是根据要求再次对各县、各单位V8车辆进行了认真统计和汇总，及时上报了有关情况。四是以开好民主生活会为重点，地（中、区）直各单位按要求及时召开了县（处）级领导班子党员领导干部专题民主生活会。五是完善了党风廉政建设报告制度和责任追究、民主评议、考核、诫勉谈话等各项配套制度，切实抓好"三谈两述"制度的贯彻执行，纪委负责人同下级党政主要负责人谈话36人次，对领导干部任前廉政谈话363人次，诫勉谈话22人次。六是加强国有企业党风廉政建设和反腐倡廉工作，严格执行《国有企业领导人员廉洁从业若干规定》，认真落实国有企业领导人员廉洁自律"七项要求"。

【加大案件查办，始终保持惩治腐败的高压态势】采取联合办案的方法，集中力量严肃查办了米林县林业局截留财政资金、私设"小金库"、贪污受贿以及地区车管所违规办理驾照等一批社会关注度高、涉案金额多、群众反映强烈的大案要案，成为历年来查办力度最大、效果最好的一次。2010年1—11月份，全地区各级纪检监察机关共受理信访举报84件（次），初核41件，立案25件，结案13件，给予党政纪处分13人（含上年案件），为国家挽回经济损失594万元，对22件举报失实、无中生有的信访件，及时到其所在单位召开会议，进行通报、予以澄清。推行地县纪委书记，县委书记、县长信访接待日制度，建立了群众反映问题的快速反应处理机制。制定下发《关于开展"县案地审"工作的通知》，"县案地审"工作全面推行。

【强化专项治理，坚决纠正损害群众利益的不正之风】一是加强监督检查，确保中央扩内需促进经济增长等各项政策措施落到实处。对地区2008年1月1日以来所有在建和竣工（包括部分已交付使用但未竣工决算）的200万元以上的248个项目进行了汇总、整理和排查。召集各县、各部门专项治理工作领导小组组长和办公室主任80余人，举办了专项治理排查工作业务培训会。加大监督检查力度，对6县和地直20多个部门开展自查自纠及重点排查工作情况进行了实地督查，对检查中发现的问题及时下发了整改通知。建立联合监督检查机制，地区监察、发改、审计、财政、农牧等行业主管部门，组成专门督查组，先后多次深入各县施工现场，对地区中央新增投资项目开工建设、资金到位、工程质量、施工进度等情况进行全面检查，及时排查问题、发现问题、解决问题。二是突出重点领域和关键环节，强化监察职能。加强政府采购监督检查，1—9月，全地区政府采购完成1791万元，节约资金76万元，节约率为4.24%。进一步推进财政管理制度改革，完善国库集中收付制度，6县、地直70个预算单位实行了国库集中支付。三是深入贯彻《行政许可法》，推进行政审批制度改革，进一步清理行政许可项目和非行政许可审批事项，规范行政审批行为。四是加强安居工程木材封闭式运输管理，就集中时间运输、严格执行票证有效期制度、加强木材票证管理、规范检查行为、加强监督检查等提出了十条针对性措施。五是认真开展营林项目植树造林情况的执法检查。六是加强安全生产监督检查工作，开展"安全生产年"、安全生产"百日大检查"、道路交通百日严打等专项整治行动。七是加强对住房公积金、扶贫开发、兴边富民和以工代赈项目资金管理使用情况的监督检查。

【解决突出问题，扎实开展效能建设年活动】成立效能建设年活动联席会议，组建办公室，制定地区效能建设年活动实施方案，加强组织协调和督促检查，基本完成了加强学习、深化认识，自查自纠、解决问题，建章立制、巩固提高，"回头看"四个阶段的各项任务，全地区各级党员、干部、职工共11773人参加了活动，共查找问题386个，解决问题286个，制定规章制度831项。一是思想认识进一步提高。通过学习，进一步增强了广大党员、干部、职工的党性观念、纪律观念、自律意识、服务意识和责任意识。二是会风文风进一步转变。本着"务实、精简、高效"

的原则，地委、行署大刀阔斧地改变会议形式，将行业部门会议合并，以电视电话会议的形式召开，直接节约会议经费120余万元，减少会议文件160余个。三是工作效率进一步提升。地区5县40个乡(镇)建立了视频会议系统，米林县和23个地（中、区）直单位建立了“一站式”服务窗口，办事程序进一步简化，“为民、便民、利民”的机关环境正逐步形成。四是发展环境进一步优化。成立了地区落实中央第五次西藏工作座谈会政策协调领导小组，下设水电能源产业、生态旅游产业、藏医藏药产业、特色农牧产业等11个由地级干部挂帅的小组，全面规划指导产业发展及政策、项目的协调、落实，形成了“千斤重担众人挑、人人肩上有责任”的工作格局。出台《林芝地区招商引资重点项目跟踪落实责任制》，由地级领导牵头，对影响项目进程的重大问题及时指导、及时解决。对地区恢复成立以来下发的各类规章制度进行了一次彻底清理，对一些不合法、不适应当前经济社会发展的行政审批和许可事项进行了废止。五是经济社会进一步发展。六是社会局势进一步稳定。各级各部门毫不放松地抓好转入常态下的维稳工作，狠抓重点区域、重点目标的管控，着力加强社会治安综合治理、边境管控、流动人员的管理服务和虫草采集管理工作，确保敏感时间社会局势稳定。

【夯实基层基础，深入推进基层党风廉政建设工作】结合林芝实际，强化工作措施，制定下发《地区2010年农牧区基层党风廉政建设工作意见》，从教育、制度、监督、改革、纠风、惩处等方面对当前和今后一个时期农牧区基层党风廉政建设作出安排部署，有力推动了农牧区基层党风廉政建设工作深入开展。

林芝地区组织工作

【领导班子和干部队伍建设富有成效】2010年，按照建设学习型党组织的要求，迅速在全地区掀起学习贯彻党的十七届四中全会精神热潮，通过层层抓学习、宣传、贯彻、落实，加强领导班子思想政治建设，确保各级领导班子和干部队伍的纯洁。严格执行《党政领导干部选拔任用工作条例》，坚持德才兼备、以德为先的标准，抓好领导班子调整配备工作，推动各级领导班子结构进一步优化，干事创业能力进一步增强。有计划地开展领导班子考核考评工作，对班子、干部的考评更加科学准确，激发了干部干事创业热情。加强后备干部队伍建设，采取动态管理，及时对县处级后备干部库进行调整跟新。强化干部实践锻炼，有计划、有针对性地培养选拔了一批优秀年轻干部，上挂、外挂和地县双向交流挂职。坚持以人为本，从关心干部的角度出发，加大对身边无子女照顾、长期在基层艰苦地方工作以及两地分居干部的交流力度，把长期在县、乡工作的24名县级干部和41名科级干部调整交流到地直单位工作。大力推进干部教育培训改革，制定了干部学习培训跟踪考核制度，建立了《林芝地区干部教育培训情况电子档案库》，及时了解掌握学习培训效果。抓好干部重点调训、异地培训，全年共培训干部4000余人次，收到良好的培训效果和社会反响。

【干部人事制度改革有新突破】积极、稳妥、有序地推进干部人事制度改革。积极探索干部选拔任用初始提名办法，采取“宽范围推荐，单渠道提名”的办法，把扩大民主与党管干部原则有机结合起来，得到了广大干部群众和社会的认可。坚持重视基层的用人导向，加大竞争性选拔干部力度，探索建立来自基层一线的干部培养选拔链，全地区首次从各县公开选拔了11名科级干部到地直单位工作。不断探索干部监督管理措施，严格贯彻落实干部选拔任用“四项监督制度”，在各县普遍开展“一报告两评议”工作，积极与县委书记和组织部长专题谈心谈话。主动加强同纪检监察、审计、信访等部门的沟通，充分发挥“12380”电话作用，强化对干部特别是领导干部的全方位监督。认真开展干部选拔任用行贿受贿行为专项整治工作，营造良好的用人环境。

【基层组织和党员队伍建设全面加强】全面加强基层组织建设，不断夯实党的执政基础，实现了基层组织建设8个方面的新推进：制定下发了“四个意见、两个通知”，对全地区党建工作进行统一安排部署，在党建工作目标、任务、措施具体化方面有新推进；严格贯彻落实基层党建工作责任制，制定了《各县党建工作考核标准》、《地直机关党建工作考核标准》，将党建工作纳入年底综合考评体系，作为评选先进的主要内容之一，在党建工作考核制度化上有新推进；继续开展大规模轮训村干部工作，全年培训村干部50人，大学生村官70人，在稳步提高村级班子综合素质上有新推进；在林芝县、米林县选择4个行政村，试行“四议两公开”工作法，总结农村规范化管理模式，在探索完善党领导下的村级民主自治机制上有新推进；编发《林芝地区基层组织建设工作动态》，加强基层党建工作经验总结和交流，指导部分县打造先进、典型，受到上级部门和有关领导的好评，在典型带动示范方面有新推进；制定了林芝地区发展党员5年规划和年度计划，严格发展党员标准和程序，全年发展党员919人，在发展党员工作上有新推进；制定了《林芝地区党内激励帮扶资金使用和管理的实施办法》，确定地区激励帮扶资金每年维持100万元规模，指导各县建立了符合本县实际的党内激励帮扶资金使用和管理机制，全年申请党内激励帮扶资金25万多元，惠及7县170多人。“三大节日”期间，对全地区部分生活困难党员和“三老”人员进行慰问，在关爱激励党员方面有新推进；在2009年的基础上，全年规划建设完成了172个远程教育站点，使全地区站点覆盖率达50%以上。培训站点管理人员550多名，制定《站点工作职责》、《站点管理人员工作制度》等六项制度，协助制作了9部电教片，在远程教育站点建、管、用上有新推进。

【人才工作取得新进展】立足“人才工作要有新措施、新突破”的要求，理清了工作思路，明确了人才工作发展方向，逐步形成了地委统一领导、组织部门牵头抓总、有关部门各司其职协调联动、社会力量广泛参与的良好局面。在地委、行署的正确领导和广东、福建两省援藏工作队的大力支持下，设立了林芝地区人才资源开发专项资金，为地区各类人才培训工作奠定了基础。结合地区经济社会发展“十二五”规划，拟定了《林芝地区人才中长期规划（2010-2020年）》，提出了林芝地区六类人才三年培养计划。在完成重点部门、行业领域的实地调研以及全地区人才资源统计分析工作的基础上，积极建立完善了《林芝地区人才项目库》，全年共向自治区申报了5个人才培训项目。积极争取自治区人才资源专项资金，对地区旅游一线从业人员、地区四级卫生医务机构医护人员等800多名人员进行了专业培训，取得良好的社会效益。

【机构编制管理工作实现规范化】圆满完成了地区政府机构改革工作，对地直部门机构改革工作进行全面检查评估，认真分析了改革取得的成果和存在的不足。采取召开意见征求会、与单位主要领导沟通、赴部分单位实地调研等多种形式，广泛征求各方面关于机构编制调整的意见和建议，扎实推进地直21个未涉及改革部门机构编制调整工作。对地区事业单位和乡镇机构的情况进行全面地调查摸底，为下一步即将开展的机构改革打好基础。召开了林芝地区机构编制管理工作联席会议，出台了《关于进一步加强和完善机构编制管理的意见》和《关于密切配合共同做好机构编制管理的意见》，进一步理顺工作程序。采取多种措施，不断推进地区机构编制管理规范化、制度化、科学化建设。设计并启用了地区编办控编通知单，规范了地区事业单位年度检验工作，建立了机构编制动态管理台帐，健全了地县两级行政事业单位规范名录，开通了“12310”举报电话，加大了机构编制违规违纪的监督检查力度。

【老干部工作水平稳步提升】依托离退休支部，狠抓离退休干部的政治思想学习教育，加强离退休干部的政治思想教育。认真落实离退休干部的政治待遇和生活待遇，确保老干部老有所养。充分发挥老干部作用，制定《民族团结和爱国主义宣讲活动方案》，积极组织离退休干部组成宣讲组深入社区、乡镇，面向离退休老同志、在职干部职工、社区群众和青少年代表开展民族团结和爱国主义教育活动。举行了全地区第二届老年文艺汇演，积极引导老干部参与全区第三届老年文艺调演活动，为林芝地区的精神文明建设增光添彩。

【五、六批援藏干部轮换工作圆满完成】2010年是广东、福建两省第五、六批援藏干部轮换之年，地区各级组织部门高度重视，精心组织，圆满完成了第五、六批援藏干部的任职、迎送等各项任务，帮助两省援藏干部尽快适应环境，进入工作角色。

【经验体会】要做好新形势下的组织编制和老干部工作，必须始终坚持以科学发展观统领全局，切实把科学发展观的要求贯穿于各项工作之中，坚持以科学发展观的要求来谋划工作，以落实科学发展观的成效来检验工作；必须始终坚持围绕中心，服务大局，牢牢把握中央、自治区、地区的重要指示精神，自觉地在推进建设西藏经济强地、构建“五个林芝”这个大局下来认识、把握和谋划组织工作；必须始终坚持解放思想，开拓创新，争创一流，勇于冲破一切不合时宜、阻碍发展的思想观念，不断推进组织编制和老干部工作体制机制改革，不断适应新形势，开创工作新局面；必须坚持突出重点、把握关键，抓重点带全面、抓关键促整体，统筹兼顾，狠抓落实，推动各项工作向纵向深发展；必须着力加强自身建设，以高素质的组工干部队伍来保证组织编制和老干部工作任务的出色完成。

【获奖情况】地委组织部被区党委组织部评为调研成果二等奖。

地区编办被区编办评为全区机构编制统计工作先进集体“二等奖”。

地委老干部局被区老干部评为“老干部统计工作二等奖”。

地委老干部局被区文化厅和区老干部局授予“庆国庆、迎重阳”全区第三届老年文艺汇演优秀组织奖。

林芝地区宣传工作

【年度综述】2010年，全地区宣传思想文化工作紧紧围绕科学发展、跨越式发展和长治久安的主题，牢牢把握团结鼓劲、积极进取、昂扬向上的主基调，在重点突破中整体推进，在应对挑战中攻坚克难，在体现特色中亮点纷呈，各项工作迈出新步伐、取得新成绩、实现新发展，为推进地区经济社会更好更快更大发展、促进社会局势持续稳定做出了重要贡献，为建设西藏经济强地和打造“五个林芝”提供了有力的思想保证、精神动力、舆论支持和文化条件。

【理论武装工作扎实推进】一是学习内容丰富。全地区各级党委（党组）理论学习中心组按照学习计划，结合学习型党组织建设，重点学习各级重大会议精神重要文件精神。组织征订《理论热点面对面·2010》等理论期刊，进一步丰富了干部群众的学习内容。二是学习形式多样。地委理论中心组共集中学习18次，参学人员2100余人（次），先后邀请多名区内外知名专家学者为理论中心组作专题报告8场（次）。三是调查研究深入。组织开展了纪念“老西藏”精神提出20周年、西部大开发10周年理论文章撰写活动，收集优秀理论文章70余篇。四是理论宣传广泛。全地区共宣讲678场（次），听众达92630余人（次），发放宣传材料10000余份，张贴标语、悬挂横幅1000余条。

【舆论引导水平全面提高】一是围绕中心抓宣传。大力宣传了中央第五次西藏工作座谈会精神及地委、行署贯彻落实会议精神的重大部署、重要举措，在全地区掀起了学习宣传贯彻热潮。开展不同形式的文艺晚会、文化广场、主题实践活动和宣传报道。二是多措并举促团结。充分利用广播、电视等媒介并通过悬挂横幅、发放教育资料、制作展板宣传民族团结教育知识。组织开展“民族团结月”20周年宣传大会。三是切实管好新闻媒体。成功举办了《林芝报》社首期通讯员培训班。《林芝报》藏汉文报出版发行220期，地区电视台制作播出藏汉语新闻1570条，上送西藏电视台新闻300余条。四是不断提高突发事件新闻应对力。2010年5月，察隅县遭受的百年不遇特大洪灾。灾情发生后，林芝地区新闻媒体第一时间深入一线采访报道。并与察隅县委宣传部联合拍摄专题片《小江南的呼唤》，播出后在社会上引起了强烈反响。《林芝报》刊发的通讯《小江南的呼唤》获得了全区优秀新闻作品奖。五是扎实推进国防宣传教育。六是积极协助区内外新闻媒体。拟定在中央电视台播出的《林芝旅游形象推广片》正在拍摄制作之中。

【对外宣传领域不断拓宽】一是全力打造对外宣传亮点。重点推出雅鲁藏布大峡谷文化旅游节，林芝县“桃花文化旅游节”，波密县民俗文化艺术节，朗县“仁布圣水”旅游节，珞巴民俗文化暨黄牡丹旅游节，墨脱民俗文化节等品牌，充分展示林芝秀丽山水风光，彰显林芝厚重历史文化，着力宣传林芝、推介林芝。二是“请进来”工作力度进一步加大。全年共接待境内外记者、专家、学者赴林芝采访考察 7 批 50 余人。三是采取多种方式促进对外宣传。上年应“上海世博会”和“广州亚运会”组委会邀请，林芝地区民族艺术团和波密县民间艺术队分别参加了两场盛会，共演出 50 场（次）。地区民族艺术团的“雪域百灵”组合参加中央电视台星光大道栏目，荣获周冠军。林芝外宣网充分发挥优势，共摘登涉及林芝的新闻和文章 500 余篇。四是不断扩大外宣品的发送量。全年共发送外宣品 2 万余册。

【精神文明创建逐步深化】一是广泛组织公民道德实践活动。与地区交警支队联合开展“文明交通行动计划”活动；协助地区环保局开展城乡环境整治活动；组织参与送温暖、献爱心、支援玉树地震和舟曲泥石流灾区等公益性活动；组织开展第二届“自治区道德模范”林芝地区候选人评选活动。二是成功举办“激情广场——爱国歌曲大家唱”活动，向全国人民展示了林芝地区经济社会的新发展、新变化。三是精心组织开展文化卫生科技“三下乡”活动。全地区各级各部门累计开展“三下乡”集中示范活动 30 余场（次），为广大农牧民群众送医送药、送科技资料、送精神食粮，把党和政府的温暖送到了群众的心坎上。全年共为群众赠送和发放物品、慰问金等折合人民币 5.5 万元，向乡镇、学校发送“绿色”电脑 200 台。四是积极组织小学和幼儿园广泛开展优秀童谣传唱活动。组织开展暑期未成年人思想道德建设系列活动。开展校园周边文化市场检查活动。积极配合自治区圆满召开全区农村精神文明建设工作现场会的。实施“西部开发助学工程”，资助林芝地区 6 名贫困大学生上学。

【文化文艺事业蓬勃发展】一是公共文化设施不断完善。国家投资 994 余万元建设的工布江达、米林、林芝、波密、察隅等 5 县文化信息资源共享工程和墨脱、朗县综合文化活动中心、7 个乡（镇）文化站、56 家“农家书屋”等项目。投资 1200 余万元新建全区首家五星级数字电影院。为米林、林芝、朗县、察隅等 4 县 5 村配发升级改造广播电视设备。二是群众性文化活动不断丰富。把群众性广场文化活动不断引向深入，活动已延伸到部分乡村和旅游景点。全年共开展各类文化广场活动 1000 余场（次），参加人数累计 49 万人（次）。三是广播影视工作进展有序。加大对“村村通”工程广播电视设备的管理，开展非法买卖卫星地面接收设备专项整治行动。完成广播电视“村村通”直播卫星 2312 套设备和广播电视进寺庙 113 台电视机的调入工作。发放放映设备 16 套，维修维护 30 余次，培训 30 余人。农村电影放映 1.5 万场，观众突破 135 万人（次）。四是文物保护建设项目顺利推进。完成了桑杰庄园等 9 处自治区级第五批文化保护单位的登记备案工作。完成工布江达县太昭古城文物保护工程，阿沛管家庄园和扎木红楼项目正在建设中。完成藏东南文化遗产博物馆 2000 余件实物的征集、入馆工作。成功申报米林珞巴族服饰和工布江达县梗舞为全区非物质文化遗产重点保护项目。

【奖励情况】部机关荣获 2010 年度林芝社会治安综合治理工作先进集体；

荣获林芝地区庆祝西藏和平解放 60 周年活动组织先进集体；

荣获效能建设年活动先进集体。

林芝地区政法工作

【维护社会稳定和反分裂斗争的工作根基明显打牢】2010 年，面对严峻的反分裂斗争形势，一是召开了地区政法、综治、维稳工作会议，分析了当前的形势，全面部署了各阶段的政法、综治、维稳工作。二是加强了情报网络建设，拓宽了情报信息的来源和渠道，使情报信息基本做到了“有所突破，有所发展”的目标。三是认真开展了国家安全人民防线建设工作。对各项工作进行了研究部署。四是加强了边境管控工作，及时成立了边境管控指挥部，确保了边境一线的稳定和安宁。五是地、县、乡（镇）三级派出了以法制宣传为主要内容的工作组进驻各寺庙，加强了对寺庙的法制教育工作。六是建立健全了军警民联防联控机制，成立了军地联合维稳指挥部，齐心协力做好维护稳定工作，确保了各重要敏感时段的社会局势稳定。七是为了全面贯彻落实中央第五次西藏工作座谈会精神、深入推进三项重点工作，认真制定了《林芝地区重大事项社会稳定风险评估化解制度（试行）》，于 2010 年 4 月由地委会议研究通过下发，自 2010 年 5 月 1 日正式执行。

【始终坚持“严打”方针不动摇，社会治安明显好转】始终坚持“严打”方针不动摇，不断总结经验，始终保持对各类刑事犯罪的高压态势。积极开展了专项排查整治，加大了对黑恶势力犯罪、严重暴力犯罪、多发性侵财犯罪、涉众型经济犯罪、毒品犯罪的打击力度，切实增强了人民群众的安全感。同时，认真组织开展了对非法出入境人员、被我打击处理过的“两劳”释放人员、境外回流人员、社会闲散人员等高危人群的排查管控，有针对性地组织开展了多种形式的集中专项打击行动，确保了社会治安局势的平稳。

【社会治安综合治理工作取得明显成效】一是建立了综治考核与激励奖惩机制，建立健全了党政“一把手”履行综治维稳实绩档案工作制度，二是积极构建完善社会治安防控体系。加大综治服务站（点）建设力度，加强安保服务规范化建设，不断强化治安防范措施，重点加快推进以“天网工程”为标志的治安防控体系建设。截至目前，共计投入 1200 余万元在重点部位安装了视频监控设施。截止目前，全地区共建立治安防控站点 529 个，治安联防队 1993 个，11669 人，治保会 518 个 1462 人，调委会 530 个 1313 人。三是加强政法综治维稳基层基础建设。截至目前，全地区共建立基层政法综治组织 543 个 610 人、基层公安派出所 42 个，基层人民法庭 7 个，司法所 1 个。四是综治和平安建设宣传工作的覆盖面进一步扩大。通过内容丰富、形式多样的宣传活动，扩大了宣传工作覆盖面，为创建平安林芝营造了良好的舆论氛围。五是加强流动人口的服务和管理措施。组建了156个、5675人的流动人口协管工作专（兼）职队伍，形成了服务和管理工作的强大合力。同时，在全地区建立了流动人口管理信息库和旅店业管理信息系统，加强对流动人口信息的录入和对比，现已初见成效。六是加强对青少年的教育和管理。全面实施“为了明天”—预防青少年违法犯罪工程。配齐配强了各级中小学兼职法制副校长，明确了法制副校长的工作职责，并将预防和减少青少年违法犯罪工作纳入学校校长任期目标责任制，同社会治安综合治理工作相挂钩，一同考核、一同落实。七是加强重点人口的教育和管理。依托基层、依靠群治，以点带面，最大限度地预防和减少了重新违法犯罪。八是开展社会治安重点地区排查整治工作。按照“县不漏乡镇（街道）、乡镇（街道）不漏村（社区）、村（社区）不漏户，户不漏人”的要求，发动干部群众排查治安重点地区。九是加强道路交通和火灾事故防范工作。确保了各项工作任务的圆满完成。

【“三项重点工作”得以明显推进】第一，全面加强社会管理创新工作。一是深入推进维稳风险评估机制建设。林芝地委政法委，认真制定了《林芝地区重大事项社会稳定风险评估化解制度（试行）》，各县也结合各自实际，制订了《突发事件应急处置机制》、《各敏感节点安全保卫工作方案》等工作机制，确保各类突发事件的应急处置措施迅速果断。二是创新流动人口管理。通过构建完善社会面、社区、单位内部三张治安防范网，最大限度地把警力和群防群治力量摆上街面，构建完善了流动人口管控网络。三是扎实推进综治维稳工作中心建设。目前，全地区54个乡（镇）综治维稳工作中心已全部设立，336个行政村设立了综治维稳工作中心站，各项工作已经全面铺开。同时，地委、行署高度重视基层综治维稳基础工程建设，将综治维稳室工程、消防设施工程纳入50个小康示范村建设工程，计划在2年内完成。

第二，多种方式化解社会矛盾。目前，全地区地、县、乡、村四级矛盾纠纷排查调处网络健全，人员齐备，在认真开展矛盾纠纷化解活动的同时，认真做好各类矛盾纠纷的排查预防工作，及时发现苗头性问题，尽早解决矛盾隐患。同时，结合林芝地区实际，全面推行矛盾纠纷排查调处“领导责任机制、排查工作机制、信息报告机制、协调工作机制、督查工作机制、考评奖惩机制”六项工作机制，取得了较好效果，在维护社会稳定，促进经济持续健康发展方面发挥了重要作用。

第三，全力狠抓公正廉洁执法。区各级政法机关一是加强学习，促进执法公正。杜绝关系案、人情案、金钱案、冤假错案。二是加强监督，规范执法权。全面排查执法办案所存在的安全隐患，理清执法难点热点问题，抓紧规范整改。三是加强警务、检务、审务公开工作。政法各部门本着“两公开一监督”的原则，全面深化警务、检务、审务公开。人民群众的合法利益不受侵害。

【平安林芝创建工作明显深化】深入扎实地开展“平安林芝”创建活动，取得了阶段性成果，促进了经济和社会各项事业的快速健康发展。截至目前，全地区已创建全国平安县1个、自治区级平安县3个、地区级平安县6个，平安乡镇53个，平安村463个，平安学校68所，平安寺庙50座，平安家庭26067户，平安单位236个，平安小区10个，平安企业24个，平安景区5个，平安创建率达92%以上，比上年提升了4个百分点。

林芝地区党校工作

【抓住重点，深入培训】2010年党校共举办了11个不同班次，培训全地区来自各条战线、不同岗位的党员干部616人次，充分发挥了党校干部培训教育主渠道、主阵地的作用。

【抓住热点，深化培训】2010年干部培训中，首先在各主体班次的课程安排中，以党校教育“三基本”、“五当代”为基础内容，以帮助学员全面准确地理解和掌握邓小平理论和科学发展观的理论体系和精神实质，增强高举马列主义、毛泽东思想、邓小平理论伟大旗帜和“三个代表”重要思想及科学发展观的自觉性；其次及时把党的十七届四中、五中全会，中央第五次西藏工作座谈会精神为重点，传达到党员干部中。紧紧围绕地委、行署的中心工作，全面贯彻落实党中央和地委关于反对分裂、维护稳定、促进发展的决策部署，加强基层基础工作、增加农牧民收入、建设社会主义新农村等重大现实问题开展讨论和交流，精心设置科研专题如：区党委七届六、七次全委会精神解读、全区经济工作及地区工作会议精神解读，党的基层组织建设理论、建设社会主义新农村理论等专题讲座。

【做到主次结合，搞好函授扫尾】2010年是林芝地委党校函授教育的收尾之年。10多年以来，林芝地委党校把抓好党校函授教育列入重要议事日程，坚持主体班次与函授班次两手抓。校党委从党校教育的全局出发，始终坚持把函授教育作为整个党校教育不可分割的重要组成部分，办学至今林芝地委党校函授教育为林芝地区培养了大批高素质人才。2010年上半年圆满完成了“2007级行政管理大专班”的收尾工作。在这最后半年中仍然坚持在抓好主体班次教学的同时，还注意抓好函授学历教育的相关收尾工作，对组织教学、考试、论文答辩等关键环节做到严格规范，坚持善始善终，保证了教学质量，提高了管理水平，“2007级行政管理大专班”99名学员全部顺利毕业。

【挖掘师资资源，提升培训水平】2010年地委党校继续从广东省委党校邀请了广东省委党校系统等6名教授来林芝地区党校授课，极大地开阔了干部和学员的视野，增长了知识。广大教师在听课过程中也学到了更为科学的教学方式、方法。

2010年地委党校继续选派了两名青年教师赴国家行政学院学习、进修，以不断提高党校教师队伍的整体职业水平和专业素质。

林芝地区外事工作

【完善接待程序，促进礼宾接待取得新成效】2010年，地区始终坚持“服务国家总体外交、服务涉藏外事大局、服务地方经济建设和社会稳定”的原则，重点加强外宾接待程序建设，充实完善了《外事礼宾接待程序》，进一步提升了礼宾接待水平。2010年，接待重要外宾团组4批42

人，来林芝地区采访外国记者团1批，遵循内紧外松、内外有别、以我为主的方针，提前制定了周密细致的接待方案，做好踩点和与各有关部门的沟通联系，取得了良好的效果。

【细化出国(境)流程，推动因公出国(境)管理效能提升】对《林芝地区因公出国（境）工作指南》进行了充实完善，细化了邀请函要求、请示件要求、政审要求、表格填写要求、照片要求等具体内容，确保服务对象对办理因公出国（境）手续清析明了，进一步提升办事效率。2010年，地区因公出国管理工作，严格贯彻和执行中央、自治区关于因公出国（境）管理的有关规定，严把审核关。全年共完成各级领导干部及专业人员出访11批14人，出访尼泊尔、韩国、美国、欧洲等国家和地区，考察内容涉及文化教育、旅游商贸、城镇规划、生态环境建设、农牧业等多个领域，取得了良好成效。

【加强联动机制建设，确保涉项目管理行成合力】2010年，前往地区商务局、农牧局、科技局等单位及涉外项目点积极开展日常调研，进一步掌握了林芝地区现有涉外项目基本情况，并对其采取了以下管理措施：一是报请行署调整充实了林芝地区涉外项目管理工作领导小组和地区涉外项目管理工作联席会议机制，按照“统一领导、归口管理、分级负责、协调配合”的原则，对境外非政府组织在林芝的活动实行外事归口管理。二是积极开展涉外项目专题调研，进一步掌握项目在林芝地区的新进展、新情况，进一步充实完善了林芝地区涉外项目信息库和中方雇员信息档案，为管理决策提供可靠依据。三是整合资源，建立了联动机制，充分利用“林芝地区涉外项目管理工作联席会议机制”开展信息沟通，随时掌握涉外项目动态。

【加强防范体系建设，确保涉外案（事）处置有力】继续加大涉外部门间情报信息沟通工作力度，在重要敏感时段，强化与各县、地区各涉外部门和自治区涉外部门的沟通联系，主动搜集各类涉外动态及信息，认真加以研判，为地委、行署决策积极提供依据。继续关注上年在林芝地区发生的香港同胞因车祸死亡事件后续处置工作，2010年林芝地区未发生涉外案件。

【加强边境(界)调研，详细掌握边境(界)动态】对林芝地区4个边境县边界勘查情况进行了再了解、再掌握，进一步掌握了边民、“缅民”新动态、边界走势及界碑完好情况、反蚕食反分裂斗争情况，并将有关情况及时上报了地委、行署和上级业务主管部门。

【认真抓好外事受援工作，为林芝外事加快发展提供强大动力】为推动地区外事工作加快发展，2010年，在自治区、地区的统筹安排下，广东省外事办公室为林芝地区外事办公室配备了一名援藏干部。援藏干部到岗后，迅速展开调研，深入细致地了解了本地区基本情况、地区外事工作基本情况，并及时向广东省外办汇报和沟通，商定实施“广东、林芝外事工作和谐共建”工程，围绕“打基础、强能力、促开拓、建和谐”的基本思路，通过资源共享、智力支持、交流互访、硬件帮扶，全面提升林芝地区外事工作水平。

林芝地区民宗工作

【继续深入广泛开展“国旗进寺庙”活动】2010年“3.28”期间，林芝地区部分有条件的寺庙在统战民宗部门的指导下，在寺管会的带领下开展了“升国旗、唱国歌”和“揭批旧社会，颂扬新社会”等有声有色的庆祝活动，特别是喇嘛岭寺寺管会主任曲尼在“3·28”百万农奴解放纪念日现身说法，以亲身经历向僧尼和广大信教群众阐述新旧社会人民群众生活翻天覆地的变化，批判了达赖分裂主义集团企图分裂祖国的罪恶目的。

【进一步建立健全寺庙管理和僧尼教育长效机制相结合】2010年，新制定出台了《林芝地区贯彻落实（中办发【36】号文件的意见）》和《林芝地区落实〈四个办法一个章程一个意见〉的实施意见》以及《林芝地区建设平安和谐寺庙实施办法》，按照“一寺一策”的原则，进一步完善补充了寺庙法制宣传教育计划，因地制宜地提出了具体实施措施，进一步完善和规范寺庙各项管理制度。使寺庙的管理进一步步入法制化、规范化的轨道，做到僧尼有章可循、照章办事、遵章守制。

【建立任务分解与督促检查体系】按照区统战部长民宗局长会议精神要求，将全年工作任务理出头绪，逐项分解，以表格的形式清楚明了地安排到各县，使工作有条不紊地进行。同时按照区党委统战部关于建立重点寺庙重点僧尼联系制度的要求，建立了林芝地区统战民宗系统科级以上干部联系寺庙僧尼制度，共联系寺庙63座僧尼120人，干部联系人员87人，其中地级领导3人、县级领导18人。地区民宗局定期不定期，结合维稳等工作赴各县督促检查指导工作，了解寺庙僧尼思想动态，检查工作组驻寺情况和宗教领域维稳力量配备情况，检查寺庙防火、防盗落实情况，了解“3.14”劝返人员、外来转经和外出学经人员思想动态以及管理情况，检查各县统战民宗部门值班及备勤情况。建立健全了统战民宗部门科级以上党员干部与重点寺庙联系点制度，把各项措施和监督制度落实到位。

【加强了对区内外转山朝佛人员的跟踪管理】为扎实做好区内外来林芝地区或途经林芝地区转山朝佛人员的管理工作。由于防范及时，措施得力，2010年区内外来林芝地区或途经林芝地区转山朝佛人员共14批1000余人，均未在林芝地区发生任何事件，确保了林芝地区宗教领域的和谐稳定。

【积极申报实施开展创建民族团结进步示范（试点）活动】年初，按照自治区民宗委的要求，积极申报了米林县格嘎村为林芝地区开展创建民族团结进步示范(试点）单位，经审核，2010年8月份正式批准米林县格嘎村为示范（试点）单位，准备把米林县格嘎村打造成旅游特色村寨，林芝地区民宗局高度重视，赴实地进一步调研后，已出台《林芝地区开展创建民族团结进步示范（试点）活动实施方案》，积极筹备相关事宜。

【积极开展林芝地区开展民族团结月20周年宣传教育活动】2010年是我区民族团结月20周年，地委行署高度重视此项工作，林芝地区民宗局召开专题会议，研究《林芝地区开展民族团结月20周年宣传教育活动工作方案》，尽量合理安排，营造氛围，突出主题，宣扬民族团结的重要性和加强民族团结带来的经济发展、社会稳定、边境巩固、人民安居乐业的大好形势。

林芝地区扶贫农发工作

【年度综述】2010年，地区项目争取工作扎实开展。全地区实施扶贫农发项目98个，总投资15320.99万元，国家投资13048.12万元，项目投资首次突破亿元大关，分别同比增长75.26%和78.56%，超计划的1.55倍。

【扎实推进项目建设工作】2009年扶贫农发续建项目98%以上完工，部分产业化项目已见效益。2010年农发项目全部开工实施，工程进展顺利，特别是玉米、核桃产业及时抢抓季节，加强生产，确保了农作物生产。对地区2008－2009年除墨脱县外的6个县国家投资50万元以上的38个项目进行了集中排查，未发现违规审批、未批先建以及转包分包、擅自改变建设规模和内容及安全责任不落实等问题。2008－2009年扶贫农发项目经自治区验收全部合格，其中2个项目评为优良工程。

【两项制度衔接工作扎实开展】完成了2009年贫困人口建档立卡数据统计和电子录入工作。2009年林芝地区人均收入低于1300元的贫困人口3604户、17167人，贫困发生率为13.38%，比2008年下降0.29个百分点。"十二五"期间，全区扶贫标准从1300元提高到1700元，为做好低收入人口统计工作，并实现农村低保制度与扶贫开发政策有效衔接，林芝地区两项制度有效衔接工作将于12月底全部完成。

【扎实推进规划编制工作】"十二五"农业综合开发规划总投资调整为17500万元，其中土地治理项目12300万元，产业化项目5200万元。"十二五"扶贫开发规划项目规模5.71亿元，主要包括贫困户安居工程、整乡推进、边境村和人口较少民族村、贫困乡村基础设施建设、产业扶贫、劳动力转移项目和扶贫培训等类别。

【定点扶贫工作扎实开展】2010年全地区41个定点扶贫单位301名干部深入乡村开展帮扶工作，落实帮扶项目46个，投资973.99万元，为贫困户捐款和捐物折款74.22万元，定点扶贫培训720人次，同时边防部队积极开展爱民固边活动。

开发成效取得显效。贫困群众的生产生活条件明显改善，提高了贫困人口素质，收入明显增加，增强了贫困村自我发展和可持续发展能力，扶贫农发开发工作显现出新的亮点，10座溜索改吊桥工程的实施将彻底解决群众这一原始交通方式；扶贫产业化项目受益达到6634户34841人（贫困户1674户8599人），解决16498.54亩耕地灌溉。农发产业化项目受益户达到1080户，户均增收1000元以上。

【领导名录】
党组书记、副主任：尼　玛
党组副书记、主任：张　澈
党组成员、副主任（正县级）：刘海鹰
党组成员、副主任：李补照

林芝地区妇女联合会

【狠抓培训工程】2010年，地区注重妇女干部能力素质的培养。9月，全国妇联在林芝举办西藏妇联干部维权与发展培训班。地区各县乡妇联主席、地（中、区）直单位妇委会、女工委主任100余人参加了培训。10月份地区妇联选派4名妇联干部职工，参加在上海举办的学习培训。加大农村妇女科技培训力度，统筹协调积极争取上级部门和财政、人力资源和社保等相关部门支持，投入专项培训资金23.8万元，大大调动了七县妇联举办各类培训班的积极性和主动性，全年开展农村妇女实用技术培训班、以手工编织、农家乐、家庭旅游等为内容的农村致富女能手培训班，以惠农政策、创业就业与小额信贷、种植养殖技术、病虫害防治等为主要内容的培训班共24期，培训妇女3372人次，切实提高农村妇女增收致富能力。培养出一大批农村女致富带头人和女能手，引导广大妇女积极投身地区经济社会建设中。

【狠抓项目落实】以项目为抓手，解决妇女实际困难，推动妇女发展致富。投资16万元的工布江达县江达县萨村"大地之爱·母亲水窖"项目，于2010年7月建成投入使用，解决了萨村30户、150人，1124头（只、匹）牲畜的饮水困难。该县妇联与县工会、县团委还多方筹措，完成巴河镇莲巴村蔬菜大棚项目建设，投入资金11万元，建成8栋大棚面积达1920平方米。米林县妇联投入4000元扶持扎绕乡康沙村"三八绿色基地"种植水果、蔬菜等。朗县洞嘎镇滚堆村建成的"三八绿色工程示范基地"，2010年核桃、藏冬桃长势良好，收成300多斤，产生经济效益3000多元。通过自治区妇联争取中国儿基会16万元资助"蓝天春蕾高中生"项目，5月向40名女高中生发放了第一学年资助款48000元。

【狠抓三大主体活动】深化"巾帼建功"活动。以党群共建创先争优为契机，广泛开展妇女岗位建功活动，激励广大妇女创先争优，岗位建功，岗位成才。与地区工会、人力资料和社会保障等部门开展"春风送岗位"活动，引导妇女转变择业观念，树立艰苦创业、竞争就业、灵活就业的观念，不断拓宽就业渠道。深入开展"巾帼示范村"创建活动，按照"双培双带"的要求，实施农村女能人、致富女带头人培训计划，实施巾帼扶贫行动，调动农村妇女参与新农村建设的积极性，引导农村妇女增收致富。深化"双学双比"活动。通过培训，提高农村妇女科技素质、生产致富技能。米林县妇联积极争取支持，采取"走出去（学习）、带进来（好作法）"的方式，于11月组织18名乡镇妇联干部前往内地成都学习参观考察。深化"五好文明家庭"创建活动。围绕改革、发展和稳定大局开展创建活动，弘扬家庭美德促进家风、民风和社会风气健康向上，大力表彰宣传家庭文化、家庭教育、家庭环保等方面的先进典型。与"平安家庭"创建活动相结合，地、县、乡三级妇联大力开展家庭和谐工作。将妇儿普法宣传、妇联信访、婚姻家庭及邻里矛盾纠纷排查化解工作，预防和制止家庭暴力等工作纳入综治工作平台。

2010 年先后表彰全国级“三八红旗”、“双学双比”、“平安家庭”、“巾帼文明”等集体 3 个，个人 9 名；自治区级集体 10 个，个人 12 名；地、县两级表彰先进集体 17 个，个人 21 名。

【狠抓巾帼帮扶救助工程】2010 年地区妇联向玉树、云南灾区组织捐款 5900 元。同时，向察隅县受灾贫困儿童和特困单亲母亲送去 8500 元慰问金。“三八”期间，地区妇联联合 20 多个地（中、区）直单位妇委会、女工委在林芝县布久乡敬老院开展慰问活动，送去 2 万元慰问金和慰问品。关注弱势群体，加大救助力度。地、县妇联积极发动群众献爱心，全年全地区共开展庆祝“三八”、“六一”节，慰问灾区、贫困母亲、单亲母亲、孤儿、重症贫困儿童、春蕾女童等活动 52 人次，共慰问 220 人（户），爱心投入达 39.88 万元，比上年增长 51%。其中，向西南旱灾、玉树地震、舟曲和察隅泥石流灾害地区组织捐款达 20.06 万元。2010 年 1 月、5 月波密县妇联为患白血病、慢性乙型肝炎的 14 岁学生次贡旺堆和患高级别胶质瘤、癫痫小学生柏天梅组织献爱心，分别捐款 40285 元和 21882 元。米林县妇联为南伊珞巴民族乡患肾病儿童顿珠募捐 17129 元。妇联虽然帮扶的资金量小，范围有限，但所做的是解妇忧，暖妇心的工作，是在情感上和精神上给予帮扶。

【切实加强维权工作，维护妇女儿童合法权益】继续深入宣传《妇女权益保障法》、《婚姻法》和《未成年人保护法》，进一步贯彻落实男女平等基本国策，使全社会增强维护妇女合法权益意识，使妇女增强自我保护能力和法律意识。地区妇联、地区劳动和社会保障局联合开展了以“实现就业、稳定就业、真情相助”为主题的“春风行动”专场招聘会活动。积极针对进城务工妇女、失业妇女和城镇零就业家庭开展政策咨询、提供就业帮助。

【获奖情况】

荣获全区先进妇联组织称号。

【领导名录】

党组书记、副主席：李晓芳

党组副书记、主席：益西卓玛

党组成员、副主席：普布卓玛

副县级协调员：冬　梅

林芝地区残疾人事业

【基本情况】林芝地区残疾人联合会成立于 1991 年 4 月，2002 年机构改革时升格为副处级建制，核定行政编制 2 名，2008 年正式单列。所辖七县中墨脱县残联单列，其他各县民政局专职残联理事长。

全地区现有各类残疾人 6658 人，其中肢体残疾 2947 人，语言残疾 852 人，听力残疾 985 人，视力残疾 1058 人，智力残疾 816 人。这些残疾人大多分布在农牧区，其中不包括因各类地方病造成的残疾，如大骨节病、大脖子病等。

【认真开展残疾人就业援助月活动】2010 年，地区残联，积极开展残疾人就业援助活动。据统计，2011 年 1 月摸底调查，全地区共有城镇残疾失业人员 111 名，帮助困难残疾人实现就业 2 人，为全面实施各项就业援助工作打下了良好基础。

【深入开展“节日送温暖”、“全国助残日”慰问活动】2010 年，林芝地区残疾人联合会共发放节日慰问金 1.75 万元；地区残联从有限的积累资金中下拨节日慰问经费、残疾人康复经费、贫困白内障患者补贴共计 9.4 万元（其中察隅县 1.1 万元、波密县 1.84 万元、林芝县 0.5 万元、米林县 0.76 万元、朗县 1.2 万元、工布江达县 1 万元、墨脱县 0.5 万元）。

5 月 16 日是第二十次法定全国助残日。相继开展了多种形式的助残活动。助残日当天，慰问地区林升股份有限公司 5 名贫困残疾人；并通过他们向全地区 7000 多残疾人及残疾人家属致以节日的问候。助残日期间，全地区共发放各种宣传资料 3000 余份，悬挂横（条）幅 23 张，为贫困肢体残疾人捐赠轮椅 2 辆，拐杖 3 副，走访慰问贫困残疾人 214 户，折合发放慰问品、慰问金共计五万余元。

【加紧核发第二代“中华人民共和国残疾人证”】2010 年共核发第二代残疾人证 2772 本（其中波密县 746 本、米林县 581 本、察隅县 429 本、林芝县 398 本、工布江达县 373 本、朗县 222 本、墨脱 23 本）。

【积极实施“阳光家园计划”】由自治区残联与自治区财政厅共同推动的“阳光家园计划—智力、精神和重度残疾人托养服务项目”工作正式启动。本次林芝地区共分配托养名额 165 人，其中工布江达县 25 人、林芝县 20 人、米林县 26 人、朗县 18 人、波密县 27 人、察隅县 25 人、墨脱县 18 人（该数字包含初次分配的任务数）。2010 年做好了建档立卡工作并及时落实 2009 年居家托养照料残疾人 165 人，每人兑付 600 元资助金，专项资助金共计 9.9 万元。

【深入开展残疾人康复工作、确保残疾人“人人享有康复服务”】在地、县两级卫生、残联的共同努力下，从 2009 年 12 月 21 日起，至 2010 年 1 月 30 日止，共对全地区 800 余例白内障患者进行了摸底筛查，符合条件实施手术 130 例（其中朗县 35 例、米林县 13 例、察隅县 5 例、工布江达县 25 例、波密县 50 例、林芝县 2 例），超额完成任务切实为白内障患者解除了痛苦，得到了广大患者及家属的一致好评。

2010 年，免费为全地区残疾人发放各种辅助器具共计 150 个品种 2160 多件，使更多的残疾人特别是贫困残疾人得到基本的辅助器具服务，将有力推动残疾人“人人享有康复服务”目标的实现。

【盲人保健按摩培训工作步入实施】经过严格筛选，林芝地区选定思想进步，热爱祖国的朗县仲达镇盲人青年阿乃罗布前往接受培训。2010 年 5 月 7 日，林芝地区残疾人联合会指定专人陪护阿乃罗布经由拉萨统一组织赶赴吉林。

【残疾人就业形势明显改善】林芝地区奇正藏药厂是中央统战部“光彩事业”在林芝落户的第一个项目。经林芝地区残疾人联合多方协调，促成奇正藏药厂从建厂之初就安排部分有劳动能力的残疾人进厂就业。截止目前，落实和解决林芝地区残疾人就业 53 人，月人均工资均在千元以上；在各县不同规模的福利企业和经济实体中，已先后安排了 113 名有劳动能力的残疾人实现了就业。

【领导名录】

理事长、全国“自强模范”：扎西次仁

副理事长：李奉义

林芝地区共青团

【切实推进团的基层组织建设】2010年，团地委坚持眼睛向下、重心下移，全面总结和推广工布江达县“党建带团建”工作经验，借鉴波密县“书记抓、抓书记”三级联创抓党建作法，制定了《林芝地区“党建带团建”实施意见》，待地委组织审核后联合下发至各县。同时，利用两名团干部在基层驻派的有利契机，围绕基层团建这个重点，在深入基层一线调研的基础，紧紧依靠各级党组织的支持，从制定实施方案，建立活动阵地、完善基层工作制度等方面入手，切实加强了对基层团建工作的指导和帮扶，农村基层团的工作有了明显的改观。

【积极作为，为青年就业提供服务和引导】2010年6月，协调地区各级青年文明号单位在西藏大学农牧学院举办了2010年西藏高校毕业生林芝专场招聘会，地区移动、电信、人保3家青年文明号单位提供了30个就业岗位供毕业生选择。会上，3家青年文明号单位共收到求职简历500余份，与40余名应届大学毕业生达成了录用意向，当场录用4人。

【切实抓好青年创业就业见习基地工作】 促进青年就业创业，是共青团服务大局的重要切入点，是共青团履行服务青年和维护青年权益职能的重要着力点。按照团中央《关于建立共青团“青年就业创业见习基地”的指导意见》的要求，努力挖掘潜力，拓展工作领域，加强了与教育及各县团委和高校团委的沟通协调，及时做好政策衔接、信息汇总、协调对接工作，努力提高见习人员上岗率和见习结束后正式录用人员比例，6个见习基地的运作得到了进一步巩固和规范，实现了见习基地的常态化、规范化运行。

【推进希望工程，积极参与构建和谐社会建设体系】年初以来，希望工程办开展了向6名因家庭贫困而求学艰难的大学新生发放共计18000元的圆梦行动助学金；向10名农牧区及地区低收入家庭贫困大学生发放每人4000元福建省第六批援藏干部大学生助学金；开展了“爱心集零关爱农民工子女助学包裹”活动，向30名贫困学生发放了价值3300元的学习用品；启动希望图书室建设工程，目前在墨脱县县完小、墨脱县德兴小学、林芝县小学和林芝县白巴小学建成希望图书室，共投入资金3万余元；开展全地区小学生向玉树地震灾区小学生写一封慰问信活动。

【推进志愿者行动，关心志愿者成长】团地委在鼓励西部计划志愿者立足岗位努力工作的同时，还精心组织志愿者参与地区的国防宣传、公民道德宣传、“9.16平安西藏”、“禁塑”、“关爱农民工子女”宣传活动。为促进志愿者团队合作，加强自我管理，自觉互相帮助，通过召开西部计划志愿者自主研讨会，举办户外拓展活动，增进志愿者互相了解，进一步弘扬了“奉献、友爱、互助、进步”的志愿者精神。

【高原绿色希望工程扎实推进】2010年是开展高原绿色希望工程活动十周年，团地委在3月12日植树节期间组织各级团组织和广大团员青年近千人次开展了“绿色和谐，你我同行”植树造林活动，植树4000余株。3月20日，团地委在地区开展了“保护母亲河行动——高原绿色希望工程”十周年系列纪念活动，对十年来的工作进行了全面总结，制作了保护母亲河宣传标语在林芝电视台滚动播出，并印制发放了5000余份宣传卡片。通过一系列的活动，进一步提高了“保护母亲河行动——高原绿色希望工程”的在广大群众和社会各界的知名度，绿色文明意识、生态环境意识和可持续发展意识深入人心。如今，保护环境、共建绿色家园已成为广大青少年及社会各界的自觉行为。

【青年文明号创建活动不断引向深入】为进一步团结和凝聚各族各界优秀青年，充分发挥青联委员在建设经济强地、打造“五个林芝”进程中的积极作用，5月，林芝地区第三届青年联合会开展了第二次青联委员活动日。活动以“携手共进展示自我凝聚力量建设林芝”为主题，林芝青联组织地区各行各业青联委员、各青年文明号代表共四十名进行户外拓展训练。

为进一步扩大青年文明号影响，切实发挥青年文明号作用，努力激发青年文明号的奉献热情，深入推动青年文明号活动蓬勃发展，全力打造青年文明号服务社会、奉献社会的整体形象，吸引和感召更多的青年积极参与到青年文明号的创建活动中来，树立典型，激励先进，团结和动员广大青年积极投身各项事业发展的洪流中，6月，团地委举行林芝地区第十三批青年文明号命名仪式，荣获第十三批青年文明号命名的8家青年集体代表五十余人参加了此次仪式。7月，团地委组织地区青年文明号单位、驻军武警部队及青年志愿者近200余人开展“保护林芝青年绿水，共建文明卫生城市主题环保活动，对八一大桥至林芝花园段卫生死角进行了清理整治。

【广东青年志愿者“健康直通车”成为粤林两地青年交流的平台】2010年是广东青年志愿者“健康直通车”第六次开进西藏林芝地区。期间，为当地群众免费义诊2740人次，捐赠药品和医疗器械近70万元，并开展了8次大型义诊，8场专题培训和15场学术交流，培训当地医护人员400多人次。此次活动是在对林芝地区多次卫生医疗调查的基础上，立足林芝农牧区群众医疗卫生实际要求，为有效缓解藏区群众缺医少药的困难局面，努力促进当地医疗水平的提高和改善医疗环境而开展的一次青年志愿服务行动。

林芝地区审判工作

【年度综述】2010年，林芝地区两级法院共受理各类案件1228件(诉讼类案件1032件、非诉案件196件)，审、执结1212件（诉讼类结案1016件），综合结案率98.7%。其中，诉讼类案件收案1032件，比2009年增加127件，增长率为14%，审、执结1016件，综合结案率98.4%。

【始终坚持维稳第一责任】全年，两级法院内部值班备勤6000余人次，24小时维稳值班无一日间断;中院领导到地区一线指挥部带班、值班77人次，各县法院领导到县维稳指挥部带班、值班 400 多人次，听党指挥、服从安排;各县法院干警深入寺庙开展爱国主义教育、深入基层指导人民调解工作、参与虫草管理、矛盾纠纷排查、设卡堵截等维稳中心工作 1400人次，出台警车360台次。在刑事审判领域，突出打击重点，依法从重从快审理了涉黑、“两抢一盗”等严重影响群众安全感的犯罪、严重危害广大人民群众人身安全的暴力犯罪、严重危害公共安全和社会秩序的涉枪、涉毒、涉黑等案件，有力的推进了地区治安形势的持续稳定。

【认真贯彻“司法为民”宗旨】更加注重促进市场体系的健康发育,更加注重涉及农牧民群众和弱势群体合法权益的保护，更加注重对企业改制、转制提供及时周到的法律服务,认真构建起立案调、庭前调、庭后调的全程的调解制度。积极推行如车载流动法庭等各项便民利民措施,通过车载流动法庭的有效运作,推进基层基础工作，夯实党的群众基础，进一步促进矛盾纠纷的化解工作，全年，已通过车载流动法庭审理和调处各类纠纷130余件。认真执行司法救助制度，共为当事人缓、减、免交诉讼费用3.9681万元。严格落实人民陪审员制度，共计22件案件中邀请了人民陪审员参加。认真开展人民调解指导工作，分别组织人民陪审员、司法助理员和人民调解员510余人次进行5次专题培训班。认真推行案件的简繁分流制度，民事一审案件适用简易程序审结130件，简易程序适用率35%。认真贯彻各项廉政政策和规章制度,不断加大对一线审判执行人员和要害部门的监管强度,加大对违法违纪行为的查处力度，公开廉政承诺，深入开展了机关效能建设、“人民法官为人民”暨机关纪律作风教育整顿等作风建设活动,在社会上树立了人民法院清正文明的良好形象。

【两级法院坚持“不断提升干警政治理论素养扎实推进法院队伍建设】全年共选派两级法院干警65人次参加各类培训，中级法院举办培训班 3 期，参训人员 150人次。通过持续的在职教育、培训锻炼、挂职学习等,两级法院的队伍素质有了显著提高，法官职业化建设持续推进。

通过持续强化队伍建设工作,两级法院队伍结构进一步优化。党员队伍取得了长足进步,党员模范先锋作用在法院工作中起到主导作用，目前，两级法院共有党员185人，占干警总数（241人）的77%;干警学历层次得到了提升，研究生5人、大学本科165人,本科以上学历占干警总数的71%；法官 90 人，法官比例日趋合理。干警业务素质建设取得新进展。两级法院通过司法考试的干警共98人。部分具有一定工作经验、专业知识较扎实的中青年干警成为组成两级法院审判队伍的重要力量。法院文化环境建设取得突破。中、基层法院建设了法官书屋、光纤网络，建设了干警健身设施、干警食堂等，这在一定程度上丰富了干警的业余生活,对于培养干警的高尚情趣起到了推动作用。

【援藏工作】第三次全国法院援藏工作座谈会成功召开后,两级法院分别与广西梧州市中级法院、四川成都市中级法院缔结为友好法院，通过交流，将梧州、成都中院等兄弟法院的优秀经验、创新理念、先进措施和做法带给林芝的每一名法官,取长补短,使两级法院以审判工作为中心的各项工作得到更快进步、更好提高。

【获奖情况】

地区中院：被自治区高级法院评为2009年度先进单位（集体第三名);

白玛加措被自治区高级法院评为2009年刑事审判工作先进个人;

尼玛多吉被自治区高级法院评为2003-2009 年度全区法院刑事审判先进个人;

被自治区高级法院评为2009年度全区法院优秀法院;

波密法院被自治区高级法院评为2006 至 2009 年度刑事审判工作先进集体;

朗县丹增桑珠被自治区高级法院评为 2008-2009 年度汉藏裁判文书评选三等奖;

察隅县杨远蔚被评为2009年度全区法院优秀法官;

【领导名录】

党组书记、院长：达瓦

党组副书记、副院长：向巴次仁

党组副书记、常务副院长：康　林

党组副书记、副院长、广东省第五批援藏干部：史尊魁　（1月至7月)

党组副书记、副院长、广东省第六批援藏干部：余洪春（7月以后)

党组成员、副院长：尼玛次仁

党组成员、民一庭庭长：冯国勇

党组成员、司法行政装备处处长:叶 斌

党组成员、政治处主任：孙　辉

林芝地区检察工作

【加强审查逮捕、审查起诉工作，依法严厉打击严重刑事犯罪】2010年1至10月，全地区检察机关共受理公安机关提请批捕 85 件 119 人。经审查，批准逮捕 79件107人，不（予）批捕6件12人。受理公安机关和自侦部门移送审查起诉各类案件83件105人，经审查，提起公诉75件97人,不起诉2件3人。在刑事检察工作中，一是加大了职务犯罪案件公诉环节的审查力度,使所办案件经得起事实证据和法律检验。严把事实、证据、程序和法律适用关,并全力做好出庭支持公诉工作，有效惩治了职务犯罪。二是加大对重特大刑事案件的侦查引导取证工作力度。工布江达县检察院对“9.4”重大暴力刑事案件及时介入，引导侦查取证，为保证快捕快诉、严厉打击严重暴力犯罪打下坚实的基础。三是认真贯彻执行宽严相济的刑事政策,最大限度地化解消极因素为积极因素，切实维护社会和谐稳定。依法对犯罪嫌疑人仁青次仁、扎西达吉、达瓦西绕3件积极赔偿、与被害人达成刑事和解的交通肇事案件,作了相对不起诉处理，收到了良好的法律及社会效果。四是结合办案，依法提出量刑建议。共提出量刑建议37件48人，均被法院采纳。

【进一步加强查办和预防职务犯罪工作】两级院反贪部门重点开展了查办新型农村合作医疗领域贪污贿赂犯罪工作,深入到各乡镇对新农合资金的运行情况进行调查，关注民生，主动到当地群众中了解新农合政策的实施情况,并对发现的一些问题提出针对性较强的检察建议,切实保障了农牧民群众的切身利益。反渎职侵权工作方面，认真开展邀请人大代表、政协委员视察检察机关反渎职侵权工作活动。两级院共邀请自治区人大代表、政协委员共32名视察反渎职侵权工作，提高检察工作的透明度，加强和改进反渎职侵权检察工作。同时，立足检察职能，坚持惩防并举的方针，不断提高预防职务犯罪工作水平，结合办案向有关单位发出检察建议7份。积极开展犯罪分析、预防调查、预防咨询、预防宣传和警示教育工作及建设工程项目专项预防工作，取得了良好成效，使林芝地区检察机关职务犯罪预防工作呈现健康、有序、深入发展态势。

【突出监督重点，全面加强对诉讼活动的法律监督】一是加强刑事立案监督。共受理立案监督线索3件，根据案件管辖的有关规定，依法作了相关处理。二是加强对侦查活动的监督。共提前介入各类刑事案件23件48人次，对侦查活动提出检察建议6次；同时，对侦查机关提请批捕、移送审查起诉的案件，严把批捕、起诉审查关，对不符合逮捕条件的依法作不批准逮捕处理12人，对不符合起诉条件的案件依法作不起诉处理3人。三是强化刑事审判活动的监督工作。两级院共审查刑事一审和二审判决、裁定105件135人。四是加大了民事行政检察工作力度。受理民事行政案件3件，其中2件申诉案件已审查终结，1件民事申诉案件正在审查中，同时积极做好当事人的服判息诉工作，维护司法公正，实现社会公平正义。五是加强对刑罚执行和监管活动的监督。1至10月共审查减刑232人，假释2人，保外就医13人，提出纠正不当减刑案1件；对监管场所进行检查350次，提出口头或书面纠正意见102次。在日常监督检察工作的基础上，继续认真开展监狱清查安全事故隐患、促进安全监管专项活动和看守所监管执法专项检查活动；其次，积极发挥监所检察部门在维护看守所安全稳定中的职能作用，加强了派驻监狱看守所检察室的法律监督工作；进一步建立健全刑罚变更执行检察同步监督机制，两级院监所检察部门共参加波密监狱减刑假释委员会会议2次。

【强化控告申诉检察工作，着力化解社会矛盾】一是开展集中清理涉法涉诉信访积访活动和案件评查活动。制定了《林芝地区检察分院案件评查活动实施方案》，成立了案件评查领导小组，召开案件评查会议，细化案件评查任务。2010年重点评查了涉法涉诉信访案件，对5起申诉案件进行了重点评查，并对评查结果进行认真讨论，形成了明确的评查处理意见，取得了阶段性的成果。二是结合执法办案工作，积极构建大化解工作体系，认真化解社会矛盾。同时，积极配合各级党委政府，努力预防和减少违法犯罪隐患。三是不断改进工作作风，积极出台便民利民举措，畅通诉讼渠道，做好初信初访接待工作。坚持检察长接待日及分院领导每周四定期接访制度，落实首办责任制，坚持来访约见。通过以上系列措施，搭建矛盾排查和化解平台，取得了明显效果。

【职务犯罪预防工作取得了新成绩】一是强化组织领导。鉴于地委有关领导的变动情况，及时请示地委调整林芝地区预防职务犯罪领导小组成员。二是按照《最高人民检察院关于推进职务犯罪侦查和预防一体化工作机制建设的指导意见(试行)》的要求，成立了分院职务犯罪侦防一体化机制工作领导小组，为加快职务犯罪侦防一体化机制建设步伐，提供了组织保障。三是突出做好工程项目专项预防工作。围绕林芝地区老虎嘴水电站、巴河雪卡水电站、墨脱公路等重大工程建设情况，制定了《“预防工程建设领域职务犯罪，推进社会管理创新”专项预防工作实施方案》，与相关单位共同协商并会签了《关于做好工程项目专项预防职务犯罪工作的意见》；开展了对地区数字电影城等40多个国家、自治区、地区三级投资工程《专项预防职务犯罪立项报告表》和《廉政承诺书》的签订工作。四是认真开展预防职务犯罪的宣传工作。1至10月共进行预防法制宣传39次，受教育6000余人次，发放宣传资料6000余份。编辑并向有关单位免费赠阅《林芝地区预防职务犯罪宣传季刊》700余册。五是米林县、朗县、工布江达县等基层县院也按照分院党组提出的构建大预防工作格局的要求，结合各自实际开展了系统预防、专项预防工作，取得了良好的效果。

【获奖情况】分院被自治区人民检察院评为“人才工作先进集体”。

分院政治处分院监所处被自治区人民检察院授予“先进集体”。

分院计财处分别被自治区人民检察院授予“集体三等功”的荣誉称号。

林芝县人民检察院、朗县人民检察院分别被自治区人民检察院评为“先进基层检察院”。

扎西旺堆同志被最高人民检察院渎检厅评为“深入查办危害能源资源和生态环境渎职犯罪专项工作中表现突出的个人”；

周广元同志被自治区人民检察院授予“个人三等功”；

宫丽君、海菊、胡波、徐东明、尼玛拉姆、林东、扎西平措、小永、张慧仙分别被自治区人民检察院评为“全区检察机关先进个人”。

【领导名录】

党组书记、检察长：陈宏东
党组成员、副检察长：泽仁扎西、文天均、蒋惠
党组副书记：姚鹤忠
党组副书记、副检察长：卓先发（福建援藏干部）
党组成员、正县级检察员：次仁罗布
党组副检察长：赵赤
党组成员、政治部主任：周广元
党组成员、纪检组组长：米玛
党组成员、反贪局局长：郑林川

林芝地区公安工作

【全力维护社会政治稳定】全力做好了“两节”、“两会”及各敏感节点的稳控工作。以八一镇为重点，突出加强各县维稳工作，盯死看牢了林芝机场、边境一线和党政军机关、重要民生设施等重点目标、要害部位，切实加强重点寺庙及周边复杂区域的安全管控，确保了“两节”、“两会”及三月敏感期、萨嘎达瓦、雪顿节、国庆节等敏感节点全地区社会稳定。完善处突预案，提高了处突能力。加大了与武警部队联勤实施武装巡逻工作，努力构建打、防、控一体化的治安防控体系。加大了治安卡点盘查力度。在交通要道、重点路段设设置公安检查站40个，加强了对重点

人员的管控。共列管重点人员74人，建立重点人口档案74份，建档率100%，转化教育17人，占本年度重点人员的30%。深入推进“治爆缉枪”行动。收缴管制刀具1335把，收缴各类枪支171支，炸药24公斤，导火线240米，雷管35枚，各类子弹239发。切实加强了边境管控。实行了军、警、民联防，加大边境巡逻密度，对重要山口通道严加控制和防范，维护良好的边境秩序。加大了法制宣传教育力度。直接受教育群众21900余人。多次组织开展统一清查行动。出动警力2800余人次，车辆1200余台，清查娱乐场所、宾馆（招待所）900余家次，其他类商业店铺9000余家次。共清查外来流动人口12000余人次。

【积极认真开展各项刑侦业务工作】2010年，全地区共立刑事案件221起，同比减少8起，下降3.4%；破186起，破案率84.1%。其中重特大案件67起，破39起，破案率为58.2%，打掉犯罪团伙19个67人涉案32起，全年共抓获犯罪嫌疑人204人，批捕率达到93%，起诉率达到了95%。始终将命案侦破作为刑侦工作的重中之重。2010年，全地区共立各类命案11起，破11起，破案率为100%，抓获犯罪嫌疑人13人。立两抢一盗案件119起，破113起，破案率为95%，抓获犯罪嫌疑人106人；打掉犯罪团伙12个38人涉案25起；打掉“两抢一盗”10串以上系列案件1起，抓获犯罪嫌疑人1人。严厉打击各类拐卖妇女儿童犯罪。解救妇女3名，对4名失踪妇女录入刑侦信息系统。大力开展追逃工作。抓获网上在逃人员15人，其中省外9人，区内6人。不断提高打击毒品犯罪的能力。破获毒品案年5起，缴获麻古1981粒，缴获海洛因12.11克（毛重），缴获冰毒26.88克。加大了经济案件的查处及侦破力度。抓获网上在逃人员15人，其中抓获历年网上在逃人员7人，抓获跨省网上在逃人员7人，抓获跨省网上在逃人员1人。

【进一步提高治安行政管理水平】依法查处治安案件。受理治安案件240起，查处211起，查处率87.6%，处理违法人员408人。加大了流动人口和出租房屋管理。登记暂住人口34883人，登记租赁房屋10233套，成立流动人口服务站29个。林芝地区旅店业信息管理系统共累计上传旅客住宿信息130576条，录入暂住人口信息管理系统27087人。严格公共场所治安管理。检查行业场所9800余家，发现整改不安全隐患110余处。强化内部重点单位和重要部位的安全防范。对水、电、气、油等重点单位和部门进行了安全检查，发现并整改治安隐患130余处。

【道路交通安全管理和消防管理工作成效明显】发生一般以上道路交通事故49起，死亡38人，受伤74人，直接经济损失134200元。与2009年同期相比上升2.1%；死亡人数下降38.7%；受伤人数上升13.8%；直接经济损失下降36.8%；死亡事故指标控制在地区安委会下达的48人之内。发生火灾事故16起，无人员伤亡，火灾造成的直接财产损失24.4万元，过火面积2078.2平方米。与上年同期相比，火灾起数减少9起，下降36%，死亡人数减少4人，下降400%，受伤人数减少3人，下降300%，经济损失减少130.8万元，下降84%，过火面积减少6684.86平方米，下降76.3%。

【深入推进“三项建设”、“三项重点工作”】及时成立了“三项重点工作”暨“三项建设”领导小组及办公室，认真开展各项工作，取得了阶段性成果。信息化建设模式逐步建立。协助林芝机场公安分局接入了公安专网；在全地区安装监控视频头335个；投入85万余元购买电脑、传真机、录音笔等设备配发基层公安机关；八一镇城区四个派出所10辆警车安装了GPS卫星定位系统；选派地、县两级公安机关骨干民警组织“小分队”，参与广州举办的第16届亚运会。以制度建设提升执法办案能力和水平。制定了《行政案件流程目录》、《办理行政复议案件流程图》、《办理劳教案件流程图》、《输交通事故案件流程示意图》、《法制部门案件审核流程规定》《公安局呈报、审核、审批工作规范用语》、《刑事案件流程图》、《刑事案件受理、立案、管辖程序》、《公安派出所工作职责和权限》等相关规定。

【获奖情况】2010年2月3日，公安处经侦支队民警普琼被公安部授予全国打击假币犯罪“09行动”先进个人荣誉称号；

2010年2月5日，林芝县公安局王兵被公安厅授予“全区公安机关警务督察工作先进个人”荣誉称号；

2010年3月，工布江达县公安局金达镇派出所被公安部授予“全国爱民模范集体”荣誉称号；

2010年3月2日，地区公安处技侦支队赵旭、龙桑次仁因在拉萨“1.13”持枪杀人案中工作突出，受到自治区公安厅表彰；

2010年3月19日，公安处警犬大队获昆明片区2009年度警犬技术工作先进集体称号；

2010年8月13日，公安处技侦支队被自治区公安厅评为刑事技术信息化建设先进部门；

2010年12月21日，公安处刑警支队被告自治区公安厅评为先进集体。

林芝地区司法工作

【狠抓了矛盾纠纷的排查调处工作】2010年，地区各级人民调解组织共受理各类矛盾纠纷216起（其中，婚姻纠纷13起，邻里纠纷16起，债权债务纠纷5起，赔偿纠纷2起，其他纠纷180起），调解成功211起，成功率为97、7%，有力地促进了社会的和谐与稳定。与上年同期相比，矛盾纠纷调处成功率提高了2%。矛盾纠纷发生率增加了4%。

【法律援助工作】一是加强了对法律援助工作的规范化管理。实行公示制度。将“法律援助工作服务承诺”、“法律援助操作流程”和“公民申请法律援助须知”上墙公示以方便群众；实行接待登记制度及案件质量监督管理制度。对来信来访的困难群众，做到热情服务，有问必答、有信必复，做到事事有回音，件件有着落；实行案件受理、审查、指派规则，使用司法部统一的新格式文书，从而来保证法律援助中心健康有序地运行。

二是通过努力，地区法律援助中心和7县法律援助机构均争取到了彩票公益金法律援助项目，缓解了法律援助机构办案经费不足的问题。

三是继续加大对农牧民群众、外来民工及妇女儿童的法律援助工作力度。2010年，共接待来访当事人法律咨询503起，1230余人次，接听法律咨询电话53个，代写法律文书205份，办理法律援助案件50件，其中民事法律援助案件40件，挽回经济损失8.7万元，刑事法律援助案件10件。满足了经济困难群众和社会弱势群体对诉讼的需求。与上年同期相比，法律援助案件增加了13%。

【公证工作】2010年，公证处办理公证事项557项，其中：赠与书5项，证明书8件，未婚公证书3件，交通事故赔偿协议6件，声明书15件，其他协议7件，委托书513件，草拟、修改公证法律文书560余份，解答公证法律咨询225人次。与上年同期相比，办证数量增加了15%。通过办理公证事项，合理调整各种经济和利益关系，从源头上杜绝了各类矛盾纠纷的发生。

【律师工作】尼洋律师事务所共办理各类案件58件。其中：民事案件36件，刑事案件17件，非诉讼调解5件，法律咨询服务363人次，代写法律文37份，担任常年法律顾问2家。满足了社会各界对法律服务的需求。与上年同期相比，办案数量降低了5%。2010年，在律师事务所实行全员聘任制，完成了改制工作。

【圆满完成第五批援藏项目】经林芝地区司法处积极争取，在广东省司法厅的大力支持下，修建了林芝地区法律服务楼，投入资金200万元，建筑面积为1314.96平方米。

林芝地区人民防空工作

【准军事化建设】加强贯彻落实人民防空机关建设按照"准军事化"建设目标和纲要，争取早日达标的同时，抓好了各项制度的落实和完善，提高了快速反应应急行动的能力，提高了业务工作能力，大力加强机关建设，创建学习型人防机关，造就了知识型人防干部队伍。使广大干部职工不断增强平战兼备、服务群众的能力、依法行政的能力，独当一面、应急处置的能力，团结协作、和谐共事的能力，提高贯彻落实科学发展观的能力。确保早日全面

【指挥通信建设】认真贯彻落实胡主席和中央军委关于在新的起点上做好军事斗争准备的决策部署，着眼战时应战，平时应急，开展军事斗争人防应急准备。加强人防指挥所建设力度和突出人防信息化建设。根据应急准备工作需要，积极协调相关部门，适时修订完善林芝地区防空袭预案，在条件成熟的前提下，积极新建林芝地区人防机动指挥所。开展了林芝地区人防指挥所人民防空信息化建设的设计准备工作，完成了信息化建设与土建施工结合部分的工作。

【首次进行防空警报试鸣】2010年9月18日12时正，首次进行防空警报试鸣成功。人民防空办严格按照平战结合方针，进一步完善和建立健全了防空防灾相结合的工作机制。充分发挥了人民防空指挥设施、警报设备的作用，特别是人民防空办已安装调试好的短波单边带电台和10台警报设备，在和平时为政府防灾救灾指挥提供了相关支持。

【人防工程建设】进一步理顺了关系，认真贯彻《人民防空工程建设规定》，提高了执法水平，严格按《西藏自治区实施(中华人民共和国人民防空法)办法》规定，继续加强和推进了结合民用建筑修建防空地下室建设力度，严格工程建设程序，积极主动的参与从规划、审批、立项、设计等项目前期工作入手，坚持"以建为主，以收促建，建管并重"原则，积极努力促成林芝人防指挥所在2011年年底开工建设，力争2012年上半年完成结构封顶，不断提高战备、社会、经济三大效益。

【获奖情况】2010年度王强同志被评为"全国人防先进个人"。

【领导名录】

副书记、主任副组长：王　杰
调研员、副主任：尼　玛
副主任：李　杰

林芝地区发展改革工作

【年度综述】2010年，地区生产总值完成53.69亿元，同比增长15.8%，比"十一五"规划目标超出4.39亿元；全社会固定资产投资完成50.6亿元，同比增长17.5%，比"十一五"规划目标超出5.6亿元；财政收入完成3.46亿元，同比增长21%，比"十一五"规划目标超出0.86亿元；农牧民人均纯收入达到5410元，同比增长18%，比"十一五"规划目标超出167元。

【以项目建设为抓手，基础设施进一步改善】紧紧抓住国家扩大内需的有利时机，重点实施了一大批打基础、利长远、增后劲的重大项目。突出交通、能源瓶颈的缓解，实施了墨脱公路、燃察公路和农村公路、巴河雪卡水电站工程、老虎嘴电站工程和八一电站技术改造工程等项目；突出农牧产业化建设，实施了优质水果基地建设、人工饲草料和草种繁育基地建设等项目；突出改善民生，实施了地区二高、朗县卫生服务中心等项目；突出维稳能力建设，实施了地区公安看守所、地区公安拘留所和7县物价所建设等项目；突出生态旅游建设，重点实施了地区游客服务中心、排龙藏布和雅鲁藏布大峡谷景区等项目；突出市政基础设施建设，实施了八一镇滨河路续建工程、工布江达县巴河镇集镇建设和米林县垃圾填埋场等项目；突出生态环境建设，实施了藏东南防沙治沙等项目。

【以安居乐业为突破口，农牧民生产生活进一步改善】安居工程建设纵深推进，全年共有502户2258人住上了安全舒适的新房，在全区继续领先。"八到农家"工程进展顺利，农牧民安全饮水人口达到10.9万人；用电人口达到10.1万人；行政村移动电话覆盖率达到80%；新建农村沼气池500座；广播电视覆盖率分别达到93.5%和90.1%；乡镇通邮率达到80%；完成了49个试点村的环境综合整治工作；开展了50个小康示范村建设的前期启动工作。农牧区经济结构进一步优化，粮经饲播种面积比例调整为61：20：19；农业机械化率达60%；大力实施扶贫农发工

程，投资总额首次突破亿元大关，贫困面有效缩小。农牧民增收渠道不断拓宽，全地区直接从事旅游服务的农牧民达到680户1800人，人均旅游收入达到4040元；通过劳务输出，实现劳务收入1.5亿元。

【以建设特色农牧业、生态旅游业、藏医药业和水电能源业为重点，产业建设扎实推进】特色农牧业基地建设迈出新步伐，规模不断扩大，八大产业带初步形成。生态旅游业呈现井喷式发展。2010年，下达投资5002万元，实施了地区游客集散中心、318国道波密至工布江达段的观景台等旅游基础设施项目，旅游基础设施进一步改善；加大旅游推介力度，成功举办了林芝第六届雅鲁藏布大峡谷旅游节暨第八届投资贸易洽谈会，展示了林芝生态形象、提升了林芝知名度，吸引了大批游客。全年接待国内外游客152万人次，实现旅游收入11.1亿元，占地区GDP总量的20.6%，旅游业成为地区的支柱产业。藏医药业进一步发展。坚持立足传统优势，充分利用现代科技，开展了心脑血管、肝胆、胃肠等疾病的诊治，诊疗水平稳步提高；扩大藏药材种植和藏药生产规模，种植藏药材3460亩，生产中成药1080吨；成立了西藏和藤医药开发有限公司和波密天麻研究中心，藏医药研发、生产实力明显增强。水电能源业长足发展，完成了全地区水电资源蕴藏量、开发和利用情况调查，摸清了水能资源"底数"，完成了尼洋河流域规划。电源点建设扎实推进。巴河雪卡电站建成投产，老虎嘴电站、格当电站、康玉电站建设顺利，松塔电站、波堆电站、多布电站前期工作有序推进。

【以保障和改善民生为目的，各项社会事业加快发展】优先发展教育事业，全年下达投资9873万元，实施了七所小学改扩建等项目，办学条件显著改善，两基攻坚全面完成；新建了地区第二高级中学，高中阶段办学规模进一步扩大。重点发展医疗卫生事业，全年下达投资9154万元，开展了3个县医院、14个乡镇卫生院标准化建设，农牧区医疗卫生基础设施逐步改善。大力发展文化广电事业，全年下达投资2626万元，新建了14个乡镇文化站，完成了太昭古城、波密扎木中心县委红楼等"十一五"重点文物保护维修项目，地区数字电影院投入运营。加快发展社会保障事业，完成了投资504万元的林芝县社保服务中心开工准备工作。城镇新增就业1838人，城镇失业率控制在4%以内。各项社会保险制度进一步完善，新型农村社会养老保险制度全面落实，实现全覆盖。察隅县灾后恢复重建工作扎实推进。

【以经济分析为手段，参谋助手作用进一步增强】精心编制年度计划，提出了科学合理的年度经济社会发展指导思想、预期目标、工作重点、对策措施。强化经济运行监测分析，开展了季度、半年、年度分析，对年度经济目标完成情况进行动态监测，并及时向地委、行署提出有针对性的建议。围绕解决社会关注、群众关心的物价问题，对教育、医疗、电力、旅游、涉农收费等进行了专项检查，全年受理价格举报6起，查处5起，受理涉案财物价格认证案件57起，鉴定标的价值89.8万元。依法做好行政审批工作，完善了《林芝地区旅游景区门票价格和服务价格审核审批实施意见》，并经行署批转执行。先后完成了鲁朗（五寨）旅游景区等八个项目的价格审核审批。

【领导名录】

党组书记：尼玛多吉

主　　任：梅家奎

副 主 任：达瓦扎西（调研员）、王国林（地区粮食局局长）、李兴文（广东援藏）、杨大任（福建援藏）、熊义东、郭庆莎、李建伟（副调研员）

林芝地区商务工作

【国内贸易快速发展，消费品市场快速增长】2010年，全地区社会消费品零售总额达到12.32亿元人民币，同比增长20.7%。"万村千乡市场工程"稳步推进。完成建设和改造村级农家店45家，全地区农家店新增营业面积900平方米，新增就业岗位45个。

碘盐销售和农牧区碘盐推广扎实推进。全地区销售碘盐1148.76吨，同比增长10%。其中精制盐474吨，同比增长19%，农牧区碘盐配送674.76吨（其中墨脱县已成功配送10吨碘盐），同比增长4%，碘盐覆盖率达到95%。

【积极推进市场体系建设，确保消费品市场健康发展】一是积极推进市场体系及项目建设工作。（1）抓好"万村千乡市场工程"工作。第一，对2010年建设和改造的45家农家店目标任务进行了任务分解并下达各县商务局。第二，协同地区财政局深入六个县30多个乡镇、50多个村民委员会完成了2009年"万村千乡市场工程"复验工作。第三，积极配合自治区商务厅、财政厅联合验收小组完成了林芝地区2006年以来建设和改造的280家"万村千乡市场工程"农家店的复查工作，复查率达20%，合格率达100%。（2）市场体系建设取得新突破。共落实内贸市场建设资金项目10个（不含"万村千乡市场工程）563万元，（3）珠江农产品交易市场已通过国家"双百市场工程"验收，成为林芝地区最大的农产品批发市场。目前，全地区共有各类交易市场34家，其中县级农产品交易市场11家，乡级农产品交易市场10家，村级农产品交易市场2家，二手车交易市场1家，汽车摩托车交易场所10家。

二是积极推进"家电家具下乡"工作。2010年全地区销售家电家具下乡产品达10044台（件），销售额达1983.1万元，兑付补贴资金412.92万元。

三是市场监测与分析工作不断加强。2010年新增酒类监测样本企业3家。同时对14家监测企业进行了重新审核，并纳入监测范围，监测范围涉及批发零售、成品油市场、农副产品市场、超市、酒类市场等。

四是加强行业监管，确保市场规范运行。（1）加强成品油市场监管。2010年全地区加油站销售成品油34928.92吨，同比增长24%。（2）加强对生猪屠宰工作管理。2010年度全地区生猪出栏27300头，同比增长9%，八一镇生猪自给率达到50%，检验病害猪284头，根据规定进行了销毁处理。（3）推进酒类流通市场秩序管理。选定地区有代表性的酒类销售企业作为监测样本。（4）积极开展商贸领域安全生产检查活动。出动执法车辆8台次，执法人员24人，重点检查生猪屠宰和农贸市场、商场、超市等行业安全生产情况。(5)对液化气企业资质进行了清理整顿，对资质不齐全的企业限期进行补办，2010年度全地区液化气销售1656吨，同比下降15.3%。(6)加大再生资源回收利用行业的清理检查工作。林芝地区商务局联合公安、工商、环保、交通等部门，对林芝地区6家再生资源回收公司开展了清理和检查。经过检查，发现个别企业存在证照不齐的现象，相关部门责令其停业整顿，待手续齐全后方可营业。同时对6家再生资源回收利用行业企业进行了年检工作。(7)加强对二手车、旧货流通市场及商业零售企业促销的监管力度，2010年度全地区再生资源回收量6100吨，销售额2100万元；全地区二手车交易390台，其中：轿车及小客车328台，实现交易额1160万元，企业经营收入21万元。

【招商引资工作】招商引资到位资金大幅增长。全地区招商引资到位资金17.52亿元，同比增长133.6%，完成全年地区下达招商引资任务18亿元的97%；民间投资到位资金4.01亿元，同比下降26%，完成全年地区下达民间投资任务6亿元的66.8%。

【外贸工作】外贸进出口业务推动困难。全地区进出口总额完成90万美元，同比下降66%。努力推进外贸进出口，确保外贸工作稳步发展。一是积极鼓励、支持外贸企业做大做强。深入外贸企业认真开展调查研究，努力帮助企业协调解决实际困难，及时将自治区出台的一系列出口优惠政策和外贸信息传达给企业，积极申请外经贸发展促进资金，进一步增强了外贸企业的积极性。二是加强重点企业的指导与服务工作。重点抓好西藏林芝森绿特色产品经贸有限公司、鑫旺土林、奇正藏药、南迦巴瓦等出口积极性较高的重点企业，指导其加大调整和优化出口产品结构，提升出口产品质量和产品附加值，力争使外贸出口有新的增长点。

【领导名录】

党组书记、副局长：毛智萍
党组副书记、局长：万业田
党组副书记、副局长：吴惠林
党组成员、副局长：苏永卫、穷 达、次 仁
副调研员：雷增炎

林芝地区财政工作

【财政收支预算完成情况】2010年，全地区财政一般预算收入完成34612万元，为预算的212.41%，比上年同期增加5918万元，增长20.62%，超额完成“十一五”规划收入任务。其中：地区级完成16626万元，为预算的235.2%，比上年同期增加2618万元，增长18.69%；县级完成17986万元，为预算的194.95%，比上年同期增加3300万元，增长22.47%。

全地区财政一般预算支出完成191292万元，为预算的180.94%，比上年同期增加34055万元，增长21.66%。其中：地区级完成73932万元，为预算的182.19%，比上年同期增加18715万元，增长33.89%；县级完成117360万元，为预算的180.94%，比上年同期增加15340万元，增长15.04%。

政府性基金预算收入完成7130万元，比上年同期增加5854万元，增长458.78%；政府性基金预算支出完成5989万元，比上年同期增加5026万元，增长521.9%。

【加大财政投入，支持地区经济发展】一是加强基本建设项目资金管理和监督。落实财政性基本建设资金38,185.8万元，加快推进交通、水利、教育、市政等重点项目建设，全力实施以周转房、廉租房为重点的保障性住房建设，有效缓解了基础设施瓶颈制约。二是继续加大对旅游业支持力度。安排旅游发展和促销资金200万元，支持林芝旅游品牌的宣传促销，提升林芝旅游的对外形象，着力打造全国旅游目的地。三是实行财税优惠政策，支持招商引资工作。安排招商引资资金70万元、生物科技园经费10万元、林芝投资贸易洽谈会经费20万元。拨付2010年林芝第六届雅鲁藏布大峡谷文化旅游节、激情广场、第八届西藏林芝投资贸易洽谈会三项活动经费210万元，保障了活动圆满完成。对符合条件、落户林芝的非公有制企业，实行财税优惠政策。四是积极为中小企业发展筹措项目资金。向自治区财政厅申请到企业技改项目4个，落实中小企业发展资金352万元，认真做好财政扶持中小企业发展资金的跟踪问效工作。

【围绕首要任务，全力支持三农工作】2010年地区财政安排支农资金3004万元，比上年预算数增加294万元，增长10.85%，其中安排农业资金800万元。自治区到位涉农资金41979.93万元，其中：支农项目6711.7万元、水利项目3113.22万元、扶贫项目12255.12万元、农发项目2171万元、易贡茶场地质灾害搬迁建房补助10万元、森林生态效益补偿资金17083.36万元、退耕还林635.53万元。地区财政安排资金2500万元，用于2010年地区50个小康示范村建设。安排资金4344.45万元，其中：地区本级财政安排889万元、自治区安排3455.45万元，实施49个农村人居环境建设和环境综合整治试点村项目建设。安排七县涉农商业保险配套资金55万元，提高农业抗风险能力。落实粮食直补和农资综合补贴资金709.48万元，12万多农牧民从中受益。按照自治区和地区实施方案，认真组织开展强农惠农资金专项清理和检查工作，共清理检查涉农项目217个，资金17945.21万元，没有发现违规项目和资金。积极推进家电家具下乡，累计销售家电家具下乡产品10044台，销售额1983.09万元，财政补贴415.03万元，补贴兑现率96%以上，有效刺激了农村消费品市场。全地区农林水事务支出20888万元，同比增加3462万元，增长19.87%。

【加大保障力度，确保民生和社会事业支出】一是加大支持社会保障事业发展。不断加大养老保险征缴力度，养老金按时足额发放到位。全地区社会保障和就业支出14055万元，比上年同期增加5225万元，增长59.17%。

二是支持教育优先发展。加大地方教育配套投入，全地区教育支出35732万元，比上年同期增加9167万元，增长34.51%。

三是大力支持医疗卫生事业。积全地区医疗卫生支出13457万元，比上年同期增加2587万元，增长23.8%。

四是大力支持文化体育事业。全地区文化体育与传媒支出5527万元，比上年

同期增加 1774 万元，增长 47怵本

五是大力支持维护社会局减稳定工作。全数区脱共安全支出 1稍69 万元，比上年同期增加 11俐万元，增长 7恢4本

六是积极支持察隅县抗灾救灾工作。仦10 年察隅县发生的特大雨雪灾害严重影响了当数群众的生产生活，为全力支持抗灾救灾工作，数区财政拨付资金 1774恢 万元(其中数区% 级安排 7稍 万元)，用于倒塌房屋重建、危房维修、交通、至田．融、灾民生活做末破。

【奖励情况】数区财政局、朗县财政局获“十一五”期间全区财政监统“先进集况”；

续芝县财政局旺堆、式公县财政局王旭杰获“十一五”期间全区财政监统“先进个人”。

【领导名录】

党组书记、副局长：黄世荣

党组副书记、副局长，广东省财政厅援藏干部：黄志伟

党组副书记、副局长，福建省财政厅援藏干部：王向明

党组成员、副局长：罗　军、刘兴平（女，汉族）、高瑞玲（女，汉族）

林芝地区国税工作

【年度综述】仦10 年，数区国税局认真分析形减、研究对策、制定免施，科学分解税收任务。通过加强重点税源系控、加大税务稽查力度、强化收入系督预测，积极为招商引资企业补好政策服务，全力以赴组织税收收入，确保税收任务圆满完成。全年共组织入库各项收入 31016 万元，同比增长 仦恢9本 增收 稍81 万元，税收收入首次突等 3 亿元。

【做好重点税源监控工作】以巡查和调研款信理、以评估和约谈款收入；深入森工企业实数调查了解生产经营到体、加强奇正藏总厂纳税申报信理，严格落实各项税收政策、全面兑现有关税收优惠，牧新现有重点税源；积极配合数区行署，把好政策关、强化服务意识，有效款进了百盛、固豪时破几家企业落户续芝，缓解了数区税收下行的压力；进一步加大建筑安装行业税收征信工作及纳税评估、清缴欠税的工作力度。通过加强与工程建设指挥部、项目拨促方、工程系信方的工作联监，不定期深入工程项目施工现场，准确把握工程进度、拨促进度、跨年度工程完工到体，严格落实税促代征代扣制度。

根据旅游业异常火爆的到体，要求各征信单位加强与相关部门协调，补好定期定额纳税人的税收信理工作，尤其是对全数区与旅游业密切相关的旅店业、餐饮业、娱乐业，以及从事其他服务业的纳税户，在确保社会稳定的前提下，通过深入调查纳税人的营业收入、经营状体、核实发票开具破到体，脱开、脱平、脱正数进行定额调整；加大税收政策宣传解释工作力度，补情周全细致，充分取得了纳税人的认可，有效防止了不稳定因素的产生。

【结合日常检查开展 2010 年税收专项检查工作】有计划、有针对性的对森工行业及其他税收信理难点进行了区域整治工作，5 用有限的时间共检查纳税户 7 户，查做入库税促及罚促、滞纳金 1仦恢4 万元。专项检查中，对房屋租赁行业、旅游服务行业、金复保险行业、石站、电力以及建筑破行业共计查做税促、滞纳金、罚促共计 76 万余元，已全部入库。同时，在日常检查和专项检查破工作中对企业取得的可疑发票和金额较大的发票进行了延伸检查，同时按照“打防并举、突出重点、标% 兼治、综合治理”的方针，协同脱安部门对发票使用量较大，容易出现发票违规到体的部分行业进行了抽查，截止目前共检查发票户地 488 户，共计查做税促、罚促 稍恢仦万元。

【不断优化纳税服务】一是进行办税服务厅标准化建设。以科学合理、功能齐全、便捷高效、美观舒适为原则，对数区办税服务厅进行了规范化建设，通过导税台、排队叫号机、破候2 采区、服务理念牌、服务评价器破设施，打造了一个标准化、人性化的办税服务厅。二是着力提升办税人员素质。认真药结续芝数区纳税服务环节中的现有问题，切实转变观念，摒弃“狭隘服务观”，树立“大服务观”；准确理解和掌握纳税服务的内涵，正确认识服务与执法、服务与信理的辩证关监，提升对纳税服务% 质的认识，以适应固形减下办税人对服务工作的固要求。三是加强制度建设，积极推行多元化申报。将优化纳税服务与深化税制改革相结合，努力营造脱平、脱正、脱开的税收环境，降低征纳成%，维护纳税人正当权益；完善工作目标考核内容，坚持定量考核与定性考核、定期考核与日常考核相结合，建立健全服务质量考核评价机制。加大电话申报和 POS 机缴税监统的覆围范盖，为纳税人提供优质便捷的多元化申报况监。四是优化服务流程，精简服务环节。在不违反法律法规和影响税源系控的到体下，对纳税人反映强烈、程序繁琐的一些办税业务，进行合理的岗责、权限或环节兼并，势少不必要的程序流转，压缩审批层次，提高办税业务效率，势少纳税人破待时间；增加窗口功能，有关涉税审批事项，全面实行“统一受理、内部流转、限时办结、窗口出件”的一油墨服务；补好纳税人基础管采录入和建档工作，对纳税人报送的财务报表破基础资料、各类登记、身份证件，息取“一次报送、各税共享”、“一次报送、长期共享”的办法，切实解决纳税人资料重融报送的问题；实行手林简便的“措填单”服务。

中国人民银行林芝地区中心支行

【加强“窗口指导”，加大对“三农”、特色经济、消费、中小企业、服务民生等方面的信贷投入力度】仦10 年，中心支行积极支持社会主义固至村建设，认真补好金复服务“三至”的各项工作。一是继林补好至巩户贷促证的发放和信理工作，进一步加大管用乡（镇）、村的评定范盖，有针对性数解决至巩民群众的有效资金需求。截农 10 月助，续芝数区小额管用贷促余额达 仦8稍 万元，至巩户贷促证发证面为 98恢4本 使用率达情了 9稍3本 共评定管用乡 9 个，管用镇 1仦个，管用村 仦8 个。二是创固至巩区管贷方墨，继林完善“钻石卡”的评定和发放工作，切实满足至巩民群众因生产、经营需要而超过小额管用贷促额度的资金需求。仦10 年 1 月农 10 月，累计发放“钻石卡” 仦稍 张，贷促余额为 6309 万元。三是进一步

用好扶贫贴息贷款政策。截至10月末，地区金融机构扶贫贷款余额为8423万元。四是积极支持农牧民安居工程建设。截至10月末，地区安居工程贷款余额为2049万元。

大力支持特色农牧业和农牧业产业化。监督指导各商业银行在确保“放得出、收得回、有效益”的原则下，围绕把林芝地区建设成为全区的菜园子、果园子的目标，重点支持玉米、天麻、生姜、核桃、花椒、果类栽种，藏鸡、藏香猪养殖八大特色产业建设。2010年林芝地区信贷支持农牧业特色产业累计发放贷款900万元，极大的促进了林芝地区特色农牧业发展和农牧业产业化的进程。

加强消费信贷指导。2010年，中国人民银行林芝地区中心支行积极协调地区银行业金融机构对流动资金不足、符合贷款条件的商贸企业，及时发放流动资金贷款，保证市场商品物资的正常供应。截至2010年10月末，林芝地区金融机构消费贷款余额达到37135万元。

重视和关注弱势群体，加强充分发挥货币政策的支持作用。积极与地方各级政府沟通协调，推动地区下岗失业人员小额信贷工作。为认真落实国家助学贷款政策，督促助学贷款及时发放到位，林芝中支积极联系地区农行、西藏农牧学院，做好助学贷款宣传活动，加大对助学贷款政策宣传和学生诚信教育力度；督促农行林芝中支对符合贷款条件的学生发放了国家助学贷款，截至2010年10月末，林芝地区国家助学贷款余额为347万元。

【认真贯彻执行西藏低利率贷款政策，加强利率管理】林芝地区中心支行认真做好利率政策文件转发和宣传解释工作，并组织人员到辖区商业银行了解政策贯彻执行情况，广泛调查社会大众对利率政策调整的反应，及时反馈利率调整后的相关情况。强化对辖区各金融机构利率政策执行情况、民间借贷利率的监测、调查，定期采集相关指标信息，收集活性情况，监测分析辖区金融业的整体运行和风险状况。

【加快金融生态环境建设步伐，维护辖区金融稳定】一是认真按照“政府主导、部门推动、社会参与”的总体要求，重点围绕改善金融生态法制环境，深入基层，加强金融法制宣传力度，并逐步加强中小企业信用体系建设、农村信用体系建设，社会信用体系建设，逐步完善社会信用的正向激励和逆向惩戒机制。二是不断完善《林芝地区社会信用体系建设方案》、《林芝地区社会信用体系建设部级联席会议制度》，并针对林芝地区信用体系建设的特点，继续推出了《林芝征信动态》，积极反映辖区社会信用体系建设进展情况，为建设“诚信西藏”奠定基础。三是加强金融风险监测。及时收集金融机构存贷款、资产、负债和不良贷款等涉及金融稳定的相关数据资料，建立基础数据库并做好数据的整理、分析工作。按照上级行要求，对地区4家企业进行了风险监测。四是做好风险处置工作，充实完善《金融机构突发事件应急预案》，提高了应急处置能力。督促指导地区农行按要求做好原聚源城市信用社无效资产清收工作和再贷款核销准备工作。

【加强支付体系建设】加强中央银行会计集中核算系统（ABS）的维护和管理，保证了主机、备机系统状态完好和数据一致，在系统出现故障时，及时启动应急预案，并在最短的工作时间内解决问题；抓好新系统建设推广和支付结算工具管理。2010年，按照上级行的统一部署，中支认真完成了第二代支付系统和ACS系统上线前的各项准备工作；强化银行卡管理，联合地区公安处开展了内容丰富、形式多样的打击银行卡违法犯罪宣传活动；加大对票据和新兴支付工具的推广普及，重点做好了大小额支付系统、支票影像交换系统、银行卡的宣传推广，并将宣传范围延伸到基层乡镇，取得较好成效。

【认真开展反洗钱工作】强化反洗钱现场检查和日常监管。2010年，中支分别对农行波密县和工布江达县支行开展了反洗钱现场检查，对发现的问题提出了具体整改意见；加强对《反洗钱监管交互系统》的管理维护，督促辖区金融机构及时报送特别可疑交易。

【做好货币发行与管理工作】一是加强货币流通管理，加大对金融机构的检查力度，依法及时对损害人民币行为进行查处。认真完成原封新券质量检查任务，及时反映辖内发现的人民币质量问题。二是严格规范管理发行库，对各项规章制度进行了修改完善并严格落实到位，严格按照岗位设置要求配置人员，积极开展了管库员岗位练兵活动。高度重视旺季发行库检查等专项检查项目，及时成立领导小组，科学制定检查方案，从严开展检查工作，并加强代保管库管理，确保了代保管库的管理规范和库款安全。三是加强反假货币培训宣传工作，按要求完成了反假宣传网络建设，建立了义务宣传员档案，全年组织反假货币工作人员培训班1次，集中宣传4次。加大假币收缴管理工作，截至10月份，共收缴假币159500元。

【进一步提高国库服务和监管水平】一是积极探索国库业务创新。先后完成了国库直接兑付国债业务、预算收入收缴入库“绿色通道”、“退税直达车”、财税库银横向联网上线等创新项目，有效提升了中支国库业务水平，中支国库科被拉萨中支评为“创新活动先进集体”。二是认真开展了业务自查工作，内审部门进行了专项检查，有效提升了国库风险防范水平。加强对代理支库的指导检查，对代理支库业务人员进行了为期3天的国库业务集中培训，完成了对4个代理支库的现场检查和对辖区全部代理支库的年审及评优工作。三是强化国债管理，开展了形式多样的国债宣传活动，并对国债销售网点进行了现场检查。积极开展“国债下乡”活动，截止11月份，共向农牧区销售国债30余万元。

【进一步提高外汇管理和服务水平】加强进出口业务监管，严格按照出口收汇核销操作规程办理业务，全年共办理出口业务40笔，同比增加16笔，增长66.67%；出口创汇金额为443,100美元，同比增加296,320美元，增长201.88%；加强外汇业务检查。还对地区中行进行了外汇业务现场检查，并针对存在的问题提出了整改意见。

中国农业银行林芝分行

【年度综述】2010年，中国农业银行林芝分行以科学发展观统领全局，贯彻执行中央赋予西藏的特殊优惠政策，全力加强“三农”服务，有效拓展城市业务，全面加强基础管理，致力深化体制机制改革，着力强化风险控制，大力强化党建和队伍建设，各方面工作取得了明显成效。截止2010年10月末，全行各项存款余额达378498万元，较年初增加21031万元，增长5.88%，较2005年底增加187351万元，增长98.01%，存贷款市场份额继续稳居同业第一。不良贷款余额为11125万元，占比为15.07%。目前贷款拨备率达63.87%，全行拨备到位后亏损737万元。

【明确发展目标，制定发展战略】中国农业银行林芝分行立足林芝地区和自身经营管理实际，明确了支持林芝地区经济社会发展的重点和今后一个时期改革发展的指导思想、发展目标和具体要求。中国农业银行林芝分行始终坚持改革发展和稳定工作、抓改革、促发展、防风险、保安全，在做好维护稳定、改革创新的基础上，坚持城市业务和农牧区业务、业务发展和内控管理、资产负债和中间业务、企业效益和社会责任五个方面协调发展的方略，各项工作取得明显成效。目前，中国农业银行林芝分行根据农行西藏分行的要求，结合中央第五次西藏工作座谈会精神，根据地区“十二五”规划和区分行发展战略，因地制宜，提前谋划，科学编制本行“十二五”规划。

【发挥主力军作用，抓好服务“三农”工作】截止2010年10月，全行累计发放涉农贷款90064万元，余额达30387万元，占各项贷款余额的41.16%。涉农不良贷款余额336万元，不良率1.11%。

截止2010年10月，全行共评定信用乡9个，信用镇12个，信用村218个。

【抢抓发展机遇，大力支持地方经济建设】一是加强存贷款营销。近年来，紧紧抓住地区经济快速、平稳发展的机遇，坚持城乡业务双轮驱动发展方略，组织做好市场营销工作，着力提升同业竞争能力，加强与地方有关部门协调沟通，巩固和拓展了一批系统性、行业性客户，重点组织了成本低、规模大的资金，使各项存款稳步增长，成本结构得到优化。坚持“有保有压、突出重点”的原则，实施客户名单制管理，拓展了一批核心客户群体。加大有效信贷投入，大力层持了国家、自治区和地区重点基本建设项目、特色支住产业、优质中小什业和居民消费等方面的资金需求。尤其是在地区同业中率先设立中小企业金融服务中心。加强与担保机构的合作，积极支持中小企业发展。截止2010年10月，全行法人类贷款余额13534万元，国家助学贷款余额347万元。相继开办了银行卡、网上银行、电话银行、手机银行、现金管理、国际业务、第三方存管、保险代理等新业务，实现了从传统单一的存贷款、结算业务向种类齐全、功能完备的现代金融业务的过渡，通过物理网点、自助设备、网上银行等多元化服务渠道，构筑了全区最大的金融服务网络，为地区城乡客户提供了方便、快捷、高效的现代金融服务。

中国人民财产保险股份有限公司林芝分公司

【以年度综述】截止11月25日，共完成保费收入2879.8万元（其中机动车辆保险1965万元，非车险915万元，财产保险149万元，责任保险202万元，意外保险115万元，农业保险446万元，货运险3.75万元，），提前全面完成了全年的计划任务，促进了公司业务全面协调发展。

【抓住办理涉农保险的有利时机】公司加强了在涉农保险方面的领导，统一调配人力、物力，在区分公司的指导下，专门设立了农业保险部，专门负责农业保险工作，逐步扩大农业保险的覆盖面，在林芝地区以乡镇为单位招聘了涉农保险协管员，举办了协管员培训，下发了查勘设备；同时，加快了对自然灾害的赔付，为准确界定2010年波密县、工布江达县的干旱损失，察隅县的暴雨、水灾、泥石流等损失等，林芝分公司先后派出现30余人次，配合上级公司深入乡村，对灾后损失逐村逐户逐项进行了认真仔细的查勘、核对，并最终将800余万元赔款逐一送到受灾群众手中，得到了当地政府的认可，也赢得了农牧民群众和社会的好评。目前，农牧民群众已经开始逐步认识、相信中国人保，人保的形象和PICC品牌的社会影响力正逐步向农牧区渗透。

【提高发展品质和效益】随着和各级政府的深度合作，农业保险在林芝的推广，这些都为公司的发展提供了更广阔的平台。林芝分公司对中央给予西藏的优惠政策高度重视，定期组织开展形式多样的学习和专题讨论，使全体员工做到“入耳、入脑、入心”，正确认识和理解党中央、国务院对西藏工作的高度重视和对西藏人民的特殊关怀，充分利用好全国对西藏经济援助和中央赋予西藏保险业的优惠政策，以服务林芝地区社会经济建设为出发点，坚定信心，抓住机遇，按照“短期有效、长期有利”的工作原则，以提高经营效益为核心，进一步解放思想，转变观念，紧紧围绕区分公司的发展战略和重点工作，明确提升盈利能力这个主题，坚持承保有利润、速度和规模服从于质量和效益的要求，持续推进各项工作的落实，努力实现上级提出的：乘势而为、依法合规推进西藏人保又好又快发展目标。

【深入开展创先争优活动】成立了创先争优活动领导小组，落实责任，参照上级的要求，制定下发了活动实施方案，明确了创先争优活动的目标任务、主要内容、实施要求，在活动中，以争创“四强”党组织，争做“四优”党员活动为载体，充分调动广大党员的积极性，将创先争优活动与落实“抓重点、破难点、出亮点”的主要工作紧密结合起来，深入剖析和认真解决实际工作中的突出问题，努力增强活动的实效性；同时，采取召开座谈会、开辟活动专栏、总结交流经验等做法，经常性督察活动进展，研究解决突出问题，逐步在公司形成比学习、比工作、比贡献和学先进、赶先进、当先进的氛围。

林芝地区工业和信息化工作

【机构成立】林芝地区工业和信息化局是此次机构改革新成立单位，于2010年7月1日正式挂牌。

工信局主要职责有：工业产业政策及

规划的拟定与组织实施；监测分析地区工业运行态势；承担有色、化工、建材、轻工、民爆、食品、医药等工业的行业管理工作；组织实施工业能源节约和资源综合利用、清洁生产促进政策；负责中小企业发展的宏观指导，承担指导民族手工业发展；统筹推进全地区信息化工作。

根据上述职责，地区工信局设有4个内设机构，均为正科级：办公室（政工人事科）、运行监测协调科、工业管理科、信息化科。

【积极调研，全面摸清林芝工业信息化发展家底】全面开展调研。制定详细的调研计划，面向全地区的企业开展调研。局领导克服无车的困难，通过步行或租车等方式，亲自深入宇拓藏药、大峡谷酒业等公司调研，掌握了林芝地区重点企业的概况。同时，积极与工商局等单位联系，全面了解全地区企业基本情况。目前，全地区注册登记企业仅400余家，注册资金才10多亿元；个体户6000余家，注册资金1亿多元。主要产业中藏医药业规模以上企业有“奇正藏药集团”；民族手工业主要以传统家庭小作坊为主，年产值大多仅在2-10万元左右；高原生物绿色食饮品成熟企业有大峡谷酒业有限公司。信息化基础设施不断加强，各县和部分地直部门已建立自己的网站2010年上半年，全地区实现工业增加值3.9亿，同比增长3.8%；地区监管的8家企业实现营业收入2179.98万元，同比增长114.6%；乡镇企业实现产值9903万元，同比增长21.6%；完成发电量6145.2万千瓦时，同比增长66.5%；广播电视覆盖率分别达93.5%和93.1%。

编制工业信息化十二五规划。在详细调研，摸清家底的基础之上，参照自治区工业和信息化“十二五”规划，积极组织编写林芝地区“十二五”工业和信息化发展规划。抽调专人负责林芝地区工业和信息化局“十二五”发展规划编制工作。虽然林芝地区工业和信息化局是2010年新成立单位，制定“十二五”规划有很多困难，但全局上下都齐心协力，努力把林芝地区工业和信息化局的“十二五”规划按时编制好，谋划好地区工业和信息化业的“十二五”蓝图。目前，十二五规划编制工作调研工作结束，已经进入初稿撰写阶段，在地区经济工作会议召开之前，林芝地区工业和信息化十二五规划初稿将全部完成，2011年年初经地区审定后，即可正式施行。

【申报项目，全力支持中小企业发展】积极争取中小企业国家扶持资金。在林芝地区工业和信息化局积极争取和兄弟单位的积极配合协助下，2010年林芝地区共有四家中小企业申请到国家专项资金扶持，均为无偿资助，资助额共计440万元。分别是：圣果生态农业开发有限公司的圣果旅游观光园项目130万元；天炬水泥制品有限责任公司的改扩建项目120万元；富民农产品加工有限公司的生猪宰基地技改项目120万元；大峡谷酿酒有限责任公司的青稞酒扩建项目70万元。

积极帮助地区中小企业申请发展专项资金等其他资金。帮助它们解决发展中存在的困难，帮助地区中小企业申请发展专项资金，申报项目16个，涉及资金3181万元；上报节能减排项目6个，涉及资金7576万元。

建立地区中小企业发展专项资金项目库。在充分调研的基础上，按照地区行署的要求，本着向各县倾斜、向国企倾斜的精神，通过申报中小企业发展专项资金、节能减排投资备选项目两次机会，将具有发展潜力企业纳入到项目库中，逐步建立起了三个项目库。分别是国家级中小企业发展促进专项资金项目库、自治区级中小企业发展促进专项资金项目库、林芝地区节能减排项目库。为下一步申报项目打下了良好的基础。

【招商引资，奠定工业和信息化发展基础】七月份以来，林芝地区工业和信息化局积极配合地区商务局，依托林芝地区工业优势、自然优势和生物科技园，以工业招商为抓手，全面推进林芝地区工业和信息化工作。9月中旬林芝地区工业和信息化局成功组团参加在广州举行的第七届中国国际中小企业博览会暨中澳中小企业博览会，携带了一批林芝地区工业行业招商项目到广东进行推介，重点推介了高原饮食品加工、藏医药制剂、民族手工艺品等项目，期间共发放宣传及项目推介册2000余份。10月林芝地区工业和信息化局同广东、福建经信委联系，借助援藏优势，积极联系10余家有意来林芝投资并符合地区产业政策的客商参加第八届林芝地区投资贸易洽谈会。针对不同企业的投资意向和项目情况，分别组织进行推介洽谈。

【夯实基础，稳步推进信息化发展】1.开展信息化调研工作。8月底，深入奇正藏药厂、米林县等企业及基层单位，就信息化建设情况进行调研。9月初，积极配合自治区企业信息化建设开展调研，在调研的51家企业中，使用办公自动化设备的企业有10个，使用财务软件的有14家，使用CAD二维、三维软件进行研发设计的有3家。11月底，林芝地区工业和信息化局再次组织实施全地区信息化建设的调研工作，以通信部门为主，包括地（区、中）直各单位、各县以及企业，通过调研进一步掌握了林芝地区信息化发展的基本情况，为地区信息化十二五规划打下坚实的基础。

2.开展农村综合信息服务站试点工程建设。经过多方努力争取，自治区将林芝地区确定为除拉萨市以外全区唯一的农村综合信息服务站试点地区。林芝地区工业和信息化局及时开展相关工作，通过深入调研和多方比较，确定了米林、波密两县共10个行政村进行试点工作，前期工作现已基本完成，年底前可以完成试点工程建设。该试点工程建设将大力促进农村综合信息服务业的发展，培育农村新型信息服务体系，有力支持林芝地区新农村建设，为全区农村信息化发展探索方法、总结经验。

【理顺渠道，全面监测地区工业和信息化运行】实行重点运行监测。对有一定规模、发展前景较好的工业，按照企业资产总额、产值、利税等情况确定了西藏林升森工有限责任公司、西藏林芝奇正藏药厂等6户工业骨干，实行重点运行监测。

加强动态分析。在统计局等兄弟单位的大力协助下，全面掌握了林芝地区工业企业运行情况。截止9月末，林芝地区工业企业完成现价总产值27070.21万元，同比下降11.14%，其中规模以上工业（年销售收入500万元以上）产值23731万元，下降4.8%；规模以下工业产值3308.9万元，下降21.2%。累计完成工业销售产值

26860万元，同比下降4.36%。全地区规模以上国有企业累计完成现价产值7258.23万元，同比增长3.4%；规模以上其他经济类型工业企业累计完成现价产值15634.81万元，同比下降10.2%；集体企业累计完成现价产值838.36万元，同比增长64.7%。林芝电网累计完成发电量15563.38万千瓦时，同比增长53.85%；生产藏药568.94万吨，同比下降12.18%；生产自来水477万吨，同比增长18.36%。

坚持定期不定期对企业的安全工作进行检查，督促企业查漏洞、添措施，全力建设“平安企业”，确保了年内企业安全生产无事故，环境保护指标安全达标。使地区工业企业在促进经济发展的同时也要促进“生态林芝”的建设。

【领导名录】
党组书记、副局长：达 瓦
党组副书记、局长：唐拥军
党组副书记、副局长、调研员：陆传刚
党组副书记、副局长：江胜军
（广东援藏干部）
党组成员、副局长：丹 增

林芝地区国资管理工作

【年度综述】2010年，林芝地区国资委监管企业（除厦林路桥公司未经营外）拥有资产总额32,167.64万元，同比增长9.26%；负债总额9,030.25万元，同比增长7.82%；所有者权益23,137.39万元，同比增长9.84%；实现营业收入5846.98万元，同比增长2.32%；实现利润212.36万元；实际上缴税金431.32万元，同比增长29.9%；上缴五险一金927.12万元，同比增长80.8%；职工年人均收入2.64万元，同比增长22.46%。林芝地区国资委监管企业生产经营运行情况较好，企业管理日趋完善，成本费用比重降低，职工待遇不断提高，安全生产成效明显，企业已走入稳定、健康的发展轨道。

【国有企业改革工作情况】截止2010年末，林芝地区列入全区国有企业改革范围的14户地直国有企业中，已完成改制任务的9户，占应改制企业总数的64.3%；正在实施改制计划的2户，占应改制企业总数的14.3%；列入2011年改制任务的3户，占应改制企业总数的21.4%。

积极实施政策性破产工作。顺利完成三家内外贸企业和一家水泥厂的政策性关闭破产工作，使这四家劣势企业顺利退出了市场。4户企业涉及资产5475万元，负债6349万元，累计亏损3246万元，拟核销国有金融机构债权5464.8万元，已核销国有金融机构债权508.4万元，变现资产1760.78万元。4户关闭破产企业涉及职工人数235人已全部妥善安置。现1户企业的破产工作正在实施过程中。

【国资监管情况】一是监管制度建设进一步加强。针对林芝地区国有出资企业监管中的薄弱环节，出台了《林芝地区进一步加强所属国家出资企业监管工作暂行办法》；并结合机关效能建设年活动对《林芝地区国资委关于规范监管企业领导人员职务消费的意见》、《监管企业重大事项报告的暂行规定》、《监管企业领导人员谈话制度》、《关于进一步规范国有企业劳动用工的规定》等制度进行了修改和完善，国有企业经营管理行为得以进一步规范，国资监管能力不断提高。

二是加强对企业高层管理人员的管理。把健全公司法人治理结构作为推动国有企业改革的关键环节来抓，按照《公司法》和《企业国有资产法》等相关法律法规的要求，与当前国企改革工作相结合，先后对5家监管企业共14名企业管理人员进行了调整，其中提拔使用7人，交流调整7人；同时根据工作需要，交流调整企业财务主管1人。

三是出资人财务监督体系逐步健全。鉴于财务监督在国资监管工作中的基础性地位，林芝地区国资委进一步完善了财务动态监测体系，建立和完善了重大事项报告和核准制度，加强了经济责任审计和内部审计工作，完善了监管企业资产损失责任追究制度。各监管企业积极做好企业财务快报报送工作，国有企业财务管理水平和会计信息质量明显提高。

四是国有资产经营责任得到强化。业绩考核和薪酬管理有序开展。按照《林芝地区国有企业负责人经营业绩考核（暂行）办法》和《林芝地区国有企业负责人薪酬管理（暂行）办法》，依据2009年底的考核情况，按照“业绩上薪酬上、业绩下薪酬下”的原则，对已签订任期目标责任书四家企业负责人薪酬和奖惩进行了兑现。据从2011年全区国资监管工作会议上了解到的情况，林芝地区业绩考核和薪酬管理工作已走在全区各地（市）的前列。

五是企业规划和投资项目管理工作继续加强。经过精心组织、充分调研、科学谋划，地直国有企业“十二五”规划编制全面完成，上报“十二五”规划项目18个，申报资金达22306.2万元，并通过其他口径申报项目17个，申报项目资金15710万元，建立了企业重大投资项目审批制度，从源头加强管理，切实防止企业的乱投资、乱担保现象，坚决遏制因个别企业负责人擅自决策、盲目投资，导致企业发生重大资产损失或使企业陷入困境等问题。同时对企业重大项目实行了全程监管，有效防范了企业经营投资风险。

六是监管能力、服务水平稳步提升。林芝地区国资委始终坚持监管与服务并重的指导思想。在工作中主动将服务意识融入监管工作之中，为企业排忧，为职工解难。近年来，在地委、行署分管领导的具体指导和地直有关部门的大力帮助下，林芝地区国资委对企业的帮扶力度不断加大。

【领导名录】
党委书记、副主任：斯 旺
党委副书记、主任：赵 路
党委委员、副主任：丁义金、巴登、林雪远
调研员：龚文友
副调研员：邓常松、朗 聂

林芝地区审计工作

【年度综述】2010年，林芝地区审计局共实施审计项目22个，查出违规资金12818万元。其中违规改变资金用途1146万元，帐外资产52万元，未按规定征收缴纳财政收入2032万元，其他资金9588万元。针对查出的违规资金，共下达审计决定15个，处理处罚资金6793万元。其中上缴国库719万元、归还原资金渠道5560万元、调账处理资金500万元；移送有关部门资金14万元。同时，提出审计建议52条，提交审计信息200余篇。

【财政金融审计】查出违纪违规资金9045万元，其中应缴未交财政收入1066万元，虚列支出6615万元，其它1364万元。审计处理决定资金2156万元。其中上缴地区国库16万元，上缴县级财政590万元，提出审计建议14条。同时，由主要领导带队，克服交通不便等困难，首次对墨脱县政府财政决算进行了审计。

【经济责任审计】查出违纪违规资金2996万元，其中应缴未缴财政收入112万元，序列支出1199万元，其它1685万元。提出审计建议25条。在审计过程中，林芝地区审计局还进一步建立和完善了经济责任审计联席会议制度，推动了经济责任审计从事后监督向事中监督的转变，有效地发挥了审计的预警作用。

【行政事业审计】通过审计，查出违纪违规资金471万元，其中，应缴未缴财政收入1万元，虚列支出66万元，其它404万元。提出审计建议11条。

【专项资金审计】根据自治区审计厅和地委、行署的安排部署，按照“专款专用、严禁挪用”的要求，突出资金使用的真实性、合法性和效益性，先后三次对青海玉树救灾资金、地区住房公积金管理中心和舟曲救灾资金进行了专项审计，强化了资金的使用管理，较好确保了重大项目的效益发挥，使挤占挪用专项资金等行为得到了有效遏制。

【企业审计】本着“规范企业经营、促进企业发展”的思路，重点对地区医药公司、地区运输公司原法人经济责任进行了审计。全年共查出违纪违规资金307万元，其中扩大成本32万元，欠缴社会保险基金51万元，其它224万元。提出审计建议2条。在审计中坚持走企业资产负债损益审计与经济责任审计、经济效益审计相结合的路子，切实为促进国有企业深化改革、加强管理、提高整体效益做好服务工作。

【固定资产投资审计】积极抽调审计专业人员，配合自治区审计厅，先后对西藏林芝巴河水电站含冲久水库建设项目、西藏自治区2010年工程建设领域突出问题专项治理工作暨扩大内需促进经济增长政策落实第二轮检查等固定资产投资项目开展了审计，为今后林芝地区开展固定资产投资审计奠定了基础，探索出了道路。推进审计执法回访。按照“跟进服务、强化整改、落实执法”的原则，有效建立审计回访制度，年底对被审计单位开展审计回访工作。回访的内容包括审计决定、审计意见和建议的采纳落实情况、审计人员的工作态度、作风纪律情况以及听取新形势下对审计工作的建议和要求。以维护审计权威，提高审计质量，树立审计人员廉洁从审意识，促进被审计单位进一步加强内部管理。

【存在的困难和问题】第一，执法环境有待进一步改善。在审计实践中，一些部门和单位对审计执法存在认识上的偏差，片面的认为审计就是找问题，不愿意主动接受审计，对审计执法支持配合不够，一些问题屡查屡犯、屡禁不止。第二，审计执法力度有待进一步加强。突出表现在三个方面：一是效益审计滞后。关注合规合法性审计较多，效益审计所占比例不高，发展不平衡。二是计算机辅助审计滞后。不仅硬件设施投入不足，而且缺乏计算机审计人才，计算机审计在审计实践中的运用还不普遍。三是专项审计调查滞后。重个案审计，就查账而查账现象较多，不能从宏观角度发现带有普遍性和规律性的问题，审计的建设性作用没有得到充分发挥。第三，执法保障有待于进一步提高。主要表现在：一是审计人员结构不合理，专业人员的比例偏低，全局25名干部中，审计专业的仅有3人，占12%，会计专业的也仅有10人，占40%，审计执法能力与执法要求不相适应。二是机构设置缺失。投资审计，经贸、农业与资源环境审计和计算机辅助审计因受机构和人员所限，无法全面展开，与内地省市相比，差距较大。三是执法覆盖面有待于进一步扩大。7个县级审计机构撤消后，地区审计执法的工作量逐年加大，人少事多的矛盾非常突出，客观上形成全面履行监督职责与实践中审计执法覆盖面小的反差。

【领导名录】
党组书记、副局长：赵全智
党组副书记、局长：玉 珍（女，藏族）
党组成员、副调研员：刘应萍（女）、路文玲（女）

林芝地区统计工作

【主要统计指标】2010年，地区全年完成生产总值53.69亿元，比上年增长13%；其中第一产业完成5.96亿元，同比增长3.3%；第二产业完成16.8亿元，同比增长7.6%；第三产业完成30.93亿元，同比增长17.9%。农牧民人均纯收入达到5410元，同比增长18.6%。

【认真做好常规统计报表及2010年年报工作】第一，强化组织实施，及时召开年报、定期报表工作会议，切实加强对年报、定期报表工作的组织领导。第二，加强统计报表报送管理，要求专业人员严格按照规范化标准和要求，严把报表质量关。第三，完善评估机制，加强与上级统计部门的沟通衔接，根据考评结果定期对各专业统计报表进行奖优惩劣，切实提高了统计报表数据质量和时效性。11月29日在地区统计局召开了全地区2010年统计年报布置会，全地区各县统计局、地（中、区）直各单位、各农（林）场和相关企业统计人员参加了会议。会上，对2010年全地区统计调查先进单位进行了表彰，对2011年定期统计报表进行了安排。

【圆满完成第六次全国人口普查培训工作】自第六次全国人口普查工作启动以来，在地区各级政府高度重视和有关部门大力支持下，全地区各级普查工作领导小组及其办公室，按照各自职能、各负其责、通力协作、密切配合的总体要求，努力克服普查范围广、情况复杂、技术要求高、人员抽调困难等不利因素，全力以赴投入到普查中。全地区119名普查指导员和608名普查员，克服入户难、人难找、登记难、不配合等困难，主动放弃节假休息时间，加班加点完成了入户摸底登记、正式进点普查、登记质量复查、普查表抄录、普查数据处理培训等工作，为全地区圆满完成普查任务做了大量深入细致卓有成效的工作。

【做好《经济普查年鉴》后续工作】参与

完成了《西藏自治区第二次全国经济普查年鉴》的编辑工作和林芝地区《经济普查年鉴》的编辑出版工作。林芝地区有 7 个单位被授予"第二次全国经济普查先进集体"荣誉称号，25 人被授予"第二次全国经济普查先进个人"荣誉称号；1 个单位被授予"西藏自治区第二次全国经济普查自治区级先进集体"荣誉称号，15 人被授予"西藏自治区第二次全国经济普查自治区级先进个人"荣誉称号。

【以服务发展为宗旨，提升统计服务水平】一是加大咨询服务力度。先后为各级党委、政府、统计对象和社会公众提供信息咨询 215 余人（次），较好地满足了社会公众日益增长的统计信息需求。

二是创新统计服务项目。改进完善《林芝地区主要经济指标数据》统计指标，及时将月度、季度数据收集编发至有关领导、有关部门。创办印发了《林芝地区领导干部统计小手册》。撰写了《统计信息》106 篇，被地委、行署大量采用。

三是加强统计专题调研分析。林芝地区统计局、队充分发挥统计资源优势，围绕中央第五次西藏工作座谈会确定的重点领域、人民群众关心、关注和地区经济社会发展的热点、难点和焦点，加强调查研究，撰写了《农业投入与农牧民收入相关性分析》、《全面建设小康社会进程监测分析》、《'十二五'经济社会发展主要影响因素分析》等一批针对性强、问题分析透彻，高质量、上档次的统计分析，为地委、行署领导科学决策提供了参考依据。

【以信息化建设为保障，提高统计工作效率】2010 年，林芝地区统计局、队不断加大统计信息化建设力度，努力提高统计工作现代化水平，提高统计工作效率。

一是加大投入，积极推进统计网络建设。先后投入 9 万余元，加快统计信息网络的升级改造，不断提高统计专用网络的承载能力和运行速度，积极推进统计网络向县、乡（镇）延伸。同时，加强统计数据处理和应用平台建设，加快推进 VPN 应用开发，积极推进资源整合，着力构建统一、兼容、共享的统计数据处理平台。

二是科学管理，加强统计数据保密工作。完善工作制度，加固防范措施，保障网络安全运行。在全局、队范围内，全部安装北信源 VRV 客户端安全管理系统，每个办公室配备外部互联网专用机，实现了统计内网与外部互联网的物理隔离。

三是集约利用，努力实现统计办公自动化。创建了局、队内部 FTP 传输平台，基本实现了办公自动化。局、队干部职工可以通过林芝地区统计系统内部 FTP 网络传输文件、通知、信息、分析研究、统计数据等信息集群材料，较好地发挥了网络优势对统计工作的助推作用。

【领导名录】

林芝地区统计局、国家统计局林芝调查队党组副书记、局长、队长：严育树

林芝地区统计局、国家统计局林芝调查队党组副书记、副局长：雷盛松

林芝地区统计局、国家统计局林芝调查队党组成员、副局长：次登旺久

国家统计局林芝调查队副队长：江玉龙

林芝地区工商工作

【服务地方经济发展实绩突出】2010 年，林芝地区工商局进一步优化服务环境，急事急办、特事特办，有力地促进了地区经济加快发展。截止 2010 年底，全地区累计注册登记各类市场主体 8537 户，其中内资企业 674 户，注册资金近 183 亿元，与上年同比分别增长 8.3%、18 %；其中私营企业 381 户，注册资金 13.2 亿元，从业人员 5876 人，与上年同比分别增长 13%、32%和 7%；个体工商户 7826 户，注册资金 2.1 亿元，从业人员 18453 人，与上年同比分别增长 10.5%、10.2%和 18.9%。全地区参加年检内资企业（含私营企业）541 户，参检率 86%，合格率 100%；参加验照的个体工商户 6656 户，验照率 90%、合格率 100%。全地区共有农牧区经济实体 1633 户、农牧区经纪人 536 户、农牧民专业合作社 37 户，与上年同比分别增长 8%、6%和 48%。累计带动农牧民群众参与经商、劳务输出 1713 人，带动辐射农牧民 1429 人。全地区共有注册商标 51 枚，其中 2010 年注册 3 枚。

【各类市场主体发展取得新突破】

2010 年，全地区共办理各类企业名称预先核准 93 户，开业登记 62 户，变更登记 46 户，注销登记 21 户；个体工商户开业 1047 户，注销 323 户。朗县工商局提出"三三理念"和"三项便民措施"创新服务发展机制，打造满意窗口，受到办事群众和当地政府的一致好评。

【服务农牧区经济发展取得新进展】以培育农牧区市场主体发展、增强农牧民商品意识、促进农牧民增收作为工作的出发点和落脚点，主动作为，强化引导，鼓励扶持更多的农牧民从事个体私营经济，大力发展农牧区经纪人和农牧民专业合作社，农牧区市场经济主体呈现量增的多元化格局，为农牧区经济发展注入了新的活力。察隅县工商局通过开展"公司十基地十农户二市场"的经营模式引导和鼓励农牧民从事特色家畜养殖和加工，使农牧民增收取得实效。

【商标兴地战略取得新成效】把商标发展作为服务地区经济发展的重要工作，坚持宣传、咨询、指导"三合一"的商标发展理念，广泛宣传、积极提供咨询服务、主动上门指导，大力推进商标兴地战略实施，重点加强了涉农商标的培育。地理标志 2 枚、自治区著名商标 2 枚，林芝松茸地理标志于 2010 年 8 月通过评审，目前经国家工商总局商标局受理注册申请 28 枚。波密县工商局重视商标注册指导，"森工牌"商标成功注册。

【消费维权工作呈现新局面】始终把消费维权作为保障民生的基础工作，积极宣传，全面推进，全力维护消费者合法权益。目前，在全地区建立消费者协会 1 个，"12315"消费者申诉举报联系点 66 个，其中在重点乡镇及农牧区建立联系点 41 个、农贸市场建立联系点 6 个、商场（超市）建立联系点 19 个。全地区消费维权网络基本形成，维权能力进一步增强。2010 年，利用"12315"申诉举报平台为消费者提供咨询服务 1170 人次，受理消费者投诉 208 件，调解成功率 100%，为消费者挽回经济损失 11 万余元。同时打假治劣工作继续深入，农牧区打假维权工作稳步开展。

【援藏工作力度不断加大】严格落实全国工商系统援藏工作会议精神，积极做好对

口支援项目的规划和沟通，2010 年接受援藏资金50万元，安排了16名业务骨干分别到广东、福建等地进行了为期2个月的跟班学习。2010年12月，林芝地区工商局对各对口援藏省市工商局进行了回访，进一步加深了林芝地区工商局与对口援藏省市工商局的沟通和交流。随着各项援建项目的逐步落实，援藏工作对林芝工商事业的发展起到了越来越大的助推作用。2010 年，前来林芝地区工商局参观考察的区内外人员不断增多，共接待区内外参观考察人员2800余人次。

【领导名录】

党组书记、副局长：李凤余

党组副书记、局长：边彦宗（2010 年 8 月）、谢明义（2010年8月）

党组成员、副局长：扎西旺堆、刘映辉（援藏干部，2010年8月任命）、李继红

林芝地区质量监管工作

【质量监督管理与认证工作】2010 年林芝地区质监局加强产品质量宏观管理，坚持每半年向行署报告产品质量分析报告。积极实施名牌战略，完成了奇正藏药的西藏名牌材料初审及推荐工作。积极开展农资打假及家电下乡产品工作，完成了 6 个电高压锅强制性认证产品质量监督抽查工作。

开展工业产品质量监督抽查及后处理工作。对成品油、防水卷材、低压电器、强化木地板、瓷制品、水泥制品等产品进行抽查，共抽查样品总数为32个，合格样品为28个，批次合格率为87.5%。依照《产品质量法》等法律法规对不合格的产品进行了严格处理。

深入开展质量月活动。设置质监宣传专台。现场接受咨询120余人，共发放各类宣传资料800余份。同时，集中销毁五粮液、玩具、电热毯、轮胎、建材及食品等一批假冒伪劣产品，货值达5万余元。自治区电视台首次对林芝地区质量月活动进行全面的报道，营造了较好的社会舆论环境。

完成质量调研工作，全面掌握林芝地区产品质量、工程质量、服务质量、环境质量和经济运行质量总体状况，为制定自治区质量发展规划等提供决策依据。

开展计量认证获证实验室专项检查，总体情况良好，未发现严重不合格项目，对一般不合格项目提出了整改要求，并进行了督促落实；开展检测机构专项整治，8 家检测机构均对照八项管理制度进行了自查自纠，提高了管理工作水平；同时召集各检测机构召开了检测机构监管通报例会。

【食品安全监管工作】2010 年林芝地区质监局建章立制，制定方案，保障食品安全监管工作顺利开展。2010 年，林芝地区质监局制定了《林芝地区食品小作坊管理办法》、《2010 年林芝地区生产领域食品安全监管工作计划》、《林芝地区食品加工小作坊量化分级管理表》、《2010 年林芝地区食品质量监督抽查工作计划》等一系列方案、制度，提高了林芝地区食品生产监管工作效能，让监管工作逐步规范化、制度化。

加强巡查，排除隐患，杜绝食品质量安全事故。林芝地区质监局对全地区 60 家食品加工小作坊及11家食品生产获证企业巡查210次。通过巡查，发现食品安全隐患13处，下达整改通知书12份，将食品生产安全事故消灭在萌芽状态，保障林芝地区食品安全。

加强监督抽查工作，保证食品质量安全。根据《2010 年林芝地区食品质量监督抽查工作计划》，对糕点、白酒、青稞酒、挂面、菜子油、厥根粉条、纯净水等7类产品进行了监督抽样，产品质量合格率为96%。

管帮结合，加强引导，努力帮助企业获得食品生产许可证，促进林芝地区食品生产加工业的发展。通过上门服务，帮助食品生产企业规范企业场地建设，完善企业生产工艺流程，规范企业内部管理，共有11家企业获取食品生产许可证。

规范建档，实行动态管理。对于新增的食品生产加工企业，严格按照区局要求进行建档，实行一企一档制。截止目前林芝地区质监局对11家获证企业及60家小作坊已全部建档。

探索创新，积极进取，走出食品安全监管的新路。林芝地区质监局已制定了《林芝地区食品生产小作坊管理规定》，在规定中 大胆创新，将对食品小作坊实行量化分级管理，对年终考核不合格的作坊实行通报制度，并制定了《林芝地区食品小作坊监督量化分级管理评分表》。

【标准化与计量监督管理工作】2010 年林芝地区质监局继续组织实施第六批全国农业标准化示范一类项目林芝地区藏猪养殖、水果种植，切实发挥其示范效益。积极申报林芝县生猪养殖为第七批国家级农业标准化示范区项目。

开展了生产企业产品执行标准登记备案工作，登记建档14家；并形成了林芝地区生产企业标准化工作现状及对策专题报告，为上级决策提供依据。筹备成立林芝地区服务业标准化工作领导小组，为下一步工作开展提供组织保障。

开展农资计量专项整治，检查经销点3家，检查计量器具6台，未发现定量包装商品不合格的情况；开展土特产品计量专项整治，检查土特产店21家，检查计量器具35台，对18个批次商品的定量包装情况进行了抽查，合格率 100%；开展瓶装液化气定量包装情况检查，累计抽查400余瓶，总体情况较好，立案查处2起。

开展节前月饼过度包装专项检查，检查超市3家，专销店5家，批发店1家，立案查处5家

累计检定计量器具150余台（件），检查计量器具200余台（件）。

【特种设备安全监察工作】2010 年林芝地区质监局日常巡查保质保量完成。会同安监、消防等部门在全地区开展安全生产大检查6次。出动执法人员200余次，下发特种设备安全监察指令书40余份，现场排除隐患16起，监督企业整改安全隐患22起。

深入推进起重机专项整治工作，积极开展电梯安装、维保、使用环节的规范和整治，基本完成“两站”整治。对在林芝地区从事电梯安装维保的 5 家企业进行了资格审查备案；对10余处施工现场进行突击检查，确保安装企业不转包、安装人员持证上岗。引进了一家电梯维保企业和一个售后服务部进驻林芝，完成了地区6站的充装许可评审工作。

钢瓶检测工作取得阶段性成绩。截止目前，已检测钢瓶近20230只。节能减排工作也在平时的宣传和引导中稳步推进，

企业节能意识明显增强，目前，林芝地区95%以上酒店宾馆采用了节能产品，80%以上城市家庭用上了太阳能，大幅提高了太阳能的普及率，朗县的燃煤（油）锅炉已全部被太阳能热水器和电热水器所替代，对于生态林芝的构建起到了积极的作用。

【行政执法工作】制定并组织实施《林芝地区2010年执法打假工作方案》突出“质量提升年”活动主题，确定以农资、建材、家电下乡产品和食品为重点，深入广大农牧区及城乡地区开展执法打假工作。累计出动执法人员960人次，检查生产加工企业320户次，立案查处13宗，涉案货值20余万元。

【实验室工作】在广东省质监局技术援藏干部积极筹划和努力下，认真开展实验室资质认证前期工作，完善了质量管理手册，开展人员培训工作，添置了一批试剂，并请自治区计量所对实验室的仪器设备进行了计量检定，初步完成了资质认证的前期工作。目前，实验室已进行了月饼、白酒等食品的微生物等指标的检验工作。

【领导名录】

党组书记、局　长：罗俭

党组成员、副局长：旺钦

林芝地区安全监管工作

【指标控制情况】2010年全地区共发生各类安全生产事故73起，死亡49人，受伤80人，失踪2人，直接经济损失398523元。与上年同期相比事故起数减少10起、下降12%；死亡人数减少20人、下降29%；受伤人数增加12人、上升18%；直接经济损失减少1235433元、下降77%。

【采取有力措施，推动责任主体落实到位】强化政府监管责任和企业主体责任，加强隐患排查治理和事故防范工作，一是深入贯彻落实自治区安全生产工作会议，及时牵头召开了安委会第一次会议，会后，行署与7个县、14个单位签订了2010年林芝地区安全生产目标管理责任书，二是督促检查安全生产责任制的落实。为督促各单位、各部门、各行业切实把安全生产责任落实到生产流程的各个环节、各个岗位，地区安全监管局深入各县，要求各县与各乡（镇）、各乡（镇）与各村委会、各村委会与各车主层层签订安全生产责任书，切实形成一级抓一级，一级对一级负责的安全责任制管理体系。三是明确责任，分解落实安全生产工作任务。地区安委会将全地区安全生产工作任务进行了分解，明确了主办单位与协办单位及主要负责人。

【切实抓好非煤矿山安全监管工作】切实加强对非煤矿山包括尾矿库的安全监督管理，督促企业落实各项安全制度和防范措施，加强现场安全管理，及时消除各类事故隐患。同时，加大安全检查力度和频次，大力排查和整治各类事故隐患。结合隐患排查治理，地区安监局牵头，联合消防、环保、国土等单位，开展非煤矿山安全生产大联合检查2次。

【切实抓好烟花爆竹安全监管工作】2010年颁发了一家批发经营企业、18家零售经营店烟花爆竹批（零）安全许可证，严格控制了经营许可，“控制总量，合理布局、严格准入、方便群众、属地管理”的原则，严格专柜经营、专人销售、专货存放，在有效保证生产安全前提的情况下，满足了人民群众对烟花爆竹的市场需要。

【切实抓好危险化学品安全监管工作】一是督促企业构建隐患排查治理长效机制。督促指导危化品从业单位建立健全定期隐患排查制度，深化隐患排查治理工作机制。二是进一步开展重大危险源的核查工作，促进监管工作到位。三是督促企业构建隐患排查治理长效机制。督促指导危化品从业单位建立健全定期隐患排查制度，全程覆盖、全员参与，深化隐患排查治理工作机制。

【开展“百日大检查”活动】加强宣传教育，营造了良好的安全生产氛围。2010年以6月份的安全生产宣传月活动为契机，进一步加大宣传教育力度，地区各安委会成员单位，各相关部门在厦门广场开展了安全生产月宣传咨询日活动。地委、人大、行署、政协有关领导参加了活动。

1－12月，共排查治理隐患企业4家，排查一般隐患103余处，已整改98处，整改率90%，排查治理重大隐患2处，已整改销号2个，整改率100%。危险化学品开展了挂牌隐患治理整顿，1－8月，全地区危化品领域排查一般隐患72项，已整改72项，整改率为100%，排查治理重大隐患3项，已整改销号3项，整改率为100%。烟花爆竹领域狠抓三个整顿规范，排查一般隐患96项，已整改96项，整改率为100%，排查治理重大隐患3项，已整改销号3项，整改率为100%。

【抓好综合监管工作】督促交警、运管、交通、消防、建设、质监、电力、旅游、国资委等相关部门，认真履行职责，强化监管，形成合力，把预安全生产各项工作抓紧、抓实、抓好，防止和减少安全生产事故的发生。

【以国发〔2010〕23号文件为契机，扎实开展企业安全生产工作】《关于进一步加强企业安全生产工作的通知》（国发〔2010〕23号）印发后，地区安监局加大学习宣传力度，及时将《通知》传达贯彻到八一辖区监管企业负责人。同时，将《通知》转发到各县人民政府，提出了相关贯彻要求。地区安委会办公室结合林芝地区实际，提出了贯彻措施和重点工作责任分工，提交行署进行了审定。

【领导名录】

党组书记、副局长：吴兴友

党组副书记、局长：李清民

党组副书记、副局长：黄德学（援藏干部）

党组成员、纪检组长、副局长：江村罗布

党组成员、副局长：黄　文

副调研员：齐　军

林芝地区烟草专卖工作

【年度综述】林芝地区烟草专卖局、西藏自治区烟草公司林芝地区公司成立于1996年11月，2004年7月体制上划，下辖工布江达县、波密县、朗县、察隅县等4个县级配送网点，共有从业人员85人，其中聘用员工51人。2010年，林芝地区烟草专卖局被区团委授予“自治区青年文明号”荣誉称号，被林芝地委、行署评为

"纳税大户"。

2010年，林芝地区销售卷烟3.97亿支（0.8万箱），同比下降1.5%；实现卷烟销售收入18907.2万元，同比增长11.37%；实现税利1625万元，同比增长15.58%；实现利润110.06万元，同比下降53.75%，受1-4月份消费税影响减少利润277万元。

2010年，共查获各类违法案件27起，案值83161元，其中，查获真烟2.41万支，案值8364元，假烟5.52万支，案值75068元，上交财政罚没款17891元。

林芝地区农牧工作

【年度综述】2010年，林芝地区农牧业和农牧区经济工作始终坚持以资源为依托，突出特色，打造亮点，积极探索发展模式，创新发展思维，不断加快结构调整和产业建设，农牧业呈现出持续健康发展的良好势头。2010年，全地区粮油总产量为7.85万吨；蔬菜产量2.3万吨，比2005年增长27.8%；优质瓜果产量880吨，粮、经、饲比例由2005年的70：18：12调整为61：20：19。年末牲畜存栏总头数74万头（只、匹）；奶产量2.9万吨，肉产量1.35万吨，分别比2005年增长23.4%、22.7%；牲畜出栏20.72万头（只），比2005年增长9.6%；禽肉产量210吨；禽蛋产量400吨；藏猪养殖40万头，出栏率达40%；藏鸡养殖50万只，出栏率达50%。全地区农牧民人均纯收入达5440元，比2005年的2723元增加2717元，年均增长14.8%。

【狠抓种植业结构调整】为提高种植业生产水平和效益，促进农牧民增产增收，在充分结合各县生产实际的基础上，不断加大种植业结构调整的力度。2010年林芝地区共落实农作物播种面积32.59万亩。其中粮食作物面积24.49万亩；经济作物面积6.42万亩；饲草料作物面积1.68万亩。粮、经、饲比例为61：20：19。玉米种植面积达到4.57万亩，蔬菜种植面积达到2.78万亩，优质水果基地种植面积已达到1.5万亩。

【积极落实良种繁育基地建设工作】2010年林芝地区在波密县共建立良种繁育田2620亩（其中一级种子田120亩、二级种子田2500亩，品种为山冬6号）。

【积极做好农业标准化及高产创建工作】在波密、察隅、林芝三县共建立小麦、青稞、玉米、水稻等作物农业标准化和高产示范田5万亩（其中波密县2.5万亩、察隅县2万亩、林芝县0.5万亩）。

【继续抓好测土配方施肥示范基地工作】2010年测土配方施肥工作在上级部门和广东省专家的指导下，此项工作正在实施之中，测土配方施肥项目主要在粮食主产县实施，实施总面积1万亩（其中波密县青稞0.5万亩，察隅县水稻0.1万亩，玉米0.4万亩）。

【积极做好农业生产所需物资的筹集调运工作】地、县两级农牧部门积极筹集资金，落实农用物资的调运，2010年全地区共组织调运化肥3600吨（其中：尿素1190.1吨、二铵2358.25吨、过磷酸钙11.75吨、氯化钾39.9吨）；调运农药189.5吨（其中：杀虫剂151吨、除草剂19吨、杀菌剂19.5吨）；农地膜约81吨，调种88万公斤。

【畜牧业生产态势良好】一是畜产品总量稳步增长，全地区牲畜养殖规模达74万头（只、匹），比上年增长2.8%；牲畜出栏20.72万头（只），出栏率为28%。二是肉蛋奶总产量增长较多，肉类总产量达到1.4万吨；奶产量2.9万吨；禽肉产量210吨、禽蛋产量400吨。三是畜牧业基础设施建设步伐加快，2010年全地区人工种草27909亩，建设草场围栏18200亩。

【乡镇企业平稳较快发展】全年乡镇企业总产值达到2.8亿元，比上年增加2700万元，增幅为10.7%；多种经营收入达到5.5亿元，比上年增加5003.6万元，增幅为10%，劳务输出达到6.8万人次，劳务收入达到1.5亿元，比上年增加3813.71万元，增34.1%。

【项目建设进度加快】2009-2010年，林芝地区共实施农牧业特色产业项目12个，包括林芝地区优质水果基地建设、林芝地区藏猪扩繁场及养殖大户建设、林芝地区蔬菜基地建设、工布江达县藏药材基地建设、易贡茶场茶园改造等项目，总投资16692万元，其中国家投资8792万元、群众自筹投劳6828万元、企业投资1072万元。目前，国家投资全部到位，已下拨到项目建设单位国家投资7224万元，项目建设单位已完成项目建设总投资12415万元，完成总建设任务的85%。2010年林芝地区农牧局申报并通过上级部门确定的有7个特色产业项目，总投资2840万元，资金投资位居全区第三，其中国家投资1470万元。

林芝地区林业工作

【生态建设稳步推进】继续实施林业生态工程推进生态发展战略，退耕还林，重点区域造林、藏东南防沙治沙、退耕还林配套荒山造林、工布自然保护区植被恢复、机场边坡治理植被恢复等林业生态建设新建、续建工程进展顺利。全年工程造林99500亩，治理沙漠化土地8100亩，通过持续实施，完成了总投资1.58亿元的工布自然保护区建设工程，并编制完成了该保护区功能区调整规划。深入推进义务植树运动和人工造林，成效明显。全年义务植树7800亩，更新采伐迹地7000亩，封山育林11000亩。湿地保护取得重大进展，林芝雅尼、波密嘎朗两个湿地公园批复为国家湿地公园。加大退耕还林补植补造力度，2002年度退耕还林顺利通过国家林业局验收。

【林业改革继续深化】2010年，森工企业改制顺利实施，林升公司重组获得成功。企业深挖潜力，控制成本，在木材计划减少65%的情况下，仍然实现了重组第一年"保稳定、打基础"目标。企业上缴税金2709万元，实现利润1480万元，职工收入比重组前增长12.5%，经营管理成本下降25%。同时，林升公司按照森工企业改制领导小组制订的"一业为主、多元化发展"战略，深入实施木材精细加工，大力开发措木及日景区，全力参与生态造林工程，发展态势良好。全地区林权改革取得阶段性成果，全区林改试点县察隅县对26宗3000亩林地进行了确权勘界，为后续改革打下坚实基础。

【产业发展持续向好】加强技术指导，免费发放种苗，举办经济林果管理技术培训班，培养致富带头人，经济林发展形势喜人，全年新增各类经济林面积3万余亩。察隅县大力发展木本油料，新增油桐种植面积近2万亩。墨脱县确定了打造热带水果之乡的发展思路，试种热带水果近千亩。林芝、米林大力推进水果产业带建设，朗县、米林、波密、察隅持续扩大核桃种植规模。森林生态旅游持续升温，发展势头不减。林下资源开发力度进一步加大，以松茸、天麻为代表的林副产品成为旅游的首选产品。花卉种植的招商引资达成初步协议，有望带动花卉种植加快发展。在打造全区水果之乡、干果之乡、林副产品之乡、花卉生产基地、生态旅游目的地的进程中取得新成绩。

【资源管理成效显著】全年供应安居木材49600立方米，让利于非林区群众达2350余万元，圆满完成供应任务。经报行署批准，全地区加工场点由63处83台带锯调减到10处12台带锯。重点加强了各类建设工程征占用林管理，并对景区景点占用林地情况进行了全面摸底调查。对2个建设工程征用林地进行了申报、2个建设工程占用林地进行了备案，督促老虎嘴电站工程缴纳森林植被恢复费750余万元。狠抓管护队伍建设，进一步完善制度，强化责任，生态公益林管护能力有了新提高。全年拨付森林生态效益补偿金1.3385亿元，全地区农牧民群众人均增收1069元；自实施以来累计拨付3.868亿元，管护收益成为林区群众重要的稳定的收入来源。

【生物多样性保护有力】通过电视播发通知、发放宣传单等形式，开展了形式多样的宣传教育活动。积极开展野生动物救治，全年救治国家级和自治区级保护动物20余匹（只），个别活动被西藏电视台、林芝电视台等媒体多次报道，产生了很好的社会影响。在开展的自然保护区科考中，发现新物种12个、西藏新记录9种、蚂蚁中国新记录种1种，其它昆虫中国新纪录属1属，发现藏南地区藻类新记录17种，生物多样性得到进一步印证。本着对群众高度负责的态度，认真收集资料，核实情况，完成了2009年度野生动物肇事损失及补偿统计上报，涉及金额1064.9万元。2010年，先后开展了“春季行动”、“打击破坏森林资源专项行动”等活动，严厉打击破坏林业资源违法犯罪行为，全年查处各类林业案件120多起。工布江达、米林、波密先后破获非法猎杀黑熊、云豹、鹦鹉等国家重点保护动物的重、特大案件。

【灾害应处果断有效】2010年林芝等四县暴发地区有记录以来最大的森林病虫灾害。林业部门克服科研技术力量不足、防治设备不足、防治经验不足等困难，通过邀请区内外知名专家会诊，采取伐除受害树木、诱捕害虫等方法，全力开展防治，于7月底实现有效控制，减少了因灾损失。始终高度重视森林防火工作，切实加强林内火源管理，强化宣传教育，防范重点人群，稳定森防投入，森林防火工作取得近十年最好成绩，全年仅发生森林火灾3起。

【项目建设效果明显】2010年，加强与有关部门沟通协调，全力争取林业项目。全年新争取高原生态安全屏障、林业有害生物防治基础设施建设、重点火险区综合治理、防护林体系建设等一批林业重点工程，新争取项目资金近亿元。两个自然保护区后续建设工程、湿地保护工程、重点区域造林工程等初步设计获批复。项目储备和规划编制工作深入推进，一批林业项目纳入到全区林业以及地区“十二五”规划之中。

林芝地区米林农场

【综合实力显著增强】2010年，米林农场工农业总产值2734万元，同比增长33%，其中农业产值646万元，同比增长6%，工业产值1638万元，同比增长13%；服务业产值450万元；职工人均收入15150元，同比增长9%；全场人均收入5440元，同比增长8%；全场主营业务收入146万元，同比增长8%。

【明晰充实发展思路】在坚持原有“311”［即建设三个基地（引种驯化基地、苗木繁育基地、科技培训基地）、一个中心（果品营销中心）、一个龙头（果业龙头企业）］发展思路的基础上，继续围绕推动科学发展、促进企业增效、提高职工收入这个主题，提出了“巩固发展成果、创新发展思路、转变发展观念、注重发展民生、加强党建工作”的全新发展思路，由“抓稳定、抓发展、抓还债”转变为“抓稳定、抓发展、抓提升”，真正实现建成的资产保值增值、建成的项目不断发挥作用、建成的产业得到巩固提高；在产业结构调整上有创新、经营体制机制上有创新、拓展市场手段上有创新；在转变职工观念、发展民生事业、加强党建工作等方面都有新的变化。

【项目建设进展顺利】米林农场紧紧依靠国家和地方投资的农业生产项目，以项目为抓手，积极抓好下达项目的建设实施，使其发挥最大效益，做强做大“嘎玛”水果产业，促进农场可持续发展。一是由福建省龙岩市人民政府出资1100万元兴建、福建龙岩客商投入1400万元进行装修并承包经营的西藏林芝风情大酒店于2010年5月18日正式对外营业。该项目的建成将极大的改善米林农场的投资环境，树立良好的对外形象，增强农场的经济实力和固定资产。二是总投资388.14万元的优质水果良种繁育基地示范项目已建成。主要建设20000平方米的连体温室大棚（8栋48座单体温室）及硬化果园观光道路700米。该项目以繁育优质水果苗木及引种观察推向市场为主，减少外来引种的盲目性和风险性，可有效缩短林芝地区建立优质水果产业带的建设期。三是在水果苗木资源驯化基地建设二十栋日光温室，总投资400万元，使用面积10000平方米，工程采用三面构筑水泥保温墙体，单面斜拱覆盖塑料薄膜，4.5米通风道，冬季夜间覆盖保温被（电力收卷器），主要以种植高档瓜果（葡萄、草莓等）为主。四是投资30万元修建的现代农业园区观光果园雅江休闲小木屋（共八座）已竣工。五是发展优质苹果种植面积400亩，目前已投入自筹资金45万元进行土地平整、挖沟、下肥等前期工作。

【产业效益逐步凸显】一是抓巩固、重提高。在提升“嘎玛”水果品质、完成“嘎玛”商标申请注册、加大品牌宣传力度的的基础上，依托资源优势，突出发展特色经济，推进产业结构调整和优化升级，加快特色水果产业化进程，重点发展了苹果、葡萄、油桃、西瓜等16个品种，扩大了优质水果种植和种苗繁育规模。目前，农场优质水果种植面积近3640亩，年产量约2000吨左右，种苗繁育100亩，已经繁育苹果、葡萄、油桃等水果优质种苗20余万株，成为西藏规模最大的优质水果生产基地和果苗繁育基地。此外，申报全区农业龙头企业已通过相关部门初审。二是抓辐射、促推广。继续做好米林县、林芝县、工布江达县、波密县等周边地区优质水果种植基地的后续技术服务，加强了对农牧民果业技术员的培训和农牧民种植户的技术讲解指导，进一步加快了林芝地区优质水果种植推广步伐，带动了林芝地区“嘎玛”水果产业带的发展。同时，继续从福建聘请瓜果技术员长年驻场，为职工提供技术指导、科技示范和集中培训。加大了对本地人才的培养力度，为加快水果产业发展提供人才保障。三是拓渠道，增效益。在抓好主导产业的同时，重视二级企业的发展壮大。大峡谷酿酒有限责任公司通过努力，实现了公司产品（产品涵盖白酒、青稞白酒、青稞酒、灵芝保健酒等系列）多元化发展，促进了企业生产规模的不断扩大，2010年销售收入120余万元；做为西藏最大的无公害禽蛋和商品肉鸡供应基地——林芝嘎玛养殖有限责任公司通过不断拓展市场（目前产品已销售至福建厦门大型超市高端货柜，每月分三批运送3000斤无公害高原鸡蛋），强化内部管理，进一步扩大养殖规模，2010年出栏肉鸡达到35万羽，存栏6.5万羽，产出鲜鸡蛋230吨，产值超过1300万元；西藏林芝风情大酒店2010接待宾客达2.5万人次，实现营业收入约450万元。树立了良好的对外形象，增强了农场的经济实力和固定资产。

林芝地区水利工作

【年度综述】2010年，地区水利局团结拚搏，圆满完成了2010年各项工作，全地区农村饮水通水率达74.42%，同比增长7.5个百分点；新增有效灌溉面积1.6万亩，有效灌溉率达54.07%；新增机容量1990kw，乡镇通电率达到98.15%，同比增长7.4个百分点；行政村通电率80.9%，同比增长6.3个百分点。

【加强基础设施建设，着力改善社会民生】2010年，林芝地区续建水利项目涉及四大类12个子项。2010年结转年度投资5499万元。工布江达县南岸防洪工程、波密八盖电站等4个项目已完工；墨脱格当电站、波密康玉电站等8个项目正在抓紧建设。2010年林芝地区水利项目计划投资1.37亿元，实际落实水利投资1.47亿元，其中计划内项目总投资10687万元，计划外总投资4034.92万元。

【加强防汛抗旱工作，不断提高救灾能力】2010年全地区防汛抗旱发生大小灾情共86次，特大灾情9次。针对2010年暴雨天气增多的异常情况，林芝地区水利局先后多次下发防汛抗旱通知，全面安排部署林芝地区防汛抗旱抗救灾工作，及时修改完善防汛抗旱预案；提前做好八一城区堤防加固工作；2010年地区行署共下拨防汛资金220余万元，为全地区安全度汛奠定了坚实的基础；2010年全地区起动应急预案4次（其中地区级1次、县级3次），先后下拨防汛物资铁丝30余吨、铅丝笼13卷，编制袋11.4万余条。

【水土保持稳步推进，生态效益初步明显】大力开展水土保持工作的宣传；会同自治区专项行动办公室对老虎嘴电站、雪卡电站等重点项目进行水土保持检查，提出了整改意见，并督促整改，取得良好效果。积极实施水土保持生态修复项目，投资175万元的米林县里龙乡生态修复工程和投资178万元的林芝县马崩弄沟吧沟水土保持生态修复试点工程已完成各项前期审批工作，即将招标建设。

【加强项目建设管理，工程质量不断提高】以工程质量、履行合同能力和程序为重点，深入波密玉倾、波密局域网、工布江达县城二期堤防、朗县曲江灌区等工程一线开展大范围检查，对重点水利工程实行质量巡查，发现问题，立即召开现场协调会，立即下发质量监督通知书，并督促及时整改，有力地保证了全地区水利工程建设质量。举办了为期一周的林芝地区水利项目建设管理与质量监督培训班，使全地区水利工作者业务能力和管理水平得到明显提升。

【认真制定发展规划，水利项目有序推进】《林芝水利发展“十二五”规划》、《尼洋河流域综合治理与保护规划》分别通过自治水利厅技术委员会、林芝地区审查。同时，积极编制了《林芝地区无电地区规划实施方案》、《林芝地区县级农田水利建设规划》和《2010-2013年农村饮水安全项目可行性研究报告》。

【援藏工作顺利交接，援藏项目有序开展】2010年是第五六批援藏工作的交接之年，三年来在水利方面，广东省水利厅共投入援助资金721.2万元，福建省水利厅共投入援助资金832.2万元。第六批水利援藏干部到位后，立即进入工作角色，马上投身林芝水利事业，积极编制《广东省第六批水利援藏三年规划》，积极争取援藏资金，林芝地区防汛抗旱物资储备中心有望明年开工建设。

林芝地区邮政工作

【年度综述】2010年，林芝地区邮政局共有职工222名，辖7个县局、4个支局、12个部门、2个党支部，共计31个网点、7条邮路，乡镇通邮率达80%，行政村通邮率达78%，全局全员劳动生产率达8.03万元/人。

【网络建设】新建波密县局、地局发讯台2个职工住房、波密县局、尼西支局、永久支局3个综合楼和夏龙、百巴、上察隅、金达4个中心乡镇邮政所；林芝县百巴镇中心乡镇邮政所于11月5日正式对外营业，工布江达县松多和朗县仲达镇中心乡镇邮政所于12月1日正式对外营业。

积极与行署、地区相关部门沟通联系，完成邮政农资药品配送中心建设用地的征地工作；安装墨脱县局、尼西支局、永久支局、夏龙所、下察隅所的监控设施；开展尼西支局、永久支局、夏龙所、下察隅所的营业标准化装修，全地区邮政营业场所规范化标准达到100%。

全地区邮政综合办公信息处理平台全面上线，充分发挥资源利用率，提高公文传阅速度，达到自动化办公和无纸办公。

代理保险、邮政储蓄2.0版本等系统成功上线，对有效遏制邮政储蓄存款冒领案件，防范资金风险提供有力依据；对20个网点网络进行改造，对从2000年开始使用的全部旧路由器进行更换，对14台ATM机进行硬件加密改造，实现“一机一密”。

【业务发展】邮务类业务方面，抓住景点门票这项重点业务，积极开发潜在的景点门票市场，全地区共印制门票81万枚，门票开发率达95%；成功开发各类邮资明信片、文化节邀请函、藏香包装盒、2011年挂历、台历；共制作DM单23万余份、商函17850份；与地区农行成功签订账单寄递业务，这是继地区住房公积金管理中心后的又一笔账单业务。

做好“爱心包裹”项目资金的劝募归集工作，全地区共募集“爱心包裹”善款18.1万元；努力开展“思乡月”专项营销活动，取得项目营销新突破；揽收军包5702件，销售“家乡包裹”443箱。

拓展“农家书屋”图书征订工作，完成“农家书屋”图书征订103万元、2011年度报刊收订流转额462.53万元，收订教辅书籍16万余元。

以集邮总公司发行首轮生肖金砖和上海世博会举办的契机，销售金砖；成功开发援藏工作队纪念册1046册。

全地区共销售机票6269张；与地区移动分公司、电信分公司分别签订代办移动业务、电信业务补充协议，目前林芝地区邮政局有11个网点代收移动话费，有3个网点代理体彩业务。

代理金融类业务方面，制定《林芝邮政个人网银业务发展方案》，促进新业务发展；开展邮政金融案件风险排查和专项治理活动，切实做好邮政金融资金安全和风险防范工作；严格执行金融管理规定，大力发展质贷业务；加大国债业务的宣传力度；做好征收小额账户管理费的相关宣传、公告等工作；修改完善《林芝邮政金融员工违规行为积分考核办法》，加大考核力度，对控制业务差错起到积极的促进作用。

代理速递物流类业务方面，物流专业紧紧抓住与速递业务整合的契机，积极探索服务“三农”渠道，大力推进农资配送业务；印发《林芝邮政加强营业窗口代理速递物流工作实施方案》，发挥营业窗口综合营销平台作用；加大落实代理速递物流专业运行质量年工作力度，着重解决乡邮邮件、察隅县邮件、代收货款等邮件时限、妥投率不达标的问题，全面提升运行质量；做好“五节联送”产品的营销工作，通过发掘大客户，开展上门服务，做好业务旺季特快专递、经济快递的揽收工作，提高市场份额占有率；与烟草公司、移动分公司、电信分公司签订货物运输协议，大力发展物流零担业务。

营销工作方面，制定《客户服务中心2010年营销计划安排》，确定“项目营销为抓手，突出函件、集邮业务开发”的核心工作，进行客户资源分配，实行客户经理片区管理维护责任制，强化营销管理；组织学习策划营销方案、筛选市场目标、上门营销技巧、礼仪谈判等知识，交流成功项目营销经验，提高营销人员的综合素质；针对效能建设年活动，尝试开发学习笔记本的制作工作，先后开发林芝地委、农牧学院、电信分公司、政法委等单位学习笔记2080本。

【通信服务】 在中央第五次西藏工作座谈会召开之际，积极做好座谈会精神相关报刊的投递工作，同时，积极贯彻落实中央第五次西藏工作座谈会精神，强化服务意识，提高营业、投递等环节的工作质量，进一步加大乡邮通信工作的广度和深度，重点抓好党报党刊的投递工作，以实际行动服务好“三农”，让广大农牧民满意；开展规范化服务活动，加强客户投诉管理，推行“首问负责制”，要求各单位、各部门按照《中国邮政首问负责制实施办法》，对用户来人、来电咨询、投诉负起“第一人”责任，不断强化员工服务意识，提高邮政服务水平，提高用户满意度；增加更张乡和百巴镇乡邮班期，提高进口邮件妥投率、返回率和出口邮件时限，扩大乡邮车辆投递范围；在各邮政网点统一公示“邮政服务申诉电话”牌、“邮件损失赔偿标准公告”、“温馨提示牌”等服务标识，并将投诉电话转接到视察员手机，便于社会各界对邮政服务工作的监督，确保投诉渠道的畅通；认真做好邮政投递网建设的相关工作，基本实现“5S”管理模式，顺利通过集团公司的检查验收，提高邮政业务传递质量，促进服务水平的提高；在城镇居住小区内安装、更换信报箱，较好地解决投递用户邮件问题，保障居民的通信权力。

【获奖情况】乔罗布同志荣获2010年度“全国交通运输企业文化建设先进个人”称号；龙娟同志被区邮政公司授予“2010年度服务明星个人”荣誉称号；邓玲同志在西藏自治区银行业协会第九届业务技能比赛中荣获计算机汉字输入第三名；地局储汇营业大厅在中国邮政储蓄银行营业网点规范化服务活动中荣获全国“服务明星营业所”荣誉称号，还荣获全区邮政女职工先进集体奖；中国邮政储蓄银行察隅营业所被区邮政公司授予“2010年度服务明星单位”荣誉称号；计划财务部在全区邮政系统会计基础规范化达标验收活动中荣获第二名；人事教育部在全区人力资源管理系统运行维护工作评比中荣获第二名，还被区公司评为西藏邮政企业人力资源工作先进集体；林芝地区邮政局被国家体育总局授予“全国群众体育先进单位”荣誉称号、被评为西藏自治区“十一五”重点建设项目工作突出贡献集体、荣获2010年度“全国交通运输企业文化建设优秀单位”称号；《基于市场需求的投递流程优化》的创新成果被集团公司评为第六届（2010年）全国邮政企业管理现代化创新成果三等奖。

【领导名录】
局 长、书 记：乔罗布
副局长：李卫华
委 员、纪委书记、工会主席（代）、副局长：郭晓辉
副局长：拉巴次仁

林芝地区电信分公司

【年度综述】2010年，林芝电信2010年通信业务收入同比增长10.8%，完成年度预算目标的101.2%，固网和C网业务收入双双完成全年的预算目标。总体来说，林芝电信2010年全年各项工作完成情况

良好。

【**节日营销**】充分利用元旦、春节、藏历年三大节日的黄金销售时期，在年初迅速掀起早发展、早受益的业务发展势头，按照区公司统一要求，开展了"翼起来3G"促销活动;有效承接了区公司二季度在全区开展的"激情3G翼起来"的3G营销推广活动。顺利完成了全区统一进行的好易通用户迁转工作。

【**针对重点目标客户、聚类客户加大存量维系工作**】在2010年针对部队战旗网用户开展了多波次的预存话费送话费、预存话费送终端等活动，同时通过军民共建、网络资源共享多种方式加强与部队的维系工作，提高部队市场的收入稳定性。而针对中低端用户市场，开展了形式灵活多样的针对性举措，尤其是通过年底进行的"天翼惠农"营销活动极大的发展了中低端市场、农村市场，推动了移动业务的规模化发展。围绕"激情3G翼起来"活动，充分利用套餐优化政策和促销政策，组织客户经理进行3G终端应用的培训和学习，通过试用机增强客户经理的操作能力，帮助他们积极开展3G业务主动营销，客户经理以主动上门的营销方式进行3G业务推介和终端演示、协助客户选择套餐、体验产品，促进移动规模发展。

【**全面加强了非常时期的各大机房、尤其是新通信大楼的巡检力度**】实行了对各县局及中继站的电话抽查制度及向区公司NOC中心的零报告制度。顺利完成了三大节日、自治区、全国两会、林芝桃花节、激情广场及大峡谷旅游节、西藏电信经营服务及支撑保障会议、全区经济工作会议、嘎隆拉隧道打通仪式、以及中央领导视察工作期间通信保障工作。保质保量的完成了3月份察隅自然灾害及9月农牧学院大桥垮塌通信应急抢通任务。

【**共完成了地区29个乡镇视频点位传输网络组网建设、系统硬件安装、软件调测等工作**】察隅、波密、林芝县政府OA办公自动化项目建设工作也顺利完成，为各县政府搭建了一个崭新的政府信息化应用平台，缩短了管理空间距离，提升了行政管理效能，对推进乡镇信息化建设，确保政令畅通和维护社会稳定，构建节约型政府，提高公共服务水平起到了积极的示范作用。

【**领导名录**】
分公司总经理、副书记：布次仁
副总经理、书记、财务总监：高国松
副总经理、工会主席、纪检组长：玉巴
副总经理、党委成员：次仁罗布

林芝地区移动分公司

【**加强渠道建设，渠道规模领先于竞争对手**】林芝分公司渠道建设以乡镇发展指定专营店，行政村发展特约代理点为主，制定了详细的渠道建设计划，并分步骤进行落实；制定了《2010年指定专营店经营绩效考核办法》，有力提升了指定专营店的工作积极性和主动性；召开了2010年指定专营店工作座谈会，拉近了与合作商的距离；制定了《林芝分公司社会渠道酬金管理办法》，完善了酬金体系；统一更换了特约代理点门头标识，统一了渠道形象。

【**主动出击，以营销促发展**】林芝分公司积极拓展宣传渠道，为各县配备便携式有源音箱，刻录各项营销活动宣传CD光盘，吸引广大客户积极参与各项活动。自2010年1月开始，相继开展"辉煌十年 感谢有您"存费送费活动、"实惠到千家，畅想移动新生活存费送机"活动、开展"时间成就价值"等各种营销活动。林芝分公司还组织人员到各乡镇及行政村积极开展村通营销活动，拓展村级客户市场。取得了较好的效果。

【**完善激励机制，提升前台人员发展业务的积极性，挖掘内部发展潜力**】2010年，林芝分公司积极开展执行以奖励促发展等各项奖励机制，提高营业员工作积极性及业务推荐主动性。营业员业务推荐积极性、主动服务意识大大提高，有效保证了林芝地区移动分公司在市场竞争环境中服务领先的优势，也从一定程度上解决了营业员工资水平较低的问题。

【**重点维系、发展集团客户，积极推广信息化产品**】林芝分公司重视维系、发展集团重要客户，协调资源以多重措施深挖集团客户市场潜力，集团客户规模保持平稳增长，对稳定大众市场发挥了积极作用，信息化收入对分公司运营收入增长贡献呈现上升趋势。

【**网络维护工作**】通过全体员工的共同努力，GSM网络掉话率、接通率KPI指标都超过挑战值，由于察隅雪灾等自然灾害频繁，小区完好性指标基本只处于基准值之上。为了满足维护工作需要，林芝分公司通过清理现有资源，新购了部分维护物资：如综合柜、电缆、接头盒、终端盒等。

【**优化工作**】林芝分公司建立了日常优化工作制度，及时通过GPRS信道调整及半速率开启满足用户数据及语音的需求。为了提升网络质量，在区公司的大力支援下，林芝分公司顺利完成了林芝基站CI重置，处理了部分站点干扰，添加了相关邻区，目前网络质量有一定成都的提升。

【**重大事项**】4月26日，林芝分公司通信保障小组携抢修设备与应急物资与林芝地委带领的抗灾救灾小组一起奔赴察隅县救灾现场。

存在的困难

4月27日，经过4天的紧张抢修，察隅县县城移动光缆抢修成功，县城移动通信恢复畅通。

5月4日晚20点35分，林芝分公司开通了察隅县下察隅镇卫星基站。

5月8日上午，林芝分公司举行了成立十周年庆典、林芝地区行署与中国移动西藏公司签订战略合作框架协议以及中国铁通集团有限公司林芝分公司揭牌成立系列仪式。

5月18日，林芝地区八一镇八一大街蜀龙广告家庭宽带业务正式投入使用，蜀龙广告成为林芝地区第一家使用铁通家庭宽带业务的家庭

【**领导名录**】
林芝分公司总经理：何光涛
林芝分公司副总经理：索　朗
林芝分公司总经理助理：蔡佐明

网通公司林芝分公司

【业务发展有了新的突破】2010 年，林芝分公司市场部紧紧围绕年初下达的任务目标，按照科学发展观的要求，坚持以市场为导向，以客户为中心，不断加大市场拓展力度，稳步提升客户服务水平，全力确保各项任务目标的完成。

2010 年全年发展新增渠道 103 家，3 月至 11 月铺设预开通卡 6540 余张，加大移动业务的推广力度，提高公司移动业务的市场占有率，加大发展集团用户力度，加大对用户的维系力度，降低用户的离网率，提高用户对公司的贡献度和忠诚度，扩大市场份额，加强分销渠道的建设工作，确保了全年任务目标的顺利完成。

【网络建设进一步加快】截至 2009 年年底，林芝分公司仅有 2G 基站 37 个，严重满足不了市场的需求。2010 年 1-11 月份，林芝分公司加大网络建设投资力度，加快网络建设步伐，新增新建 2G 基站 41 个，3G 基站 27 个，网络质量得到了明显提升，覆盖范围进一步扩大，到明年 5 月份基本上可以满足用户在主要公路沿途、旅游景点、部队驻地和出差到基层的通信需求。

【基础管理进一步加强】林芝分公司一是本着“岗位明确、流程办事、制度管人”的原则，对现有岗位进行了相应的调整，将大量人员充实到市场销售一线。按照这一管理思路，林芝分公司在 2010 年 3 月份成立了“集团客户部”，为公司业务拓展和收入拉动打下了坚实的基础。

二是坚持“经营要有新突破，服务要上新台阶，管理要上新水平，队伍要有新活力”的目标，抓住新的发展机遇、努力实现新突破，坚定发展信心不动摇、加快创新经营不懈怠，提升执行力。

三是根据林芝分公司实际情况，将卡类及终端的管理归口至财务部门，按照省分卡类及终端的管理要求进行管理，确保帐实、帐帐相符。

【市场经营方面】一是加强渠道的精细化经营管理，改变以往粗放型的经营模式。二是加强集团客户的发展，实现林芝分公司用户结构的转型。三是进一步加强县级渠道销售能力，为市场延伸发展和收入拉动打下基础。四是加强各渠道，特别是公路沿途渠道的服务和支撑力度。

林芝地区国土资源工作

【严格耕地保护制度】2010 年，林芝地区国土资源局认真贯彻国家关于实行最严格的土地管理制度和“十分珍惜、合理利用土地和切实保护耕地”的基本国策，加强土地利用总体规划和年度计划管理，实行土地用途管制制度，坚决执行“基本农田五不准”规定，使林芝地区耕地保有量达到 41 万亩、基本农田保护面积达到 32 万亩的目标要求。为切实保护好耕地，层层签订耕地保护目标责任书，设立了基本农田保护标志，基本农田面积落实到了每个地块，在明确耕地保护责任制目标任务的基础上，狠抓落实耕地责任制工作的动态巡查、监督检查、考评考核工作，促进了耕地保护共同责任的落实，确保了基本农田的稳定。

【全力提供建设用地保障服务】认真贯彻落实国家扩内需保增长的土地支持政策，加强规划计划调控，通过简化审查程序和手续，缩短办理时限，主动服务，提前介入，特事特办等方式全力以赴做好建设用地报批工作。2010 年上报自治区国土资源厅六个批次的建设项目用地报件，目前已批准六个。

【土地供应】2010 年林芝地区国土资源局共供应国有建设用地 73 宗，面积 1434.45 亩，土地纯收益为 1346.12 万元。其中划拨供应土地 20 宗，面积 1352.1 亩；挂牌出让土地 7 宗，面积 62.85 亩；协议出让国有建设用地 46 宗，面积 19.5，收取土地出让金 130.17 万元。

【认真开展国有建设用地使用权专项清理工作】对地区国土资源局及各县国土资源局成立以来的出让合同签订及履行情况、划拨决定书核发及履行情况等内容进行了清理。共涉及宗地出让合同档案 247 宗、划拨决定书档案 8 宗。经梳理、核对后，向区国土厅上报整理后的宗地出让合同 68 宗，土地面积 1185 亩，合同价款 3734.24 万元。同时结合专项清理工作，对地区规划区内批而未办理手续的用地单位进行了彻底清理，共清理土地 16 宗（划拨用地 7 宗、出让用地 9 宗），面积 139 亩。林芝地区国土资源局已向用地单位下发了限期办理用地手续的通知。

【强力组织土地开发复垦整理】对工布江达县东玛村、林芝县杰麦村、米林县本夏村的土地复垦整理项目可行性研究报告进行了评审并及时上报自治区批准审核。开发整理涉及土地 1505 亩，资金 790 万元。

【执法监察得到强化】违法预防机制、动态巡查机制进一步完善。设立 12336 国土资源违法举报电话，聘请了执法监督协管员，拓宽案源发现渠道。认真落实《违法土地管理规定行为处分办法》，严厉查处非法占地用地、非法勘查开采、越界开采等案件。

【土地登记情况】2010 年共办理土地登记 715 宗，面积 1149.9 亩，其中初始登记 247 宗，面积 583.38 亩；变更登记 395 宗，面积 393.83 亩，注销登记 58 宗，面积 131.5 亩；其它登记 15 宗，面积 41.19 亩。

【土地证发证情况】2010 年共颁发国有土地使用证 549 本，面积为 667.27 亩，其中划拨国有建设用地使用权 22 宗，面积 437.34 亩，出让国有建设用地使用权 527 宗，面积 229.93 亩。

【土地市场交易情况】共转让登记 353 宗，面积 50.14 亩，房地产转让额为 13143.97 万元。其中住宅转让 302 宗，面积 45.6 亩，转让总额为 11427.45 万元；其它转让 51 宗，面积 4.54 亩，转让总额 1716.52 万元。抵押登记 91 宗，面积 187.24 亩，房地产抵押额为 364828.46 万元，房地产贷款额 6940.76 万元。

【土地登记覆盖率加大】2010 年，林芝地区国土资源局着重加强了对八一镇无权属资料用地的处理，对地区 21 个单位共 28 宗用地下达了补办土地手续的通知，并协调建设局办理好相关的用地规划手续。下一步林芝地区国土资源局将继续对无手续用地，无证用地进行清理，大力宣传依法用地，加强土地执法力度，引导形成依法用地，凭证用地，以证管地的氛围，将严格的土地管理政策落到实处。

【认真开展农村宅基地确权登记发证工作】在波密县、朗县局部试点的基础上，地区全面开展农村宅基地确权登记发证工作。计划用三年时间，完成农村宅基地、集体土地所有权、集体所有权及集体土地建设用地使用权的确权登记发证工作，实现农村土地确权登记发证全覆盖。

【第二次土地调查后续工作进展顺利】地区第二次土地调查工作自2007年底启动以来，在地委、行署及自治区调查办的正确领导和大力支持下，通过全地区国土资源系统及相关部门的共同努力，地区七个县县城城镇调查已完成，成果资料包括文本成果261册、图件资料40套、数据成果119个、宗地档案资料3257个，光盘20个相关成果资料已交付林芝地区。这些成果资料为各级政府的土地利用决策、各部门的专业规划提供了重要依据。

【整顿和规范矿产资源开发秩序】规范矿产资源勘查开发。巩固整顿和规范矿产资源开发秩序成果，深入开展矿山工作，严厉查处无证开采、以采代探等违法行为。配合安监、环保等部门深入到地区矿山开展安全检查，认真排查安全隐患，确保人民群众生命财产安全。

深入开展矿产资源开发整合工作。成立了地区国土、发改等11个部门和7县共同组成的林芝地区矿产资源开发整合工作领导小组，制定出台了《林芝地区矿产资源开发整合工作实施方案》，对八一镇砂石厂和河道采挖点进行了资源整合。

【提早谋划，地质灾害防治工作扎实有效】提早安排地质灾害防治避险工作。成立了年度汛期地质灾害防治应急指挥系统，明确各县、各部门工作职责，建立和完善了巡查、应急调查、汛期值班、预警预报、群测群防等制度。波密、察隅两县被列为2010年我区开展地质灾害群测群防"十有县"建设的县。

做好地质灾害巡查工作。开展地质灾害巡查，重点巡查历年容易发生灾害的地质灾害隐患点，全面了解整个地区地质灾害防治现状和任务，督促各县完成地质灾害防治工作目标任务。

认真开展地质灾害调查评估。完成了地区50个小康示范村地质灾害隐患排查工作。配合自治区地质灾害防治专家完成了察隅县6个乡（镇）59个行政村的灾害调查评估工作，排查各类地质灾害隐患点128处。

【获奖情况】地区国土资源局荣获国土资源部颁发的"全国国土资源系统先进集体"荣誉称号。

地区国土资源局被国土资源部评为"双保工程"2010年成效显著单位。

林芝地区住房和城乡建设工作

【重点项目建设情况】2010年完成八一镇污水处理及收集系统项目前期工作，项目已完成了可研报告编制、可研阶段地勘、环评等工作，项目环境影响评价已通过了自治区环保厅审查，可研报告已报国家发改委环资司等待批复。

完成八一镇老城区给水管网改造工程前期工作，项目已完成了可研报告编制、可研阶段地勘、环评等工作，项目环境影响评价已通过了自治区环保厅审查。

地直机关干部职工80套周转房，总建筑面积6516.62平方米，总投资904.7万元，房建部分已建设完成，目前正在实施附属工程。

启动了八一镇滨河路二段三条支路工程的建设，目前项目正在建设中，总投资为1790.17万元。

完成八一大街改造项目和八一镇休闲广场建设项目。

八一大街民族特色改造项目已全部完成，累计完成总投资5705万元。

【城市规划情况】完成林芝地区"十二五"城乡建设发展规划和项目申报；

完成了青年公寓和德吉路健身广场规划设计和开工建设。

完成了《工布江达县域控制性详细规划》目前已通过了评审、《墨脱县县城总体规划及城市设计》现待审。

办理了80家《建设工程规划许可证》和101家《建设用地规划许可证》的现场踏勘及办证工作。

【工程质量监督情况】对八一镇48项工程进行了质量监督(其中跨年度续建工程12项，新建工程36项)。建筑工程监督覆盖率达到100%，建筑面积23.9万㎡，工程投资4.7亿元。

组织工程质量安全巡查、抽查检查4次，发出施工现场整改通知4起，返工通知3起，停工通知2起，工程质量、安全通报1起。

进一步规范见证取样，严把建筑工程材料进场关。受监督工程材料（试样、试件）的见证取样送检率100%。全年完成砼试块（砂浆）试配119组，试压砼281组，砖44组，钢筋（含焊件）力学测试583组，砂石分析28组，水泥检验25组，防水材料10组。

【建筑行业管理情况】进一步规范有形市场，对投资50万元以上建设工程项目全部实行招投标，2010年截止11月23日，有形市场共开标85个建设项目，涉及房屋建筑面积152007.82㎡、道路长度40公里，总中标价3.69亿元。

依法对总投资2.11亿元，建筑面积130712.56平方米的工程建设项目办理项目报建、合同备案和施工许可手续。

积极协调林芝地区建筑施工企业二级项目经理参加自治区二级建造师过度工作，配合区建设厅对林芝地区全部建筑企业进行了2010年资质年检工作；

与自治区住建厅联合在地区举办一期建筑企业项目负责人、技术负责人、安全员继续再教育培训，培训人员45人。同时还与林芝县、地区劳动局、职业中学联合举办培训班一次，培训农牧民50人。

【关注民生情况】严格工作制度，加强公积金管理，确保万无一失。1月至11月，住房公积金归集8423万元，累计归集住房公积金59737.86万元，归集余额29690.50万元。住房公积金提取4876万元；职工累计提取住房公积金30047.36万元；

提取城市廉租住房建设资金61.10

万元。发放住房公积金贷款5000万元，比2009年全年减少1797万元，到年底，累计发放住房公积金个人贷款21755.8万元，个人贷款余额11449.46万元，收回贷款2847万元，解决了部分家庭购房困难问题，住房公积金个人贷款按期回收率达到99%以上。

安排176户、635人低收入群众入住廉租房，入住率已达到76%。

保障农牧民工的合法权益，防止出现新的拖欠，在总结几年来“双清欠”工作经验的基础上，进一步增强了防范措施。加大同地区信访局、地区劳动局的配合力度，严格工程建设项目建设程序的审批，2010年共清理督办拖欠农牧民工工资1件，涉及资金18万元，涉及人数1人。

积极参与小康示范村建设，编制《林芝地区小康示范村建设实施方案编写大纲》，完成了七县小康示范村建设方案审查，指导各县开展小康示范村建设。与地区发改委通力合作，完成49个试点村的选点调研，整治试点工作进展顺利。

【“两房”建设进展顺利】2010年共建设干部职工周转房780套，总建筑面积52047平方米，总投资8748.9万元，其中自治区全额补贴7718.7万元，地区补贴资金为454.8万元，各县配套资金575.4万元。目前已建设完成464套。

2010年全地区共建设廉租住房100套，总建筑面积6000平方米，总投资1072万元，其中自治区全额补贴资金900万元，地区补助资金60万元，各县配套资金112万元。各县廉租住房于9月底陆续开工建设，目前已完成总投资的18%。

【房地产登记和开发工作进展有序】办理房屋产权证695个，涉及面积达215232平方米，其中：地直556宗建筑面积为167191.62平方米，各县139宗建筑面积48040.38平方米。

房屋产权他项证办理76宗，抵押建筑面积59079.72平方米，贷款金额达4197万。

对七个房地产公司进行了年检工作初审，并向自治区建设厅申报年审。物业资质从2008年开始由地区年检，自治区备案。现正在对5个物业公司进行年检。

【领导名单】

党组书记、副局长：易湘

党组副书记、局长：刘向东

党组副书记、纪检组长：袁卫红

党组副书记、副局长：卢立明

党组成员、副局长：次仁旺堆

总工程师：吴开辉

林芝地区市政管理工作

【提高城管执法水平，规范执法程序，加大执法力度，努力建设平安林芝、和谐林芝】一是加强业务培训。二是加强沿街叫卖和占道经营的管理。三是加大牲畜进城的管理工作。四是积极配合城市建设规划部门认真做好对违章建筑的管理。

【加强卫生保洁工作，创造整洁、优美的城市环境，着力创造宜居林芝】一是加大环卫监察工作。二是加强城市卫生日常保洁工作。三是加强环境卫生考核管理工作。四是加强垃圾运输填埋处理工作。五是加强宣传教育。

【加强园林绿化工作，着力创造生态林芝、宜居林芝】一是狠抓城区重点区域绿化美化工作。二是狠抓园林绿化日常维护工作。

【加强市政设施建设及维护和管理，着力提升城市良好形象和品位】一是开展垃圾压缩转运站修建前期准备工作。二是开展公交站台修建准备工作。三是开展停车场标志牌设立工作。四是对损坏的市政设施进行了及时维修。

林芝地区旅游工作

【年度综述】2010年，地区旅游系统干部始终坚持以发展为第一要务，以建设全国旅游目的地和西藏生态旅游中心为目标，团结奋进，攻坚克难，创新举措，强势发展，圆满完成了全年各项目标任务。全年接待国内外游客152万人次，同比增长38.18%，实现旅游收入11.1亿元，同比增长38.75%。经过五年的精心培育和重点打造，旅游支柱产业的地位已在林芝地区基本确立，为推进西藏经济强地建设、促进地区跨越式发展和长治久安发挥了重要作用。

【创新旅游宣传举措，大手笔开展旅游推介】一是采取“请进来”的方式，先后邀请深圳、广州、珠海、东莞、中山、惠州等地43家旅行商100余名代表赴林芝考察采线，设计线路和旅游产品。配合中央电视台、中国旅游卫视、重庆电视台、深圳电视台、西藏电视台等30余家中央和地方媒体赴林芝拍摄旅游专题片和开展旅游采访报道。同时，借助上海举办世博会的有利时机，在八一、工布江达、米林等地深入开展了“全国百城世博旅游宣传周”活动，在新华网、西藏旅游网、西藏日报等媒体开展了多期专题报道，委托中国电信林芝分公司重新建立了林芝旅游网站，在拉萨10家酒店和林芝地区的中流砥柱、米堆冰川、林芝机场等游客较为集中的场所，免费投放了林芝旅游宣传资料，在八一镇、日喀则市的公交车上制作了林芝旅游车体广告，出版发行了《林芝民间故事（景区篇）》，较好形成了林芝旅游的立体交叉营销网络。

二是采取“走出去”的方式，于年初联合西藏旅游股份有限公司在北京、天津、上海、广州、南京等18个城市举办了历时43天的“从雅鲁藏布大峡谷到布达拉宫”大型旅游巡回推介会，参加推介会的旅行社达3000多家、各地媒体60余家。年底又积极参与了自治区旅游局在上海、重庆、成都等举办的“享受阳光•回归自然”冬游西藏巡回推介会。全年，我们还先后邀请80多家林芝境外旅行社、组织8家地区旅行社和景区企业在拉萨举办了醉美林芝深度游产品推介会，发布了暑期促销游、秋冬季旅游新产品。组团参加了上海、重庆旅交会、香港、台北旅展会、厦门旅博会、沈阳旅交会、广东国际旅游文化节、迪庆康巴旅游文化节等8个国内重要旅游节会，与区内外旅游主管部门、旅游企业、旅行社进行了广泛接洽，支持西藏雅鲁藏布旅游开发有限公司在广州、苏州等地先后举办了多场旅游推介会。

三是采取“办庆会”的方式，积极倡议邀请中央电视台积极参与，借助激情广场栏目平台，成功策划举办了为期一周的林芝第六届林芝雅鲁藏布大峡谷文化旅游节。期间，全地区接待区内外游客1.3万人次，比上届大峡谷节增长10.5%，实现旅游收入393.3万元，比上届大峡谷节增长9.7%，成功举办了“林芝四季旅游高峰论坛”、第二届旅游纪念品大赛、林芝“十大美景”评选、大峡谷徒步大会、大峡谷图文展示等多个配套活动，分别在厦门、拉萨举办了新闻发布会。积极协助林芝县、米林县、工布江达县、朗县等，策划举办了林芝桃花节、珞巴民俗暨黄牡丹节、巴松错旅游文化节、朗县仁布圣水节等4个地方节会，较好实现了“旅游搭台、经贸唱戏、以节促游、延长旺季、缩短淡季”的办节目标。

四是采取“搞合作”的方式，全面加强与旅游强省强地的交流合作，继2008年、2009年与福建省福州市旅游局、武夷山市旅游局、云南省丽江市旅游局、国航西南营销中心签订《旅游合作框架协议》的基础上，2010年又与广东省肇庆市旅游局、韶关市旅游局、江苏胥口镇签订了《旅游合作协议》。自2008年在全国21个城市设立了27家林芝旅游咨询处的基础上，2010年又新增4个旅游咨询处，委托区内外31家旅行社全面开展林芝旅游宣传促销和组团业务。同时，在全区各地市中启动了冬季旅游营销工作和“西藏人游林芝”优惠促销活动，与山南、日喀则、拉萨等地市旅游局进一步加强了区域合作，共同打造旅游产品，推进区域旅游协调发展，实现优势互补、市场共赢。

截止目前，林芝地区国内旅游客源市场已由“十一五”初的广东、福建为主的传统客源市场，快速向长三角、环渤海和川渝地区发展，有序向中西部地区和港澳台地区扩散，旅游形式呈现出观光旅游、会务旅游、自驾旅游、特色旅游等多种形态。

【创新旅游开发机制，高标准推进资源开发】一是加强规划体系建设。继2009年完成林芝、工布江达、米林、波密、朗县、察隅六县旅游业发展总体规划的基础上，2010年完成了最后一个县--墨脱县的旅游业发展总体规划，截止目前，全地区通过旅游规划评审的县达到7个、景区达到18个。

二是加强基础项目建设。全年共争取各类旅游投资项目14个，立项总投资6309万元。其中，争取国家投资项目6个，总投资5002万元；争取国家财政部旅游发展基金地方补助资金项目3个，总投资270万元；争取自治区旅游发展资金基建项目5个，总投资1037万元。地区财政每年还配套旅游发展资金100万元，支持旅游基础建设。2010年，我们还立足当前，着眼长远，突出“十二五”项目规划，积极向国家申报了8大类共计2.75亿元的“十二五”旅游基建项目，向国家财政部进一步申报了2个共计1577万元的国家旅游发展基金地方补助资金项目。

三是加强景区开发建设。2010年，突出以雅鲁藏布大峡谷为核心，以巴松错、南伊沟、米堆冰川、鲁朗林海为中心，按照与企业签订的年度目标管理责任书内容，积极发挥政府主管部门的职能作用，全面加大旅游开发企业的开发监管和督促力度，不断提高企业的跟进协调和服务水平，积极打造3至5个旅游精品景区。目前，大峡谷水路联运、尼洋河水上漂流、尼洋河风光带、藏东南非物质文化博物园、鲁朗五寨等新的旅游项目业已投入运营。“十一五”期间，先后促成了12家区内外旅游开发企业落户林芝，全地区旅游开发企业达到14家，在2005年开放营运巴松措、大柏树、鲁朗、嘎定沟4个景区的基础上，相继开放运营了派镇大峡谷入口景区、南伊沟景区、波密米堆冰川景区等16个景区，全地区对外营运景区由2005年初的2个增加到了21个，在建和待建景区达到19个。特别是以派镇为中心的大峡谷景区、巴松错景区、南伊沟景区、鲁朗景区等4个中心景区的品位得到了明显提升、可进入性明显提高、游览程度明显增强，使旅游产品逐步由单一观光型向观光、科考、徒步、休闲、度假等复合型转变。

【创新旅游市场监管，全方位加大市场培育】一是坚持“优化环境，吸引投资，全年成功引进了东悦大酒店、大峡谷酒店、林芝湾酒店等4家旅游开发企业落户林芝，完成招商引资7758万元，完成年度指标的111%。

二是按照“景区创A、饭店创星、企业创优”的要求，全面开展旅游环境综合整治和旅游服务提升工程。有序加大宾馆饭店的改造升级，积极开展星级酒店和A级景区评定工作。2010年，嘎定沟景区、千年核桃树景区被评为了国家2A级景区，全地区A级景区达到3个。全地区星级酒店由2005年初的4家发展到28家，其中四星级酒店2家、三星级酒店9家、二星级酒店17家，星级酒店年接待能力达到80万人次以上。2010年，全地区新增旅游从业人员320多人，全地区旅游从业人员总数由2005年初的3400余人发展到7100余人，约占全地区总人口的4%，带动社会就业2万人次以上。旅游协会也由2005年初的14家成员单位发展到2个分会66家成员单位。

三是坚持“规范经营、打击非法、维护市场”的原则，维护了游客正当利益，消除了社会不安定因素，树立了林芝旅游良好的对外开放形象。

【多层次推进旅游富民工程】截止2010年底，全地区直接从事旅游服务的农牧民群众达到680户1800人，分别比2005年初增加458户1350人，农牧民人均旅游收入由2005年初的1220元增加到4040元。截止目前，先后有72家家庭旅馆被评星授牌。当前，以“藏家乐”为主要形式的农牧区生态旅游已经成为林芝地区生态旅游发展的新亮点。

【创新人才培养举措，多领域开展队伍建设】2010年，通过委托培训、自主培训、借力培训等方式，共开办各类旅游培训班18个，培训旅游各级各类旅游从业人员1350余人次，旅游人才建设和教育培训工作取得了明显成效，对促进旅游业的快速发展、提高旅游管理水平和服务质量产生了积极作用。

林芝地区气象工作

【加快气象现代化体系和基础设施建设】完善气象灾害预警信息发布平台，推进气象灾害预警电话发布系统，扩大气象信息的受众覆盖面。进一步完善气象灾害应急管理机制，建立分灾种气象灾害和有关突发公共事件应急预案，加强林芝气象网站的运行管理，加强农经网信息报送工作。

4月1日高空探测GFE(L)1型测风

雷达正式投入业务运行。

完成了对尼池、色季拉山山顶、鲁朗、排龙等 7 个立体气候监测站选址和建站工作；完成了除墨脱自动站（因全年公路中断）以外的其余 22 个站点玻璃钢百叶箱调换安装。

近日完成了 2 个农业气象自动土壤水分观测站点的安装调试工作。

气象现代化建设方面，完成了 2010 年项目申报工作。在中国气象局、自治区气象局和区局相关部门的大力支持下，完成了局本部大院的环境改造和绿化，以及雷达站公路路面的硬化工作。按照区局和林芝地区气象局党组的安排，根据设施改造现状和业务发展趋势，通过实地考察和调研，完成了《米林县气象局第三期台站基础设施综合改造项目》、《波密县气象局第三期台站基础设施综合改造项目》、《察隅县气象局第三期台站基础设施综合改造项目》、《林芝地区气象局人影中心培训楼危旧房改造扩建项目》和《林芝地区气象局电解水制氢和氢气压缩设备更新项目》的申报工作。

【防灾减灾效益显著】截止目前为止，林芝地区气象局通过西藏林芝气象网、“12121”、手机短信、林芝农经网、电视天气预报节目、发送纸质预警产品等多种形式向各级党委政府、相关部门及社会公众传送异常天气信息。其中旬报 27 期、月报 10 期、天气警报 3 期、灾情 23 期，重要气象报告 23 期、专题气象报告 80 期、手机短信 112 次。

2010 年 3 月 9 日晚 10 时左右，在离朗县 15 公里的朗镇发生了森林火灾，林芝地区气象局人工影响天气中心立即启动应急预案，组织人影作业人员连夜奔赴火灾现场，成功的组织实施了人工增雨作业，共发射增雨炮弹 40 枚，投入资金 5 万余元，取得了较好的社会经济效益，得到了地方政府的充分肯定。

2010 年防雷减灾工作成效显著。全年共对 70 个防雷装置进行了技术评价，并下发审核意见书；完成新建项目防雷工程竣工验收 20 项；对林芝地区第二高级中学、西藏农牧大学现代信息大楼、地区人民医院住院大楼、地区旅游局游客接待中心等项目防雷工程质量进行了重点监控，全程进行质量跟踪和技术指导服务。

【拓宽气象服务领域和发布渠道】努力扩展气象服务领域。结合林芝旅游产业准确及时地发布了桃花花期、“黄牡丹”和杜鹃花花期预报。结合各时段天气情况，及时发布道路结冰、泥石流等预警信息。

11 月林芝地区气象局以林芝县八一镇公众村为试点，免费为该村安装建设气象预警农村大喇叭系统，11 月 4 日 17 分 40 分，公众村刚建成的气象预警农村“大喇叭”响起天气预报，这标志着西藏电话第一村—公众村，在全区再一次率先开通农村气象服务信息，从此该村农民坐在家中或在田间地头就可听到相关气象信息，真正实现气象信息“进村入户到田头”。

6 月 30 日，林芝地区防雷检测所经上级气象主管部门和林芝地区质量监督局批准成立，成为西藏自治区气象系统首个防雷检测所，标志着林芝地区防雷减灾工作进入一个新的阶段。

【气象服务能力得到提升】新一代 MICAPS3.1 系统的应用，进一步提高了气象预报预测准确率。完成了本站、米林、波密和察隅四站的地面观测仪器撤换工作；完成了辐射观测设备和仪器的安装调试工作；林芝新一代天气雷达 CINRAD/CD 系统通过由辽宁省气象局、山东省气象局、西藏自治区气象局组成的 5 位专家组的业务验收；完成了 2009 年地面组自动站、人工站、水汽、酸雨、探测气象资料的收集、整理、备份工作；完成了林芝地区气象局探空 L 波段雷达第二阶段的对比观测，并及时向上级业务管理部门上报了对比观测的数据；完成了林芝地区 8 个区域站及墨脱县自动站的建站报告及探测环境评估报告工作；完成了今冬明春短期气候预测，在第一时间通过网络和纸质文件等形式向有关部门和社会公众发布；完成了米林县 2 个区域站、工布江达县 2 个区域站和波密县 2 个区域站的土地使用证的办理事宜。

林芝地区防震减灾工作

【抗震设防管理】2010 年地区行署再次转发《西藏自治区建设工程场地地震安全性评价管理暂行办法》以来，前来林芝地区地震局送交审核的设计图纸共 17 份，总设计建筑面积 共 3 万㎡，总工程造价 4 万万元。其中要求重要设计部位修改图纸 3 份。到 8 月 20 日止，林芝地区地震局共验收工程 30 多项，总建筑面积近 4 万㎡，工程总造价 6 万万元，其中达标工程 27 项，要求修改设计设计项目 7 个，停工整改项目 2 个。对隐蔽工程不合格共整改 17 个项目，涉及 23 项内容，真正做到了为地区经济建设保驾护航。

【群测群防】4 月份以来，出现青冈栎、高山松大面积死亡现象，林芝地区地震局以高度的政治敏锐性和政治责任感及时向地委、行署和自治区地震局进行汇报，并组织专业人员到比日神山上开展调研工作。调研同时，主动和自治区地震局党组书记、局长朱荃同志联系，咨询有关事宜。并于第一时间以信息形式向行署和自治区地震局汇报调研情况，调研情况得到自治区地震局和国家有关部门的高度重视，该工作得到国家地震局领导的表扬。在林芝地区地震局的积极争取下，由中国地震局监测预报司副司长宋彦云带队的专家团一行抵达林芝。专家团对林芝地区森林整片死亡现象开展调研。针对青岗栎、高山松成片死亡现象，林芝地区地震局由局长韩飞同志带队的一行五人再次开展了防震减灾调研工作，并对 1950 年发生在林芝地区察隅、墨脱 8.6 级地震前兆情况进行调研。同时邀请由中国地震局地下流体首席专家、国家二级研究员、汶川地震宏观前兆首席调研员刘耀炜老师带队的专家组一行在林芝地区进行地气取样调查，并对比该区其它未发生树林死亡地区土壤气浓度，确定是否存在有害气体影响树木生长的情况；

2010 年 4 月 14 日，青海玉树发生 7.1 级地震后，林芝地区地震局在地委、行署的指示下，立即组织救援队伍和救援物资，从林芝出发赶往青海玉树地震灾区开展抗震救援活动。救援过程中在禅古寺、结古镇职业学校附近，共挖出 9 名被掩埋人员。并绘制了《房屋大面积倒塌区及人员掩埋重点区图》、《地震极灾区和影响区图》，为后续救灾提供服务，同时对上拉秀乡至禅古寺这一区域进行了灾害评估。

【援藏工作】在福建省第六批援藏工作队抵达林芝地区后，通过调研，援藏队特别

重视林芝地区地震监测工作，为地震局购买两台地气监测仪器，总价值8.8万元；协助中国科学专家组分别在八一镇比日神山博物馆院内、米林县境内各安装大地地磁场监测仪一台，总共价值400万元。仪器的架设弥补了林芝地区地磁监测的空白，同时提高并加强了林芝地区地震监测能力。

林芝地区电力工作

【主要指标完成情况】2010年全年累计完成售电量7584.07万千瓦时，同比下降0.28%，完成年计划95.55%；网损率为2.88%，同比下降0.08个百分点；线损率7.98%，同比上升1.86个百分点；电费回收率100%。

【积极应对挑战，认真开展标准化建设，推进与区公司全面接轨】认真学习贯彻区公司2010年工作会议精神，全面落实区公司年初“两会”确定的目标任务，多次编印了区公司会议精神学习要点，及时召开专题会议、党员干部会议，进一步传达学习区公司的发展思路、管理理念和工作要求，充分认识公司和电网发展战略重点转移的新形势、面临的机遇和挑战，班子成员深入干部职工调查研究，宣传讲解西藏电力面临的发展形势、管理理念和工作要求，解决和答复职工意见和建议30条。持续深入推进与区公司全面接轨，努力形成与区公司统一的组织架构、管理模式和业务流程，不断深化管理，完善措施，制定实施了年度工作要点和各项工作计划，对全年目标任务逐项进行了分解落实，公司与各部门签订了年度绩效考核责任书、安全生产责任书、思想政治目标责任书、综合治理责任书、党风廉政建设责任书，加强检查、督办和考核，扎实有效地推动了各项工作的开展。

【狠抓安全生产、全力保障电力供应】始终坚持“安全第一、预防为主、综合治理”的方针，不断加强安全基础管理、电网安全稳定分析、危险点控制、设备管理，认真落实安全生产例会制度，深入开展“三个不发生”、“反习惯性违章”、“隐患排查治理”等活动。组织开展安全教育和规程培训115人/次，完成安规考试88人/次。编制实施安全活动方案11个；组织开展各类安全大检查10次、专项检查54次，共排查安全隐患192项；已完成整改192项，完成率100%。全年发生输电事故1起，同比上升1起；发生一般设备故障、障碍1起，同比下降2起；发生一般输配电线路故障、障碍34起，同比下降6起；没有发生人身死亡、重大及以上电网、设备事故。

【加强营销管理、进一步提高服务水平】认真学习贯彻区公司2010年营销工作会议精神，深刻领会区公司营销工作思路和要求，明确工作目标和责任，编制实施了《林芝公司电力营销管理工作实施方案》。全面开展并完成营业普查及客户档案整理归集工作，检查整改用户地址错误等各类问题90项，首查完成了高低压用户供用电合同、电费结算协议的签订工作；组织开展用户侧安全大检查830户，排查用电安全隐患160户，目前已完成整改110户；签订安全供用电协议87份、自备电源安全管理协议20份。实现了分线、分变（台区）线损统计分析工作。不断深化服务管理，实行用电咨询和业务办理“一口对外”和“首问负责制”，主动与地区农行沟通协调开通电费代收点五个；及时召开客户座谈会、深入客户回访，认真听取用户的意见和建议，客户满意率逐步提高。

【积极开展职工培训，努力提高职工队伍素质】为进一步加强职工教育培训工作，改进培训方式和手段，提高培训的针对性和实效性，结合公司实际组织编制了《林芝分公司职工教育培训方案》和年度培训计划，进一步明确培训责任和要求，并将培训结果与收入挂钩，进行了严格考试考核。全年累计开展职工培训425人/次，开展内部培训312人/次，参加区公司及区外举办的各类培训113人/次，外派学习人员返回后进行了汇报交流培训；同时也邀请福建援藏干部、地区党校、消防局、保密办等部门有关专家教授举行了企业民主管理、效能建设、消防和保密等相关知识的培训讲座。

【获奖情况】林芝分公司荣获2010年度“国网公司信息运行先进集体”称号。

林芝分公司被国家电网公司工会评为先进单位。

林芝分公司获得国家体育总局颁发的“2010年全民健身活动先进单位”奖牌。

【领导名录】

副总经济师、林芝分公司党委书记、总经理：王好源

副总经理：朱　键、沈惠冲

党委副书记、纪检组长：周朝东

工会主席：拉巴次仁

林芝地区科技工作

【科技经费投入持续增加】2010年地区科技经费投入达1109.51万元，其中自治区厅、区科协安排项目及培训经费687.11万元，地区财政配套180万元，林芝地区安排农民实用技术培训专项经费42.4万元，援藏资金280万元。

【狠抓科技项目跟踪管理工作】2010年林芝地区申报实施了“尼洋河流域可持续发展实验区”自治区级重大科技项目。

截至2010年底，林芝地区实施“富民强县”项目5个：工布江达县藏丹参种植与开发、波密县波密县野生天麻半人工栽培技术示范与推广、察隅县油桐种植与开发、墨脱县柠檬种植与产业化开发和林芝县藏香猪规模化养殖与产业化示范等项目，实施“星火计划项目”3个：林芝地区天麻仿野生栽培示范、米林县米林村藏药材人工种植示范推广和藏玛卡选育及规模化种植技术研究与示范等项目，实施成果转化项目2个：早中熟苹果新品种“华美”、“早红”的中试与推广和西藏蕨根粉丝粉皮及蕨菜加工技术开发项目。

加强对重点科技项目的绩效考评工作，推荐“工布江达县藏丹参种植与开发”申报专项行动绩效考评奖励项目，指导县科技局完成了实施方案初稿。

【组织实施特色产业领域的科研项目】野生天麻人工栽培技术推广星火项目实施以来，累计培养天麻种植人员500余人，带动了林芝地区经济的发展，保护了林芝

地区野生天麻资源和生态环境。2010年在原有林芝县巴结村天麻繁育基地27个大棚的基础上，又在久巴村建设新的天麻繁育基地，新增20个大棚。2008年至今共生产麻种2.5万余斤，提供给农牧民群众，现天麻种植面积达200余亩，天麻种植户达325户，每亩效益达5-8万元。2010年8月，中央政治局委员、广东省委书记汪洋和区党委书记张庆黎等领导亲临天麻基地检查指导工作时，对该项目所取得的成效给予了充分的肯定。

“野生黑木耳人工栽培试验示范”项目取得成效，林芝县拉月村农牧民群众种植黑木耳达150亩，木耳产量达5000余斤，收入达20余万元，每户增收8000余元。野生灵芝人工栽培获得成功，已培育3个大棚1.5亩，产量达450斤左右，为今后规模化栽培提供了技术支持和积累了经验。

2010年，林芝地区申报的“藏玛卡种植与产品初加工”、“南伊乡乳制品加工”和“西藏蕨根粉丝粉皮及蕨菜加工技术开发”等项目获得自治区科技厅立项批准，必将带动当地特色产业发展，增加群众收入。

【积极申报、实施重大科技项目，着力解决经济社会发展“瓶颈”制约】按照我们定的一年一个科技大项目的工作思路，根据地区经济社会发展的总体目标，结合区域特点，2010年实施了全区第一个可持续发展实验区项目，通过对实验区自然地理条件，人口、资源环境状况和经济社会基础的综合分析和系统评价，找准林芝地区可持续发展的有利条件和制约因素，有针对性地出台政策措施，并确定6个重点建设领域和一些重大建设工程及相关项目，为可持续发展探索经验。

为进一步做好前期工作，提高广大党员干部的思想认识，在林芝县大礼堂举办可持续发展实验区专题报告会。目前，林芝地区建立自治区级可持续发展实验区的前期准备工作现已完成。

【科技特派员工作成效显著】2005年全区科技特派员试点工作全面启动，目前林芝地区已聘任科技特派员195名。采取课堂教学和实地操作相结合，开展技能培训，提升科技特派员的示范带动作用，组建经济合作组织和专业协会15个，创办农民企业5个，培训农牧民群众4.1万余人次，发放科普资料2.8万余册，带动农牧民就业5000余人次，增加群众人均收入4664元。

【科技援藏有新举措】2010年广州市天河区科信局与林芝地区科技局签署了共建科技援藏互助友好单位协议书，拓展援藏内涵。全国第三次科技援藏座谈会期间，广东省科技厅与林芝地区科技局签订意向协议，推荐广东和藤医药科技股份有限公司进藏落户，2010年成立了西藏和藤藏医药开发有限公司和波密天麻研究中心，把林芝地区天麻特色产业做大做强。

2010年6月，全国生产力促进中心“两服务行动”座谈会在林芝地区召开后，经自治区生产力促进中心的牵线搭桥下，引进了黑龙江东宁县黑木耳种植项目，在林芝县巴结村天麻繁育基地内建立黑木耳生产区域，先期生产4万袋菌种，东宁县已派专家进藏进行现场指导和技术培训。

广东省第六批援藏工作队批准了“天麻繁育基地建设及产业化”项目，安排资金200万元。福建省科技厅安排林芝地区“果树优良品种引进栽培与生态果园开发利用”援藏项目，进展顺利。

【开展科协和知识产权工作】中国科协和财政部实施“科普惠农兴村计划”以来，林芝地区争取到“科普惠农兴村计划”经费达305万元，已落实到位经费达190万元，我们建立了科普惠农服务站，负责检查、督促科普惠农工作开展情况和资金执行情况，取得成效。

积极开展知识产权保护宣传活动，向企业和个体户发放专利申请有关知识，鼓励大家申请专利。林芝地区获得专利申请共17件，其中外观专利有3件，实用新型专利7件，发明专利7件。

【认真做好“十二五”科技规划】开展调查研究，提出了“十二五”期间科技工作的指导思想是，立足林芝资源优势，突出产业结构特色，以适用技术的引进再创新与地区产业结构调整技术的集成创新为主，加强特色资源研发领域的原始创新，以特色农牧业、特色生物资源、新能源利用、藏医药研发和生态环境保护为重点，不断提高科技推广力度和自主创新能力，走出一条出符合林芝实际、具有林芝特色的科技发展道路，为实现经济强地提供强大科技支撑。规划还明确了“十二五”期间林芝地区科技工作的8个重点领域和26项主要任务。

林芝地区教育工作

【抓好统筹协调，积极推进基础教育快速发展】截止2010年底，全地区共有各级各类学校108所，其中职业技术学校1所，高中2所，初中9所，小学66所，教学点19个，幼儿园11所。共有在校生36387人，比2009年增加834人，同比增长0.2%，其中小学生19719人，初中生7993人，普通高中生3887人，职业学校学生2816人，幼儿园学生1972人，“两基”人口覆盖率达100%，适龄儿童入学率达99.53%，同比增长0.03%，初中入学率达100.7%，同比增长1.9%，高中入率学达75%，同比增长10%，文盲率控制在了1%以内。

【注重提升内涵，大力发展职业教育】完成了2010年中央、自治区财政支持的实训基地建设项目的规划和申报工作。地区职业技术学校秋季学期共完成招生600人。成立了内地西藏中职班招生工作领导小组，圆满完成了首批内地西藏中职班招生工作，林芝地区共录取248人，学费、生活费等全部免除。培训农牧民3000人。

【实施新课改革，全面提高教育教学质量】加大实施新课程改革力度，进一步完善了教学研究机构，全地区7个县教育局都设立了教研室，配备教研人员23人，各学校成立了教研组，配备了专兼职教研员，一些教育理念先进、教学经验丰富、教学能力强的教师被充实到教学研究岗位，掀起了新一轮的教学研究活动。2010年，林芝地区有1842名小学生报考内地西藏初中班，共录取198名到内地12个省（市）18所初中学校就读；有2320名初中生参加中考，共录取2098人，录取率达 90.4%，其中有 588 名考生被录取到区内外重点高中；有 1440 名高中生参加高考，共录取 943 人，录取率达 65.5%。

【狠抓教育督导，着力巩固提高“两基”成果】 4 月份，地区对林芝地区“两基”“迎国检、促发展”领导小组进行了调整充实，进一步加强领导，明确了职责和分工。相继下发了《关于进一步加强“两基”档案资料建设工作的通知》、《关于进一步加强“国检”自查工作的通知》和《关于进一步加强“控辍保学”工作的意见》(林地委〔2010〕58 号)，制定下发了《林芝地区“两基”迎“国检”工作实施方案》(林地教督〔2010〕7 号)，对推进迎国检工作起到了重要作用。继续指导各县开展扫盲工作，全年共下达扫盲专项资金 20 万元，圆满完成了 3000 人次的扫盲任务。

【强化队伍建设，全力提高全地区师资水平】 全年共培训教师 1243 人，超额完成了全年培训任务。面向 2010 年高校师范类毕生公开招考中小学教师 101 人，面向基层公开招考地直学校教师 77 人，为地区职业技术学校公开召考“双师型”教师 8 人。全年新增加教师 186 人，使全地区现有教职工人数达到 2922 人。

【积极争取投入，不断改善学校办学条件】 教育投入进一步加大，圆满完成了 2010 年教育经费分配工作，共下达教育经费 23469.37 万元，比上年的 18867 万元增加 4602.37 万元，增长 24.39%。在项目建设方面，义务教育学校标准化建设有序推进，全地区共落实教育建设项目 21 个，总投资 16789 万元，比上年同期 6881 万元增加投资 9908 万元，增长 144%。

【实施“阳光招生”，认真完成各类考试工作】 全面贯彻落实上级各项招生考试政策和相关规定，积极组织好各类招生考试工作，圆满完成了全年的招生考试任务。各类考试参加人数达 8788 人次。为进一步规范内地西藏班报考行为，还下发了《林芝地区教育局关于进一步规范内地西藏班招生报考行为的紧急通知》。

【落实健康标准，大力发展全民体育运动】 全面落实《国家学生体质健康标准》，开齐上好体育课程。开展了体育工作专项督导自查工作，确保体育教学质量。广泛开展大课间活动，大力推进学生阳光体育运动，确保学生每天锻炼一小时。2010 年，林芝地区第一中学荣获国家体育总局颁发的“2009 年全民健身活动先进单位”荣誉称号，林芝县被评为“全国阳光体育”先进县，波密县被评为全国阳光体育冬季长跑优秀组织单位。起草了《林芝地区关于推进全民健身工作的意见》，并用 3 个月时间开展了国民体质监测工作，共监测样本人数 2571 人。同时，还配发全民健身路径器械 5 套。争取到援疆、援藏公共体育健身设施第一批建设项目 1 个，总投资 300 万元。2010 年全地区各种群众体育社团组织发展到 7 个。地区教育(体育)局群众体育科被评选为“2010 年全国全民健身活动优秀组织奖”。

体育彩票销售情况良好。全地区有电脑体育彩票销售网点 22 个，销售额达 2548768 元，即开型体育彩票共销售了 2124000 元。

林芝地区文化广电工作

【积极完成各项文艺演出任务】 2010 年林芝地区一是积极开展“三大节日”及工布节期间送文化下乡活动、林芝庆祝“3·28”西藏百万农奴解放纪念日军民联欢文艺晚会、庆祝中国共产党建党 89 周年等主题明确、形式多样的群众文化活动，积极营造节日喜庆氛围。二是群众广场文化活动丰富新内容。自 4 月 29 日举办群众广场文化活动以来，地区增设了工布映象群众广场文化活动，地区新华书店在福建公园设点销售本土文化产品，以满足外来游客购买宣传介绍林芝民族文化的音像制品及书籍。2010 年开展活动 1000 场余次，参加活动的累计人数近 49 万人次(其中，各县人数达 21 万人次)；三是完成了地区雅鲁藏布大峡谷文化旅游节及第三届“爱我林芝、歌唱林芝、繁荣林芝”歌舞比赛活动的各项文艺演出。举办的“农牧民歌舞比赛”与“大众歌舞比赛”，为全地区干部职工以及农牧民提供了展示文艺专长的平台，所参演的节目均特色鲜明、主题突出、形式多样，展现了林芝干部职工和农牧民健康向上的精神面貌。四是成功组织并举办了林芝地区第二届老年文艺汇演，6 支老年文艺表演队参演的 21 个节目，生动形象地展现了老年干部职工老有所为、老有所养的饱满精神。还选拔出地区“夕阳红”艺术团参加全区第三届老年文艺汇演。五是首次参加中央电视台星光大道栏目比赛，精心编排参赛节目，“雪域百灵”组合经激烈比赛荣获了周冠军。六是配合中央电视台“激情广场”栏目出色地完成了“爱国歌曲大家唱”(西藏林芝篇)的演出任务，一首首爱国歌曲在林芝群众中传唱、唱响。七是地区民族艺术团出色完成了世博会西藏展区的文艺演出，46 场民族歌舞节目受到了国内外观众和社会各界的一致好评。八是打造林芝原生态歌舞节目。以文化厅命名的“千年核桃文化产业示范基地”---林芝县公众村为载体，邀请区歌舞团编导提出创作方案，排练原生态歌舞节目，使林芝民族歌舞在编创表演上有新进展。

【文化遗产保护工作成效显著】 非物质文化遗产保护工作方面：一是提出《林芝地区米林珞巴文化生态保护实验区规划》。二是申报第二批自治区级非物质文化遗产保护项目传承人 26 位。三是申报米林珞巴族服饰和工布江达县梗舞为 2010 年全区非物质文化遗产重点生产保护项目，争取保护资金 38 万元。四是新增 18 个县级非物质文化遗产保护项目。五是参加世博会“西藏活动周”非遗产项目展示活动，珞巴族织布技艺传承人现场向区内外游人展示了珞巴族独特鲜明的织布技艺。

文物保护工作方面：一是认真完成了第三次全国文物普查国家新开发软件文物普查的登记录入文字工作。二是完成了桑杰庄园等 9 处自治区级第五批文物保护单位的记录档案、备案工作。三是落实了投资 323 万元的阿沛管家庄园和 565 万元的扎木红楼的等项目的相关工作；完成了冲康庄园、桑杰庄园、阿沛庄园等文物保护单位的维修方案，对阿沛庄园和朗县冲康庄园维修方案进行审定。四是新增公布 27 处县级文物保护单位。五是在福建援藏队的大力支持下，完成了藏东南文化遗产博物馆 2000 余件各类实物的征集、入馆工作，5 月 1 日，藏东南文化遗产博物馆试运行，现已成为林芝地区的一个重要的文化标签和旅游坐标。

古籍保护工作方面:林芝地区古籍普查的前期准备工作正在进展中,已成立了由行署分管领导任组长的领导小组,古籍普查工作方案也以行署名义下发各县。

【文化市场监管力度不断加强】深入开展“扫黄打非”工作,不断加大对出版物市场的清查力度,坚决有效地打击了各种文化市场非法经营行为,对歌舞娱乐场所进行全面清查,尤其是狠抓网吧监管,切实做到文化市场举报电话“12318”24小时不关机,确保随时有举报随时处理。据不完全统计,全年共检查网吧567家次,检查歌舞娱乐场所406家次,检查出版物市场318家次,受理举报8起,共没收盗版音像制品1317张,盗版盗印书籍300本,出动检查人员1087人次,车辆95台次。

【广播影视工作进展有序】一是为确保广播电视安全播出工作万无一失,采取有力措施,确保了重要节目、重要会议和敏感日的广播电视安全播出。二是完成了2010年广播电视“村村通”直播卫星2312套设备和广播电视进寺庙113台电视机的调入工作,认真填报了地县广播电视发射机现状统计报表,顺利完成了广播电视安装发射任务。三是西新工程做到“三满”播出,地区调频台安全优质转播中央广播电台节目8652小时,转播西藏藏语节目8351小时,转播西藏汉语节目8450小时,地区电视台播出中央一台节目6480小时,西藏一台节目6480小时,中央七台节目3025小时,林芝台自办节目5547小时。四是电视新闻媒体2010年以宣传报道第五次西藏工作座谈会、地区工作会议、维护社会稳定、效能建设年活动和创先争优活动为主线,多层面、多角度地及时完成了林芝地区经济社会发展中的各项重大活动、重要会议以及各级领导深入基层调研的相关报道。据不完全统计:1—12月,制作汉语新闻2460条,上送区台新闻300余条,播出率达50%以上,藏语翻译播出新闻2460条。制作《援藏风采》、《消防安全进农家》等4部系列报道,《效能建设年活动》等7个板块栏目,播出各县上送稿件500余条;在《林芝新闻》栏目中制作播出学习贯彻第五次西藏工作座谈会、安全生产等宣传标语、口号、条例达1240条。五是按上级要求开展了有线电视数字化前期项目论证及调研论证工作,为下一步实施地区有线电视数字化建设项目做好各项前期准备工作。地区有线台2010年新安装有线电视1200户,巡查网络960余次,出动车辆960台次,人员1800余次。六是地区电影公司下达了各县电影业务指标,发放了中央第三批数字电影放映设备16套,维修维护了各放映队设备、培训放映员30余次、下载数字电影节目等,乡村的54套数字电影放映设备全部运行,为农牧民群众放映数字电影。据不完全统计,全地区农村电影放映1.4万场,观众突破130万人次,数字放映达到90%以上,超额完成了全年放映任务。作为全区首家五星级林芝地区数字电影院已于10月正式运营,实现了林芝观众观看新片、大片的愿望。

【图书服务质量逐步提高】地区图书馆拓宽服务领域,提高服务质量,为广大读者提供优质服务,2010年购置价值55930元的387种861册新书,完成了编目上架图书2246种5318册。据不完全统计,全年接待读者6316人次,借阅图书6095册次,免费发放借阅证151个。地区新华书店发挥主渠道的作用,极大改变市场的占有量,在福建公园设点销售林芝特色文化产品。据不完全统计,图书销售码洋:45万元,实现利润13万元,春秋季教材发行码洋为:500万元,实现利润:50万元。

林芝地区卫生工作

【农牧区医疗制度落实工作扎实推进】2010年,林芝地区以免费医疗为基础,以家庭帐户、大病统筹和医疗救助相结合的农牧区医疗制度覆盖率达到了100%,农牧区医疗基金补助标准提高到人均180元,全年到位资金2300余万元,资金到位率100%;农牧民个人筹资率为98.34%;全年补偿受益20余万人次,补偿金额1400余万元,补偿率达到75.8%。值得一提的是,2010年林芝县大病统筹基金出现透支严重后,为了使农牧民群众得到及时报销,县政府立即下拨了109.8万元,农牧民群众及时得到了补偿。

【突发疫情应急处置能力显著提高】2010年林芝地区共报告并处置突发公共卫生事件15起,波及6858人,其中:发病226人,死亡1人。通过全地区卫生系统工作人员的积极努力,各种疫情得到及时有效的处置,最大程度地保障了农牧民群众的生命和财产安全。尤其是在2010年9月23日朗县拉多乡子美玛居民点发生的肺鼠疫疫情中,面对6人发病,其中1人死亡的严峻形势下,地、县、乡疾控人员和医护人员迅速明确诊断,在各级党委政府高度重视和卫生部、卫生厅强有力的指导下,积极开展医疗救治和疫情排查工作,严格实施隔离措施,全力开展实验室检测,全面开展联防联控,实现了“疫情无扩散,现症病人无死亡,一线工作人员零感染”的目标,取得了处置鼠疫工作的重大胜利,得到了区党委、政府的高度评价和充分肯定。

【卫生基础设施逐步完善】2010年,共争取资金7811万元,实施了3个县医院、14个乡镇卫生院标准化建设和7个县藏医院专病建设项目。同时,积极协调自治区发改委、卫生厅和广东、福建两省援藏队研究制定了《林芝地区卫生事业“十二五”发展规划》和《林芝地区第六批卫生援藏规划》。

【基本药物制度积极推进】专门召开了林芝地区国家基本药物制度工作部署会,及时制定下发了《林芝地区2010年实施国家基本药物制度工作方案》,从2010年12月1日起,全地区各乡镇卫生院正式实施基层医疗单位药品销售零加价。

【预防保健和公共卫生服务逐步提升】认真贯彻儿童计划免疫和扩大免疫规划,强化预防接种单位规范化管理,明确职责,加强培训,狠抓城镇流动儿童和边远乡村儿童的基础免疫工作,确保了全地区儿童享受到国家免疫规划疫苗免费接种政策。继续以贯彻实施“一法”、“两纲”为核心,进一步提高妇幼卫生服务能力和水平。制定了《西藏林芝地区农牧民健康促进行动方案》、《林芝地区建立居民健康档案实施计划》,启动了15岁以下儿童乙肝疫苗补种、妇女乳腺癌检查、农牧民孕产妇住院分娩补助、白内障患者医治、居民健康档案建立、农房改厕工程等6项重大公共卫生服务项目。

【积极扶持藏药业发展】藏医药业作为地区四大支柱产业之一，认真分析研判地区藏药产业发展现状，起草上报《关于加快藏药产业发展的意见》。继续加强了藏医药内涵建设，进一步提高了藏医药临床诊疗水平。同时，完成了80种藏药制剂品种申报工作。

【专业技术人员综合素质明显提升】2010年共完成培训基层技术人员456名，培训村医100人，参与学历教育人员达87人，。

【加大卫生执法力度，保障人民群众医疗和食品药品安全】一是完成了全地区2042户、3472名从业人员办证、休检和日常卫生监管任务的基础上，进一步加强了对水源安全、社会医疗机构监管和医疗服务收费督促检查力度。重点加强了对学校、建筑工地食堂等重点部位、重大节假日期间的食品监管和有毒奶粉、地沟油餐厨废弃物专项整治工作，圆满完成中央各部委、自治区各厅局在林芝地区召开的大型会议食品监管和医疗保健工作， 2011年全区经济工作会议食品监管和医疗保健工作任务。二是狠抓药品生产、流通环节的监管和药品安全专项整治。2010年共出动执法人员585人次，查处各类案件19起，涉案金额0.64万元，收取罚款金额0.04万元。

【扎实落实“一孩双女”家庭扶助制度和特殊子女家庭特别扶助制度】认真开展目标人群摸底调查、审核、资格确认工作。2010年底林芝地区对1581人“一孩双女”户扶助对象兑现扶助金额113.832万元；对183人特别扶助目标对象兑现补助资金21.07万元。

林芝地区民政工作

【突出提标扩面这一重点，城乡社会救助工作取得新突破】一是提高城乡低保标准。2010年1月起提高后的城市低保标准平均每人每月320元，农村低保标准提高到年人均1330元，为934户、2479人的城镇低保对象兑现低保金598.75万元，为2198户、7761人，农村低保对象兑现低保金379.12万元。二是进一步提高低收入群众收入水平。为拉动低收入群众消费需求，妥善安排年初三大节日困难群众生活，为城乡低保对象发放一次性生活补贴206.66万元。三是推进城乡医疗救助。2010年林芝地区城乡医疗救助工作在救助范围、救助标准和救助方式上实现了新的突破，救助城乡困难群众250人，支付医疗救助金100余万元。四是五保供养水平得到改善和提高。再一次提高农村五保户供养标准，由现行的年人均1800元提高到2000元，确保了林芝地区1206户、1379人的五保供养对象的基本生活，实现了五保供养对象应保尽保、按标施保的目标。五是各项配套救助政策得到落实。进一步规范流浪乞讨人员救助管理，全年投入资金8万余元，救助流浪乞讨人员200余人，会同公安、城管等部门劝返流浪乞讨人员78人；开展特困家庭高校大学生教育救助，对31名符合救助标准的大学生实施了救助，兑现大学生教育救助资金12.3万元；结合地区廉租房政策，全年审核934户低保家庭，使全地区176户低保家庭纳入廉租住房保障范围；会同司法部门切实做好困难群体司法救助工作，全年救助13人。

【突出应急建设这一重点，救灾救济工作迈出新步伐】一是突出重点实施应急救助。各类自然灾害发生后，各级民政系统紧急响应自然灾害应急预案，深入一线，核查灾情，应急处置，有效保障了受灾群众的基本生活，得到了地区主要领导的肯定与表扬。二是重点开展察隅县强暴雨抢险救灾工作。及时派出3批工作人员深入灾区一线督促指导开展抢险救灾工作，其中3月中旬向察隅县增拨春荒冬令款10万元，针对强暴雨天气灾害向察隅县紧急调运救灾帐篷240顶、粮食15吨、棉衣860套、棉被900床、发电机10台、大茶50条，发放受灾群众临时生活安排资金8.47万元、下拨粮食补贴款10万元。同时，还结合察隅县恢复重建工作，积极向自治区民政厅争取灾后倒塌房屋重建资金102万元。三是加强地、县、乡三级救灾物资储备库建设项目。争取到地区级救灾物资储备库建设项目，项目总投资483.15万元，建筑面积2115.75平方米，完成了土地划拨、项目设计，目前项目前期工作已整体推进；察隅县、波密县、工布江达县、朗县等四县救灾物资储备仓库项目已列入“十二.五”的项目计划；地区投入194万元，县级配套100余万元，新建的12个易灾乡（镇）救灾仓库业已竣工。四是保障春令冬荒受灾群众的基本生活。林芝地区民政局指导各县民政部门组织力量，开展细致的调查摸底，编制灾民救助台账，筹措救助资金，年初下拨2010年各县冬令春荒款300万元，做好冬春灾民生活安排。五是开展了防灾减灾进社区、进农村、进校园创建活动，2010年全地区有1个社区被评为全国综合减灾示范社区。

【突出“争创全国双拥模范城”这一重点，优抚安置工作得到新推进】一是开展双拥模范城创建工作。结合新一轮全国及自治区双拥模范城（县）评选、推荐、考评工作，草拟了《林芝地区争创全国双拥模范城实施意见》，积极争取军队和地方政府支持初步启动军地联合办公新模式；开展经常性拥军优属慰问活动，全地区共召开党政军民座谈会 54次，慰问部队78个，落实慰问资金60万元；广泛开展“促团结、促发展、促和谐、保平安”为主题的双拥共建共保活动，多角度、多层次地开展拥军优属宣传；协调相关部门和各县，投入资金71万元，在地、县主要街道设置了15块永久性双拥宣传广告牌。二是促进安置政策全面落实。积极协调地区编办、各县和地直部门接受2009年冬季退役士兵48人，上报农牧区籍符合安置人员10人，妥善安置军队退休干部及士官4人，新评伤残人民警察2人。三是优抚政策得到较好贯彻。开展98年以来的义务兵优待金征缴工作，提高林芝地区义务兵的待遇；全年下拨抚恤事业费151万元，确保了94户、102人的重点优抚对象生活水平的提高；兑现25名无军籍退休职工和7名军队退休干部工资、福利和医疗费376.4万余元，解决了他们的生活、住房、医疗困难的问题。四是配合林芝军分区做好察隅县红卫烈士陵园维修项目前期工作，积极争取米林县、波密县、察隅县三县烈士陵园维修项目。同时，还多次组织对参加军演、支援地方建设、参加灭火等部队的慰问活动和军供保障服务，积极做复员退伍军人维稳工作。

【突出强化服务这一重点，社会福利事业拓宽新领域】一是福利彩票发行再创新高。不断拓展福彩发行销售网点，提升管理服务水平，2010年彩票发行量达到1800万余元，同比增长10%。二是社会福利院规范化管理成效明显。全地区7所福利院切实转变工作作风，提高工作效率，建立健全各项规章制度及工作人员职责，规范卫生与安全，行风和行政财务管理。三是推进了儿童福利事业的进步。通过"蓝天计划"，加大了地区儿童福利院的新建、搬迁工作进度，据各县民政部门统计情况前期将接受孤儿20名左右；针对特殊贫困儿童实施的"明天计划"、"重生行动"手术项目，对全地区唇腭裂、疝气儿童、农村留守儿童情况进行了入户调查，并向自治区民政厅上报了相关的救助建议。四是根据《老年人权益保障法》的有关规定按年龄层次对15723名60岁以上老人办理了《西藏自治区老年人优待证》和《寿星证》，按照80至89、90至99、100岁以上三个档次分别发放300元、500元、800元的寿星老人健康补贴，共发放资金30.57万元。六是积极开展社会捐助活动。按照地委、行署和自治区民政厅的统一部署，组织向西南五省干旱灾区、向青海玉树地震灾区、向察隅县强暴雨灾区开展社会捐助活动，共计捐款459.18万余元。其中组织向西南五省干旱灾区捐款78.8万余元，向青海玉树地震灾区捐款313.5万余元，向察隅县强暴雨灾区捐款66.8万余元（不包括部队直接向察隅县捐赠款）。

【突出依法规范这一重点，基层政权管理体现新作为】一是村民自治水平得到新的提升。以村务公开和民主管理为重点，会同组织部门加强各村委会成员培训工作，全年培训大学生村官和村委会成员375人，全地区村务公开率达到96%；全面启动了"难点村"的治理工作，使全地区15个"难点村"中的13个得到有效治理。同时，积极争取林芝地区2010年村级实体经济建设项目18个，总投资达892万元，其中国家投资658万元，群众自筹资金234万元。二是城乡社区建设取得新进展。广泛开展社区建设示范活动，着力改善社区办公条件和服务设施，积极引导和组织社保、卫生、科技、文化、劳动、教育、法律等服务进社区，不断拓展社区服务功能；大力推进农村社区试点建设工作，八一镇加丁嘎农村社区试点建设工作得到自治区民政厅的首肯。三是围绕地当经济社会发展需要，继续做好林芝地区撤地设市跟踪、衔接工作。四是"平安边界"创建工作取得新成效。结合《林芝地区"平安边界"创建工作考评细则》，协调、指导各县切实做好虫草采集期边界稳定工作，重点对朗县与山南曲松县及隆子县三县交汇11号界桩进行了实地认点，会同自治区虫草采挖督导组对察隅县与昌都八宿县、昌都左贡县边界进行了督导检查，为确定界线管理的和谐稳定打下坚实的基础。同时，开展了八一镇地名门牌设置工作，按照"谁受益、谁交费"的原则，对设置门牌资金进行征缴。五是加强了清明节期间祭祀的管理，实现了"文明祭祀、安全有序"的目标。深入开展了公墓清理工作。同时，婚姻登记的规范化建设日臻完善，服务社会、服务群众成效更加显现。

林芝地区人力资源和社会保障工作

【就业再就业工作情况】2010年，林芝地区城镇失业率控制在4.0%以内，零就业家庭人员基本实现动态为零，保持了就业局势基本稳定。实现城镇就业再就业1886人，城镇登记失业率控制在3.4%以内；举办各类培训班32期，培训各类人员5093人（其中：就业再就业培训21期，培训人数2097人，农牧民转移就业培训11期，培训人数2996人），培训工种涉及餐厅、旅游服务、手工编职、导游、美容、汽修、电焊等；开展职业指导4965人次，职业介绍4642人次，介绍成功就业3303人次，开发就业岗位2976个；农牧民转移就业4.35万人次；兑现困难企业补贴1669万元，困难企业42家，惠及职工3489人次，其中：931人次享受社会保险补贴，补贴金额为457万元；2558人次享受了岗位补贴，补贴金额为1108万元；1517人次享受了培训补贴，补贴金额为104万元；举办了以"服务进城务工、帮助就近就地转移就业"为主题的"春风行动"专场招聘会，共有34家用工单位参加招工，提供就业岗位529个，涉及导游、文秘、会计、企业经理、计算机、酒店管理、餐饮（客房）服务等20多个专业（工种），现场有436人进行了求职登记，达成就业意向的有223人，实现就业73人，发放各类就业宣传材料2400多份，提供免费职业指导500多人次；在西藏大学农学院开展了2010年林芝地区高校毕业生就业专场招聘会，共提供就业岗位406个，涉及工种20个，免费开展职业指导960多人次，发放各类就业宣传资料4500多份。

【养老保险】城镇养老保险参保人数394家、8098人，养老保险征收8754.34万元，领取养老金人数2272人，支出5314.1万元，社会化发放率为100%。新农保参保人数为43896人（含60周岁及其以上人员10431人），参保率达57%左右，征收基金679.76万元，共为60周岁及以上的农村老人10431人发放养老金共411.26万元。

【医疗保险】城镇职工基本医疗保险参保人数132家、20766人，征收医疗保险金8478万元（其中补缴351万元），住院报账2211人次，特殊门诊2277人次，共计支付医疗保险金4546万元；城镇居民医疗保险参保人数9764人，征收城镇居民医保金232万元，医疗保险待遇支出479人次，支出医保金275万元。住院报销181万元，家庭帐户支出94万元。

【工伤保险】工伤保险参保人数达107家、8353人，征缴工伤保险费175万元，待遇支出22人次、20万元。

【生育保险】生育保险参保人数116家、13789人，征缴生育保险基金277万元，待遇支出283人次，统筹支付128万元。

【失业保险】失业保险参保人数180家、8052人，共征缴失业保险金1112.47万元，支出失业保险金1800.94万元。

【公务员队伍建设】一是认真贯彻落实《中华人民共和国公务员法》及相关配套

法规，大力开展《公务员法》宣传活动。二是认真做好公务员考录工作。积极协助自治区做好全区公务员考录林芝考点考务工作。三是做好公务员登记工作，完成全地区公务员登记前的审核、上报和登记录入、事业单位参照公务员管理的审核上报、公务员和参照公务员管理事业单位人员登记表的存档工作。四是做好公务员考核奖励和培训工作。积极完成每年年底的国家公务员年度考核工作。开办公务员初任培训班、业务培训班，提升地区公务员队伍素质。规范公务员记功奖励程序和方法，开展全国“人民满意公务员”推荐评选工作。五是稳妥推进事业单位人事制度改革。完成事业单位工作人员统计工作，积极稳妥地推进事业单位岗位设置工作。六是妥善安置军转干部，认真落实军转干部相关待遇，做到了部队、军转干部、接收单位三方基本满意。七是认真贯彻执行高校毕业生就业政策，将高校毕业生分配至县、乡（镇）基层一线工作，为基层干部队伍注入了新鲜血液。

【人才工作】积极开展专业技术人员继续教育，努力规范职称评定程序，不断加大职业技能鉴定工作，人才队伍建设进一步加强。一是加强高技能人才队伍建设。做好“西藏特培”人员选拔工作，开展优秀专业技术人才的选拔工作，做好选拔国务院和自治区政府特殊津贴人选工作。二是认真组织专业技术资格考试，做好专业技术人员资格考试工作。三是认真做好职业技能鉴定工作。

【和谐劳动关系】一是工资收入分配制度改革取得阶段性成果，工资分配关系逐步理顺。二是开展劳动合同签订和鉴证工作。全面推进劳动合同制度三年行动计划，加大劳动合同签订和鉴证工作，完善管理，促进劳动合同制度深入实施。认真组织开展以建筑业、采矿业、住宿和餐饮业、居民服务业为重点的“春暖行动”，督促用人单位和劳动者依法签订书面劳动合同，劳动合同签订率达 90 %以上。三是积极维护劳资双方合法权益。设立开通劳动保障投诉举报电话“12333”，健全和完善诚信档案和守法诚信评价制度，督促落实建筑领域民工工资保证金制度和设立劳动者维权公告牌制度，逐步形成保障农牧民工工资支付的“一金一牌”格局。四是加强劳动人事调解仲裁工作。建立健全劳动人事争议调解仲裁机构，目前，全地区有劳动人事争议仲裁委员会 2 个，劳动争议仲裁委员会 6 个。五是劳动信访维稳工作成绩突出。坚持“预防为主、教育疏导、依法治理、防止激化”的原则，深入开展矛盾纠纷排查和调处工作，依法治理信访突出问题，有效化解和调处各类矛盾纠纷，防止群体性事件和集体上访事件的发生。

【重大事项】2010 年，政府机构改革，将原地区人事局、地区劳动和社会保障局职能整体划入，设立林芝地区人力资源和社会保障局（公务员局）。

2010 年，林芝地区在全地区 54 个乡镇所有农牧区实施新型农村养老保险制度，实行了全覆盖，当年参保农牧民 43896 人。

【获奖情况】单位获得全国清理整顿人力资源市场秩序专项行动先进集体；全国人力资源社会保障系统 2008-2010 年度优质服务窗口创建单位；全国巾帼文明岗。

【领导名录】

局党组书记、副局长：布珠

地委组织部副部长、局党组副书记、局长：李牧之

局党组副书记、副局长：连长梠、胡登峰

局党组成员、副局长：王宽海、杨红、旦增桑珠

局党组成员、纪检组组长：索　加

林芝县

【年度综述】2010 年，林芝县委、县政府以产业结构调整为主攻方向，大力实施“十大战略”，千方百计保增长、保民生、保稳定、促发展，克服了重重困难，圆满完成了“十一五”规划各项任务，实现了经济社会快速发展。2010 年，全县生产总值达到 27.3 亿元，同比增长 15%；农村经济总收入完成 1.86 亿元，同比增长 8.9%；财政收入达到 4400 万元，同比增长 21%；社会商品零售总额达到 8.81 亿元，同比增长 18%；农牧民人均纯收入达到 6050 元，同比增长 14%。各项主要经济指标均表现为增长快、增幅大、后劲足。

【农牧业发展开创新局面】2010 年，林芝县第一产业稳步增长，总产值达 9923 万元，同比增长 9%，粮油总产量达 1229 万公斤，农牧业综合生产能力显著增强；第二产业明显提高，其中工业生产总值达 2453 万元，同比增长 11.53%；第三产业蓬勃发展，完成生产总值 17.93 亿元，同比增长 22%。一、二、三产业结构趋于合理。2010 年，农牧业发展取得新的成绩，一是抓农副产品种养结构调整，扩大了经济作物种植面积和养殖规模。投资 1241 万元，在全县范围内开展优质水果产业带建设，种植优质水果 5250.6 亩；投资 464 万元，大力发展人工种草和玉米种植，种植苜蓿草 8530 亩和玉米 6580 亩，全年生产优质苜蓿草 597.1 万公斤、玉米 750 万公斤；投资 300 万元，在百巴镇扎地村、章巴村和更章乡久巴村、八一镇色定村建设墙体结构高效日光温室 100 座；投入资金 12 万元，推广甜玉米种植 25 亩；投入 80 万元，在鲁朗镇扎西岗村发展 530 头犏奶牛养殖；投资 32 万元，在八一镇公众村发展 100 头犏奶牛养殖；投资 200 万元，在米瑞乡、八一镇、百巴镇发展藏鸡养殖大户 287 户，建设鸡舍 20000 平方米，养殖藏鸡 12 万只；完成“优质花卉、香菇基地建设、藏鸡种鸡场建设、藏猪养殖大户建设、水果产业带扩建、犏奶牛养殖大户建设、农作物品种区域试验站建设”等项目申报工作，争取到国家投资 1550 万元。二是加大农牧业科技推广力度。2010 年，全县发生农作物病虫草害 8545 亩，农作物减产 13 万余斤，防治各类病虫害 17680 亩，发放农药 5.65 吨，兽药价值 12 万元，最大程度地挽回了农业损失；加大科技特派员驻村指导工作，完成各类技术培训 15400 余人次。三是积极落实各项支农惠农政策。共兑现各种种粮、农资综合补贴资金 41.88 万元；投入补贴资金 155 万元，购置农机 188 台，农业机械化程度进一步提高。

【旅游业发展取得新突破】2010 年，林芝县旅游引资 6083.16 万元，完成投资任务 700 万元，其中雅鲁藏布旅游开发有限公司完成投资 2747 万元；鲁朗五寨旅游

开发公司完成投资422.66万元；林芝巅峰旅游开发有限公司完成投资1420.5万元；西藏旅游股份公司完成投资711万元；琼果林旅游开发有限公司完成投资299万元；林芝县旅游服务中心完成369万元；嘎定沟旅游开发公司完成投资114万元。积极筹备了林芝第八届桃花旅游文化节；加大旅游培训力度，共培训旅游从业人员389人。2010年是林芝县的旅游质量提升年，全年接待游客56万人，同比增长37%；旅游总收入2.856亿元，同比增长55%；农牧民旅游收入400万元，同比增长153%，旅游产业正逐渐成为林芝县的支柱产业。

【新农村建设展现新格局】2010年，林芝县31个行政村主要村道实现硬底化；79个自然村2172户实现安全饮水；104个自然村2890户农户完成了电网改造，电网覆盖率达到100%；投资969万元对7个乡（镇）的基础设施进行了建设。2010年，林芝县以人居环境建设和环境综合整治工作及小康示范点建设为抓手，投入资金734.23万元，其中自治区补助资金482.51万元，地区补助资金123.62万元，县财政配套资金62.5万元，群众投工投劳资金65.6万元，完成了八一镇扎地村、林芝镇帮纳村和鲁朗镇东久村等7个行政村人居环境试点村建设。投入资金18万元，对7个试点村进行了科学规划，统筹考虑交通、能源、通信、电网、供水、垃圾和污水处理等各个领域，制定了各试点村的建设规划，使治理后的村庄，村容村貌焕然一新。切实做好了318国道和306省道沿线村庄、环境的综合整治。

【援藏工作开创新举措】2010年第五批援藏工作组圆满完成任务，三年间共争取援藏资金和协调援藏项目39个，投资金额达4473.6万元，招商引资项目38个，签订投资合同协议达11.15亿元，已完成投资项目25个，投资金额达2.74亿元。2010年7月，第六批和第五批援藏工作组实现了无缝衔接，筛选确定了17个对口援助项目，三年总投资约2亿元，截止2010年底，共计32批480余人次的党政代表团和社会各界人士受邀前来林芝县参观考察，争取到援助资金900余万元。

【社会事业实现新发展】一是始终把教育放在优先发展的战略地位，加大“两基”攻坚力度迎国检，大力发展职业教育，着力提高办学水平。2010年，全县各小学适龄儿童入学率达99.8%，初中入学率达98.8%，巩固率均达100%。二是卫生事业健康发展。农牧区医疗制度进一步完善，1.66万人参加农牧区医疗制度，参加率100%，缴纳医疗资金16.61万元，区、地、县三级财政下拨资金283.23万元；389名农牧民得到大病统筹基金补偿，补偿金额89.9万元；农牧区新型合作医疗参加率达99%以上。三是不断加强文化广电建设工作，投入资金对全县所有村级台、站进行了维修，加大了国家赠送的“户户通”工程设备的安装力度，广播、电视覆盖率分别达到92.8%和97.1%。四是切实完善社会保障体系，就业和再就业工作得到加强，城镇失业登记率控制在2.5%以内，社会保障体系逐步健全，弱势群众得到有效救助。全年征缴养老保险金275.73万元，失业保险金60.92万元，医疗保险金617.37万元，生育保险金21.14万元，工伤保险金10.81万元；处理民工投诉27起，涉及民工640人，涉及金额436.61万元，有效的保护了农民工的合法权益。五是民政事业有序发展，双拥工作成绩斐然；2010年林芝县共有80户175名城镇低保、168户618名农村低保，全年共发放城镇低保金38.68万元、农村低保金38.78万元，切实保障了低收入群众的基本生活权益。

【领导名录】

县委书记：蔡家华（第六批援藏干部、2010.09任职）

县委副书记、县长：才　佳

县委副书记、人大主任：张海波

县委常委、政协主席：多布杰

工布江达县

【基本县情】工布江达县（藏语意思为凹地大谷口）地处西藏自治区东南部，念青唐古拉山南麓，雅鲁藏布江以北，尼洋河中上游，东邻波密、林芝县，南接米林、加查、桑日县，西连墨竹工卡县，北至嘉黎县，为林芝地区面向外界的西大门。全县总面积1.29万平方公里，东西长180公里，南北平均跨度71公里。县行政隶属于西藏自治区林芝地区，1县城驻地果林卡，是全县的政治、经济和文化中心，距自治区首府所在地拉萨市270公里，距林芝地区行署所在地八一镇130公里；工布江达县位于川藏公路交通要道，是拉萨通往林芝地区的必经之地，318国道贯穿县境210公里。全县辖3镇，6乡，79个行政村，3万余人，县城常驻人口3567人。

【年度综述】2010年，全县生产总值完成63539万元，比增17.6%，其中第一产业完成11451万元，比增8.7%；第二产业完成29222万元，比增13.2%；第三产业完成22866万元，比增29.3%。财政收入完成4109万元，比增21.3%。税收收入完成1765万元，比增12%。全县粮油总产量9593吨，比增82.4%。农牧民人均纯收入达到5744元，比增15.3%；农牧民现金收入达到4114元，比增16.1%；多种经营收入完成15252万元，比增10.2%；人均纯收入达到1万元以上的村1个，人均纯收入过万元的户538户。

【年度特点】县委、县政府提出了“生态兴县、旅游富县、产业促县、科教强县”的发展战略，“一个中心，一条主线，五大产业，三个协调发展”的发展思路，“因地制宜，深度开发，重视环境，科学发展”的产业发展指导思想，“西部牧业、中部城郊农牧业、东部特色种养业”的农牧业产业布局，“西拓南进，两翼齐飞，撑大做强县城，激活新区聚集力”的县城发展战略，推动了工布江达经济社会持续、快速、健康发展。

【获奖情况】2010年，工布江达县被评为“自治区食品安全示范县”、工布江达镇被评为“全区先进妇联组织”、巴河镇被评为“自治区文明乡镇”、朗色村被评为“国家级文明村”、工布江达镇果林卡社区居委会被评为“全国综合减灾示范社区”、文广局被评为“全国文化惠民工程先进单位”、工布江达县公安局金达镇派出所被评为“全国公安机关爱民模范先进集体”、工商局被评为“全国精神文明建设工作先进单位”、县武警中队被评为西藏总队“先进基层单位”、“执勤标兵中队”、“基层正规化试点单位”。

【领导名录】

县委书记 ：王进足
人大常委会主任：王 海
政府县长：李 桑
政协主席：大尼玛

米林县

【基本县情】米林县位于西藏自治区东南部，林芝地区西南部，地处雅鲁藏布江中下游，念青唐古拉山脉与喜马拉雅山脉之间。林邛公路从境内通过，县驻地距西藏自治区首府拉萨市480公里，距林芝地区行政公署所在地八一镇72公里。东南部与墨脱县相接，西部与朗县相连；北部与林芝县、西北部与工布江达县相毗邻；南部与印度接壤。米林县是一个腹心县，中印实际控制线长 180 公里。总面积9471.11 平方公里（含印占区）。全县平均海拔3700米，县城所在地2950米。

米林藏语意为“药洲”，于1959年建县。全县辖米林镇、卧龙镇、派镇、里龙乡、扎绕乡、羌纳乡、丹娘乡、南伊珞巴民族乡，66 个村民委员会和 1 个东措社区居委会。2010 年末全县总人口 21210人，其中农牧民人口16460人，主要有藏、汉、珞巴、门巴、侗、回、彝、土家、羌等9个民族。

米林县是一个以农业为主、牧业为辅的半农半牧县。现有耕地 4.6 万亩，主要农作物有小麦、青稞、玉米、油菜等。草场面积15万公顷，有林地46万公顷，森林覆盖率 48.11%。

米林县气候怡人，风景秀丽，有神秘的世界第一大峡谷——雅鲁藏布江大峡谷、悬于天际之水的藏布巴东瀑布群、中国最美的山峰——“云中天堂”之称的南迦巴瓦峰，有蜿蜒流淌的“极地天河”——雅鲁藏布江，有被誉为人间仙境的南伊沟、藏医药发源地扎贡沟等原始森林景观，有贡布、珞巴、门巴独特的民俗文化、藏医药文化等丰富的旅游资源。

【年度综述】2010 年，米林县以建设西藏强县为目标，一手坚持不懈保稳定，一手坚定不移抓发展，精诚团结，奋发作为，实现了经济发展再上新台阶。经济持续快速健康发展。2010 年，林米县生产总值完成5.9亿元，财政收入实现3130万元，农牧民人均纯收入达到6465元，三项指标分别比2005年增长123%，170%，91%，完成“十一五”规划目标的103%，131.2%，113%。

【农牧业基础地位全面巩固】2010 年，全县播种面积 4.55 万亩。认真开展动物疫病防治工作，免疫率达到 100%。建立和完善农业科技服务体系，严格落实科技承包责任制和科技特派员制度。共选派科技特派员 43 人（其中农牧民科技特派员25人），加强农牧民实用技术培训，培训农牧民2390人。加快推进农业机械化进程，积极争取国家农机具购置补贴资金80 万元，购置农业机械 203 台，受益农户达 95 户。人力加强防火工作，储备抗灾物资 52.5 吨。

【特色农牧业发展不断提升】投资 600万元，完成了米林镇100座高效日光温室建设项目。完成7000亩优质水果种植基地项目建设，推广种植了葡萄、油桃和苹果等品种。2010 年全县发展蔬菜种植5000亩，发展蔬菜大棚2500座，种植品种除时令蔬菜与反季节蔬菜外，还推广种植了西瓜、草莓等名、特、优产品。继续加大优质玉米推广种植力度，完成玉米种植5000亩。组织农牧群众积极开展人工饲草料种植，种草面积达 1.2 万亩。继续认真实施藏猪藏鸡养殖项目，建立了羌纳乡米尼、林巴、娘龙、朗多4个村农牧民集体经济合作组织，集体养殖藏猪 1200头，迈上了规模养殖的道路。米林镇帮仲村建起了藏猪育肥基地，促进了销售，增加了群众的收入。通过边境县特色产业项目，大力发展养羊业和犏奶牛养殖，从外地购买犏奶牛372头，在丹娘、扎绕和南伊3个乡发展犏奶牛养殖208户，在丹娘乡、米林镇、卧龙镇、里龙乡发展养羊村8个。积极组建了米林县藏猪、藏鸡养殖，养羊、蔬菜、水果、玉米种植等8个农牧民专业合作组织，解决了销售问题，促进了农牧民增收。

【生态旅游业快速发展】2010 年米林县接待游客达到 21 万人次，旅游总收入4226.5万元，与2009年相比分别增长77%和60%。积极协调旅游开发企业，大力加强景区基础设施建设，新增就业岗位 46个，2010 年在雅鲁藏布大峡谷景区和南伊沟景区新建大项目4个，景区其他配套附属项目8个。大力开展旅游宣传促销活动，在上海、北京、重庆、云南等全国16 个城市，对“从雅鲁藏布大峡谷到布达拉宫”旅游线路产品进行了巡回促销，在大峡谷景区开展了“全国百城世博旅游宣传推广周”活动，组织21家旅行社到南伊沟景区参观、体验，到珞巴人家中体验风俗人情，在地区举行了旅游同行业大型推介会。积极配合地区星级评定小组完成了对林米县南迦巴瓦大酒店三星级评星工作。

【项目建设持续推动】2010 年开工项目95 个，完成固定资产投资 2.2 亿元。初步建成了总投资48亿元含282个子项目的米林县“十二五”项目库，力争“十二五”时期林米县重点项目建设有质量、有数量。同时完成了符合米林实际的第六批援藏项目规划，涉及总投资7208万元。

【社会事业蓬勃发展】积极争取国家投资，不断加大财政对教育的投入力度，加强教育硬件设施建设。认真落实教育“三包”经费，不断提高师生补助力度。巩固“两基”成果，积极开展控辍保学工作，中小学入学率分别达到96.8%和99.72%，巩固率分别达到98.16%和99.25%，脱盲率为97.7%。全面加强两基迎国检工作，积极组织开展“平安校园”、“卫生校园”、“文明校园”创建活动。医疗卫生条件持续改善，农牧区新型合作医疗覆盖率达到 100%，农牧民参加合作医疗人口1.5万余人，参合率达98.5%。文化事业持续繁荣发展，乡镇文化站、电影放映点、村文化室覆盖率均达100%；农牧区广播、电视覆盖率均达99.9%；挖掘民族民间文化，确定4个县级非物质文化遗产保护项目，“新农村新文化示范村”达到4个。

墨脱县

【年度综述】2010 年，全县生产总值达到15111万元，同比增长37.3%；财政总收入达到337万元，同比增长23.44%；粮油总产量4900吨；农牧民人均纯收入达到3608元，同比增长29%，人均现金收入达到2369元，同比增长19%；全年社会消费品零售总额达1552万元，同比增长15%。全年争取重点项目35项，项目总投资10470.88万元。建设项目61项，总投资110133万元，目前已完工31项，累计完成固定资产完成投资38525万元。其中：国家投资36786万元、完成第五批援藏收尾项目投资439万元。

【以特色农业发展，着力提高农业效益】稳步落实各项“惠农政策”，采取多种有效措施确保了农业增效、粮食增产和农民增收。在墨脱镇、德兴乡等5个水稻出产乡（镇）开展水稻增产增效工作，水稻种植面积达5578.67亩，项目涉及1318户7365人。全县水稻总产量达到458.2万斤，平均亩产实现821.3斤，每亩同比增加265.19斤，增幅达到47.69%，能够基本实现粮食总量平衡。2010年墨脱县共计建成优质香蕉生产基地1017亩；建设柠檬基地5个，总计284.91亩，11915株。为缓解墨脱县干部职工吃菜难、吃菜贵的问题，在墨脱镇的墨脱村修建了双重伞架联体蔬菜大棚6座，面积3840平方米，进一步丰富了墨脱县群众的菜篮子。为切实解决群众能源供给问题，在全县300户农户中试点建设沼气，使用效果良好，得到了群众的普遍赞誉。

【继续加大交通建设力度，道路交通网络初步形成】2010年12月15日扎墨公路嘎隆拉隧道正式贯通，这标志着墨脱县将彻底改变不能全年通车的历史。2010年全县共完成交通项目9个。

【以特色旅游为突破，带动全县经济快速发展】墨脱县大力发展旅游服务，促进经济结构的进一步优化。累计投入10.15万元修建雅江观景亭、墨脱镇达众贡旅游观景台及果果拉大拐弯观景台。2010年度，墨脱县旅游接待人数达到1058人次，同比增加53人。旅游总收入达到232.76万元，比上年增加11.66万元，同比增长5.3%，农牧民总收入155.17万元，比上年增加7.7万元，同比增长5.3%。

【以援藏投资为切入，促进墨脱快速发展】2010年，第五批援藏工作完成投资438.65万元，其中有5个续建项目和1个新建项目。争取第六批援藏项目六个，投资总额达1355万元。第六批援藏工作组在充分调研和广泛征求意见的基础上，科学制定援藏规划，项目管理更加规范，为进一步开展新一轮援藏工作打下了良好的基础。

【社会事业全面发展】促进教育事业优先发展。多方筹措资金完善墨脱县教育基础设施，先后争取资金563.36万元修建墨脱县中学学生浴室、运动场塑胶跑道、墨脱县完全小学综合办公楼等基础设施；利用广东投资290万元兴建的墨脱县幼儿园正在紧张的建设中。目前，全县有在校生2003人，全县中小学毕业率均达到100%，升学率分别达到100%和92%。

不断提高卫生服务水平。2010年全县各级医疗机构共收治门诊病人15044人次，藏医门诊诊治患者721人次，急诊397人次，实施各类手术45例，抢救危重病人183人次。开展巡回医疗、送医送药活动，累计为1075名患者免费义诊，免费发放3万余元的药品。

全面丰富群众文化生活。全县9个“农家书屋”相继挂牌成立；农村电影“2131”、“村村通”等相关工作顺利开展。加大“村村通”工程的工作力度，为基层农牧民群众发放并升级了“户户通”设备1500余套；送电影下乡活动进展顺利，2010年，放映队深入基层，为广大基层干部、农牧民群众和外来务工人员放映230余场，观看人数40000余人次。

【领导名录】

县委书记：张国玖、刘革生

政府县长：欧珠多吉

人大常委会主任：旺　堆

政协主席：刘安奇

波密县

【年度综述】2010年，波密县深入贯彻落实科学发展观，蝉联“全国文化先进县”荣誉称号，12个单位获得国家各部委的表彰，3人荣获国家级荣誉。蝉联林芝地区经济建设社会发展及党建工作目标考评第一名。全县生产总值完成77391万元，同比增长24.8%；农牧民人均纯收入达到5987元，同比增长18.6%；财政收入达到3700万元，同比增长23%。

【农牧民增收显著】完善补贴办法，健全补贴制度，落实粮食直补、良种补贴、生态公益林补偿等各种资金3394.54万元，有效保障了群众政策性收入。县财政进一步加大强农惠农支持力度，投入特色产业发展等各类资金1640万元。着力发展现代农牧业，优化农牧业内部结构，扩大天麻、玉米、油菜等经济作物种植面积，扩大犏奶牛、藏猪养殖规模，严格规范虫草、松茸等林下资源采集管理，群众种养业、采集业收入分别达1615.9万元、2250万元。大力发展乡镇企业和村级集体经济实体，开展蜂蜜、糌粑等农畜产品和松茸、蕨菜等林产品精深加工，群众加工业收入实现1000余万元。发挥能人带动作用和龙头企业吸纳作用，组织群众参加兴修水利、修桥筑路等工程建设，扩大劳务输出规模和水平；累计发展壮大农牧民施工企业6家，2010年，通过参与招标和县政府扶持承包了1860万元的工程，极大带动了农牧民劳务输出；全年劳务输出10587人次，实现收入3012.2万元。大力实施农牧民素质培训工程，整合农牧、科技、农发、旅游等各类教育培训资源，加强农牧民专业技术培训，提高了转移就业和自主创业本领。稳步推进格尼村土地流转试点工作，该村3户承包户户均增收2万多元，其余农牧民群众通过劳务输出增加现金收入30多万元。通过以上措施的大力实施，全县万元村达11个。

【基础设施建设不断加强】全社会固定资产投资完成65797.9万元，其中国家投资占77.9%，建设318国道牛踏沟至中坝段整治改建、扎墨公路波密段、玉倾灌区、八盖公路病害整治等74个重点项目，涉及到交通、水电、能源、市政建设、社会主义新农村建设等多个领域，是历年来投资总额最大、增长幅度最高的一年。完成社会投资14557.9万元，其中招商引资9008万元、民间投资5549.9万元，全年共签约招商引资项目5个，其中波密县蕨菜加工厂、波密县天麻收购两个项目已实施完成，履约率达到40%。委托西藏社会科学院经济战略研究所编制完成了《波密县国民经济和社会发展"十二五"时期规划研究报告》（征求意见稿），编制了《波密县"十二五"期间项目建设规划》，共有10大类300个项目，估算总投资61亿元。完成可研的项目共有8个，总投资40576万元；完成前期工作的项目共有16个，总投资53625万元。

【特色产业发展步伐明显加快】农牧业基础得到进一步巩固。粮油总产量达18871.71吨；牲畜存栏113669头（只、匹），牲畜出栏率32%，其中藏猪出栏率57.7%，奶产量6745吨，肉产量1792吨。畜禽疫苗注射达226470头（只、匹），疫苗注射工作做到了不漏针、不漏苗、不留死角，免疫率达100%，W病和禽流感免疫率达100%。

农牧业特色产业成效显著。壮大天麻基地、油菜基地、辣椒基地、饲料玉米基地、水果基地、城郊蔬菜基地等特色农业生产基地6个，发展野生天麻、犏奶牛养殖等专业乡镇8个，发展个体运输、特色旅游等专业村24个，优势产业规模进一步扩大，经济效益显著提高。开展了蜂蜜、糌粑等农畜产品和易贡藏刀等旅游产品深加工，品种和数量均比上年有明显增长。总投资1103万元。

生态旅游业稳步推进。培训农牧民旅游人才42名，发展壮大家庭旅馆和"农家乐"30家，米堆村农牧民旅游总收入达36.8万元，人均3145元。截止目前，共接待游客8.7万人次，实现旅游收入2615万元。

【各项社会事业得到持续改善】县财政全年配套教育资金602万元，完成八盖乡小学新建项目，雪炭工程体育馆完成总投资的90%；新配备各类教育设备、器材2700多台套，使全县办学条件进一步改善。小学生入学率达到99.76%，初中生毛入学率达到101.7%，巩固率分别达到99.63%、98.66%，均达到全县历史最好水平。全面推进"两基"、"迎国检"工作，得到地区教育督导组的充分认可。

加快县医院、乡镇卫生院标准化建设，完成了县人民医院综合住院大楼建设项目，逐步建成了县、乡、村三级医疗服务体系。县财政投入110多万元，解决基层医疗卫生条件差、卫生人员缺乏的问题，购置了一批医疗设施设备，同时由县财政发放工资，聘用7名从日喀则卫校毕业的学生到基层卫生院工作，既解决了偏远基层群众看病难的问题，也有效解决了这些学生就业难的问题。大力推进新型农村合作医疗工作。农牧区医疗制度覆盖率达100%，个人筹资率达100%，住院、门诊共报销260.5万元。

完成古乡嘎朗村"新农村、新文化示范村"建设，蝉联"全国文化先进县"荣誉称号，古乡嘎朗村被评为"全国生态文化村"。积极开展"西新工程"、"户户通工程"、"农村电影放映工程"、"农家书屋工程"及"四下乡"活动等，建成农家书屋30个，放映2500场次；实现广播、电视覆盖率均达100%；搜集非遗线索100多条，调查项目30多个，其中已列入自治区县级非物质文化遗产名录9个，县级14个，并申报《易贡藏刀制作技艺》国家级项目。

【改革开放达到新水平】完成招商引资9008万元。放手发展非公有制经济；乡镇企业达28家，新增龙头企业4家，乡镇企业产值完成7010万元。采取实施"能人治村"、创新发展模式、强化部门帮扶、实施政策倾斜等措施，发展村级集体经济实体31个，覆盖面达到全县84个村委会的30%以上，村级集体经济收入达到400多万元。2010年新发展农村合作经济组织7个，带动群众增收致富作用显著。

【援藏工作迈出新步伐】全面完成第五批援藏目标任务，共争取援藏资金、项目、物资4600多万元，建设援藏项目46个，80%以上资金投入到农牧区，惠及全县所有乡镇，有力推动了波密社会各项事业的快速发展。圆满完成了第五、第六批援藏干部交接，制定了符合波密科学发展的第六批援藏工作计划和总投资21374.3万元的项目实施方案，新一轮援藏工作全面启动，开创了波密县各项工作的新局面。8月底至9月初，组织党政代表团赴广东学习考察，参加"广博会"争取援藏物资、资金400多万元；启动7个小康示范村建设、安居工程补助、岗村旅游景区公路硬化等3个首批援藏项目，总投资4693.3万元；促成广州市广药集团、广东佛山等多个商务考察团前来波密考察投资环境，商洽合作事宜。

【领导名录】
县委书记：左孟新（援藏，2010年5月任副厅级）
县委副书记、人大常委会主任：吴兴友（苗族，2010年7月离任）
县委副书记、县长：格桑
县委副书记、政协主席：蒲晓军（藏族，2010年7月任县委副书记、人大常委会主任）

察隅县

【基本县情】察隅县地处西藏东南边陲，与印度、缅甸接壤，距林芝地区八一镇537公里，距拉萨934公里。全县总面积31659平方公里，辖3乡3镇、96个行政村，总人口26800人。

边防重地。察隅县是自治区边境县之一，与印度和缅甸接壤。

多民族聚居地。全县共有藏、汉、纳西、独龙、苗、回、门巴、珞巴、傈僳、怒等十个民族和一个未识定民族—僜人。

"雪域小江南"。全县平均海拔2800米，独特的亚热带气候，造就了察隅"一山有四季，十里不同天"的神奇自然景观，有"雪域小江南"之美誉。

自然资源丰富。有几十条大中河流，水能开发利用价值巨大；蕴藏有极大开发潜力的金、银、铜、锡等数十种矿物；森林覆盖面积达60%，活立木蓄积量近2.3亿立方米，珍贵林下资源、珍稀物种繁多。

【年度综述】2010年，全县生产总值完成2.9亿元，同比增长13.5%；粮油总产量完成18658吨，同比增长2.6%；全社会固定资产投资完成3.6亿元，同比增长34%；财政收入完成1641万元，同比增长22%；农牧民人均纯收入达到3806元，同比增长24.6%；社会消费品零售总额完成5515万元，同比增长44.3%；乡镇企业产值达到3039.2万元，同比增长16%。

【大力实施项目建设】完成固定资产投资3.6亿元。一是新增农牧区安全饮水工程点 20 个，解决了 351 户，2119 人的安全饮水问题。二是落实古拉电站（续建）和博学电站 2 个小水电项目。三是落实新建和续建交通项目 5 个，公路里程达 76.1 公里，总投资约 1457.5 万元。四是投资 2819.9 万元的察瓦龙、古拉乡 4 个溜索改吊桥项目已通过批复，将于 2010 年建设完成。

【积极推进新农村建设】一是结合察隅实际，选好建设点。综合考虑边境和遭受雨雪灾害的实际，确定了经济基础比较好、居住相对集中、示范作用好的 8 个小康建设示范村和 7 个农村人居环境综合整治村。二是为减轻农牧民负担，因地质灾害受损的农户由国家及援藏投入，建房补贴由每户 2.5 万元，增加到了每户 3 万元。巴嘎小康示范村已于上年开工建设，7 个农村人居环境综合整治项目也将在 2010 年全部完成。

【产业建设取得新进展】紧紧围绕“一产上水平、二产抓重点、三产大发展”产业发展思路，加快产业建设步伐。

一是在保证农牧业稳产的基础上，加快特色农牧业发展步伐，发展第一产业。全县农作物播种面积达 7 万亩，良种推广面积占 58.6%。在古玉乡古井村投资 34 万元，修建了蔬菜大棚 20 座。在竹瓦根镇扎拉村投资 12 万元，新建了蔬菜大棚 10 座。新建了 446 亩油桐苗木培育基地，在上、下察隅镇增加了花生种植规模，达到了 1200 亩。组建了察隅县油桐专业合作组织，察隅花生、油桐均采取订单式发展模式，“公司+基地+农户”的特色农产品开发模式初步形成。

二是在提高农牧区用电覆盖率的基础上，突出抓好水能开发项目，发展第二产业。截至 2010 年，察隅县共有水电站 9 个，总装机容量 3860 千瓦，年发电量 604 万千瓦时，通电乡镇、村、户、人覆盖率分别达到了 83.3%，41.7%，55.8%，51.5%。完成了果达、日东、罗马、扎巴、目宗 5 个水电站项目规划工作。引进了大唐集团、浙江三川控股有限公司、厦门亿业集团在察隅县开发水利项目，分别签订了怒江、玉曲河、察隅河、阿丙河、日东河流域总投资达 400 多亿元的水利开发意向协议，其中怒江松塔电站已进入可研阶段，2013 完成，2014 年正式开工建设。

三是在活跃商贸流通业的基础上，重点推进旅游资源开发，发展第三产业。以然察公路建设为契机，成立了农牧民施工队 5 支、运输队 2 支。深入开展“万村千乡”工程，扶持开设农家店 10 个，积极引导农牧民参与到特色农牧产品、林下资源的加工业上来，提高了产品的附加值。通过以上措施，上年察隅县多种经营收入达到了 4677 万元，进一步活跃了全县商品流通市场。通过参加旅交会，宣传察隅县丰富的旅游资源和独特的民俗文化，协助《西藏风情》栏目组拍摄制作了《察隅河畔 僜人传奇》，对即将遗失的僜人民俗文化进行保护；完成了全县的旅游资源调查工作，和西藏圣地旅游公司签订了意向投资协议达 3000 万元旅游开发合同。上年察隅县共组织旅游从业人员培训 5 期、108 人次，培育家庭旅馆 2 家。2010 年全县接待游客达 2500 人次，同比增长 23%，实现旅游收入 61.6 万元，同比增长 21.6%。

【新一轮援藏全面铺开】一是完成了基层调研工作，确定了援藏思路和援藏工作重点，制订了援藏建议项目，投入资金 2.2 亿元，完成建设项目 39 个。二是启动实施了小康村建设等一批改善农牧民生产生活条件的民心工程，确定了竹瓦根镇巴嘎村、下察隅镇塔玛村为第一批小康示范村建设项目。

【社会事业快速发展】社会保障广泛落实。2010 年，全县共落实民生项目资金 1728.2 万元。年人均收入在 1330 元以下的特困群众 657 户、2463 人全部纳入农村低保范畴，发放低保金 149.5 万元。“家电家具下乡”政策得到全面落实，售出家电家具下乡产品 953 台（件），兑付补贴资金 38.2 万元。积极督促各生产单位按时兑现务工人员工资及福利待遇，务工人员权益得到有效保障。全县新增就业 68 人，登记失业率控制在 3.6%。

教育事业快速发展。教育得到优先发展，中、小学适龄儿童入学率分别达 98%和 99.5%，完成了“两基”“迎国检”各项准备工作。一是全面落实专项经费。上年，全县共落实各项教育经费 3069 万元，其中县级配套 328 万元。二是完善学校安全管理。开展了法律进校园、安全教育和防火、抗震应急演练等活动。各中小学校均结合实际制定和落实了安全管理措施，确保了无重大安全事故发生。三是强化教学质量。集中开展了各类教师培训 87 人次，更加注重教学质量的提升，确保了上年小学、初中升学考试再创佳绩。四是积极准备“迎国检”工作。与各乡镇签订了“控辍保学”目标责任书，全面贯彻落实上级“两基”“迎国检”文件精神，各项工作有序推进。五是积极发展职业教育。投资 77 万元建成了可控温蔬菜大棚，购置了木工机械和职教楼配套设施，完成农业实用技术培训 400 余人次。

卫生事业全面进步。一是新型农村合作医疗制度全面落实。农牧区家庭医疗帐户建户率达 100%，医疗制度筹集人口达 98%。二是加大疫病防疫工作力度。强化对重大传染病和慢性非传染性疾病的普查工作，提高疫情应急处置能力，全县无重大疫情、传染病发生。三是加大农牧民大病就医统筹报销力度。上年，察隅县大病统筹基金报销共计 133.4 万元。

文化宣传稳步推进。一是基层文化设施明显改善。县广电中心综合楼及新设备的使用，进一步改善了电视台的硬件环境；投入资金 120.6 万元，为全县村级活动场所购置了音响设备、购置了图书 2.3 万余册。竹瓦根镇桑久村和下察隅镇沙琼村已建成卫星数字电影院。二是文化活动丰富多彩。在各重大节日期间，开展了广场文化活动 23 次，参与人数达 4080 人。三是“村村通”工作顺利进行。全县建成“村村通”单收站 114 座，“村村通”收转站 41 座，广播覆盖率达 80.5%，电视覆盖率达 92.6%。

【领导名单】

县委书记：彭聪恩（援藏干部彭聪恩 2010 年 8 月调离）

县委书记：郑新强

人大常委会主任：丁真多吉

县委副书记、县长：洪　强

县委常委、政协主席：巴里龙

朗　县

【年度综述】2010 年，全县生产总值

2.717亿元，完成年度目标的100%。全县财政收入660万元，完成年度目标的100%。全年农牧民人均纯收入5388.2元，完成年度目标的100.4%，超额完成0.4%。

【特色产业发展不断增强】以结构调整为主线，进一步推进农牧业发展。2010年，粮食产量达6673.6吨，完成年度目标的100.81%，超额完成0.81%。牲畜存栏达10.7万头只匹；肉食产量达4.7吨。一是进一步加大农牧业结构调整。2010年粮、经、饲三元比例由2009年的69：26：5调整为68：26：6。二是进一步做好科技服务工作，积极推行技术承包制度和科技特派员入户工程，共下派各类科技人员18人；三是壮大龙头，促进农畜产品深加工。加大了对朗香农畜产品专业合作社扶持培育力度，该组织2010年与农牧民签订购销合同2500份，实现营业收入150万元。同时，为进一步做大做强辣椒加工业，积极实施了总投资265万元的洞嘎辣椒加工厂项目建设。该项目建成后，每年可为群众创收240万元。

2010年共种植各类经济林木4220亩，全县经济林木总面积累计达17143亩，其中：核桃13575亩，藏冬桃2570亩，花椒698亩，葡萄300亩，成活率均在90%以上。核桃、藏冬桃、花椒达到丰产的分别为1900亩、920亩、428亩。辣椒播种面积达1200亩，年产量达312万斤，实现产值624万元，每年为项目区群众人均增收1300余元。

以旅游业发展为突破，加大旅游宣传力度。全年接待国内外游客10842人次，现有二星级酒店1家（朗泉宾馆），非星级住所设施7家，客房总数达133间，床位256张，从业人员50人。

【项目建设加快实施】2010年，全年建设项目62项，国家总投资22284.95万元。包括朗县卫生服务中心改扩建、拉贡塘公路、农村人居环境综合整治等。完工项目59项，完成投资12000万元，完成年度目标的120%，超额完成20%。全年招商引资到位资金4053万元，完成年度目标的101.3%；民间投资完成1006万元，完成年度目标的100.6%，超额完成0.6%。全年共签约项目2个，项目按合同履约1个，履约率达50%。

全县招商引资续建项目4个，包括朗县秀沟铬铁矿开发、朗县列山景区、嘎贡瀑布综合景点开发、拉多藏湖开发。开工项目3个，其中正在做前期工作规划及项目审批2个，即朗县拉多藏湖旅游景点开发，嘎贡瀑布综合景点开发。新开工项目10个，即朗县葡萄基地建设、折木朗岩金矿等。已签约意向协议项目1个，即扎日矿泉水项目。

【新农村建设全面推进】为认真贯彻落实地委、行署关于小康示范村和农村人居环境建设和环境综合整治试点工作的总体部署，切实做好小康示范村和环境整治村试点建设工作。朗县积极开展试点工程建设和调研工作，截至目前已完成2010年拟动工建设的小康示范村——申木村的实施方案和7个人居试点村建设任务，完成投资734万元。

【援藏工作力度不断加大】以张维船同志为书记的第五批援藏工作队顺利完成在朗县的各项工作任务离藏，以陈奕辉为县委书记的第六批援藏干部7名队员全部到位到岗，并制定了详细的援藏计划，第五、第六批援藏顺利交接。福州市第六批援藏干部确定三年援建项目16个，总盘子6100万元，重点实施特色产业发展、小康示范村建设、社会事业发展、维护社会稳定和改善民生五大方面。第五批援藏工作队在朗县总投资达4236万元，共援藏55个项目并全部完工。

【农牧民增收渠道不断拓宽】一是积极发展劳务经济。全年劳务输出达7652人次，占农牧民人口的55.2%，实现劳务收入1473.53万元，劳务收入每人次达1926元。二是加大虫草管理，虫草采集2309.73斤，实现收入4619.46万元。三是发展农牧民经济实体。几家经济实体吸收本县富余劳动力1274人，增加群众收入175万元。特别是朗香农畜产品专业合作社，产品总数达17个，全年实现营业收入150万元，已成为特色产业发展后劲强有力的助推器。巴尔曲德寺生产销售的藏香年度收入也达10余万元。四是发展农牧区第三产业，积极开展交通运输、商品流通、旅游服务等多种经营。全年实现旅游收入216.84万元，完成年度目标的144.6%。通过举办物资交流会，商品交易额达60万元。商业网点总数（批发零售业中的个体户）达到475家，全社会消费品零售总额完成3968万元，完成年初任务的100%。五是认真落实支农惠农政策。全年落实财政支农惠农资金650万元。

【社会事业发展蓬勃发展】教育事业不断发展。全县9所学校中，建立党支部6个，有3名以上正式党员的乡镇小学全部建立了党支部。全年县财政对教育投入达到139.5万元，占本级财政收入的21.14%，超出自治区规定标准1.14个百分点。积极做好"普九"迎"国检"各项准备，狠抓"防流控辍"，加强"三包"经费管理。全年适龄儿童入学率为100%，巩固率为99%，初中毛入学率为102%，巩固率为98%。

卫生条件不断改善。全县农牧区医疗制度覆盖率达100%，参加新型农牧区合作医疗制度人数达13671人，占全县农牧民总人口的98%；农牧区医疗制度总基金达241.016万元，其中国家拨款220.825万元、地区3.9万元、县级2.675万元，个人集资13.62万元。全年完成51个行政村102名村医选拔工作，并选送12名优秀村医和16名县乡卫生技术人员到地区开展医疗基本知识、基本理论、基本技能的学习和培训。全县免疫规划各单苗接种率分别达95%以上。

第七篇 政府2010年大事记

一月

4日 自治区召开青藏铁路那曲物流中心建设协调暨运营管理工作会议，自治区副主席邓小刚出席会议并讲话。

5日 全区住房和城乡建设暨党风廉政建设工作会议在拉萨开幕，自治区副主席孟德利出席会议并讲话。

6日 全区税务工作会议在拉萨召开，自治区副主席白玛才旺出席会议并讲话。

◆我区首家航空食品生产加工企业——西藏空港航空食品有限公司正式揭牌开业，自治区副主席多吉泽仁出席揭牌仪式并讲话。

◆全区环境保护工作会议在拉萨召开，自治区副主席孟德利出席并讲话

7日 自治区主席向巴平措视察布达拉宫广场地下人行通道工程建设进展情况，自治区副主席孟德利陪同视察。

◆全区粮食流通工作会议在拉萨召开，自治区副主席多吉泽仁出席会议并讲话。

◆自治区副主席邓小刚在拉萨会见了日本驻华大使馆公使梅田邦夫。

9日 中国华能集团公司援建的藏中电网过渡电源工程首批机组投产暨移交生产仪式在拉萨举行，自治区常务副主席郝鹏，国家能源局总工程师吴贵辉，自治区主席助理丁业现，华能集团总工程师寇伟等出席移交生产仪式。

10日 自治区九届人大三次会议在拉萨隆重开幕，大会执行主席、主席团常务主席列确主持大会，自治区主席向巴平措作政府工作报告。

15日 自治区九届人大三次会议以无记名投票方式，选举向巴平措为自治区人大常委会主任，选举白玛赤林为自治区主席，选举白玛赤林为自治区出席第十一届全国人民代表大会代表。

◆自治区九届人大三次会议举行记者见面会，新当选的自治区主席白玛赤林与采访自治区两会的区内外媒体记者见面并发表讲话。

16日 自治区人大常委会、自治区人民政府分别召开领导干部大会，自治区党委书记张庆黎出席会议并作重要讲话。列确、向巴平措、白玛赤林分别发表讲话，郝鹏、土登才旺分别主持会议，吴英杰出席会议，尹德明宣布人事任免决定。次仁、甲热•洛桑丹增、白玛才旺、多吉泽仁、邓小刚、宫蒲光、孟德利、多托、李昭、丁业现出席自治区人民政府领导干部大会。

18日 全国安全生产电视电话会议在北京召开，自治区副主席李昭出席西藏分会场会议并讲话。

20日 武警西藏总队在拉萨隆重表彰2009年度先进集体和先进个人，自治区副主席李昭出席会议并讲话。

22日 出席中央第五次西藏工作座谈会的我区代表返回拉萨，自治区党委书记张庆黎，自治区主席白玛赤林在机场接受了记者采访。向巴平措、张裔炯、郝鹏、杨金山、王增钵、巴桑顿珠、王宾宜、崔玉英、尹德明、公保扎西、秦宜智等领导同机抵达。自治区常务副主席吴英杰前往机场迎接。

◆自治区党委书记张庆黎，自治区主席白玛赤林在拉萨会见了国家交通运输部中国民用航空局副局长王昌顺。

24日 自治区人民政府召开第一次全体会议。自治区主席白玛赤林出席会议并讲话，自治区常务副主席郝鹏主持会议。自治区常务副主席吴英杰，自治区副主席次仁、甲热•洛桑丹增、白玛才旺、多吉泽仁、邓小刚、宫蒲光、孟德利、德吉、多托、李昭及自治区主席助理丁业现出席会议。

26日 自治区政府办公厅召开干部职工大会，传达学习中央第五次西藏工作座谈会精神，自治区副主席、政府秘书长宫蒲光出席会议并讲话。

◆2010年全区卫生工作会议在拉萨召开，自治区副主席德吉出席并讲话。

◆2010年全国春运电视电话会议在京召开，自治区主席助理丁业现出席西藏分会场会议并讲话。

27日 自治区举行迎新春佳节和藏历新年双拥招待会，自治区党委、人大、政府、政协领导同志与驻藏人民解放军、武警部队、公安现役部队主要负责同志欢聚一堂，辞旧迎新。自治区党委书记张庆黎在招待会上致辞，自治区主席白玛赤林主持招待会。向巴平措、张裔炯、郝鹏、杨金山、王增钵、巴桑顿珠、吴英杰、王宾宜、崔玉英、金书波、尹德明、公保扎西、秦宜智等领导同志出席招待会。

◆全区审计工作会议在拉萨召开，自治区副主席白玛才旺出席并讲话。

◆全区人口计生和优生优育工作会议在拉萨召开，自治区副主席德吉出席会议并讲话。

◆西藏电力有限公司二届一次职工代表大会暨2010年工作会议在拉萨召开，自治区主席助理丁业现出席会议并

讲话。

◆西藏电信行业2010年度工作会议在拉萨召开，自治区主席助理丁业现出席会议并讲话。

28日　自治区主席白玛赤林前往拉萨市墨竹工卡县、达孜县、堆龙德庆县、曲水县等地考察调研，自治区副主席宫蒲光陪同调研。

◆全区商务工作会议在拉萨召开，自治区副主席邓小刚出席并讲话。

◆自治区红十字会举行2010年新春招待会，自治区副主席德吉出席招待会并讲话。

◆全区国有资产监督管理工作会议在拉萨召开，自治区主席助理丁业现出席并讲话。

29日　自治区主席白玛赤林在拉萨会见了国家税务总局党组成员、副局长宋兰。自治区常务副主席郝鹏，自治区副主席白玛才旺一同会见。

◆自治区主席白玛赤林分别前往区发改委、区财政厅调研，并听取发改委和财政厅的工作汇报。自治区常务副主席郝鹏主持工作汇报会，自治区副主席宫蒲光一同赴区发改委调研。

◆全国信访局长电视电话会议在北京召开，自治区副主席宫蒲光出席西藏分会场会议并讲话。

◆中国电信西藏公司2010年度工作会议暨市场经营工作会议在拉萨召开，自治区主席助理丁业现出席并讲话。

30日　自治区举行党风廉政建设责任书签订仪式。签订仪式以电视电话会议形式举行，在拉萨设主会场，各地市分会场责任书签订仪式亦同时举行。自治区党委书记张庆黎、自治区主席白玛赤林出席拉萨主会场签订仪式，并代表区党委、政府与地(市)和区直单位党政主要负责同志分别在《西藏自治区2010—2011年党风廉政建设责任书》上签字。向巴平措、张裔炯、郝鹏、巴桑顿珠、王宾宜、崔玉英、尹德明、秦宜智等自治区领导出席签订仪式。自治区党委常委、纪委书记金书波主持签订仪式。

◆全区人力资源和社会保障工作会议在拉萨召开，自治区常务副主席郝鹏出席会议并讲话。

◆自治区主席助理丁业现检查铁路、公路春运工作，慰问交通运输战线干部职工。

31日　自治区主席白玛赤林在拉萨会见了青藏铁路公司总经理卢永忠一行，自治区副主席宫蒲光一同会见。

二月

1日　全区统计和调查工作会议在拉萨召开，自治区常务副主席郝鹏出席会议并讲话。

◆自治区常务副主席郝鹏在拉萨会见了尼泊尔联邦民主共和国驻拉萨总领事乌帕达雅。

◆全区国土资源工作会议在拉萨召开，自治区副主席白玛才旺出席会议并讲话。

2日　自治区“十二五”规划思路汇报会在拉萨召开，自治区常务副主席郝鹏主持会议并讲话。自治区副主席次仁、甲热•洛桑丹增、多吉泽仁、邓小刚、宫蒲光、孟德利、德吉、多托以及自治区主席助理丁业现出席会议。

◆全区矿产资源开发整合工作会议在拉萨召开，自治区常务副主席郝鹏出席会议并讲话，自治区副主席白玛才旺主持会议。

◆全区建设银行工作会议在拉萨召开，自治区副主席白玛才旺出席会议并讲话。

◆全区归国定居藏胞和境外藏胞境内亲属新年茶话会在拉萨举行，自治区副主席多吉泽仁出席了茶话会。

◆全区工商行政管理工作会议在拉萨召开，自治区副主席邓小刚出席会议并讲话。

◆中宣部向我区贫困(边境)县赠送车辆和办公设备仪式在拉萨举行，自治区领导崔玉英、多托、白玛朗杰等出席赠送仪式。

1—3日　农行西藏分行系统工作会议在拉萨召开，自治区副主席白玛才旺出席会议并讲话。

2—3日　全区扶贫农发工作会议在拉萨召开，自治区副主席次仁参加会议并讲话。

3日　自治区党委、政府惠民购物卡发放仪式和自治区首批新农保基础养老金发放仪式，分别在拉萨市区和城关区蔡公堂乡举行，自治区常务副主席郝鹏，自治区副主席多吉泽仁出席发放仪式。

◆中国银联西藏分公司在拉萨举行自治区2009年银行卡同业年会，自治区副主席白玛才旺出席并讲话。

◆全区广播电影电视工作会议在拉萨召开，自治区副主席多托出席了会议并讲话。

4日　全区信贷扶贫工作座谈会在拉萨召开，自治区副主席次仁出席会议并讲话。

◆全区文物工作会在拉萨召开，自治区副主席甲热•洛桑丹增出席会议并讲话。

◆全区质量技术监督工作会议在拉萨召开，自治区副主席邓小刚出席会议并讲话。

◆全区文化(文物)局长会议在拉萨召开，自治区副主席多托出席并讲话。

4—5日　自治区公安消防总队召开党委扩大会议，自治区副主席多吉泽仁出席了会议。

5日　自治区常务副主席郝鹏前往西藏儿童福利院和拉萨市城关区夺底乡敬老院，亲切看望慰问生活在那里的孩子和孤寡老人。自治区领导马如龙、多吉泽仁、白玛朗杰一同看望慰问。

◆全区文化系统参加上海世博会文艺表演、非物质文化遗产展示动员会在拉萨召开，自治区副主席多托作动员讲话。

6日　邮政储蓄银行西藏区分行工作会议在拉萨召开，自治区副主席白玛才旺出席会议并讲话。

6—7日　尼泊尔联邦民主共和国内政部部长拉瓦尔在拉萨进行了为期2天的参观访问。自治区党委副书记张裔炯，自治区常务副主席郝鹏分别会见了尼泊尔内政部部长拉瓦尔一行，自治区副主席李昭一同参加会见。

7日　全区安全生产委员会2010年第一次全体会议在拉萨召开，自治区副主席李昭出席会议并讲话。

8日　自治区政府办公厅举行2010年春节、藏历新年团拜会，自治区领导吴英杰、次仁、甲热•洛桑丹增、多吉仁、邓小刚出席团拜会，自治区副主席宫蒲光在团拜会上致辞。

◆全区2009年度经济金融运行分析

会在拉萨召开，自治区副主席白玛才旺出席会议并讲话。

9日　全区安全生产工作会议在拉萨召开，自治区副主席李昭出席会议并讲话。

10日　自治区主席白玛赤林专门就拉萨节日市场商品供应、质量安全等情况进行了视察调研，自治区副主席邓小刚陪同视察。

◆自治区常务副主席吴英杰在有关单位负责人的陪同下，前往布达拉宫广场视察拉萨市北京中路地下人行通道工程建设情况。

◆自治区体育局召开2009年度工作总结暨表彰大会，自治区副主席甲热•洛桑丹增出席了会议，并为该局系统先进集体和优秀公务员、工作人员代表颁奖。

◆全区公安交通管理工作电视电话会议在拉萨召开，自治区副主席李昭出席主会场会议并讲话。

11日　自治区副主席李昭率自治区安全委员会成员单位的相关负责人对拉萨市客运站、烟花爆竹批发门市、加油站以及人员密集场所就企业安全责任制建立及落实情况进行了检查。

13日　自治区主席白玛赤林看望慰问了在执勤一线的武警官兵，秦宜智、李昭、郭毅力等领导一同前往看望慰问。

14日　大年初一，自治区党委书记张庆黎、自治区主席白玛赤林来到拉萨市城关区公德林街道办事处当巴社区居委会，与乡亲们一起欢度春节、藏历新年，并代表自治区党委、政府，向全区各族农牧民群众致以新春最美好的祝福。秦宜智陪同前往。

18日　自治区党委书记张庆黎、自治区主席白玛赤林前往布达拉宫广场地下人行通道施工现场和布达拉宫消防大队，看望慰问节日期间坚守岗位的工程建设人员和执勤官兵，向他们致以春节、藏历新年的美好祝福。自治区常务副主席吴英杰陪同看望。

◆自治区党委书记张庆黎、自治区主席白玛赤林与西藏大学师生座谈，自治区常务副主席吴英杰主持座谈会。

◆自治区党委书记张庆黎、自治区主席白玛赤林亲切看望慰问了自治区驻哲蚌寺工作组的全体同志，自治区常务副主席吴英杰陪同看望。

23日　中央召开贯彻实施《中国共产党党员领导干部廉洁从政若干准则》电视电话会议，自治区党委书记张庆黎在西藏分会场会议上讲话，自治区主席白玛赤林出席西藏分会场会议，自治区党委常委、纪委书记金书波主持会议。

26日　自治区召开“十二五”重点项目建设规划编制工作专题会，自治区主席白玛赤林出席会议并讲话，自治区常务副主席郝鹏主持会议，吴英杰、王宾宜、崔玉英、多吉泽仁、邓小刚、宫蒲光、孟德利、李昭、欧洛布穷、丁业现等领导出席会议。

27日　西藏人保财险2010年度全区保险工作会议在拉萨召开，自治区主席助理丁业现出席会议。

三月

1日　全国森林草原防火工作电视电话会议在北京召开，自治区副主席邓小刚出席西藏分会场会议并讲话。

2日　自治区常务副主席郝鹏在拉萨会见了由国务院新闻办、外交部、港澳办、台办联合组织的中外记者团一行，并接受了采访。

◆自治区常务副主席吴英杰在有关部门负责人的陪同下，就拉萨火车西站进站道路建设情况进行了调研。

◆自治区常务副主席吴英杰与中铁第一勘察设计院赴藏专家组一行在拉萨座谈。

◆自治区政府办公厅召开全厅干部职工大会，自治区副主席宫蒲光出席会议并讲话。

3日　十一届全国人大三次会议西藏代表团召开全体会议，会议宣布第十一届全国人民代表大会第三次会议西藏代表团正式成立，并推选张庆黎为十一届全国人大三次会议西藏代表团团长，推选向巴平措、白玛赤林为十一届全国人大三次会议西藏代表团副团长。

◆自治区常务副主席郝鹏在自治区党委常委、秘书长公保扎西陪同下，视察了自治区档案局。

◆全区2010年度教育工作会议在拉萨召开，自治区副主席孟德利出席会议并讲话。

4日　自治区常务副主席郝鹏和自治区副主席宫蒲光，前往哲蚌寺就文物维修工作进行调研。

5日　出席十一届全国人大三次会议的西藏代表团认真审议了温家宝总理代表国务院所作的政府工作报告。全国人大代表、自治区党委书记张庆黎主持会议。全国人大代表、自治区党委副书记、自治区人大常委会主任向巴平措，全国人大代表、自治区党委副书记、自治区主席白玛赤林出席会议。

6日　自治区直属机关、事业单位2010年度公开考录公务员(工作人员)笔试在拉萨举行，自治区常务副主席郝鹏在自治区有关部门负责同志陪同下，前往考点巡视考试情况。

7日　自治区党委书记张庆黎、自治区主席白玛赤林在北京与中国国电集团公司领导座谈，自治区主席助理丁业现出席座谈会。

◆十一届全国人大三次会议西藏代表团在北京接受了中外媒体记者集中采访。全国人大代表、自治区党委副书记、自治区人大常委会主任向巴平措和全国人大代表、自治区党委副书记自治区主席白玛赤林出席并接受采访。

◆自治区召开全区加强安全生产紧急电视电话会议，自治区副主席李昭代表自治区人民政府讲话，自治区副主席宫蒲光主持会议。

9日　2010年全区招生考试工作会议在拉萨召开，自治区副主席孟德利出席会议并讲话。

8—10日　自治区常务副主席吴英杰率领工作组在山南地区考察调研。

10日　商务部与自治区人民政府在北京签署了部区对口援助与合作协议，自治区党委书记张庆黎出席签字仪式。商务部部长陈德铭和自治区主席白玛赤林共同签署协议。出席签字仪式的还有自治区副主席邓小刚和商务部副部长马秀红、钟山等领导同志。

15日　自治区副主席白玛才旺前往昌都地区视察春耕春播工作。

◆自治区政府办公厅理论学习中心组召开会议，自治区副主席宫蒲光出席会议并讲话。

17日　自治区常务副主席吴英杰在相关部门负责人的陪同下，前往自治区邮政公司，对我区邮政工作情况进行了调研。

18 日 自治区党委书记张庆黎在拉萨会见了中国国电集团公司副总经理、党组成员杨海滨一行。自治区常务副主席郝鹏参加会见。

◆自治区发改委与龙源电力集团股份有限公司在拉萨签署《西藏新能源发电项目合作投资开发协议》，自治区常务副主席郝鹏，中国国电集团公司副总经理、党组成员杨海滨，自治区主席助理丁业现，中国国电集团公司总经理助理、龙源电力集团股份有限公司总经理谢长军出席签约仪式。

◆出席全国两会的我区代表、委员们，返回拉萨，自治区领导吴英杰、马如龙、索朗卓玛前往机场迎接。

◆拉萨市人民政府与自治区农科院建立农牧科技发展战略合作机制签约仪式在拉萨举行，自治区副主席邓小刚出席签约仪式。

◆中国人民银行拉萨中心支行、西藏银监局联合组织全区金融系统召开联席会议，自治区主席助理丁业现出席会议并讲话。

19 日 西藏重要能源建设项目——龙源西藏羊八井 10MW 光伏电站暨新型地热开发项目开工建设。自治区常务副主席吴英杰出席开工典礼并讲话，自治区主席助理丁业现、中国国电集团副总经理杨海滨出席开工典礼。

◆自治区溜索改桥协调工作领导小组召开第一次会议，自治区副主席邓小刚出席会议并讲话。

◆自治区政府办公厅召开效能建设年活动动员大会，自治区副主席宫蒲光作动员讲话。

21 日 2010 年度学经僧人晋升格西拉让巴学位立宗答辩活动在拉萨大昭寺举行，自治区副主席宫蒲光出席了颁证仪式。

21—22 日 自治区常务副主席郝鹏一行赴上海考察我区参与上海世博会筹备工作。

22 日 拉萨海关关区工作会议召开，自治区副主席邓小刚出席并讲话。

23 日 国务院第三次廉政工作电视电话会议在京召开，自治区主席白玛赤林出席西藏分会场会议并讲话，自治区副主席宫蒲光主持西藏分会场会议。

◆自治区常务副主席吴英杰前往尼泊尔驻拉萨领事馆，对本月 20 日在加德满都病逝的尼泊尔前总理(首相)、尼泊尔大会党主席吉里贾•普拉萨德•柯伊拉腊表示沉痛吊唁。

◆全区新闻出版工作会议在拉萨召开，自治区副主席多托出席会议并讲话。

◆西藏出入境检验检疫局与自治区质量技术监督局举行合作备忘录签字仪式，自治区副主席邓小刚出席签字仪式并讲话。

25 日 自治区举行自治区级卫生城市命名表彰大会，拉萨市成为我区首个自治区级卫生城市。自治区主席白玛赤林出席表彰大会并授牌，自治区副主席宫蒲光在授牌仪式上讲话。

◆自治区政府系统 2010 年度人大代表建议、政协提案交办会议在拉萨召开，自治区常务副主席吴英杰出席并讲话。

24—26 日 口岸建设管理和边境贸易发展领导小组会议在拉萨召开，自治区副主席邓小刚主持会议并讲话。

26 日 自治区主席白玛赤林主持召开自治区人民政府第二次常务会议，审议并原则通过了《西藏自治区 2010 年本级国有资产经营预算草案的请示》、《关于举办第十届全区运动会的请示》、《关于完善政策加大我区特殊教育事业资金投人的请示》、《关于调整雅江中游河谷黑颈鹤国家级自然保护区范围及功能区的请示》、《关于呈报(西藏自治区机关事业单位周转房建设管理暂行办法)的请示》等。自治区常务副主席吴英杰，自治区副主席邓小刚、宫蒲光，自治区主席助理丁业现出席会议。

◆自治区召开 2009 年度土地卫片执法检查工作动员部署电视电话会议，自治区主席助理丁业现出席会议并讲话。

28 日 拉萨市各族各界在布达拉宫广场隆重举行“升国旗，唱国歌”仪式，喜迎“西藏百万农奴解放纪念日”设立一周年，自治区领导张庆黎、白玛赤林、张裔炯、杨金山、吴英杰、王宾宜、崔玉英、洛桑江村、金书波、尹德明、秦宜智等出席仪式。

29 日 西藏百万农奴解放纪念日主题文艺晚会《雪山情怀》在西藏人民会堂隆重上演，张庆黎、白玛赤林、王增钵、吴英杰、崔玉英、洛桑江村、金书波、尹德明、公保扎西、秦宜智等自治区领导和我区各族各界代表一起观看了演出。

28-31 日 青海省委书记、省人大常委会主任强卫率青海省党政代表团在我区考察工作。自治区领导张庆黎、白玛赤林、张裔炯、吴英杰、王宾宜、洛桑江村、公保扎西、秦宜智等陪同考察或出席座谈会。

31 日 2010 年全区“扫黄打非”工作电视电话会议在拉萨召开，自治区副主席多托出席会议。

◆为期两天的自治区国防教育工作会议闭幕，自治区副主席李昭出席会议并讲话

四月

1 日 自治区副主席邓小刚在拉萨与中石油青海油田分公司宗贻平总经理一行进行座谈。

◆加强和规范各地政府驻北京办事机构管理工作电视电话会议在北京召开，自治区副主席宫蒲光出席西藏分会场会议。

2 日 自治区领导参加义务植树活动，张庆黎、白玛赤林、杨金山、王增钵、王宾宜、洛桑江村、金书(四月)波、公保扎西、秦宜智等与各族各界群众一同植树。

7 日 自治区公安厅信通科技指挥中心项目在拉萨正式开工建设，自治区副主席多托出席开工仪式并讲话，自治区副主席李昭致辞。

8 日 自治区主席白玛赤林在拉萨会见了尼泊尔联邦民主共和国驻拉萨总领事纳因德拉•普拉萨德•乌帕达雅。自治区副主席宫蒲光参加会见。

◆藏东三条公路整治改建工程开工，自治区副主席多托出席开工典礼。

◆全国纠风工作电视电话会议在北京召开，自治区副主席李昭出席西藏分会场会议并讲话。

9 日 全国整治违法排污企业保障群众健康环保专项行动电视电话会议在北京召开，自治区副主席德吉出席西藏分会场会议并讲话。

10 日　自治区副主席宫蒲光与国家节能质检总局副司长、国家节能考核赴藏工作组组长宋伟一行在拉萨座谈。

11 日　自治区主席白玛赤林主持召开自治区人民政府第三次常务会议，会议讨论并原则通过了《关于贯彻落实〈国务院办公厅关于印发支持西藏经济社会发展若干政策和重大项目意见的通知〉的实施方案》以及《西藏自治区“十二五”重点项目建设规划》。自治区常务副主席郝鹏、吴英杰，自治区副主席白玛才旺、邓小刚、宫蒲光、孟德利、德吉、多托出席会议。

◆我区首家小额贷款公司——西藏裕融小额贷款股份有限公司在拉萨开业，自治区副主席白玛才旺出席开业典礼并讲话。

12 日　“中国建设银行少数民族地区大学生成才计划”西藏启动仪式在拉萨举行，自治区副主席白玛才旺出席启动仪式并讲话。

13日　自治区参与2010年上海世博会工作领导小组会议在拉萨召开，自治区常务副主席、自治区世博领导小组组长郝鹏主持会议并讲话，自治区副主席宫蒲光、多托出席会议。

14 日　全区测土配方施肥工作会议在拉萨召开，自治区副主席次仁出席会议并讲话。

15 日　自治区举行向青海玉树地震灾区捐款仪式，张庆黎、向巴平措、白玛赤林、张裔炯、郝鹏等自治区领导向灾区捐款。

17 日　我区召开手足口病等重点传染病防控工作座谈会，自治区副主席德吉出席座谈会并讲话。

18 日　全区农牧民安居工程建设工作会议在拉萨召开，自治区主席白玛赤林出席会议并讲话，自治区常务副主席郝鹏主持会议。自治区副主席次仁、宫蒲光出席会议。

◆自治区政府举行中央扩大内需促进经济增长政策落实和治理工程建设领域突出问题工作汇报会，就相关工作向中央检查组进行专题汇报。自治区主席白玛赤林出席会议，自治区常务副主席郝鹏代表自治区党委、政府作汇报。自治区党委常委、纪委书记金书波参加会议，自治区副主席宫蒲光主持会议。

◆萨迦至定结公路、中尼公路60道班至吉隆公路改建工程在萨迦县开工建设，自治区常务副主席吴英杰出席开工典礼并为工程奠基。

◆全区政法工作座谈会在拉萨召开，自治区副主席李昭出席会议并讲话。

19 日　全区水利工作会议在拉萨举行，自治区副主席次仁出席会议并讲话。

◆自治区副主席白玛才旺会见了国家开发银行赴藏调研组一行，并就深化自治区与国家开发银行合作举行座谈。

◆全国食品安全工作电视电话会议在京召开，自治区副主席德吉出席西藏分会场会议。

20 日　2008 年度国家级青年文明号暨 2009 年度自治区级青年文明号授牌仪式在拉萨举行，自治区副主席多托参加授牌仪式并讲话。

◆自治区区直国有企业廉政建设座谈会在拉萨召开，自治区主席助理丁业现出席并讲话。

21 日　自治区副主席邓小刚在拉萨会见了前来我区出席中国西藏自治区与尼泊尔经贸协调委员会第一次会议的尼泊尔经贸代表团苏亚·普拉萨德·席尔瓦一行。

◆全区体育工作会议在拉萨召开，自治区副主席德吉出席会议并讲话。

20—22 日　自治区常务副主席郝鹏陪同中纪委驻交通运输部纪检组组长杨利民率领的中央扩大内需促进经济增长政策落实暨治理工程建设领域突出问题检查组在日喀则地区进行了调研。

22 日　自治区党委、人大、政府、政协举行欢送会，欢送我区 35 名 2010 年全国劳动模范和先进工作者赴京参加全国劳动模范和先进工作者表彰大会，自治区主席白玛赤林出席并讲话。自治区主席助理丁业现出席表彰大会。

◆国务院切实做好当前农业生产工作紧急电视电话会议在北京召开，自治区副主席次仁参加西藏分会场会议并讲话。

◆全区资本市场工作会议在拉萨召开，自治区副主席白玛才旺出席会议并讲话。

◆区“扫黄打非”工作领导小组办公室在拉萨举行全国侵权盗版制品及各类非法出版物统一集中销毁西藏分会场活动，自治区副主席多托出席西藏分会场活动并讲话。

◆我区第二批支援玉树灾区救灾捐赠物资启运，自治区副主席德吉出席启运仪式。

23 日　自治区表彰“5100”和“藏缘及图”商标荣获中国驰名商标大会在拉萨举行，自治区副主席邓小刚出席表彰会并为荣获驰名商标企业颁奖。

24 日　全区就业政策法规宣传活动启动仪式在拉萨市举行，自治区常务副主席郝鹏出席启动仪式并讲话。

26 日　自治区常务副主席郝鹏主持召开自治区政府常务会议。会议审议并原则通过《西藏自治区 2010 年农村人居环境建设和环境综合整治试点工作实施方案》、《西藏自治区旅游条例(修订草案)》等，确认了我区第二次全国经济普查工作主要成果和发布主要数据公报，对当前藏东南地区强暴雨雪灾害的抗救灾工作进行安排部署。自治区副主席白玛才旺、邓小刚、宫蒲光、德吉、多托、李昭、自治区主席助理丁业现出席会议。

◆自治区医药卫生体制改革工作领导小组第二次会议在拉萨召开，自治区常务副主席郝鹏出席会议并讲话，自治区副主席德吉主持会议。

◆全国气象部门第五次西藏气象工作会议在四川成都开幕，自治区副主席次仁出席会议并讲话。

◆自治区召开西藏矿业资源开发整合总体实施方案征求意见专题会议。自治区副主席白玛才旺主持会议并讲话。

◆全区高校党的建设工作会议在拉萨召开，自治区党委常委、宣传部部长崔玉英出席会议并讲话，自治区副主席孟德利主持会议。

27 日　自治区第六次全国人口普查工作会议在拉萨召开，自治区常务副主席郝鹏出席会议。

◆自治区常务副主席郝鹏在有关部门负责人陪同下，就我区非公有制经济发展和工商联工作进行调研。自治区主席助理丁业现陪同调研。

28 日　全区新型农村社会养老保险工作会议在拉萨召开，自治区常务副主席郝鹏出席会议并讲话。

◆自治区常务副主席郝鹏在拉萨会见了尼泊尔共产党(联合马列)议员代表

团一行。

◆自治区副主席邓小刚在拉萨会见澳大利亚驻华大使芮杰锐博士一行。

◆"喜迎世博、共建和谐——中国2010年上海世博会百万笑脸征集全国接力走进西藏"活动在布达拉宫广场举行，自治区副主席多托出席并讲话。

◆西藏交通出行服务热线和应急短信平台开通，自治区主席助理丁业现出席开通仪式西藏分会场会议。

◆全区工业和信息化工作会议在拉萨召开，自治区主席助理丁业现出席会议并讲话。

23—29日　自治区主席白玛赤林前往日喀则边境地区考察工作，先后在岗巴、定结、定日、聂拉木、吉隆等边境县，深入日屋、樟木、吉隆口岸和多个边境乡村、企业，就边境地区经济社会发展、人民生产生活和口岸建设情况进行调研。

29日　全区重点项目建设工作会议在拉萨召开，自治区常务副主席郝鹏出席会议并讲话。

◆西藏百益集团旗下分支机构——百益百货在拉萨开业。自治区副主席邓小刚出席开业典礼并剪彩。

◆自治区青联七届三次常委(扩大)会议在拉萨召开，自治区副主席多托出席会议并讲话。

◆自治区副主席邓小刚与中国石油天然气股份有限公司青海油田分公司总经理宗贻平一行座谈。自治区主席助理丁业现一同座谈。

30日　自治区政府办公厅举行《西藏自治区人民政府办公厅工作制度汇编》颁发仪式，自治区副主席宫蒲光出席并讲话。

五月

4日　自治区常务副主席吴英杰在有关单位负责人的陪同下，前往布达拉宫广场视察地下人行通道收尾工程。

◆自治区副主席孟德利到我区部分学校就校园安全问题进行视察和调研。

5日　国务院召开全国节能减排工作电视电话会议，自治区主席白玛赤林出席西藏分会场会议并讲话，自治区常务副主席吴英杰主持分会场会议，自治区副主席孟德利出席会议。

6日　自治区常务副主席郝鹏专程前往拉萨经济技术开发区考察调研，自治区副主席邓小刚陪同调研。

6—7日　自治区副主席德吉在山南地区就医改进展情况进行调研。

7日　自治区主席白玛赤林主持召开专题会议，研究察隅县强降雨雪灾害救灾情况和灾后重建问题，自治区常务副主席郝鹏，自治区副主席次仁、邓小刚、孟德利、李昭出席会议。

◆自治区主席白玛赤林主持召开专题会议，落实自治区工作组赴日喀则边境县调研的有关工作。

◆自治区常务副主席吴英杰在拉萨会见了由法国法中友好协会主席雅克•温明登先生带队的法中协会考察团一行。

◆自治区主席助理丁业现和中国进出口银行总行副行长诸鑫强进行座谈。

8日　全区旅游工作会议在拉萨召开，自治区常务副主席吴英杰出席会议并讲话。

◆自治区综治委预防青少年违法犯罪工作领导小组2010年全体会议在拉萨召开，自治区副主席李昭出席并讲话。

6—10日　自治区副主席宫蒲光深入山南地区琼结、错那、隆子三县就扶贫点建设和边境县乡经济社会发展情况进行实地考察调研。

10日　自治区召开全区冬虫夏草管理工作电视电话会议，自治区主席白玛赤林出席会议并讲话。自治区副主席次仁主持会议，自治区副主席李昭出席会议。

◆自治区常务副主席郝鹏率领工作组就拉萨至贡嘎机场专用公路建设情况进行实地调研，自治区常务副主席吴英杰，西藏军区副司令员王桂生陪同调研。

◆西藏高原天然水项目开工奠基典礼在拉萨国家级经济技术开发区举行，自治区党委常委、拉萨市委书记秦宜智，自治区副主席邓小刚，自治区主席助理丁业现出席开工典礼并为开工奠基。

◆西藏青稞啤酒生产基地正式投产，自治区党委常委、拉萨市委书记秦宜智，自治区副主席邓小刚，自治区主席助理丁业现前往基地生产车间视察投产运行情况。

11日　由国家旅游局、自治区政府联合主办的"走进西藏、体验更多"宣传推广活动在拉萨拉开帷幕，自治区常务副主席吴英杰出席并讲话。

11—12日　全区"两基"巩固提高暨迎"国检"现场培训会议在山南地区召开，自治区副主席孟德利出席并讲话。

13日　自治区主席白玛赤林前往旁多水利枢纽工程施工现场和直孔电站视察工作。

14日　全国军队转业干部安置电视电话会议举行，自治区常务副主席吴英杰出席西藏分会场会议并讲话。

15日　我区开展打击预防经济犯罪宣传活动，自治区常务副主席吴英杰，自治区副主席李昭等领导前往宣传点视察工作。

◆自治区乒乓球协会在拉萨成立，自治区副主席宫蒲光出席并讲话。

15—16日　全区农牧业基本建设项目管理工作会议在日喀则召开，自治区副主席次仁出席会议并讲话。

16日　以"体育的盛会、人民的节日"为宗旨的第四届全国体育大会在安徽省合肥市隆重开幕，自治区副主席甲热•洛桑丹增出席了开幕式。

17日　自治区常务副主席吴英杰率工作组专程前往青藏铁路那曲物流中心进行实地调研。

◆全区社会治安重点地区排查整治工作电视电话会议在拉萨召开，自治区副主席李昭出席会议并讲话。

18日　全区司法(处)局长会议闭幕，自治区副主席李昭出席会议并讲话。

19日　自治区主席白玛赤林主持召开自治区人民政府第五次常务会议，审议并原则通过了《关于呈报〈西藏自治区人民政府关于进一步加强和改进道路交通管理工作的意见〉的请示》、《西藏自治区保护陆生野生动物造成公民人身伤害或者财产损失补偿办法(修订草案)》、《西藏自治区气象探测环境和设施保护办法(草案)》等，审议了《关于发行"西藏旅游卡"的通知(代拟稿)的请示》。自治区常务副主席吴英杰、自治区副主席次仁、宫蒲光、孟德利、李昭出席会议。

20日　自治区主席白玛赤林在拉萨亲切会见了武警部队副司令员息中朝一

行。

21日 全国“小金库”治理工作经验交流电视电话会议在北京召开，自治区副主席宫蒲光出席西藏分会场会议。

◆西藏大学“自治区国防教育基地”挂牌仪式举行，自治区副主席李昭出席仪式。

22日 拉萨市城关区特色园艺产业化示范园建设项目在蔡公堂乡正式开工，自治区副主席次仁出席并为项目奠基。

16—23日 自治区副主席邓小刚率领的自治区经贸代表团赴澳大利亚和新西兰圆满完成了为期8天的访问。

18—23日 自治区副主席多托在有关部门负责人陪同下，赴上海就举办世博会西藏活动周进行调研。

24日 自治区常务副主席吴英杰出席纪念中国人首登珠峰50周年座谈会。

◆国土资源部、监察部“未报即用”违法用地清查整改情况通报电视电话会议在北京召开。自治区副主席次仁出席西藏分会场会议。

25日 自治区主席白玛赤林在拉萨亲切会见了成都会展旅游集团董事长邓鸿一行，自治区常务副主席吴英杰，区党委常委、拉萨市委书记秦宜智，自治区副主席宫蒲光一同会见。

26日 拉萨圣地天堂洲际大饭店正式开工，自治区主席白玛赤林，自治区常务副主席吴英杰，自治区副主席宫蒲光等领导为工程开工奠基。

27日 自治区常务副主席吴英杰，自治区副主席李昭率领有关部门负责人看望慰问我区赴青海玉树地震灾区救援人员。

◆拉萨吞米岭藏艺文博园开工，自治区党委常委、拉萨市委书记秦宜智，自治区副主席宫蒲光为工程开工奠基。

◆全区社会福利设施建设与管理推进会在拉萨召开，自治区副主席李昭出席会议并讲话。

28日 “十一五”西藏民航机场建设领导小组第四次会议在拉萨贡嘎机场召开，自治区常务副主席吴英杰主持会议并讲话。

◆自治区妇联举行“六一”儿童节慰问活动，自治区副主席德吉出席并讲话。

29日 自治区党委书记张庆黎和自治区主席白玛赤林在拉萨会见了嘉里控股有限公司董事长郭孔丞一行，自治区常务副主席吴英杰等领导参加会见。

六月

4日 第六批援藏县委书记岗前培训班在自治区党校举行开班仪式，自治区常务副主席郝鹏出席并讲话。

◆西藏自治区第十届运动会组委会召开第二次筹备会议，自治区副主席甲热·洛桑丹增出席会议并讲话。

◆自治区环境综合整治工作电视电话会议在拉萨召开，自治区副主席孟德利出席会议并讲话。

◆自治区主席助理丁业现在拉萨会见了由云南铜业集团有限公司总经理杨超率领的中国铝业、云南铜业公司赴藏工作组一行。

5日 自治区领导张庆黎、向巴平措、白玛赤林等前往雪林·多吉颇章看望十一世班禅额尔德尼·确吉杰布。

◆自治区国土资源厅资料馆建设奠基仪式在拉萨市举行，自治区常务副主席郝鹏，自治区主席助理丁业现等领导出席奠基仪式。

6日 自治区人民检察院办案技术楼奠基仪式在拉萨举行，自治区常务副主席郝鹏，自治区副主席李昭等领导出席奠基仪式。

7日 自治区主席白玛赤林在自治区第六批援藏县委书记培训班作专题报告。

◆自治区主席白玛赤林，自治区副主席孟德利及相关部门负责人前往拉萨考区视察指导我区高考工作。

8日 中国石油西藏销售公司拉萨铁路油料接卸库奠基仪式举行，自治区副主席邓小刚出席并为工程奠基。

9日 中国移动通信集团西藏公司成立10周年庆祝大会在西藏人民会堂隆重举行，自治区主席白玛赤林代表自治区党委、政府向中国移动西藏公司授锦旗，并为评选出的先进集体和个人颁奖。自治区副主席多吉泽仁出席并讲话。

◆自治区主席白玛赤林前往自治区人民医院，亲切看望在执勤中受伤的女交警。自治区副主席李昭一同看望。

9—10日 自治区常务副主席吴英杰在铁道部专家的陪同下前往日喀则实地考察调研拉萨至日喀则铁路情况。

10日 自治区副主席甲热·洛桑丹增在相关部门负责同志的陪同下，视察我区“十一五”重点文物保护工程维修进展情况。

◆2010年全国电力迎峰度夏电视电话会议召开，自治区副主席邓小刚出席西藏分会场会议并讲话。

8—11日 自治区副主席次仁在有关部门负责同志的陪同下在拉萨市调研。

11日 自治区党委书记张庆黎，自治区主席白玛赤林在拉萨会见了全国妇联党组书记、副主席、书记处第一书记宋秀岩一行。

◆自治区召开新型农村社会养老保险试点工作领导小组第一次会议，自治区常务副主席郝鹏出席会议并讲话。

◆自治区副主席甲热-洛桑丹增在相关部门负责同志陪同下，先后前往布达拉宫、罗布林卡，检查文物古建筑保护及消防设施、安全保卫工作情况。

◆上海世博会西藏馆支持合作企业——西藏特色产业系列活动启动仪式在上海举行。自治区副主席多托出席启动仪式。

12日 自治区主席白玛赤林在拉萨亲切会见了前来我区调研的国家质检总局党组副书记、副局长支树平一行，自治区副主席邓小刚一同会见。

◆自治区常务副主席郝鹏专程前往自治区党校，在全区第六批援藏县委书记培训班上作专题讲座，自治区副主席孟德利主持讲座。

◆自治区常务副主席吴英杰出席2010年全国节能减排宣传周活动。

13日 自治区主席白玛赤林与中国葛洲坝集团公司党委书记、总经理丁焰章签署《西藏自治区人民政府和中国葛洲坝集团公司战略合作框架协议》，自治区常务副主席郝鹏在签字仪式上致辞。

◆自治区主席白玛赤林前往布达拉宫，就文物维修保护和安全各项工作进行考察，自治区副主席甲热·洛桑丹增陪同调研。

◆全区人才工作协调小组会议在拉萨召开，自治区常务副主席郝鹏主持会议并讲话，自治区副主席孟德利出席。

15 日　自治区常务副主席郝鹏率领工作组，前往那曲地区深入基层村镇和多个项目施工现场调研。

17 日　强农惠农资金专项清理和检查工作全国电视电话会议在京召开，自治区主席白玛赤林出席西藏分会场会议并讲话。

17—18 日　全区林业工作会议在拉萨召开，自治区党委书记张庆黎在会上作重要讲话，自治区党委副书记、自治区人大常委会主任向巴平措，自治区主席白玛赤林分别讲话，国家森林防火指挥部副总指挥李育材到会祝贺并作讲话，自治区常务副主席吴英杰等领导同志出席大会。

18 日　自治区党委书记、西藏军区党委第一书记张庆黎和自治区党委副书记，自治区主席白玛赤林在拉萨会见了武警部队副政委吴云峰一行，自治区党委常委、西藏军区政委王增钵参加会见。

◆自治区召开旅游产业发展协调委员会第一次全体会议，自治区主席白玛赤林出席会议并讲话。自治区常务副主席吴英杰主持会议。

◆自治区召开全区农牧民增收工作专题会议，自治区主席白玛赤林出席会议并讲话。自治区人大常委会副主任张跃平、自治区政协副主席乔元忠出席会议，自治区副主席次仁主持会议。

◆全国内地西藏散插班办班学校校长培训会议在拉萨召开，自治区副主席孟德利出席会议并讲话。

20 日　自治区副主席次仁在拉萨与以中央联席会议办公室副主任、国家信访局副局长许杰为组长的国家信访局赴藏调研组一行就我区信访信息系统正式开通举行座谈。

16—21 日　自治区常务副主席郝鹏率领工作组在昌都地区调研。

22 日　自治区副主席德吉在拉萨会见了国家食品药品监督管理局注册司副司长董润生一行。

23 日　自治区防汛抗旱工作电视电话会议在拉萨召开，自治区副主席次仁出席并讲话。

◆自治区副主席孟德利在自治区教育厅负责人的陪同下，巡视了我区 2010 年普通高校招生录取网上模拟投档演练及高考、中考评卷工作。

22—24 日　自治区主席白玛赤林深入阿里地区措勤、改则、革吉三县的乡村、学校、企业调研。

24 日　全国减轻企业负担专项治理工作电视电话会议在北京召开，自治区副主席孟德利出席西藏分会场会议。

25 日　自治区常务副主席郝鹏主持召开自治区人民政府第六次常务会议，讨论并通过了《关于调整西藏特殊津贴标准的实施意见》、《关于对农村低收人人口全面实行扶贫政策的请示》、《关于取消部分农林牧产品采购营业税的请示》等议题。自治区常务副主席吴英杰，自治区副主席孟德利、德吉、多托出席会议。

27 日　自治区常务副主席洛桑江村亲切会见了欧洲华侨华人社团联合会访问团一行。

28 日　自治区主席白玛赤林前往阿里昆莎机场进行调研。

◆在阿里地区调研的自治区主席白玛赤林专程前往狮泉河烈士陵园凭吊。

◆由外交部组织的“外国驻华记者西部行”在我区采访，自治区常务副主席郝鹏在拉萨会见了采访团一行并接受记者采访。

◆自治区常务副主席吴英杰在拉萨亲切会见了哥伦比亚前总统帕斯特拉纳先生及夫人率领的进藏旅游团一行。

◆我区支援青海玉树抗震救灾卫生救援工作座谈会在拉萨召开，自治区副主席德吉出席座谈会并讲话。

29 日　西藏社科院科研综合楼竣工典礼隆重举行，自治区常务副主席郝鹏出席竣工典礼并为西藏社科院门牌揭幕。

◆自治区副主席邓小刚在拉萨与国家海关总署党组副书记、副署长兼国家口岸办公室常务副主任李克农一行进行了座谈。

25—30 日　自治区主席白玛赤林深入阿里地区普兰、札达、日土、噶尔县的乡村、学校、企业调研。

七月

1 日　西藏阿里昆莎机场正式通航。自治区党委书记、西藏军区党委第一书记张庆黎为机场首航剪彩并接受了记者采访，中国民用航空局局长、党组书记李家祥，自治区主席白玛赤林分别在首航仪式上讲话。自治区常务副主席郝鹏宣读了张德江副总理的贺电，自治区党委常委、西藏军区政委王增钵等领导同志出席首航仪式。自治区常务副主席吴英杰主持首航仪式。

◆自治区副主席多托在拉萨会见了意大利意中基金会罗马分会会长奥托拉尼·阿尔伯托及夫人率领的赴藏考察代表团一行。

2 日　全区推进有线广播电视数字化工作座谈会在拉萨召开，自治区副主席多托出席会议并讲话。

3 日　中国电信西藏公司举行成立 10 周年庆祝大会，自治区主席白玛赤林出席并授锦旗。

◆自治区常务副主席郝鹏与国务院军队转业干部安置工作小组副组长、人力资源和社会保障部副部长何宪一行举行了座谈。

6 日　自治区副主席孟德利与陕西省咸阳市赴藏考察团进行了座谈。

7 日　《中国地域文化通览·西藏卷》第二次编撰工作会在拉萨召开，自治区副主席多托出席并讲话。

7—8 日　自治区副主席次仁率自治区农牧厅相关负责人深入山南地区，就山南地区当前抗旱救灾情况进行视察调研。

8 日　“走进西部——万名县级医院医师培训项目”西藏自治区启动仪式暨首期开班典礼在西藏大学举行，自治区副主席德吉出席并讲话。

◆全区古籍普查保护工作会议在拉萨召开，自治区副主席多托出席会议并讲话。

11 日　我区欢送北京市第五批援藏干部，自治区副主席邓小刚出席并致辞。

◆我区举行“世界人口日”纪念宣传活动，自治区副主席德吉检查指导宣传活动。

◆自治区副主席李昭在上海世博会西藏馆参观考察，对进一步做好西藏馆各项工作特别是安全保卫工作提出明确要求。

12 日　拉萨市城关区地毯厂新厂区

开工奠基。自治区常务副主席洛桑江村等领导为工程开工奠基培土。

◆自治区副主席多吉泽仁赴自治区住房和城乡建设厅调研，并听取汇报。

◆中科院研究生院西藏项目管理工程硕士研究生班举行结业典礼，自治区副主席多托出席并讲话。

13 日　自治区副主席次仁围绕“西藏农牧区经济发展的现状与对策”，为第六批援藏县委书记培训班作了专题辅导讲座。

14 日　自治区区直行政事业单位周转住房建设项目在拉萨开工奠基，自治区常务副主席郝鹏等领导出席奠基仪式，自治区副主席多吉泽仁在奠基仪式上致辞。

◆国家土地督察成都局与自治区政府在拉萨召开土地督察工作第一次联席会议，自治区副主席白玛才旺出席会议并讲话。

◆自治区在拉萨欢送湖南、湖北、安徽三省援藏干部暨陪送团，自治区副主席邓小刚出席。

15 日　自治区副主席甲热•洛桑丹增在拉萨市检查了第十届全区运动会各项筹备工作。

◆自治区开展创建民族团结进步示范活动(试点)领导小组召开会议，自治区副主席多吉泽仁出席并讲话。

16 日　自治区常务副主席郝鹏与国务院国有重点大型企业监事会主席季晓南一行举行了座谈。自治区主席助理丁业现主持座谈会。

◆第六次全国人口普查工作电视电话会议在京召开，自治区常务副主席郝鹏出席西藏分会场会议并讲话。

◆第三届西藏自治区消化病及治疗内镜学术会议在拉萨召开，自治区副主席德吉出席会议并致辞。

◆自治区政府与自治区人大常委会执法检查组交换意见会在拉萨召开，自治区副主席多托出席会议并讲话。

16—17 日　全区农牧业结构调整现场会在山南泽当镇召开，自治区副主席次仁出席会议并讲话。

◆自治区主席助理丁业现陪同国务院国有重点大型企业监事会主席季晓南一行考察了拉萨经济开发区和羊湖电厂。

19 日　中国黄金集团西藏华泰龙公司甲玛铜多金属矿项目在拉萨市墨竹工卡县正式建成投产，自治区党委书记张庆黎，自治区主席白玛赤林出席投产仪式并会见了中国黄金集团公司总经理孙兆学一行。自治区常务副主席郝鹏在投产仪式上讲话并参加会见，自治区党委常委、拉萨市委书记秦宜智主持投产仪式并参加会见，国务院国有大型重点企业监事会主席季晓南出席投产仪式。

◆自治区副主席次仁在拉萨会见了国家发展改革委社会发展司副巡视员刘宇南率领的国家发展改革委牧区(半牧区)社会事业发展赴藏调研组一行。

20 日　自治区副主席次仁在拉萨亲切会见了前来我区参观访问的以色列驻华大使安泰毅一行。

◆区直国有企业贯彻落实“三重一大”决策制度座谈会在拉萨举行，自治区主席助理丁业现出席座谈会并讲话。

17—21 日　中共中央政治局委员、中央书记处书记、中央宣传部部长刘云山深入我区城镇乡村，看望慰问各族干部群众，与我区基层宣传思想文化工作者亲切座谈，并听取自治区党委、政府工作汇报。自治区党委书记张庆黎向刘云山一行汇报了我区主要工作情况，自治区主席白玛赤林主持座谈会，自治区领导向巴平措、张裔炯、郝鹏、郎友良、崔玉英、尹德明、公保扎西、秦宜智等出席会议或陪同考察。

21 日　自治区主席白玛赤林主持召开政府第七次常务会议。会议审议并原则通过了《关于呈报(2010 年上半年全区经济运行分析及下半年经济工作建议)的请示》、《关于呈报(关于调整我区最低工资标准的通知)的请示》等。自治区常务副主席郝鹏、洛桑江村，自治区副主席次仁、多吉泽仁、邓小刚、孟德利、德吉、多托、李昭，自治区主席助理丁业现出席会议。

◆第十五届全国省级晚报(都市报)总编辑年会暨“大美西藏行”大型新闻采访活动在拉萨举行，自治区副主席多托出席会议并讲话。

22 日　自治区副主席白玛才旺在拉萨会见了由中国保险监督管理委员会人教部主任于华率领的工作组一行。

◆全区农家书屋工程建设工作暨培训会议在拉萨召开，自治区副主席多托出席会议并讲话。

22—23 日　西藏水电开发前期工作座谈会在拉萨召开，自治区主席助理丁业现出席并讲话。

23 日　自治区副主席白玛才旺赴区地勘局调研。

22—24 日　由国家体育总局副局长、党组成员杨树安，中纪委派驻国家体育总局纪检组组长、局党组成员吴齐率领的赴藏调研组一行在我区考察调研体育工作，自治区副主席甲热•洛桑丹增陪同调研。

24 日　自治区主席白玛赤林在拉萨亲切会见了前来我区考察的中国银监会党委委员、纪委书记王华庆一行，自治区常务副主席郝鹏，自治区副主席白玛才旺一同会见。

◆自治区政府与以国家体育总局党组成员、副局长杨树安为组长的赴藏调研慰问工作组举行座谈。自治区副主席甲热•洛桑丹增出席座谈会并讲话。

◆武警西藏公安消防总队隆重召开干部任职大会，自治区副主席李昭出席了任职大会。

25 日　自治区第六次全国人口普查领导小组召开会议，国家统计局局长、国务院人口普查专项督查组组长马建堂出席并讲话，自治区常务副主席郝鹏主持会议并讲话。

◆第五届纳木错国际徒步大会在拉萨开幕，自治区副主席甲热•洛桑丹增出席开幕式，国家体育总局副局长杨树安率许海峰、邢慧娜等奥运冠军出席，并亲自为徒步队领队授旗。

◆北京中医药大学、江西中医学院、西藏藏医学院 2010 年对口支援工作协调会在拉萨召开，两所对口支援院校与西藏藏医学院签订了新一轮对口支援协议书，自治区副主席孟德利出席协调会并讲话。

25—26 日　武警西藏森林总队党委二届四次全体(扩大)会议在拉萨召开，自治区副主席次仁出席会议并讲话。

26 日　自治区召开全区经济形势通报电视电话会议，自治区党委书记张庆黎作重要讲话，自治区主席白玛赤林通报了 2010 年上半年我区经济运行情况，并对下半年的经济工作进行全面部署，

自治区常务副主席郝鹏主持会议。向巴平措、张裔炯、杨金山、郎友良、巴桑顿珠、吴英杰、王宾宜、崔玉英、洛桑江村、公保扎西出席了拉萨主会场会议。

◆我区金融系统召开2010年上半年金融运行分析会，自治区副主席白玛才旺出席并讲话。

27日 由全国政协经济委员会、人口资源环境委员会与自治区政协联合举办的“政协西藏经济发展论坛”在拉萨隆重举行，自治区党委副书记张裔炯出席开幕式，自治区党委常委、区政协党组书记、区政协副主席巴桑顿珠在开幕式上致辞。自治区常务副主席洛桑江村在会上介绍西藏经济社会发展情况。

◆自治区副主席多托在山南地区就世博会西藏周活动准备工作进行调研。

28日 自治区主席白玛赤林在拉萨亲切会见了由中国人保集团党委书记、董事长吴焰率领的中国人保集团公司赴藏考察组一行，自治区副主席白玛才旺陪同会见。

◆自治区常务副主席洛桑江村率相关部门负责人，在拉萨市实地考察我区环保工作情况。

29日 青海—西藏750千伏/+400千伏交直流联网工程正式开工，中共中央政治局常委、国务院副总理李克强对工程开工表示祝贺并作重要批示。自治区党委书记张庆黎出席开工仪式，国家发展改革委副主任、国家能源局局长张国宝，自治区主席白玛赤林等为工程开工奠基，自治区常务副主席郝鹏和国家电网公司副总经理、党组成员舒印彪分别在开工仪式上讲话。

◆自治区党委书记张庆黎和自治区主席白玛赤林在拉萨会见了前来我区出席青海—西藏750千伏/±400千伏交直流联网工程开工仪式的国家发展改革委副主任、国家能源局局长张国宝等领导同志，自治区常务副主席郝鹏一同参加会见。

◆自治区常务副主席郝鹏在拉萨亲切会见了宝山钢铁股份有限公司副总经理、党委常委、援藏领导小组组长伏中哲带队的宝钢集团赴藏考察团一行。

◆由拉萨市委、市政府、拉萨警备区主办的拉萨市庆祝“八一”建军节“军民鱼水情”红色歌曲主题演唱会在驻拉萨某部举行，自治区常务副主席洛桑江村等领导观看了演出。

◆自治区副主席白玛才旺在拉萨亲切会见了国家开发银行董事会赴藏调研组一行。

◆全国质检系统援藏工作座谈会在京召开，自治区副主席邓小刚出席会议并讲话。

◆全区公安处(局)长座谈会在拉萨召开，自治区副主席李昭出席并讲话。

30日 自治区在拉萨举行军政军民座谈会，隆重庆祝中国人民解放军建军83周年，自治区党委书记、西藏军区党委第一书记张庆黎在座谈会上作重要讲话，自治区主席白玛赤林主持座谈会，西藏军区司令员杨金山在座谈会上讲话。向巴平措、张裔炯、郝鹏、郎友良、巴桑顿珠、吴英杰、王宾宜、崔玉英、洛桑江村、尹德明等领导同志出席座谈会。

◆自治区第十届运动会领导小组第二次会议在拉萨召开，自治区常务副主席吴英杰，自治区副主席甲热·洛桑丹增出席会议。

◆自治区副主席孟德利在科技厅主要负责同志陪同下，深入拉萨市林周、达孜两县基层村镇，就农牧业科技发展情况调研。

◆自治区副主席多托在拉萨亲切会见了尼泊尔阿尼哥协会会长哈里斯·昌德拉·沙赫一行。

31日 自治区参与2010年上海世博会工作领导小组召开专题会议，自治区常务副主席郝鹏主持会议并讲话，自治区副主席宫蒲光、多托出席会议并讲话。

八月

1日 自治区党委书记、西藏军区党委第一书记张庆黎代表自治区党委、政府向驻藏77626部队赠送锦旗并作重要讲话。西藏军区司令员杨金山主持赠送仪式。白玛赤林、郎友良、洛桑江村公保扎西等领导同志出席赠送仪式。

◆自治区党委书记、西藏军区党委第一书记张庆黎和自治区主席白玛赤林在拉萨会见了武警部队司令员王建平一行。

◆自治区党委书记张庆黎在拉萨会见了全国人大常委会内务司法委员会主任委员黄镇东一行，自治区常务副主席郝鹏、吴英杰一同参加会见。

◆自治区“十一五”重点文物保护维修工程协调领导小组与国家文物局专家组一行座谈。自治区副主席甲热·洛桑丹增出席并讲话。

◆自治区副主席孟德利和前来我区参加“西藏科技发展战略讲坛”的中国科学院副院长李家洋院士一行，前往中科院青藏高原研究所拉萨部，看望了全体科研工作者，并与他们座谈。

2日 自治区在拉萨隆重举行欢迎欢送大会，热烈欢迎中央国家机关、中央企业第六批援藏干部和送行组全体同志，欢送圆满完成三年援藏任务即将返回内地的中央国家机关、中央企业第五批援藏干部。自治区领导张庆黎、白玛赤林、孟德利等出席大会。

◆武警西藏总队驻拉萨部队在拉萨隆重举行军事训练汇报活动，热烈庆祝中国人民解放军建军83周年，张庆黎观看军事训练汇报并作重要讲话，白玛赤林、张裔炯、郝鹏等领导同志出席。

◆那曲地区隆重集会，热烈庆祝政协那曲地区委员会成立50周年，自治区常务副主席洛桑江村出席并讲话。

◆第五届拉萨国际半程马拉松挑战赛领导小组第一次会议召开，自治区副主席甲热·洛桑丹增出席并讲话。

◆自治区第十届运动会开幕式进行第三次整场合成演练，自治区副主席甲热·洛桑丹增出席并讲话。

◆自治区社会治安综合治理委员会召开全区社会治安重点地区排查整治工作电视电话会议，自治区副主席李昭出席会议并讲话。

◆首届西藏唐卡艺术博览会在西藏博物馆开幕，自治区副主席多托出席。

3日 自治区党委书记张庆黎在拉萨会见了水利部副部长矫勇一行，自治区常务副主席郝鹏一同参加会见。

◆自治区主席白玛赤林主持召开自治区政府第八次常务会议，会议审议并原则通过了《关于上报(西藏自治区人民政府关于认真做好2009年冬季退役士兵接收安置工作的通知)的请示》、《关于呈报(西藏自治区人民政府关于进一步扶持与促进藏医药事业发展的意见)的请示》、《关于请求审批(西藏自治区玉曲河干流水电规划报告的请示)》、《关于审定(西藏自治区人民政府关于加快推进兽医管理体 制改革的意见)的请示》等。自治区常务副主席郝鹏、吴英杰，自治区副主席白玛才旺、宫蒲光、孟德利、德 吉、多托，自治区主席助理丁业现出席会议。

◆水利部推进西藏水利发展和水利援藏工作座 谈会在拉萨召开，水利部副部长、水利部援藏工作领 导小组组长矫勇，自治区常务副主席郝鹏出席会议并讲话。自治区副主席次仁在会上致辞，水利部总工程师汪洪主持会议。

◆自治区第三次全国文物普查领导小组第四次(扩大)电视电话会议在拉萨召开，自治区副主席甲热·洛桑丹增出席会议。

◆自治区副主席甲热·洛桑丹增在有关部门同志的陪同下，看望参加十运会的部分代表队。

◆为期两天的2010年自治区国资委委务会议在拉萨召开，自治区主席助理丁业现出席闭幕式并讲话。

2—4日 自治区常务副主席洛桑江村一行深入那曲地区就环保、民政、城市建设和项目开展等进行了调研，并听取了那曲地委、行署工作汇报。

4日 自治区常务副主席吴英杰率自治区旅游产业发展协调委员会成员单位的相关负责人对拉萨，市旅游市场及旅游安全情况进行了大检查。

◆自治区第十届运动会组委会与各代表团签订赛风赛纪责任书，自治区副主席、自治区第十届运动会组委会主任甲热·洛桑丹增代表组委会与各代表团团长签订责任书并讲话。

◆自治区副主席德吉带领食品安全相关部门负责同志在拉萨市检查雪顿节食品安全工作。

◆自治区主席助理丁业现与前来我区考察的西部矿业集团有限公司董事长汪海涛一行座谈。

5日 自治区党委书记张庆黎和自治区党委副书记、自治区人大常委会主任向巴平措，自治区主席白玛赤林在拉萨会见了国家农业部党组书记、部长韩长赋一行。

◆自治区党委书记张庆黎和自治区主席白玛赤林在拉萨会见了中国科学院副院长、院士李家洋一行。

◆拉萨贡嘎机场飞行区改造及配套工程开工奠基仪式在贡嘎机场举行，自治区常务副主席郝鹏出席并宣布工程开工，自治区常务副主席吴英杰讲话。

◆自治区陆地搜寻与救援基地第一期工程在曲水县聂当乡开工奠基，自治区常务副主席洛桑江村出席并奠基培土。

7月27日—8月6日 全国人大常委会委员、全国人大内务司法委员会主任委员、原交通运输部部长黄镇东考察调研了我区公路交通发展情况。自治区常务副主席吴英杰等自治区领导陪同考察调研。

◆交通运输部副部长冯正霖率工作组在我区考察调研公路交通建设情况。自治区常务副主席吴英杰等自治区领导陪同考察调研。自治区副主席宫蒲光前往贡嘎机场送行。

6日 全国农业援藏工作座谈会在拉萨召开，自治区党委书记张庆黎出席座谈会，农业部党组书记、部长韩长赋和自治区主席白玛赤林分别在座谈会上讲话。自治区副主席次仁出席座谈会。

◆自治区党委书记张庆黎和自治区主席白玛赤林在拉萨会见了中信集团原董事长王军一行。自治区常务副主席洛桑江村一同参加会见。

◆自治区常务副主席郝鹏主持召开落实我区"十一五"规划项目和部署"十二五"规划项目衔接工作专题会议，自治区常务副主席洛桑江村，自治区副主席甲热·洛桑丹增、白玛才旺、德吉、多托，自治区主席助理丁业现出席会议。

◆国家人力资源和社会保障部副部长、党组成员张小建专程前往自治区党校，为自治区第六批援藏县委书记培训班作题为《国家就业和社会保障》的专题讲座。自治区常务副主席郝鹏主持并讲话。

◆自治区第十届运动会组委会召开专题会议，自治区常务副主席吴英杰出席会议并讲话，自治区副主席甲热·洛桑丹增主持会议。

7日 世界海拔最高的五星级酒店——中信那曲大酒店在那曲镇正式开业，自治区主席白玛赤林，中信集团原董事长王军，自治区副主席宫蒲光共同为酒店开业剪彩。

◆自治区常务副主席郝鹏率有关单位负责同志，赴林芝地区实地调研巴松错冲久水库、老虎嘴水电站工程建设情况，察看了多布电站坝址选址点。

◆自治区副主席白玛才旺在拉萨会见了韩国驻华大使柳佑益一行。

◆自治区新闻出版局、中国农业出版社联合为城关区公德林办事处加措社区居委会举行社区书屋揭牌仪式，自治区副主席多托出席仪式。

8日 自治区第十届运动会在拉萨隆重开幕，十届全国人大常委会副委员长、中国西藏文化保护与发展协会名誉会长热地出席开幕式。自治区党委副书记、自治区人大常委会主任向巴平措出席并宣布运动会开幕。自治区主席白玛赤林和国家体育总局副局长、中国奥委会副主席、国际奥委会副主席于再清在开幕式上致辞，张裔炯、杨金山、郎友良、王宾宜、崔玉英、洛桑江村、金书波、尹德明等出席开幕式，自治区常务副主席吴英杰主持开幕式。

2010年上半年全区工业经济运行分析暨重点工业项目建设座谈会在拉萨召开，自治区主席助理丁业现出席并讲话。

9日 自治区主席白玛赤林在拉萨会见了中央统战部常务副部长朱维群一行，自治区常务副主席洛桑江村等一同参加会见。

◆"2010中国城市市长拉萨雪顿高峰论坛"在拉萨开幕，自治区常务副主席洛桑江村出席开幕式。

◆自治区副主席德吉在拉萨会见了"感知西藏——中国西藏文化之旅"记者团一行。

10日 在我区考察工作的中共中央政治局委员、广东省委书记汪洋在拉萨看望了十届全国人大常委会副委员长热地，张庆黎、白玛赤林、张裔炯、郝鹏等自治区领导陪同看望。

◆2010年中国拉萨雪顿节开幕，自治区常务副主席洛桑江村宣布2010年中国拉萨雪顿节开幕。自治区副主席甲热·洛桑丹增等出席开幕式。

◆自治区常务副主席洛桑江村在拉

萨会见了瑞士联邦议会财经预算委员会主席、国家安全委员会主席、瑞中小组主席诸葛先生率领的瑞士联邦议会瑞中委员会赴藏访问代表团一行。

11日　在我区考察工作的中共中央政治局委员、广东省委书记汪洋看望全国政协副主席、自治区政协主席帕巴拉•格列朗杰，自治区主席白玛赤林，自治区常务副主席洛桑江村陪同看望。

◆自治区副主席德吉与国家人口计生委副主任江帆一行就自治区人口信息化建设进行座谈。

8—12日　中共中央政治局委员、广东省委书记汪洋率广东省党政代表团先后深入我区林芝、拉萨等地进行深入考察，出席广东—西藏两省区合作交流座谈会并作重要讲话。自治区党委书记张庆黎陪同考察并在两省区合作交流座谈会上作工作汇报，自治区主席白玛赤林陪同考察并主持座谈会，自治区领导向巴平措、张裔炯、郝鹏、郎友良、巴桑顿珠、吴英杰、王宾宜、洛桑江村、金书波、尹德明、公保扎西等陪同考察或出席两省区合作交流座谈会。

12日　“2010中国肝病防治高峰论坛(西藏)”在拉萨召开，自治区副主席德吉出席并讲话。

13日　自治区常务副主席郝鹏在拉萨会见了由金川集团公司总经理、党委副书记汪海洲带领的金川集团赴藏考察团，自治区主席助理丁业现一同会见。

◆自治区第十届运动会领导小组召开第四次会议，自治区常务副主席吴英杰，自治区副主席李昭分别讲话。

13—15日　全国政协副主席、中央统战部部长杜青林深人拉萨市、日喀则和山南地区，看望慰问各族干部群众，张裔炯、洛桑江村陪同考察调研。

14—15日　藏传佛教寺庙民主管理工作经验交流会在日喀则召开，全国政协副主席、中央统战部部长杜青林出席会议并作重要讲话，自治区常务副主席洛桑江村等出席。

15日　我区沉痛哀悼舟曲特大山洪泥石流遇难同胞，正在我区考察工作的中共中央政治局常委、中央纪委书记贺国强参加集体默哀活动，自治区领导张庆黎、白玛赤林参加默哀活动。

◆自治区邮政公司在拉萨召开干部任职大会，自治区常务副主席吴英杰出席并讲话。

13—16日　中共中央政治局常委、中央纪委书记贺国强率中央赴藏考察调研组在我区看望慰问各族干部群众，自治区党委书记张庆黎陪同考察并作工作汇报，自治区主席白玛赤林陪同考察并主持工作汇报会。热地、向巴平措、张裔炯、郝鹏、郎友良、巴桑顿珠、吴英杰、王宾宜、洛桑江村、尹德明、公保扎西等陪同考察或出席汇报会，自治区党委常委、纪委书记金书波陪同考察并作工作汇报。

16日　自治区副主席白玛才旺会见了国土资源部党组成员、国家海洋局党组书记、局长孙志辉率领的国家海洋局赴藏考察团一行。

◆自治区常务副主席郝鹏在拉萨会见了我国驻尼泊尔联邦民主共和国大使邱国洪。

◆自治区第十届运动会圆满完成各项目的比赛，在自治区体育馆落下帷幕，自治区常务副主席吴英杰宣布闭幕，自治区副主席李昭致闭幕词。

17日　自治区党委、政府与最高人民检察院赴藏考察调研组在拉萨进行了座谈，最高人民检察院党组书记、检察长曹建明和自治区党委书记张庆黎出席座谈会并讲话，白玛赤林等自治区领导出席。

◆自治区常务副主席郝鹏会见了中国联通集团公司总经理陆益民一行，自治区主席助理丁业现一同参加会见。

◆全国烟草行业援藏工作座谈会在林芝召开，自治区副主席邓小刚、国家烟草专卖局副局长张辉出席并分别致辞和讲话。

18日　自治区党委书记张庆黎和自治区主席白玛赤林在拉萨会见了公安部党委副书记、常务副部长杨焕宁及出席西藏和四省藏区公安工作会议的代表。

◆自治区政府召开会议，专题听取国家教育督导团赴藏调研组关于我区“两基”教育巩固提高及迎“国检”工作准备情况的意见。自治区常务副主席吴英杰出席会议并讲话。

◆2010年“春雨工程”全国文化志愿者边疆行活动迎接仪式暨首场演出在拉萨举行，自治区副主席次仁致辞。

18—19日　公安部在拉萨召开西藏和四省藏区公安工作会议，自治区主席白玛赤林出席会议，公安部党委副书记、常务副部长杨焕宁主持会议并讲话，自治区党委副书记张裔炯出席并致辞，公安部党委委员、副部长陈智敏作工作报告。

19日　西藏航空意向订购空中客车A319飞机暨融资签字仪式在拉萨举行，自治区常务副主席吴英杰，国家开发银行副行长李吉平出席签字仪式并讲话。

◆自治区副主席德吉在拉萨看望了前来我区开展全国中医(藏医)医院管理年活动检查评估工作的检查组一行并与他们座谈。

20日　全区少数民族专业技术人才特殊培养工作总结会议在拉萨召开，自治区常务副主席吴英杰出席并讲话。

◆自治区农科院绿色食品定点监测机构挂牌，自治区副主席次仁出席仪式并揭牌。

◆《中华通鉴•西藏卷》终审会议在拉萨召开，自治区副主席宫蒲光出席会议并讲话。

◆自治区主席助理丁业现在拉萨会见了中国电信集团公司副总经理张继平率领的赴藏调研组一行。

21日　自治区主席白玛赤林在林芝地区老虎嘴水电站、冲久水库、巴松错旅游景点，就能源建设、旅游管理等情况进行调研。

◆自治区副主席李昭在拉萨会见了香港入境事务主任协会代表团一行。

22日　自治区与由国家审计署等部门组成的巩固退耕还林成果专项规划建设项目联合检查工作组座谈会在拉萨召开，自治区副主席白玛才旺与检查组进行了交流。

22—23日　自治区主席白玛赤林深入林芝地区米林县、林芝县的乡村、学校就社会主义新农村建设、教育事业、特色优势产业等发展情况进行调研。

23日　全区工商行政管理局长座谈会在拉萨召开，自治区副主席邓小刚出席会议并讲话。

◆全区防震减灾工作电视电话会议在拉萨召开，自治区副主席孟德利出席并讲话。

24日　自治区党委、政府在拉萨与

前来我区考察工作的陕西省党政代表团座谈，自治区党委书记张庆黎主持座谈会并讲话，陕西省委副书记、代省长赵正永出席座谈会并讲话，自治区常务副主席吴英杰等出席座谈会。

◆自治区安全生产委员会2010年第二次全体会议在拉萨召开，自治区副主席多吉泽仁出席并讲话。

◆上半年全区商务运行分析会在拉萨召开，自治区副主席邓小刚出席并讲话。

◆西藏人口发展战略研究座谈会在拉萨召开，自治区副主席德吉出席并讲话。

24—25日　陕西省委副书记、代省长赵正永率陕西省党政代表团赴我区考察。自治区常务副主席吴英杰陪同。

25日　自治区党委书记张庆黎和自治区主席白玛赤林在拉萨会见了国土资源部党组书记、部长、国家土地总督察徐绍史一行，自治区常务副主席吴英杰参加会见。

◆自治区党委书记张庆黎和自治区主席白玛赤林在拉萨会见了国家税务总局党组书记、局长肖捷一行。

◆自治区政府与国家税务总局赴藏调研组就我区税务工作进行座谈，国家税务总局党组书记、局长肖捷，自治区副主席白玛才旺分别在座谈会上讲话，自治区主席白玛赤林主持座谈会，自治区主席助理丁业现出席座谈会。

◆拉萨•西安旅游合作座谈会召开，自治区副主席宫蒲光出席。

◆自治区副主席多吉泽仁视察了自治区总工会，听取总工会负责人的工作汇报，参观了自治区总工会困难职工帮扶中心。

26日　自治区口岸建设管理和边境贸易领导小组会议在拉萨召开，自治区副主席邓小刚主持会议并讲话。

26—27日　全国国土资源系统援藏工作座谈会暨青藏高原地质矿产调查与评价专项工作会议在拉萨召开，自治区党委书记张庆黎出席座谈会，国土资源部部长、党组书记、国家土地总督察徐绍史和自治区主席白玛赤林分别讲话，自治区常务副主席吴英杰等出席座谈会。

27日　全国依法行政工作电视电话会议在京召开，自治区主席白玛赤林出席西藏分会场会议，自治区副主席次仁、多吉泽仁、邓小刚、孟德利、德吉、李昭出席会议，自治区副主席宫蒲光主持会议。

◆自治区常务副主席吴英杰在拉萨会见来藏考察的中国保监会副主席魏迎宁一行，自治区副主席白玛才旺陪同会见。

◆第五届拉萨国际半程马拉松挑战赛组委会第一次会议在拉萨召开，自治区常务副主席吴英杰主持会议并讲话，自治区副主席李昭出席。

◆中华全国总工会文工团的演职人员到我区基层企业慰问演出，自治区副主席多吉泽仁观看演出。

◆国务院召开贯彻落实全国教育工作会议精神和教育规划纲要，部署实施国家教育体制改革试点工作电视电话会议，自治区副主席孟德利出席西藏分会场会议。

28日　自治区政府与青海省省委常委、常务副省长徐福顺率领的青海省经贸代表团，就拟建格尔木西藏工业园区有关工作进行座谈。自治区主席白玛赤林主持座谈会并讲话，青海省省委常委、常务副省长徐福顺讲话。自治区常务副主席吴英杰，青海省副省长骆玉林出席会议，自治区主席助理丁业现介绍了格尔木西藏工业园区有关情况。

◆“兵临城下”中国联通乒乓球挑战赛西藏赛区比赛在拉萨开幕，自治区副主席宫蒲光出席。

◆中国保监会西藏保监局成立大会暨揭牌仪式在拉萨举行，自治区常务副主席吴英杰、自治区副主席白玛才旺出席。

30日　自治区党委、政府与正在我区考察工作的湖北省党政代表团在拉萨举行了座谈，自治区党委书记张庆黎主持座谈会并讲话，湖北省委书记、省人大常委会主任罗清泉出席座谈会并讲话，自治区主席白玛赤林在座谈会上介绍了我区经济社会发展情况，自治区领导向巴平措、张裔炯、吴英杰、金书波、尹德明、公保扎西等出席座谈会。

◆自治区党委书记张庆黎在拉萨会见了辽宁省委书记、省人大常委会主任王珉率领的辽宁省代表团一行，自治区领导向巴平措、白玛赤林、张裔炯、巴桑顿珠、尹德明、公保扎西等参加会见。

◆自治区常务副主席郝鹏在上海听取了上海世博会西藏活动周筹备工作“两办五组”关于西藏活动周各项筹备工作进展情况的汇报，自治区副主席多托介绍情况。

31日　自治区常务副主席吴英杰在拉萨会见青岛啤酒股份有限公司董事长金志国率领的赴藏考察团一行，自治区主席助理丁业现陪同会见。

◆全国体育系统支援西藏及四川、云南、甘肃、青海藏区体育工作座谈会在北京举行，国家体育总局局长刘鹏，副局长杨树安，自治区常务副主席洛桑江村讲话，自治区副主席甲热•洛桑丹增出席，国家体育总局副局长段世杰主持会议。

◆全区处置非法集资联席会议暨联络员会议在拉萨召开，自治区副主席多吉泽仁出席会议并讲话。

九月

1日　上海世博会西藏活动周隆重开幕，中共中央政治局委员、上海市委书记、上海世博会组委会第一副主任委员、执委会主任俞正声出席西藏活动周开幕式，自治区党委书记张庆黎宣布开幕，自治区主席白玛赤林在开幕式上致辞，自治区常务副主席郝鹏主持开幕式。

◆自治区常务副主席吴英杰在拉萨会见了缅甸铁道运输部部长吴昂民一行。

◆自治区推行政务公开领导小组2010年第一次会议召开，自治区副主席宫蒲光出席并讲话。

8月31日—9月1日　辽宁省委书记、省人大常委会主任王珉率辽宁省代表团在我区考察，自治区领导向巴平措、吴英杰等陪同考察。

2日　张庆黎在上海市亲切看望、慰问了在西藏工作过的老领导、老同志和援藏干部代表，热地、白玛赤林、郝鹏等领导参加。

◆自治区政府办公厅党组理论学习中心组召开学习会，自治区副主席宫蒲光主持会议并讲话。

◆自治区主席助理丁业现在拉萨会见国家电网公司青藏交直流联网工程建设总指挥部总指挥、西北电网有限公司总经理喻新强一行。

3日　自治区常务副主席吴英杰在拉萨会见了由国家工商总局党组成员、副局长付双建率领的赴藏工作组一行。

◆自治区在拉萨召开纪念中国人民抗日战争胜利65周年座谈会，自治区党委副书记张裔炯讲话，自治区常务副主席吴英杰主持会议。

◆尼泊尔副总理兼外交部部长苏加塔•柯伊拉腊等参观了上海世博会西藏馆，自治区副主席多托迎接。

◆西藏高争(集团)有限责任公司在拉萨举行建厂50周年庆祝会，自治区主席助理丁业现出席并讲话。

5日　自治区副主席多托看望慰问世博会西藏活动周演职人员。

5—6日　外交部副部长张志军率外交部等部门组成的联合调研组在我区就贯彻落实中央第五次西藏工作座谈会精神、做好涉藏外事工作进行考察调研。6日，张志军在拉萨作了国际形势报告，自治区领导向巴平措、白玛赤林、张裔炯等出席报告会，自治区常务副主席吴英杰主持报告会。

6日　自治区党委书记张庆黎在拉萨会见了外交部副部长张志军一行，自治区常务副主席吴英杰参加会见。

◆自治区副主席多托看望慰问世博会西藏周上海相关部门工作人员。

7日　自治区主席白玛赤林主持召开自治区政府第九次常务会议，会议审议并原则通过了《西藏自治区民用机场保护条例(草案)》、《西藏自治区湿地保护条例(草案)》、《西藏自治区测绘条例(修订草案)》、《关于呈请审批(西藏日喀则地区江孜县城市总体规划(2010—2030年))的请示》等。自治区常务副主席吴英杰，自治区副主席甲热•桑丹增、多吉泽仁、宫蒲光、德吉、李昭，自治区主席助理丁业现出席会议。

7—8日　全区第二届翻译学术研讨会在拉萨召开，自治区副主席甲热•洛桑丹增出席并讲话。

8日　自治区人民政府与中国大唐集团公司签署了《关于进一步加强西藏能源项目合作的补充协议》，自治区主席白玛赤林，中国大唐集团公司董事长、党组书记刘顺达在签字仪式上讲话。自治区常务副主席吴英杰，中国大唐集团公司总经理陈进行分别代表自治区政府和中国大唐集团公司在协议上签字。自治区主席助理丁业现主持签字仪式。

9日　自治区党委书记张庆黎和自治区主席白玛赤林在拉萨会见了国家住房和城乡建设部党组书记、部长姜伟新一行。

◆西藏军区在拉萨举行了战役后勤综合保障实兵演练活动，自治区党委书记张庆黎出席并讲话，白玛赤林、洛桑江村等领导出席。

◆中国大唐集团公司西藏分公司正式挂牌成立，自治区主席白玛赤林，中国大唐集团公司董事长、党组书记刘顺达共同为中国大唐集团公司西藏分公司成立揭牌。自治区常务副主席吴英杰出席并讲话，自治区主席助理丁业现出席。

◆自治区召开强农惠农资金专项清查工作汇报会，自治区副主席次仁出席并讲话。

◆自治区副主席甲热•洛桑丹增就色拉寺文物维修保护工程前期工作和寺庙维修前期准备工作进行了视察。

10日　自治区党委书记张庆黎、自治区主席白玛赤林在拉萨看望慰问了我区优秀教师和优秀教育工作者代表，自治区常务副主席吴英杰陪同看望。

◆全国住房和城乡建设系统对口支援西藏工作座谈会在拉萨召开，自治区党委书记张庆黎和自治区主席白玛赤林出席会议，住房和城乡建设部党组书记、部长姜伟新主持座谈会并讲话，住房和城乡建设部副部长齐骥和自治区副主席多吉泽仁分别在会上讲话。座谈会开始前，住房和城乡建设部与自治区签订了《住房和城乡建设部关于进一步推进西藏住房城乡建设发展的框架协议》，齐骥、多吉泽仁分别代表住房和城乡建设部及自治区政府在协议上签字。自治区副主席宫蒲光出席座谈会并主持签字仪式。

◆自治区常务副主席吴英杰在第五届拉萨国际半程马拉松挑战赛筹备工作情况汇报会上要求各相关部门高度重视，细化工作，确保赛事顺利进行。自治区副主席甲热•洛桑丹增，李昭出席。

◆自治区主席助理丁业现与国家电网公司党组成员、副总经理栾军率领的国家电网公司调研组一行进行了座谈。

11日　自治区常务副主席吴英杰在拉萨会见了前来我区考察访问的中国人寿保险股份有限公司党委书记、总裁万峰一行。自治区副主席宫蒲光参加会见。

◆自治区“十一五”重点文物保护工程——色拉寺文物保护维修工程开工，自治区主席白玛赤林出席开工仪式，自治区副主席甲热•洛桑丹增在开工仪式上讲话，自治区副主席宫蒲光主持开工仪式。

12日　中国水电工程顾问集团公司向阴法唐西藏教育基金会捐赠仪式在北京西藏大厦举行。国家民委党组书记、副主任杨传堂，自治区常务副主席郝鹏等领导出席捐赠仪式。

◆第五届拉萨国际半程马拉松挑战赛隆重举行，自治区常务副主席吴英杰，自治区副主席甲热•洛桑丹增等出席起跑仪式并颁奖。

13日　自治区党委、政府隆重召开庆祝西藏自治区“民族团结月”设立20周年电视电话会议，张庆黎、向巴平措、白玛赤林出席会议，张裔炯讲话，洛桑江村主持会议，自治区副主席多吉泽仁出席并讲话。

◆第三次全国文物普查西藏自治区实地调查阶段整体验收工作汇报会在拉萨召开，自治区副主席甲热•洛桑丹增出席会议并讲话。

14日　那曲地区招商引资夏木拉系列项目签约仪式在拉萨举行，自治区党委副书记、自治区人大常委会主任向巴平措，自治区常务副主席吴英杰，自治区主席助理丁业现出席签约仪式。

◆中(西藏)——尼旅游联合委员会第四次会议在拉萨召开，自治区常务副主席吴英杰出席了双方备忘录的签字仪式并会见了尼泊尔代表团。

◆自治区常务副主席洛桑江村在拉萨会见了外国驻华武官团。

15日　自治区党委书记张庆黎在拉萨会见了全国政协常委、全国政协经济委员会副主任、原铁道部副部长、中国工程院院士孙永福率领的赴藏考察团一行，自治区常务副主席吴英杰参加会见。

16日　自治区主席白玛赤林主持召

开自治区政府第10次常务会议，会议审议并原则通过了《关于西藏自治区“十一五”规划项目方案执行情况的报告》、《关于西藏自治区2010年财政预算收支变化情况的报告》、《关于呈报〈西藏自治区本级财政支出绩效评价实施办法(试行)的请示〉》、《关于请求自治区人民政府批准2008年—2015年新增博士学位授予单位立项建设规划的请示》、《关于呈请审批〈昌都城市总体规划(2008年—2020年)〉的请示》、《关于呈报批转(西藏自治区人民政府关于加强城镇建设与管理工作的意见)的请示》、《关于授予西藏自治区登山队荣誉称号的请示》等。自治区常务副主席吴英杰，自治区副主席次仁、宫蒲光、德吉、多托，自治区主席助理丁业现出席会议。

◆自治区副主席德吉在拉萨与国家食品药品监督管理局纪检组组长李东海率领的赴藏调研组一行座谈。

17日　自治区主席白玛赤林在拉萨会见了前来我区访问的美国驻华大使洪博培一行，双方进行了亲切友好的会谈。自治区副主席宫蒲光参加会见。

◆自治区常务副主席吴英杰在拉萨会见了前来我区访问的尼泊尔中高级军官见学团团长马哈特少将一行。

◆自治区副主席多托在我区部分文化场所考察调研。

18日　自治区开展第10个全民国防教育日宣传活动，自治区副主席宫蒲光视察宣传点。

19日　2010年拉萨传统赛风筝旅游文化展在拉萨开幕，自治区副主席甲热•洛桑丹增出席活动并宣布开幕。

◆第五届全国特殊奥林匹克运动会开幕式在福建省福州市隆重举行，自治区副主席德吉看望我区运动员。

20日　自治区党委书记张庆黎前往拉萨至贡嘎机场专用公路工程施工现场，亲切看望慰问工程建设者，考察施工进度和工程建设情况，自治区常务副主席吴英杰陪同前往。

◆自治区政府召开党组理论中心组学习会，自治区主席白玛赤林主持并讲话，自治区常务副主席郝鹏、洛桑江村，自治区副主席次仁、甲热•洛桑丹增、宫蒲光、多托，自治区主席助理丁业现出席学习会并发言。

◆新时期西藏扶贫开发工作座谈会在拉萨召开，自治区副主席次仁，国务院扶贫开发领导小组副组长、办公室主任范小建出席。

◆自治区副主席宫蒲光在拉萨会见了由国家审计署驻成都特派员办事处党组书记、特派员丁仁立率领的赴藏调研组一行。

◆自治区副主席多托在拉萨会见了前来我区访问的尼泊尔阿尼哥协会代表团一行。

21日　全区事业单位岗位设置管理试点工作部署会在拉萨召开，自治区常务副主席郝鹏出席并讲话。

◆自治区重要历史和革命文物调查保护工作领导小组召开专题会议，自治区副主席甲热•洛桑丹增出席并讲话。

24日　中央军委给西藏军区总医院记二等功庆功大会在拉萨隆重举行，自治区党委书记、西藏军区党委第一书记张庆黎出席并讲话，西藏军区司令员杨金山主持庆功大会，西藏军区政治委员郎友良在大会上讲话，自治区常务副主席洛桑江村等领导同志出席庆功大会。

25日　自治区党委书记张庆黎和自治区主席白玛赤林在拉萨会见了中国华能集团公司总经理曹培玺一行。自治区常务副主席郝鹏参加会见。

◆自治区人民政府与中国华能集团公司签署了《进一步加强能源经济领域战略合作补充协议》，自治区主席白玛赤林，中国华能集团公司总经理曹培玺分别代表自治区人民政府和中国华能集团公司在协议上签字。自治区常务副主席郝鹏出席签字仪式，自治区主席助理丁业现主持签字仪式。

◆自治区登山协会第五届代表大会在拉萨召开，自治区副主席甲热•洛桑丹增出席并讲话。

◆由自治区人大财经委员会以及人大代表和政府部门专家组成的执法检查组就全区贯彻实施《中华人民共和国招标投标法》与自治区政府交换意见，自治区副主席宫蒲光出席并讲话。

26日　拉萨至日喀则铁路建设动员大会在拉萨隆重举行，拉日铁路正式开工建设。国家发展改革委员会主任张平，自治区党委书记张庆黎，铁道部部长刘志军分别在动员大会上讲话并为工程开工奠基。自治区主席白玛赤林主持动员大会，自治区领导向巴平措、张裔炯、郝鹏、郎友良、吴英杰、公保扎西、秦宜智出席动员大会，铁道部副部长卢春房等出席动员大会。

◆出席拉萨至日喀则铁路建设动员大会的国家发展改革委主任张平专程前往自治区发展改革委，看望慰问全体干部职工，自治区党委书记张庆黎一同看望，自治区常务副主席郝鹏陪同。

◆自治区副主席多托在拉萨会见了尼泊尔驻华大使坦卡•普拉萨德•卡尔基和尼泊尔驻拉萨总领事纳因德拉•普拉萨德•乌帕达雅。

◆第四次全区律师公证员代表大会在拉萨闭幕，自治区副主席李昭出席并讲话。

26—27日　自治区科学技术协会第五次全区代表大会在拉萨召开，自治区党委书记张庆黎出席大会，自治区主席白玛赤林和中国科协副主席、党组副书记、书记处书记齐让分别在大会上讲话。

27日　我区第一座大型水电站——藏木水电站正式开工建设，自治区主席白玛赤林出席开工典礼，自治区常务副主席郝鹏，中国华能集团公司总经理曹培玺出席并讲话。自治区副主席宫蒲光，自治区主席助理丁业现出席开工典礼。

◆首届环喜马拉雅国际市民徒步穿越大会开幕式在拉萨举行，自治区常务副主席吴英杰出席开幕式。

◆拉萨市政府召开2010—2011年拉萨市主要城区街景改造动员大会，自治区常务副主席洛桑江村出席并讲话。

◆纪念中国计划生育协会成立30周年暨做好西藏人口和优生优育工作座谈会在拉萨召开，自治区副主席德吉出席并讲话。

◆“庆国庆、迎重阳”全区第三届老年文艺汇演在拉萨举行，自治区副主席多托出席。

28日　第五次全国卫生援藏工作座谈会在拉萨召开，自治区党委书记张庆黎、自治区主席白玛赤林出席会议，卫生部党组书记张茅讲话，自治区常务副主席郝鹏致辞。

◆自治区人民政府与中国长江三峡集团公司座谈并签署《战略合作协议》，自治区主席白玛赤林，中国长江三峡集团公司总经理陈飞出席座谈会并讲话，自治区常务副主席郝鹏主持座谈会。

◆自治区常务副主席吴英杰在相关部门负责人的陪同下，对拉萨市旅游市场及旅游安全情况进行了检查。

◆自治区副主席白玛才旺在拉萨会见了中国平安保险(集团)股份有限公司副总经理任汇川一行。

◆自治区登山队成立50周年庆典会在拉萨举行，自治区副主席孟德利出席。

◆第九届中国艺术节“文华大奖特别奖”获奖剧目暨“文华表演奖”获奖个人表彰大会在拉萨举行，话剧《扎西岗》获文华大奖特别奖，自治区副主席多托出席表彰大会并讲话。

29日　自治区主席白玛赤林主持召开自治区政府第11次常务会议，会议审议并原则通过了《关于印发(西藏自治区本级行政事业单位公务车辆管理办法)和(西藏自治区在职省级领导干部公务车辆管理办法)的请示)》等。自治区常务副主席郝鹏、吴英杰，自治区副主席白玛才旺、宫蒲光、孟德利、德吉、多托、李昭，自治区主席助理丁业现出席会议。

◆自治区常务副主席郝鹏会见了甘肃酒泉钢铁矿业集团董事长、总经理、党委副书记虞海燕一行。

◆自治区政府办公厅召开全体干部职工大会，自治区副主席宫蒲光出席会议并讲话。

30日　自治区在拉萨隆重举行国庆招待会，张庆黎、帕巴拉·格列朗杰、向巴平措、白玛赤林、郝鹏、杨金山、郎友良、巴桑顿珠、吴英杰、洛桑江村、金书波、尹德明、公保扎西、秦宜智、齐扎拉等领导同志与我区各族各界人士欢聚一堂，共庆新中国61华诞。自治区主席白玛赤林在招待会上致辞，自治区常务副主席郝鹏主持招待会，成都军区副政委刘长银出席招待会。

◆全区加快推进保障性住房建设电视电话会议在拉萨召开，自治区副主席多吉泽仁出席拉萨主会场会议并讲话。

十月

1日　张庆黎、帕巴拉·格列朗杰、向巴平措、白玛赤林、郝鹏、巴桑、顿珠、吴英杰、洛桑江村、金书波、公保扎西、齐扎拉等自治区领导，参加了拉萨市举行的“升国旗唱国歌”仪式，秦宜智致辞。

◆我区开展新保密法学习宣传活动，公保扎西、丁业现出席

◆《西藏自治区实施<中华人民共和国档案>办法》10月1日起实施，公保扎西、丁业现前往宣传现场检查指导。

6日　自治区党委副书记、自治区常务副主席郝鹏率领工作组在当雄县调研，自治区副主席丁业现陪同调研。

◆受自治区党委书记张庆黎和自治区党委副书记、自治区主席白玛赤林的委托，自治区党委副书记、自治区常务副主席郝鹏专程到中央电视台拉萨应急报道点和西藏广播电影电视藏语节目译制中心考察，自治区副主席多托陪同。

8日　自治区自然科学博物馆开工，自治区主席白玛赤林，自治区常务副主席郝鹏，自治区常务副主席吴英杰，自治区人大常委会副主任尼玛次仁，自治区副主席孟德利，自治区政协副主席刘庆慧出席开工仪式。

◆自治区党委副书记、自治区主席白玛赤林在拉萨亲切会见了前来我区考察的中央电视台台长焦利一行。

9日　自治区与河北省对口支援工作座谈会召开，自治区党委副书记、自治区主席白玛赤林，河北省委常委、副省长杨崇勇出席会议并讲话。自治区党委常委、自治区常务副主席吴英杰主持会议。

◆中央电视台拉萨应急报道点正式成立。自治区党委副书记、自治区常务副主席郝鹏，中央电视台台长焦利，武警部队副政委崔景龙中将出席揭牌仪式，并为中央电视台拉萨应急报道点揭牌，自治区党委常委、宣传部部长崔玉英致辞。

◆多吉泽仁参加了全区道路交通百日严打行动紧急电话会。

◆自治区副主席丁业现到高新集团拉萨水泥厂调研。

11日　自治区党委副书记、自治区常务副主席郝鹏到青藏直流电网换流站工程和旁多水利枢纽工程建设现场以及直孔电站调研。

11—12日　自治区党委常委、自治区常务副主席洛桑江村一行，就我区社会救助体系建设和基层社区建设情况前往拉萨市民政局、城关区绕塞社区等地进行深入调研。

12日　全区人才工作协调小组在拉萨召开第二次会议，自治区党委副书记、自治区常务副主席郝鹏主持会议并讲话。自治区党委常委、组织部长尹德明，自治区副主席孟德利出席会议。

◆我区2010年冬季征兵工作电视电话会议在拉萨召开，自治区党委常委、自治区常务副主席、区征兵领导小组组长洛桑江村出席会议并讲话。

13日　中央检查组听取自治区相关工作汇报。自治区党委副书记、自治区常务副主席郝鹏代表自治区党委、政府作汇报，自治区党委常委、区纪委书记金书波主持汇报会。

◆自治区召开会议安排部署“十二五”规划编制工作，自治区党委副书记、自治区常务副主席郝鹏主持会议并讲话。自治区党委常委、自治区常务副主席吴英杰，自治区副主席白玛才旺、多吉泽仁、孟德利、丁业现出席会议。

◆自治区党委副书记、自治区常务副主席郝鹏会见了由广东省韶关市市委书记、市人大常委会主任徐建华带队的韶关市党政代表团一行。

◆自治区副主常邓小刚出席在北京召开的华能援藏过渡电源项目表彰大会并讲话。

◆自治区国税局和中国移动西藏公司在拉萨签署《西藏自治区国税局即开即兑有奖发票话费充值兑奖方式合作协议》，在全区范围内推行即开即兑型有奖发票，这是西藏首次推出有奖发票．自治区副主席白玛才旺、丁业现出席协议签署仪式。

14日　陕藏两省区质监局签署对口援藏合作备忘录，自治区党委副书记、自治区常务副主席郝鹏，陕西省副省长吴登昌出席签字仪式。

◆自治区党委常委、自治区常务副主席吴英杰带领有关部门及拉萨市、山南地区负责同志，前往考察拉萨至贡嘎机场专用公路、机场人口区改造、贵宾楼建设、跑道改造等工程建设进展情况，并亲切看望慰问工程建设者。

15 日　自治区党委副书记、自治区常务副主席郝鹏、自治区党委常委、自治区常务副主席吴英杰，来到拉萨市柳吾新区和东城区等地，实地考察调研拉萨城市发展规划和项目建设情况。

◆自治区党委副书记、自治区常务副主席郝鹏会见了武警森林指挥部政委王长河一行。自治区副主席、区公安厅党委书记、厅长、武警总队党委第一书记、第一政委李昭参加会见。

14-15日　自治区党委常委、自治区常务副主席洛桑江村率领调研组，深入到日喀则市、白朗县、江孜县，就日喀则地区民政事业“十一五”发展情况、“十二五”发展规划、民政队伍建设状况城乡低保工作和社区建设情况开展调研。

◆全区第二届大学生校园文化艺术节开幕，自治区党委常委、组织部部长尹德明出席开幕式并讲话。自治区人大常委会副主任新杂•单增曲扎，自治区副主席孟德利，自治区政协副主席、秘书长罗松多吉出席。

◆自治区召开推进矿产资源开发整合工作领导小组第三次会议，自治区副主席、自治区推进矿产资源开发整合工作领导小组常务副组长白玛才旺出席会议并讲话。

◆全区第一次反对拐卖妇女儿童工作联席会议召开，自治区副主席、区反拐联席会议召集人李昭出席并讲话。

17 日　自治区党委副书记、自治区主席白玛赤林在北京会见了中国电力投资集团公司党组书记、总经理陆启洲。自治区副主席、政府秘书长宫蒲光一同参加会见。

18 日　受自治区党委副书记、自治区主席白玛赤林委托，自治区党委副书记、自治区常务副主席郝鹏主持召开自治区政府第十二次常务会议，讨论并原则通过了《关于审定<西藏自治区“三支一扶”人员管理暂行办法>的请示》、《关于呈报规范和理顺我区电价的请示》，《关于送审<西藏自治区城镇土地使用税实施办法>的请示》等议题。自治区领导吴英杰、洛桑江村、白玛才旺、多吉泽仁、孟德利、丁业现出席会议。

◆西藏国际旅游集团有限责任公司挂牌成立，自治区党委副书记、自治区常务副主席郝鹏，自治区党委常委、自治区常务副主席吴英杰，自治区政协副主席刘庆慧为公司成立挂牌。自治区副主席丁业现讲话。

19 日　自治区召开省级领导干部会议，传达学习中国共产党第十七届中央委员会第五次全体会议公报精神。自治区党委副书记、自治区常务副主席郝鹏主持会议并讲话。杨金山、吴英杰、洛桑江村、金书波、公保扎西、秦宜智等在藏的区党委、人大、政府、政协省级领导干部，西藏军区负责同志，区高法、区检查院负责同志，区直有关部门负责同志，西藏日报社、新华社西藏分社等新闻媒体负责人出席会议。

◆今天下午，自治区副主席白玛才旺前往拉萨市国土资源规划局，就拉萨市土地管理、矿产管理等工作情况进行调研。

◆国家食品药品监管局党组成员、副局长李继平在自治区副主席德吉的陪同下，前往林芝地区食品药品药品监管局，就基础设施建设、监管能力建设等工作进行调研。

20 日　中央检查组向自治区反馈意见，自治区党委副书记、自治区常务副主席郝鹏代表自治区自治区党委政府听取反馈意见并讲话。自治区党委常委、纪委书记金书波主持会议。

21 日　我区开展科学技术奖励评审工作，自治区副主席、区技术奖励评审委员会主任孟德利出席评审会并讲话。

◆自治区副主席孟德利在拉萨会见了国家新闻出版总署财务司司长、全国“农家书屋”工程建设领导小组赴藏调研督察组组长孙明一行。

◆自治区副主席、公安厅党委书记、厅长李昭检查昌都解放60周年大庆安保工作。

◆西藏高原草地畜牧业应对气候变化与经济全球化学术研讨会在拉萨召开，自治区副主席丁业现出席并讲话。

22 日　自治区党委书记、西藏军区党委第一书记张庆黎率领自治区代表团抵达昌都，并将出席昌都解放60周年庆祝活动。同机抵达的还有中央统战部常务副部长、中央三部委代表团团长朱维群，自治区党委副书记、自治区人大常委会主任、自治区代表团副团长向巴平措，自治区党委副书记、自治区常务副主席、代表团副团长郝鹏，西藏军区政委、自治区代表团副团长郎友良，自治区党委常委、自治区政协党组书记、副主席、自治区代表团副团长巴桑顿珠，自治区党委常委、秘书长、自治区代表团副团长公保扎西等。到达昌都后，代表团还出席了国道 214 线昌都至邦达机场整治改建工程竣工通车典礼。

◆庆祝昌都解放六十周年干部大会召开。自治区党委书记、西藏军区党委第一书记、自治区代表团团长张庆黎出席大会并作重要讲话。自治区党委副书记、自治区人大常委会主任、自治区代表团副团长向巴平措，自治区党委副书记、自治区常务副主席、代表团副团长郝鹏，西藏军区政委、自治区代表团副团长郎友良，自治区党委常委、自治区政协党组书记、副主席、自治区代表团副团长巴桑顿珠，自治区党委常委、秘书长、自治区代表团副团长公保扎西等出席大会。中央统战部常务副部长、中央三部委代表团团长朱维群出席大会。区党委原第一书记阴法唐等离退休老同志出席大会。

23日　庆祝昌都解放60周年大会隆重举行，自治区党委书记、西藏军区党委第一书记、自治区代表团团长张庆黎出席大会并作重要讲话，中央统战部常务副部长、中央三部委代表团团长朱维群出席大会并宣读了中央统战部、国家民委、国家宗教局发来的贺电。十届全国人大常委会副委员长、中国西藏文化保护与发展协会名誉会长热地也给大会发来贺电。自治区党委副书记、自治区人大常委会主任、自治区代表团副团长向巴平措，自治区党委副书记、自治区常务副主席、代表团副团长郝鹏，西藏军区政委、自治区代表团副团长郎友良，自治区党委常委、自治区政协党组书记、副主席、自治区代表团副团长巴桑顿珠，自治区党委常委、秘书长、自治区代表团副团长公保扎西等出席大会。自治区党委原第一书记阴法唐等离退休老同志出席大会。

◆自治区代表团、中央三部委代表团在昌都凭吊革命先烈、看望驻昌部队官兵、公安民警和宗教界人士并与离退休老同志座谈。自治区党委书记、西藏军区党委第一书记、自治区代表团团长张庆黎出席并作重要讲话。自治区党委副书记、自治区人大常委会主任、自治区代表团副团长向巴平措，自治区党委副书记、自治区常务副主席、代表团副团长郝鹏分别在慰问驻昌武警部队官兵和公安民警并讲话。西藏军区政委、自治区代表团副团长郎友良，自治区党委常委、自治区政协党组书记、副主席、自治区代表团副团长巴桑顿珠，自治区党委常委、秘书长、自治区代表团副团长公保扎西等出席活动。中央统战部常务副部长、中央三部委代表团团长朱维群出席活动。自治区党委原第一书记阴法唐等离退休老同志出席活动。晚上代表团一行与昌都各族各界群众观看大型主题歌舞剧《幸福之路》。

◆自治区党委副书记张裔炯在拉萨会见了尼泊尔副总统帕尔马南达·贾阿行。自治区党委常委、自治区常务副主席吴英杰参加会见。

24 日　全国工业和信息化系统援藏工作座谈会在林芝召开。国家工业和信息化部党组书记、部长李毅中，自治区主席白玛赤林出席会议并讲话。自治区副主席丁业现出席会议。

◆自治区副主席邓小刚参观上海世博园西藏馆。

25 日　中央第五地方巡视组巡视西藏自治区工作动员会召开，中央第五巡视组组长徐光春就将要开展的巡视工作作重要讲话。自治区党委书记张庆黎代表自治区领导班子作表态讲话。中央巡视工作组领导办公室副主任李丽就配合好巡视工作提出了要求。中央第五巡视组副组长管雷和全体成员出席会议。自治区领导向巴平措、白玛赤林、张裔炯、吴英杰、洛桑江村、金书波、尹德明、公保扎西、秦宜智、齐扎拉出席会议。

◆下午，自治区党委书记张庆黎和自治区党委副书记、自治区主席白玛赤林在拉萨会见了国家工业和信息化党组书记、部长李毅中一行。自治区党委常委、秘书长公保扎西参加了会见。

26 日　自治区党委书记张庆黎在拉萨会见了尼泊尔总统亚达夫一行。自治区党委副书记、自治区常务副主席郝鹏，自治区党委常委、秘书长公保扎西参加会见。

◆全区社会治安综合治理工作暨流动人口服务和管理工作会议于 26 日在自治区政协礼堂隆重召开。自治区党委副书记、自治区主席白玛赤林出席大会并作重要讲话，并代表自治区党委、政府向全区政法、综治、维稳战线的广大干部、公安民警和基层治保人员表示亲切的问候和衷心的感谢。大会由自治区党委副书记、政法委书记、自治区综治委主任张裔炯主持。自治区党委常委、自治区常务副主席、政法委副书记洛桑江村作主题报告。

◆全区加强和改进大学生思想政治教育工作座谈会在拉萨召开。自治区党委常委、组织部长尹德明出席会议并讲话。自治区人大常委会副主任阿登、自治区政协副主席、自治区社科院院长白玛朗杰出席。自治区副主席孟德利主持。

◆上午，我区基层医疗卫生机构在岗人员全科医生转岗培训项目启动仪式暨首期培训班开班典礼在拉萨举行，自治区副主席德吉出席并讲话。

27 日　自治区党委副书记、自治区主席白玛赤林在拉萨会见了尼泊尔总统拉姆·巴兰·亚达夫一行。自治区党委常委、自治区常务副主席吴英杰参加会见。

◆区党委政法委委员会议在拉萨召开。自治区党委副书记兼政法委书记张裔炯主持会议并讲话。洛桑江村、杨双举、郭毅力、罗布顿珠、张培中等出席会议。

◆为期两天的全区社会治安综合治理工作暨流动人口服务和管理工作会议于 27 日下午在自治区政协礼堂胜利闭幕。自治区党委副书记兼政法委书记、区综治委主任张裔炯作重要讲话。自治区党委常委、自治区常务副主席兼区党委政法委副书记、区综治委第一副主任洛桑江村主持会议。

28 日　自治区党委召开常委会议，传达学习党的十七届五中全会精神，决定召开区党委七届七次全委会议，自治区党委书记张庆黎主持会议并作重要讲话。自治区党委副书记、自治区人大常委会主任向巴平措传达了胡锦涛同志在党的十七届五中全会第一次会议上的讲话精神；自治区党委副书记、自治区主席白玛赤林传达了胡锦涛同志在党的十七届五中全会第二次会议上讲话精神；自治区党委副书记张裔炯传达了温家宝同志关于《关于制定国民经济和社会发展第十二个五年规划建设的说明》。中央等五地方巡视组副组长管雷列席会议。自治区领导郝鹏、郎友良、巴桑顿珠、吴英杰、洛桑江村、金书波、尹德明、公保扎西、秦宜智、齐扎拉出席会议。

◆自治区效能建设年活动专题文艺晚会在拉萨隆重上演，中央第五巡视组组长徐光春和自治区领导张庆黎、向巴平措、白玛赤林、张裔炯、郎友良、金书波、尹德明等与我区广大干部群众一同观看了演出。

◆自治区副主席孟德利到上海世博园区参观了中国馆、西藏馆和部分外国国家馆。

29 日　我区开展冬季征兵宣传活动。自治区党委常委、自治区副主席洛桑江村，自治区人大常委会副主任周春来，自治区政协副主席刘庆慧，西藏军区副司令员王桂生等一行前往各个宣传点视察、慰问。

◆大昭寺维修工程通过初步验收。自治区副主席、西藏“十一五”重点文物保护工程领导小组副组长兼办公室主任甲热·洛桑单增出席验收会并讲话。

31 日　日喀则机场正式通航。自治区党委书记张庆黎就日喀则机场通航作出重要批示。自治区党委副书记、自治区主席白玛赤林在通航仪式上讲话。自治区党委副书记、自治区常务副主席郝鹏主持通航仪式。民航西南地区管理局副局长李书文宣读了中国民用航空局贺电。成都军区空军参谋长耋来杭、自治区人大常委会副主任尼玛次仁，自治区人大副主任、日喀则地委书记、人大地区工委主任格桑次仁，自治区政协副主席刘庆慧，西藏军区副司令员王桂生出席通航仪式。

◆自治区党委常委、自治区常务副主席郝鹏前往阿里地区措勤县调研。

十一月

1 日　我区第六次全国人口普查登记工作今起展开，自治区领导张庆黎、帕巴拉·格列朗杰、向巴平措、白玛赤林、张裔炯以普通公民身份参加人口普查现场登记。

◆自治区党委副书记、自治区常务副主席、自治区第六次全国人口普查领导小组组长郝鹏今天在日喀则地区视察了城镇及农牧区人口普查工作，并代表自治区党委、政府看望和慰问在一线工作的人员。

◆自治区主席白玛赤林主持召开自治区政府第13次常务会议，会议审议并原则通过了《关于提请审议〈西藏自治区气象灾害应急预案〉的请示》、《关于报批〈西藏自治区人民政府关于退役士兵安置工作的意见〉的请示》、《关于审定报送〈西藏自治区“十二五”持久性有机污染物防治规划〉的请示》等。

◆西藏首家国际标准超五星级豪华度假酒店拉萨瑞吉度假酒店落成，自治区党委副书记、自治区主席白玛赤林，自治区党委常委、区党委统战部部长齐扎拉出席。

◆区重点文物保护工程领导小组检查哲蚌寺、色拉寺维修工程，自治区副主席、自治区“十一五”重点文物保护工程领导小组组长甲热·洛桑丹增实地检查。

2日　自治区工商联在拉萨召开贯彻落实《中共中央、国务院关于加强和改进新形势下工商联工作的意见》动员会，自治区党委常委、区党委统战部部长齐扎拉、自治区副主席多吉泽仁出席会议并讲话。

◆全区节能节电电视电话会议在拉萨召开，自治区副主席丁业现并讲话。

3日—5日　中共西藏自治区第七届委员会第七次会议在拉萨召开，自治区党委书记张庆黎发表重要讲话，自治区副书记、自治区主席白玛赤林就《建议（讨论稿）》向全会作了说明。向巴平措、张裔炯、郝鹏、巴桑顿珠、吴英杰、洛桑江村、金书波、公保扎西、秦宜智、齐扎拉出席会议。

5日　自治区党委常委、自治区常务副主席洛桑江村在自治区党委统战部召开的党外人士座谈会上传达区党委七届七次全会精神。自治区副主席甲热·洛桑丹增出席会议。

6日　全区人才工作会议在拉萨召开。自治区党委书记张庆黎和自治区副书记、自治区主席白玛赤林分别作重要讲话。自治区党委副书记、自治区常务副主席郝鹏主持会议并作总结讲话。

7日　自治区副主席多托会见俄罗斯记者团。

◆自治区副主席丁业现出席西藏电力科学研究院成立仪式并揭牌。

9日　自治区政府与中国华电集团公司座谈。自治区副书记、自治区主席白玛赤林，中国华电集团公司党组书记、副总经理李庆奎分别在座谈会上讲话。自治区党委副书记、自治区常务副主席郝鹏主持座谈会。自治区副主席丁业现出席会议。

10日　自治区副主席多吉泽仁在我区民营企业调研。

11日　自治区副主席次仁参加全国冬春农田水利基本建设电视电话会议西藏分会场会议并讲话。

10日—12日　自治区副书记，自治区主席白玛赤林，在山南地区调研。

11日—12日　自治区党委副书记、自治区常务副主席郝鹏在我区多部门调研。自治区副主席次仁陪同调研。

11日—12日　自治区党委常委、自治区常务副主席吴英杰在那曲调研。

12日　全区森林公安森林防火工作会议在拉萨召开、自治区副主席次仁出席并讲话。

◆全区道路交通安全工作紧急会议在拉萨召开，自治区副主席多吉泽仁出席会议并讲话。

◆藏木水电站围堰戗堤合龙，自治区副主席丁业现出席合龙仪式并讲话。

13日　自治区党委副书记、自治区常务副主席郝鹏出席2010年拉萨地区高校毕业生秋季专场招聘会并讲话。

16日　西藏宇妥藏药产业集团在拉萨挂牌成立。自治区党委书记张庆黎和自治区副书记，自治区主席白玛赤林为西藏宇妥藏药产业集团有限责任公司成立揭牌。自治区党委副书记、自治区常务副主席郝鹏在成立大会上致辞。

◆国家开发银行在西藏大学举行西藏高校助学贷款业务合作协议及借款合同签订仪式，自治区副主席多吉泽仁出席。

17日　自治区主席白玛赤林主持召开政府第14次常务会议。审议并原则通过《关于设立隆子县斗玉珞巴民族乡审核意见的请示》。自治区领导郝鹏、吴英杰、邓小纲、孟德利、德吉出席会议。

◆自治区副主席德吉出席我区第二届残疾人职业技能竞赛活动。

18日　全区第二次全国经济普查总结表彰会在拉萨召开，自治区党委副书记、自治区常务副主席郝鹏出席会议并讲话。

◆青藏交直流联网工程建设情况汇报会在拉萨召开，自治区副主席丁业现出席会议并讲话。

19日　自治区召开全区“两基”迎国检领导小组会议。自治区主席白玛赤林出席会议并讲话。自治区副主席孟德利主持会议。

22日　自治区党委常委、自治区常务副主席吴英杰参加“十二五”规划纲要征求意见会。

◆自治区副主席孟德利出席北大等7所高校以团队形式支援藏大签约仪式。

23日　自治区党委副书记、自治区常务副主席郝鹏主持召开座谈会，就《西藏自治区“十二五”时期国民经济和社会发展规划纲要（征求意见稿）》听取自治区各科研部门专家学者的意见和建议。

24日　自治区党委书记张庆黎到拉萨市城关区考察调研，自治区党委常委、自治区常务副主席洛桑江村陪同前往。

◆自治区党委副书记、自治区常务副主席郝鹏在林芝调研粮农产品市场供应及价格情况。

◆自治区政府召开会议就《西藏自治区“十二五”时期国民经济和社会发展规划纲要（征求意见稿）》听取有关部门的意见和建议。自治区党委常委、自治区常务副主席洛桑江村主持会议并讲话。

21日—24日　自治区副主席次仁率领财政厅和水利厅相关负责人，就山南地区今冬明春农田水利基本建设情况进行了实地检查指导。

25日　自治区主席白玛赤林来到拉萨至贡嘎机场专用公路工程施工现场，亲切看望慰问工程建设者，考察工程施工进度和建设情况。

◆自治区党委副书记、自治区常务副主席郝鹏，广东省委常委、常务副省长朱小丹出席广东省第六批援藏项目先行启动项目开工仪式。

◆三亚西藏干部疗养基地奠基开工。自治区党委常委、自治区常务副主席吴英杰宣布基地开工并为基地奠基。自治区副主席丁业现讲话。

26日　自治区主席白玛赤林主持召开征求意见会，就《西藏自治区“十二五”时期国民经济和社会发展规划纲要(征求意见稿)》听取各地市负责人和部分自治区人大代表、政协委员的意见和建议。自治区副主席德吉出席会议。

◆自治区主席白玛赤林检查拉萨市消防工作。

27日　自治区副书记、自治区主席白玛赤林视察拉萨市场物价和商品供应情况。自治区副主席邓小纲陪同。

◆我区举行银行业公众教育服务日宣传活动，自治区副主席多吉泽仁到活动现场，检查指导工作。

28日　“青藏网”唐古拉山沼泽地冻土基础工程开工，自治区党委副书记、自治区常务副主席郝鹏出席誓师大会并为突击队授旗。

29日　我区为基层农牧区配备医疗“快车”，自治区党委副书记、自治区常务副主席郝鹏出席交接仪式。

十二月

1日　国务院召开电视电话会议，安排贯彻落实《关于当前发展学前教育的若干意见》，部署未来三年全国学前教育工作，自治区副主席多吉泽仁出席西藏分会场会议并讲话。

◆自治区副主席德吉前往自治区盐业总公司，就自治区碘盐配送中心建设以及全区碘盐配送网络建设等情况进行调研。

4日　全区综治考评暨平安县验收工作汇报会在拉萨召开，自治区常务副主席洛桑江村主持会议并讲话。

6日　自治区主席白玛赤林主持召开政府第15次常务会，会议审议并原则通过了《关于呈报(西藏自治区“十二五”时期国民经济和社会发展规划纲要)的请示》等，审议研究了《政府工作报告》。自治区常务副主席郝鹏、洛桑江村，自治区副主席多吉泽仁、邓小刚、孟德利、德吉、多托出席会议。

◆自治区主席白玛赤林在拉萨会见了前来我区宣讲党的十七届五中全会精神的中央宣讲团成员、中央财经领导小组办公室农村二组巡视员、副组长祝卫东一行。

7日　中央宣讲团党的十七届五中全会精神报告会在西藏人民会堂隆重举行，中央宣讲团成员、中央财经领导小组办公室农村二组巡视员、副组长祝卫东为我区各族干部群众系统宣讲了党的十七届五中全会精神。向巴平措、白玛赤林、列确、巴桑顿珠、崔玉英、洛桑江村、金书波、公保扎西、秦宜智、齐扎拉等出席，郝鹏主持报告会。

◆全区集中清理执行积案活动总结表彰电视电话会议在拉萨召开，自治区常务副主席洛桑江村出席会议并讲话。

8日　自治区常务副主席郝鹏前往建设中的西藏佛学院，专题调研工程进展情况。自治区党委常委、自治区党委统战部部长齐扎拉，自治区副主席多吉泽仁一同调研。

◆全国未成年人思想道德建设工作视讯会议在北京召开，自治区副主席托主持西藏分会场会议。

10日　自治区召开2010年度消防安全责任目标管理考评汇报会，自治副主席白玛才旺出席会议并讲话。

12日　自治区在北京召开“十二五”规划纲要咨询座谈会，就《西藏自治区“十二五”时期国民经济和社会发展规划纲要》(征求意见稿)听取自治区发展咨询委员会部分在京委员的意见和建议。十届全国人大常委会副委员长、自治区发展咨询委员会名誉主任热地，自治区主席白玛赤林出席会议并作重要讲话。自治区常务副主席郝鹏主持会议，自治区副主席宫蒲光、丁业现出席会议。

14日　自治区常务副主席洛桑江村率队检查了布达拉宫、功德林加油站、西藏电视台、拉萨百货商场等重点场所的消防安全工作。

15日　全长3310米的墨脱公路嘎隆拉隧道顺利贯通，自治区主席白玛赤林，交通运输部党组副书记、副部长翁孟勇分别在贯通仪式上讲话，并共同启动爆破。

16日　2010年度全区铁路护路联防工作总结表彰大会暨2011年度铁路护路联防工作目标管理责任书签字仪式在拉萨举行，自治区常务副主席洛桑江村出席活动并讲话。

◆自治区副主席邓小刚就西藏国际会展中心项目筹建情况进行专题调研。

17日　自治区党委、政府通过发放购物券、购物卡的形式，向全区国有企业离退休人员、城市居民最低生活保障对象和优抚对象，给予每人600元，共计4600万元的一次性生活补助，帮助收入群体过一个欢乐祥和的元旦、春节和藏历新年。自治区主席白玛赤林，自治区人大常委会副主任尼玛次仁，自治区政协副主席索朗卓玛出席发放仪式，自治区副主席白玛才旺出席仪式并讲话。

◆全区消防工作会议在拉萨召开，自治区常务副主席洛桑江村出席并讲话，自治区公安厅党委委员、消防总队政委琼色出席会议。

◆全区小型农田水利重点县建设工作会议在拉萨召开，自治区副主席次仁出席会议并讲话。

◆自治区副主席多吉泽仁率领自治区有关部门负责人深入娘热乡烟花爆竹储存仓库、色拉路烟花爆竹批发门市、中石油西藏分公司油库、西郊客运站、拉萨百货大楼等地，实地检查我区2011年元旦节前安全生产工作。

19日　自治区人民政府召开第二次全体会议，讨论通过拟提请自治区九届人大四次会议审议的《西藏自治区“十二五”时期国民经济和社会发展规划纲要(草案)》和《政府工作报告》。自治区主席白玛赤林主持会议并讲话，自治区领导郝鹏、洛桑江村、白玛才旺、多吉泽仁、邓小刚、宫蒲光、孟德利、德吉、多托、丁业现出席会议。

◆全国政法工作电视电话会议在京召开。自治区党委书记、西藏军区党委第一书记张庆黎出席西藏分会场会议并作重要讲话，自治区党委副书记、自治区主席白玛赤林出席会议，自治区党委副书记、自治区常务副主席、政法委书记郝鹏主持西藏分会场会议，自治区党委常委、自治区常务副主席、政法委副书记洛桑江村出席西藏分会场会议。

◆我区跨境贸易人民币结算业务培训班在拉萨开班，自治区副主席白玛才旺出席开班仪式并讲话。

◆我区公路养护通勤车辆交接仪式在拉萨举行，自治区副主席多吉泽仁出席仪式并讲话。

◆全区深化医药卫生体制改革领导干部培训班暨医改工作会议在拉萨召开，自治区副主席德吉出席并致辞。

20 日　自治区常务副主席洛桑江村在拉萨会见了公安部边防管理局赴藏调研组一行。

◆2010 年度全区安全生产目标考核部署大会在拉萨举行，自治区副主席多吉泽仁出席大会并讲话。

21—22 日　出席全区经济工作会议的代表在林芝地区参观考察了社会主义新农村建设情况，自治区领导张庆黎、白玛赤林、郝鹏、郎友良、巴桑顿珠、吴英杰、崔玉英、金书波、尹德明、公保扎西、秦宜智、齐扎拉与代表们一同参观考察。

23 日　全区经济工作会议在林芝地区八一镇隆重召开，自治区党委书记张庆黎出席会议并作重要讲话，自治区主席白玛赤林主持上午的大会并在下午的大会上作重要讲话，自治区常务副主席郝鹏主持下午的大会。自治区领导郎友良、巴桑顿珠、吴英杰、崔玉英、洛桑江村、金书波、尹德明、公保扎西、秦宜智、齐扎拉等出席会议。

25 日　全区经济工作会议胜利闭幕，自治区党委书记张庆黎和自治区主席白玛赤林出席会议并为自治区“十一五”重点建设项目工作突出贡献的单位、集体和个人颁奖。自治区常务副主席郝鹏作总结讲话，自治区常务副主席吴英杰主持会议，自治区党委常委、秘书长公保扎西宣读《中共西藏自治区委员会西藏自治区人民政府关于表彰全区“十一五”重点建设项目工作突出贡献单位、集体和个人的决定》。自治区领导郎友良、巴桑顿珠、崔玉英、秦宜智、齐扎拉出席会议并为受表彰的单位、集体和个人颁奖。

◆全区 2010 年社会治安综合治理工作表彰大会、自治区级“平安县(市、区)”命名授牌暨 2011 年综治目标管理责任书签字仪式在林芝举行，自治区党委书记张庆黎，自治区主席白玛赤林代表自治区党委、政府与七地(市)委书记、行署(政府)专员(市长)签订《2011 年社会治安综合治理目标管理责任书》。自治区常务副主席郝鹏主持签字仪式并讲话。郎友良、巴桑顿珠、吴英杰、崔玉英、秦宜智、齐扎拉等领导同志出席会议。自治区党委常委、秘书长公保扎西宣读全区 2010 年综治工作先进地(市)表彰决定，自治区副主席宫蒲光宣读第二批自治区级平安县(市、区)命名决定。

◆自治区在林芝举行 2011 年基层党建工作责任书签订仪式，自治区党委书记张庆黎与各地(市)和区直机关工委、区工商联、区教工委、区民政厅、区国资委、区工商局党组(党委)书记分别在《西藏自治区 2011 年基层党建工作责任书》上签字。白玛赤林、郝鹏、郎友良、巴桑顿珠、吴英杰、公保扎西、秦宜智、齐扎拉等自治区领导出席签订仪式。自治区党委常委、宣传部部长崔玉英主持签订仪式并讲话。

◆林芝地区八一镇被正式授予自治区园林城市称号，自治区常务副主席吴英杰出席授牌仪式并授牌，自治区副主席白玛才旺出席仪式并讲话。

21—26 日　应尼泊尔政府内政部秘书库苏姆的邀请，西藏自治区副主席、公安厅厅长李昭率西藏警务代表团访问尼泊尔，中国驻尼大使邱国洪参加会见和会谈。

26 日　自治区副主席丁业现在自治区发展改革委、财政厅、国资委和拉萨市等有关部门负责人的陪同下，前往拉萨燃机电厂视察，并听取有关部门关于工程建设情况的汇报。

27 日　西藏青稞啤酒销售外运首发仪式在拉萨火车西站举行，自治区党委书记张庆黎，自治区主席白玛赤林，铁道部副部长彭开宙共同为青稞啤酒外运专列首发剪彩。自治区常务副主席郝鹏和铁道部副部长彭开宙分别在仪式上讲话。

28日　自治区地勘局举行2010年度机关工作总结暨表彰会，自治区副主席白玛才旺出席会议并讲话。

◆农行西藏分行在拉萨举行“迎新年客户答谢会”暨 2011 年“金钥匙春天行动”启动仪式。自治区人大常委会副主任尼玛次仁、自治区副主席白玛才旺出席仪式并讲话。

◆全区人口计生和优生优育工作会议在拉萨召开，自治区副主席德吉出席会议并讲话。

27—29 日中国石油西藏销售公司 2011 年工作会议在拉萨召开，自治区副主席邓小刚出席闭幕会并讲话。

28—29 日全区发展改革工作会议在拉萨召开，自治区常务副主席郝鹏出席会议并讲话。

29 日自治区常务副主席郝鹏率自治区“三大节日”慰问团看望慰问了我区部分退休、困难职工和城镇困难群众。

◆全区税务工作会议在拉萨举行，自治区副主席白玛才旺出席会议并讲话。

◆援助西藏发展基金会第三届理事会第六次全体会议在广州举行，自治区副主席多吉泽仁出席会议并讲话。

◆全区退耕还林工作会议暨林业工作座谈会在拉萨召开，自治区副主席宫蒲光出席会议并讲话。

◆自治区妇女小额担保财政贴息贷款工作启动仪式在拉萨举行，自治区副主席德吉出席仪式并讲话。

30 日　全国加强孤儿保障工作电视电话会议在北京召开，自治区常务副主席洛桑江村出席西藏分会场会议。

30—31 日　全区财政工作会议在拉萨召开，自治区主席白玛赤林出席会议并讲话，自治区常务副主席郝鹏等领导出席会议。

31 日　自治区主席白玛赤林在拉萨亲切会见了前来我区检查指导工作的中国农业银行行长张云一行，自治区常务副主席郝鹏，自治区副主席白玛才旺、邓小刚一同会见。

◆自治区副主席白玛才旺前往中国人民银行拉萨中心支行、中国银行股份有限公司西藏分行、中国建设银行股份有限公司西藏分行等银行营业网点，看望、慰问节日期间值班和工作人员，代表自治区政府向他们致以节日的问候。

◆华润集团援建拉萨燃机电厂单循环机组投产发电仪式举行，自治区副主席丁业现出席仪式并讲话。

第八篇　统计资料

全国各省市自治区国民经济主要指标

地区	国土面积及排位（万平方千米）		年末总人口（万人）	城镇居民人均总收入（元）	农村居民人均纯收入（元）	地区生产总值（亿元）	全社会固定资产投资（亿元）	社会消费品零售总额（亿元）
全　国	960		1339724852	21033.4	5919.0	397983.3	278139.8	156998.0
北　京	1.68	29	19612368	33360.4	13262.3	13777.9	5403.0	6229.3
天　津	1.19	30	12938224	26942.0	10074.9	9108.8	6278.0	2902.6
河　北	18.77	12	71854202	17334.4	5958.0	20197.1	15082.5	6821.8
山　西	15.63	20	35712111	16893.0	4736.3	9088.1	6063.2	3207.9
内蒙古	118.30	3	24706321	19014.2	5529.6	11655.0	8929.9	3337.3
辽　宁	14.59	21	43746323	20014.6	6907.9	18278.3	16043.0	6809.6
吉　林	18.74	13	27462297	16794.5	6237.4	8577.1	7870.4	3501.8
黑龙江	45.46	6	38312224	15095.6	6210.7	10235.0	6812.6	4001.0
上　海	0.63	31	23019148	35738.5	13978.0	16872.4	5108.9	6036.9
江　苏	10.26	24	78659903	25115.4	9118.2	40903.3	23186.8	13482.3
浙　江	10.18	25	54426891	30134.8	11302.6	27226.8	12488.1	10163.0
安　徽	13.96	22	59500510	17626.7	5285.2	12263.4	11543.4	4151.5
福　建	12.14	23	36894216	24149.6	7426.9	14357.1	8198.5	6310.0
江　西	16.69	18	44567475	16558.0	5788.6	9435.0	8775.5	2932.9
山　东	15.67	19	95793065	21736.9	6990.3	39416.2	23282.9	14211.6
河　南	16.70	17	94023567	17141.8	5523.7	22942.7	16585.9	7893.5
湖　北	18.59	14	57237740	17572.8	5832.3	15806.1	10262.7	6719.4
湖　南	21.18	10	65683722	17567.1	5622.0	15902.1	9663.8	5775.3
广　东	17.79	15	104303132	26896.9	7890.3	45472.8	15624.0	17414.7
广　西	23.60	9	46026629	18742.2	4543.4	9502.4	7057.6	3271.8
海　南	3.39	28	8671518	16929.6	5275.4	2052.1	1317.0	623.8
重　庆	8.24	26	28846170	18990.5	5276.7	7894.2	6692.4	2878.0
四　川	48.50	5	80418200	17128.9	5086.9	16898.6	13119.5	6634.7
贵　州	17.60	16	34746468	15138.8	3471.9	4594.0	3104.9	1482.7
云　南	39.40	8	45966239	17478.9	3952.0	7220.1	5528.7	2500.3
西　藏	122.84	2	3002166	16539.0	4138.7	507.5	463.3	185.3
陕　西	20.56	11	37327378	17064.7	4105.0	10021.5	7964.4	3147.7
甘　肃	45.40	7	25575254	14307.3	3424.7	4119.5	3158.3	1369.0
青　海	72.12	4	5626722	15480.8	3862.7	1350.4	1018.7	346.0
宁　夏	5.18	27	6301350	17536.8	4674.9	1643.4	1444.2	403.6
新　疆	165.00	1	21813334	15421.6	4642.7	5418.8	3392.7	1324.5

行政区划(表一)

地区	市辖区	县级市	县	乡	民族乡	镇	街道	居民委员会	村民委员会
总计	1	1	71	542	8	140	9	158	5746
拉萨市	1		7	48		9	7	28	241
昌都地区			11	110	1	28		12	1307
山南地区			12	58	4	24		52	542
日喀则地区		1	17	174		27	2	25	1732
那曲地区			10	89		25		28	1262
阿里地区			7	29		7		6	136
林芝地区			7	34	3	20		7	526

行政区划(表二)

拉萨市	城关区 墨竹工卡县 达孜县 堆龙德庆县 曲水县 尼木县 当雄县 林周县
昌都地区	左贡县 芒康县 洛隆县 边坝县 昌都县 江达县 贡觉县 类乌齐县 丁青县 察雅县 八宿县
山南地区	乃东县 扎囊县 贡嘎县 桑日县 琼结县 洛扎县 加查县 隆子县 曲松县 措美县 错那县 浪卡子县
日喀则地区	日喀则市 南木林县 江孜县 定日县 萨迦县 拉孜县 昂仁县 谢通门县 白朗县 仁布县 康马县 定结县 仲巴县 亚东县 吉隆县 聂拉木县 萨嘎县 岗巴县
那曲地区	申扎县 班戈县 那曲县 聂荣县 安多县 嘉黎县 巴青县 比如县 索县 尼玛县
阿里地区	普兰县 札达县 噶尔县 日土县 革吉县 改则县 措勤县
林芝地区	林芝县 米林县 朗县 工布江达县 波密县 察隅县 墨脱县

行政区划(表三)

分类	个数	县(市、区)名称
边境县	21	墨脱县 米林县 察隅县 朗县 洛扎县 隆子县 错那县 浪卡子县 定日县 康马县 定结县 仲巴县 亚东县 吉隆县 聂拉木县 萨嘎县 岗巴县 普兰县 札达县 噶尔县 日土县
农业县	35	城关区 墨竹工卡县 达孜县 堆龙德庆县 曲水县 尼木县 墨脱县 米林县 林芝县 波密县 察隅县 朗县 芒康县 左贡县 洛隆县 边坝县 乃东县 扎囊县 贡嘎县 桑日县 琼结县 洛扎县 加查县 隆子县 日喀则市 南木林县 江孜县 定日县 萨迦县 拉孜县 白朗县 仁布县 定结县 吉隆县 聂拉木县
牧业县	14	当雄县 仲巴县 萨嘎县 那曲县 嘉黎县 聂荣县 安多县 申扎县 班戈县 巴青县 尼玛县 革吉县 改则县 措勤县
半农半牧县	24	林周县 工布江达县 昌都县 江达县 贡觉县 类乌齐县 丁青县 察雅县 八宿县 曲松县 措美县 错那县 浪卡子县 昂仁县 谢通门县 康马县 亚东县 岗巴县 比如县 索县 普兰县 札达县 噶尔县 日土县
“一江两河”开发县	18	城关区 墨竹工卡县 达孜县 堆龙德庆县 曲水县 尼木县 林周县 乃东县 扎囊县 贡嘎县 桑日县 琼结县 日喀则市 南木林县 江孜县 白朗县 拉孜县 谢通门县
粮食基地县	11	堆龙德庆县 林周县 波密县 芒康县 乃东县 扎囊县 贡嘎县 江孜县 白朗县 日喀则市 拉孜县

全区主要经济指标

指标名称	单位	2010 年	增长%
生产总值	亿元	507.46	12.3
人均 GDP	元	17319	11.2
第一产业增加值	亿元	68.13	3.1
第二产业增加值	亿元	163.92	14.1
第三产业增加值	亿元	275.41	13.7
农林牧渔总产值	亿元	100.8	3.5
粮食产量	万吨	92	1.6
肉类产量	万吨	26.29	3.0
工业增加值	亿元	39.73	14.0
发电量	亿千瓦时	24.16	9.7
地方财政收入	亿元	42.11	36.2
地方财政支出	亿元	561.50	19.2
全社会固定资产投资总额	亿元	463.26	22.1
各项存款余额	亿元	1296.73	26.1
各项贷款余额	亿元	301.82	21.5
社会消费品零售总额	亿元	180.84	18.7
货运总量	万吨	983.37	3.9
客运总量	万人次	8304.24	4.3
进出口总额	亿美元	8.36	110
出口总额	亿美元	7.71	110
进口总额	亿美元	0.65	140
旅游外汇收入	万美元	10359	31.6
接待国内外旅游者	万人次	685.14	22.1
接待国内旅游者	万人次	662.31	21.8
接待海外旅游者	万人次	22.83	30.5
农牧民年人均纯收入	元	4138.7	17.2
城镇居民人均可支配收入	元	14980	10.6

全区各地（市）国民经济主要指标及排位

地　区	拉萨	昌都	山南	日喀则	那曲	阿里	林芝
地区生产总值(亿元)	178.91	67.07	53.05	86.40	51.15	18.48	53.69
排位	1	3	5	2	6	7	4
地方财政收入（亿元）	15.02	3.14	4.00	3.35	1.99	1.04	3.46
排位	1	5	2	3	6	7	4
地方财政支出（亿元）	51.35	28.67	28.53	39.87	25.67	13.42	19.13
排位	1	3	4	2	5	7	6
财政收入占地区生产总值比重（%）	8.4	4.7	7.5	3.9	3.9	5.6	6.4
地区生产总值增速%(按可比价格计算)	13.0	12.1	12.3	11.7	11.3	11.5	13.0
第一产业(亿元)(按当年价格计算)	9.14	15.01	3.98	20.67	9.72	3.65	5.96
第二产业(亿元)(按当年价格计算)	55.76	26.30	24.67	21.60	14.19	4.71	16.8
第三产业(亿元)(按当年价格计算)	114.01	25.76	24.40	44.13	27.24	10.12	30.93
规模以上工业企业增加值（万元）	158810	14351	67624	24152	2863	3029	21687
农林牧渔总值（万元）(按当年价格计算)	149944	236928	72238	280526	138153	48091	81806
全社会固定资产投资（万元）	1764589	580665	550247	613920	400426	216118	506620
排位	1	3	4	2	6	7	5
社会消费品零售总额（万元）	884477	155208	187162	358697	96589	44645	126222
排位	1	4	3	2	6	7	5
各地区农牧民人均纯收入（元）	5003	3662	4330	3750	4081	3451	5411
城镇居民人均可支配收入（元）	16567	12730	14179	14700	14623	19615	13439

西部十二省(区、市)行政区划

省级行政区划名称	地级区划数	#地级市	县级区划数	#县级市	#市辖区	乡镇级区划数
全　国	333	283	2858	367	855	40858
西　藏	7	1	73	1	1	692
重　庆			40		19	1009
四　川	21	18	181	14	43	4660
贵　州	9	4	88	9	10	1555
云　南	16	8	129	9	12	1366
内蒙古	12	9	101	11	21	863
广　西	14	14	109	7	34	1232
陕　西	10	10	107	3	24	1745
甘　肃	14	12	86	4	17	1350
青　海	8	1	43	2	4	396
宁　夏	5	5	22	2	9	233
新　疆	14	2	98	19	11	1005

西部十二省(区、市)主要经济指标

地　区	地区生产总值（亿元）	年末总人口	国际旅游外汇收入（亿美元）	农林牧渔业总产值（亿元）	农林牧渔业总产值比上年增长（%）
全国	397983.3	1339724852		69319.8	4.4
西　藏	507.5	3002166	1.04	100.8	3.5
重　庆	7894.2	28846170	7.03	1021.1	5.9
四　川	16898.6	80418200	3.54	4081.8	4.5
贵　州	4594.0	34746468	1.30	997.8	5.2
云　南	7220.1	45966239	13.24	1810.5	4.7
内蒙古	11655.0	24706321	6.02	1843.6	6.2
广　西	9502.4	46026629	8.06	2721.0	4.7
陕　西	10021.5	37327378	10.16	1666.1	5.8
甘　肃	4119.5	25575254	0.15	1057.0	5.7
青　海	1350.4	5626722	0.20	201.3	6.7
宁　夏	1643.4	6301350	0.06	305.9	7.8
新　疆	5418.8	21813334	1.85	1846.2	4.9